韓國佛家詩文學史論

李鍾燦·지음

自　序

시간의 흐름이란 어쩔 수 없는 것이다. 말을 익혀 글자를 배운다 하여 시작된 삶이 50여 해의 세월, 태어남의 삶으로 거기에다 10을 더해야 하는 나이가 되었다.

삶을 위하여 글자에 매달린 것이 인연인지, 첫 단추의 잘못물림이었는지 그 행위가 바로 배움과 가르침으로 이어져 삶의 수단이 되어버렸다.

배움이나 가르침이 고전문학이라는 외곬으로 걸으면서 모자라는 점을 느낀 분야도 한 두 곳이 아니었지만 문학을 이야기하게 될 때 그것이 갖는 사유나 사상의 깊이를 짚지 못하는 안타까움은 가르치는 이로서 등에 땀이 마를 사이가 없게 하였다.

더구나 우리의 역사에는 몇 천 년을 이어져온 종교적 신앙이나 사유가 알게 모르게 습합된 것이 불교임을 부인하지 못하면서도, 그 깊은 의미를 모르는 데는 두려움이 앞섰다. 이러한 두려움이나 의무감을 다소나마 덜어보려고 섭렵해 본 것이 승려의 시문집이었다. 알듯말듯하면서도 가슴을 후련하게 하는 승려들의 인내와 문장에 이끌리게 되었고 이것으로 말미암아 내 배움의 길에 궤도수정을 하게 되었다.

10여년 전부터 승려의 문집을 섭렵하면서 거기에서 현대로 이어질 만한 문학론적 요소도 찾아보았고, 가려뽑을 만한 시문도 정리해보았다. 그 결과의 소출이 이 조그마한 소품이다.

우리의 시문학사 속에서 그간 불가의 문학을 본격적으로 다룬 장도 별로 없었다. 이것은 아무래도 조선조 사회에서 유가 중심으로 기술했던 기술물들의 殘影이 아니었나 하는 아쉬움이 있었다. 차제에 불가의 문학이 우리 문학사에 차지하는 비중을 보다 확실하게 자리매김하여야 할 것이다.

어차피 삶에 있어 60을 하나의 마디로 보는 관습이 남아 있다면 나에게도 이 마디를 부인할 수가 없다. 잘 됐던 못 됐던 이 소품을 배움과 가르침의 고비 넘기기로 하여 세인의 심판을 받을 수밖에 없다. '自述'이 아닌 '自慰'로 이름하기로도 생각했으나 위로란 안타까움이 전제되어야 하는 일일 터인데 스스로 안타까워서 위로할 만한 것도 없다. 모든 것이 제 스스로 책임져야 할 터이니 제 스스로 서술한 것이요, '述而不作'이라 했듯이 앞으로도 '作家'의 한 집은 바랄 수는 없으나, '繼述'의 '述'은 있어야 할 터이니, 이쯤으로 중간의 보고문으로 삼아 조심스러이 펴내기로 하였다.

그간 이 조그만 작품을 위하여 직간접으로 도와 주신 학내외 여러분께 감사드린다.

1993. 10. 23

一山, 望江樓書室에서

著者 삼가씀

차 례

自 序

序　論

　　우리와 함께 中國에 있어서도 불교는 外來宗敎이다. 외래종교가 이방으로 유입되어 土着化하려면 그 지방의 재래적 문화와 함께 할 수 있는 요소가 있어야 함이 당연하다. 그러므로 불교문학을 말하기 이전에 동양문학의 일반적 문학경향을 살피는 일도 중요하다.

　　문학이 입으로만 전해지는 口碑文學만이 아니라, 문자로 표현된 表記文學을 오히려 비중있게 보아야 한다면 이 문자의 문제를 생각하지 않을 수 없다. 더구나 동양문학의 표기매체는 漢字로 대표되어 왔고, 언어를 달리하는 각 지방의 언어표현의 매체는 각기 다른 문자를 가졌거나 같은 한자라 하더라도 문장표현의 文語와 언어표현의 口語의 틀이 따로 있어 왔던 것이 사실이다.

　　이때 불교문학을 이야기하게 되면 이 文語와 口語의 두 틀을 자유로이 이용하면서 다른 宗敎나 사회문화집단에 비하여 오히려 口語 쪽에 더 비중이 많았던 것으로 보인다. 그 이유는 대체로 두 가지로 인식되는데 첫째 불교가 어느 종교보다 그 地方의 土着化에 더 민감하여 서민적 口語로 전파된다는 점이요, 또 하나는 佛經이 처음 번역될 때부터 文語적 문체를 구사하면서도 口語적 문체를 많이 이용했다는 점인데, 이 점은 佛經의 원전을 그 지방에 적응시킴에 있어서도 지방의 方言으로 함이 당연한 것이요, 어차피 漢文經典은 원전이 아닌 제2·제3의 번역이기 때문이었다.

　　이 방언의 수용이란 문제가 불교가 문학화됨에 있어서 주목하여야 할 점이기도 하다. 일정한 틀을 가졌던 文語인 한문문체와 다른 口語적 문체인 '語錄'이라는 독특한 문체의 출현도 불경의 역경과 무관한 것이 아니며, 불가의 문집을 語錄이라 이름한 것이 많은 것도 그 까닭이다.

　　우리 문학에 있어서 신라 문학의 향가의 출현이나 그 이후 역대로 내려 오면서 많은 口語적 문학이 직간접으로 불교의 영향이나 불교적 내용을 담고 있음이 많은 것도 이러한 맥락에서 파악되어져야 하리라고 본다. 그간 구어적 표기 매체인 鄕札이나 正音에 의한 문학에 관한 불교자료에 대한 정리는 많은 성과를 거두어왔다. 그러나 지난날의 정통적 문학으로 인식해왔던 漢文의 틀에 의한 한문문학으로서의 불교문학의 자료적 가치나 문학적 검토는 소홀했던 것이 사실이다.

본 논고는 이러한 아쉬움에서 출발했다. 흔히 우리의 문학사 중 漢文學史에서 崔致遠(857~?)을 문학의 鼻祖로 삼았던 견해 같은 것은 신라 문학을 폭넓게 살피지 않은 까닭이다. 그보다 1·2세기나 앞섰던 元曉(617~686)나 義湘(625~702)이 남겨 놓은 여러 문장들이 뛰어난 글임에도 불구하고 주목하지 않았던 것은 문학과 종교라는 단순한 분류에서 도외시된 점도 있거니와 문학을 일정한 틀에 묶어 형식미에만 시각을 돌린 데도 원인이 있는 듯하다(漢文은 文學的 틀이 定形性이었기에 더더욱 그렇다). 그러나 문학이나 종교가 사상이나 깊은 사유가 그 모태가 되어야 한다면 문학적 형식보다는 내용적 사상이나 사유에도 더 큰 비중이 있는 것이 아닌가.

본 논고는 이러한 연관성을 인정하면서 신라시대에는 불교 경전적 사유가 문학으로서 수용될 수 있는 근거를 살피는 것으로 시작하여 역대 승려들이 남겨 놓은 어록이나 문집의 문학성을 통시적으로 고찰하려 한다.

신라에서 조선조말까지 문집이나 어록으로 남아 있는 기록은 되도록 다 살피는 것으로 하였고 문학적 가치나 영향에 대한 것은 논자의 역량에도 한계가 있지만 그런 작업은 이와 같은 정리가 있는 이후의 후속작업이기에 본 논고에서는 할애하기로 하였다.

新羅篇

新羅佛經諸疏와 偈頌의 文學性

1. 導言 －문제의 제기－

우리는 유구한 역사에 비하여 문학 유산의 소유가 적은 셈이다. 생활문화인 역사는 반만년이라 하나 그의 기록인 언어문화 내지 문자문화는 그 절반의 시간조차 소유하지 못하고 있다.

더구나 언어와 문자가 서로 다른 표기매체에 의존했던 까닭으로 불가피하게 발생했던 漢字文學에 대해서는 진정한 우리의 문학일 수 있느냐는 순수성의 문제가 제기되어 그 결과로 이 방면의 문학적 유산을 경시해버리는 풍조마저 있었던 것도 사실이다.

그러나 이러한 문제는 표기매체의 문제이지 그 표기된 내용의 문학의 본질과는 별개의 문제로 보아야 한다. 같은 동양문화권에 있는 중국에서도 표현매체가 단일한 漢字만 가졌으면서도 언어표현과 문장표현을 달리하고 있었다. 즉 口語와 文語라는 이중성이 존재하였다. 이 양자 사이에는 그 표현의 문체가 전혀 다르게 되어 있다.

따라서 우리가 漢字를 수입한 것은 언어표현의 기록으로서가 아니라 문장표현의 기록으로 이용하자는 것이었다. 그러므로 한문의 표현기록은 韓·中이라는 두 민족 사이에서는 차이가 있을 수 없는 것이 당연 이상의 자연스러운 현실이었다.

그러나 언어 표현에 있어서는 민족적 차이성 때문에 아무리 같은 문자를 가지고 표현하더라도 그 문체는 현격히 다를 수밖에 없다. 그것이 바로 중국에 있어서는 口語文學인 白話文學이고, 우리에게 있어서는 鄕札文學의 출현인 것이다. 중국의 경우는 한자가 그들의 문학이기 때문에 문학의 출현이 언어 매체와 상관성을 유지할 수가 있어서 口語와 文語에 약간의 거리가 있을 뿐 현격한 차이는 없지만 우리의 鄕札文學이나 正音文學과 漢文學은 전혀 이질적일 수밖에 없었던 것이다.

우리는 그간의 이러한 사정을 고려함이 없이 순수성을 고집한 나머지 漢文學은 모두가 중국문학의 범주에 소속된 것처럼 생각하여 순수한 口語의 표기인 口語文學만을 국문학의 범주로 인정해야 한다는 생각까지도 해왔던 것이 한때의 현상이기도 하였다.

본 논고는 이러한 원칙적인 문제를 염두에 두면서 신라 문학을 이야기하게 되면 鄕札表記인 향가만이 국문학의 주조인 것 같은 인상을 갖게 하는 저간의 문학사에서 한걸음 나아가 당시 식자층을 대표하는 불가의 고승들이 표기로 남겨 놓은 경전의 注疏나 여타 서술을 그 내용이나 형식이 문학성을 갖고 있다는 전제 위에서 논의를 시작하는 것이다.

다만 염려스럽다면 그 많은 經典的 注疏가 종교나 철학적 해석인 것이지 그것이 어떻게 문학일 수 있느냐고 할 부정적 소지를 안고 있음이다. 그러나 여기에는 다시 생각해야 할 문제가 있다. 孔子나 老子·莊子의 저술이 문학서가 아님은 명백하지만, 그러나 이것이 문학으로 발전 내지는 승화할 소지가 있어 이것이 문학의 내용을 이루는 核이 될 수 있는 것이요, 이러한 사실 내지는 문학적 정신 위에서 후대의 문학이 풍성해져서 이 씨를 둘러 싼 果肉으로써 문학이 형성될 수 있었다 한다면, 이들의 경전이 문학사의 범주 안에 든다 해서 모순될 것도 없다는 것이 솔직한 생각이다.

더구나 중국 고대의 전적에 대하여 문학적으로 해석함에 주저하지 않는 것이 일반적 현실이다.[1] 이러한 주장을 제시하게 되는 근거는 이러한 경전이 후대의 문학에 대한 기본적 지표가 되었으며, 그 안에 창조의 중추적 원리가 숨어 있다고 보기 때문이다. 더구나 문학의 원론적 지침이었다 할 수 있는 劉勰의 『文心雕龍』에서도 경전의 내용이 문장의 골수였다고 제시한 점은 매우 주목할 일이다.

경전은 恒一悠久하며 지극한 길이고 깎아버릴 수 없는 큰 가르침이다.

---

1) 許錟輝(中國師範大 교수)는 「尙書與文學」에서 書經을 문학의 범주로 두어 자세한 해설을 하고 있다. 『古典文學』 4집 學生書局刊.
鮑國順(靜宜文理學院 교수)는 「荀子的文學」에서 中國文學에 끼친 荀子의 문학성을 상술하고 있다. 『古典文學』 2집 상동.
左松超(中國文化學院 교수)는 「莊子與文學」에서 莊子의 문학성을 상술하고 있다. 『古典文學』 제3집 상동.

그러므로 천지를 표상하고 귀신을 본받으며 사물 질서를 고루며 사람의 기강을 만든다. 性靈의 깊이를 통찰하였으며 문장의 뼈대를 다한 것이다.

　經也者 恒久之至道 不刊之鴻敎也 故象天地 效鬼神 參物序 制人紀 洞性靈之奧區 極文章之骨髓者也 〈宗經〉

이런 사실들은 모든 경전이 문학의 원천적 지표임을 명시하고 있는 점이라 할 수 있다.

荀子는 이러한 점을 더 세분해서 논증하고 있다.

　聖人이란 분은 도의 樞要이다. 천하의 도가 이를 주요로 하였고 百王의 도는 이를 하나로 요약한 것이다. 그러므로 詩·書·禮·樂의 도는 여기로 귀결된다. 시경은 그 뜻을 말한 것이요, 서경은 그 사실을 말한 것이고, 예는 그 실행을 말한 것이요, 樂은 그 조화를 말한 것이요, 春秋는 그 機微를 말한 것이다. 小雅가 小雅로 된 것은 이를 취해서 文으로 된 것이고 大雅가 大雅로 된 것은 이를 취하여 빛낸 것이며, 頌이 극치가 된 것은 이를 취하여 회통했기 때문이다. 천하의 도는 여기에 다한 것이다.

　聖人也者 道之管也 天下之道管是矣 百王之道一是矣 故詩書禮樂之道歸是矣 詩言其志也 書言其事也 禮言其行也 樂言其和也 春秋言其微也 故小雅之所以小雅者取是而文之也 大雅之所以大雅者 取是而光之也 頌之所以爲至者 取是而通之也 天下之道畢是矣 〈效儒篇〉

하였으니, 詩書禮樂이 모두 문학의 원류이면서 천하 만사의 要樞가 모두 여기에 있다 하였다. 그러면서 詩經의 모든 내용은 이를 수렴한 것으로 요약하였다.

이러한 논거는 중국 경전의 원전으로서의 유경만을 대상으로 한 논거이니, 만약 불교의 경전을 여기에 대치시킨다면, 經·律·論 三藏이 여기에 포함되어 모순될 것이 없다고 본다. 柳宗元이 자신의 문장을 설명하면서 한 말을 다시 연상하면서 이러한 상관성을 이어 보고자 한다.

　내가 문장을 쓴 것은… 서경을 근본으로 하여 본질을 찾았고, 시경을 근본으로 하여 恒一性을 찾았으며, 예를 근본으로 하여 마땅함을 찾았고, 춘추를 근본으로 하여 과단성을 찾았으며, 주역을 근본으로 하여 動靜을 찾았으니 이것이 바로 내가 길을 찾은 근원이다.

吾每爲文章… 本之以書以求其質 本之以詩以求其恒 本之以禮以求其宜
本之以春秋以求其斷 本之以易以求其動 此吾所以取道之原也〈答韋中之論師
道書〉

라고 하였으니, 모든 경전이 문학의 원초가 되었음을 명증하고 있는 셈이다.

여기서 윗글을 요약하면 ‘書質’·‘詩恒’·‘禮宜’·‘春秋斷’·‘易動’이 되는데, 이것
을 經·律·論의 三藏과 대비할 때 ‘書’와 ‘經’, ‘律’과 ‘禮’, ‘春秋’와 ‘論’으로 대
칭된다고 보아도 무리가 없을 것이다. 만약 이러한 대칭 관계의 설정이 무리가
없다면 ‘書’의 ‘質’이 ‘經’에는 ‘質’, ‘律’에는 ‘宜’, ‘論’에는 ‘斷’으로 바꿀 수도
있다. 따라서 經은 본 바탕의 본질이며 律은 時宜이면서 통시적인 의당성이고,
論은 果斷的 論斷이라 하여 큰 무리가 없을 것이다.

이와 같은 선행적 논리에 따라서 본고는 불경의 주소를 논의의 대상으로 삼
고자 한다. 여기서 신라 佛經의 注疏를 우선 문제삼은 것은 그것이 우리의 문
학 유산 중에서는 가장 오래된 것일 뿐더러 양적으로 방대하다는 점에서 우리
문학사의 溯源的 복고에 이바지함직하기 때문이요, 또한 그 표현이 한문학의
특질로 보아 일단 정제된 문학성을 띤다고 판단되기 때문이기도 하다.

우리의 문학사에서 崔致遠(857~?)을 한문학의 시초로 보는 견해가 많지만,
圓測(613~696)이나 元曉(617~686)·義湘(625~702)에 비하면 연대적으로 2
세기 이상 뒤떨어지고, 최치원이 남긴 문학에서 表·奏·碑·銘의 문체가 대부분
四六體의 전형성을 띠고 있음에 비하여, 원측이나 원효의 문장이 四六體가 대
표적이라 한다면, 우리의 한문학은 그 이전부터 원숙한 경지에 이르렀던 것이
실증이 된다. 더구나 중국의 聲韻이 인도의 영향이요, 그에 따라 聲律이 발달
하였고 騈文의 四六體가 인도문학의 영향이었다는 점은 매우 시사적이다.[2] 또
한 불경의 注疏가 漢文學에 있어서 하나의 특별한 분야를 이룬다는 것도 일단
주목해야 한다.[3]

---

2) 王恩洋,「佛法與中國之文學」, 吾國古詩詞賦之文章 雖亦有音韻 但多發於自然 未
有嚴密之規律 自印度悉檀章字母入中 於是宋齊之間 乃發明切韻四聲譜諸作 韻學
既興 而聲律入細 在詩由六朝入唐 而律詩之興 文則由散文而轉爲騈體 由騈體而
變爲四六 則每字每句 均必字義文字單音單義 屬對易工 而音韻之進步 則實由梵
音之啓示 故律詩詞曲騈文四六之興 實由中印兩文化之合化所産出者也『佛敎與中
國文化』, 大乘文化出版社刊, p.7.
3) 謝無量,「佛敎東來對中國文學之影響」, 盖佛經首以翻譯之矜愼 爲正名立義之本

따라서 본 논고의 주제는 신라 고승의 불경 주소에 담긴 문학성을 살펴보고 이를 통해서, 그것이 후대의 문학 발전의 모태가 되었다는 사실을 입증하는 데 있다. 그러므로 그 불경 주소의 종교적 철학적 측면은 논의에서 제외되게 되는 데 그렇다고 해서 그것이 모두 문학이라고 단정할 의도가 있는 것은 아니다. 다만 필자는 圓測 元曉 義湘의 주소가 후대의 문학에 비추어볼 때 당연히 인정 받게 되는 문학성을 검출하고자 하는 것이다.

2. 圓測의 經疏에 나타난 문학론적 성격

불경의 여러 疏는 원래 불경에 대한 注疏로서 개인의 창작적 글은 아니다. 그러므로 처음부터 문학의 범주에 들 수 없는 것은 분명한 사실이다. 그러나 疏를 구성하는 언어 질서는 철학적·종교적 관념을 전달하면서 동시에 그 나름 대로 일정한 표현양식을 형성한다. 그리고 많은 경우, 그 표현 양식은 철학적 담화와 문학적 담화 그 어느 한쪽에 완전히 귀속되기 어려운 영역에 자리잡는 다. 이러한 현상은 신라시대의 많은 고승들이 그 방대한 주소와 더불어 불교문 학의 독특한 형식일 수 있는 偈頌을 남기고 있다는 사실에서도 관찰할 수 있 다. 그러면, 여기서는 주소에 나오는 문학적 표현의 양상을 살피기에 앞서서, 우선 주소에 개진된 사상이 문학적 사유와 일치하는 단면을 고찰하기로 한다.

이런 점에서 원측의 『佛說般若波羅蜜多心經贊』은 일단 주목의 대상이 된다. 원측의 전기는 자세하지가 못하다. 그것은 중국에서 修學하면서 玄奘 三藏의 지도를 받지 않고, 羅什 三藏의 舊譯經論과 梵文原典에 의하여 연구를 거듭한 결과 慈恩 大師와는 선후배의 관계이면서 그의 견해와 상위되어 慈恩派로부터 이단시되었기 때문이었다 한다.[4] 『宋高僧傳』에 "釋圓測者 未詳氏族也"라 하 였음은 이러한 사정을 간접적으로 알리는 대목이다.

그의 저술은 趙明基의 조사에 따르면 23部 108卷이 된다 하나[5] 현재 전하 고 있는 것은 『般若心經贊』 1권, 『仁王經疏』 6권, 『解深密經疏』 10권이다.

註疏則爲講說之所資 要使人人了解經旨 所以不厭求詳 故在飜譯方面 在註疏 方面 皆爲中國文學上別開生面獨樹一幟, 上揭書, p.21
4) 趙明基, 신라불교의 이념과 역사, p.158.
5) 上揭書, pp.165~6.

그의 전기의 일부를 알 수 있는 글은 최치원이 지은 『飜譯證義大德圓測諱日文』과 宋의 宋復이 지은 「大周西明寺故大德圓測法師舍利塔幷序」이다.

여기서는 최치원의 글에서 대사가 중국에 드날린 면을 한 대목 인용해서 대사의 학덕을 가름해본다.

천축의 스님이 와서 중국의 조사가 된 일은 많으나 우리나라 사람으로 중국의 스승이 된 자는 적다. 그러나 솟는 해가 마음을 열어 주니 깊은 연못 바람이 힘을 고르고, 동쪽 산이 먼저 비치매 추운 땅이 모두 녹는다. 외국에서 날카로운 칼날을 세우고 밝은 지혜를 중국에 편 이는 오직 文雅大師이시다.

天域僧 來爲唐祖者多矣 海鄕人 去作漢師者尠焉 而得旭日開心 浚風調力 烏山先照 寒土皆融 禀奇鋒於外鄕 懸朗鑑於中國者 惟我文雅大師 其人也

文雅는 대사의 이름이다. 이렇듯 원측은 당시 중국에서 발군의 作家가 되었다. 따라서 당시 중국의 상황은 唐文學이 한창 성할 때이었으니, 원측은 경전적 주소 이외에도 많은 詩文이 있을 듯하지만 안타깝게도 현재 전하는 것이 없다. 하지만 우리는 그의 주소에 표현된 내용에서 후대의 문학, 특히 불교 문학의 정신적 원천이 되었으리라 믿어지는 思惟의 원천을 발견하게 된다.

『佛說般若波羅蜜多心經贊』은 네 부분으로 분류 찬술되고 있다. 그 중의 첫 부분인 敎起因緣은 이 경전에 대한 緣起이므로 일반적 글의 서론에 해당한다. 따라서 이 부분은 불교의 근본 원인을 집약하고 아울러 작가의 일반적 사상의 윤곽을 드러낸 부분으로 이해할 수 있다.

대저 지극한 이치는 깊고 고요하여 오묘히 있고 없음의 경지를 끊고, 법체의 모습은 심히 깊어서 말의 표현을 초월한다. 그렇다면 진리로 나아감에 방편이 없으니 二藏의 말씀을 개진하고 교리를 베풀음에는 의거할 바가 있어 三身의 감응 두루 나타난다. 샘물이 맑으면 달빛이 홀연히 나타나고 모든 대상이 조용히 움직이면 하늘의 북은 스스로 울린다. 그렇다면 사물의 대응에는 때가 있어 기틀을 따라 서로 인접한다.

竊以至理幽寂 妙絶有無之境 法相甚深 能超名言之表 然則趣理無方 乃開二藏之說 設敎有依 具現三身之應 可謂泉水澄淸 月影頓現 諸敵冥動 天鼓自鳴 然則應物有時 隨機接引

　여기서 우리는 진리의 표현이 지극히 어려운 것이라는 점을 새삼 인식하면서
표현하려고 할 때 가장 타당한 표현이 무엇인가 하는 점을 명확히 제시하고 있
음을 발견하게 된다. 상식적인 의미에서 문학은 사상과 감정의 표현이지만, 이
표현은 객관적 대상의 지각 없이는 이루어지지 않는다. 그 대상을 지각하는 과
정에서 주체는 대상의 경계와 표상에 접하게 되는데, 이때 어떤 내용 어떤 형
식의 표현에서든 간에, 그 객관적 대상의 경계와 표상은 사라지지 않고 남는
다.

　그런데 위의 인용문에서는 이 경계와 표상을 절단하고 초월하도록 되어 있
다. 다시 말하면 지극한 이치와 법체의 실상〔法相〕을 超絶하도록 되어 있다.
이 말을 나누어 쓰면 絶境 超表라는 말이 된다. 이것은 말하자면 絶境主義·超
表主義 또는 超絶主義라는 용어로 규정할 수 있는 문학적 태도를 역설하고 있
다.6) 샘물이 맑으면 달빛이 홀연히 나타난다는〔泉水澄淸 月影頓現〕 예증은
바로 이 絶境을 말한 것이요, 모든 대상 조용히 움직이면 하늘북이 절로
울린다〔諸敵冥動 天皷自鳴〕는 예증은 이 超表의 실례라 하겠다. 더구나
泉水 月影은 色의 세계에 대한 대경의 절단이요, 諸敵 天鼓는 聲의 세계
에 대한 초월이다. 이것이 바로 離言絶慮요,7) 문자를 여의는 방편이다.
원측은 같은 글의 宗體를 말하는 내용에서 "依經部宗 相續假聲 離聲無別
名句"라 하여 소리를 빌릴 수밖에 없음을 말했고 일음〔名·言句〕은 소리에
대해서는 빌린 것이요, 거짓일 수밖에 없다는 데까지 발전한다. 또 「解深密經
疏」에서는 宗體를 설명하면서 "名等是假 聲即是實 故離聲外 無別名等"이라 하
여 假名 實聲이라는 등식을 제안하고 있다. 이러한 논리는 불교문학에 있어서
歌頌이 詩文보다 더 우위에 놓이는 이유가 된다 하여도 지나친 추론이 아닐 것
이다.

　여기서 우리는 장자의 다음 말을 연상할 필요가 있다.

---

6) 1985.10.19, 全國漢文學發表大會에서 崔信浩가 "詩에 있어서의 超絶性의 意味"
　라 하여 〈聖德大王神鍾之銘〉을 引用하여 이 超絶의 의미를 말하였으나 여기까
　지 살피지 못하였고, 老莊이나 朝鮮의 性理學으로 擴充해석하여 너무 通時的으
　로 연결시킨 감이 있다.
7) 筆者는 '高麗의 禪詩'를 정리하면서 禪詩의 修辭란 단원에서 絶慮를 하나의 修
　辭性으로 다루어 따로 설명한 바가 있다. 당시에는 그러한 論據를 知訥의 『圓
　頓成佛論』에서 "是以禪門只貴破執顯宗 不貴繁亂義理施說 故所有破執言句 近於
　一分理性 離言絶慮之義 昧者不知其義"에서 취해 왔었다.

천지는 큰 아름다움을 소유하지만 말이 없고, 네 계절은 분명한 법칙이
있으되 따지려 하지 않고, 만물은 진리를 성취시키되 말이 없다.

天地有大美而不言 四時有明法而不議 萬物有成理而不說〈知北游篇〉

이라 하여 모든 진리가 말을 여의었음을 암시하고 있다. 그렇다면 그래야 할
이유가 어디 있는가. 말이란 있는 사실의 표현이요, 또는 생각의 표현이다. 있
는 사실이 이해되었고 자신의 생각이 표현 이상으로 전달되었거나, 진리의 묘
를 체득했다면 언어 표현이란 가명이 무슨 필요가 있는가. 그래서 그는 다음과
같이 유추한다.

통발이란 고기를 잡으려고 있는 것이니 고기를 잡았으면 통발은 잊을
것이요, 덫은 토끼를 잡으려고 있는 것이니 토끼를 잡았다면 덫은 잊을 것
이며, 말은 뜻을 이해하려 있는 것이니 뜻을 알았으면 말은 잊을 것이다.

筌者所以在魚 得魚而忘筌 蹄者所以在兎 得兎而忘蹄 言者所以在意 得意
而忘言〈知北游篇〉

이것이 불가에서 말하는 離言絕慮의 경지이다. 앞에서 본 能超言名之表인 것
이다. 그러나 장자의 忘言이라는 이 잊음은 超境的 의미까지는 가지 못하는 한
계가 있다. 이 '忘'은 어떤 대상을 먼저 의식하고 그 대상을 잊는 것이기 때문
에 超絕의 경지에는 이르지 못한다. 그러한 한계에 대한 증거를 다음의 인용문
에서 발견할 수 있다.

顔回가 말했다. '저는 진취함이 있습니다.' 仲尼가 물었다. '무엇을 말함
이냐?' '제가 禮樂을 잊었습니다.' '좋으나 아직 모자란다.'라고 하였다. 다
음날 다시 뵙고 '제가 진취함이 있습니다.' '무엇을 말함이냐?' '仁義를 잊
었습니다.' '좋으나 아직 모자란다.' 하였다. 또 다음날 다시 뵙고 '제가 진
취함이 있습니다.' '무엇을 말함이냐?' '앉음도 잊었습니다.'하니 仲尼 벌
떡 일어나며 '어찌 앉음을 잊었다.'고 하느냐 하니 '사지도 떨쳤고 총명도
물리쳐 형상도 떠났고 지혜도 버렸으니 大通과 같습니다. 이것이 앉음을
잊은 것입니다.'라고 하였다.

顔回曰 回益矣 仲尼曰 何謂也 曰回忘禮樂矣 曰可矣 猶未也 它日復見曰
回益矣 曰何謂也 曰回忘仁義矣 曰可矣 猶未也 它日復見曰 回益矣 曰何謂
也 曰坐忘矣 仲尼蹴然曰 何謂坐忘 顔回曰 墮枝體 黜聰明 離形去知 同於大

通 此謂坐忘〈大宗師篇〉

이렇듯 인위적인 인간 제도를 벗어나는 것이 아니라 앉아 있는 나 자신을 잊어야 한다. 여기서 말한 예악은 인간적 질서요, 인의는 예악이 존재해야 하는 인간적 근본이다. 이것을 잊었다 함은 이러한 제도나 본연까지도 잊어야 한다 함이겠다. 그렇지만 그것 가지고도 안 된다. 인간이라는 것마저도 잊은 상태 이것이 坐忘일 것이지만 잊음으로 끝난다면 이것은 모든 것의 부정이 되고 만다. 잊으려 하는 의도가 무엇인가 인간의 참모습을 깨닫자는 것이다. 그렇다면 다시 인간으로 돌아와야 한다. 그러기에 이 잊었다는 생각마저도 잊어야 한다. 결국 超凡入聖이 되었다가 다시 從聖入凡으로 환원해야 한다. 修禪의 극치에서 말하는 다음과 같은 말은 매우 의미 있는 일이다.

　하늘이 땅이고 땅이 하늘이다. 산은 물이고 물은 산이다. 중이 속인이고
　속인이 중이다. 이것을 이해하면 산은 산이고 물은 물이다. 중이 중이고
　속인은 속인이다.
　天是地 地是天 山是水 水是山 僧是俗 俗是僧 既曾得這箇 便是得山是山
水是水 僧是僧 俗是俗〈慧諶;眞覺國師語錄〉

이렇듯 일차적 反常은 끝내 正道로 회귀하려는 깨달음의 진통이다. 忘我가 아닌 省我이다. 잊어버림으로 끝나는 것이 아니라 假相에 매인 생각을 끊고 眞我인 實相으로 돌아오려는 것이다. 그것이 위에서 본 泉水澄淸으로 모든 妄想을 끊은 자리이고 實相을 찾은 것이 바로 月影이 頓現인 것이다.

장자의 이 忘我의 이상이 동양문학에 미친 영향이 지대함은 누구나 인식하지만, 위에서 살핀 것처럼 그 忘我는 아직 超境의 위치에는 미치지 못함이 사실이다. 원측이 말한 超境이나 絶表는 이렇듯 우리의 사유를 자극하여 무한의 상상력을 이끌어주었고 그것이 우리의 문학에 투영된 것이 분명하다.

향가에 나타나는 수사에도 이러한 절경이 두드러져 보인다. 「讚耆婆郎歌」의 "사파란 나리여해 耆郎의 즛이 이슈라."라든가 「兜率歌」의 "곧은 마음에 命부리압지 彌勒座主 뫼셔라."고 함은 이러한 絶境的 사유의 반영이다. 得烏는 얼천 내에 비친 달에서 耆婆郎을 보았다. 對境의 허상을 깨고 그 뒤에 있는 실상인 耆婆를 보고 있다. 이것이야말로 泉水澄淸 月影頓現을 실증적으로 표현하면서 泉水를 자신의 마음으로 月影을 耆婆의 모습으로 換形하고 있는 것이다. 月

明師는 꽃에다 자신을 완전시 녹여놓고 있는 것이다. 그러니 여기에는 忘我에서 다시 한걸음 나아가 無我 아닌 有我로 환원한 것이다. 그야말로 融情入理로서[8] 이 有情을 부숴서 無情의 저 진리세계와 일치시키고 있는 것이다.

사실 우리의 고전문학에서 구어문학의 범주에 들 국문시가의 맥락이 향가로부터 이어지고 향가의 작가가 승려들에게 많다는 것이 단순히『三國遺事』의 편찬자가 승려였기 때문만은 아니라는 점도 이런 각도에서 한 번 고려되어야 할 점이다. 더구나 불가의 偈頌이 漢詩의 틀을 갖추고 있으면서도 한시가 갖는 율격인 句數나 平仄 같은 것에는 전혀 구애받지 않고 교리적 내용에만 치중했다는 점은 여기서 말하는 名等是假 聲即是實이라는 이 假實論의 원칙, 즉 표현된 字句는 어디까지나 假이고, 그 내용인 聲만이 實이라는 원칙에서 연유한다는 추론도 가능하다.

원측이 같은 글에서 이렇게 말한다.

만약 누가 여래께서 법을 말씀하셨다 한다면 이는 곧 부처를 훼방하는 것이다. 이는 나의 설법을 이해하지 못하기 때문이다. 이런 뜻을 무어라 말하랴. 게송을 짓되,

불법이 역시 그러하니	如佛法亦然
설한 바와 차별이 난다	所說二差別
법계를 떠나지 않으면	不離於法界
설법에 제 모습이 없지	說法無自相[9]

이 글은 문맥 내용으로 보아『天親菩薩波若論』에서 인용한 것으로 보이나 말을 여의는 법체를 갈파하고 있다는 점에서는 객관적 증거에 의탁한 주관적 견해의 표출로 이해될 수 있다. 더구나 그 많은 주소가 異說을 고루 섭렵하고 정리한 토대 위에서 이루어졌다는 사실은 그가 주관을 객관화한 명증이기 때문이다. 宋復이 대사의 塔銘에서 말한 "天聰警越 雖數千萬言 一歷其耳 不忘於

---

8) 萬鈞,『佛教與中國文學』에서 "불교의 연구는 궁극적으로 有情을 融解하여 진리로 들어가 전 우주 속에 小我를 融化시키는 큰 정신이라"하였다. 「佛教藉無常 這一箇觀念 以爲入眞理之門 並不是叫人家終日慨嘆 歸向於虛無主義的 不過佛教 講到究竟地方 融情入理 化小我於全宇宙的偉大精神『佛教與中國文學』大乘文化 出版社刊, p.6.

9) 測解, 深密經疏卷一, 韓國佛教全書(東國大學校佛典刊行會刊) p.127 上段.

心”이라 한 점은 그러한 원측의 문학적 성향과 역량을 지적한 것이라 할 수 있다.

최치원이 2백여 년 뒤 원측의 忌日에 글을 쓰면서 “芝蘭과 같은 交契로 비유하니 오래도록 꽃답겠고 보잘것 없는 시를 써서 길이 友好로 여깁니다.(芝蘭訣論 久而彌芳 木李編詩 永以爲好)”라 한 것도 宋復의 지적과 동일한 차원에서 대사의 이러한 학덕을 기린 것이다.

이렇듯 말로 표현할 수 없다는 논리를 같은 글에서는 말을 절단한다는 논리로까지 발전시켜 갔다.

　　모든 법의 참 모습은 말 길이 끊기는 것이요 마음과 행이 없는 것이다.

곧 게송으로 말하기를,

일체가 실상이요 일체가 실상도 아니요	一切實一切非實
더구나 일체의 실상은 실상이 아니다	及一切實亦非實
일체가 실상이 아니나 실상 아님이 아니다	一切非實非非實
이것이 바로 모든 법의 실상이다	是名諸法之實相[10]

實이다 非實이다 그 사이에 實이 있는 것이니, 對境을 끊어야 하고 表相을 超越할 수밖에 없다. 여기에 ‘無我’라는 말이 연상될 수 있으나 이 無我도 有我라는 상관적 인식 속에서의 無我이다. 따라서 非有·非無의 無요, 非無·非有의 有다. 이때에도 표현된 名字의 有·無는 위에서 본 것과 같이 名等是假이듯이 假이고 實은 그 안의 소리이다. 즉 聲即是實과 연계되는 것이다. 여기서 우리는 같은 글 안에서의 다음과 같은 말을 특별히 주목할 필요가 있다.

　　다시 세계의 말에는 세 가지가 있으니 하나는 邪요, 둘은 慢이요, 셋은 名字이다. 셋째를 따랐기 때문에 이름하여 나〔我〕라 하였으니 곧 유가에서 빌려서 말한 나라 함에 해당된다.

　　復次世界語言有三 一邪 二慢 三者名字 依第三故 名之爲我 即當瑜伽假說我也

여기서 우리는 非無의 無요, 非有의 有인 점을 인식하게 되는 것이다. 그리

---

10) 圓測, 上揭書, p.137 中段.

하여 다시금 絶境 超表의 원칙으로 되돌아가게 된다.

결론적으로 말해서 원측이 남겨 놓았을 문학 작품은 오늘날 접할 수 없고 그의 불경 주소 또한 창조적이고 상상적인 문학과는 거리가 있지만 주소에 나타난 그의 불교철학적 성찰이 離言絶慮를 요체로 하는 불교문학의 지평을 열어 놓았다는 점만은 마땅히 주목돼야 하겠다.

3. 元曉의 經疏에 나타난 문학론과 수사적 특성

원효의 전기 및 사상에 관해서는 이미 상당한 연구가 있었으며, 또한 그러한 전례의 연구를 따르는 것은 본고의 의도와는 별개의 문제이다. 여기서는 원효의 經疏에 내재한 문학성을 검출하는데 논의의 초점을 맞춘다. 본 논고에서 특히 검토의 대상이 되는 자료는 疏의 序品에 해당하는 글들이다. 필자는 그 자료들의 철학적 의미를 검토하기보다는 그것들의 표현 양식에 주목하고 문학적 해석의 가능성을 타진해보는 것이다. 이것은 궁극적으로 그 經疏에 내재한 문학성을 구체적으로 부각시키는 일에 국한한다.

원효는 『法華宗要』의 대강의 뜻을 해명하면서 다음과 같이 말했다.

『妙法蓮華經』은 十方 三世의 모든 부처가 세간을 벗어난 큰 뜻이고 九道 四生 모두 한 도로 드는 큰 문이다. 글이 공교롭고 뜻이 깊어 오묘함이 다하지 않음이 없고 말이 넓고 이치가 커서 펴내지 못하는 법이 없다. 글이 공교롭고 넓으니 꽃 속에 열매가 내포되고 뜻과 이치가 깊고 크니 열매 안에 변화〔권도〕가 있다. 이치가 깊다는 것은 둘이 없으며 구분이 없기 때문이요, 말이 공교로움은 변화를 열어 열매를 보인 것이다. 변화를 열었다는 것은 문을 열고 나서매 세 수레 있음이 변화요, 길에 보배로운 성이 있었음이 교화였고 보리수 아래 성도가 처음도 아니요, 기림의 멸도가 끝남도 아니다. 열매를 보인다는 것은 四生이 모두 내 아들이요, 二乘이 모두 부처 이룸을 보인 것이다. 수를 헤아려도 그 수명을 잴 수 없고 영겁의 불도 그 바탕자리는 불사를 수 없으니 이래서 글이 교묘하다 하는 것이다.

妙法蓮華經者　斯乃十方三世諸佛生世之大意　九道四生咸入一道之弘門也

文巧義深 無妙不極 辭敷理泰 無法不宣 文辭巧敷 花而含實 義理深泰 實而
帶權 理深泰者 無二無別也 辭巧敷者 開權示實也 開權者 開門外三車是權
中途寶城是化 樹下成道非始 林間滅度非終也 示實者 示四生並是吾子 二乘
皆當作佛 算數不足量其命 劫火不能燒其土 是謂文辭之巧妙也
(본문의 權과 實은 權敎와 實敎를 말함이나 여기서의 인용은 문학론으로
해석하려는 의도이기 때문에 문장의미로 해석한 것임)

위에 인용한 내용에서 원효는 『법화경』 교리의 요지를 간명하게 밝히고 있
다. 그러나 그러한 요약이 어느 정도나 타당한지 여부의 검토는 본고의 목적과
는 무관하다. 다만 여기서 우리가 주목하고자 하는 것은 원효가 文辭의 본질을
파악하는 태도와 그 태도를 실현하는 수사의 양상이다. 위의 문맥에서 文巧 辭
敷가 표현된 문학적 표현의 精緻性 또는 華麗性을 가리키는 말이라면 義深 理
泰는 표현된 내용의 진실성과 眞正性에 해당하는 말이라고 할 수 있다. 이처럼
개념상으로는 구분되는 표현과 내용이 서로 일치할 때 비로소 진리의 오묘함이
나 법체의 여여함이 드러나게 되는 것이니, 원효는 그 간결한 개념을 통해서
문학의 본질을 적절하게 드러낸 것으로 보인다.

여기서 잠시 유교적 이념의 범주 안에서 이루어진 辭의 개념에 대한 정의와
원효의 정의를 대비해볼 필요가 있다. 『禮記』에는 '情欲信 辭欲巧'라는 공자의
말이 인용되어 있는데 그 '辭欲巧'의 '巧'는 원효가 제시한 '文巧義深'의 '巧'와
상통되는 의미이다. 그러면서 원효는 보다 다각적이고 심층적인 논리의 반복을
거쳐서 '文辭之巧'의 결론을 도출하였다. 이런 의미에서 『法華宗要』는 '辭欲
巧'의 개념을 확대하고 심화시킨 이채로운 사례라 할 수 있다.

그런데 원효는 文辭에 대한 결론적 접근에서 한 차례 비약하여 표현의 형식
을 꽃으로, 내용의 진실을 열매로 비유한다. '花而含實'이란 꽃이 먼저 있고 열
매가 다음에 온다는 인과적 양상을 넘어서 꽃 그 자체에 열매가 있다는 동시적
공존의 양상을 말한다. 꽃이 진 뒤의 열매가 아니다. 꽃은 이미 열매를 내포하
고 있는 것이다. 그런 만큼 『周易』의 乾卦에 나오는 '修辭立其誠'의 '誠'과 '花
而含實'의 '實'을 동일한 차원에서 연결시켜 '誠實'이라 하여도 큰 무리는 없
다. 이런 발견은 沈德潛이 『唐詩別裁』에서 말한 "칠언절구는 말은 평범하면서
정은 멀어 안으로 삼키고 있으면서 드러내지 않는 것이 귀하다(七言絶句 以語
近情遙 含吐不露爲貴)"함과 맥을 같이하면서 더 哲理性을 띠고 있다. 그러니
문장 자체에 이미 진실이 근원적으로 포유되어 있는 것이다.

꽃〔花〕은 華麗로 풀이될 수가 있는 것이다. 그 화려함은 열매의 내포에서 더 화려할 수가 있는 것이다. 문장도 일차적으로 아름다움으로 선정된 언어의 나열인 것이다. 그러나 이때의 아름다움이 내용의 진실이 없는 浮華의 허황한 아름다움이라면 훌륭한 글이 되지 못하는 것이다. 다시 말하면 華而不浮일 것이니 이 말을 바꾸면 花而含實이 된다할 것이다. 이것이 바로 앞에서 보았던 沈德潛의 含吐不露인 것이다. 따라서 이러한 글은 자연 뜻이 깊고 큰 것이니 자연 내용이 實해진다. 이런 뜻에서 열매인 實 안에는 수레에 물건을 실어 견고히 굴려 갈 수 있는 바퀴의 굴대가 있어야 한다. 이것이 바로 '實而帶權'이다. 이것은 文辭를 접하는 사람이면 누구나 감화 내지는 변화가 있어야 한다는 의미이다. 따라서 문학이란 이러한 감화의 요소가 없는, 굴대 없는 수레가 되고 말아서는 안 될 것이다. 이것이 바로 위에서도 보았던 修辭立其誠이요, 이 誠은 中庸에서 말하는 "誠實이란 자연의 도요, 성실하려는 것은 사람의 道다〔誠者 天之道 誠之者 人之道也〕"라고 한 誠과도 통하는 것이다.

당나라 때에 '文以載道'를 주장한 것도 문장에 이러한 내용을 담자는 의도이겠으나, 實而帶權만큼 미래의 감화 또는 조화 내지 변화로 승화시키지 못한 감이 있다. 열매는 이미 그 자체 안에 조화의 씨를 안고 있다. 미구에 터져 날 싹은 제3의 화생을 기약하고 있고 그 싹은 바로 여여한 법체의 발현이다. 무엇이 글이 교묘하다는 것이냐. 그 대답이 바로 四生이 내 자식이요, 二乘까지 다 부처가 되게 하는 것이라 하였으니, 이 이상의 조화의 극치가 있을 리 없다. 花而含實의 명제는 載道 이상의 化道를 함축한다.

원효의 『法華宗要』는 내용이 이렇듯 精緻할 뿐 아니라, 그 이론적 전개도 정연하고 견고한 추진력을 가지고 있다. 앞구와 뒷구 사이에는 서로의 논리를 이어가면서 마치 고리 모양으로 연쇄성을 띠고 있다. 대구로 이어 놓고 다시 그 위, 두 구의 대구를 한 구로 이으면서 다음의 논리로 심화하여 가고 있다.

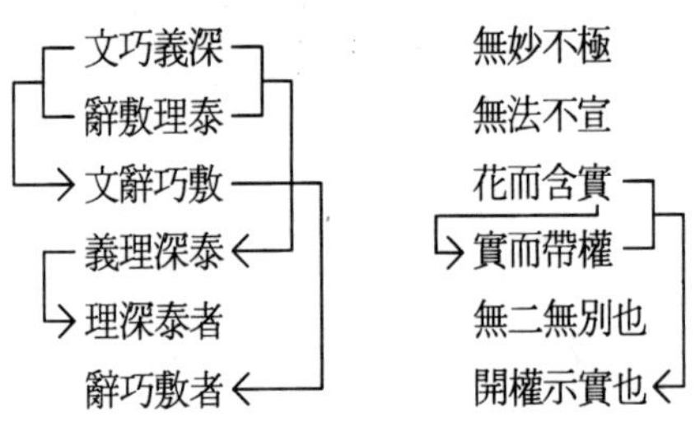

　　이러한 이론적 전개의 추진력이 개진된 내용과 어떤 연관이 있느냐 하는 문제 이전에 논리의 치밀성은 일단 인정해야 될 것이다. 이러한 치밀성은 독자에게 강한 인상을 남길 수밖에 없는 것이다. 이렇게 치밀한 논리의 전개는『大乘起信論疏別記』에서 더욱 두드러지게 나타난다. 이 글의 대의를 맨 앞에서 서술하면서 다음과 같이 썼다.

然夫佛道之爲道也	대저 불도가 길이 됨은
肅焉空寂 湛爾冲玄	숙연히 공적하여 담담히 아득하다
玄之又玄之 豈出萬像之表	아득하고 아득하나 어찌 만상의 밖으로 벗어나며
寂之又寂之 猶在百家之談	고요하고 고요해도 백가의 懸談에 있다
非像表也 五眼不能見其軀	형상 밖이 아니나 다섯 개의 눈으로도 그 몸체는 보지 못하고
在言裡也 四辯不能談其狀	말 안에 있지만 四辯이라도 그 형상은 말할 수 없다
欲言大矣 入無內而莫遺	크다 말하려 해도 들어갈 속도 없이 남음이 없고
欲言微矣 苞無外而有餘	적다 말하려해도 밖이 없어 남음이 있다.
將謂有耶 一如用之而空	있다 말하랴 한결같이 써도 비어 있고
將謂無耶 萬物用之而生	없다 말하랴 만물이 이용해도 또 남이 있다
不知何以言之 强爲道	무어라 말할지 몰라 억지로 도라 한다
其體也	그 본체는
曠兮其若大虛而無其私焉	텅비어 太虛와 같아서 사사로움이 없고
蕩兮其若巨海而有至公焉	넓어서 큰 바다 같아 지극히 공정함이 있다.
有至公故 動靜隨成	지극히 공정하기에 動靜이 절로 일고
無其私故 染淨斯融	사사로움이 없어 染淨이 녹아버린다
染淨融故 眞俗平等	染淨이 녹기에 眞俗이 평등하고
動靜成故 昇降參差	動靜이 이루기에 높낮이가 어긋난다
昇降差故 感應路通	높낮이가 어긋나기에 감응의 길이 뚫리고
眞俗等故 思議路絶	진속이 평등하기에 생각할 길이 끊긴다

┌─ 思議絶故 體之者乘影響而無方　　生각의 길 끊기기에 몸받는 자 영향을 타도
│　　　　　　　　　　　　　　　　　방향이 없고
│　感應通故 祈之者超名相而有歸─┐감응이 뚫리기에 비는 자 名相을 초월하여
│　　　　　　　　　　　　　　　│귀의함이 있다
└→ 所乘影響 非形非說　　　　　│영향을 탄지라 형태도 아니요, 말도 아니며
　　旣超名相 何超何歸 ←──────┘名相을 초월했으니 어디에 귀의하나
　　是謂無理之至理 不然之大然也　이것을 일러 無理의 至理요, 不然의 大然이
　　　　　　　　　　　　　　　　　라 한다

　이와 같이 각 구는 서로 앞뒤로 연결하면서 無理之至理요, 不然之大然이라는
道의 原體로 귀결하고 있다. 글의 내용에는 전편이 離言的이다. 일상의 논리는
초탈되어 있다. 형상 밖에 있는 것이 아니지만 몸체는 볼 수 없다든가, 말 속
에 있으나 달변가도 말할 수 없다는 것이, 크지만 들어 갈 곳이 없고 적지만
외계를 포용해도 남음이 있다는 것이다. 그러면서 眞俗不二요, 染淨無礙의 平
等圓融으로 유도해간다. 그래서 같은 글 안에 大乘은 말을 여읨에서 논하게 되
고 깊은 믿음은 생각을 끊는 데서 일어나는 것인가(論大乘於離言 起深信於絶
慮哉)라 하였던 것이다.

　위와 같은 문장의 수사적 배려가 당초에 어떤 문학 의식이 있어서 한 것이
아니라 하더라도 그 정연한 언어 질서에는 다분히 문학적 표현 형식이 있으며
작자도 이러한 문학성을 의식하지 않았다고 할 수는 없다. 더구나 불교노래인
게송은 어떤 형식에 구애됨이 없이 교리 내용을 일정한 律文의 형식에 담는 것
이 특징이라면 이러한 표현은 게송의 일종으로 인정하여도 무방하다고 보기 때
문이다. 여기서 각별히 중요한 과제는 게송의 문학적 특질을 살피는 일이다.
왜냐하면 이러한 고찰은 신라 고승들의 經疏를 특징짓는 수사나 문체를 게송과
의 연관 속에서 문학의 범주 안으로 끌어들이는 작업이기 때문이다.

　게송이라 하면 禪家의 詩偈·頌古·歌頌 등을 통칭한다. 게송은 梵語로 가타,
기야라 한다. 伽陀 또는 偈陀(Gatha)를 音譯하면서 偈라 略音化하였던 것이
다. 이것을 意譯하면 頌이 된다. 즉 찬송이란 뜻이 된다. 그러므로 게송이라 함
은 찬송이란 뜻이 梵漢混用된 용어인 셈이다. 偈陀가 원래 韻을 가진 글이었으
므로 그것이 중국으로 건너오면서 漢詩의 고유한 형식에 맞춰지기도 했던 것이
다. 그래서 이 偈陀는 시로서 독립되었고 祇夜도 頌의 뜻이기는 하나, 이것은

경문의 산문을 다시 시의 형태인 게송으로 되풀이 설명한 것이다. 그래서 이것을 重頌이라 하기도 한다.

이것이 다 불경의 문체에 속하는 것으로 대략 세 가지 유형이 있다.

첫째, 長行 또는 契經이라 하여 經에서 義理만을 풀어가는 산문

둘째, 重頌 또는 應頌이라 하여 長行의 산문을 요약 서술하는 詩句

셋째, 伽陀 또는 게송이라 하여 장행의 산문과는 관계 없이 법리를 서술한 詩歌이다.

그러므로 일반적으로 게송이란 둘째 셋째의 것에 해당한다. 이것이 원래 인도문학의 독특한 체제인 것이다. 그들은 산문을 기술한 뒤에 가끔 운문의 게송을 지어 다시 요약하거나, 또는 산문을 기술하기 이전에 운문인 게송을 지어 요강을 전제하기도 한다. 이것은 인도의 문학이 옛부터 입으로 전해진 것이 많았고, 또 신성한 사실을 서술해내기 어려워서, 이러한 체제로 잘 안배하여 운문으로 요약하면 은연 중에 기억력을 돕기 때문이었다고도 한다.[11] 이런 정의에 입각할 때 신라 고승의 經疏는 일단 게송적 특질을 일반적으로 가지고 있다 해야 할 것이다. 『起信論疏』에서는 윗 글과 똑같은 내용인데 뒷 부분을 別記라 부기하면서 4·4조로 정돈시키고 있음에서 더욱 그런 확신이 선다.

위의 글에서 다시 문학론에서 유추될 수 있는 가능성을 찾아보자. '玄之又玄之 豈出萬像之表'라 하였으니 '만상의 表相을 어찌 벗어나랴'하였다. 얼핏 보아 원측이 '能超言名之表'라 하여 표상을 벗어난다는 超表性과 상충되는 듯하나, 이러한 상충은 원측과 원효가 제각기 고려하고 있는 대상의 차이 내에 비롯된다. 하나는 超出이 될 수 없고 하나는 초출이 가능한 것이다. 원측의 표현 대상은 言名이었으니, 言名은 있는 만상에 대한 假名인 언어의 표현이기에 아무리 표현하여도 만상의 실체 그 안에 존재하는 것이다. 따라서 言名을 초출하였지만 만상의 실상 안에 있다. 이렇게 뒤집어 놓고 만상 쪽에서 보면 초출될 수가 없다. 여기에 원효는 豈出萬像之表라 했다. 이것이 바로 그 뒤에 오는 非像表나 苞無內外而有餘와 연결될 것이다. 그러니 玄之又玄之한 것이다.

---

11) 關德棟,「談變文」印度文學有一種最特別的體裁…自古來即多靠口說相傳 尤其神聖的東西更是不能寫出來 所以這種體裁的按排 無形中幫助了他們的記憶力 但是這種體裁輸入中國以後 在中國文學上却發生了不少的意外影響, 『佛敎與中國文學』, 上同書, p.191.

원효가 구사한 수사성도 역시 反常合道이다.[12] '寂之又寂之 猶在百家之談'이
라 하였으니, 寂은 無와 통하는 것이다. 다음의 在와는 완전 상반인 寂無를 어
떻게 말로 표현한단 말인가. 그러나 이 空寂의 묘리를 설한 것이 깨달은 이의
말이다. 그러니 無有而有인 셈이다. 그러면서 다시 '在言裡也 四辯不能談其狀'
이라 하여 또 말할 수 없다는 논리로 격상한다. 이것이 바로 能超名言之表이
다. '欲言微矣 苞無外而有餘'라 했으니 微와 有餘는 또 상충이 된다. 표현하려
니 작다〔微〕는 것이지 더 이상 작을 수 없는 微이다. 그러니 有餘는 언어도단
인 것이다. '引之於有 一如用之而空'이라 했다. 有를 인용하니 항시 空이요,
'護之於無 萬物乘之而生'이라 하였으니 無에서 生을 유도한다. 모든 것이 일상
논리의 초탈이면서 여여한 실상에는 항시 접근하고 있다.

　이렇듯 反·合을 반복하는 層次的[13] 수사법은 絶境이나 超表보다 차원 높은
문학성을 낳는 것으로 이해된다. 결국 겨자씨 안에 수미산을 용납하는(芥子納
須彌) 불교의 공간관을 말하면서도 원효의 수사는 문학 특유의 관조적 섬세성
을 보여주는 동시에 문학적 표현의 한 영역을 개척한 것으로 평가될 수 있을
것이다.

　표현형식이 완전히 시적으로 구성된 사례로는 「大乘六情懺悔」를 손꼽을 수
있다. 이 글은 전편이 4·4조의 장시로 되어 있다. 그러므로 4언시의 게송이라
하여도 무방할 것이다. 그것이 비록 참회문이기 때문에 교의적 내용으로 일관
되었다 하더라도 그 중에서도 번뇌를 꿈으로 비유하는 대목은 꿈 속에서 또 한
겹의 꿈을 꾸는 복합적 공간의 구성을 시도하고 있다는 점에서 매우 흥미롭다.
자세한 것은 장을 달리하여 살피기로 한다.

　위에서 대략 살펴보았듯이 원효는 문학작품으로 서술한 것은 별로 없지만,
모든 疏에서 보여준 4·6체의 騈儷文이나 4·4체의 頌詩는 鄕札文學의 수준을
훨씬 뛰어넘은 훌륭한 문학이다. 이렇듯 원효의 송시는 永嘉 大師의 證道歌의

---

12) 禪師들의 公案과 話頭는 일상성의 논리 곧 상식을 초월한 것이지만 상식 밖
　　의 이야기로만 간주되어서는 안된다. 벗어나는 상식이면서도 오히려 진리에
　　부합된다. 이것을 文學論的으로 설명한 사람이 蘇軾이다. "詩以奇趣爲宗 反常
　　合道爲趣"라 하였다.

13) 中國文化大敎授 巴壺天이 『禪學講議』에서 禪師의 話頭 公案의 表現法을 다섯
　　가지로 말하면서 層次性을 든 것이 있다. 筆者는 여기에 동의하면서 否定性을
　　絶慮라 하고 層次性을 漸層이라 하여 『高麗의 禪詩』의 '禪詩論'에서 정리한
　　바 있다.

영향을 받은 3·3·7·7·7조의 歌頌인 懶翁 和尙의 三歌가 나오기 이전의 歌頌
이었던 만큼 불교가송의 통시적 맥락에서 매우 의미 있는 위치를 차지한다. 더
구나 원효의 『起信論疏』가 淸凉澄觀 大師에게 영향을 미쳤다는 점은[14] 당시
우리의 불교가 해외로 전파되었다는 점에서만이 아니라, 우리의 문학이 그들에
게 널리 알려진 계기도 되었다고 보아져 더욱 의의 있는 일이다.

4. 偈頌의 보편화와 佛敎詩歌의 맥락

앞에서 해명한 대로 불교 경전에 대한 주소는 운문과 산문이 공존하는 양식
을 취했다는 점에서 이미 문학적 표현에 접근할 소지를 안고 있었다. 그러나
경전 주소의 문학성은 일반적인 의미에서의 문학을 보는 것과는 다른 시각에서
접근되어야 한다. 이러한 요청의 불가피한 사정을 시사하는 것이 바로 偈頌의
형태이다. 그것은 동양문학의 체계에서 한시와 구별되는 變文의 범주에 소속되
며 俗文學의 통시적 양상 가운데 하나로 처리된다.

요컨대 게송은 전통적인 한시문학과는 그 형식을 달리 하면서도 일정한 시가
로서의 위치를 차지해 왔던 것이다. 고승들이 남겨 놓은 시가는 이렇듯 전통적
한시와는 다른 계통의 문학으로 간주하면서 역사적 발전의 맥락을 세워야 하리
라고 본다.

이러한 필요에서 우리는 원효의 「大乘六情懺悔」를 게송의 일종으로 살펴보
았던 것인데, 이제 게송의 역사적 맥락을 세움에 있어서 간과할 수 없는 작품
의 하나가 義湘 大師의 「華嚴一乘法界圖」이다. 그것이 비록 문학적 창작을 의
식하고 쓰여진 것이 아니라 하더라도 華嚴學의 要諦를 설파함에 있어서 한시의
7언적 형식을 빌었고, 그 結構의 치밀성을 보였다는 점만으로도 문학적 요소는
쉽게 인정된다. 그러므로 이 법계도는 장을 달리하여 구체적으로 논증하기로
한다.

이 의상의 법계도는 그 뒤 明晶의 「海印三昧圖」에 직접 영향이 있었음도 아
울러 밝혀둔다. 明晶의 「海印三昧圖」도 7언 30구 210자이나 다만 각의 회전
방향에 약간의 차이점이 있다.

------

14) 『宋高僧傳』 卷五, 淸凉澄觀傳 "又於准南法藏 受海東起信論疏義"

大賢은 그 방대한 注疏에 비하여 게송은 그리 많지 않으나, 疏中에 인용된 게송들은 그가 여타의 게송도 있었으리라는 심증을 갖게 하며, 慧超(704~787)는 이미 『往五天竺國傳』으로 이미 문학적 평가를 얻었거니와 그 안에 있는 5수의 시는 한시의 격조 높은 경지를 보여준 것으로 인정된다. 그 외에 「大乘瑜伽金剛性海曼殊室利千臂千鉢大敎王經序」의 說經頌은 게송으로 重頌에 해당하는 좋은 자료이다.

이상에서 신라 고승들이 이미 많은 게송을 남기고 있음을 대략 살폈다. 이것은 신라 시대에 불교의 심화가 종교적 교리의 발전만이 아니라 불교문학 나아가서는 우리 문학의 활발한 전개를 가져왔다는 점을 방증한 셈이다.

5. 결어

본 논고는 우선 우리 문학의 역사적 맥락을 짚어 보자는 취지에서 착수되었다. 문자의 기록이 남기 시작한 신라의 문화에서 우리 문학의 싹은 상당히 자라고 있지 않았을까 하는 생각에서 시작하여, 보다 시간이 오래된 기록에서 우선 불경의 注疏를 택한 것이고 그 注疏가 비록 불교적 교리의 서술이었다 하더라도 서술된 내용은 작자의 의식이요, 사유라 할 때 사유의 표현을 문자로 빌려서 했다면 그 사유의 내용이 다분히 문학으로 승화될 수 있지 않았겠느냐는 기본 방향에서 문학적 접근이 가능한 부분을 추출해보았다.

그 결과 원측의 글에는 문학에서 귀히 여겨야 할 絶境이나 超表와 같은 보다 높은 이론이 있음을 알았다. 이것은 禪에서 離言絶慮와 같은 絶慮性이 높은 선시문학이 등장할 소지를 마련한 것이며, 현대문학에서 초현실주의와 같은 사조에도 접맥될 가능성을 발견한 것이다. 같은 시대의 원효에게서도 궤를 같이하는 문학적 논리의 추출이 가능했고, 그 밖에도 불교 가송의 주류인 偈頌을 직접 구사한 흔적을 보았으니 「大乘六情懺悔」는 게송의 범주에 들면서도 후대의 4언시 장편이 등장할 소지를 안고 있음을 보았다. 「龍飛御天歌」와 같은 4언 장시와도 軌를 같이 한다 할 수 있겠으나, 이는 다만 형식의 문제일 뿐 내용이나 작시의 의도가 僧·俗이라는 차이 때문에 완전한 同軌로 말할 수 없는 점이 유감스러울 따름이다.

그 뒤의 의상의 「華嚴一乘法界圖」는 게송의 본격적 구사이며 한 편의 장시

를 조직적 형식으로 묶은 하나의 도형화라는 점에서 문학적 내용은 논외로 하
더라도 수사적 배려의 기교성에는 특기해야 할 일면이 있음을 알았고, 그것이
후대 明晶의 「海印三昧論」에 직접 영향되었음도 주목되는 일이었다. 그 밖에
도 많은 고승의 게송이 이어지며, 慧超는 『往五天竺國傳』의 문학적 작품 외에
重頌인 게송 한 편을 통해서 불가 가송의 특질을 잘 보여준 예라 하겠다.

　이처럼 신라시대 고승들의 경전주소는 특정한 철학적·종교적 교리의 서술을
넘어서서 우리 문학의 차원 높은 이론과 실천의 한 양상을 구현했으며, 아울러
게송이라는 독자적인 형식과 연결되어 후대의 문학적 발전의 계기가 되었다.
그리고 이와 같은 불교문학의 보편화는 향가가 난숙한 경지에 도달하는 데에도
크게 공헌했다고 믿는다.

元曉의 시문학
−大乘六情懺悔를 중심으로−

1. 서론

신라문학을 다룸에 있어서 당시의 우수했던 문화 유산에 비해서 문학 유산이 많지 못한 것으로 인식되는 점을 부인할 수는 없다. 이러한 점은 여러 가지 이유가 있겠지만 기록된 자료가 많지 못한 것에 일차적 원인이 있기도 하다. 반면 문학으로 수용하기 위하여 당시의 문학적 성격과 현 시점에서 보는 문학의 정의에 약간의 차이가 있는 것도 사실이다. 오늘날과 같이 문학의 장르적 분파가 분명하지 않았던 당시의 문학을 오늘의 장르적 규정으로 볼 때 선뜻 문학으로 수용하기에 주저스러운 점이 있기 때문이다.

이러한 점이 문제가 되어 신라시대 불경의 疏에서 보이는 문체나 내용을 검정하면서 충분한 문학성을 지녔다고 보려 하였다.

圓測의 『佛說般若波羅蜜多心經贊』에서 "至理幽寂 妙絶有無之境 法相甚深 能超名言之表"라 한 말에 의거하여 絶境主義·超表主義 또는 超絶主義의 문학이론으로 수용할 수 있다고 보았으며, 元曉의 『法華宗要』에서 "文巧義深 無妙不極 辭敷理泰 無法不宣"란 대목에서 文巧 辭敷는 문학적 표현의 精緻性이고, 義深 理泰는 문학적 내용의 진실성으로 수용해보았다.

이렇듯 신라시대에 이미 뛰어난 문학론이 있었음에도 불구하고 여기에 상응하는 문학의 실체가 많지 못하였음이 항시 아쉬움으로 남는 것이다. 본 논고는 이러한 아쉬움에 조금이라도 보완이 될 수 있는 자료로서 원효의 「大乘六情懺悔」를 문학작품의 하나로 규정하면서 그렇게 보아야 할 타당성을 도출해보려는 것이다.

2. 4언시로 보는 근거

「大乘六情懺悔」에 대한 논고는 여러 면에서 시도된 바가 있다.[1] 이러한 논고는 모두 참회의 사상적 배경에 초점을 두면서 文으로 이해했고 詩로 보는 견해는 없다.

그러나 文이 아닌 詩로 보고자 하여 그 일부를 앞장에서 검정하였다. 4언 270구의 장시이다. 李箕永이 「中國古代佛敎와 新羅佛敎」에서 梁 武帝의 『慈悲道場懺悔法』과 대비하면서 전편을 4언 4구의 句讀로 하여 소개하였으나, 시로 보고자 하지는 못했다. 이 4언 4구의 구두를 바른 해독으로 수긍하면서 논의의 편의를 위하여 전편을 우선 인용한다.

1. 若依法界 始遊行者 於四威儀 無一唐遊
2. 念諸佛 不思議德 常思實相 朽銷業障
3. 普爲六道 無邊衆生 歸命十方 無量諸佛
4. 諸佛不異 而亦非一 一卽一切 一切卽一
5. 雖無所住 而無不住 雖無所爲 而無不爲
6. 一一相好 一一毛孔 遍無邊界 盡未來際
7. 無障無礙 無有差別 敎化衆生 無有休息
8 所以者何
9. 十方三世 一塵一念 生死涅槃 無二無別
10. 大悲般若 不取不捨 以得不共 法相應故
11. 今於此處 蓮華藏界 盧舍那佛 坐蓮花臺
12. 放無邊光 集無量衆生 轉無所轉 大乘法輪
13. 菩薩大衆 遍滿虛空 受無所受 大衆法樂

---

1) 李箕永,「中國古代佛敎와 新羅佛敎」『韓國古代文化와 隣接文化와의 關係』韓國精神文化硏究院, 서울. 1981.
木材淸孝,「大乘六情懺悔の基礎的硏究」『韓國佛敎學 seminar』新羅佛敎硏究會, 東京, 1985.
金鉉峻,「元曉의 懺悔思想」 -大乘六情懺悔를 中心으로- 佛敎硏究 2號, 韓國佛敎硏究院 1986.
鄭舜日,「大乘六情懺悔考」『元曉硏究論叢』
金柄煥,「元曉의 大乘六情懺悔硏究」東國大學校 大學院, 1987.

14. 而今我等　同在於此　一實三寶　無過之處
15. 不見不聞　如聾如盲　無有佛性　何爲如是
16. 無明顚倒　妄作外塵　執我我所　造種種業
17. 自以覆弊　不得見聞　猶如餓鬼　臨河見火
18. 故今佛前　深生慚愧　發菩提心　誠心懺悔
19. 我及衆生　無始以來　無明所醉　作罪無量
20. 五逆十惡　無所不造　自作敎他　見作隨喜
21. 如是衆罪　不可稱數　諸佛賢聖　之所證知
22. 已作之罪　深生慚愧　所未作者　更不敢作
23. □此諸罪　實無所有　衆緣和合　假名爲業
24. 卽緣無業　離緣亦無　非內非外　不在中間
25. 過去已滅　未來未生　現在無住　故所作
26. 以其無住　故亦無生　先有非生　先無誰生
27. 若言本無　及與今有　二義和合　名爲生者
28. 當本無時　卽無今有　當今有時　非有本無
29. 先後不及　有無不合　二義無合　何處有生
30. 合義旣壞　散亦不成　不合不散　非有非無
31. 無時無有　對何爲無　有時無無　待誰爲有
32. 先後有無　皆不得成　當知業性　本來無生
33. 從本以來　不得有生　當於何處　得有無生
34. 有生無生　俱不可得　言不可得　亦不可得
35. 業性如是　諸佛亦爾
36. 如經說言
37. 譬如衆生　造作諸業　若善若惡　非內非外
38. 如是業性　非有非無　亦復如是　本無今有
39. 非無因生　無作無受　時節和合　故得果報
40. 行者若能　數數思惟　如是實相　而懺悔者
41. 四重五逆　無所能爲　猶如虛空　不爲火燒
42. 如其放逸　無慚無愧　不能思惟　業實相者
43. 雖無罪性　將入泥梨　猶如幻虎　還呑幻師
44. 是故當於　十方佛前　深生慚愧　而作懺悔

45. 作是悔時 莫以爲作 卽應思惟 懺悔實相
46. 所悔之罪 旣無所有 云何得有 能懺悔者
47. 能悔所悔 皆不可得 當於何處 得有悔法
48. 於諸業障 作是悔已 亦應懺悔 六情放逸
49. 我及衆生 無始已來 不解諸法 本來無生
50. 計我我所 妄想顚倒 內立六情 依而生識
51. 外作六塵 執爲實有 不知皆是 自心所作
52. 如幻如夢 永無所有 於中橫計 男女等相
53. 起諸煩惱 自以纏縛 長沒苦海 不求出要
54. 靜慮之時 甚可怪哉 猶如眠時 睡蓋覆心
55. 妄見己身 大水所漂 不知但是 夢心所作
56. 謂實流溺 生大怖懅 未覺之時 更作異夢
57. 謂我所見 是夢非實 心性聰故 夢內知夢
58. 卽於其溺 不生其懅 而未能知 身臥床上
59. 動頭搖手 勤求永覺 永覺之時 追緣前夢
60. 水與流身 皆無所有 唯見本來 靜臥於床
61. 長夢亦爾 無明覆心 妄作六道 流轉八苦
62. 內因諸佛 不思議薰 外依諸佛 大悲願力
63. 髣髴信解 我及衆生 唯寢長夢 妄計爲實
64. 違順六塵 男女二相 並是我夢 永無實事
65. 何所憂喜 何所貪瞋 數數思惟 如是夢觀
66. 慚慚修得 如夢三昧 由此三昧 得無生忍
67. 從於長夢 豁然而覺 卽知本來 永無流轉
68. 但是一心 臥一如床
69. 若離能如是 數數思惟 雖緣六塵 不以爲實
70. 煩惱豁愧 不能自逸
71. 是名大乘六情懺悔

　위와 같은 분류로 보면 1련 4언 4구 71련의 장시가 된다. 이렇듯 시로 보았
을 때 誤脫字 등의 몇 가지 의문이 제기된다(聯 앞의 숫자는 논의의 편의를 위하
여 필자가 붙인 것이다.)

1련의 제4구 제3자의 ‘唐’의 해석이 의아스러운 점을 면할 수가 없다. ‘황당하다’의 의미로 ‘황당하게 노닌다’ 할 수도 있으나,[2] 선뜻 납득되지 않는 점이 있다.

2련 첫구의 3자는 빠진 자가 있는 듯하다. 제3구의 ‘常思實相’의 대구로 볼 수 있기에 ‘常念諸佛’이라 하여 ‘常’자일 수도 있으나, 같은 자의 중복이니 ‘恒’자의 탈자로 보아 ‘恒念諸佛’이라 할 수 있을 듯도 하나 단정할 수는 없다.

12련의 제2구 ‘集無量衆生’의 ‘生’자는 불필요한 첨가로 이해된다. 제1구 ‘放無邊光’의 대구로 이루어졌으므로 ‘集無量衆’으로서 만족하기 때문이다. ‘衆’자 자체로 ‘衆生’의 의미는 충분히 포용된다.

25련의 제3·4구에는 탈자가 있는 듯하다. 제1·2구의 의미로 보아 제3구를 ‘現在無住’로 보고 제4구의 ‘故所作’의 어디엔가 탈자가 있는 것으로 보인다. ‘故無所作’이라 하면 ‘그러므로 짓는다는 행위도 없다’하여 의미 연결에는 큰 무리가 없는 것 같으나, 단언하기는 어렵다.

제69련의 첫구의 ‘若離能如是’도 불필요한 한 자가 첨가된 듯하다. 불교 게송의 일반적인 수사로 보더라도 ‘若能如是’로 만족할 것 같다. 아무래도 ‘離’자는 의미없이 삽입된 듯하다.

위와 같은 오탈자의 가능성을 전제로 하면서 李箕永의 聯의 분류에[3] 몇 가지 다른 견해가 있었음도 아울러 밝혀 둔다. 연의 분류가 전편의 시 해석에 영향을 주기 때문이다. 李箕永은 9련의 제4구 ‘無二無別’을 독립된 항으로 처리하였으나, 시의 흐름으로 보아 ‘生死涅槃 無二無別’로 이어지는 것이 자연스럽다.

65련은 ‘何所憂喜 何所貪瞋’의 두 구만을 두고 있으나, 그래야 할 이유를 발견할 수가 없다. 4구의 한 연으로 하여 ‘數數思惟 如是夢觀’까지 이어져야 다음의 69련까지 4구로서 무리없이 이어진다. 그렇게 되면 66·67·68련도 4구 1연으로 자연스럽게 이어진다. 69련도 ‘若離能如是’ 단구로 처리하였으나, 다음 세 구를 이어 4구1연으로 하는 것이 자연스럽다.

이와 같이 연을 구분하고 보면 다음과 같은 몇 가지 특징적인 사실이 드러난

---

2) 金柄煥, 前揭書, p.42에서 原文과 對譯하면서 “헛된 행동을 함이 없다”로 풀기도 하였다.

3) 李箕永의 上揭論文에서는 4句로만 나누었을 뿐 聯으로 처리하지는 않았고 연의 숫자 표시는 筆者가 편의상 사용한 것이다.

다. 제8련의 '所以者何'의 單句와 36련의 '如經說言'의 單句이니, 이것이 바로 이 시의 논리성이 정연하다는 점을 이해하게 한다.

1~8련까지 서론적 주제의 제시이고, 8련의 '所以者何'로 다음에 그 이유를 설명하는 것이 되며, 36련의 '如經說言'으로 논증에 대한 확실한 예증을 경전으로써 뒷받침하고 있는 것이다.

35련과 70련에서 각각 두 구로 된 것은 위의 사실을 결론짓는 구이고, 71연을 8자 單句로 보거나 2구로 나누어 '是名大乘六情懺悔'로 보더라도 이 시의 총결구로 삼은 것이다. 이렇게 보면 이 시는 구성에 있어서도 정연한 논리성을 지녔다고 볼 수가 있다.

3. 구성의 검토

「大乘六情懺悔」를 논고한 여러 논문들에서도 구성에 대한 검토가 시도되고 있다. 이러한 검토는 文으로서의 논리적 구성과 내용의 단락에 의한 검토이기에 각기 의미를 가지고 있는 점이 인정된다. 그러면서도 시로 본 견해가 아니기 때문에 다시 한번 검토할 필요가 있다고 생각된다. 우선 논자들의 구성을 먼저 제시하고 의견이 있는 점을 살펴보자.

金鉉峻은 7단락으로 나누었다.

	구 분	본 문	필자의 연 번호
1	大前提	若依法界~無量諸佛	1련~3련
2	十方諸佛	諸佛不二~法相應故	4련~10련
3	佛國 속의 衆生	今於此處~臨河見火	11련~17련
4	元曉의 事懺	故今佛前~更不敢作	18련~22련
5	罪業의 本性	口此諸罪~諸佛亦爾	23련~35련
6	大乘의 理懺	如經說言~得有悔法	36련~47련
7	大乘六情懺悔	① 亦應懺悔~甚可怖哉	48련~54련
		② 猶如眠時~靜臥於床	54련~60련
		③ 長夢亦爾~六情懺悔	61련~끝련

鄭舜日은 5단으로 구분하였다.

	구 분	본 문	필자의 연 번호
1	歸命三寶章	若依法界～大乘法樂	1련～13련
2	發心懺悔章	而今我等～更不敢作	14련～22련
3	罪業無生章	口此諸罪～還呑幻師	23련～43련
4	六情懺悔章	於諸業障～臥一如床	48련～68련
5	勸不放逸章	若離能如是～六情懺悔	69련～끝

金柄煥은 3단으로 구분하였다.

	구 분	본 문	필자의 연 번호
1	序 文	若依法界～無量諸佛	1련～3련
2	本 論		
	1) 諸佛의 說法	諸佛不異～大乘法樂	4련~11련
	2) 衆生의 懺悔	而今我等～得無生忍	14련~67련
	(1) 二種懺悔		
	大乘懺悔		
	六情懺悔		
	(2) 究竟覺의	從於長夢～臥一如床	67련~68련
	成就		
3	結 論	若離能如是～六情懺悔	69련～끝

위와 같은 분단은 시의 구성으로 본 것이 아니고 어디까지나 하나의 文으로 보아, 文意의 내용에 따른 분류이다. 따라서 논자 나름의 견해에 각기 일리가 있다.

필자는 한 편의 장시로 보기 때문에 시로서의 구성으로 분단을 시도해보고자 한다. 위에서도 언급하였듯이 이 시의 구성은 전편이 정연하게 되어 있다. 이 논리의 정연한 점 때문에 시로 보지 않고 한 편의 논문으로 보았던 諸家들의 견해가 있었던 것이다. 서론, 본론, 결론으로 되어 있으면서 본론에서 歸命諸佛해야 함을 전제하고 그 이유와 예증을 들어 여러 측면에서 논증하고 방일하지 말 것으로 결론지으면서 본 시의 제목으로 맺었던 것이다. 다음에 각 소절의 분단을 들어본다.

① 大前提

1련 若依法界~2련 朽銷業障

法界에 의지하려고 한다면 行·住·坐·臥의 四威儀의 몸가짐이 헛되지 않아야 한다. 말머리의 ‘若’자에 유의할 필요가 있다. ‘만약’이라는 가정문 같지만 이것이 바로 시인의 여유있는 표현이다. ‘~것 같으면’은 해야 한다는 당위적 표현이기도 하다. 그럴 필요가 없는 사람에게는 어떠한 권유도 필요가 없는 것이다. 항상 모든 부처의 논의를 초월하는 덕을 생각하고 참다운 실상을 생각하여 業障을 없애야 한다는 논리이다. 이렇게 볼 때 2련으로 대전제를 삼아 한 단락을 지었다.

② 歸依諸佛

3련 普爲六道~7련 無有休息

위 대전제의 주제는 ‘朽銷業障’이다. 무엇을 참회할 것이며 어떻게 참회할 것인가, 이 대전제가 업장을 녹여 없애는 것이다. 업장을 朽銷하려면 어떻게 할 것인가. 그것이 바로 모든 부처에게 귀의하는 것이다. ‘普爲六道 無邊衆生 歸命十方 無量諸佛’은 앞 단락을 이으면서 六道에 미혹한 중생을 위하여 이 미혹을 벗으려면 모든 부처에게 귀의해야 한다는 것이다. 위에서 참회해야 한다는 전제 밑에서, 참회의 첫 방편으로서 우선 부처에게 귀의해야 한다는 권고이다. 이렇듯 부처에게 귀의하려면 부처가 무엇인지 알아야 한다. 그래서 ‘諸佛不異’로 시작하여 시공을 초월하여 차별이 없는 부처의 교화가 쉬임이 없음을 말한 것이 본 단락의 구성이다.

③ 得不共法

8련 所以者何~10련 法相應故

歸依諸佛해야 하는 이유를 말한 것이다. ‘그 까닭이 무엇이냐〔所以者何〕.’하여 먼저 설문을 해놓고 ‘不共法과 상응하기 때문이다〔以得不共 法相應故〕.’라 하여 해답을 제시한 것이니 문답식의 구성이 자연스럽다. ‘何’와 ‘故’자의 상응에 문맥이 자연스럽게 이어진다.

④ 大乘法樂

11련 今於此處~13련 大乘法樂

위에서 제시한 ‘十方三世’는 초월된 시공이다. 이 초월된 시공 속에서 항시 不共의 佛法과 상응할 수 있지만 참회해야 하는 중생의 실체는 ‘지금’‘여기’에 있는 것이다. 그러기에 본 단락에서는 ‘今於此處’라 하여 시간적으로 ‘지금’, 공간적으로 ‘이 곳’이라 전제하고 지금 여기에도 蓮花臺에 앉은 盧舍那佛이 굴릴 것도 굴리는 것도 없는 大乘法輪을 굴리고, 누릴 것도 누리는 것도 없는 大乘法樂을 누리고 있다는 것이다.

⑤ 無明衆生

14련 而今我等～17련 臨河見火

위에서 보듯이 지금 이곳에 노사나불께서 가없는 빛을 놓으시어 대승의 법륜이나 법락을 펴지만, 우리 대중은 無明에 전도되고 있다. 단락 서두의 '而'자를 유의하여 음미할 필요가 있다. 윗 단락을 이으면서 '그러하건만'이라는 안타까운 표현이다. 지금 우리는 함께 이 곳에 앉아 있다〔同在於此〕. 이곳이 어디인가. 윗 단락의 '今於此處'의 이곳이다. 노사나불이 연화대에 앉아 있는 이곳이다. 平等 無差別의 眞如 一實로 三寶의 이 허물없는 곳이다. '불성이 없는 것인가. 왜 이러한가〔無有佛性 何爲如是〕' 참으로 안타깝다. 무명으로 전도되고 스스로 가리웠으니 아귀가 강가에 이르러 물빛을 불로 보는 것과 무엇이 다르랴는 안타까움이다.

⑥ 誠心懺悔

18련 故今佛前～22련 更不敢作

위와 같은 無明顚倒를 부끄러워해야 하고, 부끄러워한다면 참회해야 한다. 참회한다면 무엇을 참회해야 한다는 말인가. 이것이 바로 19련에 이어지는 '作罪無量'이다. 한없이 지은 죄인 것이다.

衆罪와 참회의 관계를 다음과 같이 논하고 있다.

무엇을 수행으로 나아가는 방법이라 하는가…중략…사람들이 만약 믿는 마음으로 수행하더라도, 선세 이래로 많은 중죄의 업장 때문에 사악한 여러 마귀에게 뇌란되었거나, 세상 갖가지 일에 얽매이었거나, 혹은 병고에 시달리거나 하는 많은 장애가 있다. 이러므로 용맹 정진하여 밤낮으로 여러 부처에게 예배하고 성심으로 참회하여 기쁨으로 권하고 보리로 돌아가, 항상 쉬지 않으면 모든 장애를 벗어나 착한 밑뿌리를 북돋울 것이다.[4]

云何修行進門…中略…若人雖修行善心 以從先世來 多有重罪惡業障故 爲邪魔諸鬼之所惱亂 或爲世間事務種種牽纏 或爲病苦所惱 有如是等衆多障礙 是故 應當勇猛精勤 晝夜六時禮拜諸佛 誠心懺悔 勸請隨喜 廻向菩提 常不休廢 得免諸障 善根增長故

---

4)『大乘起信論疏別記』韓國佛敎全書 第一册 p.780, C 東國大學校佛典刊行會.

이렇듯 모든 죄의 業障을 참회로써 면할 수가 있다 하였으니, 이 시에서 '如是衆罪 不可稱數'는 위의 기신론의 '有如是等衆多障礙'와 일치하며, '發菩提心 誠心懺悔'는 기신론의 '誠心懺悔 廻向菩提'와 일치되는 詩化語들이다. '如是衆罪 不可稱數 諸佛聖賢 之所證知'가 바로 위에 인용한 기신론과 같이 여러 經論에서 이미 말했다는 뜻이 되겠다. 본 단락의 논지는 부처 앞에 부끄러워하고 부끄러우면 참회하고, 참회하고 나면 다시 죄를 짓지 말라는 정연한 논리로 일관되어 있다.

⑦ 罪業本無

23련 □此諸罪~26련 先無誰生

본 단락의 서두 □로 남아 있는 빠진 자는 위아래 문맥으로 보아, '如'자로 추정해보면 어떨까 생각된다. 위에서 '모든 헤아릴 수 없는 죄를 참회하라'하였으니, '이러한 모든 죄는 실로 있는 것이 아니라'고 전제하고, 왜 없다고 말해야 하는 이유를 논증하기 때문이다. 죄의 실상이 존재하는 것이 아니라, 뭇 인연과 어울려 業이라는 가명을 얻게 된 것이다. 그래서 이 단락에서는 업장에 대한 설명을 하고 있다. 本無 今有 非有 非無의 긍정 부정의 반복 설명이다. 이렇게 볼 때 대전제에서 제시한 '업장을 녹인다'의 연속적 서술이다. 업장을 녹여야 한다 했으니 업장이 무엇인지 되풀이 설명할 수밖에 없는 것이다.

⑧ 業性本來無生

27련 若言本無~35련 諸佛亦爾

윗단락에서 죄업이 先有도 先無도 아닌 것으로 맺었으니, 본 단락에서 이 논리를 이으면서 '本無'와 '今有'의 두 상반된 사실이 어울려서 '生'이라는 이름을 얻었다고 가정해놓고, 모순 상배하는 여러 사실에서 긍정을 도출한 것이다. 단락을 '若'이라는 가정적 어법을 쓴 것부터가 자신의 논증을 분명히 하려는 높은 수사법이다. 원래 없었다면〔本無〕 이제 있다〔今有〕 함이 있을 수 없고, 이제 있다 한다면 본래 없다 함도 논리의 모순이다. 이렇듯 앞뒤가 맞지 않고〔先後不及〕, 있다 없다 함이 하나로 어울릴 수 없는〔有無不合〕 것이지만 삶의 현 당체에서 보는 존재, 다시 말하면 태어남〔生〕이라고 함은 어디에서 온 것인가. 어울림이 없다면 흩어짐은 있어야 하나 흩어짐 또한 없으니, 이것이 바로 中道의 원리라고나 해야 할 것인가. 禪詩의 反常合道적 수사성이라 해도 무방하리라.

그래서 본 단락의 결론이 '말로서 이해할 수 없다〔言不可得〕.'하여 모든 業性

이나 모든 부처가 역시 그러하다 한 것이다. 본 단락이 이 시에 있어서 가장 깊은 논리를 함축하고 있다 하겠다. 참회를 위한 깨우침을 위해서 긍정 부정의 반복되는 논리를 구사하여 두 끝에 머무르지 않는〔不落兩邊〕 중도적 논증으로 모순의 궁극적 합일을 꾀하고 있다.

⑨ 果報

36련 如經說言～39련 故得果報

위의 8단락까지를 하나의 큰 단락으로 보아 無明衆生의 업성을 논증하고, 여기에서 문맥의 큰 흐름을 바꿔 經의 말씀을 예증으로 들어 과보에 대한 설명으로 이해된다. 23련의 '衆緣和合 假名爲業'과 본 단락의 39련 '時節和合 故得果報'를 상대적으로 이해할 때 죄업에 대한 과보를 설명한 사실임이 자명하다. ⑦, ⑧단락의 주된 내용이 무명 중생이 짓는 업성이 있음도 아니요 없음도 아니지만, 지금에 존재하고 있다〔今有〕는 사실이 바로 時節和合이기에 과보를 얻는다고 하여 이 뒤에 오는 큰 단락의 전제가 되어 다음 단락으로 이어지고 있다.

⑩ 懺悔와 不懺悔

40련 行者若能～43련 還呑幻師

윗단락에서 본 과보가 업성의 여여한 참모습을 알지 못해서 그런 것이라면, 수행자는 이 참모습을 늘 생각하여 참회해야 할 것이다. 그러나 그 실상이 있음도 아니요, 없음도 아니니 저 허공이 불로써 태워지지 않는 것과 같다. 그렇다 해서 부끄러움이 없이 여여한 실상을 생각하지도 않으면, 죄성이 없더라도 지옥에 떨어질 것이니, 마치 마법사 자신이 마술을 부리는 호랑이에게 잡혀 먹는 것과 같다.

본 단락은 다시 전후 2분절로 되어, 앞부분은 참회의 경우, 뒷부분은 불참회의 경우를 조리 정연하게 서술하였다. 앞소절은 '行者若能'으로 시작하여 수행자가 할 수 있을 때의 경우이고, 뒷소절은 '如其放逸'로 시작하여 수행하지 않을 경우을 말했으니, 앞에서의 '若'자와 뒤에서의 '如'자의 가정적 제시의 대응이 명확하다. 한편 앞소절에서는 '思惟而懺悔者'요 뒷소절에서는 '不思實相者'로 대응된다. 그러면서 앞뒤의 결론적 비유 또한 시적 風味를 더해 주고 있다.

'猶如虛空 不爲火燒'와 '猶如幻虎 還呑幻師'로 수행하는 이와 수행하지 못하는 이를 대비시키고 있다.

⑪ 懺悔法

44련 是故當於～48련 六情放逸

윗단락에서 수행자의 참회가 마땅한 것이라 하였으니, 본 단락에서 참회의 방법을 말할 수밖에 없다. 우선 참회의 순서부터 제시하였다. 시방의 모든 부처에게 부끄러워하는 마음부터 가져야 한다. 그러고서 참회를 하되, 참회한다는 생각이나 행동을 할 것이 아니라 참회의 여여한 실상을 생각하라는 것이다. 위에서도 보았듯이 참회의 죄성이 있음도 없음도 아니라 하였으니 참회해야 할 능동적인 주체나 참회될 피동적 대상도 없게 된다는 것이다. 이럴 때 모든 업장이 참회되고, 그런 뒤에 지금 존재하여 행위되고 있는 六情마저도 떨쳐버려야 한다는 것이다.

⑫ 妄想 煩惱

49련 我及衆生～53련 不求出要

위에서 참회의 방법이나 효과를 말하였지만, 안되는 이유가 무엇일까. 그것은 모든 진리〔法〕가 본래 남〔生〕이 없고 여여한 실상 그대로임을 이해하지 못하기 때문이다. 망녕된 생각으로 전도되어 나〔我〕인 六情과 나의 대상〔我所〕인 六塵에 얽매이면서, 이것이 마음이 지어내는 알음알이의 번뇌임을 알지 못하는 것이다. 번뇌의 얽매임, 이것이 바로 고해인데, 이 고해에 빠져 길이 헤어나지 못하고 있는 것이다.

본 단락의 구성도 정연한 논리를 가지고 있다. 우리 중생은 모든 진리를 이해하지 못한다는 말을 전제해 놓고, 이 전제에서 전도되고 망녕된 생각이 일게 된다는 것이다. 이어서 ‘我’와 ‘我所’의 대칭을 제시하면서 我에 해당하는 ‘內立六情’과 我所에 해당하는 ‘外作六塵’을 말하고, 六情에서 오는 ‘生識’과 六塵에서 야기되는 ‘執實’이 모두 ‘自心所作’임을 밝혔다. 이것이 모두 망상의 전도이고, 여기에서 번뇌가 일어 고해에 빠져 헤어나지 못한다는 것이다. 이렇듯 전 단락이 대칭 인과의 관계로 정연하게 이어지고 있다.

⑬ 夢中夢

54련 靜慮之時～60련 靜臥於床

이 단락이 본 시에 있어서 절정을 이룬 부분으로 이해된다. 위에서 보아온 망상의 번뇌에 얽매여 참회하지 못하는 것을 꿈으로 비유하여 꿈 속에 꿈이 되풀이되는 장면을 여실하게 묘사하고 있다. 고요히 생각하는 靜慮란 참회의 한 방편이다. 그러기는 하나 정려 자체가 괴상하다는 것이다. 마치 졸음이 마음을 덮고 있는 것과 같다는 것이다. 이것은 45련의 ‘作是悔時 莫以作爲’와 연계하여 이해해야 되겠다. 참회한다는 생각을 하게 되면 이미 참회가 아니요, 그 생각이 바로 졸음이 마음을 덮은 것〔睡蓋覆心〕과 같은 것이다.

앞단락의 '妄想'과 본 단락의 '妄見'이 서로 상응하면서, 앞단락에서는 알음알이의 六識으로 상상하지만, 이 단락에서는 꿈으로 변하여 실상으로 보고 있는 것이다. 이 점이 바로 문학으로서의 구체적인 묘사가 된 것이다. 물에 빠진 꿈을 꾸고 놀라면서 꿈속에서도 이것이 꿈인 줄을 알고 겁내지 않지만, 내 몸이 침대 위에 평안이 누워 있음은 모른다. 그러다가 수족을 흔들어 꿈을 깨고 나서야 꿈속의 일이 사실이 아님을 알게 된다.

⑭ 無明覆心

61런 長夢亦爾~64런 永無實事

윗단락에서 꿈의 실례를 들고, 본 단락에서 망상전도에 사로잡힌 대중은 긴 꿈에 잠겨 있음을 말했다. 앞 단락의 비유는 본 단락의 현실을 비유한 구성이 된다. 이렇듯 긴 꿈에 잠기게 되는 것은 무명이 마음을 덮고 있기 때문이다. 이 무명을 벗으려면 안으로는 모든 부처의 생각으로도 미치지 못하는 훈습력과, 밖으로는 대자대비의 원력으로 깨우쳐져서 육진의 대상 경계가 실유라고 생각하는 것이 꿈인 줄을 알아야 한다. 윗단락에서는 순간의 잠속에서 꾼 꿈이지만, 본 단락은 번뇌로 사는 대중의 긴 꿈을 깨도록 말한 것이니, 이것은 참회에서 얻는 결과의 한 단면을 말한 것이다.

⑮ 覺夢

65런 何所憂喜~68런 臥一如床

꿈을 깨는 방법과 꿈을 깨고 나면 모든 것이 한마음〔一心〕이 만드는 것〔所造〕임을 알게 된다는 것이다. 꿈을 깨려면 꿈이 무엇인지를 알아야 한다. 그러기 위하여 앞의 두 단락에서 꿈을 설명하였던 것이다. 근심이나 기쁨, 탐냄이나 성냄이 있을 이유가 무엇인가. 꿈으로 보는 如夢觀을 항시 생각하여 三昧에 들어야 하고, 이 삼매로부터 無生忍을 얻어 긴 꿈에서 활연히 깨어나 八苦에 이끌림이 없는 한마음으로 평안한 침대에 누워 있게 된다.

본 단락의 구성은 앞단락과 표리가 되어, '永無流轉'은 앞단락의 '流轉八苦'와 연계되고, '但是一心'이 앞단락의 '無明覆心'과 이어져, 앞단락의 '無明'이나 '妄計'와 같은 부정적 요소가 '三昧'나 '一心'의 긍정적 요소로 환원된 것이다.

⑯ 不放逸

69런 若能如是~70런 不能自逸

깨닫고 나면 다시 어두워지지 않도록 더 정진하여야 한다. 참회로 얻은 如夢觀이나 無生忍을 항시 생각하여 스스로 방일하지 말라는 결론적 敎戒이다. 본 단락은 결론에 해당하기에, 첫단락과 수미로 맞물리고 있음에 유의해야겠다. 첫단락의 '於四威儀 無一唐遊'와 본 단락의 '煩惱羞愧 不能自逸'이 유관하고 '常思實相 朽銷業障'과 '若能如是 數數思惟'가 서로 연관되어, 提示와 결론으로 짜여졌다 하겠다.

⑰ 總名

71련 是名大乘 六情懺悔

총결 삼아 본 시의 명칭을 제시했다. 이러한 서술법은 불경소의 일반적 서술 양식이기에[5] 본 시에서의 독특한 서술 방식은 아니다. 그렇기는 하나 이 글을 시로 보는 견해에서는 독립된 연으로 설정하여 시의 한 부분으로 보아도 무방하다.

이상과 같은 분단이 정확한 것인가 하는 논의의 여지는 있을 것이나, 본 논고에서는 시의 구성으로 보아야 한다는 전제에서 내용과 연관하면서 구성의 연계점을 생각한 것이기 때문에, 앞선 논문들의 분단과는 크게 다른 점이 있을 수밖에 없다. 선행된 논문들에서는 한 편의 논저로만 보았기 때문에 논문적 분단이나 사상적 내용에 따른 분류이므로 각기 일리가 있다고 인정한다.

「大乘六情懺悔」는 위와 같은 분류로 볼 때 4언 4구 71련의 17단락의 장시이면서 연과 연, 단락과 단락의 연계가 제시 논증 비유 등의 반복으로 일사불란한 구성을 이루어 불가시의 하나인 게송문학의 한 장을 열어주었다 하겠다. 게송으로 보았을 때, 다음과 같은 반론이 있을 수도 있다. 곧 원효의 經疏가 거의 4언체의 문장으로 이루어졌기 때문에 본 「대승육정참회」의 4언이 그러한 문체와 연계되는 일반적 疏文이지 시로 볼 수 없다고 할 수도 있다.

위와 같은 구성의 분류를 한 것도 이러한 반론을 예상하면서, 전편의 정연한 구성이 다른 疏文과는 다르다는 점을 실증하려는 의도이다. 게송이라 한다면, 행이 긴 경문을 운문으로 요약하는 重頌인가, 아니면 經文과 관계없이 法理를 서술하는 伽陀인가 하는 문제도 있다. 본 「대승육정참회」가 독립된 시로 남아 있고, 어느 경소의 일부가 아니기 때문에 伽陀로 보는 것이 옳겠으나, 이 문제

---

5) 元曉撰 『法華宗要』의 初述大意 "擧是大意 以標題目 故言妙法蓮華經也"〈華嚴經疏序〉의 "擧是大意 以標題目 故言道大方廣佛華嚴經也" 등.

도 여타의 가타와는 달리 여러 경전의 내용에 대한 참회를 중심으로 요약한 것이라 보여 단순하게 결론지을 수는 없다. 다만 독립된 시편으로 전해졌다는 사실만으로 가타에 속하는 게송이라 해도 무방하리라 생각된다.

본「대승육정참회」에 담겨 있는 내용을 원효의 여러 經疏의 내용과 대비한 사상적 고찰은 앞에 인용되었던 선행 논문들에서 많은 시도가 있었으므로 본 논고에서는 언급을 피하려 한다.

4. 결론

이 소론은 신라 시문학의 재정리라는 의도에서 이미 학계에 널리 알려져 있는 원효의「大乘六情懺悔」를 시문학으로 규정해보려 한 것이다. 이「대승육정참회」를 원효의 화엄사상이나 정토사상과 같은 종합된 사상의 깊이를 간직하고 있는 한 편의 文으로만 보아온 선행의 연구에 동의하지만 글의 이해란 내용과 아울러 형식도 소홀히 할 수 없다. 더구나 시와 문은 그 형식이 다름으로 해서 같은 내용이라 하더라도 작자가 의도하는 바가 달리 표현될 수 있기 때문에, 내용의 이해에 앞서 형식도 검정되어야 할 것으로 생각한다.

이런 의도에서 검정한 결과, 4언시의 장편임이 확인되었고, 거기에서 약간의 오탈자가 있는 것을 인식했으며, 선행논자의 내용분류보다 더 세분할 필요를 느꼈다.

다음에 위에서 분류한 분절을 일목요연하게 도표로 예시해본다.

	단락구분	본 문	연 번호
1	大前提	若依佛法~朽銷業障	1~2
2	歸依諸佛	普爲六道~無有休息	3~7
3	得不共法	所以者何~法相應故	8~10
4	大乘法樂	今於此處~大乘法樂	11~13
5	無明衆生	而今我等~臨河見火	14~17
6	誠心懺悔	故今佛前~更不敢作	18~22
7	罪業本無	如此諸罪~先無雖生	23~26
8	業性本來無生	若言本無~諸佛亦爾	27~35

	단락구분	본　문	연　번호
9	果　報	如經說言～故得果報	36～39
10	懺悔와 不懺悔	行者若能～還呑幻師	40～43
11	懺悔法	是故當於～六情放逸	44～48
12	妄想煩惱	我及衆生～不求出要	49～53
13	夢中夢	靜慮之時～靜臥於床	54～60
14	無明覆心	長夢亦爾～永無實事	61～64
15	覺　夢	何所憂喜～臥一如床	65～68
16	不放逸	若能如是～不能自逸	69～70
17	總　名	是名大乘 六情懺悔	71

※ 연 번호는 편의상 필자가 붙인 것임.

　　이와 같이 4언 4구의 71련 17단락임을 알게 되었다.(필자 나름의 분류이기 때문에 절대성을 강조할 수는 없지만) 이렇게 볼 때 이「대승육정참회」는 원효의 신앙세계에서 대승적 참회를 종합적으로 요약한 장편의 게송문학임을 확인한 셈이다. 본 소고의 목적이「대승육정참회」를 시문학으로 보아 원효의 문학세계의 영역을 확대시키는 것이요, 그러기 위하여 시로 보아야 할 논증의 일환으로 시적 구성의 타당성을 검증한 것이다.

　　따라서 자료 소개의 한 측면도 되기 때문에, 전문을 분단 번역하는 것으로 끝맺는다.

若依法界 始遊行者	만약 법계에 의지하여, 노니려 하는 자는
於四威儀 無一唐遊	行住坐臥 몸가짐을, 헛된 노님 없어야
*恒念諸佛 不思議德	항시 모든 부처 생각하되, 그 생각으로 미치지 못할 덕을
常思實相 朽銷業障	항상 여여한 실상 생각하여, 업장을 녹여 버려야
普爲六道 無邊衆生	널리 六道의, 한없는 중생 위하여
歸命十方 無量諸佛	시방세계의 한량없는 부처께 귀의하소
諸佛不異 而亦非一	여러 부처님 다름없으되, 역시 같지도 않지

　＊ 原文에 脫字로 보고 추측으로 補完한 字임.

一卽一切 一切卽一　　한 부처가 일체의 부처이고, 일체부처 또 한 부처
　　　　　　　　　　　이네
雖無所住 而無不住　　머무는 곳 비록 없어도, 머무르지 않는 곳도 없고
雖無所爲 而無不爲　　비록 하염없으시나, 하염 없음이 없으시네
一一相好 一一毛孔　　하나하나의 모습 모습과, 낱낱의 털구멍까지
遍無邊界 盡未來際　　가없는 경계 두루하고, 미래의 끝까지 다해
無障無礙 無有差別　　막힘없고 가림없이, 차별됨이 없도록
敎化衆生 無有休息　　중생을 교화하시어, 쉬임이 없으시다네.

所以者何　　　　　　그런 까닭이 무엇인고
十方三世 一塵一念　　시방의 공간 삼세의 시간, 한 경계나 한 생각이나
生死涅槃 無二差別　　죽고 삶의 열반에, 차별됨이 없다
大悲般若 不敢不捨　　대자 대비의 반야지혜, 잡지도 않고 놓지도 않으니
以得不共 法相應故　　不共法과, 서로 일치하기 때문일세

今於此處 蓮花藏界　　지금 이곳, 연화장의 세계에는
盧舍那佛 坐蓮花臺　　노사나 부처께서, 연화대에 앉아 계셔
放無邊光 集無量衆*　　가없는 빛을 펴고, 한량없는 중생 모아
轉無所轉 大乘法輪　　굴려도 굴림이 없는, 대승의 법바퀴 돌리시네
菩薩大衆 遍滿虛空　　보살 대중은, 허공에 두루 가득
受無所受 大乘法樂　　받아도 받음이 없는, 대승의 법 즐거움

而今我等 同在於此　　그런데, 지금 우리는, 여기에 함께 있어
一實三寶 無過之處　　하나의 진실과 삼보로, 허물없는 곳이나
不見不聞 如聾如盲　　보도 듣도 못하니, 귀머거리인 듯 소경인 듯
無有佛性 何爲如是　　불성 없음인가, 어째서 이러하지
無明顚倒 妄作外塵　　무명으로 전도되어, 부질없이 바깥 경계에 끌려
執我我所 造種種業　　나와 나의 대상에 집착되고, 갖가지 죄업을 지으니
自以覆弊 不得見聞　　스스로 가리움 되어, 보고 들을 수 없네

---

* 原文에는 衆字 다음에 生字가 있으나 불필요한 添字로 보아 삭제하였음.

猶如餓鬼 臨河見火　　마치 아귀가, 물가에 가 물빛을 불빛으로 보듯

故今佛前 深生慚愧　　그러니 이제 부처님 앞에, 깊이 부끄러운 마음 내어
發菩提心 誠心懺悔　　보리심 펴내어, 성심으로 참회하세
我及衆生 無始以來　　나와 중생은, 시작도 없던 그때부터
無明所醉 作罪無量　　무명에 취하여서, 한량없는 죄를 지어
五逆十惡 無所不造　　오역이나 십악까지도, 짓지 않은 것 없어
自作敎他 見作隨喜　　내 지음 남 시키고, 남의 지음 보고 좋아했으니
如是衆罪 不可稱數　　이러한 뭇 죄를, 어찌 다 셀 수 있는가
諸佛賢聖 之所證知　　이 모두 모든 부처성현, 똑바로 아시는 바이니
已作之罪 深生慚愧　　이미 지은 죄, 깊이 부끄러운 마음 내어
所未作者 更不敢作　　아직 짓지 않았거든, 다시는 짓지 마소
＊如此諸罪 實無所有　　이러한 모든 죄, 실로 있음이 아니나
衆緣和合 假名爲業　　뭇 인연과 어울려, 이름 빌려 업이라 하네
卽緣無業 離緣亦無　　연과 마주쳐도 업은 없고, 연을 여의어도 역시 없
　　　　　　　　　다네

非內非外 不在中間　　안도 아니요 밖도 아니니, 그렇다고 중간에도 없네
過去已滅 未來未生　　과거는 이미 사라졌고, 미래는 오지 않았고
現在無住 故無所作　　현재는 머무르지 않으니, 그러니 업 지음 없어야지
以其無住 故亦無生　　머무름이 없는 까닭에, 남〔生〕 또한 없는 법
先有非生 先無誰生　　애초에 있음 남〔生〕 아니니, 애초에 없음 어디가
　　　　　　　　　남인가

若言本無 及無今有　　만약 말하기를, 원래 없음과 이제 있음도 아니니
二義相合 名爲生者　　두 뜻이 서로 합하여, 이름하여 生이라 한다면
當本無時 卽無今有　　원래 없는 때에는, 이제 있음이 있을 수 없고
當今有時 非有本無　　이제 있는 때라면, 원래 없음이 있지 않았지

＊ 原文에는 脫字로 되어 있어 文脈으로 추측하여 如字로 補完함.
＊ 原文에는 故所作의 3자만 있다. 脫字가 있는 것으로 가정하여 文脈으로 추측하
　여 無字를 삽입함.

先後不及 有無不合　앞뒤가 함께 못하고, 있음 없음 화합 못하니
二義無合 何處有生　두 뜻이 어울릴 수 없는데, 어디에 生이 있다 하나

合義旣壞 散亦不成　어울리는 뜻 이미 무너지니, 흩어짐도 될 수가 없네

不合不散 非有非無　어울림도 없고 흩음도 없고, 있음도 아니요 없음도 아니니

無時無有 對何爲無　없는 때 있음 없거니, 무엇으로 없다 해야 해
有時無無 待誰爲有　있는 때 없음 없으니, 어디에 있음 기대하리
先後有無 皆不得成　앞과 뒤, 있음과 없음, 다 이룰 수 없으니
當知業性 本來無生　마땅히 알라, 업성에는 원래 남〔生〕이 없음을
從本以來 不得有生　원초에서부터, 남이 있음 될 수 없으니
當於何處 得有無生　어느 곳에 다달아, 있음 없음 남 얻으랴
有生無生 俱不可得　남이 있고 남이 없음, 둘다 될 수 없으니
言不可得 亦不可得　될 수 없다는 말마저도, 될 수가 없구나
業性如是 諸佛亦爾　업성이란 이와 같아, 모든 부처 역시 그러하니라

如經說言　경에서 말씀하듯이
譬如衆生 造作諸業　비유컨대 중생들이, 모든 업만을 만들어 지어
若善若惡 非內非外　선하거나 악하거나, 안도 아니요 밖도 아니니
如是業性 非有非無　이와 같은 업성은, 있음도 아니요 없음도 아니다
亦復如是 本無今有　역시 이와 같으니, 본래 없고, 이제 있다 함이
非無因生 無作無受　인연 없이 남이 아니나, 지음도 없고 받음도 없이
時節和合 故得果報　시절에 어울려서야, 그래서 과보를 얻는다네

行者若能 數數思惟　수행하는 이, 자주자주 생각하되
如是實相 而懺悔者　이런 실상 알아, 참회하는 이는
四重五逆 無所能爲　사중오역의 죄업을, 할 수 없으리니
猶如虛空 不爲火燒　마치 허공이, 불에 태워지지 않음 같고
如其放逸 無慚無愧　그렇지 않고 방일해서, 부끄러워함이 없이
不能思惟 業實相者　업성의 실상을, 생각할 수 없는 이는

雖無罪性 將入泥梨　　비록 죄성이 없더라도, 장차 지옥에 빠지리니
猶如幻虎 還呑幻師　　마치 마법의 호랑이가, 마법사를 삼킴 같애
是故當於 十方諸佛　　이러므로, 시방 모든 부처님께
深生慚愧 而作懺悔　　깊이 참괴하는 마음, 내어 참회하라
作是悔時 莫以爲作　　참회할 때에도, 참회한다 하지 말고
卽應思惟 懺悔實相　　생각생각에, 여실한 모습을 참회하라
所悔之罪 旣無所有　　참회한 죄도, 이미 없는 것이니
云何得有 能懺悔者　　어디에 참회한 자가, 있다 말하랴
能悔所悔 皆不可得　　참회하는 이도 참회할 바도, 모두가 없는 것이니
當於何處 得有悔法　　어느 곳에서, 참회할 방도 찾으랴
於諸業障 作是悔已　　모든 업장에, 참회하고 나면
亦應懺悔 六情放逸　　육정 내쳐 버릴 것으로, 참회함이 옳으리라

我及衆生 無始已來　　나와 중생이, 처음도 없던 그 당시부터
不解諸法 本來無生　　모든 진리가, 원래 없음을 몰라서
妄想顚倒 計我我所　　망녕된 생각으로 전도되어, 나와 나의 대상에 매
　　　　　　　　　　여
內立六情 依而生識　　안으로 육정을 세워, 알음알이를 만들고
外作六塵 執爲實有　　밖으로 육진을 정해, 그것을 실상으로 집착하고는
不知皆是 自心所作　　이 모두를 모르네, 자신의 마음에서 만듦임을
如幻如夢 永無所有　　허깨비 같고 꿈 같아, 영원히 있음이 아닌데
於中橫計 男女等相　　마음속 잘못된 생각, 사내 계집으로 모습을 짓네
起諸煩惱 自以纏縛　　모든 번뇌 일으켜, 스스로 얽매이어
長沒苦海 不求出要　　길이 고해에 빠져, 헤어날 길 찾지 못하네
靜慮之時 甚可恠哉　　고요히 생각한다는 때도, 심히 괴상하구나
猶如眠時 睡蓋覆心　　마치 잠자는 때, 졸음이 마음을 가려
妄見己身 大水所漂　　망녕되이, 물에 빠진 자신을 발견하고
不知但是 夢心所作　　이 꿈 속의 몸짓, 스스로 모르고 있어
謂實有溺 生大怖懼　　실지로 빠졌다 하여, 크게 겁을 낸다네
未覺之時 更作異夢　　꿈 깨기도 전에, 다시 딴 꿈을 꾸면서
謂我所見 是夢非實　　내가 아까 보았던 일, 꿈이지 실제가 아니라 하지

心性聰故 夢內知夢　　그래도 심성이 총명하기에, 꿈 속 꿈을 알아
卽於其溺 不生其懅　　물에 빠져도, 겁을 내지 않지만
而未能知 身臥床上　　아직도 내 몸이 침대에, 누운 줄은 모르고
動頭搖手 勤求永覺　　머리와 손을 휘저어, 영원히 깨기를 바라네
永覺之時 追緣前夢　　꿈을 깨고나, 조금 전 꿈을 더듬어
水與流身 皆無所有　　물과 떠가던 몸, 다 없었던 일이라
唯見本來 靜臥於床　　원래 조용히 침대에, 누웠음을 알게 되네

長夢亦爾 無明覆心　　긴 꿈도 이와 같아, 무명이 마음을 덮어
妄作六道 流轉八苦　　부질없이 육도를 지어, 팔고에 헤매인다네
內因諸佛 不思議薰　　안으로, 부처님의 불가사의한 훈습력과
外依諸佛 大悲願力　　밖으로, 부처님의 대자대비 원력으로
髣髴信解 我及衆生　　나와 중생 모두, 믿음으로 깨닫게 하나
唯寢長夢 妄計爲實　　오직 긴 꿈에 잠들어, 헛되이 실상인 줄 알고
違順六塵 男女二相　　육진을 어기거나 따르거나, 남녀의 두 모습 경계
　　　　　　　　　　지으나
並是我夢 永無實事　　이 모두 나의 꿈이거니, 길이 참된 사실 없게 돼

何所憂喜 何所貪瞋　　무엇에 기쁨 슬픔 있으며, 어디에 탐내고 미워하
　　　　　　　　　　랴
數數思惟 如是夢觀　　부지런히 사유하라, 이러한 夢觀法을
漸漸修得 如夢三昧　　점점 갈고 닦아, 如夢觀의 삼매 얻으면
由此三昧 得無生忍　　이 삼매로 해서, 무생인도 얻게 되어
從於長夢 豁然而覺　　긴 꿈으로부터, 활연히 깨어나
卽知本來 永無流轉　　원 근원을 알아, 길이 헤매임 없이
但是一心 臥一如床　　이 한마음, 一如한 침대에 누워 있네

*若能如是 數數思惟　　이렇듯, 자주자주 생각할 수 있다면

＊ 原文에는 若字 다음에 離字가 있으나 句法이나 文脈으로 보아 필요없는 添字
　같아 省略하였음.

雖緣六塵 不以爲實　　　육진에 이끌려도, 실상으로 여기지 않고
煩惱羞愧 不能自逸　　　번뇌나 부끄러움에도, 방일되지 않으리

是名大乘六情懺悔　　　이 이름, 대승육정참회

義湘의 偈詩　一乘法界圖

1. 게송으로서 수용

앞 장에서 원효의 「大乘六情懺悔」를 시문학으로 수용하여 4언의 장편 게송으로 규정한 바도 있다. 본 논고도 이러한 연계성에서 海東華嚴初祖라 불리는 義湘(625~702)의 「華嚴一乘法界圖」를 게송문학으로 수용하여 불교문학의 한 작품으로 자리매김해보려는 것이다. 작품을 검토하기 전에 작자의 위치를 검토하는 것이 순서이겠으나 의상의 생애나 사상적 검토가 불교학계에서 이미 폭넓게 연구되었기[1] 때문에 여기서는 생략하기로 한다.

일승법계도의 저자가 의상인지 여부에 대하여는 원문에 찬자가 없었기 때문에 처음부터 논의가 있었던 것 같다. 均如 大師가 『一乘法界圖圓通記』를 지을 때에도 이러한 논의에 대한 근거를 밝히면서 의상의 작임이 확실하다는 결론을 내렸다. 『元常錄』에서,

　의상이 智儼에게서 華嚴을 수학할 때에 지엄이 7언 30구시를 지어서 의상에게 주니 의상은 글자 위에다가 붉은 획과 印像을 그려 바치니 지엄이 감탄하였다.

　元常錄云　相公於儼師所　受花嚴時　儼師所造七言三十句詩　以授相公　相公則於墨字上　畫赤印以獻　師嘆曰……

---

1)「一乘法界圖」를 집중적으로 검토한 논고로는 全好蓮(海住)이 一乘法界圖의 중심 사상을 性起思想으로 본 심도있는 연구서가 있다.「新羅 義湘의 華嚴教學 研究-一乘法界圖의 性起思想을 中心으로」- 1989. 東國大學校 大學院, 博士學位論文, 金相鉉도「新羅華嚴思想史研究」에서 均如의 『一乘法界圖圓通記』와, 『法界圖記叢髓錄』의 문헌적 검토에서 法界圖의 通時的 고찰에 많은 길잡이를 하고 있다.

하여 법계도는 지엄이 지었고 시의 해석은 의상이 지었다 하겠지만 崔致遠이 지은 전기에는,

　　의상이 지엄사에게서 화엄을 수학할 때에 꿈에 어떤 신인이 나타나 모습이 매우 뛰어났는데 의상에게 이르기를, 스스로 깨달은 것을 저술하여 남에게 보시하는 것이 옳다 하고, 또 꿈에 선재동자가 나와 총명의 약 10여 알을 주었고, 또 청의 동자를 만나 세 번 비결을 받았다.

　　지엄이 듣고, 신인이 영험을 준 것이 나는 한 번이었고 너는 세 번이로구나. 멀리 와서 부지런히 정진하여 이러한 보답이 나타난 것이다 하고는 깊이 깨달은 것을 편차하도록 하였다. 이내 붓을 들어 大乘章 10권을 편집하고 잘못된 곳을 지적해주기를 청하였다. 이에 지엄이 이르기를, 뜻은 심히 아름다우나, 글이 좀 옹색하다 하니 이내 물러나 번잡함을 삭제하여 네 권으로 만들고 '立義崇玄'이라 했으니 스승이 저술한 搜玄分齊의 뜻을 높이려 한 것이었다.

　　지엄이 의상과 함께 부처님께 나아가 원을 바쳐 불사르면서 부처님의 뜻에 맞는 것은 타지 않기 바란다 하였더니 불타고 남은 2백 10자를 얻었다. 의상에게 거두어 서원 바쳐 다시 불에 던지게 하였으나 끝내 타지 않았다. 지엄이 눈물을 머금으며 칭찬하고 게송으로 짓게 하였더니 방문을 잠그고 며칠 밤을 새워 30구를 이루었으니 三觀의 깊은 뜻을 총괄하고 十玄의 깊은 뜻을 들었던 것이다.

　　相公於儼師所　受花嚴時　夢有神人　貌甚魁偉　謂相公曰　以自所悟著述　施人宜矣　又夢善財授聰明藥十餘劑　又遇靑衣童子三授祕訣　儼師聞之曰　神授靈貺我一爾三　遠涉勤修　厥報斯現　因命編次　窺奧所得　於是奮筆　輯大乘章十卷請師指瑕　儼曰義甚佳詞尙壅　乃退而芟繁爲四通　號曰立義崇玄　盖欲其師所著搜玄分齊之義　儼乃與相詣佛前　結願焚之　旣而煨燼之餘　獲二百一十字　令相捃拾懇誓　更擲猛焰　竟不灰　儼含涕嗟稱　俾綴爲偈　閉室數夕　成三十句　括三觀之奧旨　擧十玄之餘義

라 하였으니 이 후자의 논의를 따라야 한다 하였다. 그러면서 법계도의 원문에 '依理據敎　畧制槃詩'라 하였으니 圖主와 작시자가 한 사람이니 의상의 작이 당연하다는 것이다. 그러므로 이 법계도의 작자는 의상임이 분명하다. 金時習도 『大華嚴法界圖註』에서 東土義湘述이라 하여 의상의 저작으로 단정하면서 게송

의 백미로 보았다.[2]

위와 같은 여러 해석으로 볼 때 작자 자신도 시로 규정했을 뿐만 아니라 그 뒤 주석을 붙이는 이도 모두 시로 보고 해석했던 것이니 게송으로 보는 것이 당연하다. 제목을 '法界圖'라 하였던 것은 54角으로 된 圖形에다 비중을 두었기 때문이지만 의상 자신도 '槃詩'라 하여 시로 규정하였다. '반시'라 한 것은 도형까지 수용한 용어이다.

법리에 의지하고 教에 근거하여 간략하게 반시를 지으니, 이름에만 집착하는 무리들로 이름이 없는 진여의 근원으로 돌아오기를 바란다. 시를 읽는 법은 마땅히 중앙의 法자로 시작하여 굽고 서린 곳을 따라 佛자에 이르러 끝나도록 인장의 길을 따라 읽으라. 54각 210자이다.
依理據敎 畧制槃詩 冀以執名之徒 還歸無名眞源 讀詩之法 宜從中法爲始 槃廻屈曲 乃至佛爲終 隨印道讀 五十四角 二百一十字

하였으니 '槃詩'라 함이 印形의 굴곡을 따라 읽어야 한다는 槃廻屈曲에서 스스로 붙인 이름이다. 이렇게 보면 이 작품은 7언의 게송이면서 '반시'라는 한 유형인 셈이다. 한시의 일반적 형식으로 분류하면 7언고시로서 30구 210자인 셈이다. 균여 대사는 7언으로 된 것은 '大方廣佛華嚴經'의 7자에서 유래하였다[3] 하나 이는 화엄의 뜻을 담은 교리적 해석으로 의미있는 일이다.

이 시를 게송으로 수용할 때에 개념상 어려움이 없겠는가 하는 점도 일단 가정할 수가 있으나, 위에서 보았던 것처럼 게송으로 규정하였으니 더 이상 의난이 있을 것은 없다. 더구나 이 시는 게송의 일반적 성격으로도 무리가 없다. 게송의 일반적 유형으로는 重頌으로 보아 무방하다. 이 게송은 『華嚴經』의 宗旨를 요약한 것이다. 위에서 본 균여 대사의 해석인 7언으로 된 것은 대방광불화엄경 7자에서 유래한 것이라 함이 바로 이런 점을 지적한 것이다.

이 법계도를 지은 경위에서 말한 大乘章 10권을 지어 智儼에게 하자가 있으

---

2) 金時習 「大華嚴法界圖註」 "羅代義湘法師 製作此圖 其來尙矣 全家宿德 各以敎網臆解 支離蔓延 遂成卷秩 余一覽 執卷嘆曰 淸淨法界 豈有如此多言乎 若固如是 相師豈向微塵偈品中 撮其樞要 簡出二百一十字 莊嚴一乘法界圖乎"

3) 「一乘法界圖圓通記」 "不出大方廣佛華嚴經七字 故七字造詩 是故法門雖廣 不出二百一十字 不出三十句 又括此三十句 不出七字題名 又此七字 不出最淸淨法界 故云法界圖也" 韓國佛敎全書 4권 4장.

면 수정해주기를 청했으나 지엄이 의미는 매우 좋지만 언사에 막힘이 있다 하여 다시 요약하여 4권으로 만들어 '立義崇玄'이라 하고 부처님 앞에 나아가 원을 바쳐 불사르면서 부처의 뜻에 맞는 것은 태우지 말기를 기원하여 210자만 남았기 때문에 며칠 밤을 새워 이 시를 지었다는 것이니, 이 게송은 '立義崇玄'이라는 산문을 30구 210자의 운문으로 요약한 것이니 重頌으로서의 요건이 완전히 갖추어져 있는 셈이다. 더구나 의상의 시문 설명 중에 '一切法 本來在中道'를 설명한 말은 언어의 정의로서 시어가 되기에 거리가 없음을 이해하게 한다. 다음에 소개한다.

> 正說法 중에는 言說 이외에 다시 별다른 뜻이 없고 말로 뜻을 삼는다. 正義法 중에는 바른 뜻 밖에 다시 별다른 말이 없고 뜻으로 말을 삼는다. 뜻으로 말을 삼기 때문에 말에는 뜻 아님이 없다. 말로 뜻을 삼기 때문에 뜻이 말 아님이 없다. 뜻에 말 아님이 없기 때문에 뜻이 곧 뜻이 아니고, 말에 뜻 아님이 없기 때문에 말이 곧 말이 아니요, 뜻이 곧 뜻이 아니니 그러므로 두 가지를 갖출 수는 없으니 일체법이 본래 중도에 있다.

> 正說法中 言說以外 更無別義 以言爲義 正義法中 正義以外 更無別言 以義爲言 以義爲言 故言無非義 以言爲義 故義無非言 義無非言 故義卽非義 言無非義 故言卽不言 義卽非義 故二俱不可得 是故 一切法 本來在中道

이와 같은 언어와 뜻의 관계는 禪詩에서의 언어관에 부합되면서 시적 언어의 함축으로만 가능할 수밖에 없다. 이 모든 것이 시의 장르로 수용함에 있어 무리가 없음을 입증한다 하겠다.

이 시는 圖印과 함께하고 있다는 점이 또한 특별한 의미를 갖는다. 이 도인이 시문의 내용과 직접적 관계가 없는 것이요, 단순한 교리적 의미만 있다 하더라도 이러한 교리적 바탕에서 시가 이루어졌다면 전혀 무관한 것으로만 여길 수는 없다. 작자인 의상은 시가 印相으로 굴곡된 것은 석가여래의 가르침이 三種世間을 융섭하기 때문이라 하였으며[4] 균여 대사는 시를 표기한 자료인 畫·字·紙의 세 가지에 나타난 적·흑·백의 삼색으로 삼종세간을 설명하여 붉은 그

---

4) 「華嚴一乘法界圖」 問何以故依印 答欲表釋迦如來教網所攝三種世間 從海印三昧 槃出現顯故 所謂三種世間 一器世間 二衆生世間 三智正覺世間 智正覺者佛菩薩 也 三種世間攝盡法故. 『韓國佛教全書』 2권 1장.

림은 智正覺世間을, 검은 글자는 衆生世間을, 흰 종이는 器世間을 상징한다[5] 하였다. 이와 같은 논의들은 이 시가 가지고 있는 형식만으로도 교의적 함축이 뛰어났다는 점을 설명한 것이니, 형식이 그러하다면 담겨진 내용도 뛰어난 작품이 될 수 있다는 객관적 자료라 하여도 지나치진 않을 것이다. 金時習은 『大乘華嚴法界圖註』에서 이 법계도가 문학으로 우수할 수밖에 없다는 논리를 보다 더 문학론적 시각으로 가까이하고 있다.[6]

이와 같은 일련의 논거들은 일승법계도가 게송문학으로 수용함에 있어서 동의할 수 있을 뿐만 아니라 그 문학적 價値 또한 높이 평가하고 있는 객관적 자료가 된다.

2. 내용의 검토

이 시의 내용을 검토하기 위하여 먼저 시의 전문을 소개한다.

圖印五十四角

---

5)「一乘法界圖圓通記」圖者 圖畫也 赤畫況智正覺世間 黑字況衆生世間 紙況器世間 如是以況具足三世間之海印法界 故云法界圖也. 上揭書 4, 3.

6) 大乘華嚴法界圖註 "言者心之發也 心者言之宗也 譬如太和之氣 本無形聲 假形器而激發 則爲律呂 圓融之法 本無名相 假言句而演說 則爲經論 非律呂 無以像太和 非經論 無以闡圓融…羅代義湘法師 製作此圖 其來尙矣."『韓國佛敎全書』7, 302.

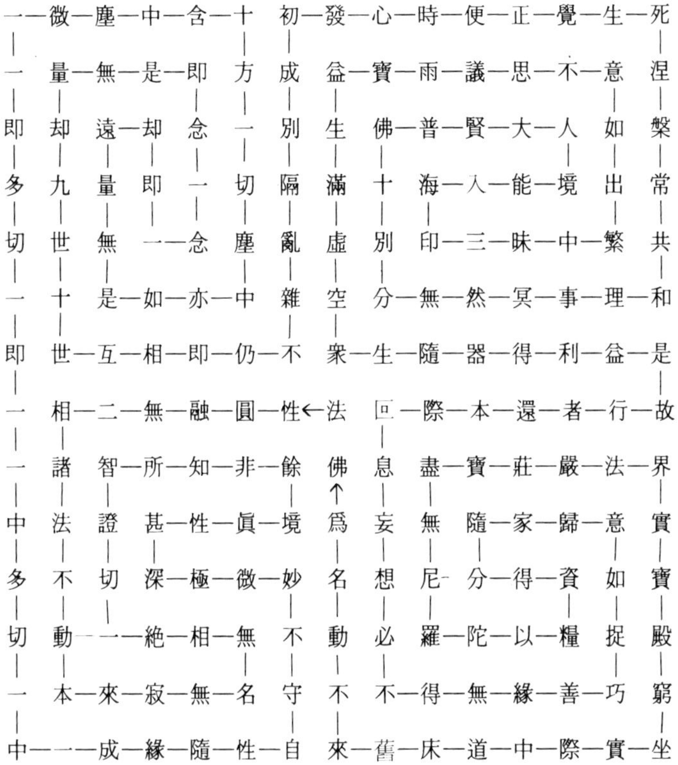

```
一—微—塵—中—含—十    初—發—心—時—便—正—覺—生—死
|                   |                           |
一   量—無—是—即   方   成   益—寶—雨—議—思—不—意   涅
|   |       |   |       |                   |   |
即   却   遠—却   念   一   別   生   佛—普—賢—大—人   如   槃
|   |   |   |   |   |   |   |           |   |   |
多   九   量   即   一   切   隔   滿   十   海—人—能—境   出   常
|   |   |   |       |   |   |   |   |           |   |
切   世   無   一—念   塵   亂   虛   別   印—三—昧—中—繁   共
|   |   |   |       |   |   |   |               |   |
一   十   是—如—亦—中   雜   空   分—無—然—冥—事—理—和
|   |                   |   |   |
即   世—互—相—即—仍—不   衆—生—隨—器—得—利—益—是
|                               |
一   相—二—無—融—圓—性←法   叵—際—本—還—者—行—故
|   |                   |           |
一   諸   智—所—知—非—餘   佛   息   盡—寶—莊—嚴—法—界
|   |               |   ↑   |   |               |
中   法   證   甚—性—眞—境   爲   妄   無   隨—家—歸—意   實
|   |   |   |       |   |   |   |   |           |   |
多   不   切   深—極—微—妙   名   想   尼   分—得—資   如   寶
|   |   |   |       |   |   |   |   |       |   |   |
切   動—一   絶—相—無   不   動   必   羅—陀—以—糧   捉   殿
|   |       |       |   |   |   |               |
一   本—來—寂—無—名   守   不   不—得—無—緣—善—巧   窮
|   |                       |           |
中—一   成—緣—隨—性—自   來—舊—床—道—中—際—實—坐
```

槃　詩

① 法性圓融無二相　　법성은 원융하여 二相이 없으니

② 諸法不動本來寂　　제법은 부동하여 본래 고요하고

③ 無名無相絶一切　　이름도 없고 형상도 없고 일체가 끊어져

④ 證智所知非餘境　　證智로 알 바요 어느 대상이 아니다.

⑤ 眞性甚深極微妙　　진성은 매우 깊고 극히 미묘해

⑥ 不守自性隨緣成　　자성에 매이지 않고 緣을 따라 이룬다.

⑦ 一中一切多中一　　一가운데 一切 있고 일체가운데 一이 있으며

⑧ 一即一切多即一　　一이 곧 일체요 일체가 곧 一이다.

⑨ 一微塵中含十方　　한 티끌 속에 시방을 포함하니

⑩ 一切塵中亦如是　　일체 티끌 중에도 또한 이와 같다.

⑪ 無量遠劫即一念　　무량한 먼 겁이 곧 一念이니

⑫ 一念即是無量劫　일념이 곧 무량겁이다.
⑬ 九世十世互相即　九世는 十世와 서로 相即하지만
⑭ 仍不雜亂隔別成　흐트러지지 않아야 구별도 생긴다.
⑮ 初發心時便正覺　처음 발심한 때가 곧 정각이니
⑯ 生死涅槃常共和　생사와 열반이 항상 함께한다.
⑰ 理事冥然無分別　理와 事가 명연하여 분별이 없어야
⑱ 十佛普賢大人境　十佛과 普賢의 大人 경계이다.
⑲ 能入海印三昧中　능히 해인삼매 속에 들어가
⑳ 繁出如意不思議　여의한 부사의를 번성히 이루면
㉑ 雨寶益生滿虛空　雨寶가 중생을 도와 허공을 채우니
㉒ 衆生隨器得利益　중생이 근기 따라 이익 얻는다.
㉓ 是故行者還本際　그러므로 行者는 法性으로 돌아가
㉔ 叵息妄想必不得　망상을 쉬지 않고는 될 수 없고
㉕ 無緣善巧捉如意　無緣의 선교로 여의를 잡아
㉖ 歸家隨分得資糧　本性의 집 돌아와, 분수 따라 자량 얻는다.
㉗ 以陀羅尼無盡寶　다라니의 다함 없는 보배로써
㉘ 莊嚴法界實寶殿　법계의 實寶殿을 장엄하여
㉙ 窮坐實際中道床　참다운 경지인 중도의 자리 편안히 앉으니
㉚ 舊來不動名爲佛　처음부터 부동의 법성을 부처라 했지.

釋 文 意

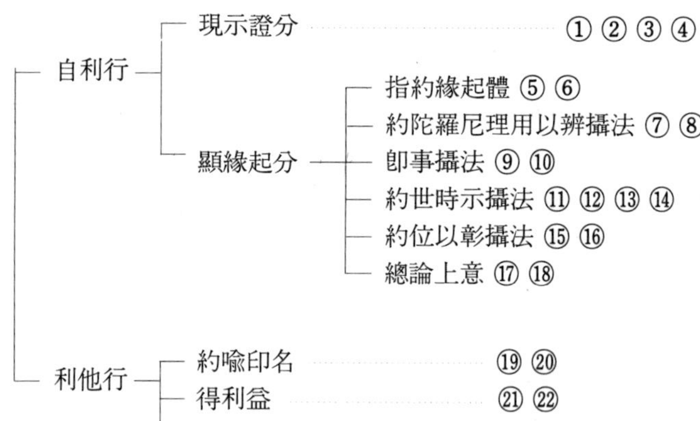

```
└─ 修行者方便及得利益┬─ 明修行方便 ㉓ ㉔ ㉕ ㉖
                    └─ 辨得利益 ㉗ ㉘ ㉙ ㉚
```

위의 분류는 찬자인 의상의 분류이고 시구의 일련번호는 필자가 편의상 붙인 것이다. 한 편의 시를 이렇게 체계적으로 분류할 수 있다는 것은 시의 내용이 논리적으로 연결되어 있음을 입증한다. 문학에서 논리를 중요시한다면 이 이상으로 논리화한 시도 다시 없을 것이요, 이 또한 산문과 운문의 공존에서 이루어지는 게송의 특질이라 하여 지나침이 아니다. 다음으로 이러한 논리성을 규명하기 위하여 찬자의 분류에 바탕을 두면서 균여의 해설과 『法界圖記叢髓錄』을 참고하여 검토하기로 한다.

現示證分

제1구 法性圓融無二相에서 제4구의 證智所知非餘境까지는 법성을 알 수 있는 논증의 대전제를 제시하였다. 1구에서 4구에 이르기까지 반복논증하여 의문을 풀어주고 있으니 일종의 연쇄적 수사성이라 할 수 있다. 균여는 이 4구를 '展轉遣疑'라 하였다. 법성에 무슨 모습이 있을 수 있는가. 그러므로 원융하여 두 모습이 없는 것이다. 법성은 거짓〔妄〕과 참〔眞〕을 두루하기 때문에 원융한 것이다. 그러므로 제법은 부동하여 본래 적요한 것이다. 왜 본래 고요한 것인가. 이름도 없고 모습도 없이 일체가 끊이기 때문이다. 이렇듯 이름도 모습도 없이 본래 고요하다면 부처와 부처나 알 수 있는 證智의 경지이지 다른 대상 경계로서는 될 수 없는 일이다.

따라서 法性의 자리는 證智의 경계임을 표현한 이 示證分은 연쇄반복된 논리로서 眞·俗 染·淨과 같은 待對의 양변을 끊은 법성을 설명하였다. 그러면서 본 槃詩가 의도한 굴곡으로 이어져 맨 끝구인 舊來不動名爲佛의 '佛'자와 첫자의 '法'자로 이어지니 佛과 法이 모두 본래 부동하여 두 모습의 待對가 끊어진 자리임을 중시한 것이다. 이렇듯 한 분절은 한 분절의 논리를 반복 논증하면서 끝내 한 편의 논리적 연쇄를 암시하고 있음을 알 수 있다.

顯緣起分

제5구의 眞性甚深極微妙에서 제18구의 十佛普賢大人境까지 연기를 설명하였다. 이것을 다시 세분하여 5·6구에서 연기의 본체를 말하고, 7·8구에서 다라니의 理와 用으로 법을 설명하고, 9·10구에서는 事로 법을 설명하고, 11·12·13·14구에서는 시간으로 법을 설명하고, 15·16구에서는 깨달음의 정도, 곧 지위로 법을 설명하고 17·18구에서는 결론을 내렸다. 眞性을 깨닫기 위한 여러 가지의 연기성을 설명하되, 서론에 해당하는 증시분에서 待對性을 여의어야 함을 인정하거나, 또는 깨닫기 위하여 오히려 여러 가지 대대성의 제시와 그것이 마침내 대대일 수 없는 '無分別'의 상태에 이른다. 그래야 4구의 '非餘境'이 바로 18구의 '大人境'임을 논증한 셈이다.

眞性甚深極微妙 不守自性隨緣成이 왜 연기의 본체를 설명한 것인가. 『法界圖記叢髓錄』에서는 대략 다음과 같이 말했다.

示證分에서 身心을 곧바로 法性이라 하면서 名相이 없기 때문에 들어가기〔證入〕 어렵다. 그래서 법성을 진성으로 이름을 바꿔서 熟習하도록 한 것이다. 일체를 끊은 법성을 한 발짝 내려서 진성이라는 이름을 빌려온 것이라 하였다.

극히 오묘하다〔極微妙〕 함은 中道를 말한 것이다. 중도란 두 끝을 여읜 것이 아니라 두 끝을 가지고 말하는 것이다. 그래서 不守自性이다. 自無性이기 때문에 他性이 될 수 있고, 他無性이기 때문에 自性이 될 수 있다. 이것이 자성을 고집하지 않는 것이다. 그러므로 연기법에서는 無性으로 眞性을 삼는다 하였다. 이것이 바로 연기체로서 본 시구가 구성된 까닭이다.

일체를 자성으로 구별함이 없어야 隨緣의 실제로서 一中一切多中一 一卽一切多卽一이 될 수 있다. 작자 자신이 말했듯이 이 두 구는 陀羅尼摠持의 理와 用으로 법성을 설명한 것이니, 一中一切多中一은 인과의 도리를 말한 것이요, 一卽一切多卽一은 자재로운 활용을 말한 것이다. 여기서 우리가 언어적으로 이해해야 할 부분이 '中'과 '卽'의 문제가 된다. '中'은 인과의 원리를 나타냄이요, '卽'은 자재로운 활용을 말함이 되기 때문이다. '中'은 열 중의 하나, 하나 중의 열이라는 하나와 열이 서로가 인연되어 얻어지는 결과의 이름이니 인과의 원리이고, '卽'은 하나가 곧 열이요, 열이 곧 하나라는 十과 一, 彼와 此가 없는 무애의 자리로서 德用의 自在이기 때문임을 알게 된다. 이렇듯 단어 하나로서 깊은 뜻을 함축하도록 한 점이, 또한 시의 원리로서 수용될 수 있을 것으로 여겨진다.

의상은 이 隨緣의 방법으로 위와 같은 시구를 구사하고, 그 해석에서 동전 10전을 세는 방법으로 '數十錢法'을 비유적으로 소개하였다.

"만약 緣起實相陀羅尼法을 살펴려면 먼저 數十錢法을 깨달아야 한다. 1전에서 10전에 이르는 것인데 10으로 말한 것은 무량을 나타내고자 함이다. 여기에 두 가지 방법이 있으니 하나는 一中十과 十中一이요, 둘은 一卽十 十卽一이다. 여기에 또 두 가지 방법이 있으니 하나는 위로 세어가는 방법〔向上來〕이요, 또 하나는 아래로 세어가는 방법〔向下去〕이다.”라고 하면서 이것이 모두 인연으로 이루어져 있기 때문이니 1전 1전마다 10가지의 인연변화가 있다 하였다. 이것을 도표로 정리하면 다음과 같다.

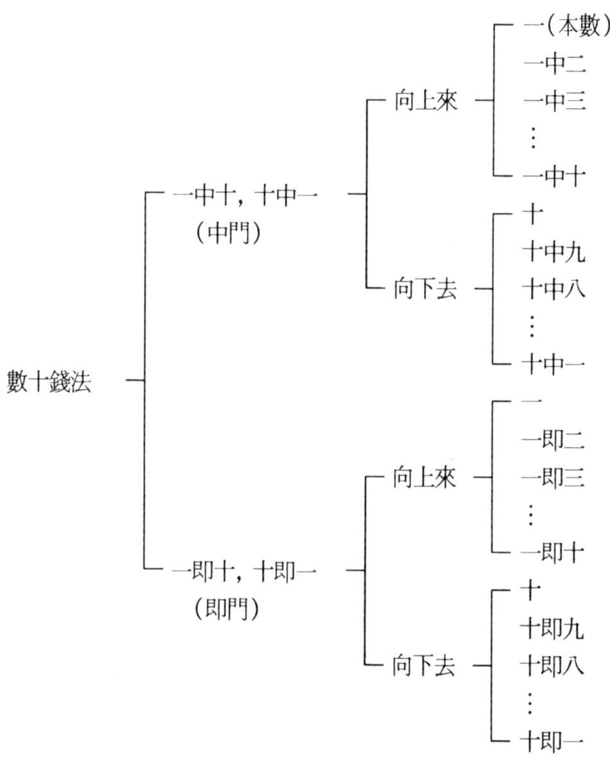

이와 같은 비유는 自性과 他性이 서로 연기되어 相成한다는 것을 설득력 있게 표현된 글이면서 문학의 원천인 사유에 자극을 줄 수 있다고 생각된다.

一微塵中含十方 一切塵中亦如是

위에서 理와 用으로 법성을 말하고 여기에 이르러는 事를 가지고 법성을 말하였다. 微塵과 十方은 극대와 극소의 사실에 대한 예시이다. 이렇듯 극대와 극소가 相即相入하는 大小無碍의 뜻이다. 『法界圖記叢髓錄』에는 道身章을 인용하면서 의상과 원효의 문답이 있다.

의상 화상이 말하기를, 한 미진 속에 시방 세계가 포함되어 있다 함은 다같이 無住이기 때문이다 하니, 원효가 묻되, 미진은 小에 무주하고 十方 世界는 大에 무주하기 때문입니까 하니, 한결같은 질량이라 대답했다. 다시 묻되, 만약 그렇다면 어째서 먼지는 작고 시방세계는 크다 합니까. 대답하되, 미진이나 시방세계가 각기 자성이 없어 오직 무주일 뿐이다. 먼지가 작고 세계가 크다 하는 것은 처지에 따라 그러할 뿐이지 작아서 작다 하고 커서 크다 함이 아니다. 먼지가 작고 세계가 큰 것은 근기 중에서 먼지가 작고 세계가 큰 것을 알게 하기 위하여 한 말인 것을 모르기 때문에 그저 먼지는 작고 세계는 크다 할 뿐이지 한결같이 먼지가 작은 것이 자성이고 세계가 큰 것이 자성은 아니다. 역시 먼지가 크고 세계가 작다 할 수 있는 것이니 이치는 균일하게 무주실상이니라.

相和尙曰 一微塵中含十方世界者 同是無住故爾 元師問云 微塵無住小 十方世界無住大耶 答云 一量也 問若爾 何言塵小 十方世界大耶 答微塵與十方世界 各無自性 唯無住耳 所言塵小世界大者 是須處須耳 非是小故云小 大故云大 所謂不知塵小世界大機中 令知塵小世界大故 且說塵小世界大耳 非是一向塵小自性 世界大自性矣 亦得云 塵大世界小 道理齊一無住實相也

라 하였으니 제6구의 不守自性隨緣成을 大小相即으로 증명한 구에 해당하겠다. 여기서 다시 불가에서 보는 극대와 극소의 극한적 待對에 잠시 눈돌려보자. 『법계도기총수록』에 微塵의 설명을 매우 흥미롭게 주석하였다.

七微塵이란 窓遊塵, 羊毛塵, 兎毛塵, 牛毛塵, 金塵, 水塵, 極微塵인데, 창유진은 문틈으로 비치는 달빛에 보이는 먼지이고 이것을 7분의 1로 분석하여 양털 끝에나 앉을 수 있는 것이 양모진이고, 이것을 다시 7분의 1로 분석하여 토끼털 끝에나 앉을 수 있는 것이 토모진이고, 이것을 7분의 1로 나누어서 소의 배 밑의 털에나 앉을 수 있는 것이 우모진이고, 이것을 다시 7분의 1로 나누어 쇠를 통과해도 막힘 없이 지날 수 있는 것이 금진이고, 이것을 다시 7분의 1로 나누어 물을 투과하여도 젖지 않는 것이 수진이고, 이것을 다시 7분의 1로 분석한 것이 극미진이라 한다 하였다. 그러면서도 극미 극대의 相에 머무르지 않는 무주의 실상이기에 서로 막힘 없이 드나들 수 있는 것이니 이것이 바로 법성의 자리인 것이다.

> 無量遠劫即一念 —— 仍不雜亂隔別成

막힘이 없는 시간을 들어 법성을 설명한 것이다. 『법계도기총수록』에서는 원겁에 대한 일념을 다음과 같이 설명하고 있다.

머리칼 하나를 세로로 자르되 이것을 10분, 또는 백분, 천분의 1로 잘라서 유리 위에 놓고 예리한 칼로 내리칠 때 이 칼날과 유리판이 맞닿는 순간이 一念이라 하였다. 이렇듯 짧은 시각이 무량의 시간과 같다는 것이니, 이것은 總相念과 別相念을 함께 융회시킨 總別全擧라 하였다. 九世는 과거의 과거, 과거의 현재, 과거의 미래와 현재의 과거, 현재의 현재, 현재의 미래, 미래의 과거, 미래의 현재, 미래의 미래에다 시간의 당체인 나 자신이 相入하면 十世가 된다. 이러한 시간이 모두 나의 일념의 총상념으로 융회하게 된 것이다. 그러나 과거의 아버지와 현재의 나와 미래의 아들은 완전한 존재이니 별상념으로는 엄연히 구별되는 것이니 서로 뒤섞이지 않아야 구별이 이루어진다.

> 初發心時便正覺 生死涅槃常共和

초발심과 정각, 생사와 열반의 각기 대대된 자리를 들어 법성을 설명한 것이다. 위에서 보아온 것처럼, 자성을 고집하지 않고 연을 따라 이루면 미진과 시방, 일념과 무량겁 등이 상즉 상입하게 되니, 이렇듯 자성이 없는 마음 이것이 깊고 깊은 眞性이다. 이 진성으로 처음 펴는 마음이 바로 정각이니, 생사와 열반이 항시 함께 어울릴 수 있는 것이다.

理事冥然無分別 十佛普賢大人境

　위에서 반복된 것이 모두 理와 事였다. 여기에 이르러 이 대대적인 이와 사가 冥然하리만큼 구별이 없어져야 한다. 윗구에서 본 생사와 열반이 항시 함께 조화로우려면 이와 사의 구별이 없어야 하니 생사에 자성이 없으면, 열반이 자성이 되고, 열반에 자성이 없으면 생사가 자성이 된다. 생사열반의 무자성이 理가 되고 무자성의 생사열반이 事가 되어 이와 사가 명연히 구별이 없어 理는 眞性의 理이고 事도 진성의 事가 된다. 이것이 바로 十佛大賢의 경계인 것이다. 이러한 구성은 緣起分의 첫구인 제5구의 眞性甚深極微妙와 끝구인 이 제18구와 쌍관적으로 이어지고 있다. 이 깊고 깊은 진성의 미묘함이 생사열반의 理·事가 항상 조화로워 구별이 없으면 十佛普賢의 경계에 이른다. 이것이 바로 깊고 깊은 진성의 오묘한 경지라 하겠다.

　이렇듯 시로서의 구성으로도 머리와 끝이 서로 이어지는 쌍관적 수사로 되어 있다. 그러면서 법성에 두 모습이 없음을 제1구에서 전제하고 끝구인 이 18구에서 그것을 깨달아 大人境에 이르렀으니 이는 自利行의 성취에 도달한 것이다. 그러기에 본 단락은 自利行으로 요약된 것이다.

利他行

能入海印三昧境 ── 衆生隨器得利益

　위에서 自利行이 되는 여러 방편을 이야기하여 大人의 경지까지 이루었다면 이제는 利他行으로 옮아가야 한다. 제19구에서 제22구까지는 작자 자신이 이타행을 노래한 것이라 하였다. 海印에는 자리와 이타가 함께 들어 있으니 이 19구를 자리에서 이타로 넘어가는 분기점에 둔 것도 시의 구성적 연계가 매우 의미있는 일이다. 의상은 해인에 대해

　"큰 바다는 매우 깊지만 밑이 보이도록 맑고 깨끗하여 일체의 것이 그 속에 분명히 드러나니 마치 도장〔印〕에 문자가 드러나는 것과 같다.[7]" 라고 하였다.

---

7)「華嚴一乘法界圖, 釋文意」"印者約喩得名　何者　大海極深　明淨徹底　天帝共阿修羅鬪諍時　一切兵衆　一切兵具　於中顯現　了了分明　如印顯文字　故名海印."

삼매에 들어갔다 함은 법성을 증득하여 마침내 청정 명백하여 三種世間이 드러나는 것도 역시 해인과 같은 것이다. 여기서 법성의 증득은 삼종세간의 법성에 섭입한 것이 自利이고 해인으로 드러내보이는 삼종세간의 법성은 이타의 출발이다. 그러므로 이 19구는 자리 이타의 분기점이 되었다. 깊은 바다가 끝까지 청정하듯 삼종세간의 법성이 분명히 드러나면 如意寶王이 아무 생각없이 비를 내려 모든 중생에게 이익이 되어 연을 따라 이룸이 무궁한 것같이 부사의한 선교방편이 어느 곳에서도 뜻대로 되지 않음이 없게 된다. 허공에 가득한 비의 보배가 뭇 생명체의 능력에 따라 번성하게 하듯이 사부대중도 자신의 근기에 따라 이익을 얻게 된다.

修行者方便及得利益

是故行者還本際 ── 歸家隨分得行資糧

제22구까지 자리를 위하여 법성을 증득할 수 있는 여러 방법과 깨달음을 말했고 아울러 이타로 옮겨갈 때의 이익중생을 말하였으니, 이제는 이의 실천을 위한 수행만 있으면 된다. 그러므로 제23구에서 제26구까지는 수행의 방편을 말한 것이다. 법성을 증득하려는 수행자는 제1구에서 보인 法性圓融無二相의 이 법성의 本際로 돌아와야 한다. 이 본제가 안으로 증득된 해인이다. 그러나 안으로 증득한 해인의 無我를 지키려면 無執의 망상을 없애지 않고서는 될 수가 없다. 그래야 분별을 여의는 無緣으로서의 不住가 되고 이것이 無住의 선교방편이 되어 위에서 말했던 부사의한 여의를 잡게 된다는 것이다.

이렇게 되면 본성을 증득한 제 자리인 집으로 돌아오게 되어〔歸家〕제6구에서 말한 不守自性隨緣成의 隨分이 된다. 이러한 因行으로 말미암아 菩提의 果處에 이르는 資糧을 얻을 수 있다. 따라서 이 자량은 보리에 이를 수 있게 돕는 양식이지, 아직 果處의 보리는 아니다. 그러므로 여기까지는 수행의 방편을 밝힌 것이다.

以陀羅尼無盡寶 ── 舊來不動名爲佛

제27구에서 끝의 30구로서 수행자가 얻을 이익을 말하였다. 다라니의 다함 없는 보배로써 법성의 본처인 **實寶殿**을 장엄하게 한다. 이 장엄한 실보전인 법성, 두 모습이 없는 법의 자리가 바로 중도의 자리다. 이 29구는 서두의 法性圓融無二相과 상응하면서 다음의 總結을 예비하고 있다.

법성에 두 모습이 없음은 諸法不動本來寂이었기 때문이니 끝구의 舊來不動名爲佛의 이 부동과 서로 수미를 이루어 결론짓고 있다. 印圖로 굴곡을 따라 읽을 때 처음부터 法性으로 출발하여 다시 이 不動의 법성으로 종결하게 하였으니 역시 중심의 한 자리에서 부동이었던 셈이다. 이것이 바로 시는 시로서의 연쇄적인 굴곡으로 반복되는 의미가 있고, 圖印은 도인대로 굴곡의 의미를 가지면서 그림과 시가 한 공간에서 조화되어 특별한 의미를 부여하는 槃詩의 특색이다.

3. 결어

이상의 소론은 의상의 「화엄일승법계도」를 시가문학의 한 갈래인 게송으로 수용하려는 작업이었다. 의상이 이 법계도에서 화엄경의 宗要를 집약하고 있음은 누구나 강조하고 있지만, 문학적 분류로서 시문학으로 수용하는 데에는 매우 인색했다. 더구나 '法性偈'라고도 불리는 만큼 게송문학으로 인정된 셈인데도 여전히 문학계에서는 수용하지 않고 있다. 본 논고는 이러한 아쉬움에서 출발되었음을 먼저 밝혔다. 그러면서도 시로서 수용되려면 시가 가지는 형식이나 내용에 큰 하자가 없어야 한다는 극히 초보적 논리로써 본 작품을 검토한 것이다. 그 결과 漢詩에서 요구되는 일차적 형식인 자수와 구수에 있어서는 7언 30구라는 장시임은 인정할 수도 있으나, 다만 문학으로 승화될 수 있는 창의적 내용이나 수사성에 선뜻 동의하기 어려운 점이 있는 것도 사실이다.

그러나 이 작품은 작자 자신이 시로 전제하고 창작했다는 점을 그저 흘려버리는 데는 문제가 있다. 작자는 이 시를 '槃詩'라 하였으니 일단 시로 표현한 것이 분명하고, 또 시의 한 유형으로서 '반시'를 시도했다는 점에서 시문학의 한 유형을 창출했다는 또 하나의 공을 인정하는 것이 옳을 것이다. 더구나 작자 자신이 반시라 하는 이유를 槃廻屈曲한다 하여 54角의 圖形에 붙인 印象만으로 그러할 뿐 아니라 한 편의 시가 첫구에서 끝구까지 인과적 의미의 연속이다. 수사성으로 말하면 일종의 연쇄법일 뿐만 아니라, 처음과 끝이 맞물리는

雙關性을 이루고 있다. '初起終至是一處'라고 하는 종지의 대요를 나타냈으니, 본 시는 형식과 내용마저도 한 궤도 위에 놓인다는 점에서 문학적으로 높은 경지를 지키고 있다 함이 오히려 타당하다고 본다.

　시의 내용인 시의가 작자의 창의냐 서술이냐 하는 문제는 게송문학의 속성으로 논의의 방향이 다를 수밖에 없다. 게송은 경문을 운문으로 요약하는 重頌이기 때문에 본 게송도 이에 해당한다. 작자 자신이「華嚴一乘法界圖」라 했듯이『화엄경』에 의한 一乘圓敎의 宗要를 보인 것이니 내용의 창작성을 운위함은 무의미한 일이다. 오히려『화엄경』의 원명칭인 '大方廣佛華嚴經'이 의미하듯이 이 크고 광대한 일승의 총지를 30구인 210자로 요약했다면 시의 내용이 요구하는 함축성 또한 범상한 작품과 대비될 일도 아니다.

　이러한 문학성을 구명하기 위하여 逐句的 해석과 아울러 구성의 연계성을 간략히 검증하였지만, 이것도 작자가 이미 시와 아울러 '釋文'으로 서술하였기에 필자의 독자적 분석은 아니다. 다만 이것이 문학적 수사의 연계로 무리가 없는가 하는 점을 논증한 셈이다. 아울러 위 시의 문학사적 자리매김을 위하여 다음 몇 가지를 요약 제시한다.

　첫째, 이「화엄일승법계도」는 우리의 문학에 있어 '槃詩'의 효시이고 새로운 유형의 시문학을 제공했다는 점이다. 여기서 효시였다 함은 그 뒤 동일한 신라시대의 明晶 스님의「海印三昧圖」라는 반시가 있기 때문이다.

　둘째, 게송문학으로서 重頌의 전형적 작품이라는 점이다. 이 점은 방대한 종지의 요약이므로 시의 내용적 함축성과 형식적 구성의 완벽성을 아울러 가지고 있다는 점이 강조될 수도 있다.

　셋째, 이 작품이 후대에 끼친 영향이 다른 어떤 문학보다 크다는 점이다. 위에서도 보았던 명효의 '해인삼매도'에 이어진 반시의 맥은 바로 문학의 형식과 내용으로 이어졌고, 그 뒤에 이어지는 이 '법성게'의 주석은 이 작품의 가치를 한층 높여주었다 하겠다. 곧 균여의『一乘法界圖圓通記』2권이 있고, 그 뒤 작자 미상의『法界圖記叢髓錄』4권이 있으며, 金時習의『大華嚴法界圖註』1권 등이 있으니 이것으로도 문학사적 위치는 논증이 된 셈이다.

高麗篇

義天의 文學

1. 羅末麗初의 文化的 轉換

신라는 말엽부터 지식계급이 새로이 형성되어 가고 있었다. 곧 眞骨이 아닌 六頭品 출신들이 唐에 유학하고 돌아와 唐文化의 섭취가 이루어지고 있었으며, 지방세력의 중추로 등장하는 禪宗 各派도 대부분 육두품이었다. 이러한 지식계급은 그대로 고려의 王建에게 귀의하게 되었으니 그것은 신라왕조 자체가 고려에 귀순하는 형식이었기 때문에 명분상 갈등이 없었던 것이다. 李成桂가 건국함에 있어서 이념적 명분을 찾기에 애매했던 것과는 상황이 다르다.

그러므로 고려 초기의 문화는 羅末의 계승이라 볼 수 있다. 그러나 신라말엽 唐의 유학생이 고려초기의 지식인으로 등장하면서 향찰문학과 한문학의 二元的 문학이 한문학이라는 一元的 경향으로 기울어 가고 있었다. 그것은 崔行歸의 「普賢十願歌」를 漢詩로 번역하는 과정에서 볼 수가 있다. 최행귀는 「보현십원가」를 한역하면서 쓰는 서문에서 이렇게 말했다.

> 우리의 才子名公은 唐의 詩句를 이해하지만 저들 중국의 학자는 우리의 노래를 이해하지 못한다.[1]

이런 이유에서 한역한다는 것이다. 그 결과 宋의 君臣이 이 노래의 주인은 참으로 부처였다는 칭찬을 하였다는 것은 큰 의미를 갖는다.

이와 같이 신라말에서 이어지는 唐文化의 흡수는 고려초에 내려와 그 문화의 계승발전을 가져 오게 되고, 더구나 고려로서는 北方의 遼와 西南의 宋과의 交隣의 방법으로서도 漢詩文化로의 일원화 문제가 생길 수밖에 없었다. 또한 당

---

1) …而所恨者 我邦之才子名公 解吟唐什 彼土之鴻儒碩德 莫解鄕謠 矧復唐文如帝網交羅 我邦易讀 鄕札似梵書連布 彼土難諳.(赫連挺, 前揭書, 第八 譯歌功德分)

시 禪宗이 이미 兩分된 상태인 太祖의 希朗公法門인 北岳派와 甄萱의 觀惠公法門인 南岳派를 均如가 統合歸一하려고 노력했으며[2] 그러기 위해서 모든 경전을 방언으로 서술하였으며, 「普賢十願歌」를 향찰로 표기했다는[3] 사실에서 민중을 이해시키기에 쉬운 방언을 택했던 균여의 자비심을 짐짓 짐작할 수 있을 것이다. 이 시가 이루어지자, 崔行歸가 곧 漢頌譯했다는 것은 지식층과 평민의 조화를 의식했던 것이니, 이것은 바로 垂直文化와 平面文化의 융화라는 면에서 큰 의의를 갖는 것이다.

또한 균여와 최행귀는 퍽 대조적인 위치에 있다. 균여는 국내 불교의 모순에 대한 통합에 노력했고, 최행귀는 彦撝의 아들이다. 최언위는 唐에 유학했고, 고려 태조에게 귀순하였고, 최행귀 자신도 吳·越에 유학했으니, 이들은 羅末麗初 唐文化의 지식인이다. 이러한 사람이 균여를 찬양하여 譯歌한다는 사실은 상·하층의 평면적 문화를 수직적 문화로 절충·조화함은 물론, 외교문화적 측면으로도 조화하려는 것에서 기인했다.

이러한 절충·조화적 현상은 중세사회의 안정을 가져오는 천태종의 형성과[4] 연결되고 그것이 의천의 사상에서 집결된다고 본다.

2. 義天의 折衷觀

여기서 의천(1055~1101)의 절충관이라는 논제가 타당한가의 여부도 확언할 수는 없다. 다만 몇 가지 측면에서 이런 논제가 무방하리라고 여겨진다.

첫째, 승려라는 점에서 불교 자체에 있어서의 절충이다. 곧, 의천이 敎宗과 禪宗의 반목을 일치융화하려는 사상이 法華思想의 會三歸一이어야 한다는 의

---

2) 師北岳法孫也 昔新羅之季 伽倻山海印寺 有二華嚴司宗 一曰觀惠公 百濟渠魁甄
   萱之福田 二曰希朗公 我太祖大王之福田也 二公受信心 請結香火願 願旣別矣 心
   何一焉 降及門徒 浸成水火 況於法味 各禀酸鹹 此弊難除 由來已久 時勢之輩 號
   觀惠公法門爲南岳 號希郞公法門爲北岳 每嘆南北宗趣 矛楯未分 庶塞多岐 指歸
   一轍 與首座仁裕同好 遊歷名山 婆裟玄肆 振大法鼓 竪大法幢 盡使空門幼艾 靡
   然向風(赫連挺, 前揭書, 第四 立義定宗分)

3) …然其文皆方言古訓 歌草而寫 及乎後世歌草之書不傳. (『高麗大藏經』 第四十七
   (k1507)十句章圓通記(後記))

4) 金哲埈;高麗初의 天台學研究, 韓國古代社會研究 附錄.

식이나 그것을 元曉의 和諍論이 天台思想의 一佛乘思想을 근거로 하려함은[5] 당시의 불교를 융합하려는 노력의 일환이었다. 그의 원효에 대한 경모가 어떠했던가 하는 점은 「祭芬皇寺曉聖文」에 나타나 있으니, 和諍이란 말도 그 祭文에서 '和百家異諍之端'이라 함에서 였으며, "여러 先哲을 보아 왔지만 元曉聖師보다 뛰어난 이가 없다."[6]고 한 것으로도 충분히 알 수가 있다.

둘째, 당시의 시대상이 절충적 위치에 있어야 한다고 판단되었을 것이다. 그것은 대중적 수양을 위한 불교적 이념과, 정치적 이념의 儒敎라는 두 차원의[7] 결합을 의식해야 했을 것이다. 그것은 그의 출가동기가 王命에 의해서였다는[8] 사실에서도 시사됨 직하다. 成宗朝에 이미 理國의 근본으로 儒敎를 삼으면서 修身으로서 불교를 중시하였으니, 文宗朝에 와서도 이러한 생각이 없을 수 없고, 의천 자신이 왕자로서 출가할 때에 이러한 것을 염두에 두지 않을 수 없었을 것이다.

셋째, 交隣이라는 외교적 차원에서도 생각할 수가 있다. 의천의 入宋求法은 그러한 의미가 존재한다고 본다. 당시의 사정이 북으로 遼와 이웃해 있었으면서 서남의 바다 건너에 宋을 두고서 마치 遠交近攻과 같은 교린정책이 없을 수 없고, 그러면서 문화의 선진인 宋을 직접 이해하지 않으면 안 되었을 것이다. 宋에 들어가는 과정부터가 쉬운 일이 아니었다. 왕이 허락하지 않아 몰래 宋의 商船을 타고 갔으며, 거기에서 모든 경전을 구하려 했다는 사실[9]은 불교 諸宗의 정리와 선진문화의 섭취였다. 그러나 蘇軾과 같은 사람은 의천의 이러한 작업에 대단히 회의적이었고 또한 첩자로까지 오인하였으니[10] 교린의 문제가 심각하였던 것을 이해할 수 있다. 이러한 심각한 지경에서도 의천은 선진문화를

---

5) 李永子;義天의 天台會通思想, 佛敎學報 15輯.

6) "其夙資天幸 早慕佛乘 歷觀先哲之間 無出聖師之右 痛微言之紕繆 惜至道陵夷 遠方名山 遐求墜典 今者 鷄林古師 幸瞻如在之容 鷲嶺舊峯 似値當初之會.(義天,『大覺國師文集』卷十六 張5「祭芬皇寺曉聖文」)

7) 高麗史·列傳六, 崔承老條, "行釋敎者 修身之本 行儒敎者 理國之源 修身是來生之資 理國乃今日之務 今日至近 來生至遠 舍近求遠 不亦膠乎."

8) 文宗一日謂諸子曰 孰爲僧作田利益耶 煦起曰 臣有出世志 唯上所命.(『高麗史』列傳三,「大覺國師條」)

9) 還鄕之日 聚集古今諸宗敎乘 摠爲一藏 垂於萬世 導无窮機 返本還源 是其本願也.(義天,『大覺國師文集』第十 張5 題目逸失)

10) 1.…高麗人屢入朝貢…使者所至 圖盡山川 購買書籍 議者以爲所得賜予 大半歸之契丹.(蘇軾,〈蘇東坡奏議集〉卷六〈論高麗進奉狀〉)

이해하고 또한 그 경지에 갈 때에 善隣이 되리라 생각했을 것이다.

　이러한 시대적 요인도 있지만, 의천이라는 자연인으로 볼 때에도 和諍的 절충의 위치에 있을 수밖에 없었다. 그것은 그의 가족적인 면에서도 볼 수가 있다. 형제 13인 중 仁睿王后 소생인 10男 중에는 順宗·宣宗·肅宗이 모두 동복 형제이었고, 아우 두 사람이 또한 승려였으니, 道生僧統 窺과 聰惠首座 璟이다. 이와 같은 현실이었으니, 정치적 이념인 유교와 수신적 이념인 佛敎의 갈등을 친족 사이에서도 느껴야 했을 것이다. 따라서 조화를 생각하지 않을 수 없었을 것이다. 또한 그가 승려로서 화폐제도에 대한 상세한 건의[11]를 했다는 사실에서도 드러나거니와 治世的 이념도 가졌기 때문일 것이다.

3. 義天의 文學

　의천의 문집 중에 문학적으로 기술된 것은 없지만, 다만 그의 여러 가지 견해 가운데 당시의 문학에 영향을 미칠 만한 것은 있다고 생각한다.

　위에서 보았듯이 신라의 문학이 향가와 한시라는 이원적 흐름이었다고 볼 때, 의천의 시대에 와서 한시의 일원적 융합으로 이루어지는 것이 아닌가 생각된다. 均如의 시대만 하더라도 자신의 방언으로 불경을 번역하였고[12] 또한 방

2.…其高麗僧壽介知臣不爲關奏　方始將出　僧義天付身文字　以示思義　乃是欲將金塔二所捨　入杭州惠因院等處　祝延聖壽…以此顯見　高麗人將此金塔　嘗探中國意度.(同上書,〈論高麗進奉〉第二狀)

3.高麗所得賜予　若不分遣契丹　則契丹安肯聽其來貢　顯顯是惜寇兵　而資盜糧　此三害也.(同上書　卷十三,〈論高麗買書利害劄子〉)

11) …夫錢之爲物　體一而義包四.　一曰錢質圓而孔方　圓以法天　方以象地　言覆載輪轉无窮也　二曰泉者　通行流行　如泉之无窮也　三曰布者　布於民間上下　周普永遠而不滯也　四曰刀者　行有美利　分割貧富　日用而不鈍也.(義天, 前揭書　第十三　張9　題名逸失)

12) 1. 十句章圓通記卷下(後記)“…本講和尙名天其　以丙戌春　始住鷄龍岬寺　搜古藏得此記　乃首座門人曇林親承所錄也　本講和尙嘆大道之難行　慶半珠之不失　親削方言　校其差舛…”(高麗大藏經　第四十七(k1507))

2. 釋華嚴旨歸章圓通鈔卷下(後記)“…弟子等　以江華京十七年戊申歲　於東泉社請諸德結安居　刱去方言　以施學人.”(同上書　同卷(k1508))

3.“…然後海東學人　知有華嚴義持一路矣　弟子事本講　久預聞一二大義　今依如公三寶章古記　刱麗言　離爲二卷　以施學人…”(同上書　同卷(k1509) 華嚴經三寶章

언으로 시가를 구사하였다.[13] 그러나 의천에 이르러서는 불경은 방언으로 번역하였지만, 시가에 있어서는 한시로만 읊고 있다. 그것은 그가 입적하기 1년 전에 國淸寺에서 天台妙玄을 講徹하며 제자들에게 보인 시와 그 脚注에서 볼 수 있으니, 이는 우리 시문학의 변천에 있어 큰 의미를 갖는다고 할 수 있다. 300여 부의 華嚴을 강의하면서 "옛사람의 말이 있지만 本疏에 의해서 방언으로 강의하였다."라고 하면서 그 뜻을 보인 詩는 漢詩 絶句로 읊고 있다.[14]

이것은 150여 년 뒤〔高宗 37~38년(1520~1521)에 균여의 講述을 간행한 刊記에 의거함〕江華都에서 균여의 講述을 간행하면서 방언을 삭제했다는 사실[15]과 좋은 대조가 된다. 그것은 이미 고려의 문화가 완전히 漢文化되었다는 사실의 입증일 수도 있다. 더구나 『華嚴經三圓通記』에서 방언을 羅言이라고 하였음은 방언의 번역을 신라의 유물같이 생각했다는 것이 되며, 이것은 고려의 문화가 신라의 문화에서 완전히 탈피했다는 것을 의미하기도 한다. 이런 의미에서도 의천이 살았던 그 당시는 신라와 고려의 文化的 分水嶺이었다고 할 수가 있겠다.

그러면 다음으로 의천의 문집에 보이는 이러한 절충적 편린을 보기로 하자.

"대저 法이란 말이나 像이 없지만 그렇다고 말이나 像을 떠나면 의혹에 빠지고, 말과 像에 집착하면 眞을 미혹하게 된다. 다만 세상에는 具全한 재능이 적고, 사람이란 다 갖추기가 어렵기 때문에 敎를 배우는 이로 하여금 흔히 內를 버리고 外를 찾게 하며 禪을 익히는 사람은 인연을 잊기를 좋아하며 안으로 불태운다. 모두가 편벽되이 집착하여 두 끝에만 막혀 있으니, 마치 토끼뿔의 長短을 다투며 空花의 濃淡을 다투는 것과 같다."[16] 하였으니, 이는 당시의 사

圓通記卷下(後記))
13) 高麗大藏經, 第四十七(k1510), 大華嚴首座圓通兩重大師均如傳 第七 歌行化世分者.
14) 庚辰六月四日 國淸寺講徹天台玄妙後 言志示徒, "二紀孜孜務講宣 錦翻三百貫花詮 憔勞愧乏傳燈力 社合匡廬種社蓮" 承句의 脚註에 "所有講演諸部三百餘卷而華嚴三本 共一百八十卷 雖有古人相承之說 吾並不用 但依本疏 翻譯方言 其南本涅槃三十六卷等 亦爾 妙玄十卷等諸部 古無傳授者 不揆膚受 輒譯方言 亦有十餘部…"(義天.『大覺國師文集』第二十 張10)
15) 註 12참조.
16) 夫法無言像 非離言像 離言像則倒惑 執言像則迷眞 但以世寡全才 人難具美 故使學敎者 多棄內而外求 習禪之人 好忘緣而內焰 並爲偏執俱滯二邊 其猶爭兎角之短長 鬪空花之濃淡.(義天,『大覺國師文集』第三 張9. 題名逸失)

정으로 보아 불교 자체의 禪·敎 兩宗을 융화하려는 것이다.

균여가 禪에서의 두 파를 통합한 것보다도 더 대국적 견해라 하겠다. 이것이 앞에서도 보았듯이 天台思想으로 귀일하려는 견해이지만, 이렇듯 어느 한 쪽에도 치우침이 없는 사상은 절충적 견지로 갈 수밖에 없었다. 더 나아가서는 불교 자체만의 조화만을 생각한 것이 아니라, 유교나 도교도 흡수 융화할 수 있어야 한다고까지 생각하였던 것이다. 위에 인용한 글의 말미에서 다음과 같은 말을 하고 있음이 이를 입증한다.

"일체 차별의 모양〔事〕이 小乘·大乘 두 敎를 겸하면 孔子나 老子의 玄妙한 樞機까지도 드날릴 수 있고 禪이 北禪이나 南禪의 두 종파까지 이해하면 神秀나 慧能의 비밀스러운 뜻도 밝힐 수 있다."[17) 하였으니, 모든 敎宗의 파별을 초월하면 여타의 종교까지도 暢明할 수 있다는 大圓融의 자세다. 이 글의 원제명은 逸失되었기 때문에 강연의 주제를 알기는 어려우나 말미에 "經典의 채집에 게을리함이 없이 義鈔 略疏 등을 간행하여 이제 강하는 것"이라 한 것으로 보아 스스로 모든 경전을 번역 강연하면서 결론적으로 말한 것이 아니었던가 생각된다. 그렇다면 어느 종파라는 의식을 초월하였음이 분명하다. 같은 글에 있어서 다음과 같은 말은 주목할 만한 것이다. 곧,

"뜻을 회통하여 말을 잇고 마음을 닦아 證得에 맞으면 佛身은 法과 報가 나뉘지 않고 淨土는 自他의 구별이 없다. 설법할 때는 마음과 대상이 다 사라지고 듣는 무리는 주인과 상대가 서로 융화한다."[18) 하였으니, 이것이 바로 상하좌우의 時空을 포괄하는 자세가 아니겠는가? 깊이와 넓이를 겸한 것이 위대한 문학이라는 현실적 이론은 바로 이런 면과 상통하는 것이라 하겠다.

이러한 견해로 그는 『圓覺經』의 體·相·用의 三大義 중에서도 오히려 運用的인 用의 大義에 입각하여 현실을 중시하면 원체에 접근할 수 있다는 생각을 하게 되는 것이다. '用'의 대의에서 이렇게 말하고 있다.

"神妙의 조화가 천지의 모든 도리를 補合牽引하고 허무함이 모든 해박함을 포괄하여 萬有의 무리에 따라 널리 감응하여 해낼 수 있는 일이 끊임이 없는 것

---

17) 事兼二敎 暢孔老之玄樞 禪會兩宗 明秀能之秘旨.(義天, 同上書 同文)
18) 會旨忘詮 修心契燈 佛身則法報不分 淨土則自他无別 說時則心境雙泯 聽衆則主
　　伴互融.(義天, 同上書 同文)

이 用의 大義다.”[19]라고 하였다. 隨類普應이라는 이 말 자체가 현실의 어느 한 쪽에 구애되거나 집착함이 없다는 견해가 아닌가? 이렇듯 體·用이나, 또는 이 상과 현실을 조화적으로 융화하려고 했기 때문에 그의 시가는 이러한 원용을 바람이 많다.

풍랑이 쉰 바다 삼라만상 비추듯	海印森羅處
무수한 세계 바로 큰 도량이다	塵塵大道場
나는 敎를 전하기에 급하고	我方傳敎急
그대 또한 참선하기 바쁘다	君且坐禪忙
진의를 얻으면 두 가지 다 아름다우나	得意應雙美
정에 매이면 둘을 다 잃는다	隨情即兩傷
원융함에 어찌 取舍가 있나	圓融何取舍
法界가 바로 내 고향인 것을.	法界最吾鄉

〈寄玄居士〉

하고 읊고 있다. 이는 물론 불교계 자체의 禪·敎의 대립을 지양하려는 것이지만 위에서 본 것과 같은 그의 자세로서는 비단 불교계만이 아니라, 세속의 사회적 융화도 적용되는 시이겠다. 나아가서 이 시 자체에서 작자의 문학 의식은 물론이거니와 당시의 문학이 지향되는 것을 간접적으로 느낄 수가 있다.

여기서 '得意應雙美 隨情即兩傷'이란 말은 문학적으로 주목을 요한다고 생각된다. 意에 중점을 두고 情을 소홀히 한 듯한 것은 당시의 문학이 漢詩文化로 기울어지는 바로 그 心情的인 표현이라 할 수 있다. 意만 추구한다는 것은 노래와 읊음이라는 두 차원의 문학에서 읊을 수만 있는 한시의 일면만 추구하게 되는 것이다. 한시는 깊이의 추구로서 시각적 상상력에 근거한 이미지 추구의 文字文學이다. 情을 소홀히 여겼다는 것은 대중적 호소력의 넓이를 가질 수 있는 청각적 문학, 즉, 노래할 수 있는 문학이 존재할 수 없는 처지가 되게 된다. 이것이 고려 중엽에 향가와 같은 노래할 수 있는 문학이 사라지고 여기에 대체될 만한 문학이 아직 출현하지 못한 것이다. 다시 말하면 지식사회의 문학은 존재하지만 평민사회의 문학이 존재할 수 없음으로 해서 이 상하를 있는 수직

---

19) 圓覺性凝然湛寂　廓爾冥通　百非斯絶　而无迹可尋者　體大義也　自性堅持　群靈妙軌　衆德本具　而飜染聊現者　相大義也　神化彌綸　虛含該博　隨類普應　而能事不息者　用大義也. (義天, 同上書 第三 講員覺經辭 二首)

적 문화구조를 찾을 수 없다. 이것은 큰 文學의 테두리 속에서 하나의 空白을 차지하는 半珠[20]의 문학이 된 것이다.

이렇게 사회적인 융화를 다음 시에서는 더욱 강조하고 있다. 出世니, 出間이니 하는 것까지도 무의미하다는 것이다.

사물에 접하려면 敎門을 찬양해야 하고　　　接物唯應闡敎門

빛을 감추려면 禪源에 맛들여야 하지　　　潛光多是味禪源

나고 숨고 나아가고 물러감이 모두가 도로써 하는 것　　行藏進退皆由道

산 속이다 속세다 하여 고요하고 시끄러움 말하랴.　　山世誰言靜與喧

〈謝圓演大師訪山門〉

하였다. 그 시의 脚註에는 더욱 이러한 사실을 명확히 하고 있다. 『四分律抄』에 말하기를 "山水가 같지 않다 하였으나 이제 大師는 小節에 구애하지 않고 法으로 마음을 삼아 혹은 산수에서 좌선하고 혹은 인간세계에서 行化하여 自他가 利를 함께하고 있으니 이는 靜喧을 같이 보자는 것이다."라고 하였다. 이렇게 圓演 大師에게 사례하는 것은 바로 의천 자신이 출세와 세간의 차이를 두지 않으려는 것이다.

이것은 위에서도 본 것과 같이 불교뿐만 아니라 당시의 사회제도를 받아들여야 하는 유교에까지도 융화하려는 자세였다. 金富軾이 의천의 碑銘을 撰하면서도, "대사는 外學에도 남은 힘을 다 바쳐 견문이 깊고 넓어서 孔子, 老子의 책이나 諸子 史書 등 百家의 글에도 그 精髓를 맛보고 뿌리를 찾았기 때문에 논의가 종횡으로 치달아 끝이 없다."[21] 라고 하였다.

이렇듯 그는 佛敎에서만이 아니라 外敎에 있어서도 推仰될 수 있는 처지이었으므로 사회각층을 하나로 융화시킬 수도 있었으며, 그러한 이념적 구현이 天台學의 會通의 사상을 확립시켰고, 그 결과 문학으로서 신라말 고려초에 이르는 二元的 흐름이 漢詩文學의 一元的 차원으로 중화되어 간 것이다.

---

20) 이 半珠라는 用語는 앞의 註 12의 1에서 引用한 '慶半珠之不失'에서 취해 본 용어다.

21) …又餘力外學 見聞淵博 自仲尼老聃之書 子史集錄百家之說 亦嘗玩其菁華 而尋其根抵 故議論橫縱馳騁 袞袞無津涯.(金富軾, 〈大覺國師外集〉 第十三, (碑銘))

4. 그 뒤의 영향

　의천의 이러한 절충 조화가 문화적인 성공을 거두었다고 말할 수는 없다. 다만 후대의 고려문학에 어떠한 향방을 모색했다는 점에서 의의가 있다고 생각하는 것이다. 문화의 구성이 중심문화와 위성문화의 복합적 요소로 이루어진다면, 신라의 중심문화가 불교를 사상적 중심으로 하고 한시문학이 지식인에게 구사되면서 동시에 지식인 사회에서까지 구사할 수 있는 향가가 있어 위성문화를 구성하고, 이 향가는 평민에게 두루 구사되는 평면성까지 유지하게 하였던 것이다.

　이것은 깊이만이 있는 한시문학에다 넓이까지 갖춘 향가라는 형식을 갖는 어쩌면 바람직한 것이었다. 이것이 고려에 와서 中世的 지식인 중심 세력이 되어, 사회적 기반을 구축하는 유교의 이념이 일반대중의 마음 속에 흐르는 불교적 신앙과 갈등을 이루게 된다. 이러한 중심문화의 갈등은 자연 위성문화를 형성할 수 없으며, 또한 평면문학이 존재하기 어렵게 된다. 따라서 수직문화의 연결이 없게 되어 상층문학의 평면성은 존재하나 하층문학의 평면성이 없다. 향가의 소실은 表記文字의 불편성에만 그 이유가 있는 것이 아니라 이러한 文化的 중심의 갈등에도 그 이유가 있는 것이다.

　이러한 때에 의천의 절충 융화적 노력은 불교의 회통에도 큰 의의가 있지만, 그의 견해 속에 보이는 유교에 대한 섭렵은 이러한 중심적 문화의 모색에도 큰 의의가 있다고 보아야 한다. 그러나 성공적이라 할 수 없음은 지식인의 문학으로서의 한시문학의 기반은 구축되었으나 위성문화가 될 수 있는 평민의 문학이 점차 상실됨에서다.

　곧, 문학의 깊이는 깊이를 더해 가게 되었지만, 넓이 있는 호소력은 상실되어 간 것이다. 이것은 뒤에 禪의 문학에서 그러한 반영을 볼 수가 있으니, 知訥의 다음과 같은 말은 그러한 일면을 보여 주는 것이다.

　"禪門의 뜻은 안으로 觀照하는 데 있기에 붓으로 기술할 수도 없고 말로 할 수도 없다. 비록 말로 할 수 없지만 억지로 말해야 하고, 붓으로는 다룰 수가 없으니 더욱 쓰기가 어렵다. 이제 할 수 없이 써야 하니 마음으로 관조하길 바랄 뿐, 문장에 매달리지는 말라."[22] 라고 하였으니, 이와 같이 마음 속으로만

---

22) "禪門之旨 在乎內照 非筆可述 非言可宣 言雖不及 猶可強言 筆不可及 尤難下

파고 드는 현상은 무한한 상상력으로 치닫는 문학이 된다. 더 나아가 이러한 상상이 극도화할 때 현실과의 괴리도 느낄 수 있을 것이다. 그것이 바로 龍樹가 말하는 세속의 一切法을 파괴한다는 논리가 된다.[23] 따라서 그것이 비록 사회적 리얼리티는 상실할지 모르지만 문학의 심도는 더해 갔으리라고 생각된다.

고려 문학은 이와 같이 지눌에게서 시작하는 禪的 사상이 근본적으로 새로운 계기가 되었고 慧諶에게 이르러 『禪門拈頌集』을 편찬하게 하였던 것이다. 지눌과 혜심의 문학에 대해서는 장을 달리하여 논의하려 한다.

筆 今不得已而書之 望照之於心 無滯於文矣.(知訥, 『法集別行錄節要幷入私記』 張2.)

23) "空法壞因果 亦壞於罪福 亦復悉毀壞 一切世俗法."(〈中論頌〉 黃山德 譯解)

知訥 普照禪의 문학적 推移

1. 普照禪의 특질

普照 國師 知訥은 우리나라의 조계종을 창설하여 인도적 佛法과 중국적 祖道를 하나로 회통하여 한국적 通佛教를 구현하였다. 여기서 '普照禪'이라 한 것도 그러한 특수성을 고려하여 사용되는 명칭이다.

전 혜화전문학교 교수였던 일인 불교학자 江田俊雄도 『印度佛學』 제5권 2호에서 '보조선'이라 함은 朝鮮禪史上 朝鮮禪(支那禪·日本禪에 대하여)을 대표했다고 보는 조계종을 사상적으로 정립한 고려 불일보조국사 지눌에 의하여 설해진 禪佛教의 특수성을 가리킨다"[1]라고 하였다.

지눌은 신라 이래로 人·我의 장벽을 쌓고 名利의 도구가 되어가는 禪·教의 諸宗에 실망하였고, 宋의 모든 선종에 있어서도 따라야 할 여지가 없다고 판단하여, 조계의 원류를 찾아 해동조계종을 창설하였다는 것이다. 頓悟慚修나 定慧雙修의 일반적인 체계 외에 活句, 곧 화두공안으로 의단을 해결하는 徑截의 禪旨를 천명하며 수행의 방법으로 泯心存境功夫(奪人不奪境), 泯境存心功夫(奪境不奪人), 泯心泯境功夫(人境兩俱奪), 存境存心功夫(人境俱不奪)의 四義를 설정하였으니, 이것은 바로 전 세대가 人境의 장벽으로 명리 다툼을 한 데 대한 시정이었다. 지눌의 법통을 이은 眞覺 國師 慧諶이 쓴 『圓頓成佛論』 및 『看話決疑論』의 拔尾는 지눌의 이와 같은 심경을 잘 설명해주고 있다.

아! 近古 이래로 불법의 쇠퇴함이 심하구나. 혹은 禪을 主宗으로 하여 教를 배척하고, 혹은 교를 숭상하여 선을 훼방하여 선은 佛心이고 교는 佛語이며, 교는 선의 그물이 되고 선은 교의 벼릿줄이 되는 것을 알지 못한

---

1) 李鍾益;普照禪의 특수성, 제6회 국제불교학술회의(보조국사지눌의 사상)에서 인용.

다. 마침내는 선과 교가 영원히 원수처럼 보게 되어, 法과 義의 두 배움이 오히려 모순되는 종교가 되어, 끝내 다툼이 없는 家門에 들어 한 실상의 道로 가지 못하겠구나. 이런 점을 先師께서 애석히 여기시어 『원돈성불론』과 『간화결의론』을 지으셨다. 그 유고가 상자에 묻혔다가 요사이 발견되어 대중에게 전시되었다.

　噫 近古已來 佛法衰廢之甚 或宗禪而斥教 或崇教而毀禪 殊不知禪是佛心 教是佛語 教爲禪綱 遂乃禪敎兩家 永作怨讐之見 法義二學 反爲矛盾之宗 不入無諍門 履一實道 所以先師哀之 乃著圓頓成佛論 看話決疑論 遺草在箱篋間 近乃得之 傳示大衆.

知訥은 이렇게 양극화된 문제를 해결하기 위하여 대장경을 탐구하다가 『화엄경』「여래출현품」에서 다음과 같은 구절을 발견하였다.

　보살마하살은 응당 알 것이니라. 제 마음의 생각생각에 부처가 正覺하여 밝은 모든 부처가 되었음을 알 것이니, 여래도 이 마음을 놓치지 아니하고 정각을 이루었느니라. 또 이르기를 일체 중생의 마음도 이와 같아서 모두가 여래가 이룬 정각이 있느니라.

　菩薩摩訶薩應知自心念念 常有佛成正覺 爲明諸佛 如來不離此心 成正覺故 又云一切衆生心 亦如是 悉有如來成正覺.

이것을 보고, 이것이 바로 범인과 성인의 마음은 자체가 청정하여 다름이 없음을 밝힌 것이니, 이 법으로 널리 중생에게 이롭게 하면 이것이 보현행이라 하여 행원의 원칙으로 삼았던 것이다.

아울러 李通玄 長者의 華嚴論에서 佛法과 祖道가 二元이 아닌 원리를 보고서 인도적 불법과 중국적 조도를 하나로 회통하는 기본원칙을 삼게 되었다. 이것이 바로 해동조계종이라는 특수한 禪宗 창시가 된 것이다. 여기에 수행과정과 수행방법을 自性의 본바탕에 두어, 頓悟하고 無念爲宗으로 眞如三昧를 修證하는 惺寂等持門과 범부의 無明分別心이 바로 不動智佛임을 직관하여 돈오하고 그 깨달음으로 보현의 대행을 圓修하는 圓頓信解門과 義理의 知解分別을 제거하기 위하여 看話의 방편으로 出身活路를 찾는 徑截門을 두었다. 또 이 3종의 禪門 외에 일체 방편을 초월하는 無心即佛·無心即大道의 無心合道門과 업장이 두터운 둔근을 위하여 십종염불삼매문을 설정하였다.

　이렇게 佛心(禪)에 佛語(敎)를 융섭하여, 결국 인도적 敎門과 중국적 禪門을 다 선으로 귀일시켜 누구라도 成佛 作祖하게 하였다.

　본 논고는 지눌의 사상 연구가 아니라, 선의 문학적 접촉의 한 고찰이므로 『원돈성불론』과 『간화결의론』의 내용에서 문학론적 提綱이 되는 것을 살피려 한다.

2. 證理成佛의 문학론적 제시

　위에서 보았듯이 『원돈성불론』과 『간화결의론』은 지눌의 입적 후 그의 제자 慧諶에 의해서 알려졌다. 그러나 그 저술의 내용이 평소 설법의 정리였다면, 당시 禪門에 끼친 영향은 막대했을 것으로 추측된다. 아울러 『원돈성불론』의 공적을 다음과 같이 본다면, 당시 이 저술의 공적은 대단히 컸던 것으로 이해된다. 첫째, 禪의 即心即佛이나 華嚴의 悟入門이 불교 체험의 입장에서 동일하다는 것이다. 둘째, 지눌은 그의 저술에서 해동조계산 沙門으로 자서하고 있다. 그것은 단순히 중국에 대해서 지역적 외연을 뜻하기 이전에 東國人 곧, 고려인을 강조하는 내포의 주체성으로 보는 것이 타당할 것이다. 셋째, 이런 사실이 중국 불교의 영향을 받으면서도 그것을 墨守하는 것이 아니라, 비판할 것은 철저히 비판한 것이다. 넷째, 외국에 끼친 영향이 컸다. 그 실례로서, 일본 鎌倉時代 中世 華嚴의 거장인 湛然의 저서인 『華嚴演義鈔纂釋』에 『원돈성불론』과 『간화결의론』에서의 인용문이 있으며, 같은 시기 圓種이라는 승려가 지눌의 『華嚴論節要』 3권을 읽고 구두점을 붙이고 발문에다 자신이 깨우친 바를 서술하고 있다.[2]

　이렇듯 이 『원돈성불론』과 『간화결의론』이 국내외에 끼친 영향이 컸던 것이다. 그러므로 지눌의 사상은 비단 修禪에 큰 작용을 했을 뿐만 아니라, 당시의 문화 전반에 많은 영향을 끼쳤을 것이 명백하다. 본 논고는 교리의 추구가 아니고, 문학적 접근의 추론이므로 다만 저 두 저술의 문학적 수용이 가능했을 것인가를 살펴보는 문제로 제한하려 한다.

　『원돈성불론』이 돈오와 성불의 法源을 말했다면, 『간화결의론』은 이 돈오의

---

2) 金知見;知訥撰『圓頓成佛論』, 제6회 국제불교학술회의(보조 국사 지눌의 사상) 참조.

방편으로 간화선을 논증한 셈이다. 그러므로 법계를 보는 안목은 문학인이 자연을 통찰하는 안목으로 추이될 수가 있다. 『간화결의론』에, 모든 중생들이 어떻게 하면 순리 그대로에 따라 진여의 문에 들 수 있는가 하는 해답이 있다.

만일 일체의 법이 비록 말하려 해도 말할 수 없고, 말할 만한 것도 없으며, 비록 생각하려 해도 생각할 수도 없으며, 생각할 만한 것도 없음을 안다면, 이것이 순리 그대로 따르는 것이며, 만일 생각을 여읜다면, 진여문에 들 수 있다 할 것이다. 이러한 말씀의 가르침이 생각을 여읠 수 있는 계기이며, 마음 진여문에 드는 것이다. (중략) 이러므로 이 가르침을 들은 이는 평등과 무상의 진리에 따라, 말할 수도 없고 말할 만한 것도 없으며, 생각할 수도 없고 생각할 만한 것도 없는 이해가 된 뒤에, 이 이해나 생각마저 여의어야 진여의 문에 든다. 그래서 이치를 증득하여 부처가 된다고 말한다.

若知一切法　雖說　無有能說可說　雖念　無有能念可念　是名隨順　若離於念 名爲得入　此等言敎　正是離念之機　所入心眞如之門也…… 是故　聞此敎者 隨順平等無相之理　作無能說可說　能念可念之解　然後離此解此念　能入眞如門 故但名證理成佛.

말할 수 있는 것, 말할 만한 것, 생각할 수 있는 것, 생각할 만한 것, 모두를 여의어 진여의 문에 든다. 그러나, 이 여의는 과정에는 논증이 반복된 것이다. 그러므로 모든 이치를 논증하는 궁극적 목적은 自性本體를 아는 성불의 과정이다. 곧 證理成佛이다. 이 증리성불이 修禪의 작용이라면 문학인의 작용은 궁극적으로 '論理成文'하자는 것이다. 모든 이치를 탐구하여 문학의 예술로 재창조하자는 것이다. 순리의 과정을 통하여 진여에 들고, 이 진여에 들었다는 생각이나 해득까지도 여의면 증리성불이 된다. 이 과정이 바로 離言絶慮였던 것이다. 말할 수도, 말할 만한 것도, 생각할 수도, 생각할 만한 것도 없다. 시인에게 있어서 진리의 표현도 이러한 과정을 거친다. 시인이 한 작품을 이뤄내는 데도 이만한 아픔의 과정이 있게 마련이다. 그러나 이 眞如 大全의 진리를 표현할 수 있는 언어나 사려가 없다. 그래도 할 수 없이 가장 적절한 말을 찾아내야 하는 것이다. 禪에서야 證理된 깨우침을 내심으로 삭이면서 여의는 해탈이 있어 무언으로 끝날 수 있지만, 시인은 언어 위에 존재한다는 숙명 때문에, 더 많은 아픔을 되씹어해야 하는지도 모른다.

崔致遠의 다음 시는 바로 시인의 이런 아픔을 대변하는 것이다.

가을 바람에 괴로이 읊고 있지만　　秋風惟苦吟
온 세상에 아는 이 거의 없다　　　　擧世少知音
창 밖에는 한밤의 비 내리고　　　　窓外三更雨
등불 앞에는 끝없이 내닫는 마음.　燈前萬里心

〈孤雲先生文集 卷一,〈秋夜雨中〉〉

시인의 이 苦吟, 마음 속으로 삭인 괴로움이다. 이 괴로움은 산고에 비유되는 괴로움이다. 한 편의 작품은 한 생명이 태어나는 아픔을 겪으면서 이루어진 것이다. 그러나 知音은 적다. 다만 창 밖에 내리는 빗소리의 스산함 같다. 그러니 등 앞에서 마음은 끝없이 知音을 찾아 헤매는 것이다. 시인이 진리의 문에 들어 그것을 여여히 표현할 때 기쁘듯이, 禪에서 진여문에 드는 것이 또한 가장 귀한 것이다. 그렇다면 이 진여는 어떠한 것인가. 다시 지눌의 말을 빌어보자.

　『華嚴論』에서 말한 것처럼 마음 진여는 곧, 한 法界가 모두 거느린 실상의 法門體이니, 이른바 心性은 나지도 사라지지도 않는 것이고, 일체의 모든 진리는 오직 망녕된 생각에 의해서 차별이 있다. 만약 이 망녕된 마음 생각을 여의면 일체 한계를 짓는 모습이 없게 된다. 그러므로 일체의 진리가 근본부터 말을 여의고 모습을 단절하며, 이름지을 수 있는 실상도 여의고 마음에서 인연따라 이는 모습도 여의어, 끝내는 평등하여 변하거나 달라지는 것도 없고, 그렇다고 무너버릴 수 없다. 오직 한 생각일 뿐이니, 그래서 진여라 한다.

　如論云　心眞如者　即是一法界大摠相法門體　所謂心性不生不滅　一切諸法唯依妄念　而有差別　若離心念　則無一切境界之相　故一切法　從本已來離言說相　離名字相　離心緣相　畢竟平等　不可破壞　唯是一心　故名眞如.

〈看話決疑論〉

망녕된 생각이 아니면서 말이나 형상을 여의어 모든 것이 평등으로 보이는 이 한 생각, 이것이 진여다. 이러한 진여의 세계에서는 시간이나 공간의 개념이 사라져 사물을 있는 본체 그대로 볼 수 있는 것이다. 문학에서도 이러한 것이 바로 시공을 초월하는 영원한 문학이 되는 것이다. 이렇듯 시공을 초월하는 방법은 기존의 관념을 파괴하는 데서 가능한 것이다. 지눌은 또 같은 글 안에서 이 기존의 관념을 무니는 방법으로 사물을 六相[3]으로 보도록 설명하면서, 그것을 다섯 가지 측면으로 말하고 있다. 그 중 한 가지만 예를 들어보면,

三世니 영겁이니 해서 차별 지우는 것은 別相이고, 根本智로 널리 보아 모든 것이 한 찰나라 하는 것은 摠相이고, 業에 따라 길다 짧다 하는 것은 異相이고, 情이 사라지고 알음알이가 없어져 시간의 長短이 없는 것이 同相이고, 지혜로워서 있다 없다며 의지함이 없음은 壞相이고, 根機나 法에 따라 사물을 보면 成相이라 한다.

三世久劫差別 名爲別相 以智普觀 在一刹那 名爲摠相 隨業長短 名爲異相 情亡見盡 長短時無 名爲同相 智無依住 名爲壞相 應根與法 名爲成相.

〈圓頓成佛論〉

이와 같이 사물을 분류 綜錯하여 그 본체를 이해한다는 것은 시인에게 있어서는 더 말할 나위 없이 필요한 일이다. 시뿐만 아니라, 모든 예술이 진여의 경지에 이른다는 것은, 바로 이렇듯 시간과 공간을 초월할 때 가능한 것이다.

여기서 잠시 이 六相의 원리로 시 한 수를 감상해보자.

한 송이 국화꽃을 피우기 위해
봄부터 소쩍새는
그렇게 울었나 보다.

한 송이의 국화꽃을 피우기 위해
천둥은 먹구름 속에서
또 그렇게 울었나 보다.

그립고 아쉬움에 가슴 조이던
머언 먼 젊음의 뒤안길에서
인제는 돌아와 거울 앞에 선
내 누님같이 생긴 꽃이여

노오란 네 꽃잎이 피려고
간밤엔 무서리가 저리 내리고

---

3) 六相은 摠相, 別相, 同相, 異相, 成相, 壞相이다.(『圓頓成佛論』 p.590.)

내게는 잠도 오지 않았나 보다.

〈徐廷柱, 〈菊花 옆에서〉〉

이 시의 각각의 소재들, '국화·뻐꾸기·천둥·누님·무서리'는 하나 하나의 成相이다. 그러나 이것이 국화라는 하나의 공간으로 모여지기 위해서는 이러한 成相이 파괴되지 않으면 안 된다. 곧 壞相이라야 한다. 국화에서 누님을 보고, 뻐꾸기의 울음을 듣고, 천둥을 듣는다는 것은 각각의 相을 하나로 종합해야 가능한 일이다. 바로 同相인 것이다. 이것을 다시 환원시키면 異相인 것이다. 가을의 꽃을 말하면서 봄의 새를 말하게 되니 자연히 시간의 괴리가 생긴다. 이것은 三世니 永劫이니 하는 別相이기 때문이다. 그러나 국화가 피기야 가을에 피었지만, 꽃이 피어날 수 있는 因子는 뻐꾸기가 우는 봄날에 이미 싹텄던 것이다. 이것이 바로 찰나로 보는 摠相인 것이다.

이 시는 이렇게 시공을 완전히 초탈한 것이다. 그야말로 "끝 없는 공간에는 너와 남이라는 것이 터럭 끝의 거리도 아니며, 수십 세대의 시간이 끝내는 마음 한 자리의 생각에 벗어나지 않는다[無邊刹境 自他不隔於毫端 十世古今 始終不離於當念]"는 시간과 공간의 단절이다.

그래서 지눌은 지혜 속에는 三世·古今·遠近의 量感이 없으며 진여의 본체는 원융해서 十世의 일도 서로 사무친다[智中無三世古今內外遠近量故 又以眞體圓 十世事紊徹故] 하였다. 이것이 頓悟인 것이다.

따라서 이렇게 총상으로 귀일하면, 끝내는 평등하게 되어 오직 一心일 뿐이다. 이것을 진여라 한다. 말로 형용할 수도 없고 名字로 나타낼 수도 없다. 곧 離言絕慮가 되는 것이니, 여기서 話頭가 필요한 것으로 지눌이 『看話決疑論』을 쓰게 된 것도 이러한 까닭이었을 것이다.

趙芝薰은 불완전한 인간의 언어로서는 絕對한 全一의 세계를 묘사할 수 없으므로 시랍시고 써 놓은 것은 실상 표현 이전의 直觀的 感興의 만분의 일도 못 된다는 생각에서 나온 말이라 하여 시를 쓰면 벌써 시가 아니다라는 말을 설명하고 있다.[4] 이렇듯 아무리 완전하다고 생각되는 언어의 표현이라 하더라도 완전한 이 자연을 표현하기란 불가능한 것이다. 그것은 禪門의 오묘한 요지를 표현할 수 없는 것과 같다. 이런 점을 지눌은 다음과 같이 말했다.

---

4) 趙芝薰;詩 生命의 本質, 韓國文學叢書, 東國大學校 韓國文學硏究所, 1980, p.156.

禪門의 깊은 뜻은 안으로 觀照하는 데 있으니 文章으로 서술할 수 있는 것도 아니요, 말로 표현할 수 있는 것도 아니다. 그러나 말이 비록 따르지 못하지만 애써 말을 해야 하겠고, 문장이 따르지 못하니 더욱 붓을 들기가 어렵다. 이제 할 수 없이 써야 하니, 바라건대 마음으로 관조하여 표현되는 文章에 구애받지 말라.

禪門之旨 在乎內照 非筆可述 非言可宣 言雖不及 猶可强言 筆不可及 尤難下筆 今不得已而書之 望照之於心 無滯於文矣.

〈法集別行錄節要並入私記〉

이것이야말로 시를 쓰면 시가 아니라는 말보다 몇 곱의 정확한 詩論이다. 문장에 구애되면 안 된다. 이것이 바로 상징의 논리다. 그래서 禪家의 超論的인 話頭가 있는 것이다.

위에서 본 바와 같이 離言絶慮요, 離名字相이요, 離言說相이다. 그러므로 內照가 되지 아니한 상태에서 보는 현상의 표현으로는 오히려 언어도단이 되는 것이다. 여기서 다시 反常合道임을 인식하게 된다. 세속의 안목으로 禪의 대화를 보면 논리가 결여된 것처럼 보이는 것은, 이와 같이 현상계의 언어를 끊는 데 있음을 알지 못하기 때문이다. 그러므로 우리는 현상계에 집착되어 있는 이 미망을 버리지 못하는 한, 항상 이 萬有大全의 실상을 보지 못하는 것이다. 여기에서 지눌의 다음과 같은 말이 연상된다.

달마가 서쪽에서 온 것은, 달을 알려면 손가락에 있지 않음을 알게 함이니, 法이 나의 마음이기 때문에 문자를 쓰지 않고 마음과 마음으로 전할 뿐이다. 그러므로 禪門에서는 집착을 깨어버리고, 근본을 보이는 것이 귀하고, 번거로운 말이나 뜻으로 나열하는 것은 귀하지 않다. 그러므로 집착을 깨치고서 얻게 된 言句라야 일분의 理性에 가깝다. 말을 여의고 생각을 끊는 뜻을 우매한 이는 알지 못한다.

所以達摩西來 欲令知月不在指 法是我心 故不立文字 以心傳心耳 是以 禪門只貴破執顯宗 不貴繁辭義理施設 故所有破執言句 近於一分理性 離言絶慮之義 昧者不知其義

〈圓頓成佛論〉

결국 일체의 집착을 버리지 않고는 진여의 세계를 볼 수가 없는 것이다. 시인도 집착을 버리지 않으면 번거로운 말밖에 되지 않는다. 그러나 세속의 눈, 또는 뛰어난 시적 감각 내지는 관조가 없는 상태에서는 이 繁辭가 맛이 있고, 저러한 초논리적인 언어, 곧 話頭와 같은 것은 재미도 없고 씹어볼 생각도 나지 않는다. 그렇지만 禪에 있어서는 이 맛도 없고 씹어볼 생각도 없는 화두에서 한 번 깨치면 마음과 법계가 훤히 밝아지는 것이다.[5] 이것이 바로 시인에게 있어 모든 자연을 섭렵하여 다시 제2의 完美한 자연을 이루는 것과 같은 것이다.

여기서 말하는 '噴地一發'이 바로 敎外別傳이요 徑截直入[6]이다. 곧 義路 言路를 끊는 것이다. 이것을 굳이 말로 표현하였을 때 沒滋味 無模索인 것이다. 그러나 그것이 오히려 活句가 되는 것이다. 따라서 禪門에서는 이 徑截活句를 중히 여기고, 오히려 言敎로 해득이 되는 것은 死句라 한다. 그래서 死句에는 知解하려는 병에 집착된다. 活句라야 '一句明明該萬象'이 된다.

그렇다면 이 徑截直入을 어떻게 하는 것인가 知訥은 『法集節要』에서 다음과 같이 말하였다.

만약 언어에 의하여 해득하려 하면 현상을 벗어나는 길을 알지 못하게 되니, 비록 종일 살펴보아도 오히려 해득하려는 지식에 얽매여져, 그 생각을 끊어버릴 때가 없게 된다. 그러기 때문에 오늘날 禪門에서는 이 언어를 여의어 들어가서 알아 해득하겠다는 병을 깨끗이 잊으려 하는, 대충 祖師의 善知識을 인거해서 다른 방편을 끊는다.

若依言生解 不知轉身之路 雖經日觀察 轉爲知解所縛 未有休歇時 故更爲今時衲僧門下 離言得入 頓忘知解之病者 略引祖師善知識 以徑截方便.

결국, 이 知解의 병을 끊어 語路 義路를 끊어버려야 한다는 것이다. 이론이나 思唯를 초월하여 이른바 언어도단인 곳, 또는 心行處滅하는 본래의 면목을 직관한다. 사량 분별의 흐름을 절단하여 悟入으로 매진하는 것이다. 이것을 破

---

5) 故一放下　亦放下不放下　滯病不滯病之量　忽然於設滋味　無模索底話頭上　噴地一發　則一心法界　洞然明白　故心惟所具　百千三昧　無量義門　不求而圓得也.〈看話決疑論, p.615.〉

6) '徑截'이라는 말이 처음 쓰인 것은, 李華의 「吊古戰場文」의 "徑截輜重　橫攻士卒"에서다. 戰場에서 軍備를 나르는 수레의 길을 끊었다는 뜻이다. 「古文眞寶後集, 卷五」

病이라 한다.

　이러한 파병의 한 방편으로 三玄이 있으니, 곧 體中玄·句中玄·玄中玄이다. 體中玄은 事事無碍의 圓頓敎義를 말하고, 句中玄은 話頭와 같은 徑截의 언구를 말하고, 玄中玄은 學人들을 깨우치기 위하여 갑자기 내리치는 棒이나, 또는 큰 소리로 꾸짖는 喝 같은 것을 말한다.[7)]

　이와 같은 三玄의 방법은 시에 있어서의 표현 방법과 다분히 같은 점이 있다. 體中玄은 時空을 초월한 詩想으로 인식될 수 있으니, 禪詩에 있어서 禪機詩나 禪趣詩와 같음을 알 수 있다. 句中玄은 초현실적인 논리에서 일상의 상념과는 배치되는 듯하면서도 현상을 초월한 깊이의 진실을 표현한 시가로서, 게송과 같은 문학을 의식할 수가 있다. 玄中玄은 일상의 언어와 상념으로는 도저히 말할 수 없는 경지이니, 여기에서 離言絶慮를 다시 의식하게 된다. 결국 不立文字로 최상의 경지를 삼을 수밖에 없다.

　지눌은 시문학을 직접 남긴 것은 없으나, 위에서 본 바와 같이 그의 여러 논술에서 修禪의 방편으로 제시한 것이 문학적인 방법과 이론으로 推移될 수 있는 여지가 많다. 이 점은 당시 禪家의 시문에 큰 영향을 주었을 뿐만 아니라, 당시 고려의 일반 문학에는 많은 영향을 주었음이 틀림없다고 본다.

---

7) 禪門亦有多種根機　入門稍異　或有依唯心識道理　入體中玄　此初玄門　有圓敎事事
　　無碍之詮也　然此人長有佛法知見在心　不得脫灑　或有依本分事　祗對灑落知見　入
　　句中玄　破初玄門佛法知見　此玄有徑截門　庭前柏樹子　麻三斤等話頭　然立此三玄
　　門　古禪師之意　以本分事　祗對話頭爲破病之語　故置於第二玄　然未亡灑落知見言
　　句　猶於生死界不得自在　故立第三玄中玄　良久默然　棒喝作用等　破前灑落知見　所
　　以施設　本由遣病. (法集節要)

慧諶의 실천적 修禪과 문학양상

1. 修禪의 실천적 제시

眞覺 國師 慧諶(1178~1234;自號 無衣子)은 보조 국사의 衣鉢을 받아 曹溪山 第二世가 되었으니 普照禪을 계승하였음은 더 말할 것이 없다. 이 行歷에 대한 것은 李奎報(1168~1241)가 撰한 「曹溪山 第二世 故斷俗寺住持修禪社主 贈眞覺國師碑銘」(東國李相國集 卷三五)에 상세히 기록되어 있다.

저서로 『眞覺國師語錄』과 『無衣子詩集』이 있다. 또한 『禪門拈頌集』은, 비록 옛 禪師들의 拈頌을 수집 편찬한 것으로 그의 창작이 아니기는 하나 그 위업은 대단한 것이다. 禪家의 古話 1125則과 이에 대한 여러 선사의 徵·拈·化·別·頌·歌 등의 要話를 채집하여 30권으로 이루어 놓은 것이니, 당시의 사정으로 보아 이러한 옛 조사들의 古話를 어떻게 모을 수 있었으며, 또는 그것을 다 간행했다는 것은 그 내용을 살피기 이전에 그 문화의 애호를 짐작하고도 남음이 있다.

또한 보조에게서 영향을 받은 선, 특히 看話禪에 얼마나 힘을 기울였는가 하는 점을 이해할 수 있다. 여기에 대해서 이규보는 비문에서 "보조 국사가 꿈에 雪竇顯 선사가 院에 들어서는 것을 보고 이상하게 여기던 차, 때마침 그 이튿날에 혜심이 來參하여 더욱 기이하게 여겼다고 한다. 설두현 화상이 『碧巖錄』 100則을 지어냈고, 혜심 역시 후대에 『선문염송집』을 편찬한 것을 겨누어볼 때, 이 꿈이 결코 우연한 일이 아니라 하겠다."고 하여 그 내력을 말해주고 있다.

이 『拈頌集』에 대한 것은 장을 달리하여 살펴보기로 하고, 여기서는 주로 어록에 남아 있는 그의 사상을 살펴보고 그 문학적 응용을 밝혀보려 한다.

진각 국사는 普照와 같이 禪門에 대한 계통적인 논술은 없다. 그것은 이미 보조의 사상을 이어 그것을 실천하려는 의도였기 때문이었을 것이다. 그의 어

록은 이와 같은 실례의 선교서라 할 수가 있다. 그것은 같은 宗門의 門弟나 修
者에게만이 아니라, 당시 사회의 귀족층에까지도 많은 上堂 법어를 남기고 있
는 것으로 보아서도 알 수 있다. 특히 宗門의 문도들에게 내린 글은 모두가 선
의 실제적 깨우침을 말한 것이다. 그 중에서도 覺雲 上人에게 내린 글은 漸修
的인 방편을 단계적으로 말하고 있다. 각운은 진각이 편찬한 염송집에 대해서,
해설서인 『拈頌說話』를 편찬하였으니 진각의 가르침을 누구보다도 많이 받은
사람이라 생각된다. 그래서인지 「示覺雲上人」에서 修禪의 계제를 상세히 말하
고 있다. 곧, 옛 先師들의 禪語的인 말씀을 들어, 점차 수행의 깊이로 이행해
가는 과정을 말하고 있다. 그것은 그가 『선문염송집』을 편찬한 의도와 같았다
고 볼 수 있다. 『선문염송집』 서에서,

　禪門의 뜻이 不立文字인데, 이러한 문자로 된 염송집을 내서 무엇하겠
느냐 하겠지만, 그러나 흐름을 따르다 근원을 얻을 수도 있고, 끝을 가지
고 근본을 알 수도 있는 것이다. 本源만 얻을 수 있다면 만 갈래로 이야기
해도 적중되지 않는 것이 없지만, 이러한 흐름을 찾아 근원을 얻지도 못하
는 이는 말을 따라 固守하여도 처음부터 의혹된 것이다.
　世尊迦葉已來 代代相承 燈燈無盡 遞相密付 以爲正傳 其正傳密付之處 非
不該言義 言義不足以及 故雖有指陳 不立文字 以心傳心而已 好事者 強記其
跡 載在方册 傳之至今 則其麁跡 固不足貴也 然不妨尋流而得源 據本而知末
得乎本源者 雖萬別而言之 未始不中也 不得乎此者 雖絕言而守之 未始不惑
也

라 하였으니, 역시 頓悟에 이르기 위해서는 이러한 漸修의 방법을 필요로 했던
것이다. 이러한 것은 보조가 말한, "지혜의 본체는 원융한 것이기 때문에 시대
의 변동이 있는 것도 아니고, 지혜도 다르지 않으니 여기에 버릇을 닦아 갈면
자비로운 지혜가 점차 원융해진다〔以智體圓 故時亦不移 智亦不異 於中鍊治習
氣 悲智漸圓〕."(『圓頓成佛論』)라는 것을 실천적으로 발전시킨 것이라 이해
된다.
　그러므로 이러한 작업이 禪定에서 보면 선의 실천적 설화의 수집이지만, 이
설화의 전수과정에서 이루어지는 이심전심은 外方人에게 언어의 상징적 전달
과정으로 이해되어 그릇될 것이 없다. 이와 같이 선의 점수적 방법을 보여준
것이 「시각운상인」이라고 생각된다.

이 「시각운상인」은 옛 선사들의 禪語를 인용하여 禪修行의 경지를 점진적으로 예시하고 있다. 하나의 단계를 이해하고 나면 다음 단계를 이해할 수 있다는 것이다. 여기서 예시된 詩語를 살펴보아야 하겠다.

"보는 것과 보여지는 것이 빈 꽃과 같아서 원래 있는 것이 아니다〔見與見緣 如虛空花 本無所有〕"라는 말로 이 보는 것, 보여지는 것이 원래 菩提의 오묘하고 맑은 본체이니, 그러므로 눈이 물체에 이르는 것도 아니고, 물체가 눈에 이르는 것도 아니다. 귀가 소리에 이르는 것도 아니고, 소리가 귀에 이르는 것도 아니다. 보는 것과 물체, 듣는 것과 소리, 여기에 구애됨이 없어야 이것이 부사의의 큰 해탈경계라 한다 하였다. 이렇게 전제해 놓고 고덕의 말씀을 들어 이것의 이해에 접근시켜가고 있다.

해탈의 길을 알려면은	欲知解脫道
근원과 대상이 서로 이르지 말아야 해	根境不相到
눈과 귀는 보고 들음 끊어야 하고	眼耳絶見聞
소리와 빛은 시끄럽기 끝없어.	聲色鬧浩浩

〈示覺雲上人〉

여기서 우리는 이 사실을 듣지도 보지도 말라는 말인가. 아니면 듣고 보되 그 보이고 들리는 피상적인 외형이 아니라, 보여지고 들려져야 하는 그 실상의 내면을 보고 들으라는 것인가. 아마도 이 후자에 역점을 두었다 해야 하리라. 여기서 우리는 소리가 없는 것을 듣고 형태가 없는 것을 보라〔聽於無聲 視於無形〕라고 가르치신 선현의 말씀이 연상된다. 시인이 시를 쓰는 경우에도 같아서 물체의 외형을 노래하는 것이 아니라, 내면의 세계를 노래하는 것이다.

위의 사실을 이해했으면 다음을 이해할 것이다.

산밑 한 필지의 넓은 밭에 대해	山前一片閑田地
정중히 손모아 조상에게 물었다	叉手丁寧問祖翁
팔고 사기 몇 차례나 뒤바뀌었느냐고	幾度賣來還自買
가련히 여긴 松竹은 맑은 바람 들려주네.	爲憐松竹引淸風

눈앞에 보이는 밭은 그저 밭일 뿐이다. 그 소유주는 지금의 아무개이다. 그 소유주는 영원한 것이 아니다. 내일 소유주가 바뀔 수 있듯이 지금까지도 한없는 주인이 교차되어 왔다. 그럴 때, 여기에는 과거 미래라는 시간 개념은 초월

된 것이다. 別相으로 보면 三世久劫이라는 시간의 차이가 있지만, 摠相으로 보면 모든 것이 찰나인 것이다. 예나 이제나 변함이 없는 저 맑은 바람, 이것이 바로 이 時空의 초월을 상징적으로 보여주고 있는 것이다. 이 밭의 주인은 이 맑은 바람과 같은 조상의 후광으로 살아가고 있는 것이다.

이 사실을 이해하고 나면 다음 사실을 이해하리라.

굽어 보아도 땅은 보지 못하고	低頭不見地
우러러 보아도 하늘 보지 못한다	仰面不見天
大乘 해탈의 경지 알려고 하면	欲識白牛處
다만 무덤의 해골을 보라.	但着髑髏前

머리를 구부리면 땅이 보이고, 머리를 들면 하늘이 보이는 것이 정상적 논리인 것이다. 그런데 여기서는 머리를 구부리면 땅이 안 보인다는 것이다. 머리 위가 하늘이라는 일상적인 원리에서 머리를 구부려 그것이 위라면, 위는 역시 하늘이지 땅은 될 수가 없다는 논리도 가능한 것은 아닐까 머리를 들어 하늘을 본다 해도, 역시 하늘은 아니요, 단순한 허공일 수도 있는 것은 아닐까. 이렇게 허공이거늘, 단순히 위와 아래라는 생각에서 하늘과 땅이 구별된다면 이 공간을 여의면 하늘이다 땅이다 하는 공간적인 집착이 없어질 것이 아닌가. 이렇게 모든 것을 여의는 해탈의 경지를 알려면, 역시 모든 것을 떠난 해골 뼈가 바로 해탈일 수도 있겠다. 여기에서 莊子가 해골 뼈와 문답한 말이 연상된다.

장자가 楚에 가 죽어 말라버린 뼈를 보고는 여러 가지 인간 세사의 괴로움을 말하면서 "너는 이 중 어느 괴로움을 이기지 못하여 이 꼴이 되었느냐."라고 하니, 뼈가 장자의 꿈에 나타나 "네가 말한 것은 산 사람의 괴로움이지 죽으면 이런 괴로움이 없다. 여기서의 즐거움은 왕노릇하는 즐거움보다 낫다."라고 한다. 이 세상의 괴로움을 여의어 왕노릇보다 즐겁다는 이 뼈의 말, 이것이 바로 해탈의 즐거움일 수도 있을 것이다. 뼈를 가서 보라는 이 禪語도 이러한 뜻을 내포한 것은 아닐까.

이미 이러한 뜻을 이해하였다면 다음을 이해할 것이다.

날마다 하는 일 별것이 없으니	日用事無別
오직 스스로 어울려야 한다	唯吾自偶諧
어느 일이나 취하거나 버릴 것 아니고	頭頭非取捨
어느 곳에서도 어긋나서 안 된다.	處處勿張乖

붉은 색이니 紫色이니 누가 말함인가	朱紫誰爲號
언덕과 산은 한 점 티끌도 절단한다	丘山絶點埃
神通이란 妙用을 겸한 것이니	神通兼妙用
물 긷고 나무 나르는 데도 있는 것을.	運水及搬柴

　우리는 어쩌면 진리를 먼 데서 찾고 있는지도 모른다. 일상생활의 지극히 가까운 일에 있는데도 살피지 못할 뿐이다. 잘못된 나의 판단으로 취사선택하기에 더욱 잘못되고 있는 것이다. 여기에서 孔子가 말했던 "仁이 멀더냐. 내가 仁을 하려 하면, 仁은 곧 온다."라고 한 말이나 "仁이 먼 것이 아니라, 사람들이 스스로 멀리하느니라."라고 한 말들이 연상된다. 마치 그대로 붉은 빛인데, 주황색이니 자색이니 하여 비슷한 빛으로 혼동시키는 것과 같은 것이다. 신통한 일은 멀고 아득함이 아니라, 나무하는 곳에도 그 나름의 신통이 있는 것이다. 그 일에만 종사한 사람은 남이 알지 못하는 묘용이 있는 것이다.

　이것이 이해되었으면 다시 다음 사실을 이해하게 될 것이다.

一塵이 正受에 들면	一塵入正受
모든 塵이 三昧를 일으킨다	諸塵三昧起
남자가 正受에 들면	男身入正受
여자가 三昧를 일으킨다.	女身三昧起

　하나라는 수는 무한수의 상대로 생각하면 대단히 적은 수이겠지만, 이 무한수가 하나라는 수의 무한한 연속이라 한다면 하나보다 더 큰 수도 없다. 그러므로 一塵 속에는 諸塵이 들어 있고 諸塵은 一塵의 유한적 취합인 것이다. 이렇게 볼 때, 혜심이 스스로 읊은 게송인 다음 시에서,

바다의 천 가닥 파도 일어도	如海湧千波
그 많은 파도가 끝내 바다이고	波波全是海
한 점의 거울 밝히면	如一點鏡燈
시방의 사물이 모두 모인다.	十方相集會

한 것과 일치한다 하겠다.

　완전한 공간의 단절이다. 단절된 공간에는 상대되는 대칭이 있을 수 없다. 상대되는 대칭이 사라졌을 때, 남자다 여자다 하는 상대적 개념도 있을 수 없

다. 이것이 處無碍인 것이다. 이러한 처무애는 자연히 時無碍를 동반하게 되는 것이다. 곧, 공간 개념의 단절은 자연히 시간 개념을 초월하는 것이다. 석가모니의 처무애는 未離兜率에 已降王宮 바로 그것이다. 이때, 도솔천이다 정반왕의 궁중이다 하는 공간 개념이 없는 것이다. 그것은 동시에 시간 개념이 없어진 것으로, '未'는 미래이고, '已'는 과거이다. 그 도솔과 왕궁은 현재와 미래의 시간적 순서인데, 未離兜率에 已降王宮은 현재상황에 미래부사, '未'가 있고 미래 상황인 왕궁에 과거부사인 '已'가 연결되어 있다. 그러니까 여기에는 시무애인 '未出母胎 度人已畢'이라는 상황설명이 자연스럽게 이루어지는 것이다.

그러기에 혜심은 다음과 같이 계속한다.

석가가 앞에 있는 것도 아니요　釋迦不前
미륵이 뒤에 있는 것도 아니다.　彌勒不後

無處不在요 無時不有의 부처다. 어디에나 있지 않음이 없다. 그야말로 一切唯心造다. 내 마음에 있는 것이다. 이것이 이해되면 다음이 이해되리라.

장씨가 술을 즐기는데 이씨가 취하고　　　　　　張公喫酒李公醉
술잔이 떨어졌는데 접시가 일곱 조각으로 갈라졌다.　盞子落地楪子成七片

이렇게 되면, 공간 개념은 완전히 사라진 것이다. 그러나 '술'과 '취한다'라는 이 인과율이 존재하는 한에 있어서는, 이 테두리를 벗어날 수 없는 것이니, 이 두 상황은 이어지지 않는 듯하면서도 동일선상에 놓이게 되는 것이다. 이것이 바로 언어도단이면서도 언어적 논리로 묶여 있으며, 不立文字이면서도 문자로 설명되어져야 하는 역설적 역설인지도 모른다. 서로 이어지지 않는 두 사실을 이어서 조화시키는 것을 문학에서 상상이라 한다면, 바로 이러한 것이 아닌가 한다.

혜심은 다시 계속한다. 이러한 사실을 이해했으면 다음을 이해할 것이라 한다.

터럭 하나에 신통한 변화가 나타나고　一毛現神變
일체 만상이 부처님과 똑같은 설법이다.　一切佛國說
비록 무량겁을 지나더라도　　　　　　縱經無量劫
끝은 얻지 못하리.　　　　　　　　　不得共邊際

눈에 보이지도 않는 터럭 끝 하나에도 신의 조화는 들어 있는 것이다. 또 그것을 아무리 이해하려 하여도 한계가 있을 수 없다. 그야말로 끝없는 공간의 나와 남이라는 것이, 터럭 끝의 거리도 아니며 수십 세대의 시간이 끝내는 마음 한 자리의 생각에 지나지 않는다는 것〔無邊刹境 自他不隔於毫端 十世古今 始終不離於當念〕이 바로 이러한 상황을 말함이다. 혜심은 여기까지 설명하고는 "설명이 여기에 오면 이미 갈등은 끊어졌을 것"이라 한다. 그러니까 결국 갈등이란, 시간이나 공간의 한계 상황에 매달릴 때 생기는 것이고, 그것을 여의면 갈등은 끊기는 것이다.

이러한 한계상황을 벗어나면 다음을 이해한다.

회주 땅의 소가 풀을 뜯는데	懷州牛喫草
익주의 말이 배가 터졌다	益州馬腹脹
천하의 명의사 찾았더니	天下覓醫人
돼지 넙적다리에 뜸질한다.	灸猪左膊上

여기에 이르면 공간 개념이 완전히 끊긴다. 그대로의 언어도단이다. 지눌이 강조했던 離言絶慮가 바로 이것일 것이다. 표현을 하려니까 할 수 없이 말을 빌어온 것이지, 일상의 우리 언어로서는 설명이 되지 않는다. 지역 사이에는 일정한 거리가 있다는 우리의 기존 관념에서 이해하려니까 갈등이 생기는 것이다. 여기에서 이 갈등을 제거하면 이해된다. 회주에서 소가 풀을 뜯고, 익주에서 말이 배가 터지는 일은 있을 수 있다. 우리는 이것을 우연한 일일 것으로 넘기고 만다. 그러나 法身이 하나로 된 해탈자에게는 모든 것이 하나의 眞如法界이니 이 사실이 우연일 수가 없다.

뉴욕에서 권투시합을 하고 있는데 서울에서 박수치고 함성을 터뜨리고 있는 오늘날의 과학이 인정될 때, 이런 상황을 정신세계에서 체험하는 선각자의 앎의 사실이 우연일 수는 없다. 저 높은 허공에 떠 있는 위성으로 인해서 뉴욕의 권투와 서울의 박수가 동일공간에 있게 되었다면, 내가 그 위성에 직접 앉아 있으면 회주와 익주는 동일공간이요, 동일시간에 놓이는 것이다. 우연이 아닌 필연인 것이다. 그렇게 되려면 회주다 익주다 하는 거리감의 집착을 여의고, 저 다른 세계에 떠 있어야 한다. 그것이 華藏世界인 것이다. 외람되이 오늘날의 저 통신위성을 화장세계의 물리적 증거라 하면 어떨까?

여기에서 우리는 다음과 같은 말이 이해될 것 같다.

화장세계 바다 중에서는 산이다 강이다 하는 것이나 나무 숲 터럭 하나까지도 하나하나가 진여법계라 하지 않을 것이 없으며 끝없는 덕을 갖추었다.

華藏世界海中　無問若山若河　乃至樹林塵毛等處　一一無不皆自稱眞如法界具無邊德.

저 위성에 앉아서 보는 이 지구의 공간이야 모든 것이 하나이다. 거기에 산이다 물이다 하는 좁은 공간이 용납될 수 없다. 그저 하나의 아름다운 물체일 것이다. 이것이 바로 시공을 초월한 해탈자의 자세이리라.

혜심은 이어서 말한다. 이것이 이해되었으면 다음을 이해할 것이다.

빈 손인데 호미 자루 잡았고	空手把鋤頭
걸어 가면서 무소를 탔다	步行騎水牛
사람이 다리 위를 지나가니	人從橋上過
다리가 흐르고 물이 흐르지 않네.	橋流水不流

여기에 오면 조금 이해가 빨라질 것 같다. 앞에서 회주다 익주다 하면 떨어진 공간이라는 인식이 앞서서 이해가 덜 되었을지 모르지만, 여기 다리와 흐르는 물은 동일한 공간 안에서 상하 수직이라는 가까운 공간상황에 있게 된다. 따라서, 사람도 수직으로 서 있다는 같은 조건이기에 조금은 이해가 된다. 다만 우리는, 다리는 부동이고 물은 움직인다는 고정관념에 사로잡혀 있기 때문에, 다리가 흐른다는 생각은 못하는 것이다. 물이 주체가 되어 양쪽의 강 언덕을 보면 언덕이 움직여 뒤로 가고 있는 것이다. 신호등에 의해 정지되어 네거리에서 나란히 차가 서 있다가 진행신호가 되어 차가 먼저 나아가면, 내가 타고 있는 차가 뒷걸음치는 것으로 느낀다. 그것은 시선이 차에 묶여 있기 때문이다. 내 시선이 물에 묶여 물이 부동이 되면 다리가 흐른다. 우리 시선으로는 지구가 부동이지만 지구가 돈다는 것이 진실이다. 저 정지된 위성에서는 지구가 도는 것을 보고 있는 것이다. 지구에 매여 있는, 다시 말해서 집착되어 있는 상태에서는 지구가 돈다는 진실을 이해하지 못한다. 지구에서 한 발짝이라도 떨어져야 이해한다. 내가 탄 차가 뒷걸음하고 다리가 흐른다고 하는 것을 우리는 착각이라 하겠지만 그것이 착각이 아니라, 고정관념에 집착되어 있는 것이 착각인 것이다.

지면의 제한이 있어 혜심의 말씀을 줄여가야 겠다. 그는 이렇게 전개해가면서 결론을 내린다. 물체〔色〕에도 나타나고 빈 데〔空〕에도 나타나 자재로워 막힘이 없고, 멀리 諸聖에게 따를 것이 아니라, 자신의 한 생각이 비어 海印으로 일체를 印 찍으면 다음 사실을 이해할 것이다. 곧,

　하늘이 땅이고, 땅이 하늘이다. 산이 물이고 물이 산이다. 중이 속인이
고 속인이 중이다. 이것을 이해하면 산은 산이고 물은 물이다. 중은 중이
고 속인은 속인이다.
　天是地 地是天 山是水 水是山 僧是俗 俗是僧 旣曾得這箇 便曾得山是山
水是水 僧是僧 俗是俗.

시선을 물에 집중했을 때 다리가 흐르고, 물에서 시선을 떼었을 때 다리는 고정되어 있다. 옆 차에 시선이 집중되었을 때 내 차가 후퇴하고, 시선이 내 차로 돌아왔을 때 옆 차가 가고 있는 것을 안다. 이렇듯 산은 물이고 물이 산인 것을 알고 났을 때, 산은 산이고 물은 물인 것을 아는 것이다.
　혜심은 결론적으로 "내 게송을 들어라."하면서 다음과 같은 게송을 읊는다.

·만일 이 법문에 들려고 하면	若要入此門
지식으로 이해하려고 결코 말라	切莫存知解
지식의 이해는 私情에 속해서	知解屬於情
스스로 부질없는 殺傷이 된다.	所以自謾殺
바다에 천 가닥 파도 일어도	如海湧千波
그 많은 파도가 끝내는 바다이고	波波全是海
한 점의 거울을 밝히면	如一點鏡燈
시방의 사물이 모두 모인다.	十方相集會
芥子씨 안에 수미산이 受納하고	芥子納須彌
터럭 끝에도 무변 찰해가 담긴다	毛端含刹海
두꺼비가 도솔천에 오르고	蝦蟆上梵天
매미가 물고기를 잡아먹는다	螂蜋呑魚蟹
낙타 꼬리에 冬瓜가 열리고	馳尾釣冬瓜
나무뿌리에 채소를 심는다.	林脚種生菜

역시 知解라는 고정관념을 버려야만 이해되는 것이다. 이것이 바로 '山是水 水是山 山是山 水是水'의 이해 과정이다.

여기에서 이제 선과 문학, 곧 선과 시의 관계를 말하여 결론을 지어야 되겠다. 시에서 상상이 생명이라 한다면, 이 상상이야말로 일상적 논리로는 연결될 수 없는 두 사실을 연결하는 통합적 마술적인 힘인 것이다. 곧 부조화의 조화와 마술적 통합의 힘은 앞에서 보아온 禪語보다 더할 것이 없다. 이러한 것은 禪家에서는 우주를 하나의 法身으로 보고 문학에서는 자연을 자아로 투시하는 物我一體의 상념이 융화된 소산이기 때문이다. 그러므로 혜심의 이러한 선의 이론이나 실천은, 당시 고려 사회의 문학에도 많은 영향을 끼쳤으리라 생각된다.

2. 語錄에 보인 문학성

어록이란 글자 그대로 언어의 기록이다. 이 말의 어원 자체는 문학적인 언어, 다시 말하면 문자로 이루어진 文語 아닌 순수한 口語의 기록이란 뜻이다. 따라서 문어가 문학의 주류인 옛 문화생활에서 어록이 문학이라 하기에는 매우 어려울 것이다. 어록의 출현도 대중과 쉽게 융화하려는 禪師들의 法語의 토속화 현상에서 나타난 것이다. 그러므로 처음부터 문학화한다는 생각이 있을 리 없다. 그러나 선사의 어록에 더 많은 문학성이 있다면, 처음부터 무엇인가 이율배반적 논리가 성립한다. 그럴 때 문학이 무엇이냐는 점을 다시 한번 생각해 보아야 하겠다. 문학이 언어의 문학적 표현인 동시에 일상 언어보다 상징과 비유의 차원이 좀 더 있다면, 선사들의 법어가 비록 언어의 차원에서 이루어졌다 하더라도 심오한 法理의 표현은 보다 더 상징적이요 비유적이므로, 문학으로서의 일면을 다분히 함유하고 있는 것이다. 혜심의 『진각국사어록』에 실려 있는 上堂法語나 示衆法語 등은 이런 면에서 높은 문학성을 띠고 있다.

다음은 상당법어의 하나다.

崔相國이 재를 열고 상당을 청했다. 國師께서 주장자를 들어 이르기를, 신령스런 칼날과 보배로운 칼이 항상 앞에 드러나 있어 죽일 수도 있는 신령스런 작용이 한이 없다. 죽일 때는 푸른 하늘의 밝은 해가 땅에 떨어

지고, 살릴 때는 마른 거북과 죽은 뱀이 하늘로 날아오른다. 다만 죽이지
도 살리지도 않을 때 무엇이 될까 하고는 주장자를 내리면서 전쟁이 없어
야 나라가 태평하다 하였다.

　崔相國設齋請上堂 師拈柱杖云 靈鋒寶釰 常現露前 能殺能活 神用無邊 有
時殺 皎日靑空殞落地 有時活 枯龜死蛇飛上天 只如不殺不活時 作麽生 靠却
柱杖云 干戈不作 朝野太平.

역시 生死라고 하는 두 끝에 매임이 없는 禪師들의 생각이 우리 평상인으로
서는 생각할 수 없는 말이 되는 것이다. 신령스러운 寶釰이 항시 나타나 있다.
마음의 칼일 것이다. 殺活自在한 것이다. 이 칼의 神通妙用은 皎日落地하고 死
蛇飛天한다는 것이다. 그러나 아무리 이러한 신묘함이 있더라도 작용함이 없이
干戈不作해서 나라 안이 평안함이 낫다 하였으니, 개인으로 보면 마음이 無思
無慮의 본바탕이요, 국가로 보면 전쟁이 없는 태평이 소원의 첫째인 것이다.
이 법어 중 ‘皎月靑空殞落地’나 ‘枯龜死蛇飛上天’은 反常의 절정이다. 해가 땅
에 떨어질 수 없음도 상식이거니와, 마른 거북이나 죽은 뱀이 하늘에 오른다는
것은 더더욱 이해되지 못할 일이다. 거북이나 뱀 자체가 하늘에 오를 수 없는
데, 거기다가 마른 거북이요, 죽은 뱀이다. 여기서 우리는 문학이 요구하는 것
이 무엇인가 다시 한번 생각해볼 필요가 있다. 문학은 역시 상상의 절정이 절
실히 필요한 것이다. 죽은 뱀이 깃이 돋아날 수 있듯이 상상하는 것이 일상적
사고의 초탈이요, 평범한 언어의 비평범성이 아니겠는가. 그런 면에서 선사의
이러한 법어는 잠재의식의 언어를 계발하는 효과를 가졌다 하겠다.
　다음은 6월 12일의 上堂法語다. 그대로 한 편의 시가 되었다.

봄과 여름의 만남에 막 結制에 드니	才方結制春夏交
유월되자 곧 열 두 아침 지났구나	六月俄臨十二朝
빨리 가는 시간의 빛 물인 듯 흐르고	悤悤時光流似水
아득한 세상 일 머리털처럼 헝클어졌다	悠悠世事亂如毛
깨달음의 꽃 씨가 있지만 심는 이 없고	覺花有種無人植
마음의 불 연기도 없이 날마다 타고 있네	心火無煙逐日燒
염라왕의 용광로에 이르면	及到閻王爐鞴所
무슨 면목으로 찜통을 면하겠는가.	將何面目免煎熬

하안거에 들면서 한 법어이다. 풀어 놓으면 일상적 언어이다. 그러나 이렇듯 일정한 질서를 잡으면 훌륭한 시가 되었다. 그런 면에서 作詩란 '언어의 질서화 작업'이라 할 수 있을 것이다. 봄과 여름의 순간을 '春夏交'라 한 것이나, 6월 12일을 '六月俄臨十二朝'라 한 것은 의미 내용에 변화가 있는 것이 아니라, 표현 기교의 妙에서 언어의 정취를 달리하고 있는 것이다. '覺花有種無人植'이라 했으나 일상인들이 覺花가 무엇인지 알 수가 없다. 현실의 세계에서 있을 수 없는 꽃이다. 꽃이 없는데 종자가 또 어디 있는가. 따라서 심는 사람이 없는 것도 당연하다. 그러나 이 당연함은 범속한 깨달음이 없는 이의 당연함이지, 진리 그대로의 당연은 아니다. 내 마음이 타고 있다고 느끼면서 연기를 보지 못하는 것과 같다.

이렇게 일상적 언어의 教說도 상징적 단계로 올려, 듣는 자의 자의에서 깨닫게 하는 禪師의 언어는 다분히 문학적인 것이다. 더구나 본 시에 있어서는 시의 결구도 정연하다. 起承에서 하안거에 들어 깨우침을 말하고, 轉結로서, 그렇지 않으면 어떻게 되는가 하는 반전과 결론을 내려 한시의 起承轉結이 잘 짜여져 있다.

다음은 安東通判의 官衙에서 있은 上堂法語의 한 부분이다.

날마다 앞 일을 생각하노라	日日思前路
아침이면 주인과 작별하게 돼	朝朝別主人
가는 곳마다 山川 물색 다르고	行行山色異
곳곳마다 새 울음도 새로워.	處處鳥啼新

일정한 곳 없이 오가는 雲水의 행각이다. 언제나 가는 것은 앞으로 걸어가는 것이요, 아침이면 항시 주인에게 작별 인사를 한다. 가는 곳마다 山色은 다르고 이르는 곳마다 새소리는 새롭다. 있는 그대로이다. 무슨 생각이 끼어들 여지가 없다. 그야말로 자유자재인 것이다. 선사의 처지에서는 항상 修禪의 精進이요, 官人에게 있어서는 庶政의 一新이다. 그러면서도 주인의 의식이 있어서는 안 되고 그렇다고 나그네의 의식이 있어서도 안 된다. 主·賓의 兩邊을 여의어야 한다. 悟道나 刷新의 기쁨은 항시 새롭다. 산색이 다르고 새소리 새롭듯이, 평이한 언어의 結集이지만 詩意와 敎理의 완벽한 大全이라 하겠다. 다시 또 다음과 같이 계속한다.

玉殿에 머물러 있지도 않고	玉殿留不住
속세에서 자재로이 노닐고 있다	塵寰自在遊
번화한 거리 쓸쓸한 골목	街頭井巷尾
닿는 대로 내 풍류 팔러 다니오.	隨處賣風流

　玉殿 寶宮이라서 머무는 것이 아니요, 오히려 塵俗의 이 현실에서 자재로운 것이다. 어느 거리라고 가리는 것이 아니요, 이 거리 저 거리 끝, 어디서라도 이렇게 풍류를 파는 것이다. 그 상황에 맞는 적절한 표현, 이것이 바로 "隨處賣風流"요, 그 표현된 언어가 바로 문학이요, 그 문학적 언어의 치밀한 질서화가 시인 것이다. 표현된 내용이 무한한 法理를 가졌고 그 표현 구성이 精緻한 시어의 결합이라 하면, 표현 의도야 어찌 되었건, 결과적으로 성공한 문학작품이라 할 수밖에 없는 것이다.
　다음은 「夜坐示衆」의 한 수의 시다.

바람을 음미하는 소나무 쓸쓸하고	吟風松瑟瑟
바위에 지는 물 다시 잔잔하다	落石水潺潺
거기다가 새벽 달 아슬한데	況復殘月曉
두견새 맑은 소리 산을 부르네.	子規淸叫山

　밤에 대중들에게 戒示하는 글이다. 그저 한밤의 정경을 여실하게 읊은 시다. 이것이 如如한 본체의 실상이다. 다시 더 보여줄 것이 무엇이 있겠는가. 솔·바람·물·소리, 이것이야말로 大全의 圓融한 소리이다. 거기 달빛이 있고 자규가 운다. 이 만상의 진여를 전달하는 소식이다. 언어의 구성도 그대로 反常合道이다. '松風瑟瑟'이야 있을 법 하지만 '落水潺潺'은 反常이다. 떨어지는 물이 어떻게 잔잔할 것인가. '子規叫山'도 그렇다. 자규가 어떻게 산을 외쳐 대나, 그저 제 목소리 냈을 뿐인데. 그러나 한밤의 자규의 울음에는 온 산이 울린다. 그대로 산울림이다. 淸凉祖師가 말한 "圓音非扣而常演　果海離念而常傳"이라 함이 바로 이것이다. 여기에 바로 불립문자의 禪旨가 있는 것이다.
　이와 같이 禪師의 어록이 비록 일상생활의 기록이라 하더라도 오묘한 法音의 전달에는 높은 상징적 언어의 구사로 이루어져 그 결과 문학으로서도 손상없는 표기가 되었던 것이다. 위에서 禪文學의 또 다른 특질인 평범한 언어의 비평범성이나 反常合道의 絶慮性 등이 그대로 구사되어 있다. 그러므로 선사들의 어록은 단순한 언어의 기록이 아닌, 문학의 가장 수준높은 상징어의 점철이다.

3. 『無衣子詩集』의 禪詩

위에서도 보았듯이 무의자 혜심은 선적 실척의 한 방편으로 시를 원용한 것이 틀림없다. 그 이유는 여러 가지 있을 수가 있겠지만, 본 논고와의 필연적 연관성으로 귀결된다. 곧 당시 사회가 고려시대의 시문학의 절정기를 이루었다는 점에서 聖凡의 초월인 선가적 자세에서 대화의 방편으로 시의 선택은 너무 당연했겠기 때문이다. 그의 어록에서 보이는 지식인과의 서신에서 교유의 폭을 알 수 있으나 그러한 교유에서 서신의 오고감이 있을 수 있지만 그 외에도 시로서의 酬答 또한 하나의 방편이었다.

"曾聞一夜話 勝讀十年書"라 함은 하룻밤의 오롯한 대화를 표현한 것이지만 이때의 이야기는 시어의 오고감이 틀림없는 것이다.

"永日終話笑 幸多朋＊蓋[1]簪"(宿八嶺寺東齋 次李敬尙韻)이라 함은 하루의 즐거운 담소에도 높은 벼슬아치들이 많다 함이다.

이러한 때도 法의 수창으로 흥을 돋우는 것이 상례이니, 많은 시를 남겼을 것이다. "錦心李杜詩難好 神筆王吳畫不成"(宿居天冠山義相庵見夢居士留題次韻敍懷)이라 하였으니, 이 眞如自然의 비단 같은 중심은 李白이나 杜甫인들 그 相好를 그려낼 수 있겠느냐는 것이다. 이렇듯 선의 眞如야 시 아니고서는 표현할 수 없었던 것이 당연한 일이다. 『진각국사어록』에 담겨 있는 글 중에는 시로 示衆하거나, 上堂法語를 삼거나 한 것이 많이 있을 뿐만 아니라, 『무의자시집』[2]으로 남아 있는 상·하권은 단순한 선사의 시로 볼 수 없을 만큼 僧俗 凡聖의 구별이 없다. 여기서 그 중의 편린을 들어 혜심의 시세계를 대략 살펴보려 하는 것이다.

---

1) 『無衣子詩集』〈韓國佛敎全書 第六册, 東國大學校出版部, 1984, p.54〉에는 '盍'으로 되어 있는 바, 이는 日本 駒澤大學 所藏의 筆寫本을 底本으로 한 것이다. '蓋'의 誤書인 듯하다.

2) 『無衣子詩集』 上下卷은 1984년 5월, 東國大學校 韓國佛敎全書編纂委員會에서 간행한 『韓國佛敎全書 第六册』 안에 수록되었다. 그 底本은 筆寫本인 日本 駒澤大學所藏本으로 하였는데 그 중에는 普濟社刊 『曹溪眞覺國師語錄』 所載 附錄에 실린 것도 많이 있다.

1) 禪定的 詩情

지눌이 定慧雙修의 수선을 제창하고 그 뒤를 이은 혜심에게서 그 실천의 실례를 여러 각도에서 볼 수 있다. 본 논고에서는 그 중에서도 不立文字的 立文字일 수밖에 없는 문학의 일단을 살펴려는 것이다. 위에서 말했듯이 승속의 구별을 느낄 수 없다는 말은 定慧雙修나 先悟後修[3]를 문학적으로 표현한 시세계에서 보여지는 染淨不二의 탈속이기 때문이다. 문학에서 이 '先悟後修'說을 '先想後述'이라는 等置語로 조심스럽게 대체해보면 어떨까 생각한다. 곧 '悟'라는 것이 문학에서의 상상에 해당할 것이요, '修'는 '述作'에 해당할 수 있기 때문이다. 상상이 되었다 해서 술작의 노고없이 문학이 될 수 없고, 述作的 노력이 상상의 차원이 없이는 한갓 헛수고이듯이, 禪悟가 있다면 敎修도 항시 겸해야 하는 것과 같기 때문이다. 혜심의 시문학도 이런 바탕 위에서 되어진 것이다. 聖凡不二가 아닌 禪師의 俗化라고 하면 非禮일까 조심스럽기는 하나, 일단 그렇게 제안해본다. 따라서 본 논고에서도 禪定的 詩情과 智慧的 詩想으로 구분해서 살펴보기로 한다.

바람 멎어 담담히 파도 없으면	無風湛不波
비치는 것보다 더 많은 삼라의 실상	有像森於目
많은 사설이 어디에 필요하랴	何必待多言
바라보면 이미 의지가 통하는데.	相看意已足

〈小池〉

조그만 연못을 두고 지은 小詩다. 바람없이 고요한 수면이다. 거기 비친 온갖 물상은 자연의 시계에서 보는 삼라만상보다 더 많다. 어쩌면 더 아름답다. 이것은 물낯이 정지되었기 때문이다. 여기서는 實相이 그대로 반영된다. 그것으로 眞如 大全은 설명된 것이다. 있는 그대로인 것이다. 무슨 말이 필요하랴. 보는 눈과 눈으로 만족할 따름이다. 보는 내 눈의 동자에도 이 실상은 그대로

---

3) 先悟後修에 대해서는 知訥의 독특한 사상으로 평가되고 있다. 姜健基는 「知訥의 頓悟漸修說에 대한 考察」에서 "修心人의 두 가지 병인 自高와 自卑에 떨어지지 않게 하기 위해서 필요했다."라고 했고, 中國學者 楊白衣는 「修心訣的先悟後修論」에서 "知訥用淺近的文字 將頓悟漸修改稱 「先悟後修」 而 組織其完整的思想體系, 知訥認爲「漸頓」二門爲三世諸佛千聖的軌轍 猶如車之二輪 鳥之雙翼 缺一不可"라 했다. (第六會國際佛敎學術會議)

비쳐 있는 것이다. 小池가 大地의 瞳子라면, 역시 내 눈에 비친 小池는 大地의 반사이다. 이 눈동자는 번뇌로 흐리고 저 小池는 파도로 흐릴 때, 진여의 실상은 사라지는 것이다. 禪定의 詩化임이 분명하다. "衆鳥高飛盡 孤雲獨去閑 相看兩大厭 只有敬亭山"(李白, 〈獨坐敬亭山〉)의 시가 연상된다. 역시 李白은 시인의 閑寂으로 한계를 정할 수밖에 없다. 연상의 시정은 상통하나, 만상의 본래 진여의 설명은 못 된다. 여기에 선사의 시의 특성이 있음을 이해해야 되겠고, 그러기에 僧俗不二이면서 승려라야 했고, 聖凡不二이면서 禪聖이라야 하는 것이다.

고개 구름 한가로이 걷히지 않고	嶺雲閑不徹
시냇물은 왜 그리 바삐 달리나	澗水走何忙
소나무 아래에서 솔방울 따서	松下摘松子
달이는 차 맛은 더욱 향기로워.	烹茶茶愈香

〈妙高臺上作〉

굳이 선사의 시라 할 것이 없지 않을까. 그저 山居의 物外閑情이다. 閑忙이 교차되지만 조금도 바쁘다는 조급한 상상이 일 수가 없다. '走何忙'이라 하였으니 澗水의 빠른 걸음을 나무라는 것 같지만, 내면의 뜻은 오히려 '내닫는다고 무엇이 바빠, 왜들 그렇게 생각해'하는 뜻이다. 하필 '松下摘松子'다. 그 나무 밑에서 그 열매, 곧 솔방울을 따서 차를 달인다. 이것도 인과다. 그 차가 더 맛있는 까닭도 있겠다. 물론 松香 때문이기는 하지만.

이 시는 수직공간을 평면화한 투시도와 같다. 하늘에 떠 있는 구름, 시내에 흐르는 물, 언덕에 서 있는 소나무, 그 밑에 앉아 있는 작자 자신, 그야말로 天地人 三才의 화합이요, 무한대의 공간이 茶爐 앞에 모여 앉은 것이다. 여기에서는 이질적인 '雲閑', '水忙', '茶香'이 동질화하여 차가 향기로운 것이 아니라, 융화된 이 공간이 향기로운 느낌이다. 선정에 든 상태가 아니고는 상상할 수 없는 경지다.

금모래 地面에 맑은 못이 열렸으니	金沙地面開淸沼
벽옥의 낚시대 끝에 솟는 샘물 매달렸다	碧玉竿頭掛落泉
연잎에 쏟아진 아름다운 구슬은	玟瓅明珠瀉荷葉
구름없는 하늘에서 내리는 비로 보였다.	相看雨下不雲天

〈蓮池注泉〉

제목이 제시하듯이 대통으로 물을 끌어 샘을 이룬 연못이다. 전편의 시어는 動的이다. 落·瀉·雲·雨 등이 靜일 수는 없다. 그러면서도 전편의 느낌은 閑靜 그대로이니, 이것이 바로 動中靜이요, 또는 動靜不二의 禪境의 노출이라 하겠다. 시어의 결합도 反·合의 원리다. 金沙地와 沼池는 있을 수 없는 反의 원리다. 금모래 땅에 못물이 있음은 평상 이치로는 없다. 反이다. 그런데 여기에 '開'의 한 글자로 쉽게 결합시킨다. 다시 合의 원리로 온 것이다. '竿頭'와 '落泉'도 역시 그렇다. 대나무 끝에 솟는 샘이 있다. 참으로 청천의 벽력이다. 그러면서도 '掛'의 한 자로 결합시켰다. '대나무에 샘을 걸어 놓았다'는 것도 평상의 언어를 초탈한 것이다. 百尺竿頭進一步[4]의 話頭가 연상된다. 구슬이 부숴져 연잎에 쏟아진다. 處染常淨이 바로 연잎이다. 진흙에도 물들지 않고 맑은 물에도 씻기어 오염되지 않는다. 여기에 구슬이라서 더 즐길 연잎이 아니다. 그저 흘려버린다. 그저 凡俗으로 담담하게 돌아온다. 구름 없는 하늘에 비가 온다고 한 것, 역시 反·合의 원리인 것이다.

봄 깊은 옛 절 일없이 적적한데	春深古院寂無事
바람없이 지는 꽃 섬돌 그득 한가롭다	風定閑花落滿階
저녁 노을 맑은 구름에 끌려 있자니	堪愛暮天雲晴淡
이때 마침 두견새 울음 산을 울리네.	亂山時有子規啼

〈春遊燕谷寺 贈堂頭老〉

봄산의 저녁 정경이 한가로이 눈앞에 펼쳐진다. 앞 시와는 달리 전편이 한적한 용어로 구성되어 있다. 그러면서 끝내 "亂山時有子規啼"라 하여 '時有'라는 뉘앙스가 더욱 시적이다. 이 고요 속에 이런 때도 있다 하면서 두견의 울음으로 이 정적을 깨고 있다. 그렇지만 정적은 깨지는 것이 아니라, 더 고요해진다. 역시 動中靜이다. 王籍의 "蟬噪林逾靜 鳥鳴山更幽"의 시구가 연상된다. 그러나 전편의 시는 王安石이 謝貞의 시구와 集句한 "風定花猶落 鳥鳴山更幽"의

---

4) "石霜和尙云 百尺竿頭 如何進步 又古德云 百尺竿頭坐底人 雖然得入未爲眞 百尺竿頭須進步 十方世界現全身"『無門關』第46則을 引拈하여 頌한 것이 있다. 여기서 百尺竿頭進一步란 말은 向上宗乘으로서의 百尺竿頭 곧, 깨달음을 이른 말이다. 그러나 여기에 머물러 있어서야 뜻이 없다. 다시 여기에서 進一步하면, 向下할 수밖에 없다. 下化衆生이라야 한다. 이것이 佛凡不二다. 이 시에서 산의 물이 물로 있어야 아무 필요가 없다. 대통을 통한 물 역시 중생 구제의 물이다. 向上宗乘과 下化衆生이 된 것이다. 이 시를 이렇게 볼 수도 있다.

換骨이다. 곧 靜中動 動中靜이 한편에 어울린 시다. '閑花落滿階'는 靜中動이
다. '閑'이 靜이라면 '落'은 動이다. 그러면서 정적의 영상으로 이어지고 있는
것이다. '時有子規啼'는 動中靜이다. '啼'가 動이면서 한 句의 영상은 고요한
산 속으로 인도하고 있는 것이다. 이것이 바로 反常合道요, 선시의 장점이다.

여기저기 기괴한 새 울음 깊은 골을 울리고	怪鳥聲聲響幽谷
푸른 산 얼룩무늬 흰 구름 조각조각	白雲片片彪靑山
비 뒤에 고요히 좌정한 사람들 일이 없고	雨後靜坐人無事
구름은 무심하나 날새는 분주하네.	雲自無心鳥未閑

〈雨後〉

　새·구름·작자의 일치다. 전혀 다른 공간에 존재하는 물체를 한 공간으로 취
합하고 있다. 이것이 시인의 구성적 묘인 것이다. 존재 그 자체는 이질적 공간
이면서, 그것이 한 공간으로 모일 수 있는 데에는 같은 공통분모가 있어야 한
다. 그것을 알아내는 것이 시인의 觀照요, 禪師의 參求다. 이 시에 있어서 공통
분모는 '閑'이다.

점점으로 열린 산빛 보아도 싫증 없고	點開山色看無厭
씻어낸 꾀꼬리 울음 들을수록 새로워	洗出鶯聲聽更新
이렇듯 일시에 개인 장마 고맙게 느끼면서	多謝晩霖一時霽
분명한 이 재미가 한가한 이 위로하네.	著些滋味慰閑人

〈晩晴〉

　物我一體란 對境의 사물을 나에게 끌어들이기도 하고 나를 대경의 사물에 던
지기도 하는 것이다. 범인의 시계로는 나와 아무 관계없이 널려져 있는 사물이
라 하더라도 시인은 내 것으로 취해오기도 하고 나를 그 속에 맡겨보기도 한
다. 이렇게 되면 對境이 바로 나고 내가 바로 대경이다. 따라서 대경과 나의
구별이 없다. 곧 무아다. 이것을 禪修行의 四義로 말하면 泯心泯境功夫(人境兩
俱奪)[5]인 것이다. 여기에서 다시 修禪的 표현인 이 선가의 시들이 격조 높은
시가 되었으며, 그들은 시인이라 한 일이 없지만, 시인으로 평가해서 모순됨이

---

5) 泯心泯境謂做工夫時　先空寂外境　次滅內心　旣內外心境俱寂　畢竟妄從何有　故灌
　　溪云　十方無壁落　四面亦無門　淨躶躶　赤灑灑　即祖師人境兩俱奪法門也　故有語云
　　雲散水流去　寂然天地空　又云人牛俱不見　正是月明時　此泯心泯境　息妄功夫也.(知
　　訥, 眞心直說, 韓國高僧集 高麗時代 2, 東國大學校出版部, 1984, p.520.)

없음을 재확인할 수가 있다. 더구나 泯心泯境이 궁극적으로 망념을 없애는 것이라 한다면 이것이 바로 진실이요, 시가 진실된 언어의 표징이라면 이 修禪과 作詩의 숭고한 결합을 이런 시에서 찾을 수 있다. 이런 차원에서 이 시를 살펴보자.

산빛과 꾀꼬리소리가 한가로운 작자를 위로하고 있다. 구름 새에 삐져나는 산빛, 빗물에 깨끗이 씻긴 꾀꼬리 소리, 이런 풍부한 산중의 맛이 이 閑人을 위로한다. 다시 말하면, 이런 對境을 나에게 引入시킨 것이다. 따라서 대경과 내가 하나가 되었다. 物我一體다. 환언하면 泯心泯境이 된 것이다. 따라서 이것이 진실이요, 구사된 시어도 신선감을 갖는다. '點開'와 洗出의 시어, 그야말로 비 갠 뒤의 신선함이 맛있게 드러난다. 이런 思惟와 실천, 또는 언어로서의 표출, 이것이 百尺竿頭에 서 있는 선사의 自高도 있게 하는 것이다. 그 자고가 항시 詩情과 버무려져서 드러나지 않는 것이다. 다음의 시는 어쩌면 그러한 자고의 시적 도용일 수도 있다.

어두울수록 짙푸른 五峰의 산빛　　　　五峰山色昏彌翠
한 줄기 시냇물 새벽되자 거센 소리　　　一帶溪聲曉更高
아침 저녁으로 오가는 빛, 소리　　　　　暮去朝來聲色裡
이 맑은 노래 어느 누가 우리만 하랴.　　清歌誰得似吾曹

〈寓居轉物庵〉

산빛은 저녁녘에 더 푸르고, 시냇물은 새벽에 더욱 거세게 들린다. 가고 오는 시간 속에 聲色도 다르다. 그저 물소리, 그저 산빛으로만 보는 俗人의 안목에 이런 맑은 노래가 있을 리 없다. 山人의 오만이요, 禪師의 자고임이 틀림없다. 그러나 이 오만 자고가 오만 자고로 느껴지지 않는 데에 속인의 그것과 다름이 있고, 여기에 俗而不俗의 禪定이 있는 것이다.

2) 智慧的 詩想

앞에서 先悟後修를 先想後述로 대체하면서, 먼저 선정적 시정을 禪悟의 처지로 살펴보았다. 여기서 지혜적 시상이라 함은, 後修의 漸修的 바탕에서 지혜로 述作하는 修辭的 묘처를 말하려는 용어로 선택해 본 것이다. 사물을 보는 혜안과 그것을 시로 표현하는 예지적 언어의 결합이 훌륭한 시를 이룬다면, 선사들의 예지나 혜안이 바로 여기에 적합한 것으로 생각된다. 지눌이 말한 일체 만

행에 지혜가 가장 先導가 된다 한 것이[6] 바로 이러한 작시의 원동력이 되었다
해도 무방할 것이다. 혜심의 시도 이런 면에서 성공한 것이다.

　여기에서 어떤 것이 지혜적 시상인가 하는 것은 그 적확한 규명이 매우 어려
우나, 일단은 수사의 예지성에서 살피는 쪽으로 각도를 좁혀보기로 한다.

불꽃 없는 푸른 촛대 중심으로 뻗고	心*抽[7]綠蠟燭無烟
잎은 쪽빛 적삼에 달린 춤추는 소매	葉展藍衫袖欲無
시인의 취한 눈에 이렇게 비쳤으나	此是詩人醉眼看
나 파초 그대로 돌려둠만 못해.	不如還我芭蕉樹

〈芭蕉〉

　제목이 보여주듯이 파초를 두고 짓는 시이다. 起承구에서 한 그루의 파초를
그리듯이 썼다. 중심으로 솟아오르는, 잎이 되기 이전의 대를 촛불로 묘사했
다. 白蠟이 아닌 綠蠟이다. 푸른 불꽃은 있지만 타지 않는 불이다. 마음의 불꽃
이나 달과 같은 것을 無烟燭[8]으로 비유하는 경우가 없는 것은 아니지만, 파초
를 놓고 無烟燭으로 연상하기는 쉽지 않은 것이며, 흔한 예도 아니다.

　그러다가 일단 잎으로 피어나면, 남빛 치마를 두른 여인의 하늘거리는 소매
의 춤이 연상된다. 연상이 아니라, 원래 춤의 實相일 수도 있다. 인간의 춤이
오히려 실상을 변조한 춤 아닌 춤이요, 파초의 하늘거림이 참된 춤일 수가 있
다. 참으로 시원한 여름 뜨락의 정경이다. 그러나 이것이 어디까지나 파초 본
연의 자세는 아니다. 시인들의 醉眼에 비친 모습이다. 파초는 항시 파초 그대
로이기를 바라는 것이다. 역시 있는 實相의 여여함을 그대로 보려는 禪師의 자
세임에 틀림이 없다. 이 밖에도 파초를 두고 쓴 시가 두세 수 있다.

푸른 비단결의 두 볼에 천 가닥 실올의 뼈	綠羅兩頰千絲骨
碧玉으로 된 中心 한 깃털의 기둥	碧玉中心一羽梁

---

6) 以根本智　爲初發菩提心　以根本智圓故　時亦無徹　爲一切智之大體　成一切行之始
　　終　生一切法之元始　一切萬行　智爲先導.(知訥, 圓頓成佛論, 前揭書, p.587.)

7) 上揭『韓國佛敎全書』의　底本인　日本駒澤大學所藏　筆寫本에는 '袖'字로　되어　있
　　으나　誤書인　것　같아　여기서는　筆者　임의로 '抽'로　고쳤다.

8) 崔冲의「絶句」에 '滿庭月色無烟煙　入座山光不速賓'(東文選, 卷之十九)이란　詩句
　　가　있다.

가벼이 한들거려 바람을 놀릴 때는　　獵獵輕柔弄風日
암봉새 찾는 숫봉이 꼬리를 펼친다.　　求凰翠鳳尾初張
〈芭蕉〉

　모든 사상을 六相으로 분석 종합 파괴 綜錯하는 禪師의 혜안이 아니고서는 상상할 수 없다. 하나의 파초를 여지없이 파괴하였다. 그야말로 壞相이다. 눈 앞의 파초의 허상을 여의어 파초 내면에 있는 실상을 찾은 것이다. 굳이 윤회의 이론을 빌어 수억 겁 전생의 파초가 한쌍의 봉황이었던 실상을 보았다 할 것인가. 범속한 淺見으로는 일단 선사의 작이라 보기 어렵다. 어쩌면 이렇게도 철저하게 미화할 수 있는가. 시어의 묘도 대단하다. '千絲骨', '一羽梁'은 인간 세상에는 존재할 수 없는 것이다. 仙界에서나 쓰여질 수 있을 것이다. '尾初張' 에서는 한 쌍 봉황의 求愛를 보는 듯한 표현이다. 승속의 간격을 무너지 않고 서는 표현할 수 없는 수사다. 무정물의 철저한 有情化였다.

지루한 나그네 길, 긴 강 옆을 따랐기에　　漫漫客路傍長川
흥이 나면 크게 읊어 속이 탁 트인다　　乘興高吟思豁然
물에 뜬 낙엽은 채색 風船 띄운 듯　　落葉泛流飄彩舫
점점이 떠 있는 마름은 흩날린 동전잎　　浮萍點水撒靑錢
새파란 강에 잠겨 거꾸로 서 있는 첩첩 산봉　　山沈寒碧倒疊嶂
얕은 물에 노니는 오리 작은 고기 엿본다　　鴨戲淺淸窺小鮮
갑자기 쓸쓸한 가랑비 지나더니　　忽有蕭蕭微雨過
말끔히 씻긴 가을빛 산림을 찾아드네.　　洗新秋色入林泉
〈福城道中〉

　제목이 보여주듯이 길 가면서 지은 시다. 강가를 따라 뻗은 길을 지나며 그 주위의 풍경을 사실적으로 보여주고 있다. 낙엽을 채색으로 단청한 배에다 비유한다거나, 물에 뜬 마름풀을 동전 잎을 흩은 것으로 비유하는 意趣도 놀랍고, 싸늘하고 푸른 산빛이 강물에 거꾸로 비친 모습이나, 그 강가에서 물고기 엿보는 새끼 오리의 모습을 하나도 놓치지 않고 시흥으로 삼는 妙手가 놀랍다. 이런 처지이기 때문에 "乘興高吟思豁然"이라는 起聯을 놓았다. 그러므로 그 뒤에 오는 세 聯은 이 기련의 상황을 풀어가고 있는 것이다. 시의 구성 자체에 흠이 없다. "漫漫客路傍長川"의 나그네 길, 만만이라 함은 길이 만만한 것이지

客興은 陶陶만 하다. 이 냇가의 풍경을 여실하게 펴내고 있다. ‘淺淸’의 얕은
물과 ‘小鮮’의 조그만 고기의 맞물림이나, 새로 씻은 산뜻한 가을비의 뒷모습
같은 것이 모두가 예지어린 시어답다. “山沈寒碧倒疊嶂”은 “塔影倒江飜衣底”
(朴寅亮, 〈使宋過泗州龜山寺〉)의 시구와 同軌인 듯하면서도 후자가 동적인 데
비하여 전자는 역시 정적인 고요함을 간직하고 있다.

　이 시는 동일공간의 소재들을 밀도있게 결속함으로써, 더욱 고요하게 느껴지
는 것이다. 기구에서 ‘傍長川’이라 하여, 냇물이라는 한 공간을 설정해 놓고,
주변의 사물을 이 공간으로 집합시키면서 각 소품들을 적절히 배치해 놓았다.
그러면서도 현상을 다른 사물로 상상하면서 화려하지 않을 만큼 미화한 점에서
洗新의 語意가 주듯이 산뜻한 느낌이 든다. 微塵에서도 利海를 보는 섬세한 선
사의 안목이라 하겠다.

<pre>
우뚝 솟은 바위 벽 몇 길인지 알랴마는　　巖叢屹屹知幾尋
드높은 누대는 하늘 끝에 닿았다　　　　　上有高臺接天際
北斗로 은하수를 길어 달이는 한밤의 차　斗酌星河煮夜茶
연기는 싸늘히 달 속 계수나무 감싸네.　　茶煙冷鎖月中桂
</pre>

〈隣月臺〉

　달을 이웃으로 가진 누대라 하였으니 그 높음은 짐작이 간다. 그러기에 하늘
끝에 닿았다고 한 것이다. 그런데 그 누대에서 이루어지고 있는 轉·結句가 대
단한 妙手다. 북두칠성으로 은하수의 물을 떠다가 차를 달이고, 차 달이는 연
기는 다시 달 속에 있는 계수나무를 가리운다 하였으니 참으로 절묘한 운치다.
앞의 시가 동일 평면 공간의 시였다면, 이 시는 공간의 수직화라 할 수 있다.
암벽의 屹立에서 누대의 接天, ‘斗酌銀河’, ‘煙鎖月桂’, 모든 것이 수직적 현상
이다. 따라서 이 시의 인상은 飛翔의 쾌감을 느끼게 한다. 이것이 또한 신선감
을 갖게 하는 것이다.

<pre>
나비는 꽃 입술 물어 벌겋게 지나가고　　蝶兒咂去花脣赤
푸른 버들눈은 꾀꼬리가 가져왔나　　　　鶯友迎來柳眼靑
꽃다이 보드랍고 따스함이 봄 집안 일이나　芳菲軟暖春家事
소나무 대나무 새순의 싸늘함만 하랴　　爭似松筠冷淡形
</pre>

〈惜春〉

起·承의 對句는 참으로 절묘하다. 나비는 꽃입술을 물어 발갛고, 제비는 버들눈을 가져온다. 花紅柳綠이야 봄의 常事로서 나비가 물어가고 제비가 몰아오는 것은 아니련만, 시인의 눈에는 나비가 봄을 물어 가고 제비가 늦봄을 가져오는 것으로 인식된다. 더구나 선사에게는, 어루어진 중생이라는 한모습으로 볼 수도 있어, 꽃과 나비, 버들과 제비가 동일한 모습이 되기도 하며 주체나 객체, 또는 대상이나 주관이 모두 空이고 이해할 것도 증득할 것도 없이 相을 파괴해버리면 모든 것은 同相인 한 가지로 융섭된다. 여기서 다시 泯心泯境의 물아일체적 경계를 인식할 수 있다. 나비와 꽃잎이 一體이고 제비와 버들눈이 同體이다.

轉結에 있어서는 선사의 시이기에 역시 松竹의 새순같이 담박한 山家의 봄으로 결미하고 있다. 여기서도 시어의 격조를 살펴볼 필요가 있다. 봄날의 표현을 '軟暖'이라 했으니 촉감과 체온이 함께 어울렸다. 쉽게 선택될 시어가 아니다. '보드랍게 따뜻하다'하면 봄날의 햇살을 느끼기에 만족할 수 있을 것이다. '松筠'과 '冷淡'의 연결도 적절하다. 새순이기에 더더욱 냉담한 것이다.

희고 밝은 저 구슬 인간에 있었더라면	明珠白璧在人間
권세있는 이의 쟁탈에 잠시도 평안하지 못했으니	勢奪權爭不放閑
저 얼음 수레바퀴 세상 보물 되었더라면	若使氷輪爲世寶
이 궁벽한 산중까지 비쳐주게 버려두었을까.	豈容垂照到窮山

〈中秋翫月〉

詠物을 하되 垂戒的인 내용으로 變身諷刺하였다. 백옥같이 둥근 달이나 인간세상에 저 보석이 있었더라면 무수한 쟁탈의 혼란이 일어서 이러한 산중을 비칠 수가 있었으랴는 것이다. 爭利走權의 세태를 신랄하게 풍자하였다. "夫天地間 物各有主 苟非吾之所有 雖一毫而莫取 惟江上之淸風 與山間之明月 耳得之爲聲 目寓之而成色 取之無禁 用之不竭"(蘇軾, 前赤壁賦)이라 한 말과는 의도를 같이 하면서도 그 표현을 달리하여 敎誡의 힘을 더하고 있다.

교계의 내용을 담더라도 선사이기에 暗喩로 투입하고 직선적인 자극은 삼가고 있는 듯하다. 그러면서도 달이 밝고 아름다움을 한층 돋보이게 나타낸 것이다. 인간 세상에 저것이 있었더라면, 자기 소유로 하고 싶어 하지 않을 사람이 없었을 것이라는 표현으로 至寶의 귀중품임을 강조하면서, 인간의 貪心을 방비하는 효과를 내고 있는 것이다.

 다만, 시의 구성이 평판성을 벗어나지 못한 아쉬움이 있다. 전후 두 단락으로 되면서, 수사나 내용에 변화가 없다. 기승전결의 구성이 없음은 물론, 전후 단락의 반전도 없다. "豈容垂照到窮山"으로 山寺에서 달구경하며 느낀 감상을 담박하게 표현함으로써 순간의 느낌을 무리없이 詩化한 것이다.

거울 속에서 뉘 모습 보았나　　　鏡裡見誰形
그대 소리 골짜기에서 들리네　　　谷中聞自聲
보고 들음 미혹되지 않으면　　　見聞而不惑
어느 곳인들 트인 길 아니겠나.　　　何處匪通程

〈崔塼求法寫此送之〉

 거울 속에서 보는 제 모습이 제 모습이 아니요, 계곡에서 나는 소리가 오히려 자신의 소리일 수가 있다. 모든 것이 다 法身의 發現으로 볼 때, 그것은 다 같은 相이다. 거울 속의 모습이 누구의 모습이냐, 그것이 바로 법신의 현신이다. 나의 我相이 아니다. 아상이 아닌 것이 아니라, 아상이 바로 법신인 것이다. 그렇게 되면 빈 골에 울리는 소리는 내 소리요, 大全 법신의 運用의 한 모습이다. 이렇게 해서 理智가 圓融하면 모든 見聞에 미혹됨이 없으니 툭 트인 길 아님이 없다. 매우 수준 높은 教誡의 시다.

잎은 감인가 의심스럽더니　　　見葉初疑柿
꽃을 보자 연꽃으로 오해했네　　　看花又是蓮
서글프다 일정한 相은 없는 것　　　可憐無定相
이 끝 저 끝에 매이지 말게.　　　不落兩邊頭

〈木蓮〉

 목련을 두고 읊은 시다. 잎으로 볼 때는 감나무인 것 같지만, 꽃이 피면 연꽃이다. 감나무인가 연꽃인가 둘 다 맞는 말이기도 하고, 둘이 다 맞는다면 한 나무에 두 이름이니, 하나가 틀렸거나 아니면 둘 다 틀렸어야 옳다. 그러나 둘 다 맞는다. 그러니 定相에 머물지 말아야 하고 시비의 양변에 떨어지지 말아야 할 일이다. 이것이 바로 '山是水 水是山', 이는 다시 '山是山 水是水'의 이론이다. 한 생각이 비면 海印이 일체에 나타나듯이, 十方諸佛이 摠相이며 同一法身의 同相인 것이니, 양변이 있을 수 없는 것은 당연하다.
 혜심에게는 이렇듯 이지가 원융한 지혜의 시가 다각적으로 이루어지고 있으니 이것이 바로 圓融無礙한 修禪에서 온 것이다.

3) 詩體의 多樣性

불교 자체가 모든 집착을 버리는 것이요, 선에서는 不落兩邊이나 不落兩邊이기에 무엇이나 鐵軌같은 규칙이 있기를 요구하지 않는다. 이러한 규범 아닌 규범이 문학에 있어서도, 기존의 형식에 매이려 하지 않는 것이다. 법어 같은 데서도 산문이나 운문이 자유로이 쓰여지고, 시에 있어서도 絶句나 律詩가 大宗을 이루는 것은 漢詩界의 일반적 현상이지만, 그렇다하더라도 近體詩가 갖는 엄격한 형식성과 같은 것에 그리 구애받지 않고 있으며, 시체도 다양하게 원용되고 있다. 따라서『무의자시집』에 있는 시체 몇 가지를 살펴보면, 우선 그 당시에 보기 드문 層詩[9] 한 수가 남아 있다.

층시란 句의 증가에 따라 글자가 비례적으로 늘어나 층계식 구성이 되는 한시의 일종이다. 그다지 작품이 많지는 않으나, 문인들의 파격적 假作이 구미에 맞았던 것같다.

人 人
隨業 受身
苦樂果 善惡因
不循邪妄 常行正眞
粃糠兮富貴 甲胄兮義仁
況須參玄得眞 自然換骨淸神
體不是火風地水 心亦非緣慮垢塵
沒縫塔中燈燃不夜 無根樹上花發恒春
風磨白月兮誰病誰藥 雲合靑山也何舊何新
一道通方爲聖賢之所履 千車共轍故古今而同*進[10]

---

9) '層詩'의 用語는 金岸曙가 朝鮮朝 名妓 雲楚의「別思」를 소개하면서 쓴 이름이다. 이 문제는 李圭虎가「層詩의 文學史的 展開 樣相」(국어국문학 91호, 1984, p.51)에서 學史的 맥락까지 다루었으나 李奎報의 三字至七字부터 다루고 있다. 따라서 慧諶의 從一至十韻이나 冲止의 從一至七의 層詩는 살피지 못한 것으로 보인다.

10) 上引書『韓國佛敎全書』에는 仁義로 되어 있으나 이는 義仁의 잘못 같다. 또 끝구의 끝자가 '道字'로 되어 있는데 그렇게 되면 韻이 맞지 않는다. 그래서 '進'字로 고쳐본 것이다. 底本인 駒澤大 所藏 筆寫本이 그러하기 때문이다.

사람 사람

업에 따라 몸을 받다

고락의 果報는 선악의 인연이며

간사함 망녕됨 따르지 말고 항상 바르고 참됨 행하라

부귀는 쌀겨의 껍질로 여기고 仁과 義로 갑옷과 투구를 삼아라

하물며 玄理를 參究하고 진리를 증득하면 저절로 골격이 바뀌고 정신
이 맑아진다.

육신은 불·바람·흙·물의 四大도 아니며, 마음 역시 생각따라 변하는
군살 먼지 아니다.

쌓은 자국 없는 탑에 밤낮 없이 밝히는 등불이요, 뿌리 없는 나무에
피는 꽃 四時에 항시 봄이로다.

흰 달에서 바람이 가는 약은 뉘 병에 뉘 약이며, 구름에 싸인 靑山이
언제 옛 것이며 언제는 새 것이었나

한 길이 사방으로 통한 것이 성현의 발자취이고, 온갖 수레같은 바퀴
이기에 예나 지금이나 똑같이 전진한다.

〈次錦城慶司祿從一至十韻〉

내용은 선리를 담고 있다. 사람은 업을 따라 태어나는 것이니, 올바로 행하
며 玄理를 알고 禪旨를 얻어 換骨淸神하게 되면 地水火風으로 사라질 육신이
아니라, 無縫塔에 등불이 밝고 無根樹에 꽃피는 격과 같다 하면서 도에는 시공
이 없이 항시 함께 하는 軌跡이 있다고 결론하였다.

이런 시형이 많지 않은 것은 사실이나, 이 당시에 더러 시도되었던 것 같다.
제목에서 보면 慶司祿에게 次韻한 것으로 되어 있다. 그렇다면 경사록의 시도
縱一至十韻이었음이 틀림없다. 이러한 시형은 宋의 文同(字 與可)에게서 본받
아서 魚叔權이 흉내낸 것이 있는 것으로 판단하였으나,[11] 이것은 무의자의 시
를 미처 보지 못한 판단이었다. 여기서 다시 더 밝혀 두어야 할 일은, 이런 층
시의 자수 증가를 一字至七字 또는 三字至七字, 一字至十字라 하여 자수의 기
준을 둔 느낌이나, 이것도 무의자 시에서 보인 從一至十韻이라 하여 운의 증가
에 기준을 둔 것이 옳겠다. 운은 兩句一韻이 원칙이므로 두 구가 한 자씩 느는

---

11) 李圭虎, 前引論文.

12) 東國李相國集 卷4, 「家有衆鷄 匝宅啄虫 予惡而斥之 因有詩」 참조.

것이고, 字로 기준이 되면 한 구마다 자수가 늘어야 원칙이기 때문이다. 冲止는 「賦月」이라는 층시에서 '從一至七'이라 하여 자나 운을 명시하지는 않았으나 역시 운을 의식하지 않았을까 한다. 이규보의 '自三言至七言'[12]이라 한 것에는 구마다 운을 달고 兩句換韻을 했으니까, 한 구의 자수에 기준을 두었으니 '운'이 아닌 '언'일 수밖에 없다.

여기서 圓鑑 冲止의 시를 잠시 참고삼아 살펴보기로 하자.

月　月
旣圓　且潔
陰雲收　積雨歇
空懸玉盤　海湧銀闕
周天如轉輪　滿地似舖雪
風吹丹桂婆娑　露洗金波瑩澈
岑公席上歡有餘　政老盆中吟不徹
달 달
이미 둥글고 또 깨끗하구나
검은 구름 걷히고 장마 비도 개었다
허공에 달린 옥소반이요, 바다에서 솟은 은으로 된 궁궐
하늘을 도는 구르는 수레바퀴요, 땅에 그득히 펼쳐 놓은 눈빛
바람에 불리는 丹桂나무의 설렁임이요, 이슬에 씻긴 금빛 물결 구슬처럼 맑다
岑公의 자리에는 여유있는 즐거움이요, 늙은 政客 동이 속에 시가 끊기지 않네.

〈賦月〉

돌아오른 둥근 달의 맑고 깨끗함을 노래하고 있으면서 그 구성이 달이 돋을 때 느끼는 정경과 감정을 점층적으로 서술하고 있어, 시의 외적 형식과 내용의 조화를 이루고 있다. 이것이 바로 층시만이 가질 수 있는 특성이 아닌가 생각된다.

또 『무의자시집』에는 回文詩 몇 편이 보인다. 이 회문시는 끝 글자부터 거꾸로 읽어도 뜻이 통하는 시로서, 말하자면 한 구에 首尾가 없이 의미가 통하는 것이다. 이런 시는 흔히 있는 것이기는 하나, 그렇다고 누구나 구사했던 것

은 아니다. 다음에 한 편을 소개한다.

꽃이 지니 봄 늦음 상심하고	花落傷春暮
새의 울음 해 저물음 슬퍼한다	鳥啼悲日斜
고향 山川 연연히 좋아하나	家內好戀戀
어떻게 빨리 달려가나.	何奈走波波
불타는 해는 이글거려	火熾日爍爍
땀은 비오듯 주르르 흐른다	汗下雨溔溔
그래도 다시 연기 속 달려	可復走烟塵
스스로 끓는 가마솥 더듬나.	甘自探湯鑊
나뭇잎 지고 가을 서글픈 날	木衰秋慘日
매미도 군색하게 저녁 바람 슬퍼한다	蟬窘夕悲風
유독 외로운 소나무의 학은	獨也孤松鶴
영욕을 어찌 너와 함께 하랴 하네.	榮辱奚汝同
지독한 추위 싸늘히 뼈에 스미고	澈寒清入骨
밤도 깊어 오똑히 앉아 있네	更深坐兀兀
대경을 끊은 마음 어떠한고	絶界心如何
눈 속의 달보다 더 정결하다.	潔愈雪中月

〈四時有感回文〉

이것을 역으로 읽으면 다음과 같다.

물결치듯 달린들 어찌하랴	波波走奈何
연연하게 山家를 좋아하네	戀戀好內家
지는 해에 슬피 우는 새	斜日悲啼鳥
늦봄에 지기 싫어하는 꽃.	暮春傷落花
끓는 솥을 더듬어 스스로 즐기네	鑊湯探自甘
속세 먼지 속 달려서야 되나	塵烟走復可
주르르 비처럼 흐르는 땀	溔溔雨下汗
이글거리는 해는 불에 타고.	爍爍日熾火

너와 함께 어찌 영욕을 같이 하랴	同汝奚辱榮
학과 소나무 외로이 우뚝하거늘	鶴松孤也獨
바람도 슲다 석양에 군색한 매미	風悲夕窘蟬
날씨도 쓸쓸하여 가을에 쇠잔한 나무.	日慘秋衰木
달빛 속에 눈은 더욱 정결하나	月中雪愈潔
어떻게 마음 경계마저 끊을까	何如心界絶
오똑이 앉아 깊어가는 밤	兀兀坐深更
뼈에 스미는 추위 지독하다.	骨入淸寒澈

　順·逆으로 모두 해석이 가능하게 구성하는 것이니만큼, 순으로 했을 때 뜻이 무난하나, 역으로 하면 좀 어색할 때도 없지는 않을 것이다. 그러나 본시 네 계절의 느낌을 절구체식으로 분류하여 그 구분을 換韻으로 처리하였고, 詩意도 순·역에 모두 어색함이 없이 잘 이루어져 있다. 춘하추동의 계절적 특징을 말하면서도, 담고 있는 내용에는 수도자의 깨우침을 노래하였다. 그러면서 순·역 모두 자연스럽게 이루어지고 있으니 措辭의 수법이 매우 놀랍다. 이런 회문시에서 우리가 생각나는 것은 한자가 孤立語라는 특징 때문에 가능하다는 것이다. 그러므로 한시의 정형이 때로는 단조롭기도 하나 이러한 특성을 살려서 격외의 묘미도 가져보는 것이다. 『무의자시집』에는 이 밖에 「宿八嶺寺東齋 次李敬尙韻 回文」 2수가 더 있다.

　우리의 문학에서 詞의 述作이 그리 많지는 않으나, 고려 중엽에는 이미 일반화되어 있었던 것같다. 그 한 예가 이규보의 작품 12편이 전하고 있음이다. 하지만 이규보의 작품 全量에 비하여, 12편은 극히 적은 숫자이다. 이렇듯 詞가 알려지기는 했으나 그다지 많이 지어지지 않았다는 것을 알 수 있다.

　이런 여건에서 『무의자시집』에 한 편의 詞가 보이는 것은 다행스러운 일일 수밖에 없다. 이규보와 동시대였다는 점에서 더 많은 작품이 있었을 가능성도 전혀 배제되지 않는다.

가을바람 급하고 가을서리 괴롭더니	秋風急 秋霜苦
세월을 볼수록 저물어간다	歲月看看向暮
뭇 나뭇잎 지고 사면의 모든 산 누르러도	群木落 四山黃

솔과 대는 홀로 파릇파릇	松筠獨蒼蒼
인간세상 몇 살이나 살 수 있나	人間世 能幾歲
총총한 시간 번개처럼 지나네	忽忽光陰電逝
깊이 반성하고 세밀히 생각하소	須猛省 細思量
한바탕 꿈이어늘 어찌하려나.	無奈一夢場

〈更漏子〉

詞調名만 있고 제목은 없다. 更漏子의 자수율이 정확히 지켜지고 있다. 계절을 가을로 하고 인생의 황혼을 반성해보고 있다. 그렇게 깊은 뜻을 안고 있는 것은 아니지만, 사 자체가 일반적으로 애상적 情調를 띤다는 면에서 調의 일반성에 잘 부응된 작품이라 하겠다. 更漏子의 詞調는 원래 前後段으로 구성되는데, 이 사에서도 兩段 구성을 하면서 전단에는 저물어가는 가을 초목의 쇠잔에다 松竹의 常靑을 대비해 놓고, 후단에서는 짧은 세월 속에 늙어가는 인생을 비유하면서 反省과 思量으로 한낱 꿈이 되지 않도록 하기를 바랐다. 역시 종교인다운 인생의 敎誠를 잃지 않고 있다.

이상에서 무의자 혜심의 시를 대략 살펴보았다. 선사라는 특수한 신분으로서 승속이 융섭된 포교의 한 방편이었을 수도 있는 시문의 경지가 탁월했음을 알겠다. 그것은 단순히 무의자 자신의 문학세계로 한정될 것이 아니라, 그가 처해 있던 처지로 보아, 당시의 문학계에도 많은 영향이 있었을 것으로 짐작된다.

이상으로 혜심의 선과 문학성을 대략 살펴보았다. 혜심의 선은 이론적으로나 坐禪으로 入定만 한 것이 아니라, 당시 사회에 널리 응용되었음이 주목되어야 하겠다. 이것은 불교의 弘布라는 데만 관련되는 것이 아니라 이렇듯 고려 사회의 문학의 깊이를 열었다고도 할 수 있다. 여기에 당시 지식층과의 교유를 약간 살펴보면, 崔瑀에게 쓰는 편지에서, "외모나 복식은 다르지만 妙悟를 바라는 것은 같고, 在朝 在野로 떨어져 있기는 하나 불리로 맺어진 이웃이다. 항상 눈앞에 대하는 듯이 하여 천리의 먼 생각을 가지지 말라〔像服雖殊 妙期不二 朝野雖絶 理契即隣 常對目前 莫作千里之相〕."고 한다. 심지어는 "결사를 함께 한 정성에서 말에 숨김이 없으니 허물하지 말라〔但以同社之誠 言不避諱 請勿以爲咎〕."(『眞覺國師語錄』, 張 39~40.)고 하였다. 친분관계를 짐작할 수 있다.

崔洪胤에게는 유불이 둘일 수 없다는 이론으로 유자와의 관계를 인식시킨다. "내가 전에는 공의 문하에 있었으나 공이 이제는 나의 선사에 들었으니, 공이 불가의 유자요, 나는 유가의 불자라, 서로 賓主가 되었다가 스승이라 부르니, 전부터 그렇게 된 것이고 지금의 일이 아니다. 名義로만 인식하면 불유가 심히 다르지만 실상을 알면 유불이 다를 것이 없다〔我昔居公門下 公今入我社中 公是佛之儒 我是儒之佛 互爲賓主 喚作師資 自古而然 非今始爾 認其名 則佛儒逈異 知其實 則儒佛無殊〕." (眞覺國師語錄 張45, 「答崔參政洪胤」)라고 하였으니, 당시 사회가 유불공존적이었음을 아울러 알겠다. 이러한 현상은 당시 사회에서 선가적 사상이 널리 보급되었고, 아울러 그러한 사유작용이 문학적 수법에 이용될 수 있었던 반증으로 볼 수 있는 것이다.

그 좋은 예를 혜심이 편찬한 『선문염송집』에서 볼 수 있으니, 이 염송집의 편찬은 당시 사회에서 禪의 보급에도 큰 몫을 했거니와, 지식층과의 유대는 그것이 문학의 표현으로 원용되었을 소지도 다분히 있는 것이다.

4. 『禪門拈頌集』의 문학성

『선문염송집』 30권은 혜심이 그의 제자 覺訓 등과 함께 옛 조사들의 禪話 1125則을 모아 거기에 따른 拈頌詩歌를 함께 엮은 것으로, 당시의 문화 사정으로 보아 그야말로 불력의 가호가 아니고는 이루어질 수 없는 것이다. 조사들의 본고장인 중국에서도 이루지 못한 일을 700여 년 전에 이룩했다는 것은 놀라운 일이 아닐 수 없다. 먼저 그 편찬의 의도[13]부터 살펴본다면 서너 가지 이유로 압축될 것 같다.

첫째, 傳燈의 秘義가 아무리 密密相傳하는 것이어서 불립문자라 하여도 말과에서 더듬어 본원을 알 수 있는 것이고, 일단 본원을 알면 萬別이 있더라도 의혹될 것이 없다 하였으니, 돈오를 위한 점수적 방편으로도 필요하다고 보았다.

둘째, 국가의 번영과 불법의 구호로 이것보다 급한 것이 없다 하였다.

____

13) 況本朝 自聖祖會三已後 以禪道延國祚 智論鎭隣兵 而悟宗論道之資 莫斯爲急 故宗門學者 如渴之望飮 如飢之思食……錄成三十卷 以配傳燈 所冀堯風與舜風 永扇 舜日共佛日恒明 海晏河淸 時和歲稔 物物各得其所 家家純樂無爲.(禪門拈頌集 序)

셋째로는, 유·불이 공존하는 안락한 사회를 희망한 것이다.

이 셋째번 문제가 바로 문학성의 접근으로 볼 수 있는 것이요, 당시 사회의 지식층에 이 拈頌이 많은 영향을 끼쳤을 것이라 짐작되는 것이다.

여기서는 주로 염송의 문학적 표현에 대해서 약간 살펴보려 하는 것 뿐이다. 내용에 대해서는 이해할 수 있는 한계성도 있으려니와 지눌이나 혜심이 말했듯이 그 자체가 知解의 병폐가 될 것이다. 여기서 다만 전제해야 할 것은 염송시에서는 일단 시공의 개념을 초월하지 않으면 안된다.『선문염송집』제1칙에 나오는 석가의 "未離兜率 已降王宮 未出母胎 度人已畢" 자체가 시공의 초탈이다. 곧, 도솔천을 떠나기도 전에 벌써 왕궁에 태어나셨다 함은 處無碍로서 공간의 초월이다. 일상적인 논리로는 연결이 되지 않는 말이다. 도솔천을 떠나지도 않고 어떻게 왕궁에 태어날 수가 있을 것인가. 어머니 배 속에서 태어나기 이전에 벌써 중생을 모두 제도하였다 함은 時無碍로서 시간의 초월이다. 모태 안에서 벌써 중생을 제도한다 했으니, 49년 설법도 필요가 없는 것이다. 이렇게 시간 개념이 개입될 여지조차 없다. 초월이라는 말은 그래도 시공이라는 기준이 남아 있는 것이니 아예 시공의 단절이라야 한다. "無邊刹境 自他不隔於毫端 十世古今 始終不離於當念"이다. 터럭 끝 안에 우주 공간이 다 있는 것이고, 한 생각 안에 무한의 시간이 용해되어 있는 것이다.

毘目 仙人이 善財의 손을 잡으니까 선재는 즉시 十方佛刹 微塵數의 부처가 계신 곳에서 말도 할 수 없는 미진수의 겁을 지나게 되는 자신을 보았더니 仙人이 손을 놓으니까 원래 있던 자리에 자신이 그대로 있는 것을 알았다. 여기에 대해 覺範은 이렇게 말한다.

손을 잡을 때는 觀法하는 때고, 손을 놓게 되었을 때는 出定한 때다. 연꽃이 막 피었을 때 그 꽃 속에는 이미 씨가 있고, 씨 속에는 벌써 잎이 있느니라. 因子 안에 씨앗이 있고, 씨앗 안에 인자가 있다. 三世가 一時다. 그 씨앗이 분포하였다가 또 모인다. 영원히 이어 끊어지지 않고 十方도 간격이 없다.

毘目仙人 執善財手 善財 卽時見其身住十方佛刹微塵數諸佛所 乃至經不可說微塵數劫 仙人放手 卽見自身還在本處 覺範曰…方執其手 卽入觀法之時 見自他不隔於毫端 始終不離當念 及其放手 卽是出定之時…夫蓮方開花時 中已有子 子中已有葉 因中有果 果中有因 十世一時也 其子分布 又會屬焉

相續不斷 十方不隔也.

〈禪門拈頌集 卷三, 張 3~4.〉

또 六祖는 어느 스님으로부터 "황매의 뜻을 누가 알 수 있느냐?"는 질문을 받았다. 조사가 "불법을 획득한 이는 안다."하였다. 스님이 다시 "화상은 아는가."하니, 조사는 "나도 모른다."했다(六祖因僧問 黃梅意旨什麼人得 祖曰 會佛法人得 僧云 和尙還得不 祖曰 我不得 僧云 和尙爲什麼不得 祖云 我不會佛法).

여기에 대해서 永明壽는 옛스님의 다음과 같은 게송을 인용한다.

<table>
<tr><td>있다 없다 가다 오다의 마음이 길이 끊겼고</td><td>有無去來心永息</td></tr>
<tr><td>안이다 밖이다 중간이다 모두가 없는 것</td><td>內外中間都摠無</td></tr>
<tr><td>如來가 참으로 계신 곳을 보려면</td><td>欲見如來眞住處</td></tr>
<tr><td>다만 石羊이 강아지 낳는 것을 보라.</td><td>但看石羊生得狗</td></tr>
</table>

〈禪門拈頌集 卷四, 張8〉

수월하게 이해할 수 없는 말이지만 역시 시공이 없는, 있는 그대로의 상태를 말하는 것인가 하는 생각이다. 영명수가 이 시를 인용하기 전에 南泉 和尙의 말을 먼저 인용하면서, 황매 문하의 500명 중에서 499명은 모두 불법을 이해했는데 오직 한 사람이 이 불법을 이해하지 못하고 다만 道를 이해했기 때문에 衣鉢을 받았다 하고는 이 시를 인용하였다. 그러고서 결론짓기를 "이와 같이 妙達하고도 도는 오히려 존재하지 않는다. 이해한다거나 이해 못한다는 망상을 말해서 무엇하느냐."라고 하였다. 그러니까 이 게송처럼 생각할 때 묘달한다는 말이다.

有無 去來 內外 中間이 없는 것이 도의 실체다. 그러면서도 石羊이 실제 유형의 모습으로는 존재하지 않듯이, 도는 오히려 존재하지 않는다. 그러나 외형을 파괴해야 본성을 알 수 있다면, 있을 수 없는 외형을 파괴하고 나면 돌양이 道의 실체로 나타날 수도 있고, 거기에서 강아지도 얻을 수 있다. 이것이 五祖 弘忍과 六祖 慧能의 傳心處였던 것이다.

같은 話頭를 가지고 게송을 하는 혜심은 다분히 문학적인 면을 지니고 있다.

<table>
<tr><td>비 개인 봄산은 그림물감 뿌린 듯하고</td><td>雨過春山如潑黛</td></tr>
<tr><td>노을을 뚫고 솟는 아침해 황금을 불사르듯</td><td>霞登曉日似燒金</td></tr>
</table>

발을 천천히 걷어 淸楚한 鑑賞에 취했는데　　疎簾捲起酣淸賞
별난 새 지나면서 좋은 곡조 보내주네.　　　怪羽飛來送好音
〈眞覺國師語錄 張 96, 禪門拈頌說話 張 10.〉

종교적 의취를 묻기 이전에 한 폭의 그림과 같은 시다. 어쩌면 이것이 不會 佛法이다. 불법이 아닌 도의 여여한 이 실상을 있는 그대로 會得한 것이다. 어쩌면 送好音의 좋은 소리는 오조와 육조의 전법의 표현이다. 돌양이 강아지를 낳을 수 없다고 본다면, 돋아 오르는 아침해를 불타는 황금으로도 볼 수 없는 것이다. 혜심은 머리가 발라야 꼬리가 바르다 하면서 이 시를 썼다. 그러므로 이 시는 五祖와 六祖가 이심전심한 후의 황홀함을 상징한 것이다.

二祖 慧可는 三祖 僧璨이 죄를 참회시켜 달라는 데 대해서, 二祖가 "是心是 佛 是心是法 佛法無二 僧寶亦然."이라 하니, 삼조가 "罪性이 내외 중간 어디에 있는 것도 아니다."하니, 이조가 인정하였다는 데 대해서 雲居元은 다음과 같이 송한다.

불서를 훼방하여 큰 바람을 날렸으니　　　毁佛書成顯大風
이제부터는 소경이나 귀머거리나 교화하네　從妓起敎化盲聾
죄성이 온 곳이 없다는 것을 알았다면　　　旣知罪性無來處
칼로 구름 자르기요, 물로 허공을 씻는 것이다.　劍斷浮雲水洗空
〈禪門拈頌集 卷三, 張31.〉

이조 혜가에게 삼조 승찬이 "風幢에 걸렸으니 죄를 참회시켜 달라."고 함에 "죄를 가져오라."했고, 승찬은 "찾아도 죄를 못 잡겠다."하니, "네 죄는 이미 참회되었다."했던 것이다. 이것은 自性이 본래 空寂한 것인데 죄성이 어디 있느냐는 것이다. 그러므로 찾아도 잡을 수 없는 것이다. 차라리 소경이나 귀머거리의 보도 듣도 못하는 쪽이 佛理를 大成할 수 있지 않겠느냐, 자성이 본래 공적한 것이요, 죄성의 내외 중간이라는 공간이 없다. 구름을 잘라보아야 역시 또 방향 없는 구름이지, 그 공간 설정이 바뀌지 않고, 물로 허공을 씻어보아야 그대로 허공이다. 그것은 원래가 허공이기 때문이다. 자성이 空하니 죄성이 따로 있는 것이 아니라, 그저 공이었던 것과 같다. 天童覺은 이 古則에서 마음과 사물 흔적이 다 사라지면 본체에 부스럼이 없고, 虛名에 假相이 잠시 일면 진흙물 속에다 흙을 씻는 것과 같다〔心迹俱泯 體上無瘡 名相纔興 泥中洗土〕라고 하였으니, 以空洗空의 부질없음을 말한 것이다. 曹溪明은 이렇게 송한다.

죄를 참회하여 죄성이 공한 것을 안다니	懺罪方知罪性空
칼을 휘둘러 봄바람을 쓴 노고 안해도 되었을 걸	不勞揮劍掃春風
산골 위 봉우리에 달이 돋으면	如今山谷峯頭月
온갖 물상은 거울 한 복판에 모여드는 것.	萬象齊歸一鑑中
	〈禪門拈頌集 同上〉

윗 시와 시의는 비슷하면서도 전편이 비유적 수사를 씀으로 해서 시적 표현에 더 가까운 느낌이다. 그대로 시로서의 표현에도 아름다움이 있다. 죄성이 공한 줄을 알면, 달이 밝을 때 모든 물체가 달빛 안으로 흡수되는 것처럼 밝게 깨달을 것이다. 거기에 다른 방편이 없을 것이다. 물로 허공을 씻는 것은 부질없는 일이다. 이러한 상황을 시에서 말할 때, 상징과 상징의 화합이라 할 수 있을지 모르겠지마는 염송에는 이러한 상징의 융화가 '一句昭明該萬象'의 活句로 되는 것이다.

다음은 石頭와 스님과의 물음에 대한 게송이다. 곧 석두에게 어느 스님이 "무엇이 조사가 오신 뜻입니까?"하니 석두는 "露柱에게 물으라."했다. 스님은 "알 수 없다."하고 석두는 "나도 모르겠다."하였다. 이에 靈源淸이 다음과 같이 송한다.

서로 쳐다보며 서로 꾸짖었으니	覿面相呈便相罵
두 사람 중 누구 하나가 꾸짖은 것이다	兩人中有一人嗔
시비를 가려내려 한다고 하면	要識是非須看取
쇠소가 밭 가는데 옥기린이 나온다.	鐵牛耕出玉麒麟
	〈禪門拈頌集 卷五, 張 15.〉

露柱와 鐵牛, 玉麒麟의 상징적 결합은 그 경지를 이해하지 못하면 이해될 수가 없다. 두 분의 대화에 시시비비가 있을 수 없는 것이 아니냐. 노주에게 묻는 것이나, 철우가 밭 가는 것이나, 옥기린이 나타나는 것이 다 시비를 가릴 겨를이 없는 것이다.

이상에서 본 몇 편의 염송시는 그 많은 분량에서 임의로 가린 것이니 그야말로 入海算沙의 느낌이지만, 이러한 상징이나 초현실적인 표현이 당시의 시문학에 많은 영향을 주었으리라는 심증은 짙어졌다. 선적인 시가 이렇게 직접 禪話를 詩化하는 것이 있는가 하면, 일면 선적 유유자적을 단순한 시로 구사하는

것도 있다는 것을 위에서 말했다. 다음 李穡의 詩는 그런 영향이라 할 수도 있
겠다.

비 개인 날 사랑스러워 초정에 오르니　　爲愛新晴倚草亭
살구는 꽃을 맺고 버들가지 푸르다　　杏花初結柳條靑
시는 무심한 곳에서 이루어지는 것인데　　詩成政在無心處
애써 속세의 글에서 영감을 구하네.　　枉向塵編苦乞靈
〈牧隱集〈新晴〉〉

　牧隱 자신도 탈속에서 시가 되어진다고 생각한 것이다. 선적 사유의 조용한
자세라 하겠다. 이렇게 볼 때, 고려 중기 이후에 있어서 선의 이론과 실천은
方外人의 문학적 수사에도 많은 영향을 주었으리라는 생각이다.

冲止의 禪俗不二的 禪詩

1. 禪俗無碍의 解脫

圓鑑 國師 冲止(1226~1292)에 대한 사적은 그의 비명이 남아 있어 대략 살필 수가 있다. 국사의 이름은 法桓이었는데, 뒤에 冲止라 개명하였고, 宓庵이라 자호하였다. 속성은 魏氏이고 定安 사람이었다. 父 號紹는 戶部員外郎이었고, 어머니는 吏部員外郎 宋子沃의 따님이었다. 병술 11월 17일 生이라 하였으니 이 해는 1226년 高宗 13년에 해당한다.

이렇듯 부계나 모계가 모두 당시의 사대부였으니, 쉽게 학문에 접할 수 있었던 것이다. 9세에 취학하여 經·史·子의 모든 학문을 섭렵하고, 이미 작문에 능하였다 하며, 19세에 장원으로 登第하였다 하니, 그 재질을 짐작할 만하다.

이어 사신으로 日本에 가서 文名으로 국위를 떨치기도 하였다. 그러나, 원래 出塵의 뜻이 있어, 29세 되던 해에 圓悟 國師 天英에게서 수계하였다. 이어 남쪽의 여러 講肆에 참여하여 총림의 중망을 받았지만, 주지로 머물기를 계속 사양하였다.

그러나 41세 때에 원오 국사의 敎諭와 조정의 뜻에 의하여 처음으로 金海縣 甘露社의 주지가 되었다. 그때 어느 禪德이 시를 청하니 다음과 같이 읊었다.

봄날 계원에 핀 꽃은	春日花開桂苑中
그윽한 향기 소림의 바람에도 날리지 않네	暗香不動少林風
오늘 아침 열매 익어 감로에 젖으니	今朝果熟沾甘露
무한한 人天에게 맛은 똑같다.	無限人天一味同

〈圓鑑國師碑銘〉

이라 하였더니 이 시가 널리 사람들에게 회자되었다 한다. 이 시의 내용은 자신이 벼슬길에 발을 들여놓기 시작하였지만, 그것이 대중의 깨우침을 위한 큰 보시가 될 수 없었던 것을 느껴 선문에 귀의하여, 오늘 그 결과를 보게 되니, 한없는 人天이 함께 이 감로에 젖겠다는 下化衆生의 염원으로 풀이된다. 그런 뒤로 德音이 널리 퍼져 후진이 운집하게 되었다.

61세 되던 해, 원오 국사가 順世하니 대중이 법석 잇기를 원하여 조정에 요청하니, 員外郎 金浩淡을 보내어 入院開堂하게 하였다. 이렇게 해서 수선사의 第六世가 되었다.

이 社主 7년 동안에 보조의 선풍을 더욱 빛냈으며 특히 몽고에게 寺田이 몰수된 것을 직접 「復土田表」를 올려 회수한 일은, 당시 경영 위기에 있던 사찰의 운영을 정상화한 쾌거일 뿐 아니라 국가적 주체의 회복일 수도 있다. 67세 되던 해 1월 10일 새벽, 머리를 감고 옷을 갈아 입고는 임종을 예시하고 게를 남겼다.

지나온 햇수 육십 칠 년	閱過行年六十七
오늘 아침에야 만사가 끝났도다	及到今朝萬事畢
고향으로 돌아가는 길 평탄하니	故鄕歸路坦然平
앞길은 분명히 실수 없겠다	路頭分明曾未失
손에 남은 것 겨우 지팡이 하나	手中纔有一枝筇
그래도 도중에는 다리 덜 피곤하겠다.	且喜途中脚不倦

〈同　上〉

70평생 삶에 있어서도 평탄한 길을 걸었을 것이 분명한데, 다시 돌아가는 고향 길 평탄함을 확신한다. 가는 길에서 지팡이 하나, 다리 아프면 의지하고 쉬겠다는 것이다. 이 임종게와 함께 국사의 평생을 살펴볼 때, 禪師라던가, 또는 종교인, 다시 말하면 불교인이라는 의식 자체를 가지려 하지 않으면서, 의연한 선사였던 인상이 강하게 풍긴다. 임종게만 하더라도 다른 선사들과 같은 선리적 표현이 浮彫되지 않고 있다. 고향으로 돌아간다는 그저 평범한 말일 뿐이다. 가는 길에 지팡이 하나면 족하다는 것이다. 가는 길이 분명하여 길 잃을 염려가 없다는 것이다. 지금까지 걸어온 길에 후회가 없고, 가는 길에 미혹됨이 없다는 것이다. 평범한 듯하면서 윤회요, 인과요 하는 모든 法理가 그대로 내포되어 있다. 국사의 이러한 자세는 어쩌면 세속의 官路에도 들었고, 修禪社 主로서 元의 황제와도 國體를 놓고 논변할 수 있었던[1] 禪俗不隔의 해탈에서

---

1) 「上大元皇帝表」에서 寺田을 復舊해 달라는 강력한 요구를 하고 있다.

오는 것이 아니었던가 여겨진다.

　그러므로 여기서는 국사의 이러한 모습이, 문학에 어떻게 투영되었는가를 살펴보려고 한다.

2. 寂寥한 禪趣의 圓融

　원감 국사 충지의 시문집은 원래 『圓鑑國師語錄』이라 하여, 고려 충렬왕 27년(1279)에 간행되었고, 조선조 세종 29년(1447)에 나주에서 간행되었다 하나 전하지 않는다. 그 뒤, 일제시대에 崔南善이 일본에서 구해온 것을, 松廣寺 住持 雪月 禪師가 林錫珍을 시켜 더 모집 보완하여 충간하였다. 원집은 충지의 侍者 呵眞이 『海東曹溪第六世圓鑑國師歌頌』이라 하여 주로 시가만 수집한 것으로 그의 발문이 있다.

　충지의 시는 위에서도 말했듯이 그가 입산하게 된 것이 남달라서였는지, 선사로서의 특성이라기보다는 그저 한 시인으로서 선취를 담아 놓은 느낌이 짙다. 그것은 바로 사대부의 혈통으로서 사대부에 입문했다가 뜻이 있어 住禪했기에 승속을 가리지 않는 不落兩邊의 실천적 해탈이 아니었던가 생각된다. 그런 면에서 普照禪의 更光이요,[2] 慧諶 시문의 계승이라 하여도 무방할 것이다.

번거롭고 호화로운 곳 떠나 살아서	棲息紛華外
붉고 푸른 산천 사이에 노니노라	優遊紫翠間
봄인데도 더욱 조용한 소나무 통로	松廊春更靜
대 사립문은 낮에도 닫혀 있구나	竹戶晝猶關
처마를 낮춰 달을 먼저 청하고	檐短先邀月
담은 낮아서 산을 가로막지 않는다	牆低不礙山
비 뒤에 급해진 시내의 흐름	雨餘溪水急
바람 멎은 산마루 구름이 한가롭다	風定嶺雲閑
골이 깊어 사슴 숨을 만하고	谷密鹿攸伏
숲은 울밀해서 새들 잠자리 본다	林稠禽自還
아침 저녁 쉽사리 지나가니	條然度晨瞑

---

2) 金曔이 지은 「圓鑑國師碑銘」에 "嗣圓悟爲六世 住院七年 更光普照遺軌"라 하였다.

거칠고 게으른 성미 고칠 만하다.　　聊以養疎頑

〈幽居〉

　제목에서 보이듯이 조용하고 깊숙이 살고 있는 서경이다. 선사라고 하는 신분이 노출될 수 있는 어구가 하나도 없다. 그저 조용한 경지를 즐기는 한 시인이라 하여 온당하겠다. 서두에 밝힌 "棲息紛華外"는 어쩌면 자신이 官路를 버린 지난 날을 말했다 할 수도 있다. 지금은 푸르고 붉은 이 자연에서 여유 있게 노닐고 있는 것이다. 그 다음의 시구들이 이러한 山人의 여유를 보여 주고 있다. 松廊과 竹戶가 우거진, 소나무 숲의 복도이고 대숲의 집이다. 밤낮없이 조용하다. 문이 닫혀 있듯이 조용하다. 달빛을 먼저 보려고 처마를 짧게 했고, 산을 가릴까 염려되어 담을 낮췄다는 것이다. 檐短이나 牆低는 궁색한 모습이다. 그렇지만 '先邀月'이나 '不礙山'은 남보다 더 많이 가진 넉넉함이다. 이것이 산인의 부요다. 이것이 또한 시인의 촉각에 걸려오는 여유인 것이다. 골이 깊고 숲이 우거져 뭇 짐승이 저절로 모여든다. 聖人의 동산에 麋鹿攸伏(詩經文王章)하는 기상이다. 眞如 大全이다. 스스로 同參同樂하는 희열이다. 이러한 것이 모두 疎頑한 속인을 함양시켜 득도케 하는 것이다.

깊은 골에 숨어 있는 절	寺藏深谷裡
누대는 작은 시내를 누르고 서 있다	樓壓小溪西
灌木은 아지랭이에 싸여 컴컴하고	灌木和烟暗
대숲은 비를 맞아 휘었구나	叢篁冒雨低
처마 끝 거미는 그물을 짜고	簷頭蛛作網
담장 밑 제비는 진흙 개어 물었다	墙下燕啣泥
깊은 낮잠 해질 무렵 깨어나니	晝睡晚初覺
숲 까마귀 다투어 집에 든다.	林鴉爭返棲

〈閑中偶書〉其一

　참으로 한가롭고 고요한 산사의 하루다. '寺藏深谷裡'라 하여 절의 경치임을 전제하였기에 절임을 알지, 그렇지 않다면 그저 조용한 山家의 경치다. '樓壓'의 '壓'자는 전편을 조용히 누르고 있다. 누대가 높이 솟는 것이기에 動的 인상을 갖기 쉬운데, '누른다' 하니 어딘가 모르게 시냇가에 내려 앉은 鎭坐의 안온함이 있다. 안개와 섞여 컴컴한 灌木의 숲, 비에 젖어 늘어진 대숲, 처마에 그

물 짜는 거미, 집 지으려 진흙 공글리는 제비, 있는 그대로의 소탈한 풍경이요 특별할 것이 없건만, 어딘가 모르게 禪境을 느끼게 한다. 결구에서야 자신을 드러내되, 역시 和烟暗처럼 암중모색이다. 졸다가 깨어보니, 숲을 찾아 다투는 까마귀가 보인다는 것이다. 저녁 때가 되었다는 말이니, 작자의 이 한가로움은 스스로 표현된 것이요, 안개에 가린 物外閑人이 시편 저 쪽에 숨어 있다. 시의 妙手가 드러내지 않으면서 드러내는 데 있다 한다면, 이 한 편의 시는 완벽한 솜씨를 보인 것이다. 이 시는 원래 연작으로 된 2수 중 하나이다. 나머지 한 수를 마저 들어본다.

외로움을 즐기는 평생이기에	平生嗜幽獨
늙어가는 몸 窮谷에 의탁했네	窮谷寄衰羸
궁벽한 곳이라 꽃도 늦게 피고	地僻花開晩
산이 높아 해도 더디 오른다	山高日出遲
쉴 새 없이 솟아오르는 파초 순이고	蕉心抽不盡
항시 외쳐대는 시내의 혀	溪舌吼無時
이런 즐거움 아는 이 없어	此樂少人會
그저 부질없이 혼자 즐기네.	嗒然空自怡

〈同上, 其二〉

　결국 산중의 閑居는 누가 알 리 없는 것이다. 결련의 "此樂少人會 嗒然空自怡"가 두 수의 결론이다. "此中有眞意 欲辯已忘言"(陶潛, 飮酒)의 결론과 같다. 전편이 靜中動 動中靜의 움직임이 역연하다. 승련의 '地僻'은 정이지만 '花開'는 동이다. 그러면서도 동보다 정적 분위기에 싸인다. '蕉心抽'나 '溪舌吼'도 동이기는 하나 느껴오는 정은 한적 그대로다. 모든 것이 物外閑人의 관조요, 禪師의 신분이 드러나지 않는다. 다만 시인이다.

사람도 오지 않는 옛절	古寺無人到
숲이 깊으니 해 더욱 길다	林深日更長
연한 이끼 섬돌에 오르기 시작하고	嫩苔初上砌
햇대도 담 위까지 솟으려 한다	新竹欲過牆
비에 젖은 파초 더욱 푸르고	雨浥芭蕉綠
바람에 날려오는 작약의 향기	風傳芍藥香

앉았기도 지쳐 산보길 나서니　　坐慵聊散步
소맷자락에 넘나는 서늘한 기운.　襟袂有餘凉

〈閑中偶書〉其一

또 하나의 조용한 산사의 서경이다. 봄날이 길기는 하지만, 여기서는 '無人到'나 '林深'의 원인이 있어서 길다. 누구 하나 오는 이 없고, 숲 그림자는 종일 드리워져 있다. 그림자가 길다 짧다 해야 해가 지나는 것을 알겠지만, 숲이 깊으니 항시 그림자져 있는 것이다. 그러니 봄날이 길다. 섬돌에 이끼가 끼기 시작한다. 역시 '無人到'와 연관이 있다. 대순은 벌써 자라 담을 넘어 돋아난다. 모두가 인적이 드문 탓이다. 기·승의 구성이 완벽하다. 다시 뜰로 시선을 돌리면 파초잎에 지는 빗소리, 작약에서 전달되는 향기, 앉았기도 지루하여 화초 가까이 산보하려 하니, 장삼자락에서 서늘한 바람이 인다. 전편을 감상하고 나서야 선사의 모습이 떠오른다. 시편 안에서 어디에도 禪味를 직접 보인 것이 없다. 다만 古寺라 하였기에 절인가 생각될 뿐이다. 무리없이 구성된 山居의 하루인 것이다.

한가로운 삶 마음마저 쾌적하니　　閑居心自適
혼자 있는 멋 더욱 맛있다　　　　獨坐味尤長
누대에 잇대어 솟은 늙은 잣나무　古栢連高閣
그윽한 꽃은 짧은 담을 덮었다　　幽花覆短墻
젖빛처럼 뿌연 자기의 茶　　　　瓷甌茶乳白
책상에서 피어오르는 향불의 향내음　榧机篆烟香
비도 멎어 조용해진 산집　　　　雨歇山堂靜
방 안으로 스며드는 저녁녘의 서늘함.　臨軒快晚凉

〈同上, 其二〉

이 시는 연작이 된 두 수가 아니라, 다시 짓는 것으로 되어 있다. 그래서인지 앞 시와의 시간이나 상황의 연속이 아니라, 똑같은 구성으로 다른 상황을 읊고 있다. 그러면서 한적한 詩情에는 차이가 없다. 두 수의 시의 결미는 상황을 달리하면서도 한가로움을 같이 누린다는 같은 결과를 가져 왔다. 앞 시는 淸凉을 느끼기 위해서 밖으로 나갔고, 뒷 시는 집안으로 청량을 유인하고 있다. 위의 시들은 對景의 한적함을 가져다 자신의 한적으로 변화시킨 것이지만,

다음 시와 같은 것은 대경에다 자신의 동작을 투영시켜 물아가 함께 靜謐의 세
계로 드는 시들이다.

약밭에 물을 끌어 甘草를 적시고	藥圃引泉澆國老
대뜰의 가시울은 햇순을 보호한다	筠庭揷棘護朝童
문을 잠가 흥망의 시끄러움 모르니	杜門不受興亡擾
나야말로 이 세상 일없는 늙은이.	我是世間無事翁

〈閑中雜詠〉其一

그야말로 超俗의 물외한인이다. 샘물을 이끌어다 감초 밭에 물을 대고 대나
무 뜰에 가시 울타리를 둘러 새순을 보호한다. '國老'와 '朝童'의 대구는 너무
도 절묘하다. '國老'는 감초의 딴 이름이다. '朝童'은 아침이면 솟아오르는 새
로운 대순을 말한 듯하다. 너무도 기묘한 대구이다. '引泉'과 '揷棘'도 절묘하
다. '引'이 횡적인 선으로 연속의 상징이니 물의 흐름을 연상하게 한다면, '揷'
은 수직의 정지로 연상되며 대나무의 수직과 공감된다. 수평과 수직으로 종횡
의 공간이 한자리에 마주친 셈이다. 결구에서 보인 '無事翁'의 有事다. 이런 일
이나 하는 것이고 世間의 흥망은 다 이 산문 밖의 일이다. '藥圃'나 '筠庭'을
가꾸는 것이 분명히 有事임에 틀림없지만 이 시에서 보이는 '無事翁'이 역시
시 속의 주인공의 설명으로 적절하다. 이것이 시의 樂而不淫과 같은 中道的 효
과이다. 6수의 연작이 모두 이러한 한정이다. 다음 시에서도 이 한정이 완연하
다.

산빛 끌어들이려 발 올리고	卷箔引山色
대통 이어 시냇물 소리 나누어 갖다	連筒分澗聲
아무도 찾는 이 없는 이 아침	終朝少人到
제 이름만 불러대는 뻐꾸기의 울음.	杜宇自呼名

〈閑中雜詠〉

발을 걷어서 산빛을 끌어들이고 대통으로 시냇물 소리를 나누어 갖는다. '引
山色', '分澗聲'의 대구도 절묘하려니와, '引'과 '分'의 동사는 點睛의 妙手다.
시에는 詩眼이 되는 글자가 있다. 이 시안은 동사일 확률이 크다. 주어진 사물
을 어떻게 연계해서 한 구의 시가 되는 것이냐 하는 것이기 때문에, 이 동사는
아무렇게나 놓여진 사물을 질서화하는 역할을 한다. 그러므로 이 동사를 어떻

게 활용하느냐에 따라서 한 편 한 구의 시가 開眼하는 것이다. 발과 산빛, 대
통과 물소리, 그 자체는 아무 연관이 없는 개체이다. 질서없이 흩어진 자연물
이다. 이것을 '끌다'〔引〕, '나누다'〔分〕의 동사로 연계시킨다. 다시 말하면, 질
서를 정리한 것이다. 그러면서도 이 말들이 상식을 초월하는 것이다. 어찌 산
빛을 끌 수가 있으며, 물소리를 나눌 수 있는가? 이것이 바로 反常合道인 것이
다. 시인의 상징이요, 선사의 언어도단인 것이다.

　轉結도 묘하다. 오는 사람 없는 정적 그대로이다. "杜宇自呼名"이라 두견은
제 이름만 불러댄다. '自呼名' 역시 물외한인의 상징이다. 모든 사물이 있는 그
대로의 自性眞如다. 자신에게 다 있는 것을 왜 남에게서 찾을 것인가.

높고 낮은 전각 구름 끝에 달렸고	參差殿閣倚雲根
한낮의 숲속은 아직도 문을 잠갔다	日晏林間尙掩門
산이 가까워 아침이면 자리에 드는 아지랭이	山近翠嵐朝入座
내로 둘린 마루, 밤이면 허연 빛에 감싸이네	川廻白氣夜侵軒
솔 심어 원숭이 오르내리게 하고	養松爲愛猿猴掛
참새들 지저귀도록 대나무 심었다	種竹從敎鳥雀喧
내가 사람들 멀리 했나 사람들이 멀어졌지	我不遠人人自遠
조용히 혼자 앉아 아침 저녁 보내다.	嗒然孤坐度晨昏

〈山居〉

　역시 산거의 조용한 서경이다. 구름 끝에 닿는 누각이다. 깊은 산임을 연상
케 한다. 해가 늦도록 산문은 열 까닭이 없다. 아침이면 푸른 안개가 방안까지
든다. 앞에서 보았던 "卷箔引山色"과 동일한 착상이다. 다른 시구에도 "靑山
自入戶 不侍相邀呼"(答鶴峰長老友公)라 함이 있다. 저절로 들어오는 산빛이다.
밤이 되면 온 산이 검게 잠기지만, 물빛만이 희게 빛난다. 그 흰 빛은 누대의
마루에 비쳐온다. 시원한 기분이다. 소나무를 기르는 뜻은 원숭이가 노닐게 함
이요, 대를 심는 것은 뭇새의 시끄러움을 들으려는 것이다. 森羅一如의 自然愛
다. 또 이러한 자연의 유일한 벗이다. 세속의 사람은 내가 멀리한 바도 없지만,
스스로 멀어지고 있는 것이다. 그렇게 보면 외로운 아침 저녁이겠지만, 이 진
여의 자연과는 외로움이 아니라 同居同樂이다. 이 시의 제목인 '山居'로만 그
친 것이 아니라, 사실은 '山居自樂'의 준말이라 해야 옳겠다. 이러한 자락은 어
디에서 오는 것일까. 물론 선사이기에 禪定의 결과이기는 하지만 시인으로서의

관조 또한 중요한 의미를 갖는다. 무정의 자연을 有情化할 수 있는가 하면, 그 有情은 순환하는 자연의 한 과정으로 인식할 때, 불가의 윤회나 인연도 아울러 이해될 수 있는 것이다. 다음의 시는 그러한 실례라 하겠으니, 선사로서의 해탈이요, 시인으로서의 관조인 것이다.

봄바람 크게 무정도 해라	春風大無情
버리고 가면서 나를 돌아보지도 않네	棄去不我顧
수양버들은 실만 가지고 있지	垂楊徒有絲
가는 봄 매어둘 줄도 몰라	曾不解繫駐
가는 봄 원망하는 복사꽃 붉은 뺨	紅桃怨春歸
아침이슬에 눈물방울만 맺는다	朝來空泣露
애처로이 울어대는 산새도	山鳥亦哀呼
사람에게 무엇인가 하소연하려는 듯	似欲向人訴
간절한 이 마음 쓸 수도 없어	幽懷無人寫
새 신발 갈아 신고 채마밭에 나가본다	細履繞園圃
모든 꽃 언제든지 다 쓸어버리고	群芳掃已盡
푸른 잎이 어느 새 숲을 채웠네	綠葉滿林樹
가는 봄이야 가는 대로 둘 수밖에 없지만	春歸也任歸
쇠잔해가는 몸 재촉하는 듯 어째야 하오	爭奈催衰暮
사람이 우주 공간에 산다는 것이	人生宇宙間
잠시 여인숙에 머무는 것이리니	何異暫羇寓
버려두어라 슬퍼할 일 없다	置之不用悲
오고감이 천운의 변수 있느니라	代謝固有數
이 조화따라 다하고 마는 것이니	聊乘化歸盡
자연에서 타고남을 믿어야 하지.	姑以信天賦

〈惜春吟〉

　태어남이 모두가 자연의 天賦요, 삼라만상의 작용이 모두가 천운의 변수이다. 시를 쓰기에 天理的 자연으로 서술하였다. 굳이 불가적 不生不滅이나 윤회무상으로 읊지 않았다. 禪理를 끝내려 하면 "綠葉滿林樹"로 끝냈을 것이다. 그래도 후반부에서 시인의 애상을 노래한 것이다. 냇가의 버들, 동산의 복숭아꽃, 산중의 뭇새 등이 어울려가는 봄을 애석해하면서 끝내 자연은 자연의 섭리로 두어야 하는 본체의 法性이기에 "春歸也任歸"의 無住着이었다. 따라서 이 무주착이 있는 그대로의 실상을 관조할 수 있는 것이요, 禪定的 白樂인 것이다. 윗 시는 바로 이 점을 잘 보여준 것으로 이렇듯 충지의 선취적 시는, 시 안에 禪味가 용해되어 있어, 범연히 보면 전혀 선사의 작임을 알 수가 없다.

　이것은 그의 격조 높은 작시의 묘수에서 오는 것이다. 그러나 때로는 선리나 선어가 시에 표출되어 있기도 하다. 전편에 조화된 禪語이기에 시적 융화에 흠집이 나지 않는다.

따사로운 아침햇살 동산에 오르니	溫溫朝旭上東岡
한가로이 높은 누대 반석 자리 앉았다	閒陟高臺坐石牀
햇빛 받은 단풍 장삼 옷에 비치니	和日丹楓映霞衲
속세의 비단 옷 입었나 깜짝 놀랐다.	忽驚身着錦衣裳

〈秋日登眞樂臺〉

　가을날의 따뜻한 햇살을 받으며 높은 臺石에 앉았다. 햇빛에 비친 단풍 무던히 곱고, 禪人의 장삼에 얼비친다. 이 누더기, 안개구름 같은 장삼이 어느새 비단옷으로 변했다. 스님의 시라는 것을 시어의 구사에서 느낄 수 있으나, 禪旨나 敎誡의 뜻은 찾을 수 없고, 이런 情景에서는 스님이 아닌 누구라도 그렇게 느낄 수 있는 평범한 표현이기에, 오히려 감흥을 느끼게 하는 것이다.

세월이 홀홀히 지나매	光陰忽已邁
늙음과 병이 서로 억누르네	老病鎭相依
힘없는 다리 오로지 지팡이에 의지하고	脚跛笻全力
몸은 여위어서 띠가 줄어든다	身羸帶減圍
한가로움 배불러 게으름 되었고	飽閑仍得懶
道를 끼니로 삼으니 살찔 수는 없다	飧道不成肥
해저녁에나 거친 쌀 챙기고	日晏方龘糲
봄도 깊었는데 아직도 누비옷	春深尙衲衣
가난하게 살아 스님 친구도 적고	居貧禪侶少
都城도 멀어 세속 인연 더욱 드물다	城遠俗緣稀
유독 외로운 구름만 짝이 되어서	獨有孤雲伴
때때로 처마 끝에 찾아오네요.	時從簷下歸

〈自叙〉

孔子의 제자 子貢이 선생에게 여쭈었다. "가난해도 아첨하지 않고, 부자이되 교만하지 않으면 어떠한지요"하니, 공자께서 "좋긴 좋으나 가난에 즐거워하고, 부자일 때 禮를 좋아하는 것만 같지 못하다〔子貢曰 貧而無諂 富而無驕 何如 子曰 可也 未若貧而樂 富而好禮者也〕."라고 했다. 여기 이 시는 가난에 즐거워하는 기상의 전형이라 할 만하다. 몸은 늙고 살림은 가난하나, 전혀 개의함이 없이 담담한 자세이다. 늙음에 조심해야 하는 것이 욕심이라는 것이다. 그러므로 老來의 빈궁을 견디기가 어렵고, 더구나 守分이 더욱 안되는 것이다. 세월과 비례하여 늙음과 병이 서로 이웃처럼 의지하고 있다. 힘 없는 다리 지팡이에 의지하고, 몸이 여윔을 허리띠의 둘레에서 느낀다. 한가로움이 배를 불리니, 남은 게으르다 할 것이고, 道나 먹고 앉았으니 살찔 리 만무하다. "飽閑仍得懶 喰道不成肥"는 安貧을 넘어선 樂貧의 절묘한 표현이다. '飽閑', '喰道' 역시 反常의 언어다. '飽'나 '喰'은 有形物을 대상으로 하는 동사다. 그런데 여기서는 정신적 운용의 동사로 쓰고 있다. 아울러 이 동사의 동작적 결과는 動的 肥大라야 한다. 그러나 여기선 '懶'의 定止요 '不肥'의 瘦瘠이다. 反常이다. 그러나 반상의 동작과 반상의 결과에서 오는 한 구절의 의미는 정상인 合道에 돌아온다. '飽閑'이기에 '得懶'요, '喰道'이기에 '不肥'인 것은 오히려 당연이다. 이것이 바로 反常合道의 원리인 것이다.

해저녁이나 가까워서야 거친 쌀을 살펴보고, 봄이 깊었어도 누비옷을 벗지 못한다. 가난의 표현이 틀림없으되 가난으로 느끼는 것이 아니라, 오히려 無念無想의 超俗으로 느껴진다. 이렇게 철저한 가난에도 처마 끝에 찾아주는 구름이 있으니, 작자의 伴侶임은 오히려 당연한 것이다.

이렇듯 충지의 시는 선취가 있으면서도 시의 표면에 나타나는 것이 아니라, 오히려 시 속에 숨어 있어, 그 意趣를 한층 더 높인다. 다시 말하면 시와 禪味가 용해되어 있어, 진여 대전의 실상 그대로의 순수함이라 할 수 있다.

3. 현실의 냉혹한 비판

그의 비명에서도 말했듯이 충지는 책임있는 자리에는 나아가려 하지 않았다. 41세에 비로소 甘露社의 주지가 되었고, 61세에 修禪社主가 되었다. 그가 入道하기 이전에 세속의 관직을 가졌었기에, 철저하게 自修하려는 뜻이었는지도 모르겠다. 그러나 일단 직책에 나아가면 滅私의 희생으로 그 직분에 충실하였다.

당시는 원의 고려에 대한 횡포가 극히 심하던 때였다. 총독부를 두고 田稅와 노비 등의 수탈이 자심했으며, 일본 원정의 구실로 전함축조 등 민생의 위협이 말이 아니었다. 충지는 修禪社主가 되자, 전세의 부당함을 원에 上表하여 결국 復田하고야 만다. 「上大元皇帝表」(曹溪山修禪社主復田表)와 「上大元皇帝謝賜 復田表」가 그것이다. 결국 이 「복전표」로서 수선사의 土田이 다시 내렸고, 원의 황제는 충지의 인품에 감복되어 그를 불러들여 크게 대접하고, 많은 예물까지 내려주었던 것이다. 「복전표」에서 그는 다음과 같이 말한다.

> 가지는 竺土의 한 줄기를 이었고, 맥은 松巒의 나뭇잎에 닿았다. 그윽히 밝은 세상에서 만날 것을 기뻐하여 항상 빛을 보기를 바랐지만, 이에 거친 변방에 멀리 처해 있어서 부질 없이 목을 늘이기만 했도다. 오직 修禪精舍는 普照 聖師를 창조주로 하여 이 작은 나라의 選佛場으로 삼아서 禪僧의 무리가 수천이 넘고, 큰 나라 임금을 축원하는 곳으로, 法席이 하루 종일 비질 않는다. 그러나 멀리 임천에 있어 도성에서 떨어져 있으니, 봄의 농사나 가을의 추수가 없게 되면 점심밥 아침죽을 지탱하기가 어렵다. ……혹 황제폐하의 널리 포용하는 아량과 덮어주는 생각을 입기도 한다. …… 이 전토를 길이 주시어 鱉玄하는 禪寺로 눌러 있게 하고 끝내 복을 만드는 도량으로 삼으소서.
>
> 支連竺土之一枝 脉嗣松巒之五葉 竊喜適逢於華旦 常切觀光 迺緣邈處於荒 阪 謾勞延頸 惟此修禪精舍 創造普照聖師 是小邦選佛之場 禪流不減於數千 指 抑大國祝君之地 梵席無虛於二六時 然以僻在林泉 遠離城市 春種秋收之 盖闕 午餐晨粥之難支…… 儻蒙皇帝陛下 廓包容之度 廻覆育之私……永賜我 田壤 鎭作鱉玄之禪藪 終爲奉福之道場…….

이렇듯 우리 보조 국사가 창시한 선종을 강조하면서, 遍滿天下가 불토이므로 결국 祝君 奉國의 불법임을 역설한다. 비록 당시의 국세가 어쩔 수 없는 소국임을 인정하면서, 그래도 우리의 선종 창립 진원인 수선사 六世임을 강조한다. 주체성을 잃지 않으면서도 교린의 예의로써 상대방을 감복시킨 것이다. 이것이 바로 禪俗不二的 融和로 出世間과 出出世間의 圓通無碍의 表達인 것이다. 여기서 주목해야 할 사실은 崔致遠의 在唐時의 表奏, 특히 「討黃巢檄文」과 후대 조선조 李廷龜의 「戊申辯誣錄」 등과 같은 表奏文의 전형으로, 이 「복전표」도

맥을 함께 하고 있음을 인식해야 한다. 교린의 표주가 결코 사대가 아닌 자주국으로서 주권적 행사의 일환이었음을 분명히 해야 한다. 文章報國이란 이런 점을 두고 말한 것이다. 이런 점에서 우리 문학의 史的 재정리가 요구된다.

충지는 당시 외세의 시달림에 의한 민생의 간고를, 몇 편의 시로 사실적으로 보여주고 있다. 그러면서 그 震源이 어디에 있는가 직시하고, 아울러 그 책임을 지식인 자신에게도 있다고 느낀 것이다. 단순한 시적 서술로 끝내려는 것이 아니었다.

농삿일 곧 때가 되었으니	農事須及時
때를 놓치는 일 다시 없어야	失時無復爲
농사철이란 그리 많은 기간이 아니요	農時苦無幾
봄 여름 만나는 계절 사이다	春夏交爲期
봄 가고 여름 이미 왔으니	春盡夏已生
농사일 지체할 수 없다	農事不可遲
하느님도 계절을 이해하여	上天解時節
기름진 雨澤을 자주 주신다	膏澤方屢施
東征의 일을 심히 급하게 서두르니	征東事甚急
농삿일은 누가 다시 생각하게 되나	農事誰復思
使者는 항시 끊일 사이 없이	使者恒絡繹
동으로 갔다가 다시 서쪽으로 내닫네	東馳復西馳
백성을 불러가 동리가 텅 비도록	卷民空卷閭
저 바닷가로 멀리 몰아갔다	長驅向江湄
밤낮으로 산 나무 베어다	日夜伐山木
배 짓기에 힘은 벌써 지쳤다	造艦力已疲
잣때기 땅도 개간을 못하니	尺地不墾闢
백성의 생명 어디에 의탁하나	民命何以資
백성에겐 묵은 곡식도 없으니	民戶無宿粮
태반은 굶주림에 벌써 울고 있다	太半早啼飢
더군다나 농삿일 때를 놓쳤으니	況復失農業
남김없이 죽어가는 꼴 보아야 하네	當觀死無遺
슬프다 나는 무엇하고 있나	嗟予亦何者

부질없이 눈물만 주르르 흘린다	有淚空漣洏
슬프구나, 이 나라 백성에게는	哀哉東土民
하느님도 슬퍼해주시지 않나	上天能不悲
강한 바람을 어떻게 불려	安得長風來
피나는 이 말씀 올려보낼꼬	吹我泣血詞
한 번 불어 하늘에 오르면	一吹到天上
白玉殿에서 펴보시겠지	披向白玉墀
말씀에 미진한 것 있더라도	詞中所未盡
하느님이야 모두 알게 되겠지.	盡使上帝知

〈憫農黑羊四月旦日 雨中作〉

4월 초하룻날, 비 오는 것을 보고 지은 시이다. 모내기에 적절한 단비다. 의당히 勸農이나 喜農이라야 한다. 어째서 憫農인가. 단비가 오는데 왜 농삿일을 위하여 민망해야 하는가. 여기에는 당시 사회가 겪었던 뼈아픈 역사가 함축돼 있다. 시구에도 보이고 있듯이, 몽고는 우리를 사실상 점령해놓고, 다시 日本東征의 준비와 실행으로 우리의 인명 재산을 무수히 희생시키고 있었던 것이다. 원은 1차의 日本東征에 우리 工人 3만 5천명과 大小船 9백 척, 2차 동정에는 공인은 물론 兵糧 11만 석, 戰艦 9백 척을 마련하게 하였다. 그러니 그 수탈의 정황은 말할 것이 없다. 그러기에 이 단비에도 민농을 하고 있는 것이다. 黑羊은 壬申年으로, 1272년이니 그 해에도 그 다음 해에도 戰艦을 만들게 한 일이 여러 차례 있었다. 그러니 농삿일에는 여가가 없었던 것이다.

농사야말로 때를 놓칠 수 없는 것이다. 봄 여름이 만나는 4월은 바로 적기이다. 4월이니 여름이 시작된 것이다. 하늘은 시절을 알아 기름진 비를 내려주건만, 정동의 일이 급하니 농사를 누가 생각할 겨를이 있느냐는 것이다. 원의 使者는 동서를 치달아 농민을 몰아다 전지로 보내고 있다. 밤낮으로 나무 베어 戰船을 만들다 힘은 지쳤다. 농지의 개간도 할 수 없고 양식이라고 여유가 없으며, 거기다 농사의 기회까지 잃으니 이러다가는 다 죽어 남는 것이 없겠다.

이럴 때 작자인 나는 어떻게 해야 하는 사람인가. 사부대중의 生靈을 맡은 사람이다. 하늘은 그래도 비를 내려주시니 上天해서 哀訴할 수밖에 없구나. 참으로 애달픈 심정의 발로다. 우리는 여기서 충지의 인간성을 한번 재음미해야 한다.

　　물론 승려요, 住持라 하는 대중의 引導者의 심정이기에 개인의 심금을 초월하여 논의되어야 하기는 하나, "嗟予亦何者 有淚空漣洏"라 하여 부질없이 눈물만 흘려야 하는 자신을 嗟嘆하는 것은, 속수무책으로 쳐다만 보고 있는 사대부보다 나은 것이 아닌가. 현실을 비판으로만 끝내는 것이 아니라 내가 해야 할 일이 무엇인가 하고, 힘이 미치는 한의 구제책을 강구하는 자세가, 단순한 시인의 자세에 머물지 않고, 利他行을 강구하려는 菩薩道의 발상이라 해야 하겠다. 좀 贅言이기는 하나 국난이 있을 때마다 僧杖 하나로 과감히 출전한 역대의 僧將들도, 이러한 맥락에서 이해되어야 한다. 문학에 실천을 요하는 면이 있다면, 이러한 선사의 시세계에서 그러한 점이 탐구되어야 하겠다.

영남 지방의 가난과 괴로운 모습	嶺南艱苦狀
말하려 하니 눈물이 먼저 앞선다	說欲涕將先
左右 兩道에서 군사 물량 공급하고	兩道供軍料
三南의 산에서 군함을 건조한다	三山造戰船
징병과 세금은 백배로 늘었고	征徭曾百倍
用力으로 동원되기 3년을 계속한다	力役亘三年
징집과 색출은 星火처럼 급하고	星火徵求急
내리는 호령은 우뢰처럼 전달한다	雷霆號令傳
사신은 계속 이어 오고	使臣恒絡繹
장병들은 뒤따라 이었다	京將又聯翩
팔이 있어야 다 묶인 셈이고	有臂皆遭縛
채찍을 맞을 등줄기마저 없다	無胰不受鞭
오가는 관원 맞고 보내기 이골났고	尋常迎送慣
날으는 수레는 밤낮으로 이었다	日夜轉輸連
마소의 등도 온전한 놈 없고	牛馬無完脊
백성들의 어깨도 쉴 틈이 없다	人民鮮息肩
새벽에 칡뿌리 캐러 가고	凌晨採葛去
달을 보고서 풀 베어 돌아온다	踏月刈茅還
농사 일꾼 몰아다 水兵을 삼고	水手驅農畝
사공들도 바닷가 造船場으로 갔다	梢工卷海換
남정네 뽑아서 갑옷 입히고	抽丁擐甲胄

장정을 선발하여 창을 들러 메이다	選壯荷戈鋋
때맞추어 가라고 재촉해싸니	但促尋時去
한 치의 시간 지체하게 용납하랴	寧容寸刻延
처자식 땅을 치며 울고	妻孥啼躄地
부모는 하늘을 불러 울부짖는다	父母哭號天
스스로 死生의 갈림길로 막힌 듯하니	自分幽明隔
생명의 온전함 어찌 기약하리요	那期性命全
늙은이 어린이만 남아 있으니	孑遺唯老幼
애써 사는 것이 끓는 물인 양 초조하다	強活尙焦煎
도시의 반은 도망가 빈 집이고	邑邑半逃戶
마을 마을이 모두 황폐한 전답	村村皆廢田
어느 집인들 쓸쓸하지 않으며	誰家非索爾
어느 곳인들 시끄럽지 않으랴	何處不騷然
세금은 끝내 면할 수 없고	官稅竟難免
군량을 또 어떻게 조달해야 하나	軍租安可蠲
창병 같은 아픔 날로 심하니	瘡痍唯日甚
힘 빠진 이 병을 어떻게 치료하리	疲療曷由痊
부딪히는 일 모두 아픔을 감내해야 하니	觸事悉堪慟
삶이란 참으로 가련하구나	爲生誠可憐
형편이 견디기 어려움 알고 있지만	雖知勢難保
하소연하려 해도 할 곳 없구료	爭奈訴無緣
저 푸른 하늘 황제의 덕인 양 덮였고	帝德靑天覆
황제의 明明함은 높이 달린 저 해이니	皇明白日懸
어리석은 백성 그래도 기대하노니	愚民姑且待
성인의 은택이여 반드시 베푸시겠지	聖澤必當宣
三韓 이 땅 안에	行見三韓內
집집마다 베개 높이 편히 자도록.	家家奠枕眠

〈嶺南艱苦狀二十四韻〉

이 여실하게 묘사된 生民의 어려움, 너무도 비참한 현실이었다. 그것도 自國의 일로 그랬다면 내 탓이나 하겠지만, 원의 정동을 이유로 한 수탈이다. 제목의 副題에 「庚辰年造東征戰艦時作」이라 하였으니, 전선의 제조를 이유로 하여 우리를 괴롭힘이 극에 달했던 것이다. 경진년은 1280년 충렬왕 6년으로, 8월에는 왕이 원에 가서 일본 정벌의 方略을 開陳하였고, 11월에는 趙仁規 등을 보내어 동정의 준비가 완료되었음을 알렸다. 이런 상황에서 10월에는 左右倉의 식량이 고갈되었다고 기록하고 있다. 이 시의 내용과 대비할 때, 그 참상의 기록이 시라기보다도 사실의 史料로 杜甫의 詩史를 방불케 하는 격분함이 있다. 팔이 있어도 모두 묶여 있는 신세고, 채찍에 맞지 않은 등줄이 없다. 소와 말도 완전한 등뼈가 없고, 백성은 어깨를 쉴 겨를이 없다. 농군을 몰아다 水兵으로 삼고 뱃사공은 모두가 국경의 해변으로 모았다. 시각을 다투어 몰아가니 부모 처자와 이별할 겨를도 없다. 그렇다면 艱苦狀을 보고만 있어야 하겠느냐. 그래도 이런 일의 장본이 원의 世祖에게 있으니 그에게 하소연이라도 하여, 이 나라 백성이 베개 베고 평안히 자는 것을 보아야겠다는 것이다. 여기에 다시 충지의 인간상과 시정신을 재확인할 수가 있다. 이 시의 끝부분의 ‘帝德’이니 ‘皇明’이니, ‘聖澤’이니를 놓고 비굴한 자기비하라 하여 사대 운운하는 일이 추호라도 있다면, 현실을 모르는 무지일 수밖에 없다. 非理나 艱苦를 고발함이나 불평함이 능사가 아니라, 그러한 현실을 인정하면서 최선의 是正이 무엇인가를 제시하고, 될 수 있으면 개선의 노력을 몸소 실천한 것이다. 그러한 실례를 위에서 보았다. 「修禪社復田表」였던 것이다. 이 시는 이러한 表奏文과 연관성을 고려하면서 이해하는 것이 좋겠다. 다음의 시는 憫時憂世를 하되, 憤歎的 고발이기보다는 感時的 자탄이다.

온 땅이 싸움터로 들끓으니	干戈匝地起
천하가 연기와 먼지일세	四海皆烟塵
끓는 물에 삶기는 듯 괴로운 백성	烝民困煎熬
보이는 것마다 불쌍하구나	觸目吁可哀
맘 조이며 지내는 아침 저녁	悒悒度晨暝
명절이 온들 느낄 수 있나	那知佳節來
울 밑 국화는 믿음성 있어	珍重東籬菊
때 되자 그래도 은근히 피었구나	殷勤及時開
황금 꽃잎 아리따움 자랑하니	金葩競媚嫵
이 쓸쓸한 가슴 속 위로하는구나	似欲慰我懷

억지로 일어나 꽃 가까이 가서	強起到花下
돌아보며 오가며 떠나지 못한다	遶叢久徘徊
용산에서 모자 떨군 孟嘉	龍山落帽客
백골은 먼지로 변했고	白骨成塵埃
팽택 고을 술 즐긴 陶潛은	彭澤嗜酒翁
한 번 가고 돌아오지 못하지	一往不復廻
함께 감상할 누구도 없으니	無人肯見賞
꽃이 피어도 여전한 쓸쓸함	花開亦悠哉
옛 일 슬퍼하며 지금을 悲傷해야 하니	弔古復傷今
이 깊은 속 억제하기 힘드네.	幽懷難自裁

〈重九日對花有感〉

　온 천하가 전란에 싸여 있는 현실에서 꽃도 아름다울 수가 없다. 憫時의 심정은 위의 시들과 같은 것이나, 계절에서 느끼는 한 감회를 시로 쓰고 있어서, 철저하게 悲嘆的 自傷으로 끝맺고 있다. 가절을 잊지 않고 피는 국화는 나를 위로하려는 것 같으나, 꽃 밑에서 배회할 뿐, 즐거운 감회가 있을 수 없으니, 이 회포 자제할 길이 없다는 것이다. "衆生俱是佛子 故同承慈化之無私"(祝壽疏)라고 한 無私諸佛의 심경이다. 시의 意趣가 자탄 같지만 사실 煎熬에 괴로운 烝民의 애태움을 대신 아파하는 것이다.

　이상 몇 수의 시에서 본 것처럼 충지는 현실을 냉혹하게 통찰하면서 그 고민의 진원이나 여파를 잘 분석한다. 그것을 바르게 고발하고, 다시 시정책을 제시하였으니, 철저하게 현실 인식의 시를 썼으며 아울러 고통을 극복할 수 있는 희망을 제시한다. 이런 점은 현실 참여라고 하는, 단순한 시대 상황의 폭로로만 그치는 작시 태도와는 크게 다른 점이다.

　충지의 이러한 시정신은 문학사나 사회사의 측면에서 다시 고려되어야 할 점이다. 당시의 사대부들은 민중을 외면한 채, 전 국토는 외족의 말발굽 아래 두고 一衣帶水의 물길을 방어하는 강화도에서 安居하면서 江都라 하여 崔氏 專政을 찬양이나 하고 있었다. 이러한 상황에서 외족이 넘나드는 육지에 끝내 버티면서, 그들의 불의에 저항하기도 하고 회유도 하면서, 민중과 고락을 함께 한 이들 몇몇 大德들이야말로 당시 사회의 바른 지식인이요, 민중의 지주였다. 그것이 비록 종교적 희생정신, 불교의 보살도에서 온 것이므로 속인과 대비는 안

된다 하더라도, 지식인이요, 治者로 자처한 사대부보다는 훨씬 언행이 일치된 實行의 인물들이었다.

4. 高潔한 友情의 詩化

충지는 大師라는 사회적 추앙에서뿐만 아니라, 위에서 보았던 것처럼 냉혹한 현실 비판의 안목과 이미 유자로서 사회에 진출했던 전력 때문에도 縉紳과의 交契가 짙었던 것이다. 또 다른 이유를 굳이 생각해본다면, 당시의 사회가, 국내적으로는 무신의 집권에 의해서 문신들이 위축되었고, 몽고라는 외세에 의한 위정자의 나약성이 알게 모르게 佛家의 庇護를 바라는 경향도 있었을 것으로 본다.

관동 땅 만리 길 떠나던 옛날	昔向關東萬里行
보내는 길에 늙은이의 눈물 뿌리게 하더니	遙將老淚灑歸程
돌아오는 이 길에 참다운 꿈꾸게 하니	此廻重見眞如夢
길 좀 멈추고서 옛정 이야기한들 어떠리.	何害停車話舊情

〈戲答分揀金侍郞晅二首中 錄一〉

金晅에게 준 시다. 시의 내용으로 보아, 知己 이상의 친분인 것 같다. 관동으로 갈 때에는 눈물을 흘렸고, 이번의 만남은 그야말로 꿈이라는 것이다. 그러니 갈 길 멈춰 옛정을 말하면 어떻겠느냐는 것이다. 승구의 “遙將老淚灑歸程”은 참으로 다정한 표현이다. 시어의 구성도 놀랍거니와 ‘老淚’에서 느끼는 온정은 참으로 따사롭다. 김훤은 元宗朝 때 治績이 많은 사람으로, 기개가 대단히 강직했던 사람이다. 全州防禦가 됐을 때, 密城人이 성주를 죽이고 반란하니, 按廉使 李淑眞에게 討賊計를 말했다. 숙진이 겁을 먹고 術僧을 불러 길흉을 점친다 하여 고의로 지연하니 그 술승을 격살하자 적이 항소문을 들고 항복한 일이 있다.[3] 冲止의 또다른 시 「次韻答金侍郞晅」에 “人皆走朱門 競欲承其顏 而公所嗜好 與彼殊醶酸”이라 함이 있으니, 이는 김훤의 이러한 강직성의 일면을 보여 준 시구다. 朱門으로 내닫는 세속의 무리와 근본적으로 다르다는 것

---

3) 『高麗史』 列傳 金晅條에 “性淸介 惡疾知讎 所至人憚之”라 하였다.

이다. 충지가 좋아한 점도 바로 이 점이었던 것이다. 여기에서 충지의 交契의
일면을 볼 수 있기도 하다.

고을 백성 다투어 먼저 보려 하는데   州郡爭瞻怨後予
님께서 이 늙은 중 먼저 찾아 주셨소   廉公先訪老僧居
밤새도록 정다운 말 만족하련만   通宵軟語雖云足
쌓이고 쌓인 깊은 속 아직 못 털었네   積日幽懷尙未攄
귀에 남은 그 시원한 시구들   髥髥高吟猶在耳
은근한 꿈길은 님의 수레 뒤따르오   殷勤淸夢自隨車
가까운 시일 안에 다시 한 번 만나려   一麾早晚重相遇
바람 난간 달 책상 깨끗이 치웠소.   月榻風欞已掃除

〈寄按廉金侍御詩〉

金侍御가 누구인지는 알 수 없으나, 按廉使로서 충지를 찾아주었고, 다시 찾
겠다는 전갈을 받은 시이다. 詩並序에서도 그런 내용을 말하고 있다. 기련에서
나를 찾은 고마움의 표현이 뛰어나다. "州郡爭瞻怨後予"라 하여 상대방이 德
治的 목민관임을 잘 드러냈다. 한 지방의 백성들이 왜 나에게는 늦게 오느냐는
것이다. 목마른 자 물을 기다리듯, 선정에 주린 백성이 鶴首로 기다리는 심정
을 표했다. 그러면서 이 노승을 먼저 찾아주었다 했으니, 누구보다도 내게 먼
저 와준 고마움, 여기에서 두 사람의 교분을 짐작할 만하다. "通宵軟語 積日幽
懷" 그저 평범한 표현이나 밤낮없이 생각될 수 있는 깊은 우의를 쉽게 표현하
고 있다. "殷勤淸夢自隨車"하며 참으로 잊지 못하는 표현이다. 글자 그대로 은
근한 표현에 두 사람은 저절로 이끌리고 있다. 꿈이 그대의 발걸음을 따른다
〔淸夢自隨車〕는 참으로 맑은 표현이다. 아무리 짙은 우정이로되, 이렇게 담박
하게 표현하는 데에 평범의 비평범성이 있는 것이다. 결구의 "月榻 風欞을 청
소해놓고 기다리겠다."는 것도 청빈한 산인의 接賓相이다. 바람과 달이 있는
자리, 어쩌면 두 사람의 처지가 서로 바람이자 달일 수도 있다. 과연 淸風 明
月 같은 交契인 것이다.

서릿발 추운 옛절 낮에도 잠긴 문   古寺霜寒晝掩扃
어찌 뜻했으랴, 지나다 찾아준 높으신 발길   豈期軒蓋忽來經
더 희어진 귀밑머리 서로 서글퍼하면서도   雖悲兩鬢添新白

그래도 눈동자야 옛 생기 그대로일레　　尙喜雙眸帶舊靑
목청 놓아 읊는 詩句 귀신을 놀래이고　　信口高吟驚鬼壯
온몸의 맑은 덕 스며드는 향기일세　　通身淸德襲人馨
남은 이야기 다 하려 만류하여도　　挽留欲盡三分話
풀채로 큰 종 치는 부끄러움 앞서서.　　慚愧洪鐘噎寸筳
〈尹使君諸來訪山中挽留之不可一宿而歸 送後作句寄之〉

　제목에서 보여주듯이 尹諸가 찾아왔다가 하루 저녁의 유숙도 거절하고 갔다.
섭섭한 마음에서 써보내는 시다. 승련의 뜻으로 보아, 서로 노년이 되어 만난
셈이다. 하지만 지난 날 叡智에 빛났던 눈은 서로의 의기투합을 여실히 말해주
고 있다. 서로 반가워 떠드는 말씨 그대로 '信口高吟'이다. 온몸의 맑은 덕, 향
기를 전해준다. '通身淸德' 결코 상대방의 비위에 맞추려는 고의적 표현이 아
니다. 사실의 표현이다.4)

　우정은 상대방에 대한 찬사를 시화하면서, 자칫 분에 넘치는 표현으로 過恭
非禮의 실례를 범하기 쉬운 것이다. 그런데 위 몇 편의 시에서는 그러한 것이
별로 없었다. 그렇지만 의도적 칭찬이 독자의 마음에 걸리는 경우가 간혹 있기
도 하다. 그러한 어려움을 순화하면 純然한 시정으로 승화되어 지나친 찬사가
아닐 수도 있다. 다음의 시는 그러한 본보기이다.

일찍이 관가 열어 인자한 풍도 펴놓으니　　肇開鈴閣扇仁風
한 고을 흔연한 기쁨 누구나 한결같다　　一境欣然喜已同
엊저녁 참선 뒤 편히 잠들더니　　昨夜禪餘眠更穩
이제야 알았네 새 원님의 덕화가　　是知新化及山中
이 산중까지 미쳤구료.
〈聞平陽新守自侍郞始宣政化 作詩寄似〉

　平陽에 새로 온 군수에게 보낸 시다. 누구였었는지 實名은 알 수가 없으나
중앙에서 시랑으로 있으면서 선정을 했고 여기로 부임하여 평양 땅이 평화로움
을 말했다. 기, 승구는 이러한 사실을 말했고 전, 결구는 그러한 것을 예증한
내용이다. 그런데 그 예증이 禪情으로 융해되었다. 어젯밤 나는 좌선을 하고
나서 단잠을 평안히 잤다. 어찌하여 이렇게 평안한 잠을 잤을까 이제 알았다.

───────────────

4) 『高麗史』列傳 第十九, 尹諸條에 "性抗直 不畏豪勢 臨事果斷 人不敢欺"라 하였다.

새로운 군수의 德化가 이 산중까지 미쳤음을 알겠다. 평화로운 치적을 이 이상 무엇으로 증명하랴. 산 속에 사는 사람까지도 평안히 잠자게 하는 것 이상의 평온함이 어디 있겠는가. 상대방의 치적을 사례별로 아무리 늘어놓아도 이 이상의 칭송은 없다. 이것이 바로 시정의 오묘함이다. 여기서 다시 같은 道伴과의 酬唱 한 수만 더 보기로 하자.

가을 숲보다 더 영락한 사원	叢林零落甚秋林
온갖 어려움의 침입 어떻게 견디나	潦倒那堪萬累侵
가난과 만난 병에 뼈만 남았고	病與貧俱唯有骨
늙은 데다 게으름마저 있어 無心人 같애	老將慵會似無心
괴로운 물고기는 맑은 물을 그리고	困魚幾戀淸波潤
게으른 새 부질없이 짙은 그늘 찾나니	倦鳥空思美蔭深
누구와 이 답답하고 길디 긴 하루 함께 보내나	悒悒同誰消永日
그대 그래도 자주 찾아주니 고맙고 말고.	感君得得遠來尋

〈謝紹師弟見訪〉

同師弟 靈紹의 방문에 감사해하는 시다. 方外人과의 酬唱과는 전혀 다름을 느낄 수가 있다. 동도자로서 憂喜가 항시 앞서기 때문에 동병상련의 아픔을 나누는 수밖에 없다. 기련에서 총림의 零落을 걱정하면서, 늙음과 병의 곁들임으로 이어가고 있다. 그래도 절망으로만 떨어질 수가 없는 것이므로 困魚의 戀波나 倦鳥의 思林으로 되밝기를 바라며, 이러한 때 찾아준 道弟에게 고마워하는 것이다. 동도자와의 시이기에 서로의 毀譽가 필요 없는 것이요, 동도의 고락으로 우정은 충분한 것이다. 이것이 역서 禪師의 隨機說法이요, 應病與藥의 無碍的 자세다.

이상으로 충지의 禪俗不二的 선취를 대략 살펴보았다. 충지는 입산의 계기부터 남다른 儒佛雙攝的 行歷답게, 그의 시에 있어서 승속의 구별이 없이 오히려 俗中有禪이요, 從凡入聖인 비평상적 시에 성공하고 있다. 다시 말하면 出世間, 出出世間的 兩邊을 융섭한 圓融無碍의 시세계를 잘 보여주고 있다. 그러한 작시의 결과는 적요한 선취가 무르익었는가 하면, 당시 사회의 괴로운 상황을 냉혹하게 비판하면서 아울러 현실에 대한 긍정적 해결 방향을 시 속에 잠재우고 있다. 이렇듯 그의 시가 禪俗無碍였다는 것도 그의 폭넓은 인간적 交契에서 온 것이라고 볼 수 있는 면모를 시에서 찾을 수 있다. 아무튼 고려 중엽 이후, 선사이면서 시인으로 성공한 한 작가였음이 분명하다.

天頙의 道眼無隔[1]의 禪理詩

1. 三敎融攝의 會通

　　고려시대의 禪師로 天頙이라는 이름을 가진 분이 두 분 있었던 것 같다. 여기서 논의되는 천책은 眞淨 國師로 眞靜 大禪師와 구별된다. 천책의 저서인 『萬德山白蓮社 第四代 眞靜國師湖山錄』은 진정 국사가 아닌 眞淨 國師이어야 하고『선문보장록』을 지은 천책이 眞靜 大禪師이다. 이를 혼동하여 잘못 표기된 것이다. 1984년도에 편찬한『韓國佛敎全書』第六册(東國大學校　韓國佛敎全書編纂委員會刊行)에는 이의 잘못을 바로 잡아 다음과 같이 주를 붙였다.. (眞淨의 천책과 眞靜의 천책은 다른 사람인 듯하다. 앞 분은 백련사 제4대이고 뒷 분은 內願堂인 燕谷寺의 呆庵 大禪師인데 후대에 혼동하여 한 사람으로 여긴 것 같다.) 이래서『湖山錄』의 저자를 眞淨 國師로 보고,『선문보장록』의 저자를 眞靜 大禪師로 구분하였다.『호산록』에서 酬答하고 있는 문인들 중 李藏用(1207~1272)이나　金坵(1211~1278),　柳璥(1211~1289)　등이 모두 1201년에서 1290년[2]에 걸친다. 그러므로 眞淨 國師의 활동이 이상을 갈 수가 없다. 그런데『선문보장록』은 천책의 自序가 至元 30년 癸巳로 되었으니, 이는 元 世祖 30년 1292년이다. 그러므로 동일인이 될 수 없음이 판명된다.

　　천책의 전기적 사실은 잘 알 수 없으나,『호산록』卷下에 실려 있는 몇 편의 서신을 통해 그의 私的 전기를 짐작할 수 있다.「答芸臺亞監閔昊書」(『한국불교전서』제6책 p.210)에 그의 俗系를 짐작케 하는 내용이 있다. 그가 佛門에

---

1) 천책의『湖山錄』,「答指揮使金公景孫書」의　末尾에 "旣投名入社 同一法門 雖湖山阻絶 道眼無隔 何處不相見耶"라 함에서 인용한 것이다.

2) 李藏用의 生年이 1201년이고, 그 중 제일 늦게 죽은 柳璥의 卒年이 1289년이다. 더구나 이들은 白蓮社에 入社한 同道者로서 時를 酬唱했으니 천책의 나이가 이보다 연상일 것이다.

들려고 백부와 상의했을 때 백부가 말하기를, 親內·外의 家系가 혁혁한 문벌인데 왜 출가해야 하느냐 하면서 太祖의 龍興에 定亂立功헌 中厭達은 麒麟閣에 이름이 새겨졌다 하니, 여기서 속성이 申氏임을 알게 한다. 그의 外系는 鷄林의 宗室로 9代를 관료로 이은 명문이라 한다. 천책 자신도 7,8세에 독서를 시작하여 15세에는 經史子集을 두루하여 흉중의 國子監을 방불케 했다 하며 太學에 들어 閔昊와 함께 수업했고 1년만에 春官으로 발탁되었다 한다.[3] 이렇게 많은 학문을 섭렵하고서 불문에 귀의하였으니, 예로부터 文章家가 오늘에 있어서 빈 이름밖에 더 남았느냐는 회의 때문이었다. 민호에게의 답신도 三敎를 섭렵한 자신으로서도 불교의 진리를 우위로 인정한다는 여러 사실을 장장 4,000 餘言으로 구구절절이 밝힌 긴 서신이다. 논지의 출발은 三敎가 다름이 없으나 세상에는 虛幻하고 불법의 인과는 어둡지 않기 때문에 출가했다[4]는 내용이다. 여기서 우리는 천책뿐 아니라 당시의 禪師들이 儒·道의 外學까지도 두루 섭렵하고 있음을 알 수 있다.

「答指揮使金公景孫書」에는 전란을 지휘하는 장군으로서 인명 살상이라는 현실과 불가의 不殺律戒와의 갈등을 잘 해소시키고 있다. 서신의 내용으로 보아 金景孫도 백련사에 入社한 同道者이다. 그러므로 받았던 편지의 내용이 살생에 대한 갈등과 고민이었던 것 같다. 여기에 천책은 이렇게 말한다.

公共의 일이 佛事 아닌 것이 없고 軍門이 바로 佛法의 문이다 … 瑜伽論에 말하지 않았더냐. 만약 보살이 보살의 淨戒律儀에 안주하되, 살해하여 輪廻轉生하는 많은 중생을 보거든, 보살은 이런 생각을 가져라. 내가 만약 저 중생의 생명을 끊어, 내가 지옥에 떨어지더라도, 저 중생의 無間業을 짓지 못하게 해야겠다. 보살은 또 이런 생각을 해라. 저의 身命을 끊는 것은 저에게 죄가 없고 오히려 복을 받게 하는 것이 보살의 染着이 없는 違犯이다.

公事無非佛事 軍門無非法門 … 不見瑜伽論云 若菩薩安住菩薩淨戒律儀

---

3) "予自七八時 始事讀書 及予十有五 濫嘗虞夏商周之書 … 至於風騷之作 屈宋班馬 王陽盧駱甫白黃蘇 凡曰文章之體 切欲滑稽多識 盖髣髴古人之胸中國子也 … 春登士板 秋入辟雍 幸與閣下 俱在東摩 故出入不吾捨 語黙不吾背 … 才隔一年 擢第春官 更勤所業"

4) "稽首 正覺吾師 吾師則何三敎之異 故今略引三敎之餘緒 其陳所出家之往因 幷叙人世之虛幻不實 佛法之因果不昧 予豈好辯哉 唯閣下詳察焉"

見諸衆生 殺害多生 菩薩於是起如是念 我若斷彼衆生之命 墮於地獄 不能令
彼造無間業 菩薩起如是念 斷彼身命 於彼無罪 反受其福 是名菩薩無染違犯

여기서 우리는 보살도의 실천이 무엇인지 확연해진다. 우리의 수많은 국난에 僧將의 勇戰과 그 정신적 배경이 어떠했는지 이해된다. 우리의 불교를 護國佛敎라는 일면이 있었다 한다면 바로 이러한 정신이 호국의 佛念인 것이다. 천책이 비록 戰陣에 임한 바가 없었다 하더라도 장병의 정신적 지주가 되었던 것만은 틀림 없는 일이었다. 여기서 다시 강조되는 것은 다른 禪師와도 달리 俗書일 수 있는 經史子集같은 博學을 禪理로 융섭한 會通의 道眼無隔의 결과이기 때문이다.

2. 白蓮社의 禪理的 詩史

『湖山錄』은 원래 4卷이었으나 現存하는 것은 2卷이다. 현존 2권을 上下卷으로 편찬하여 上卷에는 시, 下卷은 疏·書 등의 문으로 되어 있다. 만약 4권이 모두 현존한다면 더 많은 시가 있을 것은 틀림이 없다. 지금 전하는 시는 대부분이 백련사를 중심으로 도반들과의 入社에 관한 수창이 많다. 수창한 사람을 참고 삼아 들어보면, 林桂一·李藏用·柳璥·金坵·金祿延·鄭可臣(?~1298) 金㥧·李穎(?~1277)·郭汝弼 등이다. 다른 시문집과 달리 수답의 경우 상대편 贈詩도 아울러 수록하고 있어, 당시 문인들의 상황을 이해하기에 도움이 될 뿐 아니라, 당시 사회에서 禪家 사상이 얼마나 큰 영향을 가졌는가 하는 점도 이해할 수 있는 좋은 자료라 생각한다. 다음 몇 편의 수답을 살피기로 하자.

재상 집에 의지한 생활이 여덟 해	伴食黃扉已八春
세운 공도 없이 부질없이 머뭇거려	無功可立謾因循
만일 절간의 나그네 된다면	若爲去作社中客
응당 숲 속 사람으로 인도하겠지	應導何曾林下人
네 폭의 글로 처음 이적 전했고	四軸初成傳異迹
온갖 시 때로는 길잡이 되었소	百篇時出指迷津
아득히 알겠소, 법상 앞 향피운 연기에서	遙知一榻香炳畔
항시 새로운 영산의 면목.	恒見靈山面目新

〈樂軒 李藏用 上〉

세속 밖의 봄에 노니는 생각 생각　　　　　念念如遊劫外春
빛으로 어울리거늘 어찌 머뭇거림만 있겠소　　和光何足嘆因循
바탕을 기름이 신령한 깨우침에 의지할 뿐 아니라　不唯養素資靈覺
더구나 玄理를 말하여 이 사람 설복했소　　況復說玄服遠人
조사의 풍도 이음이 바른 길 행함이니　　　善繼祖風行正道
누가 속세에 어울려 간사함에 빠진다 하리　誰嗟叔世溺邪津
집에 있어도 이미 집 잊은 지 오래이니　　在家已得忘家久
진락헌 안에서 즐거움 날로 새롭구료.　　眞樂軒中樂日新
　　　　　　　　　　　　　　〈奉啓李侍中藏用入社詩〉

　백련사에 入社하겠다는 뜻을 보낸 李藏用의 시와 그에 답한 천책의 시다. 첫 구의 뜻으로 보아 세도가에 의지한 지가 이미 8년이 된 이장용이 이제는 불가에 귀의하겠다는 것이다. 이제부터 入社의 同道가 된다면 어찌 산림에 있는 도반만 인도하랴. 자신에게도 깊은 인도가 있을 것이라는 바람이다. 轉聯의 '四軸初成傳異迹 百篇時出指迷津'으로 보아 이장용과 천책 사이에는 수시로 시편이 오고 간 듯하다. 항시 길 인도를 받았다는 것이다. 그러기에 멀리 있으면서 靈山의 면목이 새로움을 알겠다는 결론을 자연스레 내리고 있다.

　여기에 대한 천책의 대답은 굳이 입사가 아니더라도 이미 正道에 들고 있다는 것이다. 항상 劫外春에 놀고 있고, 이미 광명의 세계에 들어 있거늘 무슨 머뭇거림이 있다고 탄식하느냐는 것이다. 자신의 靈覺을 기를 뿐만 아니라, 玄理를 말하여 더 많은 사람들을 감복시키고 있지 않느냐는 것이다. 祖師들의 風度로 이어 正道를 행하고 있는데, 무슨 邪道에 빠지겠느냐는 것이다. 집에 있더라도 이미 출가한 것이나 다름이 없으니 그대야말로 眞樂의 새로움을 날로 느낀다는 것이다. '眞樂軒中樂日新'의 끝구는 李藏用의 堂號가 樂軒이기에 이름 그대로 참다운 즐거움을 누린다는 것이다. 여기에 두 사람의 마음의 교분을 알 수 있으며, 이장용의 수답에 다음과 같은 시가 또 있다.

국화 동산 솔길 모두 아득하고　　　　菊園松徑兩茫然
烏紗帽의 속세 다시 몇 해인고　　　　烏帽黃塵復幾年
속세 인연 솜털처럼 어지러움 웃으며　長笑俗緣紛似絮
선가 품격 연꽃처럼 깨끗함 사모합니다　獨憐禪格淨如蓮

흥이 나면 더디 오는 구름도 배우려 하나　興來欲學雲徐返
늙어가며 달이 자주 둥근 것 놀래기만 하오　老去還驚月屢圓
아득한 향불 선사 꿈속에 헤매어　香社迢迢空彼夢
그윽한 회포 금할 수 없어 시편에다 메우오.　不禁幽思滿詩篇

〈樂軒 李藏用上〉

수고로운 삶 시끄러움 탄식하나　暗嘆勞生擾擾然
조용히 맑게 앉아 天年을 지키오　嗒然淸坐保天年
몸은 장자의 꿈 나무를 갖췄고　身周南廓子繁木
마음은 東林寺의 혜원 연꽃에 있소　心寄東林惠遠蓮
벼슬길인들 만고의 풍모에 무엇이 해로우랴　黃閣何妨風萬古
영대에는 항시 둥근 달이 있잖소　靈臺自有月長圓
누가 이런 간명한 글을 주어　誰人更把端明筆
하염없이 도를 돕는 글 주겠소.　委叙無爲輔道篇

〈奉答李藏用樂軒下〉

　이런 시편들로 보아 두 사람은 형식상 길은 달라도 마음은 같은 도를 걷고 있음이 분명하다. 이렇듯 이장용은 벼슬 길에 있으면서 불문에 의탁한 사람보다도 더 불심이 깊었으며, 진정 국사에게는 대단한 경모를 가지고 있었다. 진정 국사 역시 道俗이라는 간격 없이 친절한 지도를 아끼지 않았음이 분명하다. 마음에 항상 둥근 달이 있듯이 마음 속으로 간직한 불심이면 족하지 반드시 불문에 귀의해서만이 불자가 아니라는 간곡한 깨우침이다.

벼슬살이 가을 생각 쓸쓸히 앉았자니　掖垣秋思坐蕭然
이 해는 바로 옛분이 結社하던 해　正是前賢結社年
굳은 절개 처음부터 雞林의 대 기대했고　貞節初期雞省竹
오묘한 향기 끝내 鷲峯의 연꽃 사랑한다　妙香終受鷲峯蓮
아홉 거리 수레 먼지만 자욱하나　九街車馬黃塵暗
천리의 溪山에는 흰 달이 둥글다　千里溪山皓月圓
다음날 숲 속의 즐거움 따르면　他日相從林下樂
먼저 하신 말씀 이 먼 곳의 거친 글에 더하리.　先聲海角一荒篇

〈弟子左正言 林桂一上〉

한 번 天台에 들어 조용함을 사모하여	一入天台慕湛然
도량은 처음부터 壬辰年에 당했다	道場初峙壬辰年
봄 깊어도 뜰앞 풀 밟지 않고	春深不踏階前草
날마다 하는 일은 책상 위 연꽃에 잠심	日用唯攻案上蓮
부처 말씀 원근에 펴려 하고	欲使佛音流遠邇
조사의 말씀 두루하려 살핀다	曾制祖詰隶偏圓
그대 이 불법의 맛 물들어	喜君染指醍醐味
出家의 요긴한 글귀 우러름 기쁘오.	鑽仰山家節要篇

〈答林正言桂一〉

林桂一의 시와 그에 대한 답시다. 위 임계일의 시는 『東文選』에 서가 있어 당시의 심정을 더욱 잘 짐작하게 한다. 곧,

丙寅秋仲一日　謁平章慶源公　因語及宋學士王父公禹偁西湖蓮社詩　其起聯 云　夢幻吾身是偶然　勞生四十又三年　時予適已過先師不惑之年　而加數歲　惻 然有感　因和成一篇　遙寄呈大尊宿丈下　以達鄙懷　且約他時問道　冀綠蘿煙月 無以予爲生客耳

라 하였다. 王禹偁의 시, "이 몸 꿈처럼 우연히 와서, 어려운 삶 43년 되다"라 는 시구를 이야기하다 자신의 나이 40이 넘은 것을 느껴 이 시를 보낸다는 것 이다.

관가의 가을 소연한 생각에 前賢들이 결사했던 해임이 생각난다는 것이다. 貞節을 지키려 국가에 몸바치고 있지만 이제는 靈鷲山峯의 연꽃 향기가 사랑스 러운 것이다. 이 번화한 서울 거리는 먼지에 싸여 있지만 저 溪山에는 흰 달이 둥글 것이다. 무한한 산사의 동경이다. 서에서 보았듯이 몽환 속에 우연히 온 인생이 不惑이 되어 의혹되는 자세다. 이 시 한 편 먼저 보내오니 他日에 林下 樂을 즐길 기회 있기 바란다는 것이다.

여기 답하는 천책은 山寺의 소식과 이미 禪味를 즐기고 있는 임계일의 자세 에 기뻐함을 전했다.

위의 시에 화답한 시가 또 한편 있다.

그대 마음 속에 태허를 길렀으나	多君方寸養虛然
이제 겨우 성인의 不惑 나이 지났네	纔過先儒不惑年

우리 법문에 들어 씨를 받았더니	投我法門方納種
참으로 저 뭍에서 연꽃을 피웠소	眞他陸地已生蓮
본말을 다 알아 거듭거듭 오묘하니	如窮本末十重妙
편벽과 간사함을 일체 원융하게 하였네	須使偏邪一切圓
바로 집에 있는 보살님 되었으니	是即在家菩薩子
무얼 번거로이 거친 글 필요하랴.	何煩更受木叉篇

〈答知制誥 林桂一〉

불문에 들지 않았어도 이미 연꽃을 피웠으며, 모든 이치의 본말을 알아 오묘한 이치가 원만하였으니 바로 이것이 보살이다. 집에 있어서도 도를 깨우쳤거늘 산승의 부질없는 말이 무엇이 필요하냐는 것이다. 여기서 벌써 신분을 초월한 교분임을 알 수가 있다. 임계일과의 수답은 이 외에도 두 편이 더 있다.

평생의 나들이 헤아려야 하나	平生出處若爲量
반 벽의 푸른 등 뜻이 절로 싸늘하다	半壁靑燈意自凉
온 장안 풍진은 어찌 요란하며	萬戶風塵何擾擾
한 숲의 아슬한 달 아득하구료	一林烟月奈茫茫
골 원숭이가 피하지 않는 좌선의 돌	洞猿不避安禪石
강 갈매기 때로는 글짓는 방에 드네	江鷺時來撰疏堂
다음 날 구름에 누우려 홀연히 가면	雲臥他年拂衣去
좋을시고 錫杖에다 閑忙을 붙이자.	好於甁錫付閑忙

〈同文院錄事 鄭興上〉

몸가짐 이제 와서 뉘우쳐 본 대도	行止如今悔可量
일찍이 얽매인 벼슬길 스스로 서글프지	早拘婚官自哀凉
참 찾으려면 三昧를 닦아야 하고	尋眞但要修三昧
이를 쫓노라 어째서 아득한 싸움	趁利何勞競一茫
노닌 자취마저도 푸른 이끼 낄 때 드문데	遊跡政稀蒼蘚路
기쁘구나 꽃다운 소식 白蓮堂에 미쳤네	芳音善及白蓮堂
벼슬 관을 내 던지는 어느날 한가히 되면	掛冠何日能閑暇
시끄럽고 바빴던 그 날이 한스러우리.	深恨紛紛擾擾忙

〈答同文院錄事 鄭興所寄入社詩〉

鄭興은 鄭可臣의 初名이다. 두 시 모두 깊은 선리를 담기보다는 한가한 임천을 찾기 위한 한적으로 詩意를 집중하고 있다. 宦海에 종사하는 사대부에게는 만년의 안온을 위하여 선경을 찾으려는 생각도 있는 것이기에 이런 시의 내용에 他年拂衣去와 같은 다음날 훌훌 털고 나가면 산림의 선경이 나의 한가함을 보장한다는 생각, 굳이 佛理의 傾倒보다도 森羅 法身의 일원으로 돌아가려는 것이다. 종교나 문학에서도 이렇게 단순한 생각에서의 入道나 入門을 소홀하게 여길 수는 없다. 문학에서 자연친화의 노래는 이렇게 순수한 동기에서 되었음이 틀림 없는 것이다.

눈앞 시끄러운 세속 일 수고하다	塵勞眼前事紛然
헛된 일 골몰하기 예순이 되었네	汩沒虛消耳順年
즐거움 읊기야 꼭 창자 속 비단 토함 아니나	吟樂不須腸吐錦
경을 외움은 오직 혀 끝에 연꽃 피기 바라지	念經唯冀舌生蓮
그대 깨끗한 꽃잎 피움 부럽고	羨君白業花曾秀
내 玄門 과일 익지 않음 부끄럽다	愧我玄門果未圓
다만 禪社에 이름만 없고	只爲掛名香社裡
애써 이 거친 글로 좋은 글귀 잇기 바라오.	強將荒句續佳篇

〈中書舍人 金祿延上〉

이름을 禪社로 얹음이 우연이겠소	逃名入社豈徒然
大蘇山 思大師 뵙던 스물세 살 같았지	正是蘇山妙悟年
먼지 없는 虎溪에서 도연명 손잡고	塵靜虎溪携靖節
바람 맑은 선방에서 張蓮을 이끈다	風清衆席引張蓮
50여 인이 기쁨 따른 것 좋고	爲成五十人隨喜
삼천 대천의 원융함 깨달았네	感悟三千境最圓
진중하신 그대 중서 현학사는	珍重中書賢學士
이 일을 마음 새겨 좋은 글 보내었소.	留心此事寄佳篇

〈答中書舍人 金祿延〉

두 분의 정의를 엿볼 수 있는 시다. 세속의 일에 골몰하다 늙음에 이르러 옛 정과 함께 조용한 禪境을 그리는 마음이나, 젊은 시절에 이미 불법에 귀의하여 지금껏 그리는 정성, 주고 받는 시에서 다정하게 부각된다.

‘正是蘇山妙悟年’이란 『東文選』에 다음과 같은 주가 있다. “天台智者가 스물세 살에 大蘇山의 思大禪師를 찾아가 法華三昧를 깨달았다. 우리도 스물세 살에 圓妙 禪師를 찾아갔으니, 성인과 범인의 일이 다르기는 하나 옛 자취를 따른 셈이기에 이렇게 말했다.”라고 하였으니 두 분이 젊어서 함께 원묘에게 入道했던 것으로 여겨진다. 그러나 60의 나이가 되어 서로의 길이 현격히 달라졌으니, 옛 정이 더 두드러지게 느껴질 수밖에 없었던 것이 드러난다.

晋나라 때 慧遠 法師가 廬山의 東林寺에 있으면서 절 앞의 虎溪를 지나본 적이 없었다. 하루는 陶淵明과 陸修靜이 찾아와, 전송하다가 자신도 모르는 사이에 호계를 지나쳤다. 호랑이의 울음소리에 깜짝 놀라, 자신의 禁足戒를 어긴 것을 깨닫고 세 사람이 크게 웃어버렸다. 여기 虎溪靖節도 그러한 속 뜻이 담겨 있다고 보아 金祿延과 같은 知己를 만나면 자신도 이러한 禁足이 깨질지도 모른다는 간절한 심정일 수도 있다. 승속의 거리없는 우정을 엿보게 한다.

슬하에서 벼슬길 오른다 들으면	膝下嘗聞桂苑春
스님도 나와 함께 급제한 몸 기억하오	老禪同是榜中人
용이 누운 굴에는 법의 우레 울리고	臥龍一穴法雷殷
학이 나는 중천에 시의 달이 밝구료	鶴鳴半天詩月新
도로 살찌는 생애 지팡이의 여유	道富生涯餘杖履
높은 선사에 인연 맺는 그 많은 고관 대작	社高投契遮簪紳
낭주 땅 다행히 마음 맞음 있으나	朗州幸有通家好
차 마시는 자리 미운 손님 견디기 어려운 때도 있다.	茶席猶堪備惡賓

〈附朗州太守 金惼上〉

어진 정사 늦봄보다 따사로워	仁政溫於有脚春
이 낭주의 고을 다스리려 오셨네	專城來鎮朗州人
누가 누각에 누워 神明의 조화 아나	誰知臥閣神明化
더구나 空門에는 의기의 맛 새로워	兼得空門氣味新
산사에 보낸 시구 구슬 꿰었고	投社佳篇如串玉
먼지 없는 맑은 구절 수범될 만해	絶塵淸句可書紳
폭건으로 언제 남쪽 가는 날	幅巾何日參南遠
바삐 높은 손님으로 모셔 드리죠.	忙待程之作上賓

〈答朗州太守 金惼 所寄〉

두 분 사이는 아마 及第에서 같은 방을 받았던 모양이다. 지금 길을 달리하여 지방장관으로 나와 있으면서 옛 우정을 생각한 것이다. 관원으로서 대하는 손님이 아무리 많지만 아름다운 손님이 못되는 것을 안스러이 여겨 산문의 옛 친구를 생각한 것 같다. 여기에 답하는 시도 한 번 만나기를 바라는 간절한 우정으로 끝을 맺었다.

여기서, 또 하나 주목할 일은 『湖山錄』에 기록된 시들이 이렇듯 사대부의 시에 대한 답시이지 천책이 먼저 시를 써보낸 일이 없다는 점이다. 이런 점은 당시의 지식인이 천책에 대한 경모가 얼마나 많았느냐는 점과, 아울러 禪師는 선사로서 山寺의 정적을 먼저 깨치지 않으려는 內藏의 자세인 것으로 이해할 수도 있겠다.

더욱이 천책의 作詩는 어느 동기가 있게 되면, 즉석에서 꾸밈없이 지은 것 같다. 그래서 수사의 妙는 그리 많지 않더라도 그저 진솔한 면이 많은 수답을 갖게 되었는지도 모르겠다.「答書尙頴入社長句」는 25수의 聯作詩이다. 제목에 長句라 한 것은 이 연작의 의미를 그렇게 쓴 것이 아닌가 한다. 장구가 되려면 한 수의 시로서 길어야 하나, 여기는 7言律詩體로 이어진 연작이다. 한 주제를 놓고 이렇듯 긴 연작을 할 수 있다는 것은 즉흥적 작시의 순발력이 아니고서는 이루어질 수 없다. 천책 자신은 꾸밈 없이 순간적 작시를 禪理나 聖跡의 서술이기에 그렇다고 말하였다.

그의 「遊四佛山記」에는 四佛山의 여러 사실을 기술하고 고금의 여러 사실에 感傷하지 않을 수 없어 이미 120자의 시를 얻었다 하면서 5言詩 24句를 지었고, 다음날에는 虛白樓에 올라서 樓上十詠에 화답하지 않을 수 없다 하면서 이렇게 말한다.

이 10수의 시는 모두가 聖跡의 要頌으로 玄妙한 風敎를 萬象 밖으로 전하는 것이니 시가가 갈고 다듬어 10여 일 또는 몇 달씩 연마해서 되는 것을 蹈襲할 필요가 있는가. 비록 拙速으로 다듬지 않는다 하더라도 詩史가 되기에는 해로울 것이 없다.

此十詠 皆是聖迹要領 暢玄颷於象外 不襲蹈詩家鑪錘之工 句鍊季鍊乃可爾 雖拙速不事斧鑿 不害其爲詩史也

하였다. 이것은 바로 천책의 시문학적 위치를 그대로 말해주는 것이며, 아울러 선사 작시의 한 단면도 설명한 셈이 된다.

위에 살펴본 몇 편의 시에서 보이듯이 천책의 『湖山錄』은 수록된 시가 비록 일부라 하더라도[5] 당시 백련사를 중심으로한 한 시대의 문인생활을 살필 수 있는 좋은 자료라 하겠다. 백련사가 禪院의 중심이었지만 『호산록』은 그에 못지 않은 하나의 詩史를 살피는 계기도 된다. 더구나 문집의 편찬이 수답에는 원시의 酬贈이 거의 없는 것이 상례인데, 『호산록』은 酬贈詩까지 기록하여 당시 지식인들의 문단생활을 살피는 데 좋은 자료가 되고 있다. 확실히 한 시대 한 사회의 詩史를 남긴 셈이다.

그가 말한 "不害其無詩史"는 적절한 자평이었다. 이런 면에서 천책의 『호산록』은 재평가되어야 마땅하다.

---

5) 『湖山錄』은 원래 4卷이었다 하나, 현재는 2卷만 전하고 있다.

叙事詩「釋迦如來行蹟頌」考察

1.「東明王篇」과「釋迦如來行蹟頌」

「東明王篇」은 李奎報의 작으로 우리 문학사에 있어서 서사시의 대표적 장편으로 널리 알려져 있고, 서에서 보여준 이규보 史觀의 독특성을 매우 중시하여 왔다. 그것은 金富軾이『三國史記』에서,『舊三國史』에서 좀 더 소상했던 東明王의 사적을 삭제했거나 소략하게 다루었던 사실을 바로 잡았다는 점이다. 비록 史的 서술이 아닌 시가 형태를 취했다 하더라도, 그가 창업군주의 위업을 신앙적 차원으로라도 돋보이려는 의미에서 일단 그의 史觀은 인정되어야 하겠고, 아울러 282句 1,410字라고 하는 장편의 서사시는 문학사적 위치에서도 높이 평가되어·마땅하다.

여기에서 대비해보려는「釋迦如來行蹟頌」은 아직 문학사의 범주에서 논의된 바가 거의 없는 상태이다.「석가여래행적송」은 고려 충숙왕 때 雲黙의 撰이다. 운묵에 대해서 자세한 행적은 알 수가 없고, 白蓮社 沙門 븦가 쓴「석가여래행적송」의 跋文(天曆 3年 1330)에 그의 내력이 간략하게 소개되고 있어 다음에 인용해 본다.

浮庵 長老 無奇가 있는데 일찍이 백련사 第四世 眞淨 國師의 嫡嗣인 而安堂에게 나아가 受戒入門하였다. 법명은 雲黙이다. 학문이 一家의 文義를 통달하여 選席에서 上上科로 급제하여 窟嵓住持의 직책을 얻어 이름이 높이 날리게 되었으나, 하루 아침에 헌신짝처럼 포기해버렸다. 이내 금강산 오대산 등지의 명산승지에 노닐어 마침내 始興山의 卓一庵에 머물러 경을 외우고 彌陀念을 하며 불화를 그리고, 불경을 서사하는 일로 날을 보내기 20여 년이었다. 여가의 힘을 이용하여 佛典이나 祖師의 어문을 수집하여「本師行蹟頌」및 주석을 찬술하여 이에 두 책을 편성하여 어린이를 계몽

하니 복리가 이보다 더 광대할 수가 없다.

　今有佛庵長老無寄 早投於白蓮社第四世淨國師之嫡嗣 釋敎都僧統覺海圓明
佛印靜照大禪師而安堂下 落髮被緇 法名雲默. 學通一家文義 走於選席中上
上科, 得窟嵓住持之名 高步名途 一旦 唾棄猶弊履也. 乃遊歷金剛五臺等 名
山勝地 竟到始興卓一庵而捿 遲以誦經 念彌陀 畵佛書經 爲日用者 垂二十年
矣. 餘力搜尋佛典祖文撰述本師行蹟頌幷註 乃成兩軸 以啓童蒙 利莫廣焉.

이라 하였다. 여기서 우리는 雲默의 학문적 소양을 짐작할 수 있다. 곧 자기
독자의 一家를 이루어 僧科의 장원으로 합격하여 장래가 기대되었으나, 법명이
말하듯이 묵묵히 誦經으로 정진하면서 여가에 이 「석가여래행적송」을 지었다
는 것이다. 그가 서문에서 밝힌 것도 우선 敎學에 중시하여 이것을 짓는다 하
였다.

　邪道를 가려내고 성인의 正道에 들으려 한다면 응당 먼저 敎學을 배워
부처의 化儀를 알아야 한다. 이것은 이미 성현의 心肝을 이해하는 것으로
人天의 眼目이 된다. 이래야 佛子라 할 수 있지, 그렇지 못하면 어찌 마귀
의 무리를 면하겠느냐.

　如次揀邪而入聖正道 應先學敎 而知佛儀. 是則已分得於聖賢心肝 亦可爲
人天之眼目 如是方名佛子 不然 豈免魔徒.

라고 하였다.

　교리의 분명한 터득이 있어야 함을 강조했으니 자신의 학문 정신을 짐작할
수가 있다. 「석가여래행적송」은 名實에 부합하는 佛學의 博物志的 저술이다.
본문인 頌詩가 五言 776句 3,880字의 鉅篇이고, 주석은 단순한 자구의 주석이
아니라, 여러 경전에서 인용된 佛蹟과 교리의 典據로 상하권의 방대한 저서이
다. 이런 점에서 우리 문학사상 단일 題下의 이만한 장편시와 폭넓은 양의 주
석이 있는 것은 없다. 따라서 우리의 敍事詩文學에서 단연 제1의 자리를 차지
해야 하겠다. 단일 소재의 巨作이라는 점에서 「동명왕편」과 대비되나 양적으
로 훨씬 능가하고 장편 거작이면서 주석의 방대함이 「용비어천가」와 대비될
만하나 「용비어천가」는 여러 소재의 연작시라는 점에서 이 「석가여래행적송」
의 단일 소재로서의 문학성을 능가할 수가 없다. 여기서 우선 성급히 결론적
추론을 말한다면 「동명왕편」, 「제왕운기」, 「석가여래행적송」, 「용비어천가」,

「월인천강지곡」의 서사문학을 시간적 맥락 위에 연계하고, 아울러 朝鮮朝 後期의 많은 樂府文學과 같은 장르 위에서 우리 문학사가 정리되어야 함을 제언한다.

　여기서 「동명왕편」과 대비하려는 것도 이런 작업의 일환으로 단일 소재로 된 사서시이기에 양자의 편찬 의도나 내용을 살피려는 것이다. 「동명왕편」은 서에서 밝힌 대로 기존의 三國史에 있던 神異의 사실을 김부식이 國史를 다시 편찬하면서 疎略했음은, 신이스러운 일을 보인다는 것이 正史의 편찬으로는 옳지 않다고 생각한 것 같으나, 동명왕의 일이 결코 神異한 化術로서의 대중의 눈을 현혹하게 하는 것이 아니고, 국가창건의 神跡의 실상이니 서술하지 않을 수 없는 것이라 하였다. 이렇게 보면 李奎報의 소임은 국가 창조주에 대한 신이한 사실을 보여줌으로써 끝나는 것이요, 國史가 가지고 있는 矯世之事라고 하는 것은 이미 간행된 『삼국사기』로서 다 이루어진 것이므로, 이규보로서는 이 「동명왕편」의 독자에게 그러한 正史가 가져야 하는 몫은 애당초 생각할 필요가 없다.

　그것은 그 뒤 一然이 『삼국유사』를 쓰는 심리적 자세와 同一軌跡 위에 놓인다. 곧 일연이 『삼국유사』의 「紀異」편에서 叙를 쓰면서 같은 사실을 천명하고 있는 것이다. 곧 "옛날 성인이 禮樂으로 나라를 일으키고 仁義를 가르칠 때 怪, 力, 亂, 神은 말할 바가 못된다 하였지만 제왕이 일어날 때는 일반 사람들과는 크게 다른 것이 있다."라고 하면서, 여러 창업 군주의 이적을 말하고, 끝에 "그렇다면 三國의 시조가 모두 신이한 사실을 보였음이 무엇이 이상하랴, 바로 이 책에서 여러 편의 신이스러운 일이 스며 있는 것도 이런 의도에서이다."라고 하였다. 이같이 이규보의 「동명왕편」이나 일연의 『삼국유사』「기이」는 이러한 신이의 서술에 역점이 있었음을 알 수 있다.

　운묵의 「석가여래행적송」은 어떠한가, 석가여래 행적의 찬송이라는 의미 자체에서 석가모니의 초인적 신이의 서술은 당연한 것이니, 저 國祖의 신이적 서술이나 다를 것이 없다. 그러나 운묵의 이 「석가여래행적송」은 또 다른 한 면이 없을 수 없으니, 宗敎의 敎誡라고 하는 가르침, 또는 깨우침을 도외시할 수가 없는 것이다. 이 점이 「동명왕편」의 서사성과 「석가여래행적송」의 서사성이 다른 것이다. 「동명왕편」에서 이 敎誡性을 직접적으로 서술할 필요가 없었던 것은 그가 서에서도 밝혔듯이 그러한 일은 『삼국사기』라고 하는 正史에서 이미 담당한 것이고, 또 이 정사의 보완임을 분명히 의식한 처지에서 正史가

담당하는 矯世의 임무는 당초부터 배제된 것이다. 주석에 있어서도 『구삼국사』에 있었던 내용에 대한 이해의 도움이기에 작자의 주관적 주석은 없는 것이다.

그러나「석가여래행적송」은 발문에서도 밝혔듯이 "乃成兩軸 以啓童蒙 利莫廣焉"의 후학에 대한 계도이므로 여러 典籍에서 引據하는 상세한 주석과 修行敎誡에 대한 작자의 주관적 시의 서술이 이 頌詩를 장편화한 것이다. 이것이 이규보의 作詩意圖와 雲默의 작시의도가 처음부터 다른 점이다.

또 하나의 큰 차이는「동명왕편」은 처음부터 문학작품으로 쓴 것이다. 다시 말하면 작자는 동명왕의 주제 아래서 한편의 장시를 창작한 것이다. 그러므로 최소한 시적 요건을 갖춘다. 漢詩, 곧 漢字로 이루어지는 韻文이란, 글자 그대로의 韻, 곧 脚韻을 무시해서는 안 된다.「동명왕편」은 上聲인 '紙'韻의 一韻으로 통일되어 있다. 간혹 '實'韻이 있는 것은 通韻으로 인정했던 것 같다.1) 반면「석가여래행적송」은 작자 자신이 시로서의 문학작품을 쓴 것이 아니고, 석가에 대한 행적의 장황한 여러 사실이나, 많은 경전의 내용을, 詩型을 빌어서 압축한 것이다. 다시 말하면 무한한 불교적 내용을 시라는 형식적 그릇을 빌어다 담은 것이다. 그러므로 한시가 갖는 형식 요건에서 자수의 규격 이외에는 형식적 규제를 받으려 하지 않는다. 이것이 바로 776句의 전편이 오언시의 형식을 빌린 것이고, 그 밖의 어떤 요건도 갖추지 않는 이유다. 곧 최소한 韻字는 맞아야 하는 것이 漢文學의 韻文詩的 요건인데 이것마저 도외시한 것이다. 이것도 어쩌면 불가의 無住着의 해탈적 사유의 일면일 수도 있다. 그러니까「동명왕편」은 처음부터 문학의 출발로써 문학의 결과를 갖는 것이고,「석가여래행적송」은 처음부터 문학이라는 의식보다는 계몽적 운문이나, 결과적으로는 문학성을 띠는 것이다. 작자 쪽에서야 문학에 중점적 의도는 없었다 하더라도 독자로서는 문학으로 인정할 수밖에 없는 것이다. 이것은 비단 이 운문의 작품에서만 그러한 것이 아니라, 모든 종교적 문학이 공통적으로 내포하고 있는 문제일 것이다.

시간적으로 1세기 이상의 거리가 있기는 하나 고려 中期 이후에 이러한 鉅作의 서사문학이 존재했다는 사실은 우리 문학의 質量의 우수성을 명증하는 좋

---

1) "取女黃金釵 刺葦從竅出"에서 '出'은 '實'韻일 때도 있다. 뜻은 '내보이다'로 큰 변화가 없다. 따라서 음이 '추'가 된다. 〈東明王篇〉에도 이 오해를 막으려고 '마韻'이라 주석하여 脚韻으로 썼음을 작자 자신이 밝히고 있다.

은 자료들이다.

2.「釋迦如來行蹟頌」과「月印千江之曲」

「월인천강지곡」은 수양대군이 지은 『석보상절』을 세종이 보시고 그것을 찬송으로 지은 것이다. 『석보상절』이 『釋迦譜』의 상세한 節錄이요, 이것을 바탕으로 찬송을 지은 것이 「월인천강지곡」이라면, 이 「월인천강지곡」은 釋迦頌인 셈이다. 그렇다면 雲默의 「석가여래행적송」이나 「월인천강지곡」은 내용의 유사성을 면하기 어려울 것이 아니냐는 가정이 성립된다. 이 가정은 「월인천강지곡」이 「석가여래행적송」을 模作했다든가 직접적인 영향을 받았을 것이라는 성급한 결론을 내리자는 것이 아니라, 같은 주제의 작품에서 오는 내용의 유사성을 인정하면서 시가문학의 시간적 연계성을 이해해보자는 것이다.

賣花女 俱夷善慧ㅅ 뜯 아ᅀᆞ바 夫妻願으로 고줄 버즈볋시니

〈月印千江之曲 其六〉

逮其年十七 萬選得一人 名曰耶輸陀 端正最無匹.

〈釋迦如來行蹟頌 韓國佛敎全書 第六册〉

耶輸陀羅 此云花色 端正第一 卽宿世賣花女 名瞿夷也.

〈同　上〉

「월인천강지곡」 其六의 둘째 구의 내용과 「석가여래행적송」의 내용이 일치함을 알 수가 있다. 석가의 나이 17세가 되어 많은 여자 중에서 太子妃를 구하는 내용이다. 宿世에 꽃을 팔아 夫妻의 원을 이루는데 그 이름이 瞿夷였고, 耶輸陀羅는 지금의 이름이며 그 뜻이 중국이나 우리나라에서는 花色이요, 단정이 제일인 것을 말한다는 것이다.

蓮花ㅅ 고지 나거늘 世尊이 드릐샤 四方 向ᄒᆞ샤 周行七步하시니.

〈月印千江之曲 其十九〉

右手 左手로 天地 ᄀᆞᆯ치샤 ᄒᆞ오ᅀᅡ 내 尊호라 ᄒᆞ시니

溫水 冷水로 左右에 ᄂᆞ리와 九龍이 모다 싯기ᅀᆞᄫᅵ니.

〈月印千江之曲 其二十〉

天雨花散地 龍噴水浴身 生已蓮承足 四方各七步 天上及天下 唯我爲獨尊.

〈釋迦如來行蹟頌〉

九龍吐水 一凉一溫 灌太子身 放大光明.　　　　　　　　〈同　上〉

각기 석가모니가 태어나셨을 때의 이적을 말한 것이다.

諸王과 靑衣長子 ㅣ 아돌 나ᄒᆞ며 諸釋 아돌 ᄯᅩ 나니이다.

象과 쇼와 羊과 厩馬 ㅣ 삿기 나ᄒᆞ며 驥特이도 ᄯᅩ 나니이다.

〈月印千江之曲 其二十〉

生時靈瑞事 不可具言說.

同日 八大國王 皆生太子 諸釋種姓生五百男 國中 居士長者 悉亦生男 及
八萬四千厩馬生駒 其一 犍陟也.

〈釋迦如來行蹟頌 幷註〉

석가가 태어날 때의 여러 이적을 말한 것이다. 같은 날에 이와 같이 많은 出
産의 경사가 있었다는 것이다. 여기 행적송의 주는『瑞應經』에서 引據한 것으
로 되어 있다.

周昭王 嘉瑞롤 蘇由 아라 ᄉᆞᆲ바ᄂᆞᆯ 南郊애 돌ᄒᆞᆯ 무드시니

漢明帝ㅅ 吉夢ᄋᆞᆯ 傅毅 아라ᄉᆞᆲ바ᄂᆞᆯ 西天에 使者 보내시니.

〈月印千江之曲 其二十七〉

明年甲寅歲 四月初八日 從右脇誕生 端正好男子

〈釋迦如來行蹟頌〉

周書 異記云 昭王即位二十四年甲寅 四月八日 江河泉池汎濫 山川土地悉
震 是夜五色光氣入貫太微 遍於四方 作靑紅色 上問太史蘇由 是何祥耶 對曰
有大聖人生西方故也 一千年後 聲敎當被於此 於是鐫石誌之 埋於南郊天祠前
又漢明帝問摩滕法師曰 如來生滅 可得說示乎 對曰 佛於癸丑 七月十五日 託
陰摩耶夫人 甲寅四月八日從母右脇而生.

〈同　上〉

「월인천강지곡」其二十七의 내용과 여기 인용한 주와 일치한다. 다만 漢明
帝의 내용은 약간 다른 것이기는 하나 周昭王의 사실과 한명제의 사실을 노래
의 對句로 쓴 것과 행적송의 주에서도 주소왕과 한명제를 동일 공간에 나란히

이어쓴 것과 이 두 노래가 직접 간접으로 서로 영향됨이 있었는지도 모를 개연
성을 시사하는 느낌이 있다.

大寶殿에 뫼호샨 相師ㅣ 보ᅀᆞᆸ고 出家成佛을 아ᅀᆞᄫᅵ니
香山애 사ᄂᆞᆫ 阿私陁ㅣ 보ᅀᆞᆸ고 저의 늘구믈 우ᅀᆞᄫᅵ니.
〈月印千江之曲 其三十〉
召諸相者占 占已皆奏曰 年登十九歲 必作轉輪王 若使出家者 當證一切智 又
有香山仙 禮已自悲泣.
〈釋迦如來行蹟頌〉
香山有五通仙人 名阿私陁 見太子而禮其足 忽然泣曰 若出家 則必成一切智
我今年百二十矣 不久命終 生無想天 無聞說法 故自悲耳.
〈同上 註〉

「월인천강지곡」과 「석가여래행적송」의 내용이 완전 일치한다. 서술 순서까
지도 일치하고 있다. 「월인천강지곡」 제31장과 「석가여래행적송」에 다같이
위의 頌을 이어 어머님의 短命을 노래하고 있다. 곧,

어마님 短命ᄒᆞ시나 열둘이 ᄌᆞ랄ᄊᆡ 七月 보롬애 天上애 ᄂᆞ리시니
아ᄃᆞᆯ님 誕生ᄒᆞ시고 닐웨 기틀ᄊᆡ· 四月ㅅ 보롬애 天上애 오ᄅᆞ시니.
〈月印千江之曲 其三十一〉
產後第七日 母沒生忉利
〈釋迦如來行蹟頌〉

여기서도 노래와 찬송의 순서가 일치하고 있다.

蜜多羅ᄂᆞᆫ 두 글을 비화ᅀᅡ 알ᄊᆡ 太子ㅅ긔 말을 몯ᄉᆞᆸᄫᅵ니
太子ᄂᆞᆫ 여쉰 네 글을 아니비화 아ᄅᆞ실ᄊᆡ 蜜多羅ᄅᆞᆯ 또 ᄀᆞᄅᆞ치시니.
〈月印千江之曲 其三十五〉
七歲智過人 衆藝無不通.
〈釋迦如來行蹟頌〉
出曜經云 太子七歲 王以聰明婆羅門名曰選友爲太子師, 太子曰 以何書典
而相敎耶 其師答曰 梵佉留書, 太子曰 其異書者六十四 今師何言止有二種耶
師問何等名耶.
〈同 上〉

석가모니가 어려서부터 총명하여 스승이 없이 天人의 스승이 되었음을 말한 것이다. 두 노래가 역시 같은 내용이다.

難陀調達은 象올 티츠며 그 우리 혀고 둘희 힘이 달오미 업더니
太子는 ᄒ오ᅀᅡ 象올 나ᄆ티며 바ᄃ시고 둘희 힘을 ᄒ 삐 이기시니.
〈月印千江之曲 其三十九〉

十歲力無敵 擲象又能射.
〈釋迦如來行蹟頌〉

因果經云 太子年至十歲 王勅太子與難陀 調達及五百童子 又復唱令國中萬姓有勇力者 定日集於戲場捅射 至期調達領衆先出 有象當門 以手擘倒 難陀足跳路側 太子擲於空中 以手還接 不令傷損.
〈同　上〉

석가모니의 힘이 無敵임을 노래한 내용이다. 「석가여래행적송」은 힘이 過人했던 사실을 위 두 구의 詩로 축약하고서 구체적인 사례는 註로 처리하였으나 「월인천강지곡」은 노래로 계속하고 있다. 40,41장도 무적의 힘을 노래했다.

제간을 더리 모롤씨 둘히 쏜 살이 세날붚쏜 뼈여디니
神力이 이리 세실씨 ᄒ 번 쏘신 살이 네 닐굽부피 뼈여디니.
〈月印千江之曲 其四十〉

짜해 살이 뼈여늘 體泉이 소사 나아 衆生올 救ᄒ더시니
뫼해 살이 박거늘 天上塔애 ᄀ초아 永世롤 流傳ᄒᅀᆸ니
乃取祖王鎭庫之弓 古今無能張者 太子旣挽 聲振于城 箭中皷 已透入於地泉水涌出(西域記云 其泉至今存焉 一切病人 飮則便愈) 復透鐵圍之山大千利土.
〈釋迦如來行蹟頌〉

라 하여 「월인천강지곡」의 순서와 「석가여래행적송」에 인용된 사례의 순서가 거의 동일함을 알 수 있다.

無量劫 부톄시니 주거가ᄂ 거싀 일올 몯 보신ᄃᆯ 매 모ᄅ시리
淨居天 澡缾이 주근 벌에 ᄃ외야ᄂᆯ 보시고ᅀᅡ 안디시ᄒ시니.
〈月印千江之曲 其四十三〉

東南門 노니샤매 늘그니 病ᄒ니를 보시고 ᄆᅀᆞ물 내시니
西北門 노니샤매 주그니 比丘僧을 보시고 더욱 바ᄎ시니.

〈月印千江之曲 其四十四〉

위의 내용들은 「석가여래행적송」에는 "一日啓父王 遊觀四門外 行見四種相 謂生老病死"라 하고 註釋으로 『瑞應經』을 引據하여 네 가지의 사례를 들고 있다. 그리고서 주석의 말미에 "皆淨居天子之所化作 警悟太子故也"라 하였으니 위의 노래 43, 44장을 함께 설명한 셈이다.

아바넚긔 말 ᄉᆞᆲ바 네 願을 請ᄒ샤 지블 나아가려허시니
太子ㅅ 손 자ᄫᅡ샤 두 눇믈 디샤 門올 자펴 막ᄌᆞᄅ시니.

〈月印千江之曲 其四十五〉

孝道ᄒ실 ᄆᆞᅀᆞᆷ애 後ㅅ날올 分別ᄒ샤 俱夷 비롤 ᄀᆞᄅ치시니
어엿브신 ᄆᆞᅀᆞᆷ애 나가싫가 저ᄒ샤 太子ㅅ 겨틔 안ᄍᆞᄫᆞ시니.

〈月印千江之曲 其四十六〉

殷勤白其父 願請我出家 王聞流淚言 應當息此懷…太子順父語 持其妃腹言
却後第六年 必當生男子 父不信斯語 必不不敢留 常令四兵衛 妃亦不暫離

〈釋迦如來行蹟頌〉

太子가 出家를 결심한 뒤의 상황이다. 두 노래가 내용이나 순서가 거의 일치하고 있음을 알 수 있다.

出家호려 ᄒ시니 하ᄂᆞᆯ해 放光ᄒ샤 諸天神이 ᄂᆞ려 오니이다.
出家ᄒ싫 ᄢᅦ실쌔 城 안홀 재요리라 烏蘇慢이 또 오니이다.

〈月印千江之曲 其五十〉

壬申二月八 半夜入定時.

〈釋迦如來行蹟頌〉

太子年到二十九 壬申 二月 八夜 諸天下來太子之前 頭面禮足 白言 無量劫 來 勤苦修行 今之成熟 出家是宜.

〈同 上〉

出家하던 날 밤의 상황이다. 그 상황은 다음으로 더 이어진다.

종과 ᄆᆞᆯ와ᄅᆞᆯ 현맨ᄃᆞᆯ 알ᄒᆡ오 어느 누를 더브ᄅᆞ시려뇨

車匿이 蹇特이는 흔날애 나ᅀᆞ불써 이둘홀사 더브르시니.
〈月印千江之曲 其五十二〉

十方世界 붉고 獅子聲ㅅ 말ᄒᆞ샤 城을 남아 山ᄋᆞᆯ 向ᄒᆞ시니

四天王이 뫼숩고 몰발ᄋᆞᆯ 諸天이 바다 虛空 ᄐᆞ샤 山이 니르르시니
〈月印千江之曲 其五十四〉

太子即命車匿 彼捷陟來 四天大王 捧馬四足 并接車匿 釋梵執盖 北門自開
不令有聲 出城旣畢 諸天忽隱.
〈同　上〉

이렇듯 太子가 出家踰城하는 상황을 노래하고 있다. 「석가여래행적송」에서는
이런 사실을 주석으로 상세히 설명하고 있다.

耶輸 ㅣ 前世예 六里ᄅᆞᆯ 뼈디실써 六年을 몯나ᄒᆞ시니

羅雲이 前世예 六日ᄋᆞᆯ 니즈실써 六年을 몯나앳더시니.
〈月印千江之曲 其五十九〉

太子順父語 指其妃腹言 却後第六年 必當生男子.
〈釋迦如來行蹟頌〉

有經云 羅睺羅宿世作一國王 其兄捨世而爲道士 豫衆修道 一夜誤用他甁
之水. 明向衆懺 願以法罰 道衆議言 此非實垢 而不用德 復詣王所 切請治罪
其罪輕故 不囚囹圄 乍禁後園 因事忘之 六日不開 以是因緣 六年在胎 又耶
輸陀羅往劫與母偕行 路遠身疲 妄稱要緣 所持之物 寄母先行 故落後行 經六
里許 由是之故 六年懷姙
〈同　上〉

이렇듯 太子妃 耶輸가 태자가 없었어도 아들을 낳을 수 있었던 사실을 전세
의 인연으로 설명하고 있다. 「월인천강지곡」은 노래이기 때문에 본 노래로 다
루었고, 「석가여래행적송」에서 "却後第六年 必當生男子"라 하여 그 사실을 頌
의 한 節로 묶고 주석으로 다루었다.

「석가여래행적송」의 降魔成道의 주석에 引據된 여러 사례는 「월인천강지
곡」의 62에서 81장에 걸쳐 노래한 내용들이다. 먼저 주석의 원문을 들고 거기
에 상관되는 「월인천강지곡」을 살펴보자. 원문에 붙인 숫자 표시는 다음에 引
證하는 「월인천강지곡」과의 상관성을 보인 부호다.

이의 주석을 들어보면,

①太子獨詣畢鉢羅樹 同過去佛 以草爲座 帝釋化人 ②執獻淨軟草 受已數座 結跏趺坐 觀樹思惟 感天動地 演大光明 覆弊魔宮 ③波旬恐怖 令其四女 往太子所 萬端妖媚 惑之不動 波旬後將八十億衆 故來惱壞 而作是言 若不起去 擲汝海中 菩薩答言 汝先動我淨瓶 然後 可能擲我 ④八十億衆盡力 不能令瓶小動 波旬又勅閻羅大王 阿鼻苦具 一切都擧 向菩薩所 ⑤菩薩徐擧白毫 地獄罪人 心得淸涼 稱南無佛 尋脫苦所 波旬前近 次與相難 ⑥菩薩以智慧力 申手按地 地爲震動 魔及兵衆 顚倒而墮 ⑦菩薩降魔已 意結解漏盡 生死已斷 明星出時 霍然大悟 成等正覺 具十八法 十種神力 四無所畏 于時 大地十八相動 天作伎樂 散花燒香 天龍八部所設供養 充塞虛空 ⑧此乃周穆王卽位第三年癸未 二月 八日夜 太子是年 年登三十矣.

〈釋迦如來行蹟頌〉

① 畢鉢羅樹에 ᄒ오ᅀ 가싫 제 德重ᄒ샤 ᄯᅡ히 드러치니
② 吉祥茅草ᄅᆞᆯ 손ᄋ로 ᄭᆞ르싫 제 德重ᄒ샤 ᄯᅡ히 ᄯᅩ 드러치니.

〈月印千江之曲 其六十六〉

③ 세 ᄯᆞᆯ올 보내야 여러 말 ᄉᆞᆯᄫᅧ며 甘露ᄅᆞᆯ 勸ᄒᅀᆞᄫᅵ니
④ 衆兵을 뫼화 온 樣子ㅣ ᄃᆞ외야 淨瓶을 무우려 ᄒᆞ니.

〈月印千江之曲 其六十八〉

주석에는 마왕 파순의 딸에 '四女'로 되어 있고 「월인천강지곡」에는 '세 ᄯᆞᆯ' 로 된 차이가 있을 뿐이다.

⑤ 白毫로 견지시니 각시 더러본 아래 ᄀᆞ린 거시 업게 ᄃᆞ외니
⑥ 一毫도 아니 뮈시니 鬼兵 모딘 잠개나ᅀᅡ 드디 몯게 ᄃᆞ외니.

〈月印千江之曲 其六十九〉

⑥은 주석과 「월인천강지곡」이 내용은 같은 것이나 표현에 차이가 있을 뿐이다.

⑦ 魔王이 말 재야 부텻긔 나ᅀᅡ드니 현날인ᄃᆞᆯ 迷惑 어느 플리
⑧ 부텻 智力으로 魔王이 업더디니 二月ㅅ 八日에 正覺 일우시니.

〈月印千江之曲 其七十四〉

이와 같이 「월인천강지곡」의 62장에서 74장까지 석가가 보리수 밑에서 성도하면서 마왕과의 싸움에 대한 여러 사실들을 다루고 있는데, 「석가여래행적송」에서는 '癸未二月八 獨詣菩提樹 降魔成正覺 具無量功德'의 頌句에 대한 주석에서 구체적인 사례를 위에서 보인 것처럼 열거하고 있다.

이렇게 보면 八相 중 四門遊觀에서 樹下降魔까지는 두 작품이 거의 비슷한 전개 과정을 거치고 있다. 그런데 이 뒤부터는 거의 상통됨이 없다. 그 이유는 무엇일까. 다음과 같은 문제가 있을 것 같다. 곧, 두 작품의 제작 의도 내지는 목적이 다르기 때문이다. 「월인천강지곡」은 『석보상절』을 보고 노래로 재편성한 것이다. 그런데 『석보상절』의 제작동기는 首陽大君이 그 母后인 昭憲王后의 追薦을 위해서 지은 것이다. 그러므로 처음부터 釋迦의 希有한 功德 찬양으로 그 의도는 완수되는 것이다. 철저하게 世尊의 成道한 자취로[2] 끝낼 수밖에 없다.

반면, 雲黙의 「석가여래행적송」은 석가의 행적을 철저히 알리고 찬양하려는 목적도 있지만, 서문이나 발문에서 밝혔듯이 배움이라는 것과 계몽이라고 하는 敎誡性을 떠날 수가 없다. 그래서 '樹下降魔分'까지는 未曾有不思議의 행적으로 족하나 '鹿苑轉法' 이후는 여러 경전의 法理의 說敎를 배제할 수가 없다. 雲黙의 이 「석가여래행적송은」 여기에 오히려 중점이 있는 것이다.

그러므로 「월인천강지곡」은 철저히 찬송가로서 족하지만 「석가여래행적송」에는 찬송가 이외에 敎誡歌의 성격을 겸해야 한다. 이것이 바로 종교인으로서 종교적 시가를 짓는 특수성이다. 여기에 그들이 문학작품을 많이 남기면서도 문학인으로 자처하는 일도 없고 문학인으로 평가되기를 바라지도 않는 까닭이 있다.

위에서 살핀 「월인천강지곡」과 「석가여래행적송」에서 두 작품의 영향관계가 직접적으로 있었다고 하는 것은 속단이나, 조선조의 배불에서도 이러한 讚佛歌頌이 있었다 할 때 그 선행하는 시대에 이러한 찬불가송이 없었을 수 없으며, 그것이 존재했다 했을 때, 서로의 영향 또한 전혀 없지 않았으리라는 생각이다. 이러한 시간적 상관성을 고려하여 몇 가지 표현 사례를 대비해본 것이다.

이상 「동명왕편」, 「석가여래행적송」, 「월인천강지곡」을 서사시의 巨作들이

---

2) 名之曰 釋譜詳節 旣據所次 繪成世尊成道之跡(釋譜詳節序)

라는 한 장르에 놓고, 시간적 연속 위에 대비해보았다.「용비어천가」까지도 포함될 수 있겠으나, 그것은 단일 소재가 아닌 여러 소재의 合編이라는 점에서 약간 궤적을 달리 할 수밖에 없다. 어쨌든 운묵의「석가여래행적송」이 우리 문학사상 서사시의 가장 거작이라는 면만으로도 그 공적이 인정되어야 한다고 믿는다.

景閑의 無心的 詩世界

1. 無心의 平等的 반영

　景閑 白雲(1299─1374) 화상의 상세한 전기는 전하는 것이 없다. 다만 그의 어록이 전하고 있어 대략의 행적을 짐작할 수 있게 한다.

　경한은 이름이고 白雲이 그의 호이다. 李玖가 쓴 『白雲和尙語錄』 서에 의하면, 全北 古阜人으로 보인다. 어려서 출가하여 求道에 힘쓰다가 중국으로 가서 湖州 霞霧山의 石屋 화상에게 들어, 臨濟禪風을 嗣法하였다. 경한이 석옥 화상을 만나 입문하던 당시의 문답이 어록에 남아 있어, 그 사정을 비교적 소상히 알 수 있게 한다. 여러 문답의 끝에 趙州의 ‘無’字를 묻고 大師의 決疑를 바란다 하니, 석옥이 黙決하자 게를 지었다.

8천 여 리를	八千餘許里
찾아와 존안 뵈오니	來爲謁尊顔
원컨대 이 三昧 궁구하여	願此本三昧
마음이 끝내 평안케 하소	令心究竟安
유독히 밝은 중천의 달은	獨耀天心月
그 빛 온갖 모습 삼킬 것같이 밝다	光吞萬相明
고금에 오직 한 빛이니	古今唯一色
그 맑고 흰빛 말하기조차 어렵구나.	淸白妙難名

〈至正辛卯五月十七日 師諧湖州霞霧山 天湖庵呈似石屋和尙語句〉

　8천여 리의 머나먼 길을 오로지 도를 깨우치고자 여기 왔으니 三昧의 妙理를 보여줄 것을 바란다. 이 오묘한 경지, 중천의 달이 온갖 것을 다 비추듯 時空을 초월한 오직 이 한 빛, 무엇이라 이름하기 어려운 것이다. 그러나 석옥은 백운에게 黙決한 것이다.

그로부터 3년 뒤 甲午年에, 석옥 화상은 辭世하면서 辭世頌을 지었던 바, 그것이 바로 백운에게 傳法하는 게송이었던 것이다. 이 사세송이 禪人 法眼에 의하여 6월 초4일에 전해졌고, 6월 14일에는 海州 安國寺에서 석옥 화상을 위한 재를 올리게 된다. 그해 봄부터 가물었는데, 재를 올리고 나니 비가 쏟아져 내려, 이 비 때문에 풍년이 되었다고 한다. 이 사실은 어록에 소상히 기록되어 있다. 사세송은 다음과 같다.

흰구름 사려고 맑은 바람 팔았으니	白雲買了賣淸風
가산을 다 날려 뼈에 사뭇도록 가난하다	散盡家産徹骨窮
그래도 한 칸의 초가집 남아	留得一間茅草屋
떠나는 마당에 몇 명 아이에게 준다.	臨行付與丙丁童

〈石屋和尙〉

백운을 사려고 청풍을 판다는 것이다. 석옥이 평생을 쌓아 얻은 청풍을 팔았다. 곧 백운에게 이 청풍을 보낸 것이다. 가산이란 아무것도 없고 草屋 하나, 이 초옥을 辭世하면서 젊은이에게 주는 것이다. 석옥이 가진 초옥으로 백운을 사서 함께 백운에게 준 것이다. 그래서 백운이 재를 올리면서 하는 말이 "이에 先師께서 세간의 인연이 다하여 歸寂하실 즈음에, 평생동안 쌓았던 청풍을 나에게 전해주신 法偈로다〔乃先師世緣旣畢 收化歸寂之際 平生所蘊之淸風 傳付於我之法偈也〕"하고, 법어를 다 마치고는 긴 게송을 지었다. 그 속에 석옥과 백운의 관계가 더욱 분명해보인다.

(前略)

우리 스승 처음에 及菴祖師 뵈올 때	我師首謁及菴祖
이 三昧를 黙契하여 등불을 전했다	契此三昧受傳燈
온당하고 조밀한 실천 한계를 넘친 듯	穩密履踐超過量
山林에 자취 묻어 40년 지냈네	晦跡山林四十年
일찍이 한 말씀도 남에게 알림이 없어	未曾一言及人知
누구도 그 뜻을 분별하지 못하네	是故無人明辨出
내가 임진년 정월에	我於壬辰正月春
몸소 찾아가 가르치심 받았네	躬造室中受薰煉
上元 전 33일에	上元前三十三日

　　無心의 無上宗을 은밀히 받았네.　　　　密契無心無上宗

　　（下略）

〈安國寺設齋小說〉

　석옥이 40여 년을 晦跡하면서 누구에게도 알려준 적이 없었건만, 백운에게는 無心無上宗의 묵계가 된 것이다. 이러한 묵계로 해서 석옥은 사세하면서 백운에게 전법 부촉한 것이다.

　백운은 指空 화상과 사제의 자리에 있었으니, 어록에는 2편의 편지와 거기 따른 여러 수의 게송이 남아 있으며, 지공의 眞讚 2수도 있다. 「辛卯年上指空和尚頌」에 "분향 백배하며 제자가 되어 옆에 모시고 시중하기를 원하오니, 원컨대 자비로이 멀리 天眼으로 보시어 이 정성에 응하시면, 제 마음에 만족하겠습니다〔焚香百拜 願爲弟子 執侍巾瓶 惟願慈悲 天眼遙觀 下應虔誠 滿我願心〕." 라고 하였으니 입문을 위한 정성을 가히 짐작할 만하다.

　이러한 師承 관계로 당시 큰 선사들인 太古나 懶翁과 함께 한 시대를 지내면서 고려말의 선맥을 진작했던 것이다.[1] 이런 여러 사실들이 백운에게 無心的 平等觀을 강하게 부각하게 된 요인들이 아닌가 한다. 경한이 석옥에게서 얻은 무심의 妙道를 示衆法語를 통해서 설파한 적이 있다.

　　내가 근년에 강남 강북을 두루 다니었지만… 끝내 별다른 설법이 없었고, 마지막으로 霞霧山 석옥 화상에게 참여하여 여러 날을 옆에서 모셨으니, 다만 無念 眞宗이 圓悟如來의 無上妙道임을 배웠다. 이 도는 有心으로 구할 수도 없고 無心으로 얻을 수도 없고 寂黙으로 통달할 수도 없다. 그러므로 말해도 잘못되고 말 없어도 잘못되니, 말을 잠재우는 데에 길이 있다고 한다…. 부처께서 말씀하신 무심의 공덕이 가장 훌륭한 것이요, 어느 것으로도 비교될 수 없는 곳이다.

　　示衆云 山僧頃年 遊歷江南江北… 終無異說 末上尋炙霞霧山天湖菴石屋老和尚許多日侍立左右 只學得箇無念眞宗 圓悟如來無上妙道 此道不可以有心求 不可以無心得 不可以言語造 不可以寂黙通 故云語也錯 黙也錯 寂語向上有路在… 所以佛說無心功德 直是殊勝 直是無較量處 今說無心.

　이러한 무심의 묘도에서 모든 것이 있는 그대로의 상태일 것이요, 그것이 바

---

1) 韓基斗 ; 高麗後期의 禪思想, 韓國佛敎思想史 22, 圓光大學校 編, 1975.

로 평등일 것이요, 그것이 또한 祖師의 淸風이다. 평등은 학의 다리를 잘라서 오리다리에 잇거나 능선을 파다가 골짜기를 메우는 것이 아니라, 있는 그대로를 말하는 것이다. 있는 그대로의 當處, 그것이 진여고 그것이 해탈이고 그것이 적멸인 것이다. 긴 것은 긴 대로이요, 짧은 것은 짧은 대로 법신이다. 이것이 산은 산이요, 물은 물이요, 僧은 僧, 俗은 俗인 것이다. 이렇게 보면 일체의 모든 法相이 다 허망한 것이요, 존재의 사실인 이 當體가 寂滅하기 때문에 평등한 것이다.(興聖寺入院小說)

이러한 평등관은 모든 사물을 있는 그대로 보는 것이다. 있는 그대로 이것이 진여의 묘체요, 大全의 法理이다. 그러므로 경한의 법어가 있는 그대로의 진여 세계를 말한 것이다. 따라서 이 있는 그대로의 眞如妙界의 표현, 그것은 수준 높은 문학이요, 동시에 시적 표현이 되는 것이다. 다음에 계절의 上堂法語 중 가을철의 법어 하나만 들어본다. 시적 표현임을 쉽게 이해하기 위해 구절로 분절한다.

堂에 나아가 이르되	上堂云
계절이 가을이 되었으니	節屆秋則
장마비는 천지에 개였고	積雨霽於天地
서늘한 바람은 빈 들에 불어온다	新凉入於郊墟
꾀꼬리 노래 이미 익었고	鶯歌已老
매미 울음이 앞을 다툰다	蟬嘒爭先
가을 바람 쓸쓸하고	秋風蕭索
가을 경치 어설프다	秋景蕭條
흰 연꽃은 이미 못에서 물러갔고	白蓮已謝於黃塘
붉은 여뀌꽃이 옛 언덕에 피었다	紅蓼正開於古岸
울 밑 누른 국화 황금을 헤쳐 내고	籬邊黃菊披金
강 모래엔 흰 이슬이 구슬 맺는다	汀沙白露垂珠
언덕의 계수나무 향기 날리고	巖桂飄香
나뭇잎은 서리에 붉게 취했다	木葉醉霜
요 임금의 해라 곡식은 풍년 들고	堯年而禾稼豊登
순 임금의 날씨라 들늙은이 노랫가락 구성지구나.	舜日而野老謳歌

가을철의 자연을 있는 그대로 묘사한 것뿐이다. 이것이 太平事業이다. 거기

에 무슨 더 할 말이 있느냐는 것이다. 수사가 매우 아름답다. 미사여구를 써서가 아니라 진여를 그대로 표출했기에 아름답게 느껴지는 것이다. 여기서 다시 선의 문학적 접근을 이해할 수가 있다.

2.『直指心經』의 修禪指針

세계 최고의 활자본으로 유명한『直指心經』은 원명이『佛祖直指心體要節』이다. 이것은 경한이 75세 때 손수 썼던 것으로, 그 내용은『景德傳燈錄』의 기록을 중심으로 하되, 전기는 생략하고 佛祖의 禪文 要體를 분명히 한 것이다.『경덕전등록』은 우리 禪門에서 금과옥조처럼 섭렵한 것이지만, 30권이나 되는 방대함으로 인하여 그것을 모두 익히기란 어려운 것이었다. 不立文字인 禪家에서 그것에 매달리기란 더구나 어려운 일이었다. 그래서 여러 역대 조사들이 직접 指證한 心體의 要節을 초록해서 누구나 쉽게 조사의 法要를 이해한 것이다. 그러므로 慧諶의『禪門拈頌集』과 함께 우리 禪宗에 있어 看話徑截의 중요한 교재가 되어 왔다.

본 논고에서는 이『직지심체요절』의 내용을 살피려는 것이 아니라, 경한이 이러한 조사들의 禪文을 집약했다는 것 자체에서 경한 자신의 사상은 물론, 어록의 표현이 이 전등록의 영향을 받을 수밖에 없지 않았겠느냐 하는 데에 착안하여 그의 문학적 표현의 先修的 작업으로 이『直指心體要節』을 살펴보자는 것이다.

경한은 祖師禪을 중시하면서 조사선은 不離色聲言語이니 옛 조사들의 話頭나 棒·喝 등이 모두 이 色聲言語를 갖춘 것이라 한다. 이러한 사실을「祖師禪」이란 글에서 상세히 설명하고 있다.

　　"무엇이 祖師가 서쪽에서 온 뜻이냐?"물었을 때, "멀리 강남의 2·3월
　　을 생각하니 자고새 우는 곳에 온갖 꽃 향기롭다."라고 한다든가, 또는
　　"해낮 길어 강산이 아름답고 봄바람에는 화초가 향기롭다."라고 한다든
　　가, 또는 "산꽃은 비단보다 곱게 피어 있고 시냇물은 쪽빛보다 푸르다."
　　하는 것은 모두 조사선으로 色聲言語를 갖춘 것이다.
　　問如何是祖師西來意 答曰 遙憶江南三二月 鷓鴣啼處百花香 又僧問如何是

祖師西來意 答云 遲日江山麗 春風花草香 又云 山花開似錦 澗水碧於藍 此
等言句 皆祖師禪 具色聲言語.

라고 하면서 다시 언어로 示法하는 경우, 言聲으로 시법하는 경우, 그저 소리만
으로 시법하는 경우, 色聲으로 시법하는 경우를 예시하고 있다.[2] 그러므로 이
『직지심체요절』을 초록한 것도 이 색성언어의 조사선을 이해하기 위한 한 방편
으로 편찬하여 후학에게 물려준 것이다.

위에서 보았듯이 경한이 無心을 주장하면서 있는 그대로의 색성언어를 대하
면 그것이 바로 佛理요, 佛事라 했는데 이러한 사유가 어쩌면 이『직지심체요
절』을 초록하면서 더욱 확신하게 된 것은 아니었던가 하는 느낌이다. 다음에
몇 마디를 인거해 보자.

> 黃蘗希運 禪師가 대중을 다 흩어보내고 洪州 開元寺에 있을 때 재상인
> 裵休가 찾아갔다. 이때 선사는 배휴에게 무심에 대해서 자세한 설법을 했
> 다. 이 본원, 청정한 마음의 본체는 항상 圓明하여 두루 비춰 있으되, 세
> 상사람들이 깨닫지 못하고 다만 보고 듣고 깨달아 아는 것을 마음으로 알
> 아, 이 보고 듣고 아는 것에 덮여서 精明한 본체를 알지 못하는 것이다.
> 다만 무심으로 곧바로 떨어지면 이 본체는 스스로 나타나 마치 저 큰 해
> 가 허공에 뜨면 시방세계를 두루 비춰 다시는 막힘이 없는 것과 같다.

> 師又云 此本源 清淨心體 常自圓明遍照 世人不悟 只認見聞覺知爲心 爲見
> 聞覺知所覆 所以不覩精明本體 但直下無心 本體自現 如大日輪 昇於虛空 徧
> 照十方 更無障碍.

라고 한다. 마음의 본체를 알아야 한다면서 그 마음 자체가 없어야 한다는 것
이다. 이때 없다는 말은 있고 없음을 초월한 없음이다. 마음이 없음에 매달리
면 없는 것이 아니라 바로 있는 것이다. 그래서 黃蘗은 다시 이렇게 말한다.

> 凡夫는 대상을 취하고 道人은 마음을 취하나 대상과 마음을 모두 잊어
> 야 이것이 眞法이다. 대상을 잊기는 오히려 쉬운데 마음을 잊기는 어렵다.

---

2) 或以言語示法示人者 如趙州問僧喫粥了 僧云喫粥 州云 洗鉢盂去 其僧悟去 或以
   言聲示法示人者 玄沙問僧 還聞偃溪水聲麼 僧云聞 沙云從這裡入 或以聲示法示
   人者 鴉鳴鵲噪 驢鳴犬吠 皆是如來轉大法輪 或以色聲示法示人者 拈搥竪拂 彈指
   揚眉 行棒下喝 種種作用 皆是祖師禪.

사람들이 감히 마음을 잊지 못하는 것은 휘어잡을 수도 없는 허풍에 떨어 질까 두려워서 그러는 것인데, 空도 없는 이 허공이 유일한 진여의 법계임을 모르기 때문이다.

　師又云 凡夫取境 道人取心 心境雙忘 乃是眞法 忘境猶易 忘心至難 人不敢忘心 恐落空無撈摸處 殊不知空本無空 唯一眞法界耳.

라고 한다. 마음과 대상을 다 잊는 것이 진여의 법계다. 대상을 인식하는 것이 마음이요, 인식되는 대상은 대상 그대로의 것이 아니라, 내 마음으로 인식된 대상이다. 善惡美醜가 이 마음에 따라 나타난다. 그렇다면 이것은 이미 있는 대상 그대로의 것이 아니라 내 마음에서 인식, 변조된 것이다. 그러니까 대상을 잊으려면 무심이 되어야 한다. 그래서 선 수행에 四義[3] 공부가 강조되는 것이다. 知訥이 이 사의를 선 수행의 방법으로 제시하였던 것도 그러한 이유에서였음을 다시 한번 강조하고 있다. 그러므로 있는 그대로의 것, 色聲言語가 바로 佛事라 하는 것이다.

　어디서부터 의문을 가질 것이며 어디에서 깨달을 것인가. 語默動靜일체의 色聲이 모두 佛事인데 어디서 부처를 찾을 것인가. 머리 위에 또 머리를 앉힐 수는 없는 것이다. 다만 異見을 갖지 말라. 三千 세계가 모두 자기에게서 온다. 어디에 갖가지 것이 있겠느냐.

　又云 問從何來 覺從何起 語默動靜 一切聲色 盡是佛事 何處覓佛 不可更頭上安頭也 但莫生異見 三千世界都來是介自己 何處有許多般.

語默 動靜 일체의 聲色이 모두 부처가 있는 곳이다. 다시 부처를 어디 가서 찾는가. 결국은 무심으로 이 일체를 볼 때 부처는 있는 것이니, 이 나의 무심 여기에서 삼천대천의 이 세계는 있는 그대로 있는 것이다. 그래서 禪師와 세속 재상과의 문답은 無心으로 끝난다.

　도를 배우는 이가 만약 無心으로 곧바로 떨어지지 못하면 비록 微塵의 수억 겁을 지나더라도 聖人의 道를 이루지 못할 것이요, 만약 무심에 곧바로 떨어질 수 있다면 이것이 끝이니라.

---

3) 泯心存境功夫(奪人不奪境)　泯境存心功夫(奪境不奪人)　泯心泯境功夫(人境兩俱奪) 存境存心功夫(人境俱不奪)

又云 學道人 若不直下無心 縱經塵劫 不成聖道 若能直下無心 便是究竟

　이 무심에서 오는 일체의 色聲言語 이것이 바로 佛事요, 이 경지에 이르는 것이 선 수행의 방법이자 목적이다. 경한이 『직지심체요절』을 초록한 의도는 여기에 있었던 것은 아닐까.

　여러 역대 조사의 心體要節에서 黃蘗 禪師의 한 예를 들어 전체를 요약하는 것이 바로 황벽이 지적한 '見聞覺知所覆'이 될 우려가 있기는 하나, 경한의 上堂法語에서 자주 색성언어를 여의지 말 것을 당부하고 있기[4] 때문에 서로의 연관성을 더 깊게 느낀 것이다.

　경한은 이 不離色聲言語의 目前에 있는 佛事·大道를 梁의 寶誌 和尙의 歌頌에서 많은 영향을 받은 것 같기도 하다. 『직지심경』의 초록에 보지 화상의 長篇 歌頌이 수록되어 있다. 「大乘讚頌」 10수와 「十四科頌」이 있다. 이러한 사실은 경한의 법어나 시가에 직접 간접으로 많은 영향을 주었을 것으로 이해된다.

3. 色聲言語의 禪詩

　위에서 살폈던 것처럼 경한은 조사들의 心體를 깊이 파악하면서 끝내 무심에 돌아가기를 바랐고, 그 무심의 결과가 있는 그대로의 빛이나 소리 또는 언어의 표현이요, 바로 참다운 佛理요, 佛事임을 강조했다. 그러면서 그의 어록도 이러한 色聲言語의 실증적 서술이 많았고, 시가의 서술은 비교적 적다. 고려의 몇몇 禪師, 그 중 어록을 남긴 선사 중에서도 시가가 특히 적은 이가 경한이다. 그런 사실은 경한의 다음 示衆說法에서 대변되는 것인지도 모른다.

　허다한 날, 석옥 화상을 좌우에서 모시면서 다만 無念眞宗만을 배워 여래의 無上妙道를 깨우쳤으니, 이 도는 有心으로 구할 수도 없으며 말로 표현할 수도 없고 寂黙으로 통달할 수도 없다.
　尋糸霞霧山 天湖庵 石屋和尙 許多日夕 侍立左右 只學得箇無念眞宗 圓悟 如來無上妙道 此道不可以有心求 不可以無心得 不可以言語造 不可以寂黙

---

4) 興聖寺의 上堂法語에서 "古人道 大道常在目前 雖在目前難道 若欲悟道眞體不離 色聲言語"라 했다.

通.

　말로는 표현할 수 없는 사실을 그때그때 如如한 말로 표현할 수밖에 없어서 형식적 구속을 받아야 하는 시가를 즐기지 않았던 것이 아닌가 하고 여기게 하는 설법이다.

　그런데 여기서 필자가 본 논고를 작성하면서 느껴온 갈등이 고조에 달했다. 한시는 일정한 형식을 요구하는 시인데, 선사들의 형식의 무시 내지는 경시를 어떻게 보아야 하느냐는 것이다. 離言絶慮요, 不立文字인 禪에서 그래도 언어를 빌지 않고서는 표현할 수 없기에 방편상 부득이 시의 형식을 빌어온 것이 禪理나 禪機의 시가 되었다. 그렇다면 한시가 갖는 형식의 구애를 받으려 하지 않을 것이 당연하다 하겠으나, 그래도 시가 운문의 대표적인 것이고, 운문의 가장 기본적인 요건인 압운은 있어야 하는 것이다. 그런데 경한의 시에는 韻을 의식하지 않는 것도 많다. 그렇다면 작자 자신도 시의 형식인 五言이나 七言의 자수율을 빌되, 시로 표현한다는 생각을 당초부터 하지 않은 것인가? 아니면, 시로 표현은 하되, 문학이라는 범주의 구속을 당초부터 피하고 내용의 시적 함축만을 의식한 것인가 어느 편이든 시적 표현을 빌기는 하되, 기존의 시적 형식에 구애받지 않으려 한 것만은 틀림없다.

　그러나 시의 형식을 전혀 무시한 것이 아니라, 한시의 일방적인 규약인 압운의 不統一이나 평측과 같은 聲調에 구애받지 않으려고 했으며 운율에서 가장 중시되는 자수율은 5·7言을 역시 기본 율조로 하고 있는 것이다. 이런 면에서 일단은 한시의 기본 요건은 갖추었다 하겠고, 시의 내용에 있어서는 禪理나 禪機와 같은 특수한 敎誡性도 있지만, 진여 묘체의 대자연을 禪趣的으로 함축함으로써 순수시의 풍미를 더하는 경우도 있다. 여기에 선가 시문학의 일반성과 특수성이 있는 것이다. 그런데 이러한 시적 형식을 경시한 것이 주로 敎誡를 목적한 찬송과 같은 시에 더 많다는 것도 교훈적 내용 전달을 주목적으로 했기에, 시의 형식은 그리 중요하지 않게 생각한 까닭일 것이라 생각한다.

　경한이 지공 화상에게 올리는 글 가운데 지공 화상의 頌을 引據하여 그 내용에 대한 질의를 한 것이 있다. 여기에 답한 지공의 송 두 수는 자수율 이외에는 시의 형식을 하나도 따르지 않고 있다.

　　　죽은 시체가 하루저녁 꿈을 꾸니　　尸得一夕夢
　　　彫塑된 사람과 이야기하고 있었다　　向塑人相語

| 꿈깨어 다시 살아나니 | 絶後復再甦 |
| 말한 것이 모두가 길이었다. | 所言皆是路. |

〈上指空和尙〉

　압운과 평측은 전혀 무시하였다. 禪理的 내용으로 평상의 논리로는 언어도단일 수밖에 없다. 시체가 꿈을 꾸어 석고의 부처상과 말을 하고 있다. 대화를 마치자 다시 사라지니 이것이 바로 길이라는 것이다. 그래서 경한은 이 송에 대하여 "죽은 사람 다 죽이고 나니 곧 산 사람 볼 수 있고, 죽은 사람 다 살리고 나니 오히려 죽은 사람과 같다〔殺盡死人 方見活人 活盡死人 還同死人〕"라고 하여 이것이 바로 선가의 '亦能殺人 亦能活人'이라 한다. 이와 같이 선사의 게송은 禪機의 발로로서 마치 병에 따라 약 처방을 내리는 것과 같아, 殺人 活人이 이 禪機의 投機에 있으므로 死句 活句의 표현이 중시되는 것이지, 표현되는 형식이 중요한 것이 아니다. 마치 병에 따라 처방되는 약이 중요한 것이지, 그 약을 싸는 약봉지가 문제되는 것이 아닌 것과 같다. 경한은 위의 편지와 함께 게송 12수를 지어 올렸다. 여기서도 역시 압운이나 평측과 같은 형식은 전혀 고려되지 않았다. 한두 수만 살펴보면,

본 마음은 본디 공적한 것이고	本心本空寂
本法은 원래로 남〔生〕이 없다	本法本無生
이러한 지혜의 눈 가져야	作此智慧觀
밝게 불성을 볼 수 있다.	是明見佛性

〈上指空和尙〉

도는 본래 모습이나 빛이 없으며	道本無形色
안도 바깥도 가운데도 없다	不在內外中
부처의 눈으로 보아도 보이지 않거늘	佛眼觀不見
범부의 어리석음이야 어찌 쉬 밝으랴.	凡愚豈易明

〈同　上〉

석녀가 갑자기 아기를 낳으니	石女忽生兒
목인은 조용히 머리를 끄덕인다	木人暗點頭
곤륜산이 쇠말을 타고	崑崙騎鐵馬
허공에 황금 채찍 날리 듯하다.	舜若着金鞭

〈同　上〉

　세 수 모두 韻과 평측이 없다. 오언절구 식이지만 근체시의 율격에 맞지 않으니 절구라 할 수도 없고 古詩라 하더라도 압운은 있어야 하니 고시라 할 수도 없다. 그러므로 속박을 여의는 선사들의 속박없는 자유형이라 할 수밖에 없다. 내용은 역시 禪理와 禪機를 담은 것이니 마지막에 든 시는 離言絶慮의 절정이다. 석녀가 아기를 낳을 수 없는 것이 상식이요, 허수아비가 고개를 저을 수 없는 것이 상식이다. 그러나 여기서는 이 상식을 초월한 것이다.

　이렇듯 선사들의 게송은 禪機의 함축이 주된 의도이기에 시적 형식을 무시하였다. 그러나 자연의 叙景이나 抒情에는 시의 형식을 따른 것이 일반적이었으나, 경한은 이때에도 시의 형식에 얽매이려 하지 않음이 많다. 이는 不離色聲言語가 바로 眞體의 도를 깨닫는 것이라고 강조하는 경한으로서는 형상 그대로, 소리 그대로, 말 그대로, 있는 그대로를 표현함으로 족한 것이지, 형상에 매이다가 진여 본체의 妙를 상하게 됨을 의식한 것 같다.

　「居山」의 題下에 수십 수의 시가 있는데 그 중 몇 수를 살펴보면,

동구의 흐르는 물 쪽빛에 물든 듯	洞中流水如藍染
문밖의 푸른 산은 그려도 쓸 데 없어	門外靑山畵不成
산빛 물소리 大全의 본체 나타냄인데	山色水聲全體露
그것에서 누구나 無生을 깨우치리.	箇中誰是悟無生.

〈居山〉

　이 시의 형식은 칠언절구의 형식에 맞추었다. '成' '生'은 '庚'韻으로 평성 압운이 되었고 평측도 平起式 正格이다. 내용은 산수의 서경을 起承에서 펴놓고 轉結에다 이 자연에서 오는 선리를 담았다. 위에서 본 不離色聲이다. 있는 그대로의 산빛과 물소리, 그대로 드러나 있는 것이다. 여기서 無生을 알아야 한다. 生이 있다면 滅이 있어야 하니 全體露가 될 수 없는 것이다.

소나무 창 바람에 울리고 눈은 산에 가득	風吼松窓雪滿山
밤들자 푸른 등 고요함을 비추네	入夜靑燈照寂寥
장삼옷 알머리에 만사를 멈추니	衲衣蒙頭休萬事
이것이 山僧의 힘있는 때다.	此是山僧得力時

〈同　上〉

　압운이나 평측이 전혀 고려되어 있지 않다. '山', '寥', '時'가 각기 평성이기

는 하나 韻目이 다 다르다. 시의 내용은 조용한 산사의 서경에 산승의 무사함을 묘사했고, 그것이 바로 산승의 得力이라면 경한의 무심이 바로 不離色聲할 수 있다는 이 무심의 경지를 보인 것이다.

밝은 날 강산은 곱고	白日江山麗
푸른 봄 화초가 번성한다	靑春花草榮
다시 더 무슨 말이 필요하랴	何須重話會
만물은 원래 원융히 이룬 것인데.	萬物本圓成

〈同 上〉

五言絶句의 형식에 맞는 시다. 시의 내용도 평탄하면서 선리를 잘 드러내고 있다. 아름다운 강산, 꽃다운 화초, 봄날의 서경 그대로다. 여기에 딴 말이 필요하겠는가. 이것이 바로 眞體의 원만한 대완성이 아니냐. '大道常在目前'의 실증을 보인 것이고 그 보이는 방법으로 不離色聲言語가 된 것이다.

밝은 해도 밤은 비추지 못하고	白日不照夜
밝은 거울도 보는 이의 뒷 모습 못 비춘다	明鏡不照後
어찌 내 마음	焉得如我心
원융 명백하여 항시 고요하게 비칠 수 있으랴.	圓明常寂照

〈同 上〉

자수율 이외에는 시의 형식이 전혀 고려되지 않았다. 시의 내용도 평범한 사실 그대로 평상적 언어의 꾸밈없는 표현이다. 그래서 시를 쓴다는 의식 이전에 평범한 진리를 쉽게 표현한다는 가벼운 마음으로 쓰여진 것임이 틀림없다. 이렇듯 선사의 凡聖의 無住着이 시어의 평범성과 시형의 비엄격성을 가져온 것이 틀림없는 것이다.

이와 같이 경한의 시는 무심에서 오는 不離色聲言語로서 眞體 자연 그대로의 詩化였다 할 수 있다. 그런 면이 평범한 시어의 구사에서 오히려 깊은 선리를 담게 된 것이다. 이와 같은 평범성은 그가 고려말의 太古 普愚나 懶翁 慧勤과 함께 大禪師이었음에도 불구하고 서민적 생활로 일관했던 생활인의 실천적 자세에서 우러나온 것이라고 할 수 있다.

唯心的 普愚의 歌頌

1. 唯心의 示衆語錄

고려가 말엽으로 접어드는 무렵 忠烈王에서 恭愍王을 거쳐 禑王에 이르기까지 82년을 살았던 太古 普愚(1301~1382)가 당시의 불교계에 쌓은 업적은 지대한 것이었다. 生父 洪廷에게 國師의 功으로 해서 開府儀同三司 上柱國門下侍中 判吏兵部事 洪陽公이라는 贈職까지 내리게 했다는 것은 태고의 업적이 어떠했던가를 쉽게 이해하게 한다.

그의 행적은 문인 維昌이 지은 국사의 행장과 李穡이 지은 塔銘에 비교적 자세히 남아 있는 셈이다. 13세 되던 忠宣王 5년(1313)에 檜岩寺의 廣智 선사에게 입도하여 迦智山의 法孫이 되었다. 그러나 뒤에 廣明寺에 圓融府를 두고 九山禪門의 단일화 작업을 폈으니, 어느 한곳에 結社하지 않고 統合禪門을 구축하려 했던 것이다. 이와 같은 종단의 개혁의지가 우리나라 불교 조계종의 宗祖로 보는 견해를 낳게 되었을 것이다. 한편, 辛旽을 假僧이라고 상소할 수 있는 기백도 불교 자체를 정화하려는 진취적 의지였다고 볼 수 밖에 없는 것이다.

悟道의 과정에서도 보우는 다른 선사와 달리, 蔡洪哲의 私第 별장인 栴檀園에서 冬結制에 들어 '無'字 話頭로 寤寐一如하여, 다음 해 정월에 豁然 大悟하였다. 왜 사원이 아닌 세도가의 私第에서 修禪을 해야 했는가. 채홍철이 새로운 사대부 출신의 관리이면서 독실한 居士였기 때문이기도 하지만[1] 유창이 쓴

---

1) 韓基斗는 "意外로 莊園을 가진 士大夫들은…僧侶들보다도 더욱 깊은 信念을 가진 사람들이 많았고 이에 따라 朝廷이 士大夫들에게 依存하는 時代로 바꿔 놓았다. 公田까지 私有化했던 權門世族들은 貴族政治에 腐敗하여 士大夫 곧 讀書하는 官吏들의 손에 쓰러지고 새로운 支配者로서 高級官吏層이 形成된 것이다. 바로 이것이 士大夫요, 蔡中庵의 位置라 하였다."하여, 새로운 士大夫로, 公田을 私有化한 權門을 타도한 것으로 蔡洪哲을 보나, 오히려 蔡洪哲이 公田을 私有化한 權門이지만 普愚가 蔡洪哲의 청을 받은 것은 단순한 信心으로 보아야 하겠고, 한편 그곳이 영이로워 그 청을 받아들인 것 같다.

행장대로라면 보우는 風水地理에 민감했던 것 같다. 이는 후의 漢陽遷都의 주
장[2]과 일맥상통하는 점이기도 하다. 행장에 의하면 "蔡中庵以第北梅檀園爲儲
靈蓄異 可以助道之地 請師結冬"이라 하였으니 채홍철이 자신의 별장을 靈異한
곳이라 하여 초청한 것이 틀림없으나, 이를 기꺼이 응했고 거기에서 寤寐一如
했다고 한다면 보우 자신이 영이스러운 곳으로 인정한 셈이다. 그러나 동기야
어찌 되었던 이 三冬 結制에서 오도하였고, 태고라는 호를 갖게도 되었으니,
당시의 悟道頌을 들어본다.

趙州의 옛 늙은 부처	趙州古佛老
앉아서 온 성인의 길을 끊었구나	坐斷千聖路
吹毛劍으로 낯을 긁어내리고	吹毛覷面提
온 몸은 구멍 없는 젓대일세	通身無孔竅
외로운 토끼 자취를 끊더니만	狐兎絶潛蹤
몸을 돌리니 사자가 나타난다	翻身獅子露
얽매인 문 무니고 나니	打破牢關後
맑은 바람 태고에서 부네.	清風吹太古

〈太古和尙行狀〉

趙州의 '無'字 화두는 실로 온갖 성인의 길을 徑截한 것이다. 눈앞에 어리는
邪見을 吹毛劍으로 자르듯이 단절한 것이다. 여우나 토끼 같은 것은 아예 자취
를 감추고 사자의 위엄이 드러난 것이다. 문 고동을 부수고 나니 태고를 불리
는 맑은 바람이다. 이런 태고다. 보우는 조주의 無字話頭를 매우 중시하여 示
人에 이것을 많이 강조했다. 張無際 居士에게 준 글에도 이를 중시하였으며,
廉政堂 興邦에게도 이를 강조하였다.[3]

47세 되던 해 충목왕 3년(1347)에 중국에 가서 하무산 천호암에서 石屋 화

---

2) 維昌撰行狀에 "或曰 本京是三陽之地 禪爲一本 配陽之德 而九爲三陽數 故以九
祖之道 可以裨之 若夫九山參學 各作其隊 規會演福明堂之地 敷暢厥猷 則天祥
降天祜生矣…而九爲老陽 一爲初陽 老而衰也 理之常 而又立都之時 九山之來
旣久 不如反其初 爲新陽之爲愈"라 하여 새로운 都邑의 遷移를 주장하였다.

3) 僧問趙州狗子還有佛性也無 州云無 這箇無字不是無之無 亦不是眞無之無 畢竟什
麼道理耶 旣有此疑時 切切參詳看 自然逗到 百不知百不會 這裡使是好處 利根者
到此 豁然大悟(太古和尙語錄,〈示廉政堂興邦〉)

상을 만나 반 달 동안의 문답을 했지만, 석옥은 "老僧無一可說 長老無一字可聞 是眞相見"이라 하였으니 서로의 心傳을 짐작케 한다. 그 해 1월에 燕京으로 돌아오니 諸山長老들의 開堂請에 의해 永寧禪寺에서 太子 생일의 上堂이 있었다. 이렇듯 보우는 당시 국제적 활약을 하면서 선가뿐만 아니라 거사나 사대부에게도 두루 酬應하고 國事에도 창의적 소견을 開陳하였다. 그렇다면 어디에나 두루할 수 있는 힘이 무엇이었을까. 그것은 바로 '唯心'에서 온 것이다. 공민왕이 청한 心要에서 그는 이렇게 설법한다.

　　여기 한 물건이 항시 사람들에게 있다. 발을 들 때나 놓을 때나, 대상을 만나거나 어느 사연을 당하거나 분명하고 분명하며 생각 생각마다 분명하고, 사물 사물마다 현저해서 일체 하는 일에 조용히 드러나는 것이다. 이것을 마음이라 하며 또는 도라 하고 또 만법의 왕이라 하며, 부처라 한다. 부처는 이르기를 가거나 오거나 앉거나 눕거나 항상 이 속에 있다 했고, 堯舜은 이르기를 中을 성실히 잘 잡으면 하는 것 없이 천하가 잘 다스려진다 했으니, 요순이 어찌 성인이 아니며, 佛祖라 해서 어찌 특별한 사람이겠느냐.

　　此一物 常在人人分上 擧足下足時 觸境遇緣處 端端的的 的的端端 頭頭上顯 物物上顯 一切施爲 寂然昭著者 方便呼爲心 亦云道 亦云萬法之王 亦云佛 佛言經行及坐臥 常在於其中 堯舜亦曰 允執厥中 無爲而天下大治 堯舜豈非聖人乎 佛祖豈異人乎.

〈玄陵請心要〉

라고 하였다. 이렇듯 모든 것이 마음의 부림이라 보았던 것이며, 거기에는 儒佛이라고 차이가 있을 수 없다는 것이다. 더 나아가서는 생사의 개념도 이 마음의 起滅로 보았으니, 方山 居士 吳僎에게 보내는 答書에서 "念起念滅謂之生死"라 하였다. 또 樂庵 居士에게 보낸 서신에서는 "明此心之謂佛 說此心之謂敎"라 하였다. 一切唯心造라 함이 불가의 常理이기는 하지만 보우처럼 唯心을 강조한 이는 드문 것 같다. 어록에 보이는 示人의 글이 거의 이 유심을 주조로 하고 있기 때문이다. 그러나 이 유심은 궁극적으로는 無心을 지향하는 한 방편이지, 여기에 얽매이면 안 되는 것이다. 白忠 居士에게 보이는 글에는 이렇게 말하고 있다.

부처가 말하기를, 십만 억 불토를 지나면 세계가 하나 있는데 극락이라 하고, 그 땅 안에 부처가 있는데 阿彌陀라고 한다. 지금의 설법에도 그렇게 말한다. 부처의 이 말씀에는 은밀한 뜻이 깊이 간직되어 있으니 백충 거사는 알겠는가? 아미타불의 이름은 의당히 마음에 있어, 항상 어둡지도 않고 생각 생각마다 틈이 있어도 아니 돼, 간절히 생각하고 간절히 생각하소. 만약 생각이 다하고 의미가 없어지면, 생각하는 자리로 되돌아갔을 때 그는 누구일까. 또 무엇을 관찰했고, 관찰하는 자리에 되돌아가면 그는 또 누구일까. 이렇게 세밀히 자세히 생각하여 이 마음이 홀연히 끊어지면 곧, 自性彌陀가 뚜렷이 앞에 나타날 것이니 힘쓰고 힘써라.

佛言過十萬億佛土 有世界 名曰極樂 其土有佛 號阿彌陀 今現在說法云云 佛之此語中 深有密意 忠居士還知麼 阿彌陀佛名 當在心頭 常常不昧 念念 無間 切切紊思 切切紊思 若思盡意窮 則返觀念者是誰 又觀能恁麼 返觀者又 是阿誰 如是密密紊詳 此心忽然斷絕 即自性彌陀 卓爾現前 勉之勉之.

〈示白忠居士〉

아미타불이 마음에 있는 것이나 이 마음마저 여읠 때 自性 本體의 아미타불이 나타난다 하였으니, 결국 유심은 무심을 전제로 한 마음인 것이 분명하다. 이렇듯 유심을 전제로 한 무심의 無를 중시한 보우의 견해는 '無'字 話頭에서 연유된 것이 아닌가 생각한다. 위에서도 보았듯이 悟道는 이 '無'字 화두의 參求에서 이루어지기도 하였거니와, 이것을 게송으로 강조한 것이 「示紹禪人」이 아닌가 생각한다.

부처께서 말씀한 戒定慧는	佛說戒定慧
身·口·意의 경계를 청정히 하는 것이나	淨身口意界
身三 口四 意三業에도	身三口四意三業
하나하나 持淨의 戒도 지으려 말라	一一莫作持淨戒
생각마다 趙州의 無字話頭를 제기하되	念念提起趙州無
一切時에도 無字에 어둡지 말라	一切時中不昧無
行·住·坐·臥의 어느 때나	行住坐臥二便時
옷을 입거나 밥먹을 때 항시 無字를 제기하라	着衣喫飯常提無
고양이가 쥐잡고 닭이 알을 품듯	如猫捕鼠鷄抱卵
모든 것에 어둡지 않도록 無字를 들라	千萬不昧但擧無

이렇듯 화두가 끊임이 없으면	如是話頭不間斷
의심 일으키고 인연 참구하되 무슨 無를 또 말하랴.	起疑參因甚道無
의심과 화두를 하나로 이뤄	疑與話頭成一片
動·靜·語·默에 항시 無字를 제기하라	動靜語默常提無
점점 자나깨나 한결같은 때는	漸到寤寐一如時
다만 화두에서 마음 옮기지 않게 하라	只要話頭心不離
의심이 정을 잊고 마음 끊는 곳에 이르면	疑到情忘心絶處
한밤중에 태양이 하늘 뚫고 날은다	金烏夜半徹天飛
이때 희비의 마음 내지 말고	於時莫生悲喜心
本色에 참구하여 길이 의심 여의어라.	須參本色永決疑.

이렇듯 '無'字 화두를 중시하였다. 行住坐臥 語默動靜 언제 어디서나 '無'字를 탐구한다 함은, 결국은 유심의 본색으로 돌아와 疑端을 길이 끊자는 것이 아닌가.

2. 禪理로 함축된 歌頌

『太古和尚語錄』은 문체에 따른 편찬으로 歌吟銘의 한 章과 게송의 장을 따로 분류하였다. 본 논고에서는 이 두 장을 따로 처리하여 歌吟銘을 歌頌으로 고찰하고 게송은 장을 바꾸어 고찰하기로 한다.

歌吟銘에는 4편의 歌와 吟·銘이 각각 1편씩 수록되어 있다. 많은 편수는 아니나, 가송으로서의 수법이 매우 높다. 우선 「太古庵歌」를 살펴보면, 이 노래는 삼각산 重興寺의 동편에 암자를 짓고 이름을 태고암이라 하여 지은 노래다. 維昌이 쓴 행장에는 "태고라는 편액을 붙이고 長歌를 지었는데 아담한 곡조가 더욱 높아 아는 이가 별로 없고 때때로 소나무 소리만이 화답한다〔扁曰太古 瀟灑邁越 發爲長歌 冷冷然 雅調彌高 知音蓋寡 有時松聲 自和而已〕."라고 하였다. 보우가 중국에 가서 석옥 화상을 만나 이 노래를 알리니 비할 데 없이 훌륭한 노래라고 하면서 "오래도록 글을 주고 받는 일을 사절하여 왔는데 붓이 춤을 추어서 저절로 말미에 쓰게 된다〔余久絶酬應 管城子忽焉踉跳 不覺書于紙尾 復爲詞〕."라고 하여 詩詞 한 수를 썼다. 이런 사실로 미루어보아 몇 편의 노래 중에서 가장 뛰어난 것이 틀림없다. 아래에 전편을 들어본다.

내 이 암자에 살면서 나도 잘 알지 못해	吾住此庵吾莫識
깊고 깊고 좁고 좁아도 옹색하지 않다	深深密密無壅塞
하늘 땅 덮어 가두었으니 앞뒤가 없고	函盖乾坤沒向背
동서남북 사방 어디에도 집착이 없다	不住東西與南北
珠樓 玉殿의 좋은 집 상대도 안 되고	珠樓玉殿未爲對
少室의 풍치나 규격도 본받을 것 없다	少室風規亦不式
팔만사천의 문 깨뜨리면	爍破八萬四千門
저쪽 구름밖에 청산은 푸르다	那邊雲外靑山碧
산 위의 흰구름 희고 또 희고	山上白雲白又白
산 속 흐르는 샘 방울져 있는다	山中流泉滴又滴
누가 흰구름의 모습 이해하랴	誰人解看白雲容
개이고 비오고 때로는 우뢰치는 것을	晴雨有時如電擊
누가 이 물소리 들을 줄 알랴	誰人解聽此泉聲
천 번 만 번 굴러도 쉴 줄 모르는데	千回萬轉流不息
생각이란 표현되기 이전에 잘못되었거늘	念未生時早是訛
다시 입을 열어 시끄럽게 되는구나	更擬開口成狼藉
비 서리 겪은 지 몇 해가 지났나	經霜經雨幾春秋
무슨 한가로움 있어 오늘을 아나	有甚閑事知今日
거친 밥 좋은 밥	麁也湌 細也湌
사람따라 저마다 즐기고 있다	任儞人人取次喫
雲門의 호떡이나 趙州의 차가	雲門糊餠趙州茶
이 암자의 맛 없는 밥만 하겠는가	何似庵中無味食
본래 이러한 것이 옛 가풍이니	本來如此舊家風
누군들 그대에게 기특하다 말하랴	誰敢與君論奇特
터럭 끝에 세워진 이 太古庵	一毫端上太古庵
넓다 해도 넓지 않고 좁다 해도 좁지 않다	寬非寬兮窄非窄
거듭되고 거듭된 이 刹土라도 갈무리되어	重重刹土箇中藏
생각을 뛰넘는 投機 하늘을 찌른다	過量機路衡天直
三世의 여래라도 도시 이해 못할 게고	三世如來都不會

역대의 조사들도 여기서 벗어나지 못해	歷代祖師出不得
어리석고 답답한 이 주인공은	愚愚訥訥主人公
거꾸로 걷고 거슬러 다녀 법칙이 없다	倒行逆施無軌則
靑州의 헤진 장삼 걸쳐	著郤靑州破布衫
달에 비친 등나무 그늘 절벽에 기대다	藤蘿影裡倚絶壁
눈앞에 법도 없고 사람도 없어	眼前無法示無人
아침 저녁 부질없이 푸른 산빛 쳐다본다	旦暮空對靑山色
올연히 일없어 이 곡조 노래하면	兀然無事歌此曲
서쪽에서 온 가락 더욱 뚜렷하구료	西來音韻愈端的
이 세상 누가 있어 같이 부르랴	徧界有誰同唱和
영산의 少室에서 박자 맞추며	靈山少室謾相拍
누가 太古의 줄 없는 거문고로	誰將太古沒絃琴
오늘의 이 구멍 없는 젓대에 응답하랴	應此今時無孔笛
그대 보지 못했나 태고암 안의 태고스런 일	君不見太古庵中太古事
다만 지금까지 역력히 분명하다네	只這如今明歷歷
百千三昧가 그 속에 있어	百千三昧在其中
이익 사물에 대응해서 항상 적적하네	利物應緣常寂寂
이 암자가 비단 이 늙은 중만 살겠나	此庵非但老僧居
塵沙 같은 佛祖까지 風格을 같이하시네	塵沙佛祖同風格
결정적 말씀 그대 의심마소	決定的 君莫疑
지혜로 알기 어렵고 지식으로 예측 못하네	智亦難知識莫測
마음으로 되비쳐도 오히려 아득하고	回光返照尙茫茫
곧바로 이해해도 오히려 막히는 자취일세	直下承當猶滯跡
어떠냐고 물으면 되례 큰 착각이니	進問如何還大錯
여여히 움직이지 않는 모진 돌처럼 되게	如如不動如頑石
툭 터놓고 망녕된 생각을 마소	放下着 莫妄想
곧 여래의 큰 깨우침이니	即是如來大圓覺
오랜 세월 어찌 이 문을 나서랴	歷劫何曾出門戶
잠시 오늘 이 길에 떨어졌다네	暫時落泊今時路
이 암자가 원래는 太古로 이름하지 않았는데	此菴本非太古名
오늘이라는 말 때문에 태고라 했네	乃因今日云太古

하나가 일체이고 많음이 하나이니　　　　　　一中一切多中一
하나에 주착하지 않음이 요료한 이해일세　　一不得中常了了
모날 수도 둥글 수도 있어야　　　　　　　　能其方 能其圓
흐름따라 굴러도 모두가 유현한 것이지　　　隨流轉處悉幽玄
나에게 산중 경계 묻는다면　　　　　　　　君若問我山中境
솔바람 소슬하고 달은 시내에 찼다 하지　　松風蕭瑟月滿川
도도 닦지 않고 참선도 않고　　　　　　　　道不修 禪不絫
수침향 불 꺼지고 연기도 없는 화로　　　　水沈燒盡爐無烟
그런 대로 맡겨 놓고 그런 대로 지나지　　　但伊騰騰恁麽過
어찌 구구히 까닭 알랴 하리오　　　　　　　何用區區求其然
뼈 속까지 통한 청렴 뼈 속까지 통한 가난　徹骨淸兮徹骨貧
살 길은 절로 威音 앞에 있다네　　　　　　活計自有威音前
한가하면 크게 太古歌나 부르고　　　　　　閑來浩唱太古歌
쇠소 거꾸로 타고 人天에 노닌다　　　　　　倒騎鐵牛遊人天
어린이는 보이는 것 모두 신기하나　　　　　兒童觸目盡伎倆
굴려도 되지 않고 한갓 눈꺼풀만 피곤하네　曳轉不得徒勞眼皮穿
암자 안 추출한 꼴 이러하거늘　　　　　　　菴中醜拙只如許
무얼 다시 더 알려나 하겠는가　　　　　　　可知何必更重宣
三臺에서 춤도 끝나 돌아간 뒤면　　　　　　舞罷三臺歸去後
푸른 산은 옛처럼 林泉을 마주보네.　　　　青山依舊對林泉

〈太古庵歌〉

　　芥子納須彌나 毛端藏刹海와 같은 法理, 태고암의 좁은 공간에도 우주를 담는
넓음이 있고 그런가 하면 있는 그대로의 조그만 암자에 지나지 않는 태고암임
을 반복 咏頌하고 있는 것이다. 그것은 이 암자에 住着하고 있는 주인공인 작
자 자신을 말하면서 누구라도 그렇게 되기를 바라는 聖者的 바램이다.
　　가송의 구성은 암자의 위치와 환경을 말하면서 轉流不息의 法理로 시작하여
암자 안의 주인공의 非寬非窄의 器量을 말했다. 이어 몰현금이나 무공적으로
비유되는 眞如 大全의 이 자연의 음악, 이것이 곧 암자의 노래임을 말한다. 이
어서 佛祖들의 결정설은 이 여여한 실상임을 암시해갔다.
　　이어 能方能圓의 원융한 작자의 기상은 흐름을 따라도 幽玄하니 從聖入凡 出

出世間의 보살정신으로 환원한다. 결론은 결국 靑山依舊對林泉이다. 있는 그대로의 것이다. 그렇다면 이 太古마저도 청산의구적 태고가 아닌가. 太古庵中太古事 只這如今明歷歷이 바로 이 점을 말한 것이다. 옛의 태고가 아니라 역력히 보이는 오늘의 태고인 것이다. 이렇듯 이 노래는 歌意와 구성이 조금도 어긋남이 없이 관련되면서 물 흐르듯이 유연한 千回萬轉流不息이요, 隨流轉處悉幽玄 그대로이다. 그의 행장에서 말한 有時松風 自和而已는 적절한 표현이었음이 분명하다.

　그 밖의「雜華三昧歌」는 『화엄경』의 歌頌化로 禪理의 점철이기에 문학적 접근이 어렵고「山中自樂歌」나「白雲庵歌」는 雲水와 함께 하는 自樂의 극치이다. 역시 山居의 선사이기에 消遙自適의 운치가 넘나고 있다.「雲山吟」도 산중의 즐거움이기는 하나 여기서 物我의 一致境에서 산과 대화하고 있는 작자는 이제 雲山과 동일공간에서 안주하면서 주빈을 구별할 수 없는 처지가 되었다. 전편을 다음에 들어본다.

산 위의 흰구름 희고	山上白雲白
산 속 흐르는 물 흐른다	山中流水流
여기에 내 머물려 했더니	此間我欲住
나 위해 흰구름이 한 구간 열어주네	白雲爲我開山區
구름은 마음 속 이야기 다 하고	白雲話盡心中事
때로는 비를 뿌려 오래 머무르지 않는다	有時行雨難久留
또 맑은 바람결을 받으면	又被淸風便
三千大千世界 지나서 천하를 다 지난다	行盡三千歷四洲
나도 그대따라 맑은 바람 타고	我亦隨君馭淸風
강산 곳곳마다 쫓아 놀리라	江山處處相追遊
어떻게 놀 셈인가	追遊爲何事
백구와 함께 파도에 노닐고	堪與白鷗戲波頭
돌아와서는 솔 아래 달과 함께 앉는다	卻來共坐松下月
솔바람 쓸쓸히 흔들거리나	松聲動啾啾
이 마음 누구와 이야기할까	此心其誰話
항하 모래 같은 佛祖님도 아득하니	恒沙佛祖盡悠悠
게을리 구름 속에 누웠다	懶臥白雲裡

푸른 산이 나에게 근심없다 비웃으나	靑山笑我大無憂
내 웃으며 그내에 대답힌다	我卽笑而答
너 산이야 내가 온 뜻 알겠니	汝山不識吾來由
평생토록 졸음이 모자라서	平生睡不足
이 水石 사랑하여 이불을 삼았다	愛此水石爲衿裯
청산은 나를 비웃으면서	靑山爲我笑
왜 일찌감치 와서 내 짝이 되지 않았노	何不早歸來吾儔
그대 이 푸른 산 사랑하거든	君若愛靑山
등나무 그림자에서 마음껏 쉬소	藤蘿影裡大休休
내 푸른 산의 이 말 따라	我從靑山語
몸을 던져 靑山樓에 벌렁 누웠다	放身大臥靑山樓
이따금 꿈도 꾸고, 다시 깨기도 하여	有時夢 有時覺
꾸고 깨어남에 얽매임 없다	夢覺元無拘
꿈 속에서 오던 길 찾았더니	夢裡却尋來時路
장안의 술집서 木牛를 탔더라	長安酒肆騎木牛
木牛는 봄바람의 생각대로 변해	木牛化作春風意
꽃 피우고 버들눈 떠 구슬알 같다	綻花開柳如琳球
복사꽃은 붉기 불과 같고	桃花紅似火
버들솜 담요처럼 희다	柳絮白如毬
그 속에 오얏꽃 흴 대로 희었으니	中有李花白又白
말 없이 끌려들어 신비한 말 찾았다	無言引得幽言求
진귀한 새 소리 찰나의 꿈을 깨니	珍禽啼破利那夢
아직도 달콤한 졸음맛 몸 움직이지 않네.	睡味猶甘身不動

〈雲山吟〉

　구름, 산, 작자가 一心의 세계다. 雲山을 찾는 이유가 너무도 분명하고 산중에 묻힌 즐거움, 아니 게으름이 참으로 신선 같다. 구름따라 노닐다가 산중으로 상황을 바꾸면서 산과 내가 하나가 되어버렸다. 꿈 속에서 다시 과거의 시간으로 역행하면서 봄기운이 가득한 花柳에서 法界의 幽音을 터득했다. 그러나 꿈으로만 마무리할 수 없어 깨어난 현실로 결말을 맺는다.

　전편의 구성이 무리없이 진행되면서 상황의 변화를 자유로이 이동시켰다. 구름에서 물로 잠시 상황을 바꾸었다가 곧 산으로 와서 안주했다. 상하의 수직적 이동에서 바로 중앙의 산으로 옮겨 몸을 크게 눕혔으니 수직에서 수평 공간으로 쉽게 변화시킨 것이다. 雲水의 유동에서 산중의 정지된 공간으로 이동했으니 작자 자신의 修禪的 마음가짐의 간접적 표현이기도 한다.

　修辭도 전편이 평이하면서도 부드럽게 구사되어 있다. 장단구의 교체에서 리듬의 변화를 주어 시가 갖는 리듬의 지루함을 느끼지 않아, 노래로서의 적절한 운율을 이루었다.「山中自樂歌」와「白雲菴歌」가 산이나 구름에다 禪理를 지나치게 투영시킨 데 반해, 이「雲山吟」은 이 두 노래를 하나로 묶은 듯하면서도 歌詞에서 禪的 托意가 심히 느껴지지 않고 山中自樂의 평범한 즐거움을 느끼게 한다. 결구의 "睡味猶甘身不動"의 이 ‘不動’이 전편을 꽉 누르고 있다. 몸이 굳어버리는 것이다. 이 노래의 독자는 여기에서 눈동자가 굳었다. 그야말로 ‘歌意猶甘眼不動’이라 하고 싶다. 눈이 떨어지지 않는 것이다. 보우는 확실히 歌頌의 大手였다.

3.　偈頌으로 昇化된 名號頌

　『태고화상어록』하권에는 게송의 篇名 아래 백여 수의 시가 수록되어 있는데 그 중 90여 수는 승려나 거사의 號에 대한 頌詩이고 나머지 10여 수가 送人詩와 酬答詩로 되어 있다. 여기에서 名號頌이라 한 것은 號에 대한 頌詩를 이런 명칭으로 정해본 것이다. 受戒詩라는 명칭으로 생각도 해보았으나, 수계시는 행자나 거사가 수계할 때 법명과 함께 내리는 시이지만 보우의 게송 시편들은 단순한 號를 거기에 맞는 내용으로 시화한 것이므로 受戒詩나 또는 垂戒詩와도 성질을 달리 한다. 명호송이라는 용어가 생소하기는 하나 더 적절한 용어가 없기 때문에 부득불 사용한 것이다.

　여기서 보우의 시문학적 위치를 한번 살펴보아야 할 것이다. 위에서 본 것처럼 보우에게는 순수시로서의 작품이 매우 드물다. 여기서 살피려는 명호송의 게송이 시가 아닌 것은 아니로되, 본 어록에 보이는 ‘古松’이니 ‘對松’이니 ‘雲石’이니 하는 詩題가 순수한 자연물의 시제가 아니라 사람들의 명호이니, 그 시의 내용도 순수한 자연의 吟咏이 아닌 인물의 贊銘이 될 수밖에 없다. 이런 면에서 위에서 살폈던 慧諶이나 冲止가 시를 시로 썼던 作詩의 저의와는 차이가 있다. 이 점 때문에 보우를 시인으로 매기기에 약간 주저스런 점이 있음도 숨길 수 없는 심정이다. 그러나 作詩의 저의야 어찌 되었건, 표현된 시의 형식이 시로서 만족스럽고 내용 또한 시적 상상이 담겼다면 일단 시로 포용하여 살펴볼 필요가 있다. 다음은 그러한 시 몇 편을 살펴보려는 것이다.

속에 아무것도 없이 원래가 맑아서	中無一物本來淸
온 세상 누구도 이 뜨락 넘볼 수 없다	擧世無人窺戶庭
봉의 휘파람 용의 울음으로 禪寂을 깨쳐	鳳嘯龍吟破禪寂
한줄기 밝은 달 강마을에 그득하다.	一竿明月滿江城

〈竹庵〉

竹庵이라는 호에 대한 시다. 형식상 완전한 한 편의 시이다. 죽암은 대나무로 둘러싸인 암자다. 전편이 암자의 고요함을 읊었다. 그러면서도 각 구는 대나무의 특성을 말하여 이 호의 주인공의 인품도 암시하고 있는 것이다. 起句의 "中無一物本來淸"은 우선 대가 속이 비었음을 알 수 있고 또 암자의 淸寒을 연상할 수도 있고 주인공의 淸貧도 연상할 수가 있다. 이렇듯 글자가 갖는 의미와 주인공의 인품도 짐작하게 한다. 시적 상징으로 보아 무방하다. 承句에서는 아무리 대의 속이 비었다 하더라도 들여다 볼 수 없는 것이 댓속이다. 암자가 텅 빈 것 같아도 그 문호는 쉽게 넘볼 수가 없다. 주인공의 인품도 마찬가지다. 그 넓음, 깊음은 평상인으로서 짐작할 수 없다. 이것이 바로 "擧世無人窺戶庭"인 것이다. 그렇다고 항시 조용하고 비어 있는 것만은 아니다. 비어 있기에 소리가 난다. 그 소리가 그저 보통의 소리가 아니다. 龍鳳의 울음이다. 대나무는 악기의 중요한 소재다. 그것은 바로 속이 비어 울림이 크기 때문이다. 이 암자는 항시 조용한 것 같지만, 이 속에 龍鳳의 울림이 있다. 주인공의 고매한 인품도 바로 鳳嘯龍吟인 것이다. 그러나 대나무로서의 한적함의 극치는 세상사 잊고 강가에 드리운 낚싯대일 것이다. 그것도 굽은 낚시가 아닌 곧은 낚시를 달아맨 낚싯대일 때는 더욱더 한적한데 거기에 달이 뜬 것이 一竿明月이다. 이 조용한 강마을에 가득한 명월이다. 대나무의 한가함, 암자의 조용함, 주인공의 物外閑人的 자세, 이것이 결론으로 버무린 "一竿明月滿江城"이다.

이렇게 보면, 이 시가 명호송이기는 하나 그러한 목적성을 떠나서 한 편의 시로서 성공하였다고 할 수 있다.

<table>
<tr><td>흰구름 구름 속 청산은 거듭거듭</td><td>白雲雲裡靑山重</td></tr>
<tr><td>푸른 산 산중에 흰구름도 많더라</td><td>靑山山中白雲多</td></tr>
<tr><td>날마다 구름산 따라 친구가 되었으니</td><td>日與雲山長作伴</td></tr>
<tr><td>몸 편한 어느 곳인들 집 아니랴.</td><td>安身無處不爲家</td></tr>
</table>

〈雲山〉

雲山이란 호에 대한 시다. 구름과 산을 벗삼아 사는 평안한 모습이다. 시의 표현도 기교 없이 구름이나 산을 그려내어 그 소박함에 친근감을 갖게 하고 있다. 운산과 作伴한 禪師의 모습이 시편 밖으로 돋아난다. 결구는 선사의 작가를 의미한다. 작가란 대중에게 臨機投要하는 선사를 말한다. 여기서도 그러한 선사를 연상하게 하며, 다시 鄭澈의 다음 시조가 연상된다.

물 아래 그림자 디니 드리 우히 즁이 간다

뎌 즁아 게 잇거라 너 가는 뎌 무러 보쟈

막대로 흰구름 ᄀ르치고 도라 아니보고 가노매라

〈松江歌辭下, 星州本〉

그야말로 구름따라 여유 작작한 雲水僧의 한가함이다. 이렇듯 선사의 시가 기교없이 소탈함에서 대중의 교화가 가능한 것이다. 이 시의 한시로서의 요건은 7언4구라고 하는 절구체 형식을 갖춘 것뿐이다. 그러나 근체시의 절구의 범주에 들 수는 없다. 句數 압운 이외의 다른 요건은 전혀 고려되지 않았다. 근체시에서 매우 중시하는 평측은 전혀 무시하였다. 압운도 起句에 있는 것이 원칙인데 여기서는 그것도 무시하였고 압운이 아닐 때는 측성의 字라야 하는데 '重'은 평성이다. 이런 점은 전편의 시가 그야말로 구속없는 구름의 浮遊 같은 활달함을 느끼게 하면서 이런 시의 외적 속박을 벗어남으로도 이해되지만 누차 지적했듯이, 無住着의 禪家的 자세로 봄이 더 타당할 것 같다. 다음의 시도 이런 점에서 같은 느낌을 갖게 하는 명호송이다.

<table>
<tr><td>망망한 푸른 바다 위에</td><td>茫茫碧海上</td></tr>
<tr><td>조각조각 흰구름 떠 간다</td><td>片片白雲行</td></tr>
<tr><td>그 중에 백구의 즐거움 있으니</td><td>中有白鷗樂</td></tr>
<tr><td>그대와 함께 이 삶을 맡기리.</td><td>與君任此生</td></tr>
</table>

〈海雲〉

海雲이라는 호에 대한 시다. 아득한 바다와 유유히 떠가는 구름과의 대조, 위 아래의 풍경을 한 공간에 머무르게 하고 있다. 그 중간에 갈매기를 끼워 주인공과 함께 존재하도록 하였다. 이 시 한 편으로 주인공의 유유자적한 기상을 알 수 있다. 禪理를 담으려 하지 않아도 저절로 선리가 깃들여져 있다. 주인공이 이미 이러한 무애의 경지에 가 있어서 거기에 걸맞는 명호송이 내려졌다 할 수도 있고, 이 시로 해서 주인공이 초탈한 성격으로 변화할 수도 있으리라. 어찌 되었거나 名과 實이 함께할 수 있는 계기가 되리라 보아 게송의 깨우침까지 이를 수 있으니, 시의 감화력을 이해하게 한다. 다음의 시도 그저 物外優遊의 경지를 말했다 해도 무방할 시이다.

한낮에는 구름과 벗을 삼고	白日雲爲伴
청명한 밤에는 물과 이웃이 된다	淸宵水作隣
한없는 세상 밖의 즐거움	無窮世外樂
함께 즐길 사람 누구가 있나.	共樂有誰人

〈雲澗〉

雲澗이란 호에 대한 시다. 구름을 벗삼아 사는 物外閑人의 모습이 담박하게 드러난다. 이렇듯 보우는 제자나 동료에게 호를 주면서도 자연을 노래하듯이 소박한 시를 주어 은연 중에 法理를 깨우치게 하고 있다.

慧勤의 典型的 偈頌

1. 求道 길에 보인 게송

　고려의 末尾를 휘갑한 王師였던 慧勤(1320~1376)은 당시의 여러 선사들 중에서도 가장 활달했던 분이었다. 그의 생애에 대해서는 門人 覺宏이 기록한 행상에　소상히 밝혀져 있다. 행장은 연보를 쓰듯이 종적 시간의 서술이어서 그의 생애를 이어 이해하기에 편하게 되어 있다. 그래서인지 撰이라 되어 있지 않고 錄이라 되어 있음이 흥미롭다. 행장은 대개 撰이라 하는데 여기서만은 錄이라 하였으니 좀 특이하다 하겠다. 여기서 다시 佛家의 어록을 연상할 수가 있고, 또는 문인으로서 先師의 행장은 있는 그대로 기록하는 것이지 자신의 撰述이 있을 수 없다는 생각에서 그랬을 가능성도 연상된다.

　여기에서 이 행장을 중심으로 혜근의 생애를 대략 살펴보고자 한다.

　혜근은 그의 이름이고 호가 懶翁이며, 堂號는 江月軒이다. 諡號는 禪覺이고 普濟尊者로 추앙하였다. 俗姓은 寧海牙氏였다.

　그는 출가 동기부터 남다른 점이 있었다. 자라면서 출가의 뜻이 있었으나 부모가 허락하지 않았는데 20세 때 친구의 죽음을 보고는 드디어 了然 禪師에게 나아가 祝髮하였다. 그때 주고 받은 문답으로 보면 혜근은 이미 得度한 사람이 었다 할 수 있다.

　요연 선사가 물었다. "너는 무슨 일로 머리를 깎으려느냐?"하니 대답하되, "三界를 벗어나 중생을 이익되게 하기 위함이니 선사께서는 가르쳐주십시오."하였다. 선사께서 "네가 지금 여기에 와 있구나. 그런데 이것이 무슨 물체냐."하니 대답하되, "이는 말할 수 있고 들을 수 있는 자이기에 올 수도 있을 뿐입니다. 본체가 없어도 볼 수 있는 것을 보고, 물건이 없어도 찾을 수 있는 것을 찾으려 합니다. 어떻게 공부해가면 좋겠습니까."

하니 선사 이르되, "나역시 그러하니 아직 모르겠다. 더 여유있는 분에게 가서 찾아보는 것이 좋겠다."하였다.

　師問 汝爲何事剃髮 答云 超出三界 利益衆生 請開示 師曰 汝今來此 是何物耶 答曰 此能言能聽者來此耳 欲見無體可見 欲覓無物可覓 未審如何修進 師曰 吾亦如汝 猶未之知 可往求之有餘.

〈行狀〉

　入通者의 첫 문답이 이렇다면 입도 이전에 이미 득도한 셈이다. "欲見無體可見 欲覓無物可覓"이라 했으니 이미 三界를 超出한 것이 아닌가. 可見可覓의 현상계를 보는 것이 아니라, 無體 無物의 本體를 이미 보고 있었던 것이다. 了然에게서 물러나 檜巖寺로 가서 정진하기 4년에 忽然開悟하고는 중국으로 가기로 결심하였다. 거기에서 지공 화상을 먼저 만났고 지공이 무엇하러 왔느냐는 물음에 後生을 위해서 왔다 하였으니, 그는 벌써 고려사회에 무엇으로든 이바지하겠다는 굳은 결의가 있었던 것으로 보인다. 그 다음 날 지공에게 보인 한 수의 게송으로 그의 완전한 인정을 받았다. 곧,

산하와 대지가 모두 눈앞의 꽃인데	山河大地眼前花
벌려진 모든 物象도 역시 그런 것일세	萬像森羅亦復然
自性이 원래 청정한 것임을 알았으니	自性方知元淸淨
무한 공간과 무한 시간의 法王의 몸일세.	塵塵利利法王身

〈行狀〉

하였다. 이것을 본 指空은 西天의 20人과 東土의 72人이 있는데 그 중의 한 사람이라고 칭찬하였다.

　지공이 하루는 매화를 보고 게송을 지으니 혜근은 다음과 같이 그 게송에 화답했다.

해마다 이 나무 눈 속에 피었으니	年年此樹雪裡開
바쁜 벌 나비야 새로움 알았으랴	蜂蝶忙忙不知新
오늘 아침 하나로 가지 그득 피었으니	今朝一箇花滿枝
넓은 하늘과 땅 똑같은 봄이구나.	普天普地一般春

〈同　上〉

3월달에 지공을 만났으니까 이 매화가 雪中梅일 수 없기에 이렇게 읊었던 것이다. 그러면서 당신의 禪旨가 오늘에야 온 천지에 알려지는 계기가 되었다는 것이다. 그러니 여기서도 다시 두 사람의 妙悟傳受를 이해할 수가 있다.

지공이 하루는 다음과 같이 垂語하였다.

선은 집 안에 없고 법이 밖에도 없다	禪無堂內法無外
뜰 앞 잣나무 公案을 사람들 사랑하나	庭前栢樹認人愛
청량대 위는 청량대의 해이고	淸凉臺上淸凉日
동자가 세는 모래 동자만이 안다.	童子數沙童子知

〈同　上〉

妙有 本然의 소식을 그대로 전한 내용이다. 집 안으로 한계지을 수 없는 것이 禪이요, 無內無外인 法이다. 趙州 從諗의 '庭前栢樹子' 공안을 사람들은 애송하지만, 그것은 역시 각자 자신들의 禪機일 뿐이다. 곧, 淸凉文益 禪師가 趙州 和尙의 제자인 覺鐵觜에게 "조주 화상이 庭前栢樹子 공안이 있느냐?" 물었더니, 그는 "先師는 그런 이야기한 일이 없다, 先師를 훼방하느라고 그러는 것이라." 하였다는 것이다. 淸凉臺에 비친 해는 청량대의 해이지 조주의 해가 아니다. 모래를 세고 있는 동자만이 모래의 숫자를 아는 것이다. 여기에 대해서 혜근은 無內無外의 禪機마저 초월하는 進一步의 活句로 대답하였다.

집 없는 안으로 들었다, 밖이 없는 곳으로 나니	入無堂內出無外
무한의 시간 공간토록 부처 가리는 곳이었네	利利塵塵選佛場
뜰 앞의 잣나무 다시 분명하니	庭前栢樹更分明
오늘이 첫 여름 4월 닷샛날일세.	今日夏初四月五

〈同　上〉

無內無外에 드나들면서 무한한 시간이나 공간 어디나 도량 아님이 없다. 庭前栢樹의 공안이 분명하고 분명하지만, 오늘은 역시 초여름의 4월 5일이다. 오늘이라는 현실은 현실이면서 무한한 시간이나 공간을 초월하는 不二法門의 실천이다. 不落兩邊의 경계 없는 해탈 모습임이 분명하다. 이러한 경지가 指空에게 보인 다음 게송에서 더욱 분명해 졌다.

미혹되면 산하가 경계가 되지만　迷則山河爲所境

깨달으면 공간마다 大全의 몸이다　　悟來塵塵是全身
미혹과 깨달음 다 부숴버리면　　　　迷悟兩頭俱打了
새벽마다 닭이 제 시간에 운다　　　　朝朝雞向五更啼
〈同　上〉

이 게송으로 지공은 혜근이 法器임을 알았고, 이어 板首로 10년을 있게 했으니 지공과 혜근의 관계를 이해할 수가 있다.

지공을 辭別하고 平江의 休休菴에 갔다가, 여름 結制 후 떠나려 할 때 그 곳의 長老가 만류하니 게송 한 수를 지어 전했다.

쇠지팡이 가로 메고 休休菴에 왔더니　　鐵錫橫飛到休休
쉬고 쉴 곳 얻어서 곧 쉬었습니다.　　　得休休處便休休
지금 이 休休菴을 버리고 떠나　　　　如今捨却休休去
四海 五湖에 마음대로 노닐지요.　　　四海五湖任意游
〈同　上〉

이 頌이야말로 혜근의 脫絆的 자세를 여실히 보여 주고 있다. 쉬게 되면 쉬고, 가게 되면 가는 것이다. 누구의 만류에 의해서 가고 머무르는 것이 아니다. 이렇듯 任意游의 초탈적 의지가 그의 詩頌에는 散見된다. 다음은 「山居」의 頌이다. 대비해보자.

내 참다이 비어 일 없는 禪으로　　　　我有眞空無事禪
바위 사이 의지해서 한가로이 졸고 있다.　岩間倚石打閑眠
누가 묻길 무슨 기특한 일 있느냐기에　　有人忽問何奇特
헤져 기운 옷 한 벌로 평생 사는 거라 했지.　一領鶉衣過百年
〈山居〉

이와 같이 物外閑情을 느끼게 하는 것도 평소에 구속없는 언행에서 오는 것이니, 그야말로 得休處便休요, 却休處便去의 任意游의 자세가 아니고서는 그렇게 될 수가 없다. 이렇게 속박없는 마음에서 속세를 보면 안타깝기만 한 것이다.

홍진 속에 골몰하는 허다한 사람들　　　幾多汨沒紅塵裡
온갖 생각 마음에 얽혀 참으로 시끄럽다　百計縈心正擾攘

숲처럼 빽빽한 五蘊 더욱 답답해지고	五蘊稠林增蓊鬱
안개처럼 어두운 六根 다툼으로 나부낀다	六根冥霧競飄颺
불나방처럼 名利를 사노라 불에 내닫고	沽名苟利蛾投焰
聲色을 즐기다가 끓는 물에 던져진 게 된다	嗜色淫聲蟹落湯
담이 부서지고 넋을 잃어도 돌아봄이 없으니	膽碎魂亡渾不顧
조용히 생각해보소 누구 위해 바쁜가.	細思端的爲誰忙

〈嘆世〉

제목에서 보이듯이 세상을 탄식하는 시다. 사람들은 불나방을 보고 어리석다 하지만 인간 스스로가 불나방인 것이다. 끓는 물에 손을 넣었을 때는 뜨거움을 알아 피하나 嗜色 淫聲이 뜨거운 물임은 모르는 것이 범속한 세인들이다. 이런 嘆世야 누구나 할 수도 있겠지만, 혜근은 평소의 생활자체가 승려 이상으로 초탈한 기개가 있었고, 중국에 가서 求禪에 힘썼던 것도 후생을 위해서라는 그의 말처럼 후생들의 이런 면을 보았을 때는 더할 나위 없이 한탄스러웠을 것이다.

다시 淨慈禪寺에 갔을 때 蒙堂이 그대 나라에도 禪法이 있느냐고 물으니 게송으로 답하였다.

동쪽 나라 해 돋으면	日出扶桑國
강남의 바다와 산 붉어지는 법	江南海嶽紅
같고 다름 묻지 마시오	莫問同與別
영롱한 햇빛 만고에 사무치오.	靈光亘古通

〈行狀〉

주체적 자의식이 얼마나 강한가. 동쪽에서 솟는 해는 모든 海嶽을 비춘다. 이 신령한 빛 옛부터 사무치고 있는데, 어찌 있고 없음을 물으랴. 어디에도 매이지 않는다는 것은 주관이 확고하다는 것이다. 혜근의 주체성은 속박 없는 任意에서 더욱 굳어진 것이다. 이 시에서 보여준 자주성은 東國의 의지를 여실히 보였다. 이때 蒙堂 老宿은 대답을 못했다고 기록하고 있다.

이어서 平山處林 禪師를 參見하였더니 첫 대면부터 禪機가 통해 몇 달 머무는 청을 받았고 아울러 다음과 같이 써주었다.

三韓의 慧勤 首座가 老僧을 찾아왔다. 말과 기상이 佛祖와 같다. 선종의 안목이 명백하고 보는 것이 높다. 말에는 울림이 있고 글귀에는 칼날이 숨었구나.

　三韓慧首座 來見老僧 看其出言吐氣 便與佛祖相合 宗眼明白 見處高峻 言中有響 句裡藏鋒.

〈同　上〉

라고 하면서 法衣와 拂子를 信表로 주고 게를 지어주었다.

　거기서 떠나 두루 여러 곳을 참견한 뒤, 다시 指空에게로 돌아왔다. 그때 元의 조정에 알려져 廣濟禪寺에서 開堂法會를 하게 되었고 황제와 황태자가 금란가사를 내렸다.

　지공의 會上에서 나와 戊戌年(1358)에 환국했다. 이렇게 여러 곳을 參見하여 견문을 넓힘과 동시에 東國人의 의지를 보였던 것이다. 고국으로 돌아와서는 여러 곳에서 隨機說法하였다. 다시 공민왕의 迎入을 받아 神光寺에서 國事를 돕기도 하였으나, 항시 산승으로서 修禪에 힘쓰겠다 하여 곧 사양하여 물러나곤 하였다. 그러므로 환국 후의 일은 모두 法風振作의 실천으로 요약될 수가 있다.

2. 格外脫却의 名號頌

　혜근의 作詩는 그의 법풍진작의 일환으로 실천한 것이지, 시를 쓰겠다는 어떤 의도가 있었던 것이 아니었다. 그가 지공을 만났을 때에 무엇하러 왔느냐는 물음에 후생을 위하여 왔다 했던 것은, 비단 말로 끝난 것이 아니었다. 철저하게 행동으로 실천했던 것이다. 한 권의 저서로 남겨진 『懶翁和尙歌頌』은 시가 아닌 게송으로 분류된다. 게송이 시로 포용되는 것이기는 하나 '歌頌'이라는 책명 자체가 시로 다루어지기를 거부한 명령으로도 인식할 수 있다. '歌三首'는 더 말할 것도 없이 修禪的 階梯를 말했고 '頌'으로 篇目을 삼은 시들은 '山居', '送詩', '求偈', '求頌', '名號頌', '酬贈詩'로 요약되나 편목이 의도하는 대로 철저하게 게송의 성격을 띠고 있다. 이것은 바로 禪風 敎化의 후생을 위한 修禪的 자세로 파악되는 것이다. 따라서 혜근은 禪機詩의 작가로 문학사의 제1인자로 파악되어야 한다.

　우선 『나옹화상가송』의 편집 방법이 선시의 내용을 이해하는 데에 한 방편

이 될 수도 있다는 느낌이다. '歌'와 '頌'으로 분류한 것에 대해서는 歌는 철저
하게 노래로서의 기능이고 頌은 偈頌으로 인식하면서 한시의 한 형태로 취급한
의도로 보인다. 여기서는 '頌'에 대한 편집 태도만을 살펴, 혜근의 게송이 선시
의 한 방향을 제시함을 살펴보려 한다.

앞 부문에는 「山居」를 위시한 수십 수의 시가 叙景的 내용이지만, 담고 있
는 詩意는 한결같이 禪機가 짙다.

흰구름 첩첩한 속 오두막 세 칸	白雲堆裡屋三間
앉고 눕고 나다니면 그래도 한가로워	坐臥經行得自閑
살랑살랑 시냇물 반야경을 외우고	磵水冷冷談般若
달빛에 섞인 맑은 바람 온 몸이 싸늘하다.	清風和日遍身寒

〈山居〉

山居의 한가로움을 읊고 있지만 삼라만상의 자연이 모두 法音의 현현임을 잊
지 않고 있다. 白雲 磵水 清風 明月이 각기 다른 공간에 존재하는 소재이면서
도, 끝내 轉句 '談般若'의 이야기꾼과 청중으로 화합한 셈이다. 그러면서도 주
인공은 철저한 清貧이다. 하지만 시 전편에서 느끼는 작자의 清寒이 민망하게
느껴지지 않는 것이 작시의 성공이다. 그런가 하면 禪機를 담고 있으면서도 그
것을 짙게 드러내지 않고 있다.

깊은 바위 속 고요히 앉아 헛된 이름 끊고	幽巖靜坐絶虛名
돌 병풍 의지하여 世情을 잊었다	倚石屛風沒世情
꽃잎만 뜰에 가득 사람 오지 않는데	花葉滿庭人不到
때때로 뭇 새의 길잡이 소리 듣는다.	時聞衆鳥指南聲

〈同　上〉

시 자체로서는 운둔의 處士的 閒靜이다. 굳이 禪的 기미를 말할 것도 없지만
그래도 선사의 시라는 점에서 結句 "時聞衆鳥指南聲"은 대중을 일깨우는 法音
의 길잡이로 승화시키고 있다. 새의 울음을 단순한 청각의 쾌감으로만 받아들
이지 않음이 분명하다. 모든 것을 威音으로 듣는 修禪의 한 방편임이 틀림없
다. "倚石屛風沒世情"도 단순한 바람을 막아주는 병풍이 아니라, 세정을 막은
병풍이었다. 은자의 심정이기는 하나 修禪者의 安穩으로 해석할 만도 하다. 이
렇듯 단순한 자연의 吟咏이라 하더라도 혜근의 시에는 선기가 두드러지게 나타

난다.

다음으로, '名號頌'과 '求偈', '求頌'은 法理의 體·用的 조화를 보인 것 같아 게송을 이해하는 데 매우 의미있는 것으로 여겨진다. 한 소재를 두고 名號와 偈·頌을 따로 쓰면서, 내용을 달리하여 體·用의 상관적 변화를 보이는 것으로 추론된다. 『懶翁和尙歌頌』이 侍者였던 각뇌의 편집이니까 편자의 주관도 물론 인정되나, '명호송' 다음에 '구게' 그 다음이 '구송'의 순으로 되었음이 더욱 이 세 주제 사이에 어떤 연관성이 있음을 암시하기도 한다. 즉 '명호송'이 本體를 말한 것이라면 '구게'는 運用의 설명이고 '구송'은 그 결과에 대한 頌美로 볼 수도 있기 때문이다.(전편이 다 그런 것은 아니지만)

다음은 「璨菴」과 「璨禪者求偈」다.

아름다이 절묘한 빛 누가 값을 메기랴	妙色潦潦誰定價
여섯 창에 비치는 달 항상 밝구나	六窓寒月照無時
구슬 빛 길이 맑아 恒沙界에 두루하니	琭光永淨周沙界
온화하고 맑은 바람 집 안에 가득하다.	和與淸風入戶扉

〈璨菴〉

빛나고 빛나는 마음구슬 보이나 안 보이나	璨璨心珠見也麽
여섯 창에 다 나타나도 하나도 차이 없다	六窓俱産更無差
갑자기 나타나도 뚜렷한 흔적 없음은	忽然現處無端的
大地 山河가 모두가 한 집이기 때문.	大地山河摠一家

〈璨禪者求偈〉

위에서 보는 「璨菴」은 璨菴禪者의 名號頌이다. 따라서 璨菴이 의미하는 내용 그 자체를 읊은 것이다. 즉 '구슬 암자'라는 물체의 실체를 말하면서, 이 이름의 소유자의 心性 본체를 말한 셈이다. 구슬의 아름다운 妙色은 정해진 값이 없다. 그대로 무가보다. 인간의 본성도 그러려니와 佛法의 本性은 더 말할 것이 없다. 六窓은 투명한 암자의 공간을 가리킨 것이다. 여기에 寒月로 비유되는 佛光은 항시 비친다. 六窓을 六識이나 六根의 비유로 보아도 본체의 비유이기는 마찬가지다. "琭光永淨周沙界"에서 佛性으로 비유된 琭光은 恒沙世界에 두루하고 있다. 佛本性에 대한 설법이다. "和與淸風入戶扉"도 아직 암자의 문이 열리지 않은 상태다. 『中庸』에서 말하고 있는 '和順積中 榮華發外'의 和順

積中의 경계이고 아직 榮華發外까지 오지 못한 상황이다.

　다음의 「璨禪者求偈」는 이 本體界가 現象界로 변화되는 상황이다. 곧 體·用의 用이니 운용 및 활용의 발전이며, 나아가 禪機의 妙用인 것이다. "璨璨心珠見也麼"는 빛나는 마음의 구슬을 보았느냐는 것이다. 發顯이 있어야 보는 것이다. 투명한 六窓의 공간 어디에 나타나도 밝음의 차이가 없다. 또는 이런 상황에서 안이비설신의의 六識이 현현되어도 각각의 차이가 있을 수 없다. 그러니 그렇게 나타난 곳, 端的한 뜻을 분명히 안다면 大地 山河가 한 집이요, 이러한 사람이 바로 一家를 이룬 사람이요, 그런 사람이 바로 작가인 것이다. 이와 같이 두 시는 體·用의 상관적 표리로 이해할 수 있다. 다음에 한 예만 더 들어본다.

일마다 막힘 없이 스스로 통하고	事事無防自得通
우뚝히 솟은 뫼 뭇 봉우리 압도한다	危巒透出壓群峰
온갖 물상 삼켰어도 모든 모습 여의니	含諸萬象離諸相
백억의 수미산인들 어찌 이와 같으리.	百萬須彌豈與同
	〈懶翁和尙歌頌,〈仁山〉〉

사물에 밝히 대응하나 보면은 空이니	應物明明見則空
무한한 시간 공간 써도 다함 없구나	塵塵利利用無窮
이에 두 눈 뜨임 알 사이도 없이	於斯不覺開雙眼
범의 굴 악마 소굴에도 살 길 트인다.	虎穴魔宮活路通
	〈仁禪者求偈〉

　앞의 시는 仁山의 본체를 말했고, 뒤의 시는 仁山의 활용을 말했음이 역연하다. 仁은 事事에 防碍됨이 없이 통할 수가 있는 것이요, 이러한 仁山이라면 우뚝 솟아 뭇 봉우리를 누를 수 있다. 그러나 仁의 본체인 諸象을 포용하면서 각각의 相을 여의는 것이니, 백억의 수미산이 그 相을 여의지 못하는 것과는 다르다. 다음의 求偈는 이러한 본체에 대한 활용의 내용임이 분명하다. 이것의 운용이란 무궁한 것이요, 여기에 알지 못하는 사이 豁然開眼이 되면 범의 굴, 악마의 소굴에도 활로는 트이는 것이다. 이렇게 명호송·구게송은 표리의 상관성이 있고, 이것이 또한 혜근 게송의 특수성이라 할 수 있다. 같은 시대의 보우에게도 명호송은 많이 있으나 求偈頌은 별로 없다.

다음은 명호송에 대하여 더 살펴보기로 한다. 名號頌이 많기로도 혜근은 단연 압도적이거니와 作詩의 형식과 내용에도 일사불란한 作法을 가지고 있다. 형식에 있어서 이름의 두 자를 起承轉結의 구성에 맞춰가고 있다.

본체는 빈 꽃 같애 찾을 길 없으니	體若空花無處覓
여섯 창의 바람 달도 淸虛를 포용했네	六窓風月包淸虛
無 속에 有인 듯 오히려 실상이 아니니	無中似有還非實
영롱한 네 벽에 잠시 의지할 뿐.	四壁玲瓏暫借居

〈幻菴〉

제목에 보이듯이 幻菴을 설명하는 것이다. 기구의 "體若空花無處覓"은 幻迷의 상태를 말한 '幻'字의 의미 풀이다. 승구의 "六窓風月包淸虛"는 암자의 공간을 설명한 것이다. 幻이 夢幻이나 幻迷의 부정적 虛幻이 아니라, 六窓의 투명한 공간에서 淸風 明月의 맑음과 밝음을 포용하는 긍정적 淸幻이다. 아울러 이 名號의 所有主의, 禪者의 修禪的 자세일 수도 있다. 六識이나 六根이 이러한 淸虛로 닦여지는 상황일 수도 있다. "無中似有還非實"에서 '無'는 철저하게 無이어야지 없는 듯도 있는 듯도 하면 이는 진실일 수가 없고, 그것이 바로 幻迷인 것이다. 그러니 영롱한 구슬로 단장한 네 벽의 공간, 이 암자에 잠시 빌려 산다는 것이다.

이와 같이 이름자와 시의 내용을 철저하게 일치시키면서 禪機를 수용하고 있다.

뭇 기미를 길이 끊고 홀로 나 있어	永絶群機獨出來
순풍에 배 내어 달 싣고 돌아온다	順風駕起月明歸
갈대꽃 깊은 곳 아지랑이에 정박하니	蘆花深處和烟泊
당당한 불조를 찾아도 알 수 없네.	佛祖堂堂覓不知

〈孤舟〉

외로운 배의 실체를 말했다. 기구의 "永絶群機獨出來"는 외로움의 풀이이고, 承句는 순풍에 돌아오는 배이고 轉에서는 禪定處를 찾았고 結에서 佛祖西來意를 참구하는 것이다. 그러나 이것이 아무리 명호의 풀이라 하더라도 게송의 한 방편이라면, 어떤 방법이든 禪機의 투영이 없으면 안 된다. 禪定에 들려면 뭇 사물의 기미마저 마음에서 여의어야 한다. 그럴 때 외로운 것이다. 그러나 그것을 이기면 獨出이라는 나만이 갖는 즐거움이 있다. 이것이 禪悅의 고독이다. 여기에 순풍을 만난 배에다 밝은 自性本體를 싣고 온다. 彼岸을 찾기 위한 정박이 필요하다. 아직 갈대꽃 아지랑이에 가려 佛祖西來意를 모르는 상황이나, 정박한 禪定의 孤舟는 계속 순풍과 明月을 찾아낼 것이다.

이렇듯 慧勤은 學人이나 주변 사람에게 명호송을 많이 지어주었다. 歌頌에 남아 있는 頌의 반 이상이 이 명호송이다. 그러면서 이 명호송으로 인신해서 頓悟的 禪脫을 바란 것으로 보인다. 이것이 물론 게송의 궁극목적이기도 하기 때문이지만, 아무튼 劫外의 초탈을 요구하고 있음은 틀림없다. 명호송의 結句에서만 보인 겁외의 謳歌를 들어 보면 다음과 같다.

四壁玲瓏物外閑〈笑庵〉　　四壁淸風物外珍〈會庵〉
運用常行空劫前〈絶岸〉　　透出威音劫外家〈映庵〉
一路堂堂劫外平〈大陽〉　　枝葉榮華空劫先〈玉林〉
直到威音空劫前〈本寂〉　　四壁淸風劫外玄〈晤庵〉
明明照破劫空先〈問徹〉　　四壁空空劫外玄〈坦庵〉

이와 같은 것이 명호 소유자의 개인적 인성에 따라 준 것이라 할 수도 있지만, 동시에 修道의 근면적 意趣도 있었다고 본다면 이는 혜근의 不落 兩邊的 초탈 의지에서 온 것이 분명하다.

3. 豁然開悟의 求偈頌

위에서도 보았듯이 혜근은 학인들에게 게송을 많이 지어주었다. 이 求偈나 求頌이 명호송과 이어질 때는 體·用의 상관적 작용처럼 쓰여졌던 점은 앞에서 살폈다. 그러나 이러한 상관성이 없는 求偈詩라 하더라도 학인이 게송을 구할 때는 精進의 銘을 삼기 위해서였음을 감안한다면 修禪의 행동방향의 지침으로 이야기되었음이 당연하다. 그러므로 이 求偈나 求頌에서 開悟의 禪悅을 느끼게 함이 많다.

깨달음의 본성에는 迷나 悟가 없는 것　　覺性無迷亦無悟
당처를 여의지 않으니 활연히 열린다　　不離當處豁然開

이에 다시 더 현묘를 찾으려 하면　　　　　於斯更欲求玄妙
무한 시간에 법의 우뢰 울리지 못하랴.　　劫劫無能振法雷
〈雷禪者求偈〉

깨달음의 본성에는 迷悟가 따로 없다. 當處를 여의지 말고 정진해야 한다.
無字話頭에서 활연개오하는 것이 禪의 頓悟다. 이 당처에 一意窮究할 것이다.
열린다는 豫料에서 열리는 것이 아니라, 활연히 열리는 것이다. 이것이 頓悟이
니 다시 더 玄妙를 찾아 悟後漸修하는 것이다. 그렇게 되면 끝내는 法雷를 울
리고 말 것이 아닌가.

장부의 용맹스런 결심을 펴내어　　　　　須發丈夫勇猛期
힘써 닦는 공 미래를 나아가야 해　　　　工夫拶省做將來
하루 아침에 마음 끊기고 세정을 잊으면　一朝心絶情忘去
둔탁한 쇠 구리라도 눈이 탁 트인다.　　鈍鐵頑銅眼豁開
〈義禪者求偈〉

용맹을 기약하고 공부를 하여 점진적인 미래를 추구하면, 하루 아침에 俗情
이 모두 끊기고, 쇠나 구리 같은 鈍根者라도 활연히 눈을 뜬다. 唯心一意로 정
진한 뒤의 개오를 말하여 오직 부딪쳐 힘쓰는 공부를 하기 바라는 것이다.

산처럼 뜻을 세워 핍진하게 부딪치면　　立志如山逼拶來
이로부터 큰 길은 저절로 트인다　　　　從妓大道自然開
위엄 있는 法音 밖으로 몸을 날리면　　翻身一擲威音外
삼라의 만상이 미소 속으로 든다.　　　萬象森羅一笑廻
〈諸禪者求偈〉

태산 같은 의지를 세워, 핍진하고 간절하게 정진하면, 저절로 열리는 大道인
것이다. 그런 연후에는 위엄이 가득한 法音 밖으로 몸을 솟아나야 한다. 格外
의 탈출이라야 頓悟가 되는 것이다. 그렇게 되면 삼라 만상의 大全이 한눈에
들 것이고, 가섭의 미소 속으로 담겨져 버릴 것이다.

의심이 없기까지 믿고 또 믿어　　　　　信之又信信無疑
맑고 맑아 훤히 비면 眞性이 절로 열린다　湛湛虛融性自開
이제부터 속세의 시끄러움 따르지 않으면　從此不隨塵開轉

劫外의 威音에 임의로 오고 가리.　　　　威音劫外任歸來
　　　　　　　　　　　　　　　　　　　　　〈湛禪者求偈〉

　湛寂 禪者에게 준 게송이다. 湛寂하려면 조용히 믿어 의심하는 마음이 없어
야 할 것이다. 그래야 번뇌가 없어지고 虛寂 圓融하여 如如한 본성이 開悟될
것이다. 그리고서 漸修하는 자세로 塵俗에 떨어지지 말고 法音의 劫外에서 任
意 歸來하면 항시 담적할 것이다.
　담적에게 준 명호송을 들어 함께 이해해보자.

　　　철저하도록 맑은 담을 뚫는 서늘함　　　　徹底澄淸透膽寒
　　　깨이고 깨어 터득하면 항상 평안하지　　　惺惺了了體常安
　　　모든 殊勝한 경지 무심 속에 나타나니　　　諸般勝境無心現
　　　이제 알겠다 공부는 고요한 데 피네.　　　始覺工夫靜處看
　　　　　　　　　　　　　　　　　　　　　　　〈湛寂〉

　맑으려면 가슴이 서늘할 정도로 철저히 맑아야 하고, 고요함이란 깨닫고 깨
달아 내 마음과 몸이 평안할 때 오는 것이다. 그 경지가 修禪의 정진이 되는
것이다.
　이상 몇 편의 게송에서 본 바로는, 修禪은 靜處의 極地에서 활연개오하는 것
이다. 따라서 이러한 게송시가 주는 느낌은 나도 모르게 灑落한 기분에 감싸이
게 하고, 颯爽한 쾌감을 주는 묘미가 있다. 이것이 게송만이 가질 수 있는 특
질이기도 하다.

　　　쇠 같은 의지로 道를 배우고　　　　　　　學道志如鐵
　　　쓰임의 공부는 언제나 핍진하게 부딪쳐야　用工常逼拶
　　　홀연히 한 번 크게 웃을 때　　　　　　　忽然爆一笑
　　　대지와 허공이 함께 갈라진다.　　　　　　大地虛空裂
　　　　　　　　　　　　　　　　　　　　　　　〈志禪者求偈〉

　강철 같은 의지로 절실하게 힘쓰는 공부 자세다. 그 결과 얻은 큰 기쁨은 大
地와 허공이 갈라지듯 시원하다. 시 전체의 느낌도 그저 시원하다. 수사는 언
어도단인데도 일상의 道斷이 아닌 어구보다 더 통쾌하다. 이것이 역시 禪詩의
反常合道的 원리이다.

이상 혜근의 게송을 대략 살폈다. 그 결과, 앞에서도 말했듯이 禪師로서 시종일관 禪機가 짙은 시가를 쓰고 있다. 이 점은 경한, 보우와 함께 고려말의 禪風을 대표하면서도 학인을 계도함에 있어서는 남다른 언행의 일치가 있었음이 인정된다 하겠다.

朝鮮篇

麗忠鮮孝의 元禛

1. 간략한 행적

　元禛 國師의 행적에 대한 상세한 기록은 없다.「佛護寺創建主 元禛國師顚末事蹟」이 있어 그의 행적을 짐작케 하고 있으나, 이는 제목이 제시하듯이 호국사의 창건을 위한 일종의 연기설화의 성격을 띠었기 때문에 그의 평생 행적에 역점을 두기보다는 불호사가 창건되게 된 신이스러운 설화에 역점을 둔 감이 있다. 그 밖에 「明保義將軍高麗侍中淸簡先生遺蹟」이 있고 또 『淸簡公實記』가 있으나, 이 역시 불호사 창건 전말에 의거한 기록 같은 인상이 있어 이 창건 설화보다 더 상세한 기록이 없다.

　원진 국사는 고려말의 명문 집안의 후예이시다. 속성은 昌寧曺氏이고, 속가의 이름은 漢龍, 법명은 洗染이고 당호는 원진이었다. 조선조에 국가에서 내린 호가 淸簡이니 입적하신 뒤에 임금이 직접 내렸기 때문에 시호처럼 청간공이라 하게 되었다. 또한 명나라에 사신으로 갔을 때 그 충절을 기려 保義將軍으로 명하였다. 국사는 승·속간에 이렇듯 많은 칭호를 갖게 되었으니 이 자체가 이미 스님의 남다른 행적이라 하겠다. 여기서는 「호불사 창건주 원진 국사 전말 사적」을 중심으로 여말 선초에 있어서의 스님의 행적을 살펴보기로 한다.

　국사는 曺精通의 셋째 아들이다. 정통의 호는 水雲이고 鐵冶君의 봉호를 받을 만큼 당시에 현달한 분이다. 아들 다섯이 모두 과거에 급제하여 당시 五龍의 집안으로 기렸다. 恭愍王 4년(1355)에 형 景龍과 함께 甲科에 급제하였고, 다음 다음해 남은 3형제가 모두 급제하였다. 조선조에 들어와서 다른 형제는 벼슬에 나아갔으나, 국사는 처음부터 벼슬에 나아가지 않고, '忠臣不事二君' 여섯 자를 써서 품에 품고 入山하여,

　　　하늘 운수 세상 일 모두 아득해　　　天時人事兩茫茫

다시 어느 곳을 향해 성왕을 뵙나	更向那邊拜聖王
이 사이 참멋 적다 하지 마소	莫道此間眞趣寡
산 높은 곳곳에 물소리도 길다.	山高處處水聲長

이라 읊어 새 왕조와는 결별하려 하였다. 그러나 어머니의 권고에 의하여 다시 환속하게 되었다. 환속한 뒤 국가의 부름을 받아 承旨를 거쳐 參議에 오르게 되었으니 이것이 속가에서의 마지막 벼슬이 되었다. 어머님의 늙으심으로 봉양할 것을 간청하고 돌아와 어머니를 모시다가 돌아가시자 3년 상을 마치고 처음 뜻의 실현을 위하여 다시 입산하였다. 입산하자마자 南平의 불호사를 중건하였으니 위에 든 「불호사 창건주 원진국사 전말사적」이 있게 된 동기가 되며, 이 사적기는 이 점에 초점을 맞추었기 때문에 그 내용은 신이에 가까울 만큼 설화 중심이 되어 있다.

우선 그 내용에 보이는 연대에 신빙성이 적다 할 수밖에 없다. 人骨이 걸려 죽어가는 호랑이를 구해주었고 그 호랑이가 처녀를 물어다 놓아 이 처녀를 구해준 것이 불호사의 중건에 결정적 施主가 되었다는 줄거리인데, 그 해가 임진년이라 하였는데 임진년은 태종 12년 1412년이 되니, 선생이 과거에 급제한 해가 1355년이었다. 이 해를 20대의 약관이라 본다 하더라도 80여 세의 고령이 된다. 이런 고령에 큰 불사를 할 수도 있겠지만, 처녀의 어머니 金相公의 부인이 은혜의 보답으로 처녀를 아내로 삼으면 어떻겠는가 청하는 부분이 있으니, 어딘가 자연스럽지 못하다.

더구나 그 당시 김상공의 부인이 유복자를 가졌는데 그 유복자의 이름을 相貴로 짓도록 하였고 상귀가 25세에 호남순찰사가 되어 국사를 찾았더니 국사가 피하고 만나지 않았다 하니, 이러한 시간적 연계성은 어디까지나 설화성을 벗어나지 못한다 하겠고, 만약에 이런 설화가 사실로 인정되려면 호불사의 창건이 고려의 멸망과 더불어 입산하였던 그때에 있었고 어머니의 권유를 받아 환속하기 이전의 일이었다면 가능할 수도 있으나 壬辰年의 연대는 어느 쪽에도 맞지 않는 해일 수밖에 없다.

保義將軍孝碑가 태종 4년(1044)이라 하였으니 이것이 실록일 가능성을 전제한다면 대사의 입적 후에 세워진 비일 것이고, 더구나 어서로 麗忠鮮孝라 써주었다면 이것은 어디까지나 죽은 뒤의 대사 행적의 총평이라 할 수밖에 없다.

바로 이 麗忠鮮孝는 국사의 간결한 결론이요, 이는 승려 이전의 자연인으로서 실행의 표본이다. 여기서 다시 입산과 환속, 환속과 다시 입산이라는 순환의 고리는 조선조의 유가 이념으로 국시를 삼던 사회에서 스님이 가져야 할 승·속 양면의 조화라는 점에서 국사의 행적은 주목을 요하는 것이요, 조선조의 미래 사회에서 스님이 안아야 할 부담으로 전제된다 하겠다.

2. 元禛 顚末事蹟의 분석

불호사 창건주 원진국사 전말사적은 필사본으로 전해지고 있고, 이 필사본을 저본으로 한 느낌이 드는 활자본인 「淸簡公實記」가 전해지고 있다. 이 실기는 어디까지나 실기이기 때문에 전말사적에서 보이는 신이스런 기록은 모두 생략했다. 이러한 여러 자료를 두루 모아 창령 조씨의 문중에서 「昌寧曹氏五龍事蹟記」라 하여 번역을 곁들여 방대한 자료와 고증을 겸해서 90년도에 출판한 바 있다.

여기서는 「불호사 창건주 원진국사 전말사적」(이하 전말사적기라 한다)의 내용을 분석하여 국사의 행적을 중심으로 한 조선조 사회에서 승려가 가졌어야 할 어쩔 수 없는 갈등 양상의 조짐을 살펴보기로 한다(여기서는 필사본을 저본으로 하였다).

우선 전말사적의 구조를 항목별로 나누어보면 다음과 같다(면수와 행수는 필사본을 저본으로 한 것임).

1. 가문의 내력, 1면 國師世居……2면 2행 孝子洞也.
2. 출가의 경위, 2면 2행 初漢龍……4면 4행 爵祿也信矣.
3. 불호사 창사연기설화, 4면 5행 初自介耶……11면 5행 非僧而神也.
4. 建寺因緣後日譚, 11면 5행 金相公夫人……13면 3행 今尙在云,
5. 建塔의 사실, 13면 3행 又流入和順……14면 8행 甲於湖南.
6. 불호사에서 太守와의 수창, 14면 8행 其在佛會寺……16면 4행 奈何相見.
7. 黑雀樹 일화, 16면 4행 其在佛寺……동면 끝행 國師者此也.
8. 賜諡와 인간성, 16면 끝행 上賜以淸簡……17면 2행 끝, 只應而已.

위의 구성으로 볼 때에 이 기록은 제목에서 보았듯이 불호사의 창사에 대한 전말을 쓰기 위한 것이었기에 창사연기에 해당할 신이스러운 사실에 중점을 두었다. 첫 단락의 가문내력에서는 고려조에 한 집안이 현달했던 사실에 대한 간략한 기사이고 태종조에 효자비를 세웠다는 것으로 결론적 중점을 삼고 있다. 그러면서도 왜 효자비를 세웠는지에 대한 기록이 없다. 그 사실은 뒤에 나오는 출가경위에서 어머니의 가르침에 순종하였던 사실에서 국가의 효자포상을 이해하게 한다. 더구나 조선조 사회에서 국사의 행적이 남게 되는 것도 이 효자였다는 대목이 중시되었던 것이다. 그러나 국사만한 효성이 다른 누구에게도 있을 수 있는 일이었다 하더라도 국사가 특별히 더 추앙된 것은 태종이 비문에 새겼듯이 麗忠鮮孝라는 이 간단한 표현이 평범한 사람으로서는 이룰 수 없었던 점으로 받아들여졌기 때문일 것이다.

이 점이 바로 미래의 조선조 사회에서 스님이 처해야 할 갈등이면서도 유가 사회를 무시할 수 없는 당면의 문제이자 현실로 받아들여야 할 당위성이기도 하다. 좀 어색한 표현이기는 하지만 孝親孝佛이라는 자세였다면 어떨까 하는 생각이다. 조선조 사회에서 큰스님으로 이름을 남겼던 분들에게 있어서 항시 속가의 어버이에 대한 그리운 정을 가졌다거나, 유가의 큰선비들과 항시 수창하고 있었다는 점이나, 국가의 위난이 있을 때 살신성인의 정신으로 전란에 자원하여 큰 업적을 남겼던 점은 바로 이 원진 국사의 '여충선효'의 자세나, 어머니에게 효를 다한 후 다시 불사에 전념하였던 '효친효불'의 정신과 맥을 같이 한다는 점에서 매우 중요한 일이라 생각된다.

2단락에서의 출가 경위는 실은 일차 출가와 곧이어서의 환속의 경위이나 여기서 국사의 효친사상을 엿볼 수 있게 한다. 전왕조의 멸망을 보고 입산했다가 어머니에게 근친하였던 그는 망하는 나라도 구하지 못했고 늙은 어미의 봉양도 하지 못한다면 두 가지를 다 잃는 것이 아니냐는 어머니의 말에 돌연히 깨달은 바 있어,

> 살아서 신하가 되어 이미 불충의 신하가 되었고 역시 불효의 자식이 되었으니 불충과 불효가 되기보다는 불충한 것만으로 어머니의 뜻을 받드는 편이 낫겠다.

하여 곧 환속하여 효에 전념하게 되었으니, 이 점이 또한 현실을 현실로 직시하면서 거기에서 바른 길을 찾는 어쩌면 隨機應變의 불가적 자세였다 할 수 있지는 않았을까. 그러기에 어머니 3년상을 마치고 곧바로 입산하였던 것이다.

여기서 국사의 법명이 미묘한 암시를 주는 것 같다. 국사의 법명이 洗染이니 무젖음을 씻는다는 의미가 아니라 무젖음과 씻음을 자유로이 한다는 대승적 암시는 아니었던가 하는 생각을 갖게 한다.

3단락에서의 창사연기 설화는 본 전말사적의 핵심부분인 것이다. 그러기에 가장 많은 분량을 차지하였다. 제목이 말했듯이 불호사 창건주의 전말이기에 이 절의 창건에 대한 신이스러운 이야기에 초점이 맞추어질 수밖에 없다. 이 부분은 국사의 초인간적 신이의 감응력을 부각시키고 있다. 그러기에 신화이면서 실화성을 초월한 신비의 주술력을 보이고 있다. 이 점은 본 기술자의 결론에도 암시되어 있다.

　　이 절을 세운 것은 사람이 아니고 하늘이며, 스님이 아니고 신이다.
　是寺之建非人而天也 非僧而神也

라 한 점이 바로 이 점을 말하는 것이다.

이 단락은 문학사에서의 위치 검정을 해봄 직한 단락이다. 하나의 소설적 요소를 가지고 있어 조선조의 많은 실화성 소설이나 전기적 소설의 한 계기적 작품으로 평가해봄 직하기 때문이다. 그 밖의 단락들은 국사의 신이적 행적에 대한 단편적 낙수로서 국사의 뛰어난 佛力을 간접적으로 증명하는 내용들이다. 끝부분에서 국가에서 내린 청간이라는 칭송은 시호 아닌 시호가 되었고, 인물성의 청간을 간단한 한 줄로 정리한 것이다.

이상에서 원진 국사에서 주목하고자 하는 것이 스님의 행적이 비록 간략하지만 유교사회였던 조선조에 있어서 스님이 현실과 적응하면서 불법을 수호했던 그 어려움을 미리 예시, 실천의 표본 같은 인상을 갖게 한다. 아울러 이 점으로 말미암아 원진 국사가 조선초기에 호불적 위력을 보여 후대에 좋은 영향을 끼쳤다 할 수 있지 않을까 생각한다.

涵虛의 文學世界

1. 몇 가지 문제점

함허당의 이름은 己和요, 호는 得通이다. 함허는 그의 堂號이다. 여기 이 이름을 가지게 되는 내력부터 살펴보아야겠다. 庚子年(1420, 세종 2년) 가을, 그는 五臺山에 들어가 오대산 여러 부처님께 공양을 드리고 靈鑑庵에 가서 懶翁和尙의 영정에 공양을 드리면서 거기서 이틀 밤을 머물렀다. 하루저녁은 꿈에 신령스런 스님이 나타나 조용히 스님에게 말하기를, 그대 이름은 이화이고 호는 득통이라 했다. 스님은 절하면서 이름을 받았고 꿈을 깨고 나니 신기가 가벼워 마치 허공에 노니는 것 같았다. 그 다음 날로 月精寺에 내려와 한 방에 머물며 평생을 마쳤다 한다.

이것은 문인 野夫가 쓴 행장에 있는 내용이다. 여기서 필자는 함허당의 이름에 주목한다. 현재 불교계에서는 함허당의 이름을 己和로 부른다. 그런데 필자의 생각으로는 이화라야 하지 않겠는가 하는 생각이다. 득통이라는 호와 함께 나옹화상이 꿈에 지시했다면 이미 화했다는 뜻의 已和라는 이름이 圓通을 얻었다는 뜻의 得通이라는 호와 맞아떨어지지 않는가. 더구나 꿈을 깨고 나니 신기가 상쾌하여 허공에 노니는 것 같다(身氣淸爽 若得太淸)함은 이미 화하여〔已和〕회통을 얻었다〔得通〕는 내용과 들어맞기 때문이다. 필자가 상고한 원전(涵虛和尙語錄, 佛敎學硏究會, 景印活字本·『韓國高僧集』 李朝時代 Ⅰ)에도 '己'가 아닌 '已'로 분명히 구별된 활자이다. 활자의 인쇄가 의식적인 구별이라 할 수는 없으니, 위의 여러 사정으로 보아 已和라야 문의가 통하리라는 생각이다. 더구나 목판본에는 '己'가 아닌 '巳'에 가깝게 되었으니 뱀사(巳)자일 리는 없고 이미 이(已)자를 그렇게 새겼음이 분명하다.

함허당의 저술로 현재 전해지고 있는 것은 『涵虛堂得通和尙語錄』과 『圓覺經疏』3권, 『般若經五家說誼』, 『顯正論』1권, 『儒釋質疑』상·하권이 있다.

　여기서는 어록에 수록된 시문을 살펴보려는 것이다. 어록이란 글자 그대로 말의 기록이라는 뜻이 된다. 그것이 비록 스스로 겸손한 뜻에서 썼다 하더라도 처음부터 문학의 범주로 생각하지 않았음이 분명하다. 따라서 불가의 설법은 법문이기보다는 법어인 것이다. 이 불법의 실상이란 있는 그대로의 것이기에 자연히 꾸밈이 있을 수가 없다. 그래서 禪의 不立文字가 있게 마련이다. 부득이 표현해야 할 경우에 가장 간결하고 쉬운 말로 표현하려 했던 것이다.

　불교는 그 발생지인 인도를 제외하면, 중국이나 우리나라나 다같이 외래종교일 수밖에 없다. 따라서 교리를 담은 글인 경전은 그 나라의 언어로 번역된 것으로 그 문체는 글로 쓴 것이 아니라 말로 쓴 글이 많게 되었으니 그것이 語錄體가 된 것이다.

　달마 대사가 서쪽에서 오면서부터 선이 중국에서 크게 번성하게 되었으니 어록체도 따지고 보면 모든 것을 간이화하려는 선의 특질에서 그렇게 된 것이라고 생각되는데, 이 간이화의 한 방편이 토속적인 언어와 재빨리 결속된 것이라고 볼 수도 있다. 이는 불교의 심오한 이치를 俗諦의 진실된 언어로 표현하는 것이고, 한편, 俚俗的인 언어로 고상한 진리를 나타낸 것이다. 이러한 토속적이고도 간결한 언어 사용의 필연성 때문에 모든 교의의 표현은 그 지방의 방언으로 이루어지게 되었다. 이러한 현상에서 중국의 방언인 白話體가 선사의 어록체가 되었다. 우리의 방언은 우리의 고유언어이기에 우리 선사들은 한문이 아닌 우리의 고유언어로 문장을 쓰는 데에 조금도 주저하지 않았다. 우리 선사들의 시문집을 어록이라 했던 것도 이러한 이유에서였다.

2. 어록에 보인 문학성

다음으로 『함허당어록』의 문학성을 살펴보기로 한다.
왕태후의 죽음에 축원하는 글이다.

　　자리를 잡고 향을 들면서 말했다.
　　이 한 개의 향은 그림자 없는 나무에서 꺾었고 싹이 트지 않는 가지에서 가져왔다. 山僧이 오늘 元敬 王太后의 돌아가심을 위하여 손에 잡히는 대로 가져와 향로에 사르노니, 엎드려 바라건대 원경 왕후의 돌아가심이 그 자리는 마야의 聖后와 같이 높고, 증득하심은 無垢 敎主와 같으시도다.

이 한 개의 향은 뿌리는 空輪에 통했고 잎은 有頂을 덮었도다. 산승은 오늘 주상전하를 위하여 잡히는 대로 가져와 향로에 사르노니 엎드려 원하건대 주상전하는 길이 임금의 높으심이 되시며, 길이 만백성이 의지하는 바가 되소서.

이 한 개의 향은 천지로 뿌리를 삼고 만물로 원체를 삼았으니 산승은 오늘 주상전하를 위하여 잡히는 대로 가져와 향로에 사르노니, 엎드려 원하건대 주상전하는 금가지가 삼천대천 세계에 번성하고 옥잎은 억만 년 봄에 꽃다우소서.

이 한 개의 향은 뿌리가 깊고 깊어 헤아릴 수 없고, 싹은 오묘하고 오묘하여 알기가 어렵습니다. 산승은 오늘 恭妃 殿下를 위하여 잡히는 대로 가져와 향로에 사르노니, 엎드려 원하건대 공비 전하는 도가 왕모로서 높고 공이 오묘한 덕과 맞서 있습니다.

이 한 개의 향은 본체로 말하면 뭇 꽃다움을 갖추었고, 운용으로 말하면 항하사계에 두루하였으니 산승은 오늘 焚香閣下를 위하여 잡히는 대로 가져와 향로에 사르노니, 엎드려 원하건대 분향각하는 재앙이 사라지고 업장이 다하고 복이 구족하고 지혜원융하여 넓은 소원인 이 망망한 항하사계가 탄탄한 연꽃나라가 되게 하여, 꾸물거리는 이 사부 중생이 위대한 調御師가 되게 하소서.

향불 하나하나에 기대하는 소원이 절실하고 거기에 구사되는 언어는 평범을 넘어선 언어이면서, 때로는 일상의 논리를 초월한 말들이다. 이것이 바로 선사의 언어가 평범하면서도 평범함이 아닌, 생각을 끊는 자리인 것이다.

다음은 茶飯을 올리면서 드리는 말〔垂語〕이다.

내 이 향로에 사르는 향은 한 조각 마음에서 나오는 것이니, 원컨대 이 향 내음 연기에서 본래 진여의 밝음이 펴나게 하고, 이 한 잔의 차로 내 옛날의 정을 토로하리라. 이 차는 趙州의 옛 풍류 가득하니 그대 한번 맛보기를 권한다. 내 이 한 바리때의 밥은 향기 그득한 음식만 못하지 않으니, 내 이 한조각 정성 받아서 禪悅로 배불러보게나.

간단한 내용으로 티 없는 정성을 다하고 있다. 사르는 향의 의미가 무엇이며 한 잔의 차, 한 그릇의 밥에 담긴 정성을 이 이상 어떻게 표현하랴. 원래 참다이 밝은 마음을 있는 그대로 표현한 것이요, 조금도 꾸밈이 없는 말이다. 그러면서도 말하고자 하는 정을 다 드러내보였다. 이것이 바로 문학의 본질이다. 이 글을 쓴 분이야 마음의 말을 그대로 한 것이지만 표현된 결과는 이미 문학의 본질에 닿고도 남는다.

다음은 어느 스님의 다비에 붙이면서 주는 말이다.

횃불을 들고 이르기를,

여든 너머 산 꿈속의 몸이	八十餘年夢裡身
오늘 아침 껍질 벗어 자취도 없네	今朝脫殼了無迹
부모께 받은 몸 불 속에 던지니	父母遺體付丙丁
한 줄기 영특한 빛 뚜렷이 밝았네.	一段靈光明赫赫

그대로 한 편의 시다. 80년의 세월이 아무리 길다 하여도 결국은 꿈 속에 산 것이고 불 속에 던져지는 이 순간에서야 이 꿈의 껍질을 벗는 것이다. 불타는 저 불꽃이 밝은 것이 아니라 거기서 솟아나는 영특한 불꽃이 있어 환하게 밝은 것이다. 시를 쓰겠다는 생각에서 말을 꾸미다 보면 오히려 시가 되지 못하고 군말이 되는 것이다. 이렇듯 있는 사실의 여여한 표현이 오히려 시적 아름다움으로 승화되는 것이다. 선사들의 언어는 이런 점에서 저절로 이루어지는 시적 여운을 남기는 것이다.

다음은 뼈를 날리면서〔撒骨〕드리는 말이다.

전문을 들어본다.

다 날리고 이르되,

아무개의 영가여, 조용히 듣고 조용히 듣게.

큰 깨달음이 바다에 헛되이 모여져 있는 五陰의 허깨비 같은 육신은 큰 허공에 홀연히 이는 한조각의 뜬 구름, 구름이 가고 구름이 오되, 허공에는 오고 가는 자취 끊기고, 육신이 나고 육신이 없어지되, 깨달으면 나고 없어지는 기약은 없다. 나고 없어지고 가고 오는 것이 단지 오음으로 인연해서 있는 것이니, 오음이 다하면 나고 없어지고 가고 옴이 무엇으로 인연하여 있을 것인가.

오늘 아무개 영가는 다행히 불꽃이 三昧의 힘을 빌려서 色과 陰의 한 인연이 이미 재로 사라져 남음이 없도다. 受想行識의 네 陰은 청정하게 다한 것이 아닌가, 만약 청정히 다했다면 저 허공의 거리낌 없는 곳으로 가서 일곱 거리 여덟 거리로 통달하여 막힘이 없으며 九品의 연화대에서 마음대로 오가며 시방과 불찰과 신령스러이 노닐어 자재할 것이니 어찌 통쾌하지 않으며 어찌 화창하지 않으랴. 그러나 오음이 청청하게 다한 외에도 한 길이 따로 있으니 불조와 함께 노닐려거든 청컨대 이 길을 따라가라.

아무개 영가여, 이 길 머리를 아느냐 모르느냐. 만약 알았다면 산승이 지시할 것이 없거니와 만약 모른다면 다음 한 구절을 들어라(하고는 한참 있다가).

만리의 아득한 허공 구름이 다 흩어지면　　萬里長空雲散盡
천마산은 푸른 하늘에 솟는다.　　　　　　天摩山聳碧虛中

구름이 허공을 오고 가도 흔적이 없고 기러기 날면서 개울 물에 그림자 져도 기러기나 강이 그림자에 의식이 없듯이 육신의 나고 사라짐에도 흔적이 없는 것이다. 육신〔色〕이나 느낌〔受〕이나 상상〔想〕이나 움직임〔行〕이나 알음알이〔識〕의 오음이 있어 몸이 있음을 알았던 것이니, 이 오음이 청정하게 사라지면, 구름이 지나간 허공이 맑듯이 구애됨이 없을 것이요, 연화대에서 뜻대로 오가며 시방불조와 자재로이 노닐 것이다. 끝의 시구 '만리의 아득한 허공 구름이 다 흩어지면, 천마산은 푸른 하늘에 솟는다'함은 이러한 진리를 휘갑한 시구다.

여기서 잠시 불교문학 특성의 하나인 게송의 특수성을 말하고 넘어가야겠다. 게송은 불교의 교의를 시가로 표현한 것을 통칭하게 된다. 그런데 이 게송은 산문과 어울려 쓰는 것이 또 하나의 특성이다. 어떤 교의를 말하기 이전에 시로써 그 요지를 전제하는 경우도 있고, 또는 교의를 다 말한 뒤에 결론으로 시를 쓰는 경우도 있다. 그래서 범어를 한자로 번역할 때는 頌이라 했던 것이다. 위에 든 撒骨下語의 끝부분이 바로 이러한 게송인 것이다. 그러므로 선사의 법어에는 언어와 문학, 곧 말과 시가 공존하는 것이 특징 중의 하나이다. 법어 하나하나가 시적 상상의 탁월한 표현이기도 하지만 모든 법어의 결론을 시로 휘갑하는 경우가 많다. 앞에 들었던 두 글 중에서 다비에 불을 붙이면서의 하어는 한 편의 시, 곧 게송만으로 되었고, 뒤의 산골하어는 법어와 게송을 함께 구사한 것이다.

여기 함허당의 어록을 살피면서 또 하나 짚고 넘어가야 할 사실이 있다. 함허당을 조선시대의 스님으로 봐야함은 당연하나, 그의 문학적 표현은 고려시대로 처리되어야 하겠다는 생각이다. 스님들이 남겨 놓은 글을 대부분 어록이라함은 垂語, 下語, 示衆의 법어의 기록이기 때문이다. 그러면서도 고려시대 스님의 글은 거의가 어록인데 조선시대 스님이 남긴 것은 거의가 文集이다. 그 이유는 무엇일까? 고려시대는 불교가 대중과 함께 존재하는 것이기 때문에 이러한 법어의 말이 필요했고 자연히 그 기록이 어록이었으나, 조선에 와서는 유교의 그늘 밑에 가려 어느 특수층의 종교가 되었고, 높은 스님으로서는 유가의 사대부와 접촉하면서 서로의 심기를 시문으로 남길 수밖에 없는 사회적 특수성 때문이 아니었겠느냐는 것이 필자의 생각이다.

고려시대의 『大覺國師文集』은 역시 어록이 아닌 시문집이고 眞淨 國師의 시집인 『湖山錄』도 다만 시문집일 뿐 어록은 없다. 『호산록』은 다른 시문집과 달리 시를 주고 받음에 있어 당시 사회의 시문학적 교류를 살펴보는 데 매우 중요한 자료이다. 이렇게 보면 『함허당어록』은 고려시대를 일관하는 선사들의 어록으로서 말미를 장식한 셈이 된다 하겠다.

3. 담박한 詩情

이제 함허당의 시를 살펴보자. 앞에서는 어록이 가진 언어로서의 시의 경지를 말하였지만 이제는 순수한 시로 표현되는 스님의 생각과 기상을 살피기로 한다. 위에서 오대산에 들어가 나옹 화상의 영정에 공양을 드리다가 己和라는 이름을 얻었다 함을 말하였다. 이렇듯 함허당은 나옹 화상을 특별히 사모한 것 같다. 그래서인지 나옹 화상에 대한 시가 몇 편 있다. 그 중의 한 수다.

뭇 산이 둘러 있고 강 하나 깊어	衆山遙遞一江深
온 나무 숲에 높이 솟은 전각	殿閣崢嶸萬樹林
江月軒은 강 달 밑에서 밝았기에	江月軒明江月下
강월헌의 옛 마음 이제 알겠다.	始知江月昔年心

신륵사에 갔다가 지은 시다. 강월헌은 신륵사 앞에 있는 정자의 이름이면서 나옹 화상이 신륵사에 계시면서 자신의 당호로 삼은 것이다. 함허당의 이 시는

강월헌을 보면서 나옹 화상을 생각하는 것이다. 남한강이 앞에 빙 둘러 흐르고 있고 주위에는 산이 옹기종기 이어졌으며 산의 울창한 수림에 싸인 신륵사다. 절 바로 앞 강 언덕에 서 있는 정자, 강에 비친 달을 내려다보며 서 있다. 그래서 강월헌이라는 이름을 갖게 되었고 나옹 화상도 이 달을 사랑하여 자신의 호로 삼은 것이다. 달은 佛性을 표현하는 것이다. 일체 만유 어디에나 불성이 있듯이 중천에 떠 있는 달은 온갖 강물 어디에나 나타나는 것이다. 강월헌의 당호는 그래서 있게 된 것이니, 시인묵객이 강 속의 달을 보고 즐기는 단순한 즐거움과는 애당초 거리가 있는 것이다. 이 시의 끝 구에서 '강월헌의 옛 마음을 비로소 알겠다'함도 이 뜻을 알겠다는 뜻이요, 호를 득통이라 하라고 꿈에서 나타나서 지시했던 스님이 당신이었다면, 내 오늘 여기서 다시 회통함을 얻은 바로 그 득통이라는 생각에서 표현한 시구라 하면 너무나 비약일까. 아무튼 조심스럽게 이와 같이 풀어본다.

다음은 나옹 화상의 시자인 覺牛에게 野雲이라는 호를 주면서 지은 시다.

江月軒 앞 강 달이 밝고   江月軒前江月白
野雲堂 위에 들구름 한가롭다.   野雲堂上野雲閑
구름빛 달빛 어울려 비친 곳   雲光月色交輝處
허공을 안은 방 한칸 몸은 절로 편하다.   一室含虛體自安

강 달과 들구름, 놓여 있는 장소는 다르지만 하늘의 달과 강의 달 중간에 떠 있는 구름은 수직선의 한 줄로 이어지는 일직선이다. 들구름으로서야 위 아래 어디에도 있는 달빛이다. 강월헌의 시자에게 이보다 더 적절한 호가 어디 있을까. 더구나 이 달빛 구름빛이 어울려 비치면 이 야운당의 한 칸 방 얼마나 평안하랴. 하늘의 달, 강의 달이 포용하는 허공은 우주공간을 다 포용하는 허공인데 그 사이에 있는 들구름 얼마나 한가로우랴. 참으로 호에 빈틈없이 어울리는 풀이였다.

이렇듯 서로의 유대를 어울리게 표현하는 것은 인정의 결합을 잘 이해하기 때문인지도 모른다. 觀音寺에서 어느 신도가 머물러주기를 청하다가 할 수 없게 되자 산기슭까지 나와 울면서 전송하니 시를 지어주었다.

三峯이 둘린 곳 이별하는 얼굴   三峯列處送征顏
한 줄기 시냇물에 눈물을 보태네   一帶溪流添別淚

> 산의 精靈이여, 이 눈물 거둬두소　　　　寄語山精收此淚
> 세상에 끝 없이 맑은 마음의 빈 액체일세.　　清心虛液世難際
>
> 소매 잡고 나온 산기슭 눈물을 뿌려도　　　臨岐携袖淚潛然
> 불법에야 어찌 사랑 인연 끌리나　　　　　爲法何曾滯愛緣
> 시내 흐름이 발길 재촉함 아니요　　　　　莫恨溪流催送我
> 저 외로운 구름인 양 구애 없는 이치이지.　孤雲無物得拘牽

　이끌리는 俗情과 집착이 없는 法理의 갈등을 잘 처리한 표현이다. 흐르는 눈물은 아무것도 없는 액체다. 마음속에 五蘊을 쌓고 있으니 그 눈물이 슬픔, 즐거움으로 반영되는 것이다. 그러니 산의 정령은 이 맑은 마음의 액체를 거둬 간직하라는 것이다. 법리에 따르는 無住無着에는 사랑 인연이 있을 수 없다. 정에 매달려보면 저 흐르는 물의 빠름이 이 걸음걸이를 재촉하는 것 같지만, 저 구름을 보면 오고 가는 것도 동서남북의 방향도 없는 것처럼 어디에 매이지도 않는다. 이 세속의 정을 끊는 것 같으면서도 이 이상으로 더 다정할 수가 없게 느끼니, 이것이 바로 선사들의 僧俗이 둘이 아닌 경지인 것이다.

　이제는 스님이 가난하면서도 가난하지 않은 글자 그대로의 청빈, 맑은 가난을 살펴보자. 다음은 송기밥〔松皮飯〕에 대한 시다.

> 구름 잡고 돌에 웅크리고 앉아 청산에서 늙고　挐雲踞石老青山
> 온갖 잎 다 져도 혼자 참는 겨울　　　　　　物盡飄零獨耐寒
> 네 형체 갈아서 세상 맛에 섞었더니　　　　　知爾碎形和世味
> 그 맛 따라 이 맑은 추위 알게 하는 소나무.　使人緣味學清寒

　송기밥이란 소나무의 속껍질을 말려 갈아 쌀에 섞어 익힌 밥이다. 起句와 承句는 소나무가 자라는 과정을 말했다. 소나무의 절개야 겨울에 푸른 것으로 해서 찬미되는 것이니 여기서도 그러한 일반성을 표현한 것이다. 다만 전·결구의 재치와 스님이 갖는 청한의 고고함을 잘 표현하였다. 이 서리 모르는 소나무의 고고한 맛을 세상의 쌀 맛에다 섞었다. 그로 해서 세상 사람에게 이 맑고 싸늘한 청빈을 맛보게 한다 하였으니, 어쩌면 禪味로 대체될 이 소나무의 고고한 향내음을 세인, 곧 대중에게 맛보이는 것이다. 역시 學清寒은 바로 대중에게 해야 할 教清寒, 즉 '가르친다'는 표현을 역설적으로, 자신의 배움으로 표현한 겸손이라고도 생각된다.

다음은 부채를 두고 지은 시다.

<table>
<tr><td>옛날에는 桓因과 콧구멍을 쌓더니</td><td>昔與桓因築鼻孔</td></tr>
<tr><td>오늘은 산승과 허공을 치네</td><td>今伴山僧解打空</td></tr>
<tr><td>쳐가고 쳐올 때 허공의 탄식</td><td>打去打來空自噎</td></tr>
<tr><td>'후유' 소리 날 때마다 방에 가득한 바람.</td><td>一噓噓出滿堂風</td></tr>
</table>

전에는 하느님의 콧구멍을 막더니 지금 내 손에 들려 허공을 친다. 선문답 같은 표현이다. 어쩌면 하느님의 콧구멍을 막아서 바람이 없는지도 모른다. 그러니 부채 너를 빌려서 바람을 일으키자는 것이다. 그러니 부채는 빈 공간을 치며 왔다 갔다 할 수밖에 없고 허공은 그 때마다 탄식한다. 아니 탄식이 아니라 딸꾹질한다. 이 허공의 딸꾹질에 이 방안은 바람으로 가득 찬다. 참으로 절묘한 표현이다. 『楞嚴經』에서 말한 대로 우물을 파는 것이 아니라 우물을 메워가는 논리다. 한 삽의 흙을 떠내면 한 삽의 공기로 메워지는 것이다. 부채가 움직이는 것이 아니라 허공이 움직이는 것이다. 선사의 착상이란 이렇듯 저 뒷편의 진리를 보는 것이다. 유에서 무를 보고 무에서 유를 보는 것이다.

시를 시로 쓸 때는 아무리 선사라 하더라도 시인의 고적으로 돌아 오는 모양이다. 다음은 강 위에서 읊는 시이다.

<table>
<tr><td>강가 어느 집에서 울려 오는 피리</td><td>聲來江上誰家笛</td></tr>
<tr><td>달은 파도 심장에 비치고 사람 자취 끊겼다</td><td>月照波心人絶跡</td></tr>
<tr><td>이 몸 여기 온 것 다행스러워</td><td>何幸此身今到此</td></tr>
<tr><td>뱃전에 의지하여 푸른 허공 쳐다 보다.</td><td>倚船孤坐望虛碧</td></tr>
</table>

이 자체로서는 선사의 시임을 의식할 수가 없다. 어느 시인이 강마을 지나다 나루 머리에서 마주치는 풍경과 거기서 이는 감정 그대로다. 강에 훤히 밝은 달, 파도의 심장부를 비치고 있다. 어느 집에서 부는 피리인지 알 수 없지만 달이 파도 심장 비치듯 이 피리는 이 시인의 심장을 울리고 있는 것이다. 그러기에 강가에 매여 있는 배가 더 외롭다. 여기서 바로보는 저 허공의 푸르름, 그것은 아까 내려다 본 강물의 맑음과 상통한다. 강과 하늘을 잇는 수직된 공간, 위 아래에 있는 달빛, 그 중앙에 있는 작자인 시인, 허공을 오가는 피리 소리. 전 공간이 어울려 虛寂을 느끼게 한다. 그저 조용한 한 시인을 연상한다.

　함허당은 조선 초기의 선사로서 배불의 불길이 일기 시작하는 때를 만나 거기에 맞서 護佛하려는 염원에서 『顯正論』이나 『儒釋質疑論』을 썼다. 이 두 저서에 담긴 일관된 논리는 당시의 유생들에게 불교의 참뜻이 무엇인가를 명확히 이해시키려는 노력을 역력히 보여준다. 그러나 기우는 대세는 아무리 큰 기둥이라도 버틸 수 없는 것이 사세이다.

　다음 시에서는 이 어찌할 수 없는 대세를 한탄하는 선사의 모습을 엿볼 수 있으며, 아울러 조선 초기의 불교가 겪는 외로움을 여실히 느낄 수 있는 시다.

여기 저기 불사 헌다는 소식 듣고	聞說諸方壞佛廟
어쩔 수 없이 흐른 두 뺨 눈물	無端兩眼漏潛然
우리들 덕 없음 부끄러울 뿐이라	但慙我輩都無德
손뼉 마주잡고 하늘에 바쳐보는 이 정성.	合掌傾誠敢告天

　「有感」이라는 제목의 시다. 불사를 훼철한다 해도 속수무책 어쩔 수 없는 당시 상황의 애절함이다. 그러나 누구를 원망할 것이 아니라 자신의 덕없음을 부끄러이 여길 수밖에 없다는 겸손의 자세다.

　이상으로 험허당을 문학적 측면에서 살펴보았다. 어록이나 시가 속에 더 많이 논의될 점도 있겠지만 우선 몇 편의 법어나 시에서 시적 이해에 도움이 될 것을 임의로 가려본 것이다. 함허당의 사상적 측면은 현정론이나 유석질의론의 검토가 더 있어야 될 것이므로 그 방면의 연구에 기대하면서 이만 줄이기로 한다.

4. 『顯正論』을 쓴 시대 배경

　조선조 불교를 논의하려면 우선 고승으로서 유교 사회에 대처하는 불교적 해석이 어떠했는가 생각할 필요가 있다.

　조선이 유교를 국시로 하여 척불숭유라고 하는 불교 배척은 미래 사회에 있어서 불교가 발붙일 곳이 없을 것으로 예견된다. 그러나 사정은 그렇지가 않다. 대대로 고승대덕이 면면히 이었고 그것도 왕실을 배경으로 해서 더욱 힘이 되었으며 나라를 복되게 하고 백성을 돕는 데 있어 없어서는 안 되겠다고 생각했던 것이다. 크게는 국난이 있을 때마다 스님은 한낱 국가의 복을 비는 소극적 자세가 아니라 일선에 나서서 위기를 대처하는 승장의 위치로 변신했던 것이다.

이조를 창업한 태조가 유교를 국시로 하면서도 불사를 누구보다 중시하였던 사실에 주목할 필요가 있다. 고려의 말엽 워낙 오래 국가적 비호 속에 있던 불교는 지엽적 말폐가 있었고, 신흥하는 사대부가 유교의 이념으로 국가사회의 기반을 삼아가는 처지에서 李成桂도 이 신흥 사대부층에 속했던 것이다. 그러나 당시 유교적 사대부는 조선조 사대부와 같은 유교 일변도가 아니라 유불의 융합 위에서 유교를 치세적 우위로 여겼던 것이다. 그것은 그들의 시문집에 허다한 스님들과의 주고 받은 시가 있을 뿐 아니라 국사, 왕사의 행장이나 비문은 이 유학자들의 손에서 이루어졌으니 그 대표적인 사람이 牧隱 李穡일 것이다.

여기서 陶隱 李崇仁의 시 한 수만 들어 격의 없는 僧俗의 교분을 짐작하기로 한다.

갑자기 나타난 淸源 장로	忽見然禪者
해인사에서 왔다 하네	云從海印來
소매에서 꺼내는 편지	袖中書札出
세상의 웃음 꽃 피네	世上笑談開
마주 앉아 경 이야기에	宴坐飜經字
좋은 인연 겁의 바다 건너네	良緣閱劫灰
지척 사이 서로 어긋나나	相違僅咫尺
하루에도 천 번 묻는 묘법.	問法日千回

앉으면 경 이야기요, 만나면 법의 문답이다. 지기라면 이 이상이 있을 수 있는가.

圃隱이 일본으로 사신 가서는 주고 받는 시가 거의 그들 스님과 하고 있다. 그가 불교를 경시하고서는 이루어질 수 없음은 자명하다. 이성계의 혁명을 반대함에 있어서는 유교의 지상 명제인 충신은 두 임금을 섬길 수 없다〔忠臣不事二君〕는 것이라야 명분이 분명하다. 이것은 사회를 경륜하는 윤리이다. 이것이 바로 강경한 유학자로 추앙되는 소이이다.

이런 강경한 논리에는 대응책이 필요하다. 이것은 바로 주나라 武王의 혁명 논리다. 紂는 민심이 이탈한 필부이지 은나라 왕이 아니다. 천하의 민심이 귀

의한 무왕만이 왕이다. 이성계는 이 논리로 고려 왕조를 전복하고 선양받았다
는 논리다. 이것이 바로 유교의 征而不伐의 당위적 논리다.

이렇게 해서 조선조는 유교를 국시로 하고 건국한다. 이 태조는 국시는 유교
이나 국리민복을 위하여 불교를 유지해야 한다고 생각한다.

태조 원년 10월에 自超 스님을 왕사로 삼았다. 11월에는 내탕금으로 관음굴
의 스님을 대접하게 했다. 2년 3월에는 檜巖寺의 스님을 대접했다. 그 달, 僧
錄司가 禪敎의 福田을 모아 서울거리에 매해 3월 경을 외우게 하는 것을 經行
이라 하여 고려에서부터 있었으니 그대로 하는 것이 좋다 하니 허락하였다.

그 해 사월에 演福寺 5층탑을 세우게 하고 文殊會를 열게 했다. 왕이 친히
나와 왕사 자초로 하여금 설법하게 하였다. 그 날 왕사 자초를 궐내로 불러 비
단을 하사했다. 7월에는 자초 왕사를 廣明寺로 모셨는데 성 안 남녀 백여 명이
날마다 설법을 청하였다 한다. 10월에 연복사의 5층탑을 낙성하니 대장경을
봉안하게 하고 자초 왕사로 강경을 맡게 했다. 3년 2월에는 연복사에 행차하
여 문수회를 관람하였고 5월에는 왕비와 함께 敬天寺에 가서 부왕인 桓祖의
초상을 봉안하고 재를 올렸다.

4년 2월에는 관음사, 見巖寺, 三和寺에 수륙재를 열어 매년 연례행사를 하
라 하였으니 고려 왕씨의 영혼을 위해서였다 한다. 4월에는 회암사에 쌀과 콩
170섬과 베 100필을 내리고 왕사 자초에게 楞嚴會를 개최하게 하였고 10월에
는 또 쌀과 콩 300두를 내렸다. 5년 4월에 근정전으로 8백 스님을 모셔 불경
강의를 열었고 7월에 神德 王后가 병이 나자 스님 50분을 내전으로 모셔 예불
하였고 10월 탄신일에는 궁정으로 스님 108분을 모셔 독경하였다.

6년 3월에는 경천사에 행차하여 신덕왕후의 천복을 위하여 화엄법회를 열었
고 12월에는 강원도에 영을 내려 오대산 금강의 절들에게 쌀 6백 섬을 나누어
주도록 하였다. 7년에는 重興寺, 億正寺, 福靈寺, 海印寺 등의 조세를 면제케
하였다.

여기에 특히 주목되는 일은 이 해 2월에 居士의 칭호를 올린다는 일이다. 좌
승지 李文和에게,

"내가 듣건대 전조의 忠肅王이 거사라 칭하고 醴川君 權漢功에게 글을 지으
라 하였다는데 내가 奉化伯(鄭道傳)에게 거사로 칭한 글을 올리게 하고 싶은
데 무엇이라 호를 했으면 좋겠는가."하니 문화가,

"임금님께서 등극하시기 전의 軒號로 하심이 어떻겠습니까."

하니 그것이 좋다 하여 松軒 居士라 했다는 것이다. 이를 보면 배불이 아닌 숭
불이었던 것이다.

그 해 5월, 홍천사 주지 尙聰이 선교 양종의 영수를 두자는 데 대한 승인은
앞으로의 불교에 대한 기강을 세우자는 의미로 이해되어 매우 의미있는 일로
보인다. 참고 삼아 실록에 있는 전문을 소개한다.

홍천사 監主로써 상서하되,

선은 부처 마음이요, 교는 부처의 말씀이시니 임금을 수하시게 하고 나
라를 복되게 하고 백성을 평안하게 하기는 한가지입니다. 전하께서 일찍
이 원력을 지으시어 지리를 살피시고 도읍을 정하셨으니 온갖 기관이 정
비되었으며 모든 직책이 조화되었습니다. 도성 안에 불사를 세우시고 홍
천이란 이름을 하사하시어 修禪의 본사로 삼으시니 불조를 敬信하시며 龍
天을 보답하시는 뜻이 지극히 깊으시고 간절하십니다.

이에 산야에 있는 尙聰에게 자리를 맡기시니 신은 감히 이 마음을 소상
히 아뢰어 정법을 널리 드날리고 축원의 이 직책을 다하지 않을 수 없습
니다. 대저 불사의 法門에서 참선이 최상이라 상근기의 사람은 단시일에
성공하여 큰 지혜를 발명할 수 있고 그렇지 못하더라도 화두를 드는 순간
에 불조의 기쁨과 용천의 믿음이 있습니다. 전조의 말엽에 선종과 교종이
名利로 배불러 명찰만 다투어 점거하여 선을 담고 교를 펴는 곳이 겨우
한 둘밖에 없으니 어찌 국가에서 절을 세워 나라를 돕는 본 뜻이겠습니까.

眞覺 祖師께서 말씀하시기를 선도는 나라의 복을 늘리고 지혜의 강론은
外侵을 막는다 하였으니 어찌 증거 없이 우리를 속인 것이겠습니까. 전하
께서는 지금 선·교 중에서 도덕재질이 있어 영수가 될 만한 자를 가려서
중외의 명찰을 맡기십시오. 선종을 주관하는 자는 선을 말하여 불식하게
하고 교종을 주관하는 자는 경을 강의하고 율장을 말하게 하여 후진을 이
끌게 하십시오. 선은 전등·염송이요, 교는 경률·논소이니 조목조목 따져
강습하여 세월이 쌓이면 큰 재질, 큰스님이 없는 절이 없을 것입니다.

그러나 본사라 지칭되는 중외의 명찰을 송광사의 제도를 모방하여 모두
본사에 예속시켜 서로 독찰하게 하면 법규를 지키고 축원하는 일이 해이
해지려 해도 되지 않을 것입니다. 요사이 법규로 정하는 것이 모두 중국
스님을 모방하여 전일함이 없으니 호랑이를 그리려다 개가 되는 격입니

다. 신이 살피건대 송광사 조사 普照 國師가 남기신 제도를 배워 행하여 정상적 법도를 삼아 승도들이 조석으로 익히면 위로 전하께서 도를 넓히시는 은혜에 보답하리라 생각합니다.

　바라옵건대 중외에 이 뜻을 반포하여 영원히 계승하면 만만번 국가의 이익이 아니겠습니까.

하니 임금께서 따랐다.

위의 장황한 열거는 조선조의 앞날에 불교의 미래를 예시하는 것 같아 인용한 것이다. 곧 겉으로는 억불이요, 내면에는 숭불이었다 할 수도 있기 때문이다.

5. 『顯正論』에 보인 佛儒觀

이러한 배경 속에서 함허당의 『顯正論』이나 『儒釋質疑論』이 이루어진 것이라 하여도 무방하겠기 때문이다.

『현정론』이 함허당의 저술임은 그의 문인 野夫가 지은 행장에 책명이 있어 알 수 있으나 『유석질의론』은 행장에 나타나지 않고 있다. 그런데 1974년 불교학연구회에서 한국고승전을 영인 출판하면서 함허당의 저술에 수록하고 그 해제에 몇 가지 논증을 하고 있다.

첫째, 1966년 동국대학교 불교문화연구소 주최 한국찬술불서전람 목록에서 함허당의 저술로 밝혔고,

둘째, 『현정론』과 『유석질의론』은 비슷한 내용이고 문장의 수사성이 유사한 점.

셋째, 동국대학교 중앙도서관의 소장본에 '함허득통저'라고 잉크로 쓴 것이 있다는 점을 들고 있다.

이러한 근거에 일단 수긍하면서 『유석질의론』이나 『현정론』이 조선조 불교가 유교와 공존하면서 내면적 숭불로 이어져가는 하나의 계기를 제기했다고 본다. 불교의 처지로 보면 儒佛不二라는 근거를 세워 유교사회에서 병존하는 것이었다고 생각할 수도 있다.

이 유불불이라는 생각은 조선조에서 싹튼 것은 아니다. 불교가 국시였던 고

려 때에도 진각 국사 慧諶이 『禪門拈頌集』을 편찬하면서 그 서문에서

"바라건대 요임금의 풍화와 선의 풍교가 함께 날리고 순임금의 해와 부처의 해가 항시 밝으리라(所冀堯風與禪風共扇 舜日與佛日共明)"하였으니 유불불이라 말하기보다 染淨不二나 僧俗不二 또는 不落兩邊의 집착 없는 불가 본연의 해탈적 초연에서 쓴 것이라 함이 더 타당할지도 모른다.

아무튼 이 『현정론』이나 『유석질의론』이 유가의 혹심한 배불에서도 꿋꿋이 견디는 논리적 초석이 될 수도 있었다는 가정에서 대충 그 내용을 살피는 것으로 본고의 요지를 삼는다. 우선 여기서는 현정론에 한해서 소개하는 것으로 그치려 한다.

6. 儒佛의 비교

『현정론』은 서론 부분과 13개 항의 문답으로 되어 있다. 서론에서는 도의 본체를 말하면서 유불을 하나도 폐할 수 없다고 한다.

"원체는 유와 무가 아니면서도 유와 무에 통하고 근본은 고금이 없으면서도 고금을 통한다. 이것이 도다 하였다. 또 유무는 성과 정에서 연유하고 고금은 생사라는 시간에서 연유한다."하였으니 天命이 성이고 정을 잘 통솔하는 것이 도라 한 것보다는 좀 구체적 설명 같다. 천명이 성이라 하면 정은 제시되지 않았으나, 마음이 성과 정을 통솔한다[心統性情] 하여 정이 성과 대립되어 나타나는 유가적 논리와는 달리 애당초에 유무의 대립에다 성정의 대립을 연결하면서 성은 원래 정이 없는데 성이 미혹해서 정이 나온다 한다.

즉 전자는 하나에서 둘로 양립하게 되고 후자는 둘이 하나로 통합되는 현상이 된다. 전자는 둘을 인정하여 잘 조화시키려 하고 후자는 둘을 인정하면서 정쪽을 제거시키려는 것으로 이해된다. 유무는 성정에서 연유한다 했으니 유는 정이요, 무는 성인 셈이다. 그래서 정에는 선과 악이 있다 했으니 성은 이 선악을 초월한 무인 셈이다. 유가에서 성이 선하다 하건 성이 악하다 하건 이는 성이 우선 있고 그 다음에 그 본질을 선악으로 구분한다. 따라서 성선이나 성악의 대립적 논쟁이 생기나 원래 성은 초월적 무이니, 정을 버린다는 하나의 논리밖에 없다.

그래서 이렇게 말한다.

"정이 만약 생기지 않으면 범인과 성인이 모두가 있을 수 없다."

그러니까 범성불이의 논거는 자연스럽다.

"정이라는 말은 부처께는 없을 수가 없으니 오직 부처 한 분 외에는 모두가 정이 있다 함이 이 까닭이다."

"사람들로 하여금 정을 버리고 성을 드러낼 뿐이니 정이 성내서 나는 것이 마치 구름이 하늘에서 일어나는 것과 같다. 정이 사라지고 성이 나타나는 것이 구름이 개이어 해맑은 하늘이 드러나는 것과 같다."

"불교는 비유컨대 맑은 바람이 뜬 구름을 쓸어 버리는 것과 같다. 여기에 의지하여 닦으면 마음이 바를 수 있고 몸이 닦일 수 있고 집이 안온할 수 있고 나라가 다스려질 수 있고 천하가 태평할 수 있다."

이렇듯 그 목적은 유불이 같은 것인데 그 목적으로 가는 방편이나 동기적 착상에 차이가 있는 것 같다. 그러면서 유가에서 말하는 덕목을 구체적 사실로 설명하려는 것이다. 곧

"불가에서 말하는 5계는 유가에서 말하는 五常이니 죽이지 말라는 것이 仁이고, 도적질 말라는 것은 義이고, 음란하지 말라는 것은 禮이고, 술마시지 말라는 것은 智이고, 망녕된 말 하지 말라 함은 信이다."
하니 좀더 구체적 행위로 지적하는 것이다.

재가·출가의 문제도 이렇게 말한다.

"우리 불가의 가르침은 재가·출가를 따지는 것이 아니라 다만 사람들이 도의 운용을 어기지 말기를 바랄 뿐이니 반드시 머리를 깎고 옷을 달리 입은 뒤에야 되는 것은 아니다. 그러나 인내력이 없으면 세속에서 물들지 않고 집에서 도를 이룬다는 것이 어렵기 때문에 사람들에게 출가하여 멀리 떨어져서 수도하게 하는 것이다."라고 한다. 부부로부터 인류이 시작된다고 하는 유교사회의 공박에 대한 반론인 동시에 그들과 공존하려는 조화적 변호이다.

다음에 13개 항의 문답을 약술하겠다.

"유가에서는 남자는 아내가 있고 여자는 가정이 있어 조상의 제사를 끊이지 않게 하는 것이 효인데, 불가에서는 혼인을 부정하고 인류을 버리니 어찌 효가 되느냐. 매사에 부모께 여쭈어 부모의 마음을 편케 하는 것이 효인데, 부모의 동의도 없이 출가하여 끝내 돌아오지 않고 부모를 봉양하지 않으니 어찌 불효가 아닌가."

곧 유가 윤리인 자자손손의 영원한 상속성과 그 속에서 이루어지는 追遠報本

즉, 뿌리에 보답하는 절차가 없음을 불효로 본다. 그러나 앞에서 보았던 것처럼 도에는 고금이 없나는 이 시간성의 부정에는 우선 자손상승이라는 집착이 없게 된다. 여기에 대한 해답의 요지는 이렇다.

"충효는 臣子의 당위요, 결혼은 인륜의 大經이다. 그런데 이런 당위와 대경을 크게 이루려면 애욕을 여의어야 한다. 이 애욕을 여읜다는 것은 범용한 사람으로는 쉽지가 않다. 석가모니께서도 이 애욕의 속세 먼지를 씻고 참맑음이 펴나기를 기다려 그것이 이루어진 연후에 돌아와 아버지를 뵙고 상천하여 어머니를 찾아 모두 度脫하게 하셨으니 이것이 바로 정상에서 벗어나 도에 들어맞는 일이다〔反常合道〕."

유가에서 도를 행해서 이름을 후세에 남기는 것이 효의 가장 큰 마침이라 하는데 석가의 도가 천하 후세 사람에게 그 도를 들어 자신의 기연에 따라 득도하게 한다면 얼마나 큰 자비인가. 이것이 바로 큰 효가 된 것이다. 공자도 하루만이라도 사심을 이겨 공동의 예로 돌아가면 인이 된다 하지 않았던가. 유가에서는 하루만이라도 사사로움을 이겨 공공의 예로 돌아가도 좋다 했는데 석가는 사부대중 어디에나 시간·공간 없이 영원한 자비의 세계로 유도한다. 그러기 위하여 사사로움을 끊는 방편이 출가라는 논리다.

"사람이 이 세상에 살면서 임금께 충성하고 나라에 정성을 쏟아 돕는 것인데, 불가에서는 임금께 조회도 없고 섬기려고도 않으니 충이라 할 수 있는가."

"우리의 가르침에 임금에게 먼저 品戒를 주어 심신을 정결하게 한 연후에 보위에 오르게 한다. 또 임금은 백성에게 벼슬을 주어 선을 권하고, 형벌을 두어 악을 금하나, 우리 불가에서는 선은 경사를 부르고 악은 재앙을 부른다고 가르쳐, 사람들에게 상벌의 제도없이 스스로 순화하게 하니 이보다 큰 忠君補國이 있는가."

제도적 권선징악보다 자연스런 감화에서 악을 버리고 선을 행하게 하여 나라가 태평하고 백성이 평안하게 한다는 것이다.

7. 구체적 사례의 제시

"사람은 만물을 먹고 만물은 사람에게 공급되게 되어 있다. 70이 되면 고기가 아니면 배부르지 않은데 불가에서 고기를 봉양하지 않으니 부모 봉양이 잘못된 것이 아닌가.”

 “자연물을 살상한다는 것은 성인이 할 수 없는 일이다. 더구나 천도는 지극히 인자한 것이니 어째서 사람들에게 자연물을 죽여서 그들의 삶을 영위하게 하겠는가. 『書經』에 ‘천지는 만물의 부모요, 사람은 만물 중의 영장이라’하였으니 그렇다면 천지와 만물은 부모와 자식 사이이고, 만물과 사람은 같은 자식의 관계다. 살생을 하여 내 삶을 기른다는 것은 같은 자식을 살상하는 것이다. 같은 자식들의 살상을 볼 때 부모의 마음은 어떠하겠는가. 더구나 仁은 천지만물을 한 몸으로 융화시켜 틈이 없는 것이다. 이 이치를 실천한다면 아무리 미물일지라도 해칠 수 있겠는가.”

 이것은 모든 것을 인으로 보는〔一視同仁〕 논리로 불살생을 설명한 것이다.

 “술은 즐거움을 나누는 약이며 혈맥을 조화하고 제사에서 신을 부르는 것인데 불가에서 금하는 것은 지나치지 않는가.”

 “술은 정신을 어지럽히고 덕을 해치는 근본이고 더 나아가서는 도를 해친다. 그래서 우리 계율에 그 허물이 36가지가 있다 한다. 禮記에 ‘천지 귀신에게 섬길 일이 있으면 반드시 며칠을 재계한 연후에 하루의 제사를 지낸다’ 했다. 재계는 마늘이나 술 같은 것을 금하고 정성을 바치는 것이다. 불가의 재계는 항상 계속하여 잡되지 않고 죽을 때까지 더럽히지 않는 것이니 어찌 며칠의 재계와 대비되겠는가. 이미 재계가 옳다고 한다면 어찌 며칠만 하고 제사가 없을 때는 해이해져야 하겠는가. 여기에 유가와 불가의 차이점이 있는 것이다.”

 삶은 항시 재계하듯이 조심하는 潔身의 지속이다.

 “재물은 사람이 사는 도구이다. 절용하여 낭비 없이 하여 자손에게 물려주고 가계가 끊기지 않게 하는 것인데 불가에서는 사람들에게 보시와 報應을 과장해서 모두들 부처에게 바치게 하니 잘못이 아니냐.”

 “재물을 깊이 탐내는 것은 화를 자초하는 길이고 보시해서 마음을 밝히는 것은 복을 부르는 방편이다. 유가 경전에도 ‘재물이 모이면 백성이 흩어지고 재물이 흩어지면 백성이 모인다’하지 않았는가. 불가에서 보시를 권장하는 것은 自利를 위하여 그러는 것이 아니라 사람들에게 탐내고 인색한 마음을 버리어 마음밭을 정결하게 하는 것이다.”

 마음의 정결을 위하여 재물을 탐내지 말라는 교계다.

 “사람이 태어날 때에 음으로 체질을 받고 양으로 기운을 받아서 일음일양이 魂魄과 배합하여 형체가 되었다가 죽으면 혼은 올라가고 넋은 내려가 다하고 마는 것인데 불가에서는 천당으로 유인하고 지옥으로 공포를 주어 사람들에게 미혹되게 하니 하늘은 푸르게 있는 것이요, 일월성신뿐이요, 땅은 흙과 돌로 싣고 있는 것이 사람과 만물뿐이다. 천당·지옥으로 미혹하게 하는 것은 망녕됨이 아닌가.”

“음양은 물론 사람이 그에 의지해서 태어나는 것이다. 음양이 결합해서 삶이 있고 음양이 흩어져서 죽음이 된다. 그러나 고유의 참밝음[眞明]은 형태를 따라서 생기는 것도 아니요, 형태에 따라서 사라지는 것도 아니다. 비록 천변만화하여도 담담히 홀로 남는 것이다. 이렇듯 이 참밝음이 형체에 따라 변하지 않는 것을 안다면 사람이 죽어서 형체와 신명이 함께 죽는다 함이 오히려 망녕된 것이 아니냐. 공자가 평소 꿈에도 周公을 보았다는 것은 마음속으로 주공의 도를 보존하여 전일하게 행했기 때문에 그 정신이 자연히 서로 느껴 그러했던 것이다. 범인도 이와 같이 날마다 선과 악에 각기 추종하면 그 꿈에도 榮辱이 엇갈릴 것이다. 가령 천당 지옥이 없다 하더라도 사람들이 이 말을 듣고 천당을 갈망하여 선을 행하고 지옥을 두려워하여 악을 행하지 않는다면 선한 자 스스로 힘써 천당을 누리고 악한 자는 스스로 억제하여 지옥을 면할 것이니 어찌 망녕되다 하랴.”

결국 현실에서의 선과 악의 보응으로 설명하여 권선징악의 사회적 교계로 천당 지옥을 설정한 셈이다.

“대저 죽음을 장송하는 것은 인간 세사의 큰 일이다. 그러므로 부모의 상을 당하여 소중히 하지 않을 수가 없다. 후히 장례하는 것은 나뭇뿌리가 깊게 묻히면 가지가 번성하고 열매가 많은 것과 같다. 그래서 후장하여 자손의 번성을 바라고 제사를 이어가는 것이다. 불가에서는 이 이치를 불고하고 망녕되이 불존화한다 하여 후사가 끊기게 하니 허물이 아니냐.”

“대저 사람은 형체가 있고 신명이 있는 것이다. 형체가 집으로 비유되면 신명은 주인에 해당한다. 그러므로 형체가 사라지면 신명은 가는 것이다. 몸은 水土로 외형이 형성되고 火風으로 바탕을 유지한다. 죽음은 화풍이 먼저 가고 지수가 남는 것이다. 이 지수에 애착이 남으면 저 무애의 땅으로 가지 못한다. 그래서 이 지수를 불살라 왕생의 길로 가게 하는 것이다. 이 화장의 법은 사람이 더러움을 버리고 청정으로 가게 하는 것으로 왕생을 추천하는 길이다. 만약 화장을 차마 할 수 없다 한다면 땅을 뚫어 묻는 것은 차마 할 수 있는 것인가.”

인체의 이원적 구성과 지수화풍인 만유의 원리로 화장을 설명하여 오히려 더러움을 여의고 청정으로 가는 길로 설명되었다.

"사람의 생사는 처음과 끝인데 불가에서 전후를 말하여 생사의 사이에 배치하고 삼세라 하니 생전과 사후를 눈으로 볼 수 없는 일이니 누가 보았다는 말인가."

"사람의 생사는 밤과 낮의 엇갈림과 같은 것이니, 자연히 앞뒤가 있게 된다. 낮은 지난 밤의 앞이고 오는 밤의 뒤가 된다. 밤은 어제가 앞이요, 내일이 뒤다. 그래서 주야가 함께 하면 三際가 성립한다. 밤낮이 그렇다면 세월도 그렇고 생사도 그러한 것이다. 이미 지나간 것은 시작도 없고 미래도 끝도 없음을 알 수가 있다."

서론에서 고금이 없으되 고금에 통하는 것이 도라고 한 말과 상통된다. 결국 생사란 시간의 연속인 것이다.

"천하에서 준수할 만한 것은 五帝三王의 도뿐이다. 그러므로 공자가 宗祖로 저술하여 뭇 현자들이 서로 전하여 경전으로 남았고 열국이 다 준수하고 있으니 이 도는 중국에서 구할 것이요, 이적에게서 구할 수가 없다. 부처는 西夷 사람이니 그 도가 중국에서 유행할 수 있는가."

"도가 존재하는 곳은 사람이 돌아오는 곳이다. 오제삼왕이 도가 있어 사람들이 돌아와 중국에서 왕노릇을 한 것이다. 부처가 천축에서 일어나 법륜왕이 된 것도 이와 같은 것이다. 중국에서 천축을 서쪽이라 하면 천축에서 중국은 동쪽이다. 만약 천하에서 정중앙을 취한다면 한낮에 그림자가 없는 곳이라야 한다. 그런데 천축이 바로 그런 곳이다. 그러니 부처가 그곳에서 나셨으니 그것이 바로 천하의 정중앙이 아닌가. 동서라고 하는 것은 피차 시속이 서로 대칭된 것이지 중앙을 점유하고서 동서를 정하는 것은 아니다."

중국이라는 개념의 모순과 사방의 공간에 집착이 없는 處無碍의 명확한 입론이다.

"불법이 중국에 들어온 뒤로 세상이 점점 문란했고 흉년이 겹쳐 백성의 손상이 많고 질병이 심했으니 피해가 컸던 것이 아니냐."

"堯·舜·武·湯은 천하의 대성인으로도 장마 가뭄의 피해를 면치 못했고, 桀·紂는 천자이면서도 민심이 떠나 필부의 평을 면치 못했다. 공자 같은 성인도 양식이 없던 때가 있었다. 고금의 태평과 전란, 인생의 수와 단명, 고락은 시운의 성쇠와 관련되는 것이며 중생의 업보에서 오는 것이지 불법에 허물을 돌리는 것은 좀 모자라는 생각이 아닌가.”

시운과 불법의 무관성을 설명한 셈이다.

“승려들은 노는 백성으로 농사도 짓지 않고 남에게 의식을 빌어 백성을 괴롭히고 곤궁에 빠지게 하니 폐단이 큰 것이 아닌가.”

“승려의 임무는 법을 넓히고 인생을 이롭게 하는 것이다. 법을 넓혀 영혜로운 생명이 끊이지 않게 하고 삶을 이롭게 하여 사람들을 선하게 하는 것이 승려가 하는 일이다. 진실로 이와 같다면 남의 추대를 받아도 부끄러울 것이 없다. 그렇지 못하다면 그 개인의 죄이지 어찌 불가의 잘못인가.”

스님이나 스승된 자의 의무를 명쾌히 말했다.

“청정하여 욕심이 적고 법을 위하여 자신을 잊고 많이 알고 익혀 후생을 이끄는 것이 승려가 행하는 일인데 지금은 행실을 닦지 않고 오히려 스승의 법을 더럽히니 차라리 속인으로 되돌아와 국가에 이바지하는 것이 옳겠다.”

“공자의 3천 제자에도 철인은 10사람뿐이었다. 숲에서도 재목 못될 나무가 있고 밭에도 열매 맺지 못하는 곡식이 있다. 그래도 모습과 장삼옷에 점점 묻혀서 도를 잃지 않게 할 것이니 어찌 그 과실로 인해서 그 법을 폐할 수 있는가.”

지엽적 폐단으로 근간의 올바름을 죄지울 수 없음을 말하였다.

“불서를 삼고하면 虛遠에 힘쓰고 적멸을 숭상하여 공은 소학보다 배가 되나 쓸데가 없고, 높기는 대학보다 지나치나 실상이 없으니, 나를 수양하고 남을 다스리는 방법이 될 수 없다.”

“책은 도를 싣는 기구요, 교화를 넓히는 방책이다. 그 책을 보면 그를 따를 수 있는지 없는지 알 수 있고 그 예를 사모할 수 있을지 없을지 안다. 그 도를 따를 만하고 그 예를 사모할 만하면 나의 풍습이 아니라 하여 버릴 수 있겠는가. 순임금은 묻기를 좋아하고 비근한 말이라도 살폈다 하며, 우임금은 좋은 말에는 절을 했다 했으니 만약 순·우로서 부처의 교화를 만났다면 어찌 아름답지 않았겠는가.”

여기서도 유불불이적 사유를 볼 수 있다.

“노자와 유가, 불가의 차이와 우열은 어떠한가.”

“노자는 하염이 없으되 하지 않음이 없어 당연히 하염이 있으되 하염이 없다 했고, 석가는 적적하나 항상 비치고 비치나 항상 적적하다 했고, 공자는 주역은 생각이 없는 것이며 하염이 없으며 적연히 움직이지 않으나 느낌이 있어 마침내 통한다 했다. 대저 적연한 것이 느낌이 없지 않으니 곧 적적하되 항시 비치는 것이요, 느끼어 통하는 것은 적적하지 않음이 없으니 비치되 항시 적적함이다. 하염이 없으되 하염이 있는 것은 적적하되 항상 느낌이 있는 것이다. 하염이 있으되 하염이 없는 것은 곧 느끼되 항상 적적함이다. 이렇게 보면 세 분의 말씀이 암암리에 서로 맞아 한 사람의 말과 같다. 그 실천의 높낮이와 활용의 동이는 세 갈래의 경전을 참구하면 될 것이니 강변이 필요하랴."

유·불·선 삼교가 궁극적으로 상통하는 점을 간단명료하게 밝혀 대단원을 내렸다.

위에서 『현정론』의 견해를 그대로 소개하였다. 그 의도는 조선조 초기의 스님으로서 儒佛不二的 논술을 체계적으로 세움으로써 유교를 국시로 삼았던 당시 사회에서도 불교가 불교로서 영속할 수 있는 초석이 될 수 있었음을 살피고 그 배경에는 태조와 같이 외면으로는 척불이나 내실로는 숭불이었다는 점을 함께 살펴본 것이다.

유석의 관계는 『유석질의론』이 더 상세하나 호번하여 여기서는 논외로 하였다.

虛應의 詩

　허응당은 조선 중엽 선종을 부흥시킨 큰스님이시다. 그의 법명은 普雨이고, 허응당은 그의 법호이며, 그 밖에 懶庵이라는 호가 또 있다. 그의 생년이나 법통관계는 자세히 전하지 않고 있다. 다만 그의 시문집에서 편린을 짐작할 수밖에 없다.

　그 밖에 『조선왕조실록』에서 그의 행적의 일부를 알 수 있는데, 그것도 그의 남다른 법력에서 불법을 중흥하게 되는 계기에 대한 찬반 양론이 왕가의 실록에 남게 된 것이다. 하지만 그것이 당시의 국시와 위배되는 일이요, 더구나 죄인으로 몰려 유배지에서 목사의 杖刑으로 죽은 뒤의 기록이니 모든 것이 사실과 같을 수는 없었을 것이다.

　이렇게 편견이 있을 수도 있는 당시의 기록이라 하더라도, 모든 불사를 불태우기까지 했던 당시의 사정에서(중종 38년·1538년) 다시 선교 양종의 회복을 보게 되었음은 그의 큰 법력이 아니고서는 있을 수가 없었을 것이다

　명종 7년 6월 허응당에게는 判禪宗事 都大禪師의 직첩과 동시에 봉은사의 주지로 임명하고 守眞 스님에게는 교종판사의 직첩이 내려졌다.

　이 직첩을 받고 감격하여 게송 두 수를 지었다. 다음에 들어본다.

성스런 임금님 덕 천지에 덮여	聖德同天地覆燾
천 만의 붓으로 이 기쁨 칭송하네	可將千筆頌熙熙
祇林에 봄 되어 꽃은 거듭 피었고	春回祇樹花重發
항하의 금 모래 비친 햇살, 땅 기운 회복했다	日照金沙地得奇
나라 안 부처님 교화 열리고	一國旣蒙開佛化
온 백성 처음으로 요임금 하례하네	萬民初賀値堯時
조계의 시냇물 여파가 남아 있어	曹溪幸有餘波在
내게까지 미쳤으니 식은 땀 흐르네.	泰及吾身愧汗垂

밝은 세대 다시 일어 빛을 발하니	昭代重興毫相光
성스런 이 성업 요순시대 같구나	熙熙盛業邁虞唐
향초잡초 섞였던 옛날 골짜기	薰蕕昔混生同谷
이제는 옥석 가려 따로 보관하네	鼠璞今分入異箱
직함 도장에 왕화를 새삼 알고	金印始知王化重
보랏빛 장삼에 임금 은혜 기린다	紫泥初見聖恩長
가련쿠나 우발화 남은 몇 가지	可憐優鉢花餘朶
50년만에 다시 향내 피운다.	五十年來一度香

허응당이 50세의 고개를 바라보는 나이에 보는 영광이다. 위 시의 끝구는 그 심정을 말한 것이다. 불사의 훼철까지 있었던 당시의 사정에서 선종판사를 맡게 되었으니 그 감회 짐작하고도 남는다.

이렇게까지 된 것이 단순히 文定 王后의 후원만이었다고는 볼 수 없다. 허응당은 당시 유학자와 격의없는 흉금을 나눌 수 있었기 때문이었을 것이다. 문정왕후와 남매라는 혈연적 사정이 있는 尹元衡과의 친분이 문정왕후의 인견까지 있게 했다 할 수 있지만, 허응당의 처지에서야 불법중흥의 시대적 사명이지, 어느 개인의 사정일 수는 없다. 배불의 극심한 시대에서 누구 하나 허응당 편에 설 수 없는 것이요, 문정왕후의 죽음과 함께 몰락하는 少尹파의 영수인 윤원형과 함께 매도되는 처지가 되어 역사에서는 요승이라는 기록까지 서슴치 않게 되었던 것은 아닌가 하는 생각이다.

실록의 명종 10년 조에는 이렇게 기록하고 있다.

"사신이 말하기를 원형이 경연에서 시강하면서 승려의 폐단을 신랄히 개진하였지만, 자신이 부처에 아첨하여 복을 비는 것에는 그보다 더하였다. 집안에 불상을 두고 조석으로 예배하여 재 올리는 날에는 반승을 모아 비단을 주고 곡식을 시내에 뿌려 고기에게 먹인다. 왕후가 불법을 숭봉하는 것도 모두가 원형이 유도한 것이다."

승려의 폐단을 말했다는 것과 허응당과의 친분과는 어쩌면 괴리된 양면이 있는 것이다. 그러기에 여기는 사사로운 감정이 아닌 초교파적인 융섭의 법력으로 두 사람의 관계가 정리되어야 한다. 선교양종의 부활에 강경하게 일어났던 유생의 반대 상소에 비답하는 명종의 자세도 윤원형이 지적했던 승려의 폐단에 대한 시정책임을 알 수가 있다. 따라서 허응당이 선교판사가 되는 것이 어떤 사사로운 信佛만이 아니라, 국가 정책상 필요했던 일이다. 그러므로 문정 왕후의 신불과 허응당 개인의 관계로서 후대의 기록이 요승으로까지 낙인하는 것은 소윤의 몰락에서 오는 당론의 편파적 서술로 볼 수도 있는 것이다.

명종의 비답은 이렇다.

"선교의 처사는 불교 숭상을 위해서 그런 것이 아니다. 경연의 자리에서 폐단을 논란할 때 모두가 말하기를 군비의 액수가 날마다 줄어드는 것은 군역의 복무를 싫어해서 서넛의 자식을 두면 반 이상을 승려로 삼으니, 이 폐단을 구제할 수가 없다. 왕후께서 이 폐단을 개혁하고자 하여 부득이 선·교의 종법을 밝히려 하신 것뿐이다. 승려에게 영수를 두어 법대로 시행하게 하면 백성들이 멋대로 중이 되지 못할 것이고 군졸의 질서도 차츰 나아질 것이다."

이렇게 볼 때, 허응당의 당시 책무는 국가적 요구에 의한 중책이지, 어느 권력의 아부에서 이루어진 편협성이 아니다. 그러기에 그의 시에는 이러한 儒釋不二의 흔적이 많이 보인다.

유가 불가 나뉘어도 도는 다르지 않아	儒釋雖分道不殊
옛부터 스님 친구 이름난 선비 많다	古來僧友眞名儒
棗溪의 끊임 없는 시구	棗溪不斷驚人句
항시 이 곳까지 구슬처럼 맑구료	圓澤常承照夜珠
支遁과 許詢 같은 자리에서 논의쯤 말할 것 없고	支許同床何足議
景德順과 蘇軾 마음속 친함이 서로 맞았네	順蘇相善暗親符
상공께서 이 산 속 벗 꼽아줄때	相公屈指煙霞友
나같이 담담한 이 그 속에 있나요.	疎淡如吾有也無

조계는 鄭萬鍾의 호이다. 이 시는 허응당이 자신의 심회를 서술한다 하면서 준 시의 하나다. 원시는 7수로 되어 있다. 정만종은 개인적으로 허응당과 가까웠던 사이였다. 명종실록에는 두 사람의 관계를 나무라는 내용이 있다. 그러나 이 외의 여러 시편에서 보더라도 실록에서 보는 것처럼 그렇게 부정적으로 보아야 할 것은 못된다고 본다. 종교적 차원을 넘어선 지기의 마음뿐이다.

같은 제목의 다음 시는 이러한 초연한 마음의 교환이었다.

大棗溪의 시냇물 철저히 맑아	大棗溪水徹底淸
흰 구름 때때로 이 흐름 소리 듣는다	白雲時向聽流聲

옆 사람 모르거든 말이나 마소　　　傍人不識爭休道
산 속의 중이야 성 마을 왜 가나.　　嶺上山僧何下城

흐르는 물과 뜬 구름처럼 서로 대조되는 마음이었지, 분별 없는 상종이 아니었음이 분명하다.

이러한 유석의 관계는 누구에게나 한결같았던 것이다. 이것이 바로 유석불이요, 染淨不二의 선사적 자세였던 것이다.

유가 불가의 사귐 바로 옛 풍류　　儒釋相從是古風
太顚의 선방에 한퇴지처럼　　　太顚方丈倚韓公
그 당시의 달빛 촛불과 같아　　當時山月明如燭
그대의 시구가 이 토굴에 왔구료.　獻納淸詩寄土宮

이 시는 尹獻納이 보낸 시에 답한 것이다. 헌납은 관명이기 때문에 누구였는지는 알 수 없으나, 유석의 상종을 당나라 때 태전 선사와 韓愈의 관계에서부터 추적하고 있는 것이다. 그러면서 두 사람의 마음을 달에다 매 놓고 있다. 역시 세속의 영리를 떠난 사귐인 것이다.

선사의 이러한 인간적 교분을 속가의 교분과 대비 평가해서는 안 된다. 그러나 역사적 기술은 세속의 영욕으로 귀결시키고 있기 때문에, 허응당에게도 요승이라는 어처구니 없는 혹평까지도 남겨 놓았던 것이다. 비록 선사가 아니더라도 그의 시편에서 보여지는 청정한 심경은 그러한 영욕의 부침에서는 있을 수 없는 지고의 예술이다.

『허응당집』은 상하권에 모두 시만 수록되어 있다. 623수에 달하는 수작들이다. 모든 것을 시로 융섭한 셈이다. 위에서 보았듯이 승속간의 문답도 모두 시로 하고 있는 것이다. 불경의 탐구 이외에는 모든 것을 시로 한 느낌이다. 정만종에게 준 것으로 보이는 다음 시는 바로 그런 점을 대변하고 있다.

선창 뜰에 가득한 달빛　　　禪庭山月滿
지기의 벗 생각에 거닐다　　散步憶鍾期
잠시 번역하는 손 멈추고　　暫輟翻經筆
서울 보내는 시 쓴다　　　還題送洛詩
뜬구름 인생 몇 날이나 되랴　浮生知幾日

귀 밑에는 흰 실낱 새롭다	衰鬢見新絲
다시 만나려 해도	縱欲重逢話
바쁘고 한가함 서로 달라서.	閑忙會亦遲

선사들이 모든 것을 시로 대신할 수 있었다는 것이 바로 禪心과 詩思가 맞았다는 것이다. 허응당은 이 점을 누구보다도 잘 말하고 있다.

친구 없이 봄 산 깊숙이 찾으니	春山無伴獨尋幽
길가의 복사꽃 지팡이에 스친다	挾路桃花襯杖頭
부슬비 내리는 상운암의 밤	一宿上雲疎雨夜
선심과 시사만 아슬하구나.	禪心詩思兩悠悠

宿上雲庵이라는 시다. 암자라 하면 조용한 인상부터 갖는 것이 상식이다. 동행도 없다. 창밖에는 가랑비가 내린다. 쓸쓸하다. 여기에 선심이 어리고 시상이 떠오른다. 누구에게 보이려는 시가 아니다. 그저 아득한 생각에 솟아나는 마음의 표현이다. 그것이 바로 시다. 시는 관조의 세계이다. 그런데 허응당은 이것을 圓觀이라 하였다. 그는 '水月道場空花佛寺如幻賓主夢中問答'에서 이렇게 말하고 있다.

"관이란 소견이 멀리 통달한 것을 말하고, 원이란 그 소견이 치우치거나 한계짓지 않고 두루두루 널리하는 것을 말한다. 지혜로 비춰보는 것을 원관이라 하며 또한 正觀이라 한다〔觀所見遠達之謂也 圓其所見 不偏不局 普滿周徧之謂也 以智照之曰圓觀 亦謂之正觀〕."

이렇듯 원관이나 정관으로 시를 썼던 것이다. 이것이 바로 시가 선적 경지에 머무르게 된 것이다. 하지만 시를 쓰겠다든가 선상을 가져야 된다든가 하는 생각에 사로잡히면 역시 속될 수밖에 없다. 그러니 이 둘마저도 여의어야 한다. 그런데 당시의 사정으로는 이 모든 것을 여읠 수 없었을 것으로 짐작된다.

불교 자체의 존립이 위태로운 때에 유자들과 맞서 논변하기보다는 이러한 승화된 시어로 수작하여 심심상전의 빌미로 삼지 아니하고서는 다른 방법이 없었을 것이다. 여기에서 조선조 스님들이 시문학의 경지가 높았던 하나의 이유를 찾을 수 있다고 본다. 그것이 또한 선사들의 어록이 아닌 시문집으로 남게 한 것이기도 하다.

어찌되었든 선정의 절대경지에 들려면 선심이나 시사는 역시 균일하다. 따라서 이 양자 사이에서 갈등을 느끼기도 하였다.

시마와 선장이 자리를 다투고	詩魔禪將兩爭雄
마음 뺏으려는 근심 밤낮 침범하네	愁殺天君日夜攻
선장은 겸손해서 붓 졸병 일으키면	將必遜魔興筆陣
시마는 선장에게 칼끝을 꺾겠지	魔應輸將倒邪鋒
형노릇 아우노릇 어려운 시마의 쾌활한 정	難兄難弟魔情快
약하지도 강하지도 않은 선장 기질 농후하다	無弱無強將氣濃
두 갈등 어떻게 무녀서	安得二讐俱打了
태평한 국가로 조용하게 하랴.	太平國家任從容

여기서 우리는 선사들의 고민을 이해하게 된다. 말로 표현할 수 없는 것이 선이거늘 이것을 시로 표현한다 해도 이미 어느 한쪽에 매이게 된 것이다. 위의 시는 그러한 심경을 여실히 대변한 것이다. 시를 짓는다는 생각 자체가 마귀였던 것이다. 있는 그대로를 여여한 실상으로 두어 두는 것이지, 아무리 절묘한 언어라 하더라도 이미 그 실상은 아니다. 고요한 못물은 고요한 그대로 두어야 하지, '마음의 거울'이니 '대지의 눈동자'니 하면 이미 그 못물에 파문을 일으켜 놓은 것이다. 그러니 선사들의 격조 높은 시라 하더라도 이미 이런 파문을 일으켜 놓은 셈이다. 그러나 한편 생각하면 아무래도 일어야 할 파문이기에 미리 일깨워 평지의 풍파를 미리 잠재우는 작업으로 진여의 비경을 미리 누설해 놓은 것이라 하면 어떨까.

허응당의 시도 이러한 先占의 작업으로 생각하여 다음 몇 수를 감상해보려 한다.

홀로 오른 금강산 최상봉	獨上金剛最上峯
내려보는 천지, 회포도 그지 없다	俯看天地意彌濃
가을 깊어 시내는 유리를 펴고	秋深澗展琉璃碧
서리 짙은 산, 비단 헤쳐 솟았네	霜重山披錦繡紅
단풍잎 밑으로 아득한 돌길	石逕遙橫黃葉底
흰구름 위로 살며시 내민 초가	茅庵微露白雲中
돌아갈 줄 모르고 밤 새우려는 발길	留連竟夕忘回步
숲을 뚫고 나가는 저녁 종소리일세.	髣髴穿林出暮鍾

望高峯에 올라서 지은 시다. 가을 산의 경치를 그리듯이 펴보였다. 누구나 산정에 오르면 신아래를 굽어보는 것이다. 천지가 발 밑에 놓여 있음을 안다. 그때 탁 트이는 가슴 얼마나 후련하랴. 가을 물은 유리알처럼 맑고 온 산은 붉은 비단으로 감싸였다.

산골마다 구름이 둘려 있고 그 사이로 내다보이는 초가지붕이다. 갈 길도 잊고 밤 드는 것도 잊었다. 종 소리만이 숲을 헤쳐 산 아래 마을로 내려간다. 그 종 소리에 실려 내 생각도 따라가고 있다.

겹겹 구름 속 암자	庵在雲重處
원래 사립문도 없었지	從來不設扉
늦 푸르름이 더 짙은 삼나무	臺杉含晚翠
석양 빛에 아름다운 들국화	庭菊帶斜暉
서리 맞은 과일, 나무에서 떨어지고	木落經霜菓
스님은 여름 지난 옷을 꿰매네	僧縫過夏衣
고상한 멋 원래의 버릇	高閑吾本意
갈 길 잊고 시만 읊는다.	吟賞自忘歸

깊은 산 속의 조용한 산사다. 사립문도 없다 했으니 조그만 암자임이 분명하다. 시의 제목도 眞佛庵이다. 가을 되어 뭇 나무 하나 둘 잎이 지는데 삼나무는 더 푸르다. 뜰에 핀 국화의 노란색과 아주 대조적이다. 시의 구도도 재미있다. 수 십 길이 되는 삼나무 숲에, 뜰에 앙징스러운 한 떨기의 국화와 대조시키고 있다. 뒷동산의 밤나무에서 알밤이 떨어진다. 산이 하도 조용하기에 그 소리가 골을 울린다. 양지쪽 툇마루에는 스님이 조는 듯 철 다 지난 여름 옷을 꿰매고 있다. 그 표현이 어쩌면 그렇게도 고요하게 느껴질까. 궁상스러운 모습이 아니라 신선 같은 느낌이다.

광한루와 이웃 삼은 조그만 암자	小庵高並廣寒隣
외로이 졸고 있는 머리 센 선승	白髮禪僧獨坐眠
구름과 노을에 취해 시비를 잊고	醉霧酣雲迷甲乙
피는 꽃 지는 잎에 세월을 의식하네	開花脫葉紀時年
한 쌍의 백학, 차 달이는 연기에 늙고	一雙鶴老茶烟外
만 겹의 봉우리, 약 방아 가에 둘렸다	萬疊峯回藥杵邊

이 속에 선경이 있다고 들었으니　　　聞說此中仙境在

여보 우리 스님, 영랑의 신선 아니요.　吾師無乃永郎仙

　참으로 신선이 사는 곳이다. 구름에 사시사철 가렸으니 속세 시비 알 리가 없고, 그래도 자연의 변화에서 세월을 안다. 학의 그 순결한 백색, 차 달이는 연깃빛과 어울려 더욱 희다. 약을 찧는 방앗공이로 모여 든 산, 어쩌면 빙둘린 산이 약 찧는 절구일 수도 있다. 참으로 절묘한 표현이다. 더 설명할 것도 없이 이 자연의 주인은 신선이다. 전편의 느낌이 왜 이렇듯 신선스러울까. 그것이 바로 여여한 실상을 그대로 표현했기 때문이다. 시어의 꾸밈이 없는 것은 아니지만, 그 꾸밈이 꾸밈으로 느껴지지 않는 곳에 선사의 시의 묘수가 있는 것이다. 그러면서도 자신은 자연의 누설이었다고 염려한다.

　다음 시는 선교판사를 받고 봉은사에서 개당한 다음 날 베푼 법요에서 읊은 시다.

깊은 산 천 년의 큰 가람　　　　　　喬山千載大伽藍

왕명 받아 부처님 앞에 향을 올린다　奉詔懷香奉佛龕

보배 연꽃 천 개 잎, 바로 묘용의 실상　千葉寶蓮開妙相

맑게 울리는 풍경은 현묘한 부처 말씀　數聲淸磬訴玄談

대웅전 앞 새벽 구름, 첫눈 날리고　雲侵曉殿初飛雪

바람에 끌리는 향불 연기, 노을이 된다　風引爐煙已作嵐

이것이 바로 자연의 기밀 누설이니　此亦十分成漏泄

산승이야 다시 무엇을 중얼거리랴.　山僧何更說喃喃

　법체의 표현이 따로 없다는 것이다. 눈앞에 벌어진 실상이 바로 법체요, 그것을 통찰하는 것이 법요인 것이다. 연꽃 잎 하나하나에 법체의 실상이 있고, 무심히 울리는 풍경소리에서도 오묘한 진리의 음성을 들어야 한다. 법당을 싸고 도는 구름이나 눈, 향을 피우는 연기에서 골을 싸고 있는 아지랑이를 알아야 한다. 이것이 모두가 법체의 현현인데 굳이 무슨 말이 필요할 것이냐. 허응당의 「수월도량문」에서 말한 "향 하나, 꽃 하나에서 시방의 모든 성인을 볼 수 있다."한 말이 바로 이 시와 상통하는 점이다.

　그러기에 그의 시는 승화되었고, 그의 시어에는 오묘한 섭리가 깃들고 있는 것이다. 이렇게 선사와 시심이 한자리에서 만날 때 그 시는 승화되었고, 자연의 섭리가 누설된 것이다.

금강세계 숨은 자취 오래 되니	晦跡金剛久
삶이란 날로 성글어 가다	生涯逐日疎
서리 내린 아침, 언 밤을 줍고	霜朝收凍栗
저녁 노을에 마른 채소 뜯는다	煙暮劚枯蔬
빈 바리때에는 거미 그물을 치고	鉢澁蛛成網
식은 재에는 새가 남긴 발자국 글씨	灰寒鳥篆書
이 가난한 삶에 보낸	那知使相國
재상의 따사로운 인정의 보시.	垂惠救餘衰

우리는 가난도 미화할 줄을 안다. 청빈이라 한다. 맑은 가난이라는 것이다. 가난이 어떻게 맑은 것인가, 괴로운 것이지. 서구인들이 가난은 죄라 한 것과는 일상 언어에서도 차이가 있다. 여기 이 시는 청빈의 대표다. 그러면서도 가난으로 느껴지지가 않는다.

서리가 하얀 산사의 뒷동산, 하나 둘 주워올리는 밤알. 가을이 깊어 이미 시들은 산나물, 이것이 이 육신의 굶주림을 치유하는 재료다. 음식이란 배를 채울 뿐이지, 정신을 채우는 것이 아니다. 어쩌면 음식과 정신은 반비례일지 모른다. 배가 채워질수록 정신은 더 공허할는지도 모른다. "목에 거미줄 친다"는 말은 있지만 밥그릇에 거미줄 친다 했으니 역시 시어의 묘수다. 가난을 느끼기 이전에 운치로 받아들인다. 불 꺼진 아궁이의 흰 재에 새가 글씨를 쓰고 갔다. 새삼 회고의 감정이 솟는다. 겨울 밤의 청빈한 모습이 이보다 더 절실할까.

이 시는 당시의 재상 尙震이 그에게 도움을 베푼 우정의 사례였다. 고대광실 호화로운 재상과 산간 두옥에서 싸늘한 벽을 맞대고 시상에 잠겨 있는 늙은 스님을 연상할 때, 어느 쪽이 더 시적이며, 더 여유가 있는가. 이렇게 철저한 가난이지만 때로는 오히려 추운 변방에서 그 추위를 이기며 변방을 지키는 사병을 더 걱정한다. 다음은 그러한 자애의 발로이다.

밤 들자 추운 病骨 좁쌀이 돋고	夜來病骨寒生粟
창을 연 새벽 뜰, 눈 그득 쌓였구나	晨起開窗雪擁軒
절 찾는 스님, 은빛 세계에 들고	尋寺客歸銀世界

집으로 가는 나그네, 구슬 꽃 마을로 가네	還家人向玉花村
시내에는 얼음뿐 길을 물 없고	殘溪欲汲氷無水
주린 새, 깃이 얼어 날지 못하네	飢鳥思飛凍未翻
추위에 움츠린 이 몸 괴로움도 아냐	縮項不會自苦節
애닯다. 저 변방 지키는 사병들이여.	却憐邊塞夜兵屯

　산사의 추위에서 국경을 수비하는 사병을 걱정하고 있다. 역시 큰스님의 자비심이다. 겨울 풍경의 묘사도 절묘하다. 눈을 두고 은세계라 하는 것이야 일상의 수사에도 있을 수 있지만, 玉花村이라 함은 매우 생동적이다. 겨울에 꽃을 말하는 것부터가 시공의 초월이지만 옥으로 꽃을 만들었다 한다면 애당초 시간이나 공간 개념을 여읜 것이다. “새가 찍어 먹을 물도 없다.”는 말이 얼어 붙은 겨울을 상징하는 말이다. 여기 '氷無水'와 '飢鳥'는 그래서 자연스럽게 한 공간에 모여졌다. 역시 시인의 솜씨에서 구도된 작품이다.
　다음은 봄날의 서정을 살펴보자

훈훈한 봄바람 선방 추위 몰아내	春風吹黜竹房寒
선창을 활짝 열어 즐거운 바깥 구경	豁開禪窓賞物歡
얼음 녹아 흐르며 기뻐하는 물 소리	氷泮喜聞深澗響
눈 녹아 내민 산의 얼굴에 깜짝 놀라다.	雪銷驚見遠山顏
버들 찾은 푸르름 미인의 눈썹 염색	靑歸巷柳顰眉染
붉은 빛은 복사꽃에 들어 웃는 뺨의 연지	紅入園桃笑顏斑
감상에 젖다 번연히 든 머리엔	賞極翛然開擧首
아지랑이 자욱한 두어 봉우리.	烟中蒼翠數峯巒

　초봄의 아름다운 경치다. 봄바람이 방안의 추위를 몰아낸다. 창을 활짝 열었다. 얼어 붙었던 얼음이 녹아 시냇물이 운다. 기쁘게 들었다 했다. 시내가 우는 것이 아니라 허응당의 가슴이 울렸다.
　싹트는 버들 잎이 미인의 찡그린 눈썹을 물들였다 했다. 顰眉는 옛날의 미인 西施의 빈미다. 서시는 뛰어난 미인이었다. 몸이 불편해서 눈살을 찌푸렸더니, 그것이 더 아름답게 보여 온 여자가 흉내냈다는 것이다. 지금 이 버들 눈이 바로 이 서시의 눈맵시라는 표현이다. 복사꽃에 대한 여인의 볼에 돋은 홍조의 비유, 너무도 생동적이다. 선사의 시라 하기에 주저스럽기도 하나, 여기에 바로 선속불이의 선사적 자세가 있는 것이다.

다음에 봄 경치의 묘사를 하나만 더 들어보자.

선실도 담담하고 불단도 고요하니	方丈潭潭靜祝壇
작은 절 봄 경치 한가로워라	小軒春景正闌干
강 바람 발을 차고 들어 책장을 넘기고	江風透箔飜床卷
제비는 진흙 물어 내 관에 떨어뜨렸네	檐燕含泥汚葛冠
꽃은 흰 머리 부끄럽다 푸른 잎에 숨고	花慙白髮紅藏綠
솔은 이 푸른 눈동자에 맞서 얼굴을 내민다	松鬪靑眸碧帶顔
창가 자리에 졸음이나 청하려	欲睡只前窓下席
석양을 마주 보며 꿈자리로 옮겼다.	夕陽移席夢初還

절묘한 시어들의 배열이다. 모든 자연과 하나가 된 작가의 태도이다. 법상에 놓인 경전을 바람이 읽고 있다. 제비는 어쩌다 집 지을 진흙을 스님의 머리에 떨어뜨렸다. 꽃이 무슨 부끄러움이 있으랴. 그래도 이 백발이 싫어 푸른 잎에 숨는다. 선사의 지혜어린 눈동자, 저 솔처럼 푸르다. 모든 것이 物我一體다.

이상 허응당의 시를 대충 살폈다. 조선조 불교의 중흥에 이바지했던 큰스님의 면모를 시에서 살핀 셈이다. 파란많은 세파에서 부정적 기록의 일면도 있었지만 위에서 본 것처럼 그의 행적이나 문학적 표현에서 그러한 부정적 계록은 실증될 수가 없다. 그 부정적 평가대로 요승이라는 표현은 이러한 시문의 수사에서도 어불성설이다. 시문이 작가의 인격일진대, 여기에서 느끼는 덕성에 차마 그러한 부정적 표현이 끼어들 여지가 없다.

표주박으로 바닷물을 헤아린 무지가 송구스럽다.

碧松과 芙蓉

1. 碧松

나라에 위란이 있을 때마다 스님들은 분연히 일어나 전공을 세우고는 그 공에 집착함이 없이 다시 산문으로 돌아간다. 역대의 승장이 그러한데, 여기 벽송당은 그 계기가 조금 남다르다 할 수 있다. 그는 승려가 되어서 참전했던 것이 아니라 전란을 평정하고 깨달음이 있어 불문에 귀의한 것이다.

벽송당에 대해서는 남아 있는 자료가 그리 많지 않다. 休靜이 지은 행장과 碧松堂野老頌에 시 20수와 필사본으로 전하는 拈頌畵足이 있을 뿐이다. 여기서는 휴정이 지은 벽송당의 행적을 초역하는 것으로 그의 생애를 알아보기로 한다.

대사의 법명은 智嚴이요, 호는 野老이고 碧松은 그의 당호이다. 속성은 宋씨이고 아버지는 福生이니 부안 사람이다. 어머니 왕씨의 꿈에 한 스님이 와서 공양을 하고 자고 갔다. 곧 태기가 있어 세조 8년 갑신년(1464) 3월 15일에 탄생하였다. 태어날 때부터 용모가 빼어났고 무용이 탁월하였다 한다. 책을 좋아할 뿐만 아니라 장수의 재질이 보였다. 성종 22년(1491) 정월에 함경도 변경에 야인이 난을 일으키니 4월에 許琮을 시켜 토벌하게 하였다.

이때 대사는 허종을 따라 종군하여 크게 전공을 세웠으나, 곧 느끼는 바가 있어 탄식하였다. '대장부가 이 세상에 나서 마음 밭을 지키지 못하고 세사에 치달아 전공을 세워 헛된 이름에 매달리겠느냐'하고 곧 계룡산으로 들어가 祖澄 大師에게 나아가 체발하였다. 그 뒤로 志行이 뛰어나 선정을 즐기더니 하루는 더 드높은 선풍에 참여코자 하여 먼저 衍熙 敎師에게 나아가 圓頓敎義를 묻고, 다시 正心 禪師를 찾아 西來의 뜻을 참구하여 현묘한 종지를 깨우쳤다.

중종 3년(1508) 금강산 妙吉祥에 들어가 『大慧語錄』을 보다가 "개에게는 불성이 없다〔狗子無佛性〕."는 화두에 의문을 품어 마침내 깨우쳤다. 또 『高峯

語錄』을 보고서 전날 知解의 병을 벗어났다. 대혜화상은 육조의 17대 적손이고, 고봉화상은 臨濟의 18대 적손이니 대사는 이웃나라 사람으로 500년 전의 종파를 이은 셈이다. 중종 6년(1511) 봄에 용문산에 들어 두 해 여름의 결제를 지내고, 다음 해 오대산에 들어 또 한 해의 여름 결제를 지냈다. 그 뒤로 백운산·능가산 등을 거치면서 일정한 거처가 없이 천지간의 자재로운 도인이 되었다. 중종 15년(1520) 3월에 지리산에 들어 암자에 거처하였다.

대사는 두 벌의 옷도 없고 하루에 두 끼니를 자시지 않았다. 문을 닫고 자취를 감추어 세상일에 개의치 않았고, 세사에 빠지지 않았기에 불법을 천하게 팔지도 않았다. 그래서 배우러 오는 이가 바라다만 보고 물러가니 모르는 이는 오만하다 비웃었다 한다. 하루는 一禪 長老에게 말하였다. "모든 것이 이미 하나이니라. 참과 거짓을 여의고, 이름이나 모습을 끊어 메마르고 담담하면 쇄락할 것이니 무엇을 선이라 할 것인가. 만약 삼라만상의 온갖 것이 여래의 실상이라면, 보고 듣고 깨달음이 반야의 영특한 빛이니, 하늘이다 마왕이다 하는 종족이나 외도의 사사로운 집이라 함이 어디서 생기겠는가. 이것이 바로 一味禪이지." 하였다.

시자에게 차를 가져오라 하고는 한참 있다가 "만 조각 꽃잎은 물 따라 흐르고 피리 소리 한 곡조 구름에서 솟아오다〔萬片落花隨水去　一聲長笛出雲來〕." 라 하였다. 法峻 禪子에게 주는 게송에 이런 것이 있다.

그대 만나 막야의 칼을 주니	逢君贈與莫耶劍
칼끝에 녹이 슬지 않게 하라	勿使鋒鋩生綠苔
五蘊의 산 앞에 적이 있거든	五蘊山前如見賊
한 번 휘둘러 모두 베이게.	一揮能斬箇箇來

이렇듯 대사의 가르침은 마치 온 바다에 물결이 일고 선의 칼끝이 요귀스런 정령을 베는 것 같았다.

중종 29년(1534) 겨울 壽國庵으로 문인을 불러 놓고 법화경을 강의하시다가 크게 탄식하며 말하였다.

"중생들아, 스스로 빛을 가리고 윤회를 달게 받고 있은 지 오래구나. 저 수고로운 세존의 한 빛이 이 땅에 비쳐 괴로이 입을 열었으니 이는 중생을 위하여 방편을 연 것일 뿐이지 참 법이 아니다. 대저 참 법은 모습이 없어 말로 펼 수가 없느니라. 이제 너희들이 부처의 말씀 없음을 믿어 깨달음이 네 자체 심지로 든다면 이것이 寶藏을 열어 불은에 보답하는 것이다. 오늘 이 노승도 여러분에게 이 모습 없음을 보이는 것이니 밖에서 구하지 말고 진중히 노력하라.”

하고는 시자에게 차를 가져오라 하여 마신 뒤에 문을 닫고 단정히 앉으셨다. 한참 있다가 문을 열고 보니 이미 입적하셨다. 안색이 하나도 변함이 없고 산 사람처럼 부드러웠다. 다비하시던 날 밤에는 하늘에 서광이 있었다. 재를 올리던 날에는 서운이 드리웠다. 사리 한 알이 진주처럼 빛났다 한다.

　이것은 휴정이 지은 대사의 행장이다. 고려 고종 때 金允侯는 스님이었다. 몽고병이 쳐들어 오매 處仁城으로 피난했다가 참전하여 몽고장수 살례탑을 사살하여 전공을 세웠다. 국가에서 공을 내리니 사양하고 받지 않았다. 사양하는 이유가 참으로 고상하다. “내가 원래 무기를 가지지 않는 몸인데 어찌 헛되이 무거운 상을 받으랴”는 것이다. 그러면서 그 뒤에도 여러 차례 적병을 물리친다. 대사도 세속의 공적을 바랐으면 높은 자리가 보장되었을 것이다. 그러나 홀연히 산문을 두드린 것이 오히려 미약해가는 당시의 선풍을 진작하게 된 것이고, 그것이 人天에 남긴 공이 더 컸던 것이다. 대사의 문하에 敬聖一禪과 芙蓉靈觀이 있게 된 것이 우연으로만 보아지지 않는다.

　대사의 시문은 일실되어 전하는 것이 적다. 휴정이 지은 위의 행적에는 50수를 간행한다 하였으나 벽송당야로송에는 20수만이 수록되어 있다. 거기에서 일선선사에게 준 시는 이미 앞의 행 적에서 소개한 바가 있다. 그 밖의 선사에게 주는 시는 삼라만상이 바로 여래의 실상이라고 하였던 위의 행적에 기록된 것과 같다. 그저 있는 실상이 그대로 원융한 법체라는 것이다.

　다음에 眞一 禪子에게 주는 시를 보자.

섬돌에 내리는 비에 꽃은 웃고　　花笑階前雨
솔을 울리는 난간 가의 바람　　　松鳴檻外風
오묘한 선지 왜 찾으려 하나　　　何須窮妙旨
저것이 바로 원융한 회통.　　　　這箇是圓通

　촉촉히 내리는 봄비에 꽃은 웃는 듯이 피고, 솔솔 부는 바람에 소나무는 소슬한 소리를 낸다. 이것이 바로 법체의 오묘한 이치다. 어디에서 다시 불성을 찾으려 하는 것인가. 다만 내 자성의 묘체가 어둡고, 무엇인가를 지식으로 해석하려는 知解의 병을 여의지 못하여 깨닫지 못하는 것이다.

그런데 여기 하나 지적하고 넘어갈 것이 있다. 선사들의 시에는 본인의 창작이 아니라, 이전에 이미 있었던 시구를 상황에 따라 그저 인용하는 경우가 더러 있다는 점이다. 이 시도 逍遙堂(1562~1649)의 시집에 그대로 있다. 거기에는 無題라 하여 있다. 그렇다면 이것은 무엇을 의미하는 것인가. 내리는 비나 부는 바람이 그대로 묘체이듯이, 이러한 시 자체가 창작된 자의 것도 누구의 것도 아니다. 역시 있는 묘체를 누구나 문자를 빌어 표현한 것뿐이다. 내가 표현했다 해서 표현한 나의 것이 아니다. 진여 대전의 있는 그대로의 것이다. 그러기에 누가 표현하였던 그것은 그의 것일 수가 없다. 역시 선사의 무주착이기에 가능한 것이요, 그것이 힘될 수도 없다. 어떤 기연에 따라 적절히 원용했느냐만이 그 근기의 문제라 생각된다.

몇 수 안 되는 시에서 선사 후배들에게 주는 시는 거의가 이러한 평범한 대전의 실체들이다. 다음은 學熙 禪子에게 주는 시다.

달은 산 앞 뒤에 밝고	月晶山前後
바람은 바다 안팎에서 맑구나	風淸海外中
참모습을 어디에다 물으랴	問誰眞面目
저기 하늘에 점 찍는 기러기.	更有點天鴻

달은 어디에나 밝다. 어둠이 있다면 제 그림자에 제가 가린 것이다. 바다가 더 시원하다고 찾지만 바람은 어디나 같다. 내 마음이 답답하면 선풍기 바람도 싫다. 참모습이 어디 있는 것이냐. 중천에 떠 있는 기러기 한가로이 보이지 않느냐. 기러기 하늘에 떠서 한가로이 보이지만 기러기는 땅에 서 있는 내가 한가로이 보일 수도 있다. 시시비비는 나에게 있는 것이다. 내 마음이 가라앉으면 우뢰 소리도 들리지 않는다.

이 시에서 『中庸』에 있는 말이 연상된다. "시경에 이르기를, 연못에서 고기 뛰어 오르고 솔개 하늘에서 난다 했으니 위 아래로 살펴보라〔詩云 魚躍于淵 鳶飛戾天 言其上下察也〕."는 것이다. 위 아래로 살펴보라는 이 말, 이것이 바로 설명이다. 이 설명이 있는 것이 시만 못하고 더 나아가 문자를 여의는 선을 못 따른다. 선사의 시가 그저 사실의 단순한 표현이면서 말 없음을 드러내는 것도 같은 원리라 생각한다.

다음은 玉崙 禪德에게 주는 시다.

눈발 머리 봄바람의 낯　　　雪髮春風面
산이나 시장이나 마음대로　逍遙山市中
끝 없는 소리와 빛이지만　　無窮聲與色
닿는 곳마다 저절로 비어.　觸處自空空

　머리가 아무리 희어도 항시 봄바람같이 훤히 피어 있는 얼굴, 신선이 있다면 이것이 바로 신선 아닌가. 산 속이다 시장바닥이다 구분하는 것이 이 속인의 짓이지 어디 가도 있는 소리와 빛의 대상, 있고 없음이 내 마음에서 이는 것이지 내 마음이 비었으면 소리와 빛이 어디 있는 것인가. 있는 그대로이기에 나에게는 아무것도 없는 것이다. 그저 비고 또 비었다. 비로소 가슴이 후련해진다.

　다음은 靈芝 小師에게 주는 시다.

봄비에 보드라운 풀　　　芳草三春雨
구월 서리에 붉은 단풍　丹楓九月霜
시구로서 맞이하려면　　若將詩句會
법체의 왕을 웃어버리게.　笑殺法中王

　봄날의 축축한 비에 풀은 보드럽고 서리 기운에 잎은 붉어진다. 이것이 그대로 법리의 표현이다. 시인의 시구가 아무리 묘한들 이것을 능가할 것인가. 이 법리 중에서도 왕좌를 웃음으로 넘겨버릴 수밖에, 그야말로 염화요 미소다.
　이러한 시상이 心印 禪子에게 주는 시에서 절정을 이룬다.

산은 뾰죽뾰죽 물은 시원시원　山矗矗水冷冷
바람은 솔솔 꽃은 오손도손　　風習習花冥冥
도인의 삶 바로 이런 것　　　道人活計只如此
왜 구구히 세상 물정 따르지.　何用區區順世情

　삼라만상 있는 그대로가 바로 도인의 삶이다. 자신의 정을 만들어 놓고 그 정에 매달리는 것이 속인의 삶이 아닌가. 지금도 산은 머물러 있고 물은 흐른다. 내 마음은 어디에 머무르고 어디에서 흐르는가. 그 방향은 누가 설정하는 것인가.
　여기 몇 편의 시는 필자가 임의로 선택 소개한 것이다. 그러나 실은 休靜이 이미 선집한 셈이다. 휴정은 이미 대사의 행적을 찬하였고 다시 行錄이라 하여 별책을 간행하고, 이어서 이 벽송당야로송을 합본 간행하면서 20수를 모았다. 원래 행적에는 50수가 있다 하였는데 막상 문집의 간행에는 20수만 하였다 하면 이미 선발된 시가 아닌가 하는 짐작도 가능하다.

대사에게는 이 밖에 拈頌畵足이라는 필사본이 전하고 있다. 그 말미에 '正德 壬申 碧松書於獅子庵'이라 하였으니 대사의 수사본임이 분명하다. 정덕 임신은 중종 7년(1512)으로 대사가 용문산에서 하안거를 할 때이다. 그러나 이것은 찬술이 아니라 고려 때 覺雲이 쓴 拈頌說話의 설화부분만 초록한 것이다. 이것으로 보아 당시 용문산에서 『禪門拈頌集』의 강의가 있었던 것으로 추측된다.

다음은 휴정이 지은 대사의 眞影의 찬을 소개하여 대사의 이야기를 마무리한다.

동방의 피부에다 서천의 뼈로다	震旦之皮 天竺之骨
중원과 변방의 풍모에 움직이는 머리칼	華月夷風 如動生髮
어둔 거리의 촛불 법 바다의 외로운 배	昏衢一燭 法海孤舟
오! 사라지지 않을 천추 만대여.	嗚呼不泯 萬歲千秋

2. 芙蓉

부용당의 사적에 대해서도 휴정이 지은 행적이 있어 전하고 있다. 휴정은 벽송당, 부용당, 敬聖堂의 행적을 지어 간행하였다. 그 발문에 다음과 같이 말하였다.

"나의 행색은 새처럼 거처가 없어 두류산에 있을 때 벽송당의 행장을 짓고 풍악산에서 부용당의 행장을 짓고 묘향산에 있을 때 경성당의 행장을 지었으니 세 곳의 승려의 독촉 때문이었다. 그러나 법의 유파로 따지면 벽송당은 할아버지이고 부용당은 아버지이며 경성당은 작은아버지이니 소홀히 할 수 있느냐." 하였다.

이런 점으로 미루어 이 세 분의 행적은 휴정의 글에서 더욱 신빙성이 있을 것이다. 따라서 여기서도 이 행적을 초역하여 이 분들의 생애를 살피는 것으로 한다.

부용당의 이름은 靈觀이고 호는 隱庵禪子 또는 蓮船道人이라 한다. 몸은 속세에 있지만 항시 서방을 생각했기 때문에 부용당이란 당호를 썼다 한다. 가계가 미천하여 살림은 넉넉하나 예절이 없었다 한다. 부용당은 성종 16년(1485) 7월 7일에 태어났다. 8살 때에 낚시하는 아버지를 따라가 고기바구니를 지키게 하니 산 놈을 가려서 물에 놓아 주었다. 아버지의 노여움을 사서 매를 맞자, 아버지에게 사람이나 생물은 모두 생명을 아끼는 것이라 하니 아버지는 노여움을 풀었다 한다. 집 근처에 용의 굴이 있어서 굴 밖에는 구름이 서리고 풍류 소리가 들리기도 하였다. 노인들은 용의 음악이라 하였다. 대사가 단장으로 치니 소리가 멎었다. 어느 때는 용이 물 밖으로 나와 위엄이 서리면 사람들이 감히 접근을 못하나 대사가 한번 꾸짖으면 사라지곤 하였다. 그래서 奇童이라 칭찬했다 한다.

한번은 신비한 스님이 나타나 아버지에게 일렀다. 이 아이는 속세를 벗어날 인물이니 출가를 시키는 것이 좋겠다 하고는 사라졌다. 대사는 어려서부터 돌을 쌓아 부처님을 만들어 모래를 모아 공양을 올리기도 하며 솔 밑에 암자처럼 정하고는 명상하며 해지는 줄 모르기도 하였다.

13세 때 가을 밤이 깊자 집을 나와 어디론가 가는데 마치 누가 인도하는 듯, 알지 못하는 사이에 10여 리를 갔다. 사천이라는 내를 건너게 되었는데 평소에 기르던 개가 따라오고 있었다. 대사가 돌아보며 "너는 어른들을 모시고 있고 따라오지 말아라. 나는 영원히 구름이나 물을 따르는 운수인이 될 것이다." 하니 알아들은 듯 돌아갔다. 외로이 강을 건너니 이미 달이 서산에 기울었다. 새벽녘에 德異山에 들어 苦行 禪子를 찾아 3년 동안 법을 익히고 체발하였다.

17세에 信聰 法師에게 나아가 교리를 익히고 또다시 威鳳 大師에게 나아가 선문의 요체에 들었다. 다시 구천동에 들어 암자를 짓고 9년 동안을 누워보지도 않았다. 25세에 용문산으로 가서 祖愚 大師를 찾아 선지를 토론하고 여가에는 老莊의 학문도 모두 섭렵하였다.

30세에 청평산에 가서 學梅 禪子에게 나아가 현묘한 법리를 토론하였다. 35세에 금강산 大尊庵에 들어 祖雲 大師와 두 해의 여름결제를 치루고 다시 미륵봉 內院庵에 들었다. 여기서 붓을 들어 대문에 한 수 시를 크게 썼다.

부질 없는 세월 소림을 생각하여　　空費悠悠憶少林

머뭇거리다 지금에 머리마저 쇠했네　　因循衰鬢到如今

비야리 성의 옛날 자취도 없고   毘耶昔日無聲臭
마갈타의 그날 말씀 소리 끊겼다.   摩竭當年絶響音

그리고는 분별하는 마음이나 시비의 생각을 끊고 종일토록 산을 바라보다 마침내 붓을 태워버리고는 문을 잠그기 9년이었다. 어쩌다 나그네가 산문에 이르면 이 시를 가리키기만 하였다.

46세 되던 가을 홀연히 부모의 망극한 은혜를 생각하고 고향을 그리며 탄식하고는 남쪽으로 향했다. 집이 가까워지니 산천초목은 옛과 같다. 쓸쓸히 서 있다가 소를 몰고 가는 노인을 만나 여기가 진주냐고 물었다. 그 까닭을 묻는 노인에게 이곳이 내가 태어난 곳인데 우리 부모가 살아계실지 모르겠다 했다. 부모의 이름과 자식이었던 대사의 이름을 묻는 노인에게 아버지의 이름은 遠演이요, 나의 어린 시절 이름은 九彥이라 말하자 노인은 손을 꼭 잡으며 오늘에야 부자가 만났구나. 네 이름은 내 아들이요, 내 이름은 너의 애비다. 30여 년을 찾아도 이루지 못했더니 늙은 나이에 네가 찾아왔구나 하며 부자의 원을 풀었다. 집에 돌아와서는 그간의 사정을 상세히 말하면서 밤을 새웠다.

다음날 옛 주인 집으로 가서 사죄하면서 자신에게 소속된 전답을 모두 되돌리고 출가하여 은혜에 보답하겠다 하니 주인은 출가가 어떻게 은혜의 보답이 되느냐 한다. 대사는 옛말을 인용하여 대답했다.

“출가하는 이는 세상을 숨어서 의지를 구하고 세속을 변화시켜 도에 도달하는 것이니 세속을 변화시키면 세상과 함께 예절을 갖지 않고 세상을 숨으면 행적을 고상히 하는 것입니다. 三乘을 통달하고 人天을 열어주며 五族을 구제하고 六親을 건지는 일이 손바닥 뒤집기보다 쉬운 것입니다. 그러므로 집안에서 천륜을 어겼어도 효도에 어긋남이 없고, 밖으로 주인 모시는 일이 결여되었어도 공경을 잃지 않는 것입니다.”
하니 주인은 감탄하여 손을 잡아 방안으로 인도하여 세속의 예로 대하지 말자 하고는 같이 하룻밤을 잤다.

다음날 어버이를 배별하고 두류산으로 가 智嚴 禪師에게 나아가 “영관이 멀리에서 소문을 쫓아왔으니 거두어 주시기 바랍니다”하니 지엄이 묻는다.

“신령〔靈〕이란 감히 바라지 못하는 것인데 觀이 어디로부터 온단 말이냐〔靈且不敢 觀從何來〕.”

대사 앞으로 나아가 “청컨대 스승께서 관찰하여주십시오.”하니, 지엄 선사

웃으며 "다듬는 일을 견딜 만하겠느냐."하였다.

다음날 지엄이 대사를 위하여 흉금을 터놓고 부처의 법바다를 쏟아놓으니 대사가 20년간 쌓였던 의심이 얼음 녹듯하였다. 대사 머리를 조아리며 몇 번이고 감탄하며 참으로 나의 스승이시다 하였다. 모신 지 3년만에 지엄 대사께서 입적하셨으니 이 두 사제의 경륜은 누가 기둥이며 누가 대들보이었던가.

대사는 평소의 성격이 온화하여 사랑과 미움을 여의고 평등에 전념하였다. 한 수저의 밥이라도 남에게 나눠주니 타고난 자비로운 씨앗을 볼 수가 있었다. 문자가 바르고 의리가 명석하여 교학에도 게을리하지 않고, 천문이나 의술에도 통하지 않는 것이 없고, 중용이나 장자에도 막힘이 없었다. 그래서 큰선비들이 몰려와 떠나기 싫어했고 승속의 구분 없이 문을 메웠다. 영남 호남에서 속가로서 3교를 통달한 이는 모두 대사의 風化였다 한다.

어느 스님이 이름〔名〕과 모습〔相〕을 물었다. 이때 대사는 "모든 생각이 나의 마음자리를 잃게 한다. 이 나의 마음자리는 말을 여의고 거니는 곳이 없어야 한다. 이름은 말의 길이고 모습은 마음자리이다. 8만의 대장으로도 갈무리할 수 없는 것이 지향해가는 길이요, 3천의 옛 부처도 말로 할 수 없음이 격외의 선이다. 마음이 허공과 같은 이는 도와 모습에 나뉘면서도 응함이 있느니라."하였다.

어느 스님이 부처와 법을 물었다. 대사는 다음과 같이 말한다.

"참 부처는 형태가 없고 참 법은 모습이 없다. 배우는 이가 조작해서 부처를 구하고 법을 구하는 것은 모두가 여우의 정영이요, 외도의 보임이다. 만약 참된 도인이 우뚝히 솟아 법에 집착하여 구하지 않으면 비록 모든 부처의 갖가지 뛰어난 모습을 보는 것이 어린이 놀이 같고, 비록 지옥의 갖가지 악을 보더라도 빈 꽃과 같아 애써 법이라 않는 것이 이러하니라. 나의 바른 법에는 凡聖이 둘로 나타나도 모두 착각이요, 마귀와 부처가 두 길이어도 모두 그릇된다. 범성의 이해 없음도 착각이요, 魔佛의 이해 없음도 역시 그릇된다. 부처 법이 본래 비었으므로 빈 것으로 다시 빈 것을 얻을 수 없고, 부처 법이 본래 얻음이 없으므로 역시 얻을 수가 없다. 일단 영특한 빛이 훤히 트이면 어찌 애써 옳다 그르다 하랴."

대사께서 평소 사람들을 일깨움이 이러하였다. 그러므로 항상 조사들의 공안을 들어 진력해서 참구하게 하였던 것이다.

대사께서 벽송의 문하에 든 뒤로 황룡산·팔공산·大乘洞·義神洞·燕谷洞에

거하셨다. 이렇듯 41년을 지나 선조 4년(1571) 4월 14일에 입적하니 세수 87세였고 법랍이 72이셨다. 시자 法融, 靈應, 眞機, 信翁이 연곡사의 서쪽에 부도를 세웠다.

이상은 휴정이 지은 영관 대사 부용당의 행적이다. 끝으로 대사의 진영에 대한 찬문을 들어본다.

깨달음의 자리 높이 앉아	高踞覺地
먼저 세 수레 이끄시다	先引三車
팔방의 바다, 펼치신 그물	張羅八海
뭇 고기 거두어 모으다	撈摝群魚
쇠망치로 부수어버린	金鎚擊碎
범의 소굴이요, 마왕의 궁전	虎穴魔宮
사람은 가고 세상은 고요해	人亡世寂
달은 지고 하늘은 비었네.	月落天空

영관 대사의 시문은 따로이 더 살피지 못하여 행적의 대강을 초역하여 그 편린을 살펴본 것이다. 벽송당과 그 사제 관계를 살핌에 있어서 일선 선사를 아울러 살펴야 하나 지면 관계로 여기서는 언급치 못한다.

淸虛의 詩

조선조의 큰스님을 일컬음에 있어서 西山 大師를 꼽는 데는 누구나 이의가 없을 것이다. 스님은 중종 15년(1520)에 나시어 선조 37년(1604)에 입적하셨으니 세수 84세를 누렸다. 그의 행적은 문인 鞭羊堂이 쓴 행장이 유집인 『淸虛集』에 전하고 있다. 그의 휘는 休靜이고 淸虛는 호이다. 西山은 묘향산에 오래 머물러 갖게 된 호이다.

여기서는 대사가 盧守愼에게 준 편지 중에 『三夢錄』이라 하여 자신의 이력을 소개한 것으로 보이는 편지를 소개함으로써 대사의 내력을 살펴보고자 한다. 『삼몽록』이란 표현 그대로 세 가지 꿈의 기록이라는 말이다. 어머니의 꿈에 노파가 와서 장부를 얻을 것이라 함이 하나이고, 아버지에게 노인이 나타나 雲鶴이라 이름하라 한 꿈이 하나고, 자신의 행적이 역시 꿈이라는 것이다.

『청허당집』 권2의 上完山盧府尹書에서 이렇게 말하고 있다.

"우러르던 중에 혜서를 받아 귀한 뜻을 알았습니다. 저의 선조 행적과 소년 시절의 행적, 출가의 인연이나 운수의 행적을 일일이 숨김없이 거듭거듭 물어주시니 감히 말씀 안 할 수가 있겠습니까. 삼몽록을 대략 올리니 살펴주시오.

삼몽록은 이러합니다.

내 아버지 시조의 관향은 完山 崔氏이고 어머니의 시조는 漢南 金氏이셨다. 태종 때에는 내외 고조께서 각기 문무의 반열에 계셨다가 昌化縣으로 이주하셔서 부모님께서 모두 창화로 고향을 삼았다. 외조부 禹는 현윤으로 계셨으나 연산군에게 죄를 지어 安陵으로 귀양가게 되었고 그 까닭으로 부모님이 외가의 죄에 연루되어 향관의 아전으로 몰락하였다. 8년 뒤에 특사를 받았지만 마침내 관서의 유랑민이 되고 만 것이다.

아버지 世昌은 본성이 힘써 배우기를 좋아하셨으나 술과 시를 좋아하시는 괴벽이 있어 고치려 하셨어도 되지 않았다. 능한 것이 있었다면 평생 남의 시비를 말씀하시지 않는 것이었다. 30세가 되셔서 어느 분의 천거로 箕子影殿의 조그만 관직이 되었는데, 관리가 와서 날을 잡아 취직하기를 청하자 아버지는 "옛 산천의 이지랑이외 달은 한 병외 술인데 처자가 즐거우면 역시 만족할 분수이다."하시면서 곧 사령장을 반려하고 남쪽으로 향하여 누우면서 두어 번 큰 휘파람을 부니 관리는 가고 말았던 것이다. 향읍에서 의심스런 일이 있으면 곧 해결해주고, 송사가 있으면 중재해주었기 때문에 향관으로 임용된 것이 13년이었다. 그래서 향읍사람들은 德老라고 불렀던 것이다. 아버지의 행적은 이럴 뿐이다.

어머니 김씨는 본성이 그윽하시고 조용하시어 평소 말씀을 그리 잘 하시는 것도 아니요, 오직 잘하시는 일이 있다면 평생 불평스런 빛을 보이시지 않는 것이었다. 탐내는 사람에게는 후하게 나눠주고, 윗사람에게는 정성으로 공경하였다. 술을 세 독을 빚되, 항시 교체하여 가장에게 하루라도 손님과 함께 취하지 않음이 없게 하셨다. 비록 사랑채에 손님이 그득하여 밤 새워 술을 마실 때라도 웃음으로 술을 대령할 뿐이시니 조금도 마음속으로 꺼려하심이 없었다. 항시 가장에게 이르기를 "님께서 다정한 친구나 옛 벗을 만나면 만에 하나라도 집이 가난하다 하여 박대하지 마시오. 저의 한 폭 치마라도 전당잡힐 수 있는 것인데 하물며 곳간의 쌀이야 인색할 수 있겠습니까. 설령 곳간에 쌀이 없더라도 관가의 빚을 얻을 수도 있지 않겠습니까."하시니 이 말을 들은 아버지는 항시 기뻐하였다. 어머니의 행적은 이럴 뿐이다.

중종 14년(1519) 여름 어머니께서 여러 달 신기가 불편하시다가 하루는 창가에서 살며시 잠드시는 듯하더니 꿈에 한 노파가 와서 예를 올리며 "염려하지 마십시오. 태기가 있으니 한 사내장부일 것입니다. 그래서 하례하러 온 것입니다."하고 갔다. 어머니는 꿈에서 깨어 이상히 여겼다. 우리 내외는 동갑이고 나이 50에 가까웠는데 어찌 이런 일이 있을 수 있는가 하며 의아해하고 번민하였다.

다음해 3월에 내가 태어났다. 내 태어나면서 부모를 그리 괴롭히지 않아 어머니께서도 기뻐하셨다 한다. 부모께서는 때때로 희롱하시면서 늙은 몸이 늦게 손바닥 구슬을 얻었으니 역시 하늘의 시킴이라 하셨다. 내 3살 때 사월 초파일 날 낮에 아버지께서는 취하시어 누대에 누우셨더니 꿈에 한 노인이 와서 "작은 스님을 찾아왔소." 하면서 나를 두 손으로 추켜들고 두어 마디 주문을 외는데 주문이 범어와 같아서 이해할 수 없었다. 주문을 마치고 내 이마를 쓰다듬으며 雲鶴이라 이름짓고 진중히 여기라 했다. 아버지께서 운학의 뜻이 무엇이냐 하니 이 아이의 평생의 생활이 구름의 학과 같을 것이라 하고 문을 나서자 간 곳을 알 수 없었다. 아버지께서 꿈을 깨시고 어머니와 꿈이야기를 하고는 더욱 이상히 여겼다. 이런 이유로 부모님들은 나를 어린 스님이라 부르기도 하고 혹은 운학이라 부르기도 했다. 내가 어려서 아이들과 놀 때에는 모래를 모아 성을 쌓기도 하고 기와를 가지고 절을 짓기도 하였으니 하는 일이 모두 이러하였다.

내 불행하여 겨우 9살에 어머니를 여의었고 한 해를 지나 다시 아버지를 여의니 백년의 생계가 하루아침에 무너졌다. 천지가 아득하여 여묘에 엎어져 슬피 울 뿐이었다. 군수 李思曾이 내 소문을 듣고 겨울에 불러 "먼 숲의 눈 덮인 소나무를 보고 시를 지을 수 있는가?"하였다. 내 머리를 끄덕이며 "감히 안 할 수 있습니까?"하였다. 군수가 斜자의 운자를 부르기에 곧 "향기로운 구름 누대에 멈추자 해는 비꼈고〔香凝高閣日初斜〕"하였더니 또 꽃 花자를 부른다. 곧 이어서 "천리의 강산에 꽃 같은 눈이여〔千里江山雪若花〕"하니 군수는 내 손을 잡고 등을 어루만지며 "내 자식이로구나."하였다. 그때 내 나이 10살이었다.

얼마 뒤 군수는 나를 데리고 서울로 와 泮宮에 입학시키니 모든 선비의 말미에 내 이름이 기록되게 되었다. 당시 12세이었다. 그 뒤로 학문에 별 진취가 없이 다만 친구를 따라 헤맬 뿐이었다.

하루는 노학사께서 나를 보고는 "네가 나를 알겠느냐. 네 원 고향이 여기서 멀지 않다. 네 아버지와 나는 원래 아는 사이이니 너를 외면할 수 없구나."하고서 나를 데리고 興仁門 밖으로 데리고 가 沙川의 버들숲을 가리키며 여기가 네 아버지의 옛 집터라 하였다. 노학사는 두어 칸의 서당을 짓고 대여섯 명의 자제를 모아 너희들은 형제로 언약하여 여기에서 공부하되 헛되이 놀지 말라고 경계하였다. 3년 동안 스승을 모셔 배우고 과거에 한 번 도전했다가 실패하였다. 더욱 발분하려 하였으니 당시 15살이었다. 그 즈음 스승께서 호남으로 가시게 되어 동학 몇 사람이 따라갔으나 오신 지 몇 달만에 뜻하지 않은 변고로 서울로 가시게 되었다.

머리를 맞대고 고민하던 중 한 학생이 제안하였다.

"스승을 찾아 천리를 왔다가 일은 어긋났으나 이러한 명승지에 왔다가 빈손으로 돌아가기보다는 조용히 남쪽 산천이라도 구경하는 것이 낫지 않겠느냐."하였다.

동학들도 모두 찬성하여 각기 가벼운 차림으로 頭流山으로 떠났다. 화엄동, 연곡동, 칠불동, 의신동의 작고 큰 설을 살피면서 임의로 노닐기 반 년이 지났다.

하루는 崇仁 노스님께서 나를 찾아와서 "너의 청수한 기골을 보니 보통사람이 아니다. 마음이 빈 이 空門에 급제하도록 하고 세상명리 다툼의 생각을 끊는 것이 좋겠다. 書生 일이란 종일 애써서 평생에 얻는 것이라고는 한낱 빈 이름뿐이니 참으로 애석한 일이다."하였다.

"무엇이 마음이 빈 공문의 급제입니까?"하니 노스님은 눈을 감고 한참 있다가 "알았느냐?"한다. "모르겠습니다."하니 "말하기 어려운 것이다."하고는 전등록, 염송집, 화엄경, 원각경, 능엄경, 법화경, 유마경 등 수십 권의 경론을 내보이면서 "자세히 보고 신중히 생각하면 점차 공문에 들 수 있다."하였다.

그리고는 영관 대사에게 부탁하였다. 대사께서 한번 보시고는 기특히 여겨주셔서 곧 3년 동안 수업하면서 하루도 게을리한 적이 없었다. 모든 토론과 문답이 한결같이 가려운 곳을 긁어주는 것이었다. 동학들은 각기 서울로 돌아가고 나만 선방에 남아 뭇 경전을 탐색하였으나 名相에만 결박되어 해탈의 경지에 들지 못하니 더욱 답답하였다. 어느 날 밤 홀연히 문자를 여의는 묘를 얻어 드디어 읊었다.

갑자기 들리는 창 밖의 두견새 울음에 　　忽聞杜宇啼窓外
눈에 드는 봄 산 모두가 고향일세. 　　滿眼春山盡故鄉

어느 날 또 한 수 읊었다.

물 길어 오는 길 머리 돌리니 　　汲水歸來忽回首
수 없는 청산 흰 구름 속일세. 　　靑山無數白雲中

그리고는 다음날 스스로 머리를 깎으며 말했다.

"차라리 평생을 바보로 살더라도 문자의 법사는 되지 않겠다."

一禪 大師로 수계사를 삼고 靈觀 大師로 전법사를 삼고 崇仁 長老로 양육사를 삼았다.

다시 兜率山으로 가서 學黙 大師에게 참학하니 역시 어루만지며 인가하였다. 다시 두류산으로 가서 三鐵窟에서 3년을 지나고 大乘寺에서 두 여름을 보냈다.

義神庵, 圓通庵, 圓寂庵, 隱神庵 등에 노닐어 수삼 년이 지났으니 소소한 행적은 다 기록할 수가 없다.

하루는 친구를 찾아 龍城으로 가는 길에 星村 마을을 지나다 낮닭이 우는 소리를 듣고 게송 두 수를 읊었다.

머리는 희어도 마음은 희지 않았는데	髮白心非白
옛 사람 이미 기미를 누설했네	古人曾漏泄
이제 닭 울음 한 곡조에	今聽一鷄聲
끝나버린 대장부의 일.	丈夫能事畢
갑자기 얻은 내 집	忽得自家底
앞 길도 다만 이러할 뿐	頭頭只此爾
천만의 금빛 보배의 장경도	萬千金寶藏
원래 비어 있는 하나의 백지.	元是一空紙

다 읊고 난 그 길로 도로 산으로 돌아왔다. 26세 되던(1546) 가을 홀연히 사방으로 노닐 뜻이 있어, 장삼 한 벌, 바리때 하나로 오대산으로 가 반 년을 지내고 다시 금강산으로 가서 미륵봉 아래 九淵洞에서 한 여름, 향로봉에서 한 여름, 成佛庵, 靈隱庵, 靈臺庵 등에서 각각 한 여름을 지냈다. 다시 含一閣에서 한 가을 지냈으니 그 사이 배 주리고 등 추웠던 일이야 얼마나 되었을까. 모르는 사이 꿈처럼 7~8년이 지났으니 나이는 30이었다.

이때 明宗이 선교 양종을 되살렸다. 여러 사람의 권에 못 이겨 승과의 선발에서 큰 이름을 얻어 일년을 지냈다. 주지라는 이름이 두 여름, 전법사라는 이름이 3개월, 敎宗判事라는 이름이 3개월, 禪宗判事라는 이름이 3년이었으니 그 사이 괴로움과 영화로움이 또 얼마이었겠는가. 역시 깨달음 없이 꿈처럼 또 얼마이었겠는가. 역시 깨달음 없이 꿈처럼 지낸 5,6년이었다. 그때 나이 정확히 37세였다.

어느 날 갑자기 처음 마음으로 돌아와 官印을 버리고 청려장 하나로 다시 금강산으로 돌아와 泉石 사이에 노닐기 반 년이었다. 다시 두류산 隱寂庵에서 3년을 지냈다. 황령(智異山) 능인암, 칠불암에서 또 3년을 지냈다. 다시 태백산, 오대산, 금강산을 답파한 뒤에 멀리 묘향산으로 가서 보현사 관음전과 內院庵, 白雲庵, 心鏡庵, 金仙庵, 法王庵 등을 거쳤다.

망망한 천지, 허다한 산천에서 터럭 같은 이 한몸 마치 정처 없는 구름 같았으니 나의 행적은 다만 이것뿐이다. 그러나 사람을 대하면 옳고 그름을 말하지 아니하지 못한 것은 엄하신 아버지에게 부끄러운 바이고, 욕을 당해서는 불쾌한 빛을 보이지 않지 못하는 것은 자애스런 어머니에게 부끄러운 점이다. 여기에서 효도라는 행동이 자식으로서 가장 어려운 일이라는 것을 더욱 알게 되었다.

오! 이 한 폭의 지난 자취가 역시 한낱 꿈이로구료. 바라건대 살펴 주시오.

위의 글은 원문을 되도록 직역한 것이다. 청허당의 50년의 행적은 자신이 서술한 것이다. 그것도 방외인의 간청에 의해서 했던 것이다. 자신의 행적을 자신이 쓰는 것처럼 어려운 글도 없다. 필자는 이 글에서도 선사의 진면목을 느끼게 된다. 숨김없는 소탈한 맛 그대로의 스님을 보는 듯하다. 자신의 행위가 부모에게 부끄럽다는 결론에서도 출가와 出出家의 승속을 초탈하는 순수한 인간미가 돋보인다.

이 편지를 받은 노수신은 다시 삼몽의 꿈에 대해 되물었던 것 같다. 그래서 스님은 다시 답신을 써서 일러주었다. 그리고는 말미에 三夢詞라는 시 한 수를 첨부하였다.

주인은 꿈에서 나그네와 말하고　　　　主人夢說客
나그네는 꿈 속에서 주인과 말하네　　　客夢說主人
말하는 이 꿈 속의 두 나그네　　　　　今說二夢客
역시 꿈 속의 사람들이지.　　　　　　亦是夢中人

꿈과 현실이 이어지지 않을 때는 환각이지만 그것이 현실로 이어질 때는 오히려 참 꿈이요, 그것이 현실화될 때는 초연한 이의 실천일 수 있는 것이 아닌가. 깨달음을 꿈과 현실이 넘나드는 그 찰나의 포착이라 하면 어떨까. 스님의 꿈은 꿈으로만 존재한 것이 아니라 현실로 존재한 것이기에 이 『삼몽록』은 독자에게 소박한 진실성으로 부딪혀오는 것이 아닌가. 이 편지는 왜란이라는 임진년의 난이 있기 이전, 즉 스님의 50세 이전 행적이다. 그래서 국난에 참여했던 기록은 없다.

다음은 스님의 이러한 소박한 모습을 그의 시세계에서 살펴보기로 한다.

달이 져도 밤은 아직 뿌옇고	月落夜猶白
배 안에는 석가모니 그대로	舟中有釋迦
탁 트인 하늘 끝이 없어	廓然天不盡
바다에서 일렁이는 은하수.	靑海動星河

유리 국토에서 솟는 달	月出琉璃國
흰 구슬 궁전 사람도 드물다	人稀白玉京
임금님 용안 지척이러니	天顔應咫尺
머리 돌리면 온통 구름만 이네.	回首五雲生

이 시들은 남햇가에서 밤을 지내며 지은 네 수의 시 중 두 수를 소개한 것이다. 물 속으로 달이 솟았다 지는 풍경이다. 달이 져도 남은 빛의 반사로 바다는 뿌옇게 희다. 그 빛은 어디에나 있는 것이다. 어디에나 계시는 부처님의 모습이다. 배 안에 석가가 계시다 했다. 하늘 끝이 없는 시간이나 공간을 뛰어넘은 것이다. 하늘에 있어야 할 은하수가 바다에 있는 것이다. 그렇기에 달은 온갖 강물에 있는 것이다.

유리알로 꾸며진 바다다. 어쩌면 이것이 청정한 나라, 불국토인 것이다. 백옥으로 꾸민 궁전 하늘에 있다 하나, 지금은 여기에 있는 것이다. 그렇건만 노니는 사람이 없다. 임금님 용안 여기 있는가, 아니 저 궁전에 있겠지. 머리 돌려 바라보면 구름만 아득하다. 스님이 경모하는 임금이야 부처이지만 청허 대사는 속세 임금인 선조에게도 남다른 점이 있었다.

선조 22년(기축 1589)에 대사에게는 뜻아닌 횡액이 닥쳤다. 鄭汝立이 전라도에서 모반한 일이 터졌다. 여립이 무뢰배와 결탁하여 음모하자, 황해 감사 韓準之의 알림으로 일망타진하게 된다. 그런데 그 음모배에 義衍이라는 승려가 여립의 막하 구실을 해서 구월산, 계룡산 등의 승려를 규합한 흔적이 있어서 당시 신망이 높은 청허 대사나 사명 대사에게도 화가 미치게 되었다. 더구나 無業이라는 승려를 검거하여 심문한 문서 중에 이 두 큰스님의 이름이 있었다. 선조도 놀랐다. 그러나 청허당의 시집을 보신 선조는 그 시문에 감탄하여 사면시키고 오히려 위로하기 위하여 손수 그린 대나무 묵화와 시 한 수를 내렸다.

| 붓 끝에서 살아난 잎 | 葉自毫端出 |
| 땅 위에 돋지 않는 뿌리 | 根非地面生 |

달 떠도 그림자는 없고　　　　　月來無見影

바람에도 들리지 않는 소리.　　風動不聞聲

지면에 돋지 않은 뿌리지만 뿌리가 뻗어 겨울철 추위에도 푸르름을 잃지 않는 잎이 있듯이 스님의 시는 붓 끝에서 항시 푸를 수 있었던 것이다. 하필 대나무의 묵화였을까? 선조가 청허의 시를 그렇게 상징했다 하면 지나친 억측일까? 달이 떠도 그림자 없듯 선사의 행적에 그림자가 있는가. 아무리 바람이 거세어도 소리 없는 정적일 것인데 속세의 요란함에 흔들림 없는 것이 스님의 행적이 아닌가? 선조는 이런 생각이었을 것이다. 군신이라는 종속관계를 떠난 인간적 친숙을 느끼고도 남는다. 청허당은 이에 감격한다.

소상강 한 떨기 대나무　　　　瀟湘一枝竹

임금님 붓 끝에서 살아난다.　　聖主筆頭生

산승이 향불 공양 바칠 때　　　山僧香爇處

잎새마다 돋는 가을 바람 소리.　葉葉帶秋聲

그림 속 식물이라 하여 움직이지 않는 것이 아니다. 이미 사람의 마음을 감동시켰다. 가슴을 움직이게 한 것이다. 잎 잎에 가을 소리가 인다. 두 분의 마음속 전달을 충분히 이해하겠다. 이런 사연이 3년 뒤 국운을 흔드는 왜란에 선조로 하여금 청허당을 찾게 하였고 70이 지난 고령에도 승군을 일으켜 국난을 극복하게 했던 것이다.

이런 사연으로 보아 용안을 그리는 스님의 심정은 다른 군신관계와는 다르다고 본다.

천으로 펴 놓은 연기, 들은 컴컴하고　　野暗煙如織

활 같은 달에 모래는 빛나네　　　　　沙明月似彎

나무 성글어도 다함 없는 강　　　　　木疎江不盡

아득한 하늘 끝 삼산이 침몰하네.　　　天外落三山

加平 여울가에서 자면서 지은 시다. 시어에서 보이듯이 한 폭의 그림 같은 풍경을 비단처럼 짜놓은[織] 시다. 끝없이 수평으로 내닫는 시상이다. 들을 따라 평행으로 깔려 있는 저녁 연기, 한폭의 비단을 펼친 것이다. 백사장에 사선을 긋는 달빛, 그 달은 활 같은 반달이다. 어쩌면 달빛이 화살이 되어 모래를

쏘는 것인지도 모른다. 그러기에 달빛 받은 백사장은 반짝이는 흰 빛을 이 쪽으로 되비치는 화살 빛으로 보내는 것이다. 오는 사선의 빛, 가는 사선의 빛, 그 중심점에 서 있는 수직의 가을나무, 잎이 없어 앙상하지만 강물은 사선과 사선, 수직의 선, 그 아래 수평을 긋는 또 하나의 선, 이 끝없는 수평의 선에 또 수직으로 침몰해 들어가는 두 서너 봉우리의 수직선, 그야말로 선과 선, 올과 올이 종횡으로 얽혀 짜여지는 한 폭의 비단이다.

情이 없이 景으로만 서술된 것 같지만 무정의 정을 느끼게 하는 담백한 시다. 역시 흐르는 강물의 맛이다. 정을 느끼려 하면 정을 흐리는 것이다. 알아도 앎이 없고 만나도 만남이 없는 것이 진실무망의 참인 것이다. 다음의 시는 그러한 분위기를 느끼게 한다.

청허당의 주인을 알려 하는가	欲識淸虛主
만나도 만남이 없는 것을	相逢定不逢
저 흰 구름 밖에	須知白雲外
한 기이한 봉우리 있음 알게나.	別有一奇峯

이것은 崇義 禪子가 찾아와서 준 시다. 여기 서 있는 청허자가 청허가 아니라 글자 그대로 맑게 비어 있는 허공, 그 밖에 솟은 저 봉우리, 그것이 청허의 실상일 수도 있다. 그저 담담하다.

진흙이 푸른 돌 속의 뼈	泥爲靑石髓
솔은 늙은 용의 비늘	松作老龍鱗
개의 짖음 구름에 막혔고	犬吠白雲隔
복사꽃 속 동네 사람들.	桃花洞裡人

花開洞에서 지은 시다. 전편에서 느끼는 것이 어딘가 모르게 깊숙한 동리이다. 깊고 아늑하다는 표현은 어디에도 없다. 그렇지만 유심한적의 가라앉은 분위기가 살아 있다.

흙에 돌이 묻혀 있어 흙이 살이요, 돌이 뼈라면 상식으로 이해되지만, 여기서는 흙이 뼈라 하였으니 돌이 살이 된 셈이다. 역시 일상논리의 역행이다. 그러나 이것이 사실이다. 네 주위가 모두 암벽으로 싸였다. 그 속에 흙이 뼈처럼 가렸다. 흙이 돌의 뼈가 되었다. 기발한 표현이면서도 실상을 있는 그대로 나타낸 것이다. 이것이 바로 선시의 反常合道인 비논리의 논리인 것이다. 늙은 용의 비늘 같은 소나무, 얼마나 세월을 보낸 노송인가, 영겁을 지금의 찰나로 갈무리하고 있는 상황이다. 작자는 찰나에서 영겁을 보고 있는 섯이다.

개 짖는 소리로 보아 인가가 있는 것이 틀림없는데 집은 보이지 않는다. 왜 그럴까. 흰구름이 앞을 가렸다. 개의 짖음은 분명 떠들썩함이다. 그러나 이 시에서 느끼는 분위기는 정적 그대로이다. 이것이 역시 반상합도가 아닌가. 그야말로 반상합도요, 動中靜이요, 喧中寂이다.

결구는 다시 이것을 뒤집어놓는다. 복사꽃은 부동이다. 그 속의 사람은 동이다. 그러니 정중의 동이 되었다. 꽃과 사람이 일치되어 있다. 그야말로 꽃이 사람이냐? 사람이 꽃이냐? 무엇이라 해도 좋다. 이 유정물과 무정물의 합일, 이것이 바로 선경이다.

비슷한 시상의 시를 한 수 더 보자.

지는 꽃 동네 가득한 향기	落花香滿洞
숲 건너에서 들리는 새 울음	啼鳥隔林聞
절은 어디 있다지	僧院在何處
봄 산은 반이 구름인데.	春山半是雲

가야동에서 지은 시다. 꽃 향기로 가득한 동리다. 나무에 있을 때의 꽃이 향기의 공간적 확산이라면 지면에 떨어진 꽃의 향기는 제한된 국부적 응축이라 하겠다. 그러기에 동구를 메우는 향기다. 새 소리는 들리지만 숲이 있을 뿐 보이지 않는다. 소리로써 실체를 연상한다. 그것 뿐이랴. 산도 산이 아니라 구름일 뿐이다. 이 구름에 가린 절이나 숲에 가린 새 소리나 상황은 같다. 이렇듯 전혀 이질적 소재가 동일한 상황으로 응축되어 적요한 분위기를 자아낸다. 시는 설명하는 문학이 아니라 그저 느끼는 것이다. 이 느낌이 감동이다. 역시 선적 정적으로 느껴 올 뿐이다.

이런 시에서 서글픔의 표출은 어떠한가 보자.

버들과 대화하는 꾀꼬리	語柳鶯聲滑
그 소리 매끄럽고	
허공을 가르는 제비 춤	飄天燕舞斜
사선으로 비꼈다.	
서글프구나 봄바람	春風惟可惜

　　정원 그득히 날리는 꽃잎.　　吹落滿園花

　「傷春」이라는 시다. 가는 봄의 애석함이야 누구에게나 있는 것이다. 그러나 그 애석함을 애석함으로만 간직하는 것이 아니라 그 뒤에는 꾀꼬리 노래의 매끄러운 가락이나 제비 춤의 멋진 선도 있다. 한편의 애상을 또 다른 희열로 중화시키는 것이다.

　청허당의 시는 그의 당호와 같이 그대로 청허하다. 담박 소탈 무심이 그의 전편의 시이다. 지면의 제한이 있어 더 소개하지 못함이 유감이다. 그의 시관이 될 수 있는 시 한 수만 더 소개하여 마무리해야겠다.

　　건장한 붓 삼산을 뭉개고　　筆健頹三岳
　　만금에 값진 시의 맑음　　詩淸直萬金
　　산승이야 가진 것 있나　　山僧無外物
　　오직 백년의 마음.　　惟有百年心

　뭇 뫼를 무너뜨리고도 남는 필치다. 시인의 붓 끝에 온전한 사물이 있을 수 없다. 날랜 백정에게는 온전한 소가 없는 법이듯이 시인은 사물을 파괴, 완성하는 데 자유자재하다. 이것이 바로 知訥 普照 國師가 말한 六相의 壞相과 成相이다.

　시를 값으로 환산함은 망상일 것이다. 할 수 없이 값을 매기려니 만금인 것이다. 맑은 물은 함부로 값을 매기기 어려운 맑은 값이다.

　스님의 마음 백년의 마음이다. '있다' '없다'를 초월한 마음이다. 사물과 대비하려니까 유심이라 하여 있다 한 것이지, 유무의 초월에 유심일 수가 없다. 그렇다고 무심도 아니다. 말하려니까 무심이다. 이렇듯 청허의 무심 그대로라 해두자.

靜觀의 禪味

　　조선 중기에 있어 서산대사의 문하에서 오로지 修禪으로 일관했던 스님으로 靜觀一禪 선사가 계시다. 그의 행적에 대해서는 따로 전하는 바가 별로 없고 그의 유집인 『靜觀集』의 서문에 그의 법손에 해당하는 性浩의 말에서 대략 알 수 있다.

　　여기서도 이 서문에 실린 이야기를 소개하는 것으로 그의 행적을 짐작하기로 한다. 서문은 偷叟가 썼다. 성호가 창수를 찾아가 서문을 부탁할 때에 선사의 행적을 그에게 소개한 것이다.

　　선사의 속성은 郭氏이고 連山 사람이다. 어머니 李氏가 꿈에 스님 한 분이 한 쌍의 구슬을 주면서 자고 가기를 청한 일이 있다. 그 뒤로 태기가 있어 중종 29년(1533)에 선사가 태어났다. 어려서부터 영리함이 보통이 아니더니 15세에 산문에 들어 도를 구했다. 일선은 법명이고 정관은 스스로 가진 호이다. 정진하여 수업하고 널리 배워 모든 법리의 오묘함을 관통하였다. 당시 이름있는 큰스님들인 禪雲·守眞 같은 분과 앞뒤로 사귀며 좌우에서 도와 모두가 선문의 종지로 손모아 기대하였다.

　　때로는 禪科에 응시하기도 하여 크게 드날렸지만 모두가 화택의 불꽃으로 여겼다. 마침내 묘향산으로 가 서산 대사의 講席에 참여하여 말을 여읜 마음의 법을 받고 드디어 종적을 감추어 날마다 내심의 관법으로 일을 삼았다. 소문이 밖으로 퍼져 멀리서 붙닫는 이가 있게 되자 질의의 응답에도 대소의 근기에 따라 아낌없이 응하였다. 그래서 그의 법회에는 항시 수백 명이 있었고 길을 달리하는 이조차도 이 높은 모임에 나오면 누구나 예의를 갖추어 감복하지 않는 이가 없었다.

　　만년에는 속리산에서 덕유산의 白蓮寺로 옮겼다가 선조 41년(1608) 가을, 사소한 병환에 드셨더니 하루 저녁은 제자들에게 이르기를 "어제저녁 꿈에 해와 달이 내 옷깃에서 떠났으니 내 이제 가야 할 때이구나"하며 차를 드시고 목욕을 하고 나서 게송 한 수를 남겼다.

평생에 지껄인 말 부끄러우나	平生慙愧口喃喃
끝내 요연히 백 억을 뛰넘었다	末後了然超百億
말 있음 말 없음 다 옳지 못해	有言無言俱不是
청컨대 여러분 스스로 깨달으소.	伏請諸人須自覺

이어서 또 한 수 읊으셨다.

석자의 터럭 끝도 베이는 칼	三尺吹毛劍
오래도록 북두성에 감추었도다	多年北斗藏
구름도 개인 태허의 공중에	太虛雲散盡
이제 칼 끝을 내보이겠네.	始得露鋒鋩

　다음날 의관을 정제하시고 조용히 앉아서 가셨다. 세수 76세이고 법랍이 61
이셨다. 다비하던 날 저녁에 더운 불길이 일어 두려움을 불사르고 슬픔을 쫓았
으며 영골에도 함께 불꽃이 일며 기이한 향기가 사람들에 스몄다. 제자들이 사
리를 모아 덕유·속리 두 산에 부도를 세워 소장하고 분향을 올리는 날에도 오
색의 채색 구름이 하늘에 둘렀다 한다.

　이상의 행적은 성호가 그의 스승인 普天에게서 들었다 하면서 창수에게 들려
주었고 창수는 이 말을 서문에다 기록한 것이다. 여기 보천은 선사의 전법 제
자이고 속가의 친조카이었다. 보천이라는 법명도 선사가 지어 준 것이고 이 법
명을 주면서 준 글이 문집에 있고 아울러 게송 한 수를 지어 전했다. 여기서는
이 게송만 들어 소개해 본다.

속세 떠나 명산을 찾았으니	出離塵世訪名山
깊이 흰 구름 붉은 숲에 들었다	深入白雲紅樹間
난초 네 거리에 심으면 오래 푸르기 어렵고	蘭植露衢難久翠
계수나무 깊은 골에 살아야 길이 신령할 수 있다	桂生幽壑長可丹
교의 바다 노닐어 진여 끝 통달하고	優遊敎海通眞際
선문에서 참구하여 조사 관문 뚫다	參求禪門透祖關
배움은 시간 아껴 잃을까 염려하라	學惜三餘猶恐失
성취 없다면 어찌 편안하겠는가.	未能成就肯安閒

(필자註 : 三餘는 겨울은 한 해의 여가이고 밤은 낮의 여가이고 비 올 때는 시
간의 여가라 하여 이 세 가지의 여가가 바로 배움에 힘쓸 때라 하여 배우는
이가 시간을 아낌을 이르는 말이다.)

위에 본 것과 같이 선사의 행적은 단순하면서도 거기에서 느끼는것은 오로지
참선의 정진이었다. 卽經後跋이라는 글에 보면 그가 직접 종이를 만들고 3천부
의 경전을 인행한 내용이 있다. 여기 참고 삼아 전문을 소개한다.

대사께서 교를 펴심은 참으로 광대하여 갓이 없다. 진실로 묘한 영약이 아님
이 없고 바른 길 아님이 없도다. 사람들이 번뇌를 여의고 보살에 나아가려는
자, 이것을 떠나고는 문이 없구나. 그렇다면 법을 가르침에 있어서 부지런히 하
여 날로 새로워지는 공이 없어서야 되겠느냐.

하물며 이 법화와 능엄 등의 경전은 도를 깨닫는 바른 표적이요, 부처 이루
는 지름길이다. 도에 뜻을 두는 모든 이들이 마음 다하지 않을 수 있는가. 이제
淸遠이라는 남자가 나와 함께 법화경을 보다가 '만약 법을 듣는 자는 하나도
성불 않는 이가 없고 경을 가짐은 5종의 공덕이요, 좋은 보시는 7보의 보배'라
는 대목에 이르러 감탄하여 이르기를 '오! 여기에 오지 않았다면 어찌 이 수승
한 경전을 알았으랴. 이 흔연한 만남, 마음속의 큰 경사이도다'하고는 곧 함께
선에 나아가려는 뜻을 펴서 널리 도를 유통시켜 누구나 함께 보게 하자 하였
다.

동지인 圓慧·天機 등과 함께 서로 호응하여 마음을 합쳐 힘쓰기로 하였다.
각기 자신의 재물을 내놓고 여러 인연을 모아 3천여 권의 종이를 만들어 3천여
부의 경전을 인출하여 여러 동학들에게 보시하여 도를 깨우치는 자료로 삼았
다.

오! 이 몇 사람과 같은 이는 참으로 막역한 분이고 일찍 소원을 이룬 선비이
도다. 원혜가 이번 일에 대해서 나에게 서술해놓기를 청하여 재주 없음을 들어
굳이 거절했건만 더욱 간절히 청하여 입을 닫으려 해도 그럴 수가 없게 되었
다. 고루한 것도 잊고 이 시말을 써서 그 간절한 뜻을 갚는다. 다만 소원은 이
경을 보는 이는 손가락 보다가 달을 잊는 일이 없게 하고 그물은 잃더라도 고
기는 얻게 하라.

다시 바라건대, 요임금의 바람과 선의 바람〔禪風〕이 함께 불고 순임금 해와
부처의 해가 함께 빛나서 모든 유정이 함께 정각(正覺)을 이루게 하라."

이 글에서 보이듯이 선사는 선풍의 진작에 힘썼음이 역력하다. 이러한 그의 선관은 당시 임진의 대란을 겪으면서도 국가적 안위의 타개와 아울러 선가의 본분을 지키는 중도적 어려움을 항시 안타까워하고 있었다. 法友인 松雲 大師가 전란에 다달아 국가의 위기를 타개하고 있음을 보면서도 선가의 풍토를 잊지 말라는 충고는 바로 이러한 고충을 표현한 예라 하겠다. 다음은 『정관집』에 보이는 一上都大將年兄을 소개하여 선사의 고충을 엿보기로 한다.

오! 戒法이 쇠퇴하여 세상이 다시 어지러워 백성은 편안히 쉬지 못하고 승려도 편히 살 수가 없구나. 도적의 잔인이나 백성의 노고를 이루 말할 수 없구료. 더욱 슬픈 일은 스님의 옷이나 속인의 옷이 모두 군문으로 나아가 동서로 분주하다가 혹은 도적의 손에 죽고 혹은 시골에 숨어 죽음을 피하니 속세의 습속만이 의연하게 다시 싹터 출가의 뜻을 잊고 계율의 몸가짐은 영영 폐기한다. 헛된 이름 쫓거나 바라서 불에 뛰어들어 돌아올 줄 모르니 선풍이 사라질 것을 알 수 있구료.

비천한 이 중은 나이 60이 넘어 늙음과 병이 함께 닥쳐 홀로 깊은 골짜기에 살아, 걸음은 문지방을 넘지 않고 끼니는 입을 채우지 못한다. 바람이 낡은 사내에 불면 높은 저 산을 보며 쓸쓸해하고, 달이 솔창에 밝으면 긴 밤을 앉아서 탄식하니 이 답답한 심정을 펼 곳이 없구료.

어제 저녁 막하에 있는 스님이 편지를 가지고 와서 참으로 우리 사형이 나를 버리지 않았음을 알았소. 이에 이 회포를 적어 보답하는 바이오.

형은 대장부이시니 필시 철석의 마음이 있고 송죽의 지조가 있어 물들지 않고 갈리지 않겠지요만은, 형산의 보석도 거친 돌에 부딪히면 깨지고 驪龍의 구슬도 파도 속에 있으면 빛나지 못하는 법이오. 그러기에 삼세의 모든 부처도 진흙 속에 오래 묻혀 있으면 본래의 진신을 어둡게 하오. 또한 옛날의 성현도 부귀 보기를 뜬 구름같이 했고, 누추한 집을 편히 여겨 그 즐거움을 고치지 않았소. 張良은 끼니를 거르면서, 거듭되는 상소로 벼슬을 마다 했기 때문에 신명을 보전했고, 蕭何는 국가를 편히 했지만 옥에 갇히기도 했고 韓信은 큰 공을 세우고도 죽임을 당했소. 그러기에 큰 명예 밑에는 오래 머무를 수 없다 했으니 삼가지 않을 수 없구료.

더구나 승려의 거취는 세속 사람과 다릅니다. 그래서 六祖는 도를 천하에 폈어도 천자의 부름에 나아가지 않았고 僧肇는 덕이 한 세대에 높았지만 위왕의 부름에 거절했지요. 그러나 이 두 임금은 그들을 죄 주지 않고 더 공경했던 것입니다. 대저 방외의 사람은 方內의 예로 대접하지 못하기 때문입니다.

들건대 지금은 외적이 이미 물러났고 큰 공을 이미 이루었으니 이제 임금께 나아가 사퇴하겠다 하니 어찌 꼭 그래야 하겠소. 도피해오는 것이 옳을 것이요. 만약 사퇴를 알리게 되면 반드시 물러나기 어려운 형편이 있을 것입니다. 바라건대 속히 대장인을 풀어 궁궐에 바치고 곧 갑옷을 벗고 가사옷으로 갈아입고 깊은 산에 들어 종적을 끊으시오. 시냇물을 떠마시고 명위국 끓여 먹고 다시 선정의 물을 맑히고 지혜의 달 밝히시오. 흔쾌히 반야의 자비로운 배에 올라 보리의 저 언덕으로 곧바로 이르기를 간절히 빌며 또 빕니다.

사형이 내 말을 받아들이면 내 따르려니와 듣지 않으면 다시 편지도 없으리다. 바라건대 한 번 보시고 회답 있으시면 대행입니다.

윗 글은 편지의 전부이다. 국가 위란의 참여라는 국민된 의무와 청정법계라는 스님의 본분을 분명히 제시한 글이다. 흔히 조선조의 불교가 세속과 영합되었고 그 타당성을 서산이나 사명의 행적에서 명분화하는 경우가 있지만 이면에는 이 정관 선사와 같은 중도적 처지이면서도 선풍의 수호와 진작에 안착하였던 분도 있었다는 점에서 조선불교의 또 한 면을 이해할 수 있겠다.

위의 편지에서 보이는 그 간곡성은 선사라는 수선의 심정에서만이 아니라 순수한 우정으로서의 간곡한 면도 이해할 수 있다. 송운 대사가 일본으로 가게 될 때 준 시에서도 그러한 우정을 엿볼 수가 있다.

홀로 깊은 골에서 늙음 병 잇달아	獨在幽岩老病隨
멀리 생각하는 우정 기약하기 어려워	故人遙憶杳難期
한밤 원숭이 울음 수심이 일고	愁生夜壑猿啼處
구름 산 해저녁에 애만 끊기네	腸斷雲山日暮時
번거로운 꿈길 머나, 오기야 쉽겠지만	繁夢路脩歸極易
넓은 바다 외로운 배 가는 길 어디	孤帆海濶去應遲
서로 생각하는 뜻 은근한 소식은	殷勤爲報相思意
그저 빨리 돌아와 턱을 푸는 웃음.	須早回來望解頤

이상 선사의 행적의 일부로서 당시 국란에 대처하면서도 승가의 본분을 잃지 않는 의지를 보았다. 다음은 이러한 선사의 선미를 그의 시에서 음미해보고자 한다.

선사의 유집인 『정관집』은 권을 나누어 놓지는 않았지만 내용은 2권 1책인 셈이다. 시와 잡저로 구분되어 있기 때문이다. 잡저는 서간과 소 약간 편으로 되어 있어 분량으로는 그리 많은 편은 아니나 위에서 보았듯이 당시 선가의 면모를 살피기에 좋은 자료라 보아진다. 시는 주로 卽景的인 서경이 많으나 한결같이 禪味의 점철이어서 선사가 시종일관 선정에 머무르고 있음을 알 수가 있다.

다음은 隱仙庵에서 머무르면서 지은 시 두 수 중의 하나이다.

부처 내 마음속에 있건만	佛在爾心頭
밖에서 찾는 이 시대 사람들	時人向外求
안으로 간직한 값 없는 보배	內懷無價寶
일생동안 그 아름다움 알지 못하네.	不識一生休

산을 보고 짓되 그 산의 외형적 아름다움보다 내면의 진실을 보고 있다. 세속 사람이야 외계의 아름다움만 찾으니 안에 간직된 값없는 보배, 값으로 칠 수 없는 보배를 알 리가 없다. 어쩌면 밖으로 드러난 보배가 아니기에 일생동안 아름다울 수 있는 것이다. 이러한 것은 자신의 호를 정관이라 했듯이 청정한 관조에서 오는 것일 수도 있다. 따라서 다음의 시와 같은 것이 바로 자신의 호를 연상케 하는 자세를 읊은 것이라 할 수도 있겠다.

비 개자 남산 아지랑이도 걷혀	雨收南岳捲靑嵐
산 빛은 의연히 옛 암자 마주보다.	山色依然對古庵
홀로 앉아 청정한 관조 생각마저 맑아	獨坐靜觀心思淨
반생토록 어깨 걸친 화두 한 자락.	半生肩掛七斤衫

비 온 뒤 절집에서 짓는다는 시다. 정관 그대로 조용히 앉아 있는 스님의 모습이다. 평생을 걸치고 있는 가사옷이 스님을 나타내줄 뿐이다. 시어는 대단히 평이하면서도 더할 나위 없는 스님의 표현이다. 역시 無垢無淨의 여여한 실상일 뿐이다.

아무리 비구름에 가려도 산은 산이듯, 아무리 마주보아도 그 산 그 절이듯,

있는 그대로의 스님이다. 선가와 시의 묘미라면 어쩌면 이러한 소박성일 수도 있다. 꾸밈이 없으면서도 더이상의 꾸밈이 끼어들 소지가 없는 것이다. 만일 꾸밈이 있어 거기에 끼어들 수 있다면 그것은 벌써 物累가 되어버린다. 다음 兜率院에서 짓는 시가 바로 그런 의미를 담고 있다.

풍악산 봄에는 너와 노닐었으니	楓岳春山共爾遊
묘향산 가을 누구와 보낼꼬	妙香誰與送淸秋
하지만 선경이 정 끈다 말하지 마소	莫言仙景遣情累
산수 좋아함이 끝내 수심 되나니.	好山佳水終是愁

　승려이기 이전 인간이기에 오고 가는 이의 정을 느끼는 것도 당연하다. 그러나 운수의 행각에서 봄에는 풍악산, 가을에는 묘향산 지향이 없듯이 오고감의 만남에서 미련의 정을 남길 수는 없다. 그저 누구이든 만나는 것이요, 만나면 다음의 이별은 전제되어 있는 것이다. 산이 신선 같은 경지라서 정에 이끌리면 그것이 바로 물루가 되는 것이니 이 산 저 물이 좋다 여기면 그 곧바로 수심으로 이어지는 것이다.

　정관 선사의 시가 이렇듯 얽매임이 없는 선상이어서 그런지는 알 수 없지만 어떻든 한 편 한 편의 시가 平沙落雁 식으로 한 숨결로 이어지는 점에서 독자도 모르게 시원함을 느끼게 하는 것이 아닐까 생각된다. 다음의 시는 金剛臺에 올라서 짓는 시다.

조용히 앉은 높은 누대 졸음도 없어	高臺獨坐不成眠
적적한 등불만 벽 위에 걸렸네	寂寂孤燈壁裡懸
때마침 창 밖에 불어 오는 시원한 바람	時有好風吹戶外
뜰앞에서 들리는 솔방울 지는 소리.	却聞松子落庭前

　높은 누대에 앉아 있는 상황 그대로이면서 주변의 사물을 한 점으로 모으고 있다. 그러면서 그것이 시점의 순차적 이동에서 느끼는 그대로이다. 분위기는 적적한 이 고요함을 벗어나지 않으면서도, 시어의 솔방울 지다[松子落]가 이 정적함을 깨는 기분이다. 그렇지만 그것이 작자의 귀에 들렸다는 것은 이 정적을 깨는 것이 아니라 이 공간의 정적을 간접적으로 더 돋보이게 하고 있다. 주변이 얼마나 고요하면 솔방울 하나 정도 지는 소리가 들리겠는가.

　아무튼 전편의 시가 그저 시간의 계기적 연속이면서도 마치 솔방울 구르듯이

막힘없이 흐르고 있다. 높은 산정에 올라 심호흡을 한번 내뱉듯이 시원한 쾌감
이다.

하늘 끝 학 구름 가에 춤추고	鶴飛天末舞雲端
한눈에 내리 보는 만리의 건곤	萬里乾坤一眼看
소리는 구충 하늘 가을 달에 멎었으니	聲送九宵秋月下
누구라 잡아다 우리 안에 가두랴.	孰能捉得繫籠間

보은 태수에게 준 시다. 제목을 보기 전에야 그저 학을 읊은 시로 볼 수밖에
없다. 태수를 하나의 학으로 유추한 것이다. 얼마나 적절한 비유인가. 그러면서
도 하나의 학을 큰 꾸밈 없이 하늘 밖을 날아 속박을 벗어나게 했다. 사람을 상
징하기 이전에 학이라는 詠物로도 그저 시원하다. 어디에서 그러함을 느끼는
가. 작자 자신이 어디에도 집착함이 없는 선정적 초연이기에 그것이 意表로 드
러날 때 구애없는 초탈이 되어 그러한 것이다. 끝구의 '누가 우리에 가두랴'함은
보은 태수를 이른다기보다 선사 자신을 말한 것이라 하여도 무방할 것이다. 어
디에도 매이지 않는 실상을 여여하게 보여주고 있는 것이다.

사물 밖 벗어나 유유한 놀음	優遊超物外
자재로이 아침 저녁 보내다	自在度朝昏
천 산의 달을 밟는 두 발	足踏千山月
만리의 구름 따르는 이 몸	身隨萬里雲
나 남이 없는 본래의 소견	本無人我見
옳고 그름 어찌 문이 있겠나	那有是非門
새가 꽃을 물어오지 않아도	鳥不含花至
봄바람은 저절로 꽃다운 것을.	春風空自芬

이 시도 선객에게 준 것이다. 그러면서도 내용적 탁의는 不二의 선문을 담고
있다. 역시 격 밖의 벗어남이다. 남이나 내가 없고 옳고 그름이 없다. 내가 맞으
려 하지 않는대서 오지 않는 아침 저녁이 아니다. 내가 자재롭듯이 그것도 오
고 감의 시간적 연속이 다를 뿐 역시 자재로움이다. 이 자재로운 사물 안에서
나 또한 자재로이 있는 것이요, 또는 아침 저녁이 교체되듯이 나 또한 교체되
어 가고 있는 것이다. 천 개의 산에 달이 있어도 다 같고, 그 달을 밟아가야 다
음 날의 또 그 달이다. 떠 가는 것이 구름이라면 이 몸도 그와 같이 떠 가고 있

는 것이다. 봄 되어 새 울고 새 울자 꽃이 피었다 하더라도 새가 꽃을 물어온 깃은 아닐 것이요, 봄 바람에 그저 봄온 꽃디올 뿐인 것이다.

이렇듯 전편은 선미가 깃들어 있으면서도 자연의 조화와 어울려 시적 상징을 더해주고 있다.

고요히 남대 위에 앉아	靜坐南臺上
허공을 봐도 허공 아니지	觀空不是空
소리 빛 밖에 구애되지 말며	勿拘聲色外
어찌 보고 들음에 떨어지랴	寧墮見聞中
맑고 맑은 가을 못 달	湛湛秋潭月
꼿꼿한 겨울 고개마루 소나무	亭亭冬嶺松
오묘한 문 때려 부수어야	玄關追擊碎
선풍을 드날릴 수 있는 것을.	方得震禪風

觀禪子라는 선객에게 주는 시다. 觀에 대한 의미 풀이이면서도 선의 실상을 말하고 허공을 보아도 허공이 아니니, 어찌 견문의 실상에 떨어질 것인가. 성인의 경지에서 다시 범인으로 되돌아오는 자세다.

물이 물이 아니요, 산이 산이 아닌 자리에서 다시 산은 산이요, 물은 물인 자리로 되돌아온 것이다. 가을 못에 비친 달이 맑고 겨울 재의 소나무 우뚝한 기상이 그저 그대로의 실상이다. 오묘한 진리의 문이 따로 있는 것이 아니다. 따로 있는 것이 아니기에 열 수 있는 대상이 따로 있는 것도 아니다. 열 수 있는 대상이 따로 없기에 부술 수 있는 문 더더구나 없다. 그러나 없다고 의식되는 이 오묘한 문 찾을 수 있으면 부수기는 또한 어려운 것이 아닐 것이다. 이 문 역시 따로 없기에 내 마음의 문일 수도 있다. 내 마음이기에 내가 열어야 하고 그러자니 어디에도 집착하면 안 되겠다. 이 집착을 여의면 문은 부숴지는 것일까. 저 허공을 보아도 허공이 아니듯이.

이렇듯 선사의 시는 禪機와 禪味가 한데 어우러져 있기에 시가 바로 선이요, 선이 바로 시인 것이다. 그러기에 단순한 자연의 서경에도 그 시는 선기가 빛나고 있다. 여기에 바로 선시의 특질이 있고 선사의 시는 이러한 특질이 잘 나타나 있다 하겠다.

봄의 天神이 새 질서를 펴자   青帝頒新律

들녘에 움트는 새싹	郊原動草芽
눈 녹아 봄 물 붇고	雪消春水漲
연기는 새벽 창에 비꼈네	煙起曉窓斜
첫 눈 뜨는 시냇가 버들	溪柳初開眼
뜰 매화 꽃봉오리 트다	庭梅欲放花
빗줄기 만물을 불리고 적셔	霂然能潤物
점점 꽃다워지는 산과 들.	山野漸生華

이른 봄에 지은 시다. 그저 있는 경치 그대로 보는 것이요, 거기에서 절로 느끼는 자연의 조화다. 이것이 그대로의 자연의 법리이다. 이것을 조화있게 시적으로 구성한 것이다. 한 편의 시라는 구조물로 이루어진 것 뿐이지 각각의 소재가 모두 자연의 발로이다.

이 자연의 발로, 이것이 선가의 이론으로 들어왔을 때 그것이 바로 선기의 노출이라 하면 어떨까. 우리 속인은 범속에 매달려서 이 자연 조화의 묘를 느끼지 못하는 것은 아닌가. 또한 여기에서 시라고 하는 작품으로 구성됨에 있어서는 작자의 꾸밈 없는 담박성이 그대로 한편의 소박미를 더해주는 것이 아니었을까 생각된다. 풀·연기·버들·매화, 누구나 보고 지나는 소재이지만 그것을 단순한 물상으로 보고 그 자체가 법체요, 법리의 표현이라고 보지 못하는 어리석음이기에 선적 소재, 또는 시적 구도로 잡아오지 못하는 것이 아니겠는가 생각된다.

다음 담담한 서경으로 우리의 마음을 선정으로 이끄는 듯한 시 한 수를 소개하여 이 글을 마무리 하자.

절은 두류산 반야봉 동쪽	寺在頭流般若東
달은 금당을 밝혀 아른한 그림자	月明金殿影玲瓏
향불 멎자 서색의 아지랑이 탑 끝에 날고	香消瑞靄飛庭榻
꿈 깨운 종 소리 늦 바람에 불려 가네	夢覺疎鍾落晚風
푸른 학 오지 않는 푸른 학 마을	靑鶴不來靑鶴洞
흰 구름 에워싼 백운봉	白雲長鎖白雲峯
시냇가 멀리 뵈는 돌문 사이로	石門遠見雙溪下
한눈에 드는 희미한 가을 빛.	秋色依微一望中

七佛庵에서 지은 시이다. 암자을 두르고 있는 주변의 경관을 담담하게 조화시키고 있다. 굳이 선사의 시라 하지 않더라도 그저 한 시인의 눈에 비친 자연을 한 폭의 지면에 잘 배열해놓은 것이다.

이상에서 보아왔듯이 정관 선사는 그 수행에 있어서도 선속불이이면서 선가의 종풍을 유지하기에 힘썼고, 시적 표현에 있어서도 굳이 시적 기교를 쓰지 않으면서 선기의 노출과 조화를 잘 융화하였다 하겠다. 그러기에 선미의 표현이라는 생각을 해본 것이다.

浮休의 如如한 詩世界

1. 청허와 부휴

조선조의 불교가 燕山朝의 혹심한 탄압 이후로 오직 碧溪正心 禪師 한 분이 법맥을 지키다가 碧松智嚴 禪師에게 전했다. 지엄 선사는 芙蓉靈觀 禪師에게 전하게 되었고 부용의 문하에 淸虛堂과 浮休堂이 있어 두 대사의 가풍이 영속하게 되었다.

이와 같이 조선 불교가 청허당과 부휴당의 두 파로 유지하게 된 데는 나름의 이유가 있다. 청허당 이전에는 渡僧法이 있어 승려가 득도하면 반드시 그 승적을 소관 본사에 편입하고 자신이 득도한 스승, 즉 得度師의 법맥을 상속하는 것이 통례였다. 그것이 청허당 이후로 도승법이 폐지되면서 승적법도 자연히 없어지고 득도사 이외에 傳法師의 법맥을 잇는 것이 명예스럽다는 습관이 일게 되었다. 이에 은사인 득도사와 법사인 전법사가 있게 되었고 『佛祖源流』가 간행되면서 전법사의 법맥을 잇는 것이 관행으로 되었기 때문이라 한다(權相老 『朝鮮佛敎史』에서).

이렇듯 부용당의 문하에서 두 흐름을 형성하나 부휴당은 청허당보다 23세나 어린 처지이고 부휴당과 동시에 활동한 분은 오히려 四溟堂이었다. 『부휴집』에도 사명당과의 수답시가 많이 있는 것은 이런 시기적 상관성 때문이다. 부휴당이 학덕이나 공훈 또는 僧階가 청허당에게 미칠 바는 못 되었지만 그의 法嗣에 碧巖 大師가 청허의 뒤에 都摠攝이 되어 이름을 떨쳤고, 그의 제자에 翠微·白谷·晦隱 등이 있어 법맥을 계승하여 서산의 일파와 대등하게 되었다.

청허 문하의 靑梅가 五大 聖師를 제사하는 글이 있으니 여기에서도 청허당과 부휴당의 위치를 짐작하게 한다. 오대 성사는 벽계정심, 벽송지엄, 부용영관, 청허휴정, 부휴선수를 말한다.

청허당의 찬문에,

청허당 총판님	清虛摠判
몸은 한 조각 구름	身一片雲
그 뜻 천리를 나는 학	志千里鶴
모든 법장 공으로 돌리고	空諸法藏
온갖 조사 뼈 부숴버렸네.	碎萬祖骨

이라 하였고, 부휴당의 찬문에는,

부휴당 대사님	浮休大士
하늘에서 내신 총명함	聰明天縱
그 도는 진여의 공에 들어맞네	道洽眞空
모든 作家를 구유하시니	具體作家
온 나라 그 빛에 무젖네	海內蒙光

이라 하였다.

이렇듯 부휴당에게는 선가의 모든 면모를 갖추어 온 나라에 그 빛을 입게 하였다고 찬탄하고 있다. 부휴당의 유문으로는 『浮休堂大師集』 5권이 전하고 있다. 1권에서 4권까지는 시이고 5권에는 疏가 수록되어 있다. 그러나 그는 행적을 살필 수 있는 글은 없다. 문집에 그의 행적을 수록하는 것이 상례이나 이 『부휴당대사집』에는 행적이 없다. 문집에 盤桓子의 서문이 있으나 거기에는 마멸이 심하여 대사의 편린을 살피기 어렵게 되어 있다. 白谷處能의 『大覺登階集』 권2에 '追加弘覺登階碑銘幷序'가 있어 대사의 행적을 살필 수가 있다. 여기서는 이 비명을 중심으로 행적의 한 단면을 살피기로 한다.

2. 뛰어난 필법

臨濟 이후 24대의 적손에 浮休가 있으니 부휴는 호이고 법명은 善修이다. 속성은 김씨이고 옛 帶方(全北)의 獒樹 사람이다. 아버지는 積山인데 선대에는 신라의 큰 씨족이었으나 신라가 망하자 드디어 온 집안이 서민으로 전락하였다. 어머니 이씨가 자식이 없는 것이 안타까워 서로 서약하기를 아들을 낳으면 속가를 버리고 출가시켜야 되겠다 하고는 곧 길가 큰 돌에 기도하기를 수십일

동안 계속하였다.

　하루 저녁에는 눈을 감으니 선량한 스님이 둥근 구슬 하나를 주어 받아먹자 곧 태기가 있었다. 계묘년(中宗 38년, 1543) 2월에 대사가 태어났다. 어려서 어머니가 고기를 먹이면 좋아하지 않고 강권하면 젓갈 같은 옅은 맛을 잠시 씹을 뿐 기름진 고기는 먹지 않았다.

　어린 나이에 부모에게 청하되 '뜬 구름 같은 세상은 시끄러우니 내 이 속세를 벗어나려 합니다.' 하고는 두류산으로 들어가 信明 長老에게 나아가 머리를 깎고, 芙蓉 大師를 찾아 법 안팎의 모든 것을 다 얻었다. 대사는 허연 배, 긴 눈썹, 훤칠한 키에 볼이 풍성하였으나 오직 왼손이 불인하였다. 법을 얻은 뒤에 재상 盧守愼의 집에 소장된 책을 빌려 7년 동안에 읽지 않은 책이 없었다.

　『부휴당집』에 보이는 上盧府尹이란 시는 이때에 지은 시가 아닌가 여겨진다.

평생의 방랑 구름가에 노닐다가	平生放浪倚雲濱
이제사 경전 보아 옛 성현 사모하네	今始看書慕古人
솔 의자에 앉아 사물 변화 살피고	松楊坐來觀物化
선정에 든 방석 내어 정신을 기르네	蒲團定處養精神
한가로운 때 항시 시문을 읊고	風騷每向閒中吟
고요한 중에서 마음 뜻 새로워	心志多因靜裡新
신선 수레 이 곳에 머물렀다기에	聞道仙車停此地
표연히 석장 날려 풍진을 범했소.	翩然飛錫犯風塵

　필법 또한 아름다워 鍾繇나 王羲之의 법을 받아 사명당과 함께 당시의 두 명수라 하였다. 어느 모임에서 한 스님이 대사의 글씨 몇 자를 얻어 서울을 지나다 중국에서 온 서예인을 만나 내보였더니 한참 주목하다가 "필법이 정묘하며 굳세어 옛 사람에게서도 얻기가 쉽지 않다. 그러나 점획이 꼭 손이 좀 불인한 도인이 쓴 것 같다" 하였다.

　선조 임진년에 섬 오랑캐가 침입하여 강산을 뒤흔들었다. 그때 대사께서는 德裕山에 계시다가 계곡에 숨었다. 날이 저물어 도적들이 이미 지나갔으리라 생각하고 시내를 따라 암자로 돌아왔다. 이때 왜적 수십명이 숲에서 뛰쳐나오니 대사께서는 팔짱을 끼고 우뚝 서 있고, 도적은 칼을 휘두를 기세였다. 그러나 대사께서는 태연히 움직이지 않으니 도적들이 크게 기이히 여겨 모두 절하며 물러갔다.

난리가 평정되자 가야산으로 가셨더니 그때 明將 李宗城이 황제의 명으로 일본 사신으로 가다가 헤인시에 들러 대사를 한번 보고는 돌아갈 줄을 모르고 며칠을 머물면서 정성을 다 쏟았다. 떠날 때에 시 한 수를 주어 천리의 만남으로 여겼다.『부휴당집』에 있는 '奉呈李天使台座下'라 한 시는 이때의 시일 것이다.

일찍이 풍악에 놀다 또 두류산	曾遊楓岳又頭流
늦게 가야산 들어 또 깊숙이 숨어	晚入伽倻更討幽
벽 보며 끊은 곡식 말씨도 없더니	向壁休糧無話計
한번 듣는 천사의 말 수심이 풀려.	垂一天語解窮愁

얼마 안 되어 九千洞으로 옮겨 은거하였다. 하루는 눈을 감은 채『원각경』을 외우고 있는데 큰 구렁이 하나가 뜰 끝에 서려 있다. 대사께서는 외우던 경을 멈추고 꼬리를 건드리니 구렁이는 머리를 박고 사르르 풀려 갔다. 쫓아가도 보이지 않더니 그날 밤 웬 늙은이가 절을 하며 '스님의 설법으로 이미 업고를 해탈하였습니다'하였다니, 신령스러운 이적이 모두 이러한 유형이었다.

광해군 때에 대사께서 두류산에 계셨는데 미친 중의 무고로 옥사에 연루되게 되었다. 그런데 옥관이 대사의 뛰어난 기개와 빛나는 말씀을 듣고는 임금께 보고하였다. 이에 광해군도 죄 없음을 살펴 다음날 내전으로 불러 법요를 듣고는 크게 기뻐하여 자주색 비단 방포 한 벌과 푸른 비단 장삼 한 벌과 녹색 누비옷 한 벌과 금강구슬 한 꾸러미를 내리는 등 그 밖의 보물들은 다 기록할 수가 없다.

또 奉印寺에 재를 열어 대사께서 주관하게 하여 궁중의 말 한 필을 보내어 타시게 하고 관원을 시켜 인도하게 하니 성안 사람들이 다투어 나와 예배하면서 뒤늦은 것을 부끄러이 여겼다. 재계가 끝나고 돌아오시매 승속 모두가 앞을 다투어 전송하였다.

대사께서는 평생 덕이 높으시어 사방에서 재물을 헌납하는 이가 계속되었다. 허나 곧 그것을 없는 이에게 나누어 주어 한 물건도 남김이 없었으니 그 깊으신 도량은 헤아릴 수가 없었다.

문도들이 모여 들어 그 무리가 7백이 넘었다. 만력 갑인(광해군 6년 1614년) 대사 나이 72세, 조계사에서 송광사로, 다시 백장사의 七佛庵으로 가셔서 수족을 펼 자리로 정하셨다. 다음해 7월, 조금 편찮으시더니 사법제자 碧巖 大師를 불러 법을 부탁하셨다.

"내 뜻이 너에게 있으니 너는 공경할지어다"하셨다.

11월 초하루가 되어 해가 중천에 이르자 목욕을 마치시고는 시자를 불러 지필을 준비하게 하시더니 게송 한 수를 읊었다.

일흔 세 해 노닌 허깨비 바다	七十三年遊幻海
오늘 아침 껍질 벗고 처음으로 되가다	今朝脫殼返初源
툭 트인 空寂 원래 아무 것 없어	廓然空寂元無物
무슨 보리수의 죽살이 뿌리인가.	何有菩提生死根

게송을 마치자 조용히 가시니 세속살이 73세요, 법랍이 57년이셨다. 문인 闍維가 영골을 거두어 네 곳에 부도를 세우니 해인사, 송광사, 칠불암, 백장사이다. 돌아가신 지 5년에 광해군은 弘覺登階로 추가하였다.

이상 대사의 행적에서 보았듯이 대사는 두드러진 행적을 가지심이 없이 그저 여여한 실상으로 사부 대중을 감화시킨 것이다.

3. 담박한 如如의 實相

『부휴당집』에는 4권에 걸쳐 많은 시가 수록되어 있지만, 특별한 수사가 있는 것이 아니면서도 그저 담박한 여여의 실상으로서 모두가 말 밖의 禪機를 나타내고 있다.

또한 단순한 의취의 독백보다도 승속간에 수답된 시가 많고 그 중에서도 사명당과의 수창이 두드러지게 많다. 여기서는 사명당과의 수답을 먼저 살펴본 후 다른 시들을 살피기로 한다.

횔횔 지나치는 바다 마을	飄飄風過海村
바람 스쳐 나부끼는 구름 장삼	雲衲帶風飜
모래 울리는 명사길 백리	百里鳴沙路
홀로 애만 끊는 그대 생각.	思君獨斷魂

시제에서 이별한 뒤 鍾峯(사명당의 호)에게 보낸다 하였듯이 떠난 뒤의 외로운 생각이다. 길을 떠난 외로운 나그네의 발길이 눈에 선히 보이는 시어들이다. 발자국마다 울리는 모래의 울음, 그것도 한 두 걸음이 아니라 백리의 머나먼

길이다. 바닷바람에 울리는 장삼, 어쩌면 세속의 먼지를 훨훨 떨쳐버리는 장삼
자락 같다. 이렇게 떠나는 이의 뒷모습을 보며 혼자 그리는 애끓는 정이다. 여
기서도 우리는 두 스님의 마음과 마음을 읽을 수가 있다.

해 저녁에 내리는 산 비	夕陽山雨過
물 나라 정도 많은 나그네	江海客多情
이 정막 속 누구와 문답하나	寂寞人誰問
소나무 창에 달빛만 밝아.	松窓夜月明

　사명당의 시에 화답한 시다. 해질 무렵 내린 산간의 소나기였을 것이다. 무덥
던 날에 한 줄기 소나기의 시원함이야 말로 형용할 수 있으랴. 여기에 생각되
는 지기의 도반이다. 강과 바다, 아득히 먼 곳에 떨어져 있지만 정만은 항시 가
까이 있다. 이렇듯 적막한 쓸쓸함, 누가 있어 대화를 하랴. 그저 두 사람은 마음
속으로 대화할 밖에 없는 노릇. 소나무 창가에 비친 달은 이 도우의 웃음이자
보내오는 덕음일 수밖에. 있는 자연의 실상 그대로 표현된 시이건만 시 안에
담고 있는 마음의 표현은 하늘 높이 뜬 달을 매개로 하여 삼각형의 이등변처럼
이 끝과 저 끝의 무한한 공간을 잇고 있다. 마치 공중에 떠 있는 인공위성을 매
개로 지구 양극 사이에서 교신하듯이 말이다.

그대 오대산에 들었다지	聞君入五臺
학 타고 봉래산 떠나더니	駕鶴別蓬萊
구름이 골 안에 자물쇠 채웠으니	雲有洞中鎖
숲 사이 돌아오는 나그네도 없어	客無林下回
가을 산 길이 적막하고	秋山長寂寞
강 달에 홀로 배회하네	江月獨徘徊
고요한 가부좌 누구와 대화하나	靜坐誰相問
시름 겨워 귀밑털 쇠잔하네.	愁來鬢自衰

　오대산이나 봉래산 각기 동서의 공간을 달리한 거리이다. 마음으로야 항시
거리 없는 지척에 있지만, 현실은 구름에 싸인 골이듯이 서로 막혀 있는 것이
다. 구름이 골을 잠근 것이 아니지만 숲 속에는 오는 이의 발길이 없다. 가을이
라는 느낌이 조금은 쓸쓸한 것이기는 하나, 지기의 도반이 있다면야 적막은 있
을 수 없다. 물에 비친 달이 그대이듯이 서성이는 물가이다. 다시 되돌아와 정

좌의 앉음으로 선정에 들 수밖에 없는 것이다.

시름겹다는 끝 구는 법열에 사는 스님의 시구로서 어색한 듯하지만, 이 시름은 속인의 시름과는 달리 오도의 경지를 갈구하는 고행의 시름이라 할 때 오히려 속인보다 빨리 오는 귀 밑의 서리일 수도 있는 것이다.

4. 詩語에 배인 禪機

두 스님의 그리움은 이렇듯 여여한 자연의 실상으로 연계되어 있으나 때로는 이 火宅 속에서 청정을 일깨워 만인의 열반을 염려해야 하는 고심도 남다를 수밖에 없다. 그러한 괴로움도 때로는 수답하고 있다.

부처 법 흐름이 때와 유관하겠나	佛法流行不關時
마음에 부딪침 바로 이것, 성쇠가 왜 있지	卽心便是豈盛衰
소리 이전, 마귀 바깥, 모두 찢어버리고	聲前魔外俱腦裂
활구 뒤의 사람 하늘 함께 맡겨 둬	句後人天共任持
법 모임 엄연히 당처에 있고	法會儼然當處在
선 바람 뚜렷이 그 속에 돌아와	禪風凛爾箇中歸
새 울음 지는 꽃 이 참 소식	鳥啼花落眞消息
그저 기뻐서 누구에게 말할까.	只自熙怡說向誰

당시의 불법을 염려하는 큰스님네의 심정이다. 시대는 억불이라는 물리적 가압의 어려움이지만, 그렇다 해서 불법의 성쇠를 시운으로 돌릴 수는 없다. 누구에게나 깨달음을 일깨워 무소부재의 불법의 본체를 일깨운다면 외부적 사회의 압력이 불법의 유행과는 무관한 것이다. 시세의 변화가 아무리 있다 하여도 꽃은 항시 꽃이요, 새는 변함 없는 새일 뿐이다. 이것이 바로 법체다. 그것을 깨닫는 기쁨이야말로 말을 여읜 무언의 기쁨인 것이다. 누구에게 말할 것인가. 법이란 항시 이러한 당처에 존재할 뿐이다. 이것을 이해하는 이가 누구일까. 역시 그대요, 그대 앞의 나일 수밖에. 이런 기쁨을 나눌 수 있는 것도 역시 그대이기에 이렇듯 화답하는 것이지.

시의 수창이란 역시 우정의 오고감에서 많이 이루어지는 모양이다. 대사의 법사가 벽암 대사이고, 부휴의 법맥 또한 벽암에 의하여 발양되었다 하면 시의 주고 받음이 많을 듯하나 벽암 대사에게 주어진 것으로 보이는 시는 두서너 곳에 불과하다. 거기에 비해 사명당과의 수답은 10여 곳이 넘는다. 그러면서도 사제간의 수창이기에 시적 수사도 선기적 용어가 시어에 배어 있음이 확연히 드러나 있다. 다음에 벽암에게 준 것으로 보이는 시를 살펴보자.

<table>
<tr><td>정묵으로 앉은 빈 생각 문 굳게 닫고</td><td>默坐虛懷獨掩門</td></tr>
<tr><td>봄 새의 울음에 푸른 산의 구름</td><td>一聲春鳥碧山雲</td></tr>
<tr><td>안개 연기 흠뻑 적은 한가로운 멋</td><td>煙霞剩得閑中趣</td></tr>
<tr><td>그저 즐거워 그대에도 못 주었네.</td><td>只自熙怡不贈君</td></tr>
<tr><td></td><td></td></tr>
<tr><td>홀로 앉은 깊은 산, 온갖 일 홀가분</td><td>獨坐深山萬事輕</td></tr>
<tr><td>온 날을 문 닫아 무생(無生)을 배워</td><td>掩關終日學無生</td></tr>
<tr><td>훑어본 평생살이 남은 것 없고</td><td>生涯點檢無餘物</td></tr>
<tr><td>새로운 차 한잔, 한 권의 경전.</td><td>一椀新茶一卷經</td></tr>
</table>

새의 울음, 구름 한 점, 모두가 여여한 법리의 발현이다. 달리 오묘한 이치가 있어 전하는 것이 아니라 눈앞에 펼쳐 있는 만상의 실상에서 깨달음은 얻어지는 것이다. 굳이 선기를 풀어내서가 아니라 있는 그대로의 선기를 찾자는 것이다. 기쁨은 자신의 마음속에서 얻어지는 것이지 누가 가져다주는 것이 아니다. 그래도 듣는 새 소리, 내가 보는 구름, 다를 수 없는 것이로되 보는 이의 마음에 따라 법리가 될 수도 있고 업장이 될 수도 있는 것이다. 담박한 산중의 생애, 고요한 선정의 고행, 새로이 끓인 한 잔의 차, 침묵으로 존재하는 한 권의 경전 모두가 깨닫는 이의 길잡이요, 기쁨의 대상물이다. 평생을 그저 절실하게 參看할 일이다.

5. 우주의 선정이 곧 스님의 선정

이렇듯 부휴당의 시는 모두가 여여한 실상을 언어적 문자를 매개로 하여 담박하게 표현하고 있을 따름이다. 다음 몇 수 감상하여 이러한 진미를 맛보도록 하자.

아슬히 깊은 三山의 골　　縹渺三山洞

비스듬히 누운 꿈 속의 한 몸　　頹然一夢身
가을도 저무는 바다 하늘　　　　海天秋欲暮
천 리에서 보이는 정다운 사람.　千里見情人

　이 시는 고향의 스님의 시첩에다 쓴 시 5수 중의 하나다. 그리움의 표현이
어디에도 드러나 있지 않지만 전편에 풍기는 정취는 피차의 다정을 느끼게 한
다. 그러면서도 무구무애한 청정함이 시원스러이 다가온다. 조용한 산속, 아무
구애 없이 유유자적한 생애임이 분명한 頹然一夢身 그대로 꿈속의 신선 같은
분위기다.

　가을의 인상은 쓸쓸함이다. 거기에 끝없이 펼쳐진 바다. 어딘가 모르게 그저
내닫고 싶은 것이 일상인의 정감이다. 하지만 내달음이 없이 조용히 앉아서도
천리 밖의 정다운 사람을 만난다. 그야말로 가 없는 국토 끝에도 너와 내가 터
럭 끝만큼의 막힘도 없다〔無邊刹境　自他不隔於毫端〕라는 처무애의 선사적
경지이다.

옷에 스며 비치는 산빛　　　　　　山色映人衣
저녁노을 보내는 가을볕　　　　　　秋光送夕輝
바람 맑아 절로 이는 소나무 울림　　風淸松自響
서리 내리자 날기 시작한 기러기　　霜落雁初飛
단풍 언덕에 싸인 금수의 비단　　　錦繡堆楓岸
노을은 짙어 이 푸르름의 부자　　　烟霞富翠微
오락가락 읊조리는 외로운 감상　　　徘徊吟獨賞
해 저물어 사립문도 잠가버렸다.　　日暮掩柴扉

　「山居雜詠」 중의 한 수다. 산사의 정적과 산승의 정려가 그저 여실히 나타나
있다. 온 산의 빛이 발을 뚫고 들어 선정에 든 스님 옷자락까지 퍼렇다. 거기에
다 서산에 기운 햇살이 가을 볕을 자랑한다. 어딘지 모르게 따사로움을 느끼게
한다. 바람이 있는지 없는지 알 수 없다. 하지만 솔바람은 쏴하는 느낌이다. 이
것이 바로 자연의 소리〔天籟〕라는 것이다. 산 너머에서 다가오는 기러기 소리
가 있다. 그런가 하면 뜰 가에는 벌써 서리가 맺혀 있다. 부자요, 넉넉함이란 물
질이 많아서가 아니다. 마음이 여유로우면 삼라의 모든 것이, 부자조차 부럽지
가 않다. 골에 깔린 노을 아지랑이 거기에 짙푸른 이 진여의 실상, 나로서는 부

자이다. 이것이 또한 시인의 시어로만이 표현될 수 있는 시어들이다.

이 배경 속에 홀로 배회하며 吟賞하는 선사이자 시인의 한가로움이다. 이 모든 것을 나에게로 攝入하여 버린다. 유형으로 닫히는 사립문에 무형으로 갈무리하는 마음의 문이 또 따로 있다. 앞 시에서 보았듯이 한 잔의 차와 한 권의 경전은 또 다른 세계로 이 선사를 맞이할 것이다. 묵직히 가라앉은 외계의 자연과 차분히 진정된 내계의 이 마음은 내외 공간이 초월한 그야말로 우주의 禪定이자 한 스님의 선정이다.

산은 깊어 들 빛 차단하고	山深野色斷
시내 가깝자 잇고 잇는 물소리	溪近水聲連
봉우리 끝 나무에 숨은 달	月隱峯頭樹
숲 밑 샘에서 이는 아지랑이	烟生林下泉
만고 자태 삼킨 뜰 앞 소나무	庭松含古態
새 봄 알려오는 새의 울음	春鳥報新年
남쪽 난간에 비스듬히 눕자니	獨依南軒臥
맑은 바람 살며시 이는 저녁노을.	清風起暮天

산사의 풍경을 있는 그대로 표현한 것이다. 주변의 사물을 하나하나 주워다 한폭의 백지에다 놓아둔 것이다. 희고 검은 바둑알 하나하나는 무질서하게 놓인 것 같지만 하나의 판세로 어울려 큰 집 작은 집이 형성되듯이 산·들·시내·달·아지랑이·샘·소나무·새들의 있음 그대로가 어울려 하나의 판세가 이루어졌고 그 중앙에 아무 뜻없이 누운 주인공이 구심점이 되어 自他不隔의 一如가 되었다. 하나하나 따로 있는 상황으로서는 각기 別相인 동시에 壞相이지만, 작자인 나에게로 집합되어 동일공간에 존재하게 되면 다 같은 同相인 동시에 成相이 된 것이다.

아울러 이러한 별상들은 상하 좌우의 서로 다른 위치에 있으면 작자인 나라는 존재에게 묘하게 응축되고 있는 것이다. 산과 시내라는 상하의 공간 또는 원근의 거리면서 남쪽 난간이라는 나의 처소로 집합한다. 달과 아지랑이, 나무와 샘 역시 상하의 공간에다 원근의 거리를 유지하면서 한 공간으로 응집한다. 소나무와 새는 고금의 시간적 간격이 있으면서도 현재라는 한순간 속에 놓아두고 있다. 그러기에 古態와 新年의 대칭이 있으면서도 개념을 초월하게 한다. 그야말로 온갖 세대의 예와 이제가 바로 지금의 생각을 여읨이 없다〔十世古今

始終不離於當念]라는 시무애의 관념이라 할 수 있다.

거기에다 소나무와 새라는 동과 정의 교차가 더욱 시어의 결속을 굳게 하고 있다. 천 년 부동의 소나무에 수시로 옮겨 사는 새의 동적 이동을 한순간으로 묶고 있으며 고색 창연한 소나무의 빛, 산뜻함을 자랑하는 새의 울음이라는 성색의 교차에서 더욱 이 공간을 조화하고 있다. 이를 모두 융섭하는 선사는 이것이 바로 선정이요, 동시에 법체의 현현을 깨닫는 순간일 수도 있다.

시냇가 옛스런 천 년 회나무 그림자	千年檜影溪邊古
한 밤의 종 소리 달 아래 새롭다	半野疎鍾月下新
십리 아침 안개 바다 기운을 잇고,	十里朝烟連海氣
봄 새 두어 곡조 산사람 부르네	數聲春鳥喚山人
누대 앞 푸른 물바람은 낯에 일고	樓前水碧風生面
난간 밖 구름 짙자, 두건에 지는 이슬방울	檻外雲濃露滴巾
종일토록 노닌 정자, 좋은 일 많지만	終日憑欄多勝事
거울 같은 가슴에는 절로 먼지 없어라.	胸中如鏡自無塵

山影樓에서 지은 시다. 누대를 중심한 주변의 경관이 잘 조화된 시다. 회나무가 늙기보다는 물에 비친 그림자가 늙었다. 밤에 울리는 종소리는 달이 있어 더욱 새롭다. 그림자가 늙을 수 없고 종소리가 새로울 수 없는 것이 상식이다. 이런 상식을 뛰어넘는 것이 시요, 또는 깨닫는 순간의 계기이다. 상식 밖의 상식, 이것이 反常合道요, 시어의 묘미이며 離言과 絶慮의 초보적 계제인 것이다.

아침 산의 안개가 바다의 아지랑이와 연결되어 있다. 이런 것을 煙霞日輝라 했던 것이다. 한 폭의 흰 비단을 펴놓은 것이다. 구름이 난간을 에워싸고 있다. 아침 이슬방울이 선사의 두건에 떨어진다. 푸른 물은 조용하다. 그러나 선사의 낯에는 서늘한 바람이 와 닿는다. 수면이 옆으로 펼친 광경이라면 이슬이 지는 것은 세로의 수직이다. 종횡상하의 선이 서로 교차되는 순간이다. 여기의 중심체는 언제나 작자인 나 자신이다. 무소부재의 법체요, 그것을 융섭하는 것이 나다. 곧 선사이다. 그러기에 染淨不二요, 승속불이인 것이다. 이것을 정이 아닌 염, 즉 대상의 시끄러움으로 보면 수라장이 되고 만다. 대경의 만상이 나를 에워싸 가리고 있지만, 거울같이 맑은 마음이기에 저절로 먼지가 일지 않는 것이다. 역시 無垢의 심경으로 결론짓고 있는 것이다.

위에서 부휴당 시의 한 단면을 보았다. 4권이 되는 시에서 임의로 가려낸 것이기에 그 바다의 넓고 깊음이야 알 수 없지만, 거의 모든 시가 여여한 법계의 실상을 보인 것으로 이해된다. 그러기에 시로서는 자연의 찬미요, 선으로서는 진여법계의 나툼이라 하여도 지나친 잘못은 아닐 것이다.

四溟의 靖難詩

1. 간략한 행적

四溟 大師의 행적에 대해서는 그의 문인 海眼이 서술한 대사의 행적에 소상히 밝혀져 있다.

대사의 속성은 豊川 任氏이고, 휘는 惟政이요, 자는 離幻이다. 호는 사명 또는 松雲, 鍾峯이라 하였다. 表忠祠 판각에는 종봉은 시호로 되었으니, 곧 그 직함은 다음과 같다. '折衝將軍行龍虎賁衛上護軍 爲領議政吏曹判書兩國大將者 爲大禪敎登階 僧義兵大將軍 兼同知吏曹判書 義禁府事 統諸軍司 贈諡鍾峯堂'이라 하였다. 이것은 모두 임진란의 공으로 내려진 직함이고, 그의 아버지와 할아버지에게도 증직이 내려졌다. 아버지의 이름은 守成이고 어머니는 達城 徐氏이다.

서씨가 꿈에 황건을 쓴 도인을 따라 흰 구름을 타고 신선 앞에 나갔더니 신선이 미소하면서 이는 인간의 장로인데 왜 왔느냐 하여 갑자기 깨어났다. 그후로 대사를 잉태하여 중종 39년(1544)에 태어나셨다.

어릴 적부터 남다른 곳이 많았다. 아이들과 놀아도 모래를 모아 탑 쌓는 시늉을 했고 꽃을 꺾어서는 합장을 하고 무릎을 꿇기도 하였다. 하루는 자라를 잡아가는 사람을 만나서 가지고 있던 밤과 바꿔가지고 연못에 풀어주니 보는 이가 놀랐다 한다. 7세가 되어 할아버지를 따라 경전을 익히기 시작하여 정진하였고 13세에 柳村 黃汝獻에게서 맹자를 배웠다.

어느 날 책을 덮고는 탄식하되 "세속의 배움이란 비천하고 고루하며 세속의 인연이란 막히고 시끄러우니 어찌 번뇌 망상이 없는 배움만 하랴"하고는 곧 황악산 直指寺로 가서 信黙 和尙의 가르침을 받았다.

이미 禪旨를 깨우쳐 명종 16년(1561)에 禪科에 합격하고 당시의 사대부 思菴 朴淳, 鵝溪 李山海, 霽峯 高敬命, 孤竹 崔慶昌, 荷谷 許篈, 白湖 林悌, 蓀谷

李達 등과 시문을 수창하여 문명이 널리 퍼졌는데, 허봉이나 黃汝獻이 더욱 찬탄하였다 한다. 蘇齋 盧守愼에게서는 이백과 두보의 시를 배웠다.

선조 8년(1575)에는 선문의 신망으로 선종을 주지하여 봉은사 주지가 되었으나 곧 사양하고 묘향산으로 가서 淸虛 大師의 문하에서 참학하였다. 가르침을 받은 스님은 그 사이 헛되이 詞苑에 노닌 것을 후회하고 곧바로 깨우침이 있어 법을 얻어 입실하게 되었다. 거기에서 3년을 수도하고 선조 11년(1578)에 스승을 떠나 금강산으로 가서 3년 동안 報德寺에서 지냈다. 다시 남쪽으로 떠나 팔공산, 청량산, 태백산에 들렀다가 선조 19년(1589)에 沃天山 上東庵에 들렀다. 하루는 밤에 소낙비가 내려 꽃이 다 지니 눈물을 흘리며 크게 탄식하고 대중을 불러놓고 일렀다.

"시서 3만 권이나 경론 5천 상자나 노자 장자 여러 사람이 모두 마음 心자 하나를 말한 것뿐이니 너희가 입으로 아무리 외워도 태극 위에 마음으로 돌아가는 것만 못하다."

하고, 또

"어제 피었던 꽃 오늘은 빈 가지, 세상의 변하는 일 역시 이와 같다. 인생은 하루살이 헛되이 보내는 세월, 실로 민망하구나. 너희는 각기 신령한 본성 갖추었거늘 어찌 되돌려 찾아 큰 일을 마치지 않는가. 여래가 내 마음속에 있는데 왜 밖에서 찾느라 시일을 보내느냐."

하였다.

곧 제자들을 해산시키고 선실로 들어가 문을 잠그고 가부좌한 채로 10여 일을 나오시지 않아 문으로 들여다 보니 오뚝히 앉아 있는 모습이 석고상과 같았다 한다.

선조 22년(1589) 오대산 靈鑑寺에 계실 때 鄭汝立의 모반이 일어나자 대사께서도 연루가 되어 강릉부옥에 투옥되었으나 儒生들의 탄원으로 석방되었다.

다음해 풍악산으로 가서 세 해 여름의 결제를 지냈다.

다음해 선조 25년(1592) 임진왜란이 일어났다. 여름에 왜적이 유점사를 습격했는데, 그것은 우리나라 사람이 인도했다는 말이 있었다. 대사께서

"만약 적을 글로써 회유시킬 수 없다면 우리나라 사람이 있다고 하니 이해시킬 수도 있다."

하시면서 십여 명의 문도를 데리고 곧바로 산문으로 가셨다. 적들은 이미 우리 측을 모두 결박해놓고 있었다. 대사께서 中堂으로 가시니 왜적 추장이 비상한

분임을 알고 손님의 예로 대하고 결박한 사람을 모두 풀어주었다. 대사께서 글로 써서 보내니 모든 왜인이 경복하였다.

대사께서 문도에게 이르시기를,

"여래께서 원래 이 세상에 오셨던 것은 이 중생을 구제하려는 것이었는데 지금 도적이 번창하여 인민을 잔해할까 두렵다. 내 저들에게 가서 회유하여 이 흉악한 칼날을 거두게 해야 자비로운 가르침을 저버리는 것이 아니다."

하시고 곧바로 高城으로 가셨다.

적장 세 사람이 모두 예를 갖추어 대접하니 대사께서 글을 써서 살인을 일삼지 말라고 권계하니 세 사람은 모두 손을 모두어 이 교계를 받았다. 삼일을 만류하며 대접을 받았다. 고성 이웃의 아홉 군이 화를 면한 것은 대사의 공이었다 한다.

선조께서 의주로 파천하시니 대사께서 충의를 일으켜 모든 스님들에게 이르기를,

"우리가 이 나라 국토에서 살아 편히 살기 수십년이었던 것은 추호같이 적은 일도 모두 임금님의 힘이다. 이러한 위급한 때를 만나서 차마 앉아 보고만 있을 수 있느냐?"

하시고 곧 수백 명의 스님을 모아 順安으로 갔으니 모인 義僧의 수가 수천이 되었다.

당시 서산 대사가 조정의 명으로 여러 도의 승병을 총섭하고 계시다가 노쇠한 이유로 사양하시고 대사를 추천하여 대행하게 하니 곧 대중을 통솔하여 체찰사 유성룡을 따라 명나라 구원병과 협동하였다. 다음해 정월에 평양의 小西行長의 군대를 격파하고 도원수 權慄을 따라 영남으로 내려와 宜寧에 주둔하니 그 사이 적을 격파함이 매우 많았다. 임금께서 가상히 여겨 堂上官의 작위를 내렸다.

선조 27년(1594) 명장 劉綎이 대사에게 부산진영으로 가서 加藤淸正의 정세를 살피도록 하였다. 이때 가등청정은 소서행장과 사이가 벌어져 있었다. 그것은 沈惟敬과 행장이 강화할 일을 서로 모사한다는 이유 때문이었다.

대사가 청정에게 가니 청정이 물었다.

"조선에 보물이 있느냐?"

하니 대사는 곧 대답하기를

"우리의 그런 보배는 일본에 있다."

하였다. 청정이 다시

"그게 무슨 말이냐?"

하니

"지금 우리나라에서는 그대의 머리로 보배를 삼으니 그것이 바로 일본에 있는 것이 아니냐."

하였다. 청정은 여기에 경탄하고 말았다.

임금이 궐내로 불러 대사에게 명하되

"옛날 劉秉忠, 姚廣孝 같은 이는 모두가 승려로서 공훈을 세워 후세에 이름을 남겼다. 지금 나라 형편이 이러하니 그대가 만일 환속한다면 백 리의 땅을 맡겨 삼군의 지휘를 주겠노라."

하였다. 대사는 감당할 수 없다 하고 물러났다.

다시 영남으로 내려와 龍起, 八公, 金烏 등 산성을 수축하여 뒷날을 방비하고, 일을 마치자 대장인과 전마 등을 반납하고 사표를 올려 돌아가겠다 하니 조정에서 간곡히 타이르며 허락하지 않았다.

선조 30년(1597) 정유년 겨울 제독 麻貴를 따라 島山으로 갔다가 다음해 다시 제독 劉綎을 따라 曳橋로 갔다. 그때마다 큰 공을 세웠고 4천여 석의 군량과 만여 벌의 군기를 비축하였다. 조정에서는 그 공을 치하하여 嘉善大夫의 직계와 同知中樞府事의 직첩을 내렸다.

선조 34년(1601)에는 부산성을 수축하고 內隱山으로 돌아왔다. 선조 36년(1603)에 어명을 방아 서울로 왔다가 다음해 國書를 가지고 일본으로 갔다. 왜인들은 서로 이분이 보물을 말했던 스님이냐 하면서 대마도에서 경도까지 가면서 호위 장수들은 모든 약속을 수락하고 승려들이 몰려와 일일이 가르침을 받고는 모두 조아려 '부처님'이라고 칭송하였다. 德川家康을 만나 우리 두 나라 백성이 모두 도탄에 빠졌기에 나는 두루 창생을 구제하자는 뜻으로 왔다 하니 가강도 불심에 귀의된 자라 신심을 펴서 부처님처럼 경대하였다. 강화의 수교를 마치고 우리 포로 남녀 천 오백 명을 되돌려 받았고 저들이 모든 식량을 구비하여 환송하였다.

다음해 조정에서는 노고를 치하하여 嘉義大夫의 직계를 내리고 어마와 비단을 하사하였다. 그때 서산 대사께서 이미 입적하시어 대사는 곧 묘향산으로 가서 影塔에 예를 올리고 보현사에 계셨다가 다음해에는 營繕軍을 독려하여 궁궐을 수축하였다. 다음 해 선조 40년(1607) 가을 치악산으로 돌아갔다가 그 다

음해 선조의 부음을 듣고 서울로 왔다가 병환을 얻어 심히 괴로워하시니 광해
군은 가야산으로 가셔서 조섭하게 하고 여러 차례 어약을 보내어 위로하였다.
  광해군 2년(1610) 8월 26일 모든 스님을 불러놓고,
  "이 사대의 거짓 몸이 참으로 돌아가려는데 어수선하게 오고가며 이 허깨비
에게 수고롭게 하는가. 내 이제 입멸하여 큰 조화에 순응하려 한다."
하고는 가부좌하신 채로 유연히 가셨다.

2. 戰亂에 읊은 詩

  지금까지 보아 온 대사의 행적은 문인 해안이 서술한 행적과 許筠이 쓴 비명
을 참고한 것이다.
  위에서 보았듯이 대사는 시문도 뛰어나 당시 사대부와의 수창이 많았다. 시
문집 7권은 거의 시로 이루어졌다. 대사의 세속적 공적은 임진왜란을 정란한
공이다. 여기서는 그러한 사정을 시로 점철한 것만을 가려 감상해보고자 한다.
서산, 사명의 두 대사가 전란에 세운 공적은 현실적으로는 대중을 널리 구제한
자비의 실천이요, 교계로서는 당시 사회에 불교를 재인식하게 했던 것이라면,
이러한 시들이 비록 교리와는 무관하다 하더라도 간접적 포교로 보아도 무방하
기 때문이다.

시월 달 강남으로 의병들 건너	十月湘南渡義兵
강성을 움직이는 나팔 깃발 흔들려	角聲旗影動江城
갑 속의 보배칼 밤중에 우는 뜻	匣中寶劍中宵吼
저 요귀들 베어 국가에 보답.	願斬妖邪報聖明

  임진년 10월에 의병을 인솔하고 祥原을 건너면서 지은 시다. 시 자체에서
풍기는 기개가 적을 삼키고도 남는다. 기어코 적을 무찌르고 말겠다는 굳은 결
의가 엿보인다. 여기에서 이미 승리를 각오한 것이고, 국가에 보답한다는 이
결연한 의지가 전란이 끝난 후에까지 뒷수습을 맡아 억울한 생명들을 구제하였
던 것이다.

  고적한 신하의 칼 流沙 땅 건너올 때   孤臣一劍渡流沙

동해 바다 들려고 뗏목도 띄웠소	路入扶桑泛海槎
흰 머리 날리며 두시나 읊으랴	白首空吟子美句
중원의 장수인 염파를 기억한다.	中原將帥憶廉頗

　두번째로 적진에 들어가며 지은 시다. 이때가 아마 가등청정의 진중에 가서 적정을 살피던 때인 듯이 보인다. 청정과 대화하면서 우리나라의 보배는 네 목밖에 없다 하였던 때이니 시어에서 이미 비장한 각오가 보인다. 만리유사의 험난한 땅을 건너기 위하여 바다에 뗏목을 띄우는 결심과, 한가로이 시구나 읊는 문사가 아니라 조국을 구하는 장수를 기억하고 있다. 廉頗는 전국시대 趙나라의 장수다. 그 위엄이 너무나 당당하여 막강했던 秦나라가 감히 넘보지 못하였다. 대사는 청정과의 대화에서 염파 이상의 위엄을 갖추었던 것이다. 이때 청정은 심유경과 소서행장이 명나라와 강화교섭이 있는 것을 못마땅하게 여겨 그들의 요구가 결코 이루어질 수 없으며, 더구나 그들이 내세운 다섯 가지 사항, 곧 천자와 혼인한다든가, 조선 왕자 한 사람을 볼모로 일본에 보낸다든가, 조선 4개 도를 떼어 일본에 귀속시킨다든가 하는 것이 결코 있을 수 없다는 논변을 한 것이다. 이런 사명을 띤 대사의 시 끝구는 염파가 있는 한 진나라도 조나라를 넘보지 못했다는 굳은 결의가 무엇을 뜻했는가 알 수 있다. 국가의 운명을 자신의 사명으로 삼는 결의임을 알 수가 있다. 청정과 진중 문답은 『奮忠紓難錄』에 자세히 기록되어 있다.

원수 막사에서 만난 임금님 사자	帥府偶逢天上使
밤 들자 함께 듣는 북 울림 소리	夜深同聽鼓鼙聲
조정에서 남쪽 국경 일 묻거든	聖朝倘問南邊事
센 머리 산승이 바다 지킨다 하오.	白首山僧戍海城

　세 차례 청정의 진중을 오가며 적정을 살피고 돌아온 공과 그동안의 전적을 기려 선조께서 대사에게 환속하여 대장인을 받으라 하였을 때 그것을 사양하고 영남으로 내려와 산성을 수축하고 공사를 마치고는 입산을 아뢰니 조정에서 무한한 회유가 있어 사신에게 보인 시 같다. 몸은 비록 산중으로 가더라도 국사를 위하여 변경을 지키겠다는 굳은 의지를 보였다. 그렇지만 武士일 수는 없다. 어디까지나 스님인 것이다. 그러기에 언제나 산승으로 자처하고 임무가 끝나면 곧바로 입산하는 것이다. 진중에 있다 해서 그것이 본분일 수는 없다.

구화산 신선 굴 사슴과 떼지어	九華仙洞鹿成群
흰 구름 관리하기 43년	四十三年管白雲
어쩌다 느지막 출정한 군사로	歲晚誤爲征戍子
귀밑머리 눈 날리며 군문에 치닫다.	鬢絲如雪走轅門

　43년을 산중에서 사슴과 벗삼고 구름에 묻혀 살던 몸이다. 위기에 놓인 나라 앉아만 볼 수 없어 군문에 바쁜 몸이 되었다. 하루 빨리 이 전란을 평정하고 본집으로 돌아가야 한다. 군문에 있어야 하는 자신이 잘못인 것 같은 시의 이지만 이 잘못은 국가의 운명을 염려한 말이지 자신의 노고나 현재 처지의 잘못을 말한 것은 아니다. 그러기에 국운의 회복을 누구보다 희구하여 적진의 사지로 두려움 없이 오고 갔던 것이다.

사슴과 모여 사는 늙은 한 신하	麋鹿鍾山一老臣
아직도 강 마을 지키는 허연 머리	白頭猶成瘴江濱
꿈에 놀란 북 소리 진문의 새벽	夢驚鼙鼓轅門曙
수심으로 전별하는 조정의 손님.	愁送金鑾殿上人

　전란이 이미 마무리되던 기해년 가을에 주서관인 벼슬아치를 이별하면서 지은 시다. 이미 산에 사는 늙은 신하의 몸이면서도 변경을 지킨다는 의지는 가시지 않았고, 새벽을 알리는 북소리가 아직도 군영의 진중에서 울리는 것 같다. 아직도 나라를 염려하는 걱정은 가시지 않고 있는 것이다. 전란이야 일단 수습이 되었지만 전후의 황량한 모습은 또 어떻게 보아야 할 것인가. 전후의 쓸쓸한 고향의 산천과 그것을 되새겨 보는 자신의 안타까움을 시화하기도 하였다.

전란에 남은 자손 이제야 돌아오고	兵後殘孫今始歸
거친 산천 지는 해 무덤은 듬성듬성	荒山斜日塚纍纍
지난 날의 마을 거친 풀더미 되었으니	舊時閭井壖荒草
학이 되어 고향으로 돌아온 丁令威의 모습일세.	華表千年丁令威

　황량해진 고국산천을 되살릴 길 없이 학을 타고 신선이 되었다가 학을 타고 고향의 무덤가 華表柱로 돌아온 丁令威를 연상하고 있다. 그러면서도 항시 군왕에 대한 걱정이다. 선조가 의주로 몽진한 소식을 듣고 지은 시는 국민으로서

의 애절함을 실감나게 표현하고 있다.

서쪽으로 떠나는 임금 궁성은 비었고	龍旋西指禁城空
길을 가득 메운 문무의 백관	文武衣冠道路中
해 저문 북녘 구름 이 어느 곳	日暮遼雲是何處
머리 돌린 장삼에 끝 없는 눈물.	草衣回首淚無窮

한 나라의 임금이 적군에 의하여 도성을 버리고 변방으로 피해야 했던 상황에서 스님이기 이전에 국민으로서 흘리는 눈물이다. 여기에서 전란에 몸을 던져야 하는 비장한 결의가 보이고 있다. 임금의 외로운 수레는 변경을 가고 좌우에 있는 신하는 길에 유리되어 있는 형편에서 관복이 아닌 풀옷에 불과한 검은 옷 입은 내가 눈물을 막지 못하는 것이다. 그러기에 어느 사대부보다 더 용감한 전공을 세웠던 것이다.

이러한 힘이 어디에서 솟는 것인가. 그것이 바로 사사로운 나에 집착이 없는 종교적 대아의 자비력이 아닌가. 적을 대하여도 이러한 불심에 감화되어 항복 아닌 感服을 가져오지 않았던가. 고성의 인근 아홉 성이 싸움없이 화를 면했다는 사실이 그러했고, 전후의 수교에서 적지에 바로 뛰어들어 국익과 국위를 폈던 것들이 모두 이 불심의 감화였던 것이 역력하다. 다음에는 왜지에 가서 왜승들과 수창한 시들을 감상하여 이 불심의 실증을 살펴보자.

『사명대사집』卷之七에는 일본에 건너가서 주고 받은 시문을 따로 편집해놓았다. '생령을 널리 구제하려고 바다를 건넜을 때 기록한 잡체시(爲因普濟生靈承命渡海時所記雜體詩)'란 부제를 달았다. 이렇듯 한 권의 시문이 될 만큼 수창이 있었다는 것은 저들이 대사에게 경도되었던 이민족의 감화를 이해하고도 남는다.

가을 비도 막 개인 영남 고갯길	庚雨初晴嶺嶠秋
임금 명령 받들어 남쪽으로 가다	恭承朝命下南州
백억의 분신인들 누가 망녕되다 하나	分身百億誰云妄
지금은 張騫이 된 離幻.	離幻翻成博望侯

竹嶺을 넘으면서 지은 시다. 승속을 초월하여 동분서주하는 스님의 행각을 나무라는 사람도 있었을 것이다. 그렇지만 그것이 바로 생령을 구제하는 자비의 발현인데 왜 망녕되다 하겠는가. 博望侯는 장건의 봉호다. 장건이 漢나라를

위하여 大月氏 나라에 사신으로 가서 흉노를 협공하자는 협약을 맺는다. 이때 장건은 흉노에게 잡혀 여러 해 고생도 하나 그의 지혜로 마침내 돌아와 그 공적으로 박망후라는 봉호를 받았다. 이환은 대사의 자이니 지금 대사의 몸이 바로 한나라 때의 장건이라는 것이다. 이 시어에서 보이는 비상한 각오를 연상할 수가 있다.

竹島에서는 늙은 선비가 중이 조용히 쉬지 않는다고 조롱한 적이 있어 시로 화답한 것이 있다.

서쪽에서 명을 받아 스승을 이었으나	西州受命任家裔
퇴락한 집안에 용납할 수 없었소	庭戶堆零苟不容
부질없이 살아 성세를 도피하여	無賴生成逃聖世
어리석게 구름 소나무에 누울 수 없소	有懷愚拙臥雲松
오고 가는 산하 일곱 근 장삼이고	山河去住七斤衲
우주의 안위는 석 자의 지팡이	宇宙安危三尺笻
이것이 우리 空門의 본분인데	是我空門本分事
어떤 마귀가 동서로 달리는 길 막으리오.	有何魔障走西東

산 속에 조용히 앉아 수도하는 것만이 불사가 아니다. 이 어려운 난국에 생령을 구하는 것이 널리 중생을 구하는 보살정신인 것이다. 한 벌의 가사, 한 자루의 지팡이로 이 천하를 구제하자는 것이다. 선비로 자처하는 식자의 어리석은 조롱을 점잖게 나무라고 있다. 세상공리의 욕심으로 이런 일을 한다면 결과도 없거니와 감화란 더욱 바랄 수가 없다. 더구나 이것이 스승의 명을 받은 가업을 잇는 길이다. 그야말로 무아무집의 순수한 보살행임이 시어에 역력히 보인다. 일신의 안위만 생각하면 때때로 자신의 형색에 회의적일 수도 있는 것이 자연인으로서의 본능일 수도 있다. 그러나 도탄의 생령을 눈앞에 두고 그런 회의에 사로잡힐 수는 없다. 다음 시는 그러한 인간적 회의로 보인다.

젊은 세월 쫓기다 이제는 센 머리	邇來衰鬢逐年華
또 다시 남녘 바다 팔월 달 뱃길	又泛南溟八月槎
팔짱 끼고 허리 굽힘 내 뜻은 아니건만	曲臂折腰非我意
어째서 머리숙여 원수의 집 찾나.	奈何低首入讐家

부산 앞바다에서 지은 시다. 대아를 위한 소아의 수모는 감수해야 한다. 어

제의 원수에게 오늘의 수교를 위해서 굴욕도 감수하는 비장감이 감돌고 있다. 이러한 비장감 때문에 현지에 다달아서는 머리숙임이 없는 의연한 자세가 된 것이다.

아무리 결심이 비장하여도 나그네라는 객수는 배제될 수가 없고 어쩌면 그것이 승속에 구애 없는 초탈자의 자세일 수도 있다. 대사의 기행시에는 그런 면도 많이 보인다.

삼대처럼 어지러운 나그네 마음 가닥	旅遊心緒亂如麻
지는 해에 북으로 가는 가마귀 보다	落日空瞻北去鴉
누가 산승에는 회고가 없다 하나	誰道山僧無顧念
꿈 속 자주 한강 여울 건너다.	夢魂頻度漢江波

대마도에서 뜰에 가득 피운 국화를 보고 느끼는 감회다. 고국에도 피어 있을 국화를 이국 땅에서 본 것이다. 하늘에는 북으로 날아가는 새가 있다. 북쪽에 두고 온 고향이다. 한수 북쪽에는 임금의 대궐이 있다. 새처럼 날아가지는 못하여도 꿈에나 가보는 고국의 궁궐이다. 이 걸음이 개인의 행각이 아니라 국가의 운명을 맡은 걸음걸이이다. 꿈에도 잊지 못하는 책무의 어려움을 말하고 항시 이 중책을 잊지 못하는 공인의 감상이다.

다음은 원수 나라의 지식인을 감화시키는 시 몇 편만 더 살펴보자. 당시 일본의 관백 덕천가강은 불교에 귀의한 사람이었다. 그의 아들이 스님에게 禪學의 뜻으로 간곡히 물어왔기에 준 시가 있다.

크게 빈 공간 한없이 쌓였어도	一太空間無盡藏
냄새 없고 소리 없이 조용히 알라	寂知無臭又無聲
지금에 무엇 들으려 다시 되묻나	只今聽說何煩問
하늘에 있는 구름, 병에 정지된 물.	雲在靑天水在瓶

어젯날 원수의 아들이 와서 선도를 물었으니, 이미 너나의 생각은 없었다 해야 하겠으며 여기까지 이르기에는 마음으로 감복되어 있었음이 틀림없다. 사사로운 다른 감정이 있을 수 없고, 있는 상황 그대로이며 말과 말은 이미 여읜 자리이다.

어느 왜승이 와서 법어를 청하니 대사는 다음과 같이 주었다.

정체 없는 참사람 모습도 없어	無位眞人沒形假
이목구비 어디나 쉽사리 출입하지	尋常出入面門中
한 생각 기미를 돌릴 수 있다면	倘能一念回機了
번갯빛 물 소리 잘라보시지.	踏斷電光流水聲

격외의 선지를 어떤 말로써 표현할 수는 없는 것이다. 형상이 없어도 오관의 어디에나 출입할 수 있으니 마음과 마음으로 통할 일이다. 만약 언어로 통한다면 신비한 기미는 놓칠 것이다. 같은 제목의 시구에 바로 그렇게 말하고 있다. '겨우 말을 따라 이해하면 신비한 기미는 어둡다〔纔隨語會昧神機〕' 그러니 번갯불을 밟고 물 소리를 자르듯 생각자리를 끊어야 할 것이 아닌가. 선지의 요체야 이 생각을 끊는 絶慮에 있을 수밖에 없다.

대사의 이 일본 여정시에는 그들의 승려와 주고 받은 시가 많다. 그 중에서도 承兌라는 승려와는 매우 친숙하였고, 그들과의 협상에도 이 승려의 도움을 많이 받은 것 같다. 우리의 포로를 일차에 다 돌려받지 못하여 그가 우리나라에 왔을 때 대사께서 그 사실을 말하며 남은 우리 남녀를 모두 되돌려 보내도록 힘써 달라는 편지를 전한 것도 있다. 다음은 승태에게 쓴 시 하나만 더 살펴보자.

비 개인 정원 먼지도 말끔히	雨餘庭院淨沙塵
버들에 부는 동풍 색다른 봄	楊柳東風別地春
그 중에 南宗의 귀뚫린 손	中有南宗穿耳客
세상 다 취해도 홀로 깨인 그 사람.	世間皆醉獨醒人

이국 땅에서 그래도 귀가 뚫린 사람을 만난 것이다. 비 뒤에 깨끗이 씻긴 자연이듯, 버들에 바람 불리우듯 맑고 훈훈한 인정을 만난 것이다. 그야말로 색다른 봄과 같은 처지다. 그러기에 두 사람은 격의 없는 마음속의 부탁을 할 수 있었던 것이다.

이상에서 사명대사가 전란에 임했던 편린을 살펴보았다. 난중 난후의 두 상황을 대비하면서, 어느 한 면에 얽매임이 없이, 직책으로서가 아니라 자연인 그대로 아니 스님의 모습 그대로 승속을 뛰어 넘은 자비로써 국가의 위기를 넘겨주었던 대자비의 위력을 몇 편의 시에서 감상해보았다.

中觀의 禪機詩

1. 간략한 행적

西山의 門下에 中觀 大師가 있어 한 유파를 형성하였으나 자세한 행적이 알려져 있지 않아 생애에 대한 여러 사실은 알 수가 없다.『佛祖源流』에 의하면, "속성은 吳氏이고 무안 사람이다. 어려서 총명하고 지혜가 있어 신동이라 일렀다. 입산하여 머리를 깎고 곧 오묘한 선지를 깨쳐 임제의 정맥과 태고의 청풍이 다시 혼탁한 세상에 떨치게 되었다〔俗姓吳氏 務安人也 小而聰慧稱神童 入山剃髮 因透妙旨 臨濟正脈 太古淸風 復振濁世〕."
라 하여 선천적으로 총명한 재질이었음을 말하고 있다.

대사가 남겨놓은 유집으로『中觀大師遺稿』가 전하고 있는데 恁麼 居士라 하여 이름을 밝히지 않는 분이 丙戌年(1646)에 跋文에 해당하는 글을 남겨 놓아 대사의 약력을 간략히 알 수가 있다. 글의 내용으로 보아 발문을 쓴 임마 거사는 대사와 속가의 혈연관계가 있었던 분으로 이해된다. 대사의 행적으로 지적될 수 있는 몇 단락을 인용해본다.

"스님의 법호는 海眼이고 속성은 오씨이며 무안현 사람으로 본래 선비 집안의 자제였다. 책을 읽고 글자를 익히는 데 하나를 들으면 열을 알아 마을 사람들이 奇童이라 일렀다. 어려서 어버이를 여의고 집에 의지할 곳이 없어 외숙인 處英 大師에게 의탁하였다. 대사가 가련히 여겨 교육을 시켰다. 겨우 배움에 뜻을 둘 나이에 전적을 널리 익혔고 시문에도 능하여 배우지 않아도 잘하였다. 아버지께서 재주를 애석히 여겨 집으로 데리고 와 과거에 응하게 하려 하니 대사는 오랫동안 슬퍼하다가 '문장으로 출세하는 것은 한갓 헛된 이름이니 불도에 마음을 두어 과거에 마음을 비우는 것이 낫습니다'하고는 산중으로 들어가 손수 머리를 깎았다. 아버지는 이 소식을 듣고 통곡해 마지 않았다〔師法號海眼 俗姓吳氏 務安縣人也 本土族子 讀書寫字 聞一知十 鄕人以奇童稱之 少喪天只

家貧無賴 託於表叔處英大師 大師憐而敎之 年纔志學 博通墳典 於詩於賦 不學而
能 嚴親惜其才藝 率而還家 欲令赴擧 師悵然良之曰 翰墨發身都是虛名 不如留心
白業心空 及第之爲高也 逃入山中 手自落染 嚴親聞之 痛哭而不能禁〕.”
하였으니, 이 발문을 지은 임마 거사의 부친이 대사를 환속시켜 과거에 응하게
하려 했음도 가문을 생각한 혈연의 관계였던 것으로 이해된다.

　“연원의 출처와 종파의 전통은 알 수 없지만 옛날 청허 대사가 雷默 處英에
게 밀지를 전했고 처영은 대사에게 전했으니 이는 실로 임제의 종맥으로서 태
고의 청풍을 혼탁한 세상에 다시 불게 한 것이다. 이 또한 다행이 아니냐.

　몸은 산림에 있었지만 이름은 사대부에게 전해졌다. 임진년의 왜란에서 정축
년의 호란까지 승려로서 의병을 일으켜 승군을 통솔한 자가 한 둘이 아니다.
이런 일이 대사로서 즐거워할 수 있는 일은 아니지만 자신을 잊고 나라를 위한
정성은 역시 불가에서는 드문 일이었다〔至於淵源之自 宗派之正 則未有知者 昔
清虛休靜大師　旁傳祕旨於雷默處英　處英傳之於師　此實臨濟之宗脈　使太古清風
再吹於濁世　玆非幸歟　身處以林　名播搢紳　自壬辰至丁丑　被緇仗義　摠統僧軍者
非一再　雖非師之所樂爲者　而其忘身爲國之誠　亦釋門之希有事也〕.”
라 하였으니 위에서 보았던 『불조원류』에서 “臨濟宗脈 太古清風 復振濁世”라
했던 것도 이 기록에 의거한 것이었던 것이며 南公轍이 ‘金剛山乾鳳寺四溟大師
碑銘’에서,

　“같은 시대 서산을 따라 배운 이에 또 해안과 영규가 있으니 해안은 영남에
서 의병을 일으켰고 영규는 문렬공 조헌과 함께 금산의 싸움에서 순절한 이다
〔同時 從西山學者 又有海眼與靈圭 海眼起義嶺南 靈圭嘗與文烈公趙憲 從死錦山
之役者也〕.”
라 함도 위에서 보인 발문의 기록이 참고되었음이 분명하다.

　이러한 단편적 기록을 참고로 하더라도 대사는 서산의 맥을 이으면서 당시의
전란 때도 승군의 통수로서 국난을 타개하였던 점을 알 수가 있다.

　임진란이 있은 지 10년 뒤인 임인년에 겨울 결제를 하면서 清虛堂에게 올리
는 글(壬寅冬結制上清虛大老師)에,

　“조상의 가풍을 빛내는 것은 자손들의 어깨에 있으니 감히 우매한 심정을
다하여 가문의 법도를 고르려 합니다. 우러러 생각컨대 큰 자비이신 조실께서
는 무리에 뛰어난 禪將이시며 전쟁에 익숙하신 作家이십니다. 임제 삼현의 무
기를 활용하시고 동산 오위의 깃발을 세우시었습니다〔光祖禰之家風 須是在兒

孫之擔荷 敢効愚衷 操瑟齊門 仰惟大慈室 超倫禪將 慣戰作家 用臨濟三玄之戈甲
列洞山五位之鎗旗〕."

라 하여 서산의 가풍을 이으면서 전란에는 超倫的 僧將임을 추앙하고 있음을
알 수 있다.

雷黙處英과의 관계는 살필 만한 기록은 없으나 「雷黙師翁夢中贈一封書丁寧
勿泄」이라 제한 한 수의 시로써도 처영이 대사에게 傳鉢하였음을 입증할 수가
있다.

뇌묵당 스승님 한 없는 뜻은	雷黙堂師意未窮
꿈 속에 한 폭의 글 비단에 썼네	夢中羅縷一書封
아침에 세수하고 받드니 장미 피었고	朝來盥手薔薇露
뜯었다 봉했다 할수록 空이요 또 空.	準擬開緘空復空

말 없이 위촉한 의발의 주고받음임을 알 수 있다. 선가에서의 전수가 원래
염화미소이기에 주고받음에 흔적이 있을 리 없지만, 대사에게 있어서는 더욱더
無住着이었던 것 같다.

장님, 귀머거리, 비웃음 각기 있을 때	盲聾哂者各居時
밝은 달 맑은 바람 누구 위해 말하랴	明月淸風說向誰
허수아비 빙그레 웃음지을 때	直到木人開口笑
그대에게도 지기의 알음이 있다 하리라.	許君還有一鍾期

「贈無知行脚僧」이란 시 2수 중의 하나이다. 떠돌이중에게 주는 시라 하였으
니 無住·無礙로서의 脫格을 말함이라 할 수도 있겠지만 허수아비의 웃음이 바
로 나를 이해하는 유일한 知己라 함에서도 주고받음의 형식적 틀이나 언어가
아닌, 伯牙의 거문고와 鍾子期의 知音과 같은 말 없는 교감이다.

2. 僧俗에 自在로운 酬唱

대사의 유고에 수록되어 있는 시문은 시가 130여 편, 문이 21편 전하고 있
다. 시는 대부분이 승속간의 酬唱詩로 이루어져 있고 遣閑이나 詠懷的 시는 많
지 않다. 수창이 비록 속인과 이루어진다 하더라도 시어의 구사가 禪味를 벗어

남이 없으면서도 俗味를 겸하고 있다 하겠다. 이것은 그가 어려서부터 신동이
니 기동이니 칭찬받으면서 출가 이전에 속가의 전적을 섭렵하고 시문은 배우지
않고서도 능했다는 행장의 평에 들어맞는 작시의 본능이었는지 모르겠다.

백 리의 자연 경색을	百里風煙色
산승이 나누어 가지다	山僧分得歸
준마에게 伯樂이 없다 했더니	馬曾無伯樂
이 거문고 이제는 鍾子期가 있구료	琴始有鍾期
붓은 봄을 맞아 어지럽지만	筆爲逢春亂
선이란 글귀 찾다가 빗나가	禪因覓句違
마음속 말 향을 사르지만	焚香心語處
시문 짓기란 부끄러움 많지요.	鉛槧愧多時

「次阿英太守黃公一皓韻謝惠紙」라 제한 시다. 태수 황일호가 종이를 보내와
서 감사의 보답으로 지어 보내는 시다. 이 전편의 흐름이 완전히 지기의 벗으
로 허락된 처지가 되었다. 옛부터 百里不同風이라 하여 지역이 멀수록 풍속이
다르다 하였다. 百里風煙色이라 함도 이렇듯 같을 수 없는 처지를 함께하는 의
미로 전제하고 있다. 이것을 지금 산승에게 나누어 가졌으니 다음의 伯樂이나
鍾子期는 너무도 쉽게 등장될 수가 있다.

　여기에서 대사가 말이요 태수가 백락이든, 태수가 말이요 대사가 백락이든,
그것은 논의될 바가 아니요, 준마가 있어도 몰라보는 세태에서 백락과 같은 두
사람이 있어 준마의 인가를 얻은 것이니 서로의 知音을 짐작할 만하다. ‘曾無’
라 한 ‘일찍이 없음’에서 ‘始有’라 한 ‘지금 비로소 있게 됨’의 반가움을 충분
히 이해할 수 있으니 승·속의 거리가 없는 백리 아닌 千里同風이라 하여도 지
나침이 아니다.

　보내준 종이·필묵과 어울리는 시문의 자료다. 봄바람에 춤추듯 쓰고 싶은 시
이지만, 역시 선사로서의 한계가 있다. 봄바람 같은 시구는 活句 아닌 死句됨
이 일상이다. 그러니 선과는 빗나갈 수밖에 없다. 태수는 이 점은 이해하리라,
아니 이미 이해하고 있는 지기이다. 다시 되돌아와 향을 사르며 마음의 언어를
찾을 수밖에 없다.

　　석가모니는　　　　　　　　　　釋迦牟尼氏

천백 억으로 응화하시는 몸	千百億化身
나고 죽음 이미 사라짐 오래거늘	生滅滅已久
쓸쓸히 전란의 풍진 따를까	寂寞隨兵塵
범은 찬 바위 달에 휘파람 불고	虎嘯寒岩月
용은 마른 나무 봄에 읊고 있네	龍吟枯木春
물려 주신 향기 웃음 속 들리는	餘香聞笑語
기원정사, 고독원에 계시는 분.	祇樹給孤人

「次張谿谷維金山丈六殿韻」이라 제한 시다. 장유의 시에 차운한 시다. 장유의 원시는 다음과 같다.

서방에 계시는 성인	聞說西方聖
금빛에 한 길 예 자의 몸	金光丈六身
삼한 땅에 오묘한 모습 모셨더니	三韓留妙相
전란에 하나의 횃불이 되었네	一炬化兵塵
보개는 구름인 양 빈 그림자	寶盖雲空影
따스한 하늘꽃 스스로 봄일세	天花暖自春
우러르는 대천의 세계	大千瞻仰地
어떤 사람이 정작 시주 될까.	檀施定何人

전란으로 인해서 회신된 부처님의 장육존상을 보고 지은 장유의 원시에 대한 차운이다. 장유는 전화에 불탄 이 장육존상의 복원에 대한 염원을 말했던 것이나 여기에 대한 대사의 화답은 천백 억으로 응화하시는 몸은 있고 없음을 초탈한 것이니 전란으로 인하여 더 적막함은 아니다. 호랑이의 울부짖음이나 용트림이 이미 부처님의 외침이지만 항시 미소의 훈훈한 향기로 기원정사에 존재하는 부처님임을 강조한 셈이다.

승·속의 현격한 차이로서 관점의 차이는 있지만 부처님께 귀의하는 두 시인의 정의에는 차이가 없다.

법을 훔쳐 중도 아닌 중이	窃取於法濫巾僧
성인도 미치광이도 아니며 도도 안 익어	非聖非狂道不凝
번개 심어 뿌리 찾기 무슨 방법 있나	種電尋根寧有術
바람 심어 그림자 잡기에도 능력이 없다	栽風捕影亦無能

세간의 신의란 서로 뜻을 함께하나　　　人間信義參同契
세사 밖의 청한함으로 오랜 벗 삼았네　　物外淸閑耐久朋
멀리 그대 담소할 자리 상상하면　　　　遙想使君談笑處
푸른 연꽃 속의 옥같이 맑은 마음.　　　碧蓮花裡玉壺氷

「贈忠原太守宋公興周」라 제한 시다. 자신은 중이나 중이 아니라는 겸손과 상대방은 신의로 맺어진 物外淸閑의 벗이며 玉壺氷과 같이 깨끗한 마음씨를 가진 벼슬아치임을 강조하여 스스로 격의 없는 사귐임을 암시하고 있다. 그러면서도 자신의 처지를 철저하게 선사이면서 선사답지 못하여 아무리 승·속간 격의 없는 사이라 하더라도 자신이 위치하고 자신이 수행해야 할 일이 무엇인가 하는 점을 시어 속에 활용하고 있다. '種電尋根'이나 '栽風捕影'과 같은 수선의 방편을 자신의 수식어로 이용하고 參同契의 仙家語나 옥호빙과 같은 淸語의 상징으로서 수식하여 使君인 상대방을 미화시키고 있다. 이런 점이 바로 대사의 俗而不俗이요 聖凡不二的 수선적 자세라 하여도 무방하겠다.

3. 禪機 넘치는 평범한 詩語

속객과의 수창에서는 적절한 禪語를 구사한 대사는 동도의 선객과의 수창에는 더욱더 선기 넘치는 시를 썼던 것은 당연한 사리일 것이다. 150여 수가 넘는 시가 거의 선어적 수사로 일관되어 있는 대사의 시이기에 더욱 그러하다.

풍진의 바다 십여 년의 지팡이　　　　　風塵湖海十年筇
봉래산 제일봉을 이제야 두드립니다　　來打蓬萊第一峯
사자의 울음 소리도 특별한 곡조 없고　獅子聲中無別曲
푸른 산 흐르는 물 절로 교묘한 거문고.　青山流水自琴工

「金剛山彌勒峯香爐庵拜淸虛大師」2수 중의 한 수이다. 청허 대사는 대사의 큰 스승이시다. 이 스승을 뵙고 드리는 시어다. 10여 년 만에 뵙는 자리다. 노스님의 사자후도 이 청산 유수의 여여한 곡조만 못한 것이다. 차라리 있는 실상 그대로가 법의 본체이기에 그대로 있음이 가장 높은 가락의 거문고의 묘수인 것이다. 이 대화가 바로 대사의 깨우침의 실상이었던 것이다.

하늘과 달도 모르던 어린 시절엔   少時不識天邊月
우리 집 백옥 쟁반이라 불러댔는데,   呼作吾家白玉盤
늙어서는 이 몸 북두성에 숨으려 하나   老欲此身藏北斗
옆 사람은 남쪽 하늘 쳐다보는 나를 비웃네.   傍人笑我面南看

선을 말하는 이를 희롱한 시다. 말로 선을 설명하려 할 때 이렇게 되리라. 하늘의 달을 밥상의 쟁반으로 보거나 북두칠성을 그리면서 남쪽 하늘을 보고 있는 꼴이 되기가 십상일 것이다. 어디 선만 그러하랴. 어쩌면 범속한 삶을 사는 사람들의 전도된 모습이기도 하다. 이렇듯 대사는 선을 평범한 사실에서 깨우치고 있는 것이다. 이 점이 시로서의 의미를 더욱 부각시키고 있는지도 모를 일이다. 대사의 시는 어느 경우이든 선적 사유의 기반을 잃지 않고 있다. 문자를 배격하면서도 문자에 의지할 수밖에 없는 것이 선사들의 작시에 있어서의 애로인 것이다.

시서 3만의 권축에 있지 않고   不在詩書三萬軸
5천 함의 경론에도 없어   非關經論五千函
신령히 잠긴 듯 말 앞서 새었으니   言前已泄靈潛意
문자로서 길잡이도 헛된 수고일뿐.   文字何勞更指南

허다히 많은 경전의 논리가 이미 존재하고 있는 법리의 표현이라면 표현 이전에 법리는 누설되고 있는 것이니 이 표현된 문자의 의미는 무엇인가. 여기서 문자의 표현을 거부하는 것이다.

이 시는 智水靈潛이라는 스님의 求語에 내리는 증답이다. 영잠의 이름풀이인 名號頌이기 때문에 시로 표현되기 이전에 이름의 의미에 얽매이어야 하는 한계성이 있어, 작자의 창의적 특성을 가늠하는 것은 무리일 수도 있지만 여하튼 불립문자의 선가적 보편적 사유의 대변이라 하여도 무방하겠다.

이러한 사유는 어느 쪽에 치우침이 없는 중도적 집중이요, 그것이 바로 저 不落兩邊的 자세에서 이루어지는 것이다.

깊은 우물 마시려 두레박끝 깊게 하랴   不須長綆汲深飮
짧은 지팡이로 먼 길 가려 말라   莫把短笻爲遠行
하고많은 세상길 양 창자인듯 험하고   幾多世路羊腸險
끝없는 사람살이 호랑이 뿔 위의 맞섬   無限人情虎角生

숨는 체하려면 차라리 깊이 숨음이 낫고	小隱莫如成大隱
육신의 단련이 육신을 잊는 것만 하겠나	鍊形爭似到忘形
이름 찾고 법에 노닌다고 진실됨일까	之名嬴法非眞實
이려 쩌쩌 부르는 마소도 소리에 따를 뿐.	呼馬呼牛但應聲

「謝名偶吟」이라 제한 시이니, 임진란 때에 의병으로 전공을 세웠으므로 그 후 국가에서 어떤 직책이 내렸을 때의 사의를 읊은 것이 아닌가 여겨진다. 문집에 보면 判事가 된 일이 있었으니 이러한 직함을 사양하며 지었을 가능성도 있다. 문집에 보이는 「大隱庵說」을 보면, 이 시의 내용과 서로 표리가 될 만큼 문의의 같은 점이 있어 이때에 지은 것이 아닌가 여겨지기도 한다.

대은암은 대사의 나이 70이 가까워 호남지방 歸正寺의 등너머에 小隱庵이 있었는데, 고려 때 覺雲 禪師의 옛터이었다. 대사가 여기에 머무르면서 소은보다는 대은이 낫지 않느냐 하여 머물 때에 正還, 雪梅 두 제자가 개축한 곳이다. 이 역사를 마치고 지은 글이 대은암설이고 문의의 논지가 위 시와 같고 연기가 을해로 되어 있으니 1635년으로 인조 13년에 해당한다.

바람 이는 보배 칼 나루 머리 있더니	寶劍生風倚渡頭
밤 깊도록 낚시배에 아직 머무네	夜深猶在釣魚舟
구름 뚫고 솟은 달 강 줄기 확 트고	雲堆月上三江濶
높은 가락 새 울음 그대 멀리 보내네.	高唱啼鳥贈遠遊

눈 귀를 가지고 도적되게 말 것을	莫將眼耳爲奸賊
소리 빛 원래가 한 울 안에 있어	聲色由來共一家
황학루에서 피리 부는가 했더니	黃鶴樓前吹玉笛
강성의 오월에는 매화가 지네.	江城五月落梅花

앞의 시는 「花月禪子求語」이고 뒤의 시는 「大方歸本禪者」이다. 다 같이 제자화상들에게 준 시이다. 시의 성격이 名號頌에 해당되므로 제자들의 법호에 해당하는 내용으로 되어 있다. 그러면서 시는 시 자체로서 독립된 상징성을 유지하고 있다. 앞의 시에서는 보배칼을 간직하고 있는 제자의 의기가 아직 나루 저 편으로 건너지는 못했지만 江心에 노니는 고깃배에서 강을 가르는 달빛을 수용하면서 활달하게 피어가는 상황을 무리 없이 잇고 있다. 강의 울림이나 새의 높은 곡조가 모두 선기의 발로임을 암시하고 있다.

뒤의 시는 대방귀본이라는 법호가 의미하듯이 법체의 대방으로 보게 되면 모두가 일가일 수밖에 없다. 修禪의 장애가 되는 聲色도 선으로 수용하지 못하고 귀나 눈의 육감적 쾌락으로만 작용하면 큰 도적이 된다. 다 같은 빛과 소리로되, 황학루의 옥피리나 강성에 지는 꽃빛은 자연의 여여한 실상이면서 아름다움의 극치를 이룬다. 더구나 황학루의 피리 소리와 강성에 지는 매화는 피상적 시공으로는 아무런 인과의 필연성이 없지만 大方이라는 거시적 우주관으로는 피리 소리에 지는 꽃잎이라는 필연성을 결코 부인할 수는 없다. 봄바람에 지는 꽃잎이라는 표현에 모순이 없다면 황학루의 피리 소리에 지는 강성의 매화라 하여 모순이 있을 수 없다.

반면 황학루의 피리 소리나 강성의 지는 매화는 있는 실상 그대로이면서 모든 것이 법체의 실상이요, 그것을 느낄 수 있는 것이 눈·귀의 감각기관이다. 깨달음의 도적이 될 수 있는 것이 눈 귀의 육감이었지만 법체의 여여한 실상을 깨달을 수 있는 것도 눈·귀의 보고 들음이다. 대방의 깨달음이 아니고는 이해할 수 없는 것이다. 이 모두가 선기의 드러냄이다.

4. 俗而不俗的 自然觀

대사의 문집에는 기행의 시나 서경의 시는 별로 없다. 다만 자연에서 느끼는 흥취나 스스로의 감회를 푼 시가 있기는 하여도 자연을 그대로의 묘사가 아니라 禪趣的 감흥이라 할 수 있으리 만큼 俗而不俗이라 하겠다.

그물 짓는 거미, 헛된 수고로움	蜘蛛結網徒勞想
하염 있는 산승 역시 가소롭구나	可笑山僧亦有爲
돌 난간 높이 누워 부처께 기대이니	高臥石欄依本覺
한 곡조 우는 새 꽃 가지에 오르네	一聲啼鳥上花枝
산 앞 바람 불자 마음은 나무 흔들고	山前風動心搖樹
하늘 끝 구름 나니, 본성에 먼지 인다.	天末雲飛性起塵
허공임을 깨닫자 大覺을 얻었으니	坐覺虛空生大覺
장부라면 이 세상에서 무엇을 친히 할까.	丈夫於世孰爲親

「龍門閑居」의 2수이다. 용문산에 살면서 산수의 자연을 읊은 시이지만, 산수 그 자체의 예찬보다는 산수에서 숨은 이치를 탐구하는 수도자의 심경이다. 첫 수에서는 부지런히 움직이는 거미를 보면서 모든 삶의 고달픔이 결국은 헛수고임을 상기시켰고 꽃가지에 오르는 새의 울음에서 큰 깨우침을 얻는 수도자의 자세로 환원하고 있다.

다음 수에서는 바람과 구름의 움직임에서 마음과 본성의 움직임을 연상하고 있다. 바람 부는 곳에 따라 움직이는 나뭇가지이지만 바람에 의해서 움직이는 것이 아니라 마음이 움직여 나무가 움직이고 있다는 것이다. 모든 사물의 존재는 마음에서 인식된다 할 때, 마음의 요동 없이 수목의 움직임이 있을 수 없다. 자성에 먼지가 끼면 어두워지는 것이 마치 하늘에 구름이 가리운 것과 같으니 구름이 이는 것을 자성에 먼지가 끼는 것으로 다음 구를 잇고 있다. 그러므로 큰 깨달음의 本覺으로 가려면 바람도 구름도 결국은 허공의 한 먼지이었음을 이해해야 할 것이다.

대사는 이렇듯 자연의 하나하나에서 법체의 여여함을 깨우치고 있는 내용을 시에 담고 있다. 시의 수사법으로는 저 『詩經』六義의 하나인 '興'의 연상법을 취했다 할 수 있으리만큼 모든 것을 선기의 묘체로 발로시키려는 의도였다 할 수 있다.

가을 깊은 두류산 천만봉은	秋滿頭流千萬峯
울긋불긋 비단으로 사람들 감싸네	人居紅錦紫羅中
아이 시켜 문 좀 열어보라 했더니	儘敎童子開門看
할아버지 산 속의 부자라 외치네.	喚作山家富貴翁

「山居秋興」이란 시다. 가을 산의 단풍을 소재로 한 단순한 시이다. 이러한 수사나 표현은 흔히 있는 것이기는 하지만, 위에서도 보았듯이 자연의 모든 것을 선기의 발로로 보려 했던 것과는 대조적으로 가을 단풍의 화려함을 인간 부귀로 그대로 대치하고 있다. 한치도 꾸밈 없는 담백함이기에 대사의 독창적 시상이 아니라 하더라도 무리 없이 수용하였다 할 수 있다.

이렇듯 모든 일에 초연자약함은 흔들림이 없는 마음가짐이다. 牟陽 太守인 金昌一이 아름다운 소년을 시켜 대사를 희롱하는 편지를 전한 일이 있다. 대사는 다음과 같은 시를 그 부채에 써서 되돌려 보냈다.

돌집에 쓸쓸히 앉아있는 중에게	石室蕭然坐衲衣
옥 같은 그대 왜 찾아왔는가	玉人何事問柴扉
禪心은 원래 진흙에 엉킨 솜이라서	禪心正似黏泥絮
봄바람이 불어도 날리지 않는 것을.	縱有東風不逐飛

흔들리면 선의 마음이라 할 수 없다. 흔들리는 것이 마음이다. 그러면 서로 흔들리지 않는다면 무엇 때문인가. 역시 선으로 단련되었기 때문이다. 바람에 날리는 것이 솜이다. 솜이 날리지 않는다면 진흙에 붙어 있기 때문이다. 진흙에 붙어 있는 솜을 누구나 싫어하듯이 선으로 묶여 있는 마음을 속인이야 비웃을 수 있을지 몰라도 초연한 이 경지는 태수의 위력으로도 빼앗을 수는 없는 것이다. 시제에 '희롱한다〔以書弄之〕'하였으니 온 편지의 내용은 좀 지나친 표현이 있었던 것으로 이해되지만 되돌려보내는 시는 바람이 부는 수면에도 파문이 일지 않는 격 밖의 회신이라 하겠다.

이렇듯 초연한 기상은 세속적 안목으로는 강인한 기개라 표현할 수 있다. 이 강인한 기상은 다음의 시로서 요약될 수 있다.

천하가 태평해진 날	四海淸平日
장군은 이룬 공을 말하네	將軍語事功
비록 눈 덮인 듯한 머리이나	縱然頭似雪
그대로 무지개 같은 기개	猶得氣如虹
등 뒤로 간 손 화살을 뽑아	背手抽金鏃
몸을 날려 활시위 당겼네	翻身控角弓
온갖 사람 가리키는 손가락 끝에	萬人齊指處
기러기 하나 가을 하늘에서 떨어지네.	一雁落秋空

「惺惺道人貞邁賽紙」라 제한 시다. 종이를 보내 준 데 대한 시다. 종이의 선물에 왜 이런 내용으로 시를 썼어야 한 것인가. 시를 쓰기에 합당한 기구로서의 종이이기에 자신의 기개가 담긴 시를 쓰면서 평생에 쓴 시가 이러한 기개로서 만인의 이목이 여기에 집중됨을 바란 것인가, 명사수가 쏘아잡은 기러기이듯이 항시 이 한 마리의 기러기를 위하여 시를 썼다 하여도 될 것이다. 시의 내용으로 보아 만년의 작이 틀림없으니, 국가의 위란에는 흔쾌히 전란의 평정에 몸바치고, 평정하고는 훌훌히 산사로 돌아온 스님의 자세가 역력하다.

　　위에서 중관 대사의 면모를 시를 통해서 살펴보았다. 150여 수에 이르는 시가 거의 선기에 접근되어 있는 시로 보았다. 승·속간에 주고 받은 시가 주종을 이루고 있으면서 주고 받는 처지에 따라 적의하도록 禪理를 내포하고 있다. 시인이기 이전에 선사라는 점을 철저히 고집한 구도자의 면모라 하겠다.

　　그가 국란에 직접 참여하여 위기를 극복하고자 초연히 물러난 승·속 사이의 오고감이 시에 있어서도 승속의 구애 없는 초연함이었음을 알게 한다. 이러한 의지를 속인으로서 기개니 절개니 하겠지만 대사의 처지로는 철저하게 선심의 발로이니, 표현된 시 또한 대사의 이러한 선심의 한 측면으로 결론지을 수밖에 없다.

靑梅의 頌古詩

1. 선비를 감복시킨 法力

印悟 禪師(1548~1623)의 행적에 대해서는 자세히 살펴 볼 수 있는 행장이나 비명 등이 없다.

인오는 선사의 법명이고 靑梅가 호이다. 자는 黙契라 한다. 아울러 성이나 관행을 자세히 알 수가 없다. 그가 남긴 문집으로 『청매집』이 전하고 있다. 거기에 수록된 시들과 月沙 선생의 서문이나 寄齋의 발문에서 선사의 행적 일부를 짐작케 할 뿐이다.

어려서 송운 大師와 함께 서산 大師의 문하에 들어 心印을 받았다. 청매집에 수록된 五聖祭文에서 서산에 대한 찬을 다음과 같이 쓰고 있다.

청허당 총판님은	淸虛摠判
몸은 한 조각의 구름이요	身一片雲
의지는 천리의 학	志千里鶴
모든 법장을 공으로 돌려	空諸法藏
온갖 조사의 뼈 부수었도다.	碎萬祖骨

이렇듯 서산 대사의 독특한 선풍을 이은 것이 인오 선사의 선풍이었던 것이다. 임진왜란이 일어났을 때 선사 32세로 묘향산에서 서산 대사를 모시고 있다가 왕명에 의하여 서산대사가 의병을 모집하게 되어 선사도 의병의 장수로서 전란의 진압에 앞장서게 되었다. 당시의 심회를 읊은 시가 청매집에 몇 수 전하고 있다.

남쪽지방 모두 도적 칼에 빼앗겨	三洛同時陷賊鋒
고깃덩이 된 백성 그 참상 어떠하랴	萬民魚肉慘何窮

임금 수레 沙嶺을 넘은 뒤   鸞輿一自逾沙嶺
10년의 禪窓에서 가슴만 치다.   十載禪窓但叩胸

　임진년 여름이란 제목의 시다. 산중에서 10여 년의 참선은 무엇을 위했던 것인가. 만민이 모두 고깃덩이로 변하는 전란을 보고만 있을 수는 없는 것이다. 拂子대신 창을 잡는 것이 大慈의 길이다. 이런 대자의 마음은 穢土와 淨土가 따로 없다는 불이의 법문에서 나오는 것은 아닐까. 그러기에 선사의 시에는 이러한 染淨不二의 표출이 많다.

배움 원래 도를 닦고자   學本爲修道
도를 닦음 중생의 온전   道本爲全生
중생의 온전이 안락한 국토   全生安樂國
하필 일천 경전 더듬어야 하나. 何必轉千經

　책을 덮고서 짓는 시라 하였다. 全生이 바로 안락한 국토라는 이 마음가짐의 확대가 도탄에 빠진 중생의 실질적 구제일 것이 아닌가.
　다음 義天 禪子에게 준 시는 이러한 적극성의 실현을 뒷받침하게 하는 평소 지니고 있는 맑은 마음의 본바탕을 말한 것이라 할 수 있다.

경을 봄이 참 깨달음 아니요   看經非實悟
잠잠히 지킴도 헛된 수고   守黙也徒勞
가을하늘 바다처럼 맑으면   秋天淡如海
둥두렷 달무리 외로워.   須是月輪孤

　看經 守黙 어디에도 집착이 없다. 이 여여함에서 국난을 보고 가슴만 칠 수도 없어 실전에 뛰어들어 위기를 극복한 것이 선사들의 실수행이었음을 여기 인오 선사에게서도 다시 보게 되는 것이다. 그러나 인간적인 순박한 마음에 잠시 되돌아오고 자연인의 한 생각이 이는 것 또한 바로 한 인간이기 때문이다. 다음 진중에서 읊은 시는 그러한 면을 실감있게 보여준다.

싸움 마당으로 나온 뒤   自動干戈後
전하지 못하는 고향의 소식   鄕關信不傳
허리에 빗긴 삼척의 칼   腰橫三尺劍
저녁구름 저쪽으로 돌리는 머리. 回首暮雲邊

강물은 깃발 그림자로 출렁이고　　江含旗影動

산은 칼빛 받아 너욱 높다　　　　山帶劍光高

옛 몸담던 곳 생각　　　　　　　却憶曾棲息

온갖 산봉우리 외로운 달.　　　千峯片月孤

펄럭이는 군기의 그림자로 얼룩진 강물이요, 도적의 피로 씻긴 칼 빛에 반사되는 산이다. 하지만 흐르는 물의 속성이나, 묵직히 앉은 천년 부동의 산은 변함이 없는 것이다. 아무리 싸움터의 어수선함이지만 대자대비를 위하여 출전한 선사의 마음에는 변함이 없다. 이와 같은 마음이기에 전란이 끝나면 바로 옛모습으로 돌아오는 것이다. 선사께서도 전란 후 바로 호남의 여러 산수를 살피고는 부안의 邊山에 이르러 了嵯峯의 摩天臺 아래에 월명암을 짓고 주석하였다. 『청매집』의 서문을 쓴 월사 李廷龜 선생이 선사를 만난 것도 이때였다. 월사가 처음 선사를 만났을 때의 인상을 대략 다음과 같이 말하고 있다.

　월명사는 산 북쪽 제일 높은 곳에 있었다. 인오 노스님이 나를 절로 인도하여 함께 갔다. 거처나 책상·향로 등이 너무도 청초하여 속세를 떠난 듯 바로 서천세계로구나 하고 놀랐다. 서가에 가득한 경전들의 앞면에 쓴 제목 글씨가 모두 자신의 친필인데 바른 서법이 글자마다 감상할 만했다. 함께 이야기를 나누노라니 그 풍기는 풍류와 막힘 없는 말이 사람을 매혹케 하여 저절로 이끌렸다. 시는 결코 남의 말을 답습함이 없으니 속세 사람들의 언어가 아니었다. 내 한번 보고는 정이 쏠려 方外의 사귐으로 삼아 이별하면서도 무엇을 잃은 듯이 섭섭하였다.

이렇듯 방외인으로서 첫대면에 정이 쏠렸다 하며 더구나 사대부의 처지에서 스님을 대하는 선입관이 있을 터인데도 이와 같이 사람을 감복하게 할 수 있었다면 선사의 법력을 짐작하고도 남음이 있다. 선사의 이러한 법력은 어디서 근원한 것인가. 그것은 선사가 가지고 있는 철저한 禪風일 것이다. 조선시대 스님의 문집이 거의다 산수 자연의 아름다움을 노래하는 것으로 속가의 시와 그 제재나 기법에서 큰 차이가 없어, 순수한 宗門自家의 본지의 표현이라는 점에서 약간 회의적 반응을 부를 소지도 있으나 이 인오 선사는 전혀 그러한 것이 보이지 않는다. 철저하게 선가의 자가종풍의 구현으로 일관한다 할 수 있다.

　월사가 선사를 만났을 때도 이러한 선풍에서 다른 스님에게서 느끼지 못한

면을 보았을 것이다. 월사의 자제인 白洲 李明漢이 선사에게 쓴 시 한 수가
『청매집』에 있고, 거기에 자신이 시를 쓰면서 그의 아버지에게서 들었던 선사
의 풍모를 말하고 있다. 한번 보고는 범속한 스님이 아니었음을 알았다 하며
자기도 한번 뵙기를 희망하여 기사년(1629) 여름에 찾았더니 선사는 이미 서
방 정토로 가신 뒤였다 하면서 다음과 같이 시를 썼던 것이다.

절문 솔 그림자 어슷비슷	寺門松影盡參差
숭양산에 온 나그네 옛 스님 안부 묻다	客到崇陽問舊師
산사람 쓸쓸히도 고심했던 곳	惆悵山人苦心處
세상에 남겨 놓은 몇 편의 시.	世間零落幾篇詩

백주가 평소 선사에 대한 기대가 얼마나 있었던가 하는 점을 이해 할 수가
있다. 어쩌면 선사는 외도와 쉽게 타협하지 않음으로 해서 畏敬의 대상이었는
지도 모를 일이다. 우선 속인과의 수답이 적다는 데서 그런 점을 이해할 수 있
거니와 몇 편 안 되는 속인과 유관한 시도 교계적 한계를 설정한 느낌이 든다.
　어느 사대부가 천왕봉을 찾았을 때의 시다.

노니는 것이 杜陵을 찾는 것 같지 않아서	浮遊非與杜陵同
눈 속에도 곧바로 천제봉을 올랐구료	步雪直凌天帝峯
애석하게도 한번 세상 밖 눈을 떴다가도	可惜一開方外眼
다시 먼지 둥우리에 빠지겠지요.	還將具體入塵籠

물외의 경지를 찾아왔다가도 다시 속세의 홍진에 빠질 것을 안타까워하는 마
음이다. 이런 자세가 속인에게는 위엄있는 선사의 모습으로 반영되었을 것이며
오히려 그들의 마음을 사로잡았을 것이 분명하다. 더구나 국가가 위란에 빠지
면 전란의 평정에 참여했다가도 재빨리 선문으로 복귀할 수 있었으니 비록 전
진에 몸이 있어도 마음은 항상 自家宗門을 간직할 수 있었던 것이다.
　朴知評이 산사를 그리며 선사에게 시를 보냈다.

金臺는 옛날 우리의 광려사	金臺昔我匡廬寺
대 아래 산 바위 모두가 구면	臺下岩巒摠舊顔
남악의 신령은 나를 보고 웃겠지	南嶽有神應笑我
10여 년 분주타가 산으로 못 온다고.	十年奔走未歸山

옛날 산문에서 같이 지냈던 사람이었던 모양이다. 매사에 분주하여 다시 입산하지 못하는 안타까움을 보이고 있다. 여기에 화납하는 선사의 시는 이렇다.

벼슬길 세상은 세월이 바빠	公器途中忙日月
풍진 속 좇다가 밝은 얼굴 쇠했네	風埃馳逐費韶顔
누가 알랴 늙어 깨달음이 없으면	誰知老大無知覺
인간 세상에 누워 바깥 산만 꿈꾸지.	長臥人間夢外山

박지평이 누구였는지 알 수는 없으나 산문에 대한 동경이 대단하였고 더구나 선사와는 지난 날 가까운 인연이 있었던 것 같다. 그러하건만 화답하는 시에는 이러한 속인의 감정이 철저히 배제되어 있다. 어디까지나 스님으로서 깨우침의 길로 인도하려는 교계성에 서 있다. 이런 선사의 선정이 남겨 놓은 문집은 대부분 頌古的 게송이고 그 밖의 시도 대경의 사물에 의탁해서 禪旨를 노래한 것으로 보인다.

2. 철저한 頌古詩

『靑梅集』은 2권 1책으로 전하고 있다. 제1권에는 모두가 송고시이고 제2권은 그 밖의 일상적 시와 문 몇 편이 수록되어 있다. 여기서는 우선 송고시에 대하여 살펴보기로 한다.

첫 장에선 梁武帝와 達磨의 문답으로 시작된다.

처음 말씀 서릿발이라 궁전을 쳤고	初言霜氣打宮紅
끝내는 번개로 푸른 하늘 갈랐다.	末後雷光閃碧空
갈잎이 바람에 의해서 온 것 아니요	蘆渡不因風力在
용의 배 밤에 건너 꿈만 거듭거듭.	龍舟夜渡夢重重

양무제가 대사에게 물었다. "짐이 일생 동안 절을 짓고 스님을 공양하면 어떤 공덕이 있겠습니까?"하니 대사는 아무 공덕이 없다고 대답하였다. 무제가 다시 물었다. "성인이 되는 진리의 제일의 뜻〔聖諦第一義〕이 무엇입니까?" 하니 대사는 "툭 트여 성인이라 할 것이 없다."하였다. 무제 다시 물었다. "내 앞에 있는 이는 누구입니까?"하니 "모르겠다."하였다.

이러한 本則에 대한 선사의 시가 위와 같았다. 여기서 처음 말씀〔初言〕이라 함은 절을 짓고 스님을 대접하는 공덕에 대한 대답이다. 아무 공덕이 없다 했으니, 무제가 지은 절이나 궁전을 그 자리에서 때려 부순 셈이다. 끝구라 함은 성인은 확 트여 없는 것이라 한 성제제일의에 대한 시구다. 푸른 하늘에는 번개가 일지 않는다. 그런데 이 번개가 푸른 하늘에서 번쩍 빛난다 했으니, '확연 무성'에 대한 느낌이 절로 드는 시구이다. 푸른 하늘에 번개가 없지만 하늘을 연상하지 않고서는 번개를 알 수가 없다. 성인은 모습으로 이해되는 것이 아니지만 거기에 가기 위해서는 어떠한 진리의 요체를 밟지 않고서는 갈 수가 없다. 전결구는 달마 대사가 갈잎을 타고 서역에서 왔다는 전래에 대한 이해할 수 없는 이해를 촉구하는 것으로 보인다.

진흙에서 넘어지면 진흙 딛고 일어나야　因泥而倒從泥起
병과 약이 모두 내 한 몸에서　　　　　　病藥由來在一身
고갯마루 뜬구름 바람에 쓸리면　　　　　嶺上浮雲風掃盡
푸릇푸릇 시원시원 다시 먼지 없는 법.　蒼蒼落落更無塵

이는 三祖風恙에 대한 송고시이다.

삼조가 이조에게 물었다. "제가 풍증의 병이 들었으니 선생님께서는 이 죄를 참회케 하소서."하니 이조 다시 묻되 "죄를 잡아와라, 내 네 죄를 참회시켜주마." 삼조 대답하되 "죄를 찾아도 찾을 수 없습니다."하니 "참회 다 되었다." 하였다.

병이나 약이 모두가 자신에게 유래하는 것이다. 병이 있다고 알았다면 약은 그 병에 따라서 자신이 취하는 것이 아닐까. 땅에 자빠졌으면 땅을 짚어야 일어난다. 약은 병 그 자체에서 찾는 것이 옳을 것이다. 구름이나 바람이나 공기의 유동으로 일어나기는 마찬가지일 것이다. 구름은 가리고 바람은 이 가림을 쫓아준다고 느낀다. 어찌 되었건 바람에 구름이 날리면 하늘은 또 그대로이다. 구름 낀 하늘에서 보면 흐림은 없다. 더욱 더 푸르고 아득하여 먼지를 연상할 수가 없다. 내 병이 있다고 생각하는 구름과, 죄를 찾아도 없다는 바람의 날림에서 쾌청한 하늘이 되돌아왔듯이 내 마음은 평정을 찾은 것이다.

망망한 천지 중간 끝 어디 있나　　　茫茫堪輿絕中邊
찢어 놓고 갈라 놓고 하늘을 원망해　幅裂豆分豈怨天

그물 빠져나간 고기 다시 물에 막히고　　透網錦鱗還滯水
만리를 나는 붕새도 어깨 한번 쳐야 해.　鵬搏萬里一搖肩

四祖解脫의 송고시다. 사조가 삼조에게 "해탈의 방법을 알려주십시오.?"하였다. 삼조 대답하되 "너를 결박한 사람이 없지 않느냐?"하니 곧 크게 깨달았다는 것이다.

이 망망한 천지에 대하여 어디가 중앙이고 어디가 두 끝이라 할 수 없을 것이다. 그러나 우리는 하늘과 땅 사이라는 중간을 정하고 있다. 하지만 어디가 정확한 중앙인가. 하늘의 실체가 있더라도 무한한 공간일 것이니 어디가 중앙이란 말인가. 흔히 땅끝이라 하지만 어디가 끝인가. 동서니 남북이니 해놓고 시선이 끝나는 어느 지점을 놓고 그것이 끝이라 하면 시선이 옮겼을 때는 또 어찌해야 되는가. 마치 한폭의 천을 잘라 놓고 다시 두 끝을 만들고, 콩을 쪼개 놓고서 중앙이니 양변이니 하는 것이 아니냐. 콩은 어디까지나 하나의 콩인데.

고기가 그물을 빠져나갔다 해서 그 고기가 자유를 얻은 것인가. 물이라는 물체의 주변을 떼어버릴 수 없다면 고기는 물에 갇혀 있는 것이 아닌가. 붕새가 단번에 만리를 날았다 하지만 날개를 한 번 쉬면 만리를 다시 떨어지는 것이 아니냐. 고기가 물에 갇혀 있지만 갇혀 있다는 생각이 없듯이 내 몸에 속박이 없다면 무슨 해탈을 어디서 찾을 것인가. 마음에 이미 얽매임이 있어서 그렇다면 이 얽매임의 집착을 떨어버려야 할 것이 아닐까.

물가 연기인 듯 현란한 부용꽃인 양 보드라운 살결　　水邊烟膩亂芙蓉
종소리도 끊긴 장락궁은 밤이 깊었다.　　長樂鍾罷夜正中
쇠나 돌의 자물쇠도 감당할 수 없이　　金銷玉房都不管
서리바람처럼 엄중하여 길이 통하지 않네.　　風嚴霜重路難通

당나라 武后가 慧安 國師와 神秀 大師를 함께 궁중으로 불러 대접하고는 스님들께 목욕을 하게 하였다. 그리고서 궁녀를 시켜 등을 밀어드리게 하였으나 스님께서는 태연자약하여 전혀 동요됨이 없었다. 이에 무후는 감탄하여 목욕에 드는 것을 보고 비로소 큰 문이 있음을 알았다 하였다.

위 시는 여기에 대한 송시이다. 기·승구는 궁녀의 고운 몸매와 밤이 깊어 고요한 궁중을 묘사하였으니 주변의 절박한 사정을 잘 표현하였다. 물보라 같고

안개 같은 고운 살결, 부용꽃 같은 아름다운 모습의 여인이 옆에 있다. 그것도
목욕탕이라는 나신의 곳에서 말이다. 궁안의 모든 시끄러움도 사라진 밤중으로
표현되어 있다. 이 절박한 분위기, 그야말로 百尺竿頭에 선 것이다. 여기에서
어떻게 해야 하나. 태연자약하다 했으니 굳은 자물쇠로 잠겼다 해도 이보다 더
할 것인가. 그래서 어느 비유로도 이 상황을 설명할 수가 없다. 그래서 都不管
이라 하였다.

서리보다 더 냉엄하고 겨울바람보다 더 싸늘하다. 그 길은 뚫을 수가 없다.
따지고 보면 마음에 원래 문이 있는 것이 아니니 열렸다면 항시 열려 있는 것
이요, 잠겼다면 항시 잠겨 있는 것이다. 원래 닫힘이 없었으니 열려 해도 열림
이 없는 것이다. 그래서 무심인 것이다. 스님들은 원래 무심이었고 궁녀는 의
도적 유심이었으니 이 범속의 유심으로 저 무심에 맞설 수 없는 것이다. 열려
해도 열 것이 없는 문, 이것이 더 굳게 잠겨진 문인 것이다.

수저 대봐도 열리지 않은 조개　　　　玉筋方垂劈不張
절로 이는 의심에 사르는 향불　　　　自生疑惑謾燒香
서글프다, 가져다 강에 버리지　　　　堪嗟不把投江底
부질없이 온 누리에 도량을 지으라네.　遍界空敎作道場

당나라 文宗이 조개를 즐겨 자셨다. 하루는 수라상에 벌어지지 않은 조개가
있었다. 문종이 향을 사루어 기도하였더니, 조금 있자 보살이 그 안에서 나타
났다. 문종은 천하에 영을 내려 사원을 수축하게 하고 관음보살의 상을 모시게
하였다.

위 시는 여기에 대한 송시이다. 그러나 시의 내용은 역설적이다. 기승구에서
는 있었던 사실을 말했고, 전결구에서 선사의 의중을 말하였다. 그런 일이 있
었다 해서 거기에 의혹을 품어 향을 피우고 기도할 것은 무엇이냐는 의미이다.
오히려 조개의 본향인 강으로 보내는 것이 더 마땅하지 않았겠느냐는 문맥으로
이해된다. 더구나 그 결과가 천하에 도량을 짓는 번거로움을 일게 하지 않았느
냐는 결론이다. 어떻게 이해해야 할지 잘 모르겠으나, 혹여 있는 그대로 두어
두는 것이 여여한 실상에 가깝다는 선지를 표현한 것이라면 망발이 될 것인지
극히 조심스러운 해석이다.

꽃다운 복숭아 오얏꽃 한빛의 봄　　　桃李芳菲一色春

남쪽 집 웃을 때 북쪽 집 찡그려   南家解笑北家嚬
양귀비 백옥 같은 몸 창 아래 쓰러지니   楊妃玉碎金戈下
옆에서는 고개 돌려 웃는 이 있다.   傍有回頭啓齒人

봄 강 천리에 파란 아지랑이 흐르면   春江千里碧烟流
깊이 감추는 고기, 떠 있는 오리   魚即深沈鴨即浮
西施 한번 지나는 거리에는   西子一從都下過
온갖 사람 엿보며 이야기꽃 피우네.   千門傍見話難休

앞시는 非心非佛의 송시요, 뒷시는 即心即佛의 송시다. 봄이 되어 흐드러지게 핀 꽃은 다 같이 봄이다. 그렇지만 복숭아꽃이나 오얏꽃은 그 이름이 다른만큼 꽃도 또 다르다. 남쪽 집에서는 꽃이 피었다고 기뻐하나 응달에 사는 북쪽 집에서는 아직 피지 않은 꽃이기에 울상이 될 수도 있다.

천하절색 양귀비가 안록산 난리의 여파로 해서 馬嵬坂에서 참형을 당했을 때 그 옆에서 은근히 미소 짓는 여인이 있을 것이다. 저 미인의 그늘에 가려 빛을 못보던 여인으로서는 죽음을 애도하는 일반적인 형식적 감정보다 자신에게 올 실리적 즐거움이 있을 수밖에 없다.

안개 서린 봄강은 유리알처럼 곱게 흐른다. 그러나 거기에 포용된 사물들은 제 속성에 따라 다르다. 깊이 숨는 물고기가 있는가 하면 수면에 뜨는 오리가 있다. 그것 나름대로 자성이 있어서이다. 각기 자기의 미는 자기가 간직하고 있다. 그러나 절대적 미는 그 나름대로 또 부러움이 있다.

서시는 전국시대의 지극히 아름다운 여인이다. 누구나 부러워하는 미인이다. 오죽하면 서시가 배가 아파 얼굴을 찡그리면 그것이 아름다움인 줄 알고 이웃의 추녀는 그 찡그리는 모습을 흉내냈다 한다. 이런 미인이 장안 거리를 지나면 집집마다 그를 엿보며 화제가 만발하였다는 내용이다. 어쩌면 이것이 누구나 있을 보편적 심성일는지 모른다. 우리는 이런 보편성에서 진리의 올바름을 깨달아야 하는 것은 아닐까 생각해본다.

모두가 한 뿌리라 이미 고동 열렸네   一體同根已發機
붉은 꽃 푸른 잎 함께 아른아른   紅花綠葉共依依
두어 가지 봄 뒤까지 향내 남았으니   數枝春後殘香在
나비에게 빌려 줘 하룻밤 재울까.   借與黃娥一宿歸

陸亘 大夫가 南泉 和尙과 이야기를 나누다가 "僧肇 法師가 말한 '천지는 한 뿌리이고, 만물은 한 가지'라 함이 심히 이상합니다."하니 남전 화상이 뜰 앞의 꽃을 가리키며 "요새 사람은 이 한 그루 꽃을 보고 꿈과 같다 한다."하였다는 내용에 대한 송시이다.

이 天地同根 萬物一體는 莊子가 제물론에서 말했던 것이다. 거기서는 "천지는 나와 함께 나고 만물은 나와 하나가 된다"〔天地與我並生 而萬物與我爲一〕라 한 것에서 원용했다 하겠으니 이는 사람과 사물이 다를 것이 없는 것으로 보는 견해다. 이것을 이해할 수 없는 육긍에게 남전 화상은 꽃을 보고 깨우쳐 준 것이다. 이 한 그루 꽃이 바로 만물 중의 하나로서 지금 구체적으로 보여준 만물의 일체성이 아니겠느냐. 그렇지만 요새 사람들은 꿈에 보듯이 이 확실한 여여 실상을 보지 못하기 때문에 엄연한 이 실체를 놓치는 것이라는 말이다. 여기에 대한 선사의 송시는 이 機微의 드러남에서 꽃은 붉고 잎은 푸른 이 사실, 이것이 바로 같은 천지의 뿌리에서 나온 것이요, 나오되 자성대로 각기 일체성을 유지하여 꽃나무라는 한 그루가 된 것이 아니냐. 거기에 향내가 있어 나비도 쉬어 가게 하니 꽃과 나비의 이질성이 또다시 동질화되는 것은 아니겠는가.

큰 박은 형상을 여읜 하나의 큰 허공	大朴無形一大空
소리도 냄새도 없이 있고 없음의 어느 쪽	無聲無臭有無中
봄바람에 어느 곳이나 꽃 없는 데 없으나	春風何處無花發
가을 산 서리 내리면 어디나 붉은 잎.	霜灑秋山葉自紅

어느 俗士가 西堂 大師께 물었다. "천당이나 지옥이 있습니까?"하니 "있다."고 대답하자 속사가 말하기를 "徑山은 없다 합니다."했다. 서당이 다시 묻되 "너는 처자가 있느냐?" "있습니다."하니 서당은 다시 "경산이 처자가 있느냐?" "없지요."했다. "그러니 경산은 천당 지옥이 없다 해야 하지 않느냐?"하니 속사가 사례하고 갔다.

여기에 대한 선사의 송시다. 있고 없음이 자신의 마음일 것이다. 그러나 대상의 있고 없음에 매달리면 그 자체의 있고 없음만 알게 되니 봄에는 꽃을 보고 가을에는 단풍을 본다. 그렇지만 이 모든 것을 포용한 이 우주에서 보면 어디가 있는 것이며 어디가 없는 것이랴. 그저 있고 없음을 초월한 것이다. 그러면서 보이는 그 자체가 있는 것이요, 그것이 그대로 실체일 수도 있다. 그러므

로 있고 없음이 둘이 아니요〔有無不二〕, 두 끝에 매달림이 없어야〔不落兩邊〕
한다.

　위에서 인거한 시들은 인오 선사의 『청매집』 권1에 있는 송고시를 임의로
추출해 감상해본 것이다. 극히 일부분에 불과하였으므로 선사의 송고시를 보았
다 할 수도 없겠으나, 이것이 선사가 오로지 선시로만 일관한 스님이었음을 간
접적으로 이해하고 아울러 선사의 행적에 대한 딴 자료가 없음에 대한 보충이
되었으면 하는 것이다. 송고시가 아닌 일반적인 시에서도 다른 스님에게서 보
기 드물 만큼 禪機的 시가 대부분임을 밝혀 이것으로 선사께서 처했던 당시의
상황을 짐작하는 데 보탬이 된다면 다행으로 생각한다.

禪機 넘치는 逍遙의 詩

1. 간략한 행적

西山 大師의 큰 제자의 한 사람으로 逍遙堂(1562-1649)이라는 분이 계신다.
대사의 법휘는 太能이고 소요당은 호이다. 속성은 吳氏이고 潭陽 사람이시다.

대사의 행적에 대해서는 자세히 전하지 않으나 李景奭(1595~1671)이 지은
碑銘이 있어 대략 전하고 있다. 현재 전해지고 있는 대사의 시문집인『逍遙堂
集』은 대사가 입적하신 뒤 150여 년 후에 인행되었으니 그 당시의 丁範祖
(1723~1801)나 李輪祥(?~?)의 서문에서 대사의 행적을 약간 짐작하게 한다.
이 문집이 正祖 19년(1795)에 간행된 것으로 알고 있으나 실지로 간행된 것은
그보다 5년 뒤인 정조 24년(1800)의 일이다. 그 이유는 서문은 정조 19년에
쓰여졌으나 李勉輝의 발문은 嘉慶 5년 경신년으로 되어 있기 때문이다. 가경
5년은 정조 24년이다. 그러니까 문집 간행계획을 하고서도 여러 해 지연되다
가 5년 뒤에 간행된 것이다. 발문을 쓴 이면휘는 대사의 비명을 쓴 이경석의
6대손이었다. 이러한 세의로 해서 발문을 썼던 것이다.

이 초판본을 근대에 다시 재판하게 되었다. 그 당시의 서문을 呂圭亨 (1849
~1922)이 쓰고 있다. 이때 대사의 행장이 수록된 것 같다. 대사의 행장을 11
대 法孫인 猊雲 惠勤이 쓰고 있다. 초판을 주관했던 것은 6대 법손인 春潭이었
으니 11대 법손이 행장을 썼다면 초판 출간이 있고서도 상당한 시일이 경과한
뒤였을 것이다.

여기서는 11대 법손인 혜근이 지은 행장을 소개하여 대사의 행적을 알아보
도록 하겠다.

대선사의 휘는 太能이요, 逍遙는 호이다. 속성은 오씨인데 호남의 담양 사람
이다. 명종 임술년(17년 1562) 9월에 태어나셨다. 어머니의 꿈에 신령스러운

스님이 나타나 작은 글씨로 쓴 대승경을 주었다. 이로 인해서 태기가 있게 되었다.

태어나시매 살갗이 너무도 선명했으며 기품이 의젓하였다. 말을 하기 시작하면서 총명이 드러나보였고 조금씩 사물을 알아가면서 곧 탐욕을 잊어갔다. 진리의 가르침을 듣기 좋아하며 남에게 베풀기를 좋아하니 동리에서 聖童이라 일컫게 되었다.

겨우 13살에 백양산에 놀러갔다가 세속 밖의 경지를 보고는 곧 속세를 벗어날 뜻을 가졌다. 依眞 大師에게 머리를 깎고 모든 경과 율을 익혀 뜻을 궁구하여 남음이 없었다.

당시 부휴 대사께서 속리산과 해인사에서 큰 교화를 펴고 있었다. 대사는 그를 따라 오묘한 선지를 모두 전해 받았다. 부휴의 문하에 수백의 문도가 모였으나 대사와 雲谷沖徽 松月應祥만이 법문의 삼걸이라 하였다.

명나라 李如松이 왜적을 물리치고 환국하다가 해인사에 들러 대사의 단아한 모습을 보고는 부휴당에게 이르되, "伯樂의 마구간에는 훌륭한 준마가 많았다는데, 대사의 제자 중에 태능이야말로 준마의 새끼이군요."하였다.

그 뒤 서산 대사가 묘향산에 큰 교화를 열었다는 소문을 듣고 곧 찾아가 종지 찾는 뜻을 아뢰니 서산 대사가 한번 보고는 법의 그릇이 될 만한 것을 알고 곧 당주를 세워 의발을 전하였다. 모신 지 3년에 당을 열어 채찍을 휘두르게 하시니 법문을 들으려는 대중이 문을 메웠다. 당시 나이 20이었다.

곧 서산 대사께서 주신 法偈가 있으니,

그림자 없는 나무 베어다	斫來無影樹
물 속 거품 다 태워버린다.	燋燼水中漚
우습구나, 소를 타고 있는 이가	可笑騎牛者
소의 등에서 다시 소를 찾네.	騎牛更覓牛

를 가지고 남쪽으로 내려와 여러 스님께 물어도 뜻을 이해하는 이가 없어 다시 서산으로 가 조사께 묻고서 비로소 '삶이 없음〔無生〕'을 알았다. 드디어 마음을 보았고 본성에 내맡길 수가 있어 툭 트인 몸으로 이리저리 노닐어 머무는 곳에는 대중이 구름 모이듯 물 흐르듯 하여 臨濟의 종풍을 크게 떨쳤다.

임진년의 난이 일어 서산 대사와 사명 대사는 의병을 일으켜 적과 싸우시고 대사께서는 법당에서 재계하시면서 부처님의 도움을 기원하셨다. 병자년 남한

산성의 역사가 있자 대사께서는 왕명을 받들어 西城을 쌓아 다음날을 예비하였으니, 임금께 충성하고 나라를 염려하는 마음은 서산, 사명과 함께하여 다름이 없었다. 대사께서 법을 강론하는 자리에는 원숭이가 독경을 듣고 고개 숙이며, 뱀이 법문을 듣고 껍질을 벗었으니, 이런 짐승에게까지 교화가 미쳤음이 이러하였다. 지리산의 新興寺, 燕谷寺를 창건하니 경향 각지에서 대사의 도력에 감화되어 며칠이 안 되어 이루고는 하였다.

仁祖 27년(1649) 11월 21일 대사께서 열반을 말씀하시며 지필을 청하여 게송 한 수를 쓰셨다.

해탈이 해탈이 아니니	解脫非解脫
열반이 어찌 고향으로 가는 것이랴	涅槃豈故鄕
吹毛劍의 칼 끝 번쩍여	吹毛光燦燦
혀 끝으로 칼날을 범했네.	口舌犯鋒鋩

마치시자 곧 열반에 드니 붉은 무지개가 하늘을 찌르고 기이한 향기가 방에 가득했다. 세상의 나이 아흔에서 두 살이 모자랐다. 다비하는 날 저녁 영골이 불 밖으로 뛰어나며 사리 두 과가 축문에 따라 공중으로 솟아올랐다. 곧 연곡사 금산사 보개산(寶蓋山)세 곳에 봉했다.

효종 대왕께서 태자로 계실 때부터 대사의 도력을 들으시고 그 높은 풍도를 흠모하였다. 이때 대사의 열반 소식을 듣고 슬퍼하시더니, 4년이 지난 임진년(효종 3년 1652) 봄에 특별히 명하시어 慧鑑 禪師의 시호를 내리셨으니 이는 실로 특이한 은전이었다. 인하여 사신을 보내어 향과 폐백을 보내시고 재상인 白軒 李景奭에게 명하여 비명을 짓게 하여 금산사에 세웠다.

문집 한 권이 세상에 간행되었다.

"불초한 문하 11대 법손 예운 혜근은 조계의 大覺庵에서 삼가 쓰다."

위의 인용문은 대사의 행장 전문이다. 이경석의 비명은 이보다 간략하고 더구나 시호가 내려졌던 일은 전혀 언급이 없다. 이 시호가 내린 사실은 초간 때의 주관자인 春潭이 말미에다 고증을 하고 있다. 그러니까 혜근의 행장은 이러한 여러 사실을 두루 인거한 셈이기 때문에 대사의 행적으로는 보다 자세한 셈이다. 위에서도 밝혔듯이 대사의 문집은 한 권으로 전하고 있다. 내용은 200여 수의 시이고 산문은 '龍湫寺法堂重創記' 하나밖에 없다. 이는 초간 자체가 대사가 입적하신 150여 년 뒤이었기 때문에 많이 산일되어 시만 유전된 것이 아닐까 한다.

2. 禪理나 人情에 직핍

　대사의 시에 대한 평은 초간이나 중간 당시에 서를 쓴 분들에게서 인정이 되었던 것이니 여기서 그 내용을 잠시 소개해보도록 하자.
　丁範祖의 서문은 시와 선의 문제도 간략히 연관지어 놓았기에 일단 주시할 만한 점이 있다.
　"시인이 시의 방법에 깊은 것은 선의 깨달음을 얻었다 할 수 있으니, 대저 깨달음은 불가의 지극한 공부이다. 그러나 시가 깨달음의 경지에 나아간다는 것은 심히 어렵다 …. 대사의 시가 2백여 편인데, 맑고 훤하고 담박한 것이 마치 허공을 지나는 구름 같으며 달이 냇물에 비친 것 같다. 적절한 언어와 절묘한 비유가 빛이나 모양의 저쪽을 뛰어넘었으니, 대저 깨달음에 가까운 분이다〔詩家以深於道謂得禪悟　蓋悟是佛氏之極工耳　雖然　詩造悟境甚難 … 大師詩　二百有餘篇　而淸空澹泊　如雲過空　而月印川間　以名言妙喩　超詣色相之先　蓋近於悟者也〕." 하였으니 시도와 선도를 한 궤도에 놓은 점이 당시의 유자로서 놀랄 만한 견해이고, 이러한 점을 겸유한 분이 소요당이라 한 점은 그 만큼 대사의 시를 인정하였던 것이다.
　대사의 시는 정범조가 말했듯이 적절한 언어와 절묘한 비유로 일관되었다 할 것이다. 그런데 이 名言과 妙喩는 시인으로서의 명언이나 묘유가 아니라 어디까지나 선사로서의 禪機的 명언이요, 묘유인 것이다. 이 점이 다른 선사의 시보다 두드러진 점이요, 어쩌면 선시로서 일관된 시라 할 수 있다. 이런 점에서 중간할 때 呂圭亨의 서문이 오히려 정곡을 잡은 것 같다. 그러므로 번거로운 감이 있더라도 전문을 옮겨보기로 한다.
　"소요 선사는 서산 청허 조사의 높은 제자이다. 조사의 문중에서 선사와 鞭羊 師는 선종이 되었고 松雲 師(사명당)는 교종이 되어 한 시대의 두 줄기였다.
　선사는 시 읊기를 좋아하여 유집이 있는데, 海左 丁範祖 尙書가 서문을 썼고 白軒 李景奭 재상이 비명을 지어서 모두가 세상에 전송되었고 당시의 학사 대부와도 시를 주고 받아 왕복이 많았으니, 이는 선사의 시법이 불법과 통하여 널리 일컬어졌기 때문이다.

내 일찍이 얻어 보지 못함을 한스러이 여긴 지가 오랬다가 금년 戊午年 (1918) 해남 대흥사의 스님친구로 선사의 후손 되는 이가 선사의 유집에 탈락된 것이 있고 또 산실된 것도 많아, 모두 수습하여 중간하고자 하여 천리길에 발이 부르트면서 유집을 만들어 나를 찾아 서문을 요구했다. 내 급히 받아 읽기를 서너 번 되풀이하면서 망연히 스스로 실망하여 본 것이 듣기와는 다르다 여겼다. 마침내 권말의 부기에 서산 조사가 선사에게 써준 게송 5언 한 수,

그림자 없는 나무 베어다	斫來無影樹
물 속 거품 다 태워버린다.	燋盡水中漚
우습구나, 소를 타고 있는 이가	可笑騎牛者
소의 등에서 다시 소를 찾네	騎牛更覓牛

를 보고는 내 비로소 훤히 깨우치고 이렇게 말한다.

이는 옛 스님들이 전해 내려준 게송인데 조사께서 우연히 읊어 전한 것이니 친히 지은 것이 아니고, 특별히 주신 것이다. 선사의 전집에 있는 5언 7언의 율시 절구 2백여 편도 이와 같다. 불도를 깃들여 지은 것이 拈頌의 여러 古則과 크게 다르지 않아 심지어는 몇 글자의 차이밖에 없는 것도 있다.

인정에 얽매이어 짓는 것도 가슴 속을 곧바로 써서 범상한 문자이고 법어로 애써 꾸미지 않았으니 오! 이는 선사가 선가의 종주됨이요, 문자로 표시하려 하지 않음이로다. 이 유집을 통하여 선사는 본가 종지에 한결같았다. 일상의 시어나 비판이나 교정에 있어서도 모두가 하나의 원만한 상호를 지었다. 이러한 주관을 가진 이가 바른 주관〔正觀〕이라 말할 수 있고, 이러한 주관이 바로 선사의 시세계였다.”

여규형이 들은 것과 실제 본 시에서 처음 실망했다 함은, 일반 시인의 시적 꾸밈이나 아름다움이 없었기에 그러했다는 뜻일 것이요, 그것은 서산 대사가 전법게로 준 게송이 선가에서 두루 전하여 이미 유행하는 시구였음에도 불구하고 그대로 전해주었다는 것은 무엇을 의미하는 것인가. 사실의 여여한 전달임을 깨닫게 한 것인 동시에 소요대사의 시도 이러한 맥락에서 평범하면서도 평범하지 않았던 것임을 알게 되었다는 뜻이다.

3. 초월의 여여한 法體

위와 같은 점을 생각하면서 실제 작품인 시를 감상해보기로 하자.

한 그루 그림자 없는 나무	一株無影木
불 속에 옮겨다 심다	移就火中栽
새 봄의 비를 가져오지 않아도	不假三春雨
난만하게 핀 붉은 꽃.	紅花爛漫開

이 시는 제자의 한 사람인 霽月守一 禪師에게 준 5수 중의 한 수로서 선문의 염송적 시다. 대사의 독창이기보다 전승되어오는 전법의 묘지를 아끼는 제자에게 전하는 것이다. 그림자 없는 나무처럼, 빛과 모습을 초월한 여여한 법체는 일상의 빛과 모습에서 모습 지어지는 것이 아니다. 불 속에 자라는 나무, 거기에서 피는 꽃, 이것이 어떻게 일상의 빛과 모습으로 설명되랴. 문자의 표상 밖에 있는 것이다.

밤과 낮 하늘의 열리고 닫힘	晝夜天開闔
봄과 가을 땅의 죽고 삶	春秋地死生
기묘하구나 저 한 물건	奇哉這一物
항시 내비치는 큰 불길.	常放大光明

제월 선사에게 준 5수 중의 하나다. 밤낮이 항하사처럼 교차되어 천지가 개합되고 봄과 가을이 아무리 순환하여 땅이 죽고 사는 것이라 하더라도 저 한 물건인 법체는 변함이 없는 것이다. 그야말로 不增不減이요, 不生不滅인 것이다.

이 5수 중의 끝 수는 대사가 서산 대사에게서 받았던 게송을 구의 순서만 바꾸어서 그대로 전해주고 있다. 한 물건이라도 나의 소유로 할 수 없고, 모든 것이 있는 그대로의 법체인 것이라면 누구에게 전하여도 그것은 그대로 여여히 존재하는 실상 그것일 뿐이다. 여기서 다시 대사의 시가 염송의 옛 시를 빌리더라도 빌리는 흔적이 따로 없고, 있는 상황에 적절하게 들어맞는 禪機임을 이해할 수 있을 것 같다.

백 천의 경전 손가락 같아서	百千經卷如標指

손가락 따라 하늘의 달을 보네.　　　　　因指當觀月在天
달 지고, 손가락 있어 한 일도 없으니　月落指忘無一事
배고프면 밥 먹고 피곤하면 잔다.　　　飢來喫飯困來眠

온갖 경전은 길잡이일 뿐 그 자체가 길이 아니다. 마치 손가락의 방향에 따라 달을 찾는 것과 같다. 손가락에 매달려 있으면 달을 못 보듯이 경전에만 매달려 있으면 법체의 원형은 끝내 모르는 것이다. 배고프면 밥을 생각하듯이 아주 일상적인 일이 법의 근원이건만 잘 모르고 있는 것은 아닌가. 그러면서 여기에 또 집착되면 여여의 본체는 또 못 찾는다. 손가락에 의하여 달을 찾았으면 손가락을 여의어야 달을 보고 달을 보았으면 달의 실상을 알아야지 변화하는 달의 겉모습에 집착되면 또 달은 지고 마는 것. 손가락도 달도 잊어 아무 것도 없는 그 상태 그것이 또한 있는 그대로의 실상인 것이다.

벌여 놓은 모든 물상 다 허깨비　　　森羅萬象同歸幻
긴 허공 지나는 새 자취 안 남겨　　鳥過長空覓沒蹤
허공이 몸 갈무리할 자리 못 되니　虛空不是藏身處
바람결에 비 젖은 소나무 보게　　　看取風前帶雨松

義玄 法師에게 준 시다. 법의 실상을 어디서 찾아야 할 것인가. 눈에 보이는 만상이 바로 실상일 것이나 사실 그것은 껍데기에 불과한 허깨비 같은 허상이다. 법체는 오히려 그 이면에 숨어 있는 것이다. 새가 나는 것이 실상이나 그것은 순식간에 사라지고 허공에는 자취도 없다. 자취가 허상의 영상이겠으나 그것마저도 남기지 않는 것이 오히려 실상일지 모른다. 그렇지만 허공이 허공 그 자체로 존재하는 것이라면 또 실상은 어디에 있을 것인가. 그러니 난간 앞 바람과 골 머리의 소나무 비를 띠어 서늘한 모습에서 오히려 허공의 빈 것을 알아야 할 것은 아닌가. 모든 것이 있는 그대로의 실상이요, 그것이 바로 진여의 법계이지 않을까.

붉은 연꽃 불 속에 피어 옛날 옷에 떨어지니　　　火裡紅蓮落故衣
나무하는 아이 주워서 광주리 가득히 돌아오네　木童收拾滿筐歸
옛 가락 곡조 없으니 누가 화답할 수 있으랴만　古曲無音誰敢和
시냇가 돌계집 방긋이 웃네.　　　　　　　　　　溪邊石女笑微微

앞에서 보았던 그림자 없는 나무 불 속에 심어서 난만히 핀 꽃을 보았다는 내용과 같은 궤도에 놓이는 시이겠다. 불 속에 피는 연꽃이 있을 수 있는가. 이것이 혹여 허황한 망상이 아닐 것인가 하겠으나 이것이 망상이라고 생각하는 것이 오히려 망상인 것이다. 연못에 피는 것이 연꽃이라는 고정된 생각 이것이 환각인 것이다. 마음 속에서 일고 있는 불길에 오히려 조용히 피어나는 연꽃의 진리를 깨닫는다면 이것을 주워담은 나무꾼이 바로 나인 것이다.

시내의 물은 예와 이제가 없는 시무애의 물소리이나 우리 범부는 옛 곡조가 사라져 화답을 할 수 없다. 하나 시간의 구애를 받음이 없는 석녀는 물소리에 화답하여 방긋이 웃는다. 우리는 이 웃음을 이해 할 수 있어야 하겠고, 또한 이 석녀로 대표되는 불성의 본체를 찾아야 하겠다. 이 석녀의 웃음에서 법열을 느껴야 하겠다.

물소리를 듣고 짓는 시 한 수를 더 보자.

근본을 놓치고 소리만 따라 몇 겁을 지냈다	迷本隨聲幾劫中
온갖 법은 원래가 원융 회통한 것	元來萬法是圓通
멀리 생각난다, 옛날 관음보살께서	追思往昔觀音佛
듣고 또 들어 오묘히 공한 이치 듣게 한 것을.	勑使聞聞入妙空

金流洞에서 金溪聲을 듣고 짓는다 하였다. 시내 흐름의 본체가 무엇인가 생각 없이 소리만 따르다 보면 그 본체는 잃게 되는 것이다. 소리와 흐름, 또는 물과 나무, 또는 시내와 산, 모든 것이 조화 속에 이루어졌다. 이 조화 이것이 바로 진여법체의 원만함일 것이다. 자연은 우리에게 이런 속에서 이 원융함을 깨달으라고 한다. 소리를 소리로만 들을 것이 아니라, 이 원융한 법음으로 들어야 할 것이다.

4. 無言의 교감

위에서 보아온 시들은 모두가 선기의 표출이면서 그것이 옛 염송의 고칙에 있는 것과 대동소이한 것을 당시 대사가 처해 있는 상황에 따라 적절하고 여여하게 표현한 것이다. 그러므로 시인의 창작적 의미로는 다소 험되게 여겨질지 모르나 선가의 종지에서 벗어나지 않으려는 일관된 주관으로 본다면 선사로서

의 바른 자세인 것이 틀림없다. 이런 반면 대사가 승속간의 정이 어린 수답에
는 반드시 선기적 표현으로만 일관한 것이 아니요, 오히려 격의 없는 흉금을
펴서 솔직 담박하게 나타내고 있음이 역시 선사의 높은 인품과 표현의 묘임을
알 수 있게 한다.

강남의 백양산에 높이 누워서	湘南高臥白羊山
달 아래 시내 소리 잔잔함 듣다	靜聽寒溪月下潺
계수나무 달그늘 속 반쯤 닫힌 문으로	丹桂陰中門半掩
지팡이 하나 구름 사이에서 왔네.	一笻來自碧雲間

　이 시는 당시 재상이었던 朴淳이 부르는 운자에 대해 쓴 것이라 그러니까 작
시의 동기 자체가 즉석에서 쓴 것이라 의도적 꾸밈이나 조탁의 여지가 없다.
앞의 두 구에서 선사의 근황을 말하되 그저 한적 그대로의 표현이다. 뒤의 두
구는 박순이 찾아온 상황을 말하되 달 속 계수나무를 배경으로 문을 반쯤 닫았
다 하여 언제라도 손님을 맞이할 여유를 보이면서 손님을 구름에서 내리는 신
선으로 미화했다. 그러면서 신선이라는 직서술 없이 시의 내용에서 그렇게 이
해하도록 표현하고 있다. 이렇듯 사람과의 만남에서는 그저 솔직 담박할 뿐이
다.

객지에서 만난 그대 구면과 같아	塞外逢君如舊識
아마도 다 같은 한수 남쪽 사람이기에	只緣同是漢南人
이별 후 다시 생각 나는 때 있으면	欲知別後相思處
밝은 달 빈 산에 두견새 있겠지.	明月空山有杜鵑

　圓 上人을 이별하면서 지은 시다. 이별하고 있는 지금의 심정을 그저 담담히
읊고 있다. 자주 만난 처지가 아니고 어쩌면 처음 만났다가 다시 이별하는 처
지인 것 같기도 하다. 그러면서도 느끼는 기분은 몇십 년의 지기 이상으로 다
정하게 느껴진다. 그 비밀이 무엇일까. 그것은 다름 아닌 그저 담담한 표현 때
문이다. 같은 고향사람이 먼저 먼 객지에서 만났던 것 같다. 다시 서로 생각나
면 그때는 달과 산 두견새를 배경으로 서로의 의지는 통할 것이다. 중천의 달
을 매개로 이쪽 산의 두견과 저쪽 산의 두견이 서로 전달자가 되어 포물선을
그리는 교신이 가능할 것이다.
　비슷한 시상의 이별 한 수를 더 들어본다.

떠나는 정에 매인 생각 함께 섭섭해	離情羈思共悽悽
봄 지난 강남 더욱 어설퍼	春盡江南意轉迷
산새야 이 얼마간의 생각 알랴만	山鳥不知多少恨
해저녁 숲에서 우릴 보고 우네.	隔林斜日向人啼

산새를 배경으로 두 사람의 우정을 살며시 전달하고 있다. 이렇듯 주고 받는 시에 표현된 생각이 진실하고 담박하여 정을 더 느끼게 한다. 대사는 자신의 감회를 서술함에 있어서도 자신의 고요한 생각을 은은히 표출시키고 있다.

오동나무 한 잎에 가을임을 알다	梧桐一葉暗知秋
서풍을 탄 기러기 누대를 지나네	雁帶西風過小樓
병든 나그네 이 시름 견디기 어려워	病客不堪鄉思苦
밝은 달 창가에 한가로운 수심.	夜窓明月送閑愁

기러기 소리에 느껴 짓는다는 시다. 뜰 앞에 넓적한 오동잎이 지면 벌써 가을소리가 들리기 시작한다. 때마침 기러기 울어 가면 나그네는 고향을 생각하게 된다. 기러기도 겨울을 나기 위하여 남쪽을 향하는데 집을 찾지 못하는 나그네의 시름은 이에 따라 더할 수밖에 없다.

이 시는 이렇게 평범한 가을의 느낌이다. 그러면서도 누구에게나 절실한 가을날의 심정이다. 역시 진여인 듯한 담박성 때문일 것으로 생각된다.

5. 기교를 버리는 담박한 순수

호화로운 거리 한 자나 깊은 붉은 먼지	紫陌紅塵尺許深
얼마나 많은 손님 뜨락 잠기락	幾多遊宦客浮沈
누가 알리 한 조각 구름 깊은 골	誰知一片白雲壑
하늘이 나에게 준 만금의 값어치.	天付貧僧值萬金

앞의 두 구는 세속의 영리에 얽매인 어리석음을 말하면서 뒤의 두 구에선 가진 것 없으면서도 산 속의 부자를 대비시켰다. 있고 없음이 마음의 소관이지 물질이 아닌 것이다. 마음이 넉넉하면 무엇에나 여유가 있고, 마음이 조급하면 아무리 많은 물질도 부족하게 느끼는 것이다.

이 산 속에 있다면 골을 메운 저 구름이다. 그러나 이것은 속세에서는 만금을 주어도 누리지 못하는 여유인 것이다.

> 달의 물결 돌벽에 부딪히고　　月波飜石壁
> 솔 바람 맑은 노래 보내네　　松籟送淸音
> 이것 이해 못하면　　　　　　於斯若不會
> 헛되이 보내는 노파의 마음.　孤負老婆心

달빛은 바위에 떨어져 부서지고 솔바람은 솔솔 상쾌히 불어준다. 이것을 이해하지 못하면 산 속의 늙음이 헛되다는 것은 너무도 솔직한 표현이다. 이것이 바로 진여의 법체인 것이다. 있는 그대로의 것이다. 속세인으로 볼 때에 한가하다든가 조용하다든가 하겠지만, 법체 그 자체에는 이러한 언어적 표현이 끊어지는 자리인 것이다. 어떤 언어로 표현해도 이 경지의 참모습을 말할 수가 없다. 작자인 선사로서야 이해와 표현이 가능하기에 헛되이 늙지 않는 것이다. 그러기에 결국 격식 밖의 선지는 따로이 전할 수가 없는 것이다. 다음의 시는 그러한 점을 말한 것이다.

> 잎 지자 일천 산 조용하고　　　葉脫千峯靜
> 달 뜨니 온갖 골 기묘하구료　　月臨萬壑奇
> 산 집의 이 오묘한 말 끊어서　山家絶言妙
> 바깥 세상에 앎이 없게 하구료　勿使外人知

이 조용하고 기이한 모습. 이것은 산가만이 갖는 오묘한 멋, 또는 선사만이 느끼는 법체의 실현일 수도 있으니 밖으로 알릴 수도 없고 남에게 전할 수도 없는 것이다. 선가의 표현이 말을 여의고 생각을 끊는 것이라면 여기에서도 이 언어의 절단을 은연히 표현한 것이다.

선시의 극단적 수사법이 생각을 일단 멈추는 絶慮에 있다면 소요 대사의 시는 이 절려에서 출발하여 마지 못한 표현이기에 시적 수사의 기교를 버리고 그저 담박한 순수로서 마음의 느낌 그대로 직서술했다 하겠다. 그것이 선기적 표현일 때 기존의 염송 고칙이라 하더라도 상황의 적확성에 따라 그대로 원용될 수도 있었던 것이다.

鞭羊의 僧俗無碍

1. 僧俗간의 격의 없는 사귐

四溟堂과 함께 西山 大師의 문하에 쌍벽으로 일컬어지는 편양당(1581~1644)의 행적은 白洲 李明漢이 지은 碑銘과 東洲山人 李敏求가 쓴 『鞭羊集』 서문에 간략히 소개되어 있다.

여기서는 이 비문을 옮겨 대사의 행적을 소개하는 것으로 하겠다. 『白洲集』 권 18에 전문이 수록되어 있다. ·

"편양당 대사가 묘향산 內院庵에서 이미 시멸하매 그의 제자 義信, 釋敏, 說淸이 곧 대사의 평생 행적을 갖추어가지고 눈 바람을 무릅쓰고 천 리를 달려 서울로 와서 나를 찾아보고 말하기를, '우리 대사께서는 서산 대사의 法嗣이십니다. 우리 대사께서는 서산 대사를 위하여 선친이신 상국공〔月沙 李廷龜〕에게 청하여 비문을 받아 이미 楓岳에 새겨 놓았습니다. 공이 또 우리 대사의 비명을 써주면 곧 우리 空門은 대대로 상국의 문중에서 내려준 명문이 길이 남을 것입니다.

우리 대사의 법휘는 彦機이고 편양당은 호입니다. 속성은 張氏인데 竹州분이고, 珀의 아드님입니다. 어머님이 꿈에 해와 달을 품어 잉태하셨고 선조 14년(1581) 7월에 태어나셨습니다.

어려서 玄賓 大師께 나아가 구족계를 받았고 자라서 서산 대사에게 나아가 심법을 모두 전해 받았습니다. 남쪽으로 노닐며 모든 선사께 참학하여 배움을 이루었습니다.

때로는 楓岳에 머물렀고 때로는 묘향산에 머물면서 당을 열어 설법을 강하시어 널리 선·교의 뜻을 펼치셨습니다. 이에 따라서 깨달으시고 지키신 일은 다 기록할 수가 없습니다. 인조 22년(1644) 5월 초4일에 가벼운 병환으로 천화하시니 法臘이 53세이었습니다.

입적하실 즈음 제자들에게 부탁하심이 안색에 조금도 변하심이 없었고 이미 입적하시매 기이한 향기가 공간을 메웠습니다. 7일이 지나 다비할 때에 불길 속에서 정골을 얻었습니다. 제자들이 슬피 울며 3주야를 지성으로 재계하였고 은빛 사리 다섯 잎을 얻어 普賢寺 남쪽에다 석종으로 모셨습니다.

또 풍악 서산 대사의 비명 뒤에 마주 비석을 세우려 하여 이미 돌을 마련해 놓고 감히 청하는 바입니다.”

하며 간청해 마지 않는다.

“오! 그대들은 스승을 높일 줄 아는 이라 말할 만하구나. 기억하건대 내가 先府君을 모시고 있을 때 그대의 스승이 비명을 청하러 왔을 때에 빛나는 눈동자와 수려한 눈썹에는 신령한 풍채가 넘쳤고 그 말을 듣고 그 행실을 알았더니, 10여 년 뒤에 관동절도사의 임무를 띠고 장안사 표훈사를 들렸는데 그 중간에 白華寺라는 절이 하나 있었다. 그것이 바로 그대 스승이 서산 대사를 위하여 새로 창건한 것이었다. 절의 북쪽에 비와 탑이 서로 마주보고 서서 衆香의 여러 봉우리와 함께 뛰어났으니, 모두가 그대 스승이 서산 대사를 위하여 세운 것이고 비문은 나의 선부군의 글이었다.

또 5년이 지난 지금에 내가 그대를 위하여 그대 스승의 비명을 지어 그대 스승이 세운 비석과 함께 하게 되었으니 이는 사람살이의 우연으로만 그렇게 된 것이 아니로다. 내 그런 연유로 사양할 수가 없구나. 銘을 쓰되,

내원의 암자여! 대사의 대사가 함께 입적했도다

백화사의 비석이여, 대사와 대사의 스승이 함께 행적을 기록했도다

묘향산 풍악산 만고에 길이 남아 있음이여!

대사와 대사의 스승이 함께 무궁토록 이름이 남겠도다〔內院之庵兮 師之師同入寂也 白華之石兮 師與師之師同記蹟也 香山楓岳亘萬古而長存兮 師與師之師同流名於無極〕.”

이 비명으로 편양당의 행적을 구체적으로 알 수는 없으나, 서산 대사와의 법사적 관계와 월사 백주 부자와 서산, 편양의 관계는 비록 승속의 길은 다르다 하여도 그 다른 길을 초월한 인간적 관계였음을 알 수 있다.

우리는 여기서 조선조에서 불교가 그렇게 탄압을 받으면서도 시간과 공간을 초월하여 무한한 법등을 밝힐 수 있었던 힘이 이러한 높은 스님들의 법력이 유생의 마음을 살 수 있었다는 점을 이해해야 되겠다. 위의 비문에서 보듯이 간결하면서도 불가의 부자와 속가의 부자가 맺어진 世誼와 같은 정감은 믿음 이

상의 소박 그대로임이 감명스럽다. 비문이나 행장이 사실 이상으로 미화되기가 쉬운 것인데, 이 비문에서는 그러한 점은 하나도 보이지 않고 인간적 정리만이 돋보이고 있으니 이것이 바로 마음과 마음의 맺음이다.

월사가 서산 대사의 비명을 쓰면서 그 서두에 한 말도 바로 이런 점에서 매우 인상 깊은 데가 있다.

"나는 불가의 진리를 모른다. 그러므로 평생에 불교를 좋아하지 않았다. 일부러 불교를 배척하려는 것이 아니라 문자로 헛되이 이름을 날려 30여 년의 문단을 지켰기 때문이다.

불가들이 이름을 좇아 시를 구하여 날마다 줄을 이으니 재산의 승려나 시문의 승려를 만나면 흔연히 응대했으나 이것도 불가에 탐닉하려는 뜻은 아니었다."

라고 하였다. 역시 마음과 마음의 상통에는 교리의 다름이 문제되는 것이 아니었음을 알 수 있다.

이 글에서는 이런 점을 감안하여 『편양집』에 실려있는 시를 대상으로 승속을 초월한 수답을 살펴보기로 한다. 『편양집』 권1에는 시 90여 수가 수록되어 있다. 그 중 거의가 스님이나 속인에게 준 시다. 이로 보아서도 승속을 가림 없이 마음의 주고 받음을 시로 승화시켰음을 알 수가 있다.

위에서 백주가 쓴 서문으로 월사와 서산 대사, 백주와 편양당의 사이를 이해하였지만 『편양집』에는 백주의 아우인 玄洲 李昭漢에게 준 시가 있다.

현주는 바로 韓退之이나,	玄洲正退之
촌스런 늙은이는 太顚이 못돼	野老非顚師
도를 사귐에 뜻이 서로 맞으면	交道若相契
옷 선물이 시만 못하겠지요.	贐衣不若詩

현주는 이소한의 호이다. 현주는 월사 이정구의 아들이고, 백주 이명한의 아우이다. 시의 제목이 「次李承旨韻」이라 한 것으로 보아 현주의 시에 대한 화답이리라. 더구나 시의 내용에서 옷 선물이 시만 못하다고 한 것으로 보아 대사에게 옷벌이나 선사하였던 모양이다. 여기에 대해서 대사는 韓愈와 太顚의 고사를 빌어 서로의 관계를 비유하고 있다. 현주의 시집인 『玄洲集』에는 편양당에게 준 시는 보이지 않으나 逍遙堂(太能)에게 수답한 시는 몇 수가 있다. 그

중 한 수를 들어 서로의 친숙을 이해해보자.

책상 닦아 참다운 스님 만류하여	掃榻留眞釋
흉금을 열어 도 이야기 듣는다	開襟聽道談
기이한 놀이에 옛 숙원 이루니	奇遊諧宿願
남쪽 땅 머무름 한스럽지 않구료	不恨滯周南

시의 내용에서 보이듯이 서로의 만남이 숙원을 이룬 것으로 이해된다. 東陽尉 申翊聖과의 수답 몇 수가 있어 소개해본다.

봉우리마다 다른 바위 모습	石勢峰峰異
곳곳 다 같은 가을 기운	秋容處處同
유람객 이 오묘한 뜻 알았으면	遊人如得旨
구태여 진여 풍도 물어 무엇해	不必問眞風

동양위는 선조의 부마였다. 시문이 뛰어났을 뿐만 아니라 글씨에도 탁월하여 서산 대사의 비문 글씨도 이 동양위가 썼으니, 당시의 불교계와 인연이 깊다 하겠다.

이 시의 내용으로 보아 불교의 이치를 물어왔던 걸로 보인다. 여기에 대한 편양당의 대답은 다 달리 보이는 바위 모습에도 같음이 있고 한결같은 가을빛에도 가을을 맞는 사물은 각기 다르다. 이것이 바로 진여요, 법인데 다시 무슨 이치를 따지라는 원초적 법리로 대답한 것으로 이해된다.

동양위에게 차운한 것이 한 수 더 있다. 이것은 대사를 찾아와서 지은 것 같다.

먼지 세상 멀리 사양하고 돌문을 두드려	遠謝塵紛扣石扃
구름 선방 높이 누워 진리 경전 들을라오	雲房高臥聽眞經
달마가 서쪽에서 온 격식 벗은 참뜻 알려면	欲知格外西來旨
뜰 앞 잣나무 푸르고 또 푸르다오.	又有庭前栢樹靑

직접 찾아와 선리를 문답하려 한 것 같다. 거기에 대한 편양당의 대답은 趙州 和尚의 공안인 뜰 앞 잣나무 씨앗〔庭前柏樹子〕을 연상시킨 것이다.

공자의 가르침 배운 적 없고	不學宣王教
어찌 노자의 현묘함 들었으랴	寧聞柱史玄

> 일찍이 서산의 집에 들어　　　　早入西山室
> 오직 육조의 선이나 전하려오　唯傳六祖禪

尹巡使에게 화답한 시다. 윤순사가 누구인지는 알 수 없으나 순찰사로서 편양당을 찾았던 모양이다. 어쩌면 그 자리에서 유·불·도의 이야기를 나누었는지 모르겠다. 아니면 대사와 같은 학덕으로 세속에 나서 경륜을 쌓아보라고 권유했는지도 모르겠다. 그러기에 유·도에는 아예 뜻이 없고 선가의 종지를 전하기에 여념이 없다는 대답이다. 선사의 시의 특질이 꾸밈이 없는 것이라 한다면 이런 시에서도 그저 있는 현상을 솔직무구하게 표현하는 것이다. 이 솔직무구함이 듣는 이의 심금을 사로잡는 것이다. 이때에도 윤순사는 더이상 속세 이야기를 못 했을 것이다.

> 속세 멀리한 사립문 온 산을 안고　柴門逈世擁天岑
> 사람 없는 숲길 눈빛만 깊다　　　林逕無人雪色深
> 有情은 그래도 하늘에 있어　　　何物有情天上在
> 밤 사이 밝은 달 창을 엿보네.　　夜來明月獨窺尋

朴長遠이라는 이에게 준 시다. 문도 닫혀 있고, 온 산이 절을 에워 싸 속세와는 단절되었다. 길이 있어야 찾아올 사람 없고 눈만이 깊이 쌓였다. 이때 나그네가 찾아왔던 모양이다. 산이 아무리 에워싸도 달빛은 내리 비치듯, 찾아온 손님은 이 달빛과 같은 것이다. 자연은 무정물인데 저 허공에 웬 이런 정이 있는 달이 있단 말인가. 찾아온 이여, 바로 저 달처럼 정겹구료. 시어의 비유도 참으로 참신하다. 찾아 온 달빛이 말이 없듯이 이 나그네와 주인도 말 없이 정다웠으리라.

> 참판님 멀리도 풍악산 따라오셨으니　參相遙從楓岳歸
> 산 속의 기이한 절로 아셨겠지요　　山中奇事自應知
> 한 쌍의 푸른 학 지금껏 탈 없이　　一雙靑鶴今無恙
> 벌써부터 이 산승과 집을 같이 정했죠.　曾與山僧共定棲

멀리서 찾아온 손님이다. 더구나 세속에서는 신분이 꽤 높은 분이다. 그렇다 해서 특별히 대접할 것도, 특별한 말도 있을 것이 없다. 진여 법체는 오면서 본 모든 것 그대로다. 자신의 근황도 더 설명할 것이 없다. 청송 백학의 담박

한 자태가 바로 나다. 솔과 벗하고 학과 친구 삼아 탈 없이 살아가고 있는 것
이다. 역시 꾸밈 없는 진솔함 그대로인 것이다.

나 아미산에 병든 한낱 중이고	機也峨嵋一病衲
그대 응당 한퇴지를 배우겠지	我公應是學潮州
구름 창가 한번 웃는 한없는 뜻	雲窓一笑無窮意
푸른 하늘 흰 달 만고의 가을.	白月靑天萬古秋

崔生이라는 선비에게 화답한 시다. 潮州刺使로 있으면서 太顚 스님과 가까웠
던 韓愈의 관계로 두 사람 사이를 비유하고 있다. 역시 아무 말 없이 한번 웃
음으로 의기는 투합된 것이다. 가을 하늘같이 맑고, 흰 달처럼 밝은 티 없는
우정이다. 선사의 마음은 언제나 이 가을 하늘의 밝은 달이다. 그러기에 대중
의 물 같은 마음에 항시 비칠 수 있는 것이다. 이 시의 끝구는 어쩌면 시공을
초월한 선사의 자세를 대변한 것인지도 모른다. 유학자의 시구에 '가을 물 같
은 모든 사리 먼지에 무젖지 않네〔秋水文章不染塵〕'라 함이 있다. 공통되는 시
상이며 성현의 지위에는 교의의 같고 다름이 없는 것 같다.

봉래산에서 도 물을 때도 도는 둘이 아니었고	蓬萊問道道無二
묘향산에서 다시 맞았어도 역시 이 마음뿐이지	香嶽重逢只此心
해 저물어 문 밖에서 전송할 때도 온 산의 소나무	日暮柴門相送處
회나무는 제 바람에 제 거문고 소리로군.	滿山松檜起風琴

申 處士에게 준 시다. 원래 길이 둘이 아니니 만난 곳이 다르다 하여 길이
다를 수 없고, 아울러 마음이 변할 수도 없다. 그때의 마음이 지금의 마음이고,
오늘의 마음이 또한 내일의 마음이리라. 무언 속으로 오고 가는 정에 해는 어
느 사이 저물었고 작별의 인사로 사립문에 나서니 앞산 뒷산의 소나무 숲속에
는 바람만이 인다. 그것이 바람 소리이기는 틀림없으나 속세의 거문고 소리보
다 더 아름답고, 어쩌면 그것은 두 사람의 마음에서 튕기는 거문고의 줄일 수
도 있다. 풍금이라니 바람의 거문고이다. 시어의 묘는 이런 곳에 있다. 바람 소
리라 하면 소나무의 움직임이 없고 솔 소리라 하면 바람이 설 곳이 없다. 차라
리 거문고 소리라 함이 두 물체의 사이와 그 대경에 서 있는 주객의 실체도 함
께 포용될 수 있는 것이 아닐까.
　여기에 蘇東坡의 시가 연상된다.

거문고 속에 소리 있다면   若言琴上有琴聲
갑 속에서는 왜 울리지 않니   放在匣中何不鳴
그 소리 손 끝에 있다면   若言聲在指頭上
그대 손 끝에서 왜 들리지 않지.   何不於君指上聽

거문고 소리가 줄이나 손 끝 어디에도 있는 것이 아니요, 또 어디에도 없는 것도 아니다. 서로의 인연으로 해서 소리를 울리는 것이다. 위의 시에서 보듯이 솔과 바람, 또는 주인과 나그네의 화합 또는 인연이 이 자연을 거문고 소리로 변하게 해 놓은 것이다.

2. 同道者에게 준 禪理詩

이상에서 편양당이 속인과 수답한 시를 보았다. 僧俗不二라는 처지에서 교리적 내용을 담기보다 그저 여여한 법체로 둘 사이의 마음을 좁혀 상대방으로 하여금 스스로 깨우침이 있게 한 흔적이 역력하다. 그것을 시로 수답하면서 그저 담박한 표현으로 그지 없는 진리를 말하였다고 보아진다. 그러나 같은 길을 걸어가며 깨우쳐주고 깨우침을 받는 동도자에게 주는 시는 조금은 직접적 교의의 표현이 있는 것 같다. 다음은 그러한 시들을 살펴보기로 한다.

황금 빛 가을 밤의 달   金色秋天月
빛도 밝아라 시방에 비춘다   光明照十方
중생들 마음 물 맑은 곳엔   衆生心水淨
곳곳마다 청정한 빛 내려앉네.   處處落淸光

누구나 가지고 있는 불심이건만 청정하지 못하여 그 불심을 밝히지 못하는 것이다. 이 마음 물처럼 맑으면 저 달빛은 언제나 비쳐올 것이다. 그러기에 달을 상징으로 쓰는 시어는 한없이 많다. 편양당의 시에도 이 말이 자주 등장한다.

옛적 봉래산에 있을 때   昔在蓬萊日
스님 이 마음 가진 줄 알았소   知師有此心
십 년 동안 서로 생각한 뜻   十年相憶意
달 속의 거문고로 튕겨볼까요.   彈出月中琴

달빛은 시공을 초월하여 변함이 없듯이 스님과 나의 마음도 10년이든 백년이든 변할 리 없고, 아니 스님과 나 사이만이 아니라 마음이 바로 부처인 이 깨달음의 대전제에 변할 리가 없다. 빛으로 상징되는 달에 소리로 대유되는 거문고를 말하였으니 역시 소리 없음에서 소리 있음으로 듣고 깨닫는 자의 자세임이 분명하다. 가을 하늘에 떠 있는 달을 매개로 하여 두 사람은 항상 동일 공간에 있는 것이고, 그러하기에 시간이나 공간을 아무리 달리하여도 두 사람 마음의 거문고 줄은 항시 긴장되어 있어 생각만 하면 그 줄은 튕겨 소리가 일게 마련이다. 모든 생각을 여읜 자리가 선이 있어야 할 곳이라면 다음과 같은 시는 그러한 경지를 대변한 것이라 할 수 있다.

원숭이와 학 마음 같이 하는 친구	猿鶴同心友
외로운 봉우리 혼자 사는 늙은이	孤峰獨宿翁
나를 잊고 겸해서 세상마저 잊으면	忘我兼忘世
영화나 괴로움도 한낱 꿈.	榮枯一夢中

유정 무정이 모두 불심이라 하면 원숭이다 학이다 하여 내 마음 같지 않을 수가 없다. 물욕에 탐닉함이 없기로야 학이나 원숭이가 사람보다 더 성자일 수도 있다. 가지 끝의 학, 나무 밑의 원숭이, 승방 툇마루 끝의 스님, 이 삼각의 조화는 화평 그대로이다. 백학이 세상에 뜻이 없듯이 나 또한 세상에 뜻이 없으면 세간 영욕이 나를 괴롭힐 수는 없는 것이다.

이렇듯 편양당은 학인이나 스님에게 보이는 시도 寂照的 상징을 많이 쓰고 있다. 일일이 열거한다는 것은 번거로운 감이 있어 스님들이 살아가야 할 길을 보다 높은 상징적 교리로 읊은 장시 한 편을 소개하여 마무리하려 한다. 이 시는 '스님이 살아가는 계교를 설청에게 보인다〔衲僧活計示說淸〕'라는 제목이다. 설청은 위에서 보았던, 대사의 비문을 백주에게 청했던 바로 그 제자이다.

바람 쫓는 名馬 채찍 그림자 꺼리면	追風忌鞭影
어느 것이 참다운 용의 뼈대냐	誰是眞龍骨
벽옥의 방망이 굳게 잡아	手把碧玉槌
정령의 굴을 부숴버려야지	打破精靈窟
은비늘 고기는 그물도 뚫고	錦鱗須透網
붉은 봉황은 쇠사슬도 끊는다	丹鳳鐵銷裂

깊이깊이 바다 밑 다니고	深深海底行
높이높이 봉우리 끝에 서면 돼	高高峰頂立
바람 앞에 두 번 휘파람 불고	風前嘯兩嘯
하늘 밖에 할 한번 외쳐 봐	天外喝一喝
검은 빗돌 고갯 마루의 구름이요	烏石嶺頭雲
望洲의 정자 앞 달	望洲亭前月
아침에는 백로주 물가	朝歸白鷺洲
저녁에는 황우협의 골짜기	暮宿黃牛峽
네 영혼 존중하지 않으면	己靈猶不重
모든 불조는 또 무엇하는 물건	佛祖是何物
저녁 하늘에 구름 엉기지 않으면	暮天雲未合
먼 산은 끝 없이 푸르러	遠山無限碧
가랑비 앞 산을 지나고	疎雨過前山
들 못에는 가을 물 맑다	野塘秋水綠
무쇠 나무도 할 한번에 꺾이고	劒樹喝使摧
가마솥 끓는 물 교리 불려 식혀라	鑊湯吹敎滅
火宅에는 서늘한 비	火宅淸涼雨
어둔 거리에는 광명의 촛불	昏衢光明燭
해맑은 선사에게 보답하려거든	爲報淸禪人
이 소식을 오히려 알아라	還知此消息
한 봄에 바람결 싸늘하면	仲春風色寒
천 산의 바위눈을 상대해 보렴.	尙對千岩雪

　이 시는 학인을 위하여 지키고 닦아야 할 여러 사실을 비유로 썼다. 바다 밑 고기나 하늘 높이 나는 새는 그물이 가두어둘 수 없듯이 세속에 초연하면 번민의 그물이 나를 가둘 수가 없는 것이다. 편양당의 시세계는 이렇듯 승속에 구애없이 주고 받으면서 담박한 시어로 교화하고 있음을 알 수 있다.

普應의 忘機

1. 간략한 행적

暎虛 大師의 법휘는 海日이고 暎虛는 별호이고 당명이 普應이다. 속성은 김씨인데 원래 사대부의 가문에서 태어났다. 조선조 중종 36년(1541) 9월 4일에 태어나 광해군 1년(1609) 2월 5일 입적하였으니 세수 69세이다.

『暎虛集』에 涵影堂이 쓴 행장에 의하면 대사는 어려서부터 재기가 뛰어났다. 겨우 8살의 나이에 『大學』을 읽어 그 뜻을 이해했다. 『대학』의 "열 눈이 보는 바고 열 손이 가리키는 것이니, 아마도 근엄해야 한다〔十目所視 十手所指 其嚴乎〕"한 장이 있다. 존장들이 '근엄〔嚴〕'의 뜻이 무엇인가 물으니 '두려워 조심한다'는 뜻이라 대답했다. 이러한 진취의 모습에서 모두가 장래가 촉망된다 여겼다.

15세에 과거를 보았으나 합격되지 않자 19세에 출가하여 능가산 實相寺로 가서 印彦 大師에게 축발하고 5년 동안 시봉하면서 모든 경론을 열람하였다. 하루는 무상을 깨닫고, 한 곳에 오래 머무는 것이 옳지 않다 여겨, 지리산으로 가 芙蓉 大師에게 참례하고 선·교 두루 섭렵하기 3년 동안을 계속했다. 풍악산으로 가 學澄 大師에게 참례하여 선가의 일상생활의 계율을 익혔다. 이어 묘향산으로 가 西山 大師에게 참례하여 8만대전의 의혹처를 질의하고 上毗盧菴에서 10년을 주석하고 49세 되던 1589(선조 22)년에 능가산의 옛 집으로 돌아왔다. 1591년에 은사인 인언 대사가 입적하자 다비를 마치고는 천하를 주유할 뜻으로 가는 곳마다 겨울 여름의 결제를 하다가 65세 되던 해에 다시 실상사로 돌아와 큰 집회를 열어 경론을 강의하였다. 67세 되던 해 廣德으로 가 2년을 지내고 頭流山으로 옮겨 다음해 입적하였다.

이상이 영허 대사의 간략한 약력이다.

2. 忘機의 詩

대사의 문집은 『暎虛集』이라 하여 4권 1책으로 전해지고 있다. 3권까지 시이고 4권에 문 3편이 있다. 이러한 저술 작업으로 보더라도 대사는 시로 알려졌던 분인 듯하다. 문집의 서문이나 발문에서도 이 점이 강조되듯 대사의 시문에 대한 견해가 주조를 이루고 있다. 시편 수가 54편이니 많은 양은 아니지만 시에 담겨 있는 정취는 그야말로 속기를 여읜 忘機的 자세라 하겠다.

한 번 서산 문에 들어 옛 길 잊었으니	一入西門古路忘
흐르거나 머물거나 생각마저 잃었네	隨流隨處沒思量
산중의 세월을 누가 기억할 수 있으랴	山中歲月誰能記
괴수나무 그늘이 푸르렀다 누레진다.	只見槐陰靑又黃

「忘機」라 제한 두 수 중의 한 수이다. 가고 머무름의 일상의 생활이 있는 그대로의 것이지 생각이나 헤아림으로 이루어지는 것이 아니다. 시간의 흐름마저 여의어 놓고 보면 자연의 변화에 그대로 동화될 수가 있다. 산천 초목의 변화가 그대로 시간이다. 나 또한 푸르렀다 누렇게 변하는 저 자연의 일부일 뿐이다. 마치 쉬임없이 흐르는 물과 같은 연속성의 일환이다.

한 줄기 싸늘한 물 맑고도 깊숙해	一派寒源淸且幽
산 돌고 들 뚫어 한가로이 흐르네	環山橫野等閑流
쉬임 없이 좔좔 가야 할 곳 알아	涓涓自得朝宗勢
예로부터 지금까지 가고 멈춤 모르다.	從古于今逝不休

「流水」라는 제목의 시이다. 흐르는 물보다는 자신을 노래한 것이라 하여도 무방하리라. 언제나 변함이 없는 자신을 물에다 기탁했다 해도 지나침이 없다. 막힌 산이면 둘러가고 뚫린 들이면 바로 질러가는 것이 물의 속성이요, 어디로 흐르더라도 바다를 조종으로 삼는 것 또한 물이다. 그 물의 흐름은 옛날이나 지금이나 변함이 없다. 스님들의 모습이 또한 그러한 것이 아닌가. 속세이든 세상 밖이든 어디에도 막힘이나 집착이 없이 피안이라는 진리의 세계 해탈의 경계가 궁극의 바다이다. 시간이 아무리 변해도 이 진리는 변함이 없다.

우리는 흔히 나마저 잊어야 하는 忘我의 경지에 이르는 것을 높은 마음가짐이나 수도자의 결과로 여긴다. 그런데 나를 잊는다는 나는 이미 존재된 나를 인지한 연후에 잊는 것이지만 忘機란 이미 있는 존재를 잊는 것이 아니라, 왜 존재했어야 하느냐 하는 존재 이전의 사실을 잊는 것이요, 반면 앞으로 존재해야 할 조짐마저도 잊어버리는 것이니 존재의 공간뿐만 아니라 이 존재를 매개로 하는 과거나 미래의 시간마저도 잊어야 하기에 초연한 해탈자가 아니고서는 어려운 일이다. 물의 속성이 바로 이러한 것이다.

한 벌의 가사 걸쳐 풍진에 맡겼으니	一肩霞衲任風塵
청정의 선정공부도 참이 못 되네	定靜功夫亦不眞
범의 굴, 마귀 집 어디나 즐거워	虎穴魔宮隨處樂
천지를 소요하는 한가로운 사람 되네.	逍遙天地作閑人

「赤窮新活計」란 시다. 아무 것도 가짐이 없이도 즐거운 삶을 누린다는 시다. 이러한 삶이 위 시들에서 본 것처럼 어디에도 막힘이 없는 물의 속성과 같기 때문에 가능한 것이다. '隨處樂'이라 함이 바로 그것이요, 그러기에 천지에 소요할 수 있는 여유가 있다.

탁 트여 三際를 뛰어넘고	廓徹超三際
작은 먼지에도 시방 허공 포용되네	微塵括十虛
원래 없음 그 이름 적멸이라면	本無名寂滅
다시 무엇을 진여라 부르리	那更號眞如
바람따라 나는 새에 견주어 보나	竊比隨風鳥
그물 빠져 나온 고기로 되기도 어려워	難同透網魚
쓸쓸히 홀로 앉아 있으면	蕭然唯獨坐
무여 열반에 들었다 할 만할까.	可稱入無餘

「홀로 앉아서〔獨坐〕라는 시다. 홀로 앉아서 생각하는 선사의 시이기에 선어로 일관된 시임은 어찌할 수가 없다. 바람따라 나는 새나 그물을 빠져 나온 물고기 같은 자유인이다.

맑고 깨끗하고, 깨끗하고 맑으니	瀟灑又瀟灑
먼지 하나 일지 않는 한 생각	一塵念不生
기미마저 있음이 도에 맞으며	忘機唯合道
걸음에 맡김이 한가로운 나들이	信步只閑行

비 개자 꽃들이 일제히 피고　　　雨霽花更發
봄 깊자 절로 우는 새들의 울음　春深鳥自鳴
맑은 바람, 밝은 달밤　　　　　　清風明月夜
또렷또렷 맑긋맑긋한 마음.　　　歷歷復惺惺

　　묘향산〔香山〕에서 지은 시다. 산이 맑아 사람의 마음을 깨끗하게 하겠지만, 그보다도 산을 대하는 사람의 마음이 맑아서 산을 아름답게 본다 함이 옳을 것이다. 마음에 먼지가 일면 깨끗한 산도 깨끗이 느낄 수가 없다. 자연 사물의 모든 기미마저 잃어버림이 도를 찾는 길이다. 이 기미마저 잊은 자세이기에 아름다운 자연을 아름답게 느낄 수 있다. 마치 비가 개고 나면 꽃은 저절로 핀다. 왜 그러해야 한다는 이유가 없다. 피고 있는 상황 자체는 모든 사실의 하나이고, 왜 피어야 하는 이유는 드러나지 않은 사실 뒤에 숨어 있는 기미이다. 이 기미마저 잊어버리면 자연이 더 아름답게 보인다. 꽃이 어떤 이유가 있어 피었다거나 피어 있는 꽃의 특별한 까닭을 알려 하면 자연으로서의 아름다움을 느끼지 못할 것이다. 새의 울음도 바람의 맑음도, 달의 밝음도 존재의 자연 그대로이다. 이 존재하는 자연의 여여한 실상을 그저 여여하게 보기에 아름다운 것이다. 이러한 자세가 忘機까지 도달한 자세이다. 그러기에 도와 일치할 수 있는 것이다. 이러한 시각으로 보는 과거 역사의 유산은 어떻게 비추어졌을까.

옛나라 흥했던 망했던 사실　　　故國興亡事
아득히 누구에게 물어야 할까　茫茫欲問誰
왕가의 후손은 봉을 따라갔고　王孫乘鳳去
노랫소리 춤사위 하늘로 올라갔네　歌舞上天歸
돌은 늙어 구름에 갇히었고　　石老雲空鎖
산은 푸르러 강물만 오열한다.　山靑江自流
지난날 임금님 수레 길엔　　　向來行輦路
봄비에 날려 지는 꽃잎.　　　　春雨落花飛

　　「新羅懷古」이니 경주의 옛 도읍처를 찾아 과거의 역사를 본 것이다. 고도를 찾은 일반적인 회고이다. 스님이라는 신분에서 별달리 느낀 표현은 아니지만, 다만 과거의 일이라 하여 과거의 시간으로 묻어버리기보다는 과거의 시간을 현재의 시간으로 재결합시켜보려는 느낌이 있다. 산과 강은 역시 있는 그대로이고 비 내려 꽃잎 깔린 길에서 옛사람의 발자취를 보고 있다.

또 한 수의 「新羅懷古」에서는 '슬프구나 당시 영화로웠던 땅이 거친 성 조 각달에 원숭이만 서러워하네〔恪悵當時榮盛地 荒城片月暮猿哀〕'했으니 인위적 이었던 자연은 인간의 성쇠따라 변하지만 자연으로서의 자연은 역사의 시간과 는 관계 없이 항시 그대로이다. 다음은 오대산에서 짓는 시다.

맑고 높은 산세에 눈은 점점 맑아지고	山勢淸高眼轉新
푸르름으로 둘린 사방은 봄을 주저앉힌다	四園蒼翠鎭長春
하늘로 이은 금몽산 은하수로 통하고	天連金夢通銀漢
땅은 백두산으로 연접되어 속세와 격별했다	地接白頭隔世塵
천 길의 돌다리는 웅크린 늙은 범	千丈石橋獰老虎
만 년의 소나무탑은 절하는 신선	萬年松塔揖仙人
스님이 하는 말 이 곳이 비로자나와	僧言此處毗盧佛
8만 문수보살이 진여 설법하시던 곳이라네.	八萬文殊共說眞

「五臺山」이다. 산의 형세는 항시 새롭다. 만 년이란 시간은 옛날에도 옛날이 지만 그것이 낡음이 아니라 항시 새로움이다. 그 높음 또한 예나 지금이나 은 하수에 잇고 있는 그대로이다. 돌다리를 늙은 호랑이로 변신시키고, 소나무숲 으로 이룬 탑을 절하는 신선으로 변신시킨 것이지, 존재하고 있는 돌다리 나무 숲은 예나 이제나 다름이 없다.

비로자나불이나 문수보살의 설법이 바로 이 자연이다. 시간적으로야 과거로 밀려난 부처라 할지 모르지만 예나 이제나 함께 진리의 설법을 하고 있다는 것 이다. 앞의 신라 고도에서, 왕손이 하늘로 사라졌다거나 노랫가락과 춤사위가 들리지 않는다 한 것과는 판이하다. 예나 이제나 다름 없이 진여의 설법이 있 다 함은 있는 자연의 그대로이기 때문이다.

호수, 바다, 언덕, 산 모두 가져다가	都將湖海與丘山
탁 트인 허공의 지척 사이로 모였다.	共入凌虛指顧間
서쪽으로 내려진 龍臺에는 비 기운 어둡고	西濟龍臺江雨暗
동으로 나열한 鳳閣에는 석양이 깊었다	東羅鳳閣夕陽殘
만고의 영웅들도 다 끝난 호화로움	英雄萬古豪華盡

천추의 태평국가 숲 사이에 조용쿠나　　　　澤國千秋樹草閑
오뚝 선 나, 두 겨드랑 가벼이 이는 바람　　獨立輕風生兩腋
몸이 이미 하늘문을 들어서고 있는 것 아냐.　不知身已上天關

「文藏臺」라 제한 시다. 내륙의 정상에 올라 사방을 바라본 장관을 읊었다.
그러면서 과거의 무상한 시간을 연상하고 거기에 대비되는 무궁한 자연을 찬탄
하였다. 서경의 묘사 뒤에 인간의 정이 되살아나는 일반적 서술성이기는 하나,
결론으로 맺고 있듯이 몸은 이미 하늘 위에 있는 듯함이 사물 밖으로 벗어나는
작자의 의도를 짐작하게 한다. 자연을 대함에 이렇듯 격식을 여읜 초연한 자세
가 자신의 수도로 이어지기에 대사는 철저하게 어느 쪽에도 집착되지 않았다
하겠다. 바로 두 끝에 떨어지지 않았다〔不落兩邊〕 하겠다.

천연 진여의 모습을 무엇으로 표현해　　　　天眞面目是何文
본성이 스스로 총명하여 보고 들음 드러나　　性自聰明露見聞
심상함을 깨달아 살핌에 원래 길이 있지만　　覺察尋常元有路
일상 생활에서이기에 달리 문이 없다.　　　　暌離日用別無門
무젖음의 본체로서 파도 물결을 이해하고　　須知濕體波全水
구슬 하나에 원형·그림자 구분됨 이상치 않아　莫怪珠形影異分
색·공이 두 길이 아님을 알면　　　　　　　認得色空無二道
평생의 이 몸 뜬구름에 견줄 수 있어.　　　　百年身世等浮雲

「道話」라는 시다. 진리의 이야기이다. 모든 자연은 천연 그대로이고 그것이
바로 진여의 세계이다. '文'의 글자의 원뜻이 '표현되다' '나타나다'의 뜻이다.
천연 그 자체가 자연의 드러남이다. 다시 무엇으로 표현할 것인가. 사람의 본
성 자체가 총명한 것이니 이 총명으로 저 자연의 드러남을 볼 때에 들리거나
보이지 않는 것이 있겠는가. 다만 이 총명한 본성이 가리워서 보이지 않는 것
이다.

　심상한 일상생활에 진리가 있는 것인데, 따로이 먼 곳에 있다고 여기에 찾지
못하는 것이다. 물의 본성은 무젖음의 습기에 있으니 한 방울의 물에서 물 전
체의 본성을 아는 것이거늘 시내다 바다다 작은 물결 큰 물결 찾다 보면 본성
을 보지 못한다. 있다 없다〔色空〕가 둘이 아니나 '있다'에만 집착하면 없음이
미약하고 '없다'에만 집착하면 있음을 모른다. 안과 밖, 속과 거죽의 차이이다.

어느 한 쪽이 없으면 다른 한 쪽도 있을 수 없다.

대사는 이렇듯 철저하게 중도를 실천하였다. 결코 어느 한 쪽으로 기울지 않았다. 다음은 '스스로 경사스럽다〔自慶〕'한 시다.

평안히 앉아 있는 산림 한 일도 없어	宴坐山林一事無
기미마저 여읜 하루 진실로 어리석은 듯	忘機終日信如愚
온화하고 후덕한 큰 분 부처 따름 아니고	至人敦厚非從釋
속세의 떠들썩한 사람 부질없이 늙는 선비	塵世猖狂謾老儒
고요하고 조용한데 귀 씻을 것 무엇이며	寂寂寥寥何洗耳
세밀하고 세밀한 것 어찌 공부로 되는가	綿綿密密豈工夫
참으로 없음의 즐거움 안 뒤로부터	自從認得眞空樂
세상의 나그네 되어도 진리의 맛 넉넉하네.	旅泊寰中道味新

이렇듯 대사의 깨달음은 어디에 의지해서가 아니라 眞空의 실상에서 스스로 깨달음이다. 기미마저 잊는〔忘機〕어리석음이 오히려 큰 분〔至人〕으로 변신되었다 해야 하겠다. 원래가 적적한 고요함인데 세속의 먼지 씻겠다고 새삼 시냇물에 귀를 씻을 것이 있겠는가. '참의 빔〔眞空〕'을 얻었으니 세속 어느 곳에 있은들 진리의 참 사람이 아니겠는가.

3. 浮雪傳에 보인 解脫

『영허집』에 「浮雪傳」이 있다. 부설의 이름은 光世이고 字는 天祥이요, 부설은 법호이며 진덕여왕 때의 스님이라 하였다. 이러한 전기적 기록으로 보면 실존 인물이었던 듯하다. 영허 대사는 이미 천여 년 전에 존재하였던 이 인물의 전기를 어찌하여 서술하였는가. 위에서 보았던 것과 같은 대사의 수도적 자세와 대비해보면 이 부설 스님이 대사가 추모하기에 적합했으며, 어쩌면 자신의 행적을 부설에게 기탁할 수도 있다고 여기지는 않았나 하는 추론도 도출된다.

부설은 불국사의 圓淨 禪師에게 입문하여 수련하고는 한 곳에 머무는 것이 기량을 넓히기에 부족하다 하여 동지인 靈照, 靈熙와 구도의 행각에 나섰다. 여러 곳을 참례한 후 오대산 文殊道場으로 가다가 杜陵의 仇無冤의 집에 머무르게 되었다. 집주인은 청신거사로서 세상에 드문 독실한 구도자였다. 며칠의 대화에서 서로는 보배를 얻은 듯이 기뻤다.

　주인에게는 *妙花*라는 딸 하나가 있는데 부설의 대화를 옆에서 듣고는 죽기를 각오하고 따르겠다 하였다. 부설은 수도의 길에 방해가 됨을 걱정하면서도 보살자비의 뜻으로 받아들이기로 하였다. 여기에 영조 영희 두 도반은 안타까이 여기며 게송으로 이별했다. 영조가 먼저 읊었다.

다만 지혜로써 空見을 이루려 했더니	但智成空見
지나친 자비 사랑 인연 빠졌네	偏悲涉愛緣
두 길은 항시 즐겁고	雙行常樂矣
외길은 스스로 천연으로 되었지	一道自天然
달의 운행은 구름 수레 따르고	月運因雲馱
바람 뒤흔들어 달린 깃발 아나니	風翻識幡懸
날랜 칼이 손에 있었더라도	干將如在手
어찌 색을 위해 가고 머무르랴.	安爲色留連

영희가 이어서 화답했다.

한 삽의 흙이 누대 이루는 힘이고	一簣成臺力
구고의 언덕도 한 발짝에서 연유한다	九皐翹足緣
수행의 길은 대를 쪼개듯이 하고	修行破竹爾
도 깨우침 채찍 치듯 해야지	得道着鞭然
삼생의 얽매임 면치 못해서	未免三生累
원가 집 한 생각에 매달렸구료	冤家一念懸
다음 날 병의 물을 다시 채워 놓고	他年瓶返水
지난 날의 자취를 서로 이어보지요.	追後跡相連

　부설 선사는 곧바로 원융의 도화〔圓融道話〕로 화답하였다.

평등을 깨달아 따르나 실행은 無等	悟從平等行無等
깨달음은 인연 없으나 제도는 인연 있어	覺契無緣度有緣
진여에 맡기는 처세 마음은 넓고	處世任眞心廣矣
집에 있어 도 이룸 몸은 태연해	在家成道體胖然

붉은 구슬 손에 있어 단청이 구별되고	圓珠握掌丹者別
밝은 거울 마음에 걸면 세속 출세 절로 달려	明鏡當臺胡漢懸
빛 소리 걸림 막힘 없음을 알면	認得色聲無罣碍
산골에 앉아 긴 세월 지낼 필요 있나	不須山谷坐長年

부설 선사는 두 도반과 달리 출세에 집착됨이 없이 출세간과 출출세간을 초탈하여 자유로이 왕래하고 있다. 영허 대사는 이 점을 사고 있었던 것이 아닐까.

그 뒤 부설은 남매의 자녀를 두었다. 아들은 雲登이요, 딸은 月明이다. 세속의 일은 두 아이에게 맡기고 따로이 초당을 지어 다시 정진하였다. 옛 도반 영조, 영희는 두루 참례한 후 두릉의 옛 친구 집을 찾았다. 병으로 누워 있던 부설은 옛 친구가 찾아왔음을 보고 정신이 맑아졌다. 이에 떠날 때의 약속대로 병에다 물을 담아오도록 하여 공부의 설고 익음〔生熟〕을 시험하기로 하였다. 병에다 물을 채워 대들보에 매달고 각기 병 하나씩을 쳤다. 영조 영희 두 도반은 병과 물이 다 부숴져 내려앉았다. 부설도 쳤지만 병은 깨져도 물이 그대로 매달려 있었다. 이에 두 사람에게 말했다.

"신령스런 빛 홀로 비치매 먼지의 근기 훤히 벗어버리고 몸의 드러남 참다운 평상이니 살고 죽음에 구애되지 않는다. 옮겨 흐르는 것은 병이 깨지는 것 같고, 진여 본성은 원래 영특하고 밝으니 항상 머무는 자는 물이 허공에 달린 것과 같다. 공등은 선지식에 두루 참례하고 총림에서 오래 지났으면서 어찌 나고 죽음이 진여실상임을 섭렵하고 幻化를 비워 법성을 지키지 못하는가. 내생의 업에 자유롭거나 부자유로움을 시험하려 한다면 곧 평상심이 평등도 평등 아님을 알아야 할 것이다. 그런데 지금 보니 그렇지 못하니 지난 날 병에 물을 돌리자는 경계〔返水之戒〕는 어디 있으며 두 길을 간다는 경계〔雙行之警〕도 막연하구나 하고는 게송을 읊었다.

눈으로 보는 것이 없어야 분별이 없고	自無所見無分別
귀는 소리 없음 들어야 시비가 끊겨	耳聽無聲絶是非
분별과 시비를 모두 버려버리고	分別是非都放下
마음 부처에 스스로 귀의함을 보라.	但看心佛自歸依

하고는 곧 해탈하였다.

위에 든 것이 부설전의 대략이다. 부설이 실존 인물인지, 전설적 인물인지 아니면 영허 대사가 가전적으로 창작한 것인지는 알 수 없으나, 결론에 두 아들의 이름을 따라 지은 登雲庵과 月明庵이 지금도 있다 한 것으로 보면 전설적 인물이 아니었던가 싶다. 어찌 되었던, 두 도반과 주고 받은 이야기로 보면 영허 대사의 평소 수도 자세가 부설에게 인정되는 바 있어 특별히 이 전기를 찬술한 것이 아니었을까 한다.

이상에서 보았듯이 영허 대사는 어디에도 치우치지 않은 중도적 수선으로서 그러한 수선의 자세를 시로 표현하면서 그렇게 되기 위해서는 철저한 忘機의 경지로 가려는 노력을 기울인 것으로 여겨진다.

霽月의 幽閑

1. 간략한 행적

霽月堂 大師의 법휘는 敬軒이고 법호는 順命이고 제월은 당호이다. 속성은 曹氏이고 호남분이다. 아버지 芮昌과 어머니 李氏 사이에서 조선조 중종 39년 (1544)에 태어나 90세를 1기로 인조 11년(1633)에 입적하였다. 15세에 출가하여 天冠寺의 玉珠 禪師에게서 구족계를 받았다.

출가하기 이전에 유가의 경전을 이미 섭렵하였고 출가하여 圓哲 대사를 導師로 삼았다. 처음에는 지리산에서 뭇 경전을 섭렵하였고, 30세가 되던 해에 묘향산으로 가 청허 대사에게 참례하였다. 다음다음 해 32세 되던 해 금강산 內院洞에 들어 참선하기 몇 년을 지냈다.

임진란이 일어나자 선조가 左營將의 직첩을 직접 내렸지만 굳이 사양하고 초야로 피했으나, 청허 대사가 초치하니 할 수 없이 참여하여 승군을 이끌고 전공을 세웠다. 청허 대사가 국가에 알려 禪敎兩判事의 임무를 맡겼으나 끝내 사양하고 묘향산으로 들어갔다.

대사의 이름이 이로 인하여 널리 알려져 사방에서 배우는 이가 몰려들었지만 한 곳에 머무르지 않고 풍악산, 오대산, 치악산 등등으로 뜻에 따라 자유로이 머무르셨다. 그러면서도 금강산을 제일 사랑하여 30여 년을 그곳에 계셨다.

대사의 40여 년 설법에 모여든 대중들은 빈 걸음으로 왔다가 모든 것을 채워가게 되었다 한다.

대사가 입적하신 뒤 세 곳에 부도를 세웠으니, 하나는 금강산 表訓寺의 동쪽 청허 대사의 탑묘 옆이고, 하나는 深源寺의 동쪽 정광여래의 石鍾 곁에 있고, 또 하나는 支提山 天冠寺의 서쪽에 모셨다.

2. 유한 청정한 詩情

대사의 문집은 『霽月堂大師集』으로 상·하권이 전하고 있다. 상권은 주로 시를 수록하고 하권은 문으로 되어 있다. 시는 일반적인 시와 禪偈的 시로 따로 편집돼 있기에 일반적인 시에는 선기적 흔적이 그리 드러나지 않는다.

행장에서도 보았듯이 대사는 일정한 곳에 머물기보다는 여러 곳을 주유하셨기에 서경적 시도 많으면서 서경에서 느끼는 한적이나 유한함이 돋보인다 하겠다.

성근 그림자 소나무 끝의 달	疎影松梢月
사면은 산으로 빙 둘려 있다	環圍四面山
찾아온 나그네 속세 꿈 끊기니	客來塵夢斷
이 곳이 신선 사는 곳인가 의아도 하네.	疑是一仙間

神興寺에서 자면서 지은 시다. 사면이 산으로 에워싸인 절을 있는 사실대로 서술했다. 신선이 따로 있는 것이 아니라 자신이 바로 신선이 된 것이다. 스님이기에 찾은 절이지만 시에서의 표현은 그저 담담한 한 나그네일 뿐이다. 한적하고 고요한 산에서야 스님이나 속인이나 다를 것이 없다.

깊숙한 동굴 눈도 이제 녹고	洞裡雪初殘
숲 헤쳐 드니 밤은 이미 늦었다	投林夜已闌
속세 사람들 세상 연민 많지만	塵人多戀世
선객의 즐거움은 그윽하고 한가롭다	仙客樂幽閑
돌의자엔 바람결도 서늘하고	石榻風光冷
소나무창엔 달그림자 싸늘하다	松窓月影寒
오늘 저녁 풍족했던 좋은 이야기	今宵良話足
어느 날 다시 만날 길 있을까.	何日更承顔

靑鶴洞에 노닐면서 지은 시이다. 골이 깊기에 찾아오는 봄도 늦다. 어렵게 찾아오느라 밤도 늦었던 것이다. 신선이 따로 있는 것이 아니라 산에 사는 사람이 신선이다. 이 깊숙하고 고요한 산속이 즐겁다. 이 고요한 곳에서는 저절로 세속 인연이 끊긴다. 한가로운 산 속 풍경을 그대로 노래하면서 작자의 유한한 심정을 표현하였다. 이 유한한 곳에 사는 신선 같은 주인의 이야기가 밤

가는 줄 모르고 즐거웠다. 다시 만날 날의 기약이 아쉽다. 찾아온 기쁨과 떠나는 아쉬움이 앞 뒤로 맞물려 있는 구성이 이 시의 매력을 더해주고 있다.

비에 씻긴 트레머리 반공에 솟겨 나고	雨洗螺鬟出半天
때때로 구름 안개 쓸어가는 맑은 바람	清風時爲掃雲煙
어떻게 이렇듯 묘한 솜씨 얻어 내어	如何嬴得龍眼手
인간 세상의 격을 벗은 어여쁨 그려냈는가.	畫出人間分外妍

「青山雨後奇」라는 시다. 비 뒤의 청산은 기이하더라는 주제이다. 비 뒤에 산뜻하게 드러나는 산의 모습이다. 작자 자신이 능숙한 화가의 솜씨로 그려낸 그림이라 표현하였지만 시 자체가 그림을 연상하리만큼 묘사하고 있다. 비 뒤에 드러난 산은 여인이 곱게 빗어 얹은 머리처럼 곱다. 이때의 맑은 바람은 이러한 여인을 돋보이기 위하여 구름이나 안개마저 날려 보낸다. 그저 아름다운 산의 모습만이 초자연을 한 몸으로 안아 우뚝 솟고 있는 모습이다. 속세의 인간 세상으로서는 분수 밖의 아름다움이다.

바다 하늘 다한 곳 풍경도 뛰어나	海天窮處勝奇觀
만 이랑 푸른 물결 눈길이 탁 트인다	萬頃滄波眼界寬
신선 나그네 함께 노닐어 풍류 멋 있으니	仙客共遊風流在
피리소리 달과 어울려 구름 사이 닿다.	笛聲和月落雲間

清澗亭을 지나며 짓는 시다. 하늘은 바다와 맞닿아 끝이 없고 일렁이는 창파에 시선 또한 끝이 없다. 이러한 풍경에는 마음이 아무리 좁은 사람이라 하더라도 가슴이 열리지 않을 수 없다. 眼界寬이 아니라 도량이 넓어지는 것이다. 거기에다 동행의 벗이 신선이듯 청초하며 풍류가 넘친다. 아뢰이는 한 곡의 가락 수평으로는 바다 끝에 퍼지고 수직으로는 구름 사이로 오른다.

　이 시의 구조는 이렇듯 끝 없는 수평과 가 없는 허공의 수직이 종횡으로 어울리면서 작자가 서 있는 정자로 응집되고 있다. 여기에 작자는 이 수직수평의 교차점에 서 있으면서도 드러나보이지 않는다. 역시 시는 시로서 만족할 일이지 작자의 의도가 두드러짐이 없이 은연중 돋보일 뿐이다. 산 속에 있는 대사는 아마도 항시 신선으로 승화되어 있었던 것 같다. 산을 주제로 하는 시에 신선을 자주 등장시키고 있기 때문이다.

계단 옆, 뜰가 두루 돋은 이끼　　　階邊庭畔遍生苔
깊이 잠긴 솔문 열지 않음 오래다　　深鎖松門久不開
아마도 주인이 신선 된 까닭일까　　應是主人爲仙客
달 밝은 밤 때때로 학 타고 오겠지.　有時騎鶴月中來

빈 절에서 자면서 지은 시다. 돌계단까지 파랗게 물들인 이끼가 오래도록 비어 있는 절임을 알리고 있다. 소나무 숲이 출입문이 되어 굳게 잠겨 있다. 찾는 사람이 없었던 점을 암시한다. 주인이 신선되어 선계로 갔다. 때때로 달 밝은 밤이면 학을 타고 내려오리라 하였지만 작자의 내심에는 오늘 저녁을 묵어가는 자신이 이미 학을 타고 내려온 신선임을 암시하고 있는 것이다.

제월당은 그 당호가 암시하듯이 달을 매체로 하여 자신이 이미 신선이 되어 있는 몸이었다. 위의 시에서도 그러한 점을 빌미로 나타내고 있다. 이 시를 읊고 있노라면 조용한 산사에 학 같은 신선이 내려와 있는 듯한 착각을 하게 한다. 대사는 이렇듯 모든 사물 밖의 유한한 곳을 노닐 수 있는 신선을 동경의 대상을 넘어 자신의 위치로 끌어 내렸던 것으로 보인다.

영혼은 하늘 날아 천 길 계수나무에 날고　　　魂飛九井千尋桂
꿈은 비로봉 만 길의 소나무에 맴돈다　　　夢繞毗盧萬丈松
깨어나면 옛 침상에 옛 모습의 자신과　　　覺來身在舊床榻
시내에 가득한 바람이요 봉우리에 숨는 달뿐.　風滿溪頭月隱峯

「夢遊金剛山」이다. 신선이 되어 인간사물에 구애됨이 없이 이리저리 자유로이 나는 모습이다. 꿈이기에 시간이나 공간의 한계가 없고 신선 또한 시공을 여읜 동경의 대상이다. 꿈이기에 깨어났고 깨어났기에 엊저녁 침상에 누워 있는 자신을 발견했지만 바람과 달에 에워싸여 있는 자신은 아직도 이 세상의 사람은 아니다. 앞의 시에서 달밤에 학을 타고 돌아오는 시를 연상하듯이 이 시에서는 꿈을 깬 자신의 주변을 달이 살며시 반겨주고 있다. 작자는 이렇듯 달을 매개로 해서 자신을 신선의 위치로 격상하려는 의도가 역력하다. 이러한 면모는 '示徒'라 하여 문도들에게 주는 시의 일부에서도 잘 나타나 있다.

매임이 없는 구름처럼 나부끼고　　飄如雲不繫
흔적 없는 달처럼 희고 크다　　皓大月無痕
봉래의 섬에서 약을 캐고　　採藥蓬萊島

방장산의 구름에서 차를 달인다	烹茗方丈雲
푸른 원숭이는 함께 머무는 친구이고	靑猿同宿友
흰 학은 함께 무리를 이룬다	白鶴成其群
푸른 시냇물에 귀를 씻어	洗耳碧澗流
세속의 시끄러움 듣지 않는다.	不聞塵世紛

세속에 얽매임이 없는 자유로운 몸을 과시하였다. 이 시는 고시의 형태를 취한 장시이다. 전편이 유유자적한 호방의 기상을 보이고 있다. 그 첫 구에서도 "천지는 넓고 넓어／위 아래로 끝이 없구나／모든 사람 이 사이에 있어／가고 머무름 자유롭다 하네〔天地頗浩浩 俯仰伊無垠 諸人在於斯 去住自由云〕"하였다.

대사는 철저하게 자유인이기를 원했고 그 자유인의 표본으로 학을 타고 왕래하는 신선을 택했던 것으로 보여진다. 이러한 자유인으로 있기를 고집하기에 임진의 난에 전공을 세우고도 국가의 포상이나 직첩을 마다하고 다시 입산하였던 것이다. 자유인이면서 신선 아닌 신선이기에 속세와의 인연을 철저하게 거절하였던 것이다. 장흥에 있을 때 초가 한 채 지어 놓고 독서하고 있었다. 읍에 있는 군수가 채소를 바치라 하니 다음의 시를 써 보냈다〔結構茅舍 讀書于長興 邑倅以徵蔬菜出差 以詩一絶 背書還輪〕.

선경의 깊은 곳 한 칸의 암자	丹霞深處一間菴
원숭이, 학 겸해서 중 다만 셋뿐	猿鶴兼僧但有三
꿈에도 일찍이 성문 안에 간 적 없거늘	魂夢不曾到城市
세상 인연 어찌해서 구름 속 들었던가.	世緣何事入雲嵐

꿈에도 세속과 타협해본 적이 없는데 관가에서 채소를 징집한다니 바칠 수가 없다. 더구나 여기에는 주변의 자연만 있을 뿐이지 세속의 물건은 없다. 여기에 가만히 있을 원님이 아니다. 다음 날 급히 출두하라는 분부가 내렸다. 대사는 관가의 안전에서 시를 읊었다.

날 밝자 관원 억압 공문서 가져왔소	承明壓直佩銅魚
삼 년의 인자한 풍모 좋은 읍에 살았죠	三載仁風樂邑居
대감의 누각이 한 일도 없이 고요해서	令閣寥寥無一事
난간의 음풍영월 거문고와 책에 어울려.	一軒風月屬琴書

관가의 명을 어겼으니 출두의 명에 응하기는 하였지만 시인의 풍월로 대할 수밖에 없다. 그래도 수삼년의 어진 치적을 보였다면 거문고나 책과 어울리는 풍월을 일삼아 관아에 일 없이 조용함이 얼마나 좋겠는가. 비록 관과 민, 승과 속의 거리는 있지만 서로의 흉금을 터놓을 만한 처지이었음을 알겠다. 이 일이 있은 뒤의 두 사람의 사귐이 어떠했을 것인지는 짐작되고도 남는다. 어찌 여기에 승·속의 구별이 있었겠는가.

대사가 신선에 경도되었음은 여러 면에서 보인다. 다음은 어느 소년에게 주는 시 두 수이다.

괴로운 광한궁에서 졸기가 지겨워	廣寒宮裡厭孤眠
세상으로 내려온 지 2·8년	落在人間二八年
우연히 만난 하루 밤 같은 자리의 꿈	相逢一夜同床夢
삶에는 지난 날 인연 많음을 알겠네	始覺多生有宿緣
고야산 중 제일 가는 사람	姑射山中第一人
황정경 잘못 읽고 강촌에 귀양왔네	黃庭誤讀謫江村
신선 서찰 가진 봉황 은하에서 내려와	鳳含丹札下雲漢
오라지 않아 용루에서 상제를 대할 걸세.	不晚龍樓奉至尊

하루 밤을 같이 지낸 소년을 귀양온 신선에 대비시키고 있다. 이 소년의 재질이 연상되기도 하지만 세상의 경륜을 겪을 대로 겪은 만년의 영웅이 젊음을 되돌려보면서 소년시절의 자화상을 그린 것이라 하여 지나침이 아니다. 노년에 접어들어 소년에게 당부하는 말은 누구나 자신이 소년시절에 가졌던 희망을 회고하는 것이 인간의 상정이다. 그렇게 볼 때 이 시도 대사의 소년시절의 꿈과 지금도 지향하려는 희망의 독백이라 하여도 무방하겠다.

이렇듯 조용한 대사의 시상에 의외로 과격한 시가 있다. 떨어지는 꽃을 보고 지은 시다.

손수의 군사가 석숭의 집에 날아들어	孫兵飛入石崇家
누대 아래 어지러이 칼 창이 빗겼구나	樓下紛紛劍戟斜
아마도 녹주가 죽어 이별 달게 여겨	應是綠珠甘死別
자신의 몸 가져다가 나는 꽃 되었나보다.	忍將軀命作飛花

떨어지는 배꽃을 두고 지은 시이다. 시의 수사는 고사를 빌어다가 배꽃의 떨어짐을 상징하였으니 지나치게 비장하게 낙화를 바라보았다. 이는 晉나라 때 큰 부자였던 石崇의 애첩 綠珠의 고사를 시화한 것이다. 석숭의 애첩 녹주는 뛰어난 미모에다 피리를 잘 불었다. 당시 趙王倫의 막하에 孫秀가 있어 이 녹주를 흠모하여 석숭에게 자신의 애첩으로 삼아줄 것을 요구했다. 이에 응하지 않자, 손수가 왕명을 사칭하여 빼앗으려 공격하였으나 녹주가 누대에서 떨어져 자살하였다. 이 시는 이 내용을 시화하면서 떨어지는 꽃잎을 녹주에게 비겼으니 지는 꽃이기는 하나 인간의 비애를 너무 무겁게 담은 감이 있어 대사의 유한한 자질에서 느끼기 힘든 비장감을 만나게 되었다.

대사의 유한적 자세가 동도의 구도자들에게는 어떻게 노래되었나 몇 편의 시를 통하여 살펴보자.

하늘 땅 전해진 세월 몇 해인지 물어보면	天地相傳問幾年
황금의 글 경전에 오히려 전해져왔네	金文貝葉尙能傳
말씀마다 오묘하나 원래 가르침 아니고	言言妙妙元非敎
글귀마다 깊고 깊어 모두가 선일세	句句玄玄摠是禪
임제의 방에서 몸은 부숴지고	臨濟棒頭身破碎
덕산의 높은 할에 신명 온전키 어렵다	德山高喝命難全
만약 근원 알아 찾으려 한다면	若人欲識根源去
이쪽이다 저쪽이다 무슨 논란이 그리 많으랴.	何議這邊更那邊

通靈 道人이 선어를 구하니 『전등록』을 읽어라 하여 답한다는 시다. 선사로서의 대답이다. 금문의 패엽 경전이 모두가 언어이지만 말에 매달릴 수 없는 것이 선이며, 글귀마다 오묘하고 깊은 뜻이 있으니, 이 또한 선의 방법이 아닐 수 없다. 전후의 대구가 모순적 표현이지만 오히려 이 모순이 바로 진리인 것이다. 모순이 모순으로 존재하는 것이 아니라 모순이 아닌 진리로 환원되게 하는 것이 수선의 자세라 생각된다. 임제의 방이나 덕산의 할은 이 모순이 모순 아닌 방편을 제시한 것이 아닌가. 그러기에 근원의 원초로 돌아가면 이쪽도 저쪽도 아닌 중도의 자리로 돌아오게 되는 것이다. 이것이 바로 어느 쪽에도 집착되지 않는 '불락양변'의 자리이다.

그런 자리로 돌아가기 위한 수선자의 마음가짐은 어떠해야 하나. 바로 무명의 어둠을 벗어나야 한다.

풍악산, 묘향산이 모두 흰구름	楓嶽妙香皆白雲
흰구름 한가한 곳 그대 따르되	白雲閑處君隨往
지혜의 칼날 굳게 가져 선문을 찾아	堅持慧劍按禪門
눈앞 무명의 나무 베어 다하소	斬盡眼前無明樹
봉래산 높은 산마루	蓬萊高頂處
혼연히 속세와 같지 않아	渾不似人間
마음 비움 별다른 법 없어	心空無外法
시선 가득한 것이 푸른 산.	滿目是靑山

친구의 나그네 길에 주는 시다. 왜 수도의 장소를 산으로만 삼는가 하는 이유를 알게 한다. 山水는 항시 있는 그대로의 것이고 있는 그대로의 것이 바로 진리이다. 이 진리를 깨우치려는 것이 도를 구하는 목적이다. 그럼에도 깨우쳐지지 않는 것은 밝음이 없는 어둠으로 가려 있기 때문이다.

마음을 비우라 한다. 마음을 왜 비워야 하는가. 마음을 비우고 무엇으로 느끼며 깨달아야 하는가. 이것 또한 모순된 표현 같다. 이때 마음이 무슨 마음인가. 역시 어둠에 가린 마음이기에 버려야 한다. 풍악의 절정이라 하여 인간세상이 아닌가. 역시 인간세상의 한 산이로되 꾸밈이 없이 있는 그대로이다. 시비곡직이 없는 곳이다. 그러기에 그저 산이요, 마음을 비웠건 안 비웠건 푸른 산은 푸른 산으로 족하다. 이 푸른 산을 푸른 산으로 족히 여기는 이것이 사람들의 마음 비움의 방법이다. 세속의 삶에서 지나친 시비곡직으로 마음을 채우고 있기에 산은 산이 못 되고 물은 물이 못 되는 것이 아닌가. 역시 담담한 선어일 뿐이다.

어느 곳 푸른 산인들 도량이 아니랴	何處靑山不道場
신세만 고달프게 딴 곳으로 달리네	勞勞身世走他方
진실로 자기 집 보배만 얻을 수 있다면	若能信得家中寶
물 물, 산 산 모두가 고향인 것을	水水山山摠故鄕
하늘 아래 천자도 이미 꿈으로 변했고	寰中天子曾成夢
국경 밖 장군은 군령도 행해지지 않는다	塞外將軍令不行
그러나 터럭 불려 자르는 칼 세워 일으키면	箇中拈起吹毛劍
오랑캐 다 베어 우주도 맑으리.	斬盡胡人宇宙清

松溪道人에게 주는 시다. 모든 청산이 모두 도량이라면 굳이 이 산 저 산을 가려 찾을 것이 없지 아니한가. 그렇다고 산만 찾으면 도량이 되는 것인가. 보석은 나에게 있는 것이니 이것을 찾으면 나의 고향은 바로 나에게 있는 것이니 그 보배가 무엇일까. 앞 시에서 보았듯이 비워진 마음이 아닐까. 내가 가진 보배이지만 마음을 비우지 않아서 보배가 되지 못하고 이 산 저 산 찾는 것이 아닌가.

천하를 소유하는 천자야 누구나 원하지만, 지나면 한낱 꿈이요, 장군이란 부하에게 군령을 내리는 것이지만 통치의 장이 다른 곳에 있어서는 군령을 내릴 수가 없다. 마음이 한 몸의 주인이지 몸을 떠난 마음은 한 몸의 주인 구실을 할 수 없다. 터럭이 칼날에 불리기만 하여도 잘리는 칼이 취모검이다. 이렇게 날카로운 칼은 지혜의 칼이다 이 칼이 있어야 마음에 이는 잡스러운 생각을 자를 수가 있다. 이것이 바로 어디에도 기울어짐이 없는 자유인 것이다.

위에서 보아왔듯이 제월당 대사는 유한청정한 자세로 자재로운 수선의 길을 걸었다. 여기에서 얻은 바 자유인이었던 그는 어느 곳이나 도량 아닌 곳이 없었으니 그의 행장에서 말한 "모든 산에 노닐어 거처에 일정한 곳이 없었다〔遊假諸山 居無定處〕."라 함이 시에서도 입증이 되었다. 40여 년의 설법에 구름비와 같은 말씀이 천하에 가득하였다 했음도 이러한 구애 없는 언어로서 듣는 이가 어디에도 치우침이 없는 중도인이 되도록 하였던 것이다.

교와 선의 양면을 겸하여 모든 사람에게 실다움을 얻게 하였다 하였으니 그러한 면을 위 몇 편의 시에서 살필 수 있었다 하겠다. 설법에 관한 글이 문집에 별로 보이지는 않지만 다만 남아 있는 시문으로도 대사의 설법을 짐작하게 한다.

聲律이 절로 어울린 詠月의 詩

詠月堂(1570~1654)의 이름은 淸學이요, 자는 守玄이고 영월은 당호이다. 아버지는 洪光明이고, 어머니는 姜氏였다. 대사의 문집에 枕肱이 지은 「詠月大師原始要經行狀」에 의하면 생년이 隆慶二三白馬之年 中呂十四黃昏之夕이라 하였고 좌화하신 해를 順治 11년 갑오 10월 19일 축시라 하였다. 이 기록에는 몇 가지 착오가 있어 신빙키 어렵다. 생년으로 되어 있는 융경 2·3을 몇 년으로 보아야 할지 주저스럽다. 융경은 명나라 穆宗의 연호로 6년밖에 없으니 2·3을 6년으로 볼 수도 있으나 이 해는 임신년이므로 白馬와 연관이 없다. 백마가 경오로 본다면 경오년은 융경 3년(1570)이다. 따라서 융경 2·3의 3자가 2자의 誤刻으로 본다면 2·2는 4로서 융경 4년 경오의 태세와는 맞는 셈이 된다. 졸년의 순치 11년 갑오년은 청의 世祖 11년(1654)이다. 그렇게 되면 대사의 세수는 85세가 된다.

그런데 행장에 行年九旬有五 禪臘七秩加三이라 하였으니 세수가 95세다. 10년의 차이가 생긴다. 그뿐만 아니라 선랍 73을 기준으로 하면 행장에서 13세에 출가한 것으로 되어 있으니 세수는 85세라야 한다. 그렇다면 세수 85세가 확실해지고 '九旬有五'가 '八旬有五'의 잘못일 수 있다는 추론이 가능하다. 이런 추론이 가능하다면 대사의 생졸년은 1570년(선조 3년 庚午)에서 1654년(효종 5년 甲午)인 셈이 된다.

행장에 따르면 '飽參南國 訪修公而昇堂 繼登西山 投靜老而入室'이라 하였으니 浮休 善修에게서 입문하였다가 西山 休靜에게 入室하여 인가를 받은 것 같다. '可堪橫拈兎角 扣開涅槃之妙門 竪起龜毛 拂盡空假之塵垢'라 함에서도 이해되듯이 대사는 선문의 종지를 깨달아 어리석은 속세의 목탁 구실을 했다.

이러한 수선의 여가에는 남북을 왕래하면서 풍류문학에도 가끔 눈돌리기도 하였다. 그 중에서도 崔致遠의 풍류에는 독특한 매력을 느꼈던 것으로도 보여진다. 행장에 의하면 '掛冠方丈 訪崔仙於爐峯'이라 하였고, 문집에는 「吹笛峯

上憶崔仙詩」라 한 18구의 시 한 수가 있다.

일 없이 걸은 걸음 취적봉에 닿아	無端步及吹笛峯
고운의 옛 감정 상상케 되다	想得孤雲多感情
천 년의 모습 학으로도 못 오나	千年華表鶴不來
만고의 가야산빛 언제나 푸르러.	萬古伽耶山色靑

라고함에서도 고운에게 기운 정감을 이해할 수 있다. 이렇듯 고운을 그리워했던 점은 시에 대한 남다른 애착 때문이었던 것이 아닌가 여겨진다. 백곡 處能이 대사의 시문집 서문에서도 이 점을 강조하였다.

"내가 시집을 보니 그 안에 이별을 안타까이 여기는 시에 '이별의 낯은 웃는 꽃이 있음만 못하고, 이별의 정은 속 빈 대 같기가 어렵다'함이 있음을 보았다. 시구가 공교로울 뿐만 아니라 역시 선기가 많으니 스스로 안으로 깨우침이 있어 밖으로 드러나되 성률에 맞지 않고서야 이런 시를 얻을 수 있겠느냐〔余觀其集中 有惜別詩 曰別面不如花有笑 離情難似竹無心之作 非但句工 亦多禪氣 自非內悟 而發於言 自諧於聲律者 安得如此詩道哉〕."
라 하여 대사는 시에 있어서 '깨달음〔悟〕' '공교함〔工〕' '어울림〔諧〕'이 두루 겸비하였으니 완벽하게 시인으로 인가된 셈이다. 더구가 백곡 또한 조선조 선사로서는 시문이 뛰어났던 한 분이기에 그의 이러한 평가는 정론으로 받아들여 마땅하겠다.

대사의 시는 차운의 시가 많다. 그러면서 시의 제목은 따로이 붙여지지 않고 있다. 언뜻 보면 연작시처럼 느끼게 되었지만 한 수 한 수 독립된 주제를 가지고 있다. 차운의 첫 제목에는 儒者의 시에 차운한 것이 거의 다이다. 이는 편찬자가 시의 유형별로 편찬하면서 차운이라고만 되어 있고 누구의 차운인지 알 수 없는 것을 이어서 편집했기 때문인 것 같다.

문집의 처음에는 '和林公韻 餘次他韻'이라 하여 5언절구 34수를 이어서 편찬한 것과, '次申生員韻 餘他韻'이라 하여 7언절구 6수를 이어 수록한 것으로 보더라도 알 수 있다. 이렇게 보면 대사의 시는 거의가 제목이 없는 시였다 하겠다. 이 점은 대사의 시는 修禪에서 깨달은 바를 읊은 것이기 때문에 따로이 제목이 없었던 것이다. 위에서도 보았듯이 백곡이 대사의 시를 안으로 깨우쳐 밖으로 드러났다 함이 더욱 명료하게 밝혀진 셈이다.

대사는 소리와 빛으로 요약될 수 있는 자연의 실상에서 선의 문제를 이해했

던 것으로 보인다. 제목없이 이루어진 시들이 이러한 소리와 빛에서 깨닫는 선
지의 일단이었다.

소리를 들어 뭇 묘지를 보고	聞聲觀衆妙
빛을 보고 모든 진여 체득하다	見色體群眞
집의 보배는 해마다 늘고	家寶年年富
풍류는 날로 새롭다.	風流日日新

　자연의 빛과 소리에서 오묘한 전제와 여여한 법체의 진여를 보는 것이다. 이
것이 선가에서 더 없는 보배가 아닌가. 이 보배는 자랑을 안 해도 스스로 밖으
로 빛나는 것이다. 굳이 이것을 언어로 표현할 때 풍류로운 시가 아니었던가.
이것이 바로 대사가 시를 쓴 의도라 보여지고 그러기에 그의 시는 전편이 이러
한 선지의 발로이다.

허공의 꽃 열매 없음 이해하고	了空花不實
물의 달 진실 아님을 안다	知水月非眞
바람 일면 옅은 구름 쏟아지고	風起微雲斷
자연을 본성으로 해야 지혜 달 밝아.	性天智月新

휘파람 불며 찾아온 정사	發嘯來精舍
숲도 깊어 세상 일없이 여겨	林深世事輕
우는 골짜기 시냇 물 급하고	洞喧溪水急
잿 구름 빗겨 산은 어둡다	山暝嶺雲橫
달 밝아 시 쓸 생각 움트고	月白詩思動
차가운 바람 나그네 정을 맑히네	風凉客意淸
꽃잎 날려 적적한 봄	花飛春寂寂
두 서너 곡조 노래하는 산새.	啼鳥兩三聲

　앞의 시가 자연을 선기의 발로로 읊은 것이라면 뒤의 시는 자연에서 느끼는
한 시인의 정감에 지나지 않게 보인다. 그러나 이 두 시를 한 작가의 어휘로
묶으면서 선사의 시라 하면 두 시에서의 공통점은 역시 선기의 시적 승화라 할
수 있다. 대사가 유가의 시에 차운하면서 시의 제목이 없이 그저 한 편의 시로
남기면서 유가와 함께 공감할 수 있도록 한 힘이 바로 여기에 있었던 것이다.

선기를 담으면서도 선기로 보이는 것이 아니라 함께 느낄 수 있는 자연의 실상
으로만 보이도록 하였던 것이다.

진여는 어떤 형상, 망녕은 무슨 모습	眞何形狀妄何容
허공 속에 바람 같은 이 두 물건	二物猶如空裡風
문을 나서도 터럭끝만큼도 보지 못하나	出門不見絲毫許
온갖 새 다투어 울고 꽃 어지러이 붉네.	百鳥爭啼花亂紅

온갖 새 우짖는 봄 어느 새 꽃은 피고 지는 계절. 이것이 진여 실상 그대로
이겠지만 이 자체를 진여라 할 때 또 망상일 수도 있다. 있다 없다의 개념을
초월하는 것이 오히려 실상일 것이니 어디에서 진실과 망녕의 극단적 모순을
찾을 것이냐. 차라리 모순이 서로 화합되는 모순 아닌 자리 여기에는 그저 우
는 것이 새요, 피는 것이 꽃인 이 진실에서 모순의 실상을 여의고 말 수밖에
없다.

말끔히 씻긴 문수사	瀟灑文殊寺
비 속에 이제 찾았네	今來山雨餘
나그네 드무니 인사가 없고	客稀人事小
성도 멀어서 세속 인연 적다	城遠俗緣疎
정적하기에 티끌 마음 씻기고	靜裡塵懷淨
한가로워서 도 찾는 눈 트이네	閑中道眼虛
스님들 모두 선정에 들어	居僧皆入定
어쩌면 저 태산인 양 요지부동.	不動太山如

지팡이 하나 천봉산을 날아 넘어	一錫飛天鳳
가을이라 달도 두둥실 둥글어	三秋月正圓
가사옷 단풍 속 갈고	衲磨紅樹裡
길은 흰구름 가로 이었네	歸路白雲邊
바람결 첫 서늘한 기운	風勢初凉落
산 빛도 쓸쓸하기 시작	山光始肅然
수풀 헤치고, 물도 건너고	穿林又渡水
또 들려오는 매미 소리의 싸늘함.	又得聽寒蟬

백사장에 기러기 날아 앉듯이 사선으로 그저 이어진 시의 구성이다. 꾸밈이 없이 그저 평탄하기에 가능한 것이다. 이 속에 찾아온 산사의 고요함이 몸에 그저 배인다. 세속 인연이 적은 것이 아니라 세속을 잊어버리고 말게 되는 분위기이다. 선정에 든 스님이 있어서 태산처럼 부동한 것이 아니라 움직임이 있어도 움직임을 느낄 수 없는 부동이다.

천봉산을 넘는 나그네의 발길도 자연과 어우러져 산이 있는지 나그네가 있는지 알 수가 없다. 단풍, 흰구름, 물 소리, 매미 소리 모두가 있는 그대로의 빛과 소리이다. 그 속에 대립이 없이 동화된 작자이다. 산을 넘고 물을 건너 매미 소리 듣기까지 그저 물 흐르듯이 흘러온 것이고 또 흘러가고 있다. 이 시를 다 읊고 난 여운도 이렇듯 끊임이 없이 여운으로 남아 울리고 있는 기분이다. 이러한 세상은 철저하게도 빛과 소리밖에는 따로이 진리가 없다고 보았기 때문이며 그것이 바로 자연과 하나가 된 것이다.

지혜의 해 처음 돋는 곳	智日初昇處
속세 인연 얼음이 녹듯	塵緣似釋氷
솔과 대 나를 돕는 벗	松篁三益友
산과 물 참으로 좋은 친구	山水一良朋
처마 흰 건 구름이 장막이고	檐白雲爲帳
창이 밝음은 달이 등불 노릇	窓明月作燈
소리 빛 밖에 진리 없거늘	道非聲色外
왜 꼭 고승에게 물으려 해.	何必問高僧

빛 보고 소리 들음 이것이 본 마음	見色聞聲是本心
금을 갖고서 왜 또 금을 구하나	將金何必更求金
물결에는 딴 물 없음 아는가 모르는가	波無異水君知否
몸이 바로 마음이니 밖에서 찾지 마오.	身是全心莫外尋

몸이 바로 마음이라 함은 자연이 바로 내 몸이라는 논리로 확대될 수가 있고 이런 논리에서 소리와 빛이 바로 본심이라는 논리로 축소시킬 수가 있다. 여기에서 소리·빛 밖에 따로 진리가 없다 한 의취를 알게 된다.

이렇듯 유자와의 수창시나 무제의 어려 시편들은 자연을 읊으면서도 선기의 묘지를 담고 있지만, 자연의 유람을 목적으로 하여 詩題를 밝힌 시에서는 그대로 자연의 서경을 읊었으니 시를 읊게 되는 동기에 따라서 각자의 의취를 분명히 달리하고 있었던 것이 아닌가 여겨진다. 대표적인 시가 '春風遊松廣寺'라 하겠다. 전편을 소개해본다.

평생 物外의 정을 간직하고	生來唯抱物外情
소탈하게 읊는 시 부귀를 업수이 여겨	浪吟詩輕萬戶侯
뜬구름 세상일은 남에게 맡기고	浮雲世事付他人
푸른 물 푸른 산 이 마음 둔 곳	綠水靑山心素留
봄바람에 나는 흥 금할 수 없어	春風不禁逸興飛
조계의 유심한 산수로 발길 옮기네	笻向曹溪山水幽
십여 리의 들길 찾아나서서	行尋石逕十里餘
맑은 시내 씻는 발 세속 생각 잠재워	濯足淸溪塵慮收
전각을 오락가락 가슴 속 시원하고	盤桓殿閣爽胸襟
누대에서 읊조리자 눈동자 맑아지네	嘯詠樓臺淸眼眸
신선 자취 영이한 경계 구경 또 구경	仙蹤異境翫復翫
달 바람 누대에서 노닐고 노닐다	月榭風欞遊更遊
구슬 소리 시내 혀 꿈을 위로하고	玲瓏澗舌慰殘夢
솔바람 시원히 나그네 시름 달래다	浙瀝松聲淸客愁
지금의 자연 풍경 어떠냐 물으면	今來煙景問如何
꽃은 시내 산 가득, 바람은 누대에 가득	花滿溪山風滿樓
봉래·방장산만이 아름답다 말며	蓬萊方丈未專美
무릉도원을 또 어디가 찾으랴	武陵桃源何更求
스님은 모두가 도를 익히는 이로	居僧盡是學道者
학 같은 아우 구름의 형 함께하는 세월	鶴弟雲兄度春秋
다음 날 친구와 함께 또 산을 오르니	明朝携友又登山
비단구름에 솟은 몇몇의 각황전	幾多梵宮羅雲頭
남쪽 누대 놀이 끝나 또 북쪽 정자	南臺遊了復北亭
동쪽 언덕 휘파람 또 서쪽의 구릉	叙嘯東皐又西丘
수풀 헤쳐 물 건너 길 다하도록	穿林渡水路已窮
일만 골, 일천 봉 좋은 곳 두루하다	萬壑千峯探勝周
절정에 오르면 하늘 닿은 두려움은	登臨絶頂恐到天

건곤을 위아래 살피다 호기가 마를까봐	俯仰乾坤豪氣稠
산과 물에 취하는 것 한가함의 도박	山酣水醉博高閑
달과 구름 벗 삼음 자유와의 내기	月伴煙群賭自由
산, 꽃, 우는 새 서로 봄을 다투니	山花啼鳥共爭春
시상과 객흥이 모두 유유자적	客興詩思俱悠悠
雲林에 의탁한 몸 일생 즐거우니	雲林寄跡樂一生
달팽이 뿔 같은 공명 생각할 바 아니다	蝸角功名非所謀
이제부터 길이 산수에 노니는 나그네	從今永作遊山客
시끄러운 속세 풍진에 묻힌 부끄러움 면해보리라.	免得風塵東郭羞

전편은 그저 자연 완상의 서경적 서술이다. 송광사에서 지었으니 스님으로서
의 선어가 있을 법하지만 전혀 배제해버렸다. 역시 시는 시로서 족하다 여긴
것이라 보인다.

이와는 달리 「靑山曲」이라 제한 歌頌體의 한 편은 제목이 청산이라면서도
산에 대한 서술은 거의 없이 수도자의 마음가짐으로 일관되어 있다.

뭇 중생의 마음 본래의 소유	群生心兮本有
스스로 무겁게, 책임 있게 맡겨야	任自重兮自實
모든 마음이여 도에 어울리고	凡有心兮合道
귀와 눈 있음이여 소리와 빛	在耳目兮聲色
옛부처 인연으로 이제 터득했어도	因舊佛兮今得
옛날 잊었다가 이제 이룸 아니다	非昔失兮新成
지상의 꽃과 열매 같아서	如地上兮花果
스스로 뿌리에서 피어남이지	自根種兮發作
물과 흙이 태어나게 함도 아니니	非水土兮令生
어찌 봄의 인연이라서 그렇게 되랴	豈春緣兮使然
뭇 덕을 갖춤이여 끝이 없고	具衆德兮無窮
시방에 두루함이여 여유가 있구나	遍十方兮有餘
참 말씀 들어 깊은 뜻 깨달으니	看實言兮得旨
한 물건도 나 아님이 없구나	無一物兮非我
범인이나 속인이나 정각에 의지하면	彼凡聲兮依正
모든 것이 나의 빛 안에 있도다	都在我兮光中

두 문이 아님이여 스스로 열리고	不二門兮自開
광대 원만의 깨달음이여 치우침이 없도다	大圓覺兮無方
뭇 정각이 한 몸임을 체득하고	體衆正兮一身
오롯한 한 마음이 온갖 진리임을 알겠다	了唯心兮萬法
금강의 몸이여 길이 견고하고	金剛身兮永固
변하지 않는 마음이여 영원히 밝도다	不變心兮長明
무량한 空이여 역력히 뚜렷하고	無量空兮歷歷
본 집의 풍모여 소소히 정결하다	本家風兮蕭蕭
대상이 있다 한들 토끼의 뿔이고	境雖有兮兎角
마음이 있는 듯하나 거북이의 털이다	心似有兮龜毛
바른 눈 밝음이여 아무 것도 없고	正眼明兮無物
태평을 이룸이여 영원한 세월	致太平兮長年
대지의 끝까지도 하나의 시선	盡大地兮一眼
시방을 다해도 동일한 진여	窮十方兮同眞
진여로 이는 본성이여 바로 妙有	性起眞兮妙有
모든 모습 가라앉음이여 지혜의 칼날	相形寂兮智刃
한 사실 들어 대전을 수용하고	擧一事兮全收
한 방울의 물이여 모든 바다 함축하네	如一滴兮含海
큰 깨달음 존재함이여 순간의 상념	大吾在兮現念
다시 물을 필요 없는 앞과 뒤	更不問兮先後
한 법체 진리 空되지 못하면	若一法兮不空
한 사람이라도 도 깨달음 없다	無一人兮得道
몸 안의 칼날을 가지고	將身內兮劍刃
천하의 의심을 끊어버려라	斷天下兮疑曀
옳고 그름 일면 아무리 따져도 부족하고	非譽生兮不足
사실과 진리 나뉘면 원만함이 아니다	事理分兮非圓
큰 소유를 가져도 겸손을 견지하고	居大有兮持謙
나와 남 여의려고 인내로 초극하라	泯自他兮超忍
뒷날의 뉘우침 있기보다는	與其後兮有悔
오늘의 예의질서 다함만 하랴	曷若今兮盡禮
대상 물체 물리침이 오똑한 독립	却外物兮獨露

<table>
<tr><td>멀고 멀리 떠남이 바로 해탈</td><td>離遠離兮解脫</td></tr>
<tr><td>적멸에 삶이여 이것이 평등</td><td>居寂滅兮平等</td></tr>
<tr><td>살 길 걸어야 비로소 터득</td><td>活路行兮始得</td></tr>
<tr><td>먼지만한 허물도 버림에서 풍성한 덕</td><td>纖瑕去兮德盛</td></tr>
<tr><td>쪼각의 선이라는 갖춤이 仁의 부자</td><td>片善具兮仁富</td></tr>
<tr><td>항시 마음에 주착해도 굳고 날쌔게 하고</td><td>常住心兮堅利</td></tr>
<tr><td>온갖 사실 꿰뚫어 길이 새롭다</td><td>貫萬事兮長新</td></tr>
<tr><td>모든 삶 다 제도하여 크는 자비심</td><td>度盡生兮悲大</td></tr>
<tr><td>모든 대상 다 앎이여 원만한 지혜</td><td>照窮境兮智圓</td></tr>
<tr><td>빗장을 굳힘에서 이쪽 저쪽 있고</td><td>固牢關兮彼此</td></tr>
<tr><td>사리를 모르는 사람 너와 남 있다</td><td>無事人兮賓主</td></tr>
<tr><td>깨달음 잊음도 꿈과 같이하고</td><td>亡所得兮如夢</td></tr>
<tr><td>진리 없음을 진리로 하면 실재 없다.</td><td>法無法兮無在</td></tr>
</table>

「靑山曲」이라 이름한 것과는 전혀 다르게 법리의 깨우침을 인도하고 있다. 曲이라 함은 시와는 다르게 가송체의 노래와 맥을 함께 하고 있다. 노래야말로 순수한 심정의 토로이니 이러한 가송체를 통하여 수도자의 마음가짐을 노래하고 있다 하겠다. 더구나 불교 문학에 있어서 시와 노래를 달리하여, 노래의 장르에 속하는 글은 辭賦體의 형식을 빌어 불교의 교의적 내용을 전달하고 있다는 일반성과도 이 청산곡은 합치되고 있다. 굳이 노래의 이름을 청산곡이라 하였음도 수도자의 거처와 연관되었다 하면 어떨까 하는 느낌도 든다. 흔히 산중 불교라 하여 대중과 동떨어질 수 있는 의구 내지는 비판을 삼지만 수도자로서의 거처는 이 부동불변의 산을 택한 이유도 일단 음미할 필요가 있다.

영월 대사도 이 청산곡에서 자신의 수도 과정이나 깨달음의 길이 이 청산과 유관하여 노래의 제목으로 택했다 하여 지나친 추측이 아니다. 더구나 앞에서 본 「춘풍류송광사시」와 대비해볼 때 산사를 소재로 한 순수시에서는 시 그대로의 순수성을 유지하여 교의적 내용보다는 서경적 시의 의취만 살렸던 점은 이 청산곡의 교계성과 매우 대조를 이루는 것이다.

이렇듯 영월 대사는 시와 가송을 구별하여 시는 시로서 완성시켰으니, 이는 백곡이 평했듯이 스스로 시의 聲律에 맞아 시로서 족했고, 교의적 내용은 가송체로 노래하였고, 제자들의 求語에는 한결같이 사부체로 응대하고 있음이 이런 면을 더욱 강하게 암시하고 있다. 다만 「四集四敎傳燈拈頌華嚴」에서는 禪機의 시이면서도 율시의 형태를 취하고 있음이 다르나, 이는 바로 拈頌詩이기 때문에 시를 빌려 선기를 나타내게 된 것이라 하겠다. 끝 수인 '拈頌'을 보면 다음과 같다.

흐르는 물 깊은 산도 이미 짙은데	流水高山道已濃
누가 말을 가지고 다시 통하려 하나	誰將言句更相通
운문의 방에서 여래는 부서지고	雲門棒下如來碎
임제의 할에는 妙首도 헛것	臨濟途中妙首空
창해의 신룡은 매어둘 수 없고	蒼海神龍難可攣
벽오동의 봉황이 조롱에 갇히랴	碧梧丹鳳不堪籠
말에 의해 깨우침 경박함이 많다	從知語道多輕薄
비 개인 하늘 끝엔 산만 보이는 걸	惟見天涯雨後峯

언어 자구에 매이지 않는 선가의 자세를 잘 드러내고 있다. 염송시이기에 선기를 선기로 표현하는 시의 수사성이다. 이렇듯 대사의 시는 병에 따라 처방되는 약의 처방전처럼 처지에 따라 다양하게 구사하면서 그 시는 자연스러운 성률과 어울리고 있다 하겠다.

雲谷의 道俗을 초월한 酬唱

靜觀 禪師의 법사로 알려진 雲谷 禪師의 행적에 대하여는 자세히 전하는 바가 없다. 대사의 법휘는 冲徽이다. 그의 저서로 『雲谷集』이 남아 있으나 행적의 기록은 없다. 『운곡집』으로 되어 있어 문집같이 보이나 전집이 시로만 되어 있다. 谿谷 張維가 서문을 쓰면서도 「雲谷詩稿小序」라 함도 바로 시로만 남아 있는 대사의 시임을 정확히 짚은 표현이다. 『운곡집』에도 장유와 수창한 시가 있으니 평소부터 시로서의 이름을 알고 있었던 처지였다. 서문에서도 이러한 점을 밝히고 있다. 직접 만나지는 못했지만 시를 주고 받은 적이 있다 하면서 다만 자주 만나지 못했음을 안타까이 여기다가 마침 錦城으로 좌천되었을 때 대사의 제자가 시집을 가지고 와 서문을 청할 때 보고 감탄하면서 당나라 시인의 풍치가 있다 하였다.

발문을 쓴 東陽尉 申翊聖도 시집 중에 芝峯 李晬光이나 東岳 李安訥과 같은 분들이 그들의 지위를 잊고서 서로 수창하였으니 뛰어난 시인임을 인정하면서 '시로써 선을 한 이인가, 선으로써 시를 한 사람인가(禪而詩者乎 詩而禪者乎)' 할 정도로 시와 선의 구별이 없을 정도의 시편들이었음을 강조하고 있다.

시집 중에는 당시의 이름난 문인으로 알려진 유신들과의 수창이 많다. 五山 車天輅, 지봉 芝峯 李晬光, 東岳 李安訥, 谿谷 張維, 灘隱 李霆, 觀海 朴濰와 같이 당시의 문인으로서 명성을 남긴 분들이다. 이 점만으로도 운곡 대사의 시적 평가는 그 당시에 인정되었다 해도 옳겠다. 대사의 시는 당시의 시인이 주로 구사했던 絕·律詩로만 이루어져 있으니 이 점 또한 시인들과의 교류가 있었던 대사의 처지에 맞는 작시였다 하겠다. 시집에 전하고 있는 시는 170여 수인데 시집의 편집이 次韻일 경우 원시까지 수록되어 있어 당시의 문인들과 교류했던 모습을 여실하게 볼 수가 있다. 이러한 수창 중에서 동악 이안눌과의 수창이 30여 수가 되니 동악과의 교분이 남달랐음을 알 수가 있다.

여기서는 이러한 수창의 시를 살펴서 당시 유자들이 스님을 대할 때 시를 媒

材로 하여 道伴에 가까운 우의를 유지했던 사실과, 선사들이 立文을 기피하면서도 시를 읊는 데는 꺼려하지 않았던 당시의 사정도 이해해봄 직하다. 우선 수창된 시 한 수씩을 살펴보고, 동악과의 교분을 살펴보자.

오뚝한 바위, 언 샘, 추운 골짜기	倚石凍泉寒峽裡
서리 지나 지는 잎 늦은 산마루	經霜落木晚山巓
돌문에 달 뜨자 새 날아 다하니	石門月出鳥歸盡
구름 밖에 전하는 맑은 풍경 소리	淸磬一聲雲外傳
산사의 하루 저녁 함께 지나고	東林一夜曾同宿
문을 연 새벽에 눈 쌓인 산마루	淸曉開門雪滿巓
그림으로 남겨준 강 위의 묵죽화	因畫數叢江上竹
잎 잎 사이로 전하는 소리 듣는 듯	似聞風遞葉聲傳

이 시는 灘隱 李霆이 보낸 시에 답한 시이다. 위는 탄은의 原韻이고 다음은 운곡의 차운시이다. 각기 2수 중의 한 수이다. 시의 내용으로 보아 산사에서 함께 지낸 적이 있는 처지였다. 탄은은 왕실의 종친이었고, 시·서·화에 모두 뛰어났으며 특히 그림에는 당시의 명인이었다. 탄은은 산사의 풍경 소리가 맑은 소식을 전해준다 하였고, 이에 대해 운곡은 그가 그려주고 간 대나무 그림에서 바람 소리를 듣는다 하였으니, 처지가 다르고 취향은 다르지만 그런 처지에서 오히려 서로의 소식을 전해 듣고 있다는 내용으로 풀이된다.

재 올리던 밤, 이불을 껴안고	擁褐鈴齋夜
흰 눈썹 비추던 청등의 불빛	靑燈對雪眉
누대의 구름 옛 성터에서 졸고	樓雲眠古堞
창 밖의 비 추운 가지 울리네	窓雨響寒枝
경전 글귀를 세세히 검토하다가	細討經中字
한가로이 마음 속 시구를 찾았네	閑尋彙裡詩
마음 깊은 곳 아득히 보는 곳	遙看心性處
말 없이 깨닫는 두 사람 마음	不語兩心知
다시 찾아 뵈옵는 洪州의 땅	洪郭重來謁
불 밝혀 잠시 눈썹을 펴오	懸燈暫展眉

오늘 비 속에 만나는 사람

꽃도 지난 해 그 가지에 비었네

푸성귀에 지남 없는 산승의 게송

구슬처럼 아름다운 원님의 시

오늘밤 이 맑은 뜻은

응당 산 속에 들어서 알겠죠.

人逢今日雨

花發去年枝

蔬筍山僧偈

瓊琚刺史詩

一宵淸意味

應復入峯知

홍주 목사로 있던 芝峯 李晬光을 찾아갔을 때 주고 받은 시이다. 운곡은 목사로 있는 지봉을 위하여 지방행정을 위하여 재를 올렸던 것이다. 그리고 나서 둘이는 경전의 이론에다 시를 지으며 대화를 나누었다. 그래서 서로 통하는 의미를 두 사람은 마음으로 이미 느끼고 있었다. 두 시인의 結句의 표현은 이심전심이 되어 있다 하겠다. 같은 시기에 지었다고 보여지는 또 한 수의 시가 있다. 거기에서 두 시인이 주고 받는 결구는 의미심장하다. 지봉은 "남겨주신 시에서 흠뻑 얻는 자연의 경색/붓 끝의 봄 기운에 잠 깨우는 우뢰여〔留詩賸得煙霞色 筆底陽春起蟄雷〕"하고 지봉은 읊었고, 운곡은 "잠결에 깨어나 관아인 줄 모르고/흥겨운 풍류 소리 맑은 하늘의 우뢰로 착각했네(睡起不知身在郡 誤聞歌鼓殷晴雷)"하였으니 한 사람은 시로 한 사람은 그 보답으로 풍류를 아뢰주었다. 그러면서 각 시가 갖는 시적 수사에는 묘미가 있다.

韓愈가 太顚 선사를 관대하지 않았으면

寥 선사가 어떻게 東坡를 만났으랴

이제사 한적 얻음이 한적 잃음을 알고

선에 안주함이 선에 얽매임을 믿겠다

조용한 밤 일천 강엔 허공의 달이고

구름 개자 만 리에 툭 트인 하늘

장자의 섬세한 말씀 통발에 갇혔으니

도를 깨우침은 조용한 마음 자연과 맞아야.

不是昌黎款太顚

何如寥老遇坡仙

久知得適能忘適

方信安禪可縛禪

夜靜千江空皓月

雲開萬里豁靑天

南華卮語筌蹄在

悟道冥心合自然

빗길에 산마루를 내리는 한 나그네

조각배 바다 어구 신선을 찾았네

홍주에서 만나서 시구를 구했더니

다시 뵈온 공주에서 선도를 논하네

一筇疎雨下山巓

江海扁舟訪謫仙

洪館初逢仍乞句

公城重見更論禪

운명에 매인 궁핍, 영화 말해도 무용	窮通有命那書字
필연이 아닌 나아가고 물러감 하늘 원망하겠나	出處無機不怨天
집은 옥경에, 몸은 만 리 밖이니	家在玉京身萬里
솔 국화 옛 정원 참으로 쓸쓸하지.	故園松菊定蕭然

　五山 車天輅의 시에 次韻하였다. 앞의 시는 오산이 운곡에게 준 것이다. 유자인 오산으로서 승려인 운곡에게 주는 시이기에 당나라 때 한유와 태전이 승속을 넘었던 지기의 벗이었음을 상기시키고 있으니, 오산이 먼저 운곡에게 흥금을 열어 놓은 셈이다. 비록 유가이기는 하나, 진리의 깨달음에야 차이가 있을 리 없다. 끝구의 悟道와 冥心이 자연스러이 만나는 것이 두 사람 사이에 공감대로 이어지고 있는 것이다. 여기에 대한 운곡의 次韻은 선기적 내용보다도 두 사람이 만났던 과거나 현재에 느끼는 심정적 교감을 평범하게 읊고 있을 뿐이다.

　이렇듯 승·속을 초월한 사귐이 東岳에게는 모든 것을 초월한 경지였음이 분명하다. 동악이 錦溪 郡守로 있을 때 관아에서 머물며 주고 받은 시에 그러한 사실이 여실하게 드러나 있다.

태수는 원래 도를 좋아했고	太守本好道
스님은 특별히 시를 하죠	上人偏愛詩
풍진 세속에는 길을 달리했지만	風塵異名迹
운수의 자연에는 똑같은 마음	雲水一襟期
옛고을에서 맞이하겠다 하여	古縣相邀地
봄 성을 지나다 들렸구료	春城枉過時
지금 이 허락한 교분	即今支許契
늙어도 끝내 변함 없겠지요.	終老不磷緇
백성 송사 없어 평안히 눕고	臥閣民無訟
공사 한가로워 낮에 시 읊도다	官閑晝詠詩
전원에 미래 계획 세우고	田園存晚計
자연에 조용한 기대를 두다	魚鳥待幽期
달은 봄 성 위에 둥글고	月滿春城夜
들 주점에 꽃은 붉구나	花開野店時

| 문장이란 조그만 재치이니 | 文章眞小技 |
| 참 길에 변함 있을까 두렵구료. | 於道恐磷緇 |

　주고 받은 세 수 중의 끝 수만을 들어보았다. 유자로서 지방장관과 선객으로서의 승려이기에 길이 다른 것은 분명하다. 그러나 두 사람은 이 다른 길을 인정하면서 다름이 없는 한마음임이 여실하다. 그러면서도 전편의 시는 그것을 강조하기보다는 지금 처해 있는 상황을 담담하게 말하여 서로의 진의가 소개되고 있다. 두 사람의 시의 품격 역시 당대의 문인이라 일컬어진 이름이 헛되지 않는 작품이라 하겠다. 운곡은 동악의 시에 매우 심취되어 있었던 것 같다. 직접 수창하지 않고 누대 등에서 동악의 현판시를 보면 거기에도 꼭 차운을 했다. 또한 운곡이 먼저 시를 보내면 동악도 꼭 차운을 했으니 두 시인의 교분을 짐작할 만하다.

　운곡이 동악과 함께 使君溪에 노닐며 먼저 시를 지었다.

산이 맑은 시냇물에 잠기니	山浸淸溪水
위 아래로 붉은 단풍의 숲	楓林上下紅
중을 불러 반석에 앉으니	呼僧坐磐石
이것이 그림 속이 아닐까.	疑是圖畵中

태수는 일 없으신 몸	太守身無事
산인도 마음이 비었소	山人心亦空
서로 이끌어 시내 위에 앉으니	相携溪上坐
서풍에 지는 누른 단풍잎.	黃葉落西風

　산과 물, 단풍이 서로 어우러진 곳에 주객이 마주하고 있는 담담한 풍경에 불과하기에 오히려 청초하게 느껴지는 시다. 여기에 동악이 차운한다.

아지랑이 싸늘한 산 적셔 푸르고	嵐潤寒山碧
안개는 저녁노을에 비쳐 붉도다	霞明夕照紅
뜻 없이 울리는 돌 시내 울림	無端石溪響
자그마한 시구 속으로 함께 숨네.	倂入小詩中

| 궁벽한 골 구름은 바위에 솟고 | 洞僻雲生石 |
| 수풀 성글어, 물은 허공을 비추어 | 林疎水映空 |

> 시내 산이 원래 곱고 묘한데 溪山本奇麗
> 단풍은 또 가을바람에 지네. 黃落又秋風

우열을 가릴 수 없는 소박한 두 시인의 수창이다. 가을 산의 풍경에다 시인들을 흡입시켜 그저 물아일체가 되어 있다. 시에서 말한 疑是圖畫中이다. 疑가 아니라 信이다. 信是圖畫中이라 해도 결코 과장이 아니다. 동악이 금계 군수로 있을 때 운곡은 시의 벗으로 자주 만났던 것으로 보인다. 금계의 관사로 찾아온 운곡은 같이 밤을 새우며 시를 주고 받았다.

> 산사람 산이 좋아 산을 나서지 않고 山人愛山不出山
> 초목으로 의식 삼은 안개 구름 사이 草衣木食煙霞間
> 삼세의 묵은 인연 그대로 남아 三世㝾緣消未盡
> 군성의 하룻밤 시를 찾아왔소. 郡城一宿求詩還

지방장관과 지방민의 만남이거나 유가와 불가라는 이교도의 만남이 아니라 어디까지나 詩友로서 만남이 분명하다. 동악도 그런 뜻에서 화답한다.

> 성 서쪽 성 북쪽 모두가 산이라서 郭西郭北皆靑山
> 깊은 숲엔 한낮에도 두견이 운다 蜀魄晝啼雲樹間
> 이렇듯 한적하고 주위 또한 조용하니 此地人閑境亦靜
> 선공이여 부디 일찍 가려 재촉 마오. 禪公不必催早還

지기의 벗으로서 길이 함께 있기를 바라는 마음이 시편에 숨어 있다. 비록 관사가 산사는 아니라 하더라도 경치가 조용하니 머물러 있어도 무방하다는 것이다. 당시 사회가 관가에서 승려에 대한 대접이 얼마나 학대적이었던가. 승려의 도성출입까지도 금했던 시대에 지방의 관아가 비록 도성은 아니라 하더라도 엄연히 관청이다. 여기에서 머물러 있어도 좋다는 부탁이야말로 격식을 초월한 지기의 벗이 아니고서야 가능했겠는가.

운곡은 다음날 다시 서로 수창한다.

> 어제는 인연따라 산에서 내렸으니 昨日隨緣一下山
> 푸른 숲속 솔사립문 혼자 닫혔겠지 松扉空掩翠微間
> 바윗 가에서 홀로 잔 학은 遙知獨宿巖邊鶴
> 구름처럼 떠나오지 않은 나 꾸짖고 있겠네. 嗔我雲蹤久不還

공무 끝낸 관가의 문 산 향해 열리니　　衙罷官扉開向山
산 아지랑이 작은 누대로 날아든다　　晴嵐飛入小樓間
종일토록 꽃을 보며 울리는 거문고　　對花終日鳴琴坐
때때로 하늘가 홀로 나는 새를 본다.　　時見長空鳥獨還

속가의 하룻밤에도 못 잊는 산사이다. 자연과 더불어 사는 삶이라 혼자 밤을 지낸 학이 속세에서 밤을 지내는 자신을 꾸짖겠다는 것이다. 산 속에서의 청초했던 삶의 모습을 여실히 보였다. 관가에 앉아 있어도 문만 열면 스며드는 산기운, 이것은 산승의 숨길을 트는 바람이다. 관가의 호화로울 만한 풍류, 꽃과 마주앉아 듣는 거문고 소리이다. 그러나 저 허공을 나는 새는 나의 이 자리를 원망하듯 홀로 날고 있다.

시의 구성도 짜임새 있는 공간의 배치이다. 산과 관사라는 수평 공간의 여기와 저기에서 느끼는 번잡과 한적의 대치, 누대에 앉은 나와 허공을 나는 새의 수직공간의 위 아래의 대비, 여기에 어우러진 작자의 모습이 돋보인다.

동악은 이에 화답한다.

금계에서 동쪽으로 보면 바로 여산　　錦溪東望紫翠間
푸르고 붉은 산 안개 속 절 하나 있다　　寺在東望是廬山
부끄럽다. 이 벼슬끈 버릴 수 없어　　慙愧銅章抛未得
봄바람에 홀로 보내야 하는 가사옷 그대.　　春風獨送衲衣還

산 밖에 푸른 시내, 시내 위 산　　山外淸溪溪上山
높고 낮은 외길은 온갖 소나무 사이　　一蹊高下萬松間
꽃 찾아 더디더디 구름 헤쳐 나오더니　　尋花倦逐孤雲出
달을 띠고 바삐바삐 늙은 학 따라가네.　　帶月忙隨老鶴還

속정에 끌릴 수 없는 스님으로서의 운곡과 때로는 속세를 벗어버리고 스님을 따르고 싶은 벼슬아치인 동악의 모습이 아주 대조적이다. 되돌려보내야 하는 시벗을 아쉬워하는 모습이 전편에 배어 있다. 산승이 꽃을 찾아올 때의 걸음은 그리도 더디더니, 돌아가는 걸음은 왜 그리 빠르냐는 아쉬움이다. 이런 걸음은 운곡의 걸음임이 분명하지만 작자인 동악으로서는 지기의 벗에 대한 그리움을 절실히 표현한 것이다. 운곡의 하산 길이 빨랐더라도 기다림에서 더디게 느꼈고, 돌아가는 걸음이 더디더라도 보내는 이의 아쉬움에서는 빨리 느껴지기 때문이다. 두 사람의 지극한 우정이 새삼 돋보인다.

산사로 돌아온 운곡은 몇 계절이 바뀌자 시벗이 그리워 사미승을 보내어 시를 전한다.

산 깊어 봄눈은 아직 녹지 않아	春雪山深積未消
누구 위해 사립문 달빛에 여나	柴門誰向月中敲
문 앞에는 오직 매화 한 그루	檐前只有梅花在
때로 불리는 향이 적적함 위로하네.	時送清香慰寂寥
늙은 중 지나는 봄에 넋이 녹아져	老僧魂向一春消
달 아래 울리는 종소리 듣기 어려워	忍聽寒鍾對月敲
아랫마을 시 짓던 곳 생각하며는	仍思海利題詩處
한밤의 외로운 등불 적조함 비추네.	半夜孤燈照寂寥

산사로 돌아온 대사는 동악을 항시 잊지 못하고 있었던 것을 알 수 있다. 산 깊어 눈도 녹지 않는 산사를 찾아올 사람이 없는 줄 알면서도 달 아래의 사립문을 열어 놓고 있다. 이 쓸쓸함을 위로하는 것은 오직 눈 속에 피어 있는 매화뿐이다. 고적한 심정을 위로했던 것이 동악과 마주앉아 시를 주고 받던 때였다. 지금은 시를 써보아도 수답할 사람이 없다. 그래서 사미승을 시켜 산 아래로 내려보내는 것이다. 서로 화답할 사람은 동악밖에 없다.

시를 받은 동악도 매우 기뻤을 것이다. 세속의 생활에서야 시를 주고 받을 사람이 없는 것은 아니지만 세속 사연에 얽힘이 없이 수답하기로야 산사에 있는 선승보다 나은 이가 없다. 곧 수답의 시를 썼다.

한낮에 사람 끊기고 향불도 꺼져	午堂人靜篆煙消
댓숲 사이로 절구 소리 들릴 뿐	茶臼唯聞隔竹敲
이때 여산에서 정중히 보낸 소식은	廬岳此時勤寄訊
매화 읊은 새로운 시 參寥 스님 거스르네.	詠梅新偈倒參寥
베개 하나로 소일하는 한나절	白日都將一枕消
시구를 읊으면서 부질없이 퇴고하네	坐哦詩句謾推敲
관청 문 닫히고 오는 사람 없어	官扉晝掩無人到
몇 가지 남은 꽃 쓸쓸함을 함께하네.	數樹殘花伴寂寥

일거리 많은 것이 관청이겠으나 그러한 일이 큰 시인의 본업이기보다는 여가의 일이기에 오히려 대낮도 고요한 것이다. 이런 때 지기의 시인이 보낸 시 한 편이 더 반갑고 쓸쓸함을 위로했던 것이다.

이렇듯 승·속을 달리한 지기의 시인은 승·속이라는 벽만큼이나 그리움은 더했던 것이다. 동악은 덕유산 유람길에 운곡을 초청했던 모양이다. 두 시인은 다시 시를 주고 받는다.

원님 수레 취미봉 오른단 말 듣고	聞道藍輿陟翠微
지팡이만 끌고서 석양길에 내려왔소	獨携金策下斜暉
만나자 가을 산을 마주한 대화에	相逢坐對秋山話
시원히 흐르는 물, 푸르름으로 옷 물들이네.	決決寒流綠暎衣
걸음걸음 걸어 든 빈 산 속	行行步入空山裡
여울져 울리는 소리 곳곳에서 들리네	激激飛湍處處聞
바위 쓸고 앉아서 읊는 시구에	掃石坐來吟麗句
가을 구름에 젖어오는 옷도 알지 못하네.	不知衣上濕秋雲

가을 산 시내 머리에서 바위를 쓸고 마주앉은 두 시인의 모습이 역력하다. 두 사람이 가을 경치에 말려든 것이 아니라, 주변의 경관이 이 두 시인에게 끌려온 것이다. 가을 구름에 옷이 젖는 줄을 모른다 하였지만, 구름이 자신도 모르게 시인의 옷에 이끌리고 있는 것이다. 이렇듯 물아의 개념이 없기에 시가 속기를 여의어 자연스럽게 이루어진 것이다. 이어 동악이 차운한다

깎인 봉우리 묶인 계곡 가느다란 돌길	峯攢峽束石蹊微
번쩍이는 비단 잎 저녁 볕에 숨다	錦葉爛斑隱夕暉
열 발짝 오른 바위 아홉 번 주저앉아	十步蒼巖九箕踞
유건 하나가 가사옷 두 벌을 대했다.	一綸巾對兩緇衣
높은 바위 둘린 하늘 날 새만 보이고	巖高天迴歸禽見
닫힌 동구 서늘한 바람 낙엽 소리 들리다	洞閟風凉落葉聞
산 너머 절 있으나 찾을 길 없어	隔峯有寺尋無逕
반은 등넝쿨 반은 흰구름.	半是藤蘿半是雲

오르기 어려운 산길을 묘사하여 어려움을 같이 하는 두 지기 시인의 심상을

의탁하였다 하겠다. 운곡은 당시의 문인 중에서도 동악에 대해서는 특별히 경도되어 있었던 것으로 보인다. 다른 문인들과는 직접적 수답밖에 없으나, 동악에게는 樓榭 같은 명승지에 남긴 시를 보면 꼭 차운하였다. 동악과 연관되는 30여 수의 시에는 이렇게 차운한 시도 많다.

무주 寒風樓에 올랐다가 현판의 시를 보고 차운한 시가 있다.

산협이 험준하니 하늘이 가까운 듯	峽峻天疑近
누대 높아 땅은 절로 수평	樓高地自平
잿구름 난간따라 겹겹이고	嶺雲依檻重
솔 이슬 섬돌에 져서 맑구나	松露滴階淸
술을 대하니 꽃은 이야기하는 듯	對酒花如語
창을 여니 달은 더욱 정다워	開窓月有情
성으로 둘린 사방을 굽어보니	坐看城四畔
등불 밝힌 두서너 집.	燈火數家明

누대에서 보는 자연의 풍경을 간결하게 표현한 시다. 전편이 그저 청초하게 느껴진다. 율시의 구성으로 흠 없이 이루어져 있다. 기련에서 천지의 상하공간을 널리 포진하고 누대 주변의 특징을 승련으로 좁혀오면서 구름과 이슬로 상하의 대치된 소재로 맞물려 놓았다. 전련에서 다시 작자와 밀접한 공간으로 압축하면서 꽃과 달의 상하 공간의 소재로 전개시킨 시상이다. 결련에서 다시 시선을 사방으로 확대시키면서 그 시선의 중심점을 누대로 연결시켰다. 동악의 원시는 다음과 같다.

길은 우뚝 솟은 뭇 봉우리로 뚫리고	路入千峯秀
누대는 수평의 한 들에 열려 있다	樓開一野平
끊기는 구름과 함께 멀리 닫는 마음	斷雲心共遠
흐르는 물은 정치와 함께 맑구나	流水政俱淸
누가 알랴 풍류로 노니는 곳에	誰識絃歌地
산수를 즐겨 숨으려는 정 있음을	仍懷丘壑情
여남 땅에서 관리로서의 숨음 있으니	汝南兼吏隱
굳이 도연명 배울 까닭 없구나	不必學淵明

원시로 보아 운곡의 차운도 이 원시의 구성에 맞추려는 흔적이 보이지만 시

상의 내용은 관리와 승려라는 처지의 차이가 역력하다. 동악은 지방의 관장으로서 누대의 승경을 보면서도 민생의 평안을 주제로 할 수밖에 없었던 것이다. 그러나 운곡의 시상은 그러한 면을 염두에 둘 필요가 없을 뿐만 아니라 두어서도 분수 밖의 일이다. 아무튼 운곡은 동악의 시를 항시 동경의 대상으로 삼았음은 사실이니 安心寺의 동악 현판시에서 차운한 시는 이 점을 직설적으로 표현하고 있다.

나그네가 찾은 풍경 울리는 절	客尋鳴磬寺
스님 꽃비 내리는 누대 올랐네	僧引雨花樓
매화 익어 향기 멀리 전하고	梅熟傳香遠
단 샘물은 댓통 타고 흐르네	泉甘架竹流
창은 바다로 열려 확 트이고	窓臨青海闊
길은 흰 구름 따라 아득하네	徑入白雲幽
깜짝 놀란 시구에 화답하려 하니	欲和驚人句
아무리 다듬어도 부끄러움 품었네.	推敲獨抱羞

기련은 동악 원시의 "獨訪安心寺 先登積雪樓"의 완전한 의양이다. 安心寺를 鳴磬寺로 바꾼 것도 고유명사를 보통명사의 의미로 바꾸었으며 積雪樓를 계절의 실태로 바꾸어 雨花樓라 하였다. 결련의 '欲和驚人句'가 바로 운곡이 동악의 시에 경도됨을 직설적으로 표현한 것이다. 이런 심경 때문에 동악이 남겨 놓은 시가 있는 곳에서는 꼭 차운을 하려 했던 것으로 여겨진다. 동악은 운곡뿐만 아니라 당시의 여러 대덕들과 교류가 많았던 것으로 여겨진다. 운곡이 동악이 守初翠微 선사에게 보낸 시에 차운하는 시가 있는데 동악의 원시로 보면 운곡뿐만 아니라 여러 스님을 가까이 지낸 것으로 보인다. 우선 동악의 원시부터 보자.

希安에게서 守初의 이름을 들었소	希安曾說守初名
지금은 방장에서 진리를 깨우쳤겠지	方丈今從覺性行
그대 같은 시승을 어찌 쉬 얻으랴	如爾詩僧那易得
가을날 나에게 정을 이기지 못하게 하오	使余秋日不勝情
궁벽한 삼신동에 서리 단풍 늦었고	三神洞僻霜楓晚
칠불암 깊은 곳 달은 밝겠지	七佛菴深霽月明

충휘 선사 만나면 안부 꼭 물을 것이니　　徽老相見應問訊
늙은 나이 우환 속에 새 소식 흡족히 전하오.　暮年憂患飽新更

잠시 동안 만나다 급히 서로 헤어져　　暫時相見遽相分
만 리의 장공에 한 조각 구름　　萬里長空一片雲
흰 머리 늙은 이 도만을 좋아하고　　黃髮病翁偏好道
붉은 수염 선승은 시문을 잘하죠　　赤髭禪子最能文
충휘의 뛰어난 시구 사람마다 외우고　　徽公秀句人皆誦
性聰의 높은 이름 세상이 다 알아　　性老高名世共聞
石門에 닿은 발길 이 말씀 부치니　　行到石門煩寄語
가을 바람 고개 돌리니 서해 바닷가이오.　秋風回首海西濱

　이때는 동악이 북방으로 유배되어 있을 때이니 아는 이가 모두 그리운 예이
다. 시의 내용으로 보아 취미 대사를 비롯하여 여러 선사들의 안부가 그리웠던
것이다. 더구나 이들을 그리워함이 시문과의 인연이었음이 시의 내용으로 보아
이해된다. 그러면서도 운곡에게는 더욱 그리웠음을 알 수 있으니 취미 대사에
게 운곡을 만나면 그가 반드시 내 안부를 물을 것이라 함으로 보아 서로의 사
이에는 항시 안부가 궁금하였음이 분명하다. 그러기에 운곡은 위의 시가 자기
에게 보낸 시는 아니지만 곧 차운했던 것이다.

한없는 산 꽃 이름은 모르지만　　山花無限不知名
높은 가지 하나 꺾어 먼 길에 부치오　　手折高枝寄遠行
성근 버들 가지 가로 남북의 길이요　　殘柳影邊南北路
원숭이 소리도 끊긴 가고 머무는 정　　斷猿聲裡去留情
넓은 들엔 하늘 낮아 구름이 합치고　　天低曠野春雲合
비 지난 먼 산에 저녁 볕이 밝구나　　雨過遙岑夕照明
다음 날 그대 대할 곳 그 어딘가　　他日對君何處是
청계루 누대 위에 달은 삼경이겠지.　　淸溪樓上月三更

시 읊으며 떠나던 처음은 낙수의 물가　　吟袂初從洛水分
홀로 바위서리 돌아와 구름과 벗하오　　獨歸岩壑伴孤雲
어지러운 꽃잎으로 가리운 눈 글자도 못 쓰고　狂花翳眼難成字
약에만 마음 쏠려 글 짓기도 폐했소　　藥裡關心廢屬文

떠나신 뒤 몇 차례 기러기 오감을 보았으니	去國幾回征雁見
집 생각에 원숭이 울음 어찌 견디겠소	思家況耐斷猿聞
곧 임금께서 금란전에 드신다니	君王近御金鑾殿
특사의 부르심 분명히 바닷가 이르리다.	優詔分明到海濆

노년에 가까운 나이에 어려움을 같이 나누며 위로하려는 간절한 동정이 드러나보이며, 미구에 좋은 소식이 있어 귀환이 될 것임을 기대하고 있다.

이상에서 운곡과 동악이 시우로서 절친했던 점을 주고 받은 수창시에서 직접 살펴보았다. 두 사람은 시를 통하여 승·속을 초월한 지기의 벗이었으니 이 점으로도 운곡의 시문이 당시의 사대부에게 영향을 끼칠 만큼 성공작이었음이 입증된다. 谿谷이 서문에서 말한 대로 '頗有唐人風致'가 입증되고도 남는다. 따라서 조선조의 선사 중에서 운곡이야말로 누구보다도 시문에 뛰어났던 분으로 보아도 별 무리가 없겠다.

奇巖의 圓音

　奇巖 禪師의 법휘는 法堅이다. 선사의 행적에 대해서는 기록이 별로 없어 자세히 알 수가 없다. 현재 『奇巖集』 3권 1책이 전하고 있으나 행장은 수록되어 있지 않다. 『기암집』의 서문은 광해군 때의 문신 李敏求(1589~1670)가 썼다. 서문에 西山 大師의 嫡統이라 하였으니 이로써 淸虛堂과의 사제관계를 이해할 수 있다.

　『기암집』 1권은 시, 2·3권은 문으로 편집돼 있다. 2권은 哀薦이나 慶讚의 소이고 3권은 거의 募緣文이다. 2권에 「西山大和尙忌辰齋疏」 2편이 있어 기암이 서산을 사모하는 점을 이해할 수 있다.

　"대화상께서 원적하신 날은 해마다 한 번씩 지나지만 소제자들의 처창한 마음은 날마다 천겹으로 무겁습니다 … 우리들의 마음의 눈을 열어주셔서 六方에 나아가게 하시고 우리들의 어리석음을 쓸어주셔서 삿된 길을 면케 하셨으니 그 은혜 부모보다 높고 의리는 천지보다 낫습니다(大和尙圓寂之辰 年年一度 小弟子悽愴之意 日日千重 … 開我心目 令趣六方 掃我迷蒙 使免邪徑 恩逾怙恃 義勝乾坤)"이라 하였음에서도 서산을 스승으로 받드는 기암의 충정을 이해할 수 있다.

1. 叙景의 寫實性

　선사의 시는 100여 수 전하고 있는데 雲水의 행각에서 詠物的 서경이나 서정과 승·속간에 수창한 것이 대부분이다.

　　금강산 그림자 반공에 솟아 흔들리고　　金剛影入半空搖
　　나그네는 돌다리 미끄러움이 걱정되네　　遊客先愁滑石橋

산사의 나부끼는 향불 바람은 계수나무 꺾고　　　　　蕭寺飄香風折桂
도원에 심어놓은 약초, 비는 새싹 살찌운다　　　　　桃源種藥雨肥苗
바다 밑 굽어보니 용은 가까이 온다 시기하고　　　　俯臨海底龍猜近
봉우리 높이 오른 걸음 달이 멀지 않구나　　　　　　高步峯頭月不遙
하늘나라 제석궁이 백옥으로 꾸몄다지만　　　　　　天上帝京雖白玉
이 산과 견주어보면 더 호화롭다 못하리.　　　　　　玆山方彼未曾饒

건강한 다리 가을바람에 비로봉 오르니　　　　　　秋風健脚上毗盧
구름 밖의 푸른 하늘 손으로 잡겠구나　　　　　　　雲外青天手可摸
멋 있는 흥취 일 때 하늘도 함께 멀고　　　　　　　逸興發時天共遠
이 몸 노니는 곳에는 달도 함께 외롭구나　　　　　此身遊處月同孤
햇살 빗긴 온갖 골은 명암이 엇갈리고　　　　　　日斜萬壑猶明滅
아지랑이에 씻기는 일천 봉우리 유무로 교체되네　　嵐漱千峯遞有無
내려다보는 천하는 개미집에 불과하니　　　　　　下視八荒如蟻蛭
머리 돌려 장안 길 보기도 어렵구나.　　　　　　不堪回首洛陽都

앞의 시는 금강산에 살다〔居金剛山〕 시이고 뒤의 시는 비로봉에 올라〔登毗盧峯〕 지은 시이다. 금강산에서는 산 전체의 모습이고, 비로봉은 정상에서 밑으로 굽어본 모습이다. 공중을 뚫어 솟은 산에 오르려니 옥돌의 길이 미끄럽다. 산사에서 피우는 향불은 바람을 따라 월계수의 달에 다다르고, 무릉도원과 같이 깊은 산골에 비가 내리면 약초밭을 풍성하게 한다. 굽어보면 밟힐 듯한 바다는 발 밑에 있어 용은 가까이 오는 것을 시기할 것 같고, 손을 뻗치면 잡힐 듯한 달이지만 막상 산정에 오르면 닿지 않는 달이다. 하느님이 계시다는 궁전을 백옥경이라 하여 흰 옥으로 된 것처럼 이야기하지만 이 금강산의 백옥으로 둘린 자연스러운 궁정만 하랴. 바다를 굽어보며 우뚝 솟은 금강산의 모습을 여실하게 나타낸 시다.

다음 시는 금강산에서도 가장 높은 비로봉에 오른 시다. 비로봉은 구름을 뚫고 솟아 있다. 여기에 오르고 보면 하늘은 손에 닿을 듯이 가깝다. 그렇지만 잡으려면 더욱 멀어지는 하늘이다. 마치 끝없이 이는 흥취의 한없음과도 같이 먼 것이 하늘이다. 저 무한한 공간에 떠 있는 달 역시 아무리 운치가 있다 찬양한들 홀로의 외로움이 사실이다. 이 몸 홀로 비로봉 상상봉에서의 외로움이나 같다. 작자 자신이 이 고고한 달에 비유된 표현이지만 시의는 단순하게 달의 외로움으로 기탁하고 있다. 역시 시인으로서의 일탈한 경지라 하기에도 족한 시이다.

해 지는 온갖 산골은 이미 그림자진 어둠과, 높은 봉에는 아직도 볕을 받을 수 있는 어둠과 밝음이 교차되는 순간이다. 어쩌면 깨달음의 순간에 어둠과 밝음이 교차되는 선사의 체험을 은유한 느낌마저 갖게 한다. 아지랑이로 휩싸인 온갖 봉우리는 보이다 안 보이다 하니 있음과 없음의 엇갈림이요, 유도 무도 아닌 진리의 세계를 탁의로 표현한 느낌이다. 이 높은 봉우리에서 내려다보는 아랫세상 개미집같이 조그마할 수밖에 없다. 여기 개미의 촉각 위에 서서 온갖 잡념으로 다투고 있는 것이 속세의 삶이 아니던가. 서울 장안의 이러한 아귀다툼을 차마 회상하기도 싫다. 그야말로 속세를 초탈한 스님의 모습을 연상하기에 족한 시이다.

강물 일렁이는 옛 나룻가의 한 시인	吟傍煙波古渡隈
오랜 세월 풍진세상 서글픔도 짙다	百年塵世轉堪哀
번화했던 거리도 지는 해라, 구름만 흩어지고	繁華落日雲初散
지나간 일 봄바람 되어 새만 홀로 돌아오네	往事春風鳥獨廻
인경 알리는 호각소리 사람들 적막하고	畫角數聲人寂寞
맑은 가락 한 곡조에 배회하는 나그네	清笳一曲客徘徊
흥망의 옛 일 누구에게 물으랴	憑誰欲問興亡事
도도히 흐르는 강물 가고 아니 오네.	江水滔滔去不來

「大同江懷古」라는 시다. 지난날 번화로왔던 왕도에서 느끼는 감회이다. 한 시대의 번화함이라 하여도 하루 해의 한낮에 불과하다. 해가 서산에 기울듯이 순간의 번화로 끝나는 것이니 해 지고 구름 흩어지듯 세태는 변하는 것이다. 해 질 무렵 찾아온 옛 도성은 지금 지는 해와 같이 사라져버렸고, 지나간 모든 일이 봄바람에 불리듯이 옛 일이 되었다. 하지만 예나 지금이나 변함 없이 날아오는 새는 그러한 일을 알 것인가 모를 것인가. 어쩌면 이 시인도 봄바람 타고 날아온 한 마리의 새에 불과하다.

낮에 시끄러웠던 거리 인적 끊겨 조용하고, 밤 깊은 강가의 피리 소리에 외로이 배회하게 되는 나그네가 있다. 이 또한 특정인의 나그네가 아니라 누구에게나 평생의 삶이 나그네인 그러한 나그네일 수도 있다. 강 위를 날아간 기러기 강물에 순간적으로 남겨 놓았던 그림자처럼 있었는지 없었는지 알기조차 어려운 순간이다. 이 순간을 간직했던 저 강물마저도 흘러가면 다시 되돌아오지 않는다. 이 시는 이렇듯 옛 왕도의 회고이면서도 사부대중의 뭇 삶에 대한 회고라 하리만큼 시공을 넘는 되돌아봄이 되고 있다.

굳지 못한 뿌리 가을바람 겁냈는가	孤根不勁怯秋風
푸른 잎이 서리 앞에 붉음으로 변했네	綠葉霜前變作紅
아무리 산빛을 비단처럼 밝게 꾸며도	縱使山光明似錦
추운 날씨에도 홀로 푸른 소나무만 하랴.	爭如獨翠歲寒松
늦가을 숲, 숲이 서풍에 떨더니	晩涼森木戰西風
단풍잎 솔가지 푸름 붉음 엇갈리네	楓葉松梢間翠紅
낙조에 울려대는 폭포수의 나는 샘	萬瀑飛泉鳴落照
물소리 가져다가 비단병풍 적시네.	水聲添箇錦屛中

앞시는 「詠楓」이고 뒷 시는 「百川橋」라 제한 것이다. 두 시의 배경은 다르지만 단풍을 소재로 하기는 같기에 함께 모아보았다. 앞 시는 단풍만을 읊었기에 단풍의 아름다움을 말했고 뒷 시는 백천교라는 다리에서 짓는 시이기에 폭포수가 또 하나의 소재가 되었다. 외로운 뿌리라 한 뿌리가 사람들의 근기에 비유된다 하면 해석의 지나친 견강부회라 할 수도 있겠지만 서리 앞에서 붉게 변하는 단풍과 추운 겨울에도 변함 없는 소나무를 대비해본다면, 단풍의 뿌리가 단단치 못해서 그런 것이 아니겠는가 함은, 대중의 근기가 약하여 부처의 경지에 이르지 못한 것이라는 해석으로의 확대가 결코 무리한 것만은 아닐 것이다. 세속으로의 변화가 단풍으로 아름다워진 산빛 같을 수도 있겠지만 자신의 지조를 지켜 변함 없이 푸르른 소나무를 더 찬미할 수도 있다.

뒤의 시는 단풍과 소나무로 어우러진 산빛에 물소리까지 조화시킨 한 공간의 융화이다. 빛과 소리를 용하게도 어울려 놓은 점에서 흥미로운 시라 보아진다. 단풍의 붉음, 소나무의 푸르름, 물의 흰 빛이니 빛으로만 구도되더라도 삼색이 한 공간의 무늬로 무리 없이 집합되었다 할 수 있으니, 이 점이 이 시를 돋보이게 하고 있다.

위 몇 시에서 보았듯이, 기암의 시는 詠物이나 叙景이 시상의 표출과 그 실상이 가지고 있는 내면적 의미를 잘 조화시키고 있다. 그러나 정작 영물이나 서경의 시가 많지 않다. 거의 대부분의 시가 승·속간의 수창이 많다. 다음은 승·속 수창에서 보는 시대상이나 스님의 모습을 살펴본다.

2. 僧俗의 酬唱

승속간의 수창이 많은 양을 차지하고 있지만 수창자의 대부분이 이름이 아닌 관직명을 썼기 때문에 실명을 이해하기 어렵게 되어 있다. 다만 白洲 李明漢 (1595~1645)에게 수창한 시가 2수 있어 대사가 활동하던 시기를 이해하게 한다. 더구나 서문을 쓴 李敏求는 이명한과의 동시대 사람이기에 대사의 활동 시기가 더욱 명확해진다. 이민구가 서문을 쓴 해가 1647년이고, 시에 四溟大師를 일본으로 보내면서 지은 시가 4수, 한식날에 다시 생각하는 시 1수, 모두 5수가 있으니, 이때는 임진란 이후 1604, 5년 경으로 東洲 李敏求나 백주 이명한의 활동시기가 아니다. 동주나 백주의 활동시기가 30대로 추정해도 1620년 이후이니 대사와는 많은 나이의 차이가 있으면서도 서로의 교분이 있었던 것으로 보인다.

숨은 사람 만나주니 蜀에 온 사마상여 같아	幽人邂逅蜀相如
높은 의리 하늘 찔러 시방도 좁지요	高義凌空隘十虛
절개 남기심 많지 않으니 먼저 급히 하실 일이고	留節不多先急務
적책 살피심 두루 못했으니 평안한 삶 뒤로 미루시오	搜奇未遍後安居
어사관에 꽃이 지니 봄바람도 저물고	野壇花落春風暮
한적한 절 시내 울리니 밤비 내렸나보오	蕭寺溪鳴夜雨初
다음 날 청운에 오르면 나를 기억하시고	他日青雲須記我
봉래산 다시 오면 이 초가집도 물으시오.	蓬萊重度問柴廬

「次寺宣諭御史白洲韻」이라 제한 시다. 선유사로 내려 왔던 이명한을 만나 서로 시를 주고 받았던 것으로 보인다. 첫구에서 우연히 서로 만난 상황을 한 나라 때 司馬相如가 촉 지방에 온 것으로 비유했다. 사마상여의 문장이 촉 지방에서 만난 卓文君의 여인 때문에 드날리게 되었으니, 대사는 은연 중에 자신을 탁문군으로 비유한 것은 아닌가. 그렇다면 두 사람의 만남이 앞으로 펼쳐질 문학생활에 큰 인연으로 작용했던 것은 아니었나 하는 해석도 해보게 된다. 이때 이명한은 아직 장년의 시기이었을 것이니 아직 자신의 경륜을 다 발휘하지

못했을 것이다. 그러기에 지금의 이 직분에 충실하여 뒷 날의 안락을 부탁하기도 하였던 것이다.

전련에서 선유사라는 관리가 처해 있는 봄의 경치와, 절에 숨어 사는 승려의 처지를 대비하면서 서로의 정을 말하고 이어서 자신을 기억하여 뒷날의 약속을 남기고 있다.

『白洲集』에도 대사에게 준 시가 있다. 「天德庵贈法堅老釋」이라 하여 전한다.

은대와 금궐은 꿈에서 본 듯하나	銀臺金闕夢中如
弱水 蓬山이라서 반드시 빌 리 없지	弱水蓬山未必虛
참다운 신선이 어떤 법칙 있음 아니리니	所謂眞仙無則已
이런 땅이 아니면 어디에 살겠소	倘非此土更何居
구름 깊은 곳 장군 깃발 방불한 수풀	星旗彷彿雲深處
달 뜨자 은은히 들리는 듯한 천상의 음악	天樂依稀月上初
내 아직 삼생의 남은 인연 있어	我亦三生餘習在
신선 고장에서 다시 혜원의 여산 지났소	丹城重過遠公廬

백주가 천덕암에 가서 대사를 만난 인상은 신선을 만난 것과 같았다. 은대 금궐의 장안을 떠나 신선이 산다는 봉래산을 찾았으니 여기에 신선이 없을 리 없고 구름 깊은 곳의 삼라만상은 선유사인 자신을 호송하는 군졸 같고 달 뜨면 울리는 天籟의 음악이 월궁 선녀의 음악과 같았던 것이다. 이런 환경이 되니 기암 대사는 진나라 때 廬山에서 수도하는 慧遠과 같았다. 그렇다면 백주 자신이 여산 東林寺로 찾아 간 陶淵明인 셈이다. 이렇듯 두 사람은 나이를 잊은 지기처럼 되었던 것이다.

대사는 이때의 시를 오래 기억하려 했는지도 모를 일이다. 이 시를 차운하여 趙翰林이라는 사람에게 준 것도 있기 때문이다.

떠나기에 은근히 가는 곳 물었더니	臨別慇懃問所如
오리신발 가지고 허공을 날으려 하네	手將鳧鳥欲凌虛
골 깊고 구름 짙어 절중 길 잃고	洞深雲遠迷僧路
바위 늙고 소나무 여위니 학의 집도 드러나네	石老松枯露鶴居
금강산에 약 심기 늦은 듯하지만	種藥金剛雖似晩
구슬 같은 편지에 이름 쓰기도 처음이라오	題名玉牋最當初

永郎이 만약 온 곳을 묻거든　　　　　永郎若問來何處

일 만 이 천 봉우리에 한 초옥이라 하오.　萬二千峯一草廬

　백주와 주고받은 시의 운을 따라 지어 준 것이다. 조한림이 누구인지는 알 수 없으나 이 시에서는 그를 신선으로 대접하였다. 이 깊은 곳 어떻게 찾아왔는가, 옛날 王喬가 신고 날아다녔다는 오리신〔鳧舃〕을 신고 왔단 말인가 하여 신선술을 구사했다는 왕교에게 비유하였다.

　오리신의 이야기는 이렇다. 한나라 때 왕교가 葉縣令이 되었는데 매월 초하루 보름마다 열리는 조회에 불참하는 일이 없다. 그런데 타고 오는 수레나 말이 없고 그때마다 하늘에서 오리 두 마리가 나는 것이었다. 현종이 이상히 여겨 관리를 시켜 그물을 치게 했더니 그물에 남은 한 쌍의 오리털 신발이었다는 것이다. 여기서 기암 대사는 조한림을 왕교와 같은 신선으로 대접했던 것이다. 지금 돌아가 옛날에 있었던 신선 영랑을 만나거든 일만 이천 봉우리에 한 초가집이 있다 전해달라 하였으니 둘 사이는 신선으로 만나 신선으로 헤어진 것이 되었다.

신선 마음 풍경 아득히 고요하지만　　　仙府風煙靜杳然

흥 나면 시 읊고, 피곤하면 졸지요　　　興來吟賞困來眠

흰 눈이 사람들과 어울리기 어려움 알았더라면　早知白雪少人和

일찍이 옥경의 거문고 줄에 손가락 얹었을걸　肯把瑤琴下指絃

山村의 입맛도 맞으면 진미보다 배부르고　村味甘時饒玉食

이끼 무늬 깊은 곳엔 금전도 맞서지요　苔紋深處敵金錢

방외라도 널리 사랑하는 높은 수재님　　高才泛愛憐方外

韓退之 되어서 이 太顚을 위로합니다.　應是昌黎慰太顚

　「次鄭梅溪韻」이라는 시다. 정매계가 누구인지는 알 수 없으나 시의 내용으로 보아 불교에도 매우 관심이 있었던 것 같다. 대사에게 준 시가 안부의 물음이 깊어 어려운 생활이나 산사의 쓸쓸함에 연민의 정이 있었던 것으로 보인다. 서로의 처지를 당나라 때의 시인 韓愈와 太顚 스님의 사귐으로 비유하였다.

층층의 비단 병풍 먼 길을 위로하니　　錦繡層屛慰遠遊

가을 장마 무슨 일로 시냇물 불렸나　　秋霖底事漲溪流

永郎이 지기의 벗 만났다 기뻐해서　　永郎也喜逢知己

정다운 사람 보내어 비에 막혀 머물게 했군.   故遣情人滯雨留

柳修撰이 금강산을 유람하다가 비에 막혀 마하연에서 비가 개기를 기다리며 비로봉에 올랐다 소리를 듣고 짓는 시라〔承聞柳修撰遊山滯雨摩訶衍待晴 登毗盧峯云 以拙句慰解〕하였다. 층층으로 된 단풍, 마치 비단으로 수놓은 병풍처럼 아름다워 먼 유람길을 위로했지만 때 아닌 가을장마로 시냇물이 넘쳤다. 이것이 어찌 우연이겠는가. 영랑 신선이 당신같이 정다운 사람을 보내어 이 산에 머물게 한 것이니, 내 또한 이러한 때에 당신 같은 신선을 만나게 되었다는 것이다. 비에 막힌 사람을 위로하여 당신의 고생이 나와 같은 산사람에게 정다운 사람이 되어 나의 고적을 푼다는 것이다. 대사는 세속의 선비를 대하면서 항시 산을 찾아준 신선으로 대하였다. 그렇다면 신선으로 대하는 그는 누구인가. 그가 바로 신선이 아닌가, 여기에서 승·속의 거리는 사라질 것이다.

같은 길을 걷고 있는 동도자에게는 어떠한가. 거기에는 이미 마음과 마음으로 이어져 있으니 새로운 정감을 불러일으킬 것 없이 그저 진솔한 정감의 발로일 것이다. 그러한 정감의 여실한 표현이 사명대사를 일본으로 보내면서〔送松雲之日本國〕지은 시이다.

구름 바다 사이로 멀리 떠나는 임	遠別佳人雲海間
해가 지나도 다시 볼 기약이 없구료	經年無計可承顏
이 몸이 천 마리의 정위새가 될 수 있다면	此身欲作千精衛
동해바다 메워서 단걸음에 오가게 할 수 있건만.	塡却東溟步往還
떠날 때 그 머리 모두가 실낱 됐겠지	別離衰鬢盡成絲
터놓고 말 못하는 품안의 생각	不敢明言有所思
제비 새끼 쌍쌍히 몸은 쓸쓸하고	乳燕雙飛春寂寂
꽃 지는 누대에 혼자 오르시겠지.	落花樓上獨移時
종일토록 임 생각 보이지 않는 임	終日思君不見君
애 끊는 누대에 아득한 바다 구름	倚樓魂斷海天雲
어찌 견디랴 가을바람에 지는 잎 저쪽	那堪落葉秋風外
한밤에 울리는 달 아래 종소리.	半夜疎鍾月下聞

연작으로 이루어진 3수이다. 첫 수에서는 보내기의 안타까움이요, 둘째 수에

서는 쓸쓸한 객지에서의 모습을 연상했고, 셋째 수에서는 그대 생각에 못견디
는 작자 자신의 심경이다. 완벽한 연작이기에 두 사람의 심경을 이해하려면 한
수도 빼놓을 수 없다.

첫째 수에서는 망망대해를 건너야 하는 어려움을 내가 덜어줄 길은 없을까.
옛날 염제의 딸이 동해에 빠져 변신하여 정위새가 되어 서산의 나무를 가져다
가 동해를 메웠다 하니 지금 내가 천 개의 정위새가 되어 동해 바다를 걸어서
오가게 한다면 얼마나 좋겠는가 하는 간절한 심정이다.

둘째 수에서는 객지에서 외로이 지내고 있을 사명대사를 연상하고 있다. 떠
날 때의 귀밑머리가 지금은 모두 성글어졌을 것이다. 품속에 있는 말을 어찌
다하랴. 이 다할 수 없다는 표현은 객지에 있는 그대도 그러려니와 고국에 있
는 작자의 편에서도 그대 생각 다 말할 수 없다는 해석도 가능하다. 제비 나는
봄 꽃 지는 아침 쓸쓸히 누대에 오를 그대를 생각한다.

셋째 수는 작자가 있는 지금의 이곳에서 그대의 생각을 나타내고 있다. 봄도
지나고 가을이 온 이 고국에서 가을 바람에 실려 오는 종소리도 차마 들을 수
없다는 심정이다.

이렇듯 위 시에서는 두 스님의 마음과 마음으로 이어지는 동도자의 우정을
이해하기에 만족하다.

위에서 승·속간에 수창하는 시의 경향을 살폈다. 세속의 선비들과의 수창에
서는 이념을 초월한 우정으로 일관되었고 동도의 스님에게는 격의 없는 우정으
로 자신의 처지를 대변하는 듯이 사실적 묘사를 하고 있다. 많은 시편 중에서
고른 몇 편이기에 그 실상을 잘 보였는지 미흡한 마음이 없는 것은 아니지만
한 숟가락 국물로 한 솥의 입맛을 알 수 있는 계기가 되었으면 다행한 일이다.

이와 같이 승·속에 격의 없는 스님의 자세를 보이는 시가 바로 '示衆'이었다
고 보여 다음에 소개해본다.

총림의 스님 선원의 적조 함께 안거할 때	林僧禪寂共安居
그름이 없을 뿐만 아니라 옳음도 없는 것	不但無非是亦無
약을 심은 포원에 악초가 돋더라도	縱有藥欄生惡草
봄뜻 가련히 여겨 호미 들지 못한다.	爲憐春意不鋤除

禪·敎에 어느 한 쪽의 是와 非가 없듯이, 약을 가꾸려는 채마밭에 잡초가 난
다 해도 자연의 봄을 보이는 풀이기는 동일하다. 어느 것이 필요하고 어느 것

이 불필요하다 하여 뽑아버릴 수 없는 것이 스님의 마음이요, 이 마음이 승·속의 사이에서 막힘이 없었던 것이다.

翠微의 隨順

1. 大師의 平生

翠微 大師(1590~1668)의 법휘는 守初이고 자는 太昏 또는 太一이라 하였으며, 취미는 호이다. 浮休의 법통을 이은 碧巖의 문도이다. 대사의 행적은 제자인 性聰이 지은 '翠微大師行狀'에 대략 남아 있다. 다음은 이 행장을 요약하는 형식으로 대사의 행적을 살펴보기로 한다.

대사의 속성은 成氏이니 昌寧이 관향이고 사육신이었던 成三問의 방후손이다. 선조 23년(1590) 6월 3일 서울에서 태어났다. 어려서 부모를 여의어 형에게서 자랐다. 배움에 뜻을 둘 나이에, 꿈속에서 스님이 나타나 '왜 이리 더디 오느냐' 하는 소리를 세 번 듣고 출가의 뜻을 품고 형에게 허락하기를 구했지만 굳이 허락하지 않자, 밤에 성을 넘어 출가하였다. 이때 나이가 13세였다. 설악산 敬軒 장로에게서 머리를 깎았다. 16세 되던 해 두류산으로 가 浮休 大師를 뵙고 좌우에서 모셨다. 이때 벽암이 부휴 문하의 첫 자리[第一座]이었다. 하루는 부휴가 벽암에게 '다음 날 우리의 불도를 크게 열 사람이 이 사미이다' 하면서 취미를 벽암에게 부탁하였다.

그 후로 여러 宿德에게 두루 참여하면서 학덕을 넓히다가 방외의 학문을 이해할 필요성을 느꼈다.

"옛날 덕을 쌓고 도를 행하는 이는 모두가 다른 종교와 다른 학문에도 섭렵하여 유가를 대하면 유가를 이야기하고 노장을 대하면 노장을 이야기하여 업신여김이나 비방함을 막아 부처님의 교화를 일으켰거늘 어찌 오늘날 마음을 닫아 담에 낯을 대한 자 같으랴."
하고는 곧 서울로 돌아와 유가의 사대부와 교유하면서 유가의 경전을 토론하고 시문을 수창하였다.

그 후 벽암이 관동으로 옮긴다는 말을 듣고는 다시 마음 속으로 다짐하게 되었다. 조사의 길을 찾는다면서 속세의 전적에만 노니는 것도 옳지 못하다 하여 곧 벽암에게 나아가 지성으로 모셔 깊은 뜻을 깨닫게 되었다. 이로부터 頓·漸을 겸한 禪旨와 性·相을 이해하는 敎義를 함께 갖추었고 유가의 經史子集에도 두루 통하여 대사는 무엇에나 할 말씀에 의단을 깨우치게 되었다.

40세 되던 1629년에 玉川의 靈鷲寺에서 開堂하니 배우려는 이가 운집하여 당시 재상이었던 張維가 希古 上人을 시켜서 北山에 結社하여 대사를 청하여 강석의 자리를 마련하게 하나 대사는 굳이 사양하고 나아가지 않았다. 그때 희고 상인에게 회신을 보낸 편지가 문집에 남아 있어 대사의 의지를 짐작하게 한다. 한 나라의 재상의 힘을 얻어서 선사를 여는 것이 지극히 좋은 일이기는 하나, 말법의 바르지 못한 폐단을 구하려 하여 性理를 밝히고 덕행을 실천하려 하면 산문을 지키는 것이 옳다. 도덕이 있는 곳에 산문도 다스려지고 높은 교화도 떨치는 것이지, 도덕 없이 이름이나 훔치고 법규를 없애면 총림은 깨진다 하여 거절한다. 이에 장유는 더욱 존중히 여겨 구슬염주 한 벌을 선사하였다.

1632년에는 관북지방의 청에 의하여 悟道·雪峯山 등에서 강석을 열어 嶺外 지방의 선풍이 이로부터 진작되었다. 다시 海西로 가려 했으나 병자호란을 만나 뜻을 이루지 못했고 다음 해 太白山으로 왔다가 다음 해 1638년에 남쪽으로 내려와 마침 호란에 의병을 일으켜 참전했다가 돌아온 백암 대사를 뵙게 되었다.

1644년에는 진주목사로 있던 李昭漢(1598~1645, 호 玄洲)의 청에 의하여 칠불암으로 옮기니 문도가 3백이 넘었으며, 이소한의 뒤를 이어 내려온 姜大遂(1591~1658, 호 春澗)는 자주 절로 찾아와 담론을 나누기도 하였다.

1652년에 지리산으로 돌아오매 마침 李之蘊이 龍城守로 와 있다가 대사를 성안으로 모셔 며칠씩 머무르게 하고 담론을 하면서 고명한 선학을 대사에게서 볼 수 있다 하면서 항시 자를 부르고 이름을 부르지 못하였다 한다.

1656년에는 東陽尉 申翊聖의 아들인 申㝡(1619~1658, 호 春沼)가 관북절도사로 있으면서 덕원을 지나다가 대사에게 편지로 문안을 드리며 제자의 인연이 기박하다고까지 하였으니〔由旬之地 未獲瞻仰 弟子緣薄〕당시의 사대부들이 대사의 덕업에 경도된 정도를 이해할 수 있다.

1667년에 黃岡의 深源寺로 옮기시매 절도사 成扞이 자주 문안을 하며 약을 보내기도 하였다. 그해 가을 묘향산으로 옮기시니 문도가 또 백여 명이 모였다. 다음 해인 1668년 2월 仲州 五峯山 三藏寺로 옮기셨다. 4월 초하룻날 병이 나시니 府伯인 洪錫龜(1621~1679, 호 東洲)가 자주 문안하며 약을 보냈지만 대사는 받지 않으면서 "죽고 삶이 명수가 있는 것인데 어찌 약을 쓰랴."하였다. 홍석구는 뒷날 대사의 비문 글씨를 쓰기도 하였다.

6월 18일 목욕을 하시고 옷을 갈아입으시고는 대중들에게,

"아침에 길 떠나 저녁에는 쉬는 것이지 길만 걷고 쉬지 않는 이는 없다. 나도 쉬려 한다. 너희는 각기 제 마음을 믿지 부질없이 밖으로 내닫지 말라〔從朝而行 及暮而息 未有長行而不息者 吾將息矣 汝等各信自心 勿外邊浪走〕."하시고 입적하셨으니 세수 79이고 납수 65이시다.

대사는 당시의 사대부와 방외의 사귐이 두터웠으니 성총도 행장에서 이 점을 강조하여, 趙重呂(1603~1650, 호 休川), 李安訥(1571~1637, 호 東岳), 李植(1584~1647, 호 澤堂), 金堉(1580~1658, 호 潛谷), 任有後(1601~1673, 호 休窩) 등이 더욱 두터운 사이였다 하였다.

2. 詩로 사귄 方外의 友情

대사의 문집은 『翠微大師詩集』이라 하여 한 책이 남아 있다. '문집'이라 하지 않고 '시집'이라 한 것도 대사의 저술은 시가 주로 되어 있기 때문이다. 시집 뒷 부분에 '雜著'라 하여 문은 5편뿐이다. 반면에 시는 150여 편이 남아 있다.

시집의 편집 경위에 대해서는 南龍翼(1628~1692)이 쓴 서문으로 짐작할 수 있다. 남룡익은 대사를 직접 만나보지는 못하였다. 동악이 대사에게 보낸 시에 "希安曾說守初名 方丈從今覺性行 如爾詩僧那易得 使余秋日不勝情"이라 함을 보고, 그분과 그 시를 보고자 했으나 두 가지 모두 이루지 못했다는 것이다. 그러다가 1667(丁未)년, 대사가 입적하기 1년 전에 대사의 제자인 圓印이 3편의 초고를 가지고 와서 刪定을 부탁하여 취사선택하여 10분의 2·3의 정수만을 모았다 하였다. 그러면서 두 가지의 기쁨을 느꼈다는 것이다. 평소에 한번 보기를 원했던 시를 보아 기쁘고, 아울러 동악께서 참으로 시를 아신다는 것을 안 것이 기쁘다 하며 대사의 시에 속스러운 기운이 하나도 없어, 소리가 맑으면서도 저속하지 않고 음률이 화협하면서도 짝지지 않는다고 극찬하고 있다.

남용익이 대사의 詩名을 알게 되었다는 동악의 시에 대한 수답부터 살펴보

자.

희안이 일찍이 수초라는 이름을 알려 　　希安曾說守初名

방장에는 지금부터 覺性이 이해되리 　　方丈今從覺性行

너같은 詩僧을 얻기 쉽겠나 　　如爾詩僧那易得

가을날 詩情을 감당치 못하게 하네 　　使余秋日不勝情

궁벽한 삼신동엔 단풍도 늦었고 　　三神洞僻霜楓晚

칠불암 깊지만 달은 맑게 개었으리 　　七佛庵深霽月明

冲徽 선사 만나면 안부 물어보겠지만 　　徽老見時應問訊

늙은 나이 근심이란 항시 새로워. 　　暮年憂患飽更新

만남도 잠시, 급히 또 이별 　　暫時相見遽相分

만리의 장공엔 구름 한 조각 　　萬里長空一片雲

누런 머리 병든 이 도만을 좋아하고 　　黃髮病翁偏好道

붉은 수염 선승은 시도 잘하오 　　赤髭禪子最能文

冲徽의 좋은 시구 사람마다 외우고 　　徽公秀句人皆誦

性聰의 높은 명성 세상이 다 알아 　　性老高名世共聞

石門에 이르러 번거로이 보내는 말 　　行到石門煩寄語

가을바람 머리 돌려 海西를 바라보오. 　　秋風回首海西濱

　동악이 세 수의 시를 취미 대사에게 주었던 것이다. 첫 수로 보아 希安 上人을 통해서 취미 대사를 알게 되었던 것 같다. 처음 알게 된 것이 취미의 시문학의 소개로 비롯되었던 것이 아닌가 생각된다. 그러기에 그대 같은 시승을 얻기가 쉽지 않다 했던 것이다. 또한 취미 대사를 알기 이전에 冲徽 雲谷 선사를 이미 알고 있었던 것이다. 동악과 운곡은 시문의 교류가 어느 스님보다 많다. 그러기에 운곡을 만나 묻겠다고도 한 것이다.

　둘째 수에서는 잠시 만났다 헤어지는 아쉬움을 말하고 있으면서 동악의 편에서 佛道를 좋아하기 때문이요, 취미의 경우에는 시문을 잘 하기 때문에 서로가 만날 수 있음을 말하고 있으면서 雲谷이나 栢菴과 같은 스님이 널리 알려져 있음을 취미를 매개로 하여 칭찬하고 있다.

　이런 여러 사정으로 보아 동악이 취미에게 베푸는 우정이 두터움을 알 수 있다. 이에 대해 취미는 다음과 같이 차운하고 있다.

원래 이름 없는 촌 늙은이이나	野老生來未有名
선생의 언행으로 알려졌지요	只因夫子贈言行
설재에서 시를 배워 은혜 입었고	雪齋乞句曾蒙惠
선사에서 진리 논의 정이 통했죠	禪社論玄已許情
고향 산천 회상할수록 계절은 짧고	回首故山時景短
애를 끊는 가을풀 석양이 밝다	斷腸衰草夕陽明
알 수 없구나 어디서 서로 생각할까	不知何處若相憶
늦가을 三神이요 달은 五更일세.	秋晚三神月三更
마주앉음 얼마 안돼 다시 나눈 손	連床未久手重分
초연한 행장으로 구름 밖 벗어났네	物外輕裝出岫雲
처음 北禪에 와 도를 배웠고	初到北禪曾學道
늦게 東岳에 나아가 글 논의하였죠	晚投東岳細論文
아무 것도 취할 것 없음 스스로 아는데	自知行業渾無取
이름이 널리 알렸다 함 더욱 부끄럽소	還愧名稱已普聞
끝내 돌아와야 할 옛 은거의 땅	餠錫竟將歸古隱
鳳林의 진여 경계 호숫가 누웠구료.	鳳林眞境枕湖濆

　동악은 취미보다 20세나 연상이니 선생으로 존칭함이 당연할 것이다. 뿐만 아니라 앞의 행장에서도 보았듯이 취미는 방외의 학문에 뜻을 두고 서울로 다시 돌아와 유가 경전을 두루 섭렵하였다. 하니 이때 시에 대한 논의가 직접 있었던 듯도 하다. 제목에서 '敬次東岳李先生贈送韻'이라 함이 더더욱 이런 사정을 이해하게 한다. 동악이 20년이나 위이고 승려의 신분인 취미에게 이렇듯 다정하였으니 이로 미루어 취미 대사가 당시 사대부에게 인정되었던 점을 실증할 수가 있다.

　위의 시에서도 초야에 묻혀 있는 이름 없는 사람이 선생의 언행에서 이름이 있게 되었으며 雪齋인 당신의 서재에서 시구를 배웠고 禪社에서는 깊은 진리의 담론으로 이미 정을 나눈 적이 있었다는 것이다. 두 수의 시가 다같이 이 점을 강조하고 있다. 이런 점으로 미루어 보면 취미 대사가 동악 이안눌에게 경도되었던 까닭과 동악이 취미에 대하여 방외의 사귐을 가졌던 사정을 알 수 있게 한다.

　다음 시는 두 사람 사이의 교분을 여실하게 보여준 시라 하겠다.

임술년 가을 초가을의 7월	壬戌之秋秋七月
적벽강에 배 띄워 놀던 동파 신선	蘇仙赤壁泛舟遊
지금에 잔 잡아 강 어구 다다르니	如今擧酒臨江口
인간의 이 즐거움 아는가 모르는가.	此樂人間知也不

「敬次東岳李先生安訥泛江集赤壁賦字韻」이란 시다. 동악이 蘇東坡의 赤壁賦로 시를 지어보내매 이에 대한 화답이다. 동악의 시는 이 두 사람의 관계를 더 직접적으로 표현하고 있다.

太一은 시롤 쓰고 安訥은 화답하니	一也詩成安也和
강가의 청명한 놀이 스님과 함께	上人江海共淸遊
잔 들어 산간의 달에게 묻기를	擧杯爲問山閒月
적벽강의 뱃놀이도 이 즐거움 있었나.	赤壁舟中有此不

太一은 취미 대사의 자이다. 두 사람이 주고 받는 시의 세계를 직설적으로 표현하고 있다. 두 사람의 시에서 똑같이 서로의 각별한 정을 보여 주고 있다. 태일은 시를 쓰고 동악 이안눌은 화답한다는 것이다. 스님과 함께 노닐고 있는 이 자리가 소동파가 나그네와 함께 노닐던 적벽의 놀이보다 낫다는 것이다.

澤堂 李植과의 주고받은 시는 다음과 같다.

푸른 허공 찌르는 龍門을 사랑하오	高愛龍門逼碧虛
흰구름 꽃 피운 봉에 精廬가 잠겼네	白雲華頂鎖精廬
하루의 향불은 그대 머물게 하고	六時香火留君住
찌는 듯한 삼복에는 나를 찾았죠	三伏炎蒸訪我居
開士는 다만 속세 밖 멋으로 아나	開士但知塵外趣
선생은 또한 세간의 전적도 이해하시네	先生只解世間書
가실 때 다시 騎牛偈 주시면	歸時更贈騎牛偈
북극성 받들듯 初志를 다하겠네.	擧手天星便遂初

이는 택당이 취미에게 보낸 시였다. 동악은 단지 스님이 거처하는 속세 밖의 멋을 이해하지만 스님은 세속의 모든 경전을 이해하고 있다는 것이다.

용문의 선경이 가장 맑다 하여	龍門仙境最淸虛
相國은 이 보잘것 없는 집 염려하시네	相國關懷問弊廬

세속의 영욕 다툼이 부끄러워	恥向世間爭寵辱
숲속의 편안한 삶 따르기로 맹세했소	誓從林下共安居
선으로 도피하여 자연의 멋 흠뻑 젖고	逃禪剩得煙霞趣
하는 일은 오직 孔孟書에 전념하오	做業唯專孔孟書
다음 날 劉雷의 參契에 참여하면	他日劉雷參契處
흰 연꽃 피는 곳, 달도 처음 둥글겠지.	白蓮華發月圓初

택당은 취미보다 6세의 연상이다. 거기에다 당시의 재상이다. 그러면서도 취미에게 보내는 정이 이렇게 각별하다. 이와 같이 서로 방외의 사귐에 격의가 없었던 것은 취미가 닦은 속가 경전의 지식이 서로의 벽을 텄던 것이다.

문장은 조그만 재주일 뿐	文章一小技
도보다 높단 말 못하지요	於道未爲尊
두보의 훌륭한 지식이	杜子善知識
우리에게는 참다운 격언이지만	吾家眞格言
어쩌면 雲水의 게송을 가지고	那將雲水偈
속세의 선비와 논의할 수 있겠소	要與俗儒論
오히려 이 文筆의 꾸밈 버리고	反欲抛鉛槧
그대의 不二門에 귀의하고 싶소.	依君不二門

任有後가 대사에게 보낸 시다. 임유후는 대사보다 9세의 연하이지만 이 시를 지을 당시는 승지로 있었으니 세속적 지위로는 이미 영달이 돼 있는 처지이다. 그러면서도 세속적 문장은 보잘것 없는 것이니 산문에 귀의했으면 좋겠다고 한다. 당시의 사회 사정으로 본다면 사대부에 속하는 귀족으로서 이러한 표현은 쉬운 일이 아니다. 여기서도 취미 대사는 승·속을 넘나드는 추앙을 받은 것이 분명하다. 대사의 차운은 다음과 같다.

천하의 선비들에게 높으신 道士이시고	道高天下士
대중들에게 이름만 높음 부끄럽소	名媿衆中尊
三笑의 웃음 다시 하려 하지 않고	不欲開三笑
다만 한 말씀 듣기 원하오	要須聽一言
경전으로 성인의 위업 전념하시고	壁經專聖業
연화 경전의 心論 즐기시오	蓮訣肯心論

　선사에 투신이 허락된다면　　　　倘許投禪社
　돌문을 지난들 무엇이 해롭겠소.　何妨過石門

「敬次任丞旨有後韻」이라 하였으니 속세의 고관과 산사의 선사가 주고 받은 시임을 알 수 있다. 그대 임유후는 도가 이미 천하에 높은 선비이지만 나는 이름만 부끄럽게 나 있다는 것이다. 옛날 慧遠을 찾아왔던 陶潛이 혜원을, 결코 虎溪를 지난 일이 없었던 혜원이 도잠과의 이야기에 이끌려 호계를 지났던 일이 있었으나, 그대에게는 그런 일이 없긴 하지만 그래도 이야기를 나누고 싶다는 것이다. 그대가 선사에 오고 싶다면 산문을 나서는 것도 무방하겠다는 것이다.

　다음은 玄洲 李昭漢에게 차운한 시다.

　달 밝은 쌍계사에　　　　明月雙溪寺
　풍류로운 태수의 나들이　　風流太守行
　나무들 가을빛에 늙고　　　樹因秋色老
　산은 물모습 받아 맑다　　　山雜水容淸
　신선 경계 노닐 수 있다면　自可遊仙境
　제왕의 도성을 기억해 무엇하리　何須憶帝城
　일찍이 선사와의 약속 있었기에　早知禪社約
　산문을 나서서 마중하오.　　僧出石門迎

「陪李使君昭漢遊雙溪寺次韻」이라 하였으니 이명한이 진주 목사로 와 있던 계미년(1643) 경의 일이고 이때 이명한의 청에 의하여 칠불암으로 이석하던 때일 것이다. 이명한은 취미 대사보다 8세의 연하였으니 비록 승·속의 한계가 있다 하더라도 대사에게는 그에 상응하는 예절이 있었던 것으로 보인다. 이명한의 시는 알 수 없으나 시의 내용으로 보아서 선사에 찾아올 언약이 이미 있었던 것으로 보인다.

　위 몇 편의 시의 수답으로 보아도 취미 대사는 당시의 사대부와의 교분은 승·속을 초월한 사귐이었음을 알 수 있다.

3. 道伴과의 酬唱

방외자와의 사귐에서 이념을 초월한 우정이었음은 대사의 인간 본성의 청정함이었던 것이다. 이렇듯 담박한 素性은 동도자에게 쏟는 정도 같았던 듯하다.

다음은 어느 스님을 보내면서 짓는 시이다.

두어 가락 목동 노래 석양은 기울고	樵歌數曲夕陽殘
호숫가 지는 잎 가을빛 싸늘하다	葉落湖邊野色寒
한 스님 멀리 떠나는 곳	遙望一僧飛錫處
비 감춘 저녁 구름 가을 산 감싸다.	暮雲將雨裹秋山

「秋日送僧」이란 시다. 가을날에 스님을 보내면서 날씨의 싸늘함을 걱정한다. 그저 인간적 정취만이 넘치는 시다. 석양에 길 떠나는 나그네, 지는 잎에 쌀쌀한 날씨, 거기다 흐려지고 있는 구름 비를 담고 있는 듯하니 나그네 길이 걱정스러운 것이다.

함께 오른 승평역의 낡은 누대	共倚昇平古驛樓
단풍잎도 바람에 떠는 가을 바다 정자	戰風霜葉海亭秋
밤을 새며 울어주는 추운 벌레도	寒虫徹夜分明語
강남으로 보내는 나그네 시름 이해하는 듯.	解道江南送客愁

「昇平驛樓別禪雨上人」이다. 선우 스님을 승평역에서 보내면서 짓는 것이다. 제목에서 스님을 보냈다 했기에 같은 도반에게 준 시인 줄 알지만, 이는 누구에게나 우정 어린 이별일 뿐이다. 담 밑에서 우는 귀뚜라미도 밤을 새워 운다. 두 사람의 정담도 밤 가는 줄 모르고 이어졌을 것이 뻔하다. 둘 사이에 오고 가는 정담을 알아보기라도 하듯이 벌레도 밤 새워 운 것이니, 어쩌면 친구를 보내기 싫어하는 이 사람의 마음을 알고 있는 것인가. 두 사람의 우정이 유정 무정을 초월한 것이다.

죽살이 뜻을 같이했던 벗이	死生同志友
왜 이렇게 두 마을로 갈리나	何邊兩鄕期
떠나는 정자에 소매 잡고 섰자니	把袖離亭立
인삿말도 시름에 끌려 더디네.	牽愁別語遲

살구꽃 눈 되어 날리고	杏花飛作雪
산 비는 실인 양 가늘다	山雨細成絲
닿는 날 休公이 묻거든	到日休公問
쇠잔한 모습이 예와 다르다 하소.	衰容異昔時

「送志瓊上人」이다. 지경 스님을 송별하면서 지은 시이다. 같은 길을 걸으면서도 생사를 함께하는 의지의 벗이라는 것이다. 잡은 소매를 차마 놓지 못하는 아쉬움이다. 이별을 무엇으로 표현할 말이 없다. 그저 지는 꽃잎이 눈으로 변했다. 봄날의 이별에 싸늘한 감정을 맛보게 한다. 서로의 이별의 정을 대경의 자연이 오히려 서글퍼하고 있는 것이다. 가는 곳에서 休公을 만나거든 나의 이 쇠잔한 모습을 알려 달라 하였다. 휴공이 누구인지는 단정할 수 없으나 休川 趙重呂(1603~1650)와 가까운 사이라 하니 어쩌면 휴천이 아닐까. 그렇다면 이 지경 스님은 서울로 가는 것이 아니었던가 하는 추리도 가능하다. 어떻든 취미 대사는 동도자에게도 동도자라는 같은 신분을 떠나서 그저 인간적 정의로 넘쳐 있는 순수한 자연인의 모습 그대로이다.

다음 시는 이러한 인정미의 결정을 보여주었다 하겠다.

멀리 보내노라 소매 놓기 아쉬워	遠別惜分袂
다다른 시냇가에 넋을 잃었다.	臨溪傷我神
鶴城의 비에 꽃은 빛나고	花明鶴城雨
文陽의 봄에 버들은 푸르다	柳綠文陽春
꽃다운 풀 홀로 가는 나그네	芳草獨歸客
흰구름에 천 리의 아득한 몸	白雲千里身
평생에 눈물진 일 없건만	平生不下淚
여기서는 갑자기 수건 적셨다.	於此忽霑巾

「別義浩上人」이다. 보내는 아쉬움이 말로 형용하기 어려울 정도다. 두 사람을 에워싼 주변 경관이 이 이별을 아쉬워하고 있다. 꽃, 버들, 풀, 구름, 상하 좌우의 주변이 이 두 사람의 외로움을 자극한다. 평생 눈물 흘려본 적이 없건만 여기서는 나도 모르는 눈물이 진다 했으니 이보다 더 아쉬운 이별이 있었겠는가.

이렇듯 취미 대사는 동도자에게도 인정적 표현이 짙어 승려로서의 시라기보

다는 그저 자연인으로서 만족하였으니, 이것이 바로 있는 실상을 여여한 법체
로 보는 소이가 아니겠는가.

4. 淡泊한 敍景美

대인관계에서도 있는 그대로의 담박한 인정미를 보였던 대사의 시는 주변 경
관의 자연도 꾸밈이 없이 있는 그대로의 표현이었다. 이것이 바로 여여한 실상
의 진여를 보는 깨달음의 자세였다 하겠다.

밤 사이 가랑비 산에 날리더니	微雨夜飛山
흐드러지게 활짝 핀 온갖 꽃	百花開爛熳
선들바람 먼 숲에 불려	好風吹遠林
온 골짜기에 흩어지는 그윽한 향기.	滿壑幽香散

「春晴」이다. 개인 봄날을 읊었다. 어제 저녁까지도 봉오리로만 있던 온갖 꽃
들이 밤 사이 내린 비로 활짝 피었다. 훈훈히 부는 바람에 온 산이 향기롭다.
봄날의 훈훈한 경개를 짤막하게 표현하면서 온 산의 정취를 봄날만큼이나 맑게
표현하였다.

한 곡조 어부의 피리 먼 바람에 실려	遠風漁笛一聲長
만 리의 강 마을 석양따라 서늘하다	萬里江天向夕凉
백사장가 기러기 놀라 일으켜	驚起白沙汀畔雁
바다 어구 빗겨 건너는 두서너 행렬.	海門斜度兩三行

「江上聞笛」이다. 강가에서 듣는 피리소리에 날아오르는 기러기의 모습이다.
제목은 피리소리이지만 시는 강마을의 풍경을 한 폭의 그림으로 담았다. 유유
히 흐르는 강물, 옆으로 퍼지는 피리소리, 하늘로 날아 강을 가로질러 사선을
긋는 기러기의 행렬, 상하·종횡으로 선을 긋듯이 펼쳐진 풍경이다. 그러면서
시의 흐름은 기러기 백사장에 내리듯 사선으로 내리흘렀다. 붓 끝이나 호흡이
멈춤이 없이 유유자적하다.

골짜기 들자 걸음은 댓숲 뚫고	入谷行穿竹

누대 올라 시름을 달랜다	登樓坐遣愁
소나무 짙은 푸르름 집 안으로 늘고	戶侵松晚翠
돌부리 차게 흐르는 물 처마에 진다	檐落石寒流
아리따운 꾀꼬리 노래 여름을 마중하고	鶯語嬌迎夏
맑은 햇살도 시원해 가을인가 의심하다	晴光爽訝秋
저렇듯 아름다운 시내 산	溪山如許美
사람들 한번쯤 되돌아보지 못하네.	人自不回頭

「遊山寺」이다. 산사의 경치를 실감 있게 읊었다. 댓숲 길을 헤치며 문루에 오르면 이미 세속의 시름은 사라진다. 솔 숲에 가린 절은 온통 푸르다. 방에까지 침입한 소나무 빛이다. 바위 끝에서 떨어지는 물줄기는 마치 처마에서 떨어지는 낙숫물 같다. 산이 깊어 꾀꼬리의 찾음도 늦다. 늦다기보다는 여름을 가지고 왔다. 초여름이지만 아직 서늘함이 가을로 의심하게 된다. 이렇듯 아름다운 산천이지만 사람들은 찾아올 줄을 모른다.

이상에서 살핀 것처럼 취미 대사는 수도의 과정에서부터 승·속의 구애가 없었기에 출가 후에도 승·속을 초탈한 수행으로 방외자와의 사귐에서 많은 시를 주고 받으면서 격의 없는 교류가 이루어졌음을 알 수 있었다. 동도자와 수답한 시에서도 굳이 동도임을 나타냄이 없이 오히려 순수한 인간적 자애로운 정의로서 더욱더 가까움을 느끼게 하였다. 그러기에 취미 대사의 시는 담박무미하지만 그것이 바로 있는 실상의 여여 법체의 발현으로까지 느낄 수 있는 감화력을 가졌다 하겠다. 이러한 道心을 대경의 자연으로 옮겼기에 사물의 서경에도 맑고 고요한 사실경이 그림처럼 나타나고 있다 하겠다.

虛白과 丁卯胡亂

1. 戰亂중의 詩

虛白堂의 사적은 李景奭이 지은 '朝鮮國 嘉善大夫 國一都大禪師 扶宗樹敎 福國佑世 悲智雙運義僧大將登階 虛白堂大師碑'에 전하고 있다.

대사의 속성은 洪州 李氏이고 속명은 希國이요, 법명은 明照이고 허백은 당호이다. 아버지 春文은 通政大夫이고 어머니는 訓練院主簿 韓承武의 따님이시니 사대부로서 명문출신이었다. 선조 26년(1593) 12월에 탄생하셨다.

어려서부터 출가의 뜻이 있어 13세가 되자 은사인 晉英을 따라 묘향산으로 가서 四溟 大師를 섬겨 구족계를 받았다. 사명 대사가 국가의 부름을 받아 서울로 가시게 되자 玄賓堂 印映에게 나아가 수학하였다. 그러던 중 玩虛堂 圓俊에게 교를 배우고 松月堂 應祥에게서 참선하였다. 따라서 선가의 법통은 송월당을 이은 셈이다. 그 뒤로는 다시 두류산으로 나아가 서산 대사의 제자인 無染에게 질의했고, 다시 또 묘향산으로 돌아왔다.

인조 4년(1626) 봄에 後金(淸의 전신)의 내침이 있자 강원 감사의 천거로 대사에게 의병대장의 임무를 맡겼다. 대사는 4천여 명의 군대를 이끌고 安州에 진을 치고 훈련에 임하게 되었다. 다음의 시가 바로 당시의 감회를 읊은 것이다.

어린 시절 머리 깎고 산문에 들었거늘	髫年薙髮入雲房
원수의 직책으로 명리의 소문 따를 줄이야	元帥璽書趣利聲
이 몸 온전히 이름 날림은 효도와 충의이고	全體揚名全孝義
백성의 안정 나라의 보전도 간절한 충성	安民保國切忠情
그렇지만 산림의 선객이 되지 못한다면	雖然不作山林客
부처님의 청정행은 따르기 어려워	也是難悛佛淨行

어느 날 저 창해수 기울여
참다운 중으로 대장의 이름 씻을까.

何日手傾滄海水
一洗眞僧大將名

대장의 직책을 받고서 전진에 나간다는 것이 어린 시절 뜻한 바 있어 산문에 귀의한 것과는 너무도 거리가 먼 행적이다. 유가적 윤리로 보아 세상에 나서 이름을 날린다는 것이 효도의 극치이며, 나라의 비운을 바로잡아 백성을 편안히 하는 것이 충성의 큰 길임에는 틀림이 없으나 부처님의 청정한 자비행에는 위배되는 것이 아닐까 하는 이 갈등이 바로 선사로서의 고민이다. 하루 빨리 이 나라의 평정을 가져 오고 이 세속적 명리의 이름을 씻어버려야겠다는 것이다.

나라 위해 권세 부림, 나와 어느 것이 우선하나
삼년을 홀로 장강가에 지키다
허리에 찬 칼 참으로 무엇 때문인가
만 백성 위하면서 법도 위함이지.

爲國行權孰我先
三年獨宿漳江邊
腰間佩釖誠何事
一爲蒼頭一爲天

진중에서 회포를 읊는다는 시다. 국가라는 大我와 나라는 唯我의 갈등이 항시 잠재하고 있는 것이다. 여기서 3년이라 한 것을 보면 丁卯胡亂을 중심으로 그 전해 다음해까지 북쪽의 국경을 지키고 있었던 것으로 이해된다.

정묘년 정월에 금나라 군대가 크게 침공해왔다. 대사는 의승병을 거느리고 安州로 가서 접전하게 되었다. 그 당시의 심회를 다음과 같이 읊고 있다.

의병 모집이란 왕명이 날아와
규합한 장정은 4천 명
깃발만 보이는 청천 강가
성 위에 화살나는 소리만 들려
구렁을 메운 시체 이 누구의 한인가
앞뒤 구분 없는 길 내 깊이 놀라다
백상루 아래 저 청천강 물도
긴긴 슬픔으로 밤새워 울어 옌다.

綸說飛來募義兵
壯士糾合四千名
江邊只見旌旗色
城上唯聞羽檄聲
溝壑塡委誰最恨
道塗狼狽我深驚
百祥樓下淸川水
長帶餘悲徹夜鳴

갑자기 떨어진 임무에 의병 4천을 모아 접전하게 되었으니 누구를 한할 수도, 또는 누구의 한을 풀 수도 없는 그저 격전의 수라장일 수밖에 없다. 강을

사이에 두고 맞서 있는 적과 우리의 깃발만이 강변을 메웠고 오가는 화살소리
만이 윙윙거린다. 여울져 흐르는 저 강물은 인간의 이런 슬픔에 못 견디어 밤
새워 오열하는 것 같다.

　이러한 접전이 계속되는 동안 국경에서 들어오는 보고는 위급을 알려온다.
통수권을 맡고 있는 장수로서 얼마나 어려웠을 것인가. 다음의 시는 그러한 심
정의 표현이다.

별똥처럼 날아드는 격문과 전갈	羽檄傳馳星火速
의승을 불러모아 차례로 사열하다	義僧招集次第行
나부끼는 깃발에 산마루도 흔들리고	長旗幟影掀山岳
퍼지는 나팔소리 강마을 요동한다	角唄高低動江城
고된 전법 훈련 석 달째 계속되고	精鍊習操連九旬
순찰하는 목탁소리 한밤을 지새운다	巡更木鐸過三更
피를 머금어 맹세하며 뽑아든 칼	同盟揷血抽寶釖
오랑캐 다 베어 임금 은혜 보답하리.	斬盡胡兵報聖明

　국경에서는 연일 오랑캐의 침입을 알려오고, 모집된 의병은 훈련된 군대가
아니라서 진법을 익혀야 한다. 7월에 대장으로 임명되어 병인년 남은 해는 이
렇게 싸움 준비로 분주한 나날을 보내야 했던 것으로 이해된다. 낮에는 훈련,
밤에는 순찰로 여념이 없는 병영의 하루하루였던 것이다. 이 의로운 일에 참여
한 사람은 모두가 피로 맹세한 동지들이다. 하나의 목적이 있다면 이 위급한
나라를 구하기 위하여 저 오랑캐를 물리친다는 것밖에 없다. 그것이 나라 백성
이 되어 나라에 보답하는 길이다. 비장한 각오이다.

　이렇게 해서 단련시킨 군대로 정묘년 정월 초하룻날 안주에서 대접전이 있었
다. 그 시를 위에서 보았던 것이다. 그러나 전세는 그리 여의치가 않았던 것
같다. 후방에 있는 조정에서는 더욱 불안했던 모양이다. 안주의 진영 안에서
인조 대왕은 이미 강화도로 播遷했다는 전갈을 받았다. 그것이 정월 초여드레
라 하였으니, 인조가 서울을 떠난 것은 그보다 훨씬 앞선 일이다. 대사가 초하
룻날 접전하고 있을 때, 조정에서는 이미 피란의 꿈을 꾸고 있었는지도 모를
일이다. 이 소문을 듣고 다음과 같은 시를 지었던 것이다.

　임금 수레 서쪽으로 강화도 행차라니　　金鑾西幸江華島

천년의 기틀 하루 저녁에 비었구나 千載王基一夕空
온갖 벼슬아치 길가에서 슬퍼하고 百萬阿衡悲路側
삼천의 궁녀 걸음걸음에 흐느낀다 三千宮女泣途中
개었다 흐렸다 하는 전진 구름 끝없는 시름 陣運舒卷愁無盡
한없는 안타까움 저 나팔소리의 높낮음 角唄高低恨不窮
龍泉劍 뽑아들고 적의 무리 베어 願抱龍泉誅賊藪
임금님 다시 대명궁궐로 돌아오시기 소원이다. 宸襟回復大明宮

　도적을 초입의 길목에서부터 섬멸해야 할 책무가 있는 위치에서 임금은 이미 피난길에 오르셨다니 그 심정 얼마나 삭막하랴. 텅 비어 있을 장안을 생각하면 서글프기 한이 없는 것이다. 떠나는 임금을 잡고 길가에서 울부짖은들 무슨 쓸모가 있는 일이겠는가. 일선에 있는 사람은 흐렸다 개었다 하는 이 전세의 불확실성에서 끝 없는 수심만 교차되는 것이다. 그러나 일단 뽑아든 칼이니 기어코 이 오랑캐의 무리를 베어버리고야 말겠다는 비장한 각오는 오늘따라 더 간절한 것이다. 시어의 쓰임이 너무도 비장하기에 산중의 스님이었다는 생각은 아예 잊어버리게 한다.

　전세는 악화되어 정월 21일에는 금군이 대거 안주성을 공격해왔다. 3만 6천여 기병이라 했으니 위에서 보았던 것처럼 4천의 의병과는 수적 대치도 되지 않는다. 결사적으로 성을 지켰지만 역부족이었다. 절도사 南而興과 방어사 金俊이 전사했고 대사도 겨우 몸을 피했던 것이다. 그 당시의 심회를 여러 편의 시에서 읽을 수가 있다.

흉노를 쓸어버려 막아야 할 국경 밖에서 掃盡凶奴正塞外
몸은 흙이 되어 타향에 누워 있네 骨爲塵土臥他鄉
군문에서 평생의 뜻 이루지 못하고 軒門未遂平生志
봄 되기 전의 나비 되어 애간장 끊네. 化蝶春前自斷腸

　이 시는 안주 절도사 남이흥의 전사를 애도한 것이다. 비록 이번의 전쟁에서는 실패했지만 국경을 수비하여 흉노의 오랑캐를 물리친 공은 컸던 것이다. 지금에 와서 타향의 고혼이 되었으니 얼마나 애석한 일이냐. 봄을 기다리다 미처 봄을 보지 못하고 가는 나비처럼 이 싸움의 승리를 보지 못하였구나. 생사를 같이 했어야 할 동일 운명으로 살아남은 나의 애마저도 끊는다는 결론이다.

다음은 싸움에서 전사한 방어사 김준을 애도한 글이다.

오랑캐 먼지로 끝내 이 나라 뒤덮여
국경 밖 하늘 산에 한 활을 걸었다
무쇠 차돌 그 충성심 어디에 있나
청천강에 어린 살기 하늘 무지개 뚫다.

胡塵竟作靑丘沒
塞外天山掛一弓
鐵石忠心何處在
淸川殺氣射神虹

오랑캐의 전진이 끝내 이 나라를 뒤덮고 말게 되었다. 무쇠 같은 충성심이었지만 이제는 넋만 남아 그 정신 저 하늘 무지개나 뚫을 수 밖에 없다. 어제의 전우에 대한 슬픔을 말로 다 표현하지 못하고 있다. 패전 후의 장군의 심정은 참으로 형언할 수가 없을 것이다. 대사는 패전 후 長安寺에 들어 그 심회를 두 수의 시로 읊었다.

선암에 홀로 앉아 일 없는 이 적막
오가는 구름만이 초가집 문을 찾네
푸른 숲에 우는 새 신선인 듯하지만
외로운 이 한 몸은 역시 서글퍼.

禪菴獨坐寂無事
來往雲霞訪草扉
仙鳥亂鳴芳綠樹
一身孤影亦哀哀

궁벽한 땅 사람 없이 세상과 끊겨
분향으로 성수무강 빌며 사립문 기대섰다
오묘한 이치 참다운 길 부처 말씀 읽고 나니
싸움터 남은 한이 가슴 속 그득하네.

地僻無人絶世境
焚香祝聖依柴扉
密旨眞經看讀罷
戰場遺恨滿腔脾

어젯날의 그 분주함과 어수선함. 터럭 끝 사이에 놓였던 생사의 위기와 오늘의 이 고요함 적적함, 그야말로 하늘 땅보다 더 먼 상황의 변이다. 우리 범인으로서는 이 급격한 주변의 변화에서 스스로 좌절될 것 같기도 하다. 오로지 구름만이 찾아주는 적막감이다. 그래도 이런 변이형상을 묵묵히 대처할 수 있는 것은 믿음의 대상 부처 말씀 내지는 모든 것이 여여한 실상만이 있는 깨달음의 경지이기에 가능한 것은 아닐까. 어제의 전장도 있는 그대로의 현실, 대사의 마음에는 항시 평온의 정려만이 있기에 전장 그 자체가 산사의 가람일 수도 있는 것이요, 오늘의 산중이 아무리 고요하다 해도 산 아래의 싸움 먼지가 가시지 않았다면 대사에게는 이 순간 자체도 싸움의 마당이다. 어떻게 해서 이 싸움을 그치게 해야 할까 하는 생각 또는 축원이 그칠 수 없기 때문이다. 그것이 바로 경전을 읽고 난 다음에도 가슴에 남는 싸움터에서 남겨가지고 온 한스러움이다.

더구나 그 정감이 전란으로 인하여 황폐화된 옛 도시를 지날 때야 어떠했으랴. 다음은 전란 뒤 평양에 들렸다가 지은 시다.

드높았던 궁전에 풀만 삼 척	永崇宮殿藜三尺
무지개 같던 문루는 재가 되었다	虹霓門樓已成燼
그 많은 임집들 어디로 가고	億萬人家何處去
봄바람에 제비만 흥망사 말하네.	春風燕子說興亡

전쟁과 파괴 이는 함수관계이다. 그 뒤에 오는 상황은 너무도 거친 것이다. 그것이 어쩌면 당연하다. 그러나 당시의 전란에 직접 지휘자로 참가하였던 처지에서는 남다른 감회가 있을 수밖에 없다. 호화로웠던 궁전은 풀숲에 싸여 있고 모든 인가들이 잿더미 속에 묻혀 있으니 무상하기 이를 데 없는 것이다. 그래도 계절따라 오가는 제비는 이 봄을 잊지 않고 찾아준 것이다.

위에서 보아온 시는 정묘년 오랑캐 난리와 연관된 시들이다. 대사가 직접 대장의 자격으로 참여하였다가 그때그때 지은 것이다. 그 후 10년 되던 해 병자호란이 또 일어났다. 이때는 대사가 직접 전란평정에 참가한 것은 아니고 군량 수백 섬을 마련하여 제공하였다 하니, 이 은혜로운 칼날과 자비로운 구제는 승속을 떠나 길이 찬미할 일이었다. 다만 이 병자의 난에 대한 시가 보이지 않아 당시의 상황을 짐작할 수는 없다.

2. 조용한 心機

대사의 문집으로 3권 1책이 전하고 있다. 실제 작품은 이보다 더 있었던 것 같다. 문인 覺欽이 쓴 발문에 보면 수삼백 편이 있으나 간행에 힘이 모자라 초록하여 그 대략만 간행한다고 하였다. 1·2권은 시이고 3권에 문 몇 편이 있다. 수로 보아 그리 많은 편이 아니다.

위에서 본 것과 같은 전란의 소재 외에 선사의 시이기에 禪機的 시가 많을 것 같으나 의외로 적고 승속간 수답한 시와 조용한 心機의 주변을 많이 읊었다.

　다음은 이러한 침잠된 시들을 보아 세속 풍진의 전란의 최전선에 섰던 대사의 모습과 아주 다른 면목을 보려고 한다. 이것이 바로 動·靜의 어느 한 면에 떨어지지 않는 선사의 모습이기 때문이기도 하다.

산 강 하늘 땅 달	山河天地月
저쪽 이쪽 모두 무심하이	彼此兩無心
그러나 또 얻은 봄의 소식	又得春消息
버들꽃 이르는 곳마다 은은해.	楊花到處陰

　삼라만상의 모든 것이 무심으로 이루어지고 무심으로 사라지는 것이다. 위에서 보았듯이 대사에게는 승속의 두 마음이 없었으니 어디에나 이쪽 저쪽의 마음이 있을 수 없다. 버들꽃 허옇게 날으니 봄이 깊었나 의식한 것뿐이다.
　다음과 같은 시도 이 두 끝이 없는 마음을 표시한 것이라 생각한다.

해도 저문 봄날의 삼월	日暮春三月
바쁘다 한가롭다 한 공간의 마음	閑忙一席心
서로 떠나보내고 난 정자가에서	離亭相送罷
되돌아본 눈길에는 흰구름만.	回首白雲深

　바쁘다 한가롭다 함이 항시 상대적이다. 마음가짐의 여하에 따라 바쁠 수도 한가할 수도 있는 것이다. 이 둘은 따로이 있는 것이 아니라 한자리에 있는 것이다. 내가 한가하게 생각하느냐 바쁘게 생각하느냐의 차이일 뿐이다. 그래서 두 끝에 떨어짐이 없어야 하는 것이다.
　해 저문 저녁 정자 끝에 앉아 보내는 이와 있는 이의 한가함과 바쁨이 어쩌면 대조적으로 드러나겠지만, 떠난다 해서 바쁘고 있다 해서 한가한 것이 아니다. 저 하늘에 떠 있는 구름을 보고 어떤 이는 한가롭다 하고 어떤 이는 바쁘다 하는 것처럼. 그러나 구름은 그저 깊숙이 가리워져 있을 뿐이다.

누대가 흐르는 쌍계의 물	樓外雙溪水
소리 소리에 나그네 마음 씻겨	聲聲洗客心
오묘한 말씀 한 번의 웃음	談玄開一笑
산달은 단풍잎에 비쳐.	山月照楓林

이 시는 山暎樓에서 순찰사와 함께 앉아서 지었다 했으니, 역시 나그네와 마주앉아서 나와 남이 없는 자세이다. 저 시내에 흐르는 물에 마음이 씻겨서 서로의 마음이 맑아졌기 때문일까. 깊은 진리의 말씀에도 그저 씩 웃고 마는 넓은 마음, 이것을 일러 마음과 마음의 전달이라 하는 것인가. 저 달이 말없이 비쳐주는 단풍잎, 달과 숲은 주고 받음이 있기는 하나 역시 표현이 없다. 비쳐온 달빛으로 단풍도 제 빛을 달에게 되돌릴 것이다. 이것이 回光返照의 경지는 될 수 없을 것인가

대사는 外家書도 많이 보았던 것 같다. 특히 莊子에 대해서는 매우 탐독하였던 것 같다. 장자를 읽고 나서 쓴 시 두 수가 시집에 보인다.

남화진경을 한번 보고 난 후로	自從一見南華後
여러 해 은근히 노자의 글 즐겼다	累載殷勤漆園書
모든 사실 전하여 강의 끝내니	講罷丁寧傳實事
통쾌하구나 학을 타고 하늘 나는 기분.	快如騎鶴上雲梯
스님 생각이야 다른 소원 아니라	吾師志願非他願
장자의 쇠돌마음 보려 함이겠지.	欲閱莊書鐵石心
이제 다 읽고 난 대여섯 권에서	數五卷文今讀罷
천 년의 知音을 비로소 만났겠지요.	始和千載子期音

「장자를 읽고 나서 普竺에게 주다」라는 제목의 시다. 많은 학인을 모아 놓고 장자 강의를 한 것이 아닌가 생각된다. 강의를 마쳐 놓고 어느 스님에게 준 시다. 조선조의 스님들이 당시의 유가 사대부와 공존하기 위한 강한 무기는 많은 학식을 가졌다는 점일 것이다. 유가에서야 불가의 글이 이단으로 여겨져 보는 경우가 많지 않겠지만, 불가에서는 당시의 사회를 인식하고 또 헤쳐 나아가려 하면 유가 경전도 보았어야 할 것이며 그 밖의 諸子書도 보았어야 할 것이다. 老子나 莊子야 유·불 어디에서도 거의 필독서이기는 하였지만 스님들에게는 더욱 탐독되었던 것 같다. 현대의 석학이셨던 退耕 權相老 큰스님께서 젊어서 금강산에서 수도할 때 불경을 외운다고 정신없이 외우다가 정신차려 보면 장자를 외우고 있더라는 말씀을 들려주신 적이 있었다. 이러한 맥락은 장자의 초월적 상상력과 불교의 무주착적 해탈이 그 입문에서 마주치는 것이 아니었나 생각된다.

위의 시에서 강의를 마치고 모든 것이 사실로 전해질 때 학을 타고 하늘을 나는 것 같다 하였으니 이것이 법열이었든 단순한 희열이었든 이 매료된 기쁨은 느껴 보지 않은 이에게는 이해되지 않는다. 이 시를 받는 보은 스님은 누구였는지 알 수 없으나 천년의 시공을 뛰어 넘어 오늘에야 지음의 이해자를 만난 기분일 것이라 했으니 강의를 한 주체나 수강을 한 객체나, 강의의 주재자인 장자나 모두 시간이나 공간의 구애가 없는 그야말로 삼위일체의 조화라 하겠다.

대사께서 유가의 선비와 대하는 자세는 어떠했을까. 그 편린이 다음 시에 보인다.

이러한 어려운 세태에	如此魴魚世
구름 뜰에 벌렁 누웠네	頹然臥雲庭
원숭이와 학은 아침 저녁의 벗	朝暮隣猿鶴
봄이나 가을이나 할미새의 짝이지	春秋伴鶺鴒
어찌 알았으리 속세의 나그네	何處風塵客
오늘따라 이 산문 두드릴 줄	今日扣禪房
가난한 집 볼 것 무엇 있나	家貧無可賞
나그네 앞에 내 놓은 맑은 물병	對客壺玉傾
이 삶 웃을 것도 아니야	生涯不須笑
이걸로 황금빛 피워낸다네	賴此發金熒
부처 법 조롱하지 마소	莫嘲僧與法
공자 석가 본디 한 저울대야	儒釋素同衡
그대 韓愈와 태전 만남 알지	君不見文公問太顚
한번 보고는 꿈에서 깨어났어	一見夢昏醒
또 배휴가 황벽 만난 것 모르나	又不見裴休見黃蘗
할 한 번 외침이 벼락 같았다 했네	喝聲若雷霆
천세, 만세 그 오랜 시간	千千萬萬世
본성 밝힘 참으로 어려워	明性尙難銘
그대 이 신선차 웃어넘기지 마소	君不哂仙茶
한 번 마시면 백 살 넘게 살아	一服過彭齡
꼭 하지 마소, 중 조롱하는 일	嘲僧信莫之

이 말 귀담아 들어주게나.   斯言側耳聆

　이 시는 유가의 선비가 스님을 조롱하기 때문에 시를 써준다 하여 지은 것이다. 시의 내용에서 보이듯이 당시 유가에서 스님을 대한 그 조롱은 말할 수 없었겠지만 그래도 의연한 몸가짐으로 담담히 대처하면서 피차의 진리는 같을 것이니 조롱할 이유가 없다는 것이다. 더구나 옛날의 선비나 승려간에 지기의 깊은 우정이나 또는 사제 아닌 사제간 같은 주고 받음도 있다는 사실을 말하고 있는 것이다. 유가의 비웃음을 그저 쓴 웃음으로 대처해나간 것이 역대 스님들의 해탈적 자세는 아니었을까 생각해보기도 한다.

　불교가 사회의 앞장에서 활동할 때 유가에 대한 박해와 비웃음이 이 정도 있었으며, 가사 이런 박해가 있었다 했을 때 거기에 대한 유가들의 이와 같은 시가 별로 없었다는 것은 한번쯤 생각해볼 일이다. 그러면 고승대덕이 갖는 자비로운 마음이 다시 더 이해될 듯도 하다. 대사가 의병장을 지냈다는 전력 탓이기도 하겠지만 문집 안에는 사대부에게 준 시가 많다. 그러면서 거기에는 그저 우정의 오고 감뿐이지 피차의 교리적 갈등이나 처지의 높낮이에 대한 편견 등이 전혀 보이지 않는다.

　그밖에 같은 도반의 위 아래 사람들과 주고 받은 시도 많으나 교의적 내용을 담은 것보다도 그저 각기 처해 있는 상황을 담담하게 시로 읊고 있는 것이다.

풍악에서 이 구름집 두드리니　　自從楓嶽扣雲房
웃고 맞는 즐거움 옛정 그대로　　一笑相迎似舊情
이야기도 끝나기 전 간다고 하니　　禪話未終還拜別
숲 사이 새 울음 두서너 마디.　　隔林啼鳥兩三聲

　法心이라는 스님에게 준 시다. 오랜만에 찾아온 손님이다. 그저 웃고 맞는 자세 언제나 한결같은 옛 정이다. 허구많은 말이 오갈 것 같지만 마음과 마음으로 통하는 몇 마디 대화에 모든 생각은 오갔을 것이다. 선가에서 주고 받을 이야기도 미처 다 못했건만 또 떠나야 한다는 것이다. 가고 머무름에 원래 매임이 없는 것이 선사이기도 하지만, 상황이나 정에 이끌리지도 않는 것이 또한 선사이다. 숲을 끼고 우는 새울음이 어쩌면 떠나는 이의 발걸음의 속도를 늦출는지 모르겠다. 이 울음의 의미야 떠나는 이나 보내는 이 모두가 이해하겠지만 세속의 전별에서 보는 아쉬움이 아니다. 어제도 오늘도 우는 새울음이나 오늘의 울음이 담담하면서도 다른 느낌이 있을 뿐이다.

　대사는 이렇듯 시를 씀에 있어서 선적 기미를 나타내려 하지 않고 있는 것 같다. 다시 말하면 凡聖을 구별함이 없이 오히려 범상하려는 것 같다. 어쩌면 이것이 禪機인지 모르겠다. 그렇지만 외람되이 말한다면 지나친 평범이 시적 승화에 다소 미흡한 점이 있게 느껴지는 것은 솔직한 심정이다. 그것은 의도적으로 시적 풍치를 숨기려 함일 수도 있다 하겠으나 어찌 되었든 시가 언어적 예술이요, 문집이 결국 문자로 남는다면 남겨진 시에 시로서의 조화가 미흡함은 뒷날의 독자로서 아쉬움을 면할 수가 없는 것이다.

　선기적 시가 많지 않은 중에서. 하나만 들어 대사의 선적 여운을 느껴보기로 한다.

<table>
<tr><td>뙤약볕 속 찬 서리 구슬을 맺고</td><td>焰裡寒霜凝結滯</td></tr>
<tr><td>쇠나무에 핀 꽃 밝음을 자랑하네</td><td>花開鐵樹暎輝明</td></tr>
<tr><td>진흙소 큰 울음으로 바다 속 들고</td><td>泥牛哮吼海中走</td></tr>
<tr><td>바람에 우는 나무말 길을 메운 그 소리.</td><td>木馬嘶風滿道聲</td></tr>
</table>

　그대로 생각을 끊고 말을 여의는 자리를 보인 시다. 과거나 현재 또는 미래의 어떤 상황을 절단하여야 하며, 계절이라는 시간이나 자연 상황의 유정 무정을 모두 부정하여야 한다. 쇠나무의 꽃이거나 흙으로 빚은 소거나, 나무로 만든 말, 실은 무정일 것이나 여기서 유정화 하고 있다. 이 생각을 끊는 자리의 표현 이것도 대사의 독창적 표현은 아니다. 선가에서 일반적으로 쓰여지는 용어다. 이 시는 대흥사의 대중이 게송을 부탁해서 읊은 것이다. 대사의 생각은 내가 게송을 따로 줄 것이 없지 않느냐 이미 너희들이 지켜야 할 게송이 있지 않느냐 하시며 일상적 선계의 시로 다시 일깨운 것이라 하여도 무방하리라.

　아무튼 대사는 凡聖을 자재로이 넘나들었기에 때로는 지휘봉으로 전진에 임하시고 때로는 산사에서 외로이 참선하시며 꾸밈 없는 소탈한 시어로 승속의 화답에 임한 것 같다. 이러한 소탈이 시 자체로서의 품격에 다소의 모자람이 있는 듯하기는 하나, 그것이 대사의 원 모습에는 흠이 아니요, 보탬이 될 수 있다고 느껴, 여기서도 있는 그대로 느낀 그대로를 소개해보는 것이다.

佛·儒·仙을 섭렵한 枕肱

1. 간략한 행적

逍遙太能의 제자 중에 文集이 남아있는 유일한 분으로 枕肱(1616~1684) 대사가 있다. 그의 문집에 清狂子라는 분이 쓴 행장이 남아 있어 스님의 행적을 살펴볼 수 있다.

대사는 羅州 분이다. 이름은 懸辯이고 자는 而訥이고 침굉은 그의 호이다. 속성은 윤씨인데 그 선조는 기호지방의 명망있는 문중이었으나 남쪽으로 쫓기는 일이 있어 환향하지 못했다.

광해군 8년(1616)에 태어났고 어려서부터 남달리 총명했다. 공부가 뛰어나 한 번 읽으면 마음에 새길 정도여서 이웃에서 신동이라 칭찬했다. 어려서 아버지를 여의어 어머니를 극진히 모셨으나, 출가의 뜻이 있어 10세가 지나자 葆光處愚 법사에게 나아갔다. 보광이 한 번 보고는 "부처께서 나에게 사미를 안아 보냈구나." 하고는 허락하였다. 天鳳山 塔庵에서 머리를 깎았다.

그 뒤 소요당에게 나아가 한 번 보고는 심복이 되어 정진하여 이름이 승속간에 널리 알려졌다.

18세 때에 산에서 나무를 베다가 다쳐서 거의 죽음에 이르렀다가 소생하고는 '만 권의 경전을 읽어도 눈병 하나 구제하지 못하는구나. 부처가 먼 것인가 마음이 곧 부처이지' 하고는 모든 문자의 노예에서 벗어나 一意精進하여 도가 크게 이루어졌다.

19세 되던 해에 松溪堂을 따라 복현에 나들이한 일이 있었다. 그때 그 현에서 客舍를 준공하고 송계당에게 상량문을 청하니 송계당은 대사에게 사양한 일이 있다.

이 고을의 일로 白蓮洞에 있는 尹善道를 찾아간 일이 있었다. 그런데 윤선도가 그때 둘째 아들 義美를 잃었다. 대사를 한 번 보고는 아들과 닮은 점이 많다 하여 환속하여 아들이 되어주기를 간청하여 여러 날 묵게 하였다. 이를 안 보광이 새벽에 찾아왔다. 윤선도의 간청이 간절했으나 거절하면서 다음과 같이 말했다.

"불가에서 스승과 사미는 곧 속가의 아버지와 아들이다. 황천으로 보내는 아픔과 속가로 보내는 아픔이 같을까 다를까〔僧之師童 即俗之父子 歸天之痛 歸俗之痛 一也二乎〕."

여기서 보광이 대사를 얼마나 사랑했던가 하는 점을 이해할 수가 있다.

윤선도가 그 뒤 慈懿 大妃의 服喪 문제에서 3년상을 주장하다 1년상의 주장에 밀려 탄핵되어 光陽으로 내려오자 대사가 찾아갔다. 그 자리에서 윤선도가 "예도 정으로 조절하는 것일 터인데 대사의 견해는 어떠하오." 하니,

"예의 경전도 역시 많은데 예 밖의 정이나 정 밖의 예일 것이니 예인들 어찌 하겠소." 하였으니 그 식견의 탁월함이 이러하였다. 대사의 이렇듯 해박한 식견은 그가 불가 경전뿐 아니라 외방의 경전도 두루 섭렵한 결과일 것이다. 「歎風勸友尋寺」라는 글에서 친구들에게 공부하는 방향을 제시하면서 자신이 공부해온 과정을 서술한 부분이 있다.

"아버지 돌아가시고 어머니 늙으셨으며 형제는 가난하였다. 이에 의탁할 방도가 없어 冠山의 보광 스님에게 나아가 머리를 깎았고 東院으로 玲老師를 찾아 흰 옷을 검은 물로 바꾸었다. 그런 뒤 金峯에 의탁하여 진여의 문을 두드렸으나 오직 지게미나 맛보는 격이었다. 『碧巖錄』에 의지하여 도를 물었으나 역시 문자의 울에 갇힌 게 되었다〔亦滯筌蹄〕. 그래서 항상 금당 8만 4천 법문의 비밀스런 관건에 寶藏을 열었고 쇠벽 1천 7백 公案의 견고함에서 절구공이를 다듬어 오직 無로써 총지하였다. 혹은 老子의 높은 동산에 올라 5천 마디의 말의 깊음도 더듬고, 혹은 莊子의 심원함에 내달아 5만 마디 말도 찾으며, 혹은 공자의 성문을 두드려 헤아리기 어려운 몇 길의 담장도 규시하고, 혹은 맹자의 경전도 연구하여 7권의 끝없는 말도 살폈다."
하였으니 여기서 우리는 대사의 학문적 편력을 이해할 수가 있다. 이런 점이 승속간에 그의 명성을 흠모시켰던 것이다.

대사는 송광사·선암사·연곡사 등 호남의 명찰을 두루 거쳐 말년에는 金華山에 머무르시다 숙종 10년(1684)에 입적하셨다. 몸이 불편할 때 도반에게 항시 "옛사람도 말하기를 몸을 던져 굶은 호랑이 요기시키고 살을 베어 주린 독수리 구제한다 했으니 어찌 헛된 말이랴. 나도 본받으려 하니 여러 벗들은 믿고 믿

어라.” 하더니 입적하시면서 유언하시기를,

“만약 내가 죽은 뒤에 불살라 재를 날리려 하는 자는 나와는 백대의 원한이다. 바라건대 이 내 작은 소망을 가엾게 여겨 물가 숲 밑에 놓아두어 까마귀나 매가 먹게 한다면 보시의 공을 어떻게 설명하랴. 축원하노니 모든 선사 친구는 괴상하다 여기지 말고 이 옅은 정을 살펴 다비하지 말기를 크게 바라노라.” 하였다.

유언에 따라 금화산 제2봉의 바위틈에 돌을 쌓아 무덤으로 모셨으나 벌레도 먹지 않고 새도 가까이하지 않았으니 참으로 영이한 일이었다.

이상은 행장과 문집에서 살펴본 대사의 평생이시다. 위에서도 보았듯이 불·유·선 어디에나 섭렵하셔서인지 그의 문집인 『枕肱集』의 詩文은 크게 선기를 드러냄이 없으면서도 그 문장의 수려함은 어느 문필가에게도 자리를 뒤로 하지 않으리라 보여진다.

2. 물 흐르는 듯한 필치

선사들의 시가 ‘감정을 녹여 선리로 이끌어 들인다〔融情入理〕’고 할 수 있다면 이것보다 앞서 대경의 모든 만상을 융화하여 정으로 융섭하는〔融景入情〕 선행작용이 있었을 것이다. 그래서 심오한 선리도 있는 그대로의 진여만상을 보여주는 것이다.

서쪽에서 온 보배 촛불 하나	西來一寶燭
괴로이 찾아 무엇하겠나	何必苦推尋
밤 깊어 산 비 개인 뒤	夜深山雨後
싸늘한 달 동녘 봉에 오르네.	涼月上東岑

쏙 道人에게 준 시다. 대상이 뫼뿌리 잠〔쏙〕자를 가진 분이기에 그 도호에 맞는 시를 읊은 것이기는 하나 내용은 선리의 표현이면서 대경의 실상을 그대로 말하고 있는 것이다. 조사께서 서쪽에서 오신 뜻을 탐구하려는 것이 수선의 한 방편이요, 그것은 하나의 보배로운 등불이다. 그러나 밤도 깊은 산사, 비도 개어 맑은 날 동녘 봉우리에는 밝은 달이 솟아 있다. 이것이 바로 법등의 밝음이 아닌가. 중천에 떠 있는 달이 자성의 법체이고 그 달빛은 일천의 강물에 비

쳐져 그대로 진여의 자성을 현현하는 것은 아닌가. 굳이 딴 곳에 고심하며 찾아서 새로운 집착을 할 필요는 없다.

한 편의 시가 그저 물 흐르듯 순탄하면서도 선리의 진제를 표현하고 있는 것이다.

동구 어구 구름은 젖어들고	峽口雲初濕
비 기운은 시내 머리에 반은 개었다	溪頭雨半收
참다운 중 어느 곳 머물렀나	眞僧何處住
온 산 가을에 문은 닫혔네.	門掩亂山秋

寒梅 大師라는 분을 찾아가 지은 시다. 시의 내용으로 보아서는 뵙지 못해서 지은 시 같다. 시의 구성은 역시 대경의 경치를 끌어들여 두 사람의 정을 융섭하고 있다. 산골에 깔려 있는 구름은 비 기운에 감싸여 있고 비는 오락가락 어쩌다 개었다. 그렇지만 온 산은 습기로 꽉 차 있다. 차분하게 내방객을 안아주는 적막함이다. 그러나 찾아온 주인은 없다. 문이 잠긴 산사 주변은 온통 가을빛으로 감싸여 있다.

참다운 중이라 하였으니 스님의 참됨을 동경함이나 한걸음 더 나아가 부처의 본 모습을 찾으려는 구도자의 심정이라 하여도 무방하다. 이렇듯 부처의 본체를 어디가 찾으랴. 그러나 항시 이 닫힌 문처럼 심오하여 쉽게 열리지 않는다. 하지만 열리지 않는 문에 집착하여 문 안만을 들여다보려 할 것이 아니라 문 밖 가을 산의 아름다움이 바로 진여의 본체인 것이다. 시의는 역시 선기의 발로이다.

이렇듯 대사는 승속간의 누구를 대하여도 있고 없음을 잊는 자연의 모습에서 보고 있고 아울러 거기에서 정은 교감되고 있다.

강남의 봄 저물려 하니	江南欲暮春
꽃은 피어 붉은 비 날린다	花發飛紅雨
머리 돌려 시선을 생각하니	回首憶詩仙
아득히 하늘은 나무 끝과 이었네.	杳然天接樹

野遺堂이라는 분이 보낸 시에 차운하는 시다. 야유당과의 시는 문집에 여러 편이 있는 것으로 보아 막역한 사이가 아니었던가 생각된다. 이 한편의 시가 지기의 벗을 생각하는 것이면서도, 시선을 생각한다는 전구를 빼놓고는 모두가

자연의 묘경을 말한 것에 불과하다. 그러면서도 전편에서 풍기는 인상은 하늘 끝까지 서로 닿는 우정의 실상이다.

저물어가는 봄, 꽃비가 붉게 날린다. 이때 생각나는 벗, 아득한 하늘 끝에 우뚝 솟은 나무와 맞닿은 정의 연줄이다. 杜甫가 李白을 생각하면서 지은 시구 '위수 북쪽에는 봄 하늘의 나무요, 장강 동쪽에는 해저문 구름〔渭北春天樹 江東日暮雲〕'이라 한 시상과 같은 궤도에 놓인다. 여기에 詩仙이라 한 것도 어쩌면 이런 시구의 연상이 있었는지도 모를 일이다.

대사의 시는 이렇듯 말하려는 뜻을 대경의 실상에 함축시켜 그저 하나의 오묘한 법리로 원용하고 만다. 그러기에 선시이기 이전에 시로 승화시켜, 진리를 드러내는 듯 숨기고 숨기는 듯 드러내어 선과 시가 둘이 아닌 하나요, 하나 아닌 둘로 잘 요리하고 있다.

3. 禪理로 융섭한 自然

<blockquote>

동구 안 꽃은 붉어 해에 직사하는 붉은 빛　　洞裡花紅紅射日
고개 마루 푸른 솔 하늘 찌르는 푸르름　　　嶺頭松碧碧凌空
똑같은 봄빛이건만 둘로 갈려서　　　　　　一般春色分爲二
반은 꽃 숲에 들고 반은 솔 속에 스몄네.　　半入花林半入松

</blockquote>

봄이 되어 꽃피고 꽃이 있어 해는 더욱 밝다. 밝은 것이 아니라 해가 붉다. 하늘이 푸른 것이기는 하나 소나무의 푸르름에서 더욱 푸르게 보인다. 이것이 바로 대경의 자연이 서로 맞서면서도 또 서로 포용되는 것이다. 이것을 相即相入이라 하면 망발일까. 그러므로 봄빛이라고 하는 하나의 상황으로 포용되는 것이다. 그러면서도 끝내는 두 개의 한계상황으로 갈려 하나는 꽃 동산에 하나는 늙은 소나무의 가지에 나뉘어 있다. 이것이 바로 진리는 하나이되 각기 길을 달리하는 현상인지도 모른다. 시의는 비록 둘이라 하였지만 끝내 하나로 통일되는 조화를 말함은 아닐까. 儒釋不二라는 대사의 초연한 자세였다면 지나친 것일까. 아무려나 배워보려는 후학으로서는 이렇게 해석하여 보는 것도 무방하지 않을까.

<blockquote>

달 꽃이 문에 들어 밤은 삼경　　　　　　　月華當戶夜三更

</blockquote>

솔 거문고 조용히 듣자 흥은 절로 인다.	靜聽松琴漫興長
어찌 알랴,	豈料天明春色暮
날 밝으면 봄빛도 저물테니	
늙은 꽃 날아들어 늙은 입술 향기로울 줄.	老花飛入老脣香

그냥 달빛이 아니라 달의 꽃이다. 문에 드는 달의 꽃무리이다. 밤은 이미 삼경이 되었고 솔바람만이 솔솔 들린다. 어것이 바로 거문고소리이다. 소나무의 거문고다. 이에 정은 돌아 부질없는 흥이 이어진다. 아마도 이 스산한 바람에는 꽃잎도 질 것이요, 봄은 늦어질 것이다. 그래서 이미 늙은 꽃이다. 이 꽃잎 입술에 지면 이 늙은 입술은 향기로우리라.

이 시의 시어들은 참으로 참신하다. 달 꽃〔月華〕이니 솔 거문고〔松琴〕니 늙은 입술〔老脣〕이니 함이 모두 산뜻하다. 거기에다 꽃과 늙은 입술의 맞물림이 묘하고, 입술이 향기롭다 하였으니 이 老脣香은 너무도 절묘하다. 늙음은 향기도 사라져가는 시기이다. 그런데 꽃잎으로 해서 향기가 되살아난다. 대경의 자연을 나에게로 유인하여 유유히 즐기는 것이다. 한걸음 더 나아가 생각하면 인생의 향기란 늙을수록 짙은 것이니, 늙은 스님의 입술에서 풀려나오는 한마디 한마디는 사람살이의 향기의 절정임이 분명하기에 더더욱 적절한 표현이다. 이 시는 黃下山이라는 분의 시에 화답한 것이니, 역시 속가에서는 맛보기 어려운 경지로 차운한 것 같다. 어쩌면 선경의 적요함을 그저 보여준 것이 아닐까.

대사가 속가와의 수답에는 그저 여여한 자연계를 말하면서 전편의 시가 고요하게 가라앉아 상대방에게 정적의 분위기를 주었던 것으로 보여진다. 그것이 비록 선기의 발현이 아니면서도 누구에게나 선정의 고요한 경지로 유인되게 하는 법력의 발로로 생각되기도 한다.

다음은 白軒 李景奭에게 준 두 수의 시다. 두 분의 교분을 이해할 만하다.

일 이룬 몸 물러나 꽃다운 물가 즐겨	功成身退愛芳洲
한강의 낚시터 가을 물 독점하였소	獨占漁磯漢水秋
다시 생각하노라 비 뒤의 붉은 연꽃 물 아래 달에	更想雨餘紅蕖月
취한 흥에 부는 피리 갈매기 졸음 깨네.	興酣吹笛起眠鷗
외로운 배 바람 가득, 달은 물가에 그득	風滿孤舟月滿洲
상공은 유난히도 단풍어린 강 가을 사랑하오	相公偏愛江楓秋

| 한가롭자 홀로 넓은 아지랑이 물결에 잔을 들고 | 閑來獨酌煙波潤 |
| 종일토록 생각없이 백구만 대했구료. | 盡日忘機對白鷗 |

物外閑人의 유유자적한 모습이 그대로 드러나 있다. 이경석은 당시의 재상이었다. 국가 기관의 모든 사물을 한 몸에 가졌다가 이제는 돌아와 강호의 즐거움을 누리는 것이다. 그러기에 모든 기무를 잊은 것이다〔忘機〕. 한가로움의 극치로 반영되는 갈매기만 대하고 있는 것이다. 지금의 이 홀로라는 말은 얼마 전 국사에 매여 있던 몸과는 너무도 대조적이다. 극단적인 動이 극단적인 靜으로 환치된 상황이다. 그러기에 더더욱 적요하게 느끼는 것이다. 이것이 또한 시의 묘미이고 여기에서 승속을 초월하여 수답이 가능한 것이다.

　시가 시로 성공하려면 동·정이 서로 교차되어야 되며 허·실이 서로 상부하여야 한다. 대사의 시에는 이러한 점이 잘 조화되어 있다고 보아진다.

바위가 신선집 공중에 의탁해	岩畔仙扉倚半空
기묘하고 좋은 경치 우리나라의 으뜸	奇觀勝趣甲吾東
발해에 다다른 물결 소리 웅장하고	門臨渤海波聲壯
기둥은 바위 눌러 돌 모양 영걸하다.	棟壓層岑石勢雄
말쑥한 기상 멀리 구름 그림자에 이었고	淑氣迥連雲影合
훤한 빛은 아득히 햇빛에 닿아 짙구나	晴光遙接日華濃
흥에 겨워 머리 돌려 푸른 끝 바라보면	興餘擧首蒼茫外
온갖 저 대륙의 호수들도 손 끝에 있는 듯.	七澤三湘指顧中

萬景庵에서 지은 시다. 단순한 주위 경관을 읊은 시다. 전편의 분위기는 대단히 동적이다. 바닷가에 우뚝 솟은 절이다. 시어에서 구체적으로 제시되듯이 웅장 그대로이다. 문은 바다에 바짝 다다라 물결소리가 호탕하다. 절 기둥 하나하나가 산을 진압하고 있다. 그 웅장한 바위를 짓누른 것이다. 저 허공의 구름과 이 산의 말쑥한 기운이 상하의 이질적 공간에서도 맞닿아 있는 것이다. 무변으로 펼쳐진 바다의 수평과 무한으로 솟은 허공의 수직이 한 공간에서 만나고 있다.

　바다의 맑은 물빛과 하늘의 빛나는 해가 인접되어 있다. 이 역시 수평 수직의 화합이다. 그러면서 구분할 수 없는 한 빛이다. 이렇게 상하 공간의 동적

의 화합이다. 그러면서 구분할 수 없는 한 빛이다. 이렇게 상하 공간의 동적 소재들이 한편의 시로 구성되면서도 전편의 분위기는 다분히 정적이다.

깃처럼 펼친 띠집 호수 동쪽에 누워	翼然茅閣枕湖東
나그네 오르자 만 겹의 시상	遠客登臨意萬重
뱃전 두드리는 삿대 기러기 놀라고	桂棹扣舷驚雁鴨
물에 드린 낚시 용들 겁내네	玉鈎投水怯魚龍
푸른 강 흰 돌 처마 끝 아슬하고	蒼江白石迷檐外
맑고 성긴 안개만 방안 찾아드네	淡霧疎烟入戶中
죽방에 누웠어도 잠 없이 청결한 몸	仍宿竹房淸不寐
바람결에 은은한 두어 마디 종소리.	暗聞風便數聲鍾

강가의 정자에 자면서 지은 시다. 정자를 중심으로 주변에 펼쳐진 풍경을 여실하게 읊고 있을 뿐이다. 그러면서도 그 중에 있는 작자의 고고한 모습이 연상된다. 정자에 오른 시선은 자연 수면으로 집중될 수밖에 없다. 떠 있는 배와 옆을 스치는 오리는 동일 공간에 배치되고 뱃노래에 놀란 오리는 이따금 비상한다. 드리운 낚시야 고기잡기 위함이지만 지각있는 용이야 겁내는 물건으로 여길 뿐 미끼에 속지 않는 것이다.

시선은 다시 강가로 이동한다. 처마 끝에 보이는 먼 물과 산의 바위, 정자의 주변을 싸고 있는 것은 강가의 아지랑이다. 수면에서 일정한 공간을 두고 떠 있는 것이 마치 한폭의 흰 비단을 펴놓은 듯이 아름답다. 이러한 것이 모두 이 정자를 축으로 해서 모여드는 것이다. 이렇듯 고요한 정자에서의 하룻밤은 맑은 정신을 일깨워 잠이 오지 않는다. 이따금 울리는 종소리에 밤의 시간만을 재게 한다.

대사는 이렇듯 자연의 경관에서 취하고 취한 흥에서 다시 시를 짓고 지었던 것이다.

더딘 걸음으로 찾아든 동구의 봄	倦步尋芳入洞春
옥 같은 꽃 선명한 나무 이슬 속에 새롭다.	玉花明樹露中新
흥에 취해 글귀 찾다 취한 흥 알게 되고	興酣覓句知酣興
신들린 취흥에 시를 쓰다 취흥의 신을 깨닫다.	神醉題詩覺醉神
아슬히 고운 색깔 바위 아래 구슬이고	嫩色離奇瑤岸脚

시냇가 스며드는 맑고 맑은 향기   淸香飄襲錦溪濱

웃습구나 벌 나비 고달픔도 잊고   笑看蜂蝶忘辛苦

안개 속 꽃 따느라 바쁘고 또 바쁘네.   採取烟萢頻又頻

아침 산보를 나선 대사의 시계에 든 자연이다. 걷는둥 마는둥 한가로운 걸음이다. 동구에는 이미 봄이 깊었다. 다듬은 옥과 같이 귀여운 꽃이요, 그 꽃으로 해서 더욱 선명해진 나무다. 이슬에 촉촉히 젖어 있다. 오늘따라 더 새롭게 보이는 자연이다. 이러한 자연의 흥취에 취하다보니 시가 생각이 났고 시를 쓰다보니 흥은 더욱 신들린 것 같다.

이렇게 고운 자연이다. 그것은 마치 구슬을 깎아 세운 기둥 같다. '구슬 언덕의 다리〔瑤岸脚〕'라 했으니 이 시어의 묘미에 다시 감탄하겠다. 거기에 대구로 쓴 '비단 시내의 물가〔錦溪濱〕'도 묘한 수사다.

이리 날고 저리 나는 벌과 나비는 아무리 보아도 고달플 것 같다. 그러나 꽃을 따느라니 그 고달픔도 아랑곳 없이 바쁘기만 하구나. 하기야 벌 나비가 사람의 눈에 그렇게 비친 것이지 바쁠 까닭은 없다. 어쩌면 저 분망한 속에 자연의 한가로움은 깃들어 있는 것인지도 모른다.

이렇게 봄은 가고 가을되어 변하는 자연을 따라 인생의 모습은 변한다.

봄이 오면 어째서 그리 슬프지   春來何事益悽其

구십 일의 봄볕도 더디지 않건만   九十韶光亦不遲

흰 머리 쭈그러진 얼굴은 옛날이 아니고   髮白面皺非舊日

머리 가볍고 눈은 맑으니 전날과 다르다   頭輕目朗異前時

바람에 나부껴 점점이 흩어지는 붉은 꽃잎   風飄萬點殘紅散

천 가닥 실비에 젖어 늘어진 버들잎   雨裏千絲柳葉垂

만물의 온갖 색깔 이 몸따라 변화하니   物色幻身俱轉變

높이 누워 천연의 본바탕에 합당함이 낫겠다.   不如高臥合希夷

봄날에 우연히 쓴다 하여 지은 시다. 계절의 순환으로 찾아오는 봄은 예나 이제나 다를 것이 없지만 사람의 모습은 이 계절의 변화에 따라 새로워짐이 없이 늙음으로 변한다. 그렇다고 이 변하는 자연에 서글퍼할 것이 아니라 자연 본체에 합당하려 함이 도인의 모습이다. 希夷란 바로 이 볼 수도 들을 수도 없는 자연의 본체를 말한 것이다. 이러한 시어의 원용은 대사가 외가서에도 깊은 관심을 가져 원용한 것이다. 이 시에 스며있는 분위기는 도가적 상념이다. 老子가『도덕경』에서 이 자연의 본체를 '희이'라 하였던 것이다. 첫 구에서 봄날이 서글프다 함도 무상으로 반영되는 도가적 처지였던 것으로 이해된다.

위에서 본 것처럼 침굉 대사는 그 많은 시들이 속가의 시들과 크게 다름이 없으면서 그 안에다 선기를 함축시키고 있음이 특색이다. 그것이 어쩌면 불·도·유에 두루하면서 선가의 종지를 견지한 때문은 아니었나 생각된다. 역시 승속을 뛰어넘은 從聖入凡의 초연성이 아니었을까.

다음 속가를 찾아가며 지은 시를 한 수 더 감상하여 대사의 이러한 면을 이해하면서 이 글을 마무리하기로 한다.

하늘 끝 멀리 있는 집	家在天涯遠
아득하고 아득한 이레의 거리	迢迢七日程
바람따라 날리는 오동의 둥근 잎	隨風桐葉落
이슬에 어울려 더욱 고운 국화	和露菊花明
가을은 쓸쓸히 저물어가고	蕭索三秋晚
날렵하게 가벼운 석장 하나	飄然一錫輕
오 알겠구나, 고향의 백학은	應知故山鶴
나를 기다려 달밤에 울겠지.	待我月中鳴

저물어가는 가을 길을 걷고 있는 스님의 모습이 그대로 보이고 있다. 역시 초연한 분위기가 감돌면서 달밤에 맞아줄 학의 해맑은 울음이 대사의 사자후를 대변한다. 역시 학처럼 고고한 모습이다.

詩와 文에 두루 통한 白谷

1. 僧俗에 구애 없던 발자취

白谷 處能(?~1680) 대사는 17세기의 큰스님이셨다. 대사의 행적에 대하여
는 자세히 전하는 것이 없다. 다만 그의 속성이 吳氏인 것은 『天鏡集』에 「次
吳白谷韻」이란 시가 있어 알 수가 있다. 대사가 남겨 놓은 문집으로 『白谷集』
2권이 전하고 있다. 1권은 시이고 2권은 문으로 되어 있다. 이 시문집의 내용
에서 당시의 名公巨卿과 많은 교류가 있었음을 알 수가 있다.

『백곡집』의 서문을 息庵 金錫冑가 쓰고 있는데 거기에서도 대사의 시문은
당시의 명사들에게 인정된 바 있음을 말하고 있으며, 더구나 식암은 東陽尉 申
翊聖의 외손으로 대단한 문장가였다. 대사와 동양위와의 관계는 이미 승속을
떠난 사제의 관계라 할 수 있는 처지였다. 대사가 처음 속리산에서 승려가 되
었다가 17, 8세 때에 서울로 와서 여러 명사들과 시문으로 교섭하니 모두가
대사의 총혜함을 아꼈다. 그때 신익성은 잠시 조정을 떠나 동대문 밖에서 한적
한 생활을 하고 있었고 대사는 그를 찾아가 經史의 배움을 받게 되었다. 신익
성의 막내 아들 季良과 함께 있으면서 儒敎經典을 비롯하여 당·송 제가의 시
문까지 섭렵하기 4년 여가 되었다.

이때 東溟 鄭斗卿을 만나게 되었고 동명은 대사를 극구 칭찬하여 奇才라 하
였다. 그런저런 인연에서 동명은 『백곡집』의 서문을 쓰게 되었던 것이다.

신익성이 작고한 뒤 두 사람은 동양위의 옛 집에서 만나 서로 시를 주고 받
았다. 참고 삼아 여기에 옮겨본다.

동양위를 조문하러 왔다가	往哭東陽尉
지금 백곡 스님 만났소	今逢白谷師
봉황은 끝내 돌아오지 않아	鳳凰終不返

용과 코끼리 슬픔만 간직하네	龍象亦含悲
뜰의 잣나무 봄빛이 짙고	庭栢春陰轉
온 산의 꽃 비 속에 드리우는 색깔	山花雨色垂
돌아가는 석장 막을 길 없어	無由駐飛錫
이별에 주는 파란 구름의 시구.	贈別碧雲詩

선생님 댁에서 통곡하는 울음	痛哭先生宅
누가 백세의 스승이 되야 하나	誰爲百世師
지난날 지기였던 즐거움도	往時知己樂
오늘은 모두가 슬픔만 간직	今日盡情悲
상에 가득한 시서의 책	滿案詩書在
옷깃 무젖어 내리는 눈물	沾襟涕淚垂
삶과 죽음 참으로 멀리 막혀	幽冥眞迥隔
부질없이 팔애시만 외우네.	空讀八哀詩

여기서도 이 두 시인의 교분을 알 수 있다. 동명은 동양위와 대사의 관계를 歐陽修와 惠勤의 관계로 비유하기도 하였다.

대사는 신익성의 문하에서 떠나 頭流山 雙溪寺로 가서 碧巖 大師에게 입실의 허락을 받았다. 이렇게 해서 外典과 內典을 두루 겸한 큰스님이 되었다.

그 뒤 남한산성도총섭의 임무를 맡기도 하였으나 얼마되지 않아 사임하였다. 그 당시의 심경을 이렇게 읊고 있다.

평생을 웃어야 하는 나의 사람됨	平生自笑我爲人
온갖 비방 불러서 허물이 잦다	百謗交攻負釁頻
외로운 학인 양 나라 지킬 수 없는 재주	孤鶴不才能仕衛
소나무도 말이 없다 할 말 있으랴	五松無語亦無奏
겨우 3년 동안의 녹이라는 자리	坐開斗印纔三夏
백일도 아니 되는 도총섭 업무	行建牙旗未十旬
벼슬이란 원래 자연과 맞지 않는 것	宦業未曾同彼物
급히 날리는 석장 산중으로 가리라.	急須飛錫向嶙峋

문명이나 재질의 인정으로 얻은 자리이었지만 역시 스님으로서는 맞지 않았던 것이다. 그 뒤 아미산·성주산 등으로 왕래하다가 숙종 6년(1680)에 입적하

였다.

이상은 『백곡집』의 서문을 중심으로 하여 살펴본 대사 행적의 일단이다. 이렇듯 그는 儒佛을 겸한 학식과 시문을 통한 사대부와의 교류로서 승속을 드나들며 불교탄압이 극심했던 당시의 사정을 그대로 완화시키는 한 계기가 되었던 것으로 보아진다.

현종 4년에는 서울 도성 안의 승려를 성 밖으로 축출하고 사찰에 소속된 자산을 몰수하며 승려를 환속시키기에까지 이르게 되었다. 여기에 대사는 전국 승려를 대표하여 그의 부당성을 상소하게 된다. 지금 그의 문집에 남아 전해지는 「諫廢釋敎疏」가 그것이다. 조선조에서 이만한 호불론은 별로 없었을 것이다. 장장 8만여 자가 되는 이 장문의 소는 그 양에 비하여 논리 또한 치밀했던 것이다.

현종이 어린 두 공주를 잃게 되자 봉국사를 새로 세운 일이 있다. 백곡은 여기에 기를 남겼다. 그것이 「奉國寺新創記」이다. 1년 사이에 明惠와 明善 두 공주를 잃게 되자 광주의 星浮山에 이 절을 원당으로 짓게 했던 것이다. 이러한 사실은 당시 불교가 매우 위급했던 처지에서 재기의 한 계기가 되었다고 본다. 「奉恩寺重修記」도 문집에 전하고 있으니 앞에서 본 것과 같은 승려 축출이나 재산의 환수와는 또 다른 차원에서 선종 중심 사찰의 하나를 다시 중수했다는 것은 대사의 이 꿋꿋한 의지에서 이루어진 것이 아니겠는가.

2. 文에 보이는 內·外典의 섭렵

위에서 보았듯이 대사는 당시 사대부가 섭렵하는 경전도 두루 익혔다. 그것이 명사들과의 교류에서 인정되어 호불의 한 힘이 되었던 것은 사실이다. 여기서는 그의 문집에 있는 몇 편의 글을 소개하여 그의 일면을 짐작하기로 한다. 「性命說」과 「仁義說」은 유불의 관계를 간명하게 논술한 글이다.

하늘이 사람에게 준 것을 命이라 하니, 子思가 말한 하늘이 내린 것〔天命〕을 본성〔性〕이라 한 것이 이것이다. 사람이 하늘로부터 받은 것을 본성이라 하니, 禹 임금이 말한 '나는 하늘로부터 명을 받았다' 함이 그것이다.

그러므로 命과 性은 하나인데 다만 주었다든가 받았다든가 하는 차이뿐이다. 그렇기는 하나 하늘의 명이란 보기가 어렵기 때문에 공자도 명을 말한 일이 적고, 사람의 본성은 알기 쉬우므로 맹자는 본성의 선함을 말했다.

대저 하늘에 있는 명은 아득하고 멀어 보기가 어렵지만 사람에게 있는 본성은 친근하여 알기가 용이하기 때문이다. 그래서 공자도 말하기를 '내가 이 세상을 구제하지 못하는 것도 명이다.' 하였고, 맹자가 말하기를 '내가 위나라 임금을 보지 못하게 된 것은 하늘의 뜻이다.' 하였으니 이는 모두 하늘에 있는 명을 말한 것이다.

莊子가 '본성을 고칠 수 있다〔繕性〕'한 것이나 楊子가 '본성을 수식한다〔修性〕'한 것은 모두 사람에게 있는 본성을 말한 것이다.

불가에서 혹은 性命이라 하고 혹은 身命이라 말하는 것은 성과 명을 나누지 않고 합해서 말하는 것이니 성이 곧 명이요, 명이 곧 성임〔性卽命命卽性〕을 말한 것이며, 모두가 사람에게 있는 것이다. 배우는 이가 마땅히 여기에 살핀다면 儒·佛·仙 삼교에서의 성명설이 같고 그름을 대략 알아 의혹됨이 없을 것이다.

이상의 설명이 정곡을 맞추었느냐의 여부는 여기서 따져볼 겨를이 없거니와 다만 우리가 주목하고자 하는 것은 이렇듯 삼교의 동이점을 찾으려는 자세가 당시의 그 큰 물결인 유가의 성리설과 함께 하면서, 불교가 갖는 특성을 알리려는 역기능적 자세로 평가된다. 위기로 치닫던 당시의 불교가 약간의 만회의 기운을 보이게 된 데 대한 공헌을 짐작할 수 있지 않을까 한다. 제목이 제시하듯이 '論'이 아니요, '說'이라 함도 어떤 논평이나 논쟁의 깊은 논리의 전개가 아니라 평이한 대비로써 설명하자는 글이다.

「인의설」은 지면의 제약이 있어 다 들지는 못하나 논설적 전개는 거의 비슷하다. 앞뒤만 예시해본다.

"남을 사랑하고 사물을 이롭게 하는 것을 仁이라 하고 당연한 이치에 따라 사물을 조절하는 것을 義라 하니 모두가 다 나에게 있는 본성이요, 당연한 이치를 말한 것이다." 하여 전제하고 유가의 인의설을 반복 논증하였다.

"불가에서는 자비로 인을 삼고 희사로 의를 삼으니 이것도 인의가 모두 나에게 있다는 말이다 . 배우는 이는 마땅히 제가들이 말한 인의가 같지 않은 점을 잘 맛보아 살펴야 할 것이다."라 하였다.

이 글에서 보이는 인의설에 대한 여러 논증적 제시는 한 스님으로서 내전이나 외전을 두루 섭렵하면서 시대 조류와 역행함이 없이 자신의 길을 택하는 중도적 처지로 이해되며 병에 따라 약을 처방하는 한 방편인 동시에 두 끝에 집착하거나 빠지지 않는 선가적 자세라 이해해봄직도 하다

3. 詩로 주고 받은 인정

대사의 시에는 주고 받은 酬唱詩가 많다. 동양위 신익성·海嵩尉 尹新之·東溟 鄭斗卿·澤堂 李植·白洲 李明漢·白軒 李景奭 등 당시의 명사들이며 이름이 밝혀지지 않은 재상들도 몇 사람 있다. 시가 대체로 평이하면서 간결하나 웅혼한 기상은 별로 없다. 정두경이 서문에서 말한 대로 청절하다 함은 이런 면을 말한 것이며 禪悟가 좀 더 있었더라면 하는 아쉬움을 남긴다는 솔직한 평을 하고 있다. 이런 점은 당시의 문사들과 흉금을 터놓고 시를 논할 수 있었던 점에서 피력한 말들일 것이다.

봉은사 중수기에는 三唐詩人으로 알려진 孤竹 崔慶昌·蓀谷 李達·玉峯 白光勳의 시구를 나란히 열거하면서 사찰의 경치를 설명하고 있다. 이런 점은 당시의 시에 대한 넓은 탐독이 있었음을 입증하는 셈이다.

다음은 이러한 수창시 몇 수를 감상해보기로 한다.

봄 다 지나도록 막힌 산골 길	峽路經春阻
시냇가 초당 종일 비어 있네	溪堂盡日空
둑에 내리는 비 풀은 취하고	草醉堤上雨
꽃은 난간 바람에 번뇌하고 있네	花笑檻前風
졸음 깊자 몸은 안온하고	睡熟身仍穩
글귀 혹 교묘하여 시가 되었네	詩成句或工
일 없는 한 잔의 술	一樽無事酒
누구와 함께 주고 받는담.	斟酌與誰同

壺亭 鄭相國의 초당에서 짓는 시다. 두 사람의 평소 교분을 이해할 수가 있다. 해가 바뀌고 봄이 다 지나도록 만나지 못하는 아쉬움이 감돈다. 다만 산중

의 경치에서 아득히 그리워할 뿐이다. 비가 내리자 둑에 깔린 풀은 술에 취한 듯 비스듬히 누워 아름답다. 함초롬 젖어 있는 것이다. 역시 봄비라야 어울리는 말이다. 솔솔 내리는 비이기에 취했다는 말이 어울리고 거기에 촉촉한 풀빛이다. 꽃은 바람에 날린다. 누대 난간에 부는 바람, 훈훈한 봄바람이지만 꽃은 날려야 하니 번거로운 바람이다. 고요한 움직임이다. 이런 대경의 아름다움에서 작자는 자신도 모르게 안온해진 것이다. 졸음이 온다. 몸은 나른하다. 그러나 그것은 바로 평온이다.

여기에 시흥이 감돌고 감돈 시흥에 이루어진 시는 공교롭고 흐뭇하다. 다시 뒤따라야 할 술잔이지만 함께 마실 상대가 없다. 멀리 친구가 그립다. 그래서 가까이 자신에게로 끌어온 재상님이다. 정사에 바쁜 재상이 이 평온한 산속 경지 이해할 것인가. 그러기에 때로는 한가로이 자연과 벗해보려고 이 초당을 둔 것이 아니었나. 모름지기 재상이란 만백성이 이러한 평온을 누리게 하는 정치를 해야겠기에 이런 초당에서 오롯한 시간을 가지며 민심을 헤아려보는 것이다.

무관으로 누대에 오르던 날	庾亮登樓日
문사로서 순찰하는 계기	文翁按節時
정사는 이 새 부윤에게 맡기고	政兼新府尹
옛 감사와 어깨 겨룰 위엄	威竝舊監司
햇빛인 양 삼엄한 창칼	日色森戈戟
바람결에 엄숙한 깃발	風聲肅鼓旗
강성의 봄비도 지나갔으니	江城春雨過
지금쯤 매화의 시라도 읊겠지.	應賦賞梅詩

문무를 겸했던 방백이었던 것 같다. 여기에 기대하는 훌륭한 정치였다. 수식함이 없이 한 인간의 모습을 그리면서 바쁜 정사 속에서도 자연의 아름다움을 감상해보자는 결구가 멋있다. 시가 굳이 미사여구에서 정이 있는 것이 아니라 작자에게 느껴지는 정을 그대로 표현하면 그만이다. 있어 왔던 한 인간, 아니 한 정치인에 대하여 그대로 나타내보이면서 거기에 기대되는 꾸밈없는 정치를 바란 것이다. 이것이 바로 진솔하여 때 없는 삶이요, 그것을 어떤 시정의 대사에다 베풀 때 그대로 훌륭한 정치가 되는 것이다. 그러면서 잠시 마음의 여유를 가져 시도 감상해보는 것이다.

학사의 문장은 으뜸이라	學士文章伯
벼슬을 버리고 자연을 사랑하네	據官愛匜羅
거친 세상 푸른 눈동자 드물고	風塵靑眼少
강과 바다 많은 물새 떼	江海白鷗多
양나라의 동홍경이요	梁世陶弘景
형산의 육법화이네	荊山陸法和
슬픔 기쁨 영화와 욕이 있는 세상	悲歡榮辱境
크게 취하여 높이 부르는 노래.	大醉一高歌

　이 시는 동명 정두경에게 준 시다. 시의 내용이 별다른 수식이 없으면서 동명의 처지를 옛 도사의 생활에 비유하고 있을 뿐이다. 도홍경과 육법화는 모두 양나라 때에 선도의 도술을 익혀 은사로 자처한 사람들이다. 대사는 두경을 이 두 사람에게 비유하여 자연에 은거하면서 시와 노래로 회포를 푼다는 내용만 읊었다. 꾸밈이 없이 그저 그 사람의 처지만 말한 점이 오히려 두 사람 사이의 우정을 돋보이게 한다. 정두경은 당시 시문의 대가이었으니 대사가 사귀었던 당시 문사의 수준을 이해할 수 있게 한다.

옛절에는 싸늘한 삼나무 그림자	古寺寒杉影
거친 성에는 저녁 알리는 나팔소리	荒城暮角聲
마침 새 원님의 정치 소문 들으니	忽聞新尹政
이 늙은 중의 마음 위로되네	聊慰老僧情
눈구렁에는 돌아가는 나무꾼의 아야기이고	雪壑歸樵語
바람 이는 가지에는 놀라 깨는 까치의 꿈	風枝睡鵲驚
등 밝혀 하루 밤의 정다움	懸燈共一宿
못가의 누대에 정신이 맑다.	池閣夢魂淸

　開元寺에서 兪氏인 방백에게 준 시이다. 유씨가 누구였는지는 알 수 없으나 새로 내려온 지방장관으로서 절에서 하루밤을 같이 지낸 것 같다. 시어에 특별히 정을 표하는 말이 없이 그저 주변의 경관을 서술하였으니 겉으로 보기에는 담담하나 이 주변 모든 것이 두 사람 사이를 감싸주는 기분이다. 대경의 경치가 아무리 아름답다 하여도 인정이 개입되지 않으면 아름다울 것이 없다. 이 주변과 나그네, 주인 셋이 한자리로 모여 더욱 다정해지는 것이다. 미사여구가

있어 시가 되는 것이 아니다. 있는 자연을 그대로 바둑알 놓아두듯 하면서 그것은 한 판의 바둑판 형세가 되면서 작자는 그 안에 숨어 있는 것이 바로 시의 묘한 점이다. 말 없는 가운데 두 사람의 정은 오가고 있다. 매우 담담하면서 자연스러운 시다.

대사의 글에 「上大司憲兪公書」가 있다. 이 유공이 이때의 방백과 동일인물인지는 알 수 없으나 그 편지의 내용은 서로가 친교되기를 바라는 내용이면서 정치인에게 바라는 선정의 부탁이 글자마다 넘쳐 있는 내용이다. 인정이 가득 담긴 표현이어서 읽는 이의 감격을 불러일으키는 글이다.

중은 말 한 필 갑옷 입었고	携僧匹馬元戎到
술 실은 조각배에 재상님 오셨네	載酒扁舟相國回
포구의 석양은 까마귀 몰아가고	浦口夕陽鴉帶去
바다 끝 가을빛은 기러기 가져오네	海門秋色雁將來
시 한 편 마치기도 전에 서로 이별	新篇未就還分袂
만날 기약 아득하여 또다시 드는 한잔	後會難期更把盃
사미승 보내어 물어보는 안부	却遣沙彌今問訊
시름 겨워 바라보는 고향 누대.	羈愁只在望鄕臺

당시 재상으로 있던 白洲 李明漢에게 보내는 시다. 서로 처지가 다른 두 사람의 관계를 담담한 자연 물색에 기탁하였을 뿐이다. 산 끝에 지는 햇살이나 바다 끝의 가을빛에 생각나는 정다운 사람이다. 하나는 산중에 있고 다른 한 사람은 정가의 바쁜 거리에 있다. 동편에 뜨는 달과 서편에 지는 해가 서로 마주하듯이 멀리서 그리워하는 애틋한 심정이다. 구사하고 있는 시어가 꾸밈 없는 정감을 느끼게 한다. 이별의 사연을 군말로 덮어씌울 것이 아니라 말없이 드는 한잔의 술이 더 많은 사연을 내포한다.

이 밖에도 당시의 명사들에게 수증하는 시가 매우 많다. 시의 표현도 있는 사실을 그대로 직시하면서 정의를 느끼게 한다. 이것이 당시 사회에서 승속을 초월하여 승려의 위치를 다지게 된 것이 아니었던가 생각한다.

4. 정감 넘치는 섬세한 詩語

대사의 시는 맑은 물과 같이 담담하고 친절한 멋이 특색이다. 나이 어린 제자나 후배에게 주는 시는 그저 포근한 정을 느끼게 한다.

다음은 海心이라는 사미승에게 주는 시다.

물 긷고 나무하기 오래였으니	運水搬柴久
괴로운 근육 뼈마다 쑤셨겠지	勞筋苦骨頻
방아찧기로 지낸 한 해	砧傭經一臘
마굿간 청소도 세 해 봄이었지	廝役過三春
이 날 밤 나를 떠나	此夕還辭我
어느 산에 누구를 찾아가나	何山欲訪人
나그네 길 조심조심 가거라	途中善爲去
이별에 다달아 갑절되는 상심.	臨別倍傷神

궂은 일에 시달렸던 사미의 노고를 잘 표현하고 있다. 그러던 그가 슬하를 떠나게 되니 스승이라기보다 어버이의 심정에서 읊는 시다. 작자의 정이 표현되는 시어가 별로 없으면서도 정이 넘치는 시다. 그가 지났던 몇 년의 노고에 대해서 그저 민망하게 생각하고 있다. 떠남이 다달아 지난 날의 일들이 한 점으로 모아지고 있다. 고맙다, 미안하다는 말이 있어 위로하는 것이 아니다. 눈앞에 있는 오늘의 현실을 솔직히 표현한 점에서 더욱 다정한 것이다.

다음은 신익성의 손자인 儀華의 죽음을 슬퍼한 시다.

회옹의 뛰어난 자취 당대의 으뜸	淮翁逸躅冠當時
더구나 玄軒의 높은 덕 기틀 다졌지	況乃玄軒俊德其
크게 어진 분 끝이 있다 말하지 말게	休說大賢終有後
하늘도 끝내 앎이 없음 슬프다	却嗟天道意無知
10년 사이 아들 손자 이어 갔으니	十年子及孫連逝
천 리외 넋이 꿈길따라 슬프오	千里魂隨夢共悲
반도 못 산 인생이 세 번 흘린 눈물	未半浮生三灑淚
우리 이 사정 청산은 이해하리.	青山嬴得哭吾私

신익성과의 사제지정은 위에서도 보았거니와 10년 사이에 잃은 자손의 슬픔

을 평담하게 서술했다. 여기서 다시 동양위 신익성에게 경도된 제자의 정을 인식하게 한다. 그 슬픔은 말로 표현할 수 없는 것이기에 하늘 뜻이 무심함을 나무라고 있다. 슬픔이나 기쁨에 이끌리지 않는 것이 스님의 초연한 자세이련만 하찮은 인정에 이끌리는 것 같은 생각을 할 수도 있겠으나, 반면 이러한 섬세한 감정이 오히려 자비로운 표현으로 변할 수 있음도 알 수 있다. 따라서 대사의 시어는 생활 주변의 모든 것에 실상다운 참모습으로 드러난다.

다음은 나그네길에서 숙소를 얻지 못하고 농가의 지붕 밑에서 하루 밤을 묵어야 했던 절박한 사정을 쓰고 있다. 시어 하나하나가 아주 절실하면서도 그 느낌의 섬세함을 맛볼 수 있는 시다.

지는 해에 산새는 날아 급하고	落日下山鳥飛急
고향길 나그네길은 멀다	望鄕客子歸不及
숲은 어둑어둑 풀벌레 울음 들리고	前林漸黑草虫喧
길 물을 사람도 없이 홀로 서 있다	問路無人時獨立
언덕따라 다다른 두어 집 촌 마을	隨岸忽到兩家村
강낭콩꽃도 깊은 곳 문은 닫혔네	豆花深處初掩門
주인은 굳게 누워 불러도 응답 없고	主翁堅臥呼不應
노여운 목청만 돋우어 미움만 샀다	怒聲呦呦還見憎
늙은 할멈 나와 꾸짖고	老嫗出叱犬噬衣
강아지는 옷을 물어 찢는다	雖欲奮去終何歸
가려 해도 갈 곳 없어 어디로 가나	低顔僅得弊檐下
겨우 머리 돌려 처마 밑 찾았으나	風勁霜嚴徹寒夜
거센 바람 서리 스며드는 찬 기운	夜深嬰兒啼不絶
밤 깊자 아기 울음 그치지 않으니	猛虎聞之覘籬穴
호랑이는 내려와 울타리 밑 엿보네	平生見困莫甚此
평생의 괴로움 이보다 심했으랴	直待天明
날 밝기 기다려	扶錫促行不告別
석장따라 가는 걸음 간단 말도 못했다.	

하루 밤의 괴로움을 보는 듯이 묘사하고 있다. 한편의 이야기로 이어지는 사실적인 시다. 갈 길은 멀고 숙소가 없는 나그네의 절박한 상황을, 평이하면서도 굴곡이 있는 구성을 잘 마무리하였다. 두보의 시에서 사실성을 말할 때 石

壕吏를 말하는 경우가 있는데 이 시는 이 석호리의 시풍을 연상하기에 족한 시다.
다음은 이별을 소재로 한 시다.

다리 언덕 버들은 실, 실,	橋頭柳絲絲
가는 임 손 안에 한들한들	裊裊征人手
가는 이 오는 이 여기서 이별	來人去人此爲別
이 버들 몇 사람에게 꺾였나	柳又堪經幾人折
원컨대 임이여 빨리 오실 기약은	願君早還須趁期
이 버들 마르기를 기다리지 마소서.	莫待此柳枯朽時

스님의 시라고 보기 어려우리만큼 남녀 이별의 애틋한 정을 표현하였다. 보내기 싫어도 보내야 하고 가기 싫어도 가야 하는 아쉬움에서 버들잎 입에 물고 눈물을 참는 여인의 정을 연상하게 한다. 가는 걸음이 빠르듯이 오는 걸음도 빠르기를 바라는 것이 보내는 이의 기다림이다. 이별이 아쉬워 꺾었던 이 버들이 마르기 전에 와 달라는 이 부탁은 가는 이의 마음을 한번쯤 더 멈추게 한다. 이렇듯 섬세한 감정을 여실하게 표현할 수 있는 점이 바로 스님의 깨달음의 시정이다.

이상에서 보았듯이 백곡 대사는 당시의 문사들에게서 시문이 뛰어났음을 인정받았다. 그 시는 평담하면서 진솔하였고 특별한 기교성은 없다. 뿐만 아니라 여러 체의 시를 두루 수사하였다는 점이 대사의 시세계에 있어서 또 하나의 단면이다. 여기서는 回文體 한 수만 소개하여 마무리하겠다. 회문체는 한 편의 시를 위에서 아래로 읽을 수도 있고 뒤에서 앞으로 읽어도 의미가 통하는 시다.

가는 풀 맑은 모래 저녁	細草晴沙晚
외로운 연기 석양에 빗기 비쳐	孤烟夕照斜
문에 닫힌 소나무 사이의 대	閉關松裡竹
책상에 기대인 돌 사이 꽃.	憑楊石間花

이것을 밑에서 읽어가도 의미는 통한다.

꽃 사이 돌 책상 의지하고	花間石楊憑
대나무 속 솔 문은 닫혔다	竹裡松關閉

빗기 비친 저녁 연기 외롭고　　　斜照夕烟孤

저녁 모래에 깨끗한 풀도 가늘다.　晩沙晴草細

　이렇듯 역으로 읽어지는 것이다. 역이나 순이 모두 시의 구실을 한다. 양자가 다 시로서의 훌륭한 작품이냐 하는 점을 따지기 이전에 고립문자인 한자가 갖는 특성에서 이런 시의 구성이 가능했던 것이며 간혹 이러한 시들이 있어 왔다.

　이상에서 살핀 대로 백곡 대사는 스님이기 이전에 보기 드문 시문승이었다는 점만은 틀림이 없다. 기실 시보다는 문이 더 유려한 편이었음이 필자의 소견이다. 많은 문이 남아 있지는 않지만 몇 편의 문은 매우 논리적이요, 설득력이 있는 글들이다.

月渚의 평범한 언어의 詩化

1. 간략한 행적

鞭羊의 法嗣에 楓潭 義諶이 있고 풍담의 제자에 月渚(1638~1709)가 있으니, 월저는 편양 문파의 嗣孫이 되는 셈이다. 스님의 행적에 대해서는 그의 문집인『月渚集』에는 상고할 수 있는 행장이나 비문이 없고 영종조 때 대제학이었던 梧川 李宗城이 지은 月渚和尙碑文과 숙종 때 閔昌道가 지은 月渚師碑에 간략히 전하고 있을 뿐이다. 민창도에 대해서는『월저집』에 그와 주고 받은 시가 한 수 있는 것으로 보아 평소에 가까웠던 관계라고 이해된다.

스님의 속성은 劉氏이고 관향은 평양이시다. 이름은 道安이고 월저는 호이시다. 아버지는 輔仁이요, 어머니는 김씨이시다. 어머니께서 아들이 없음을 걱정하여 금강산에 기도하였더니 쌍으로 돋는 해의 태몽을 꾸시고 잉태하였다 한다. 인조 16년(1638)에 태어나셨고 12세의 어린 나이에 출가하여 小鍾山의 天信에게 수계하였다. 그뒤 금강산으로 가서 풍담 화상에게 20년 동안 수학하여 의발을 받았다. 스님의 뒷날 풍담의 비문 음기에 있는 시에 차운하면서 요임금과 순임금의 수수관계와 白牙와 鍾子期의 만남을 비유하면서 이 도야 하늘도 무닐 수 없어 천년의 법의를 주었다고 시를 쓰고 있다. 이로 보아도 풍담과의 사자관계를 이해할 수가 있을 것이다.

현종 5년(1644)에 묘향산으로 가서 법당을 세우고 대중을 교화하니 원근에서 참학하려는 이가 운집하였다 한다. 스님의 문집인『월저집』이 묘향산의 內院庵에서 간행되었다는 점도 이 묘향산과의 인연을 짐작하게 하며, 淸虛堂에서 지은 시에서 '내 이 방장실을 오르며 예배하여 시초를 회상한다〔我來昇丈室瞻禮想權興〕'라 함이나「續祖師壇歌詠」에서 서산과 사명 두 조사를 노래한 것도 이 내원암과의 연관으로 이해되며 스님이 浮休파의 문중으로 서산의 밀전을 얻었다 함이 이해됨 직하다.

스님은 『화엄경』을 높이 연마하여 화엄회를 펴서 원교의 진수를 설파하였으니 문집에 수록된 「印華嚴經法華經跋」은 이런 점을 입증할 자료라 하겠다. 이 발문에서 스님의 전법관계를 보이고 있으니,

"내가 풍담의 문하에서 수업한 것이 20여 년이었으니 풍담은 우리나라 큰스님이시다. 편양의 문하에서 서산의 종법을 얻어 뭇 장경의 깊은 뜻을 헤쳐 보지 않음이 없었지만 가장 유의한 것은 오직 圓頓上乘이셨다. 나도 그 법통을 들을 수 있어 최상승에 깊이 잠겨 음미하였고 이어서 여러 모임에서 설법한 바가 있다." 하였으니 스님의 사자관계와 아울러 화엄에 대한 경지를 이해할 수 있는 자료라 하겠다. 이래서 스님은 大華嚴宗主라는 칭호까지 듣게 되었던 것이다.

스님은 이러한 원돈상승의 깨달음을 대중들에게는 염불로 적극 권장하였던 것 같다. 문집에 「念佛冊一千卷印出勸詞」가 있다. 이 사에서 '서방의 염불법이 동토의 최상선'이라 함이 있다. 이렇듯 선의 수행과정으로 염불을 중시한 것이 아닌가 한다. 이 권사는 단순한 권사로서보다도 그 표현방법이 五言古詩라는 한시체인 점이 또한 흥미로운 점이다. 24운이라는 긴 시로서 240자의 장시이며 60자 한 편인 두 수를 더 계속하고 있다. 그 밖에 「禮念文一千卷印出勸文」이 있으니 스님께서는 단순한 법문의 설법이 아니라 실질적인 경문의 간행에도 남달리 힘썼음을 알 수 있다.

스님의 명성이 더욱 알려져 八道禪敎都總攝에 임명되기도 하였지만 굳이 사양하시고 평범한 한 스님으로 일관하였다 한다. 숙종 35년(1709) 4월 14일 眞佛庵에서 입적하시니 세수 71세요, 법랍이 59세이셨다.

위의 행장에서 대략 보았듯이 스님은 승속을 초월하여 평범하면서 수선의 실천을 이행하려 하였던 것 같다. 위에서 보았던 「화엄법화인출발문」에 보면 이 인출에 평안도, 황해도에서 승속간에 참여한 이가 천여 명이 되었고 천 백 권을 인행하였다 하니 이는 스님의 평소 덕행을 짐작하게 하는 것이다.

2. 일상어의 詩化

스님의 문집인 『월저집』은 상하 두 권으로 되어 있고 상권은 모두 시이고 하권은 기·소·권문 등으로 되어 있다. 여기서는 그 시에 반영되어 있는 스님

의 이 평범한 모습을 살펴보려 한다. 조선조 스님들이 승속간에 있어서의 수답을 거의 시로 하고 있는 것이 특징이기도 하지만 스님에게 있어서는 그러한 점이 더욱 두드러진다. 산문에 해당하는 글에는 도반에게 준 글도 거의 없다. 그러나 시는 같은 도반이나 당시의 사대부들에게도 많이 남기고 있다. 이것은 스님의 시가 일상의 대화를 그대로 시화했다 하여도 무방한 것이 아닐까 느껴진다.

문인 香海 蓮宗의 발문에 의하면 문집에 수록된 시문이 십중팔구는 유실된 것이라 하니 평소에는 더 많은 작시가 있었음을 시사하고 있다. 문집에 수록된 것만도 5, 6백 수가 되니 이것이 10분의 1, 2밖에 안 된다면 실제의 작시는 수천 수에 달했다는 결론이 된다. 그래서 스님의 시는 일상의 평범한 언어를 시화했다고 생각해보는 것이다.

편집에 있어서 차운의 경우 원시도 부기하여 둔 점은 작자와 수창한 주위의 인물에 대한 짐작도 가능하게 하여 매우 요긴한 점이기도 하다. 따라서 이렇듯 승속을 가림없이 주고 받음이 많았다는 것도 스님의 시가 굳이 시라는 격식에 매여 있지 않아 주고 받는 상대자에게 격의 없는 소탈감을 주었던 것은 아닐까.

오는 바람에 구름따라 오고　　風來雲逐來

바람 가면 구름도 따라가지　　風去雲隨去

구름은 바람따라 오간다지만　　雲從風去來

바람 자면 구름 어디에 있죠.　　風息雲何處

이것은 참의 權重經의 시에 차운한 것이다. 세상 어디에도 집착됨이 없는 스님의 모습을 표현한 것이리라. 바람과 구름이라는 단순한 소재로 오고 간다는 규칙적 동작을 연결시키면서 무주착의 높은 禪機를 보인다. 선가에서 語錄이라고 표현하는 것도 그저 이야기 이상의 것이 아니면서 시간의 흐름이나 공간의 이동이 바람이나 구름의 움직임 이상일 것도 없는 이 평범한 논리가 오히려 평범이 아닌 이상의 진리가 되기도 한다.

권 참의가 보냈던 원시는 다음과 같다.

구름따라 왔던 스님　　僧自白雲來

구름 보며 돌아가네　　還向白雲去

정처 없는 것이 구름이니　　白雲無定居

내일은 어느 곳에 있나요.　　明日又何處

보내온 시가 스님들의 운수 행각을 말한 것이기에 이와 같은 답시가 있었다. 어찌보면 일정한 곳이 없다는 스님들의 행각을 조소 야유하는 듯한 느낌을 받을 수 있는 시에 대하여 답시는 그저 담담하게 구름 바람이 자연의 한 호흡이듯이 인생의 삶 자체가 일었다 사라지는 한순간의 호흡은 아닌가 하는 뜻으로 받았다. 그것이 바로 윤회적 삶이요, 불생불멸의 진리가 아닌가.

다음은 金昌翕에게 차운한 시다.

백리 천리 만리의 길	百里千里萬里路
동쪽 북쪽 남쪽 층층의 산	東山北山西山層
들 절 초가 암자 허다한 절	野寺草庵多小刹
소년 장년 거쳐 늙어가는 중.	少年年老老長僧

역시 시간이나 공간에 구애됨이 없는 스님의 생활이나 생각을 그대로 보여주고 있으며 시어 자체가 전혀 꾸밈이 없는 언어 그대로라 하겠다. 꼭 시로 표현한다면 생각 자체가 없는 것 같기도 하며 독자의 처지에서도 이것을 시라 해야 하느냐는 주저스러움마저도 있다. 그렇지만 전편의 느낌은 오히려 소박한 인상이 있어 오히려 감동적이다.

보내왔던 원시는 다음과 같다.

발걸음 동서·남북의 길	脚下東西南北路
지팡이 일만 이천 봉우리	杖頭一萬二千層
밝은 천지 집 없는 나그네	大明天地無家客
태백산 속의 머리 기른 중.	太白山中有髮僧

제목에서 김 거사라 하였으니 김창흡은 불교에 깊은 관심을 가졌던 듯하다. 그래서 스님의 생활을 깊이 이해하고 있었던 것이다. 머리 기른 중이라 하였으니 중이 아니지만 중이나 다를 것이 없다는 자신의 표현 같기도 하다. 그렇지는 않을 것이나 속세를 너무도 많이 이해하는 스님을 두고서 한 말일 것이다. 외형으로야 체발을 한 스님이지만 오히려 머리 기른 속인보다도 더 세속의 진리를 이해한다는 역설적 표현일 것이다. 그야말로 從聖入凡이요, 出出世間의 보살정신을 말한 것이리라. 이것이 당시 사대부에게 비친 스님의 모습이기에 속인이라도 스님을 대하면서 격의 없는 대화가 가능했던 것이 아니었을까.

그러나 격식을 필요로 할 때에는 필요한 만큼의 격식을 차려야 한다. 이것이 바로 병에 따라 약을 쓰는 방법이다. 상대방에서 격식을 갖추어오면 이쪽에서도 그럴 수밖에 없다. 다음은 龍岡 군수였던 李瑞雨가 보낸 시와 그에 차운한 스님의 시다.

병으로 누웠던 관청 처음 문 여니	臥病公堂晚始開
담담히 매인 마음 식은 재 같구나	羈心黯黯似寒灰
전생에 행한 일 연등의 부처이나	前生伏事燃燈佛
이승에서 뛰어난 재주 못됨 부끄러워	現在慙非製錦才
사자후의 보좌에 나아가려 해도	欲趁靑獅板寶座
구름 누대 오를 나귀 타지 못하오	難騎紫馬上雲臺
총림의 장로여! 사랑한다면	叢林老宿如相愛
오묘한 한 말씀 부쳐 주겠소.	幸寄微言一紙來

이 시는 普德寺에 경축 법회가 있다 하여 보낸 시다. 유가 사대부로서 지방 행정의 장이 되었지만 불가에 깊이 경도되어 있음을 알 수 있다. 그러면서 스님에 대한 예경을 가지고 있다. 여기에 대한 스님의 시도 승속간에 지켜야 할 예의는 간직하고 있다.

용성의 4월 열리는 법회	四月龍城梵席開
사르는 향불 옥로의 재	祝香時爇玉爐灰
3년의 정치 큰 칼 시험하나	牛刀幸試三年政
준마란 원래 백 리 재질만은 아니지	驥足元非百里才
법당의 한낮에 길을 열더니	白日琴堂披道帙
봄볕인 양 절 문 찾은 백옥의 글	陽春玉牒寄仙臺
대감, 인자 사랑 겸하지 않았다면	我侯不是仁兼愛
이 숲 속에 어떻게 소식 주었겠소.	安得林中一紙來

재질과 덕이 갖추어져 있는 한 관리에 대한 칭송이다. 승과 속이라는 상대적 신분 이전에 한 고을의 백성으로서 관장에게 드리는 치사이다. 이것은 유불이 길이 다르다는 차원이 아니라 사회 제도적 신분에서 오는 시어의 구사라 하여야 할 것이다. 역시 격식을 갖추어 주고 받는 대화이겠다. 신분을 떠난 정의의 만남이나 대화라면 그저 있는 그대로의 표현이 시로 승화될 수 있는 것이다.

다음 시도 용강 군수와 함께 있으면서 지은 시이니 아마도 위에 수답한 이서

우와 함께 있지 않았을까 하는 추측이 간다. 咸從, 용강, 三和의 세 군수와 함
께 천왕봉에 올라서 지은 시다.

눈 쌓인 아성의 길	積雪牙城路
매서운 바람에 절을 오르다	嚴風岳寺登
청운에 오른 세 군수요	靑雲三太守
흰 머리 외로운 중 하나	白首一孤僧
궁·상·각에 맞는 거문고	琴操宮商角
시상은 비·부·흥에 따르다	詩思比賦興
밤을 이어 새벽이 되어	安知夜達曙
추운 해 뜨는 것도 아지 못했네.	寒日已東昇

그저 승속의 격의 없이 만난 자리임이 시어에 넘친다. 거문고 가락이 어울리
듯 어울리고 시에서의 비유나 직설이 어떠한 표현이든 감흥을 주듯 서로의 마
음은 전해지고 있는 것이다. 그러기에 새벽이 되고 해가 뜨는 아침을 모르는
대화가 된 것이다.

이렇듯 처지에 따라 막힘이 없는 것이 바로 선의 실천이 아니었을까. 다음의
시는 바로 그러한 막힘 없는 기상을 보인 것이라 하겠다.

우주 공간 백년의 손님	宇內百年客
베개 머리 천리의 중	枕邊千里僧
하늘의 산, 땅의 물	天山與地水
마음대로 맡겨둔 등등한 기상.	隨意任騰騰

사람살이의 실체가 제한된 공간과 유한한 시간 속에 있는 것이지만 마음가짐
에 따라서는 무궁한 공간이 나 위해 있는 것이요, 유한한 시간이라도 무한으로
연장될 수도 있는 것이다. 여기에서 깨달음의 세계란 이 시간에 막힘이 없고
공간에 구애받지 않음임을 알겠다. 이것이 다름 아닌 時無碍 處無碍인 것이다.
있는 진여의 실상을 그대로 깨달아야 하는 것이다. 하늘에 닿는 산, 땅에 흐르
는 물, 이것이 그대로의 실상이요, 거기에 임의대로 맡겨진 이 시의 주인공은
시무애와 처무애의 실천가였던 것이다. 따지고 보면 맹자의 浩然之氣나 장자의
逍遙遊도 이러한 경지에 이르는 노정을 말한 셈이다.

> 큰 강물 풍경 만리의 산에 닿고 　四瀆烟波萬里山
> 한 몸 가벼운 행장 백년 한가로워 　一身甁屨百年閒
> 둥지 벗어난 새 뉘 잡으랴 　出籠飛鳥人誰繫
> 초·월의 강남 강북 몇 차례 오갔지. 　楚越江淮幾往還

사두란 중국의 4대강을 말한 곤륜산에서 흐르는 황하나, 민산에서 흐르는 장강 등이다. 결국은 바다로 흐르는 것이요, 몇 만리로 이어지는 이 산과 강 아무리 크고 길다 해도 산과 물의 제 본분이요, 시공을 초월하여 정지되어 있고 흐르고 있는 것이다. 이 한 몸, 신 한 켤레, 물병 하나로도 평생을 한가로이 지낼 수가 있다.

둥지를 떠난 새는 무한의 공간이 다 자신의 집일 수가 있다. 사람들은 부질없이 자신의 둥지를 지어 놓고 매달려 살고 있는 것이다. 이 둥지를 벗으려면 집착을 여의어야 한다. 그래서 평생토록 한가로움을 느끼는 것이다. 여기서 懷讓 禪師의 게송이 연상된다.

> 회주에서 풀을 뜯는 소 　懷州牛喫草
> 익주의 말이 배가 터진다 　益州馬腹脹
> 천하에 이름난 의사들 　天下覓醫人
> 돼지 넙적다리에 뜸질한다. 灸猪左膊上

회주니 익주니 하는 공간 개념이 있을 수 없고 소니 말이니 하는 종의 개념이 있을 수도 없다. 일체를 여읜 무주착의 상황이다. 그러기에 초나라다 월나라다 하는 거리의 구애 없이 자유자재로운 것이다. 내 몸 비록 여기 있어도 임의자재로우면 저 조롱을 떠난 새보다도 더 자유로운 것이다. 스님의 시는 이렇듯 쇄락한 느낌을 주나, 이것은 월저 스님만의 능사가 아니라 선사의 禪機的 시화라는 점에서 어느 선사의 시나 공통적 요소를 갖고 있는 것이다.

> 기러기 노을 끝에 아물아물 　斷雁斜陽外
> 저녁 비 속 외로운 성 　孤城暮雨中
> 옛 누대 가을 잎 지고 　故臺秋葉落
> 울창한 숲 서풍에 흩날려. 　喬木亂西風

평양에서 옛 일을 회고하며 지은 시이다. 평양은 스님의 고향이기에 감회가 더 깊었을 것이다. 옛날 화려했던 도읍터, 이제는 그저 변함없는 가을 풍경뿐이다. 그러나 호화롭다 쓸쓸하다 함은 인위적 꾸밈의 소산이요, 부질없는 인간적 감정이다. 이 시에 등장된 소재 기러기, 저녁노을, 비, 가을 잎, 서풍은 언제나 있는 것이요, 시공을 초월하여 영원한 것이다. 호화로웠던 그 당시에도 있던 것이요, 쓸쓸하다는 오늘에도 변함없이 있을 뿐이다. 다만 시간과 처지의 변역에 의하여 오늘은 쓸쓸하게 느끼는 것뿐이다. 있는 실상 그대로의 법리에는 다를 것이 없다.

따라서 이 시의 구성은 그 있음의 실상을 그대로 말했을 뿐이다. 있는 소재를 그대로 나열했을 뿐이다. 그럼에도 불구하고 이 시에서 옛날을 회고하는 감회로 느껴지는 것은 무엇일까. 斜陽이니 暮雨니 秋葉이니 하는 현상적 언어가 어떤 유한의 시간설정 위에서 종말적 시간으로 가까워지는 느낌을 주기 때문이요, 孤城이니 故臺니 하는 공간상황도 호화로웠다 하는 지난 공간이 전제된 상황이기에 그럴 것이다. 그러나 영겁의 시간 속에서야 그 자체가 찰나적 순간일 뿐 哀歡의 교차를 느낄 것도 없다. 스님으로서야 찰나의 현실로 보아 쓸쓸함의 표현이 아니요, 있는 실상의 여여함을 보였지만 속세의 독자에게는 현상의 감회를 갖게 하는 것이니, 여기에 선사들이 선기적 발로를 시라는 도구로 빌렸다 하면 지나친 말일까. 어쨌든 우리는 선시의 묘미를 여기서 느낄 수밖에 없다.

위에 보인 시가 정적인 요소였다면 때로는 극단의 동적 상황으로도 변한다.

깊은 산에 숨은 범	虎伏深山裡
큰 바다에 잠긴 용	龍潛大海中
풍운 변화 얻으면	得遇風雲變
푸른 하늘 솟아오르지.	飛騰上碧天

용호도의 그림을 보고 지은 시이기는 하나 자신의 포부를 의탁하였다 해도 무방하겠다. 伏과 潛의 정적 현상이 어느 상황에 처하면 飛騰의 극한적 동작으로 변하는 것이니 이것이 바로 隨機應變의 선사적 대응이리라.

가을바람 건너서 찾아온 지팡이	跋涉秋風杖錫來
가시울 지는 해에 동구문 열리다	柴荊落日洞門開
경전의 문답에 우담화 피고	經文答處曇花發
게송을 짓노라 옥가루 쌓이네	詩偈題時玉屑堆

글 동산 다시 만난 桃李의 정　　藝苑重逢桃李樹
이 명당에 동량새 또 얻었네　　明堂又得棟樑材
부처숲 끝잎 천년의 은택　　堅林末葉千年澤
자손 보호하여 옛일 회복.　　蔭覆兒孫舊業廻

　精賾 上人에게 준 시다. 같은 도반에게 준 시이므로 권면과 함께 인간적 정이 담겨 있다. 가을날 멀리에서 찾아온 손님이다. 잠겼던 문도 활짝 열렸다. 경문도 함께 이야기하고 시도 써보는 것이다. 경문에는 우담발화의 꽃이 가득하고 인간적 정을 나누는 것에는 백옥가루가 쌓인다. 역시 승속이 함께 하고 있는 승속불이의 경지다. 시문을 논하는 자리에는 복숭아꽃 같은 고운 자태이지만 공문의 도를 위하여서는 기둥의 재목이 기대되는 것이다. 역시 隨機應變의 도량인 것이다. 그래서 큰 재목이 되어 미래에 큰 나무 그늘이 되기를 부탁하는 것이다. 그러기 위해서는 어느 곳이나 선기의 발현이 아님이 없다. 秀珠 上人에게 주는 시에 '동굴의 달에서 선관을 통달하고 못의 연꽃에서 묘법의 말씀 듣는다〔堅月通禪觀　池蓮妙法談〕'함도 이러한 경지를 말한 것이다.

묘향산 밑 오두막집　　窠臼香山底
누가 너를 알아주었나　　何人識得渠
몸은 구름에 싸여 숨고　　雲藏身不露
꿈에 들자 달도 뜨네　　月入夢初除
발길은 원숭이가 친구　　履踐猿爲伴
선정에 든 나 학이 깨우네　　修持鶴起余
분향과 예배로　　焚香與禮拜
아침 저녁 딴 일은 없어.　　晨夕更無餘

　묘향산에서 우연히 읊는다는 시다. 막막한 禪院의 생활을 노래하였다. 주변의 실상들이 나의 선정을 중심으로 여여히 있을 뿐이다. 이 모두가 수선의 소재들이니 따로이 수지송독할 것이 없다. 분향과 예배가 일의 전부이다. 스님의 시는 이렇듯 여여한 실상의 표현이요, 일상 생활이나 대화의 평범성을 넘지 않고 있다. 이런 점이 상대방에게 진실을 느끼게 하여 속인에게는 인간적 정감을 갖게 하고 학인에게는 진여의 세계를 맛보게 하는 것이다.
　이러한 평범성이 시의 예술적 경지까지 승화했느냐는 논란의 여지가 있을 듯도 하지만 예술이 궁극적으로 인간의 감동을 불러 일으키는 것이라 한다면, 이러한 진솔성이 오히려 더 큰 감화를 불러 일으키는 것이 아닌가. 『월저집』에 수록된 그 많은 시가 어떠한 소재나 대상을 막론하고 평범한 언어와 담박한 구상이 아님이 없으니 이것이 월저 대사가 구사한 시어의 묘라고 생각된다. 寫景의 시를 쓰면서도 그저 주변의 경관을 있는 실상 그대로 말할 뿐 작자인 자신의 감정이 드러나지 않고 있다. 여기에 독자는 더 상상력을 발휘해야 하고 독자의 근기에 따라 이해하도록 맡겨두는 결과가 되기도 하다.

새로 개설한 사원	棟宇新開設
단청과 푸른 산 맞비추어	丹靑映翠微
물 빛은 씻긴 거울	水光銅鏡拭
산색은 둘러친 그림 병풍	山色錦屛圍
골이 내뱉는 옅은 안개	壑吐殘霞氣
저녁 노을은 봉우리가 삼켜	峯含落照暉
이 관상에 만족한 손님	客來仙賞足
지팡이 되돌리지 못한다.	忘却短笻揮

「新淨庵口號」라 하였으니 즉흥적으로 지은 시이다. 암자를 에워싼 주변의 실경을 여실하게 읊은 것뿐이다. 그러면서도 시어는 시어대로의 묘미를 다하고 있다. 스님은 사경시를 連詩의 형태로 많이 남기고 있다. 소상팔영을 비롯하여 次東湖十詠이 있다. 이 동호십영은 車天輅의 원운에 차운한다 하여 이 원시까지 수록하고 있으니 당시의 土友들과 교류하던 문단 주변의 일각을 짐작하게 하는 좋은 자료도 된다. 그밖에 「山中四時詞」는 7언고시의 16구로서 춘하추동의 네 편을 연작한 것이다. 산중에 있어서의 네 계절의 경치를 잘 보여주고 있어 매우 흥미로운 작품이다. 역시 산중의 생활에서 얻어지지 않고서는 어렵다고 보아진다.

스님은 여러 편의 長詩도 남기고 있는데 그 중에서도 주목되는 것은 묘향산의 自澄 大師에게 주는 시다. 7언고시 40구 280자나 되는 긴 시이다. 여기서 자징 대사가 은거하는 보덕굴의 경치와 선사로서의 수도의 경지 등을 잘 조화하여 흠 없는 한 편의 이야기로 꾸미고 있다. 「次韻寄據梧姜壽一」과 「次謝寄金秀而重」은 각기 7언고시 44구 308자의 장시로서 두 수 같은 운자를 쓰고 있음으로 보아 동일운으로 더 많은 시가 있었던 듯도 하다. 두 편 모두 당시의

시인들에게 주는 시로서 승속간에 격의 없는 시로 유가의 치도와 불가의 수도
를 잘 조화롭게 표현하고 있다.

　이렇듯 스님은 주고 받는 대화를 시로 표현한 것이니 평범한 일상 언어와 같
으면서도 언어 이상의 시적 경지로 승화시켰다는 점에서 세속을 세속이 아닌
선정의 경지로 교화하였다 할 수 있겠다. 앞에서도 언급하였듯이 염불책일천권
권사를 대중들에 전하는 募緣文이면서도 시로 썼다는 사실은 일상의 언어를 시
와 잘 조화시켰다는 점에서 스님의 작시생활의 일면을 잘 보여준다 하겠다. 스
님께서 화엄의 대종사이었다는 점과 이렇듯 승속을 포용하는 평범한 시를 썼다
는 점은 그 내면적 연관성이 있다고 느껴진다.

教行을 중시한 栢庵

1. 生平과 著述

栢庵 大師(1631∼1700)의 행적에 대해서는 金相福이 지은 碑銘에 전하고 있으나 대사의 행적의 대략일 뿐 자세하다 하기는 어렵다. 여기서도 비명을 중심으로 하여 대략 살펴볼 수밖에 없다.

대사의 법명은 性聰이고 백암은 호이다. 속성은 이씨이니 남원이 관향이었다. 어머니는 河氏이고 대사는 인조 9년(1631) 11월 보름날 신시에 태어나셨다. 13세에 출가하여 16세에 법계를 받고 18세에 方丈山으로 가서 翠微 大師에게 사사하여 9년 동안에 그 법통을 잇게 되었으니 여기에서 취미 대사의 적통이 되었던 것이다.

30세에 講師로서 법석을 열어 여러 제자를 가르치게 되었으니 항시 환미함을 일깨우고 배움의 길을 여는 것으로[喚醒迷濁 開闡敎道]를 신조를 삼았다.

42세(1672)에 영광의 海佛庵에 주석하였고, 46세(1676)에 松廣寺 隱寂庵에, 다음해 大光寺에 주석하였다가 다음해 48세(1678) 때, 송광사에서 普照國師의 비와 송광사 사적비를 세웠다.

51세(1681) 되던 해에, 荏子島에 배 한 척이 표류되어 왔는데, 배 안에 무수한 불교전적이 실려 있었으니, 명나라 平林葉 居士가 교정한 『華嚴經疏鈔』와 『大明法數會玄記』·『金剛記』·『起信記』·『四大師所錄』인 『淨土寶書』 등 190권이었다. 대사는 크게 감탄하여 대중들과 정성스러이 모셔 간행하게 되었으니, 이것이 대사가 평생토록 힘을 기울여 간행한 여러 遺集의 모태가 되었고, 이로 인하여 당시의 대중이 대사를 존숭하여 宗師로 받들게 되었다.

이 경전 간행의 일환으로 55세(1685)에 모든 경전을 가지고 澄光寺로 가서 다음해에 먼저 『金剛記』를 간행하고 『정토보서』와 『四經持驗記』 4권을 편집하였다. 65세(1695) 때에 『치문경훈』을 주석하고 같은 해에 『大乘起信論疏筆

削記』를 편집하였다.

　이렇듯 대사는 간경과 포교를 필생의 신행으로 하여 숙종 26(1700)에 입적하시니 세수 70세이었다. 위의 간행이 비록 대사의 찬술이 아닌 수집이기는 하지만 거기에는 대사가 신행으로 여기는 신념이 있었던 것이다. 『정토보서』의 서문에서, "일체의 방편 중에서 첩경과 묘체를 찾는다면 염불로 정토를 구하는 것만한 것이 없다."하면서 "내 외람되이 승려에 몸담고 있어 불도의 성쇠에 책임이 있으니 경전 간행으로 세상에 유통시킴이 진실 직분일 뿐이다."하여 자신의 직분을 이행하려는 사명으로 삼았던 것이다.

　이러한 신념은 『치문경훈』을 주석하면서 더욱 분명하게 밝히고 있다.

　"불교가 동쪽으로 오면서 주소가 매우 많지만 『금강경』이나 『능엄경』에는 했다 하면 100이나 10으로 헤아리고 그 밖의 기술도 두서넛은 되지만 치문경훈에는 유독 해석이 없는 것은 무엇 때문인가. 견문이 따르지 못해서인가. 해석할 것이 없다고 여기는 것인가. 이 책이 비록 도에 드는 첫걸음이지만 여러 현인들이 각각의 안목을 다하여 많은 인용이 있으니 만일 널리 섭렵하지 않으면 일가를 이루지 못할 것이라."
하였으니, 배우는 이가 마땅히 지켜야 할 신행의 표본을 제시하려는 것이었다. 이러한 주장을 증명하듯이 그 소상한 주석은 불교에 입문하려는 이에게 명실상부한 길잡이에 족하리라 보인다.

　『기신론소』의 會編도 초학자의 깨우침에 한 길잡이가 되게 하기 위한 자비로운 길잡이였음이 서문에 밝혀져 있다 馬鳴의 造論과 三藏의 譯論, 法藏의 述疏, 宗密의 疏註論, 長水의 錄記를 筆削會編하고 있으니 그 방대한 양은 경탄하지 않을 수가 없다.

　이상은 현전하고 있는 대사의 편집서술이고, 이 밖에 찬술이라 할 수 있는 시문집인 『백암집』 상·하 2권과 『栢庵淨土讚四韻』 100수가 전하고 있으니 여기서는 이 찬술을 중심으로 대사의 시문을 살피는 것으로 제한하려 한다.

2. 情趣로 점철된 순수시

　대사의 시문집인 『백암집』은 상·하 두 권으로 편집되어 있다. 상권에는 시 285편이 수록되어 있고, 하권에는 문 70편이 전한다.

시는 승·속간의 수창시가 대부분이면서 내용은 승려라는 신분을 느낄 수 없으리만큼 순수한 인정의 교환이다. 김상복의 비명에서도,

"兼通外典 喜爲詩 當時名士大夫 若金文谷 鄭東溟 南壺谷 吳西坡諸公皆許與爲空門友."

라 하여 당시의 명사들과 시로써 忘道의 벗을 삼았던 것으로 기록하고 있다. 그러나 東溟 鄭斗卿(1597~1673)은 대사보다 30여 세의 연상이었으니 詩友라기보다는 시를 이해해준 선배의 자격으로 존숭했던 것이 아닌가 여겨진다. 문집에도 동명과는 직접 시를 수창한 것이 아니고 동명이 지은 시에 차운으로 제3자에게 보낸 시가 보일 뿐이다.

文谷 金壽恒(1629~1689)과는 2년의 연상이니 外道의 벗이었을 수가 있다. 주고 받은 시 몇 수와 편지 한 편이 전한다.

굴원은 오직 나라 걱정 의지인데	屈子唯存憂國志
초왕은 어찌하여 강호로 쫓았나	楚王何事放湘潭
영웅스런 재질 말술과 백편의 시	雄材斗酒詩篇百
높은 덕은 아침 상에 세 번 뱉은 밥숟갈	碩德當年吐握三
봄나무에는 몇 번이나 渭北을 생각터니	春樹幾回思渭北
가을바람에 뜻밖에 강남에서 대할 줄이야	秋風誰料對江南
다음날 역마 타고 지나는 결에	他時驛馬流星日
비로봉의 백석암을 꼭 찾아주오.	須訪爐峯白石庵

「上金相國 時謫靈岩」이라 하였으니 문곡이 영암으로 유배되었을 때였다. 문곡의 유배를 초희왕에게 쫓겨난 굴원에게 비유하고 있다. 시주로 활달한 그의 도량이나, 밥상을 대하다 손님이 오면 입에 든 밥도 뱉고 손님을 맞이하며, 머리 감다가도 달려 나가 손님을 맞이〔三吐飯·三握髮〕했던 周公과 같은 덕에다 비유하기도 하였다. 또한 두 사람의 사귐은 李白이나 杜甫와 같은 시인으로서의 지기였음을 자인하고 있다. 두보의 '春日憶李白'의 시구를 연상하여 '渭北春天樹 江東日暮雲'의 시구를 그대로 인용하고 있다.

문곡은 이 시를 바로 수답하였다.

나그네의 발길은 바람에 나부끼는 잎	羈人蹤跡風飄葉
스님의 마음이야 못에 비친 달	志釋心期月印潭

귀양길에 만남도 운수 있음 알리니   鵩舍相逢知有數

호계에서 왜 벗의 웃음 필요하랴   虎溪何必笑成三

옛절 중흥한 일 천리의 생각   重興古寺思千里

방장산 뭇 봉우리 영호남 오르내려   方丈群峯跨兩南

보내주신 지팡이 쓸 곳이 없더니   携贈瘦筇無試處

외로운 꿈 선암에 가도록 용납함일세.   且容孤夢到禪庵

慧遠과 陶潛에 비유되는 두 사람의 사귐이었다. 백암이 시를 보내면서 함께 보냈던 편지로 보이는 글이 문집에 남아 있다. 그 편지의 내용에도 옛절의 중흥불사에 문곡이 참여하였던 것으로 표현되어 있다. "幸於重興古寺 奉接淸塵 未得從頌 殊以爲恨."이라 함이 이 시에서 문곡이 표현한 重興古寺思千里라 함이 바로 그 내용으로 보인다.

이 밖에도 「寄上金相國」이라 한 두 수의 시가 있다. 거기에 '시를 보내 모임 갖기 아끼지 마소〔莫惜贈詩期結社〕'라 한 구가 있는 것으로 보아 두 사람은 시로써 동호인의 모임까지도 생각할 수 있었던 것 같다.

백암은 당시의 명사들과의 교분을 시로 매개하고 있었으니, 어쩌면 각기 달리 걷고 있는 처지를 시로써 융화시켰는지도 모를 일이었다. 서로의 안부를 묻는 편지에는 항시 시 한 편을 함께 보내고 있음을 볼 수 있다. 편지로 전할 수 있는 내용이란 단순한 사연에 지나지 못하기 때문에, 이 말로 다 표현될 수 없는 마음 속의 깊은 사연을 시로 승화시켜 전하려 함이었던 것이 아닐까. 그렇다면 백암 대사야말로 시의 본질을 이해했을 뿐만 아니라 마음과 마음, 정과 정을 묶는 고리로 승화시켜 실용한 적극적 시인이었다 하더라도 지나침이 없겠다. 金錫胄(1634~1684), 崔後尙이나 이름을 알 수 없는 朴運使, 金執義, 柳方伯 등에게 편지와 시를 함께 보내고 있다.

백암은 같은 도반들에게 주는 시도 순수한 인정적 교환이었다. 이 점이 바로 말로 표현할 수 없는 깊은 정을 시어로 담았다 할 것이다. 임의적으로 몇 편만 가려본다.

새벽빛 겨우 깨니 들창문 열려   黑甜纔破小窓開

책상머리 경전을 읽어내리다   坐閱禪書滿案堆

몸의 한가롬이 참 즐거움 일찍 알았지만   早識身閑眞是樂

떡갈나무라서 재목 못됨 부끄럼 많다   多慙樗散本非材

<table>
<tr><td>숲 사이 남은 더위 매미는 재촉하고</td><td>樹間殘暑蟬催盡</td></tr>
<tr><td>강 건너 서늘한 가을 기러기 가져오다</td><td>湖外新秋雁帶來</td></tr>
<tr><td>오늘도 시선에 들지 않는 친구</td><td>今日親知不在眼</td></tr>
<tr><td>멀리 보이는 옛 산천 푸르름만 우뚝.</td><td>故山南望碧崔嵬</td></tr>
</table>

「寓白雲山憶修上人」이라 제한 세 수 중의 끝 수이다. 지기의 동도자를 생각하여 짓는 시이면서도 직설적 표현이 돋아나 있지 않다. 오늘도 친구가 보이지 않는다는 결구가 있기는 하지만 그것마저도 앞산의 높고 푸른 모습이 친구를 대신하고 있다. 경을 읽고 염불을 하는 승려의 일상스러운 일, 더위 가고 서늘함 오는 계절의 변화 등 그저 일상적인 일을 말했지만 이 일상적 삶에서 항시 친구의 모습을 연상하고 기억하는 것이다. 어쩌다 생각나는 친구가 아니라 항시 마음 속에 함께하고 있으면서도 지금 이 자리에 없기에 그리운 것이다.

<table>
<tr><td>오래 머문 산사, 돌, 물, 언덕</td><td>久住方壺泉石隈</td></tr>
<tr><td>옛 친구 찾아온 지팡이 하나</td><td>一筇相訪故人來</td></tr>
<tr><td>향기 뜰 나무도 늙어 가을빛 이르고</td><td>香階樹老秋容早</td></tr>
<tr><td>누각의 종소리도 멎어 어둠 재촉하네</td><td>板閣鍾殘暝色催</td></tr>
<tr><td>진락대 주변엔 봉우리만 일만 겹</td><td>眞樂臺邊峯萬疊</td></tr>
<tr><td>침계루 밑에는 시냇물도 천 굽이</td><td>枕溪樓下水千廻</td></tr>
<tr><td>밝은 등불, 책상 앞, 잠도 없는 해맑음</td><td>懸燈竹榻淸無寐</td></tr>
<tr><td>이별 시름 이야기 끝나 식은 재만 헤집네.</td><td>話盡離愁坐撥灰</td></tr>
</table>

「重到修禪社示知己」라 제한 시다. 지기의 친구를 만난 기쁨이나 슬픔보다는 산사를 중심으로 한 주변의 경관을 노래하고 있다. 네 계절 아침 저녁의 風光, 이것은 지기의 벗과 함께 느끼는 기쁨, 슬픔이요, 자연의 한 요소로 살아가는 인간생활의 일부이다. 이러한 변화 속에서 친구를 생각하게도 하고 그래서 만나면 기쁜 것이요, 헤어지면 섭섭한 것이다.

　시의 구성도 매우 짜임새 있는 시이다. 제1련에서 만났다는 말로 시의를 불러 일으키고, 제2련에서 자연의 경관을 크게 서술하였다. 가을을 느끼게 하는 고목의 단풍, 그것도 나무가 늙어서 일찍 단풍이 들었다. 가을 모습이 빨리 찾아들었다〔秋容早〕 하였다. 그러면서 산사의 저녁이 들기 시작한다. 종루에서 잔잔히 식어가는 저녁 예불의 종소리가 저무는 산의 정적을 재촉하고 있다.

제3련에서 서경의 범위를 나와 친구에게 가까이 끌어들인다. 진락대와 침계루로 옮겼다. 겹겹이 두른 산 이것이 참으로 즐거운〔眞樂〕누대의 이름에 맞는 풍경이고 구비구비 흐르는 물이 시내를 베개삼는〔枕溪〕누대에 걸맞는 이름이다.

제4련에서는 위의 경관에 어울리는 두 사람의 자리로 시의를 좁히면서 결론을 내리고 있다. 깜박거리는 호롱불, 대로 만든 禪床 앞에 두 사람은 잠을 잊었다. 이제는 화제도 더 이상 없다. 또다시 떠난다는 일상의 진리만 남았다. 화로에 다 사라져가는 불씨 재만을 뒤적거리고 있다. 무한한 두 사람의 정을 실감 있게 느끼게 한다. 서정적 결론이면서도 시어는 모두가 서경적인 용어이다. 이것이야말로 情景一致로서 어디에도 집착됨이 없는 不落兩邊의 선가적 모습이 아닐까.

산사가 원래 아름다운 경관과 어울려 그대로의 산 자연을 이루고 있기에 거기에 거처하는 산승 자체도 자연 그대로일 수 있기는 하나 백암의 시는 비록 인간세사에 얽힌 것이라 하더라도 자연의 정취에서 벗어남이 없다. 사람살이의 어울림이 따지고 보면 모든 것이 보내고 맞이함에서 시작된다. 시 한 편을 주고 받음도 주는 시가 보냄이라면 받는 시는 맞이함이다.

백암은 이러한 보내고 맞이함에 있어서 단순한 사람들의 감정으로 어울린 것이 아니라 주변의 자연과 하나가 된 순수한 정취의 어울림이었던 것은 아닐까. 동도자와의 送別詩에도 자연의 경관 속으로 몰입시키고 있는 경우가 많이 보인다.

<blockquote>

구름 쫓는 錫杖 학을 날리고　　　　　錫逐孤雲片鶴飛
봉우리에 짙은 아지랑이 禪衣 적신다　亂峯晴靄落禪衣
알겠다 굳게 닫힌 창가 푸른 대나무　　遙知舊鎖窓前竹
맑은 그늘 어김 없이 그대 오기 기다려.　不改淸陰待爾歸

</blockquote>

「送僧入方丈山」이라 제한 시다. 스님을 보내며 지은 시다. 보내고 배웅하는 이의 정감적 용어는 하나도 없다. 그저 산사 주변의 경관뿐이다. 그럼으로 해서 주객으로 마주한 이들의 감정이 자연 속으로 녹아들어 이 자연 모두가 송별하는 이 두 사람의 정감으로 변하고 있다.

흔히 物我一體라는 말을 쓰고 있지만 우리는 이러한 시에 함축되어 있는 자연과 인간의 혼용에서 찾아볼 수가 있는 용어라 생각된다. 이 시에 등장한 소재는 구름, 학, 아지랑이, 가사 옷, 대 등이다. 이는 물론 무정물이다. 그러나 이 무정물이 보내고 배웅하는 두 사람의 정감과 용해되어 혼연한 유정물로 변하고 있으니, 이것이 시인의 융섭력이라 하면 지나친 것일까.

누른 꽃 누런 잎 가을날 구월 달	黃花黃葉九秋天
여의는 마음 이때면 더욱 아득해	到此離心信黯然
어느 때 한 상에서 다시 만나나	何處一床重面目
지금 천 리로 바람인 양 흩어지니	此時千里散風烟
맑은 강 푸르름 갈가마귀 따라 멀어지고	晴江碧遠寒雅外
석양의 붉은 빛 기러기 꼬리로 낮아진다	夕照紅低落雁邊
보낸 뒤 그리는 몸짓 어떻게 견디나	別後可堪回首望
저녁 하늘 쇠잔한 풀 산천에 가로막혀.	暮天衰草隔山川

「送屹師」라 제한 시다. 여기서는 이별의 사연을 시어에 담고 있지만, 이별의 정은 역시 자연과 교감되어 있다. 같은 이별이라 하더라도 봄이 아닌 가을, 국화 어우러지고 단풍이 짙게 물든 자연의 틈새에서 더욱더 허전함을 느낀다. 하늘과 물빛이 하나 되어 푸르른 가을 강, 강끝 하늘가에 나는 까마귀의 검은 한 점과 석양의 붉은 노을가에 햇살인 양 사선으로 내리 앉는 기러기의 울음을 좇고 있는 이별의 정이다. 사람들의 요사스러운 정을 이 드넓은 자연의 공간으로 산화시키고 있는 것이다. 그래서 그리움이 일게 되면 저무는 하늘 시들어가는 풀들에서 그대를 기억할 수밖에 없다. 역시 감정순화의 좋은 방편이다.

 백암의 시는 항시 자연과 융섭되어 있음이 특질이다. 순수한 서경이 서경 그대로이면서 자신은 그 경개에 그대로 숨겨져 있다.

돌 시내 지나는 걸음걸음	行行過石溪
성근 대숲으로 뚫린 가늘은 길	細徑通疎竹
어느 새 가사옷 젖었네	不覺濕禪衣
학이 흔들어 떨어뜨린 솔가지 이슬.	鶴搖松露滴

「入山」이라 제한 시다. 산길을 거니는 스님이다. 돌다리 지나 대숲을 뚫고 가는 걸음 한가롭기만 하다. 가다 보니 옷이 젖었다. 소나무에서 떨어진 이슬 때문이었다. 물론 옷이 젖는 것도 잊었다. 알고 나서 보니 소나무의 학이 일부러 적셔준 것이다. 스님이 학으로 변신한 것인지 학이 스님으로 변신한 것인지

그저 하나가 된 셈이다.

> 먼 뫼에 가랑비 걷히고　　　　遠岫收微雨
> 창이 높아 산들바람 끌어온다　高窓引細風
> 책상 앞 잠깐의 새우잠을　　　小眠仍隱几
> 몇 마디 새 울음 꿈을 깨우다.　殘夢鳥聲中

「春晴」이라 제한 시다. 봄날의 가랑비도 걷히고 산들바람이 높은 누대에 불어온다. 한가로움으로 잠시 졸음에 싸이는 순간 봄새의 우짖음이 꿈을 깨운다. 봄날의 한가로운 정경이 여실히 드러난 소품이다.

아무리 생사에 초연한 대사라 하더라도 죽음이라는 극단의 슬픔에는 인간적 비애를 느끼지 않을 수 없다. 친구의 무덤 앞을 지나던 백암도 어쩔 수 없이 인간의 서글픔을 느끼지 않을 수 없었다.

> 무단히도 친구들 점점 떠나가니　　無端故友漸凋落
> 한스럽다. 흐르는 시간 멈추지 않네　却恨流光不暫停
> 무덤 아래 혼자 지나는 지금　　　今日獨歸墳下路
> 저녁 연기 성근 비에 풀만 파릇파릇.　暮煙疎雨草靑靑

「過故人若堂」이라 제한 시다. 친구의 무덤을 지나는 친구로서의 심정을 십분 이해할 수 있는 시이다. 스님의 신분으로서도 친구의 죽음 앞에서는 삶의 무상을 느끼지 않을 수 없었다.

위에서 보아온 몇 편의 시는 2백 80편 중에서 임의로 뽑은 몇 편에 불과한 것이기에 백암의 시를 일률적으로 규정하기에는 미흡하지만, 다만 백암 대사의 시는 인간적인 정취와 자연의 경관이 항시 융화된 정경일치의 시이었다는 점이 검출될 수 있다고 보인다.

3. 장편의 連作詩, 淨土讚

백암은 『淨土寶書』를 편집하였다. 이 『정토보서』를 편집하면서 서문에서 "일체의 방편 중에서 곧바로 요체를 구하기는 염불로써 정토를 구하는 것만한 것이 없다〔於一切方便中 求其直捷要妙者 莫念佛求淨土若也〕."하면서 "요사이 중국의 정토저술 10여 질을 얻게 되었으니……어리석음을 불고하고 모든 저술을 수집하여 격언이나 고금의 왕생에 뚜렷한 것을 한 편으로 편집한다〔近獲唐本淨土著述　無慮十有餘秩……不揣愚瞽　遂蒐獵諸述　採綴格言及古今往生之章章者　輯成一編〕."하였다.

　이 정토의 저술이 임자도에 표류되었던 중국의 선박에서 얻은 것이라 보며 이 불경들의 편집이 백암이 50대의 일이었고 10여 년 뒤, 백암이 63세 되던 해에 정토찬을 지은 것으로 보인다. 정토찬의 29수째 되는 시에,

내 태어남 예순에 또 세 해 되었으나	吾生六十又三年
한갓 세월만 허비하고 눈은 이마에 가득	徒費光陰雪滿顚
채찍 휘두른 강론 헛된 혀 움직였고	揮麈講時虛掉舌
화엄을 꿰듯 읊었지만 선에 방해뿐	貫華吟處亦妨禪
파릇한 고운 풍경 누가 임자일까	綠蘿煙月誰爲主
푸른 뫼, 구름 내 나만의 전유물	碧嶂雲泉我自專
이로부터 여기에 마음 멈추어	從此箇中心靜住
서방정토 깨끗한 업 정성껏 닦으리.	西歸淨業極精硏

　『정토보서』의 서문에서 염불로 정토를 구하는 것보다 나은 것이 없다 했듯이 63세를 지나고 보니 그동안의 강경이나 참선이 모두 헛된 일이요, 이 자연의 아름다움이 누가 주인이 아니요, 내가 전유할 수 있는 것이기는 하더라도 오히려 마음을 고요히 하여 서방정토의 깨끗한 업을 지으려는 정진이 낫다 하였다.

　이러한 사정으로 감안할 때 『정토보서』와 『정토찬』은 표리의 관계를 가지게 되며 『정토보서』는 경전에서 정토를 찾았던 여러 사례를 집성하고 『정토찬』에서 100수의 시로 정토를 찬양한 것이다.

　정토찬은 四韻 百首로 지었으니 체제는 7언율시의 연작이다. 불교적 시는 형식에 크게 구애 받지 않으려는 것이 일반적 경향이다. 5언이나 7언과 같은 자수는 지키나 심한 경우 각운도 염두에 두지 않는 경우도 많으니, 그 밖의 平仄과 같은 성운에는 더더구나 구애받지 않으려 한다.

　이에 비해서 백암은 『정토찬』을 지으면서도 4운이라 전제했듯이 한시의 율격도 지키려는 의도가 뚜렷하였다. 각운은 물론이거니와 평측도 되도록 지키고 있음을 볼 수 있다. 이런 점에서 이 정토찬은 한시의 일차적 조건을 갖추고 있

다. 이렇듯 율격을 지키면서 단일 소재로서 100수의 시를 연작했다는 것은 백암의 시인적 역량도 인정되는 거편이라 히겠다.

아울러 불교문학의 장르적 성격으로 본다면, 앞에서도 보았듯이 『정토보서』의 산문적 대편집과 이 『정토찬』이 표리를 이룰 수 있다는 점은 이 정토찬이 게송문학으로서 重頌의 성격을 띠었다 할 수 있다. 그러므로 이 정토찬은 한시의 일반적 성격으로는 7언율시의 연작이면서 불교문학에서는 중송이라는 양면을 구비한 걸작이라 하겠다.

멀리 보이네, 나라 끝 해지는 변경	遙指家邦落日邊
숫돌인 듯 평평하게 곧게 뻗은 길	路平如砥直如絃
가보면 의젓하게 황금 누대 이르고	歸時冉冉金臺至
사는 곳, 둥글둥글 연꽃도 원만해	生處田田玉藕圓
다만 한 마음, 마음 흐트리지 않고	但自一心心不亂
수시의 염불에도 오롯하지 못한 염불	休論十念念非專
처음부터 부처님의 깊은 자비 소원을	從來敎主深悲願
우리는 한 발짝 앞에서 멈추니 어쩌나	爭奈吾人却步前

푸른 연꽃 흰 연꽃 서로 비춰 어울리고	靑蓮花映白蓮開
온갖 빛 휘황하게 전각을 비추네	四色光輝射殿臺
몸에 맞는 보배옷 소원따라 나타나고	稱體寶衣隨念現
소반 가득 좋은 맛 끼니마다 나오네	滿盤珍味應時來
공중에는 밤낮으로 하늘꽃 비	空中晝夜天華雨
귓가에는 항시 진리음악 들리네	耳畔時常法樂陔
우리 부처 입 닳도록 정성스런 찬양	我佛讚揚誠苦口
중생들 어찌하여 가지 못하랴	衆生安得不歸哉

첫째 둘째 수이다. 정토에 이르는 길이 활줄처럼 곧다. 가게 되면 황금의 누대와 아름다운 연꽃 동산이다. 어지럽지 않은 마음으로 전념하여 염불하면 이를 수 있는 것이 부처님의 깊은 자비심이다. 첫 수는 이렇듯 대중이 가져야 할 마음을 제시하였다.

둘째 수부터는 정토의 아름다움을 서술해가고 있다. 사람살이가 입고 먹는 의식의 욕심에서 바른 마음을 갖지 못한다. 그러나 정토에는 누구에게나 맞는 보배옷, 누구의 입맛에도 맞는 진수성찬이 항시 있다.

구슬로 전각 짓고 옥은 숲이 되고	珠爲臺殿玉爲林
사람들은 순수한 양기요, 땅은 황금	人是純陽地是金
꽃비 길이 날아 밤낮이 없으니	華雨長飛無晝夜
풍운이 어찌 있어 맑은 흐림 있겠나	風雲那復屬晴陰
연못의 연꽃 색깔 각기 달리하고	池中菡萏分光色
숲 속의 가릉빈가 진리 음악 알리네	樹裡頻伽奏法音
서방 정토 비록 한량 없지만	淨土十方雖勿量
미타의 서원비 유독 더 넓고 깊다.	彌陀誓願獨弘深

이와 같이 정토보궁의 아름다움을 서술하면서 작자 자신이 지금 이 찬을 짓는 심정을 묘사하기도 한다. 28수까지 정토를 찬양하다가 앞에서 이미 살폈던 바와 같이 29부터 50세 되던 해의 심경을 서술하면서 정토를 추구해야 하는 이유나 그 결과를 반복 서술하고 있다.

저녁과 저녁, 아침과 아침, 다함 없는 시간	暮暮朝朝不盡期
세월은 이 사이 몰래몰래 옮기네	年光暗向此間移
호주머니 아무리 불사약 있다 해도	囊中縱有長生藥
거울 속 흰 머리야 어찌하리요	鏡裡其如兩鬢絲
끝 없는 세상살이 어느 날 마치랴	世事無窮何了日
유한한 인생 남은 때 얼마인가	人生有限幾多時
마음 속 모든 때 급히 씻어버리고	急須洗滌諸心垢
오직 우리 아미타불 언제나 생각하소.	惟我彌陀百爾思

조용한 삶, 일 적어 바위 문 닫고	幽居寡事閉巖扃
책상 위 한 권의 아미타경	案上彌陀一卷經
백 번 꿰맨 가사옷 구름과 함께 희고	百結正將雲共白
사방의 뫼는 눈동자와 함께 푸르다	四山長與眼俱靑
부질없는 이름 뱀 다리 됨이 우스우니	閒名自笑蛇添足
병든 몸 누가 학처럼 여위다 동정하랴	病骨誰憐鶴瘦形
다만 서방정토 갈 마음 간절하오니	但可歸西心念切
노정길 길다 짧다 물을 것이야 없지.	不須勞問短長亭

이렇듯 아미타를 외우며 서방의 정토를 갈구해야 한다.

서방에 부처 있어 아미타라 부르네	西乾有佛號彌陀
뭇 어리석음 널리 건져 愛河 벗어나	普濟群迷出愛河
머리 위 햇살인 양 모두가 흰 구슬	半面毫光眞白玉
한 줄기 옷빛은 모두가 푸른 덩쿨	一條衣色是靑蘿
바람이 울리는 보배나무 온갖 음악	鳳鳴寶樹千般樂
황금못 향기 날리는 백 가지 꽃	香散金池百葉花
사람들아 권하노니 부지런히 염불해서	奉勸世人勤禮念
이런 삶 이르도록 주저하지 마시오.	此生須到莫蹉跎

아미타불이 계시는 서방정토 그 아름다운 땅에 이르기 위해서는 염불을 게을리하지 말라 한다. 이렇듯 이 정토찬은 정토의 아름다움과 세상사람들이 부지런히 염불해야 할 것을 권하고 있다. 이렇게 한 선으로 이어지는 연작시를 다음의 100번째 시로 결론짓고 있다.

성인이 평안히 지키시는 황금의 몸	聖居安養紫金身
단엄하신 모습은 비유할 수 없는 절대	相好端嚴絶等倫
천 가지 보배빛 밤이 없고	千種寶光渾不夜
12시간 꽃비는 길이길이 봄	六時花雨是長春
늙음, 어림, 사내, 계집 말하지 말고	休論老幼幷男女
높음, 낮음, 부자, 가난 가릴 것 없이	豈揀尊卑與富貧
세 번 다시 분명히 더 할 말 없고	三復丁寧無別說
아미타의 한 구절, 바로 왕생의 인연.	彌陀一句往生因

남녀노소 귀천 없이 누구나 평등하게 염불로써 정토에 갈 수 있다는 것이다. 이 결론에 이르기까지 정토의 찬양과 염불 수양의 필요성을 서술하였던 것이다. 이렇게 볼 때 백암의 『정토찬』은 우리 문학에 있어서 보기 드문 종교 찬양의 문학이라 하겠다. 하나의 주제로 시가 요구하는 형식적 요건을 구비시키면서 백 편이나 연작하고 있음은 작자의 깊은 작시적 역량이 아니고서는 불가능한 것이다.

이상의 여러 면으로 볼 때 백암은 순수한 시인으로서도 성공하였을 뿐만 아니라, 승려로서 종교적 시문학도 성공적으로 이룩하였음이 입증되었다. 그러면

서도 불교인의 수행을 위한 여러 전적을 편집한 공적 또한 높으니 이것은 백암
자신의 가르침과 실천이라는 두 면을 충실히 이행한 큰스님의 마음가짐으로 이
해된다.

楓溪의 探勝

1. 간략한 행적

鞭羊의 법사인 楓潭의 문하에 楓溪 大師(1640~1708)가 있다. 대사의 행적에 대해서는 문인이었던 聞偘이 쓴 행장이 있어 대략의 전기를 알 수 있고 대사의 문집인『楓溪集』상·하권이 있어 문학적 업적도 이해할 수 있다.

대사의 이름은 明詧(詧의 古字)이고 자는 醉月이고 풍계는 법호이다. 속성은 密陽朴氏로 대대로 높은 관직이 끊이지 않았던 명망 높은 가문이었다. 仲孫이 세조를 도와 靖難功臣이 되었고, 光榮(1463~1537)은 崇佛이라는 이유로 파직되기도 한 일이 있었으니 대사가 승려가 되게 된 데에도 어떤 혈맥이 있었는지는 모를 일이다. 中宗反正에 복직이 되어 密城君에 봉해졌다. 忠元(1507~1581)은 이조참판 홍문관 예문관 양대제학을 지냈고 密原君에 봉해지기도 하였다. 啓賢(1524~1580)은 이조판서, 홍문관 대제학을 지냈고, 安興은 부사였다. 承孝는 성균생원이었으며 이가 곧 대사의 생부이니 대사의 선대가 모두 고관대작을 지낸 명문이었다.

1640(인조 18)년에 태어나셨으니, 어려서부터 영특하여 기동이라 불려졌다 한다. 11세에 스님을 따라 춘천 淸平寺 養神庵에 들어 幻寂堂 義天 大師에게서 체발하였으니, 당시의 사회상이나 가문으로 보아 매우 희한한 일이다. 대사가 10세 전에 어머니를 여의었다 하니 여기에서 이미 인생의 깊은 뜻을 깨달았던 것이 아닌가 느껴지기도 하며, 선대의 할아버지 光榮이 숭불했다는 이유로 파직된 사실이 있었다 하니 선조로부터 이미 불가와는 숙연이 있었던 것으로 짐작되기도 한다.

다음해 12세 때 일시 歸省하였을 때 집안에서 환속의 회유가 대단하였지만 끝내 뜻을 굽히지 않고, 13세에 다시 금강산으로 가서 편양당의 제자이었던 楓潭義諶 大師의 문에 들어 10여 년의 강론을 듣고 드디어 사법을 전수하게 되었다.

풍담 대사가 입적하자 다시 용문산으로 가 法兄이었던 雪峯 淨源 大師에게 가서 강론을 더 계속하였고, 다시 오대산으로 가 晴峯 首英 大師에게 가서 6년 여의 정진으로 일가를 이루었다.

그 뒤로 명산을 찾아 선각들에게 참학하면서 사방을 편력 정진하였으니 문집에 남아 있는 『遊覽摠集』의 시문은 이때에 서술된 것이다.

1708년 6월 초3일 자신의 생일날 병환에 들었는데 7일 날 문인을 불러 내일이 가는 날이라 예고하고는 다음날 옷을 갈아입고,

"허망한 바다 뜨락 잠기락 몇 봄을 지내며/명망에 사로잡혀 허수아비 희롱한 사람 되었다〔幻海浮沈度幾春 棚頭又作弄傀人〕"하고 합장 서향하고 조용히 입적하였으니 세수 69세이었다.

2. 僧俗과의 酬唱

풍계 대사 문집은 상·중·하 3권으로 되어 있다. 상편에 酬次類 91편, 중편에 遊覽摠錄 146편, 하편에 四六箋文 25편이 수록되어 있다.

수차류에서 주고 받은 시는 동도자의 승려에게 준 시보다는 당시의 사대부와 주고 받은 시가 거의 대부분이다. 이는 그의 행적에서 보이듯이 당시 벼슬아치의 명문후예라는 점에서 오히려 당연하였던 것으로 보인다. 서문을 쓴 사람도 당시의 유자이었던 것으로 보이나 작자의 이름이 판본에서는 누락되어 있어 확실히 알 수는 없다. 서문에서,

"내가 어렸을 때 서울에 있어 남쪽에 풍계 법사가 시문을 잘하여 고관들과의 교유가 잦았다고 들어 한번 그 글을 보려고 했으나 길이 없었다〔余幼少時 在京師 聞南方有楓溪法師善詩文 頗能交遊於縉紳間 余欲一見其文 而無由焉〕."
이라 한 점도 대사의 가문을 의식했던 표현일 것이다.

"내 처음 두루말이를 펴서 읽으니 산문은 정결하면서 순박하고 시는 맑고도 고아하고 잡저는 기문이면서도 법도에 맞으니 참으로 먹물옷을 입은 이에게서 쉽게 얻지 못할 기재다〔余始開卷而讀之 其文精而醇 其詩淡而古 其雜著奇而法 誠緇髡中 未易得之奇才也〕."
라 하여 대사의 시문을 높이 평가하고 있다. 문집에 있는 서문의 판본 뒷 부분이 결여되어 누구의 시문인지는 알 수가 없다.

　　위에서의 지적처럼 속가의 사대부와의 수창이 크게 뛰어난 시의 재치라기보다는 담담한 인정의 교환이었음을 인정하게 한다. 대사의 시가 시 자체로서 높이 평가되기보다 오가는 정을 수시로 시화했다는 점에서 시를 사랑했다 함이 오히려 떳떳한 찬사가 되리라 보인다.

가을 이미 늦은 가야산	耶山秋已晚
서풍에 떠는 바위 서리 나무	岩樹戰高風
숨바꼭질하는 구름 속의 달	隱現雲中月
붉음 푸름 시내 위 단풍	靑紅澗上楓
처마 높으니 공쟁이의 기술 장하고	櫓高倕技壯
험준한 협곡 조화 재주 으뜸이라	峽峻化才雄
선정 속 속세 살피면	定裡觀塵世
떠도는 마름인 양 어지럽기만 하다.	繽紛似轉蓬

　「次金翰林遊倻山」이라 제한 시다. 김한림은 金昌協이다. 김창협이 당시 영남 어사로 내려왔을 때라 하였다. 제목이 차운이고 또 한 주는 대상이 있기에 수창의 시이지만 시 자체는 가야산 가을의 순수한 서경시이다. 그리움의 정도 계절에 따라 짙어지기도 하고 옅어지기도 한다. 어사의 임무를 띠고 온 사람으로서는 객지이다. 객지의 가을은 아무리 경치가 좋아도 나그네의 서글픔이 있다. 이러한 서글픔을 다시 자연의 아름다움으로 달랠 수밖에 없다. 산사의 스님으로서는 속세의 일이 부질없이 바쁘게 보일 수밖에 없었다. 결론에다 서로 다른 처지에 있는 심경을 나타내어 방외의 우정을 표시했다 하겠다.
　김창협의 원시는 다음과 같다.

우연히 산사에 묵게 되니	偶作招提宿
깊은 감회 학사의 풍모	長懷學士風
산을 감싸는 온 골짜기 물	籠山萬壑水
해를 등진 구월의 단풍	背日九秋楓
옥돌 기둥 달린 풍경 아득하고	玉柱懸琴廻
금빛 바퀴 둘린 탑 웅장하구료	金輪樹塔雄
그리던 정에 좋은 경치 겸했지만	遲情兼勝矚
내일 떠나면 또 떠도는 마름풀.	明發欲飄蓬

하루 저녁을 묵어가는 절에서 느끼는 정이다. 모든 것이 속가의 분주한 삶에서 느낄 수 없는 정경이다. 그러나 내일이면 다시 떠돌듯 분주한 산 아래로 내려가야 한다. 아쉬움만 남기는 서로의 만남이다. 주고 받은 두 사람의 시가 모두 대경의 자연경관을 묘사하고 있지만 글자 그대로의 景中有情의 깊은 정리로 융화되었다 하겠다.

참 찾은 문객은 정진 위함이나	尋眞騷客用工夫
석실의 선방은 꿈에도 외롭다	石室禪房夢寐孤
산비는 정다워 옥절을 맞이했고	山雨有情留玉節
동구 구름 짓궂게 신선 경계 덮었다	洞雲無賴覆仙區
날 개어 처음 보는 하늘 닿는 산마루	天晴始見凌霄頂
발 밑에 해 가까운 봉우리 알겠네	足履方知近日嵎
가야산 참 모습 알려면	欲識耶山眞面目
그대의 발걸음 잠시 머물러보소.	請君憑鳥住斯須

「次密城倅」라 제한 시이다. 밀성의 성주가 보낸 시에 화답한 시다. 당시의 군수는 洪受疇였다. 내리는 비는 관리인 나그네를 멈추라는 비이다. 정답기 그지없다. 그렇지만 검게 뒤덮인 구름은 이 산사의 선경을 덮었으니 어쩌면 무례한 짓일 수도 있다. 그러나 개었다 흐렸다 하는 것이 산 속의 경치이다. 아침 저녁으로 변화무쌍한 경치이지만 그 변화는 경치마다 오히려 다양한 정취가 곁들인다. 이러한 경관의 참 모습을 보려 하면 잠시 머물러 정회를 나누자는 우정이 역력하다.

홍수주의 원시는 다음과 같다.

지방장관의 영화 역시 대장부 일이나	刺使官榮亦丈夫
연꽃 장막 따라 모심 홍취 외롭잖다	追陪蓮幕興非孤
구름 쫓던 신선은 어디로 갔나	雲隨仙子歸何處
자연은 우릴 보내 별천지 이르다	天遣吾儕到別區
북해에 노닐었단 여동빈 생각케 하고	地憶洞賓遊北海
우 임금이 경륜했다는 동산인가 의아해	山疑大禹略東嵎
다음해 찾더라도 대사님 계시겠조	他年再訪師應在
떠나며 남기는 자취 다시 기억하시라.	臨別留衣更不須

영화로운 지방장관의 몸이지만 산사를 찾는 흥취 또한 즐겁다는 내용이다. 시어 밖으로 드러나지 않는 정이지만 아름다운 자연과 자연스럽게 조화된 우정임을 알게 한다.

눈 속에 핀 매화와 먹물 속의 매화	雪梅花對墨梅花
채색의 예쁨이나 자연의 향기 차이 있지만	粉艷香薰有等差
진짜다 거짓이다 말하지 마소	騷客莫論眞與假
모두 봄빛을 가져다 시인에게 준 것을.	摠輸春色入詩家

「謹次左相國詠墨梅對臘梅韻」이라 하였으니 눈 속에 피어 있는 설중매와 매화도의 그림을 두고 지어 보낸 시에 대한 차운이다. 참과 거짓의 상대가 분명히 있는 것이지만 거기에 집착할 것이 아니라 봄 소식을 전해준다고 보면 참과 거짓에 얽매일 것이 없지 않느냐 한다. 역시 스님의 두 끝에 머물지 않는 자세이다.

이때의 左相은 睡翁 睦來善이다. 목래선이 보낸 원운의 시는 다음과 같다.

먹물 매화 눈 속에 핀 매화 꼭 닮았으니	墨梅花似臘梅花
조화로운 귀신 솜씨 다름이 없네	造化神工也不差
시인은 한번 와서 볼 뜻이 없는가	詞客能無來訪意
봄 기운 한 뭉치 우리 집에 있네.	一團春氣在吾家

이때 두 사람은 詞客이라는 문인의 지기로 초청되고 있음을 알 수 있으니 두 사람 사이는 승·속의 이질적 방외자의 개념이 전혀 없는 지기였던 것이다. 수옹이 '也不差'라 하여 두 매화에 차이가 없나 하나 풍계는 '有等差'라 하여 차이가 있음이 분명함을 전제해 놓고 眞假를 논의할 것 없이 봄빛을 느끼면 오히려 진가가 없는 것이 아니냐는 것이니 역시 스님의 대승적 견지가 압두할 수밖에 없다.

수옹이 파초선 부채와 시를 보내온 일이 있었다. 대사는 이에 대한 시를 차운한다.

소상강 댓바람 섞여 취봉에 자라더니	湘竹和風養翠峯
부채로 다듬어져 번잡한 가슴 씻기네	削成蕉扇滌煩胸
이 다음 여름날 선탑을 찾으시면	他年夏日揮禪榻
오늘의 이 사랑스런 베품 기억하지요.	戀得今時寵賜儂

「謹次左議政睦相國賜蕉葉扇仍寫小詩于扇中」이라 제한 시다. 파초선에다 시를 직접 써보내왔던 것이다. 보내온 시는 다음과 같다.

금강산 만 이천 봉 이야기 다 듣고	聽盡金剛萬二峯
병든 늙은이 마음속 후련함 깨달았네	病翁殊覺豁心胸
만날 기약 이 파초선으로 기대하오니	歸期托此芭蕉扇
팔월달 가을이면 행여 와주실까요.	須趁中秋幸候儂

만나보고 싶은 두 사람 사이를 파초선으로 이어주고 있다. 시의 내용에 특별한 수사성이 없지만 이 점이 바로 두 사람 사이의 순수한 우정임이 돋보이게 되는 것이다. 대사의 수창시는 이와 같이 당시의 사대부와 교분이 짙으면서도 어디까지나 자연을 매개로 한 순수한 인간적 정리로 일관되어 있다.

반면 동도자인 승려와의 수창은 그리 많지가 않다.

세상 밖에 넓직한 천 리의 시내 산	千里溪山世外寬
인간이 가는 곳마다 넘실대는 물결	人間隨處有狂瀾
적적한 남쪽 나라 외로운 발자취	寂寥南國孤蹤愜
쓸쓸한 동녘 누대 이별 뜻 산란해	怊悵東亭別意難
꿈에서 길 멀다 어찌 알랴만	魂夢豈能知路遠
매화는 원래 봄 추위 안 두려워	梅花元不怯春寒
나도 장차 그대따라 풍악 계획 있으니	我將楓嶽從君計
푸른 솔 해맑은 노을에 함께 먹고 자.	翠栢明霞任共餐

「送靈眼師之楓嶽」이라 제한 시다. 금강산으로 스님을 떠나보내며 짓는 시다. 역시 자연을 매개로 한 우정의 노래이다.

풍계의 시는 있는 소재에 충실하면서도 그 소재 속에 가리워진 우정을 은연중에 나타내고 있다 하겠다. 주고 받는 이가 누구이었든지 그 신분이나 처지와는 관계 없이 시는 나의 진솔한 생각을 표출하면 된다는 것이다. 그러면서 사람살이의 주변에 있는 자연이 우리의 삶을 매개하는 실체의 존재물이다. 이 실체의 존재를 통한 두 사람의 처지도 형성되는 것이므로 이 자연물의 순수한 교감으로 서로의 우정을 간접적으로 드러내었던 것이다.

3. 遊翫錄에 보인 脫俗

『풍계집』 중권은 『遊翫摠錄』이라 하여 『關東錄』, 『湖西錄』, 『畿內錄』의 3 부로 나뉘어져 있다.

『유완총록』에는 自序에 해당하는 본인의 견해가 길게 적혀 있다.

"옛사람이 말하기를 남자가 두 다리가 있음은 하늘이 천하를 밟아 보라 한 것이다 하였으니, 저 먼지 세상에서만 노닐어 초가집에서 목을 움츠린 자는 누구나 몸을 날려 한번 뛰어 대지를 두루하고 산천을 넘어 이름난 곳 신선 경계를 대략 이해해보려고 원하지 않겠는가〔昔人有言 男兒生兩脚 天令踏九州 彼遊於塵世間 縮項蓬廬之下者 孰不願飛身一蹴 遍大地涉山川 領略名區仙界之異景哉〕."

로 서두를 시작한다. 여기에서 대사가 11세의 어린 나이에 결연한 마음으로 출가했던 비범한 의지를 추찰할 수도 있을 것 같다. 남자라면 천하를 두루 살펴야 한다는 장부의 의지가 돋보인다.

"만약 항아리 밑에 숨어 좀벌레의 헤아림으로 스스로 많다 한다면 대통으로 하늘을 보고 바늘로 땅을 파는 것에 지나지 않겠는가. 끝내 우물 개구리 바다 헤아리고 여름 벌레 서리를 말하는 꼴을 면치 못할 것이다. 대저 어둠을 등지고 밝음을 향하며 옛 것을 고치고 새 것을 따르는 것은 그 이치가 한 가지이다. 이래서 내 원래 속세를 벗어날 기상이 있어 산에 병들고 물에 홀려, 손에는 지팡이 옷은 헤진 가사로 우리나라 안의 이름 나고 특별한 곳을 두루 돌아 팔뚝을 걷어 휘저었다. 풍운의 멋과 산수의 맛을 남김 없이 맛보았으니 그 사이 눈이 휘둥그래지고 깜짝 놀라 손으로 헤아릴 만한 곳을 대략 표현하여 기록한다.〔如或蟄在甕下 蠢測自測 則不幾管窺天針鑽地乎 終未免井蛙之海量 夏虫之論霜耳 大率背暗向明 革舊從新 其理一也 以是余素有出塵之想 癖于山 狂於水 手扶藜 衣縷褐 歷遍靑丘之內 名區擅特之所 一切掉臂而揮之 風雲之趣 山水之味 天嚼無餘而有之 其間有目之愕然心之驚動而可掘指者 槪現而誌焉〕."

이라 하여 새로움의 추구로 유람을 즐기게 된다면서 속세를 떠나고자한 원의도도 여기에 있었던 것으로 이해된다. 더구나 이 유완총록은 다른 시문집과 달리 작자 자신이 편집했던 것이니 시문에 있어 다른 어느 시문보다 스스로 비중을 두었던 점도 의미 있는 일이다. 서문에서, "因爲一卷纂 扁之曰 蠢會遊翫錄 又作律韻二首 以爲他日土榻邊臥遊焉."이라 하였으니 원래의 편명은 『두회유완록』이고, 뒷날 책상 옆에서 완상한다 하였으니, 이름난 산천의 절경을 자신의 주위에다 모아 놓은 심정이다. 따라서 대사가 처음 출가한 의지나 항상 새로움을 추구하려는 진취적 기상이 모두 이『유완록』에 반영되었다 하여도 지나친 말이 아니겠다.

　서문을 요약한 두 수의 시는 다음과 같다.

젊은 시절 지팡이 신령스런 매체로서	少時藜杖作神媒
동쪽 나라 삼산을 대략 돌았네	東國三山鎖略廻
꿈 속의 산천은 비단처럼 분장하고	夢裡峰巒紛似繡
눈에 선한 하늘 구름 유리처럼 깨끗하다	眼中雲物淨如壖
신선골에 학의 장수 인정으로 그리는 것이고	蓬壺鶴算關情戀
양의 창자인 양 세상길은 슬픔으로 보여	世路羊腹入望哀
子長이 명승지 찾은 멋 부러움 없다	何羨子長探勝趣
자연의 모든 풍경 배 속에 쌓인 것을	堪輿風景腹間堆

젊은 나이 사방 명산 두루 노닐고	妙年遊獵四山名
푸른 바다 사이 신선의 섬 버텨 있기도	蓬島雄蟠碧海間
나무들 향내음에 상쾌해진 영감	樹作檀香靈賴爽
바위들 백조의 빛깔이라 달라지는 형태	岩皆鵠色異形頒
연화봉에 달이 돌아 아득히 맑은 빛	蓮峯月出淸光迴
봄 돌아온 백옥동에 색동옷이 곱다	玉洞春廻艷彩斑
석실로 돌아오자 이내 찾아드는 졸음	歸臥石龕仍入睡
지난날 자연경관 모두 꿈 속에 돌아오다	向來山景夢中還

　革舊從新이나 背暗向明을 위해서 유람한 자연 경관, 이제는 천하강산의 지도가 뱃속에 있다는 것이다. 눈을 감아도 실제보다 아름다이 보이는 강산이다. 그렇다면 풍계의 이 유완총록은 한 권의 堪輿圖로 자부했다 할 수 있겠다.

　여기서 잠시 이러한 유완록의 맥으로 매월당 김시습의『四遊錄』을 연상할 수도 있으나, 시 자체의 우열을 떠나서 매월당은 자신이 사유록을 편집한 것은 아니고 뒷날 누군가에 의해서 문집 안에 있는 것을 하나로 모아 사유록이라 하였으니, 풍계 대사가 직접『유완록』을 편집하면서 그 의도를 분명히 밝힌 것과는 약간의 거리가 있다 하겠다.

풍계는 한 곳의 명승지에서 여러 수의 연작을 즐겨했던 점이 보인다. 오대산에서는 30운이라는 30수의 연작이 있으며 설악산에서는 20운을 지었으나 번거로워 다 기록하지 않는다 하고 개별소재로 鳳頂庵 등 5수만 남겼으며 금강산에서도 20운이 있으나 번거로워 기록하지 않는다 하였다. 그 밖에도 神聖八景이나 關東八景과 같이 『關東錄』에서는 연작시가 많다.

푸른 벽에 매달린 정사	翠壁懸精舍
누대 앞 시내 복도인 양 뚫렸네	樓前複澗通
물소리 들리는 산문	出門聞水馨
창을 열면 꽃숲만 보이네	開戶見花叢
솔 그림자 가을달에 돋보이고	松影秋宜月
밤이면 바람으로 변하는 시냇 소리	溪聲夜作風
한없는 신선 세계의 멋	仙區無限趣
작은 시편 속으로 몰려드네.	輪入小詩中

신성팔경 중의 '樓前複澗'이라는 시다. 누대에서 바라보는 자연이다. 이 모든 것이 시의 소재가 된다. 풍계는 이렇듯 모든 자연에서 시를 짓는 것보다 자연 자체가 그저 시의 소재로 수입되는 것이 "仙區無限趣 輪入小詩中"이라 함은 이 『유완록』을 시로 짓게 되는 자연스러움을 한 말로 결론지은 것이라 하여 무방하다.

여기서는 자료의 소개라는 점도 고려하여 관동팔경을 들어보자

한눈으로 통하는 동해와 서해지만	若木扶桑一眼通
푸른 물결 동쪽에서 맞는 해의 바퀴	曦輪迸出碧波東
구슬 발 높이 걸린 천 문의 달	珠簾高卷千門月
고깃배 바삐 가는 만 리의 바람	漁艇遄歸萬里風
저녁 아지랑이 맑은 산 기운 더해주고	山帶晚煙增淑氣
바다로 잇는 가을빛 푸름 붉음 반반	海連秋色間靑紅
누가 알랴, 이 날의 이 관광이라면	誰知此日奇觀足
굳이 신선 되어 무지개 탈 필요 있으랴.	不必登仙駕綵虹

〈月松亭〉

굽이굽이 거듭 난간 굳게 닫힌 비취문　　曲曲重欄掩翠扉
아침 햇살 번쩍이는 수정의 물결　　　　水晶波動映朝輝
비단자락 그림자에 온 산이 솟고　　　　綺羅影裡千山聳
백옥거울 빛 속에 만상이 날다　　　　　玉鏡光中萬像飛
어부의 노랫가락 뱃전에서 울리고　　　　漁子放歌船畔立
목동은 술을 메고 밤 깊자 돌아오네　　　園童沽酒夜深歸
명승지 노니는 곳 누가 함께하랴　　　　清遊勝地何人繼
홀로 창가에 기대어 낚시터 내다보다.　　獨倚蘭窓對釣磯

〈竹棲樓〉

맑고 맑은 경포호수 몇 사람 노닐었나　　鏡湖清絶幾人遊
담담한 물결 쉬임 없이 흐르네　　　　　澹澹滄浪淨不流
난초 물가 단풍 언덕 멀리 나뉘고　　　　蘭渚遠分楓樹岸
고기잡이배 갈꽃 물가 가까이 대었네　　漁船近在荻花洲
아지랑이 걷힌 산 참 모습 드러내고　　　山因嵐卷眞形出
물결 멈춘 바다 수려한 기운이 돋네　　　海爲波停秀氣浮
세상 밖 아름다운 자연 흥취 깃드는데　　世外煙霞聊寓興
꿈 속의 명예 이욕 무얼 찾으랴.　　　　夢中聲利更何求

〈鏡浦臺〉

이화정의 뛰어난 경치 듣고서　　　　　聞說梨花亭景奇
죽장 술병 들고서 우연히 찾은 선경　　　偶携瓶錫叩禪扉
담박한 안개에 취한 꽃 난간 적시고　　　花酣淡霧朱欄濕
구름 둘린 바위는 흰 비단 희미하다　　　岩帶重雲白練微
모래사장 어둠 짙자 찾는 이 없고　　　　沙際暝傳遊客少
바다 어구 바람 일자 고깃배 드물다　　　海門風起釣船稀
뼈 속까지 스미는 창가의 상쾌한 바람　　碧窓爽氣侵人骨
밤 들자 싸늘함 베옷 속 찾아드네.　　　入夜輕寒襲草衣

〈梨花亭〉

10리 벌 늘어진 울림모래 언덕 끝까지　　十里鳴沙斷岸頭
단청도 아름다운 누대 아담한 놀이　　　層樓畫閣寄清遊

섬 넘어 춤추는 용 구름에 닿고　　　　　青虯舞嶼醒雲會
하늘 삼킨 푸른 바다 신기루 뜬다　　　　碧海吞天蜃氣浮
멀고 가까운 파도빛 섬돌에 오르고　　　遠近波光來玉砌
아득한 산빛 난초 물가에 잇다　　　　　微茫山色接蘭洲
태평시대 명승지 이르는 곳마다　　　　時平到處名區勝
지팡이로 벗 삼아 오고감 맡기다.　　　作伴藜筇任去留
〈清澗亭〉

바다 산 깊은 곳 선유담　　　　　　　　　仙遊潭在海山幽
신선은 학을 타고 몇 해나 놀았나　　　　跨鶴仙人幾歲遊
돌틈에 아직 남은 약 방아터　　　　　　石罅至今留藥臼
옛부터 신령한 물줄기 은고리인 양 빛나다　靈源從古暎銀鉤
아지랑이로 감싸인 물줄기 개었다 비가 되고　煙籠暗溜晴還雨
깊은 솔숲 침입하는 서늘함 여름도 가을　　凉侵深松夏自秋
장생술의 영약은 누가 훔쳐가　　　　　　誰借長生丹法去
병에 그윽한 보름달만 백옥 잔 비추네.　　滿瓶寒月照清璆
〈仙遊潭〉

돌배가 떠왔단 말 몇 년 전 일인지　　　　石艇飛來問幾秋
종을 매단 유적은 낚시터에 남아　　　　懸鍾遺跡釣磯留
안개 줄기 언덕따라 천 길에 솟고　　　　霞標撲峽千尋出
신기루 하늘 찔러 만 리에 떠 있다.　　　蜃氣衝空萬里浮
학을 놀랜 흰 파도 번쩍번쩍　　　　　　白浪翻時驚水鶴
은두꺼비 솟아올라 갈매기 다가온다　　　銀蟾湧處進沙鷗
인간에도 이러한 청량계가 있어서　　　　人間有此清凉界
봄 늦은 해당화 향기 시름 달랜다.　　　春晚棠香遣客愁
〈懸鍾岩〉

오뚝한 돌 만 길의 바위 가지　　　　　萬仞叢條矗石危
형태도 어슷비슷 서릿발 봉우리　　　　霜峯兀兀勢嵾嵯
구름 걷힌 섬에 솟는 파도도 충충　　　雲開島嶼層波湧
해와 싸우는 유리 수려한 빛　　　　　日鬪玻璃秀氣摛

바다 어구 치는 바람 땅 흔들까 여기고	風擊海門疑地動
백사장 끝에 이은 빗줄기 고깃배 더디 오네	雨連沙際見帆遲
하느님 조화 사람들 알까 봐서	天公造化嫌人識
글자 없는 비석을 교묘히도 깎아 세웠네.	巧斲臺邊沒字碑

〈叢石亭〉

　팔경의 하나하나를 사실적으로 묘사하고 있다. 간혹 작자의 심경을 드러내기도 하였지만 거의가 서경에 초점을 맞추고 있다. 더구나 작자의 신분을 이해할 수 있는 구절은 없다. 이 점이 바로 시는 시로 족한 것이지 자신의 의도를 시구 밖으로 표현하려 하지 않는 고승의 대승적 자세였다 할 것이다.

　다음은 『湖西錄』과 『畿內錄』에 있는 몇 편의 시를 보고자 한다.

백옥의 부용꽃 그려진 살아 있는 병풍	活屛開畫玉芙蓉
스님은 먼 종소리 울리는 구름 끝 앉았다.	僧在雲端響遠鍾
서리 뒤의 장관 온갖 골의 단풍	霜後壯觀風萬壑
비 개이자 목욕 끝낸 뭇 봉우리 보인다.	雨晴微覺浴千峯
달 밝아 늙은 학 보금자리 드러나고	月明老鶴棲能見
바람 멎자 사나운 용의 그림자 짙다	風定獰虯氣自濃
도끼자루 썩힐 바둑판은 어디에 있나	何處爛柯棋局在
창자 굽이 서린 시흥 천 겹으로 얽혔다.	滿腔詩興繞千重

　「俗離山」이라 제한 시다. 속리산의 장관을 그대로 묘사한 것이니 사실의 전경일 뿐이다. 풍계 대사는 그저 시인으로 족하다. 이러한 대자연 앞에서 만감의 시흥만이 오가는 것이요, 별다른 감회가 없다.

바위 서리 물색이 시선을 놀래고	岩間物色還驚眼
동구의 아지랑이 관상으로 만족해	洞口煙霞勝賞同
백옥의 절 그림자 평원 저 밖까지 이었고	玉刹影連平楚外
당간에 이는 바람 석양에 움직이다	幡竿風動夕陽中
비단장막인 꽃산 에워싼 붉음	花成錦幄紅圍岫
포도송이 내뿜는 폭포 푸르름으로 비친 허공	瀑噴蒲萄綠暎空
향각에 밤 늦고 스님 선정에 들어	香閣夜闌僧入定
종소리도 끊긴 곳 자연에 머리 숙여.	鍾聲盡處拜天公

安心寺에서 지은 시다. 전편이 자연의 아름다움을 묘사하면서 이 자연에 감사하는 작자의 심경으로 끝맺고 있다.

봄바람 석장 하나 송도로 가는 길	春風一錫松京路
점점의 봉우리 먼 눈길 치닫네	數點峯巒騁望賒
산 그림자 멀리 절탑에서 갈리고	嵐影遠分蕭寺塔
연기는 외로이 들사람 집에서 오르네	烟光偏起野人家
외로이 무너진 성첩에는 사슴이 지나가고	孤城堞毀麕麚過
거칠어진 만월대에 저녁 햇살 비꼈네	滿月臺荒山日斜
번화했던 오백년 누구에게 물으랴	五百繁花誰借問
궁전터 섬돌에는 오동꽃만 피었다.	螭階唯有刺桐華

松都에서 지은 시이다. 오백 년 동안 화려했던 옛 도읍을 찾은 시인의 감회이다. 아무리 스님이라 하지만 속된 인간세사의 변화에 속정을 무시할 수가 없다. 시간의 흐름에서 변화되는 세사 앞에서 과거를 회상해보는 것이 승·속을 떠난 인간적 삶의 정리이다.

위에서 살폈듯이 풍계 명찰은 당시의 승단에서 남다른 점을 지녔던 것으로 이해된다. 대대로 사대부로 이어온 당시 사회에 있어 명문으로 손색이 없는 가계를 이으면서, 출가했다는 동기부터 남다른 점이 예견되었다 할 수 있겠다. 그것도 11세라는 어린 나이에 그러한 결심을 했다는 점이 그의 생평을 평가하면서 역점을 두어야 할 것이 아닐까 느껴진다.

그러기에 그가 산문에 있으면서 속사들과의 교분이 남달랐다 할 수도 있겠다. 스님 스스로가 속사의 관리들과 수교하려는 것이 아니라 속사쪽에서 스님과 교분을 가지려 했다 해야 할 것이다. 수창된 그 많은 시가 먼저 수증한 시가 아니라 속사쪽에서 보내온 시의 차운이 거의 다라는 점도 그러한 단정을 내리기에 충분한 방증이다. 이 점이 풍계 대사가 당시 승단에서 어떠한 위치였던가 하는 점을 고려하기 이전에 배불적 시각만이 팽배해 있던 당시에 풍계가 있으므로 해서 사대부들에게 끼친 영향이 컸으리라 보인다. 그의 시문집에 보이는 시가 승려로서 교계적 시가 아닌 순수한 자연 음미로 일관되었던 점도 시는 시로 만족한다는 면에서 사대부와의 교분을 유지했던 것이 아닌가 느껴진다.

雪巖의 탈속적 詩世界

鞭羊堂의 문파에 月渚 道安(1638~1709)이 있고 월저의 문하에 雪巖 秋鵬 (1651~1706)이 있다. 그는 스승보다 먼저 입적했기 때문에 그의 비명을 스승 인 월저당이 썼으니 스승이 제자의 비문을 썼다는 것이 흔히 있는 일이 아니 요, 그런 면으로 보아 월저당과 설암당의 사제관계가 남달랐다는 점도 이해할 수가 있다.

스님의 속성은 김씨이니 원주가 관향이었다. 아버지의 이름은 應素이고 어머 니는 晋州 張氏이다. 10세에 원주 法興寺에서 체발하였고 碧溪 禪師에게서 수 학하였다.

그 뒤 월저 대사에게 참학하여 10여 년만에 선·교 모두 졸업하였다. 스님은 시문이 뛰어나 당시 승속 간에 추앙된 바가 많았다. 시문집으로는 『雪巖雜著』 3권과 『雪巖禪師亂藁』 2권이 있다. 잡저에는 시문 806편이 있고, 잡저에는 시 만 132편이 수록되었다. 잡저에 문인 法宗의 발문이 있는데, 선사의 시문이 이 것뿐이 아닌데 재력이 딸려 다하지 못한다 함으로 보아 난고는 이 미완된 부분 의 시만 수록한 것으로 보인다.

스님의 시는 선사로서의 선기를 드러내기보다는 시 속에 선을 함축시킨 완전 한 선취시로서의 일가를 이루었다 하겠다. 여기서는 주로 스님의 시를 감상하 는 것으로 제한하려 한다.

1. 儒家와의 酬答

조선조 사회에 있어 극심했던 불교의 탄압에 고승들이 대처해나간 자세는 무 엇이었을까. 그들의 높은 불력이 호국이라는 큰 사명에서 감동되었음은 말할 나위도 없는 것이지만 우선 유가의 선비들과 마음을 터 놓고 이야기할 수 있었던 것은 스님들의 시문이 그들보다도 앞서는 점이 있었다고 볼 수 있겠다.

흔히 조선조의 스님에게서 신라나 고려 시대와 같은 불경에 대한 깊은 註疏와 같은 것이 없는 점을 험으로 여기는 경우도 있지만, 조선조의 사정으로 보면 이러한 주소로서 종교적인 논리로 맞서기보다는 마음을 서로 주고 받는 시문의 수창에서 그들의 심금을 사로잡는 것이 오히려 호불의 효과가 있었던 것이다. 그러므로 시문이 비록 호불의 직접적 표현이 아니었다 하더라도 거기에 담겨 있는 승속을 초월한 사상은 더욱 값진 것으로 이해되어야 할 것이다.

설암의 시문에서도 그러한 면을 감지할 수가 있으니 우선 여기서 유가와의 수답을 살펴보기로 한다.

친구와의 이별 몇 해의 세월	幾年長與故人違
쓸쓸한 산문 저녁빛에 닫히다	寂寂禪扉掩夕輝
길이 멀기에 편지는 드물지만	路遠莫嫌書信少
산이 높아도 꿈길 막히지 않네	山高不礙夢魂飛
강 언덕 단풍 서리 띠어 붉고	江楓暗帶秋霜赤
들국화 새벽이슬에 아슬하네	野菊新隨曉露菲
멀리 상상하노라 북녘 창 맑은 바람에	遙想淸風北窓下
갈건에 술 밭쳐 근심도 씻겠지.	呼巾漉酒滌愁機

閔 校理에게 준 시이다. 처지가 서로 달라 하나는 벼슬 길에 하나는 산사에 있다 하더라도 정이야 항시 가까이 있는 것이다. 산사의 문이야 석양빛에 닫혀 있는 것이지만, 그 문이 닫혀서 적적한 것이 아니라 친구가 없는 것이기에 더욱 적적한 것이다. 편지라도 자주 오갈 수 있겠지만 떨어져 있는 곳이 멀기에 그것마저 용이하지가 않다. 그렇지만 높은 산을 넘나드는 꿈이야 항시 오갈 수 있는 것이다. 이 길은 산이 아무리 높아도 막을 수가 없다. 막힘이 없다〔不礙〕는 이 말은 전 편의 시의를 함축하고 있다. 두 사람의 정에는 어느 것도 막을 수 없다는 표현이다. 어쩌면 유불이나 승속의 전혀 처지가 다른 이 경지까지도 막을 수 없다는 해석까지도 가능하게 한다.

주변에 널려 있는 자연도 이 두 사람의 정으로 응축되어 가까이 하고 있는 것이다. 그러기에 단풍의 붉음이나 국화의 아스라함도 모두가 두 사람의 시정적 표현을 대변하는 것이다. 은근하다〔暗〕든가 새롭다〔新〕라는 말은 없을 듯 있고 있는 듯 아득한 두 사람의 정이다. 그것이 가을서리나 새벽이슬에 따라

붉기도 하고 향기롭기도 한 감정으로 피어난 것이다. 새로 걸러낸 술 한잔에 시름을 달랠 신선 같은 풍도를 생각하며 친구를 그려본 것이다.

노래도 슬픈 자리 두서너 곡조	哀唱燕歌一兩聲
빨리 모는 채찍 수레 떠나는 길	鞭驅五馬趁前程
떠난 후 만날 기약 알려 하니	要知後會期何處
생각만으로 막힌 이승 한스럽기만	祗恨相思隔此生
잎도 지는 산봉에 가을 기운 써늘	木落聃峯秋氣冷
패수 강 바람도 잔잔 저녁 물 조용하네	風殘浿水暮湖平
봉지에 돌아올 생각 마음 간절하거든	鳳池歸思心長切
산승의 이별 정 자주 생각하시오.	肯顧山僧惜別情

「送箕城鄭使君」이라는 시다. 평양의 감사를 이별하며 준 시다. 전편에 넘쳐 흐르는 우정을 맛볼 수가 있다. 평소 각별히 지내던 우정이다. 전별을 위한 자리 노래와 술로 정을 달래며 주변의 경관도 이 자리의 아쉬움에 동참하고 있음을 노래했다. 가을이 되어 물 기운이 싸늘한 것이지만 이 이별의 아쉬움에서 더욱 싸늘하게 느껴진 것이다. 이별이란 다음에 만날 기약도 있는 것이지만, 어쨌든 이 자리는 이승에서의 막힘을 알리는 자리이니 그러한 미련에만 사로잡힐 것이 아니라 다만 한 순간의 회고로 남겨둘 수밖에 없는 것이다.

가을되어 단풍이 들면 이 평양에서 보았던 그 단풍을 연상하고 물 맑은 강을 만나면 대동강의 맑았던 물을 연상하면서 두 사람의 해맑은 정을 이어볼 수밖에 없는 것이다. 그러기에 결론을 내려 이 산승의 안타까워 하는 오늘의 이 이별 정을 생각하라는 것이다. 승속을 초월했던 스님의 우정을 충분히 이해할 수가 있다.

군수님 단 낮잠 베개는 팔꿈치	鈴閣甘眠午枕肱
닷말 쌀 생애에 만족하는 계산	生涯五斗計無應
알겠다 그대 고상한 선비	知是使君高尙士
청한한 그 재미 중보다 담담해.	淸閑滋味淡於僧

淸溪 군수에게 화답한 시다. 청렴한 벼슬아치였던 것 같다. 덕으로 다스리는 정치에는 일이 없다. 한 고을의 주인이 낮잠을 즐길 수 있다는 것은 평소의 다스림이 잘 되어 일이 없기 때문이다. 낮잠에 잠겨 있는 군수 밑에 있는 백성의

한가로움이야 더 말할 것이 없겠다. 그러기에 그는 닷말 쌀의 봉급에도 만족하는 것이다. 그 고상한 자세 신승의 칭한보다 더 한가로워 보인나.

청렴한 이에게 주는 청렴한 시다. 시 자체의 맑은 표상이 그를 더욱 맑게 돋보이게 한다. 남을 기리되 지나친 찬사도 없이 몇 마디 간결한 언어로써 상대방의 덕망을 여실하게 나타내었다. 이것이 바로 시의 묘미다. 두 사람의 평소의 교분을 짐작하고도 남는다. 맑은 마음과 간결한 정신의 교합이다.

하늘에서 玉書가 내리던 날	天降玉書日
쇠잔한 주나라에 수정 구슬 보였네	衰周現水精
기린이 잡히자 끊은 붓을 잇고	感麟編絶筆
진시황 불 피해 벽에 숨긴 경서	避火壁藏經
바다를 보고 뗏목 탈 생각	望海乘桴志
동산에 올라서 노나라 적다 했네	登山小魯情
천추에 끊이지 않는	千秋終不泯
구슬의 울림과 쇠종의 소리	玉振與金聲

朝陽聖廟에서 지은 시이다. 즉 공자의 사당인 문묘에서 지은 시이다. 공자의 사적을 한눈에 보도록 서술하였다. 쇠망한 주나라에 수정구슬 같은 성인이 탄생하였다는 서론에서 魯나라 哀公 14년에 서쪽 들에서 기린이 잡혀 성인이 나타난 것을 알리는 상서로운 동물이라 하여 『春秋』를 서술하였다는 내용과, 앞으로 秦나라가 일어나 모든 경전을 불태울 것을 미리 예견하고 벽에다 七書를 감추어 경전이 전해지게 된 내용을 말했다.

전연에서는 세상이 어지러움을 안타까이 여겨 뗏목이나 타고 저 넓은 바다로 나가겠다 했던 사실과 동산에 올라 노나라가 작다고 했던 저 기개를 말하였다.

끝연에서는 공자의 철학적 논리는 천추만대에 끊이지 않는다는 영원성을 말하였다. 공자의 논리는 始終의 조리가 분명하다. 그것은 마치 음악에 있어서 처음 쇠북소리로 알리고 음악이 끝날 때 경쇠 같은 옥돌의 악기로 마무리하는 것과 같다고 한 맹자의 말을 인용한 것이다. 金聲而玉振之라 하였고 금성은 시작되는 논리의 소리이고 옥성은 끝나는 논리의 소리라 하였던 것이다. 이 시에서 시 자체로서의 우열은 논외로 하더라도 스님의 처지에서 유가의 사당에 가서 유가의 근원적 역사를 서술하였다는 것은 물아의 막힘이 없는 초탈적 정신으로 이해할 수가 있다. 또한 조선조 사회에서 스님으로서 나의 진리를 고수하면서 남의 이치도 폭넓게 수용하는 大我적 관용이면서 동시에 護佛의 自利를 도모한 실례로 보아야 하겠다.

2. 如實한 寫景

위에서 보았듯이 유가와의 교분에서 승속이라는 격의의 상대적 느낌이 없게 된 데는 스님의 시세계가 놀라웠기 때문이었음이 분명하다. 문집에 있는 그 많은 시가 한결같이 소탈한 멋을 느끼게 한다. 더구나 대경의 자연을 묘사함에 있어서는 그저 여여한 실상을 담담하게 표현하고 있다.

비단나무 울타리로 둘리고	錦樹籬邊擁
문 밖에 흐른 구슬샘물	瑤泉戶外流
유달리 뛰어난 신선의 마을	仙區本奇勝
가을이 들어 그윽한 정.	秋事更情幽
속세라도 즐겨 노닐려고	塵世肯同遊
한가로이 초당에 눕다	草堂閑獨臥
석양 볕에 사립문 열자	柴扉向夕開
꽃보다 더 붉은 낙조.	落照紅於花

草堂을 두고 지은 두 수의 시다. 신선이 사는 곳이 따로 있는 것이 아니다. 속세의 먼지 속이라도 사는 주인에 따라서 신선의 거처가 될 수 있다. 단풍에 물든 가을나무 그대로 비단이요, 문 앞에 흐르는 물 그야말로 玉水이다. 이것이 선경인 것이다. 가을이란 모든 만물이 고요해지는 계절이기도 하지만 여기에 사는 주인의 고적함이 더욱 고요하게 느끼게 한다.

속세라서 피할 것이 아니라 오히려 함께 동화되어야 한다. 그러면서도 한가로이 누워 있는 이 초당 저절로 한가로워진다. 지는 햇빛을 받아 열어 놓은 사립문에는 붉게 타는 노을이 비쳐든다. 꽃이 있다면 이 붉음보다 더 아름다울 것인가. 그대로 꽃떨기 속에 파묻힌 한 채의 초당이다.

은하수 지며 샛별 밝은 새벽	河汲殘星曉
성근 가지 서리도 찬 가을	霜寒亂樹秋

바람이 전하는 돌 시내 울림　　　風傳石溪響
임 보내는 시름에 덮씌우네요.　　添却送人愁

　金秀才를 보내며 지은 시다. 그저 주변의 상황을 나열하였으나 각 상황마다 이별의 아쉬움이 숨어 있다. 꾸밈 없이 담담하지만 그것이 모두 이별의 정으로 부각되어 있다. 은하수도 이미 기울고 새벽의 별도 성글다. 거기다 가을의 싸늘함이 성근 가지에서 더 느껴진다. 보내는 이의 정이 여기에서 더욱 쓸쓸한 것이다. 바람결에 들려오는 시냇물소리 이것이 바로 시름을 더해주고 있는 것이다. 섭섭한 심정을 구체적으로 나타냄이 없으면서도 그 정다움이 전편의 시의에 함축되어 있다.

고상한 선비 찾아간 나그네　　　高士因人訪
청한한 문 나 위해 열렸네　　　閑門爲我開
아이 불러 술 거르라 하며　　　呼兒催壓酒
불붙여 건네주는 담뱃대.　　　南草火將來

　한씨의 선비를 찾았다는 시다. 즉 담박한 시다. 특별한 수식이 없다. 찾아온 나그네를 위하여 술을 대령하며 수인사로 권하는 담배 한대, 정다움을 굳이 표현함이 없으나 얼마나 소탈한 만남인가. 나를 위해 열려진 문이라 하였으니 찾아온 손님에 대해 반기는 모습이 선하다.

　귀한 손님이 오셨다 하여 동자 불러 술을 거르라 하면서 담뱃대에 불을 붙여 권하는 모습 어찌 이리도 순박하랴. 그 뒤에 이어질 이 주인과 나그네의 대화 연상만 하여도 정답다. 이렇듯 진솔한 점이 승속을 초월한 만남이요, 이러한 표현이 그저 여실한 상황의 묘사이다.

맑은 샘 돌이빨 울리고　　　清泉鳴石齒
가을햇살 산눈썹 비추다　　　秋日照山眉
골 깊어 다니기 힘들어　　　谷邃行難遍
조심스레 의지하는 등나무 가지 하나.　　愁倚一藤枝

　깊은 골이라는 시다. 물도 희고 돌도 희다. 흰 바위를 돌이빨이라 하였다. 돌이 희기도 하지만 이 흰 물에 씻기운 이빨이다. 참으로 묘한 시어다. 지는 햇살이 산 등을 비춘다. 눈썹처럼 구부스름한 산등성이이다. 그러기에 산의 눈썹이라 하였다. 이렇듯 깊은 산 두루 살피기란 참으로 어렵다. 하마 낙상이라도 할까 두렵다. 겨우 등나무 줄기에 의지하여 걷는 걸음이다. 역시 수사의 묘는 꾸밈없는 소박함이다.

달 가려 산도 비운 밤	月黑山空夜
등불도 잦아 문을 닫았네	燈殘獨掩門
소름 돋은 몸 눈 기운 꺼리고	粟身嫌雪冷
손을 녹이려 화로 정다워	灸手喜爐溫
나비의 꿈 오는 듯 사라지고	蝶夢來還去
소나무 파도 고요한 듯 들리네	松濤靜亦喧
한가로운 시름 내치기 어려워	閑愁難可遣
꽃다운 술잔이 안성맞춤이구료.	端合醉芳樽

눈 오는 밤이라는 시다. 달은 가려 어둡고 온 산은 정적에 싸여 텅 빈 것 같다. 촛불도 다 스러져 밤은 깊었다. 오갈 이 없는 문도 굳게 닫힐 수밖에 없다. 날씨는 추워 몸에 좁쌀인 양 소름이 돋건만 차가운 눈이 덮쓰이고 있다. 질화로에 묻어 놓은 불씨가 있어 그래도 언 손이라도 녹이는 기쁨을 맞본다. 펄펄 날리는 눈 나비의 춤인 줄 알았지만 그것은 단순한 눈송이로 사라지고, 우우 몰려오는 솔바람은 파도인 양 들리면서도 산사의 정적으로 가라앉는다.

　이러한 주변의 적조는 한가로움에 지친 시름이니 한가롭다 느낄수록 더욱 수심으로 변한다. 물리쳐지지 않는 이 시름 그래도 술잔이 있어 달랠 수가 있는 것이다. 겨울 밤의 고적을 잘 묘사한 시다. 다음의 시에도 실경이 여실하게 잘 묘사되어 있다.

온갖 봉우리 눈은 개이고	白雲千峯霽
험한 구름 끝 골에 쌓이다	頑雲萬壑堆
땅은 수평 은세계 넓어졌고	地平銀界闊
하늘은 멀어 백옥의 산 기우뚱	天遠玉山頹
내리는 기러기 찬 물가 잊었고	落雁迷寒渚
주린 까마귀 고목에 모인다	飢鴉集古槐
뼈를 에는 이 궁한의 추위	窮陰冷透骨
깊은 술잔에 취함이 당연.	端合醉深盃

눈 온 뒤에 지은 시다. 온 산마루에는 하얀 눈이 쌓였고 골짜기마다 아직 걷히지 않은 구름이다. 지면이 비록 굴곡이 있나 하나 이제는 그저 흰 빛으로 수평을 이루고 말았다. 아득한 하늘 끝은 백옥으로 변한 산이 옹기종기 서로 감싸안고 있을 뿐이다. 어쩌면 구슬이 무너져 내릴 것만 같다. 기러기야 옛날 물가를 다시 찾았지만 이제는 한 빛으로 덮인 강과 들에서 옛 놀이터를 찾을 수 없게 되었다. 먹이터를 잃은 까마귀도 갈 곳이 없다. 성근 가지의 고목에라도 모여들 수밖에 없다. 이 흰 나무나 검은 빛의 조화도 연상함직하다.

이렇듯 대경의 정적과 싸늘함에서 이 산사의 삶은 뼈를 에는 추위밖에 없다. 그래도 훈훈히 녹여주는 한잔의 술이다.

스님은 이렇듯 담박한 시정이 시구의 묘를 살리고 있다.

산은 강을 따라 끊기고	山從江際斷
나그네 석양가에서 오다	客自日邊來
나는 새 너머에 온 산이 솟고	鳥外天峯立
말 머리에 온갖 나무 열린다	馬頭萬樹開
호각소리에 전해지는 바람	長風傳畵角
낙조는 높은 누대에 지다	殘照下高臺
담 헐어 맑은 눈길 맞으니	解塲延淸賞
시정 또한 적지 않구료.	詩情不少哉

대흥사에서 權 參議의 시에 대한 차운이다. 산과 강이 함께 달려 강 끝에 산이 머무는 것이다. 강이 길다거나 산맥이 유연하다는 표현이 없어도 이미 유유한 강과 면면한 산이 연상되고도 남는다. 해가 져가는 무렵 산 모퉁이를 돌아오는 길손이 그 끝에 보인다.

산 봉우리 높은 저 아득한 곳에 새는 날아 하나의 점으로 사라진다. 이것을 나는 새 저 끝에 산이 서 있다고 역설로 표현하였다. 숲을 지나는 말머리는 높낮이의 리듬의 반복이다. 말 머리 오르면 나무 가리고 말 머리 내려가면 나무 또 보인다. 이래서 말 머리에 나타나는 만 개의 나무라 하였다.

풍경이나 나팔소리에 어울려 불려오는 바람이다. 이 바람을 나팔소리가 전한다 하였으니, 오히려 또 역설이다. 바람에 묻어오는 나팔소리이기에 말이다. 누대의 처마 끝에 떨어지는 석양의 노을이다. 절에서 내려다보는 자연 풍경을 실감있게 표현하였다. 그러나 안타깝게도 담에 가리어 보이지 않는 자연 경관

이 있다. 차라리 이 담을 헐어서 맑은 감상을 되찾겠다는 것이다. 이에 뒤따르
는 시정이 저절로 넘치는 것이다. 이래서 스님은 시를 썼고 또 아꼈으며 이러
한 한 수의 시에서 禪情을 느꼈던 것이다.

하늘가 늙은 병 나그네 한	老病天涯客恨長
세월은 정 없이 추위 더위 번갈아	無情歲月遞炎涼
화살인 양 재촉하는 시간 마음 아프고	寸心痛惜年催矢
한 길 터럭 거울 속 서리에 놀라다	丈髮偏驚鏡得霜
빈 숲 치는 바람 주먹눈 떨구고	風打空林晴雪落
봄소식 전하는 꽃술 섣달 매화 향기	藥傳春律臘梅香
술이 시름 멈춤을 아나	已知獨醉禁愁得
어쩌나, 돈 없고 길은 아득한 것을.	其奈錢無路渺茫

說 上人에게 준 시다. 누구에게 주는 시답지 않게 그저 세월의 무상함을 읊
었다. 여기에서 두 사람의 정이 무언으로 전해지고 있음을 알 수 있다. 이러
한 인생의 감회란 나만이 느끼는 것이 아니라 열 상인인 자네도 느낄 것이라는
생각이다. 승구나 전구에 있어서의 시어의 묘를 음미할 필요가 있다. 백발이
란 내 몸에 있는 것이요, 나에게서 자라지만 거울을 보았을 때 비로소 놀라게
된다. 그것을 거울이 서리를 얻었다 했다. 어쩌면 이 거울 때문에 나의 백발을
새삼 의식할 수 있으니 무정의 도가 지나쳐 거울이 밉기도 할 것이다.

눈을 이고 있던 소나무에 바람이 불면 우수수 흰 주먹눈에 떨군다. 개인 눈
〔晴雪〕이라 하였으니 이미 맑게 개인 날에 나무 밑에는 다시 눈이 내리고 있
는 것이다. 섣달이란 아직 겨울의 절기이다. 그러나 이미 설중매는 꽃망울을
틔우고 있다. 그래서 섣달에 이미 봄 절기〔春律〕라 하였으니 역시 상도를 벗
어난 상도이다. 이 매화 향기에서 겨울의 봄을 전해 받고 있다.

이렇듯 두 사람은 천기의 기미를 알아차리듯 정과 정을 나누고 있는 것이다.
그러나 떠나는 이에게 술 한잔 권하는 것이야 정표의 한잔이겠으나 그 역시 여
의치 못한 안타까움만이 남는다.

살피자 이 날 3이 거듭된 날	三月重三此日詹
화창한 봄날 그림자 섬세하다	陽和駘蕩影纖纖
비단 짜는 들꽃 붉음의 탄생	野花裁錦紅初坼

시내 버들 실 늘여 첨가되는 푸른 빛	澗柳垂絲翠欲添
비 걸러내는 구름에 먼 골이 희미하고	釀雨頑雲迷遠壑
봄을 우는 새 소리 성근 처마 이웃했다	弄春啼鳥傍疎檐
踏靑에, 白酒에 시흥까지 겸해서	踏靑浮白兼詩興
읊으며 비벼대는 이 늙은 이 수염	吟嘯多撚吏部髥

「重三有感」이라는 시다. 3월 3일에 지은 시다. 늦봄의 경치를 실감나게 한다. 그림자가 섬세〔影纖纖〕하다는 표현도 묘하다. 아직 녹음이 들기 이전의 상황이다. 그러니 가느다란 그림자만 있을 수 밖에 없다. 꽃이 피는 들은 한 폭의 비단이다. 여기에 붉은 빛이 처음으로 터진다 했다〔紅初坼〕. 빛이 터진다 함은 역시 일상어의 초탈이다. 들꽃이 비단의 천이라면 버들은 실이다. 붉은 비단의 수평에 푸른 실의 수직적 조화다. 이렇듯 종횡의 무상을 한 폭의 화폭으로 집합시키고 있는 것이다.

구름은 술을 빚어내듯이 비를 빚어내고 있다. 술이 훈훈한 기운으로 사람의 생기를 더해준다면 봄비의 훈훈함이 만물의 생기를 불어넣고 있는 것이다. 그러나 그 구름은 먼 시선을 막아 앞동네의 경치를 희미하게 하고 있다. 어쩌면 이것 또한 자연의 신비를 신비로 간직하려는 하나의 휘장일 수도 있다. 봄의 알림이 새소리를 타고 온다 할 수도 있다. 처마 끝의 새소리는 분명 봄의 신호다. 겨우내 눈덮였던 초가의 처마는 봄이 되어 더욱 성글게 될 수도 있다. 이 성근 처마에 영근 새소리는 역시 그 나름의 조화다.

푸르름을 밟아 다리힘을 올리는 것이 삼짇날의 한 풍습이다. 그래서 답청이다. 여기에 흰 술의 빛을 얻어 청백의 색깔을 조화시킨 점도 재미있는 표현이다. 시를 읊고 술잔을 기울이고 수염 끝에 묻은 술 찌꺼기를 쏠어내고 시를 읊으며 수염을 꼬아보는 이 한적함 역시 결구로서의 마무리이다.

늦게 오른 누대 창해 굽어보니	晩來憑檻俯滄洲
청고한 시상에 흥도 절로 아득	藻思淸高興轉悠
바람 새우 수염 거두어 조수도 줄고	風捲蝦鬚潮落岸
어가는 중 꿈 깨치고 달은 누대에 숨네	棹驚僧夢月沈樓
온갖 집 등불은 외로운 성의 새벽	萬家燈火孤城曉
한 줄기 은하수는 맑은 가을 물	一道星河淡水秋
멀리 노닐려고 부질없이 바쁜가	遐擧不須騰汗漫

세상살이 이 경계가 신선의 놀음　人間此境亦仙遊

　七佛寺에서 지은 시다. 바다를 굽어볼 수 있는 경치임을 알 수가 있다. 아름
다운 경치를 만나면 언제나 뒤따르는 시흥이다. 바람에 밀려 오가는 조소, 새
우 수염을 걷었다 폈다 하는 물결이다. 어부의 뱃노래는 스님의 꿈을 깨우고
달은 점점 기울어 누대 가에 가라앉는다.

　어촌에 등불이 하나 둘 켜지기 시작하면 이미 새벽일을 시작하는 한 마을로
변한다. 은하수도 기울어 서천에 비끼면 하늘물과 바닷물은 한 빛으로 맑아진
다. 이것이 모두 선경이니 굳이 멀리서 신선의 세계를 찾을 까닭이 있겠는가.

3. 재치 넘치는 詩語의 선택

　앞에서 설암 선사의 작품을 소개했듯이 1천여 편이 넘는 그 양으로도 어느
시인 못지 않게 많은 것임을 알 수 있다. 그러면서 그 시는 스님의 시라기보다
도 일반 시인의 시에 못지 않은 수작이다. 그러면서도 선택된 시어 하나 하나
가 번득이는 시인의 안목이 돋보인다. 여기서는 주로 시어의 오묘한 점만을 주
목하는 것으로 한계를 삼으려 한다.

　　험한 곳 지나자 선심 동하고　　涉險禪心動
　　언덕 오르려 나막신 수고롭다　　凭崖屐齒勞
　　발 밑에 구르는 강산　　　　　　江山輪脚底
　　이 집 높음을 알겠다.　　　　　　徒覺此堂高

　산 집에서 읊는다는 시다. 험준한 곳을 지나노라면 선의 마음이 싹틈을 안다
하였으니 험한 것과 선은 같은 과정의 교차인가. 선에서 느끼는 감각은 우선
정적이다. 그럼에도 불구하고 험하다고 하는 거친 상황에서 선이 싹튼다 하였
으니 어쩌면 어울릴 수 없는 착상이다. 그러나 따지고 보면 험한 인간의 심성
을 조용히 가라앉혀 깨달음의 길로 가자는 것이 선이라면 이러한 상황에서 선
을 의식하는 것이 또한 당연하다.

　언덕을 오르려니 나막신이 수고롭다. 그것도 신 모두가 아니라 나막신의 굽
부터 괴로움을 만나게 된다. 나막신의 굽을 이빨〔屐齒〕이라 하였으니 이 또한

묘한 표현이다. 이렇듯 험하고 오뚝한 곳에 있는 산 집이니 모든 강산은 발 아래서 굴러간다. 구르다〔輪〕도 묘한 어법이다. 내가 걸어가는 것이 아니라 강과 산이 스스로 輪送되고 있는 것이다. 굳이 산이 높다는 표현이 아니더라도 이곳의 높음은 저절로 느끼게 되었다.

조용한 삶 일 없어 오갈 이 적고	幽居無事少逢迎
일앉음 편안해 소성을 기른다	起坐偏宜養性靈
과일 따려 숲 들자 가을이슬 지고	摘果穿林秋露滴
차 달이는 불꽃에 저녁연기 인다	煉茶然桂暮烟生
들 물 못에 이어 오리들 모이고	池通野水鳧來集
산 구름 뜰에 눕자 사슴 뛰노네	庭枕山雲鹿入行
정적 속에 살피는 자연의 이치	靜裡遍觀消長理
풍성한 만물은 저절로 자라지.	藝藝庶物自生成

제목에서 제시하듯이 조용한 삶〔幽居〕이라는 시다. 특별한 수사 없이 산사의 고요함과 거기에서 조용히 관조하는 스님의 모습이 보인다. 알밤을 주우려고 거니는 숲에서 이슬방울이 옷에 떨어진다. 가을 기운의 서늘함을 느꼈다.

담담한 삶에 차나 달인다. 그것도 계수나무를 때서 달이는 차다. 파랗게 솟아오르는 한 줄기 연기에 저녁노을이 어우러진다. 역시 산사의 저녁 경치이다. 뜰 앞의 연못은 들로 이어지는 시냇물과 통한다. 오리들이 무질러면 못에까지 모였다. 세속을 여읜 산사이지만 오히려 속정을 유인하여 융화시키는 경지라 하겠다.

뜰은 텅 비어 산 구름이 내려와 누웠다. 그저 누운 것이 평안한 베개로 여겨 누웠다. 베개침〔枕〕의 한 글자가 구름과 뜰을 종횡으로 조화시키고 있다. 내려오는 구름을 선으로 표현하면 세로로 그은 수직일 수가 있다. 베개로 변한 뜰의 선은 가로의 수평이 된다. 역시 수직과 수평의 교차요, 이것이 어우러져 산사를 싸고 도는 원을 형성한다. 그 중앙에 위치한 것이 스님이요, 이 시의 작자이다. 역시 원융무애한 상징이다. 이런 주변적 조화 속에 만물이 생장·소멸하는 자연의 이치를 관조하는 것이다.

<table>
<tr><td>스님 들렘 없는 곳 사랑해</td><td>師愛無喧地</td></tr>
<tr><td>향로봉 최상상에 살다</td><td>香峯最上居</td></tr>
<tr><td>구름에 졸아 학의 버릇 익혔고</td><td>眠雲調鶴慣</td></tr>
<tr><td>사슴 벗삼아 찾는 이 없다</td><td>友塵訪人疎</td></tr>
<tr><td>달은 가을서리 품어 싸늘코</td><td>月抱秋霜凜</td></tr>
<tr><td>바람은 물거울 안아 비었다</td><td>風襟水鏡虛</td></tr>
<tr><td>스님 자리에 나아갈 인연은 언제</td><td>何緣投梵席</td></tr>
<tr><td>청정히 진여를 말해본다지.</td><td>淸淨話眞如</td></tr>
</table>

寶瑛 스님에게 주는 시다. 스님이 살고 있는 청정한 경계를 말한 것이지만 실은 스님의 모습도 상징적으로 표현한 것으로 이해할 수도 있다. 모든 반연을 끊은 자리에서야 한 마리의 학과 스님이 다를 것도 없다. 한가로운 구름이 바로 스님이 조는 자리이고 그 고고한 모습은 학과 다를 것이 없다. 노송에 의지하여 구름에 싸여 있는 학과 선정에 들어 있는 스님의 모습은 상하의 공간적 차이일 뿐 그 청정 그 정적은 공통적 요소가 있다.

속인에게는 소유의 욕심이 있기에 사슴이나 노루가 피하는 것이지, 망아의 무소유인 스님에게는 사슴은 벗이 되고도 남는다. 그러기에 속인의 내방은 절로 멀어질 수밖에 없다.

서리를 안은 달이다. 서리를 안았다는 표현도 매우 재미있는 언어다. 달빛이 하도 밝아 서리가 내린 줄 알았다는 말은 있지만 달 자체가 서리를 안았다 함은 그리 쉬운 착상은 아닌 것 같다. 그러기에 그 달은 더 싸늘하고 싸늘하다 못해 늠름하게 느끼는 것이다.

바람이 공기의 유동이라는 과학적 표현을 인정한다면 공기를 볼 수 없듯이 바람도 보지 못함은 당연하다. 그러나 우리는 바람을 보고 있다. 나무의 흔들림을 바람으로 이해한다. 그러기에 흔들리는 깃발에 바람이 흔들리느냐 깃발이 흔들리느냐라는 선사의 문답도 있다. 이 시는 물낯에 이는 물무늬에서 바람을 알았다. 그렇다면 바람은 거울 같은 물을 옷깃으로 여민 것이다. 그러면 이 바람은 그 넓은 물을 소유하고 있는 셈이다. 그러하건만 이 시는 비었다는 한 글자로써 역시 없음의 실상을 드러내었다. 결론적으로 깨달음의 자리에 나아가 청정한 진여의 담론을 즐길 수밖에 없다. 모든 것이 역여하기에.

마른 나무 한가론 구름 이 몸의 짝	枯木閑雲伴此身
꿈에도 멀리한 기린각에 오른 벼슬	夢寒靑紫畵騏麟
가난에는 쉽게 얻을 쇠덕석의 따뜻함	淸貧易得牛衣暖
호탕하면 잊기 어려운 술통 속의 봄	豪宕難忘蟻甕春
뜰 비고 울 성글어 여우 손님 시험하고	庭曠籬疎狐試客
법당 비고 처마 짧아 새 사람 엿본다	殿空檐短鳥窺人
가련타 세상의 이름 찾는 이	可憐世上求名者
헛된 이름 사실 나그네임을 모르네.	不識浮名是實賓

性皓 스님에게 주는 시다. 전편이 허망함을 찾는 어리석음에 대한 경계이면서도 상대적으로 속을 여읜 스님을 기리고 있다. 나무와 구름 이것이 나의 벗이요, 靑紫로 상징되는 벼슬의 인끈이나 전한의 宣帝 때 기린각에 공신 11명을 새겼다고 하는 이 영달의 꿈에서는 오히려 춥게 느껴지는 것이 스님이 세속을 끊은 삶이다. 가난하여 이불이 없어 오히려 소의 덕석을 덮더라도 그것은 근심없이 얻을 수 있는 것이요, 술 한잔에 봄의 훈훈함을 느낀다 하여도 그것은 오히려 호사스러운 일이다. 가진 것 없는 몸이니 뜰도 비었고 도적을 막을 일이 없으니 울타리도 성글 수밖에 없다. 다만 여우만 세속의 나그네를 시험해볼 것이요, 빈 집의 짧은 처마이기에 새는 방안을 훔쳐보기가 편하다. 그저 정적에 감싸일 뿐이다.

세상살이 이름 얻기에 바쁘지만 따지고 보면 이름이란 것은 이 실체의 껍데기이다. 어쩌면 실체가 부실하기에 껍데기에 불과한 이름으로 塗裝하려는 것이 우리의 삶이 아닌가. 그러기에 자연의 섭리에서 깨달으려 하는 것은 아닌가.

높낮이 자연이라 측정키 어려워	倚伏由天杳叵量
산에 올라 휘파람 맑음이 아련해	登高淸嘯嘯還長
장부라면 풀잎쯤 눕힐 공 필요하랴	丈夫豈要功橫草
웅장한 기개도 가득한 술잔 요구하나	壯節唯須酒滿觴
서리 소식 점점 짙어 잎은 붉고	霜信漸多秋葉赤
햇빛 엷어지자 구름빛 더 누렇다	日光稍薄暮雲黃
다함 없는 시름 부질없이 어설퍼	鄉愁不盡空怊悵
바위 틈 국화 향기에 읊는 시 한편.	吟對重岩細菊香

9월 9일 중양절에 지은 시다. 역시 세속의 속성에 이끌림을 경계하는 탁의 성이 짙다. 계절의 아름다움을 만나 속정에 이끌리는 감상이 있는 듯도 하지만 역시 이러한 속정을 자연의 성쇠적 이치로 받아들여 흔들림이 없고자 함을 엿볼 수 있다.

전련에 있어서의 수사적 묘미도 한번쯤 음미할 만하다. 서리의 빛은 흰 것이거늘 오히려 단풍의 붉음에서 그 소식을 짐작하게 하니 희고 붉음의 상반된 색깔을 한 사물에서 공존하게 하고 햇빛의 붉음은 옅어져가는데 오히려 구름의 흰 빛은 더 붉음에 가까워지고 있다. 역시 빛의 조화를 잘 채색하고 있다. 이러한 수사의 묘미는 스님의 시에서 아주 흔한 일이다.

홀로 오른 강 누대 아득한 시선	獨上江樓望窅然
난간 앞에 펼친 끝 없는 경물	無邊景物簇欄前
강물 일렁이는 푸름 포도송이 넘치고	長江皺綠葡萄漲
뭇 뫼 영웅 다툼 창칼 이은 듯	列岫爭雄劍戟連
이 경계 하늘 위의 땅 아니지만	此境盡非天上地
아 몸은 그림 속 신선인가 의심쩍다	我身疑是畵中仙
바람에 모두 날린 평생의 한	臨風散盡平生恨
다음에는 술 샘 물을 것도 없다.	不用他年問酒泉

황학루에 올라서 지은 시다. 강가의 높은 누대에서 내려다보는 풍경이다. 앞에서 끝 없이 펼쳐진 강물 뒤로는 삼엄하게 둘러선 산들이다. 바람에 일렁이는 물결 찌그러진 푸른 빛이다. 그것은 마치 포도알이 널려 쪼글쪼글한 수면으로 변한 것이다. 삐쭉삐쭉 솟은 산은 마치 창과 칼을 세워 놓은 듯하면서도 누구의 키가 더 크냐는 듯이 서로의 영웅적 기질을 다투고 있는 것이다. 영웅〔雄〕이기에 창칼〔劍戟〕이 맞물려 시어가 살아나고 푸르름이 쪼글쪼글〔皺〕이기에 포도알이라는 말이 어울려 상징의 묘를 더하고 있는 것이다.

하늘 위의 땅이라는 표현도 재미있는 묘사다. 강에 비친 그림자는 하늘 빛과 일색이다. 그러기에 강가에 있는 누대는 하늘 위의 땅이다. 거기에 서 있는 나그네는 절로 신선이 된 것이다. 바람에 날려버리는 한도 그저 시원한 느낌을 제공하고 있다.

어느 곳 노닐어 아직 못 오나   何處盤遊尙未歸

빈 산은 홀로 절 문 닫았다	空山獨夜掩禪扉
쓸쓸한 등불 빛에 넋을 날리고	疎燈影裡魂猶散
차가운 빗소리에 꿈도 드물다	寒雨聲中夢亦稀
창가에 목 멘 벌레 한 해도 늦가을	歲晩蟲音當所咽
바람결 반딧불 발을 차고 날은다	風高螢火撲簾飛
이 외로움 참지 못하는 눈물	孤懷難制相思淚
가을 기운 어쩌자고 옷 속으로 스미나.	秋氣如何故襲衣

기다림이라는 시다. 희비애락의 감정은 인간 스스로의 감정이다. 자연사물과
는 원래가 무관한 것이지만 나의 처지에 따라 이 무정한 자연 사물도 유정의
실체로 변하는 것이다. 외로움에 기다리는 심정은 주변 사물의 변화에 민감하
도록 이끌린다. 같이할 이 없는 등불은 그대로 외로움이다. 부질없이 넋잃는
수도 있다. 창 밖의 빗소리에 잠을 못 이루고 풀벌레 울음에 한 해가 저물어감
을 예측할 수도 있다. 철 늦은 반딧불은 바람에 날려 발을 박차고 지나간다.
얼마 남지 않은 시간을 그대로 유유자적하게 비상하고 있다. 거기에 비하면 사
람살이는 공연히 조급해하고 날씨의 차가움으로 해서 기다림의 심정은 더 초조
하기만 한 것이다.

싸늘한 가을 기운이 옷에 스며들고 기다리는 마음은 더 간절해진다. 이렇듯
이 시는 변해 가는 계절에 따라 비례적으로 짙어지는 아쉬움을 잘 표현하고 있
는 것이다.

찬 허공으로 솟는 부상의 아침 해	扶桑初日上寒空
여기 저기 평원에 밝은 빛 통하다	遠近平原曙色通
길은 말머리 산빛 밖으로 뚫리고	路出馬頭山色外
하늘 끝 나무그늘 달은 벗겼다	月斜天耳樹陰中
누대는 쓸쓸 모이는 사람 없고	樓臺寂寂無人衆
강 바다 망망히 눈 바람뿐	江海茫茫但雪風
정은 늙음따라 더욱 깊어져	到老交情深且篤
이별에 지는 눈물 끝이 없구나.	別亭揮涕亦無窮

明海라는 스님을 묘향산으로 보내면서 지은 시다. 결구를 빼놓고는 이별을
의식할 수 있는 시구가 하나도 없다. 다만 아침이 되어 떠나게 되는 당시의 풍

경을 여실하게 쓰고 있을 뿐이다. 이러한 풍경은 어제도 내일도 있을 일이지만 정다운 이를 보낸다는 생각에 오늘따라 더 새삼스러운 풍경이다. 더구나 떠나야 하는 거리가 동서남북 어디이든 먼 거리로 막힐 것이니 같은 자연의 경색이겠기에 이곳의 경치에서 그 곳의 경치를 연상하며 천애만리의 회포를 서로 아쉬워하는 표정이 시어의 밖에 숨어 있다.

아침 해가 솟아 원근의 평원에 曙色인 희망의 빛으로 통했다. 떠날 길을 바라보니 저 말 머리에 뚫리는 길이다. 조금 있으면 말머리와 함께 저 산빛 밖으로 사라질 것이요, 다만 하늘 끝 나무가지에 걸려 있을 달이 두 사람의 아쉬움을 비출 것이다. 이쪽과 저쪽에서 쏘아올리는 눈빛이 달빛에 반사되어 두 사람의 눈빛으로 교감할 수도 있을 것이다. 길이 말머리에 뚫렸다〔路出馬頭〕든가 달이 하늘 귀 밑에 빗겼다〔月斜天耳〕는 대구도 묘한 시어의 구사이다.

오늘따라 누대는 더 텅 비인 것 같다. 적적하게만 느낀 시어의 표현대로 사람이 모이지 않음이 아니라 그대가 없기에 사람이 모여도 아무도 없는 듯이 느낀 것은 아닐까. 그래서 강이나 바다에도 다만 눈 바람만 싸늘한 것이다. 결구에 있어서 늙음에 다다라 더욱 사귐의 정이 깊다는 것도 참으로 인간적 다정을 느끼게 하며 자상한 한 할아버지의 모습을 보게 한다. 언어의 감동이란 이런 데서 오는 것이기도 하다.

이렇듯 다정한 시어는 이별이 매개가 되어 자주 등장하게 된다.

너의 다정 이별의 아쉬움 알겠기에	知爾多情惜別離
소매 잡고 따라 온 호계의 시냇가	攀裾隨出虎溪湄
세상에는 三伏이 돋는 저녁	人間三伏初生夕
하늘에는 두 별이 모이는 이때	天上雙星欲會時
고독한 새 깊은 숲 날아서 뚫고	獨鳥飛穿深樹葉
뭇 매미 고목 가지 어지러이 운다	亂蟬啼在古槐枝
떠남에 다다라 주는 것 없다 말아라	臨分莫怪無相贈
흐르는 물 높은 산 다시 만날 선물.	流水高山瞻後期

應性이라는 스님을 보내면서 지은 시다. 떠나는 이나 떠나보내는 이나 아쉽기는 한가지이다. 慧遠 法師는 東林寺에 있으면서 호계를 지나는 일이 없었다. 그런데 陶淵明과 陸修靜이 찾아왔을 때 전송하면서 모르는 사이에 그만 이 호계를 지났다는 것이다. 이렇듯 호계는 안거에 있어서 걸음을 금하는 말이 된

것이다. 스님도 오늘은 아쉬움에서 이 호계까지 온 것이다.

이 날은 칠석이었던가보다. 천상에서도 일 년에 한 번은 만나는 견우 직녀가 회합하는 날이다. 그런데 이 지상에서는 서로 헤어져야 한다니 참으로 역설적인 일이다.

외로운 새 하나 숲 속 깊이 날아간다. 어쩌면 떠나는 그대의 모습일른지 모르겠다. 스님의 속뜻은 물론 이 떠나는 이의 모습을 상징한 것이니 시어의 묘미를 다시 한번 느끼게 한다. 그렇지만 아랑곳없이 울어대는 초저녁의 매미들이다. 위의 고독과 다음의 소음이 묘하게도 어울리고 있는 대구다. 매미의 울음이 시끄러움이지만 그 분위기는 매우 정적인 것이다. 매미 울음에 숲은 더욱 고요하다〔蟬鳴林逾靜〕라는 옛 시구도 있다.

역시 시의는 결구에 응축되어 있다. 청빈한 산사의 생활에서 주고 받을 노자야 없다마는 그래도 이 자연의 아름다움 저 물이나 푸른 산은 기필코 다시 만날 뒷날을 기약하는 노자가 아니겠는가. 따지고 보면 이보다 더 귀한 보배가 어디 있겠는가. 누구나 가지려는 것을 가졌기에 부자라 한다면 그 물건은 항시 남이 노리는 물건이니 불안을 안고 있는 것이지만 따로 정해놓은 임자가 없는 물이요, 숲이라 한다면 그것을 소유한 우리야말로 큰 부자가 아닌가. 이것을 그대의 노자로 삼아준다면 그보다 더 큰 선물이 어디 있겠는가. 참으로 절묘한 결미이다. 여기 다시금 서두에 말한 호계까지의 전송의 의미를 되새기게 한다.

옛부터 조양땅 마한의 으뜸	從古朝陽冠馬韓
절경의 이 누대 가장 볼 만해	此臺形勝最堪觀
뭇 뫼 북녘으로 달려 천 겹의 험준	群山北走千重險
남으로 뻗은 큰 들 만 리에 트이다	大野東來萬里寬
땅을 가른 긴 강 거울 열리고	割地長江銅鏡闊
서리 인 가을 잎 비단 병풍 싸늘해	背霜秋葉錦屏寒
두 눈에 모두 드는 이 건곤	乾坤盡入雙眸裡
천하 통일 패왕에게 부끄럼 없다.	五霸何羞九合桓

웅장한 느낌을 주는 시다. 無盡臺라는 누대에 올라서 지은 시다. 누대의 이름이 시사하듯이 뒤에는 끝없는 산맥, 앞에는 무한히 펼친 들이 있다. 이 누대를 중심으로 북으로 달려간 산이요, 남으로 내려가는 들이다. 산은 달리고 들은 내려간다. 走와 來도 묘한 대구이지만 거기서 느끼는 이 거대한 자연 그저

시원하기만 하다. 천 겹으로 험하고 만리로 넓다 하였으니 앞에서 느끼는 강함
과 뒤에서 느끼는 부드러움 역시 강유의 화합이요, 만고영웅과 절세가인의 배
합 같은 느낌이다.

　강을 사이에 두고 두 쪽으로 동강난 대지, 그 강은 거울처럼 환하다. 대지의
부동과 장강의 유동에서 또 다시 동·정이 교차되면서 조화를 이룬다. 서리를
등진 단풍이라 하였으니 단풍잎이 서리를 짊어지고 있는 셈이다. 맞은 서리가
아니라 이고 진 서리다. 그것은 또한 비단의 병풍이다. 누대 뒤를 에워쌌을 것
이기에 더욱 그렇다. 이 중앙에 서 있는 주인공은 두 눈에 드는 이 건곤의 공
간을 모두 소유한 셈이다. 그러니 옛날 천하를 통일하겠다고 법석을 떨었던 패
왕들의 영웅보다 나은 순간이다. 눈빛이 시원해지는 시다.

성으로 둘린 끝없는 산봉	無限群峯繚似城
반공에 빗기 솟은 불영대	佛臺中峙半空橫
머리는 구만 리 하늘 문 가깝고	頭邊九萬天門近
발 아래 펼쳐진 삼천 리의 대지	脚底三千地界平
빈 산 달 미치자 만품은 고요하고	月照空山諸品靜
큰 골에 바람 멎자 어지러이 시내 울다	風殘鉅壑亂溪鳴
늦은 밤 난간에 기대어 오락가락	晚來吟依欄干遍
시 생각 번듯번듯 흥취도 맑아.	詩思飄飄興更淸

　佛影臺에서 지은 시다. 성처럼 둘린 산봉 위에 허공을 찌를 듯이 위치한 절
이다. 하늘은 머리에 닿고 발 밑에 펼쳐진 땅이다. 산하 대지의 형세가 아무리
굴곡이 심하더라도 두 발로 눌러서 있는 땅이야 평평할 수밖에 없다. 모든 것
이 잠든 밤 달빛에 비쳐 더욱 고요하다. 바람마저 숨을 죽인 골은 이제 시냇물
의 차지이다. 유난히 시끄러이 울린다. 이런 때 떠오르는 것은 시상밖에 없다.
거기에 돋는 흥은 주변의 경관이 모두 시인의 붓끝에 응집되고 만다. 스님은
역시 시인의 기질에 손색이 없다.

걸음마다 이는 향취 고독한 감흥	步步聞香發孤興
기이하고 신령한 옥가루 해맑은 고을	怪奇靈瑣想淸都
온 계곡 둘러 살펴도 하늘만 청정하고	團窺八峽天空淨
위험하게 밟는 봉우리 길 있는 듯 없는 듯	危踏懸峯路有無

돌에 부딪는 시냇물 물만 뿜어내고	觸石亂流噴白雪
숲을 뚫어 새는 햇살 구슬이 흩어지네	穿林漏日散明珠
이 경계 세상에 전하려 해도	欲將此境傳人世
승요의 그림 솜씨 없음 안타까워.	奈乏僧繇善畫圖

解脫洞을 찾았다가 지은 시다. 걸음 걸음에 이는 향기에 감흥은 솟고 모든 것이 속세와 다른 수정궁의 별천지 같은 곳이다. 사방을 둘러 보아도 계곡이요, 오직 훤히 트인 공간은 맑은 하늘뿐이다. 이렇듯 험준한 곳 산봉우리는 허공에 매달린 것 같다. 길이 없는 것이 당연하다. 그러나 걷고 있다면 길은 있는 것이다. 그러니 여기서 있다 없다는 말은 속세의 언어이지 사실은 이 없고 있음을 초탈한 것이다. 바위에 부딪쳐 흐르는 물은 물이 아니라 흰 눈이고 숲속을 뚫고 비치는 해는 구슬알처럼 맑아 사방으로 흩어지는 것이다. 모든 것이 그림이다. 그러나 장승요와 같은 화가가 없음이 안타깝다. 이 신선 같은 경계를 그릴 수만 있다면 저 속세에도 이 경지 전할 수 있을 것인데 그러지 못함이 아쉽다.

스님은 이렇듯 있는 자연을 자연 그대로 표현하되 탁월한 시적 언어를 절묘하게 구사하여 시인이 아닌 스님으로서 시인 못지 않은 시를 남겼다. 지금까지 그 많은 시 중에서 사경이 절묘한 시 몇 편을 감상하였으나 이것도 임의적 선택이었기에 더 우수한 시를 놓쳤음이 많을 것 못내 아쉽다. 다음은 풍자적 시 한 편을 소개하며 마무리하려 한다.

새여 새여 잣새여	有鳥唯鳥栢子鳥
이리 날고 저리 날아 잣알 쪼네	飛來飛去啄于栢
머리 부딪고 쪼고 또 쪼아	撞頭一啄又一啄
쪼고 쪼아 잣알 떨어지다	啄又啄兮栢子落
잣알 낡은 바위 아래 떨어지면	栢子落於古岩前
스님 떨어진 곳 찾아 빼앗아가네	僧隨落處爭奪却
새 슬피 울고 스님 저절로 즐기니	鳥自悲鳴僧自樂
새 마음 아픔 뉘 알며	誰知鳥之情懷惡
뉘 늙은 스님이 자비롭다 하리	誰云僧老足慈悲
스님 포학 진시황 학적보다 심하니	僧虐甚於秦皇虐
세상살이 물정이 어찌 이것뿐이랴	人間何啻物如斯

사람들 간악하기 모두가 비슷해	世人姦態皆相若
탕 임금 지극한 덕 짐승에 미쳤지만	成湯至德及於禽
천고에 한스럽게 지키기에 인색했네	千古恨無守之約
이 새를 본 내 마음 느낌이 있어	我觀此鳥感於中
구곡 간장을 칼로 에이네	九曲肝腸如刀斫
잣새야 잣새야 다시 쪼지 말아라	栢鳥栢鳥不復啄
아무리 많이 쪼아도 네 먹이 못 돼	啄落雖多無爾食
먹이 찾되 잣 향기 탐내지 말고	從食遮莫栢子香
저 구름 따라서 허공을 날아라.	願隨白雲遊寥廓

남의 돌팔매에 밤이나 주워 먹으려는 야속한 세속을 교묘히 풍자하였다.

無用의 詩

1. 아무 쓸모가 없어, 無用

無用堂(1651~1719)의 휘는 秀演이요, 자가 무용이었으나 승속간에서 모두 무용을 관용하여 그대로 무용으로 당호를 삼았다 한다. 그러나 스님 스스로가 자신은 아무 쓸모가 없다는 겸손으로 무용이라 하였던 것 같다. 그것은 그의 문집에 規 上人이 법어를 구하니까 거기에 대한 게송으로 趙州의 잣나무 공안〔庭前栢樹子公案〕을 들면서 다음과 같이 서를 썼다.

"옛 사람이 대답한 말에는 모두가 지시하는 것이 있으나 늙고 졸렬한 이는 재주가 없어 별로 지시할 만한 것이 없으니 이는 쓸모없는 자가 쓸모없게 된 이유인가 보다〔古人答話 皆有指示處 而老拙無伎倆 而別無指示 此無用之所以 爲無用者歟〕"하였다.

스님의 속성은 吳氏인데 선대는 사대부의 집안이었다. 증조부부터 아버지까지 벼슬이 주어졌으니 증조부 下蒙은 旌義·務安 등의 현감을 지냈고 할아버지 應鼎은 순천 부사였는데 한성좌윤의 중직까지 있었다. 이는 아버지 遅이 무과의 절행으로 벽단 첨사를 지냈다 하니 아버지의 절행이 높았던 것으로 추측된다.

스님의 출생은 역시 태몽의 신기함으로 시작된다. 누런 문양을 띈 이무기가 뒤틀며 공중으로 오르다가 떨어져 방을 두서너 번 돈 일이 있어 이어 태기가 있었다는 것이다. 孝宗 2년(1651) 3월 13일에 태어나셨다. 나면서 몸이 鮮潔하여 총혜로운 기상이 있었다.

8세에 배움을 시작하여 모든 책을 한두 번만 읽으면 곧 외웠고 깊은 뜻까지도 이해하였다.

13세에 부모를 모두 잃어 오직 형에게 의지하게 되었다. 곤궁한 중에도 공부에 게을리함이 없어서 유가의 모든 경전과 제자백가의 글까지도 두루 섭렵하였다. 그러면서도 그 내용에 집착됨이 없어 명성이 두루 퍼지게 되었다 한다.

19세가 되자 삶의 무상성을 깨달아 출가의 뜻을 품고 하루 아침에 형에게 알리지도 않고 단신으로 남행하여 송광사의 惠寬 스님에게 귀의하였고 이어 慧空 大師에게 구족계를 받았다. 스님은 몸집이 장대하며 흉금이 탁트여 남의 시비를 말함이 없으며 오직 도에만 매달리고 명예나 이욕에 국집됨이 없이 문을 닫고 참선하기 수 년을 지냈다. 22세 되던 해 養師께서 이르기를,

"옛부터 큰 길을 통달하고 마음 근원을 깨달은 이는 선과 교를 다 이행한 것이다. 선문에만 밝은 것은 이치에 합당하지 않다." 하니 이에 홀연히 지조를 바꾸어 枕肱 선사의 문하에 나아가 현묘한 뜻을 듣고는 두 돐이 못되어 모두 연역하는 바가 되니 침굉 선사는 圓頓한 법계가 모두 너에게 있다 하였다. 이에 백운산으로 들어가 定慧를 두루 닦기에 한 해를 지냈다.

26세 되던 해 침굉 선사의 위촉으로 조계산 隱寂庵의 栢庵 스님을 뵈었다. 백암 선사는 한번 보자마자 큰그릇임을 알고 문도에게 이르기를,

"이 사람은 옛 성현의 금강 선문의 자리를 빼앗은 사람이다." 하였다. 인하여 곧 주석하게 되었고 경전을 보면 의문된 곳을 질의하여 새로 깨달음이 많았다. 수년 사이에 모든 경장을 두루 섭렵하였다.

다시 용문산으로 옮겨 깊이 더 천착하더니 숙종 6년(1680) 가을 金華洞 新佛庵에서 참학하던 이들의 요청에 의해 강석에 나아가게 되었고 새로 참학하는 이가 몰려 강석이 좁자 본사의 彌陀殿으로 옮겼다.

다음 다음해 숙종 8년(1682) 가을에는 仙巖寺의 요청을 받았고 다음해 여름에는 송광사의 요청을 받아 문도가 더욱 많아지자 자신의 수행에 번다함이 많다고 느껴 밤으로 회양산의 백운암으로 피하여 오로지 정혜의 수행으로 정진하였다.

다음해 봄 八影山 제7봉으로 옮겨 암자를 짓고 다시 참선으로 정진하였다가 문도들의 요청을 어기지 못하여 본사의 能仁殿에 머물렀다.

숙종 14년(1688)에 다시 조계사로 가서 백암 선사에게 나아가 『華嚴經疏抄』의 講을 받아 오묘한 현리를 모두 터득하였다.

다음해 봄 백암 선사가 화엄연의와 정로서 등을 간행하여 대중의 눈을 띄우려 하니 스님께서 도왔다.

숙종 16년(1690) 봄에 선암사에서 백암 선사를 맞아 화엄법회를 여니 대중이 모였고 스님도 여기에 참여하였다. 그 해 겨울 백암 선사가 방장으로 드니

스님은 본사의 滄波閣에 옮기었다. 이에 따르는 무리가 백으로 헤아리게 되었다.

숙종 20년(1694) 봄에는 송광사 은적암의 요청을 받았고 숙종 25년(1699)에는 桐山의 요청을 받았다.

다음해 7월 지리산 神興寺에 계시던 백암 선사가 입적하시자 나아가 분향하였고 다비하던 날 저녁에 백암의 강석을 계승하라는 요청을 받았으나 굳이 사양하다가 간곡한 요청에 부득이 수락하고 강당을 열게 되었다.

다음해 봄 칠불암으로 옮기니 선·교의 문도가 함께 몰려 낮에는 강의에 임하고 저녁에는 선에 들어 자리·이타에 게을리함이 없었다.

숙종 30년(1704) 봄에 갑자기 문도들을 물리치면서 '한갓 혀나 놀려대는 것이 어찌 염불에 전념하는 것만 하랴.'
하면서 떠나 용문산의 隱峯庵에 거처하셨다. 이로부터 저작에 힘쓰면서 일정한 법에 머무르지 않으니 좇는 무리들은 난새를 따르는 뭇새와 같이 따르게 되었다.

숙종 36년(1710) 봄에 山陽의 關興寺에서 조계산의 옛절로 돌아와 강론하는 여가에 동쪽 시내 위에 정자를 짓고 水石亭이라 하여 서를 쓰기도 하였다. 문집에 실려 있는 「曹溪山松廣禪院水石亭記」는 이때의 글이다. 문의 서두에 甲午夏라 하였으니 이 정자가 이루어진 것은 숙종 40년(1714)의 일인 셈이다.

숙종 45년(1719) 봄 영·호남의 모든 사찰의 장로와 강사들 3백여 명이 모여 화엄강회 열기를 청하니 그럴 수 없다고 사양하다가 간청이 너무 간절하여 부득이 강단을 열었다. 늦여름에 조금 편찮으시다가 10월에 미타삼존불의 개금불사를 펴시고 그달 17일에 염불을 하시면서 왼발을 오른쪽 무릎에 얹으시고 입적하셨다. 세수는 69이고 법랍이 51이셨다.

이상은 스님의 제자 海影若坦의 행장에 의한 것이다.

2. 俗世의 먼지를 모두 여의고

스님은 이렇듯 많은 강석을 열어 문도를 교화하여 조선 중기 이후의 한 문파를 형성하였다. 그뿐 아니라 속가와의 교분도 폭넓어 당시의 관리나 유가의 선비와 주고 받은 시문이 문집에 많이 남아 있다. 스님의 문집은 상하권으로 전하고 있다. 상권은 시고 하권은 문이다. 분량은 그리 많은 편이 아니지만 사대부와 주고 받은 시가 30여 수나 남아 있고, 그 중 조야의 고급 관리와 수답한 것이 대부분을 이루고 있다.

다음은 이런 점을 중심으로 주고 받은 시에 대해 감상하기로 한다.

황혼에 절 찾은 나그네	客到黃昏寺
중은 달 뜨는 뜰에서 맞네	僧迎白月庭
깊은 밤 선방의 이야기	上房深夜話
등불과 눈빛 함께 파랗다.	燈與眼俱靑

홍양 군수에게 준 시다. 시의 내용으로 보아 스님을 찾아왔던 것이다. 어둠을 띠고 찾아온 손님이다. 황혼의 절이라 하였다. 반가이 맞는 스님은 달빛을 띠고 마중 나왔다. 黃昏寺 白月庭, 묘한 대구다. 있는 주변 상황을 그대로 표현한 것이지만 맞물리기 어려운 시구이고 아울러 꾸밈없는 담박한 표현에 다정다감을 느끼게 한다. 그러기에 다음 결구의 등불과 눈빛을 한 공간에 집합시키면서 의기가 서로 통한 주객의 심경을 투합하게 마무리하고 있는 것이다. 눈빛이 푸르다 함은 지혜의 눈빛을 말하는 것이다. 여기에서 주고 받은 대화를 연상한다면 이미 속세의 먼지를 모두 여읜 그대로인 입정의 자세였음이 이해된다. 아울러 승속을 초월한 주객의 만남이 더욱 돋보이는 것이다.

꽃 붉고 버들 푸름 천기의 누설	花明柳綠泄天機
가랑비 솔솔 낚시터 적신다	小雨霏霏灑石磯
새 절로 높이 날고 고기 뛰는데	鳥自高飛魚自躍
이 몸 여기에서 전날 잘못 이해해.	主人於此悟前非

崔正言의 시에 次韻한 것이다. 정언은 사간원의 정6품의 벼슬이다. 역시 사대부의 현달한 사람이었다. 시의 내용으로 보아 마음의 깊이를 주고 받을 수 있는 처지였던 것 같다. 사소한 감정은 다 물리치고 자연의 오묘한 이치를 말하려 하였다. 그러면서도 만나는 계절에 대한 아름다움에 빗대면서 그 속에 숨은 진리를 말하고 있다.

봄 되어 꽃 피고 잎이 열리는 일이 일상의 되풀이이기는 하나 이것이 바로 자연 묘체의 발현인 것이다. 첫 구에서부터 이러한 법체의 여여함을 말하였다.

때마침 내리는 가랑비는 물가의 낚시터를 촉촉히 적신다. 어쩌면 두 사람의 정분을 훈훈히 적셔주는 깃인지도 모른다. 때로는 이 낚시터에서 서로의 정담을 나누었던 과거가 있을지도 모르겠다.

새 날고 고기 뛰는 것도 자연 묘체의 여여함이다. 각기 자성 본체의 실현인 것이다. 유가 경전인 시경에 "솔개 하늘에 날고 고기 연못에 뛴다〔鳶飛戾天魚躍于淵〕"함이 있다. 이것을 공자가 풀이하되 "위 아래의 이치를 살피라는 것이다."라고 했다. 이것은 바로 中庸의 한 이치를 말하고 있는 것이다. 스님이 유가의 사대부와 시를 주고 받으면서 거기에 맞는 중용의 도를 피력한 것이다. 그러면서 그것이 모두 불성의 현현함이라 함을 함축하고 있는 것이다. 이것이 바로 병에 따라 약을 쓰는 응병여약의 방편이 아니겠는가. 여기에서 주인인 내가 전날의 미오를 깨닫는다 하였지만 이것은 동시에 나그네인 그대도 彼我나 승속이라는 간격을 갖는 미오를 버리라는 뜻일 수가 있겠다.

자연을 말하면서 법리를 곁들이고 법리를 말하려 하면서 자연에다 숨겨 놓는 비법이라 하면 비약된 해석일까.

3. 꾸밈없는 다정함

흥에 겨워 가마 타고 절문을 찾아	肩輿乘興訪蘭若
푸른 버들 밝은 꽃 해도 길구나	柳綠花明白日長
누대 위에 피는 웃음꽃 피운 이야기	相逢談笑高樓上
끝없는 솔바람 낮에 스쳐 시원해.	無限松風灑面凉

谷城 군수가 부르는 운자에 맞춰 지은 시이다. 따라서 즉석의 대화를 시로 읊은 셈이다. 그러기에 꾸밈없이 다정함을 표현한 것이다.

봄날에 찾아온 손님이다. 버들 이미 푸르고 꽃도 붉을 대로 붉었다. 화창한 봄날 해도 무척 길어졌다. 두 사람의 대화에는 긴 해가 짧았던 것이다. 이런 배경을 하고 그 중간에 앉아 있는 두 사람 완전히 승속을 잊었을 것이다. 대경의 붉은 꽃이 이 두 사람의 이야기 꽃만큼 붉지가 못할 것이다. 누대 위에 앉아 대경의 아름다움을 굽어보면서 이 사경의 아름다움을 한 곳으로 응집시키고 있는 것이다.

그러나 어찌 누대 밑의 아름다움만 여기에 참여하랴. 누대 옆에 솟은 노송은 아래로 불려보내는 맑은 바람이다. 낮에 스치는 시원함은 솔바람의 선물이었다. 계절에 따라 피고 지는 것이 무상한 꽃이나 잎이겠지만 사시에 변함없이 푸르러 그대로 맑은 기운 간직한 것이 솔바람이다. 무상과 영속이 합주되는 지금 이 순간의 한자리였다. 어쩌다 겨를을 틈타 흥이 난 태수일지 모르지만 솔바람처럼 정일한 것이 오늘 이 자리의 산승으로서의 주인이다. 이렇게 둘이는 처지가 다르고 환경이 다르지만 한 공간 속에서 物我 없는 하나로 대좌한 것이다.

못 물 정 없다 말하지 마소	休言潭水本無情
본성은 원래 하나의 맑음	厥性由來得一淸
사랑스럽다 요요히 밝은 달밤	最愛寥寥明月夜
창 사이로 때로 보내는 마음 씻는 소리.	隔窓時送洗心聲

이 시는 三淵 金昌翕에게 화답한 시다. 삼연은 당시 사대부로서 명성이 높던 사람의 하나이다. 시는 유가에게 주면서도 내용은 은연히 불성적 교리를 전하고 있는 것이다. 물은 맑음이 그 자성 본체이다. 맑고 평정하다 함은 동적인 정이 결여된 것으로 이해하기가 쉽다. 그렇지만 고요한 밤의 물소리는 정려한 자의 마음을 씻기는 소리도 된다. 응용의 나름에 따라서는 정적인 맑음이 동적인 소리로 변하여 그 맑음의 본성에서 내 마음의 맑음을 배울 수도 있는 것이다. 그렇지만 시의는 항시 정려에 사로잡혀 있는 산승 같으면서도 이러한 지기를 만나면 승속을 뛰어넘어 누구의 마음도 맑힐 수 있는 법음을 전할 수 있는 것이다. 비록 처지의 다름에서 간격을 두고 사는 터이기는 하지만 회심의 한 편 시가 서로를 잇고 거기에 따라 두 사람의 마음은 맑아질 수가 있었던 것이다. 비록 심오한 교리적 표현이 아니지만 심기가 투합한 두 사람에게는 교리 이상의 마음의 교분이 나타나 있다.

끝 구의 隔窓은 창에 가린 시냇물의 거리이지만 어쩌면 서로 다른 처지의 막힘으로 해석할 수도 있다. 그러나 들려오는 물소리는 이 막힘을 헐고 마음을 씻기고 있다. 여기에서 두 사람의 마음은 물이 갖는 자성 본체의 맑음으로 씻기는 것이다.

삼연이 보낸 시도 이러한 그리움의 표현이었다. 문집에는 원시도 수록되었으니 참고삼아 소개한다.

산비는 정 없는 듯 다시 정다워	山雨無情也有情
짚자리 대의자 다시 맑히네	蒲團竹倚更添淸
선승이 간 뒤의 적막한 난간에	禪僧過後回廊寂
바람은 마음 깨워 경쇠 울렸네.	風動橋心一磬聲

　정이 없는 듯 정이 있다고 표현된 산비는 어쩌면 스님의 비유일 수 있다. 이렇듯 없는 듯 있는 스님의 정을 그리워한 것이다. 그러기에 다음 구의 蒲團이나 竹倚로 이어진 스님의 자리에 맑음을 더한 것은 아닌가. 더구나 전구에서 스님이 간 뒤에 집이 허전하더니 바람에 불려오는 풍경에 다시 마음이 움직였던 것이다.(註:끝 구의 橋心은 시법상 좀 미상한 점이 있다. 달리 마음이란 표현도 연결이 잘 안 되거니와 心이 평성이어서 평측법에서 맞지 않기 때문이다.)

　이렇듯 주고 받은 시를 두고 볼 때 두 분 交心의 깊이를 이해할 수 있다. 삼연에게 준 시는 이밖에도 두어 편이 더 있다.

수레 떠들썩 산문에 들어	車馬喧轟入洞天
하루 밤 이야기 몇 생의 인연	一宵談笑幾生緣
내일 아침 홀연 행차 떠나면	明朝軒盖飄然去
깨어도 못 잊을 꿈 속의 신선.	覺後難忘夢裡仙

　洪巡相에게 준 시다. 순상이라 하였으니 순찰사로 지나던 분의 내방이 있었던 것이다. 시의가 그렇게 깊은 것은 아니지만 그저 있는 상황을 그대로 말하여 잊지 못하는 심회를 읊었다. 순찰사의 나들이이니 행차의 차림이 떠들썩했을 것이다. 그러나 하룻밤의 대화는 얼마나 조용하고 진지했을까. 짧은 하룻밤의 시간이지만 그 내용에는 몇 번을 지나는 이승 저승의 인연이 쌓였다. 여기에서 다시 스님이 뛰어넘은 시공의 세계를 이해할 수 있다. 그러나 이 밤이 새면 다시 훌쩍 떠날 속가의 손님이다. 거기에 미련이 있을리야 없지만, 그래도 꿈으로 남을 신선의 모습으로 간직하자. 정에 매임이 없는 것이 스님의 세계이겠지만 속정은 오히려 스님에게 발견할 수 있는 것이다. 그러기에 공무에 바쁜 관리이겠지만 가던 걸음을 할애하여 산문에까지 내방했던 것이다.

4. 그대는 달이요, 백성은 양이라

하늘에서 떨어진 별 하나	一星天上落
다섯 필의 말 강남을 찾다	五馬踏江南
풀 위에 불리는 바람 같은 덕	德振風行草
마음 비어 달은 못에 비치다	心虛月印潭
공무 여가엔 새떼도 찾아오고	訟餘來鳥雀
거문고 마치자 청담을 이었소	琴了續淸談
밤 밝힌 빛 끝이 없어서	照夜光無盡
싸늘히 이 물외의 자리 비추오.	寒輝物外簪

江南 府伯에게 준 시다. 시의 내용은 지방장관에 대한 찬미로 일관되어 있지만 역시 스님으로서의 법도를 잃지 않고 있다. 공무에 아무리 바쁘지만 달빛으로 비유되는 해맑은 본성의 진여는 잃지 않는다는 것이다. 다스림의 주체로 말하면 그대가 달이요, 한 지방의 백성은 또 맑고 순박한 양들이다. 물로 비유될 수 있는 이 백성의 순박한 마음 바탕에 장관으로서의 덕성이 찍혀져야 할 것이다. 이렇듯 상대방을 칭송하면서도 그의 임무에 대한 본분을 함축하여 담고 있는 것이다. 그러면서도 그 시어들이 불가 본유의 비유를 아우르고 있으니 역시 시의 묘미를 흠상할 수가 있다.

이어지는 맑고 담담한 대화를 거문고 가락에 비유한 것은 어쩌면 종자기나 백아의 전심으로 상징했는지 모를 일이다. 이렇듯 달빛과 같이 교결한 정의는 물외의 격식없는 만남이었음을 결론으로 삼았다. 하늘에서 떨어진 별과 강물에 잠겨있는 달의 만남이요, 빛과 빛이 사귀어진 밝음이라 하여 별로 지나칠 것이 없다.

내 한없는 산 속 경치로	我將無限山中景
그대 위해 대략 말하리	請向吾君大略云
흰빛 바위에 날아 시내 돌 쏘고	岩下白飛溪射石
풍경소리 구름 뚫어 달가에 지는 맑음	月邊淸落磬穿雲
햇살 골짜기에 빗겨 비단 짜는 안개	日射谷口烟猶織
바람 못 마음에 가늘어 절로 이는 무늬	風細潭心水自紋
이 모두 선사의 진여스런 삶이니	此是禪家眞活計

반쯤 나눠주려 해도 나누지 못해.　　　　　欲分其半未能分

　李 都事에게 준 시다. 전편은 서경시이다. 상대방에게 느끼는 정의 언어는 하나도 없다. 그저 산중의 경치를 모두 안아다준 것이다. 따라서 정으로 말하면 이 이상의 정이 있을 수 없다. 산사를 에워싼 삼라의 만상을 한 폭의 지면에 담아다 고스란히 선사한 것이다. 교설적 이야기를 하나도 드러냄이 없으면서 이것이 선가가 살아가는 방편이라 하였으니 여여한 실상 그대로 불성의 공간현현이라는 묘체가 담겨져 있다. 길을 달리하는 속가에게 심오한 교설을 했다 해서 마음이 전해지는 것도 아니다. 뜰앞의 잣나무가 불성의 공간 현현이라 하듯이 내가 처해 있는 이 주변의 실상이 바로 법신의 현현이라 하는 스님의 교설이 바로 옳은 진제의 전달일 것이다.

　이 시는 표현의 묘도 매우 높다. 承轉聯의 수사는 놀라운 것이다. 岩下白飛月邊淸落은 일상적 언어 논리를 초탈하였다. 바위 밑에 흰빛이 난다 하였다. 빛이 어떻게 난다는 말인가. 달가에 맑음이 떨어진다 하였으니 역시 일상적 논리로는 모순이다. 이 '백비' '청락' 너무도 언어도단이다. 그러나 이것이 바로 선과 맥을 통할 수 있는 시어의 활용이다. '풍세담심'의 細字도 그리 쉽게 이어질 수 있는 자는 아니다. 역시 청정요적한 사색에서 가능했던 용어들이라 생각된다. 한 폭의 禪畵를 이 도사에게 선사한 셈이다.

　　　한 굽이 맑은 시냇물 콸콸　　　　　一曲淸溪激激流
　　　겹겹의 구름나무에 골문도 깊어　　　萬重烟樹洞門幽
　　　중 돌길로 가고 구름 골짜기 찾고　　僧歸石逕雲歸壑
　　　새는 꽃 가지에 나그네는 누대에 드네　鳥入花枝客入樓
　　　스스로 얻은 임천의 끝없는 멋　　　　自得林泉無限趣
　　　속세에 남은 근심 알 리 없네　　　　不知人世有餘愁
　　　삼황이나 오제는 무엇 하신 분　　　　三皇五帝何爲者
　　　태초스런 참새의 노님만 못해.　　　未及鴻蒙雀躍遊

　申秀才라는 선비에게 준 시다. 그저 평범한 자연의 이치를 말하였다. 굳이 선기의 표현이랄 것이야 없지만 그래도 스님의 처지에서 보면 이것이 바로 진여의 실상인 것만은 분명하다. 물은 흐르고 나무는 솟고 아지랑이 자욱하고 그래서 골은 깊다. 그것이 그저 실상이다. 돌 다리 건너는 스님이나 유유히 지나는 구름이나 진솔하게 지나는 것 뿐이다. 그러기에 운수승이다. 꽃이나 나그네도 갈 길 가는 것뿐이다. 물의 흐름이나 다를 것도 없다. 이것이 모두 산사의 끝 없는 정취이다. 세속의 욕심과는 근본적으로 다르다. 한낱 선비에게 주는 시이니 있는 그대로의 정취를 느끼게 할 수밖에 없다.

세속의 욕망에서야 임금님의 자리보다 높은 것이 또 어디 있으랴. 그것도 태고의 성군으로 떠받들려지는 삼황이나 오제보다 더한 임금도 없다. 하지만 저 천진무구하게 뛰노는 한낱 작은 새인 참새의 노님만 하랴. 역시 세속 선비에게 주는 교훈으로 시어는 끝났다.

5. 禪機를 직설적으로 풀어내어

스님은 이렇듯 상대방의 처지에 서서 선기의 드러냄이 없이 선적 경지로 흡인하고 있는 것이다. 여기에서도 병에 따라 약을 처방하는 방편이 돋보이는 것이다. 그렇지만 때로는 선기를 직설적으로 드러내어 상대방의 깨우침을 구하는 경우도 있었으니 다음 시는 그러한 표본의 하나였다.

만물이 한결같지 않음 알겠지	吾觀萬物不齊也
태산이나 가을터럭도 각기 제 천분	太岳秋毫各具天
오리 길고 학 짧은 다리 누가 시켰나	鳧鶴短長誰使爾
검고 흰 까마귀 갈매기도 그런 것이지	鷗鳥黑白亦如然
꿈 속에서 꿈 이야기 참으로 우습고	夢中說夢眞堪笑
소 등에서 소 찾기 말할 것도 못돼	牛背尋牛不足言
높고 낮음 원래 둘이 아니니	高下從來無二矣
옛 사람 말했지 솔개날고 고기 뛴다고.	古人曾已詠鳶魚

江南 府伯에게 준 시다. 전편이 不二의 사념이다. 태산이나 가을터럭이 크고

작음에야 견줄 바가 못되지만 각기 천연의 자성을 지니기야 다름이 없다. 겨자 씨에도 수미산이 용납된다는 막힘이 없는 논리이다. 학의 다리는 길고 오리 다리는 짧지만 다리로서의 속성에야 차이가 없다. 갈매기 희다 하여 더 고상하고 까마귀 검다 하여 더 추잡한 것이 아니다. 새로서의 속성에야 다를 것이 없다. 우리는 이 바깥모양에 매달려 애욕의 부질없는 독소에 빠진다.

꿈이란 허깨비의 미망어린 환상이다. 깨어 있다고 생각하는 지금의 현실을 미망으로 살고 있으면 그것이 바로 꿈이다. 그렇건만 이것을 진실이라 생각하여 잠 속의 꿈을 허망으로 이야기한다. 그러니 꿈 속에서 다시 꿈 이야기를 하는 것일 수밖에 없다. 이 꿈에서 깨어나야 한다. 깨달음이란 이 꿈의 깨어남이다. '깨다' '깨닫다'가 동의어임을 알아야 한다.

등에 올라탄 소를 모르고 소를 또 찾는 어리석음이다. 내 스스로 부처의 본성이거늘 밖에서 찾고 있는 것이다. 그러나 내가 부처의 본성이라 집착하면 또 미망에 헤매게 된다. 다시 그것마저 여의어야 한다. 그래야 나와 본성이 둘이 아닌 하나가 될 것이다. 從凡入聖이요, 從聖入凡의 환원이다.

이 시는 강남 부백이라는 장관에게 준 시다. 한 지방을 다스림에 있어서 다 같은 백성을 놓고 검다 희다 짧다 길다 하는 편견이 있어서는 안될 것이다. 착한 정치를 기대하는 순진무구한 백성일 뿐이다. 지방장관으로서의 치적을 바란다면 우선 이러한 마음자세가 필요할 것이다. 그러나 유가의 치도에만 젖어 있을 사대부이기에 유가경전의 논리를 잊지 않고 당부하고 있다. 끝연의 솔개와 고기의 이야기는 유가 경전의 "솔개 하늘을 날고 고기 연못에서 뛰니 위 아래에 있는 한결같은 이치를 살피라."는 교훈이다.

이상에서 주로 속가와의 수답에 국한하여 스님의 시세계를 살펴보았다. 그 밖의 많은 시들도 동도자의 스님과 수답한 것이 있다. 그러나 모든 시가 선기를 직접적으로 표현하려는 것이 아니요, 상대방의 처지에 맞는 그저 있는 상황의 표현이었다. 이 점이 바로 스님이 요구하는 말의 그물에 빠지지 않는[不落言筌] 묘체가 아닌가 생각된다.

속인을 교화한다는 생각에서 그들을 나의 문 안으로 끌어들이겠다고 고집하면 그것도 역시 욕심이요, 이 욕심이 밖으로 보이면 끌려올 사람은 없는 것이다. 그저 담담한 실상의 표현에 더욱 감화를 받을 것이다. 여기에 스님의 무용집 서문의 일절이 실감 있게 받아들여진다. 餐菊翁이 쓴 서문의 말미를 이 글의 결론으로 삼겠다.

"유몽득이 말하기를 사문의 꽃다운 말은 욕심을 여읜 것이다. 욕심을 여의면 바야흐로 마음이 비어 온갖 대상이 들어온다. 대상이 들어 오면 반드시 나타냄이 있어 말로 표현하고 곡조에 맞추는 것이라 하였다. 그렇다면 사문된 이가 욕심을 여의지 않고 시에 뛰어난 이가 있지 않으리라."

僧俗 中立의 無竟

1. 道·俗을 겸비한 學問

　　無竟 大師(1664~1737)의 이름은 子秀이고 자는 孤松이고 무경은 당호이다. 속성은 南陽洪氏로 전주태생이시다. 어머니 김씨가 태몽에 석불이 부처로 변하여 품안에 들면서 모자의 인연이 되기 원한다 하였으니 대사가 출가 이전 전생의 인연이라 할 수밖에 없다.

　　12세에 출가하려 하여 부모에게 청하였지만 허락하지 않자 산사에서의 학업이 능률이 있다 하며 학업을 빙자하여 송광사 文武 長老에게 나아가 속서의 대의를 익히고, 16세에 澄波 大德에게 축발하고서 부모에게 근친하러 왔다. 어머니는 태몽을 이야기하면서 네가 이미 출가하였으니 부지런히 불도를 닦아 숙세의 고취를 없애라 하며 권계하게 되었다.

　　마침내 雲門寺로 秋溪 大師를 찾아가 10여 년의 정진 끝에 禪·敎의 배움을 두루 통하여 드디어 인가를 받아 법을 전해 받게 되었다. 대사의 출가 동기와 학문적 편력은 그가 평생에 있어 승·속간에 막힘이 없이 중립적 자세를 견지하게 되는 소이라 보아져 매우 주목되는 점이라 하겠다.

　　숙종 때 팔도의 고승 49인을 선발하기 위하여 舍那寺에서 큰 불사를 연 일이 있었다. 이때 추계 대사도 이 불사에 참여하였는데 무경당은 사미로서 동행하였다. 참여하였던 대덕들은 추계가 훌륭한 법기의 제자 얻음을 부러워하기도 하였다.

　　그 뒤로 다시 영호남의 대가를 찾아다니며 유가경전의 진리나 노장의 학문까지도 두루 달통하게 되었고 시·문에도 묘리를 얻어 명실상부한 三敎의 회통이 있게 되었다. 그러나 이러한 수업이 불도의 親炙를 소홀히하는 것이 될까 염려하여 25세 되던 1688년에 은사 추계 대사를 모시고 쌍계암으로 되돌아왔으니 쌍계암은 추계 대사가 득도한 곳이기 때문이었다.

다음해 9월 추계 대사의 상을 당하여 겨우 장의를 마치자 이어 속가의 아버지 상을 맞게 되었으니 이 점이 또한 승·속을 격리할 수 없게 한 계기가 될 수도 있을 법하다. 출가의 스승이나 재가의 어버이에 대한 초종장례를 법도에 따라 정성을 다하였지만 재가의 어버이에게는 출가라는 이유 때문에 복을 입을 수 없어 다만 선산에 모시는 것으로 힘을 다하였다. 그러나 선산의 장지가 좋지 못하다 하여 항시 좋은 땅을 찾기에 마음을 두어 뒷날 이장하기에 이른다.

30세가 되면서 사방에서 문도가 모이기 시작하여 內院庵에서 강석을 열게 되었다. 이때 속가의 형이 형편이 매우 어려워 어머니를 모셔다가 친히 봉양하기를 삼사 년 계속하였다.

48세에 어머니를 여의니 선산의 장지가 좋지 못하다 하여 항시 길지를 물색하다가 59세 되던 해 신흥사 적조암의 서쪽에 마침내 길지를 얻어 어버이 두 분을 이장하고는 성묘 등의 절차를 유가의 예에 따르니 그 효성에 칭찬이 대단하였다. 그 뒤로는 강석의 초청을 모두 거절하고 적조암의 서쪽에 암자 두어 칸을 지어 寶鏡堂이라 하고 法界觀에 정진하였다.

대사는 이러한 정진으로 『佛祖禪格』『寶鏡三昧』와 『撮理學類篇』『河洛註說』 등 내외전의 저서와 시문집인 『無竟集』과 게송집인 『無竟堂室中語錄』을 남기셨으니 이와 같은 내외 승속의 경전은 당시의 시대상으로 보아 당연한 듯하면서도 매우 어려웠던 일을 수행하였다 하겠다. 출가의 동기가 유가의 학문에서 불가로의 귀의였다는 점이나 출가의 스승과 재가의 아버지의 상을 이어서 당해야 했다는 우연성이 우연이 아닌 필연으로 대사의 정신적 방향을 유도한 것이 아닌가 하는 묘한 인연을 발견하게 된다. 더구나 대사의 행장은 문인 懷瑓이 찬술하면서 승속의 행적에 역점을 둔 듯한 인상을 주는 것으로 당시에도 대사의 이런 점을 중시했던 것으로 보인다.

1937년(영조 13) 7월 22일 입적하시니 세수 74세요, 법랍이 58이었다.

2. 시문집에 보이는 道·俗의 分岐

대사의 시문집은 일반 시문집인 『무경집』 3권과 게송문집인 『무경당실중어록』 2권이 전하고 있다. 시문집의 편집에서도 대사에게는 승·속에 철저한 경계선을 긋고 있었다 하겠다. 문집의 편찬은 제자들에 의한 유고의 정리이기에 대사의 원의와 얼마만큼 상관성이 있겠느냐는 의문도 제기될 수 있겠지만, 제자인 회경이 스승의 행장을 문집 말미에 수록하고 있고 또한 행장의 서술에서 승·속과 유관했던 점에 지나치리만큼 역점을 두었다는 점을 고려할 때, 대사가 승·속의 한계를 명확히 하면서 두 끝에 떨어짐이 없이 중도적 위치를 견지하였다는 점은 出世間과 出出世間의 대승적 자세로서 당시의 시대상황과도 적절한 조화를 유지하였다는 높은 평가를 받아 마땅한 것이 아닌가 생각된다.

문집에 보이는 「道學說」, 「修善說」, 「是非說」, 「性情說」, 「三敎說」 등은 내·외 전적을 두루 섭렵하여 유·불의 한계를 초월한 대사의 득도적 견해의 일단이라 할 수 있겠다. 도학설에는 "스승을 얻어 오묘한 진리를 터득하는 것이 마땅하다〔君子之學 莫宜於得其師 而自得其妙〕."하면서 공자가 가르치는 방법과 맹자가 도를 깨우친 오묘한 방법을 말하고 있다.

수선설에서는 남의 선악은 나와는 무관할 뿐만 아니라 나의 선행에 도움을 주는 것이라 하여 "남자로서 평안한 자세로 살아 올바른 길에 서서 명덕을 닦아 교화의 극치에 이르면 천하가 모두 도척이라 하더라도 어찌 나에게 도움을 줌이 아니겠는가〔大男子 居安宅 立正路 修明德 敎化極至善 則天下皆盜跖 安知其必不助我乎〕."하였으니 시비 선악이 나에게 있음을 강조하였다. 공자가 말한 "인을 하는 것이 나에게 있지 남에게 있느냐〔爲仁由己 而由人乎哉〕"한 공자의 논지와 유관하다 할 수 있다.

삼교설에서는 삼교가 하나의 이치에서 발원한다 하여 "가르침은 세 갈래이나 이치는 하나이니 삼교가 세상을 착하게 하고 세속을 교정하는 것은 솥의 발 셋에서 하나도 없을 수 없는 것과 같다〔敎雖三理則一也, 三敎之善世礪俗 猶鼎足之不可缺一〕"하였다.

이렇듯 내·외, 유·불, 승·속이 다를 것이 없다 할 수 있음은 다르다고 보는 분기점을 분명히 이해했기 때문이다. 이 점이 바로 어디에도 치우침이 없는 중도적 자세요, 이 중도적 자세가 외유내강의 불굴적 정신이 있는 것이다.

시가를 섭렵하기 이미 십 년	涉獵詩家已十年
남 앞에 이 무릎 꿇은 적 없소만	不曾玆膝屈人前
달 아래 문 두드려 한 자 해결하니	月下推敲方決字
문단에서 과연 윤 생원 만났구료.	騷壇果見尹生員

「上尹碩士」라 한 시다. 누구에게도 무릎을 구부려보인 적이 없는 대사의 의

연한 자세이다. 이 시의 내용은 시의 수창에서 남에게 뒤지려 하지 않음을 나타낸 말이요, 그러면서도 당신에게서 배움이 있다는 상대방의 추앙을 보인 것이기는 하지만 당시의 사회상으로 방외의 유자에게 이렇듯 대담한 표현을 서슴없이 할 수 있었던 것은 확고하게 다져진 소신이 있기에 가능했던 것으로 보여진다.

「祠廟祭父母文」이나 「建浮屠祭秋溪法師」에서 보이는 인간적 정리도 재가부모와 출가은사에 대한 한계성과 동질성을 잘 드러내고 있다.

"천하에 누가 부모가 없으리요마는 부모의 엄하시고 자애로움이 소자의 부모만한 사람이 없고, 사람살이에 누가 죽고 삶이 없으리요마는 삶과 죽음의 아픔이 소자의 부모만한 이는 없습니다〔天下誰無父母 父母之嚴慈 莫如小子之父母也〕." 하여 속세의 누구보다도 더 부모에 대한 사랑과 슬픔을 간직하였다.

"우리 선사께서는 선림의 귀감이요, 교문의 목탁으로서 넓은 거실 우뚝 서시고 큰 길을 평탄히 걸으셔서 지표를 세우시고 듣날리기 젊음에서 늙기까지 하셨으니 은혜 입은 자 많지마는 오직 제가 가장 많았습니다. 가시는 곳마다 모시기 20여 년의 세월이었으니 지기로서의 사제관계가 뜻에 어긋남이 없었고 아교처럼 뗄 수 없는 정, 물과 고기의 즐거움이었습니다〔圣惟先師 禪林著龜 敎門木鐸 卓立廣居 平步大道 竪拂揮尺 自少至耄 蒙渥者衆 唯我最多 隨處摳衣 甘閱歲華 師資知己 心意不逆 膠漆其情 魚水其樂〕." 하여 스승의 입적에 대한 슬픔을 누구보다도 애태우고 있음을 알 수 있다. 생사의 정을 윤회의 법리로 해탈하는 것이 출가의 깨우침이겠지만 법리 이전에 사람의 일반적 정리임을 저버리지 못하는 점이 바로 대사의 聖俗不二의 해탈이라 함이 오히려 진실일 것이다.

"스승에게 올리는 정을 아래로 내리면 제자를 사랑하는 정이다〔焚葬祭亡弟子錦花文〕."은 제자에 대한 사랑과 아쉬움이 눈물을 자아내게 한다.

망제자 금화를 화장하던 날 노사는 눈물을 뿌리며 제문을 써서 주식을 권하며 영결한다. "오! 금화야 너는 지금 어디로 가느냐. 사람살이에 죽음이 있는 것은 밤과 낮 같은 필연으로 굳이 있어야 할 이치이니 사람이면 누가 없겠느냐마는 너에게서와 같은 슬픔은 끝내 드문 일이다……오! 네 나이 2·8에 처음 나에게 왔고 내 나이 6·7에 또 너를 만나 너와 내가 함께 살아온 지 지금 10에 또 네 해가 되었으니 네 나이 이제 겨우 스물 여덟이요, 내 나이는 벌써 쉰 다섯이구나. 내 하루 아침에 이슬이 되어 너의 소망을 외로이 버릴까 염려

하였지. 네가 나를 버리고 먼저 갈 것을 누가 알았겠느냐〔亡弟子焚葬之辰　老
師抆涕爲文　以侑酒食之奠　而與之訣曰　嗚呼錦花　汝今惡乎往矣　人生之有死也
猶夜朝之必然　理固有之　人孰無哉……嗚呼汝年二八　始投于我　我年六七　又逢于
汝　汝我之同居于玆　十有四年　則汝年又纔二十八　我年今已五十五　我恐一日先朝
露　以孤汝所望之意也　誰謂汝遽去我而早逝乎〕.”

　젊은 제자의 죽음을 이렇듯 슬퍼하고 있음도 대사의 인간적 한 단면이다. 제
문의 내용으로 보면 재주가 뛰어난 비구니로서 장래가 촉망되었던 것 같다. 우
연히 해소병을 얻은 스승으로서 어떻게 해서라도 치료해보려고 요양처를 옮기
면서 애썼지만 아무 효험없이 떠나고 만 점을 애석해하고 있다. 애도시 한 수
가 문집에 남아 있다.

　　　　금화를 애도하며〔悼錦花〕
　　네 살고 내 죽었다면 죽음 무엇 슬프랴만　　　爾生我死死何哀
　　너 죽고 나 살았으니, 삶 또한 슬프다　　　　　爾死我生生亦哀
　　서풍에 뿌리는 눈물, 원망만 아득하여　　　　　淚滴西風怨冥漠
　　늘그막, 지는 해에 끝없는 슬픔.　　　　　　　老天斜日有餘哀

　제자의 죽음을 차라리 자신과 바꿨더라면 이 슬픔이 없겠다는 스승의 간곡한
슬픔이다. 이런 점에서 대사가 승·속을 구별하면서 승·속의 막힘이 없음을 볼
수 있다. 반면 대사의 이러한 정리는 죽음 앞에서 갑자기 솟는 정리가 아니라
인간의 순수한 일상의 정리인 것이 친구를 보내면서 느끼는 정에서도 같은 정
감을 그대로 느낄 수가 있다.

　　　대장부가 이별의 슬픈 눈물 흘려서야　　　大丈夫流傷別淚
　　　갈림길에서 젖는 옷깃 참지 못하오　　　　臨岐不忍濕行襟
　　　평생에 수없는 만남 헤어짐이었지만　　　平生合散曾無數
　　　오늘 이 마음처럼 감개로움 없었네.　　　慷慨無如此日心

　「贈別友人」이란 시이다. 친구의 이별에서도 이별의 서글픈 정리는 어찌하지
못하는 순수한 마음이다.

　위에서 본 몇 편의 글이나 시에서 대사의 철저한 인간적 정리와 그러한 정리
는 도·속의 한계를 인정하면서도 도·속을 초월한 대승적 해탈자의 자세임을
살필 수 있었다.

3. 순수한 詩情

『무경집』권1은 모두가 시편이다. 편집체제는 시체별로 되어 있고 古·近體 詩를 비롯하여 雜體, 變體 등 모두 219편의 시가 수록되어 있다. 시의 소재도 다양하면서도 스님이 처해 있는 주변의 특수성에서 운수행각의 서정·서경이 많고 승·속간의 수창도 드물지 않다.

　여기서는 위에서도 살폈던 것처럼 대사의 인간적 정서에 바탕을 둔 순수한 서정이나 서경의 시들을 대충 음미해보기로 한다.

<table>
<tr><td>들 넓어 아지랑이 빛 가냘프고</td><td>野濶烟光細</td></tr>
<tr><td>산 개이자 풀 색깔 살지다</td><td>山晴草色肥</td></tr>
<tr><td>멋들어지게 흐르는 듯한 꾀꼬리</td><td>流鶯最得意</td></tr>
<tr><td>울음 멎자 다시 날아가.</td><td>啼罷又翻飛</td></tr>
</table>

　「春吟」이란 시다. 봄날의 한 단면을 조촐하게 읊었다. 넓은 들과 나직한 산을 수평 수직의 대각으로 조화시키면서 아른거리는 아지랑이와 파릇파릇한 풀 빛으로 봄의 화창한 기운을 부조시키고 있다. 이 대자연의 기운을 꾀꼬리를 등장시켜 독차지하게 하였으니 상하의 넓은 공간을 한 점의 꾀꼬리로 집중시킨 것이다. 崔得意라는 표현은 굳이 꾀꼬리가 아니라 작가 자신이라 하여도 무방하다. 득의에 찬 스님의 마음이다. 이 시는 봄날의 득의한 의기를 표현하는 작자의 노래이다. 작자 자신이 이 노래가 끝나면 다시 시선을 돌려 다른 노래를 하거나 이 봄날의 흥을 맛보려 석장을 이끌고 시내로라도 내려가려는 움직임이 내재되어 있다 하겠다.

<table>
<tr><td>긴 봄날 암자에 탐낼 물건이 무엇</td><td>茅庵永日耽何物</td></tr>
<tr><td>가는 버들 그늘가에 망울 틔는 살구꽃</td><td>細柳陰邊杏破蓬</td></tr>
<tr><td>유별난 곳 좋은 풍경 엉킬 만큼 짙어</td><td>特地韶光濃可掬</td></tr>
<tr><td>비 몰고 오는 바람 청홍색깔 희롱하네.</td><td>晴風挾雨弄青紅</td></tr>
</table>

　한적한 산사에 탐낼 만한 물건은 없다. 그러나 봄이 되면 주변의 경물은 풍요롭다. 푸른 버들가에 어우러져 피는 살구꽃 모든 것이 아름다운 풍경이다. 손으로 움켜쥘 만한 봄날의 고운 빛들이다. 비가 개일 듯한 바람이지만 오히려 비에 섞여 부는 바람이다. 버들과 살구꽃을 휘젓듯 불어온다. 푸르름 붉음이

온다. 푸르름 붉음이 어우러져 하늘거린다. 이 모든 것은 탐낼 물건도 아니지만 탐내어도 욕심스러움이 아니다. 이것이 산사의 봄 경치이다. 시어로는 작자가 드러나 있지 않으면서 이 주변 풍경의 소유주는 작자 자신이다.

아득한 고향산천 천 리의 반	家山迢遞半千里
하늘 끝에 덜렁한 석장 하나	一錫飄零天一涯
부럽구나, 기미마저 잊은 한 쌍의 백로	却羨忘機雙白鷺
지는 해에 한가로이 모래사장 서 있다.	夕陽閑立澗邊沙

「錦城途中」이란 시다. 멀리 두고 온 고향 천리로 떨어져 있다. 석장 하나에 의지하여 구름따라 물따라 거니는 구도의 길이다. 그러나 모든 기미마저 잊고 있는 저 백로가 나보다는 오히려 득도한 모습이다. 飄零과 閑立, 어찌 보면 동정이 상반되는 표현이나 작자의 표령과 한립은 오히려 뒤바뀜의 역설이다. 스님의 한립이요, 백로의 표령이다. 자신의 망기와 한립을 시냇가의 백로에 기탁했다 함이 옳을 것이다. 한 편의 시를 읽고 난 인상은 백로처럼 순결무구한 작자의 모습으로 남기 때문이다.

이렇게 청초하고 순결한 시인의 눈에는 모든 사물이 아름답게 비칠 수밖에 없다. 아름답게 비쳐지는 대경과 시인의 감회가 마주칠 때 자연스럽게 시로 표현되는 것이다.

물을 등져 백 척으로 나는 누대	百尺飛樓背水陰
난간 앞 봄 풍경 푸르름 거듭거듭	檻前春物碧森森
구름 걷힌 뫼 천 층의 흰 구슬	雲收白岳千層玉
지는 해의 물결 만 이랑의 황금	日謝滄波萬頃金
자리에 둘린 자연 붓끝에 모이고	繞座風烟歸落筆
뜰에 그득한 꽃 새 새로운 시구로 든다.	滿庭花鳥入新吟
강마을 끝없이 좋은 풍경	江天無限晴光好
평생의 즐거운 놀이 오늘만 했었나.	奇賞平生孰似今

明鏡樓에서 짓는 시다. 강가에 높이 솟은 누대에 올라 바라보는 풍경이다. 이 아름다운 정경이 시인의 붓끝에 모여든다 하였다. 자연이 시인에게로 끌려오고 있다. 왜 끌려오는가. 시인이 끌기 때문이다. 대경의 사물과 시인의 감회

가 해후하는 것이다. 시인은 이래서 시를 쓰는 것이다. 대사의 시정은 이렇듯
자연과 순수하게 만나고 있다. 그러기에 이런 시는 순수무구한 자연 그대로이
기에 꾸밈없는 순수성을 보이고 있는 것이다.

깊고 깊은 마을 속세 먼지 막혔지만	洞府深深隔世塵
늦게 개인 풍물이 사람 어지럽히네	晚晴風物亂撩人
꾀꼬리 나비 쫓자 꽃잎이 아름답고	鶯捎蝶蛺花顏美
제비 잠자리 채자 물 낯이 찡그린다	燕掠蜻蜓水面嚬
선정으로 마음 돌려 시짓기 잊었다가	定裡關心詩久廢
흥겨워 붓 드니 글귀 오히려 새로워	興中揮筆句還新
봄 지난 뒤의 풍경이 가장 좋아서	奇觀最好春歸後
산 색깔 시내 빛 온갖 이웃 살찌운다.	岳色溪光富四隣

白雲庵에서 지은 시다. 아름다운 자연 앞에서 시흥을 멈추지 못하는 시인의
고백이다. 이러한 시흥이 돋기 위해서는 사물을 보는 시각도 남다른 곳이 있
다. 승련에서의 수사는 재미가 있다. 앞·뒷구 각기 3가지의 소재를 한 공간으
로 모으면서 무정물인 花顏이나 수면을 유정화시키고 있다. 꾀꼬리, 나비, 꽃
잎이 서로 어울리면서 꽃잎의 아름다움을 더하고 있다. 나비를 쫓는 꾀꼬리에
꽃이 더 아름다워지고 있다. 잠자리를 낚아채는 제비, 그 날렵한 자세에 수면
은 찡그리고 있다. 물찬 제비라는 말이 있지만 이는 제비의 날쌤을 말하는 것
이요, 수면으로서야 귀찮은 일이요, 스쳐지나면 일으킨 물살은 수면으로서는
찡그림일 수밖에 없다.

사물에 대한 이러한 투시력이 전련에서 시흥으로 이어지고 있는 것이다. 그
저 시흥이 돋는 것이다. 사물의 실상을 혜안적 투시력으로 분석·종합이 자재롭
기 때문이다. 그러기에 부자로운 자연의 경색일 수밖에 없다. 이러한 시정은
다음과 같은 시에서 절정적인 묘사를 하고 있다.

발에 걸린 백옥 갈구리 산마루 초생달	峯頭新月玉鈎簾
황금 뱀 되어 발과 싸우다 처마로 비쳐드네	鬪箔金蛇暎半檐
이 청초한 자리 떠 오르는 시흥에	淸坐一番詩興足
밤새도록 두 눈썹 쫑긋이 솟아 있네.	吟眉終夜聳雙尖

「月夜」라 제한 시다. 산마루, 낮은 처마에 비친 달의 묘사도 아름답거니와

시흥에 매달려 뜬 눈으로 밤을 새는 자신의 모습도 흥미롭게 표현하고 있다.
吟眉聳雙尖이라 한잠 못 이루는 시인의 모습은 절묘하다 하겠다. '읊는 눈썹
〔吟眉〕'의 시어는 떠오르는 시상을 갈무리하기 위한 苦吟을 희화적으로 묘사한
것이요, 오죽 고음이 되면 聳尖으로 눈썹이 솟아야 했는가. 産苦의 괴로움에
비유될 작자의 고심을 실감있게 묘사했다 하겠다.

시인과 달은 시흥의 촉매로만 작용된 것이 아니라 그리는 이를 이어주는 매
파의 역할도 한다.

잠 못 이루는 나그네, 놀란 누에인 양	愁人不寐似驚蠶
누가 알랴 엎치락 뒤치락 이별 한 깊음	轉展誰知別恨心
푸른 하늘 맑게 개인 달만이 있어	唯有碧空晴夜月
수레바퀴 하나로 두 시골에 나눠주는 마음.	一輪分照兩鄕心

「思友人」이라 제한 시다. 나그네로서 잠을 이루지 못하고 있다. 그리워지는
것이 친구이다. 중천에 떠 있는 달이 매파가 되어 두 사람의 마음을 이어주고
있다.

위에서 대강 살펴본 것은 『무경집』 권1에 있는 시에서 임의로 가려본 것이
다. 대사는 도·속을 초월한 순수한 정서를 시를 매개로 하여 꾸밈없이 나타내
고 있음을 엿보았다. 이 점은 대사가 승·속의 분기점을 분명히 설정하면서 이
분기점을 초탈한 不落兩邊의 해탈적 한 단면으로 보아진다 하겠다.

4. 어록에 보인 禪機

대사의 『無竟室中語錄』 2권은, 1권에 시 226수가 2권에 문 11편이 실려
있다. 이들은 모두 선기를 담은 시문이면서도 한시의 장르적 특성을 십분 고려
한 것으로 보인다. 편집에서도 그러한 의도가 반영되었다. 偈詩 6편을 서두에
두고 나머지는 古·絶·律詩의 분류에 따라 편찬되었음은 한시의 원칙을 고려한
것으로 보인다.

여기서는 이러한 점을 염두에 두면서 몇 편의 시를 살펴보고자 한다.

바람 마음으로 서 있는 소나무   松木立風心

맑은 거문고 흰눈 음률 아뢰네	淸琴奏雪音
가장 좋기는 가을 하늘 달	最好秋空月
빛과 어울린 잎 잎이 깊구나.	和光葉葉深

「古松」이라 제한 시다. 굳이 선기의 시라 하지 않아도 노송의 일반성으로 음미되어 험될 것이 없는 시다. 소나무와 바람, 맑게 울리는 소리, 이 세 가지의 결합은 일상에 있는 일이요, 이것이 돋보이게 되는 것은 늙은 소나무이기 때문이다. 소나무 자체만으로 소리날 수도 없고 바람이 있다 하여 나무에 스치지 않고서는 소리날 수 또한 없다. 소나무가 바람이라는 연을 만나서 소리라는 과를 낳게 한 것이니 인연 과보의 법리로는 해석이 가능하다. 그 소리 거문고 소리보다 맑다. 백설의 음률이라 하였으니 흰 눈처럼 맑고 고운 소리이다.

여기에 곁들인 달빛 어디에나 비쳐지는 달은 和光이다. 和光同塵의 선기적 표현이다. 이렇듯 시 자체로도 험이 없고 선기의 노출로도 충분한 전달이 되고 있다.

소나무골 어찌 이리 넓게 열려	松谷何寬闊
영겁의 이전부터 그윽하고 맑아	幽淸自劫前
시내 혀 끝없는 울림	壑舌喧無底
줄 없이 아뢰는 맑은 거문고.	淸琴奏沒絃

「松谷」이라 제한 시다. 소나무 어울린 골짜기, 골짜기이기에 좁을 것임에도 불구하고 넓다 하였다. 왜 그럴까. 영겁 이전부터 받아들여 품고 있는 그윽함이요, 청정함이다. 시공을 초월하여 흐르고 있는 시내 밑 없이 계속되는 것이다. 이 울림 인간의 악기로는 모방될 수 없는 음률이다. 그러기에 줄없는 거문고〔沒絃琴〕이다. 그저 자연의 조화를 묘사한 순수한 시이다. 그러나 진여실상의 여여한 선리를 함축한 탁의적 서경임을 부인할 수가 없다.

나는 새 밖에 떠 있는 암자	有庵飛鳥外
툭 트인 시계 아득하구나	眼界豁蒼茫
땅은 유리 색깔처럼 매끄럽고	地滑琉璃色
하늘은 해 달 빛에 떠 있네	天浮日月光
황금에다 견주기 어려운 국화	黃菊金難比
비단으로도 감당 못할 단풍	丹楓錦不當

마음 비워 사물 바라보는 곳	虛心看物處
그것이 바로 평상의 마음.	那箇是平常

「古居」라 제한 시다. 거처의 주변에 있는 풍경의 아름다움이다. 황금이나 비단보다 아름답다 하겠지만 사람살이의 일상에는 황금이나 비단이 귀하지 국화나 단풍이 귀하지 않다. 그러나 비워 놓은 마음으로 보면 이 자연이 더 아름답고 더 귀하다. 귀함도 귀하지 않음도 없이 사물을 볼 수 있다. 마음이 평상의 마음이요, 이 평상의 마음이 되려면 마음이 비워져야 하니, 서로 표리의 관계이건만 세속의 삶에는 이 표리의 겉과 속이 전도되어 어느 것이 겉이고 어느 것이 속인 줄을 모르는 착란이 평상심을 잃게 하는 것이다. 대사는 선기의 노출을 자연의 영송에 함축시키고 있는 경우가 많기는 하지만 선리를 교계적으로 시화하고 있는 것이 없지도 않다.

지극한 도는 어렵지 않으나, 취사가 문제	至道無難嫌取舍
미움 사랑 없으면 곧 감내돼	但無憎愛即堪任
할에 들면, 범인이 성인 되고	指歸喝下凡爲聖
방에 점 찍히면 무쇠도 황금 된다	落點棒頭鐵作金
빈 방 바람에 앉아도 불려 움직임 없고	冷坐八風吹不動
육관의 도적 횡행하여도 침입 당함 없다	橫行六賊落無侵
장부의 몸가짐 이와 같아야	丈夫行事須如此
스스로 각기 마음 잡기 힘쓰라.	各自單前好着心

「道」라 제한 시다. 진리의 길에 이르는 마음가짐을 직설적으로 교계하고 있는 시다. 용맹정진해야 할 구도자의 결의를 보이고 있다.

이상에서 무경 대사의 편린을 살펴보았다. 대사는 출가의 동기가 남달라 처음부터 불문에 귀의하려 했던 것이 아니요, 학업의 한 방편으로 시도되었다가 스스로 깨달음이 있어 불가에 입문하였다는 계기가 암시하듯이 당시 유·불 대치적 사회에서 유·불의 다른 길을 철저하게 인식하면서 이 다른 길을 하나로 융화하는 초월적 해탈을 실천하였다 할 수 있겠다. 그가 남겨 놓은 시문집에 보이는 문학적 저술은 이러한 점을 잘 조화시킨 승화된 문학으로 간주되어도 무방하다.

자칫 비승비속적 시각으로 이해될 소지도 있으나 이는 대사의 내면적 깊이를

이해하지 못하는 표피적 관찰일 수밖에 없다. 오히려 승·속의 분기를 철저히
이해하면서, 이것을 초극 조화하여 승·속 불이의 경지를 실천한 표상으로 이해
해야 하며 그의 많은 시문은 이러한 실천적 편모를 부조한 예술품으로 평가되
어 마땅하겠다.

喚醒의 弄禪通教

1. 간략한 행적

喚醒堂(1664~1729)의 행적에 대해서는 문인 涵月이 찬한 「喚醒和尙行狀」
과 洪啓禧가 찬한 「喚醒大師碑銘」이 전하고 있다. 여기서는 함월이 찬한 행장
의 내용을 들어 대사의 편모를 살펴보려 한다.

대사의 이름은 志安이고 자는 三諾이고 환성은 당호이다. 속성은 鄭氏이고
고향은 춘천이었다. 현종 5년 갑진(1664) 6월 10일에 태어났다. 15세에 출가
하여 용문사의 雪峯 大師에게 具足戒를 받고 17세에 月潭 大師에게 입학하여
마침내 심법을 전수받아 淸虛 大師의 적손이 되었다.

27세에 직지사에서 華嚴法會를 열고 있는 慕雲 大師에게 참학하였다가 모운
의 인정을 받아 강석을 물려받게 되어 사양한 나머지 마지 못해 승계하여 사방
의 법려가 운집하게 되었다. 이때의 사정을 문인 함월은 다음과 같이 기록하고
있다.

"처음 강당에 오를 때에 형기는 위엄을 띠고 성운은 청정유원하여 일정한
거처가 없이도 이르는 곳마다 법려가 문정을 넘쳤으니 교의를 논하면 만경의
파란이 양양히 넘치는 듯했고, 선지를 펴면 천길 벼랑이 외외히 높은 듯하였으
니 지금 나라 안에서 선을 실행하고 교의에 통하는 이는 대사의 여풍이다〔初
升其堂也 形氣威武 聲韻淸遠 居無定止 到處法侶 溢門盈庭 論教義則洋洋焉波
瀾萬頃 轉禪旨則嶷嶷然崖岸千尋 方今海內 弄禪通教者 乃師之風也〕."
하였으니 당시 교계에 끼친 대사의 영향력을 짐작할 수가 있다. 본 논제를 '弄
禪通教'라 함도 여기에서 취한 것이다.

대사의 이러한 論教轉禪의 발자취는 나라 안의 명산에 두루하지 않음이 없었
던 것으로 보인다. 행장을 서술하고 있는 함월은 번거로워 다 기록할 수 없다
하면서 명찰의 몇 곳을 말하는 것으로 한정하고 있다. 그러면서 많은 신령스러

운 사적 중에서 4가지만 든다 하였으니 대략 다음과 같은 것이었다.

　백일 재계를 올릴 때 꿈에 시 몇 구를 얻었는데 "수미산 짊어지고 큰 바다 건너와, 크게 시혜의 문 열어 풀 속에 거닌다〔擔得須彌渡大海　大施門開草裡行〕."하여, 시를 준 스님이 懶翁慧勤이라 하였으니 널리 중생 교화할 조짐의 하나였고, 정유년(1717) 7월에 금강산 正陽寺에 주석하고 계시다가 하루는 큰 비가 내리는데 갑자기 떠났다. 동리에 내려와 큰 집이 있어 하루 머무를 만한데도 이웃 조그만 집으로 옮겨 유숙하였다. 그날 밤 정양사와 이웃 큰 집이 모두 물에 잠겨 20여 명이 사망하였으니 이것이 두번째의 영험이었다.

　고려 때 창건된 淸平寺가 황폐하기 그지없었으나 대사가 와서 크게 흥하게 되었다. 정문 앞의 연못을 다시 파다가 잘라진 비석이 나왔는데 '儒衷冠婦千里來'라는 구절이 있었다. 이것은 첨어로서 儒는 士이고 衷은 心이니 '志'자의 의미이고 冠婦는 여자가 갓을 쓴 것이니 '安'자의 의미이고 '千里'는 '重'자의 파자이니 '志安重來'의 뜻으로 대사가 다시 와서 중흥시킨다는 예언이었던 것이다.

　을사년(1725)에 금산사에서 화엄대법회를 열었을 때 사방의 대중이 천 4백여 명이나 모여 대성황을 이루었는데 4년이 지난 기유년(1729)에 이것이 무고가 되어 제주도로 유배가게 되어 마침내 그 해 7월 7일에 입적하게 되었다. 이보다 앞서 제주도의 한 석불 배면에 '三聖入寂處'라 한 것이 있었으니 이것이 바로 대사가 여기서 입적하게 됨을 예시한 것이었다. 3성이란 중국의 定法菩薩과 백년 뒤에 虛應 大師와 지금의 환성 대사였다는 것이다. 이것이 네번째의 이적이었다는 것이다.

　문인 함월은 스승의 이러한 입적이 숙세의 빚에 대한 보상이라면 대사에게도 해로움이 없고 제자에게는 한스러움이 없는 일이라 하며 애써 서글픔을 삼켜 기록하고 있다. 대사의 세수는 66이고 승랍이 51인 셈이다.

2. 水流花明의 詩文

　대사의 저술은 『禪文五宗綱要』와 『喚醒詩集』 1권이 전해지고 있다. 시집은 문인 『涵月海源』과 『月華聖訥』의 편집이다. 鰲峯이 서문을 쓰면서 도연명의 시구 "採菊東籬下　悠然見南山"에 대비하면서 대사의 행장과 시문을 네 구로서 간략히 요약하였다.

"유마힐이 병을 보였으나 병이 아니다. 가섭의 말없음이 바로 말이다. 이것은 대사의 행장이고, 도의 본체는 산은 비어 달이 비치고, 마음의 법은 물 흘러 꽃이 밝음이 대사의 문장이니 무얼 더 말하랴〔維摩示病非病 迦葉不言是言 乃爾師之行藏 道體山空月照 心法水流花明 乃爾師之文辭 何以多爲〕."

하였으니 대사의 시문에 대한 간결하고 명확한 평이라 하겠다. 山空月照의 본체를 水流花明으로 활용하였다 함이니 대사의 시는 물흐르고 꽃피듯 그저 여여한 실상을 빈 산에 달 비치듯 담담하게 드러내었다 하겠다.

달팽이집 옹졸한 나에게 맞아	斗屋宜吾拙
턱을 괴고 저녁나절 이르다	支頤到夕陰
한낮에도 뻐꾹새 우니	杜鵑啼白晝
이 삶이 깊은 줄 비로소 알겠다.	方覺卜居深

「題草堂」이라는 시다. 자신에게 어울리는 자신의 거처를 말한 것이지만, 작자의 조촐한 심성을 그대로 보인 시다. 斗屋이라 하여 오막살이의 협소한 공간이지만 이 안에서 삶을 유지하는 작자는 오히려 광활한 여유를 가지고 있다. 내 삶에 어울리는 오막살이라 함은 공간적 광협을 떠나서 나와 거처가 적합함이니 넓은 공간을 갖고도 여유를 느끼지 못하는 삶에 비한다면 오히려 여유를 느끼고 있는 것이다. 턱을 괴고 해 저물기까지 평안히 누워 있는 작자라면 공간적 여유만이 있는 것이 아니라 시간적 여유 또한 많은 것이다. 그저 무심히 지나쳤던 뻐꾸기소리가 오늘에 와서는 더욱 다정하여 시끄러운 마을과는 멀리 떨어져 있는 거처의 깊음을 알게 되었다.

산사의 방앗소리에 놀란 졸음	睡眼驚山杵
초가집 처마 끝 해도 길구나	茅檐日正長
발 걷자 새끼 제비 휙 날더니	鈎簾揮乳燕
오물 떨궈 책상을 더럽히네.	泥落汚經床

「睡餘吟」이라 제한 시다. 긴 여름날 감겼던 눈을 살포시 뜨고 보는 산사 방장의 주변 환경을 재미있게 표현하여 한 순간의 정적을 깨는 느낌이다. 이 시는 시선의 이동이 매우 흥미롭다. '수안'이라 한 졸음의 눈, 이 졸다 깬 시선이 마치 영사기가 피사체를 따라 이동하는 것 같다. 졸음에서 깬 시선이 처마 끝

에 걸린 해를 쫓다가 발을 걷어올리니, 새끼 제비가 휙 날아들어 한 점의 오물을 경상에 떨구고 갔다. 하늘의 넓은 공간에서 경상의 한 모퉁이에 떨어지는 제비의 오물로 초점이 집중되고 있다. 이 어린 제비와 작자 참으로 순진무구한 초자연의 자연이다.

석장따라 찾아가는 그윽한 길	曳杖尋幽逕
요리조리 오가며 봄을 맛보다	徘徊獨賞春
소매 가득 향기 담아 돌아오는 길	歸來香滿袖
나비들 멀리서 나를 따르네.	蝴蝶遠隨人

「賞春」이라 제한 시다. 산길을 외로이 거니는 스님이다. 동반자는 지팡이 하나뿐이다. 그윽한 길이라 하였으니 길만 그윽한 것이 아니라 이 길을 찾는 이의 그윽함이다. 돌아오는 길에는 온몸에 향기가 배었다. 이 향내에 나비는 이 몸을 꽃으로 착각한 것일까. 멀리 가까이 뒤를 따르고 있다.

위 시에서는 새끼 제비가 재롱을 부려 작자와 한몸이더니 여기서는 나비와 작자가 거리감이 없는 친화력을 유도하고 있다.

벗 삼을 친구도 없는 늙은이	老人無與友
지팡이 끌고 홀로 배회하다가	曳杖獨徘徊
심심풀이로 산벌 쫓다 길이 멀어	假逐山蜂遠
스스로 부끄러워 웃으며 돌아오다.	自慙笑却廻

「偶吟」이라 제한 시다. 제목이 암시하듯이 굳이 시를 쓰려고 하였던 것이 아니라 산책에 나섰다가 무심한 자기 모습에 유심한 의상을 찾은 것이다. 친구도 없이 혼자 나섰던 길이다. 자신의 발걸음도 잊은 채 벌을 뒤따랐다. 어디까지 갔는지 길도 잊었다. 그저 멀어졌다는 것만 알았다. 여기서 자신의 모습이 우스꽝스럽기만 하였다. 모든 것을 잊는 망아의 경지를 추구하는 것이 산승의 지표이거늘, 벌을 따라 자신의 길을 잊었으니, 새삼 부끄럽기까지 하여 가던 길을 되돌릴 수밖에 없다. '부끄러움'과 '웃음'은 함께 이어지기 어려운 정서적 행위이다. 이 시에서는 한 치의 간격도 없이 자연스럽게 이어졌으니 역시 산승의 얽매임이 없는 忘機의 작용이라 해야 마땅하리라.

다음 시에서 이러한 망기를 실증으로 보여주고 있다.

기미마저 잊고 종일 앉아 있자니	盡日忘機坐
봄은 왔지만 봄인 줄도 모르네	春來不識春
철새는 선정에 든 중이 밉던지	鳥嫌僧入定
창 밖에서 산사람 불러대고 있네.	窓外喚山人

「幽吟」이라 제한 시다. 모든 기미마저 잊은 망기의 선정이다. 자연의 변화마저 잊었다. 봄은 찾아왔지만 봄인 줄을 알 수 없다. 이러한 잊음이기에 망기가 될 수밖에 없다.

창 밖에 우는 새는 새로운 봄을 울리는 새이다. 사실 산승과는 아무 인연이 없는 것이다. 그러나 망기의 스님에게는 오히려 자신과의 인연으로 융화시키고 있다. 이것이 바로 모든 것을 잊은 스님에게는 자연과의 거리 없는 융섭이 되는 것이다. 그러기에 봄을 울리는 새는 봄을 울리는 것이 아니라 망기와 선정에 든 이 산승이 미워서 빨리 밖으로 나오라고 부르는 것으로 비쳐질 수가 있다. 앞 구에서 봄이 왔어도 봄인 줄을 모른다는 표현에서 봄을 울리는 새가 봄을 울리는 것이 아니라 자신을 부른다는 표현으로 자연스럽게 이어지고 있다.

조그만 폭포 맑게 들리는 비파	小瀑淸聆瑟
기이한 바위 숨어 보는 누대	奇巖隱看臺
봄 지나도록 남은 시내 꽃	溪花春後在
깊이 숨은 사람 위해 피었네.	聊爲遠人開

「次韻」이라 제한 시이니, 어느 분의 시를 보고 지은 시이다. 遠人이라 했으니 세상과 멀리 떠난 자신이다. 세상을 멀리 떠났으니, 상대적으로 자연에 가까울 수밖에 없다. 악기가 따로 없다. 조그만 폭포가 그대로 악기이고 기기묘묘한 층암절벽은 꾸밈없는 누대이다.

철 지난 꽃은 봄이 다 가도록 남아 있다. 남아 있었던 것이 아니라 속세와 멀리 떨어져 있는 이 작자를 위해서 피어 있는 것이다. 차운이라 하였으니 어쩌면 까맣게 잊고 있던 친구에게서 한 편의 시를 보내 왔었는지도 모르겠다. 저 철이 지나서야 피어 있는 꽃처럼 말이다. 그런 뜻에서 이 시의 전·결구는 재미있는 탁의로 받아들여지기도 한다. 잊고 있던 친구의 한 편의 시가 이 멀리 떨어져 있는 산승에게 꽃보다도 아름다운 위로를 하고 있는 것이다. 산사에 있는 고원한 스님의 청정한 시라 하겠다.

좁고 누추한 암자 늙은 중에게 맞아	小庵偏陋老僧宜
누워서 종일 우는 처마 새 듣는다	臥聽檐禽盡日啼
그림으로 그려내는 석양의 볕에	又有夕陽堪畫處
마을 노인 소 끌고 앞 시내 건너네.	村翁牽犢過前溪

「閑吟」이라 제한 시다. 마을 가까이에 있는 조그만 암자에서 느끼는 한가로움이다. 조용한 산촌의 모습을 보는 듯하다. 대경의 경치가 조용하기에 작자 자신이 더욱 한가로운 것이다. 주제는 비록 한가로움이나 전편의 분위기는 조용한 산촌을 묘사한 조그만 소품의 그림을 보는 듯하다. 대사의 시는 이렇듯 대경의 아름다움에 자신을 숨기고 있다.

지는 해 우강의 길	落日牛江路
꼬불꼬불 울퉁불퉁 배회케 해	徘徊平不平
새 구름 안개 속 뚫어가고	鳥穿烟影去
나그네 저녁노을 띠고 가네	人帶夕陽行
물결 푸르러 물새 더욱 희고	波碧知鷗白
소 누르러 푸른 풀 돋보여	牛黃認草靑
어느 곳 구름가 방앗소리	雲邊何處杵
강 건너에서 마을 소리 보내네.	隔岸送村聲

우강을 지나며(過牛江) 지은 시다. 강마을을 그림처럼 묘사한 시다. 강을 중심으로 한 주변의 경물이 잘 조화되어 있다. 강으로부터 멀어지는 새 멀리 구름속으로 가지만, 저녁볕에 이 다리 위를 지나는 나그네가·이 자리에 다시 서게 된다. 가고 옴이 마주치는 순간이다. 강 중앙에는 백구의 물질이 있어 흰색 푸른빛이 어울리고, 강 언덕에는 누른 소가 있어 푸르름 누르름의 조화가 있다. 그저 놓여진 자연이지만 이렇듯 어울리는 것이 그저 그렇게 된 자연의 진리이다. 이때 먼 곳에서 들려오는 방앗소리는 마을이 있음을 알려준다. 빛으로만 대조되었던 시의 구도에 소리를 끼워 놓은 의도적 결미일 수도 있다. 落日과 夕陽, 烟影과 雲邊, 鳥穿과 鷗白의 시어의 소재가 중복된 감이 발견되어 구도의 치밀에 다소 험이 없는 것도 아니지만 강마을을 지나는 나그네의 모습을 보는 듯한 실상은 돋보인다 하겠다.

| 몇 번이나 폐허된 천고의 절 | 幾墟千古寺 |

쓸쓸히 사립문도 닫혔네	寂寞掩柴扉
뜰에는 풀, 스님 없음 알리고	庭草知僧少
이끼 낀 길, 나그네 드물기 때문	逕苔認客稀
채마밭 오이 까마귀가 훔쳐 없어지고	鴉偸園瓜盡
쥐는 토담 뚫고 숨어 지낸다.	鼠穴土墻依
기미마저 잊고 있는 암자 주지에게	庵主忘機坐
숲의 다람쥐 옷섶 올라 재롱하네.	林鼯假上衣

「題淸平寺」라 한 시다. 비록 여러 번 황폐해졌던 옛절이기는 하나 허물어져
가는 절이기에 오히려 자연과 가깝고 그러기에 더욱 다정함을 느끼게 한다. 사
람이 적기에 풀이 무성하고 이끼가 무늬 놓을 수 있으며, 채마밭의 채소는 사
람의 음식이 되기 이전에 산새들의 먹이가 되는 희사의 자비, 사람의 힘으로
쌓은 토담은 도적이나 외인의 침입을 막는 경계의 설정이 아니라 오히려 쥐나
족제비의 집이 되었다. 사람과 자연의 대립이 아니라 폐사를 매개로 무간의 조
화를 이루고 있다. 이 조화의 주인공이 바로 이 암자의 주지스님이었다. 숲에
살아야 할 다람쥐가 스님의 옷섶으로 오르고 있다. 자연과 인간의 일치된 조화
를 절정으로 표출하였다.

지금까지는 움직이는 경물에 대한 조화를 보았다. 다음에는 정지된 경물을
생동시키는 시의 매력을 하나 더 보기로 한다.

외로운 배, 도롱이, 삿갓 늙은 어부	孤舟簑笠老漁父
드리운 낚시 한가로운 졸음 물결 희롱하는가	垂釣閑眠弄碧波
저녁노을 띤 돛은 먼 포구 찾음이요	帆帶晩霞歸遠浦
기러기는 가을 달 등에 지고 백사장에 내린다	雁拖秋月下長沙
날지 않는 날개 지난 해의 나비	鼓翔不去經年蝶
열매 맺지 못하는 몇 세대 오랜 꽃	結子無成累世花
일찍이 거쳐온 산수 행각 기억하나	記得曾行山水態
중의 꿈, 초동 노래는 그리지 못하리.	未圖僧夢與樵歌

「題山水屛」이라는 시다. 산수화의 병풍을 보고 지었다. 그림은 정지된 동작
이다. 몇 해 혹은 몇 세대 정지된 자연이다. 이 정지된 자연을 지금 움직임으
로 환원시키고 있다. 죽었던 자연이 대사를 만나서 소생하고 있는 순간이었다.

그림 속에는 어쩌면 점 하나로 표현되었을 수도 있는 조각배가 다시 움직여 포구를 찾고, 배경으로 걸려 있던 가을달이 기러기의 날개에 걸려 백사장으로 수직강하하고 있는 순간이다. 그러면서도 전련에서는 다시 정태로 돌아와 꽃 옆에서 날개 접지 못한 채 몇 년을 머물러 있고 꽃은 꽃대로 잎을 떨구지 못하여 열매 못맺고 있다.

이 시는 이렇듯 승·전련에서 동정을 대조시켜 정태를 동태화하다가 그림은 그림으로서 정태를 정태로 고정화시키면서 그림은 그림으로서 생동감을 주는 작가의 진실성을 음미하게 한다. 그러면서 결련에서 그림의 진실이 아무리 진실이라 하여도 소리와 꿈을 그릴 수는 없다는 한계성을 보여 더욱더 그림으로서의 실감을 보여 주고 있다.

위에서 임의로 선택한 몇 편의 시를 보았지만, 대사의 시집 서문에서 보인 山空月照나 水流花明은 그대로 대사의 시임을 다소나마 느끼게 되었다. 빛깔과 맛이 없는 맑은 물에서 빛을 보고 맛을 느끼게 하는 것이 대사의 시였다. 소재가 자연경물이었기에 그러한 점이 있음이 당연하나 대사의 시는 선사와의 酬贈에도 자연의 기미로 선기를 나타내고 있음이 허다하다.

청정한 스님의 마음	上人淸淨心
만 리의 가을 강 달	萬里秋江月
한밤에 능가경 읽노라면	半夜讀楞伽
원숭이 경상 밑의 밤 훔치리.	猿偸床下栗

粲菴 上人에게 준 시이다. 마음을 달에 비유함이 남다른 일은 아니지만 만리의 추강월과 자연스럽게 연결함으로써 보내는 스님의 청정한 모습을 보는 듯하다. 경전을 밤 새워 읽는 스님의 경상 밑에 다가온 원숭이, 이는 독경의 삼매에 잠기더라도 心猿意馬일 수도 없는 잡된 생각의 틈임을 경계한 뜻이겠지만, 시를 시 자체로 보면 독경의 스님과 경상에까지 다가온 자연물을 융화한 것으로 역시 선정의 정적을 느낄 수도 있다.

일천 봉우리 문을 삼아 잠갔더니	閉戶千峯臥
먼 나그네 시를 찾아왔구료	求詩遠客來
서강 만 리의 물을	西江萬里水
이 작은 잔으로 다 마실까?	吸盡小蠡杯

玉禪이란 사미승에게 준 시이다. 시의 내용은 부사의하고 무량한 진리를 작은 근기로야 어찌 다 수용하랴는 내용이지만 선기를 보인 시라 하더라도 산수의 자연 소재로 무리없이 보여준다는 점에서 환성 대사의 시는 흐르는 물과 밝은 꽃을 여읨이 없이 자연스러운 선기의 유로이었음을 알게 한다. 이 점이 바로 대사가 자재로이 선을 이해하고 교에 통달한〔弄禪通敎〕 자세가 아니었던가 생각된다.

影海의 公卿外護的 酬唱

1. 간략한 행적

影海 大師(1668~1754)의 행적은 그의 법손인 默庵이 찬술한 「影海大師行狀」에 간략히 서술되어 있다. 대사의 이름은 若坦이고 자는 守吶이요, 영해는 호이다. 속성은 김씨이고 관향은 光山이다. 아버지가 통정대부인 中生이라 하였으니 당시의 명문이었음을 알 수 있게 한다. 어머니는 서씨이다. 현종 9년(1668) 10월 1일에 태어났다. 태몽으로 스님의 꿈을 꾸었더니 태어남이 마치 가사옷을 입은 듯했다 한다. 당시의 명문자제로서 출가가 용이하지 않았을 것을 상상할 때 다음날의 출가는 이렇듯 숙세의 인연이었던 것으로도 이해된다.

여덟 살부터 배움을 시작하여 그 재질을 인정받았다. 10세에 楞伽寺로 출가하여 得牛 長老를 은사로 모셨다. 17세에 無用 和尙을 처음 뵙고 감격에 겨워 눈물 흘리는 것도 몰랐다가 다음 해 수계하고 22세에 경전 강독의 가르침을 받고, 참 마음으로 각오의 공부를 시작하니 그를 따를 만한 이가 없었다.

문집에 이때의 시가 있다. 시의 제목이 種瓜得瓜이고, 주에 "年二十二己巳春 初參無用大師時 應題作也"라 하였으니 初參이 바로 경전 강독의 시작이었음으로 보이며, 본격적인 공부의 시작에 스승으로부터 "외 심은 데 외 난다."는 제목을 받고 시를 지었던 것이다.

두어 이랑 심은 외밭에 피는 노랑꽃	種瓜數畝發黃花
먼저 핀 꽃 시들고, 나중 꽃 아름다워	先發將衰後發嘉
이슬은 떨기 적셔 푸른 잎 무성하고	露濕叢中靑葉茂
비로 다져진 흙에 가지 더 돋는다	雨饒培土綠枝加
몇 자씩 뻗는 덩쿨 긴 놈 짧은 놈	蔓莖尺許長兼短
몇 치로 자란 열매, 누운 놈 서 있는 놈	結果寸餘竪復斜

용의 발톱인 모습, 비단처럼 고운 빛깔　　　形似龍蹄色似錦
아이에게 따게 해 어버이 공양하라네.　　　슈兒採得供親家

　스승이 내린 제목은 사제간의 같은 씨에 같은 열매임을 암시하였고 제자는 스승을 이어 더욱 빛날 뜻을 보여주었다. 뒤에 피는 꽃이 아름답다 하면서도 비나 이슬로 자라나는 스승의 덕을 기리고, 거기에서 얻은 열매는 스승에게 되돌린다는 뜻을 자라나는 외로 아름답게 가탁하였다. 이와 같은 열매 맺기의 결심으로 정진하기 10여 년에 萬法唯心의 참뜻을 신행하니 배우려는 이가 모여들었다. 37세에 鳳山의 청을 받아 慈受庵에 입실하게 되니 성문이 널리 퍼져 수백의 대중이 모이게 되었다. 이것이 대사가 산행을 수립하게 된 대략의 실상이다.

　18세에 속가의 아버지가 돌아가셨고 28세에 어머니가 돌아가시매 초종의 상례절차를 유감없이 하였으며, 52세에 송광사에서 수계사인 무용 대사를 위하여 화엄대회를 여니 사방에서 수천의 법려가 모였다. 이어서 대사가 입적하시니 다비의 모든 절차에 친히 정성을 다하였다. 이것은 재가 출가의 어버이에 대한 대사의 효성이었다.

　61세 되던 해 세칭 戊申亂인 李麟佐의 난이 일어나자 方丈山 碧松庵에서 학인 수만 명과 함께 계시다가 대중에게 이르기를, "국가의 보살핌을 받으면서 이러한 변고를 당하였으니 나라 구할 힘이 없다면 내 어찌 지략을 아끼랴만 형세가 그렇지 못하니 조용히 지내며 난의 평정을 기원하리라."하였으니 이는 대사의 충절스러운 일면이었다.

　이때 都巡撫使 吳命恒을 도와 난을 평정했던 趙顯命(1690~1752)은 公卿으로서 대사에게 각별한 외호자의 한 사람이었다. 이는 이인좌의 난에 누구보다도 奮忠感慨하였던 대사의 우국지정을 이해함이 아니었던가 하는 추측도 가능하게 한다. 묵암이 서술한 행장에서 "公卿外護者不一 而豊原君趙相國 爲晚節忘形交"라 함은 이를 입증하는 말이라 하겠다. 조현명은 이 난의 평정으로 3등의 공신호를 받아 풍원군이 되었고, 뒷날 영의정인 국상이 되었던 것이다. 더구나 대사와는 22세의 연하이면서 처지를 가리지 않은 교분에는 위와 같은 특별한 사연이 있었던 것이 틀림없다.

　82세에 제자 楓巖의 청을 받아 雜華場中千人之長이 되셨으니 이것이 대사의 대중구제의 절정이었다. 87세 되던 갑술년(1754) 정월 초이틀 가벼운 병환을 보이시다 다음날 자시에 입적하였다.

2. 道俗을 초월한 담담한 酬贈詩

　법손인 黙庵이 행장에서 '公卿外護者不一'이라 말했듯이 대사는 동도자에게 뿐만 아니라 속인과의 수창이 매우 많았다. 그럴 만한 이유의 하나가 바로 그의 시는 담담한 인정의 교환이기에 길을 달리하는 승·속의 거리를 느끼게 하지 않는 자연인으로서의 우정이었던 것으로 보인다. 대사의 법호가 암시하듯이 큰 바다가 온갖 그림자를 있는 그대로 수용하듯이 담담하게 받아들이기에 가능했던 것이 아니었을까. 그러면서도 당시의 사정이 승·속의 교분을 시로 매개 삼는 것이 무엇보다도 명분있는 일이었기 때문이었다.

지난해 가을 석별의 정 나눌 때	年前惜別海山秋
그대 청초한 시 내 시름 달랬지	君有淸詩慰我愁
참선 여가 때때로 시 한 수 읊으면	時向禪餘吟一過
그 날의 두 눈을 뚜렷이 보게 돼.	依然當日對雙眸

　宋 生員에게 차운하는 두 수 중의 하나이다. 두 사람의 만남에 시가 있었고, 헤어지고도 수시로 기억되는 것도 시 때문이다. 이렇듯 시로써 다져지는 우정이었음이 분명하다. 참선의 여가에 시를 읊는 것이 산사에 있는 스님의 일상생활이면서 시를 읊노라면 승·속을 떠나 물아의 격의 없는 시의 벗이 연상되었던 것이다. 속가의 선비가 스님을 대했을 때는 스님의 禪談에 귀를 기울이게 되고 그러다 보면 선가의 묘미에 젖어들어 진리의 기틀을 알아보려고도 할 것이다. 여기에서 두 사람의 우정은 다져지게 되는 것이니 송 생원에게 보낸 나머지 한 수에도 그러한 뜻이 담겨 있다.

홍이 겨운 이른 봄 선경을 찾아와	早春乘興訪仙臺
조용히 마주 앉아 시공의 무상 물었죠	對榻從容問劫灰
선가의 수승 경계 아시려 하면	欲識禪坊靈勝景
뭇 봉우리 뾰죽뾰죽 물은 천 굽이.	群峯矗矗水千廻

　선가의 오묘한 진리는 자연의 여실한 실상이라 한다. 이 진여의 여여한 실상

이 바로 저 솟은 산, 흐르는 물이니 속사와의 선문답에 이보다 더 가까운 설명이 있겠는가. 더구나 시로서의 주고 받음이니 자연 실경의 묘사 이상 시의 소재로서 적합한 것도 없다. 대사의 이렇듯 담담한 시의가 서로의 거리를 좁히게 하는 매력이었을 것이다.

장엄한 옷차림의 조정 대신을	繡衣漢北使
절 동녘 숲에서 맞이하였소	忽遇寺東林
형식 떠나 깊숙이 맺은 인연	像外幽盟結
구름가 저녁 경치 찾았구료	雲邊暮景尋
바위머리엔 푸른 구슬 흐르고	石川流碧玉
황금을 흩어내는 돌담가 국화	巖菊散黃金
태연히 서로 마주앉은 곳	相對怡然處
이미 깊어진 마음마저도 있었구료.	不覺契已深

「呈李都事」라 제한 시다. 이 도사라 하였으니 실명은 알 수 없지만, 정5품의 관직으로 있는 관리이었다. '한북사'라 하였으니 중앙에 있던 관원이었음은 분명하다. 像外幽盟結이라 하였으니, 두 사람의 외형적 처지가 다르면서 심중 깊숙이 맺은 마음은 누구보다도 남다름을 알 수 있다. 그러면서도 자주 만날 수 없는 처지이니 구름 끝과 같이 멀게만 느껴진다. 찾아온 지금의 처지도 구름가에서 철늦은 심방이었음을 암시한다.

두 사람이 만난 지금의 주변 경관은 흐르는 물이요, 피는 꽃이다. 碧玉이나 황금은 물과 꽃을 유추한 용어이지만 산에 사는 스님으로서는 유추가 아닌 사실로서 속인과 다른 풍요로움의 사실성이라 하여도 결코 과장될 것이 없다. 또한 속인에게 전할 선물로도 이 이상의 고귀함은 있을 수 없다. 그러기에 두 사람의 대좌에는 평안한 마주침이요, 이 평안함은 두 사람의 격의없는 마음 깊이에서 맺어진 것이지만, 그것마저도 서로 잊고 있는 평안함이다.

시로 전하는 정 다시 두텁고	傳詩情更重
인해서 평안하신 안부를 살피오	仍審體便輕
눈 곡조 누가 화답하랴만	雪曲誰能和
부질없이 거문고 빗기 안았소	瑤琴謾自橫
의지는 서리 맞은 대나무인 듯 무성하고	志將霜竹茂

마음은 백옥의 물병처럼 맑으오	心與玉壺淸
옛부터 정신의 사귐 있는 법	自古神交在
한유나 태전은 명성만으로 사귐 아니오.	韓顚不以聲

「次梁進士來韻」이라 한 두 수 중의 첫 수이다. 양 진사가 보내 온 시에 차운한 시이다. 두 사람의 정의가 시로써 돈독했던 점을 이해하게 한다. 전해준 시에서 정을 느끼게 하고 아울러 서로가 평안함을 알게 한다.

한적한 산사에서 누구와 화답할 사람이 없다. 백아가 거문고 탈 때 화답하는 종자기와 같은 사람이 있었으면야 오죽 좋으랴마는 그런 사람이 없다. 없다 하여 백아가 거문고 줄을 자르듯 절망할 수는 없다. 그래도 거문고는 안고 있어야 한다. 그대와 같이 시로 정을 전해주는 이가 있기 때문이다.

서리 맞은 댓잎의 푸르름, 백옥의 병에 담긴 물의 맑음, 두 사람의 의지와 마음이다. 담담히 맑은 두 사람의 마음이기에 진솔한 교감이 오가는 것이다. 같은 차운시의 또 한 수에서 서로를 이백과 두보에 비유하며 "시를 읊노라면 두 볼이 시원하다〔吟來牙頰爽〕."하였으니 시로써 사귀는 두 사람의 마음을 이해할 만하다.

옛날 한유와 태전의 사귐이 자신들이 처한 승·속간의 명성으로서가 아니라 정신적인 교감이었으니, 자신들의 처지도 그러하다는 것이다. 양 생원과의 수창시는 이 밖에도 차운 2수와 수증 2수가 더 있으니 두 사람의 교분이 남달랐음을 알게 한다.

아홉 층 높이 솟은 시인의 누대	嶷嶷詞樓聳九層
그 높은 담장 누가 감히 오르랴	門墻高遠孰堪登
풍류의 멋은 이미 이백의 허락 받았고	風流最許靑蓮老
높은 도덕은 이 벽안승이 부끄럽소	道德深慚碧眼僧
비고 고요한 마음 가을물이라 맑고	虛寂心源秋水淨
원융한 지혜 보름달처럼 둥글죠	澄圓智鑑玉輪昇
부지런히 어둠 밝히는 夜光珠라	夜光何意勤投暗
읊조리는 글자마다 얼음처럼 시원하오.	字字吟來爽似氷

「謹次李生員韻」이다. 이 생원이 보내온 시에 차운한 것이다. 보내온 상대방의 시에 대한 화답의 형식이기에 그에 대한 칭찬이야 사귐의 예의라 할 수도

있겠지만 반드시 그렇지만은 않다. 상대방에서 이쪽의 신분을 깊이 이해하고 있음을 보여주고 있다. 이백과 같은 풍류만 있는 것이 아니라 산사의 스님으로도 부끄러움을 느껴야 할 덕행이 있음을 암시하고 있다. 비고 고요한 마음이나 둥글고 청정한 지혜가 선가의 참선 요지이거늘 이 생원으로서의 상대방이 가을 물 같은 맑음, 둥근달 같은 청정함이 있어 이 쪽의 어둠을 밝혀주고 있다 하였다. 이렇듯 서로 교감되는 공통점이 있기에 시어의 한 구 한 구에 상쾌함을 느끼고 있다. 승·속을 떠난 교분의 깊은 정을 이해하게 한다.

찾으심 원래 정이 깊기 때문	傾盖元來契已深
평생 한 번 오늘 밤 지기 만났소	百年今夕托知音
형상 밖의 그윽한 맺음 아니라면	若非像外幽盟結
구름 끝 옛절을 어찌 찾겠소	安得雲邊古寺尋
벼랑에 지는 물 부서지는 백옥처럼 차갑고	落石驚湍寒玉碎
하늘 가린 산란한 숲 저녁노을 잠겼소	挑空亂樹晩煙沈
누가 기약하리, 바다 끝 능가사에서	誰期極海楞伽寺
반나절의 한가로운 이 마음의 토론.	半日閑論一寸心

「贈安生員」이라 제한 시다. 지기의 벗으로 찾아온 안 생원이다. 시어에서 보이듯이 승·속을 초월한 지기의 멋이었던 것이다. 평생에 만나기 힘든 지기의 벗으로 여겼으니 두 사람의 사귐을 짐작할 만하다. 벼랑에 지는 폭포수나 하늘을 덮는 숲이야 시공을 넘는 존재의 사실이지만, 지기의 벗이 찾아왔기에 그 아름다움이 되살아난 것이다. 이 정다운 자연 속에서 만난 정다운 벗이다. 이런 만남이 어떤 기약을 두고 이루어진 것도 아니요, 뜻밖의 만남일 때 더욱 반갑다. 반나절의 한담이지만 백년의 회포였던 것이다. 백년 반일 一寸 등의 시간적 대칭으로 돈독한 정의를 더욱 깊게 부각시키고 있다.

　위 몇 편의 시에서 보듯이 당시의 스님들이 유생과의 교분에는 항시 시를 매개로 하여 깊은 정을 주고 받고 있었다. 영해 대사도 많은 시를 남기고 있지는 않지만 동도자와의 수창보다도 유생과의 시가 많은 점이 더욱 두드러진 점이라 할 수도 있다. 더구나 동도자와의 수창에서는 근항의 안부를 묻거나 교리적 내용이었음도 자연스러운 현실이었던 것이다. "문장이나 시구는 모두가 여가의 일/공문의 부처 으뜸 되어야 하죠〔文章詩句皆餘事 好作空門釋氏宗〕" 〈次龍澤長老韻〉'라 함이거나 "붓을 들어 구슬 같은 글귀에 화답하려 하나/매미울음

가지고 봉황울음이라 할까 두려워〔抽毫欲和瓊琚句愧把蟬鳴擬鳳鳴〕"'〈次朽木
來韻〉'함과 같은 시구로 볼 때 동도자와의 수답을 시로 한다는 것은 부질없는
일이었던 것이다.

　이상에서 살핀 바로 영해 대사는 행장에서 언급했듯이 유생인 공경들의 외호
를 받았음이 시로서의 교분에서 더욱 두터웠던 것으로 이해된다. 그럴 수 있었
던 점은 스님이 스님으로서의 처지를 잘 지켰기 때문이었으리라 보인다. 이 점
은 시승으로서의 대접이 아니라 선승으로서의 마음에서 우러나는 대접이었을
것이라는 해석을 해야겠기 때문이다. 스님의 시를 우정의 순수성으로 이해하는
것이 마땅하고 작시의 기교로 이해하는 것은 옳지 않겠다.

不淡한 虛靜의 詩

1. 당호처럼 虛靜한 대사

　虛靜 大師(1670~1733)의 법명은 法宗이고 허정은 그의 당호이며 속성은 全氏이다. 12세에 출가하여 玉岑 長老에게서 체발하고 道正 大師를 배알하여 곧 깨우치니 도정 대사는 圓頓의 법계가 이제는 너에게 있다 하였다.

　그 뒤로 묘향산에 들어 月渚 大師를 참알하여 모든 장경을 섭렵하였고, 월저 대사의 수제자이었던 雪巖 大師에게 참여하여 玄旨를 듣고 인가를 받았다. 이 것이 대사의 사자관계이다. 『허정집』에 있는 「悼四室」의 시 "西山日落 四溟 風寒 月渚夜冷 雪巖燈殘"은 이러한 가계의 종품을 보인 시이다.

　대사께서는 허정을 단순한 당호로만 했던 것이 아니라 자신의 몸가짐의 신조로 삼았던 것이다. 「自警」이란 시를 쓰면서 『道經』에 있는 "높은 경지의 사람 마음은 비고 고요함을 잘 보존하며 맑은 물과 같다〔至人之心 善保虛靜 如水淵 澄〕."를 인용하여 다음과 같이 시를 썼다.

　　　굳은 돌처럼 뜻을 지키고　　　守志堅石
　　　청결한 얼음처럼 정신을 집중　　凝神潔冰
　　　비고 고요함 잘 지켜　　　　　善保虛靜
　　　물이 맑아지듯.　　　　　　　亦如水澄

　대사는 이렇듯 비고 고요한 몸가짐으로 일관하려 하였으니 그의 시가에는 이 허정에 대한 동경이 많다. 위에 든 「자경」이라는 시와 함께 사언절구 5수가 있는데 이 5수의 시는 모두 직간접으로 '허정'에 대한 술회이다. 「초당」이라 한 시에

　　　초당은 비고 고요하고　　草堂虛靜

바람 달 길이 한가롭다   風月長閑
홀로 누운 주인이요   主人獨臥
몇 겹의 푸른 산.   數重靑山

이라 함은 '허정'에 대한 직설적 서술이지만 「淸夜」와 같이

물낯에 바람 일고   水面風生
못 가슴에 달지다   澤心月落
일상적 이 청정한 맛   一般淸味
스스로 알 사람 별로 없어.   無人自樂

함은 허정을 즐기는 대사의 자연관이라 할 수 있겠다. 그런데 여기서 흥미로운 사실은 대사의 이러한 「허정」에 대한 신조는 뿌리 깊은 내력이 있다는 점이다. 위에서 말한 4언절구 다섯 수를 쓰면서 스스로 주하기를 '效西山'이라 하였음에 유의할 필요가 있다고 보인다. 서산을 본받는다 함이 서산의 4언시의 형식을 빌었다 할 수 있지만, 그것보다도 서산의 청허한 자세를 본받는다는 뜻으로 보아야 하겠기 때문이다. 서산의 법맥을 잇는 월저를 스승으로 하였기에 서산의 '청허'를 이은 대사의 '허정'이었음이 분명하다. 그러기에 이 4언시의 끝 시가 위에서 본 「悼四室」로 되어 있다. 이것이 바로 자신의 '허정'은 이렇듯 가풍을 이은 허정이었음을 암시한 것이라 하겠다.

산 속이여 이 초당   山中兮草堂
돌 창문이여 비고 고요하다.   石窓兮虛靜〈山中辭〉

청산은 거듭거듭 흰 구름은 층층   淸山疊兮白雲層層
초당의 깊음이여 허정하고 한가로워. 草堂深兮虛靜閑〈虛靜歌〉

와 같은 시구에서 보이는 것이 모두 대사의 평소 생활이요, 동경이었던 것이다. 「백운암」의 노래에서는 "저 속에 누운 사람이 누구인가, 사물에 아무 생각도 없는 허정의 나그네〔這間高臥者爲誰 物外無心虛靜客〕"이라 하여 무심의 허정이 바로 자신임을 읊고 있다.

2. 虛靜처럼 투영된 시의 平淡

　대사의 문집은 『허정집』이라 하여 상·하 2권으로 전해지고 있다. 상권은 시이고 하권은 문이다. 책머리에 실려 있는 서문은 '虛靜大師詩集序'라 하였으니 주로 1권 시집에만 국한된 서문의 역할을 한다 하겠다. 이 서문은 대사의 사람됨과 시가 하나로 되어 있는 실상을 잘 표현해주고 있어 대사의 시를 보는 이는 바로 대사의 일상적 인간성을 접하고 있음을 알게 한다.

　대사의 시는 체법이 유순하고 태도가 평담하여 모든 욕심이 다 비었고 모든 이끌림이 다 끊겼다. 인자한 구름이 평화롭고 지혜의 햇살이 선명하니 이것은 어쩌면 시가 성·정에서 근원한 것이 아니겠는가……. 또한 나라를 슬퍼한 시를 보면 한 생각이 오직 국가와 민족에게 있으니 걱정과 사랑이 아니고 무엇이며, 네 조상을 애도한다〔悼四室〕는 한편의 간절한 뜻은 조상과 근본을 높임이 아니겠는가. 또한 스승과 벗을 애도하거나 부모를 사모함에 있어서는 일이 있을 때마다 시를 써 애도해 마지 않았으니 어찌 속세를 떠나 법문에 귀의한 자로서 속세에서도 행하기 어려운 일을 이렇게 행할 수 있었는가.

　若師之詩 體法柔艶 態度平淡 五緼皆空 諸漏已盡 慈雲靄和 慧日鮮朗 斯豈非詩本性情者耶……. 且觀其國哀詩數絶 則一念猶在君民 非憂愛而何 曁夫悼四室一什 意頗切至 得不爲尊祖敬宗者歟 至若悼師友慕父母 動輒有詩追哀不已 豈意離塵境歸法門者 有如是在人難行者乎

라고 하였으니 이 몇 마디는 대사의 시와 사람됨을 조화롭게 표현하면서 한 권의 시를 적절하게 총평한 셈이다. 대사가 비록 出塵入聖하였다 하더라도 속세적 삶의 인간적 정리를 저버림이 없는 시적 표현이 '허정'을 삶의 지표로 삼은 고요함과 비어 있는 너그러움에서 온 평화롭고 담담한 시정이었다 하겠다.

보내고 맞이하는 문 앞 길	相送門前路
지는 꽃 사람들 쓸지 않건만	落花人不掃
봄 바람은 그래도 정이 있어서	春風便有情
시냇가 풀 언덕에 불어보낸다.	吹散溪邊草

「次洪進士益重韻」이라 제한 시다. 제목은 남의 시운을 따라 지은 시이지만,

내용은 봄날의 잔잔한 풍경을 여실하게 읊은 시이다. 나그네를 맞고 보내는 길목, 떨어진 꽃잎도 핀 꽃만큼이나 정답기에 쓸지 않지만, 보기에 따라서는 오히려 무정한 심경이라 할 수도 있을 것이다. 그러기에 풀섶으로 몰아다 다소곤히 감추어주는 바람결이 더 정답게 보일 수도 있다. 산마을의 티없이 포근한 정경이다. 무정물의 꽃과 바람을 유정화시키고 있다. 그러면서도 작자의 고의성이 보이지 않는 자연 그대로의 묘사이다.

바다산 저녁 볕에 숨는 학	鶴歸海山暮
깊은 골 가을하늘 흩어지는 구름	雲散洞天秋
줄줄 여울지는 바위 위 물	涓涓石上水
길이 만고의 시름 품었다.	萬古長含愁

「金華山澄光寺」에서 지은 시이다. 절을 두른 가을산의 저녁 풍경을 담담하게 읊었다. 시의 제목에다 '雪巖 和尙께서 입적한 곳'이라 하여 학이다 구름이다 함이 옛 스승의 영상으로 미화했음을 알 수 있게 한다. 흐르는 바위 물에서 느끼는 만고의 시름도 스승을 사모하는 정에서 느끼는 시름으로 이해된다.

대사는 속가의 어버이나 출가의 스승에 대한 사모의 정이 남달리 많았던 것 같다. 시편 안에 이러한 시가 자주 보인다. 위 시에서는 옛 사찰을 시로 쓰면서 은사가 있었다는 사실에서 단순한 서경이 아닌 회고의 정을 보이고 있는 것이다. 그러면서도 그것이 인간적 속세의 정리로 표현되는 것이 아니라 자연의 모습으로 표현되고 있으니 이것이 바로 서문에서 평했던 것과 같은 모든 이끌림에서 벗어남이라 할 수 있을 것 같다.

성근 비 가을 산 밖	疎雨秋山外
저녁 놀 고목나무 저쪽	斜陽古樹邊
해 저문 하늘 기러기 울음	暮天孤鴈響
왜 나그네 시름 끌어내나.	何事客愁牽

「思鄕」이라 제한 시다. 단순한 고향 생각이 아니라, 시제에 늙으신 어버이가 계시기 때문이라 하였으니 어버이를 그리워하여 지은 시인 것이다. 그러나 시 자체로서는 끝구의 나그네 시름이라는 말이 없으면 고향의 그리움을 알 수가 없다. 단순한 가을 산천의 풍경을 묘사한 것으로밖에 볼 수 없게 되어 있다. 가을비 저녁 노을 철새와 기러기 등이 쓸쓸함을 느끼게 하는 소재들이기에 나

그네의 시름을 불러 일으키기에 족할 뿐이다. 이렇듯 대사의 평담한 시상은 자연의 실상을 그대로 읊어 그 속에 작자의 정감을 함축시켰다 하겠다. 작자의 이러한 정감을 직설적으로 표현한 시가 다음과 같은 것이다.

거친 산 지나는 소나기	驟雨荒山過
지는 해에 싸늘히 울리는 매미	寒蟬響夕陽
까닭없이 이별의 시름	無端離別思
갑자기 나그네 가슴 파고 드네.	急入客愁腸

매미 울음을 듣고 지은 시이다. 여름날 소나기가 지나간 후 뭇 매미의 울음에서 나그네의 시름이 돋아남을 말했으니, 자연의 경관이 작자인 나의 정감을 끌어내고 있다는 것이다. 이것을 시인 중심으로 바꾸어 표현하면 자연 사물에 나의 정감을 녹여 넣은 것이라 하겠다. 이렇듯 자연과 하나로 융화된 대사의 인간미이기에 부모나 스승을 사모하는 정이 남달랐다. 어쩌다 지나는 고향이나 옛 스승의 자취있는 곳을 지나게 되면 그저 지나칠 수 없어 감회어린 시를 남기게 되었다.

어제는 강동의 마을을 지났더니	昨過江東縣
오늘은 제석산에 올랐네	今登帝釋山
암자엔 조사스님 세 분 계신 듯	庵疑三聖住
산마루엔 아홉 용이 서린 듯	峀若九龍蟠
지세 뛰어나 사람 응당 영걸했고	地勝人應傑
하늘도 신령스러 귀신도 지혜롭네	天靈鬼亦慳
구름마저도 서글퍼하는 곳	雲烟獨悽愴
남기신 자취 차마 보지 못하겠네.	遺躅不堪看

「九龍山」에서 지은 시이다. 이 산은 설암 화상께서 태어난 곳이요, 설암 화상은 대사의 은사이었으니 옛 스승이 태어나신 곳에서 그 스승의 모습을 보는 감회가 남달랐다. 대사는 속인의 처지에서 보게 되면 지나치리만큼 세속의 정리에 이끌려 있는 것같이 보인다. 그러나 시의 깊은 뜻을 음미해보면 그것이 속정에서가 아니라 자연의 한 점으로 가슴에 인 찍듯이 진리의 법체로 승화시켰다 할 수 있다.

위의 시에서도 자연과 조화된 인간의 현실, 다시 말해서 한 인간의 태어남이 그를 에워싼 산천의 영기에서 인연되어 일어날 수 있는 자연 원리를 말하고 있다. 자신과 맺어진 스승이라는 개인적 감정이 아니라 이러한 아름다운 자연에서 태어나면 누구도 영걸스러울 수 있는 일반적인 자연의 순환임을 강조했을 따름이다. 끝구에서 말한 차마 볼 수 없는 자취라는 감상이 없었다면 스승을 위한 시임을 알 수가 없게 되어 있다. 이것이 바로 대사의 평담한 시정이라 해야 할 것이다.

3. 出家·思鄕·住山의 無碍的 詩情

위에서 보았듯이 대사는 속정에 얽매인 듯하면서 얽매임이 없는 인간적 정리의 고향 생각이나 스승을 사모하는 시를 자연과 잘 조화시켰다 하겠다. 이러한 인간적 정리는 속세를 여의었기에 어느 면에서 더 강하게 느낄 수도 있는 것이다. 이것이 스님이기 이전에 자연인인 한 인간으로서의 당연한 정리이다. 그러면서도 속세의 인연에 얽매임이 없기에 속정의 그리움은 思鄕이 아닌 望鄕으로 멈추어야 했던 것이다. 다음의 시가 바로 그러한 심정을 잘 보인 시라 하겠다.

가랑비 내리는 싸늘한 강 저쪽　　細雨寒江外
사라지는 노을 지는 해 저편　　　殘霞落日邊
고향은 어느 곳일까　　　　　　　故鄕在何處
멀리 바라보는 흰구름 하늘.　　　遙望白雲天

「望鄕」이라는 시다. 그저 그리움으로 바라보는 곳이다. '노부모가 아직도 계시기 때문'이라는 자주를 달고 있다. 부모가 계시는 고향이다. 앞에서 「사향」이라는 시도 보았다. 그 시는 고향의 그리움을 마음 속에서 품어야 하는 생각이었다. 그러기에 거기에서는 나그네의 시름을 끌어낸다 하였다. 세속의 어버이에 대한 자식의 정이 그리움으로 드러남은 당연하나 거기에 끌려 시름이 일어서는 출가인의 본분이 아니지 않겠는가. 그러기에 「사향」을 초극하여 「망향」으로 승화시켰다 하면 어떨까.

이것이 바로 출가에서 사향으로 다시 바라보는 고향으로 놓아두고 산에 머무르는 구도자의 안주처가 아닌가 생각되며, 대사의 시도 이러한 순환의 이력을 보인 것이라 생각된다.

푸른 산 푸른 물, 일만 겹 거듭거듭	靑山綠水萬重餘
그 중에 쓸쓸한 초가집 한 채	中有蕭然一草廬
날아들 수 없는 뜬세상 먼지 구름	浮世風塵飛不到
하늘이 날 시켜 허정도인 살라 하네.	天敎虛靜道人居

「題香山上雲庵」이라 제한 시다. 암자를 두고 지은 시이지만 이 암자에 머무를 수밖에 없는 주인의 초연함을 말하였다. 내가 여기에 살고 싶어서라기보다 자연이 나를 살도록 시켰다 함이 역설적 표현인 것 같지만 이것이 역설이 아니라 자연과 내가 하나가 된 처지에서는 오히려 옳은 순리인 것이다. 그러기에 때로는 속가에 와 있으면서도 산사를 그리워할 수밖에 없었다.

한번 세속 인연 끌려 오래 버리지 못해	一落塵緣久未收
천 리의 묘향산 아득히 바라보네	妙香千里望悠悠
구름 걷힌 저녁 원숭이 골에 울고	猿啼岩壑雲歸夕
기러기 해저문 가을강에서 부른다.	雁叫江天日暮秋
덕에 드는 큰 길 숫돌처럼 평탄컨만	入德大途平似砥
낚시같이 굽은 세상일에 끌려 있다.	牽人多事曲如鉤
세상살이 가는 길 심하게도 굽어 있어	世間行路崎嶇甚
물정 밖에 그윽한 임천을 그리네.	幾憶林泉物外幽

「滯鄕憶山」이란 시다. 제목에서 보이듯이 고향에 있게 되어 산사를 그리는 시다. 스님으로서의 고향은 오히려 산사이다. 그렇게 본다면 이 시는 고향을 그리는 시인 셈이다. 이것이 대사뿐만 아니라 대사와 같은 스님들의 본 생각이다.

이렇듯 대사는 출가·출산·환산의 자유로운 반복이 오히려 무애 자재의 초연함이다.

우성으로 내려온 지 또 한 해	一下牛城又一年
아미산의 풍경은 꿈에만 아득	峨嵋物色夢依然
격 밖의 참선의 흥 아득히 알면서도	遙知象外饒禪興
티끌세상 무거운 속세인연 아쉽다	肯念塵間重俗緣
숲의 달 봄 밑의 이슬 여기저기 비추고	林月散明春葉露
절 종은 싸늘히 저녁 연기 타고 오네.	寺鍾寒度暮山烟

| 국경 저 멀리서 서글퍼하는 회포 | 關河搖落傷懷抱 |
| 머리 돌려 먼 하늘 바라보기 힘겨워. | 矯首難堪望遠天 |

「望香山」이란 시다. 묘향산을 바라보며 짓는 시라 하였으니, 속세로 내려와서 스님으로서의 고향인 산사를 그리워하는 것이다. 참선이라는 선가의 흥을 알면서도 속세의 인연 또한 어찌할 수 없는 현상황으로 물리치지 못하는 것이다. 역시 선사들 從聖入凡의 출출세간적 초월적 자세인 것이다.

지금 묘향산에 어울려 있을 자연의 풍경, 봄이 되어 돋아나기 시작하는 나뭇잎, 그 사이로 빛어나는 달빛, 저문 산의 아지랭이에 싸여 들리는 종소리, 이 모든 것들이 꿈 속에도 아른거리는 산사를 에워싼 대사의 고향 풍경이다. 대사가 그리는 고향이다. 속인의 처지에서 보면 고향에 와서 또 고향을 그리고 있는 것이다. 그러기에 상심되는 회포, 차마 마음의 고향, 저 묘향산을 떳떳하게 바라보기 어려웠던 것이다. 그러면서도 산사에 돌아오면 속세의 고향 또한 쉽게 잊을 수도 없는 것이다.

향산 숲 깊은 곳 홀로 한가로워	香林幽處獨閑遊
누구와 맑은 시 주고 받으며 이야기하나	誰共淸詩話唱酬
고향 꿈 때때로 베갯머리에 일고	鄕夢有時生枕上
이별 회포 종일토록 눈썹 가 맺혀 있네	別懷終日結眉頭 ·
남쪽 하늘 비 개여 매미 우는 계절	南天雨霽蟬鳴節
북쪽 변경엔 바람도 싸늘, 기러기 높은 것을	北塞風高雁叫秋
가려 해도 못 가는 고향을 바라보며	回首關山歸未得
해 저문 누대에서 읊는 시도 괴로워.	不堪吟依夕陽樓

「望鄕」이라 제한 시이니 산사에서 그리는 고향의 시다. 산사에서는 역시 속세의 고향이 그립다. 대사가 속세 고향을 그리는 이유가 묘하다. 여기서는 대화자가 아쉽다고 말하고 있다. 그 대화자가 누구인가. 시인이다. 시를 주고 받을 대화자를 찾고 있는 것이다. 여기에서 조선조 스님들의 문집이 주로 시로 이루어졌던 이유를 십분 짐작하게 하는 것이며 시가 바로 승·속간의 한계를 뛰어넘어 격의없는 인간적 교분을 맺어준 매개체였음을 알게 한다.

앞의 두 시가 처해 있는 공간이 각각 다르기에, 그리워하는 이유도 달랐다. 속세에서 산사를 그리워함은 격을 뛰어넘은 禪趣의 흥이요, 산사에서 속가의 고향을 그림은 대화자로서의 시를 주고 받음이다. 처해 있는 현실에서 그리는 풍경 또한 다르다. 속가에서 그리는 산사의 풍경은 숲속의 달빛이나 저녁노을의 종소리이지만, 산사에서 속세를 그리는 풍경은 늦여름의 매미 소리요, 초가을의 기러기 울음이다. 역시 처지에 따른 적절한 서술이라 하겠다. 이것 또한 선사들의 경계에 막힘이 없는〔處無碍〕 초탈적 자세라 한다면 지나친 해석일까. 어쨌든 대사의 막힘없는 자세라 하여둠이 옳겠다.

　좋은 풍경을 놓치지 않고 붓끝에 거두는 것이 시인 묵객의 다반사이기에 대사에게는 명승지의 서경이 많이 있다. 특히『遊金剛錄』은 금강산의 기행록으로 드물게 보이는 장편 서사기행문이다. 여기서는 서경적인 시 몇 수를 살펴보도록 한다.

평양성 뛰어난 풍경 이 누대 덕분이나	箕城形勝此高樓
그 누가 날렵한 붓으로 이 뜻 다 거두리	誰把長毫盡收意
황학루의 흐르는 물 하늘가에 지고	黃鶴靑川天半落
오문의 아련한 숲은 땅 끝에 떴다.	吳門烟樹地偏浮
삿대로 휘저은 파도에 푸른 산 흔들리고	波迎桂棹搖靑嶂
바람은 신선 돛 끌어 저녁 물가로 인도하네	風引仙帆入暮洲
다시 들리는 어부의 노래 한 곡조	更聽一聲漁子笛
석양에 불러 일으킨 옛 도성의 시름.	夕陽吹送古都愁

「次浮碧樓韻」이다. 부벽루의 아름다움을 읊었다. 평양이 명승지로 유명하다면 바로 이 부벽루이기 때문임을 강조하였다. 이 강조가 지나치다보니 중국의 황학루나 오문이 저 하늘 끝에 보일 듯하다 했으니 시의 구성으로야 그리 흠될 것도 없다. 제3련에서 대동강의 풍경을 실감있게 표현함으로써 이 시 전편의 서경이 살아나고 있다. 물에 비친 산빛은 일렁이는 파도에 의해서 흔들린다. 삿대가 산을 흔들고 있다. 바람결을 타는 것이 돛배이기는 하지만 배가 가는 것이지 바람이 끌어당기는 것도 아니다. 그러나 이 시에서는 바람에 이끌리는 배로 사실화하고 있다.

흰구름따라 赤松子 쫓은 놀이	白雲飛逐赤松遊
한번 둘러본 선경 온 생각 멈추네	一偏仙區萬慮休
더위를 사절하는 경계 여름은 없을듯	地絶炎氣疑不夏

시원한 누대에 쌀쌀한 가을이 온 듯	臺寒爽氣欲生秋
하늘 밖에 펼쳐진 병풍, 삼천의 봉우리	屛開天外三千嶂
공중에서 쏟아내는 거울, 열두 갈래의 물	鏡寫空中十二流
외로운 새따라 머리 돌린 시선	矯首試看孤鳥表
어지러운 봉우리에 지는 서풍의 노을	西風落照亂峯頭
무릉대 위의 잔잔한 얼굴	武陵臺上對屏顔
높고 높은 언덕 절벽으로 이끌어	嶷嶷層崖壁絶攀
천 척 밑으로 수직선인 폭포	白瀑直垂千尺下
구천의 하늘로 거꾸로 달린 은하수	銀河倒掛九天間
바람 멎자, 온 골 숨죽인 우뢰	風殘巖壑晴雷隱
해 돋자, 붉은 아지랑이에 싸인 향로봉	日照香峯紫靄看
적선인 李白에게 이 경계 쓰게 하면	倘使謫仙題此景
여산에만 좋은 경관 있다 어찌 말하랴.	廬山何獨有奇觀

앞의 시는 「次金剛山韻」이란 시이고, 뒤의 시는 「次香山瀑布韻」이다. 곧 앞의 시는 금강산에서 지은 것이요, 뒤의 것은 묘향산의 폭포수에서 지은 시이다. 깊은 금강산의 서늘함이나 뭇 봉우리 폭포의 흐름을 하나로 묶어 표현하였으며, 묘향산에서의 폭포를 잘 묘사하였다. 시의 수사성이 시의 擬作과 같은 감이 있기는 하나 웅장한 산천을 보았을 때의 시인의 의상에는 누구에게나 큰 차이가 없겠기에 대사의 산수 애호에서 오는 일반적 수사성으로 보아 무방하리라.

이상과 같이 허정 대사의 담박한 시정은 스님으로서 출가와 환향 또는 환산이라는 순환의 자재로움과 초연한 시상에서 이루어진 것으로 이해된다. 수사의 특수한 기교없이 있는 것 그대로, 또는 느낀 감정 그대로가 승·속의 간격이 없는 순수함으로 점철되었다 하겠다. 이것이 대사의 당호가 말하듯이 허정한 시의 세계였음을 이해하게 한다.

僧俗이 인정한 詩僧 松桂

1. 王孫이었던 家系

松桂 大師(1685년－1766)의 법명은 懶湜이고 자는 醉花이고, 송계는 법호인
데 檜巖이라 하기도 하였다. 속가의 이름은 壽浩인데 속성은 왕조의 이씨로 태
종의 둘째 아들인 孝寧 大君이 분파의 시조가 된다. 아버지 瑞桂와 어머니 密
陽朴氏 사이에서 숙종 11년(1685)에 다섯째 아들로 태어났다. 이렇듯 그는 왕
가의 후예로서 당시 사회로서는 귀족에 속할 뿐만 아니라 속세의 삶에 있어 아
무런 구애가 없을 귀공자였던 것이다.

일찍이 유가의 학문에 들어 뛰어난 자질로 주변에서는 앞으로 국가에 유용한
인물이 되리라고 기대하고 있었다. 16세 되던 해·山의 승방에서 독서하다가
스님들의 청정한 수행을 보고는 깨달은 바가 있어 嘉善公에게 체발하고 淸波堂
에게 비구계를 받았다. 당시 유가의 가르침을 심어주었던 金校理 七灘 선생이
아까운 재질을 놓쳤다 하여 불러 꾸짖었으나 대사의 뜻을 굽히지는 못하였다.

곧바로 금강산으로 가 3년 동안의 참학 끝에 自家本分을 깨우치고 다시 남
으로 내려와 경인(1710)년에 枕肱 선사에게 4년, 다시 春坡 화상에게서 두어
해, 栢庵 화상에게서 6년, 大庵 화상에게서 5년을 참학하였다. 을사(1725)년
에는 喚醒 노사께 5개월 동안 참학하였다. 이 해는 환성 화상이 입적하시기 4
년 전이었으나, 여기서의 인연이 환성 화상의 법손인 대암 화상에게서 의발을
전수받게 되는 인연이었던 것 같다.

이러한 사자관계의 연원으로 서산 대사의 7세손이고 태고 화상에게는 13세
손이 된다 한다. 여기서 행장에 기재된 干支의 연대에 의심이 있어 나름대로
오기가 아닌가 추정해본다. 庚辰년에 침굉 대사께 참학하였다 함은 庚寅의 잘
못이 아닌가 생각된다. 경진년은 1700년으로 대사의 나이 16세이니 출가하던
해에 해당한다. 출가 후 금강산에서 자가본분을 깨우쳐 더 포부를 넓히려 남행

을 결심하여 송광사의 침굉사를 찾았다 했으니 경인년인 1710년으로 대사의 나이 26세이어야 논리가 맞는다. 그렇게 추산해보면 춘파 화상에게 참학한 해도 갑신년(1704)이 아닌 갑오년(1714)이라야 맞는다. 대사의 생졸년도 숙종 11년은 을축이고 영조 42년은 병술인데 행장에는 각기 갑자와 을유로 되어 있으니 연도가 맞는 것인지 간지가 맞는 것인지 불분명한 점이 있다.

대사는 어느 한 스승에게만 사사한 것이 아니고 여러 스승을 모셨기에 스승이나 부모에 대한 보은의 정 또한 남달랐던 것 같다. 다음 시는 그러한 일면을 보여준다 하겠다.

스승 은혜 보답 없음 백년의 한	忘報師恩恨百歲
어버이 애정 떠남, 평생의 탄식	永離父愛歎生平
깨달은 마음 펴기도 전에 변한 몸이	覺心未展身先變
경론을 가지고 가르친다 해서야.	爲報經論訓學星

모자라는 보답을 송구하게 생각하는 겸손의 마음씨가 넘치는 시였다.

문집에 남아 있는 9편의 편지는 승속을 뛰어 넘어 인간적 정리로 다져진 명문이라 할 수 있다. 안동 부사에게 보낸 편지 2편과 진성 군수에게 보낸 두 편은 당시의 관가에서 대사에게 보내는 특별한 애정에 대한 감사이면서도 백성으로서 관에 대한 예절 이상으로 인간적 정취가 넘쳐나고 있으니, 이는 대사의 인간적 본성이면서도 한편으로 시인묵객으로서의 문인적 기질의 일단이라 할 수 있다.

2. 內釋外騷로 보인 詩文

대사는 계율에 지나치게 구애됨이 없이 문인적 기질인 詩酒의 호탕함이 있어 사람들에게는 오히려 시인으로 인식되기도 하였던 듯하다. 유집 서문에 '안으로는 부처요, 밖으로는 시인〔內釋外騷〕'이라 함은 대사의 문학풍을 직시한 말이라 여겨진다. 그는 南溟이라 하는 同道者의 시집인 南溟集의 서문에서 시에 대한 견해를 해박하게 피력하고 있다. 그 내용은 대략 다음과 같다.

역대의 시가 변하여 왔는데 古詩의 변화는 齊梁에서 섬세연약해졌고 律

詩의 변화는 晚唐에서 깨쳤는데 다만 杜工部의 시가 모든 체제를 구비하여 높은 풍모가 속세를 초월하여 고금을 뒤덮는다. 때로는 초연히 깨달아 세속에 빠지지 않는 이도 있으니 陶淵明이나 孟浩然 같은 사람이다. 唐宋의 八家는 文에는 뛰어나나 시에는 조금 아쉬운 점이 있다. 그런데 이 남명의 시는 담담한 듯하나 저속하지 않고 화려한 듯하나 현란하지 않아 뜻이 깊어 읽을수록 맛이 있으니 초연히 깨달아 세속에 빠지지 않은 무리로다〔似淡而非淺 似麗而非靡 措意良遠 愈讀愈味 其亦超然妙悟之流歟〕고 하였다.

이는 비록 동료의 시에 대한 평가이나 이 자체가 대사의 詩文觀이라 보아진다. 그러기에 대사의 시에는 교리적 시가 아니면 승려로서의 신분이 전혀 노출되지 않고 있다. 자연 사물을 한편의 시로 만족하였던 듯하다.

한가로이 푸른 산에 들면	閑入靑山坐
온갖 일 저절로 비어	自然萬事空
끝없이 아름다운 자연의 멋	煙霞無限趣
다만 시 한 수에 담아.	都寫一詩中

「幽居」 두 수 중의 한 수이다. 이렇듯 자연의 모든 것을 시 한 수로 풀어본 것이 대사의 시였다.

이 몸 흰 구름 찾아들면	身入白雲處
흰 구름 내 뜻과 맞고	白雲如我情
자재로이 거니는 길	逍遙自在去
경치따라 이리저리 가네	逐景縱橫行
우뚝 솟은 산 하늘 괴어 서고	尖岫撐天立
긴 강 땅을 갈라 둘렸다	長江割地回
무심한 저 중	無心一衲子
지팡이 날려 오락가락.	飛錫自徘徊

위는 「幽居」라는 시이고, 아래는 「山行」이라는 시다. 주위 환경과 아무 말 없이 동화되어 있는 시인을 볼 수가 있다. 흰 구름 찾은 자신이 바로 흰 구름과 동화된 기분이다. 그러기에 경치를 따라 거니는 자신은 그저 자재로운 자연

이다. 산행에 있어서도 상하가 극단적으로 대치된 산과 강 사이에서 아무 생각 없이 자재로운 스님이다. 산과 강의 중간에 위치한 주인공임에 틀림없으면서도 주인 구실을 하려 하지 않는다. 그러면서도 이 공간에서는 자신이 주인일 수밖에 없는 상황이다. 그러기에 석장을 날리며 스스로 배회하고 있는 것이다.

내가 지금 지어놓은 집	吾今所搆屋
산수가 가장 맑고 기이해	山水最淸奇
달에 앉으면 그윽한 홍 일고	坐月起幽興
구름에 누워 시비를 끊다	臥雲斷是非
학 바위 천 길 곧고	鶴巖千丈直
용의 폭포 백 층의 드리움	龍瀑百層垂
끝없는 이 진여의 경치	眞箇無窮景
산에게 묻되, 누구에게 주랴고.	問山付與誰

「幽興」이라 제한 시다. 자신이 지금 지은 집이라 하였지만 어쩌면 지금 지은 것이 아니라 주변에 있는 달, 구름, 바위, 폭포가 바로 상하좌우로 둘러 있는 집의 꾸밈이다. 그러기에 가장 뛰어난 산수의 경치가 바로 자신의 집이라 하였다. 이 빼어난 승경의 집은 역시 있는 산수의 그대로이다. 끝구에서 이 집을 누구에게 주랴고 산에게 물었다 함이 재미있는 결구이다. 여기서 이 맑고 기이한 집은 내가 지었다 하였지만 내가 주인이 아니고 산이 주인임을 암시하고 있는 것이다.

이렇듯 대사의 시는 자신을 자연에 몰입시켜 항시 자연과 하나가 되어 있다 하겠다.

적적한 봄빛 어디로 돌아가나	春光寂寂歸何處
꽃숲을 향해 술 한잔 들다	每向花叢把一盃
종일 누대에 기대어 잠시 묻노니	終日北軒暫倚問
누구 위해 피었다 누구 위해 지나요.	爲誰搖落爲誰開

「술잔 잡고 꽃에 묻는다〔把酒問花〕」라 제한 시다. 이미 꽃이 아니라 작자와 동일한 인간으로의 변신이다. 시간의 흐름에 따라 피고 지는 꽃이지만 여기서는 마주보는 시인과의 인연 속에서 핀 꽃이다. "누구를 위해 피고 누구를 위해 지느냐."라고 한 '누구를 위함〔爲誰〕'의 누구는 바로 시인 자신이다. 꽃과 자

신이 하나가 되어 있다. 술은 원래 마주해서 수작해 줌이 있어야 마시는 흥이
있다. 그런데 시인은 사실 홀로 마시고 있다. 흥이 있을 리 없다. 그러기에 꽃
을 마주하고 마시면서 꽃과 이야기하고 있는 것이다. 역시 시인과 동화된 자연
의 일부이다.

새끼 딸린 푸른 학 스스로 무리지어	蒼鶴將雛自作群
돌문 지는 해에 비 갠 구름 희롱하네	石門斜日弄晴雲
서로 청아하게 어울리는 학 울음 거문고소리	琴聲鶴唳相淸切
붉은 바위 달 아래 듣고 있는 늙은이.	翁在丹崖月下聞

石門에 깃들인 학을 읊은 시이다. 시의 소재는 새로 새끼를 두어 한 무리를
이룬 학의 가족의 우아함을 노래한 것이지만, 학의 울음과 어디에선가 들려오
는 거문고 소리의 청아함의 조화로 시의 품위를 한 껏 돋아놓았다. 그러면서
끝구의 '늙은이〔翁〕'가 역시 이 시의 주인공임을 잃지 않았다. 달 아래에서 듣
는다 하여 학의 울음과 노인의 자리는 거리를 두고 있지만, 이 시의 분위기에
서는 전혀 거리감이 들지 않는다. 역시 학의 울음을 듣는 주인은 밀착된 공간
으로 좁혀져 있다. 이렇듯 작자인 대사는 항시 대상의 물체와 거리가 없이 동
체의 한 자리로 응축시키고 있다.

대사의 시에서, 스님의 신분을 느낄 수 있는 시는 그리 많지 않다. 거의가
자연을 소재로 하여 자연을 여실하게 읊으면서 그 속에 자신을 투영시키고 있
다. 이를 뒤집어 말한다면 자연을 철저하게 인간쪽으로 유인하는 것이요, 더
나아가서는 인간으로서의 나, 또는 작자가 없는 자연의 영탄은 의미가 없는 것
으로 여겼던 것이 아닐까 생각된다.

옛날 산꽃은 지금 또 새롭지만	昔日山花今又新
늙은이 눈 덮인 머리 다시 봄 없다	老人鬢雪更無春
하늘이 응당 공평한 진리 있는 것인가	蒼天應似無公道
꽃가지만 애석타며 사람은 애석히 안 여겨.	只惜花枝不惜人

「늙음을 느끼며〔感老〕」라는 시다. 시의 구성이나 시어에 특별한 기교가 있
는 것이 아니요, 그저 봄과 인간을 단조로이 대비시킨 듯하지만 철저하게 인간
적이라는 것이 이 시의 특징이다. 사람들은 지는 꽃을 보고 가는 봄을 아쉬워
하지만 그 아쉬움 속에 자신도 되돌릴 수 없는 시간이 흐르고 있음을 애석히

여기지 못하고 있다. 하늘에 공평한 진리가 있다면 사람의 흰 머리도 다시 검게 해주어야 할 것이 아닌가. 지난 해 졌던 꽃이 금년에 또 다시 피어나듯, 그러나 가는 봄이 아쉬운 것만은 어쩔 수 없는 일이다.

꽃 지고 봄 가고 비에 젖는 먼지	花落春歸雨浥塵
봄을 잡아두려 해도 방도가 없다	欲留春住定無因
한 쪽의 마음이 두 쪽으로 고약해	一邊心事兩邊惡
반 쪽은 친구 이별, 반 쪽은 봄을 보냄.	半送故人半送春

「봄을 보내며〔送春〕」라는 시다. 가는 봄이 아쉬운 것이 정서의 한 갈래이다. 보내는 친구의 아쉬움이나 가는 봄의 아쉬움이 바로 인정인 것이다. 자연인의 한 사람으로서 봄을 보내는 소탈한 정감이 잘 표현된 시라 할 수 있다.
  대사는 이렇듯 자연과 인간을 항시 한 공간으로 모으고 있다. 이 말은 뒤집어 말하면 자신을 자연 사물로 변화시키는 데도 인색하지 않다는 말이 된다. 그러기에 그의 시에서는 자신을 물체화함이 재미있게 표현되어 있다.

푸른 산 푸른 물은 나의 집	靑山碧水是吾居
영롱한 누각이 하늘가 선궁에 들다	樓閣玲瓏入紫虛
정적 속 여윈 모습, 바다 밖 학이고	靜裡癯容遼海鶴
한가로움의 참 멋은, 강 건너는 물고기	閑中眞味越江魚
조그만 집 다가오는 산빛, 항상 가득하고	山當小築色常滿
돌 시내 내리는 물, 여운 있는 울림	水到石溪響更餘
외지 손님 없기에, 새와 꽃만의 대화	外客不來花鳥語
솔 밑으로 자리 옮겨 누워 보는 책.	移床松榻臥看書

「次花山會韻」이라 제한 시다. 화산 지방의 모임에서 지었던 시의 화운이니까 자신은 그 모임에 참여하지 않고 거기에서 모인 사람들의 시에 차운한 것이다. 자신은 어디까지나 산사에 있는 스님이다. 산사에 갇혀 있는 외로운 몸이지만, 시의 구사는 누구보다 자유로운 몸이다. 저 먼 바다를 나는 학이요, 강을 유유자적하게 넘나드는 물고기이다. 자신을 완전히 자연사물화시키고 있다. 집은 작지만 산빛으로 항시 가득차 있으니 가진 것이 많은 여유이다. 그러기에 돌 시내에서 울리는 물에 여유있다는 표현이 자연스럽다. 산 밖의 손님은 없지만 꽃이나 새와 대화를 나눌 수가 있어 외롭지가 않다. 세속 모임의 시에 차운

한 이 시는 이렇듯 모임이 없는 산사이지만 모임이 있는 세속보다 더 진지한 모임이나 여유가 있다는 역설이 가능했다. 이러한 역설이 가능했던 이유가 바로 작자와 자연이 하나가 될 수 있는 시인적 자세였기 때문이다.

대사는 이렇듯 자연을 나에게 끌어들이기도 하고 나를 자연에 투신시키기도 하기에 문집 권2에 실려 있는 율시 대부분이 자연의 영물적 소재이다. 거기에 걸맞는 직설적 소재인 경관을 완상하는 중이라는〔翫景僧〕 제목의 시가 너댓 수가 있다. 이는 스님 자신이 경관을 즐기는 중이었음을 말한 것이라 여겨지기도 한다.

눈으로 주워 모은 이름난 경치 많고	眼拾名區勝景多
노니는 그림자는 구름과 짝지어 빗겼다	逍遙孤影伴雲斜
금강산 밤비에 추운 자취 쉬기도 하고	寒蹤夜宿金剛雨
수척한 지팡이로 지리산 꽃 찾는 저녁	瘦錫暮歸智異花
기러기가 몰아오는 아침의 파란 안개	水雁拖來朝碧霧
저녁 붉은 노을 띠고 가는 산제비	山燕帶去夕紅霞
곳곳마다 한없이 펼쳐진 풍경	風光處處無窮在
누가 이 좋은 맛 맛볼 수 있나.	誰得把嘗好味麼

풍경의 아름다운 입맛을 어디에서나 즐기려는 관광의 괴벽이라 할 수 있는 표현이다. 눈으로 모두 주워 모은 풍경이다. 동으로 금강산 서쪽으로 지리산, 봄날의 꽃 가을날의 단풍, 계절이나 거리에 구애됨이 없다. 물가의 기러기, 산자락의 제비, 아침의 안개, 저녁의 노을, 시간이나 공간에 자유로우면서 그 시간 그 공간에 어울리는 자연 소재를 눈으로 모두 수습하고 있다. 수습으로 끝나는 것이 아니라 자연을 맛보고 있는 것이다. 끝구의 이 맛보다〔嘗〕 함의 한 마디가 翫景僧의 참 자세를 보인 구절이다. 그러기에 같은 소재의 시에 "천리 강산을 두루 노니는 사람〔江山千里漫遊人〕"이라 한 시구도 보인다. 이렇듯 대사는 騷人墨客으로 불려도 섭섭함이 없을 스님이었던 것이다.

3. 如如한 實景의 묘사

시인이 자연을 대할 때 한 수의 작품으로 읊는 것은 당연한 일이기에 대사가

자연의 시를 많이 읊었다 함이 남다를 것이야 없겠지만 스님이기에 자연의 애
호나 또는 자연을 보는 안목이 남다를 수도 있을 것이다. 여기서는 두드러진
자연 묘사의 몇 편을 소개해보려 한다.

빈 뜰엔 방울방울, 요령소리도 차가워	空階滴滴落鈴寒
줄에 걸린 젖은 장삼 비에 마르지 않네	濕衲掛枝雨不乾
쌓였던 구름도 용의 변화를 얻어	好得積雲龍變化
반갑다, 표범무늬 이룬 짙은 안개	喜看深霧豹成斑
집 짓는 제비 진흙 물어 날아오고	作巢燕子含泥返
약 캐는 아이는 산채 씻어 돌아오다	採藥仙童洗菜還
눈은 경치 줍고, 마음은 즐거워	眼拾風光心不厭
종일토록 읊으며 푸른 산 대하다.	淸吟終日對靑山

「큰 비가 넘쳐 사람도 오지 않다〔大雨漲溢人不通〕」라 제한 시다. 오랜 장마
끝에 비가 멈춘 풍경을 썼다. 처마 물 소리를 요령의 방울 소리로 표현하였다.
소리가 차다〔寒〕라는 촉감의 표현도 청각에 호소해야 하는 소리의 묘사로는
일상을 무니는〔反常〕 표현이다. 젖은 장삼을 가지에 걸었다〔掛枝〕 함도 문학
적 미화의 표현이라 해야 할 것이다. 장마철에 나뭇가지에 걸었을 리야 없고,
빨랫줄에 걸었을 것이지만 나뭇가지에 걸었다 해야 시적 정감이 돋보이기 때문
이다.

안개가 끼면 장마비가 개일 수가 있다. 그러기에 짙은 안개를 기쁨으로 보았
다〔喜看深霧〕. 구름과 비를 용의 조화로 상징하는 것은 옛 사람들의 보편적 사
유이지만 안개를 표범의 얼룩무늬로 표현함은 보편적 수사는 아니다. 표범이
얼룩무늬를 짓다〔豹成斑〕 함은 비교적 산뜻해보인다. 제비 진흙 물어오고 시동
이 채소 씻어온다 함도 장마 뒤 산촌의 풍경을 적절히 선택하면서도 한 폭의
그림 같은 실감을 준다. 그러나 아무리 자연 풍경이 아름답다 하더라도 즐거움
으로 맞이할 마음이 없으면 아름다울 수가 없고, 또 그 아름다움을 시로 읊을
수 있는 정서적 여유가 없다면 감상자의 안목이 없다. 그러기에 이 시의 결어
는 역시 시인으로서의 결어이다.

창공에 뜬 누대 호수를 눌러	飛閣浮空壓大湖
저문 강 탁 트인 풍경 표현키 어렵구나	晩江煙景浩難圖

추위 물빛 뚫자, 기러기 바다로 가고	寒穿水色雁歸浦
싸늘함 산빛 밟자, 나그네 다리 건너다	冷踏山光客上橋
구름가 솟은 술병 뭇 봉우리의 나열	瓶罌雲邊千嶂列
하늘 밖으로 흐르는 구슬 온갖 시내 드높다.	玉流天外萬溪高
지는 해 노을 띠고 가는 사람을	斜陽人帶暮霞去
五柳의 선옹이 만류해 마지 않네.	五柳仙翁挽手邀

永川 浩然亭에서 지은 시이다. 강가의 정자를 두고 주변의 풍경을 여실하게 묘사하였다. 누대가 대지나 호수를 누른다〔壓〕 함은 일상적 수사라고 하리만큼 흔한 일이지만 다음 구에 있어서 호연정이란 정자 이름에 맞춰, 묘사하기 어려우리만큼 넓다〔浩難圖〕고 하기 위한 시적 구도였다는 점에서 이 시의 기구는 살아나고 있다. 다음 연의 상황은 기러기가 추위를 뚫고 돌아가고, 나그네가 싸늘한 산빛을 밟고 오는 것인데, 각 구에서의 주체를 추위와 싸늘함으로 삼아 추위 물빛 뚫고〔寒穿水色〕 싸늘함이 산빛을 밟다〔冷踏山光〕 하였으니 역설적 논리일 수밖에 없어 역시 상도를 벗어나는〔反常〕 수사이다.

폭포를 구슬의 흐름〔玉流〕이라 함이야 흔히 있을 수 있지만 솟아 오른 산봉우리를 술병으로 유추함은 흔한 일은 아니다. 수사의 묘가 뛰어난 것은 없다 하더라도 산과 시내의 상하 공간을 대구로 처리하여 호연정의 좌표를 돋보이게 함은 역시 시인의 안목이다.

결구에서 호연정에 오른 시인 자신을 신선으로 격상시키기 위하여 먼 옛날의 시인 陶淵明을 등장시켜 자신의 옷소매를 잡게 하였으니 역시 결구의 묘이다. 자연의 경관이 아무리 아름다워도 인간과의 교감이 없으면 그 자체로 머물러 있을 뿐 아름다운 정감으로 미화될 수는 없다. 시인은 자연과의 교감이 자유로움에서 그 몫을 다하는 것 아닌가. 이 시는 이런 점에서 음미해볼 만한 것이다.

붉은 꽃잎 보라 꽃술 봄 빌려오고	紅葩紫蕚假春成
살구 자태 복사 얼굴 각기 다른 모습 보여	杏態桃容各露形
좋은 글귀 달빛 없어 시름이고	勝句只愁無月色
단잠에 겨워 종소리도 못 알아 듣다	甘眠難覺有鍾聲
이슬비단 깔린 꽃길 나비 자주 쫓고	花鋪霧錦頻驅蝶
안개실로 짠 버들천 꾀꼬리 못 멈추네	柳線烟絲不繫鸎

| 종일 닫힌 문 세속 먼저 사절하니 | 終日柴門塵累去 |
| 몇 곡조 울려보내는 솔숲의 백학. | 松林鶴子送三鳴 |

「병 중에 손님 맞이〔病中見客〕」라 한 세 수 중의 한 수이다. 제목과 걸맞지 않으리만큼 자연 풍경의 묘사로 일관되어 있다. 봄날의 아름다운 풍경을 하나 하나 펼쳐보이고 있는 시이다. 울긋불긋한 꽃들에서 봄이 온 것을 알 수 있다. 꽃을 빌려온 것인지 꽃이 봄을 빌려와 핀 것인지 빌리다〔假〕의 한 글자가 모호 한 듯하면서 묘하다. 또는 작자가 병에 누워 있는 몸이기에 창 밖의 이런 풍경 을 빌어서 봄을 의식한다는 것인지. 좋은 시구는 달빛 없음만 수심스러이 여기 거나, 종소리도 느끼지 못하는 단잠이 이 시인의 병중임을 알게 한다 할 수도 있으나, 시인의 일상적 착상이라 하여도 무난한 시구이다. 비단으로 포장된 꽃 길, 버들실로 짜놓은 비단 모두가 봄의 아름다움을 지나치게 미화한 것 같지만 시인의 유추나 착상으로는 일상적 수사일 수밖에 없고, 여기에 시적 수사의 묘 가 있기도 한 것이다.

끝구에서 사립문 안에 종일 갇혀 있는 상황이 작자가 병 중에 있음을 암시하 면서도 고고히 울려보내는 학의 울음으로 시인의 회포를 위로하고 있다. 전편 이 단순한 봄의 서경을 미화한 듯하면서도 자구나 결구에 숨어 있는 울림이 병 자의 적조한 심회를 엿보이게 하고 있다. 셋째 수의 끝구에 "종일토록 바람 난 간 말동무 없어 창에 비친 달 그림자만 영롱하구나〔終日風欄無伴語 半窓殘月 影玲瓏〕."함이 바로 이 세 수의 결론이겠다.

가을바람에 석장 날려 계림을 찾았으나	秋風飛錫訪鷄林
옛날의 흥망성쇠 어데서 살피랴.	昔日興亡底處尋
나무는 천 년의 옛 나라 빛깔 띠었고	樹帶千年古國色
종소리는 만 대의 왕도 소리 삼키네	鐘含萬歲帝都音
구름 따라간 당시의 문물	當時文物雲東去
지난 시대 번화함 물 쫓아가다	往代繁華水北臨
풀섶에 묻힌 왕터나 첨성대에	古堞星臺殘草裏
끝없는 세월 깊어만 가네.	無窮歲月自流深

「경주 옛터를 찾아서〔訪東京舊墟〕」라 한 시다. 천 년 전의 왕도를 찾아 시 간의 흐름을 찾아본 시이다. 지난 역사에 대한 회고시의 일반성에서 벗어날 것

이 없는 시이지만 시의 구성은 그렇게 단순한 것만도 아니다. 기구에서 결구까지 짜임새있게 꾸몄다. 옛터인 흥망성쇠의 흔적을 어디서 찾을 것이냐 하면서. 시공을 통해 변함이 없는 나무의 빛깔, 종의 소리에서 변함이란 시간의 흐름일 뿐, 공간적 변화는 없어진 듯하지만 없어지지 않았다는 탁의성이 있다. 나뭇빛 종소리의 이 聲色은 변함이 없는 성색이다. 여기서 지난 날의 왕도임을 상상하기에 충분하다는 것이다. 그렇지만 번화했던 당시의 문물이 눈앞에서 사라진 것이 또한 현실이다. 그러기에 폐허에서도 남아 있는 옛 문물의 殘影 이것이 바로 역사의 실체이면서 시간의 흐름을 보여주고 있는 것이다.

이렇듯 이 시는 시간의 흐름처럼 기구에서 결구까지 흐르면서 역사적 회고로 거슬러 올라가고 있다. 회고시의 일반적 수사이면서 무난한 구성이 작자의 문학성을 돋우었다.

4. 결어

조선조의 스님들이 일상적 문화생활로 시문을 이용한 것은 당시의 사대부와 다를 바가 없다. 다만 스님이라는 신분이 사대부에게서 소외당한 처지임을 인식하면서 사대부와의 수교적 방편으로 시문을 이용했다는 인상을 면할 수 없었던 것도 시대상의 한 단면이기에, 그것으로 인한 스님들의 시문에 대한 평가의 우열이 있어서는 안 될 것이다.

송계 대사는 속가의 가계가 왕족의 후예였다는 점에서 세속 사대부와의 수창이 오히려 드물다는 면이 남달랐다. 이는 역설적으로 추리하여 자신의 출신이 왕족이기에 사대부와의 수창을 의도적으로 거절하여도 신분적 위압을 느낄 필요가 없었기 때문일 수도 있다 하겠다. 그러기에 대사의 시는 자연 소재의 순수한 서경과 서정으로 일관되었다. 그러므로 당시 그에 대한 '안으로 스님이고 밖으로 시인〔內釋外騷〕'이라는 평은 아주 적절했던 것이다. 이 점이 바로 스님들의 문학에 있어서 송계 대사가 점유한 한 점의 좌표라 해야 하겠다.

霜月의 자연 소재가 두드러진 詩風

1. 간략한 행적

霜月 大師(1687~1767)의 유집으로는 『霜月大師詩集』 한 권이 전하고 있어 그의 문학적 성향을 알 수 있게 한다. 또한 그의 행적이 시집의 말미에 남아 있어 생애를 대략 알게 한다. 이 행적은 제자인 憕癘가 직접 기술하였으니 사실에 충실하였으리라 여겨진다.

대사의 이름은 璽篈이고 자는 混遠이고 상월은 호이다. 속성은 孫氏로 順天 사람이다. 어머니는 全氏인데 꿈에 스님에게서 구슬 한 알을 받아 잉태하였다 하니 미래에 스님이 될 숙연이 있었던 것이다. 숙종 13년(丁卯, 1687) 정월 8일생이다. 어려서부터 탑 쌓는 놀이와 같은 불가와의 인연을 보이다가 11세때 仙巖寺의 極俊 장로에게 나아갔다가 16세에 文信 大師에게 구족계를 받았고 18세에 雪巖 화상에게 참학하여 도를 얻었다. 마침내 두루 참구할 뜻을 두어, 碧虛·南岳·喚惺·蓮華 등 큰스님을 찾아 玄旨를 깨우쳐 心印을 받으니 이로부터 이름이 날로 드러나게 되었다. 29세에 無用 화상에게 참학하여 경정의 의난을 발명하여 논리가 명쾌하니 화상은 감탄하여 마지 않았다.

대사는 淸虛堂의 5대 법손인 셈이니 鞭羊·楓潭·月渚·雪巖의 법통을 이은 것이다. 한 작가가 된 지 40여 년으로 불문의 門宗이 된 것이 30여 년이었으니 항시 진여의 해득을 강명하여 마음으로 실천하고 지혜로 증득〔講明眞解 心踐智證〕함으로 법문을 삼았다.

후학에게는 문자를 떠나 뜻을 취하여 근본 원리를 밝혀보도록〔離文取意 洞見本源〕 하였다. 유가와의 논편에서도 如如의 진리에 근원을 두어, 유가에서 말하는 태극은 불가에서 하나의 이치〔一物〕이고 유가에서 하나의 진리에 각기 나뉘어짐〔理一分殊〕이라 함은 불가의 한마음에 만 가지 진리〔一心萬法〕라 함과 같아 유·석의 구별이 있겠느냐 하여 안팎의 한문에 게을리하지 말 것을 당부하였다. 이렇게 하여 30여 년 宗師로서 제자를 교화시킴이 근세에 견줄 만한 스님이 없었다 한다.

1784년에 禪敎都摠攝 糾正八路緇流事가 되었고, 1750년에 表忠院長 겸 國一都大禪師가 되어 입적할 때까지 지속하였다. 1754년 선암사에서 華嚴講會를 열어 1,200여 문도가 모였으니 당시로서는 드문 일이었다. 이어 선암사에 머무르다가 1767년 10월 약간 편찮으시다 입적하셨다. 세수 81이고 법랍이 70이셨다. 문도들이 덕행을 아름다이 여겨 平眞大宗師로 추존하였다. 平은 참다운 덕을 취했고〔平取實德〕 眞은 참다운 행실을 취함〔眞取實行〕이었다.

이상이 대사의 행적에 대한 대략이다.

2. 자연에 투영시킨 人情

대사의 유집으로 『상월대사시집』이 전하고 있다. 분량으로는 많지 않은 80여 수가 수록되어 있다. 시집의 서문을 쓰고 있는 元重峯은 대사의 시는, "그 기미가 고요하기 때문에 생각이 섬세하고 정신이 담담하기 때문에 언사가 정결하다. 선의 게송을 근본으로 삼으면서 달·이슬 같은 자연에서 소재를 취한 것이다〔其機靜 故其思微 其神湛 故其辭靜 本之禪偈 而取材於月露〕."라고 하였으니 이는 대사의 시정신을 말할 것이다. 자연에서 소재를 많이 취했다 하였지만 시의 제재는 승·속간의 酬答이 대부분이면서도 同道者와의 수답이 거의 다이다. 위에서 말한 자연의 소재에서 취했다 함은 시의 수사적 내용으로 말한 것이다. 비록 동도자와 주고 받은 시이기는 하지만 자연사물을 읊음으로 해서 서로의 회포를 풀었던 것이다.

첫봄 풍경이 오히려 쓸쓸하구나	孟春風日尚凄凄
나는 강동에 살고 그대 서쪽으로 가니	我在江東爾西歸
무정한 학 가는 곳마다 춤을 추나	獨鶴無情隨處舞
주린 새는 생각 있어 사람 보고 운다	飢鳥有意向人啼
조계사 이 밤은 천 겹으로 둘린 산	曹溪此夜山千疊
불갑사 어느 해에 손을 마주잡을까	佛岬何年手共携
높낮이 출렁이는 옛가락을 아는 이 없어	古曲峨洋知者少

고개 넘어 나직한 구름 시름겨워 바라보다.   愁看嶺外白雲低

축계 스님과 이별하며 준〔贈別竺桂〕 시다. 같은 길을 걷고 있는 후배와 이별하며 주는 내용이다. 시 전편에서는 이별의 아쉬운 정을 느끼게 하나 한 구 한 구의 수사는 그저 자연을 읊고 있는 글귀로만 볼 수도 있다. 훌훌 떠나는 그대는 자유로이 춤을 추는 학으로 보이지만 외로이 남아 있는 나로서는 눈 덮인 깊은 겨울 먹을 것을 찾기 위하여 人家의 뜰 머리에서 울어야 하는 초라한 새의 모습이라는 것이다. 처지가 다른 두 사람의 모습을 자연 사물에 무리없이 기탁하고 있는 것이다. 조계사와 불갑사라는 지리적 거리만을 등장시키면서도 두 사람이 떨어져 있어야 하는 거리에다 그 거리만큼이나 그리움이 짙으리라는 속뜻을 은연히 담고 있다.

끝구에서의 서로의 지기를 거문고를 타는 伯牙와 의미있게 감상하는 鍾子期로 비유하면서도 두 사람의 거리를 저 산마루 너머의 낮은 구름에 기탁하였으니, 어쩌면 저 흰구름을 매개로 두 사람의 시선을 연결시키고 있는 것인지도 모를 일이다.

물정 밖의 어느 산이 옛 놀이터   物外何山是舊遊
금강산에 저절로 雨花樓 있지   金剛自有雨花樓
뭇 봉우리 솟는 흰 빛 밤도 낮이요   千峯吐白宵兼晝
시원하게 쏟는 폭포 여름도 가을   萬瀑生凉夏是秋
隱神臺 위에는 신선 경계 좋고   隱神臺上有仙景
단발령 높은 고개 세상 근심 끊는다   斷髮嶺頭無世愁
다리 밑 온갖 시내 함께 바다로 가듯   橋下百川同入海
네 바퀴 돌아오는 곳 유유한 여유.   四輪廻處意悠悠

풍악의 보인 대사에게 주는〔次賽楓岳寶印大師〕 시라 하였다. 금강산에 있는 스님에게 주는 시이기에 금강산의 풍경을 서술하는 것이 당연하겠지만, 원래 서경을 위해시 시를 쓴 것이 아니고, 누군가를 위해서 주는 시라면 대상의 인물에 대한 정감적 서술이 있음직도 하지만 그러한 표현이 전혀 없다. 물론 끝구에서 그대가 탄 수레는 냇물이 흐르듯 유유자적한 발걸음이라는 비유 한마디로 끝냈다.

거처하고 있는 주변 산천의 신선 경계를 말하여 대상의 인물도 신선일 수밖에 없다는 암시로 이 시는 해석될 수밖에 없다.

스님께서 취미산에 드신 뒤로	自別先師化翠微
남쪽 두 끝 雲水가 몇 년 지났죠	兩南雲水幾年違
여름 비에 불은 호수 고기 뛰놀고	湖添夏雨魚兒出
서리 바람에 늙은 산마루 기러기 돌아오네	嶺老霜風雁子飛
달은 무릉의 吹笛洞에 희고	月白武陵吹笛洞
華寺의 影堂 사립문엔 안개 자욱하죠	烟深華寺影堂扉
낙동강 달빛으로 마음 서로 비추고	洛東江月心相照
서산의 지는 해에 시름 풉니다.	愁解西山落日歸

설송 장로에게 드리는〔呈雪松長老〕 시다. 뵙지 못한 지가 여러 해 되었다. 이런 그리움을 자연물에 의탁하여 형상화시키고 있다. 여름비, 가을 서리의 계절적 변화에서 느끼는 그리움도 다를 것이나, 이 시에서는 그러한 변화만 말했을 뿐 자신의 정감을 노출시키지 않고 있다. 그러면서도 전편에 숨겨진 그리움을 독자로 하여금 느끼게 한다. 동구에 밝게 떠오르는 달, 절 문에 짙게 드리우는 안개에서 스승의 모습을 보는 것이다.

이러한 그리움을 결구에서 달을 매개로 서로 접합시키고 있다. 서산에 지는 해에서 시간의 흐름에 대한 시름이 있을 수 있지만, 해가 지면 달이 솟는 주고받음의 변화와, 강물에 비쳐질 달빛에서 그리운 임의 모습을 봄으로 해서 오히려 시름을 달랠 수 있다는 표현이다.

대사는 이렇듯 그리운 이의 모습을 주변에 펼쳐지는 자연의 변화에서 찾고 있다. 이것이 바로 시인이 시를 쓰는 이유의 설명이 될 수도 있으며, 아울러 사사로운 정감을 쉽게 드러내보이지 않으면서 깊게 간직하는 달관자의 자세일 수도 있다. 강에 비쳐진 달의 모습을 매개로 하여 서로를 비추어보는 정신적 그리움의 여유가 바로 시인들의 그리움이 아니겠는가. 대사는 동도자의 사귐에서만 자연을 매개로 하여 소식을 전하는 것이 아니라 방외자와의 사귐에서도 철저하게 자연을 매개로 하고 있다.

鳳城의 달 밝은 길	來自鳳城明月路
산사의 흰구름 봉우리로 오셨소	登臨方丈白雲峯
푸른 섬돌 일천 꽃잎 시는 향기롭고	詩香碧砌花千片

일만 그루 성근 댓숲처럼 말씀 서늘해　　　語冷疎林竹萬叢
가을 언덕 번득이는 햇살 아래 붉은 그림자　紅影日飜秋樹岸
바람에 나부끼는 저녁 종소리 차가운 울림　寒聲風送夕陽鍾
다시 만나자, 또 얻게 되는 구슬 글귀에,　　重逢又得瓊琚句
산승의 공교롭지 못한 화답이 부끄럽소.　　却愧山僧和未工

봉성의 책방 김 공에게 주는〔呈鳳城冊室金公〕 시다. 봉성의 관아에 있는 관리와의 화답이니, 방외의 사귐이다. 두 사람의 우정을 자연의 경관에 의탁하여 미화시키고 있다. 산사가 있는 곳을 백운봉이라 하는 것이야 보편적 표현이겠지만 봉성골의 저자거리를 명월로라 하여 밝은 달의 거리로 수식하는 것은 보편성이라 하기 어려울 것이다. 대사는 자신이 있는 골을 백운봉이라 할 수 있다 하여 상대방이 처한 번화한 거리를 명월로라 하여 서슴없이 미화시키고 있는 것이다.

더 나아가 그의 시는 수 천의 꽃잎이 날리는 뜨락의 향기로움으로 수식하고, 논리적 언어는 곧고 푸름을 자랑하는 대숲으로 비유하였다. 꽃잎의 부드러움과 대숲의 경직의 대조, 시의 수사에도 묘미를 더하면서 상대방의 문학이나 인품도 적절하게 비유하고 있는 것이다.

해에 번득이는 가을단풍의 붉은 그림자, 바람에 불려오는 저녁노을의 종소리는 두 사람이 함께 하고 있는 주변의 경관이지만, 시의는 경관으로만 그치는 것이 아니라 상대방의 그림자〔影響〕요, 소리〔名聲〕이다. 자연물로 사람의 품성을 유추하되 드러내지 않는 이 미화의 수법, 이것이 대사가 시를 쓰되 반드시 자연의 풍광을 맞아들이는〔迎入〕 높은 수법이었다 해두고 싶다.

오래 머무름, 사람 천하게 됨 알기에　　　吾知久住令人賤
4년 동안의 두류산에서 흩어지게 하다　　四載頭流散一群
시름겨우면 기러기 소리도 견디기 어려운데　鴻雁不堪愁裡聽
나그네 길에서 지기를 떠나보냄이야　　　鍾期況是客中分
지팡이 둘러멘 곳, 청산이 멀어지고　　　一笻携處靑山遠
외로운 집 들 때에 흰눈도 날리리　　　　孤館歸時白雪紛
다음 날 다시 올 생각 일거든　　　　　　倘有他年重到意
가을서리 달 아래 흰구름 헤치며 오게　　秋霜月下拂孤雲
가을 내내 이야기꽃 피울 곳 없는데　　　九秋無計笑談開

알아줄 소년은 끝내 오지 않다	年少知音竟未回
단풍잎 비단인 양 돌길에 널렸고	楓葉錦鋪行道石
국화향기는 독경 책상으로 솔솔	菊花香洩誦經臺
밤달도 창가로 스러지는데, 그대는 어디	窓殘夜月人何處
가을바람에 걷히는 발, 기러기 돌아오다	簾捲秋風雁復來
지척인데도 아득히 소식 끊기니	咫尺寥寥消息斷
괴로이 타는 마음 식지를 않네.	寸心勞結不成灰

앞의 시는 「용담을 보내며〔贈別龍潭〕」이고 뒤의 시는 용담을 기다려도 오지 않다〔又待龍潭不至〕라 한 시이다. 용담은 대사의 애제자로서 대사의 의발을 전수받은 스님이다. 앞의 시는 이러한 제자를 보내면서 지은 것이다. 시의 내용으로 보아서는 보다 더 넓은 견문을 쌓기 위한 수련의 방편으로 의도적으로 떠나보낸 듯하다. 그러면서도 못내 아쉬워하는 표정이 시 전체에 점철되어 있다. 시름겨울 때에는 기러기 울음도 듣기 힘든데, 가까운 사람을 나그네길로 떠나보내는 일을 어떻게 견뎌야 하느냐 하는 사제간의 인정이 넘쳐나 있다. 자꾸 멀어져만 가는 뒷모습, 쓸쓸히 나그네 집으로 들 저 애제자의 모습을 생생히 그려내고 있다. 그러기에 떠나보내기도 전에 올 생각이 있거든 언제든지 오라는 말미를 주어 이 시를 마무리하고 있다.

뒤의 시에서는 무료한 가을날, 애제자를 기다리다 오지 않자 아쉬움을 보인 시이다. 괴로이 맺혀 풀리지 않는 마음을 직설적으로 표현하기도 하였지만, 이 시 역시 기다림이나 그리움을 주변의 경관에 기탁하여 은연 중에 쓸쓸함을 느끼게 하고 있다. 단풍이나 국화가 가을철의 아름다운 풍경이지만, 기다리는 이가 오지 않을 때의 이러한 풍경은 아름다울 수가 없다.

두 편의 시에서 대사가 보이는 사랑의 깊이를 이해할 수 있게 한다. 애제자를 생각하는 마음은 다음 시와 같은 곳에서 더욱 두드러져 있다.

영호남의 사람살이 거의 거칠어져	嶺湖人事幾多荒
밤마다 생각이 끝이 없구나	夜夜相思意匪遑
이로 인해 禪心도 화두찾기 미혹하고	緣此禪心迷栢樹
더구나 시구로는 仁政을 칭송해야 하니	況乎詩句致羔羊
텅빈 하늘에 은하수 기울고	一天空濶星河沒
두 곳은 아득히 길만 길구나	兩地蒼茫道路長

꿈마다 두류산 넘고 또 물 건너　　　夢越頭流山又水

푸른 솔, 싸늘한 달에 咸陽 땅 간다. 碧松凉月入咸陽

「용담에게 부치다〔又寄龍潭〕」라는 시다. 어수선한 세상사에 禪心도 다잡기 어렵다. 栢樹는 趙州의 庭前栢樹子 공안을 말한다. 이러한 공안에 심취되어 선정에 들기도 어렵게 한다. 그렇지만 세상의 정치를 말하려 하면 선정을 칭송할 수밖에 없는 것이 현실이다. 羔羊은 詩經의 詩篇 이름이다. 이 시는 문왕의 선정을 칭송한 시이다. 아이러니한 세태를 교묘히 표현한 것이다. 이러한 세태에서도 스승과 제자 사이는 거리의 길고 짧음 없이 항시 이어져 있다. 꿈마다 산 넘고 물을 건너 달밤에 찾아 헤매고 있다. 스승의 간곡한 심정이다.

위에서 본 몇 편의 시들은 대사의 시가 대부분 수창의 주고 받음에서 쓰여졌으면서도 단순한 주고 받음의 인사적 표현이 아니라, 서로 다른 처지에 있는 자연을 영송하여 그 속에 깊은 인정을 담고 있다는 점이 흥미로웠음을 보인 것이다. 이것이 세상사를 떠난 선사의 마음가짐이나 문장의 수사력이 아닌가 하는 생각을 하게 한다.

門人 憕瘄의 발문에 보면, 몇 권의 글이 더 있었는데 간수를 잘못하여 잊었고 나머지를 간행하게 되었다 하니 이 이외에 다른 유형의 시문이 있었는지는 더이상 알 수 없게 되었다. 어쨌든 대사의 시는 철저한 자연소재로서의 탁의가 두드러졌음은 인정되는 셈이다.

神解를 귀히 여긴 天鏡의 詩

1. 간략한 행적

天鏡 대사(1691~1770)의 이름은 海源이고, 涵月은 호이고 천경은 자이다.
속성은 이씨로 이태조의 고조인 穆祖의 후손이다. 어머니 趙氏가 꿈에 바닷물
을 긷다가 큰 물고기를 얻어 대사를 잉태하게 되었다 하니 이름은 이 태몽과
유관한 것인지도 모르겠다. 1691(숙종 17) 정월 23일에 태어나 3살에 어머니
를 여의어 계모 한씨에게서 길러졌다. 항시 출가의 뜻이 있었지만 아버지의 허
락이 없자, 14세에 道昌寺로 달려가 釋丹 長老에게서 머리를 깎고 凌虛 英智
대사에게서 구족계를 받았다. 처음에는 영암의 鶴谷 月華 장로와 낙암의 南岳
晦庵 장로에게 참학했다가 다시 喚醒 화상에게 귀의하여 6년 동안을 모시어
득도하였다. 한번 入室한 이후로는 곁을 떠남이 없이 더욱 청하여 정진하였으
며 70이 넘어서까지 찾아와 참학 승려들이 실다운 깨우침을 한 이가 헤아릴
수 없이 많았다. 더욱이 남·북으로 오가며 교화하시기를 세 차례 하였는데 그
때마다 酉年에 나가셨다 寅年에 하셨으니 무슨 뜻이 있으셨던 것이 아니냐는
것이 행적을 쓴 제자 聖岸의 주목처이다. 혹 曹洞의 偏正回互이거나 아니면 臨
濟의 機用齊施의 방편이 아니었나 한다.

평상시의 마음가짐도 친소에 얽매임이 없이 주리거나 추운 이를 보면 자신은
춥고 배고파도 옷과 밥을 서슴없이 내주시니 사람마다 불심이라 하였다 한다.
하루는 문도들을 불러놓고 시를 쓰되,

몸은 구름과 함께 환상계로 왔다가	身與白雲來幻界
마음은 달을 따라 어디로 가나	心隨明月向何方
살아오고 죽어감 오직 구름과 달이니	生來死去唯雲月
구름 절로 흩어지고 달은 절로 밝아.	雲自散兮月自明

하고는 입적하시니 1770(영조 46)년 12월 13일이었다.

대사의 생평은 이렇듯 구름 걷힌 달의 밝음이었던 것이다. 대사의 眞影에 찬을 쓴 黃景源(1709~1787)은 이를 명증하고 있다.

　달과 함께 밝은 것이 대사의 마음이요, 구름과 함께 고요한 것이 대사의 정신이다. 마음은 비추지 않는 곳이 없고, 정신은 이르지 않는 때가 없거늘 또 어찌 환상의 사진을 전하랴〔與月而朗者 師之心也 與雲而窈者 師之神也 心也者 無方不炤 神也者 無時不臻 又何傳夫幻中之眞乎〕.

라 하였다. 여기서 다시 涵月이라 호를 한 의미를 다시 이해하게 한다.

2. 神解를 귀히 여긴 詩觀

대사의 시문집인 『天鏡集』은 상·중·하 3권으로 전해지고 있다. 상권은 시 201편이고 중·하권은 문 44편이 실려 있다. 대사의 시문관은 문도에게 준 편지 형식인 「責吟風詠月書」에 잘 나타나 있다.

　슬프다. 지금 대사의 나이 70 고개를 넘어 기한은 해질 무렵에 닿았고 슬픈 계곡에 운명이 임박했거늘 힘써야 할 이치에 힘쓰지 않고 오직 힘쓰지 않을 일에 힘쓰니 그윽히 취할 것이 못됩니다. 시는 매화를 읊는 귀공자나 지초를 읊는 한가로운 사람들이 힘쓰는 것이지 문을 잠근 도반이나 구름 벗삼는 높은 선가에서 힘쓸 것은 못됩니다.

　그러나 시는 선과 같으니, 선은 깨달음으로 말미암고 시는 신령스러운 이해가 귀합니다. 지금의 승려들이 깨달음에 들 수 있고 신령스런 이해를 할 수 있다면 시도 힘쓸 수 있지만 그렇지 않다면 시를 어찌 할 수 있겠습니까…… 시는 성정에서 근본된 것이고 도는 몸과 마음에 있으니 만약 깨달음에 들고 신령으로 이해한다면 시도 마땅하고 도도 마땅합니다. 그러나 맑은 마음의 오묘한 글귀가 인간 세상에 퍼져 있어도 빈 산 달밤에 연꽃 시간도 고요한 속에 한가로이 앉아 염불하는 한 소리만 하겠습니까. 안타깝고 안타깝습니다.

　噫 今師之齡 至於稀嶺 而限迫桑楡 命臨悲谷 不務於可務之理 惟務於不務

之事 竊爲不取也 詩乃賦梅公子 詠芝逸人之所可務也 非掩關道衲 伴雲高禪
之所可務也 然而 詩猶禪 禪由悟入 詩貴神解 今時衲子背 能悟入 能神解 則
詩亦可務 不爾 何可詩乎⋯⋯ 詩本性情 道在身心 若悟入神解 則詩亦宜道
亦宜也 然而 淸心妙句 播於人世 不如空山夜月蓮漏俱寂之中 閑坐念佛一聲
之樂也 惜哉惜哉

여기에서 천경 대사의 시관을 극명하게 볼 수가 있다. 스님들의 일반적 문학
관이라 볼 수도 있지만 시와 선을 등위선상에 두면서 승려라는 본분을 생각한
다면 깨달음이 우선되어야 하는 선이 있은 이후에 시로 이행해야 하는 너무도
당연한 수순을 제시한 점이 바로 평범하면서 평범하지 않은 선사의 자세이기도
하다.

한걸음 나아가 성과 정에 근본을 두어야 하는 시와, 마음과 몸의 수양을 바
탕으로 하는 도를 한 차원에 두면서 이것이 바로 깨달음에 들고 신령스러운 이
해에 바탕한 선과 시의 만남으로 구체성 있는 제시를 하였으니, 당시 불가에서
시문학으로 유가와의 장벽을 넘었던 일반적인 문학풍토를 이해하게 한다.

이런 점에서 위의 글은 천경 대사의 시문관인 동시에 당시 불가사회의 일반
적 시문관이었다 할 수 있는 뜻있는 자료라 하겠다.

3. 道心과 詩情의 융화

위에서 보았듯이 신해를 귀히 여긴 대사의 시는 과연 어떠하였는가. 대사의
시는 문집 상권에 201편이 수록되어 있다. 단순한 바람이나 달을 읊는 것만으
로 시가 될 수 없다고 한 대사의 시는 같은 소재로 서경을 택하더라도 그 안에
는 도의 마음이 있어 시의 정서와 융합되기를 바랐던 것으로 보인다. 시구 안
에는 道心과 詩情을 같은 자리에 놓고 있음을 자주 보게 된다.

소매 가득한 바람 가는 곳마다 화평이나	滿袖淸風到處平
다행히 만난 자리 짧은 등불도 밝구나	幸逢相對短燈明
정신이 맑자 오히려 원숭이 휘파람에 들고	澄神返入山猿嘯
자리를 걷어 들오리 울음 바치네	捲席還呈野鴨鳴
깊어가는 도의 뜻 세속 사념 사라지고	道意彌深消世慮

넓어지는 시의 정 사람들 놀래네   詩情又濶咸人驚

범속 뛰넘은 재주 누가 대적하랴   出凡才藝誰能敵

붓 잡을 때마다 백옥의 글귀 멈추지 마소.   落筆無停玉句成

「백운 스님에게 주는〔次贈白雲師〕」 시이다. 바람을 이야기하되 그저 저만치 있는 바람이 아니라 소매에 가득한 맑은 바람이다. 맑은 바람을 스님의 풍모로 바꿔 놓고 있는 것이다. 산의 원숭이나 들의 오리도 정신세계나 앉아 있는 자리의 공간으로 유인하고 있다. 이러한 경지가 바로 단순한 吟風詠月이 아닌 달과 바람으로 정신으로 승화시키고 있는 스님의 작시자세라 하겠다.

이러한 자세이기에 道意와 詩情이 한 자리에서 만나게 된다. 도의 뜻이 깊기에 세상의 사려가 사라질 수 있고 거기에서 돋아나는 시의 정서이기에 사람을 감동시키고 놀라게 할 수 있는 것이다. 따라서 시가 시 자체로만 존재하는 것이 아니라 도의 실체인 진리의 세계와 함께 할 수 있는 것이요, 이렇게 이루어진 시이기에 사람들을 감동시킬 수 있는 것이다. 그러기에 이러한 시인에게는 누구도 대적할 수 없다. 이 시는 결국 백운 사의 뛰어난 시재를 말하려는 것이었으나 이러한 시재가 도의와 시정이 어울려 있기에 가능했다는 것이다. 이렇게 보면 천경 대사가 귀히 여기는 神解와 妙悟가 바로 시가 된다는 의미를 다시 한번 짐작하게 한다.

흰 장삼 푸른 구름의 선비   白衲靑雲士

서로 만나 흔쾌했던 한번의 놀이   相逢快一遊

마음을 논하면 마음 더욱 고요하고   論心心益靜

도는 물을수록 더욱 그윽해   問道道還幽

선정에서 깨우침 밝아지고   禪定明三覺

문장은 천하에 흐르네   文章涉九流

돌아가는 종지 비록 길은 다르나   歸宗雖異路

떠남에는 깊은 수심 있게 마련.   臨別有深愁

「送別」이라는 시다. 歸宗異路라 함으로 보아서는 동도자가 아닌 속가의 선비가 아니었던가 하는 느낌이 있다. 어찌되었든, 승·속을 뛰어 넘은 아쉬움의 시인 것만은 분명하다.

여기서도 마음과 도, 선과 문장을 대립시키면서 한 공간으로 수용했다는 점이 역시 대사의 시문관이라 할 수가 있다. 마음을 말하면 마음은 고요해지고 도를 말하면 말할수록 오묘해진다. 선정에 들면 깨달음이 오고 이것을 문장으로 표현하면 세상에 유포될 수가 있다. 결국 시문의 저술이란 이런 깨달음의 문자적 표현임이 분명하다. 마음과 진리〔도〕 그것을 깨닫기 위한 선정, 이 선정에서 얻은 깨달음, 이 깨달음의 표현인 문장, 하나의 직선으로 작시과정을 설명한 듯도 한 인상을 받게 한다. 여기에서 다시 오묘한 깨달음이 없이 시를 지어서는 안 된다고 나무랬던 대사의 뜻을 다시 한번 되새기게 한다.

4. 어디에도 집착 없는 寫景

위와 같은 작시의 자세는 주변 경관의 묘사에서 어디에도 집착됨이 없이 모든 실상을 해체하거나 통합하는 자재로움을 보여준다. 그야말로 成相과 壞相을 자유로이 하는 것이다.

큰 바다 동해로 끝나고　　　　　大野東溟盡
층층의 봉우리 북극까지 닿다　　層峯北極遙
굽어보는 성 밑 물에는　　　　　俯看城下水
거울 속 다리를 건너는 사람.　　人渡鏡中橋

「樂民樓」라는 시다. 누대에 올라 짓는 시이나 누대의 모습은 어디에도 없다. 그러면서도 이 누대가 높고 오똑한 분위기는 충분히 느끼게 한다. 바다까지 닿도록 끝 없이 펼쳐진 들, 하늘까지 먼 봉우리, 성 아래로 펼쳐진 수면, 그 수면 위에 점 하나로 비쳐져 있는 나그네, 무한의 수평과 수직으로 이어진 공간으로 시선을 자유로이 이동시키고는, 마침내 물그림자로 비쳐진 다리 위의 한 사람에다 모든 초점을 맞추어 정지시키고 있다. 굽어보다〔俯看〕의 한 구절에서 이 낙민루는 수면에 정지된 이 한 점의 위에 있음을 알게 한다. 상하 좌우 어디에도 매임이 없는 이 자유로운 시상, 공간을 무한으로 확대하다가 거울같은 수면의 한 점으로 응축시키고 만다. 무한의 확대가 동의 극치라면 한 점으로의 압축은 역시 정의 극치가 아닌가. 시정이 어차피 동보다는 정의 가라앉음이라 한다면 이 시는 이렇듯 정적으로의 휘갑이 멋있다 하면 지나친 해석일까.
　더구나 이 시의 제목이 낙민루이다. 백성〔民〕을 즐겁게〔樂〕 한다는 누대이

다. 거울 속의 다리를 지나는 한 사람〔人渡鏡中橋〕의 결구야 말로 한가로운 풍
경을 대변하는 장면이 아닌가. 참으로 즐거운 사람들이 사는 세상 풍경이다.
이렇듯 시제의 해석으로 이해될 시이다.

조용히 푸른 산 마주하고 앉으니	黙對靑山坐
산은 백발이 왔다고 싫어하나	山嫌白髮來
바위 앞 한 떨기 꽃은	巖前一朵花
나를 위로해 늦봄에 피었구나.	慰我晩春開

「괴정에서 우연히 읊다〔槐亭偶吟〕」라는 시다. 제목에서 보이듯이 아무 뜻
없이 우연히 짓는 시이다. 전편에 아무런 꾸밈이 없는 소박한 시이다. 나와 산
꽃의 단순한 만남이다. 그렇게 단순하면서도 단순한 만남이 아니라, 산을 싫어
하고 꽃을 위로하는 유정의 대상으로 환치시키고 있다. 아무리 무정물인 대상
이라 하더라도 유정물로 변환시켜 작자와 하나되게 하는 것이 시인의 정서이
다. 스님으로서의 작자는 이 점이 더더욱 뚜렷하다.

꽃을 뜰가에 옮겨 심었더니	移花庭畔鍤
나비들 향내 찾아오다	蝴蝶覓香來
늙마에 한가로운 벗으로 삼고자	老欲爲閑友
몇 가지 책상 가까이 심다.	數枝近榻栽

「꽃을 뜰에 옮겨 심다〔移花種庭〕」라는 시다. 작자는 아름다운 자연을 찾아
가는 것이 아니라 자연을 나에게로 불러들이고 있는 것이다. 자연의 감상이란
대개가 찾아나서는 것이지 앉아서 불러들이는 것은 아니다. 그런데 이 시는 벗
을 삼기 위하여 불러오고 있다. 어쩌면 이것이 자연과 나가 하나가 되기 위한
쉬운 방법인지도 모른다. 대사가 자연을 대하는 것은 이렇듯 나와 하나가 되기
위한 방편이었던 것이다. 그러기에 그의 寫景的 시가 더 실감있게 느껴지는 것
인지도 모르겠다.

높은 다락 아른아른 호수가에 눕고	高樓縹緲枕湖邊
푸른 물 아득히 하늘 닿은 물결	綠水悠悠浪接天
저문 풀 깊숙이 나그네 길 묻고	暮草深埋歸客路
지는 노을 낚싯배를 감싸는 저녁	落霞晩鎖釣魚船

진홍빛 번쩍이는 물결, 단풍의 물구나무　　　紅翻波面霜楓倒
흰 점의 백사장은 눈빛 갈매기 졸음　　　白點沙頭雪鷺眠
반나절로 노닌 3일의 포구　　　半一逍遙三日浦
이 몸 혼연히 깃옷 입은 신선.　　　渾切身世羽衣仙

「高城의 三日浦〔高城三日浦〕」에서 지은 시이다. 이 시는 관동팔경 중의 한 경치이다. 바다와 뭍의 풍경을 잘 조화시켰다. 높은 누대와 푸른 물, 나그네 길과 낚싯배, 물결에 비친 단풍빛과 백사장에서 조는 갈매기 모두가 바다와 뭍의 대칭으로 이 포구의 절경을 여실하게 보여주고 있다. 끝 구에서 반나절〔半日〕과 삼일(三日)의 포구의 대칭은 삼일포라는 고유명사를 일반화시켜 반나절과 사흘이라는 시간적 대칭을 한 구절 안에 결합하면서 즐거운 놀이의 시간적 아쉬움을 은연중 나타내면서 삼일포에 얽힌 고사적 유래까지 살려 신선됨으로 휘갑하였다. 역시 시인의 묘수라 해야겠다.

유쾌히 오른 용악 최상의 봉우리　　　快登龍嶽上層頭
그 중에 禪宮 있어 잠시 머물다　　　中有禪宮暫許留
석장 날리며 구름 속 절로 가는 스님　　　僧拂錫歸雲裡寺
서리의 푸르름 맞은 시냇가 가을 대나무　　　竹迎霜翠澗邊秋
일천 봉우리 돌 기우는 하늘 버티려 하고　　　天峯石補天傾簹
온 골의 물 바다 마를까봐 흘려보내나　　　百谷泉憂海渴流
속세에서야 누가 이 숲 속 즐거움 알랴　　　塵世誰知林下樂
나야 오늘 이 한가로운 놀이 할 수 있지만.　　　我能今日得閒遊

「석천암에 올라〔登石泉庵〕」라는 시이다. 가을날 산사의 풍경을 담담히 읊은 시이다. 작자의 정감적 의도는 그리 많이 투영되어 있지 않다. 다만 한가로이 노닐 수 있다는 것으로 작자가 대경을 대하는 심정만 노출시키고 있다.

　이 시에서는 사물을 보는 시인적 反常性이 두드러지고 있음이 특성이다. 석장을 날려 구름 속으로 드는 스님〔僧拂錫歸雲裡寺〕의 표현은 산사로 드는 한가로운 스님의 모습이기에 일반성을 뛰어넘을 것이야 없지만, 서리의 푸르름〔霜翠〕이라 함은 일상적 언어와는 거리가 있다. 서리는 푸르름을 앗아가는 것이기에 한 자리에 맞물릴 수 있는 언어는 아니다. 그럼에도 시어로 선택될 수 있는 것은, 소재가 대나무이었기에, 가을이 되어 더욱 푸르게 보일 수 있기에 살아난 시어가 되었다. 하늘에 드높은 바위 산은 기우는 하늘을 버티기 위함이라든가, 쉬임 없이 흐르는 산골의 물은 바다가 마를까 걱정스러워 그렇다는 시적 수사도 일상성을 뒤집는 수법이라 해도 좋겠다.

이렇듯 대사의 시는 대상의 사물을 그 자체로 분석 종합하는 사실성에 두고 작자의 정감은 되도록 억제하려는 곳에 특징이 있는 것 같다. 이 점이 바로 일반적인 음풍영월을 나무라게 된 요인이 아니었던가 하는 추론도 가능하다.

절은 신선 구역, 속세 자취 멀고	寺在仙區俗蹤遐
鶴臺의 늦가을 경치 유난히 흐드러져	鶴臺秋晚景偏多
시내는 거문고 안아 창가에서 연주	溪含瑤瑟臨窓奏
비단 옷 입은 산 햇살 보며 자랑하다	山被錦衣向日誇
붉은 빛 강에 가득, 언덕에 늙은 단풍	紅影滿江楓老岸
녹음이 창문 가려, 뒷산에 나즉한 대	綠陰迷戶竹低阿
맑은 밤 어디에서 오는 몇 마디 울림	數聲淸夜來何處
천 리로 가는 기러기 달 아래 지나다.	千里征鴻月下過

「가을경치〔秋景〕」라는 시이다. 산사의 가을 경치를 담담하게 읊고 있다. 신선구역〔仙區〕과 세속자취〔俗蹤〕는 원래가 멀어져 있는 것이니 역시 사실 그 자체를 말한 것이지만, 산 속의 누대라 해서 가을 경치가 더 풍부할 이유야 없다. 그렇지만 깊숙이 감추어져 있는 것이요, 멀리 찾아온 손님에게는 신선 경계 같기에 더 아름다이 느끼는 것이 또한 상례이다.

다음 시구들은 산 속이기에 더 많게 느껴지는 가을 경치를 실감 있게 표현하였다. 시냇물의 울림은 비파나 거문고 소리처럼 은은하다. 그것도 창가에 다가와 더욱 반갑게 연주한다. 비단 옷으로 갈아 입은 산골이다. 햇빛에 비쳐져 더 아름답겠지만, 시의 구성을 단풍이 오히려 햇빛에다 대고 자랑하고 있다는 것이다. 역시 산사의 부자스러운 모습이요, 자랑하여도 예의에 벗어나지 않을 순수함이다.

다음 구에 있어서 다시 단풍을 소재로 가져옴이 좀 험이기는 하지만, 대나무의 푸르름과 대조시킨 색깔의 조화가 대구로서의 구성에 걸맞았다 하겠다. 이렇듯 다양한 산사에도 밤이 되면 더더욱 고요하다. 이러한 고요함을 단절시키는 기러기의 울음 역시 적막과 요란의 대조이면서 ‘달 아래 지나다’ 하는 결론이 마치 밤 하늘의 풍경화를 사실화한 느낌이 든다.

남쪽 산록 높이 올라 허공을 바라보니	高登南麓望天空
마름풀 같은 두 섬 바다 동쪽 이었다	二島如萍接海東
얼굴 비추는 거울, 시냇물 임했고	明鏡照顔臨澗水
귀에 가득한 거문고, 솔 바람 듣다	淸琴盈耳聽松風
청산은 성이 되어 절 둘러 있고	靑山城郭圓蓮社
북실이 된 꾀꼬리 버들로 베짠다	黃鳥爲梭織柳叢
경치는 시의 창자 도우며 도덕까지 겸했으니	景助詩腸兼道德
평생토록 늙음 잊는 이 누대 안이여.	平生忘老此臺中.

「남대에 오르다〔登南臺〕」라는 시이다. 산사의 경치를 여실하게 읊고 있으면서 끝절에 작자의 정감을 말하였다. 시냇물을 밝은 거울이라거나 솔바람을 거문고 소리라 함이 작자만의 독특한 수사는 아니지만 얼굴을 비춘다거나 귀에 가득하다 하여 대경의 경치를 나의 소유로 인입하는 것은 역시 시인의 망아적 자세로서 대경과의 친화력이라 하겠다. 그러기에 끝구에서 忘老라 하여 늙음을 잊겠다 하였던 것이다. 푸른 산이 성곽으로 둘렸다든가 꾀꼬리가 베틀의 씨줄이 되어 버들가지로 베를 짜고 있다 함도 이 시인의 독특한 수사는 아니요, 시인들의 일반적 유추이기는 하지만 산사를 중심으로 한 주변경관을 갈무리함에 있어서 극히 자연스럽게 하고 있음이 돋보인다.

더구나 끝구에 있어서, 자연경관이 시흥을 돋울 뿐만 아니라 도덕을 겸하고 있다는 시상은 자연을 자연으로만 보는 것이 아니라 도덕의 원형으로 생각하는 畏敬의 대상으로 보는 안목은 독자에게 많은 교훈을 주고 있다 하겠다.

높고 높은 鐵嶺山을 오르니	獨上高高鐵嶺山
한 쪽으로 푸릇푸릇 바다 문 열리다	蒼蒼一面海門關
만 리의 바람결 옷깃으로 당기고	襟前萬里長風引
소매 밑 천 봉우리 조각달 한가롭다	袖下千峯片月閑
사람 소리 전할 만한 은하수 저쪽	人語能傳銀漢外
지팡이도 닿을듯 북두와 견우성 사이	手節可接斗牛間
다시 절정에 올라 노닐기 얼마	更登絶頂逍遙久
해 뜨고 지는 동서도 하루 길일듯.	若木扶桑日可還

「철령의 신운에 따라〔次鐵嶺韻〕」 짓는 시이다. 하늘에도 닿을 듯이 높은 철

령을 여실하게 보인 시이다. 높다는 말은 시계가 멀리 트인다는 말이다. 그러기에 철령에 오르자마자 눈에 드는 것이 아득히 펼쳐진 바다이다. 산에 오르면 산을 이야기하는 것이 상식이겠지만 이 시에서 오르자마다 끝 없는 바다로 곧바로 잇고 있음이 돋보인다 할 수도 있겠다. 옷깃이나 소매로는 바람이나 달을 감싸주고 있다. 바람이 나에게로 불어오는 것이 아니라 옷깃이 바람을 끌어당기고 있다. 일천의 봉우리가 나의 소매 밑에 있다. 봉우리만이 아니라 그 봉우리에 닿아 있는 조각달마저 어쩌면 내 옷소매 밑에 있는 것이다. 산이 높다 함을 다시 무엇으로 더 표현하랴.

그러기에 사람들의 말 소리가 은하수 저쪽까지 들릴 것 같다. 지팡이를 들어 올리면 북두성과 견우성이 걸릴 것 같다. 모두가 높은 정상을 나타낸 시어들이지만, 작자를 중심으로 이 시를 구도화한다면 정상에 오른 작자를 중심으로 높고 먼 천지 사방이 한 곳으로 모인 셈이다. 먼 바다가 산정으로 이어졌고 바람과 달도 정상에 서 있는 시인의 옷깃과 소매에 모여 있다. 그런가하면 저 은하수 북두성 견우성도 시인의 손끝에 와 닿아 있다. 그러기에 해뜨는 扶桑이나 해지는 若木을 하루에도 오갈 수 있는 거리이다. 이 시는 이렇듯 무한광대한 자연을 시인의 시어로 한 점의 공간으로 집합시키고 있다. 이 점이 바로 시인과 자연이 하나가 되는 시의 수법이다.

위에서 천경 대사의 몇 편의 시를 살펴보았다. 대사는 당시의 동도자에게 단순한 음풍영월적 시풍을 나무라면서 자신의 시에서의 바람이나 달은 어떻게 시화했는가 하는 점을 간접적으로 검증한 셈이다. 대사는 자연을 읊되 철저하게 얕은 감상을 배제하고 자연을 있는 그대로 시화했다는 느낌을 받게 되었다. 스님이라는 특수한 신분을 느낄 만한 대목도 그리 많지 않았다. 이 점이 바로 있는 그대로의 그 모습이 오히려 진리의 모습이라는 선사의 자세라면 자세일 것이다. 동도자와의 수중시에서 불교적 교리의 부각이 없는 것은 아니지만 그것도 강조하거나 의도적 표현이 아닌 상황에 따른 완곡한 표현이 대사의 온후한 자세였다고 보여진다.

외손으로 기우는 부처 해 받들어	隻手能擎佛日傾
어둔 거리 큰 들 다시 밝았네	昏衢大野忽重明
얼굴 뵙자 토해내는 흰 마음	承顔已吐片心白
도 의론하니 훤히 열리는 두 눈의 밝음	論道還開雙眼靑

양미간의 봄바람 꽃이 절로 피고	眉宇春風花自發
이마의 온화한 기운 처음 갠 햇살	天庭和氣日初晴
표주박의 차 맛에 세속 염려 끊기니	一飄茶味超塵慮
삼매의 경지도 그리 가볍지 않겠죠.	三昧正因想不輕

「정인 대사에게 드리는〔次贈貞仁大師〕」 시이다. 정인 대사가 존장의 어른이었던 것으로 보인다. 드린 시는 그의 뛰어난 법력의 찬미이지만, 시어 자체는 자연풍광을 묘사하는 것 같은 구사이다. 끝구에서 三昧正因과 같은 선가의 어구가 아니라면 역시 스님으로서의 시임을 알 수 없으리만큼 일반적 수사이면서도 그에게 경도된 마음의 깊이를 간접적으로 이해하게 하고 있다.

너와 함께 한 지 한 돐이 안 되지만	與爾同居歲來周
도의 정은 백 년 놀이보다 지나쳐	道情却勝百年遊
빈 산의 지는 해 남북으로 갈리니	空山落日分南北
백발과 청춘이 가고 머물음 한스럽다	白髮靑春去留情
천 리의 찬 바람 뼈에 사무치고	千里寒風應徹骨
한 창의 밝은 달 스스로 수심스러워	一窓明月自生愁
뒷 기약 어느 때 있느냐 물으면	後期借問何時在
풍악의 뭇 봉우리 금수 비단 가을이라고.	楓嶽千峯錦繡秋

「이관 상인을 보내며〔別爾寬上人〕」 짓는 시이다. 스님과는 사제이거나 선후배의 관계이었던 것 같다. 앞의 정인 대사인 선배에게 드리는 시와는 대조적이다. 백발인 자신과 청춘인 이관 상인과의 마주함에서 시간적 거리를 느끼면서도 그저 떠나고 머물음에 대한 현실만 말하고 있다. 사소한 정감은 되도록 끼워 넣으려 하지 않은 흔적이 보인다. 뒷날 금강산의 단풍철에 만날 수 있을 것이 아니겠느냐는 후약으로 마무리하여 서로의 아쉬움을 표현했을 뿐이다.

　대사가 귀히 여겼던 시의 정신적 이해가 바로 이러한 정신적 이해의 초탈함이 아니었던가 하는 것이 이 글을 맺으면서 느끼는 결산이다.

道態와 詩情이 어울린 月波

1. 스스로 쓴 행적

月波(1695~?) 대사에 대한 행적은 자세히 전하여지지는 않고 자신이 서술한 '月波平生行跡'이 그의 문집인 월파집 말미에 수록되어 있다. 여기서는 이를 간추려 그 행적의 편모를 살펴보기로 한다.

월파 대사의 이름은 兌律이고 월파는 호이다. 속성은 김씨이다. 1695년(숙종 21·을해) 12월 24일생이다. 15세에 출가의 뜻이 있어 부모의 만류를 뿌리치고 묘향산의 三卜 장로를 은사로 삼아 佛智庵으로 들어갔다. 처음에는 史記를 배워 고금의 역사 변천을 익혔으나 1년 반도 못 되어 아버지의 상을 당하여 귀향했다가 다시 산문으로 들어가 雲峰 화상에게서 구족계를 받았다.

약관의 나이에 이르자 경전강독에 뜻이 있어 雲峰 慧月 雲坡 幻庵 등 큰 종사님의 법석에 참여하여 四敎 四集 등의 가르침을 받아 이름이 알려지게 되었다. 마침 그 무렵 환암 법사의 법석에 있을 때 安心庵 입실의 청이 있었으나 굳이 사양하였지만 스승인 환암의 간절한 권면으로 마지 못해 수락하였으니 당시 나이 29세였다.

다음해 어머니의 상을 당하여 재를 올리고 나니 세속의 연에 얽매임이 의미 없음을 느끼던 차에 幻夢 법사가 종풍을 세운다는 말을 듣고 사제의 의로 투신하였다. 그 뒤로 법사를 따라 청룡사, 은적암, 문수사 등에서 여러 차례 안거하고 나니 경을 보는 눈이 배전으로 밝아졌다. 대사는 환몽 법사의 은공을 뼈를 부숴도 갚을 수 없다고 서술하고 있다.

환몽 법사를 이별하고, 신흥사의 寂照庵, 江川寺의 蓮臺庵, 觀音寺의 無說庵, 實相寺의 內院庵 등에서 당시의 대덕에게 두루 참학하였으니 無竟, 南岳, 虎岩 影海, 霜月 등 대종사의 법석이었으나, 그 중에서도 호암 법사의 공이 가장 커서 산보다 높고 바다보다 깊었다고 자술하고 있다. 본도로 돌아와 종풍을 세워 불자들의 교화를 30여 년 하였다.

대사가 행적을 자술할 때는 육순의 나이를 넘어서였다. 위에서 보았듯이 스스로의 정진을 위해서는 여러 대덕에게 부지런히 참학하였으며, 후배의 교육을 위해서는 스스로의 종풍을 세워 많은 교화를 주고 있으나 전법자로서의 계승자가 많지 못했던 것 같다. "씨 뿌린 것은 많으나 거둬드릴 곡식이 적다. 이 또한 분수이니 한스러워해 무엇하랴〔植種多而收稔小也 然此亦分也 恨之奈何〕." 하고 있다. 대사가 자신의 행장을 스스로 쓰고 있다는 점도 어쩌면 이러한 한스러움의 피어냄이 아니었던가 한다. 이 행적의 말미에 대사들의 입적 때 다비를 하고서 혹 사리를 거두어 탑을 세우고 비를 세우지만, 평소에는 신앙도 없다가 뒤에서 이렇듯 떠받들음이 무슨 의미가 있느냐. 오히려 속임이 아니냐 하면서 결코 이러한 일이 있어서는 안 된다. 만약 분수 없는 일을 한다면 이는 나의 제자가 아니다 하였다.

대사가 스스로 행적을 서술했던 생각은 자신이 입적한 뒤에 부질없이 추론하려는 뜻이 있을까 염려하여 미리 정리한 것으로 보인다. 대사야말로 철저하게 자신과 분수를 일치시키려 힘썼던 것이다. 자신이 정진했던 여러 과정을 비교적 자세히 기술하고 자신의 사후에 대한 염려까지 당부하는 것으로 끝을 맺고 있다. 이상은 대사가 스스로 기술한 행적에 의한 대략이다.

2. 진리의 모습을 詩情으로

대사의 문집인 『月波集』은 주로 시로만 편집되어 있어 5·7언 절구 율시 125편이 전하여지고 있다. 문은 「香山誌」 한 편과 자술한 「월파평생행적」 한 편뿐이다. 대사의 시에는 진리의 모습이라 할 수 있는 道態와 작자의 정서라 할 수 있는 시정을 융화시키기 위한 일상적인 일로 여겼던 듯한 인상을 준다. 시에는 이러한 시정과 도태를 함께하고 있는 시를 자주 보게 된다.

힘겹게 오른 신선의 경계	強上仙丘境
자연풍경 어찌 쉽게 거두우랴	風光豈易收
언덕머리에 봄 그림자도 사라지고	岸頭春影散
하늘 끝에는 햇살이 떠 있다	天末日陽浮

시의 감흥 천 층으로 솟고 　　詩興千層聳
도의 감정 일만 길로 아득타 　　道情萬丈悠
진리 찾아 돌아가는 길에 　　探眞歸去路
백학의 울음 자주 듣는다. 　　頻聽鶴聲脩

「상원사의 경치〔上院景〕」라 한 시이다. 신선의 경지와 같은 높은 산의 경치를 그리 쉽게 수용할 수가 없다. 그저 한 말로 표현한다면 저 산 모롱이로 사라져가는 봄의 뒷모습이나, 매일매일 하늘 끝에서 떠오르는 붉은 태양, 그것이 자연의 참모습이다. 이런 모습이 바로 진리의 정서〔道情〕인 것이다. 이러한 진리의 참모습을 대할 때 작자인 스님에게는 시흥이 돋아날 수밖에 없어 시를 쓰는 것이다. 그러기에 결구에서 진리를 탐색하며 가는 길이라〔探眞歸去路〕하여 진리를 찾고 있음을 직설적으로 표현하였다. 그러므로 앞에서 표현된 시구들은 이 진리의 탐색이었다 함을 알 수 있다. 곧, 시흥이나 도정은 모두 이 탐진의 진리탐구적 행위임이 분명하다. 이때 백학의 울음을 자주 듣는다 하였으니 이 학의 울음이 바로 자연 진리의 울림인 것이다. 대사는 이래서 시를 쓰고 있다 하겠다.

글이나 글씨 모두 뛰어나 　　文筆兩兼勝
깊이 정결한 공부 　　做工甚潔精
의지는 빼어난 향산처럼 높고 　　志高香岳秀
마음은 달 물결에 맞아 맑다 　　心契月波淸
도의 모습 뭇 사람에게 뛰어나 희고 　　道態超人白
시의 정서는 사물을 벗어나 밝다 　　詩情出類明
천 년의 쓸쓸한 절에서 　　千年蕭寺上
명랑한 읊음 바로 부처의 소리. 　　朗詠眞佛聲

「원혜 스님에게 주는〔贈圓慧師〕」 시이다. 상대방에게 주는 시이기에 내용은 받는 이의 기상을 말한 것이지만 시어의 구성으로 보아 이는 작자가 평소에 가지고 있는 생각임이 자명하다. 원혜 스님의 뛰어난 시문을 기리고 있기는 하나 道態나 詩情을 대구로 하여 구성한 시의 형식 자체가 대사가 평소에 가지고 있는 시에 대한 인식임이 분명하다.

혜원 스님의 지조가 묘향산처럼 높고 뛰어났으며, 그 마음은 달빛에 비친 물결만큼이나 맑다 하였다. 이 또한 상대방의 의지나 마음을 말한 것이지만 자신의 의시나 심정을 간접 표현으로 묘사했다 할 수도 있다. 달의 물결이라는 월파는 바로 대사 자신의 호이기 때문에 그러한 추론을 뒷받침하는 것이다. 자연 진리인 도에는 모습이나 원형이라 할 수 있는 '態'로 잇고, 이 진리의 표현인 시는 사람의 성정의 하나인 '情'으로 잇는 어법 자체에서 대사의 시는 진리인 도의 참 모습〔道態〕에 기반을 두고 있음이 틀림 없다. 이렇듯 도태에서 우러난 시정이기에 그 시는 바로 부처의 소리〔佛聲〕이다. 대사의 시는 도태와 어울린 시정에서 불성의 결과를 맺는 바로 부처의 목소리였음이 분명하다.

붓을 놀리면 생동하는 용의 모습	弄筆生龍動
진리를 이야기하면 活句가 맑아	談玄活句淸
입으로 일천 부처 게송을 읊고	口吟千佛偈
눈으로는 온갖 선사 가르침 본다	眼覵百禪經
가을 달 시흥을 돕고	秋月添詩興
서리 하늘 도의 정 더한다	霜天倍道情
묘향산의 여유 있는 놀이	優遊香岳裡
무거운 거동 누가 가벼이 여기리.	行重孰能輕

「휴암 스님의 경안에 부치는〔寄假巖經案〕」 시이다. 경전을 대하고 있을 어느 스님에게 보내는 시이지만, 시의는 역시 시정이나 도태의 어울림을 주로 하고 있다. 상대방의 문학적 수완이 대단히 높음을 알 수 있다. 용이 움직이듯 힘있는 스님의 필력이다. 그러기에 그가 담론하는 진리는 모두가 대중을 살리는 활구인 것이다. 읊고 있는 시구마다 모든 부처의 게송이다.

　그러기에 가을 달을 보면 시흥이 돋고 계절의 변화에서 진리의 참 모습을 본다. 서리 내리는 가을 날씨 어제까지 파랗던 산사의 주변이 붉은 단풍으로 변하는 가을 서리이다. 이것이 바로 자연 진리〔道〕인 참모습이다. 여기에 노니는 스님의 소요는 가벼운 발걸음 같지만 진리의 참모습을 체득하는 순간이라면 이 걸음만큼 무거운 걸음도 없다. 그러기에 이 무거운 걸음을 누가 가벼이 여기겠느냐는 결론으로 휘갑하고 있는 것이다.

도원의 동리에서 다행히 만나	幸遇桃源洞
달 아래서 맑은 이야기도 잦네	淸談月下頻

> 도는 90일의 여름철에 이루고　　　道成三際夏
> 시는 시방세계의 봄을 희롱하네　　詩弄十方春
> 깨달음의 바다에 낚시하는 나그네　覺海能釣客
> 참선의 숲에서 한가로이 누운 사람　禪林懶臥人
> 이제 향산 길에서 이별하자니　　　今離香岳路
> 정신을 잃게 하는 한스러움.　　　 別恨喪精神

「몽견 스님을 이별하며〔別夢見師〕」 짓는 시이다. 묘향산에서 스님을 이별하며 그간에 지냈던 과정을 묘사하였다. 여름철 정진의 夏制에서 진리의 도체를 깨달았지만, 이 진리를 담론함에 있어서는 역시 봄날의 훈훈함처럼 시로 주고받았음이 분명하다. 그러기에 그 시는 시방세계를 두루한 봄을 자유자재로 희롱〔弄〕했던 것이다. 깨달음의 바다〔覺海〕이기에 낚시하는 나그네가 어울려 진리를 낚고 참선의 숲〔禪林〕이기에 누워 있는 한가함이 어울린다. 이 또한 시정과 도태가 저절로 우러나는 시구의 구성이다.

> 삼성암의 이름 만고에 향기로워　　　　三聖庵名萬古香
> 오른 이 날 구름도 걷혀 개이다　　　　登臨此日捲雲晴
> 살랑살랑 솔 거문고 시흥을 돋우고　　松琴瑟瑟添詩興
> 찰랑찰랑 시내 곡조 도정을 더한다　　澗曲潺潺倍道情
> 선정에 든 선승 속세 사념 조용하고　入定禪僧塵慮靜
> 진리 탐구 시인도 세속 마음 맑아지다　探眞騷客世心淸
> 자연의 진리 알아 깨달을 수 있다면　若能了得天眞理
> 학 울음 원숭이 휘파람 모두가 부처소리.　鶴唳猿啼摠佛聲

「삼성암의 운을 따라〔次三聖庵韻〕」 짓는 시이다. 삼라만상의 자연경관이 모두 시흥이요, 도정이라는 것이다. 산들산들 이는 솔바람이 거문고 소리이다. 이것이 바로 자연의 음악인 天籟인 것이다. 여기서 저절로 이는 시인의 흥취이고 있는 그대로의 실상적 표현이 바로 시인 것이다. 굽이굽이 흐르는 시냇물 잔잔히 이는 물소리 이것이 바로 진리의 정취이다. 이것이 바로 자연 진여의 도이다. 이것을 알았기에 선승에게는 세속 생각 모두 끊기고 시인에게도 세속의 마음이 맑아진다. 이것이 모두 천진한 자연의 이치이니 이러한 이치를 깨닫고 나면, 부처의 말씀이나 소리가 따로 있는 것이 아니라 학의 울음이나 원숭이의 휘파람이 그대로 부처의 소리인 것이다.

이렇듯 월파 대사는 자연의 여여한 실상에서 부처의 소리를 듣고 거기에서 자연 진리의 도의 원 모습을 보며 그것을 표현하려 할 때 시로 변모되었던 것이다. 그렇게 본다면 대사의 시야말로 佛理를 나타내려 하지 않아도 한 구 한 구의 시가 저절로 道情이요, 부처의 소리였음이 분명하다.

3. 天眞을 그대로 보인 叙景

자연의 진리가 바로 도의 본체요, 이 도의 본체를 표현하는 것이 시이며, 이 시로 나타난 모든 것이 부처의 소리라고 본 대사의 시는 자연 경관의 서술에서도 佛理를 표현하지 않더라도 그 자체가 바로 불리였던 것이다. 그러기에 비록 서경적 시라 하더라도 서경으로만 머무르는 것이 아니라 서경 자체가 도의 본체이었다 하겠으며, 역으로 말하면 어느 시인의 서경보다도 더 자연에 핍진할 것이 틀림 없다.

일천 산 온갖 물 근원을 찾아	千山萬水踏根源
오늘에 오른 누대 세상 혼탁 깨닫다	此日登樓覺世昏
땅으로 솟은 신선 봉우리 참된 정토	地聳仙峯眞淨界
백옥 폭포로 열린 동구 별다른 천지	洞開玉瀑別乾坤
서북으로 높은 뫼 하늘 끝 잇고	嶂高西北連天末
동남으로 내닫는 시내 바다 어구 닿다	溪出東南接海門
속세 인연 잊고 명승지 찾아	忘却塵緣探勝久
붉음 안고 지는 해 꽃누대에 가리다.	拖紅落照影花軒

「강선루의 운에 따라〔次降仙樓韻〕」지은 시이다. 첫 구에 있어서 물과 산의 근원을 찾았다 함이 지리의 원천을 찾는 스님의 시로서 적절한 표현이었다. 근원이라 함이 한 구의 글자 맞춤에도 매우 적절하였다. 근은 뿌리로 산 뿌리이고 원이라 함은 물의 근원으로 물이 솟아나는 원천인 셈이다. 따라서 산수의 근원을 정확히 이어 준 시구라 하겠다. 이러한 진리의 탐구적 자세이기에 누대에 오르자 세속의 혼탁을 깨달은 것이다. 정토로 표현될 수 있는 맑은 경계가 따로 있는 것이 아니라 땅이 솟아올린 이 신선스러운 봉우리가 바로 진정한 맑

은 경계이다. 흰 구슬이 부숴지는 폭포가 동구의 문을 열고 이 열린 동구가 바로 별다른 천지이다. 넓은 공간만이 천지가 아니라 좁은 공간의 아름다움이 바로 또 다른 천지인 것이다. 그러기에 좁은 병 속에도 건곤이 존재한다 라고 하는 것이 아닌가.

이렇듯 산과 물은 위 아래로 펼쳐져 서북으로 이은 봉우리는 하늘 끝에 닿고 동남으로 흐르는 물은 바다 어구까지 이어진다. 모든 시구의 연결이 첫 구의 근원 찾기와 맞물려 상하의 공간을 감싸고 있다. 그러기에 속세 인연이 끊기고 멀리 지는 해의 붉음이 작자가 있는 이 꽃난간으로 모아지고 있는 것이다. 강선루를 에워싼 주변 경관을 실감 있게 서술하였다.

풍악산 가장 높은 허공으로 오르니	登臨楓岳最高虛
동해의 동쪽 머리 해가 마악 솟네	東海東頭日出初
만 겹의 구슬봉우리 학이 사는 소굴	萬疊圭峯爲鶴窟
천 층의 백옥폭포 용이 살기 적당	千層玉瀑作龍居
가을 깊은 대집 바람소리 싸늘코	秋深竹戶風聲冷
솔창에 든 달 계수나무 그림자도 성글다	月入松窓桂影疎
물상 뛰어 넘은 선경 끝없는 멋에	象外仙區無限趣
종일토록 읊는 시구 세상 인연 멀다.	沈吟終日世緣除

「금강산의 운을 따라〔次金剛山韻〕」 짓는 시이다. 금강산의 끝없는 정취를 읊고 있다. 자연의 서경을 있는 그대로 읊어 여실하게 보여주고 있을 뿐 스님이라는 신분이 드러나보이는 곳이 없다. 이것이 바로 시는 시로서 만족해하는 대사의 시관이라 할 수도 있겠다. 금강산의 가장 높은 봉우리에 올랐다. 높은 곳을 높고 비었다〔高虛〕로 표현하였다. 비었다 함의 '虛'자는 바로 허공과 이었음을 말한다. 시의 구성상 虛字라야 각운이 맞기 때문에 그렇게 한 것이라 할 수도 있지만 여하튼 쓰기 쉬운 운자는 아니다. 봉우리나 폭포가 모두 백옥으로 이루어졌다. 봉우리라는 위의 공간과 폭포라는 아래의 공간이 안팎의 대구를 이루면서 거기에 깃들인 물체가 다르다. 위에는 학이요, 아래로는 용이다. 학이나 용이 모두 신선스러운 영물의 의탁이다. 금강산의 신령스러움을 은연중에 표현하고 있다 하겠다.

다시 시선은 머물러 있는 산사로 옮겨 대나무창의 서늘함이나 소나무창의 달그림자로 조용하고 신비스러운 가을밤의 경치를 읊었다. 이것으로 한적한 산사

의 한 순간의 설명으로 만족하다 하겠다. 이렇듯 한없는 정취에서 작자가 읊는
시구에는 세속의 먼지가 틈탈 수가 없다.

밤 고요하자 산도 흔들림 없고	夜靜山無動
나 한가로워 진리의 정 펴나네	人閑發道情
그 중에도 뛰어난 멋은	箇中眞勝趣
백옥의 폭포구슬 소리 날리다.	玉瀑散珠聲

「무릉의 경치〔武陵景〕」를 읊은 시다. 산이야 항시 부동의 자세이지만 모든
것이 잠든 고요한 밤은 더욱 더 부동이다. 더구나 항시 분망한 인간세사에 비
하면 더더욱 부동의 산 모양을 배울 만하다. 한가로운 사람도 부동의 정좌이겠
지만 오히려 진리의 본뜻을 깨달을 수도 있으니 저 부동의 산과는 대조적이다.
이렇듯 정적한 주변을 일시에 깨는 폭포의 물소리가 있지만 이는 물소리가 아
니라 구름을 깨는 소리이다. 이러한 멋은 이 산중의 뛰어난 경치가 아니고서는
느낄 수 없는 멋이다.

산은 하늘 괴는 기둥이 되고	山作撑天柱
동구는 물 흘리는 문으로 열렸다	洞開出水門
이 가운데 쓸쓸한 절 하나	箇中蕭寺在
맑은 풍경 소리 먼 구름 뚫다.	淸磬遠穿雲

「산경치를 즉석에서 읊다〔卽吟山景〕」라는 2수 중의 하나이다. 별다른 수식
없이 산사의 깊은 경치를 읊고 있다. 이 시는 상·하의 공간을 맞물리면서 그
중앙에 절을 놓아둔 구도이다. 높은 산은 하늘을 괴고 있고 골의 물은 동구를
여는 문이라 하였다. 하늘과 땅의 공간을 완전히 대립시키면서, 그 공간을 주
택의 한 구조물을 보았으니, 우주를 하나의 집으로 보는 동양인의 사유를 교묘
하게 표현하고 있다. 宇宙라는 한자의 뜻이 '집우' '집주'라 하여 집으로 비유
되고 있는 우리의 사유를 생각한다면, 이 시는 산을 기둥으로 물길따라 뚫린
동구를 문이라 한 구상이 의미 있는 맞물림임을 알 수 있다.

그 안에 한 점으로 표현되는 쓸쓸한 절이다. 절이 비록 쓸쓸하기는 하나 그
절에서 울리는 맑은 풍경소리는 멀리 구름을 뚫고 있다. 땅 위에서 이는 종소
리가 하늘로 이어진다. 역시 상하의 공간을 수직으로 잇고 있다. 제목에서 보
이듯이 비록 즉석에서의 읊음이지만 이 시는 이렇듯 한 점을 중심으로 상하공

간의 대자연을 포용하고 있는 것이다. 대사의 시는 이렇듯 꾸밈이 없는 단순한 읊음이지만 그 안에는 은연히 대자연의 진리를 담고 있다. 대사가 서경적 시를 쓰고 있는 것은 이렇듯 있는 풍경을 화가가 화폭에다 담듯이 담담하게 붓끝으로 거두어두는 것이다. 그러한 자세를 다음 시에서 바로 느껴볼 수가 있다.

달은 금반지가 되어 푸른 하늘 걸렸고	月作金環掛碧天
물은 옥가루 되어 긴 내에 떨어진다	水爲玉屑落長川
이 속에 끝 없는 진여의 풍경	箇中無限眞風景
산인의 붓으로 어찌 다 펴내리.	豈易山人筆下宣

「산경치〔山景〕」라는 시이다. 소재는 하늘의 달과 폭포의 물뿐이다. 상하공간의 극치에 닿고 있다. 달을 두고 금가락지라 한다든가 폭포의 물을 백옥가루라 함이 특별히 뛰어난 비유라 할 일이야 아니요, 일반적 착상이라 하겠지만, 깊은 산의 하고 많은 여러 경치를 휘갑할 만한 소재로 선택했다는 점은 좀 생각해보아야 할 일이다. 하늘 끝에 떠 있는 달, 땅 밑까지 떨어지는 폭포수, 이것은 온 산의 공간을 하나로 포용할 수 있는 소재임이 분명하다. 그러기에 이 속에 있는 하고 많은 진풍경은 산인의 붓으로 다 펴보일 수 없다는 결구로 시를 맺었다. 그 많은 산의 경치를 어떻게 다 말하겠는가. 그러니 이 공간을 한 폭으로 쌀 수 있는 두 소재로써 다 표현하고 만 셈이다. 작자는 진풍경을 다 말할 수 없다 하였지만 실은 다 말한 셈이다. 아울러 대사가 자연의 참모습을 시로 표현한 것도 단순하면서도 단순하지 않은 시의 함축이 가장 적절한 도구였기 때문이었다 할 수 있다. 이렇듯 진리의 참모습을 담담하게 수용할 수 있었던 작시자인 대사 자신의 담담한 심성에서 우러나올 수 있었다 할 것이다.

동서남북으로 담담히 노니는 나그네	東西南北淸遊客
이름난 산 천만 층을 다 밟았다	踏盡名山千萬層
종일토록 진경 찾아 돌아오는 길	終日探眞歸去路
훌훌히 발길에 맡긴 한가한 중.	騰騰任運一閑僧

「월저당의 운에 따라〔敬次月渚堂〕」 짓는 시이다. 이름난 산천을 따라 해맑은 놀이를 하는 나그네로 표현된 자신이다. 비록 그것이 놀이로 표현되었지만 그 자체가 진리의 탐구이다. 탐구라는 말은 애써 찾음의 의미이지만, 아무리 애써 찾아보아도 진리는 있는 그대로의 실상이다. 그러기에 돌아오는 발걸음은

그 걸음 자체에 맡기는〔任運〕 걸음이다. 여기에서 진리 자체로의 존재로 놓아 두는 작자의 자세를 이해하게 한다. 이 시가 더구나 옛 스승이 될 스님의 시운에 차운하면서 지은 시라는 점에서 더더욱 대사의 진솔한 마음의 표현이었다 할 수도 있다. 대사는 당시의 다른 스님들과 달리 속객들과의 주고 받은 시가 그리 많지 않고, 있다 하더라도 격의 없는 소탈한 시적 수답이지 지나친 찬사나 유불의 상관적 대비나 유관성에 역점을 주지도 않은 듯하다.

백옥 같은 선동이 갔다 다시 와	白玉仙童去復還
한가로이 청정계와 속세를 마음대로 노니네	烟霞淨界任心閑
진시황 한무제 모두 본 일 없지만	秦皇漢武皆無見
내 무슨 인연 있어 이 산에서 만나나.	我有何緣遇此山

「김수재를 만나 즉석에서 읊는다〔再逢金秀才卽吟〕」라는 시이다. 속가의 유생에게 주는 시로서, 시의는 김수재의 뛰어난 재질에 대한 찬사이지만 전편에 풍기는 정취는 자신과 다름 없이 외계에 매이지 않은 초탈적 자세에 대한 동정이라고 보아진다. 세속의 유생이지만 연하세계와 청정의 세계를 마음대로 오간다는 표현은 외물의 사정에 얽매임이 없음을 말하여 자신의 심사와 어울림을 말했다 하면 지나칠까. 진시황이나 한무제를 만나본 일이야 없지만 오늘 우연히 이 산에서 만났다 함은 김수재의 미래적 재능을 칭찬한 것이지만, 앞구에 있어서의 마음에 맡겨 한가롭다〔任心閑〕와 연관시켜 음미한다면 진시황이나 한무제도 이렇듯 구애 없이 노닐어 마음에 맡기는〔任心〕 사람만은 못하다는 역설적 표현이라 할 수도 있다.

위에서 대략 살펴본 월파 대사의 시는 시 자체가 진리의 여여한 모습을 담기 위한 도구였다는 인상을 받게 한다. 그것이 시어로 표현되었을 진리의 모습〔道態〕이나 시의 정서〔詩情〕 또는 詩興이라 표현했던 것이다. 그러므로 서경적 시라 하더라도 지나친 수사적 꾸밈이 없이 있는 사실을 담담히 표현하여 그 자체가 자연의 실상이요, 진리의 참모습으로 반영했던 것으로 보인다. 『월파집』의 서문을 쓴 李龔의 말은 바로 월파의 시세계를 간명하게 나타냈다고 보아 다음과 같이 인용하여 결론으로 대신한다.

시집의 이름을 『월파집』이라 하였다. 그 사람을 보면 맑기가 달의 물결〔月波〕 같고, 말을 들으면 맑기가 달의 물결 같고, 시를 완미하면 또 맑기

가 달의 물결 같으니 문집을 『월파집』이라 함이 참으로 헛되지 않구나

其名曰 月波集也 觀其人 淸如月波 聽其語 淸如月波 玩其詩 又淸如月波 則
月波之名其集者 信不虛也

龍潭의 佛理의 詩化

1. 간략한 행적

龍潭(1700~1762) 대사의 속성은 金氏로 南原 사람이다. 법명은 慥冠이고, 자는 無懷이고 龍潭은 호이다. 어머니는 徐氏인데 용이 하늘로 오르는 꿈을 꾸시고 대사를 잉태하였다 한다. 숙종 26년(1700) 4월 초파일에 출생하였으니, 석가의 탄신과 생일이 같았음이 우연이 아니었다. 어려서부터 재기가 뛰어나 9세에 배움에 들어 한번 본 것은 무엇이나 기억하지 못하는 것이 없어 15세 전에 유가의 경전을 모두 섭렵하여 시문의 모임에서 항시 제일의 자리를 차지하니 奇童이라는 칭호를 받았다.

미래가 촉망되기도 하였으나, 16세 되던 해에 아버지가 돌아가시매 피나는 슬픔으로 3년을 지내며 세상의 무상함을 느껴 출가의 뜻을 갖게 되었다. 이 굳은 뜻을 이해한 어머니는 만류를 하지 못하여 19세에 마침내 甘露寺의 尙洽 장로에게서 머리를 깎고 太虛堂 就侃 대덕에게서 구족계를 받았다. 이 소문을 들은 향리의 유생들은 빈 숲에 범이 들어갔으니 점차 큰 울림이 있겠다〔虎入空林 將有大咆〕라 하여 불교계의 큰 인재가 될 것을 예고하기도 하였다.

22세에 화엄사로 떠나 霜月 대사에게 참학하니 대사가 한번 보고는 큰그릇이 될 것을 알았다. 24세에는 영호남의 큰스승을 찾아 다니셨으니 影海·洛庵·雪峯·南岳·晦庵 등 큰스님들이다. 선·교에 두루 통하시어 이르는 곳마다 이름이 크게 떨치셨다. 두루 참학하고 나자 빛을 스스로에게 되돌림을 아시고는 필기구를 바위에다 부수고는 오로지 讀誦으로 신념을 삼았다. 見性庵에서 정진하다가 하루 저녁의 꿈에 신동이 나타나 책 한 권을 주는데 표면에 震谷이라 새겨 있었으니 동방〔震〕을 울린다는 예증이 아니었던가.

스스로 깨우친 대사는 더욱 정진에 힘썼다. 그때 호남에서 드날리던 月渚 大師의 수제자였던 冥眞堂 守一 대사를 한 번 뵙기를 원하고 있었는데, 용담 대

사의 법기에 대해 소문을 들은 수일 대사가 먼저 찾아와 서로의 문답에서 神機
가 통하게 되었다. 33세에 靈源庵으로 들어 10년을 나오지 않을 뜻으로 손수
토암을 짓고 佳隱庵이라 하여 평생의 안식처로 삼아 더욱 정진하였다. 그러나
사방에서 모여드는 학인을 뿌리칠 수가 없어 지리산의 여러 암자에 강석을 열
어 널리 교화하게 되니 원돈의 법을 총림에 드날리기 20여 년이 되었다.

　1749(己巳)년 상월 대사가 드디어 의발을 전하시니 전후 다섯 차례의 시봉
에서 깨우침이 이렇듯 많았던 것이다. 3년 후 대사 52세에 문도에게 모든 문
자공부가 부끄러운 일이라 하며 게송으로 뜻을 보였다.

애써 깊은 심회로 대중에게 알리노니	強吐深懷報衆知
강단에서 헛되어 玄奇를 희롱했구나	講坍虛弄說玄奇
젊은 나이에 경전 강독 허락됐지만	看經縱許年靑日
머리 희어지니 염불이 가장 마땅해	念佛偏宜髮白時
죽살이는 성인의 힘에다도 의지 못하니	生死若非憑聖力
계획 없는 오르내림 그대로 맡길 밖에	昇沈無計任渠持
더구나 세상살이 자못 요란할 뿐이니	況復世間頗鬧鬧
흰구름 깊은 골, 돌아갈 생각만.	白雲幽谷有歸思

하고는 곧 강석을 해파했다

　1758(戊寅)년 문도의 강청에 다시 강석을 열었다가 다음해 겨울 또 회철했
다. 대사는 원래 뛰어난 기상에다 넓은 성품으로 일의 처리는 부드럽고 대중을
대하심이 너그러워 승속간에 따르는 이들이 감히 그 깊이를 이해하지 못했다.
1762(임오)년 6월 27일에 입적하시니 세수는 63이고 법랍이 44이었다. 임종
하시며 시자를 불러 게송 한 구를 받아 쓰게 하니,

먼저 구품의 연화대에 올라	先登九品蓮臺上
미타의 옛 주인 우러러 대하다	仰對彌陀舊主人

라고 하였다.

2. 참마음으로 비친 僧과 俗

대사의 문집인 『龍潭集』에는 199편의 시와 3편의 문과 2편의 편지가 전하고 있으니 양으로는 그리 많은 편이 아니다. 洪啓禧(1703~1771)의 서문에 의하면, 대사는 평소에 시문을 즐겨하지 않았고 때로 서술한 것이 있어도 귀히 여기지 않아 태반이 산실되었다 한다. 위의 행장에서도 보았듯이 염불정진을 귀히 여겼던 스님이기에 시문은 그리 즐겨하지 않았던 것으로 보인다. 문집에 남아 있는 시도 자신의 회포를 서술하는 시가 述懷라 하여 여러 편이 있는데 거기서 느낄 수 있는 것은 역시 본분사인 불도에 정진 못하고 있음이거나, 자식으로서의 효도에 대한 안타까움이나 백성으로서의 나라에 대한 보답이 없음을 항시 안타까워했던 것으로 보인다. 평범한 한 사람으로서의 진실을 다하지 못함에 대한 회한일 뿐이라는 느낌을 갖게 한다. 자연의 서경적 묘사라 하더라도 밖으로 드러난 미추의 형식미가 아니라 자연의 모습에 대한 진리의 탐색이라는 점에 본뜻을 두려 하였다는 생각이 든다.

집에 있어서는 의당 효도 다하고	在家宜盡孝
벼슬에 오르면 충성을 바쳐야지	登仕可輸誠
향을 사른들 무슨 일 축원하랴	焚香祝何事
나라 걱정이요 풍년의 기원이지.	憂國願年豊

「述懷」라는 시다. 굳이 스님이라 할 것 없이 평범한 자연인의 소박한 심정이다. 아무리 출가한 몸이라 하지만 재가의 윤리를 무겁게 느끼지 않을 수 없다. 더구나 대사의 불가 입문동기가 아버지를 여의고 느낀 인간세상의 무상에 서였기에 남다를 수도 있다. 더구나 어려서부터 기동이라 기릴 만큼 향시의 과거시험의 문턱에까지 정진해보았던 터이니 효도에서 이어지는 나라에 대한 충성 또한 남달랐으리라 짐작이 된다. 그러나 이러한 것은 모두 개인의 영달에 한하는 일이니, 승려가 된 지금에서의 소원은 무엇인가. 풍년이 들어 온 나라가 평안함이다. 역시 대승적 기원인 스님의 자세이다.

나라의 보답은 충절이 마땅하고	報國宜忠節
가정을 생각해선 효정을 다해야지	思家盡孝心
두 길에서 물러섬이 없으면	兩途如不退

부처님 빛 내리심 응당 보리라.　　　應見佛光臨

「원주에 사는 원 처사의 청에 주는〔賽原州元處士圭之請〕」시다. 속가의 선비에게 주는 시이다. 처사라 한 것으로 봐서 불가와의 인연이 있는 분으로 보인다. 속가에서의 부처님 광명이 무엇인가. 자신의 직분을 다하는 곳에 있는 것이다. 집에 있어 효도요, 나라 위한 충성이다. 이 두 길에 물러섬이 없는 불퇴전의 정진이 바로 참모습의 깨우침의 정진인 것이다. 이렇듯 대사는 인간 윤리의 기본을 지킴이 바로 부처의 응보라 하여 사람의 본분사에 힘쓰도록 하였던 것이다.

　스님으로서 세속의 선비와의 대화에서 무엇으로 그를 감화시킬 것인가. 부처님의 진리를 불법으로만 말하여 그에게 설득력을 얻어낼 수 있을 것인가. 오히려 세속의 진리가 바로 불법의 진리임을 입증시키는 것이 보다 더 설득력이 있을 것이다. 충과 효 이 두 길에서의 불퇴전의 정진에 부처님 광명이 있다 함이 얼마나 더 타당했던 것인가. 여기서 대사의 대승적 기지가 돋보인다 할 수 있겠다. 이것이 또한 당시 유가 사회에서 고승대덕님들의 호불적 위력이 있었던 것이다. 조선조의 불교를 이해함에 있어서도 이 점에 유의하지 않고는 바른 이해를 할 수가 없다고 본다.

부처님 말씀 정토의 업도	佛言淨土業
세상에선 효도가 최우선	於世孝爲先
지금 우리 스님 보내면서	今送吾師去
헤어지며 느껴 흘리는 눈물.	臨分感涕漣

「국태 사미를 고향으로 보내며〔贈國泰沙彌還鄉〕」짓는 시이다. 이미 불가에 귀의한 스님을 고향으로 보내면서 불가의 정업이 속가에서는 효도가 제일이라는 것이다. 사람살이에 있어서 기본적 윤리를 잃고서야 설 자리가 없는 것은 너무도 당연한 것이요, 불가에서 돌아가야 할 궁극의 청정한 업이 있듯이 세속에서의 지고의 덕목은 효도인 것이니 출가다 재가다 하는 처지의 다름은 있겠지만 그 처지에 따른 수행의 자세는 다를 것이 없다.

　사랑하는 사미승을 고향으로 보내며 세속의 정에 이끌릴까 걱정됨이 어쩌면 큰스님으로서의 앞서는 정감일 것 같으면서 사사로운 정을 억제함이 떠남에 주는 교훈일 터인데, 이 시는 그것을 당연시하면서 오히려 세속에서의 효성의 극진이 불가에서 청정한 업의 수행이라 하여 가는 이의 발걸음을 가볍게 해준다. 그러면서도 한편으로 오히려 되돌이올 길을 재촉히는 여운을 남기고 있다 하겠다. 끝구에서의 흘리는 눈물을 보고 사소한 정에 흔들리는 스님의 모습으로 부정적 해석이 있을 법하지만 오히려 자연인의 참모습이면서 스승으로서의 사랑과, 아울러 자신이 다하지 못한 세속의 효성을 애제자에게게라도 기대하려는 큰 스승의 자비로운 모습으로 반영된다.

이렇듯 자연인으로서의 한 자식의 심정을 직접적으로 나타낸 시도 있다.

눈 내려 싸늘한 바람 새도 날지 않고	雪落風寒鳥絕飛
산 아래 내려갈 기약없는 지팡이	一筇無計下山歸
오래도록 못한 어버이 앞 색동옷 춤	庭闈久闕斑衣舞
서쪽 뫼 홀로 보며 석양에 뿌린 눈물.	獨向西峯泣落暉

「어버이를 그리며〔思親〕」 짓는 시이다. 아무리 속가와의 인연을 끊었다 하더라도 자신의 존재를 되돌아볼 때 어버이를 생각하지 않을 수 없는 것이 사람으로서 본연의 모습이다. 이 또한 모든 중생의 참모습을 찾으려는 불가 사유의 첫 길일 수도 있다. 대사는 이런 뜻에서 속세의 효도나 충성을 항시 강조하였던 것으로 보인다.

우리 임금 만수무강 빌기 위해	爲祝吾王壽萬年
맑은 향 사르는 곳 상서 연기 일고	淸香熱處起禪煙
사가에는 역시 늙으신 두 어버이 있어	私門亦有雙親老
긴 밤 불단 앞 하늘에 하소연하네.	永夜坍前更許天

「회포를 읊는다〔述懷〕」는 두 수 시의 한 수이다. 불단 앞에서의 기원이 역시 나라 걱정과 어버이에 대한 그리움이다. 피상적으로만 보면 속세의 연을 끊지 못하고 있는 아쉬움으로 보일 듯하지만 앞에서도 보았듯이 청정의 업이 이러한 사람으로서의 기본적 도리를 다하는 것이라는 것이다. 세상살이를 벗어남에서 다시 벗어남을 벗어난 저 세계에서의 효도와 충성을 기원하는 것으로 그야말로 從聖入凡의 대승적 자세임이 분명하다. 더구나 대사는 어린 나이에 아버지를 여의어 인간무상을 느끼고 출가를 결심했던 처지이기에 더욱 그러했으리라는 점이 또한 남다를 수도 있다 하겠다. 다음 시는 어쩌면 그러한 점을 반증한다 하겠다.

그대 소매 속엔 어버이 섬기는 글	看君袖裏事親篇
세상의 효도는 자네만이 오롯했네	孝道人間自獨尊
나는 부모에게 공경함도 없었으니	余於父母未曾敬
손 잡고 맞이하는 자리 눈물만 주루룩.	握手當筵淚欲漣

「이명재라는 분의 효행에 쓴〔題李處士命載孝行篇〕」 시이다. 이 처사는 세상에서 둘도 없는 효행을 실행하는데 산사에 있는 자신은 부모에게 공경도 제대로 못했다 하여 자신의 처지와 대비하며 효행의 위대함을 찬양한다. 그러기에 이런 경우를 당하면 눈물부터 앞선다는 것이다. 이것이 자연인으로서의 대사의 참모습이요, 이 또한 부처님 뜻의 깨우침과 표리의 연관이었던 것이다.

대사의 이러한 인간적 충효는 사람과의 관계에서뿐만 아니라 자연사물을 대하더라도 순수하게 우러나고 있다.

해바라기 두어 줄기 돋아나	有葵生數朶
피고 지는 조그마한 뜨락	開落小庭間
빛이 시선 가리는 것 싫기는 해도	厭色雖遮顏
너를 그려 문을 닫지 못하는구나	憐渠不掩門
요임금의 해를 맞아 피는 꽃이고	花迎堯日出
잎은 순 임금의 바람에 춤추며 돈다	葉舞舜風還
생물도 충성의 뜻 머금었으니	物亦含忠意
마주보는 이 얼굴이 부끄럽구나.	相看愧此顏

「해바라기〔葵花〕」를 두고 지은 시이다. 햇빛을 보며 따라가는 꽃을 임금에 대한 충성으로 비의하는 일반적 사실을 시화한 것이기에 영물시로서의 사실적 묘사는 없는 시이다. 다만 충성으로 상징되는 이 꽃을 볼 때 자신이 부끄럽다는 일종의 술회시가 되었다.

이렇듯 사물에 대한 자잘한 감정을 끊으며 사람으로서의 도의를 연상하는 대사의 자세는 당시 유자로 자처하여 충효를 강조했던 사대부보다도 더 절실하게 충효를 흠모했다 여겨진다. 이것은 의도적으로 강조하는 도덕적 계율이 아니라 대사 본연의 천진한 본성이라 여겨진다. 대사의 시에 「회포를 읊는다〔述懷〕」는 시가 많은 것도 이러한 자신의 본연의 모습에서 자연스럽게 우러나는 마음의 깊이가 아닌가 하는 느낌이 짙다.

성글고 벗어남 얽매임 없어	疏逸無拘檢
평생을 뜻대로의 걸음	平生任意行
자비구름 저 끝에 일고	悲雲隨境起
마음달 허공 비춰 밝네	心月照空明
속세에서도 좋고 싫음 없었거늘	在俗無假厭
진여세계에서 기쁨 놀람 있으랴	於眞不喜驚
부처 하늘 서쪽 끝에 있기에	佛天西極在
空의 풍류 상상 속에 들리다.	空樂想中鳴

「회포를 읊는다〔述懷〕」는 시이다. 모든 사물을 그저 담담한 제 모습으로 놓아두는 심정이다. 그러기에 얽매임이 없다. 사물에 얽매인다 함은 사물에 나의 감정을 개입시키기에 그 사물에 얽매이는 것이지 사물이 나를 끌어가는 것이 아니다. 있는 사실을 있는 그 사실 자체로 놓아두면 내가 끌려갈 리가 없고 끌려감이 없으면 얽매임이 있을 리 없다. 이 시는 대사의 그러한 담담한 모습이다.

3. 여여함 그대로의 자연 묘사

위에서 본 것처럼 승·속을 떠난 사람살이의 참모습 그대로 간직한 대사는 자연 소재의 읊음에도 있는 실상 그대로 바로 보되, 그것이 자연인으로서의 사람살이와 어떻게 조화되고 있는가에 보다 더 시선이 강조되고 있음을 알게 한다.

허공에 나부끼는 점점의 눈	飄空點點雪
마른 나무에 꽃 지는 소리	枯樹落花聲
집집의 어둠을 물리치더니	能破家家暗
곳곳의 밝음을 열어주네	且開處處明
밤에는 서생의 독서를 돕고	夜助書生讀
거리에선 탕자들의 싸움이 이루네	衢成浪子爭
비록 밝기가 백옥 같다 하지만	縱然光似玉
등불이나 유리병은 만들 수 없어.	無計作燈瓶

「눈을 읊는다〔詠雪〕」라는 시이다. 눈에 대해서 일상적으로 생각할 수 있는 일이요, 시로서의 특별한 탁의나 수사성이 짙은 것도 아니다. 떨어지는 꽃잎으로 비유될 정도의 수사성도 일반적 착상이다. 그 밖의 것은 눈의 있는 실상 그대로이다. 눈 내린 밤의 희고 밝음은 밤을 한층 밝게 하는 것이기에, 눈빛에 책을 비추어 밤 새워 독서했던 옛 선비의 각고의 모습이나, 네 거리에서 눈싸움하는 개구쟁이의 모습도 일상적인 일일 뿐이다. 백옥같이 희고 밝은 이 눈이 사실로 백옥이라면 옥병이나 밝은 등불로 이용될 수 있으련만 그렇지 못함이 한스러운 것이다. 지나친 감정적 묘사를 억제하고 자연 사물을 사람살이의 실상으로 응용하려는 실용의 정신이 돋보일 뿐이다.

자연은 어찌하여 빼어난 경치	天何將勝槪
모두다 이 산 속에 주었나	都付此山中
층층의 봉우리 천 층의 백옥	疊嶂千層玉
나는 폭포 만 길 무지개	飛泉萬丈虹
학의 둥지 많은 늙은 소나무	古松多鶴穴
깊은 골에 널려 있는 참선의 궁전	幽壑列禪宮
비로소 알겠다 끝 없는 경개	始覺無邊景
바다 저 동쪽에만 있는 것 아님.	非徒擅海東

「금강산에 올라 〔登金剛山〕」 지은 시이다. 첫 구에서 뛰어난 경개〔勝槪〕라 하였으니, 이 시는 금강산의 경치를 말함에 중점이 있는 것이기에 몇 가지의 뛰어난 경치를 말했다. 지나친 수식이 없이 산수를 백옥이나 무지개로 비유해 아름다움을 간접적으로 더하고 있다. 대사는 자연을 아름답다거나 추하다거나 등의 주관적 개념보다도 있는 그대로의 실상으로 보면서, 중생계를 보면 부처님의 가호요, 국가적으로 보면 군왕의 덕으로 보았다.

앞 시내 거센 물 새로운 울림	前溪水響激新鳴
하늘에서 오는 마파람 좋은 비소리	天降南風好而聲
들 농부 연장 끝 노래도 즐겁고	野老鋤頭歌有樂
소 등의 목동 정 많은 외침	牧童牛背唱多情
방울방울 뽑아내는 새로 돋는 싹	滴滴能抽殘苗發
부슬부슬 쫓아내는 저녁놀 구름	霏霏自逐晚雲橫

桑林의 은택은 우리 임금 덕이니   桑林惠澤吾王德
임 그리는 해바라기 마음 모두 기울여.   祝聖葵心熟不傾

「비 내림을 기뻐한다〔喜雨〕」는 시다. 농사를 위하여 비 내림을 기뻐함은 너무도 당연하다. 농부의 호미끝에도 목동의 소 등에도 즐거운 노래가 구성지다. 한 방울 한 방울 내리는 비에 새로운 싹이 피어 오른다. 이 시는 이렇듯 비와 함께 즐거워하는 모습이 잘 드러나 있다. 이러한 자연의 즐거움은 계절에 따른 일상적인 일이지만, 대사는 이 모두가 나라 잘 다스리는 군왕의 은택으로 보고 있다. 옛날 하나라의 우 임금이 오랜 가뭄을 보다 못해 桑林에 나아가 알몸으로 목욕재계하여 비를 내리게 했다는 고사로 비 내리게 되는 오늘의 임금에 대비시키고 있다.

시의 내용으로만 본다면 산사에 있는 스님의 시가 아니라 어느 지방관리가 백성의 즐거운 삶과 임금의 은택을 노래한 것으로 이해됨이 더 절실할 것 같다. 그러나 위에서도 보였듯이 대사는 인간살이에 있어서의 충이나 효의 진실한 실천이 바로 부처의 참뜻을 실행하는 것으로 보았던 것이다. 스님의 의도는 이것이 비단 다스리는 자와 다스림을 받는 서민과 군주의 관계만이 아니다. 오히려 대중의 즐거운 삶이 넓은 천하에 두루하는 부처님의 자비라는 대승적 실천이라 할 때 스님의 시로서 더더욱 절실한 표현이라 함이 옳을 것이다.

지리산 높은 뫼 체세도 웅장하여   智異高岡體勢雄
곡봉은 멀리 백운 중에 꽂혔네   鵠峯遙揷白雲中
매달린 바위 끊어진 벽 발 붙이기 힘들고   崖懸壁絕難容足
급한 물쌀 오뚝한 다리 지팡이도 못 믿어   水急磴危未信筇
북극으로 머리 돌리면 하늘은 어찌 그리 가깝고 回頭北極天何近
남해 바다로 닫는 시선 땅은 곧 끝나네   聘目南溟地卽窮
숨고 가린 명승지 다 걷을 수 없어   潛勝掩奇收不得
아득히 말 없이 바위 솔에 의지하네.   杳然無語倚巖松

「천왕봉에 올라서〔上天王峯〕」 짓는 시이다. 지리산의 상상봉에 올라서 눈 아래 펼쳐지는 모습을 그대로 묘사한 것이다. 올라감의 어려움을 지나 산정에 오르면 하늘은 더 가까워지고 시선은 끝없이 이어진다. 산의 절경이란 따지고 보면 이 험하고 높다는 말밖에는 할 것이 없다. 기이한 산이라는 표현 자체가 얼마나 더 험난하냐에 따라 명승지라는 이름이 더하게 되는 것은 아닌가. 그렇게 보면 이 시도 이 험하다 높다는 두 단어로 다한 셈이다. 이것이 바로 여여한 실상의 현현인 것이다. 산을 오르기 전에는 이러한 기이함이 감추어진 것이었지만 정상에 올라보면 모든 것을 시선으로 다 거둬들일 듯하면서도 그렇지 못하다. 가사 그럴 수 있다 하더라도 내가 의지할 수 있는 것은 바위 끝 한 점이요, 늙은 소나무 한 그루일 뿐이다. 이 시는 이렇듯 모든 것을 다 수용하면서도 정작 수용되는 것은 솔 하나 바위 하나뿐이라는 극히 소박함으로 결론하고 있다. 역시 모든 분수를 내 분수에 맞게 수용하는 스님의 자세라 할까.

너의 맑은 표상 티끌 속세 피함 사랑해	愛汝淸標避塵寰
오가며 달래는 흥 도잠을 생각해	盤桓遣興憶陶君
높은 가지 비치는 달 학의 잠 놀래고	高枝月照驚巢鶴
조밀한 잎에 부는 바람 머문 구름 흩이다	密葉風來散宿雲
바위에 기댄 늙은 모습 서리 없이여기는 엄숙	依巖古貌凌霜肅
물 가까이 짙은 그늘 더운 햇살 누르다	近水濃陰傲日熏
쇠하지 않는 그대 정조 나는 갖지 못해서	不廢渠貞吾未得
종일토록 앉아 보며 느껴 글을 쓰다.	坐看終日感題文

「청류정의 외로운 소나무를 읊는다〔題聽流亭孤松〕」는 시이다. 청류정이라 하였으니 물소리를 듣는 정자이다. 거기에 곁들인 외로운 소나무이다. 티끌 세상을 피해 청정하게 서 있는 소나무이다. 사랑스러워 주위를 배회함이 마치 도연명이 귀거래사에서 읊고 있는 그 배회함이다. 높은 가지에 둥지 튼 학은 달빛에 놀라 잠을 깨고 하늘거리는 잎은 구름을 쓸어내는 빗자루이다. 서리를 모르는 높은 절개로 비유되는 소나무의 수사야 일반적이라 하겠지만 물소리를 듣는 정자와의 어울림에는 남다른 기풍이다. 그러기에 물에 비친 그림자는 더운 햇살을 오만스러이 가리워주는 것이다. 이렇듯 고고한 절개를 가지지 못한 나는 다만 감흥만이 돋아 글로써 표현할 수밖에 없다는 것이다. 여기서야 스님의 신분을 느낄 만한 구절이 하나도 없지만 있는 실상을 여여히 보며 대상 물체의 진실성을 돋보이게 하는 시의 수법임에는 틀림이 없다.

위에서 대략 살핀 대로 스님은 모든 사실을 사실 그대로 표현하되 그 자체인 일체만유가 불성 아님이 없다는 큰 법리의 실체로 묘사하는 대승적 자세였다고 함이 어떨까. 그러기에 서문을 쓴 申舜民도 용담은 한 세대의 선종〔龍潭乃一世

禪宗也]이었다 하면서 "사물의 얽매임을 다 버리고 난 이후에야 진여 본성이
이에 온진한 것이니 그렇다면 대사는 공에 이른 분인가〔物累盡去以後 眞性乃
全 然則師已至於空者耶〕."하였으니 대사의 시는 사물을 읊되 그 사물의 외현적
連累를 모두 비워버렸기에 있는 사실의 읊음이 세속의 사실과 구별이 없는 것
같지만 있는 그대로의 사실이라는 그 자체가 오히려 그것의 진실임을 나타낸
것이요, 이것이 바로 모든 물성에 모두 부처가 있다는 참 진리로 되돌아온 것
이다. 그러므로 대사의 시에는 佛理 아님이 없다 해본 것이다.

海峯의 詩文

海峯 大師(1707~1785)의 시문은 『好隱集』이라 하여 4권이 전해지고 있다. 대사의 행적에 대해서 자신이 自傳으로 하여 전하여지는 「好隱愚夫自傳」에 간략히 전하여지고 있다. 대사의 법명은 有璣이고 해봉은 호이고 好隱은 자이다. 속성은 文化柳氏로 柳公權의 후예이다. 9세에 속리산에서 小學을 읽고 있다가 스님이 읽는 불경에 깨우침이 있어 15세에 판사였던 秀公에게서 머리를 깎고 16세 때 無瑕 스님에게서 계를 받고 두루 명산을 찾아 큰스님들에게 수학하였다. 28세에 가야산에서 洛巖 화상을 뵙고 3년 동안 정진하여 선·교의 이치를 깨닫고 곧 구족계를 받으니 臨濟의 30세손이 된다. 79세에 해인사에서 입적하였다.

대사의 문집은 『호은집』 4권이 전하고 있는데 蔡濟恭이 쓴 서문은 「海峯集序」라 하였으니 이는 호로 문집의 서문을 썼기 때문이다. 문집에 수록된 글은 시보다 문이 많다. 채제공은 서문에서, 대사의 시문은 겉으로 불가의 게송의 옷을 입었으나 체재는 문장가의 삼매경에 들지 않음이 없다 하였듯이, 시문을 시문으로 굳이 남기고자 해서 저작했다기보다는 스님으로서의 일상적 생활에서 기회에 따라 서술했던 것으로 보인다. 그래서 자전의 말미에서도 잡저록 몇 권을 써두지만 누구의 퇴고를 받는다든가 문인들의 수집도 바라지 않는다 하였다. 남아 있는 50여 수의 시는 거의 산수에 노닐며 즉흥적으로 읊어진 것으로 보인다.

지팡이 하나로 높이 오른 늦가을	一錫登高屬暮秋
우러보고 굽어봐도 다 보기 어려운 경치	仰觀俯察景難收
긴 바람에 지는 잎 이끼 골에 쌓이고	長風落葉萎苔壑
가랑비 낮은 구름 돌누대를 감싸다	細雨殘雲鎖石樓
땅은 동남으로 다해 푸른 바다에 닿고	地盡東南臨碧海

하늘은 서북으로 이어 붉은 언덕 압도하다　　天連西北鎭丹丘
돌아오는 길에 시 지어 자취 남기려 하니　　廻程欲作詩留蹟
지는 해 까마귀 울음에 정이 더욱 그윽하다.　日短鴉啼情更幽

「높은 곳 오르다〔登高〕」라는 시이다. 산에 오른 가을경치를 담담하게 읊었
다. 시계에 들어오는 상하 좌우의 경치를 무리 없이 잘 배열한 시다. 바람에
지는 낙엽, 옅은 구름에 내리는 비, 바다로 잇는 땅끝, 하늘에 짓눌리는 높은
산 등을 시인의 입지로 모으고 있어 흐트러짐이 없이 잘 결구된 시의 구도를
다했다 하겠다. 이럴 때 산에서 노니는 흔적으로 시를 남기고자 하는 것이다.

걸음 걸음 오르고 올라 해는 기울고　　　　　登登步步日將西
십 리의 가을산 길도 희미하다　　　　　　　十里秋山細路迷
신라 때 영험했던 터, 머무는 지팡이　　　　羅代靈基停一錫
바람 맑고 구름 걷혀 높고 낮은 돌　　　　　風淸雲散石高低

지는 해 화려한 봉우리 끝난 구경　　　　　斜陽玩了照華峯
돌아오는 길 바위 위 솔이 부럽다　　　　　歸路猶憐石上松
산신령에게 이르노니 나를 기억하소　　　　寄語山靈須念我
다음해 이날 다시 바람 탈 것이니　　　　　明年此日更乘風

시냇물로 입가심, 정신도 맑고　　　　　　　掬溪漱口神猶爽
잣잎 따서 요기하니 기운이 평안하다　　　　摘栢療飢氣亦便
세상에 만족함 아는 것보다 더한 것 없으니　世上無如知足好
어찌 명예나 이욕으로 남은 해 마치랴　　　豈將名利度餘年

네다섯이 친구되어 이 한번의 놀이　　　　　四五結朋作一遊
가을산 풍경을 시구 안에 담다　　　　　　　秋山風景句中收
구름은 소매 속 가득, 이끼는 버선에 풍성　　雲盈袖裡苔盈襪
돌아오는 길에 다리 쉬지 못함 알겠다.　　　廻到方知脚不休

「무진년 9월 9일 대견사 옛터에 올라〔戊辰重九登大見寺古址〕」라 한 4수의
시이다. 산에 올라서 돌아오기까지의 과정을 연작적으로 이어 쓴 시이기에 다
소개하였다. 산의 경치와 거기에서 느끼는 작자의 소박한 느낌을 담담하게 서
술했을 뿐, 스님이라는 신분을 느낄 수 있는 흔적이 없다. 그저 평범한 한 시

인으로서의 작품이다.

오래도록 암자에서 괴로운 생각에 묶였다가　久蟄庵中苦念纏
가을 바람에 시냇가 나앉다　秋風出坐小溪邊
맑은 노을 두어 쪽이 솔잎 섞여 씹히니　明霞數片和松喫
내 앞에 신선 길 있음 비로소 알겠다　始覺仙程在我前

늙음에 이미 온갖 병 깊이 얽매이니　衰老已深百病纏
때때로 지난 날의 먼 나들이 생각나다　時時念往遠遊邊
도반에 억지로 끌려 가을산 오르니　強携道伴登秋嶽
끝 없는 흰 구름 무릎 앞에 둘리네.　無限白雲繞膝前

「을미년 가을 놀이〔乙未秋遊〕」라는 두 수의 시이다. 을미년이면 대사의 나이 69세이다. 도반들에게 이끌려 산에 올랐다 함은 당시의 사실 그대로이다. 오래도록 암자 안에 칩거했음도 그렇고 노쇠한 몸에 병마가 휩싸였다 함이 세속적 나이로서 당연하다. 그러기에 지난 날의 놀이를 멀리 기억하려 하고 그 기억을 되살리려 주위의 권유와 도움으로 가을산을 다시 올랐으며 신선의 길이 가까움을 알겠다 하듯이 이 시의 주인공 자체가 신선스럽게 느껴진다. 인생의 황혼기에 있어서의 나들이를 실감있게 표현하였다 하겠다. 여기서도 한 순간에 있었던 사실이나 느낌을 큰 수식 없이 마무리했음이 대사의 작시적 본 모습으로 보인다.

반평생 행장이 지팡이와 물병　半世行裝錫又瓶
발 머리 이르는 곳마다 바위의 빗장　脚頭到處是岩扃
산 속에는 다행히 산사람의 벗으로　山中幸有山人友
눈 속의 외로운 솔 변치 않는 푸르름.　雪裡孤松不變靑

「회포를 쓴다〔寫懷〕」는 시이다. 역시 담담한 마음이다. 산 사람의 벗으로는 눈 속에도 변치 않고 푸른 소나무이다. 양으로는 그리 많지 않은 시이지만 대사의 시는 이렇듯 담박한 자연과 함께하는 자신의 모습을 그렸다. 자신의 삶이 조촐하면서 평안한 모습을 읊은 장편의 시로 작은 집의 노래〔小屋行〕 한 수가 있다. "배 부르고 따뜻하면 진리 마음 해치니/춥고 배고픔이 어찌 공부를 방해하랴/소나무 밑 무덤 사이 앉고 눕기 적당하고/연잎 송화가루 입고 먹기에

알맞다〔飽煖自有妨道情 飢塞何害做功業 樹下塚間堪坐臥 荷葉松花可衣食〕.”하
여 가난이 가난이 아닌 만족한 삶임을 강조하고 있다. 이 또한 산중생활의 꾸
밈 없는 표현이다.

　이렇듯 대사의 시는 자신의 삶과 처지가 자연과 어울어져 하나가 된 느낌을
주고 있다. 이 점이 바로 채제공이 서문에서 강조했던 대로 문인 기질의 삼매
경에 들었던 것으로 이해된다.

情으로 정을 끊은 雪潭의 詩

1. 간략한 행적

雪潭(1709~1770) 대사의 법명은 自優요, 자는 優哉요 설담은 호이다. 속성은 김씨이다. 어려서 부모를 여의고 의지할 곳이 없어 玉川의 복천사로 출가하여 瑞谷 장로에게 머리를 깎고 暮隱 화상에서 계를 받고 학업을 닦았다. 20세 이전에 벌써 노숙한 풍모가 있어 모은 화상은 장래의 큰그릇임을 인정하고 의발을 전하려 하였다. 대사는 화상에게 고하여 견문을 넓히려 두루 참학하겠다 하니 허락하였다.

당시에 虎巖 대사가 방장산에서 개당했다 함을 듣고 강석에 참여해서 여러 해를 정진하였다. 가야산에 있다가 모은 화상이 입적했다는 부음을 듣고 곧바로 와서 치상하고 나니 동문 여러 사람들이 화상의 강석을 이어 달라 하나 극구 사양하였다. 그때 대사의 나이 28세였다.

그 해 겨울 홀로 남쪽으로 가서 雪峯 禪伯에게 참학하여 모든 의난을 풀었다. 몇 년이 지난 후 대중들이 강석 맡아 주기를 굳이 청하여 할 수 없이 도갑사의 동쪽에 강석을 열었으니 暮隱 화상을 위하여 消遙堂의 정통을 잇기 위함이었으니 대사가 30세 되던 가을철이었다.

대사는 불경의 내전뿐만 아니라 유교경전, 도가서 외에 당송의 여러 대가의 문집까지도 두루 통하고 견문이 해박하여 원근에서 배우려는 이가 몰려들었다. 영호남의 명산대찰을 두루 편력하고 만년에는 복천사의 蓮臺로 돌아왔으니 처음 입문한 곳이기 때문이었다.

사람과의 담론에는 항상 겸손히 부족한 듯하며 성실히 대했고 어려운 이를 대하면 항시 긍휼히 베풀었으니 천부적인 양심과 부처님의 자비로운 보시의 실천으로 그러했던 것이다. 경인(1770)년 정월 29일 조금 편찮으시다 입적하시니 세수 62요, 법랍이 47이었다.

　　대사의 문집은 『雪潭集』 상·하권이 전하고 있어 시문의 대략을 알 수 있다. 상권에 시 70여수가 수록되어 있다. 수증시가 대부분이고 서경적 산수시는 그리 많지 않다. 위의 행적에서도 보았듯이 내외의 학도가 많이 모여들었다 하니 그러한 상황을 짐작하게 하는 시가 있다.

근래에는 휴강하고 임의로 부침하는데	年來休講任浮沈
또 높은 벗님들 책 짊어지고 찾네	又有高朋負笈尋
헛된 이름 숨기려도 되지 않음 부끄럽다	還愧虛名藏不得
억지로 가르치자니 다시 속이는 마음.	強將遺敎更欺心

「새로 오는 학도에게 보인다〔書示新參學伴〕」는 시이다. 가르침을 거절하려 해도 할 수 없는 상황을 잘 보여 주고 있다. 그러면서 자신의 마음을 속인다는 겸손을 보인다. 시로 쓰려는 투식적 수식이 아니라 위 행적에서도 보았듯이 대사의 본래 모습인 겸손에서 우러나온 표현인 것이다.

호수 바라 따르기 10여년의 세월	湖海相從十許年
반평생의 고락을 그대 어짊 힘입어	半生甘苦賴君賢
문에 기대는 바람에 지금 돌아간다니	倚門望切今還去
나그네 길 풍경이 더욱 암담하구나.	別路風烟倍黯然

「원 대사에게 준다〔贈愿大師〕」는 시이다. 사제의 정으로 서로 따르는 처지였던 것으로 보인다. 그러면서도 자신의 가르침을 받은 것이 아니라 오히려 그대의 현명함에 힘입었다는 것이다. 오고 감에 있어서 항시 문 밖을 나가 바라보며 기다리는 그 애정에, 오늘은 떠나야겠다는 그대에게 무슨 당부를 해야 할까. 가는 길의 환경을 생각으로만 답답해할 뿐이다. 정이 넘치는 시이다.

오랜만에 만난 그대 정도 남달라	久別逢君別有情
소매 잡고 나누는 담소 밤은 삼경	聯襟談笑夜三更
아른한 달 빛 그윽한 뜰에 가득	蒼蒼月色幽庭滿
아팠던 마음 속 시원함 깨닫겠다.	病裡心懷覺爽淸

「정 사미에게 준다〔示政沙彌〕」는 시이다. 오랜만에 만난 사제간의 정이 넘쳐 보이는 시이다. 오래 떠나 있다 돌아온 사미승에게 대한 각별한 정이다. 옷을 맞대고 앉아 나누는 대화에 밤이 깊은 줄도 잊었다. 뜰에 가득한 달빛만이

이 두 사람만의 정을 알아 줄 것이다. 싫증 나지 않는 대화로 날 새는 줄도 모르다가 문득 정신이 상쾌함을 느꼈다. 어제까지만 해도 가슴이 답답하더니 이제는 맑아진 정신이다. 제자를 사랑하는 정이 얼마나 깊었기에 그럴 것인가.

떠날 생각 마음에 걸려 글귀도 못 이뤄	別意關心句不成
꾀꼬리는 또 왜 사람 가까이 우나	黃鸝何事近人鳴
만남이 늦음은 전날 기약이 멀어서인데	相逢已晚前期濶
산비도 정이 많아 가는 이 만류하네.	山雨多情挽客行

「항와를 보내며〔次別恒窩〕」 짓는 시다. 시제로 보아 항와는 동도자가 아닌 속세의 선비였던 것 같다. 승·속의 길이 다르지만 이별의 정에는 차이가 있을 수 없다. 이별의 뜻을 시로라도 달래 보려 해도 마음이 안정되지 않아 못 쓰고 있다는 것이다. 이러한 두 사람의 정을 아는지 꾀꼬리는 가까이에서 울고 있다는 것이다. 역시 사람과 자연이 격의 없이 어우러지는 순간이다. 만나기가 늦었다 함은 만나기 이전의 기간이 너무 소원했다는 증거이다. 이렇게 어려운 만남을 이루었으니 오래 머물러야 할 것이다. 그러나 그렇지 못함이 서로의 처지이다. 이러한 처지를 이해하기라도 한 듯 비가 내려 나그네의 떠남을 막고 있다.

이 시는 이렇듯 정으로 맺어진 주인과 나그네 사이를 주변의 자연이 개입하여 그 정의 고리를 이어 주고 있다. 역시 훈훈한 인정을 지닌 자연인으로서의 스님의 자세요, 시이다.

모이고 흩어짐이 원래 일정함 없어	聚散元無定
뜬구름 사람살이도 하나의 이별	浮生亦別離
근심은 박주로도 달래기 어렵고	愁難消薄酒
인정도 거친 시로는 다할 수 없다	情不盡荒詩
꿈도 삼경의 달빛에 깨고	夢罷三更月
마음은 두 곳의 생각 수고롭다	心勞兩地思
다음날 날으는 용 만나면	飛龍他日會
이것을 써서 다시 기약하리.	寫此以相期

「적천사의 석혜 상인에게 주는〔贈蹟川寺釋惠上人〕」시라 하였다. 만나고 헤어짐에 미련을 끊는 것이 스님이다. 뜬 구름과 같이 모였다 흩어짐이 사람살이

이기 때문이다. 그러나 헤어지면 또 만나고 싶은 것 또한 사람의 일상적 정리이지 않는가.

술은 흔히 시름 달래는 한 도구로서 응용되기도 하지만 그리운 이를 잊기에는 미흡하다. 이럴 때 시로 회포를 풀어 보기도 하지만 역시 깊은 정을 다 담을 수는 없다. 꿈길이야 시공을 초월한 것이니 만나기 쉽겠지만 그것도 한 밤의 달빛이 앗아갈 수가 있다. 그러니 떨어져 있는 두 곳에서 마음만 괴로이 오갈 수밖에 없다. 지금 이 시를 쓰고 있는 것도 일상적인 이런 일로는 풀 수 없기에 다음 날을 기대하는 의미로 쓰고 있는 것이다. 같은 길을 걷고 있는 두 사람의 마음을 하나로 묶어 나타낸 시라 하겠다. 대사가 시를 쓰는 것은 이렇듯 만남과 헤어짐에 있어서 자연인의 순수한 청을 표현하려 했던 것이 역력해 보인다.

손님 떠난 시내 다리에 새벽 빛 밝아	客散溪橋曉色明
아득한 시름 되살아남 억제하네	悠悠愁恨抑還生
송별시 두어 수는 다음 날 약속이고	別詩数句他時約
전별주 한 잔이 오늘의 정	離酒一盃此日情
서리 짙은 단풍 숲 늦가을 기색	霜重楓林秋氣晚
선원에 바람도 산들 풍경 소리 맑다	風輕禪院磬聲清
돌아가 드날리는 법게 의당 하례하죠	歸揚寶偈吾當賀
용 범 서린 글 이미 충분히 이루었으니.	龍虎斑文已十成

「청인장실께서 운문으로 돌아가심에 올린〔奉贈清印丈室還雲門〕」 시이다. 시가 아니고서는 이별의 정을 달랠 수 없다는 것이다. 그러면서 그 시는 또한 다음날의 약속이라는 것이다. 여기에서 대사는 만나고 헤어짐에 있어 시가 아니고서는 회포를 달랠 수 없다고 한다. 그러나 시로써만은 깊은 정을 나눌 수 없어 뒤따르는 것이 박주 한 잔이다. 이 두 사람의 심기를 알기라도 한 듯이 서리 짙은 단풍은 가을 빛을 한껏 드러내고 풍경 소리 또한 더없이 맑다. 돌아가면 당신은 법계의 원음으로 어우러진 게송을 읊어 부처님 빛을 드날린 터이니 내 또한 경하하지 않을 수 없다.

이렇듯 불문에서 맺은 위 아래 사람이지만 인간적 정리를 나눔에 있어서는 시나 게송이 아니고는 교감될 수 없을 것으로 생각한 것이 대사의 작시적 본의였음이 분명하다. 시를 쓰게 되는 것이 인정의 깊음에서였다면, 정으로 만나

정으로만 읊는 것도 역시 시인의 정이다.

오는 사람도 없이 쓸쓸하더니	慨慨無人到
한가로이 찾아 오는 손님이 있다	鬧鬧有客尋
눈을 크게 떠 자리 당겨 앉고	開眸旋引席
손을 잡아 조용히 마음 이야기하다	握手穩談心
대낮에도 솔 강단은 조용하고	白日松壇靜
누런 국화 대나무 길에 깊숙하다	黃花竹逕深
돌아간다는 말 재촉하지 말라	告歸復莫促
다음의 만남이 오늘만 못하기에.	後會不如今

「윤 대사의 시축의 운을 따르다〔次潤大師軸韻〕」는 시이다. 상대방의 시축에 따라 쓰는 시이기에 더욱더 시에 대한 이야기가 많을 것 같은데 오히려 시에 대한 언구가 하나도 없다. 외롭고 쓸쓸할 때 찾아오는 손님의 반가움이다. 외로울 때 찾아 온 손님 얼마나 반가우랴. 조는 듯하던 눈동자가 휘둥그레진다. 자리를 당겨 놓으며 앉으라고 권하고 손을 잡고 마음 속에서 우러나는 반가움의 이야기에 훈훈한 정이 돋는다. 밖의 경치는 소나무에 한낮의 햇살이 걸렸는데도 더욱 고요하다. 누런 국화와 푸른 대나무가 어울린 길이 깊숙이 뚫려 있다. 도연명이 말한 세 갈래 길이 거칠어지긴 했어도 소나무 국화는 오히려 남아 있다〔三徑雖荒 松菊猶存〕 했던「귀거래사」가 연상된다.

그러나 만나면 헤어지게 마련, 가겠다는 고별인사가 있을 것 같다. 아무리 바쁘더라도 재촉하지 말라는 당부를 하고 있다. 떠나는 사람이야 뒷날의 기약을 하겠지만 뒷날의 만남이 오늘만 하겠느냐는 것이다. 이 결구의 함축이 이 시의 그 다정함을 한껏 드러내고 있다. 위에서 반가움이나 즐거움에 대한 표현이 하나도 없었다 하더라도 이 결구로써 오늘의 만남이 얼마나 기뻤는지 그 깊은 정을 은연중에 다 나타냈다. 이것이 시에 있어서 결구의 묘미이다.

동강 노인을 추억하게 되니	追憶東岡老
갑자기 돋은 눈썹가의 시름	悲愁忽上眉
구름 타고 간 아득한 그림자 자취	乘雲遼影跡
상자에서 더듬어낸 옛 시문	搜篋古書詩
일산 받쳐 전원으로 가던 곳	皂盖歸田處

<table>
<tr><td>맑은 바람이 소매에 가득했던 때</td><td>淸風滿袖時</td></tr>
<tr><td>우주 사이에 떠 있는 이 삶</td><td>此生浮宇宙</td></tr>
<tr><td>옛날의 은혜스런 지기에 감동하오.</td><td>猶感舊恩知</td></tr>
</table>

「동강 선생의 운을 따라 그 시의 뒤에 쓴다〔謹次東岡先生韻題詩札卷後〕」는 시이다. 동강은 金墰(1678~?)의 호이다. 대사와는 30여 년의 연상인 셈이다. 그런데도 시의 내용으로 보아 매우 다정했던 것으로 보이며 대사의 문집 안에 김담에게 올린 편지도 두 편이 남아 있으니 두 분의 교분을 짐작할 만하다.

이 시는 동강이 대사에게 옛날에 보냈던 시를 다시 발견하고 거기에 대해 차운한 것이다. 시의 내용으로 봐서는 동강은 이미 작고한 뒤였던 것으로 보인다. 그 다정했던 노인을 생각하니 비감이 돋아났던 것이며 지금은 구름처럼 사라진 자취요, 남아 있는 것은 새로 발견된 옛날의 시 한 수이다. 동강이 귀향길에 찾았던 곳이 바로 이곳이요, 맑은 바람 같았던 풍모가 가득했던 때가 연상된 것이다. 남아 있는 자신으로서는 옛날의 지기스러웠던 그 온정을 되새길 수밖에 없다. 70여 수의 시를 대략 살펴 볼 때 많은 작품은 아니지만 승속간에 주고 받는 시가 많으면서도 시로써 수작함이 가장 무난하다는 의지가 드러나 있음이 특색이었다.

따라서 대사의 작시도 일상적 삶의 한 부분이었음을 알게 된다. 비록 그것이 당시 지식인의 보편적인 일이었다 하더라도 대사에게 있어서의 작시는 대인관계에 있어서 정분의 교감이 남달랐다 할 수 있겠다. 그러나 속세를 여의려는 승려로서의 본분사에서는 인간적 애정을 되도록 멀리해야 하기에 이러한 세속적 정분으로 얽매임을 두고 수도자로서는 갈등을 느끼지 않을 수가 없다. 그러한 갈등을 보인 시가 바로 다음과 같은 시라 하겠다.

<table>
<tr><td>정과 사랑 이제는 떨쳐 버리려 하나</td><td>情愛吾今欲釋然</td></tr>
<tr><td>운수처럼 항시 인연을 만나니 어쩌나</td><td>運爲無奈每逢緣</td></tr>
<tr><td>우연히 소매 떨칠 때 오장의 번뇌</td><td>偶分袖袂柔腹惱</td></tr>
<tr><td>길이 얼굴 떠올라 꿈 속에 매달려</td><td>長憶容顏片貌懸</td></tr>
<tr><td>속세에 맺은 뿌리야 자르기 쉽지만</td><td>根結塵寰寧易斷</td></tr>
<tr><td>겁의 바다 희미한 등불 전하기 어려움 괴로워</td><td>燈迷劫海苦難傳</td></tr>
<tr><td>어느 때나 이 금강의 칼 단련시켜</td><td>何時鍊得金剛劍</td></tr>
<tr><td>저 깊은 그루 잘라 더 잇지 못하게 할까.</td><td>斬破深株莫使連</td></tr>
</table>

「情愛」라 제한 시이다. 승려이기 이전에 한 자연인으로서의 사랑과 정을 끊기 어려움을 솔직히 고백한 시다. 인간적 참모습을 보여 출세간에서 다시 벗어나는 출출세간의 해탈적 모습을 보는 느낌이다. 대사의 시는 이렇듯 세속에 있으면서 세속을 벗어난 시정으로 일관되었다 하여도 크게 벗어난 해석은 아닐 것이다.

幽情遠意의 野雲

　野雲 大師(1710~1776)의 법명은 時聖이고 야운은 호이다. 속성은 光山金氏이다. 1710(경인)년 4월 8일에 태어났다. 태어나던 날 밤에 어머니의 꿈에 광활한 들에 하늘이 열리며 상서로운 구름이 땅에 가득하자 어머니는 기뻐서 치마를 걷어 그 구름을 거두어 들였다 한다. 그래서 어렸을 때의 아명을 取雲이라 하였고 야운이라 자호한 것도 이러한 까닭이 있었던 것이다.

　어려서 갑자기 어버이를 여의어 형제 두 사람이 청량산 蓮臺寺로 출가하게 되었으니 첫 은사는 曇輝 화상이었다. 1728(무신)년에 臥雲 대사에게 비구계를 받았는데 이때 벌써 문장이 숙성하고 견식이 탁월하여 산문에서 宗師의 촉망이 보였다.

　몇 년 뒤 입실해서 影月 대사에게서 전법을 받았으니 서산대사에게는 7세손이고 태고에게는 13세손이요, 달마대사에게는 42세손이요, 세존에게는 70세손이 되었다.

　젊어서부터 강단을 열어 설법하여 사방에서 불제자들이 모였으니 용문산의 昌基寺나 희양산의 鳳巖寺 등이 대사가 주석했던 곳이다. 강의의 여가에는 산수의 아름다운 곳을 두루 열람하여 영험스러운 곳은 완상하지 않은 곳이 없었으니 온아한 기품과 뛰어난 도량은 산수에서 얻으신 도움이었다.

　입정하신 뒤로는 잠잠히 앉아 설법하시거나 실다운 자리에서 정진하시니 자비롭고 믿어 귀의하는 마음이 나이와 더불어 더해 갔으니 산문의 맥을 잇는데 큰 공을 세우게 되었다. 영조 병신(1776) 6월 6일 입적하였다.

　이상은 대사의 법손 永植이 쓴「野雲堂大禪師行狀」을 간추린 것이다 그런데 여기 생졸년에 의문이 있다. 행적에는 세수 73세라 하였는데, 경인년에서 병신년까지는 67세밖에 되지 않기 때문이다. 세수 73세가 맞는다면 생졸년에 문제가 있다.

대사의 시문은『野雲大禪師文集』3권이 전해 지고 있으나 분량은 많은 편이 아니다. 서문에 따르면 많은 유고가 화재로 인해서 소실되고 법손인 영식이 간직하고 있던 일부분을 간행하게 되었다 한다. 그러나 시문에 대한 당시의 명성은 매우 높았던 것으로 알려져 있다. 東里 李五秀의 서문에는 다음과 같이 기록하고 있다.

대개 선가의 길은 마음가짐이 담박한 것은 비린내나 마늘 기운을 끊기 때문이니 소리로 피어나게 되면 맑고 고고하여 속되지 않으며 깊고 담담하여 날리지 않아 그윽한 생각과 유원한 운치가 스스로 한 작가의 규범을 이룬다. 근래에 야운 법사가 있어 시로써 영동지방 밖에 널리 알려져 있다. 어려서 출가하여 아름다운 산수에 두루 노닐어 안개 구름 초목 충어 조수의 여러 모습과 근심 슬픔 기쁨 즐거움이 마음을 움직이면 모든 것을 시에다 기탁했으니 게송으로써 사람들의 이목에 전파된 것이 한적하고 담박한 것이 각기 맛이 있어 뛰어나거나 수척함이 모두 화협한 뜻이 없는 것이 없다. 마치 당·송의 여러 승려의 전기와 수천 년 사이에 묘법을 받은 것 같으니 야운은 무슨 수업으로 이런 것을 터득했는지 알 수 없구나.
蓋禪之爲道 棲心淡泊 絶去腥假氣味 故其發而爲聲者 清高而不陋 冲澹而不蕩 幽思遠韻 自成一家之軌範也 近世有野雲法師者 以詩聞於嶺外 幼而出家 遍遊佳山水 凡烟雲草樹虫魚鳥獸之變態 與夫憂思感憤悲歡愉佚 有動於心 一切寓之於詩 其祇夜伽陀之播人耳目者 枯寂閒淡 各自有味 奇峭瘦勁 無不愜意 若與唐宋諸僧傳 受旨訣於數千載之間 未知雲何修而能得此也

하였으니 시명으로 널리 알려져 있었음이 분명하다. 이로 보아 그의 시문이 불로 소실되지 않았더라면 많은 작품이 남아 있었을 것이다. 지금 남아 있는 시는 권1에 수록된 30여 수에 불과하니 매우 적은 양이다. 그러나 한 수저로도 한 솥의 맛을 알 수 있듯이 양의 적고 많음이 문제가 되지 않는다. 적은 양으로도 대사의 시를 음미하기에는 큰 무리가 없을 것이다. 남아 있는 시가 거의 승·속간의 주고 받음이어서 위에서 본 것처럼 산수의 아름다움에 노닐었던 것을 알기에는 아쉬움이 있다. 이는 수장자가 법손이었다는 점에서, 스승과 사귐이 있는 분들의 인간적 편린으로 보관하였기 때문에 그러했던 것으로 추측된다.

사서 얻은 한 잔의 술로　　沽酒一杯酒
추칠월 가을에 그대 보내다　　送君七月秋
끝 없는 생각 알려거든　　欲知無限意
한강의 흐르는 물 보소　　請看漢江流

「회암 장로의 운을 따라 호 대사를 보내며〔次晦庵長老韻送昊大師〕」 짓는 시이다. 위에서 말했듯이 참으로 담박한 시이다. 동도자를 이별하며 잊지 못하는 마음을 잘 함축시키고 있다. 산승들의 이별에 있어 왜 하필 술 한 잔이랴 할지 모르지만 이별에 있어 술이라 함은 서로의 정을 주고 받음에 아주 편한 수작이다. 굳이 술이 아니었다 하더라도 주고 받음의 수작을 술로 함이 역시 시의 일상적 원용이다. 원래 詩酒라 하여 시와 술은 바늘에 실 가듯이 따르는 것이 아닌가. 술이야 한 잔일지 모르지만 그 안에 담겨져 있는 정은 무한하다. 그러기에 이 무한의 뜻을 알려거든 흐르는 한강물을 보라 하였다.

　한 잔의 술을 놓고 담겨진 술의 양으로 말한다면 한 모금에 지나지 않지만 그 안에 담긴 정은 한강물보다 유원하다. 이 결구의 간결한 묘미가 이 시에서 눈을 탁 트이게 한다. 항상 잊지 못하는 정을 무엇에다 비유할 것인가. 한 잔으로 기구를 시작하여 한강물의 결구로 맺었으니 극소와 극대의 대치 참으로 절묘하다.

손을 놓고 마음 아파하는 곳에　　分手傷心處
해가 서쪽으로 기울려 함을 보죠　　且看日欲西
가지 위 조잘거리는 새는　　嚶嚶枝上鳥
무슨 일로 정을 다 바쳐 운다지　　何事盡情啼

「국 상인을 보내며〔送菊上人〕」 짓는 시이다. 인정의 교감에 자연물도 함께 정을 느끼고 있다. 다 같은 이별이라 하더라도 정에 따라 다를 수 있다. 해지는 무렵에 떠내보내야 하는 처지에서야 마음 아파할 수밖에 없다. 그러기에 마음 상한다〔傷心〕는 말까지 하고 있다. 가지 위에 조잘거리는 새야 새 스스로의 생리이겠지만, 무슨 일이냐는 의문의 문체를 쓰면서 정을 다하여 울고 있다 하였으니, 이 무슨 일이냐는 물음의 대답은 저절로 두 사람의 정분을 대신하는 대답임이 분명하다. 이런 점이 바로 이 시의 뛰어난 묘사성이다. 큰 수식도 없이 별리의 정서를 잘 드러내 보이고 있다.

가을 바람에 나그네를 떠나 보내니	秋風送客去
거친 누대에 낙엽만이 어지럽다	落葉乱荒臺
계절의 사물로 벼는 막 익고	節物稻方熟
한 해의 풍광 국화 피기 시작	年光菊始開
옷깃 나란히 백설을 노래하더니	聯襟歌白雪
손을 저어 푸른 이끼 밟네	分手踏靑苔
부평초 같은 이 이별	萍水此爲別
편지는 또 어느 곳에서 쓸까	尺書底處裁

「천 대사를 묘향산으로 보내며〔送川大師歸香山〕」 짓는 시이다. 보내는 계절의 풍경과 같이 있었던 즐거움을 조화시키면서 이별의 정을 표현하고 있다. 원래 사람살이 자체가 물 위에 떠 있는 부평초와 같은 깃이어서 일정한 곳이 없는 것이다. 그러기에 서로의 궁금함을 달래 보는 것이 주고 받는 서신이다.

대사는 인간적 정리를 인간적 실체에만 국한한 것이 아니라 그것이 자연스럽게 사물과 융화되어 있다. 만나고 헤어짐에 있어서도 주변의 사물과 어우러져 자연과 하나된 정리의 표출이었다. 그러기에 이런 때 시의 소재는 주변의 자연 사물을 그대로 融入시키고 있는 것이다. 위 시에 있어서도 가을의 계절적 사물은 있는 자연의 한 요소들이지만 정다운 이를 보내는 이 공간에 있어서는 다른 때와는 다른 정서로 받아들여지고 있는 것이다. 그러기에 시는 시 자체로서 청초한 운치를 더해 주고 있는 것이다.

산 부엌 차 달여 그대 보냄의 전별	山厨烹茗餞君行
아침해 새로 돋자 묵은 비도 개어	朝日初昇宿雨晴
위수 북 장강 동쪽 한 없는 뜻은	渭北江東無限意
뻐꾸기 울음 속 떠나는 이 정.	子規聲裏此離情

「설송 장로의 운에 따라 돈수 대사를 보내며〔次雪松長老韻送頓修大師〕」 짓는 시이다. 가난한 살림에 대접할 것이란 맑은 물로 달인 차 한잔이다. 비록 이렇게 소박한 전송이기는 하지만 보내고 떠나는 이의 심정이라도 이해하여 갈 길을 가볍게 해주려는 듯, 어제까지 내치던 비도 깨끗이 개이며 아침해가 불끈 솟아 오르고 있다.

위수 북쪽의 봄나무〔渭北春天樹〕, 장강 동쪽의 저녁구름〔江東日暮雲〕으로 서로의 헤어짐에 대한 그리움을 노래했던 두보의 시구처럼 이 한없는 뜻이다. 그렇지만 이 멀리 떨어져 있어야 할 거리를 지금 울고 있는 뻐꾸기의 한 점에다 좁혀 놓고 있다. 아무리 멀리 떨어져 있더라도 자연물 어느 한 점 어느 한 공간으로 두 사람의 마음을 묶고 있다. 지금도 이 뻐꾸기의 울음에다 두 사람의 정을 녹여 넣고 있다. 자연물이 자연의 저 편으로 존재하는 것이 아니라, 언제나 나와 하나되는 경지로 변화시키고 있다. 그야말로 대경의 경상을 여의는 〔奪境〕 경지라 해야 할 것이다.

대사는 송별의 자리에서만 자연물과의 교감으로 정을 느끼고 나누는 것이 아니라, 거리를 멀리하고 있는 이에게도 자연물을 매개로 해서 정을 나누고 있다.

서리 단풍 잎 잎이 비단옷 차림	葉葉霜楓錦繡儀
그 속의 맑은 흥취 알 이 적다.	箇中淸興少人知
고목에 우는 원숭이 바람도 쓸쓸	猿啼古木風凄日
찬 숲의 범 휘파람 달 밝은 때	虎嘯寒林月白時
생애는 흐르는 물 모이기 어렵고	流水生涯難會合
마름풀의 뜬 자취 이별이 애처로워	浮萍蹤跡惜分離
인정이란 이에 이르름 참으로 무슨 까닭	人情到此誠何以
애써 푸른 한삼 잡고 뒷 기약 묻네.	強把靑衫問後期

「분강 민 생원의 운에 따라〔次汾江閔生員韻〕」 짓는 시이다. 두 사람의 거리를 서리 맞은 단풍으로 잇고 있다. 비단옷으로 장식된 이 단풍의 흥취를 아는 이 없다는 것이다. 이 말을 평서술로 풀면 다른 사람은 몰라도 우리 둘이는 안다는 것이다. 어찌 비단 이러한 단풍뿐이랴. 고목에 쓸쓸한 원숭이 노래에도, 썰렁한 숲의 호랑이 휘파람에도 두 사람의 정의가 담겨 있다.

이렇듯 자연물을 매개로 두 사람의 정을 한 점으로 묶어 놓고는 있지만 역시 사람살이란 흐르는 물처럼 흘러가고 마는 것이니 만나기란 그리 쉬운 일이 아니다. 그러기에 마름풀에다 비의하면서 애석해하고 안타까워하는 것이 아닌가. 그러나 사람은 사람으로서의 또 다른 정이 있을 것인데 이래야 하는 이유가 무엇인가. 역시 사람의 정이기에 그렇다 할 수밖에 그러니 다시 뒷 기약을 묻는 것이다.

얼마 남아 있지 않은 대사의 시에는 이런 만남과 헤어짐의 소재가 많다. 그것이 비록 수장자의 기호나 처지가 그러해서 그렇다 하더라도 모든 시에 흐르고 있는 정은 시어의 밖으로 넘쳐나고 있다. 그러기에 서문을 쓰고 있는 李五秀도 다음과 같이 말하고 있다.

> 야운은 이름난 집안의 후손으로 조상도 버리고 친척도 떠나 비록 계법에 매이고 세상 걱정 버렸지만 남쪽가지나 북쪽 바람의(인간적 삶의 고향) 생각을 버리지 못하니 역시 인정에서 없을 수 없는 것이다. 마음 속을 말한 시가 강개하고 처창해서 평정하지 못함을 울려 스스로 궁한 자라야 공교하다는 경지로까지 갔다. 이는 야운의 시가 그윽한 정에 기탁하여 유원한 생각을 써낸 것이나 다만 자연을 읊고 주고 받음에 대한 화답의 자료뿐만이 아니다.
>
> 雲以名家裔孫 棄墳墓損親戚 雖拘於法戒 消去世慮 而南枝北風之思 亦人情之不能無 則其言志之詩 宜其慷慨悽愴鳴其不平 自歸於窮者之乃工 此雲詩所以託幽情而寫遠意 不但爲吟弄贈和之資而已.

대사의 시를 평함에 있어서 매우 절핍한 표현이다. 대사의 시를 논함에 있어 幽情深意라 한 것도 바로 이 점을 깊이 산 것이다.

鰲巖의 詩로 표현한 禪志

1. 간략한 행적

鰲巖 大師(1710~1792)의 법명은 毅旻이요, 오암은 호이다. 속성은 김씨요, 관향은 김해다. 그의 조부 錫慶이 남해현감을 지냈으니 당시 사대부 가문이다. 1710년 10월 2일 청하의 鰲頭村에서 탄생하니 오암이라 자호한 것도 여기서 유래되었던 것이다.

어려서부터 재주가 뛰어나 일찍부터 당시 사대부로서의 학문의 길에 들었으나 21세 되던 해에 어머니 상을 당하고, 겸하여 흉년이 들어 다음해 속가의 친척이었던 覺信 장로에게 나아가 寶鏡寺에서 머리를 깎았다. 장로는 동성의 친척이었기에 각별히 사랑하여 전답을 나누어 생계를 보태도록 하였고 桂影 선사의 문하에 나아가 구족계를 받게 하였다. 3년 뒤에 옛 스승이 돌아가자 홀몸으로 돌아와 心喪을 마치고 남쪽으로 떠나 牧老의 집회에 참여하니 목로도 특별히 사랑하였다. 그 후 4년여 동안 여러 곳을 참예하고 친가의 어버이를 오래 살피지 못하여 내려왔다가 다시 講席으로 돌아가 정하니 원근에서 배우는 이가 몰려들어 영남지방의 宗丈이라 하였다.

친가의 아버지가 늙고 봉양할 길이 없음을 늘 안타까이 여겨 척박한 논밭의 수입은 모두 어버이에게 보내고 자신은 솔가루 차 한잔으로 끼니를 이었고 멀리 있던 아우를 데려다 어버이를 봉양하게 주선하니 효도와 우애의 지극함은 천성으로부터 우러나옴이었다.

그 뒤로 여러 장로의 집회에 자주 참여하니 어버이 사랑과 학문의 정진이 모두 지성에서 피어남이었다. 43세에 은사께서 입적하시고 다음 해 아버지가 돌아가시니 연이은 상고에 정성을 다하고 상기를 마친 뒤에도 고향인 內延山을 떠남이 없었으니 부모에 대한 효심 때문이었다. 이러한 효성은 유가에게서 찾더라도 그리 많은 일이 아니었다.

대사는 경전을 두루 통하시었을 뿐만 아니라 시 쓰기를 좋아하시어 흥이 나시면 곧 읊어 백 편이라 하더라도 한 붓으로 내리 쓰시나 詞章家의 조탁하는 버릇을 숭상하지 않으니 당시의 학사들이 기개의 농후함과 소재의 박식함을 칭찬하였다.

1792년 9월 7일 입적하시니 세수 83이요, 법랍이 61이었다.

이상은 문인 誨寬이 쓴 행장의 대략이다.

2. 詩를 즐긴 대사

위의 회관이 서술한 행장에서도 언급하였듯이 대사는 경전의 강독 여가에는 시를 즐겨 썼다. 현재 전하고 있는 대사의 시문은 『鰲巖集』에 남아 있다. 시는 270여 수이고 문은 14편이 전해지고 있다. 위 행장에서 말한 기개의 농후함과 소재의 박식이라 함은 서문을 쓰고 있는 成士執의 견해였다. 그는 다음과 같이 대사의 시를 평하고 있다.

> 대사의 시는 참으로 질박하다. 그러나 기개의 실림이 두텁고 소재를 취함이 넓어 초라하면서 꾸미기를 좋아하는 이와는 전혀 다르면서도 쉽게 써 내려가는 것은 역시 쌓아 놓은 학식이 풍부함에서 연유한 것이다.
>
> 師之詩誠樸矣 然載氣也厚 取材也博 與夫寒儉而塗飾者 迥異而出之之易

亦由其所畜者贍也

하였다.

대사가 시를 쓴 것은 일상 생활이었던 것이다. 그러면서도 남달랐다 함이 그의 기개와 박식이 함께 어우러짐이었던 것이다. 그가 시와 자신을 떼놓지 못했음을 단적으로 보인 시가 바로 다음과 같은 시이다.

시 끊기면 곧 내가 없고	詩絶方無我
내 생애에 어찌 시 끊기랴	我生豈絶詩
유유히 시와 나는	悠悠詩與我
세세 생생 서로 따르기 원해.	世世願相隨

「닥친 인연〔來因〕」이라 제한 시이다. 자신의 존재마저도 시 때문이라 함이

다. 이렇듯 대사는 시와 자신이 하나로 되어 있었다. 시의 제목이 '내인'이라 하였으니 나에게 주어진 인연이라 함이 아닌가. 내 존재의 인연이 무엇이냐 하는 내심의 고백이 아니었을까. 그것도 悠悠世世라는 시간적 표현이 암시하듯이 지금의 현세만이 아니라 아득한 생생 세세의 영원한 시간 속에서 서로 따르기를 원하고 있으니 시가 바로 나라는 직선적 등식이 가능하다. 이렇게 되면 단순히 시를 좋아했다는 평으로는 만족한 표현이 될 수 없다. 시의 내용이 어떠하냐의 평 이전에 이만한 결의에 찬 시인이 그리 흔할 것이냐는 뒷사람의 반성이 요구된다.

병든 나머지 80살을 채웠으니	病餘盈八十
마른 나무에 다시 봄을 만났다.	枯木再逢春
괴벽이 있어 시구를 읊고	有癖吟詩句
무심히 옷매무새 가다듬다	無心理帶巾
황금의 말씀 논하려 해도	欲論金口說
풀잎의 인연도 없는 사람 어쩌나	奈乏芥緣人
자나깨나 아득한 소원이야	寤寐悠悠願
생생에 선정에 들기 원함이지.	生生戒定人

「스스로 위로한다〔自慰〕」는 시로 80세가 되어 지은 시이다. 마른 나무가 봄을 만난 기분으로 삶을 누리고 있다. 시를 짓는다는 것이 괴벽처럼 병이 되어 있다. 얼마나 시를 사랑하고 있는지 모른다. 황금의 사자후를 말하려 해도 거기에는 초개 같은 인연도 모자란다 하였으니 진리의 말씀을 외치기보다는 시를 짓는 것이 훨씬 수월하다는 역설적 해석이 가능한 표현이다.

대사는 어째서 시에 대한 집념이 이렇듯 남달랐던 것인가. 일상적인 작시생활은 자칫 바람을 읊고 달이나 희롱하는 음풍영월에 빠지기 쉽다. 대사는 이러한 작시태도는 오히려 배격한다. 사소한 일상적인 일이나 대수롭지 않은 자연 사물이라 하더라도 진여의 기틀이 있음을 알고자 함이었던 것이다.

여러 분 어리석은 선게라 웃지 마소	諸髡莫笑癡禪偈
바람이나 읊고 달이나 읊음 내 어찌하랴	咏月吟風我豈爲
흐르는 물 높은 산이 다를 것 없고	流水高山無異物
꾀꼬리 울음 제비 조잘거림 모두가 진여의 기틀.	鶯啼燕語總眞機

「조소에 대한 해명〔解嘲〕」이라는 시이다. 대사의 일상적 작시에 대해 그것이 스님의 본분이냐는 조소도 있었던 모양이다. 그래서 스스로 자신의 작시를 해명한 것이다. 세상에서 어리석다 말하는 모든 이가 잘못 본 것이다. 어찌 바람 달이나 노래하는 것이겠느냐, 일상적 소재로 시를 썼다 하여 그러한 외형으로만 보이는 자연을 말하겠느냐. 새의 울음 하나에서도 진여의 기틀을 찾자는 것이고 그것이 바로 禪理인 것이다. 대사의 작시는 바로 이 선리를 추구하기 위한 산승의 본분사였던 것이다. 이러한 선리의 발견에서 느끼는 법열이 있다. 그것이 시에서 느끼는 희열과 맞닿은 것이다.

병으로 누워 있는 싸늘한 창	病臥寒窓裡
손님이 누구인지 어찌 알랴만	寧知客是誰
참을 찾는 곳에 뜻이 있고	尋眞應有意
경치를 고르는데 어찌 계절 아니겠소	選景奈非時
절기 늦으면 꽃은 모두 지고	節晚花皆落
해가 깊으니 나 또한 쇠하죠	年深我亦衰
평안히 고요함 물리쳐	怡然破岑寂
비단 주머니에 시 얻게도 되지요.	賴得錦囊詩

「나그네의 운에 따라〔次遊客韻〕」 짓는 시이다. 시를 왜 짓느냐는 대답이 은연 중 배어나고 있다. 계절에 따라 경치를 따르는 것도 아니고 어디에나 있는 진여의 참 모습을 찾는 데 있다. 꽃이 지고 꽃이 피면 세월은 가고 그에 따라 자신도 쇠하여 늙어 가지만 진여의 실상에 변화가 있는 것은 아니다. 고요한 경지를 깨는 이 진여의 참 모습에서 비단 주머니 안에는 시가 늘 채워지고 있는 것이다. 스님으로서 작시는 이 진여 실상을 캐서 시로써 담아 두자는 것이다.
 경치의 취택이 꼭 계절을 선택하지 않는다 함이 있는 그대로의 실상에서 법의 참 모습을 찾자는 뜻이다. 감상할 만한 계절이 아니라 해서 참 모습의 기틀을 찾는 데 무슨 해로움이 있겠는가. 그러기에 계절을 놓쳐도 아무런 아쉬움이 없다.

비단 같은 산빛 이미 지난 계절	錦繡山光已往時
다니다 보니 늦가을 계절도 지나	遊行盡趣晚秋期
흰 머리라서 단풍을 슬퍼함이 아니라	非關白髮悲黃葉

시내 산 본 모습의 기이함 취하려고.　　　　看取溪山本色奇

「경치를 놓친 놀이〔遊子失景〕」라 제한 시이다. 가을 구경을 때늦게 했던 것이다. 가을이라면 단풍잎과 그 단풍이 지는 계절이다. 단풍을 비단으로 비유하지만 그것도 잠시일 뿐 나뭇잎은 지고 만다. 그러기에 가을을 슬퍼한다는 悲秋라는 말이 비단〔錦繡〕이라는 말과는 어울리지도 않지만 잘 쓰이는 말이다. 이렇듯 어울릴 수 없으면서도 어울리는 것은 사람에게는 백발과 연관될 수 있기 때문이다. 그러기에 이 시에 있어서는 그 점을 강조하여 단풍이나 백발을 슬퍼하자는 것이 아니라 강산의 자연 본색을 보자는 것이라 하였다. 이 점이 바로 대사가 시를 왜 쓰느냐는 물음에 대한 스스로의 대답인 것이다. 기쁨이나 슬픔의 인간적 감정을 서술하려는 것이 아니라 있는 그대로의 자연의 본 모습을 쓴다는 것으로 풀이될 수가 있다. 그러니까 선사로서 모든 자연의 선리를 찾고 있는 것이라 할 수 있겠다. 이러한 대사의 본뜻을 단적으로 보인 시가 다음의 시라고 생각된다.

맑은 새벽 높은 가지 꾀꼬리 울음	淸晨高樹栗留鳴
묻노니, 너는 무슨 마음에 내 귀를 놀래느냐	問爾何心我耳驚
원컨대, 막힘 없는 원통의 힘을 알아	願得圓通無碍力
널리 진여 본성만 듣고 소리는 듣지 말자.	普聞眞性不聞聲

「새벽 꾀꼬리〔曉鶯〕」라는 시이다. 계절새의 울음으로 꾀꼬리의 울음을 즐기는 것이 사람들의 일반적인 정서이다. 그러나 놀란 마음으로 듣는 것이 대사의 마음가짐이다. 원융 회통의 무애심으로 듣는 것이다. 이 울음이 참다움의 진여 본성이지 소리의 아름다움이나 추함은 아무 의미가 없는 것이다. 이 진여의 본성을 깨닫고 이 깨달음을 언어문자로 표현하는 것이 禪家에 있어서 어쩔 수 없이 짓는 시나 게송이라 한다면 대사도 이러한 맥락에서 시를 짓고 있는 것이다. 또한 진여본성이란 적게는 풀씨 하나에도 크게는 수미산에 두루 있는 것이요, 다 같은 것이라 한다면 어디에서나 시의 저작이 있겠고 그러기에 스님들에게도 시의 저작은 일상의 일일 수도 있다 할 것이다. 대사의 시에는 취해온 소재가 넓다 한 서문의 말은 이런 점에서 이해가 가능하다. 어느 소재에도 진여 법체의 실상이 존재함을 알았기 때문이다. 그러기에 자연물 어느 것이나 시 아님이 없다.

구름이 머물면 봉우리는 붓이 되고　　雲住峯爲筆
용의 봇물은 벼루의 연못이지　　　　　龍湫作硯池
일만 겹으로 펼친 바위의 병풍　　　　巖屛開萬疊
뜻에 따라 쓰는 나의 시.　　　　　　　隨意寫吾詩

「스스로 풍자한다〔自諷〕」는 시다. 시제는 마치 자신의 잘못을 뉘우치는 것처럼 되어 있지만, 기실은 자신과 하나가 된 주위의 경물을 읊으면서 그 자체가 모두 자신의 시의 소재가 되고 있음을 말한다. 주변 모든 사물이 시의 소재가 될 뿐만 아니라 그 자체 스스로가 시를 쓰는 것이지 자신이 쓰는 시가 아니라는 역설이 가능하다. 자신의 시를 구름에 가린 봉우리가 붓이 되고 폭포의 연못이 벼루가 되어 쓰고 있다는 것이다. 그러니까 대사에게는 시의 소재 아님이 없을 뿐만 아니라 그 소재들 자체가 대사의 시를 대신하여 쓰고 있다는 것이다.

노니는 나그네야 해마다 오지만　　遊客年年到
홍미를 아는 이야 그 누구　　　　　何人興味知
마음속으로 터득한 것이 있다면　　如今心有得
시가 되지 않는 물건은 없어.　　　無物不爲詩

「노니는 손님 보고 우연히 쓰다〔見遊客偶吟〕」라 한 시이다. 산을 찾는 사람이야 항시 이어지지만 산의 흥취를 아는 이는 그리 많지 못하다. 그 이유가 무엇일까. 마음속으로 느끼고 깨닫는 것이 없기에 그런 것이다. 그러므로 일단 마음으로 터득해 보면 시의 소재가 되지 않는 것이 없으리라. 대사는 이 이치의 터득으로 모든 것이 시가 되지 않는 것이 없었다. 이 터득이란 이해나 깨우침이 무엇인가. 그것이 바로 진여의 법체요, 선의 요체인 것이다.

3. 자연스럽게 담는 禪旨

위에서 보았듯이 어느 물건이나 시가 되지 않는 것이 없다는 말은 시인의 처지로서 당연한 것이요, 이 말의 뜻은 스님으로서 선가의 처지에서는 어느 것이나 진여의 법체요, 禪理가 드러나는 곳이다.

강과 산은 내 집안의 물건이고	江山家裡物
바람 달도 법성 중의 본바탕	風月性中資
일백 경계 일천의 여여한 경치	百界千如景
누가 알랴, 낱낱이 모두 당연임을.	誰知箇箇宜

「禪志」라 제한 시이다. 이것이 바로 스님으로서 사물을 보는 시각이다. 일체 모든 사물에 법성이 있다는 가르침을 굳이 연상하지 않더라도 시인이 어느 사물이라도 시의 소재로 인용하는 자세로도 당연한 말이다. 대사의 작시의 근저에는 선지를 담고자 하는 스님 본분으로서의 의식이 있었던 것이다.

하늘 땅 예와 이제 없지만	天地無今古
사람살이는 시작 끝 있지	人生有始終
잠잠히 사물 이치 관찰하노라면	黙然觀物理
서리 맞은 잎 시내로 떨어지는 단풍.	霜葉下溪楓

「가을빛을 풍자적으로 읊다〔諷吟秋光〕」라는 시이다. 왜 하필 諷吟일까. 자연물에서 인간적 삶의 풍자적 의미를 발견하려는 것이다. 자연 사물에는 아무리 시간적 변화가 있다 하더라도 긴 시간의 한 거리 위에서 보면 예와 이제라는 시간의 거리는 없다.

서리 맞은 단풍이 시냇물에 뜰 때 잎 자체로서야 항시 가지 끝에서 푸르름을 자랑할 것으로 알았겠지만 오늘의 이 시점에서는 다시 뿌리로 돌아가는게 자연의 원리이다. 그러나 잠잠이 생각을 멈춰 사물의 원리를 관찰하지 않고는 이 깊은 뜻을 이해할 수가 없다. 佛家적 사유로서의 불성 본체의 깨달음은 이러한 자연의 원초적 원리를 이해하는 것이다. 여기에서 대사의 시는 자연의 소재 속에서 자연스럽게 선지를 나타내고 있는 것이다.

오래도록 산집의 맛을 씹으니	久喫山家味
원래 세속 선비의 몸이 아니다	元非俗士身
누가 천만의 혼탁한 부자 가져다	誰將千濁富
이 맑게 가난한 한 삶 바꾸랴	換此一淸貧
이야기는 같은 자리에 마음 기울고	談話傾同座
오장 육부에 한 점 먼지도 여의다	肝腸絕點塵
신선의 자태 속세를 높이 벗어났으니	仙姿高出世

깨달음의 언덕에 부처님과 가까우리. 覺岸佛應親

「늙은 농부〔農叟〕」라는 시이다. 가난하게 살면서 청빈을 지키는 순박한 늙은 농부를 읊었다. 지식이 많은 사대부와 대화가 통하는 것이 아니라 이 순박한 농부와 이야기할 만한다는 것이다. 외모로만 속세의 먼지를 털어 버린 것이 아니라 몸 속의 폐부까지도 한 점의 티끌이 없다는 것이다. 신선이 따로 있는 것이 아니라 속세에 몸을 대고 있으면서 이 세상을 벗어난 이 사람이 바로 신선이다. 부처님이 따로 있는 것이 아니라 이런 사람에게 가까이 있다는 것이다.

비록 늙은 농부 한 사람을 읊은 것이지만, 이렇게 사는 사람이 바로 부처님에게 가까이 갈 수 있는 깨달은 자라는 것이다. 선리를 자연스럽게 투영시키고 있는 시이다.

산 속에는 가을이 정히 좋아	山中秋正好
푸르름 붉음이 반반인 나뭇잎	木葉間靑紅
취한 낯을 가랑비가 적시고	醉面霑疎雨
쇠잔한 귀밑머리에 늦바람 날린다	衰鬢刷晩風
누가 구름 비단 장막을 드리워	誰縣雲錦帳
붉은 비단 궁전에 있게 했나	人在紫羅宮
봄꽃빛보다도 뛰어난 빛은	絶勝春花色
이 신령스러운 힘 조화옹에게 빌렸지.	神功賴化翁

「가을 잎〔秋葉〕」이라는 시이다. 단풍의 아름다움을 소재로 한 것이기에 가을이면 누구에게나 흔하게 선택되는 소재이다. 그러나 아무리 단풍이 곱다 하더라도 사이사이 푸르러 있는 상록수의 조화가 아니면 단풍이 돋보일 리 없다. 이 시에서는 이 점을 조화 있게 삽입했음이 남다르다 한다면 남다르다. 성근 비의 가랑비나 해저녁에 부는 바람이 굳이 가을 풍경만은 아니지만 쓸쓸한 인상을 주는 시의 소재로 등장함에 있어서는 역시 가을철 시의 소재이다.

봄꽃에서 느끼는 정감이 가을보다 나을 수도 있지만 늘그막에 시를 짓는 이로서는 가을이 더 정겹다기보다도 정감이 더 가는 것은 나와 자연의 처지가 더 좀 가깝게 느껴지는 것이다. 그러기에 봄꽃보다 낫다 하였던 것이다.

이러한 모든 자연의 아름다움은 결국 조화옹의 신령스러운 힘이요, 조화이

다. 이 또한 자연의 변화에 대해 신비로운 조화로 보는 것이 모든 자연이 가진
본연의 모습을 살피는 원리 추구의 자세라 한다면, 선가의 선리적 추구와 서로
연관됨이 있다 해도 지나칠 것이 없다.

물에서 태어나 바로 물로 집 삼고	産水仍爲宅
무리를 지어 울었다 쉬었다 하다	成群歇又鳴
추위를 견디니 배알이도 잊고	耐寒忘腹疾
친구 업어 주며 사귀는 정 보인다	負友見交情
어찌 알랴, 공공지나 사유지에서	豈識公私地
한갓 흐드러진 소리로 읊어도	徒吟漫浪聲
진흙을 즐거운 낙토로 여기니	泥塗知樂土
몸체 타고 남이 하늘에서 받은 것을.	畫體自天成

「개구리〔蝦蟆〕」를 읊은 시이다. 맹꽁이나 청개구리를 읊은 것이다. 개구리
의 삶을 잘 묘사했으나 외형적인 미추에다 주제를 맞춘 것이 아니라 개구리의
속성에다 초점을 두어 인간적 교훈으로 삼으려 했다. 추운 물 속에서만 살되
사람처럼 배가 아파하는 병도 없고 무리 지어 업고 업히는 다정함은 사람들의
우정보다 지나치다는 것이다. 좋은 물이건 궂은 물이건 모여서 낭만적인 울음
을 울어대는 것은 시를 읊는〔吟〕 것이라 하였다.

진흙 속에서 살면서 오히려 그것을 낙토의 즐거움으로 여기니, 어쩌면 더러
운 곳에서도 항시 깨끗한〔處染常淨〕 깨달음의 자세인가. 이 모든 것이 천성의
자연으로 이루어진 것이 아니냐는 깨우침의 경지로 결말을 잇고 있다. 역시 모
든 사물에서 불성이나 선리를 추구하려는 스님의 자세로 돋보인다.

누가 계절 물태의 변화를 가르쳤기에	誰敎時物變
매미는 가을을 빌려 울리는가	蟬乃假秋鳴
날개 펼치면 얇은 비단의 한 조각	振翼片紗薄
소리 날리면 맑은 휘파람 유원하다	流音長嘯淸
숲에서 삶, 은일들 자취 쫓고	棲林追逸跡
이슬을 마셔 신선의 정령술 배우다	吸露學仙精
허나, 기러기 소리 듣는 날	叵耐聞鴻日
처량한 저 늦가을의 오열하는 소리.	凄凄咽晩聲

「가을 매미〔秋蟬〕」를 읊은 시다. 철늦은 매미의 울음을 계절과 사물의 상관 속에서 외롭게 보이는 매미를 외롭지 않게 잘 묘사하면서, 자연의 이치를 추구하려는 작자의 法理的 탐구가 엿보인다. 역시 선사로서의 선리적 추구의 한 단면이라 하여도 무방하리라. 비유나 탁의적 수법이야 일상적 시어의 서술과 다를 것이 없지만 전편에 흐르고 있는 意象의 내면에는 사물의 내적 기미를 찾아보려는 뜻이 깔려 있다 하겠다.

사물을 각기 스스로의 物性에다 놓고 보면 다 다르지만 그 자체가 바로 사물의 본성이라 하면 또한 다 같은 것이다. 대사의 소재 선택은 이런 점에서 그 같음과 다름을 때에 따라 적절하게 읊고 있는 것이다. 그러한 예증의 시를 다음 시로 음미할 수 있다.

파초의 사물됨은 잎이 그리 길지만	芭蕉爲物葉何長
한밤의 된서리에 갑자기 마르고	一夜嚴霜倏爾悴
겨울 고개 마루 저 외로운 솔은	屹彼孤松冬嶺隈
바람 맞고 눈 써도 씩씩히 푸르다	含風冒雪凜然翠

제목 자체가 「물성은 같지 않다〔物性不同〕」는 시이다. 물성은 각기 다르다. 잎이 넓다 하여 여름철에는 찰랑대는 파초요, 그에 비해 입이 바늘같이 가늘어 보잘것 없다 할 수도 있는 소나무이지만 겨울에도 마르지 않는 기개를 자랑할 수 있다. 시로서는 평범한 한 단면의 서술이지만 사물의 같고 같지 않은 물성을 살펴 궁극적으로 어느 한 단면이 아닌 두 끝에 매달림이 없이〔不落兩邊〕 사물을 보려는 스님의 시로 본다면 역시 物理의 궁구요, 신리의 발현적 수법이라 하면 일단 주목해 볼 수 있는 것이다.

서글프다, 산속의 국화와 단풍은	嗟爾山中菊與楓
어찌하여 천성으로 타고 남이 같지 않은가	胡爲天賦不相同
봄날의 연한 잎 일천 나무 짙으며	三春嫩葉濃千樹
여름철 두어 줄기 몇 떨기 무성하다	九夏殘莖茁數叢
흐드러진 중양절 가지 끝 꽃부리 이고	爛熳重陽枝戴蕚
쇠잔한 하루 저녁에 푸르름이 붉음으로 변한 단풍	衰凋一夕綠飜紅
10월달 향기로운 꽃 서리 눌러 서 있어	香葩十月凌霜立
골 바람에 초췌한 모습 날림 응당 웃겠지.	應笑悴容散谷風

「단풍과 국화는 본성이 다르다〔楓菊殊性〕」한 시이다. 영화와 쇠락이 서로 다름은 다 사물의 본성에 연유한 것이다. 봄날 일찍이 잎을 피워 온 숲을 푸르게 물들이는 단풍나무가 있는가 하면 여름 느지막이 줄기를 돋아내다가 가을에 피는 국화가 있다. 봄날 일찍 피운 잎이기에 가을 일찍이 잎은 붉음으로 변하고 서릿바람이 불면 골짜기 여기저기로 흩어지는 것이 단풍이다.

그러나 국화는 늦게 올린 줄기에 늦가을 꽃을 피워 단풍이 날릴 때 서리도 모르는 듯이 아름다운 꽃을 자랑한다. 이렇듯 영화나 쇠락이 각기 물성에 따라 다르고 이것이 바로 사물 하나하나의 본성이다. 이 시는 이러한 본성의 다름을 말하여 그 자체가 진리의 실상임을 암시하고 있다. 이것이 바로 선사의 처지에서 선리를 찾고 있는 자세이다.

위에서 대략 살폈듯이 오암 대사는 자신의 모든 것을 시로 표현함을 일상적인 일처럼 여기면서, 시로 표현하되 선사의 처지에서 모든 사물의 진리를 찾으려 하였음이 분명하다. 이 시로 표현된 진리 이것을 선가의 처지에서 달리 말하면 선리의 추구였던 것이다. 그랬을 때에 위에서 본 것처럼 본성이 다르다는 殊性과 같은 시제가 있게 되었지만 이 다름을 말함은 외형이나 각각의 본성에서 말함이지 이 본성이라는 원자리로 돌아가면 다름이 아니라는 결론이 된다. 이것이 바로 둘이 아니라〔不二〕는 깨우침의 방편이 되게 된다. 그러기에 대사의 시에 不二라 한 시제가 여럿 있다. 善惡不二, 生死不二, 眞俗不二 등 이 불이법문을 시로써 자연스럽게 표현한 것이다.

어버이로부터 나오지 않은 자식 듣지 못하니	未聞人子不由親
우리 길에도 세속 밖의 진여 없다	吾道曾無俗外眞
집도 살다 보면 손님도 주인이고	家裡途中賓亦主
常身의 묘체로는 옛것이 새로워져	常身妙體舊還新
그릇의 황금 본성 빛이 어찌 변하며	器中金性光何改
옷 속의 구슬 장식 가난치 않은 계산	衣內珠莊計不貧
앞마을에서 술 사다 손님 대접하니	沽酒前村來接客
고당에 스스로 존재하는 한가로운 사람.	高堂自在一閑人

「眞俗不二」라 한 시이다. 속세가 전제되지 않고서는 진여의 법계도 인정될 수 없음을 말하며, 항시 자재로운 주인으로서의 내 존재가 높은 집에 한가로이

있음이 본체의 주인이다.

　오암 대사의 시는 이러한 불이 법문에서 자재로운 진여 경지를 일상적 소재 속에다 담고 있었기에 비록 선지를 드러냈어도 선지가 보이지 않는다. 위 시구에서 옷 속에 구슬을 장식한다〔衣內珠莊〕 함이 어쩌면 대사의 수사적 방편이었다 할 수 있겠다.

龍巖의 詩

　龍巖(1713~1779) 법명은 體照요, 용암은 당호이다. 호남의 長城 사람으로 본래 선비 집안이다. 어머니가 구름속 허공을 배회하는 꿈을 꾸고 대사를 잉태하였다. 1713년 4월 초하루에 태어나시니, 그날 밤 아버지의 꿈에, 문 밖에 신령한 스님이 서서 주인을 불러내고 하는 말이 우리의 宗風을 일으킬 사람이 당신의 집에 있으니 기억해 두라 했으니, 이것이 대사에 대한 미래의 전조였던 것이다. 포대기에 싸여 있을 때부터 울음소리가 문 밖에 나지 않을 정도로 조용하였고 4세에 벌써 어머니 품에서 벗어나 아버지의 침소에서 잤다. 6세에 취학하여 10세에 『사기』와 같은 외전에 통하여 글을 지었으니 향리에서 놀랐다 한다. 13세 때에 온 집안이 괴질의 변고를 당하여 어머니 상을 당하고 곧 이어 아버지마저 여의었다. 아직 어린 나이에 형과 함께 상례제반과 3년상을 마치고는 형제가 함께 떠나 서울로 향하다가 중도에 형은 시골로 돌아가고 용암 대사만 홀로 서울 근교에까지 와서 남한산성 밑에 투숙하게 되었다.

　이때 관동의 釋稔을 만나게 되었는데 장로는 그 재질을 아껴 데리고 가서 학업에 전념하게 하였다. 禪門의 經旨와 현묘하고 깊은 뜻을 가르쳐 모든 것을 통달하니 더 이상 가르침이 따를 수 없게 되자, 18세에 머리를 깎고 곧 석념 장로로 은사를 삼고 白蓮堂 智稔 장로로 수계사를 삼게 하였다.

　이로부터 日庵 법사를 참배하여 불전의 내외전적에 더 힘을 기울여 깊은 뜻을 해통하니 동년배보다 두드러지게 뛰어나 시비곡직을 가림에 있어서도 일암 장로의 인가를 받았다. 일암이 하루는 대사에게 이르되 "법문을 넓히지 않을 수 없지만 견문도 더 키우지 않을 수 없다〔法門不可不廣 眼界不可不大〕." 하니 즉석에서 결단을 내려 남북의 여러 종문을 두루 살펴 三乘을 통하고 돌아오니 이때 나이 33세였다.

　이로부터 강석을 펴고 머무르니 문도가 크게 모여들었다. 일암 범사가 거처하던 내원을 내 주고 용암이라는 법호를 내리니 이에 일암의 법사가 되고 청허 대사에게는 7세손이 되었다.

　대사는 불도 선양에 뛰어나 성취시킨 이가 많고 불사에도 역량이 커서 본사의 거대한 역사도 모두 그의 지시로 이루어져 산문의 사부대중이 대사에게 귀의함이 많았다. 말년에는 문도를 모두 사양하며 돌려 보냈다. 제자 중에 뛰어난 이가 洪波였으나 거처가 자못 멀어 병이 나 그를 생각할 즈음에 홍파도 몽상 중에 끌림이 있어 대사를 찾아뵈니 병환이 위독하였다. 뒷일을 다 부탁하고 3일이 지난 1779년 12월 21일에 입적하니 세수 67이요, 법랍이 51이었다.

　이상은 법손인 影潭性黙이 찬술한 대사 행적의 대략이다.

　대사의 시문은 『龍巖堂遺稿』로 전하고 있으나 분량은 그리 많은 편은 아니다. 시 70여 편과 문 4편이 전하고 있지만, 맑고 뛰어난 시풍은 당시에도 인정되었던 듯하다. 서문을 쓰고 있는 金朝潤은 다음과 같이 말하고 있다.

　　그의 문집을 보니 시가 맑고 뛰어나니, 비록 알려져 있는 선비의 문장가
　에서 찾아볼지라도 그리 쉽게 많이 얻어 볼 수 없겠다.
　　覽其集 其詩也淸逸 雖求之章甫之間 亦不易多得也.

하였다. 淸逸이라 함이야 스님들의 생활자체가 해맑기에 그렇다 할 수 있겠지만 그러나 이러한 생활을 시 속에 융화시킬 수 있는 것은 역시 뛰어난 문장 구사력이 아니고서는 이룩할 수 없는 것이다. 따라서 용암 대사의 시에서는 스님으로서의 신분을 느낄 만큼 불교적 교리나 법리를 담은 것이 많지 않다.

봄바람에 저절로 피는 꽃	春風花自發
나그네길에 한없는 흥취	客路興無窮
다시 청산에 오르니	更向靑山上
아지랑이 노을 속 또다른 세계.	烟霞別界中

「봄날 산에 올라〔春日登高〕」라고 제한 시다. 봄날 산에 오른 감회이지만 흥취에만 이끌려 감상에 젖은 낭만이 아니라, 산을 장식한 봄꽃에서 또다른 세계가 있음을 말했을 뿐이다. 이 자체로써 봄의 새로운 경치를 이해하게 할 뿐 별다른 감흥적 수사가 없다.

　　파란 아지랑이 계곡 입구 흐리고　　靑嵐迷谷口

<table>
<tr><td>안개 비 연못에 가득하다</td><td>烟雨滿池塘</td></tr>
<tr><td>베 옷 입어 싸늘한 나그네는</td><td>衣葛淸寒客</td></tr>
<tr><td>차라리 덥더라도 서늘함 원치 않아.</td><td>寧暄不願涼</td></tr>
</table>

「여름〔夏〕」을 읊은 시이다. 역시 별다른 수식이 없다. 지루한 장마, 아침에 산아래를 내려다 보며 짓는 것쯤으로 인상지어질 뿐이다. 장마철 산골의 아침에는 안개만이 산을 가리어 산 아래의 골이나 길이 희미하게 묻혀 버려 겨울보다 더 적막하게 느낄 때도 있다. 뜰앞의 연못에는 물이 넘쳐난다. 이때 여름 베옷의 차림은 오히려 추위를 느낀다. 그러기에 여름날에 바라는 서늘함보다 오히려 훈훈한 햇볕을 원하게 된다. 여기 청한이라 함이 추위를 느끼는 싸늘함도 되겠지만 산사의 가난한 살림을 말할 수도 있다. 어느 해석이든 다음 구에서 보는 서늘함보다 훈훈함이 낫다 함은 장마철 산사의 싸늘함으로 통할 수가 있다. 별 수식이 없이 산사의 담담한 생활을 읊고 있다.

<table>
<tr><td>흰 물결 하늘 뒤덮자 고기 뛰고</td><td>白浪飜天魚躍躍</td></tr>
<tr><td>푸른 산 바다를 누르니 학도 쌍쌍히</td><td>靑山壓海鶴霍霍</td></tr>
<tr><td>난간 기대어 푸른 바다 끝으로 보내는 시전</td><td>憑欄送目滄溟外</td></tr>
<tr><td>돋는 해 반짝반짝 나그네 창을 비추네.</td><td>杲日暉暉射客窓</td></tr>
</table>

「淸澗亭」이라 제한 시이다. 청간정에서 바라보는 아침의 경치를 서술하였다. 시선 밑으로는 하늘까지 닿을 듯한 바다의 물결이고 이 물결에 뛰어 오르는 고기의 발랄한 모습이 물결과 함께 어울려 허공으로 뛰고 있는 것이다. 그런가 하면 높이 솟은 산은 바다 끝에서 하늘을 짓누르듯 우뚝 솟아 바다를 압박하고 있고 산 허리 산 밑을 오르내리는 학은 쌍쌍히 날고 있다. 바다와 산 하늘과 물결 위 아래의 공간을 자연스럽게 조화시킨 구성이 빈틈없이 어우러져 있다.

물 밑이나 물 위의 위 아래만 살필 수 없어 시선을 좀더 멀리 바다 끝으로 끌어 보았더니 때마침 바다 끝에서 떠오르는 햇살이 나그네의 시선을 자극한다. 정자에 오른 나그네의 한 순간을 무리 없이 구성한 시이다. 이 시를 선으로 표현하면 상하공간을 수직으로 이은 기승구의 수직선과 바다 끝을 바라보는 결구의 수평선이 서로 이어져 상하좌우를 한 폭의 화폭에다 담은 듯한 구도라 하겠다. 별 꾸밈이 없이 잘 꾸며진 시이다.

동구 깊이 솟은 쌍계루	雙溪樓在洞天深
좋은 곳 가리는 한가한 사람 뛰어난 멋 찾네	選勝幽人逸興尋
명승 경개에 무엇이 가장 많은가	勝槪多中何事最
벽에 가득한 맑은 시 옛 사람 읊음.	淸詩滿壁古人吟

「白羊山 雙溪樓」라 제한 시이다. 쌍계사의 그윽한 풍경을 간접적으로 드러내고 있다. 그렇지만 시구 안에서는 어디가 좋다는 구체적 표현이 없다. 뛰어난 경치가 많기는 많지만 무엇이 가장 뛰어난 것이냐고 반문하면서 누대의 사면에 가득한 옛 사람의 시구가 있다는 말로 대답처럼 결말 짓고 있다. 幽閑한 사람은 흥취 찾아 이 쌍계루에 오른 것이다. 이 흥취 찾아 오른 쌍계사에서 뛰어난 경치를 보았던 것이요, 그것을 시로 남겼으니 이 산이나 누대의 뛰어난 경치는 옛 시인의 시구에 모두 남아 있는 것이니 가장 많은 경치가 바로 이 시구들이 아닌가. 작자인 용암 대사는 승경을 말함이 없이 다 말한 셈이다. 더구나 자신이 지금 시를 쓰려함이 또한 무엇인가. 뛰어난 경치의 묘사가 아니겠는가. 그렇다면 옛분의 시가 모두 뛰어난 경개라 함이 오히려 자신이 소개하려는 뛰어난 경치보다 더 나은 것이 아닌가. 시의 수사가 그리 흥겹진 않은 것 같으면서 오히려 흥겨운 시였다.

어느 곳이 명승지 뛰어난 구역인가	何處名區勝
두 줄기 강물 한 정자로 모이네	雙江一合亭
붉은 언덕 구름은 축축하고	紫崖雲濕濕
푸른 회나무 바람만 쌀쌀	翠檜風冷冷
낚싯대 드리우고 서 있는 어부	漁父垂竿立
목동은 불던 피리 멈추네	牧童吹笛停
노니는 이 지팡이 날려 내려와	遊人還錫下
십 리 모래사장 밟네.	十里踏沙汀

「합강정의 운을 따라〔次合江亭韻〕」 짓는 시이다. 두 강이 흐르다 만나는 곳에 서 있는 정자이기에 합강정이라 하였던 것 같다. 그러기에 여기가 명승지가 된 것이다. 두 강이 흐르다 한 곳에서 만나는 정자이다. 그러므로 강의 언덕이 더 가파를 것이며 물이 만나는 곳이기에 물안개는 더 짙을 것이다. 검붉은 언덕에 구름처럼 드리운 물안개였을 것이니 항시 습기로 젖어 있음이 연상된다.

언덕 위의 높이 솟은 회나무는 강바람이 항시 휘몰고 있어 서늘할 수밖에 없다.

정자 밑의 경치, 역시 어부의 낚시이다. 바삐 낚아 올리는 것이 아니라 한가로이 서 있는 것이다. 이 정적을 깨칠까 두려워서였는지 목동의 피리 소리도 멈추었다. 한가로운 한 순간이다.

정자 위에서의 감상이 지루하여 정자에서 내리면 강을 따라 펼쳐진 백사장이 나그네의 발길을 끈다. 유유히 걸어 가는 이 작자의 모습이 수면이 거울되어 반사되고 있는 듯하다.

옥봉을 돌아보니 지는 해 밝고	回首玉峯落日明
바위서리 미친듯 알리는 관현악 소리	狂奔疊石奏笳笙
높은 스님 멀리 삼심원 바라보고	高僧越見三心院
귀한 손님은 백제성을 굽어 보네	佳客俯看百濟城
거듭거듭 푸른 벽에 신선 글씨 비추고	翠壁重重丹篆映
푸른 언덕 굽이굽이 저녁 종 맑다	蒼崖曲曲暮鍾清
이 누대 멀리 속세 길 막혔으니	此樓遙隔塵寰路
자취 모습 감춘 채 오랜 세월 지나다.	晦迹韜光過十生

「정양사에 올라서〔登正陽寺〕」 지은 시이다. 절 자체를 서술하기보다는 절의 문루에 올라 바라보는 주변 경관을 여실하게 묘사하고 있다. 그야말로 절을 중심으로 한 주변의 淸逸한 모습을 담고 있다. 백옥으로 깎아 세운 듯한 봉우리에 지는 해가 비쳐 더 밝게 드러난다. 그 밑을 미친 듯이 내닫는 폭포수는 물이 아니라 관악기 현악기가 어울린 하나의 협주곡처럼 울리고 있다. 스님이 여기에 오르면 저 멀리 삼심원을 보며 선심을 가다듬을 것이고 지나가는 고귀한 길손이 오르면 산 아래를 굽어보며 옛날의 성터에서 흥망성쇠의 역사의 흔적으로 감흥을 일으킬 것이다.

그러나 이 절 이 누대는 빛과 모습을 감춘 채 무한의 세월을 아무 말 없이 잠잠히 서 있을 뿐이다. 이것이 작자인 스님 모습과 같다. 대사는 이렇듯 주변이 아무리 아름다워도 자신은 그저 모습이나 빛을 감출 뿐이다.

눈같이 흰 모래 시계 앞 펼쳐지고	白沙如雪眼前平
더욱 좋아라, 쾌청한 가을 밤 달의 맑음	更好晴秋夜月清

환한 기색 가로 지른 하늘 밖의 빛	灝氣橫侵天外色
은은한 빛 수직으로 물 속까지 밝구나	餘輝直透水中明
仙童은 은빛 세계를 환상처럼 빚어내고	仙童幻出銀霜界
조화옹은 백옥의 선경을 꾸며 내었다	化叟粧成白玉京
파도에 投射되는 그림자 갈매기 꿈도 싸늘해	影射波濤鷗夢冷
애절한 한 소리에 놀라 날음 알겠다.	驚飛始覺有哀聲

「백사장의 가을달〔明沙秋月〕」이라 제한 시이다. 달 밝은 가을 백사장의 서경을 잘 드러낸 시이다. 수평으로 펼쳐진 백사장을 눈 내린 평원으로 착각하리만치 밝게 표현하였고 물 속에 드리우는 달빛의 수직선을 종횡으로 교차시켰다. 공간에 어우러지는 하늘빛은 옆으로 끼어들고 달빛은 수직으로 투영되는 상황의 橫侵 直透의 수사이다. 종횡의 선으로 구도되는 재미있는 맞물림의 대구로서 한시의 수사로서의 묘미를 더해 주는 시구이다. 하늘 밖의 빛〔天外色〕 물 속의 밝음〔水中明〕도 따지고 보면 상도를 벗어나는〔反常〕 어법이다. 하늘이라는 공간을 벗어나서는 빛이 없고, 달의 밝음도 물과 지면 위에 존재하는 것이지 땅 속이나 물 속의 밝음은 아니다. 그러나 밤의 빛이니 하늘 밖의 빛이요, 물에 비친 달이니 물 속의 밝음이다. 그러기에 더 귀하게 여겨지고 더 밝음을 느끼면서 시어로서의 묘미를 더하는 것이다.

　이렇듯 실제로 존재하기 힘든 상황의 포착이기에 신선 동자나 있을 은설색의 세계요, 백옥의 궁전으로 상징되는 신선이나 조물주의 거처로 이해되는 것이다. 그러나 현실은 어디까지나 현실이다. 달이 훤히 뜨면서 싸늘한 밝음에 놀라 깨어나는 갈매기 소리가 바로 강가의 밤이었음을 깨닫게 한다. 좀 지나친 해석이 될 수도 있겠지만 이 시는 현실에서 몽환의 비현실세계로 들었다가 다시 현실로 돌아오는 순환의 구도였다 할 수도 있겠으며, 작자가 스님이라는 특수한 신분을 감안하여, 俗에서 聖으로 다시 속으로 되돌아오는 대승적 구상이라 할 수도 있으리라.

지팡이로 가리키는 저 푸른 산마루	一筇遙指碧山頭
그 속의 높은 누대 가장 놀기 좋아	中有高樓最勝遊
물 가득한 두 시내 바로 한여름	水滿雙溪時九夏
바람 맑은 높은 누각 달은 가을	風淸孤閣月三秋
진흙 문 제비 처마 끝 들고	含泥玄鳥簷端入

벗 찾는 꾀꼬리 난간 밖 머물다　　喚友黃鶯檻外留

종일토록 구름 보며 한가한 걸음　　終日看雲閑獨步

말쑥한 행장으로 세속 근심 씻다.　　行裝蕭灑洗塵愁

「용흥사 세진루의 운을 따라〔次龍興寺洗塵樓韻〕」 짓는 시이다. 높이 솟은 누대에서 그곳을 중심으로 한 네 계절의 경치를 상상하고 있는 것이다. 한 편 안에 계절적 특징을 잘 요약하고 있다. 깊은 산 속의 여름이란 계곡마다 넘쳐 흐르는 물이 여름철의 특징이다. 여름 산행에서 계곡의 물이 없음을 상상한다 면 그 이상 메마름도　없을 것이다. 가을철의 산사의 누대는 아무래도 시원한 바람이 일품이요, 밤이 되면 밝은 달의 은은함이 어느 곳에서 보는 달보다도 아름다울 것이다.

봄이 되어 보금자리 삼으려고 부지런히 오가는 제비와 늦봄 이른 여름의 꾀 꼬리의 울음 소리, 모두가 이 산사에서 더더욱 정겹게 느껴지는 경물들이다. 이렇듯 이 시는 시를 짓는 당시의 경개보다는 이 누대를 중심으로 한 계절마다 의 특성을 상상해서 읊고 있다. 지금 이 순간만이 아름다운 곳이 아니라 네 계 절 어느 때에도 흥취를 돋우는 누대라는 뜻이리니 한 경물을 읊되, 그 경물의 한 면만이 아니라 시간 공간을 망라한 시였다는 점에서 묘미 있는 구성이라 하 겠다.

그러나 작자는 어디까지나 작자 자신의 존재이기에 지금의 상황으로는 속세 의 모든 사려를 끊을 수 있는 이 순간이 귀한 것이다. 그러기에 이 시는 이 점 에다 종지부를 찍은 것이다.

위에서 주로 경물을 대상으로 한 시를 살펴 보았다. 그 까닭은 양으로도 많 은 면이 있지만 간혹 승속간의 주고 받은 시에서도 경물을 매개로 하여 서로의 처지를 논하는 경우가 많은 것으로 보아 대사는 자연의 경관 속에서 음영하는 것을 작시의 주류로 여기지 않았나 느껴졌기 때문이다. 대사의 시가 맑고 뛰어 나다 함이 이러한 자연경관을 담담히 읊음으로 해서 인간적 俗情이 끼어들 여 지가 없었기에 그러했던 것이 아니냐는 반증도 될 수 있겠다.

大圓의 自然과 禪旨

　大圓 대사의 생졸년은 확실한 고증을 할 수는 없으나 1714년경에 태어난 것으로 보인다. 그의 유집인 『大圓集』에 翠松 居士가 쓴 서문에 의하면 대사는 나이 15세 때 戊申亂을 만나 군문에 응모하여 남한산성을 지킨 공이 있었다 한다. 무신란은 영조 4년(1728)의 李麟佐의 난을 말하는 것이요, 이 때 나이 15세였다면 생년이 1714년이 된다. 또 문집 안에 涵月天鏡 대사에게 올린 편지와 翫月 장로에게 보낸 편지가 있으니 함월은 1691년에서 1770년까지 살았고, 완월은 1714년에서 1770년까지 생존했었으니 대원 대사도 이 시대에 살았음이 분명하다.

　대사의 문집에는 시 1백 5편과 문 10편이 전해지고 있다. 시는 승·속간에 수창한 시가 많고, 그 밖에 자연의 관상이 대부분이다. 수창시가 서로 주고 받음이기는 하나 거기에는 승·속의 가림이 없이 서로의 처지를 자연스럽게 나타내면서도 간접적인 선지를 잘 담고 있으며 자연을 유람하는 시라 하더라도 꾸밈이 없이 자연스러운 필치가 오히려 핍진한 멋이 있다. 서문을 쓰고 있는 翠松 居士도 이런 점을 강조하고 있다.

　대저 그 운치 있는 말은 비록 율법으로 애써 하지 않더라도 禪旨의 삼매에서 正法眼藏을 깊이 얻었음은 가슴이 시원하여 막힘이 없었기에 일삼는 것이 이러하고 터득함이 또한 이러하다〔盖其韻語 雖不必強以律法 而於禪旨三昧 深得正法眼藏 推其胸中爽然無滯礙 故所事如是 而所得又如是也〕.

이런 평설은 그가 선사라는 신분을 강조하려 한 것이 아니라 시문에 보이고 있는 자연스러운 수사성에 있다 하겠다.

　누가 옥피리 불며 산을 찾는가　　誰吹玉笛入山來

나가 보니 鹿門의 신선 오셨네　　　　出見鹿門仙客廻
마주 앉아 한바탕 담소하는 곳에　　　對座一場談笑處
십년의 회포가 정을 다해 열리네.　　十年懷抱盡情開

「녹문의 이형필에게 삼가 드림〔謹呈鹿門李正字衡弼〕」이라는 시이다. 손님이
뜻밖에 찾아와 맞아들여 담소로 지새며 십년 묵었던 회포가 일시에 풀리는 순
간이다. 시 전편에 특별한 꾸밈이 없다. 손님이 찾아오는 모습과 마주 앉아 이
야기하는 것이 그저 한 순간의 행위로 이어지듯 시의 흐름도 그저 이어지고 있
다. 극히 자연스러운 순간을 그저 자연스럽게 쓰고 있다. 붓을 달린다〔走筆〕는
말이 있듯이 흐르는 정을 붓끝이 그저 따라가고 있는 것이다.

문은 천의 봉우리를 가리고 길도 열리지 않았는데　　門掩千峯路不開
손님은 어느 곳에서 꽃을 밟고 왔나　　　　　　　　客從何處踏花來
담박한 시의 주머니 비단으로 재단했거늘　　　　　詩囊澹泊惟裁錦
나가 보지 못한 산사람 스스로 부끄럽다.　　　　　自愧山人未出矣

「과객의 운에 따라〔次過客韻〕」 짓는 시이다. 한 사람의 시인이 지나가며 시
만 남겨 놓았기에 만나보지 못함이 아쉬워 시로 독백한 셈이다. 절문은 산 깊
이 가려 있고 길도 험한 곳이다. 그러나 나그네는 꽃길 따라 지나갔다. 나그네
의 주머니에는 비단으로 재단한 시만이 담겨 있다. 그 시를 산사의 벽에다 남
겨 놓았던 모양이다. 그때 서로 만났더라면 더 좀 정다운 시를 주고 받았을지
도 모를 일이었는데 나가 보지 못함이 부끄럽다. 시를 아끼고 손님을 아끼는
인정이 넘쳐나고 있다. 그러면서도 시의 구성에는 애써 꾸미는 흔적이 없다.
그저 자연스러운 여운만이 감돈다.

호남 땅 천리길 구름처럼 노니는 나그네　　湖南千里雲遊客
금강산 만폭동에서 막 돌아왔구료　　　　　方自金剛萬瀑廻
마주 앉아 함께 게송 읊으니　　　　　　　　對坐同吟禪偈罷
온 산에 꽃 피어 도 마음 열리네.　　　　　滿山花發道心開

「여 대사의 시축 운에 따라〔次如大師軸中韻〕」 지은 시이다. 천리길을 걸어
호남 땅에 온 나그네는 영동의 금강산 만폭동에서 돌아 온 손님이다. 그러나
시의 내용은 영동과 호남을 순식간에 날아온 듯한 인상이다. 바야흐로 막〔方

目〕 돌아왔다는 것이다. 이 또한 작자의 필치의 날렵한 기상과 상통한다. 앉아서 서로 읊는 시에 앞산에서는 꽃이 만발하고 피는 꽃에 두 사람의 마음에는 진리의 눈이 트인다. 꽃이 피다〔花發〕 마음이 열리다〔心開〕의 두 구가 자연스럽게 연계되고 있다. 선가의 게송에서 진리가 열리는 것이 바로 산에서 꽃이 동시에 피는 상황과 같은 것이다. 호남과 영동이라는 천 리의 공간이 바로 이어지듯 피는 꽃과 열리는 마음이 순간적으로 마주치고 있다. 역시 작자의 흐르는 듯한 필치의 결과이다. 공간의 초월이 초월이 아닌 순탄한 접맥이다.

호남의 먼 나그네 길도 유유하더니	湖南遠客路悠悠
오늘에야 지팡이 멈춰 함께 노닐다	今日留笻共逸遊
산 기운 처마 에워싸니 이제 막 여름이고	峽氣擁簷方屬夏
대숲 뚫는 샘 소리에 가을인가 의심된다	泉聲透竹却疑秋
새로운 시 쓸 때마다 사람 눈 놀래고	新詩寫處驚人眼
묘법 말씀할 제 돌머리도 끄덕여져	妙法談時點石頭
이별 후 다음 해 다시 모일 약속은	別後他年重會約
푸른 솔 깊은 골에 물만 길이 흘러.	碧松深谷水長流

「지리산 벽송암의 혜원 대사에게 차운한〔次智異山碧松庵惠元大師〕」 시이다. 이 시는 시적 구성을 법도에 맞추려는 의도가 짙다. 먼 길로 서로 떨어져 있는 처지에서 오늘은 함께 있게 되었다는 기련을 시작으로 하여 만난 지금의 계절이나 주변 경관을 말했다. 승련의 일반적 구성이다. 그리고 나서 상대방의 인간적 서술로 시각을 전환시키고, 다시 만날 기약은 언제나 되겠느냐는 결론으로 유도하였다.

그러면서도 수사의 흐름은 만나고 이별한다는 시간적 연속성의 수평적 직선이다. 호남 땅의 먼 길에서 와서 같이 노닐게 되는 지금, 여름철의 산 기운이 주변을 에워싸지만 시냇물의 시원함에서는 가을이 왔는가 의심하게 된다. 이 순간 마주앉은 두 사람의 대화는 시가 아니면 법리의 오묘함이다. 놀랠 만한 시구에서 눈이 다시 트이고 새로 깨닫게 되는 진리의 말씀에 돌 같은 이 머리도 열리게 된다는 자신의 겸손과 상대방의 칭찬이 무리없이 맞물려 있는 수법이다.

만나면 이별하게 되는 것이 상리이니 다시 만날 기약으로 끝맺는 것이 일상적 결론이다. 그런데 그 약속이 묘하다. 약속이란 시간과 장소가 제시됨이 또한 상식일 터인데, 여기서는 장소라 하기에도 너무 막연한 솔바람과 물소리이다. 푸른 솔은 항시 푸르고 물은 항시 흐른다. 또한 그것은 깊은 산 어디에도 있는 경관이다. 여기에 바로 결구의 묘미가 있다. 항시 푸른 솔이나 길이 흐르는 물처럼 어쩌면 우리의 만남은 항시 존재하는 것이니 이별이 이별이 아니라 저 솔과 저 물처럼 우리는 늘 만나고 있다는 역설적 표현이라 하면 어떨까.

지팡이 멈춰 불자 날리며 다시 오른 누대	住筇塵塵再登樓
앞 뒤 동산 수풀 바로 늦가을	前後園林正晚秋
기러기 북에서 날자 단풍도 지고	雁自北翔黃葉盡
서쪽에서 이는 바람 구름도 걷히네	風從西起碧雲收
주인 홀로 앉아 한적함 많더니	主翁獨坐多閒寂
이웃 노인 때론 와 함께 노닐죠	鄰老時來共翫遊
같은 자리 청담에 긴 밤도 지새니	一座淸談消永夕
이제 알겠다. 유가 불가 한가지 흐름임을.	方知儒釋是同流

「현수 노서생에게 바친〔奉呈峴叟老生〕」 시다. 유가의 선비와 마주하고 지은 시이다. 가는 길이 전혀 다르지만 의기가 서로 맞는 두 사람은 전혀 거리가 없다. 승련에 있어서 기러기가 북에서 온다든가, 바람이 일어 구름이 걷힌다는 것은 가을의 서경이기는 하지만 다정한 손님을 맞이하는 이 시의 작자의 처지에서는 반가운 손님의 오심을 비의한 것이라 하여도 무방하겠다. 기러기의 날음이 바로 손님의 오심이요, 바람 일어 구름 걷힘이 오신 손님의 맑은 기상이라 한다면 이 시의 탁의성이 오히려 돋보이는 대목이다. 이렇듯 반가운 손님이 나의 무료하도록 한가한 산사로 찾아준 것이다. 깊어가는 가을밤을 꼬박 밝혀도 모자라는 맑은 이야기의 연속이다. 대화의 주제는 분명히 유가와 불가의 내용일 터이나 밤이 새도 시간이 모자랐다면 유불이 다르지 않은 한 줄기의 흐름이 아니냐는 결론이다.

　이 시 또한 만나고 대화하는 시간과 공간의 거리를 순간적 직선으로 이었다 할 수 있겠다.

어느 곳에서 온 참 찾는 나그네	何處尋眞客
숲을 뚫어 북쪽으로 돌아 왔네	穿林訪北廻
명경의 집에 지팡이 멈추고	留筇明鏡舍

백화의 누대에서 경치 더듬다	探景白花臺
산빛은 바람 따라 갈리고	山色因風轉
샘소리 비 얻어 새롭다	泉聲得雨開
돌아가는 길 조심조심 살펴 가소	歸程須好去
위태로운 길 이끼처럼 매끄러워.	危路滑如苔

「과객의 운에 따라〔次過客韻〕」 짓는 두 수의 시 가운데 한 수이다. 이 시도 돌아온 길과 돌아가는 길을 한순간으로 맞물려 간결하게 구사하였다. 참다운 경치를 찾는 나그네이다. 이때의 '참'은 자연 경관의 참스러움의 참일 수도 있고 진여법계의 참일 수도 있는 중의적 용법이라 하여도 무방하다. 그 참다운 경지가 집은 밝은 거울 명경의 집이요, 누대는 흰꽃의 백화이니 이 또한 주변의 경관이기도 하지만 밝은 마음의 본성인 명경대일 수도 있고 흰꽃같이 해맑은 외모일 수도 있으니 역시 중의적 해석이 가능하다.

산빛이야 변함이 없는 산빛이지만 바람이 부는 방향에 따라 달리 보일 수도 있다. 그러기에 산빛이 구른다〔轉〕 하였으니 山色轉은 생동감이 있는 자연 묘사라 하겠다. 비에 의해 샘물이 열린다〔泉聲開〕는 표현도 재미있기는 하나, 이는 한시의 작법상 각운을 맞추려 하니 열 개〔開〕자가 맞았다는 단순성으로 볼 수도 있기에 수사의 묘라 하기에는 조심스럽다.

어떻게 찾아왔느냐, 물음 같은 첫 구와 조심해서 돌아가라는 당부의 끝 구가 앞뒤로 맞물려 깔끔한 한 편이 된 인상이다.

과객에게 준 시가 이 밖에도 여러 편이 있는데 만남의 즐거움과 헤어짐의 아쉬움을 꾸밈없이 간결하게 표현한 것이 특색이다.

맑은 소리 한 곡조 감상하는 손님	淸音一曲客能賞
그대 서생은 鍾子期가 아닌가	無乃書生是子期
반나절 같은 놀이 수작이 끝나니	半日同遊酬唱罷
동쪽 숲 반가운 달 가지 위 오르네.	東林好月上高枝

「과객의 운을 따라〔次過客韻〕」 짓는 시이다. 아무 꾸밈이 없다. 서로의 마음을 이해하는 사이이다. 伯牙와 鍾子期처럼 지기가 될 만한 처지이다. 해가 지는 줄도 모르는 대화다. 노래에 어느 사이 동쪽 숲 높은 가지에 달이 돋고 있다. 정다움이 글귀 밖에 넘치고 있다.

대사의 시는 이렇듯 물 흐르듯 자연스러움이 하나의 선을 긋는 것 같으면서
도 기구와 결구의 처음과 끝이 맞물리는 고리 모양을 이루는 감이 짙다.

한 조각 뜬구름 봉우리로 변하더니	一片浮雲化作峯
석양에 부는 바람에 순식간에 흩어지다	少焉還散夕陽風
탁 트여 푸른 허공만 있더니	蕩然惟見淸空在
갑자기 아무 생각없이 푸른 솔 솟네.	忽爾無心起碧松

「구름을 본다〔看雲〕」는 시이다. 구름이 봉우리로 일었다가 사라지고 다시
봉우리로 일어나는 순환적 구상이다. 봉우리처럼 솟았던 구름이 바람에 의해
사라졌다가 다시 푸른 소나무로 일어난다. 첫 구와 끝 구가 봉우리로 맞물려
있는 것이니 순환의 고리 모양이다. 굳이 불교적 윤회전생으로 이해한다면 있
음과 없음의 순환이요, 스님 처지에서는 출가와 출출가의 聖俗의 거리 없음이
라 할 수도 있으리라. 해석이야 어떤 해석이 되든 시의 구도로 끊어지지 않는
선의 연속으로 완벽한 구성이라 할 수도 있으리라.

그런가 하면 수직의 공간에서 수평의 공간으로 이동되는 구도도 볼 수 있다.

새벽 종소리 파하자 높이 오른 누대	曉鍾聲罷上高樓
바다 해 보는 것이 가장 좋은 놀이	海日看來最勝遊
본바탕 밝은 빛이 하늘가 빛깔인데	本地光明天際色
물 나라 멀리 보면 바로 신선의 고향.	水城遐眺卽瀛洲

「바닷가에서 해를 보며〔水城看海日〕」 짓는 시이다. 아침 일찍 오른 누대는
수직의 선이고 물가에서 멀리 바라 보는 시선은 수평이다. 이 시는 이렇듯 수
직으로 기구를 삼고 수평으로 결구를 삼았다. 따라서 수직과 수평으로 맞물린
공간이다. 여기서 말한 본바탕의 밝은 빛〔本地光明〕 또한 하늘에서 내리는 빛
이라면 수직이요, 하늘 끝〔天際〕이라함 또한 수평이다. 그러면서 이 내용의 뜻
을 스님의 처지에서 말한다면 본지광명은 본 마음의 부처 마음이요, 하늘 끝이
라 함은 시공을 초월한 영원의 존재라 하여도 무방하리라.

대사의 시는 이렇듯 짜임새 있는 구도로 자연을 있는 그대로 자연스럽게 표
현하되 그 안에 부처님의 진리가 숨겨져 있다 할 수 있겠다. 그러기에 승속간
의 수창에서 직설적으로 교리를 설명한 것은 그리 많지 않다.

여름 결제 안거에 몇 번이나 힘써도	結夏安居幾用工
깨고 깬 드러난 뜻 큰 의심 속에 있네	惺惺著意大疑中
서녘 바람 홀연히 뜰 앞 나무에 일면	西風忽起庭前樹
만리의 높은 허공에 외로이 나는 백학.	隻鶴高飛萬里空

「선정에 든 높은 스님〔高僧入定〕」에 대해 짓는 시이다. 여름 석달의 안거에서 큰 疑難을 풀려고 선정에 든 스님을 말하면서 저 허공에 나는 외로운 학으로 비유 아닌 비유로 끝맺고 있다. 깨치려 하는 큰 의심이 무엇인가. 나무는 나무대로 있고 바람은 바람대로 불되 바람에 흔들린다 할 수밖에 없는 뜰 앞의 풍경이요, 시선을 높이 들면 저 만리 높은 허공 한 점으로 나타나는 학의 비상이 있을 뿐이다. 이것이 바로 있음의 실상이요, 그대로 놓아 두어져야 할 참모습의 실상이다. 선정이라 하면 정적으로 인상 지어질 수밖에 없음에도 불구하고 이 시는 좌우의 동적 사물로 대치되어 있으니 입정의 고요함이 고요함의 고요함이 아니라 움직임 속의 고요함이라 함이 오히려 타당하다는 가르침일까.

어찌 되었든, 대사의 시는 자연 그대로의 시로서도 만족할 뿐 아니라 그 자연 속에 그대로 선지가 숨어 있다 한다면 오히려 바른 해석이 될 듯하다. 그러한 반증으로 예시될 수 있는, 세속적 훈계를 시로 쓸 때에는 훈계의 뜻을 직설하고 있으니 그러한 예가 다음과 같은 시라고 생각된다.

얼굴 표면은 복사꽃으로 곱게 꾸몄지만	外面飾以桃花姸
살갖 속은 어째서 모두 피인가	皮內是何都是血
재화가 뱀보다 심해도 사람들은 모르고	禍甚於蛇人莫知
호걸들 몇이나 산 채로 죽음에 떨어졌나.	幾令豪傑墮生滅

「여색을 경계한다〔戒色〕」는 시이다. 여색의 유혹을 가혹하리 만큼 직설적으로 표현하고 있다. 세속의 훈계란 상징이나 유추가 아닌 직설이 전달에 더 효과가 있다는 것일까.

위에서 대략 살폈듯이 대원 대사의 시는 굴곡이 없는 직선이면서도 자연의 실상을 있는 그대로 표현함으로써 더 직접적 감명을 준다고 보아진다. 그것은 어쩌면 자연 그대로가 바로 선의 본뜻이라는 의미가 강하다는 생각으로 드러낸 표현 수법이 아니었을까 하는 결론을 내리게 한다.

禪理로 일관한 黙庵

1. 간략한 행적

黙庵 大師(1717, ~1790)의 이름은 寂吶이요 자는 耳食이고 묵암은 호이다. 속성은 密陽朴氏이니 1717(숙종 43)년 정유년 4월 18일 興陽縣 長沙村에서 태어났다. 대여섯 살 때부터 글씨가 있는 종이가 땅에 떨어진 것이 있으면 곧 주워서 벽에다 붙여놓고는 내 장차 배워서 알리라 하였다 하니 숙세에서부터의 인습된 영감이 있었던 것이 아닌가 한다.

14세에 澄光寺로 출가하였다가 18세에 萬里 大師에게서 구족계를 받고 19세에 楓巖 和尙에게서 경전을 배워 4·5년 만에 가르침을 다 받고 다시 여러 대덕의 말씀을 듣고자 하여, 虎巖·晦庵·龍潭·霜月 등에게 참여하였고, 특히 明眞 대사에게서 선지를 깨닫고, 影海 대사에게서 끝내 禪器를 닦았다. 27세(1743) 되던 해 다시 풍암 화상에게 돌아왔다가 곧 大光寺 靈泉庵에 입실하였으니 칠팔 년 사이에 대여섯의 대가에게 익히 참학하여 내외의 경권이나 격외의 선지까지도 모두 가슴에 간직하게 되었다. 그러므로 입실한 뒤로 멀리에서 흠모하여 몰려드는 학인이 많았다. 선·교 두 문을 물 쏟듯이 하면서도 종횡으로 두루 통하여 앞 사람이 펴내지 못한 것을 발명함이 많았으니 사람들이 귀신처럼 안다 함이 허망한 말이 아니었다.

불혹의 나이가 넘어서는 선사들을 위하여 강회를 자주 폈으니 영해대사나 풍암 대사를 위한 법회와 栢庵 선사를 위한 탑비 등은 宗門을 위한 큰 효성으로 일컬어진다. 73세 되던 경술년(1790) 4월 27일 무병하시다가 갑자기 보조암에서 입적하시니 법랍이 54세이셨다. 대사는 원래 타고 나신 자질이 영특하시면서도 간구하심이 부지런 하여 한번 보시면 곧 기억하니 고금의 전적과 백가시서에 두루 통하지 않음이 없었다.

이상은 문제자 敎萍이 찬술한 행적의 대략이다.

2. 俗이 俗 아닌 禪機

대사의 문집은 『黙庵集』으로 초·중·후의 3권 1책으로 전해지고 있다. 그 중 초권이 시집으로서 110여 편이 수록되어 있다. 그의 시는 서문을 쓰고 있는 梁周翊이 말했듯이, 묵암이라는 호가 암시하는 것처럼 천지의 잠잠함이 바로 그의 본 마음이었다. 그러므로 말 없음이 바로 적적한 하늘의 말이요, 말할 때 말함이 옳고 잠잠할 때 잠잠함이 옳으니 이것이 모두 한 마음에서 나온 것으로 아득한 하늘의 적적함이 상승의 공부이다. 시로 크게 소리 내지 않는다 하였듯이, 선사로서의 선기적 노출이라 하여도 그것이 그리 드러나지 않도록 세속의 일반적 사실로 그대로 함축시키고 있다.

땅 파면 모두 물이 솟고	地鑿皆生水
구름 걷히면 모두가 푸른 하늘	雲收盡碧天
강과 산, 구름 물 있는 곳	江山雲水地
어느 것인들 그대로의 선 아닌가.	何物不渠禪

「선객에게 준〔贈禪客〕」 시이다. 선이 따로 있는 것이 아니라 자연 사물이 그대로 선이라는 것이다. 땅을 파면 물이 솟고 구름 걷히면 하늘이 드러난다. 선의 깨우침도 이 물과 하늘을 구함이 아니겠는가. 여기서 물과 하늘을 본바탕의 깨우침의 당체라 한다면, 우리가 이 당체를 찾지 못함은 가려져 있는 땅이나 구름을 헤치지 못하듯이 나의 밝은 마음을 가린 어리석음을 걷어내지 못하기 때문이 아닌가. 이 어리석음을 깨치면 그것이 깨달음이요, 이 깨달음이 수선의 자세라면 본 시도 이러한 깨달음을 비유한 것이 아닌가. 그러기에 강과 산 구름 물이 모두 선의 소재요, 이 소재에서 선으로의 깨달음을 얻는 것이다. 그러기에 모든 것이 선이라 한 것이 아닌가. 그러기에 스님이 앉은 자리가 모두 참선의 자리이다.

이슬이 우는 천 줄기의 꽃	露泣花千朶
바람은 대숲 한 편에서 운다	風鳴竹一叢
푸른 버들 꽃다운 풀 언덕	綠楊芳草岸
종일토록 참선으로 앉은 늙은이.	終日坐禪翁

「봄을 구경한다〔玩春〕」는 시이다. 속인의 처지로는 봄을 구경함이지만, 선

사의 처지에는 이것이 모두 참선이다. 꽃에 맺혀 있는 이슬방울은 우는 이의 눈물일 수도 있고, 바람은 나무나 숲을 민나지 않으면 울릴 수가 없다. 대숲을 만났기에 바람은 우는 것이다. 이 모두는 봄을 나타내기에 절실한 경관이다. 더구나 푸른 버들과 꽃내음, 풀의 녹양방초는 봄을 상징하는 대표적 자연이라 할 수 있기에 상춘객으로서의 봄 구경에는 빼 놓을 수 없는 풍경이다. 그러나 선사에게 있어서는 단순한 봄의 구경이 아니라 이것이 모두 수선의 소재들이다. 그러기에 속인으로서야 봄 구경으로 앉아 있는 것이지만 선객으로서는 좌선으로 앉아 있는 것이다. 앞 시에서 어느 것이 선 아닌 것이 있느냐 한 시어와 동일한 의미를 갖는다.

대사의 시는 이렇듯 모든 것을 선으로 보는 사물 본체의 여여함을 그대로 놓아 둠이라 해야 할 것 같다. 다음과 같은 시는 그러한 마음 가짐을 직설적으로 보여주고 있다 하겠다.

황금의 글 부지런히 배우고 시에는 게으른데	勤學金文懶學詩
시인을 만날 때마다 시 쓰라 권하네	每逢騷客勸題詩
부탁하는 수작에 억지로 읊는 회포	強因酬酌吟懷抱
원래 선의 요체지 시는 아니야.	元是禪詮不是詩

「한가로이 읊다〔閑吟〕」라고 한 두 수 중의 하나이다. 스스로 자신의 시는 시가 아니라 선의 요체〔禪詮〕라 하였다. 시인과의 만남에서는 시로 주고 받음이 당연하기에 시를 쓰고 있지만 그것은 바로 선객으로서의 선어라는 것이다. 그러기에 대사의 시에는 자연 경관의 사물에도 지나친 수식이 없고 정서의 표출에도 미화됨이 없이 있는 그대로의 평탄한 서술로 일관되어 있다. 자신의 호를 묵암이라 한 것도 이렇듯 말 없음으로써 말을 삼으려는 뜻이 아니었나 생각된다.

종알종알 종일토록 말틀에 갇혔으니	喃喃終日滯言筌
밝고 분명한 하늘 위 신선만하랴	爭似光明上界仙
말이나 말 없음 도 아님을 알아	說默須知俱匪道
누른 잎으로 돈을 만들 수도 있지.	且將黃葉作金錢

「黙庵」이라 제한 시이다. 왜 자신의 호가 묵암이었는가 하는 점을 보여주고 있다. 아무리 많은 말을 하여도 말이라는 굴레를 벗어나지 못한다. 신선을 부

러워한다면 신선이 말이 있어 귀한 것도 아니요, 말이 있어 설명되는 것도 아니다. 그렇지만 누구나 동경하는 대상이다. 그렇다 하여 말 없음만이 귀한 것도 아니다. 말이 있든 없든 참 길은 아니다. 모든 것을 여의는 자리에 있어야 할 것이니, 누렇게 물든 잎을 돈으로 볼 수 있는 귀함도 알아야 하지 않을까.

사물을 있는 그대로 본다든가 깨우침의 참 모습으로 볼 수 있다는 것은 사물을 살피는 자세부터 달라야 할 것이다. 이것은 유가에서 말하는 사물에 즉면하여 앎을 이룬다〔格物致知〕와 같은 맥락일 수도 있겠으니 지식인의 일반적 사물관이라 할 수도 있을 것이다. 그렇다면 대사의 사물관은 어떠한가.

만물이란 원래 하나의 헛그림자	萬物由來只一幻
고요히 살피면 빈 것으로 가지 않음 없다	靜觀無物不歸空
비록 헛디뎌도 터럭끝의 차질인데	雖黙失脚蹉毫末
어지러이 다른 견해로 같은 것 없네.	異見紛紜各不同

「사물을 살핀다〔觀物〕」는 시이다. 사물을 살피되 원래 허깨비의 환상으로 보는 것으로 출발한다. 자세히 살펴보면 비어 있는 자리로 되돌아가게 된다. 송대의 큰 유학자가 '만물을 조용히 살피면 모두가 스스로 터득된다〔萬物靜觀皆自得〕'라고 한 것과는 아주 대조적이다. 터득된다 하여 이 얻음의 실체를 밝히지 않았으니 무엇인지 알 수는 없지만 얻는다〔得〕는 것과 비어 있다〔空〕는 말은 아주 상반적이다. 비어 있다고 보기 때문에 오히려 실체를 사심 없이 볼 수 있는 것은 아닌가. 가사 그것이 잘못 되었다 하더라도 그 잘못의 시발은 터럭 끝만한 오차일 것이지만 그것으로 해서 시비곡직의 논란만이 많은 게 이론의 현장이 아닌가, 애초에 비어 있는 것으로 본다면 결과가 다른 것을 놓고 근본에 대한 시비가 없을 것이 아닌가 하는 보다 더 근원적인 관물자세가 아닌가 하는 느낌이 든다.

크다고 자임해도 땅에서부터 일었고	任大也須從地起
아무리 높다 한들 하늘이 있는데야 어쩌나	雖高爭奈有天何
하늘 불태우고 땅 부수면 아무 일 없을 것	焚天碎地閑無事
이쯤 되어야 내 집 지었다 하리.	到此方稱是作家

「선을 이해하다〔解禪吟〕」라고 한 8수 중의 한 수이다. 윗 시에서 모든 것을 빈 것〔空〕으로 보아야 하는 이유라도 될 듯한 시이다. 비어서 빈 것이 아니라

보는 자신의 시각을 비워야 한다는 것이다. 저 산이 아무리 크고 높다 하여도 땅에서 솟아 하늘 아래 있는 것이다. 크고 높음이 어디에 기준이 있는 것인가. 결국은 허공이라 할 수밖에 없는 이 공간 사이에 존재하는 것이 아닌가. 그럴 때 하늘이다 땅이다 하는 생각을 무니면 아무 말이 없게 된다. 이 깨달음의 경지 이것이 나의 집이고 이 집을 찾은 뒤에라야 진정한 나의 집이 있다. 한 집을 장만한〔作家〕 것이다. 사람은 누구나 제 집 갖기를 원한다. 한 작가가 되기를 바란다. 이 경지에 이른 사람을 작가라 한다. 그렇다면 대사의 사물 살핌은 한 작가가 되기 위한 노력이었다.

물은 달이 있어 깨끗함 알고	水因有月方知淨
산은 구름 없어야 높음을 보게 되나	山爲無雲始見高
인연 마음 걷고 오로지 힘써야	捲却緣心專定力
천진한 면목이 뚜렷해지지.	天眞面目的寥寥

위 시와 같은 연작의 끝 시이다. 자연의 진여 실상을 보기 위해서는 인연에서 흐려지는 마음에서 벗어나야 한다. 물의 청정함이야 본성이 그러한 것이거늘 달 빛의 반사 없이는 이해하지 못하는 것이 우리 범인의 시각이다. 구름이 있든 없든 산은 산대로 높은 것이지만 구름을 기준으로 높다 낮다 함이 옳겠는가. 이는 모두 주변의 인연에 따라 본체를 착각하는 어리석음이다. 천진한 참 모습은 언제나 밝히 드러나 있을 뿐이다.

버들눈썹에 바람 불자 마음은 나무에 흔들리고	柳眉風動心搖樹
골 어구 구름 뜨자 본성에 먼지 인다	谷口雲生性起塵
모든 일 머리를 밖의 일로 보지 말라	莫把頭頭看外事
온갖 물상 진인에 속한 것 알게 돼.	須知萬像屬眞人

「섣달 그믐밤〔除夜〕」에 읊는 4수 중의 하나이다. 외계의 사물의 움직임에 나의 심성도 따라 움직이고 있다. 이러한 움직임을 끊어야 실상을 실상으로 볼 수 있으니 만상의 참모습도 진인이 아니고서는 볼 수가 없다. 대사는 이렇듯 어떤 상황이나 사물을 대하더라도 사물 자체의 외형적 감상이 아니라 내면적 진리의 추구였기에 시어 자체가 미적 수식이기보다는 審理的 용어가 일반적이었다. 그러기에 남과의 주고 받음에도 두 사람의 만남에 대한 의미 부여에 더 기울어졌다는 인상을 받게 한다.

백성 새롭게 함이 백성 기름에 있어	新民元在養民深
막힘 청해 주는 맑은 빛 먼 숲까지 비쳤다	召杜淸光遠照林
산사람 방외의 자취 의심치 마소	莫訝山人方外跡
공경과 사랑 일반적 심정임을 안다면.	須知敬愛一般心

「낙안 군수의 운에 따라〔次樂安倅韻〕」짓는 시이다. 군수의 시에 따라 짓는 시이니 유자와 불자라는 처지가 다름을 말한 듯하면서, 서로의 처지야 다르지만 자연인으로서의 심성에야 다를 것이 있겠느냐는 것이다. 더구나 한편은 치자인 군수요, 한편은 평범한 백성일 수밖에 없지만 치자의 덕이 산림에까지 비쳤다면 백성으로서의 공경의 뜻에야 다를 것이 없다. 두 사람의 서로 다른 처지를 공경과 사랑〔敬愛〕이라는 두 글자로 조화롭게 맺어주고 있다.

꿈 속 세상을 꿈 속에 노닐어	夢中人世夢中遊
흰 장삼 푸른 소매 함께 오른 누대	白衲靑衫共上樓
진여 경지란 마음눈으로 보는 법	眞境須將心眼見
내 숨김 없이 모두를 드러내다.	吾無隱矣露頭頭

「진산 군수의 운에 따라〔次珍山倅韻〕」짓는 시이다. 사람살이란 따지고 보면 꿈 속에서 사는 것이니 꿈 속 사람이 꿈 속에서 노닐고 있는 것이다. 두 사람의 격의 없음을 꿈 속이라는 같은 환경으로 비유하였다. 세상을 꿈으로 보듯이 모든 것을 마음의 눈〔心眼〕으로 보자는 것이 대사의 觀物자세이다. 그렇게 보면 세상에는 숨겨진 것 없이 모두 눈앞에 드러나게 마련이다. 그러기에 어떤 장소에서라도 대상과 막힘이 없다. 승과 속이 다르다 할 사람들의 만남에서도 이 마음 눈으로의 이해이기에 격의가 있을 수 없었다.

이러한 대사의 詩觀은 바로 다음과 같은 시에서 직설적으로 드러내고 있다.

시를 씀에 강이나 산의 구절이 아니라	題詩不作江山句
진리 말하려 성리서를 즐겨 말해	論道偏譚性理書
허황된 공명의 길 부러워할 바 아니기에	幻路功名非所羡
신선 책 들고서 숨어 살기 즐겨.	但將黃卷好幽居

「깊숙이 살며〔幽居〕」라고 제한 시 3수 중의 하나이다. 자연물이나 서술하는 시는 쓰지 않겠다는 것이다. 여기에서 대사의 시는 어떠한 처지이든 진리의 실

상을 밝히기에 노력했다는 것을 실감있게 전달하고 있다. 진리를 논한다〔論道〕
는 이 한 말이 그의 작시의 틀을 대변한 것이라면 대사의 스님으로서의 작시가
모두 禪機를 드러내려 했다는 말로 요약될 수가 있다.

禪林의 木鐸으로 인정된 蓮潭의 詩

1. 간략한 행적

禪敎의 큰그릇으로 일컬어진 蓮潭 大師(1720~1799)의 행적은 그가 自述한 「自譜行業」에 대략 밝혀져 있다. 대사의 이름은 有一이고 자는 無二이다. 속성은 千氏요, 관향은 개성이다. 어머니는 朴氏인데, 대사는 숙종 46년(1720) 4월 30일 개성의 跡泉里에서 태어났다. 『개성읍지』에 따르면 이 동리의 이름에 대한 내력이 있다. 고려 때 眞覺 國師의 어머니가 겨울에 이 샘에서 오이를 얻어 자시고 국사를 잉태하였다 해서 적천리라 했다 한다. 대사가 자신의 행적을 쓰면서 굳이 이 동리의 내력을 이야기한 것은 자신도 진각 국사와 같은 스님이 되겠다는 의지의 한 면이 아니었던가 한다.

5세에 『千字文』을 배우기 시작했는데 배운 글자는 모두 기억했으며 7세에 史紀를 배우기 시작했으나, 그 해에 아버지의 상을 당하여 중단했다가 9세에 다시 취학했다. 그때의 스승은 서울에서 귀양을 오게 됐던 吳始岳이었는데 당시에는 인정 받는 사대부였다. 그의 어머니는 선생님에게 대한 정성이 지극하여 스승은 그 어머니에 그 아들이라는 칭찬을 자주 하였다.

10세에 『通鑑』을 배우기 시작하여 다음해 설달 그믐날 밤에 통감 15권을 다 외우니 스승은 참으로 드문 일이라 하여 기뻐하였다.

12세에 『孟子』를 배우다가 선생이 하세하였고 다음해는 큰 흉년이라 어머니마저 별세하여 학업을 폐하게 되었다. 생계마저 어려워 관가의 사환으로 일하게 되었지만 학업에 연연한 마음을 이해한 군수가 책방에 있게 하여 경전 공부를 계속하게 되었다.

15세에 관가에서 범을 잡은 일이 있어 책방의 학동들에게 '범 잡은 노래〔捉虎行〕를 짓게 하니, 그때 그가 지은 것에 대해 주변에서 많은 칭찬을 하였다. 군수의 영전으로 함께 서울로 가게 되었으나, 떠날 때 사고가 있어 가지 못하게 되었다. 대사는 이 대목에서 "내가 중이 될 운수였다."고 서술하고 있다.

18세에 法泉寺의 노스님이 찾아와 재질을 아껴 출가하기를 권했으나 排佛의 생각으로 따르지 않았다가 다음해에 安貧 老師에게 나아가 구족계를 받고 普興寺로 가서 靈虛 師에게서 四集을 마쳤다. 대둔사의 碧霞 노사에게서 『능엄경』을 익혔고, 龍岩 師에게서 『起信論』, 『金剛經』 등을 익혔고 靈谷 師에게서 『원각경』을 배웠으니 그때 나이 21세였다.

1741(신유)년에 해인사 虎岩 대사에게 나아가 시자로 있으면서 『선문염송』을 배웠다. 1745년에 雪坡 大師에게 참학하여 「十地品」을 배우면서 그 이전에 동학들과 토론하여 私記를 써 놓은 것이 있었는데, 이때의 강론과 대비하니 大同小異하였다. 1747년 28세에 楓岩 대사에게 참학하였고 다음해 霜月 대사에게, 그 다음해는 龍潭 대사에게, 그 다음해는 影海 대사에게 참학하였다. 그 해 6월 寶林寺의 震先 노승의 간절한 청에 의하여 講席을 여니 10여 명의 학인이 모였다. 처음으로 『원각경』 등을 강의하였으니 나이 31세이었다. 다음해는 학인이 20여 인이 모여 玄談을 강론하였고, 1759년 大芚寺에 머무를 때에는 학인이 70여 인으로 늘었다. 그러는 중에도 喚醒 大師의 비석과 서산 대사의 비석 건립도 도맡아 이루어내는 불사를 하기도 하였다.

1789년 瑞鳳寺에 있을 때 익명의 무고를 받고서 講席을 폐하였다. 그 해가 나이 60으로 31세부터 맡게 된 강석이니 그간 30년이었다.

1791년에 금강산으로 가 上禪庵에서 겨울 강의를 맡고 다음해 남으로 내려와 이 자술의 행적을 쓴 해가 1797년이니 대사의 나이 78세였다. 이 행적을 쓴 2년 후 1799년 80세에 입적하였다.

이 자술 행적에는 학인을 위한 저술을 열거하였으니, 『四集手記』 1권, 『起信蛇足』 1권, 『金剛鰕目』 1권, 『圓覺私記』 2권, 『玄談私記』 2권, 『大敎遺忘記』 5권, 『諸經會要』 1권, 『拈頌着柄』 2권, 『林下錄詩』 3권 文2권이 있다 하였다.

이렇듯 대사는 평생 동안 禪·敎의 가르침으로 일관하였다. 대사가 입적한 뒤 문인 誠身이 이 자술행적에 추기하면서 "스승님은 敎海에는 지혜의 돛대요, 禪林에는 깨우치는 목탁〔敎海智檣 禪林木鐸〕"이라 함도 이 강석에서의 공을 기리자는 의도였음을 이해하게 한다.

2. 報佛의 作詩

위의 자술 행적에 의하면 대사의 여러 저술은 이미 자신이 정리한 것으로 되어 있다. 시문을 모은 문집도 『林下錄』이라 하여 대사 자신이 자서의 서문을 붙이고 있다. 대사의 이러한 저술은 文字로 부처께 보답하기 위함이라고〔欲以文字報佛也〕 밝히고 있다. '임하'라 한 이유를 다음과 같이 풀이하고 있다.

　내 본래 보잘것 없는 무리로서 세상에 쓸모도 없고 또한 세상에 좋은 것도 없지만 좋아하는 것은 숲 밑뿐이다. 안개·구름·물·바위는 원래 숲의 소유이기는 하지만 하루 아침에 내가 주인이 되어도 다투는 사람이 없고, 새·짐승·사슴들이 나보다 먼저 숲에 머물렀지만 하루 아침에 나의 몫이 되었다 해도 시기하는 사람이 없으니 이것이 바로 내가 좋아하면서도 멈출 줄 모르는 까닭이다. 그러나 어찌 나 한 사람만 좋아하겠는가. 숲으로 오는 이 누구나 좋아할 것인데 좋아하면서 남과 함께하지 않는다면, 그것은 괴벽하지 않다면 고집스러움이다.

　『林下錄』이라 한 것은 … 우리 道의 현묘한 깊은 뜻은 문자로써 기록될 수 있는 것이 아니지만 역시 문자가 아니고서는 증명할 만한 것이 없다. 그렇기 때문에 내가 글을 잘 하지도 못하면서도 구구히 이런 일을 하는 것은 혹시 이로 인해서 현묘한 방편이라도 엿볼 수 있을까 하는 바람에서이다….

　柳宗元이 말하기를 나라의 보답을 생각할 때마다 오직 文章뿐이더라 한 말을 내 또한 사모했으니, 문자로써 부처께 보답하고자 한다.
余以襬襀之流　無用於世　亦無好於世　所好惟林下歟　煙雲泉石　本林下之所有
一朝爲吾所主　無人爭之　鳥獸麋鹿　先吾住林下　一朝爲吾所分　亦不猜　此吾所
以好而不知止也　然豈吾一人好之　凡歸林下者　莫不好之　好而不以人之所同
非僻則固矣　但林下錄云者 … 吾道之玄機妙旨　非文字所可模寫　而亦非文字
不足徵也　故余非能文　而區區爲此者　或可因此　而度窺玄妙之筌蹄也 … 河東
子有言　每思報國　惟以文章　余覬而慕之　亦欲以文字報佛也

여기에서 대사의 文字觀이나 문학관의 일단을 음미할 수가 있다. 지식인의 문자생활이란 궁극적으로 국가에 대한 보답, 곧 사회에 보람 있는 이바지가 있어야 한다는 것이다. 그러나 승려로서는 세속을 여의었으니 부처에게 보답하는 것이 바로 국가에 보답하는 길이다. 이러한 대사의 의중을 명확하게 파악한 것이 이 『林下錄』에 서문을 쓴 弘文館 修撰이요, 春秋官 記事였던 安策이다. 그는 이렇게 서술하고 있다.

> 외가서에 이르기를 숲에 숨어 있는 이는 글을 보게 되면 뛰어난 유자의 부류가 많다 하였는데 내가 연담 대사의 『임하록』을 보고서 충의남자 한 분을 얻었다. …『明覺師語錄』에 쓴 시에 '명나라 조정에 태어나서 늙도록 청나라 섬기니/슬프다. 그대의 분명치 못한 의리여/한 조각 단심은 응당 변하지 않아야지/수양산의 산빛은 예나 이제나 푸르러'하였으니 오! 수백 년 뒤에도 개연히 높이고 물리치는 풍자의 의리가 있으니 오늘날에 다시 春秋 한 권을 읽지 않더라도 어찌해서 나를 불가의 한 구절 말씀에서 분기하게 하는가
> 外書曰 試看書林隱處 幾多俊逸儒流 余於蓮師所著林下錄 得一忠義男子矣 … 而其題明覺師語錄詩曰 生長明朝老事淸 嗟君大義未分明 一寸丹心當不變 首陽山色古今靑 嗚呼數十百載之下 慨然有譏諷尊攘之義 今之世不復讀一部 春秋 胡爲起余於叢林一絶語也

하였으니 이 면이 바로 부처에 대한 보답이 바로 국가의리에 대한 보답이라는 등식이 성립된다. 대사의 排淸觀은 보통의 유자보다 더 강했었음을 알 수 있으니 '설날 달력 부채를 보낸 데 감사하는〔次謝元旦送曆扇〕' 시에서 두드러지게 나타난다.

崇禎으로 연호를 삼았던 당시의 기억	記得崇禎紀號年
大明의 해와 달 아직도 환해	大明日月尙昭然
산승에게도 떳떳한 윤리는 있어	山僧亦有彝倫在
건륭 황제 그 뒤 세월 보기 싫어	厭見昆明劫後天
달력의 머리에 건륭 연호를 썼으니	曆中首載乾隆年
한편으로 펴면서 한편은 서글퍼	一展看來一愴然
당시 살육의 피냄새 항상 한스러워	每恨當時肉食鄙
오랑캐 먼지 멀리 동쪽 하늘 미쳤지.	胡塵遠及海東天

사대부들이 가지고 있는 배청사상보다도 철저한 오랑캐에 대한 치욕의 감정

이다. 얼핏 보기에야 세속을 뒤로 하고 산림에 묻혀 있는 스님으로서야 세태의 추이에 둔한할 것 같지만 국가가 겪어야 하는 모욕은 누구보다도 참을 수 없었던 것이다. 서문에서 자신이 밝힌 "나를 알거나 나를 죄지울 수 있는 것은 오직 이 『임하록』에 있다〔知我罪我　惟在斯錄歟〕."한 말은 세사나 불사에 있어 오직 의리로 임한 자신감의 표현이라 하겠다.

아득히 丁卯 甲申의 통한	悠悠忍痛卯兼申
더욱이 올해도 3월달 봄 맞았으니	況値今年三月春
환관 貂璫이 몰래 나라 팖을 말할 수 있나	忍說貂璫陰鬻國
임금 수레 신선 된 아픔이 깊다	痛深龍駕忽升神
중국의 나라는 주인 없음 되었지만	中原社稷歸無主
우리는 그래도 춘추 대의 강론한다	東國春秋講有人
비바람아 華陽洞 비석 씻기지 마소	風雨勿磨華陽石
우리 임금 손때가 만년토록 새롭게.	我皇手澤萬年新

이 시는 짓게 된 내력을 제목으로 삼았다. "갑신년(1764)에 화양동의 만동묘에서 춘추를 강론하면서 지난 갑신년(1644) 3월 19일 명나라 의종이 殉社한 날을 추모하였다. 이때 여러 선비들이 감회시를 지었기에 짓는다."는 것이다. 정묘년 호란에 의하여 어수선했던 우리의 정세가 병자년에 와서 당시의 金이었던 청나라에 의하여 수모의 강화를 해야 했던 일과 명나라의 의제가 환관의 역적 璫의 내통에 의하여 왕궁이 함락되고, 의종이 자결하는 한스러운 역사를 말하면서 중국에는 주인이 없지만 우리에게는 춘추의 대의를 강론하는 의연한 기개가 있음을 떳떳해 하고 있다.

여기서 우리는 당시 존명과 배청의 의미를 이해하게 된다. 중국에는 주인이 없다 함은 바로 이제는 우리가 주인이라는 의식이다. 중국에는 오랑캐라는 비문화족이기에 문화민족의 주인은 우리라는 생각이다. 따라서 당시의 존명 사상은 우리가 문화의 주체라는 의식이다. 대사의 시는 이러한 의식의 결집으로 이런 표현을 한 것이다. 대사는 이 시의 각주에서 명나라의 의종이 자결한 뒤 왕자 福이 남경에서 즉위하여 弘光이라는 연호를 썼으니 숭정으로 연호를 삼기보다는 홍광으로 쓰는 것이 바른 역사의 승계라고까지 하고 있다.

이러한 명분론을 가지고 있기에 당시의 유자들에게 불법의 이치를 드러냄에 있어서도 설득력이 있었으리라 본다. 1775(을미)년 黙庵 선사와 논변한 心性

論에서 모든 부처나 중생의 마음은 각기 원만한 것이므로 하나가 아니라는 것이 묵암의 주장이고, 각기 원만한 것이니까 원래 하나라는 것이 연담의 주장이었다. 이 심성론이 전하지는 않으나 『임하록』에 서문만이 있다. 대사는 여기서 이 논의가 누가 옳고 누가 그름은 쉽게 단정할 수는 없지만 오늘과 같은 세태에서는 이런 일도 드문 일이 아니냐 하면서 배우는 이에게는 학문으로 나아가는 사다리도 될 수 있지 않느냐 한다.

이렇듯 대사는 원리의 명분을 규명하는 데 힘썼던 것으로 보인다. 「上韓緩州必壽長書」에서는 유불불이보다 유불상대적 논리로써 서로를 인정해야 한다는 내용이다. 장장 수천자의 글에서 유가에서 불교를 인정하지 않으려는 것은 안목의 좁음이라는 논리를 피력하고 있다. 당시에 이미 서구의 문물이 들어와 역사와 지리 등을 살피면 알지 못했던 생소한 풍습을 이해하게 되는데 『통감』이나 『사기』를 놓고 거기에 없었으니 인정할 수 없다는 논리로 중국을 中國이라 하여 동·서로 가르는 것이 무슨 의미가 있느냐는 것이다. 교리의 이해를 위한 흉금을 털자는 것보다도 안목을 키워야 한다는 대사의 논리는 당시의 사회에서 앞을 내다보는 탐구적 자세였다는 점에서 매우 주목을 요하게 된다.

護儒든 護佛이든 이쪽은 옳고 저쪽은 그르다는 시비론으로는 옳음을 護持할 수가 없다. 진정한 호지는 兩是論 속에서 나의 옳음으로 지키는 것이 오히려 든든한 보호이고 주체적 이론이 된다. 대사의 시편들은 이러한 믿음에서 철저한 報佛의 매개체로 文字化한 문학이었다 하겠다.

한몸의 즐거움 괴로움 서로 드나들어	一身休咎互爲門
좋은 맛 있으면 병도 또 있지	滋味存時病亦存
서호의 늙은 거사께 알리노니	爲報西湖老居士
나의 이 채소뿌리 먹음만 못해	不如歸我喫蔬根
측은히 여기는 마음 인의의 문	惻隱之心仁義門
성인의 가르침에 분명히 있죠	分明聖訓卷中存
서호의 늙은 거사께 알리노니	爲報西湖老居士
살생이란 끝내 재앙의 뿌리 되네.	殺生終作禍殃根

이 시는 서호의 朴 上舍가 보내온 시의 화답이다. 보내온 시는 다분히 희롱하는 자세였다.

<table>
<tr><td>사냥꾼따라 우연히 산문에 갔더니</td><td>偶隨獵者到山門</td></tr>
<tr><td>볶은 꿩 삶은 닭 좋은 맛 있어</td><td>煮雉烹鷄滋味存</td></tr>
<tr><td>동림의 늙은 승려에게 이르노니</td><td>寄語東林蓮老衲</td></tr>
<tr><td>평생을 어째서 풀뿌리만 먹소.</td><td>一生何事喫蔬根</td></tr>
</table>

그 좋은 고기볶음을 외면하고 채소로만 사느냐는 조롱 섞인 어조에 대한 답시에도 양시론적 대답이다. 맛있는 것도 일리가 있지만 맛있는 음식에 병나는 후유증도 있고 맛없는 음식에 뒤탈 없음도 일리가 있는 것이다. 측은히 여기는 것이 인자한 마음이요, 그것이 인간윤리인 인의의 기본이라면 살생을 않는 것이 바로 측은히 여기는 마음이요, 이 또한 옳은 일이라는 것이다. 박 상사와는 누구보다도 격의 없는 사이였던 것으로 보인다. 그러기에 주고 받은 시가 격의 없는 소탈함이다. 다음의 시로서도 두 분의 사이를 이해할 수 있다.

<table>
<tr><td>물 거듭 산 첩첩 한 글도 더딤은</td><td>水複山重一字遲</td></tr>
<tr><td>이별 후 생각 없어 그러함 아니죠</td><td>非緣別後不相思</td></tr>
<tr><td>사람이 구름따라 헤어져도 자취는 있어</td><td>人隨雲散寧有跡</td></tr>
<tr><td>마음이 강물처럼 멈출 때 없지</td><td>心似江流無歇時</td></tr>
<tr><td>절간에서 주고 받은 시 엊저녁 꿈</td><td>蓮社唱酬成昨夢</td></tr>
<tr><td>살구꽃 봄 소식 앞 기약으로 남겨</td><td>杏花消息屬前期</td></tr>
<tr><td>끊긴 거문고줄 난새풀로 이을 수 있을까만</td><td>斷絃安得鸞膠續</td></tr>
<tr><td>다시 높은 말씀으로 논의 활발하겠죠.</td><td>更聽高談濶論奇</td></tr>
</table>

이렇듯 두 분은 시로써 정을 나누고 있었던 처지였다.

위에서 소략하나마 대사의 보불이 어떻게 문자화했느냐는 점을 몇 가지 사례로 고증해본 셈이다. 나의 명분을 인정 받으려면 남의 명분도 인정해야 하는 것이다. 이것이 바로 利他이면서 自利이고 그것이 궁극적으로 나의 지조를 지키는 것이며, 스님의 처지에서는 호불이 되었던 것이다.

3. 자연과 융화된 禪과 詩

스님의 시는 2권으로 편집되어 있고 시제만도 305제가 되니 한 제목에 2수

이상 지은 시가 대부분이다. 그러므로 실제는 5백여 수가 넘는 양이다. 유자나 동도자에게 주는 시도 많지만 대부분이 자연의 음영이다. 비록 동도자에게 주는 시라 하더라도 그저 주고 받는 당시의 상황이나 정리이지 깊은 교리적 서술은 없다. 이렇게 보면 대사의 시는 있는 사실이나 그 사실에 대한 정황이 바로 법리의 여여한 실상으로 받아들이는 것이 아니었을까 하는 추론도 가능하리라고 본다. 아울러 자연 실상이 바로 법리요, 그것을 여실하게 보여줄 수 있는 도구가 바로 시였다고 보았을 듯도 하다.

　스님들이 흔히 산에서 사는 노래〔山居吟〕를 남기고 있는데 그것이 바로 자신의 이상이자 여여한 진리의 법체를 보이는 것이었다고 생각해볼 측면도 있다. 그런 의미에서 대사의 山居吟도 음미해봄 직하다.

흰구름 일정한 마음 없고	白雲無定心
푸른 산에는 기특한 골격이 있지	靑山有奇骨
서로 맞보며 주림도 즐길만 하나	相看可樂飢
세상사람들에게 설명하기 어렵다	難與俗人說
밥 익으면 나물국 향기롭고	飯熟菜羹香
바위 앉으면 이끼 담요가 따뜻해	石坐苔裀暖
꽃을 물어도 새 오지 않으니	含花鳥不來
이미 봄 기운도 늦었음 알겠다	已識融公懶
물이 흐르면 산이 대답으로 울리고	水流山谷響
꽃이 피면 고을에 잠기는 봄	花發洞藏春
속세 먼지 날아도 못 들어오지만	紅塵飛不到
사슴들은 가까이 사람 따르네	麋鹿近隨人
정을 잊으면 눈앞의 일도 담담하고	忘情當事澹
도를 꾀하려면 가난 터득이 우선해	謀道得貧先
오직 좋은 시 구절이 있어	惟有好詩句
봄이 오자 눈앞에 가득히 펼쳐.	春來滿眼前

　일정한 장소가 없이 떠도는 것이 구름의 늠름한 모습이요, 기개를 자랑하는 것이 산의 모습이다. 그러나 구름은 항시 구름이요, 산은 항시 산이다. 이것이 바로 그 실체이다. 여기에 사는 스님 또한 스님으로서 만족할 뿐이다. 서로 마주 보는 실체는 그 실체대로 즐거울 뿐이다. 산 아래의 속세 사람에게는 무엇

으로도 설명할 수도 설명될 수도 없다.

나물도 끓이면 향기로운 음식이요, 이끼의 보드라움은 세속의 담요보다 낫다. 흐르는 물이나 피는 꽃은 산골의 봄이요 울림이다. 날새와 길짐승도 사람과 친근하다. 이욕에 물든 감정을 여의면 있는 사실이 그저 담담하게 드러난다. 이것이 모두 자연의 진리요, 여여한 법체이다. 이것이 문자로 표현될 때 시가 되지만, 표현되기 이전에 이미 눈앞 가득히 펼쳐 있는 시이다. 스님의 作詩는 이렇게 해서 이루어진 것이니 詩語에 禪語를 구사하지 않았더라도 이미 선정의 고요함이 함축되어 있다.

삼월달 봄바람에 내리는 비	三月東風雨
앞 시내에 물이 바로 깊어지네	前溪水政深
돋는 풀에는 번거로운 세속 생각	草生繁世念
꽃 지자 고요해지는 선정의 마음	花落靜禪心
제비 지난 해 보금자리 수리하고	燕補經年壘
꾀꼬리는 작년의 울음을 첨가한다	鶯添往歲音
눈앞에 보이는 아름다운 봄빛	眼看春色好
강경 마치자 높이 읊는 한 곡조.	講後一高吟

계절의 변화나 자연사물의 성쇠가 모두 修禪의 대상이다. 봄이 오고 풀이 돋으면 새로운 사실의 드러남으로 세속생각에 번거로울 듯도 하지만, 꽃이 지는 사물의 靜寂은 마치 수선하는 마음인 양 가라앉기도 한다. 제비의 옛집 찾음이 꾀꼬리의 울음이 올해라는 한해의 시간거리가 있기는 하지만 봄 되면 집 찾아 종족을 번식하는 본성이나, 지난해 울어주던 꾀꼬리가 오늘에 다시 울어 주는 것도 시간의 변화는 있을지 모르지만 그 본능적 행위에는 변함이 없다. 있는 그대로일 뿐이다. 그래서 봄빛은 아름답다. 여기에 다시 시 한수를 읊을 수 밖에 없다. 그렇다면 대사의 作詩는 자연진리의 표현수단이었음이 자명하다. 그러기에 대사의 시는 철저하게 자신의 감정을 억제하고 있다.

적적히 앉아 있는 한밤중	寂寂三更坐
요요히 온갖 생각 가라앉다	寥寥萬念輕
캄캄한 벽 흔드는 벌레의 울음	虫聲搖暗壁
달 그림자는 성근 처마 뚫다	蟾影透疎楹

지는 잎에 빗소리인가 의심하고	葉下飜疑雨
흐르는 반딧불 별빛으로 착각하다	螢流錯認星
옛사람들은 무슨 일로 인해서	昔人緣底事
흔들리는 소리 빛에 슬픈 정 일으켰나.	搖落動悲情

「가을밤〔秋夜〕」에 읊는다는 시이다. 온 생각을 비울 때 사물의 실체를 바로 볼 수가 있다. 벌레소리나 달그림자는 있는 그대로이지만 마음이 고요할 때 바로 들리고 보인다. 잎 지는 소리를 빗소리로 들을 수 있는 것도 대상의 사물을 잊었을 때 가능하다. 지금이 낙엽시절이요, 잎이 지고 있다는 것을 의식할 때는 빗소리로 들리지 않는다. 반딧불을 별빛으로 오인하는 것도 마찬가지다. 사실의 사물을 인정해 놓고 보면 착각이요, 오해임이 분명하지만 이러한 착각이나 오해는 앞구에서 말한 온갖 생각 가라앉지〔萬念輕〕 않고는 될 수 없는 것이다. 이 착각이 오히려 사물을 아름답게 볼 수 있게 한다. 시인이 한 사물을 다른 사물로 想念化하는 것도 따지고 보면 이 아름다운 착각이다.

그런데 세속사람들은 이러한 사물의 변화에 자신의 정감을 투입시켜 슬픔 기쁨으로 마음을 상하고 있는 것이다. 이럴 때 상하지 않는 마음이 되려면 흔들리는 정감을 억제할 수밖에 없다. 선정에 드는 첫걸음도 이 정감의 억제로부터 되는 것은 아닐까.

동쪽 시내 서편 개울 절로 내린 소낙비	東溪南澗自成霤
가운데 구름 절굿대, 갓에는 작은 돌다리	中有雲砧傍小矼
바위에 지는 나는 물줄기 옥가루인가 놀래고	落石飛湍驚玉碎
숲을 흔드는 어지러운 소리 종을 치는가 의심타	搖林亂響訝鍾撞
찼다 기우는 것, 정적과 움직임	滿傾只爲靜還動
올랐다 내렸다 하는 승자와 패자의 몸가짐	低仰飜疑勝又降
세상 일 살펴보면 이와 유사하니	世道看來多類此
저 이치 살피려 남쪽 창에 기대다.	欲窮這理倚南窓

「환월의 물방아 시에 대한〔次喚月水碓韻〕」 시이다. 물방아의 물 흐름이나 오르내림을 보일듯이 쓰고 있지만 차고 기우는 방앗대의 높낮음에서 사람살이의 희비애락을 이해하려 한다. 사물을 있는 대상으로만 놓아둘 것이 아니라 나의 삶의 교재로 삼자는 것이다. 이것이 또한 대사가 모든 사물의 이치를 깨우

치려는 작시 활동의 한 면이었다 할 수도 있겠다.

은거하는 한 구간 면면이 신기해	一片菟裘面面奇
편한 대로 높이 누운 이 집 주인	主人高臥任便宜
숲속에 약 캐려 길 아닌데도 가고	林間採藥行非徑
비 뒤에는 고기 보려 못 가까이 앉다	雨後觀魚坐近池
가을밤 우는 벌레 어둔 벽 뚫고	秋夜鳴螿攢暗壁
석양에 집 찾는 새 깊은 숲 택한다	夕陽歸鳥擇深枝
보는 물건 물건에 마음 속 이해되는 곳	眼看物物會心處
남들 몰라도 나만은 안다.	人自不知儂自知

「권 석사 퇴정에게 차운〔次權碩士退亭韻〕」한 시다. 권퇴정의 은거지의 한가함을 서술한 시이지만, 단순히 아름다운 서경이 아니라 대경의 실상과 작자인 내가 하나되는 회심처이다. 그러나 이것은 나만의 회심이지 남이 알 리 없는 것이다. 그러므로 대사는 사물의 이치를 스스로 이해할 뿐 아니라 그 이해된 이치를 남에게도 이해시키려 시를 썼던 것이다. 그렇지만 완전한 전달이 못됨을 아쉬워하고 있다.

천리의 낯선 곳 일일이 까다로워	千里殊方事事辛
새 봄의 새소리 돌아가라 권하네	新年鳥語勸歸人
일찍이 풍악산은 모두가 뼈뿐이라 하더니	曾聞楓岳山皆骨
오늘 보는 중향성은 반신이 흰눈이네	今見香城雪半身
나그네 되어 흰머리 보기 괴로우나	爲客可堪回白首
고향길 가다가 청춘과의 동행 기쁘다	還鄉却喜伴青春
이름난 곳 좋은 경치 가져가려 해도	名區景物要收去
한 수의 시로는 모두 펴지 못하다.	一首詩中未盡伸

「금강산을 떠나며〔自金剛發行〕」지은 시이다. 명산 승지의 아름다움을 모두 시로 수용하는 대사의 모습이 보인다. 그렇지만 자연의 아름다움을 제한된 시어로 표현한다는 것은 애초에 한계가 있다.

위에서 대략 살폈듯이 대사는 자연을 있는 그대로 보되 거기에는 진리의 법체가 있음을 독자로 하여금 간접적으로 이해시키려 하였던 것이다. 그러므로 대사의 서경적 묘사에는 뛰어난 시어적 수사가 돋보인다. 이 점이 선사였던 대사의 시에서 禪機的 함축이 있다 해도 크게 무리가 없으리라고 생각된다. 시어의 밖으로 드러내보이려 하지 않음이 또한 대사의 詩心이기도 하였다. 대사의 다음 싯구는 그러한 면에서 매우 시사적이다 "섣달 전 봄소식은 매화가 먼저 가져오고, 한밤의 시정은 촛불만이 안다〔臘前春信梅先得 夜半詩情燭自知 到册房共賦〕." 누구에게 알리기 위한 시가 아니라 그저 자신의 깨달음을 깨달음으로만 간직하려는 마음이다. 이 또한 禪定的 자세인 것인가.

括虛의 山水詩에 보인 禪

1. 간략한 행적

括虛 大師(1720~1789)의 행적은 그의 문집인 『括虛集』에 수록되어 있으나 문집의 간행이 사후 백 년이 지난 1889년에 간행되었고 행장도 이때에 후학인 明遠에 의해서 찬술되었기 때문에 자세할 수가 없다.

대사의 이름은 取如이고 괄허는 호였다. 속성은 余氏이고, 아버지는 日正이고 어머니는 안동 권씨였다. 어려서부터 재주가 있어 13세에 출가하기 이전까지 유교경전을 익혀 모두 외웠다 한다. 그래서 주위에서는 대성할 것을 기약하기도 했다.

13세에 四佛山의 凌波 祖師에게 나아가 眞谷 禪師에게서 구족계를 받았다. 교학과 계행에 하나도 흐트러짐이 없어 당시의 대덕들에게 크게 인정을 받았다.

幻庵 長老에게서 禪旨를 받고 喚應 禪師에게서 의발을 받았으니 淸虛 大師에게는 10세가 되고 喚醒 大師에게는 6세가 된다. 영남지방의 고찰에 두루 머물러 대사의 법을 받은 이가 매우 많았다.

만년에 雲峯의 養眞庵에 계시다가 1789년 4월 15일 지필을 가져오라 하고는 2수의 게송을 지었다.

70년 그 사이의 일	七十年間事
아른아른한 꿈 속의 사람	依稀夢中人
담담하기 물 밑의 달과 같아	澹然同水月
어찌 오고가는 몸 있겠나	何有去來人
허깨비로 왔다 허깨비로 가니	幻來徒幻去
오고 감이 환상 속 사람	來去幻中人
허깨비 속에 허깨비 아닌 것	幻中非幻者

이것이 본래의 몸이지.　　是我本來身

이라 하고 붓을 놓자 가부좌로 입적했다. 세수 70에 법랍이 57이었다.

　문집에 「括虛說」이라는 글이 있다. 대사는 여기에서 당호인 괄허의 이유를 말하고 있다. 여기서 '虛'란 사물에 있어서의 虛僞의 허가 아니라 十方의 허공을 총괄하는 허라는 것이다. 그러니까 대사는 시방의 이 허공을 총괄하겠다는 뜻이다. 그렇다면 여기서 대사의 평소 포부를 이해할 수 있다. 대사는 임종게에서도 보았듯이 환상 즉 虛幻으로 왔다 허환으로 간다 하였다. 이렇듯 공간의 모든 사물을 허환이라 하여 이 허환이 무엇이냐고 묻고 있다. 공자로부터 석가 나아가 천지 신명 어디에 물어도 대답이 없어 上帝에게 물었더니 상제는 자신이 대답하지 않고 太虛에게 넘기더라는 것이다. 그래서 태허에게 물었더니 태허는 묵묵부답하면서 다만 無增無減하고 不生不滅하는 一體性이 시방에 두루한 것으로 보여 주더라는 것이다. 그래서 내 이름으로 삼았으니 생멸하는 중에도 생멸하지 않는 것을 진여 본성이라 하였다. 여기에서 대사의 그 몸바탕을 이해할 수가 있겠다.

2. 山水의 참됨으로 천리를 대체함

　대사의 문집은 2권으로 되어 있다. 서문이나 발문에 따르면 당시의 지식인과의 수창도 많았다고 하며, 행장을 쓴 明遠도, 대사는 글 쓰는 일을 좋아하지는 않았지만 쓰셨다 하면 구슬을 토하는 듯하여 시는 아담하고 高古하다 하였다. 書法에도 뛰어나 佛殿의 현액이 대사의 글씨로 쓰여진 곳이 많다 한다.

　그러나 문집의 편찬이 입적 후 백 년 뒤의 일이라 그간에 저작이 많이 유실되어 극히 일부라도 수습 정리한다 하였다. 詩 한 권 文 한 권이 전하고 있으니 그로 미루어 보면 많은 양의 저작이 있었던 것으로 짐작된다. 시가 134편인데 한 편을 몇 수로 지은 것이 그리 많지 않으니까 150수 내외이고, 문이 30편이다. 문도들에게 주는 시는 교계적 내용이 많으나, 산사를 중심으로 한 서경시가 대부분이다. 괄허라는 호가 암시하듯이 대자연의 진경을 자신을 중심으로 수용하자는 의도가 있었다 한다면 좀 지나친 해석이 될 듯싶기도 하나 한편 전혀 무리한 견해라 할 수도 없을 것 같다.

산중은 유독 물 속의 달 사랑해	山僧偏愛水中月
달 섞인 찬물을 작은 병에 담아다	和月寒泉納小缾
돌아와 돌확에 막 쏟아 넣으려 하니	歸到石龕方瀉出
정 없이 물 흔들어 달은 자취도 없다.	盡情攪水月無形

「한천에서 달을 긷다〔寒泉汲月〕」는 시이다. 공중에 있는 달이 아니라 물 속에 비친 달을 사랑한다. 물을 길으면 달도 함께 따라올 줄 알았다. 집에 와 쏟아 넣은 물동이에는 달이 없다. 물 속의 달은 허상이다. 이 허상을 내 것으로 담아오면 실물의 실상이 될 줄 알았지만 허상마저 사라지고 말았다. 저 허상마저도 나의 것인 실상으로 만들어보자는 대사의 자연포용이라 해보면 어떨까. 재미나는 착상임에는 틀림이 없다.

길은 가시밭 끊어진 골짜기에 들어	路入荊榛絶峽中
푸른 이끼 바위 발과 통하기 더욱 어렵다	蒼苔滑石轉難通
가려다 되물러나 자주 기우뚱	欲前還退頻傾側
잡아주는 사람 없고 오직 지팡이 하나	扶我無人但一筇

「須彌洞」에서 짓는 시이다. 오르기 어려운 절벽의 산행길을 잘 묘사하였다.

한평생 발자취 다만 푸른 산	一生蹤跡但靑山
바위 아래 사립문 밤에도 닫지 않다	岩下柴扉夜不關
저 동쪽 숲 늙은 학에게 이르노니	寄語東林棲老鶴
이 그윽한 흥취 가져다 세상으로 보내지 말라.	莫牽幽興向人間

「부질없이 읊다〔謾吟〕」라는 2수 시 중 한 수이다. 청산을 사랑하는 의지를 보이고 있다. 평생을 산에서 지내는 자신을 담담하게 펼쳐 보였다. 이러한 흥취를 혹여 저 학이라도 세속으로 가져갈까 우려하고 있다. 역시 자연을 내 것으로 지켜보자는 스님의 자세이다.

푸른 벽 위에 선 정자	亭居蒼壁上
허공의 푸르름이 옷에 들어 차갑다	空翠襲人寒
절벽 언덕에 꽃은 다투어 피고	絶岸花爭發
외로운 성에는 새만이 돌아오다	孤城鳥自還
세속 먼지 천 리로 막히고	風塵千里隔

바닷가에는 한가로운 지팡이 하나	湖海一笻閑
늦게 찾아든 농가에서 잠드니	暮入田家宿
아득히 고향산천의 꿈.	悠悠夢故山

「望洋亭」에서 짓는 시다. 창벽 위에 오뚝히 서 있는 정자, 저절로 이는 한기, 언덕을 에워싼 꽃은 시계 밑에 펼쳐 있고 안계의 저 너머 외로운 성곽에는 날새가 날아들고 있다. 이 정자를 중심으로 상하의 경관이 아름다이 펼쳐져 있다. 여기에 세속의 생각이 일 까닭이 없다. 그러기에 천 리로 막혀 있는 풍진이다. 이에 나그네의 발걸음은 한가롭다. 이러한 자연의 완상이 밤에는 고향의 꿈으로 변한다. 시골 농가에 들어 자는 잠이기에 고향이 꿈에서 다가오는 것이다.

하늘과 가지런히 뾰죽히 깎인 바위	矗削奇岩霄漢齊
옷깃 풀어 맑은 휘파람 오르는 사다리	披襟淸嘯上雲梯
하늘에 드리운 뭇별 머릿가 가깝고	天垂列宿頭邊近
바람이 보내는 기러기 발 밑에 나직하다	風送歸鴻脚下低
늘어선 뭇 뫼 그림으로 펼쳤고	簇立群巒開繪畫
거꾸로 달린 폭포 유리알 흩다	倒懸飛瀑散玻瓈
신선된 安期生 무엇이 부러우랴	安期羽化何須羨
지척의 맑은 도시 길도 뚜렷한데.	咫尺淸都路不迷

「俗離山」에서 지은 시이다. 전체의 시의는 이렇듯 아름다운 산천에서야 신선이 부러울 것이 없다는 것이다. 이렇듯 신선도 부러울 것이 없다면 왜 그러한 것인가. 이유는 여러 구에서 나타난다. 속리산 산정에 오른 작자는 북극의 별이나 은하수의 뭇별이 나의 머리 바로 옆에 있다. 하늘 궁전이 있다면 여기가 바로 궁전이다. 높이 날아야 하는 새도 내 발 밑에 있다. 흔히 학을 타고 신선으로 간다 한다면 그 학도 내 발 아래 있으니 나는 이미 학의 궁전에 있는 것이 아닌가. 내가 지금 서 있는 주변은 어떤 곳인가. 그림 속에 있다. 주위에 둘린 산들은 모두가 그림이다. 내리 떨어지는 폭포는 모두가 유리알이다. 나를 중심으로 한 주변이 이렇듯 선경이라는 것이다.

이 시의 구도 또한 완벽하다. 상하의 공간 또한 조화롭게 배치하였다. 머리의 위에는 뭇별이고 다리 아래는 날새들이다. 높은 산은 그림이고 낮은 폭포는 유리알이다. 상하의 모든 자연물이 나를 중심으로 모여들고 있다. 상하좌우의 구도를 나를 중심으로 인입시키고 있다. 여기가 바로 선경인 것이니 옛날 선경으로 갔다는 안기생과 같은 사람을 부러워할 까닭이 없다.

깊은 뜻 찾으려 拂子 세워 구름에 앉았으니	參玄竪拂坐雲房
빈 천정 쥐들 다투고 새 선상을 쪼다	鼠鬪空樑鳥啄床
얼마 없는 세속 근심 졸음에 익숙하고	無少世憂眠已熟
그 많은 참선맛 밥도 잊었다	有多禪味食猶忘
돌책상 둘린 시내 중의 마음 맑히고	溪環石榻僧心淨
달은 소나무강단 에워 학의 꿈만 깊다	月鎖松壇鶴夢長
갑자기 싸늘한 종소리에 선정에 드니	忽得寒鍾方出定
바람에 불린 낙엽 빈 대청 메운다.	風吹落葉滿虛廊

「칠불암에 앉아서〔坐七佛庵〕」라는 시이다. 자연의 조용한 환경과 스님으로서의 참선을 잘 조화시킨 작품이다. 스님이 지은 시로서의 전형이라 하겠다. 칠불암의 고요한 경지를 천정에서 둘레고 있는 쥐나 선상까지 내려온 새로써 여실하게 보여주고 있다. 세상 근심 이미 잊었고 그에 따른 참선의 단맛에 밥맛도 잊었다 한다. 여기까지는 칠불암에서 참선하는 자신의 정려한 자세를 말하였다.

　다시 칠불암의 주변으로 시선을 돌려 돌책상, 탑을 도는 물, 빛으로 에워싼 강단이 모두가 선미를 돋우는 것이다. 거기에 종소리를 듣고 다시 참선하는 시간, 낙엽으로 빈 대청이 꽉 찬다.

기원의 서쪽 산록에 높이 솟은 누대	祇園西麓起高樓
동남의 70고을에 가장 으뜸이다	樓冠東南七十州
소나무 회나무 비 뒤에 윤기 돋고	松檜靑叢經雨潤
바위산 푸른 기상 아지랑이 둘려 뜨다	巖巒碧影帶嵐浮
달빛 탑에 비쳐 삼경의 새벽이고	蟾光照塔三更曉
마루에 드는 물 기운 오월의 가을	水氣侵軒五月秋
오르내리는 아침 저녁 그윽한 흥 일어	朝暮登臨幽興發
바릿대 지팡이로 먼 길이 필요하랴.	不須缾錫遠方遊

「운봉사 산영루의 현판시를 보고〔次雲峯寺山影樓板上韻〕」 짓는 시이다. 그

저 평범한 산수의 시이지만 대사가 산에 이끌리는 이유를 알게 한다. 아침 저녁으로 오르내리는 이 자연이 바로 仙境(禪景)인데 다시 어느 곳을 찾겠느냐는 것이다. 더구나 이 곳은 동·남 여러 고을에서도 으뜸인 곳이다.

시의 수사도 재미있다. 원래 시의 언어란 그 정도의 차이는 있지만, 일상적 언어의 뒤바뀜이다. 다시 말하면 反常性이다. 언어도단이라는 말도 이래서 성립되는 말이다. 탑에 비친 달빛은 한밤중인데도 새벽으로 착각하게 한다. 그렇지만 3경의 새벽〔三更曉〕이란 일상의 시간관념으로는 모순이다. 한밤은 한밤이지 새벽이 될 수가 없다. 5월달의 가을〔五月秋〕도 있을 수가 없다. 5월은 여름이요, 가을이라면 9월이어야 하기 때문이다. 그러나 이러한 언어가 무리 없이 시어로 원용되는 것은 한밤의 달빛이나 난간으로 몰려드는 물기운 때문이다.

50년 동안 이룬 일 무엇	五十年來成底事
헤진 옷 나물밥 선상에 누웠다.	破衣蔬食臥禪床
뜬구름 아침 저녁 번복이 있지만	浮雲朝暮有翻覆
동서로 흐르는 물이야 고금이 있나	流水東西無古今
고기 뛰고 솔개 날음도 모두 본성의 거느림	魚躍鳶飛皆率性
꾀꼬리 노래 제비 지저귐 각기 온전한 마음	鶯歌燕語各全心
고요히, 만물 살필 때 나 또한 살피면	靜觀萬物兼觀我
너와 나 혼연한 한 이치 깊이 알지	物我混然一理深

「부질없이 읊다〔漫吟〕」라는 시이다. 이 시에서 대사가 찾았던 자연이나 그에 대한 작시가 모두 사물 이치의 관찰이요, 법리의 추구이며 수선적 방편이었음이 극명하게 드러난다.

50여 년의 수선 생활에서 얻은 선리의 터득이다. 구름은 시간 없이 끼었다 걷혔다 하는 것이 본성이다. 그러면서 항시 구름일 수밖에 없고, 물의 본성에는 원래 흐르는 방향이 있을 수 없이 낮은 곳이면 흐르는 것이다. 어제 흘러간 물은 오늘의 물이 아니라 하겠지만 물 자체로서는 어제 오늘의 시간 간격이 있을 수 없다. 이 승련의 구성도 완벽한 시공적 배치가 되어 있다. 위로 떠있는 구름에서 공간적 변화의 진리를 말하고 아래로 흐르는 물에서 시간의 연속에 변화 없는 실상을 설명하고 있다.

물고기는 뛰어오르고 새는 하늘로 날게 되어 있다. 이것이 모두 자연의 본성이다. 이 魚躍鳶飛의 어구는 유가에서 사물의 이치를 살피는 기본자세로 예시하고 있는 어구이다. 각기 본성의 진실이 있음을 알게 하기 위함이다. 대사도 이를 원용하여 사물 본성을 이해시키려 함이다. 제비 꾀꼬리의 울음소리는 각기 다를지 모르지만 나름의 속마음을 펴내는 것이다. 사람의 노래가 자신의 정서 표현이라면 새의 울음이나 다를 것이 없다. 이렇게 생각하는 살핌이 바로나와 남, 사람과 자연이 한 이치임을 이해하게 되는 것이리라.

대사는 자연의 서경에도 사물의 이치를 투시하려는 의도가 항시 넘치고 있다. 이것이 선사로서의 수선 자세라 하여도 잘못됨은 없을 것이다. 그것이 선가의 선리적 표현이 아니었다 하더라도 사물을 보고 그 이치를 깨닫는 방편이었다 한다면 깨달음이라는 궁극의 귀결점에는 당연히 상관성이 있다 해야 할 것이다.

그러기에 순수한 서경이라 하더라도 사물을 보는 자세가 현상을 있는 그대로 보기보다는 다른 사물로 해체시켜볼 수도, 유추시켜 해석해 보기도 했던 것이다. 이것이 선사가 아닌 단순한 시인의 작시적 자세로 보면 환유·은유 또는 환치·종합의 자재로운 수법이 되는 것이 아닌가.

바닷가에 솟은 봉래산	蓬萊山聳海雲隈
일만 이천의 봉 차례로 열리다	萬二千峯次第開
하늘 닿은 뭇뫼 모두 뼈로 섰고	列峀摩天皆骨立
물에 뜬 낙화는 모든 향기 몰아오다	落花浮水衆香來
바위 입술 터져나는 달 겨울 아닌 눈	岩脣吐月非冬雪
시내 혀로 뿜는 샘 비 없는 우뢰	澗舌噴泉不雨雷
기기묘묘 조화의 공 한없는 자태	造化奇功無限態
생각 있다 해도 써내기란 쉽지 않다.	意存描寫也難裁

金剛山에서 지은 두 수 중의 하나이다. 금강산의 실상을 보이는 대로 묘사한 것으로, 선사가 아닌 단순한 시인의 안목으로 묘사한 것이지만 사물을 해체·종합하는 묘수는 역사 선가의 사물 인식에 바탕했다 하겠다. 非冬雪이나 不雨雷가 시인의 안목으로 구사하는 일상적 시어일 수 있지만, 역시 反常의 언어로 실지에 부합하는 合道적 수사라 한다면 선사의 언어관으로 보아도 지나칠 것이 없다.

이상 몇 수 시에서 보듯이 괄허 대사는 선사로서 선리적 표출을 자연의 서경에서 간접적으로 노정시키고 있으며 그 점이 시는 시로서의 함축성을 더했다 해서 지나칠 것이 없다. 많은 작품이 유실되면서도 사후 100년만에 한 책으로 모아지게 된 것도 이렇듯 선과 시의 공존에 감명된 바 있어 유전되었던 것이 아닌가 생각된다.

끝으로 부언하고 싶은 것은, 1929년 日人 高橋亨이 『李朝佛敎』에서 "括虛集 1권이 있지만 특별히 서술할 것이 없다." 한 말은 대사의 시문에 대한 깊은 검토 없이 행장에만 국한하여 생각했던 단견으로 보인다.

鏡巖의 詩文

1. 간략한 행적

鏡巖 大師(1743-1804)의 처음 이름은 慣拭인데 뒤에 應允으로 개명하였고 경암은 법호이다. 속성은 閔氏로 본관은 여흥이다. 어머니 吳氏가 鷄鳴山에서 빌어서 대사를 잉태하게 되었다. 3세에 어머니 상을 당했고 5세에 배움에 들어 9세에 이미 經史를 통했다. 가을 달이 밝은 날 밤 아버지께서 시를 지어보라 하니,

가을 높자 바람이 댓숲에 일고	秋高風動竹
강물이 주니 달은 냇물을 울린다	水落月鳴川
어느 곳으로 볕 따라가는 기러기	何處隨陽雁
아스라이 먼 하늘로 드네.	蕭蕭遠入天

이라 하였다. 이를 지켜본 아버지는 기쁨보다는 좋지 않은 예감을 받았다. 이 시로 보아 이 아이가 일찍 죽지 않으면 출가할 기상이 있다는 것이었다.

13세에 아버지가 별세하자 15세에 출가하여 震熙 장로를 만나 寒巖 화상에게서 구족계를 받았다. 두루 명산의 대덕에게 참학하였다가 마침내 秋波(寒巖) 대사의 문하로 다시 돌아와 28세에 강당을 열어 대중을 교화하였다.

20여 년을 교화하다가 이것이 무슨 이익됨이 있느냐 하여 喚庵 화상에게 나아가 禪旨를 받으니 사방에서 배우려는 이들이 兩宗 大宗師로 추대하게 되었다. 이래서 淸虛堂에게 8세손이 된다.

대사는 헛된 이름이 실제보다 지나는 것이 부끄럽다 하여 두류산정에 조그만 암자를 짓고 두서너 제자와 날마다 네 번의 정진을 하고 세상과의 관계를 끊었다.

위의 행적은 문인 八關이 찬한 것을 초록한 것이다.

2. 頭流山會話記에 보인 酬唱

　대사의 문집은 『鏡巖集』으로 상·중·하 3권으로 전해지고 있다. 팔관이 행장에서 당시의 불자들이 대사의 설법을 듣고 대사를 총림의 제1인자로 여겼지만 시문 저술은 대사가 좋아하는 것이 아니어서 문인들이 흩어진 산고 속에서 수십 편을 가려 간행한다 하였다. 이런 점으로 미루어본다면 전하는 시문은 실제 작품보다는 매우 적었던 것으로 이해된다.

　상권에는 시, 중권은 書이고, 하권에는 序·記·잡저 등이다. 그 중에 傳이 세 편 있는데 吳孝傳, 朴烈婦傳은 실전이고 硯滴傳은 가전이다. 위 두 편에 대해서는 跋文을 쓰고 있는 李在職도 유가의 풍도가 있다고 기리고 있다. 연적전은 연적을 의인화하여 문방사우의 벼루나 붓과 동일하게 다루지 않고 있지만 이 네 벗을 도와 청운에 오르게 하는 것은 이 연적의 공이 크다는 내용으로 서로의 관계를 서술하고 있다. 스님의 문집에서는 보기 드문 가전작품이 있다는 점이 일단 주목이 된다.

　「頭流山會話記」는 1803년 보은 군수와 옥천 군수가 천왕봉에 오르기 위해 찾아와 대화하면서 주고 받은 시를 기행문식으로 쓴 장편의 글이다. 여기서 당시의 스님들과 지방관장들과의 격의 없는 사귐을 이해할 수 있다. 그때의 사회적 통념은 유불이 서로 어울릴 수 없는 거리가 있는 것 같지만 참다운 지식인들은 고승들과의 사귐이 동도자 못지 않았던 것이다. 이에 시를 주고 받은 몇 장면을 소개해 본다.

　두 지방관장이 산사를 찾았을 때 산과일과 솔차〔松茶〕를 내놓으니 옥천군수가 맛을 보고는 좋고 담담한 것이 깡마른 중의 살림살이 같다 하면서 시를 썼다.

수척한 뼈대 마른 모습 나무와 돌인듯　　癯骨枯形木石如
이 산에 산 지 몇 년이나 되었나　　此山居住幾年餘
길이 백운과 벗 삼아 한 일도 없네　　長伴白雲無一事
한 잔의 솔차와 한 상의 책.　　一盃松水一床書

여기에 대사는 화답했다.

마음 기틀마저 적적하여 싸늘한 재인 듯　　心機寂寞死灰如

부처시도 경계하니 그 밖에 다시 무엇 　　佛戒吟哦況復餘
선의 길이란 원래 한 물건도 없다 해서 　　禪道本來無一物
오히려 경상에 가득한 책 웃는구뇨 　　笑他猶有滿床書

　옥천 군수는 대사에게 산사람의 삶은 아무 것도 가진 것이 없는 것이요, 또한 구름이나 물과 짝하여 사는 것인데 웬 상 위에 책이냐는 식으로 읊으니까, 아무리 선가에 한 물건이 없는 것이기는 하지만 책상에 책이 있음을 비웃어야 되겠소 하는 역설로 받아 읊었다.

　보은 군수가 실상사에 있었다. 대사는 서로 만날 기약이 있어 거기로 가 하루 저녁을 지내는데 날씨가 나빠 산에 오르지 못할 것 같아서 본사로 돌아오려 하니 보은 군수가 먼저 운을 불러 읊었다.

일만 겹겹의 푸른 산 겹겹의 구름 　　萬疊靑山萬疊雲
아득히 영남 호서에서 함께 그 구름 보네 　　悠悠湖嶺共瞻雲
오늘 아침 이별의 뜻 어느 정도인가 　　今朝別意知多少
일만 겹겹의 푸른 산 겹겹의 구름. 　　萬疊靑山萬疊雲

옥천 군수가 화답했다.

산에서 솟을 땐 彭澤의 구름이더니 　　出岫還同彭澤雲
한 술잔 긴 추억엔 강동의 구름일세 　　一樽長憶江東雲
오늘 아침 만남 이별 저와 같다며 　　今朝聚散還如許
웃으며 가리키는 천왕봉 구름. 　　笑指天王峯上雲

대사가 또 이었다.

산 구름 나그네 따르고 나는 구름따라 　　山雲隨客我隨雲
한 자리에 푸른 구름이더니 다시 흰 구름 　　一席靑雲復白雲
손님 전송 문에 나서 쓸쓸히 바라보니 　　送客出門成悵望
인간 세상일 구름만 못함 이제 알겠다. 　　始知人事不如雲

　구름 雲자 한 자로 운을 삼아 읊은 시이다. 보은 군수의 시는 영호남에서 각기 볼 수 있는 구름이 이별의 뜻을 아는 듯하다 했고, 옥천 군수는 세 사람이 모두 도연명이나 이백이나 두보와 같아서 팽택의 구름이나 두보가 이백을 그리

는 강동의 구름에다 비유하였고, 대사는 인생의 회합이산이 저 구름만도 못하
다 하여 각기 적의한 심정을 구름에다 의탁하였다.

다시 몇 번의 수창을 잇다가 군수가 다시 선창하였다.

이 곳에서 서로 만남 그 뜻 어떠하기에	此地相逢意若何
등나무 댕댕이 괴롭게 오를 필요 있었나	何須辛苦歷藤蘿
산사의 한밤 불 밝힌 뜻은	禪庵半夜懸燈意
창해나 높은 산보다 어디가 많다 할까.	滄海高山較孰多

대사가 화답했다.

구름에 싸인 뭇산 수심 어떠하랴	籠雲千岫愁奈何
더구나 앞길에는 어지러운 등나무 넝쿨	況有前程亂薜蘿
방에 들자 자세히 논하는 仁智의 도리	入室細論仁智道
천왕봉의 좋은 놀이가 이보다 나을까.	天王勝賞未應多

군수가 다시 읊었다.

영산 참모습 묻건대 어떠하던가	靈山眞面問如何
지난 밤 가는 바람 비 내린 뒤	昨夜輕風細雨餘
세상의 일 마가 많음 그대 알겠나	世間魔障君知否
이런 일 경암 노승에게 참구시켜서야.	此事須參鏡老書

대사가 또 화답했다.

중의 돌책상 진여 강론 따르려	從僧石榻講眞如
가을날 솔창에 비 내린 뒤	秋日松窓山雨餘
군자는 스스로 仁壽의 땅 살기에	君子自居仁壽地
길이 산다는 신선 서책 알리 없지요.	長生不識有丹書

처지가 서로 다름을 인정하면서 한 자리에 같이하게 된 정리를 잘 펴내고 있
다. 이렇게 시를 주고 받다가 군수가 다시 제안을 하였다. 오늘의 시구는 모두
가 작별의 수심으로 즐겁지 않은 내용이니, 격을 벗어나는 것이 모임의 홍취가
아니겠느냐 하며 운을 꺼냈다.

<table>
<tr><td>나약한 매화 성근 비 푸른빛 주르륵</td><td>嬾梅疎雨碧闌干</td></tr>
<tr><td>선녀들 싸늘한 푸른 소매 기억하네</td><td>長憶丹中翠袖寒</td></tr>
<tr><td>홀연히 나타난 님 꿈자리에 보이는 듯</td><td>忽見使君如夢寐</td></tr>
<tr><td>시를 써 옥 같은 낭자에 보내주었으면.</td><td>題詩寄與玉娘看</td></tr>
</table>

하면서 대사에게 화답하기를 권했다. 대사는 비구계에 이런 口業을 지으면 무
간지옥에 떨어진다 하니 할 수 없지 않느냐 한다. 군수는 웃으며 옛날 太顚은
紅蓮과 함께 며칠을 지내도 조금도 혐의스러운 점이 없었는데 경암 노사는 玉
娘을 보지 않고도 꺼림칙하게 생각하니 너무 협소하지 않는가 하여 대사가 억
지로 화답했다.

<table>
<tr><td>공을 보든 색을 보든 모두 무간해</td><td>觀空觀色摠無干</td></tr>
<tr><td>높이 구름 끝에 누우니 나무도 싸늘해</td><td>高臥雲端碧樹寒</td></tr>
<tr><td>운을 이으며 유독 두보의 시 사랑해</td><td>聯韻偏憐工部語</td></tr>
<tr><td>늙은 나이엔 꽃도 안개 속에 보는 듯.</td><td>老年花似霧中看</td></tr>
</table>

격의 없는 승속간 수창임을 알 수 있다. 군수는 스님이 난처한 것을 고의로
유도하였지만 스님은 이 순간을 여유있게 넘겼다. 늙은 나이에 보는 꽃은 안개
속에 보듯이 흐려 아무 정감도 없다는 두보의 시구를 이끌어 산승에게는 아무
정감이 일지 않는다 함을 간접적으로 표현하여 애매한 상황을 모면하였다.
　승속간에 주고받은 수창의 시는 당시 고승에게는 교분을 갖는 하나의 방편이
었기에 어느 스님에게도 있는 일이지만 한자리의 만남에서 대화하듯이 주고 받
은 경우는 그리 많지 않다. 그러기에 지루한 감이 있지만 그 일부를 소개해본
것이다. 그러므로 본「두류산회화기」는 당시 고승과 사대부간의 인간적 교분
을 이해하기에 좋은 자료라 할 수 있으며 사대부들이 고승과 교유함이 이념을
초월한 평범한 지식인들의 우정이었음을 알게 한다.

3. 교리적 시

　경암 대사의 시는 많은 작품은 아니지만 위「두류산회화기」에서 살폈듯이
시를 짓는 일이 많았던 것은 틀림없다. 다만 전하는 시가 적은 것은 행장에서

도 밝혔듯이 일부를 수습하였다 했으니 지금 남아 있는 수보다는 많았으리 보여진다.

남아 있는 시들의 내용을 살펴볼 때 승속간의 수답이나 자연의 음미에서도 비교적 교계성이 짙은 것도 어쩌면 편집 과정에서 선택됐던 것이 아니었나 하는 추측도 해 보게 한다.

옛길은 외로운 구름 밖이요	古道孤雲外
시내 산은 처사의 집이다	溪山處士廬
빙 둘린 계단은 새들을 길들이고	繞溪馴鳥雀
가득한 벽에는 정돈된 서적	滿壁整圖書
기장 익어 곧 밥으로 들고	黍熟因留飯
나물 향기는 가만히 옷깃에 숨다	蔬香暗襲裾
알 수 없다만 저자거리 사람의	不知城上人
사람살이란 다시 어떠할까.	人事更如何

「박고촌에서 잔다〔宿朴孤村〕」며 짓는 시이다. 세속 마을을 읊고 있지만 산사의 분위기와 다름없는 묘사이다. 박고촌이라 하였으니 마을 이름이겠지만 마을 자체가 순박하고 외로워서 그런 이름이 되었는지, 그러한 마을이기에 대사가 이름붙인 것인지, 아무튼 고박한 마을 분위기를 묘사하였다. 그래서 저 성안의 사람살이는 어떠할까 하는 대비적 표현으로 끝맺고 있는 것이다.

어찌되었든 세속의 마을을 소재로 하되 산사의 분위기를 연상케 하는 것이 대사의 교계적 마음가짐에서 이루어진 것이라 해봄직도 하다.「두류산회화기」에서 승려이기에 비구계에 벗어나는 시를 쓸 수 없다 한 대사의 언행을 이해할 수도 있다.

꿈 속 같은 것이 세상살이의 일	夢幻人間事
형 나이 이제 70년	兄今七十年
세상 정리 어찌 물으랴	世情何足問
우리의 깊은 마음 전함이 귀해	吾道貴心傳
늙을수록 말씨 오히려 장려하고	老去言猶壯
궁할수록 의지는 더욱 굳어	窮來志益堅
그름 알았으면 응당 변화해야지	知非當自化

　　맹자도 일찍이 세 번 옮겼죠.　　　　鄒孟亦三遷

「북해 형에게 차운한〔次北海兄〕」 시이다. 시의 내용으로 보아 세속의 형 아우였던 것 같다. 여기서도 세속의 정은 되도록 억제하자는 것이요, 마음과 마음으로 전하는 묘리만을 강조하고 있다.

　남아 있는 시가 자연 서경보다는 승속간의 수답이 많은 것도 교리적 문답을 간접적 도구로 이용한 것이 아니었을까 하는 추측도 된다.

바람 연꽃 이슬 대 서로 이룬 그늘	風荷露竹自相陰
긴 해 강성에 풀 누대 깊다	日永江城草閣深
물결 맑거나 흐리거나 모두 이치에 맞고	淸濁滄波皆合道
갈매기 같은 행장은 마음 맹세와 함께 해	行裝鷗鷺與盟心
멀리 뵈는 푸른 집은 새로운 정자	遙瞻碧戶新亭子
비스듬히 누운 창안은 늙은 한림학사	頹臥蒼顔老翰林
이 현인군자 닷말 쌀 궁해서가 아니리니	未必此賢窮五斗
그 명성 쌍금보다 무겁게 해서이지.	當令聲價重雙金

「하풍죽로관의 시운에 따라〔奉次荷風竹露館韻〕」 짓는 시이다. 하풍이 어느 사대부의 호인 듯하니 그의 정자와 인품을 말한 듯하다. 주변경관을 그의 인품에 맞춰 도리에 맞는 것으로 하여 자연마저도 이 진리의 도에 부합되었음을 강조하고 있다. 세속인의 수창에서도 세속적 진리의 도에 합당하도록 읊고 있음은 대사 자신이 스님의 교계에 충실한 모습의 대외적 확충으로 보여진다 하겠다. 이것이 대사가 문학에 투영시킨 자신의 지조일 것이다.

天才로 알려졌던 仁嶽

1. 간략한 행적

仁嶽 和尙(1746~1796)의 이름은 義沾이요, 자는 子宜요, 인악은 호이다. 속성은 李氏이다. 8세에 향학에 입학해 小學을 배우기 시작하였는데 아무리 깊은 뜻이라도 한 번 들으면 이해했으니 재주뿐만 아니라 사람됨이 특이하다 하여 향리의 칭송을 받았다. 15세 때 삼경인 시경·서경·주역을 이미 마쳤다 한다. 행적을 쓴 제자 聖岸도 천재가 아니고서는 그럴 수 있겠느냐고 자문하고 있다. 문집에 서문을 쓴 洪直弼도 인악의 소문을 진즉 듣고 고향 근친에 가는 길에 만나 하루 저녁의 유·불을 넘나드는 대화에서, 큰 강물이 바다로 흐르듯 함을 느꼈다 한다. 그는 유가서를 두루 섭렵하고 불가서까지 깊이 탐구했으니 큰 눈을 떠 큰 입을 열 수 있지 않겠느냐 하며 인악 화상을 찬탄하고 있다(여기서 잠시 의아해지는 점이 있다. 호가 梅山으로 알려진 홍직필은 인악 화상보다 30년의 연하이다. 정사년에 서를 썼으니 화상이 입적한 다음해로 홍직필의 나이 21세가 된다. 그렇다면 여기 홍직필은 호가 梅山으로 알려진 홍직필이 아닌 다른 사람이 아닐까 한다. 더구나 문집 안에 明誠齋洪公直弼이 보낸 시에 화답하는 시 두 수가 있고 편지 두 편이 있는 바 이는 철저하게 존대를 쓰고 있다. 당시 유·불의 관계 속에 그럴 수 있다고 할 수 있을지 모르나 아무래도 그렇지 않은 것 같다. 더구나 명성재 홍공이라 한 것으로 보아 매산 홍직필이 아닌 동명이인이 아닌가 생각된다).

18세 때에 향리 동료들과 龍淵寺로 공부하러 갔다가 스님들의 청정한 모습을 보고는 감동이 되어 嘉善軒公에게 체발하고 碧峯 화상에게서 구족계를 받았다. 화상을 큰 그릇으로 여겨 금강경·능엄경 등을 가르치고 다시 더 발전시키기 위해 西嶽, 秋波, 聾岩 등의 이름난 스승에게 배우게 하여 학문을 더욱 넓히게 했다.

1768년 다시 벽봉 화상에게 돌아와 강당에 오르게 하니 나이 23세였다. 이래서 서산 대사의 8세손이요, 霜峯 화상의 5세손이 된다. 하루는 華嚴宗의 대가인 雪坡 和尚을 아직 만나 보지 못했으니 한번 참학해야겠다 하고 찾아갔다. 설파도 기뻐하며 만난 것이 늦었다 하며 8개월만에 강론을 끝내고는 인악에게 法弟가 되어 달라 하여 서로 형제를 삼게 되었다.

화상은 동문의 문도에게만 정성으로 가르친 것이 아니라 누구에게도 가르침을 게을리 하지 않아서 여러 곳에서 유·불의 가림 없이 모여든 사람이 항상 백여 명이나 되었다.

1790년에는 새로이 불상을 봉안하게 되었는데 정조가 당시의 이름난 스님을 가려 주관하게 하매 화상이 주간하게 되였다. 이때 지은 「腹藏願文」을 정조가 보고는 크게 만족하여 은전을 하사했다. 이 원문은 문집에 「龍珠集」이라 하여 전하고 있다. 1796년(정조 20)에 입적하니 세수 51세요, 법랍이 34세였다.

2. 담담한 詩情

화상의 그 드넓었던 학문에 비하여 남겨 놓은 시문은 그리 많지 않다. 그의 문집인 『仁嶽集』은 3권으로 되어 있다. 권1에는 시 72편이 수록되어 있고 권2에는 「龍珠錄」을 비롯하여 疏·序·記 등 20편이 수록되었고 권3에는 편지인 書만 35편이 수록되어 있다.

35편의 편지는 동도자와 외도자와의 서신이다. 그 중에서도 유가로 보이는 訥村과의 3편의 편지는 화상이 가지고 있는 유불관의 편린을 볼 수 있어 좋은 참고가 된다 하겠다.

"편지에서 물은 것은 불가의 극단적인 이론이 아니라, 대저 한 마음으로 온갖 이치의 근원을 삼는 것이다〔書中所問 此非佛氏之極論 而大抵一心爲萬法之源〕 함이나 "이렇게 미루어보면 물건 물건마다 다 그러한 것이 천지에 충만되어 있는 것이 한 물건도 본성 안에 있지 않음이 없다. 대저 사물이 무성하나 한말로 결론지으면 그렇지 않겠는가. 더구나 일상사에 이르러서 움직이거나 오고감이 지극한 이치 아님이 없으니 드나들거나 말하거나 침묵하는 모두가 이 오묘한 진리이니 이것이 모두 진리의 본연으로 터럭끝만한 사사로운 뜻도 끼어들 수 없는 것이다. 그래서 자연이라 하는 것이요, 자연의 연〔그러함〕 이외에 그러할 만한 연의 까닭이 없는 것이다. 이것이 이미 원리로 존재하기 때문에 이치〔理〕라 말하며, 하늘에 있으면 命이고 사람에게 있으면 性이다. 몸을 주관하는 것을 마음이라 하니 마음과 진리〔理〕는 두 가지로 나누어볼 수 없는 것이다〔類此推之 物物皆然 可見充滿天地者 無一物不在性內 夫物藝藝 一言蔽之 不其然乎 以至日用之間 動容周旋 無非至理 出入語黙 摠是妙道 此皆道理之本然 不容一毫私意於其間 故謂以自然 則非自然之然之外 又有所以然之然也 此旣在義 故曰理 而在天曰命 在人曰性 主於身曰心 則心與理 不可分作二物看〕.”라 하여 앞 편지에서 보았던 한 마음으로 온갖의 근원을 삼는다는 논리를 부연 설명하고 있으며, 유가에서 말하는 자연에서 부여받음이 본성〔天命之謂性〕이라 함도 이에서 벗어남이 없음을 간접적으로 시사하고 있다.

“우리 불가에서는 이(理)와 기(氣)를 말하지 않고 오로지 마음을 말하니 대저 마음이란 하나의 공공적 사물이기에 나만이 얻어 사사로이 할 수 있는 것이 아니다. 이 마음이 원만하고 청정하기가 저 큰 허공과 같고 저 큰 바다와 같다. 본바탕〔性〕이 일체의 상(相)은 아니로되 일체가 될 수 있으니 저 천지 일월 인물 삼천의 삼라만상이 모두 마음의 모습〔相〕이다. 합해서 말하면 온갖 진리〔法〕가 모두 한 마음이요, 나누어서 말하면 진리마다 각기 한 마음이 갖추어져 있는 것이다〔至於吾佛氏 則不言理氣 而專言心 蓋心者 一公共底物事 非我得而私之也 是心圓滿淸淨 如太虛空焉 如大溟渤焉 性則雖非一切相 而得爲一切 彼天地日月 人物山川 萬像森羅 皆心之相也 合而言之 萬法皆一心 分而言之 法法上各具一心矣〕.”라 하여 일심이 만법의 근원임을 다시 더 강조하고 있다.

화상의 시도 위에서 본 것과 같이 모든 자연을 진리나 마음의 구현으로 보는 사물관의 표백이라 해야 할 것이다.

반쪽 산 꽃 나무 시비에 비쳐　　　　半山花木映柴扉
동풍에 앉다 눕다 조그만 툇마루　　　坐臥東風映小軒
긴 대낮 빈 뜰 지나는 이 없어도　　　晝永空階經過少
처마 새에 맡겨진 봄의 들렘 알겠다.　任他簷鳥得春喧

「산에 사는 일〔山居卽事〕」이라는 시이다. 일 있어 앉아 있고 졸음 오면 눕는 자재로운 주인공이다. 빈 뜰에 찾아오는 이 없고 처마머리 우짖는 새소리에 봄의 들렘을 의식할 뿐이다. 자연을 자연대로 내버려두지만 자연이 따로 있는 것이 아니라 나와 함께 하고 있음을 느낄 수 있다. 이것이 바로 자연의 그러함〔自然之然〕이다. 작자 자신이 이미 봄을 느끼고 있지만 봄의 모든 흥취를 처마 머리의 새에게 맡겨 놓고 있다.

밤 깊자 옷자락 싸늘하고	夜久衣裳冷
산도 비었으니 잠자리 해맑구나	山空枕席淸
정도 많은 저 달	多情惟有月
서로 친구 되어 새벽까지 함께 하네.	相伴到天明

「추석날 밤 혼자 있는 느낌〔中秋十五夜獨坐有感〕」이라는 시이다. 제목은 혼자있음이지만 혼자 있는 것이 아니라 주변의 자연과 하나 되어 있다. 거기에서 유달리 친구가 된 것이 달이다. 到天明이라 했으니 밤새도록 같이 있었던 것이다. 여기에서 화상의 자연은 글자 그대로 제 스스로 되어진 그대로의 자연이다. 이 자연은 바로 스님 자신이요, 또는 그 일부분을 저쪽에다 맡겨 놓고 있는 것이다.

한 봄의 좋은 흥취 깊은 이 곳에 부쳐	一春佳興屬幽棲
따뜻한 날 산새의 온갖 울음	暖日山禽百種啼
저녁 늦게 봉숭아숲 지나는 향기비에	桃李晩來香雨過
그 많은 희고 붉음 나즉이 눌렸다.	許多紅白壓披低

「봄날〔春日〕」이라는 시이다. 산새나 꽃들의 자연스러움을 담담하게 읊었다. 새는 새이기에 울고 꽃은 꽃이기에 피었을 뿐이지만 이것이 봄날의 흥취이다. 비도 일상적인 비에 지나지 않지만 향기비〔香雨〕라 하였다. 이 비에 눌려 땅으로 늘어지는 봉숭아, 오얏나무이다. 그저 봄날의 경치이다. 작자인 나와 무슨 연관이 있으랴. 저쪽에 놓여진 자연이다. 그렇지만 이것이 흥취를 일으키려면 내쪽으로 끌어들여야 한다. 그러기에 첫구에서 깊은 내 집까지 부쳐왔다〔屬幽棲〕하였다. 내가 자연으로 들어가기보다는 자연을 내게로 끌어들였다.

섬세한 티끌도 마음에 허락치 않고	心頭不許到纖塵
생각속을 거닐려 하면 곧 참 잃다	纏涉思惟便失眞
서쪽에서 오신 뜻 분명히 알려면	要識西來端的意
지는 꽃 우는 새 온 산의 봄	落花啼鳥滿山春

「우연히 읊는다〔偶吟〕」는 시이다. 사소한 속세 먼지라도 마음에 닿지 않게 하고 고요한 생각 속에 잠겨 보지만 오히려 진리의 참됨을 놓치고 있기 일쑤이다. 그렇다면 참이 무엇인지 오히려 모르고 있는 것은 아닌가. 달마가 서쪽에서 온 뜻이 무엇인가 하여 높은 경지의 사유에만 잠기다 보면 거기에서 오히려 참을 잃었던 것이 아닌가. 봄 되어 꽃 지고 새 우는 이 자연의 실상이 오히려 선의 종지를 이해하는 것이 아닌가. 여기서 화상이 말한 삼라의 온갖 물상이 모두 마음의 모습이라 하여 한 마음이 만법의 근원이라 하였던 말씀을 이해할 듯도 하다.

자연이 진리요, 진리 찾음의 만남으로서의 자연이라면 굳이 산으로 들어감만이 아니요, 잡다한 인간세사 속으로 돌아옴도 마땅할 것이다. 그러함에도 굳이 산을 고집하는 것은 무엇인가. 아무래도 산이 고요함이요, 이 고요함이 사색의 침잠에 적의함은 아닌가. 그렇게 느껴지는 시가 다음과 같은 시일 것이다.

맑은 날 봄옷이 마땅해	晴日宜春服
봄바람 부는 2월의 날씨	東風二月天
못이 비니 거꾸로 선 내 그림자	潭空人影倒
숲 따뜻하니 새 소리 원만하다	林暖鳥音圓
꽃 보드라워 얼굴에 이는 붉은 빛	花嫩紅生面
버들 드리워 어깨 스치는 푸르름	柳垂碧襯肩
읊으며 돌아가는 산 빛 속	咏歸山色裡
모든 생각 다시 초연해.	意思更超然

「망회정에 노닐며〔遊忘懷亭〕」 짓는 시이다. 전편의 시는 봄날의 경치를 시어적 수사로 변화를 주고 있어 재미있는 구성이지만 끝구에 있어서 산빛 속에서 읊어야만 생각이 초연하다 함은 자연에 더 가까워지는 것이 산이요, 그 산이라야만 생각이 초연해진다는 스님으로서의 솔직한 고백으로 받아들여진다.

산에 있어 산을 사랑하는 자세가 저러하다 했을 때 방외인과의 수창은 어떠했을까.

선방의 꽃나무 늦 시간 더 그윽해	禪房花木晩來幽
어떻게 하면 詞翁과 이 누대에서 함께할까	安得詞翁共此樓
시 생각나면 구름 물의 뜻 말하나	詩至每言雲水意

달 밝으면 이별 수심은 어찌해야 해	月明其奈別離愁
언덕 둘린 꾀꼬리 소리 미끄러지듯 맑고	鶯聲繞岸淸如滑
창에 드는 산빛 물 흐르듯 푸르다	山色當窓翠欲流
자주자주 만남이 참으로 좋은 일	袞袞相逢眞好事
국화 피는 가을을 기다릴 필요야	不須留待菊花秋

「평와의 운에 차운〔次平窩韻〕」한 시이다. 평와가 누구인지는 알 수 없으나 동도자는 아닌 듯하다. 세속의 선비를 만나 시를 함께 짓고 싶다는 것이다. 다 같은 자연이지만 구름 물에는 시상이 떠오르고 달에는 이별의 수심이 인다 처지의 다름에서 자연소재의 감흥도 달라진다. 함께하고 싶은 벗이 없기에 그러한 것인가. 새소리·산빛 항시 아름다운 것이니 굳이 국화 피는 가을까지 기다려서 만날 이유가 없지 않은가.

화상은 이렇듯 방외인과의 만남도 자연을 매개로 하자는 것이다. 화상은 선객이니 자연의 읊음에도 선리가 담겨 있어야 했지 않나 하는 아쉬움을 느낄 수도 있을 것 같지만 위의 글에서도 보았듯이 모든 것이 한 마음에 있다 한 말로 미루어볼 때 이 하나하나의 자연이 바로 한 마음을 나누어 가져 온갖 물상의 형태가 된 그 한 마음을 바로 선리의 발현으로 보아 시 안에 의도성이 있는 선리의 어구는 없었던 것이 아닌가. 담담한 시정 그것이 바로 여여한 실상을 드러내는 스님의 수선적 자세가 아니었겠는가. 이것이 바로 어려서부터 천재로 알려졌던 선사의 무르녹은 시정과 禪意의 함축이었다고 생각된다.

詩로 만족했던 澄月

1. 간략한 행적

징월 대사(1751~1823)의 법명은 正訓이요, 자는 敬昊이고 징월은 호이다. 속성은 義城 金氏이고 法系로는 서산 대사의 9세손이 된다.

어려서부터 영리하여 어버이 섬김이 지극히 효성스러웠고 자라면서 공부하기를 부지런히 하여 책을 싸 가지고 金城山으로 공부하러 갔다가 瑞巖 화상의 설법을 듣고는 하던 공부를 치우고 감탄하여 "사람이 사람으로 된 것은 한 개의 心性을 보존할 수 있기 때문인데 이제 불가에서 말하는 마음을 관찰하고 본성을 본다〔觀心見性〕는 것이 어찌 혼연히 깨닫는〔頓悟〕 지름길이 아니냐."하고는 곧 嘉喜聰公에게서 체발을 하고 冠月 화상에게서 구족계를 받았다.

관월 화상은 큰그릇이라 인정하여 『금강경』, 『능엄경』 등을 가르쳐 이미 깊이 힘을 얻었다. 다시 雪坡襲巖의 문하에 유학하여 더욱 학문을 넓혀 1781년 그의 나이 31세에 강단을 여니 큰스님까지도 질의하게 되어 불문의 사표로 추앙되었다. 그 밖에 퇴락한 사찰의 중건에도 매우 공이 많았다.

대사는 본성이 단아 장중 근엄하여 사람들에게 항시 칭송되었고 더욱이 시로 이름이 알려져 당시 높은 벼슬아치나 명사들이 추종하지 않는 이가 없어 영남 지방의 名僧으로 추앙되었다.

1820년 그의 나이 70세 때 금강산으로 가다 서울을 지나게 되었는데 西江에서 당대의 사대부들을 만나 매우 기뻐하며 시를 주고 받았다. 그때의 시가 「西江錄」이라 하여 문집에 남아 있다. 그 당시 모였던 사람이 淵泉 金履陽, 泊翁 李明五, 石崖 趙萬永, 雲石 趙寅永 黃庭 李台升 등이었으니 사대부와의 시적 교류가 얼마나 깊었는지 증명할 만하다. 그로부터 3년 후 1823년 雲浮寺에서 입적하니 세수 73이었다.

위의 행적은 문인 有惠가 서술한 행장의 대략이다.

2. 사대부가 인정했던 시인

대사의 문집은 『澄月大師詩集』이라 하여 3권으로 전해지고 있다. 권2까지는 모두 시이고 권3에 문이 몇 편 있다. 그러기에 문집이라 하지 않고 시집이라 했던 것이다. 행장을 쓰고 있는 유혜도 이 점을 매우 강조하고 있다.

대사께서 시사를 좋아하시어 항시 산천의 아름다운 곳을 두루 읊으셨고 자주 관영의 자리에 초청되어 수창하셨다. 비록 창졸간에 응답하실 때에도 읊으며 쓰는 사이에 이따금 남을 놀래는 경구가 있었다. 술회하거나 감흥에 젖어 지으면 문체가 맑고 멋이 드러나 읊는 이들이 시원히 여겼으니 청한한 집안에 맑은 바람으로 닦인 것이었다. 모아 놓은 시편이 여러 권 되었는데 문인 性洪이 훔쳐 달아나 흩어진 중에서 수습한 것이 겨우 이것뿐이니 태산의 한 터럭끝이다.

師雅好詞律 每於湖山佳處歷遍吟詠 累被營衙郡齋邀請唱酬 雖出於倉卒應答之際 脫口肆筆之餘 而往往有驚人語 若其迷懷寓興之作 則韻致淸曠 趣味蕭散 令人諷誦 灑然若珝 寒門而濯淸風也 所裒粹詩篇 殆過數卷册子 而爲門人性洪所竊取遠逃 僅此收拾於散逸斷爛之中者 特泰山一毫芒

하였으니 일상생활에서 시는 대사의 일부였던 것으로도 이해된다. 더구나 원수집본 여러 권은 분실되고 흩어진 것을 수습하여 간행한 시집임에도 2권에 편수로만 170여 편이 되니 대사의 풍부한 작시의 일단을 이해할 만하다.

여기서 당시 사대부들과의 시적 교류를 짐작해보기 위하여 위 행장에서 말했던 「서강록」의 시부터 살펴보자.

시집에는 「西江詩軸幷序」로 되어 있다. 우선 이 시축이 있게 된 서문을 보면, "경진년(1820) 여름 강남의 조세운반선이 탈없이 강에 도착하여 검수가 끝나자 배를 강 가운데 띄워 놓고 종일 술 마시고 바둑 두며 고기를 보고 즐겼다. 그때 호남의 沈七之가 시 쓴 두루말이를 가지고 와 보였다. 黃庭 李斗臣은 장차 河陽으로 귀양가게 되어 자연히 송별할 마음이 있었다. 그때 한 늙은 중이 배를 저어 물길로 나를 찾아와 자세히 보니 영동의 訓 上人이었다. 금강산으로 가기를 요청하며 송별시를 부탁하였다.

이 모임은 원래 예기되었던 것도 아닌데 국정의 대부와 산야의 선비가 모였으니 시를 짓지 않을 수 없고 泊翁은 시에 빠진 사람이라 연회라면 기뻐하는 이이고 나이도 제일 많으니 먼저 써야 한다.” 하고 각자의 시를 모아 놓았다.

여기에서 대사가 당시의 시인묵객에게 알려진 지명도나 시의 수준을 이해하게 하며 나아가 당시의 스님들이 세속의 사대부와, 교분을 맺음에 있어서 시의 수창이 얼마나 큰 비중을 갖는가 하는 점을 이해하기에 좋은 자료라 할 수 있다. 1820년 석애 조만영이 그의 딸이 세자빈이 되어 豊恩府院君으로 봉해진 지 3·4년 뒤였고 연천 김이양은 안동 김씨의 세도문벌이었으니 대사와의 만남에서 시회를 가졌다는 점은 당시의 사회에서 인정받은 대사의 위치를 짐작하게 한다.

더구나 希谷 李止淵은 뒷날 1839년 邪學退治로 천주교의 신부를 체포한 己亥迫害의 중추인물이었다는 점을 감안할 때 스님과의 시회는 이채로운 일이다. 이 점은 바로 당시의 큰선비나 큰스님의 사이에는 종교적 차원을 넘어선 사귐이 있었음을 입증하는 것이다. 참고 삼아 이 모임의 시 몇 수만 보자.

일만 이랑의 유리에 가는 배 미끄러지고	琉璃萬頃滑行舟
한 줄기 붉은 노을 저녁 물가 흩어진다	一抹彤霞散夕洲
천 리의 바람 물결 바다 돛폭 빗기고	千里風濤橫海帆
백 년의 꽃나무 산다락 옹위하다	百年花木擁山樓
봄 끝의 이별이라 꾀꼬리 울음 들리고	春餘送別聽黃鳥
늘그막의 놀이에도 갈매기는 보인다	老去浮休見白鷗
승려시인 글짓는 선비 함께한 자리	韻釋詞人同一席
병 가득한 술 그대 머무름 위함일세.	滿壺春酒爲君留

泊翁　李明五

바람 깃발 한들한들 남강 배에 모여	風旗獵獵會南舟
뜻대로 물갓 따라 방초 모래섬	隨意沿緣芳草洲
하늘 끝 창파에 먼 달도 더디더디	天曠滄波遲遠月
밤 깊은 등불 외로운 누대 비추다	夜深燈火見孤樓
산승의 운치 싸늘한 지팡이에 스미고	山僧韻入冷冷策
바다 손의 시는 뜬 갈매기 따르다	海客詩隨泛泛鷗
어부 노래 사공 노래 속세를 침놓으니	漁唱棹歌俱砭俗
배에 가득한 별 이슬 멈출만 하구나.	滿船星露可淹留

淵泉　金履陽

송별의 시 배 위에서 읊으니　　　　　　送客吟詩水上舟
끊긴 안개 늘어진 버들 물가를 굽어보다　斷烟垂柳俯長洲
하늘 구름 넓고 넓어 바위인 듯 번쩍번쩍　天雲浩蕩澄澄石
물가 달 훤히 밝아 뚜렷한 누대　　　　　汀月虛明歷歷樓
좋은 뫼 인연 있어 멀리 가는 스님　　　　名岳有緣歸遠衲
한 물결 본성에 갈매기 가벼이 내리다　　平波底性下輕鷗
선상 먼지 지우려 강 밤도 깨끗하니　　　床塵欲歇江宵淨
세상사 풍류에 잠시 머뭄 허락하소.　　　地部風流許暫留
　　　　　　　　　　　　　　石崖　趙萬永

나무 쌀 소금 고기 온갖 실은 배　　　　柴米魚塩百種舟
먼 정리 유달리 푸른 버들 물가에 닿다　邅情偏屬綠楊洲
국가의 산 같은 은택 좋은 손님 몇 있고　廟堂山澤幾嘉客
바람 달 강 호수 좋은 누대 많구나　　　風月江湖多勝樓
천 리로 나그네 보내려 말은 매놓고　　　千里送人初繫馬
평생의 많은 병은 백구 쫓기 맹세하다　百年多病欲盟鷗
연천 상서도 맑은 밤 흥취 깊으시니　　尙書不淺淸宵興
나이 적은 제가 우리 모임 사양하겠습니까.　年少寧辞我輩留
　　　　　　　　　　　　　　雲石　趙寅永

군자의 경륜은 세상을 구제하는 배이니　君子經綸濟世舟
은택이 마른 풀에 흘러 푸르름 가득한 물가　澤流枯草綠盈洲
옛 정원 솔 국화 호서의 저택이고　　　故園松菊湖西宅
밝은 달 시 술잔 강 위의 누대　　　　明月詩樽江上樓
모이고 흩음 뜬구름이니 늙은 중도 만나고　聚散浮雲逢老釋
오르고 잠김은 흐르는 물 갈매기에 맡겨　升沈流水付沙鷗
이 걸음 다시 금강산 가는 길이니　　　此行轉向金剛路
옥 같은 문장 빌려고 종일 머물렀구료.　爲乞瓊章盡日留
　　　　　　　　　　　　　　澄月　大師

　위 시들은 서강에서 뱃놀이 하면서 지은 시이다. 당대에 내노라 하는 세도집
안의 벼슬아치와 세상과는 인연을 끊은 시승이 세속과 산중이라는 경계도 잊고

유가와 불가라는 처지의 다름도 개의치 않은 단란한 모습이다. 서로 대칭으로 맞서 있는 처지에서 시라는 문학적 행위로 격의없이 연결시켜 공감대를 형성했다는 점이 매우 의미 있는 일이다. 그러기에 시의 소재는 마주하게 되는 주변의 자연경물이다. 다시 말하면 주변의 경물에다 각자의 심회를 담아 간접적으로 전달하고 전수하는 과정이라 할 수 있다. 옛 문인들이 명승지에서는 반드시 한 수의 시를 남겨 놓았다는 것을 이해한다면, 그 행위 자체가 극히 자연스러운 것이요, 또한 당연했던 일이다. 유불이라는 이념적 차이나 승속이라는 처지의 다름에도 시로써 만나는 자리에는 극히 자연스러웠던 것도 이러한 맥락으로 이해한다면 자연스러우면서도 당연했던 점에 수긍이 간다.

위에 보인 시들도 작자나 시작 동기 등을 의식하지 않고 시 그 자체로만 볼 때 단순한 서경적 서술에 지나지 않게 보이는 까닭도 바로 여기에 있다.

이어서 금강산으로 떠나는 징월 대사에게 노자로 주는〔贈澄月上人〕 시를 몇 편 소개해본다. 이 시는 위에 보인 酬贈이 있은 뒤 바로 썼던 것으로「서강시축」에 함께 수록되어 있다.

강 위 배에서 우연히 만난 높은 중	邂逅高僧江上舟
스스로 천리 길 영주로 간다네	自言千里訪瀛洲
내 일찍이 비로봉 오른 적 있어	吾曾杖策毘盧岾
아직도 歇惺樓라는 이름 간직했네	尙有題名歇惺樓
옛부터 산중에는 불상이 남았다지만	自古山中遺佛像
지금 바다 위 신선 갈매기 쫓는 이 누구인가	誰今海上逐仙鷗
이 걸음에 진여의 경계 깨달을 수 있어	此行可悟眞如界
신령 지경 눌러 앉아 오래 머물겠지요.	爲鎭靈區肯久留

希谷　李止淵

열반으로 날리는 지팡이 빈 배인 듯	涅盤飛錫等虛舟
깨달음의 바다 망망하여 물가 안 보이네	覺海茫茫不見洲
군자의 맑은〔澄月〕 사귐은 처지를 세웠고	君子澄交須立地
산인은 세상 깨달아 함께 누대 오르다	山人悟世共登樓
불경에 의지한 마음 마른 나무와 같고	心依貝葉同枯木
몸은 구름으로 화했으니 깨끗한 갈매기일세	身化曇雲似洞鷗

물상 밖에 인연 있다는 공적한 말씀   相外有因空寂語
신령한 경계라면 어디나 머물 만하겠죠.   靈區何處可淹留

石崖　趙萬永

두 사람의 시가 모두 승숙을 떠난 지기지우를 전별하는 심정이다. 상대방이
승려이기에 불가적 시어를 선택하여 상대방의 처지를 인정하고 있다. 조만영의
시에서 전구에 보이는 군자의 맑은 사귐〔君子澄交〕은 문맥 그대로 이해해도
되지만 굳이 澄交라 함은 澄月 대사와의 사귐을 말한 것이 아닐까. 더구나 山
人悟世라 하였으니, 산승으로서 세속의 모임에 동반하였으니 속세를 깨달음이
아닌가. 이렇듯 이 시들에는 각기 다른 처지의 사람이 모임이어서 각기 상대편
쪽으로 가까이 다가와 중도의 지점에서 만나고 있으니 그야말로 유도 불도 아
닌 제3의 만남이요, 아울러 이념을 초극한 그야말로 원만융합이라 해도 될 듯
하다.

3. 시로 융화된 禪情

위에서도 보았듯이 대사가 산사를 벗어나면 일반적 시인과 다름이 없는 작시
생활이었음이 인정된다. 남아 있는 대사의 시편들은 승속간의 수답이든, 단순
한 자연의 서경이든 적요한 서정은 선지를 보임이 없으면서도 어딘가 禪趣的
운치를 느끼게 한다. 「서강시축」에서 수답했던 이지연이 대사의 시집 서문에
서 말한 "비록 심히 적요하지만 가릉빈가의 깃털이요, 보리수의 가지로서 눈뜬
이의 보배로운 음미꺼리이니 어찌 큰 솥의 한 점 고기일 뿐이겠느냐〔雖甚寂寥
伽陵之片羽 菩提之一枝 亦足備具 服之寶玩 奚止鼎臠而已乎哉〕. 함이 바로 대
사의 선정적 시세계를 대변한 것이라 하겠다.

동구에 들자 길 없나 의아했더니   入洞疑無路
시내 따르자 다시 나타난 인가   沿溪更有家
높은 갓이 때로 잎으로 가로막히고   峩冠時礙葉
두 팔소매 시원히 안개구름 이네   雙袖迥生霞
늙은 고목에 아직 남은 누런 열매   老樹餘黃果
매달린 벼랑 사이사이 하얀 꽃   懸崖間白花

밤 깊자 산 달이 돋아   夜深山月出
그윽한 흥 자주 누대 오르다.   幽興上樓多

「동구에 들다〔入洞〕」라는 시다. 산촌 깊은 마을의 조용한 풍경이다. 한 편의 시가 그저 깔끔하다. 길이 없는 듯하다 이어지는 여운, 나뭇잎으로 가려 가는 이의 행장을 거추장스럽게 하는 길, 안개 구름 가려 옷소매에서 날리는 산골, 모두가 깊은 산길을 가는 걸음걸음의 오롯한 맛을 더해준다. 성싱한 나무의 풍성한 열매보다 고목이 다된 가지 끝에 매달린 몇 알의 과일이 사랑스럽고, 드넓은 곳에 화려한 꽃보다 현애절벽에 애처로울 지경으로 매달려 있는 꽃이 더 곱고 청초하다.

이 시의 소재들은 이렇듯 한적하다는 한 말로 결구에서 말한 幽興을 돋보이게 한다 하겠다.

앉아 있는 곳 구름 이마 누르고   坐處凌雲頂
돌아갈 길 새처럼 허공을 밟다   歸程踏鳥空
의지하는 지팡이로 바위에 서서   倚筇仍石上
머리 돌려보면 다시 산속일세   回首更山中
지는 잎에 흐르는 물 살피고   落葉看流水
성근 종소리 늦바람임을 알겠다   疎鍾記晚風
요사이 고요한 세계에 머물러 있어   邇來留靜界
안색이나 모발 어린이 됨을 깨닫다.   顏髮覺成童

「鳳棲幽居」라는 시이다. 높은 산 깊은 곳에 살아 순진한 동심으로 돌아가는 자신을 발견하게 된다. 앉아 있는 구름 끝이다. 걷는 길은 마치 허공을 날으는 새의 길과 같다. 굳이 신선이 있다 한다면 이런 경지에 오가는 것이 신선이 아닌가. 지팡이의 힘으로 겨우겨우 바위에 올라 내려다보면 또 다시 산속이다. 산을 벗어난 것이 아니다.

땅 위에 지고 만 나뭇잎은 시선에 잘 들지 않지만 물 위로 떠내려가는 나뭇잎에서는 낙엽의 실상을 더 의식하게 되는 것이다. 큰 종소리가 들리는 것은 종의 울림이 크기에 당연한 것이지만 은은한 종소리야 바람결에 불리지 않고서는 들릴 리 없다. 아울러 이 산정은 저 산 아래의 절간과는 거리가 있음을 은연중 나타내고 있다. 역시 시어 선택의 묘미이다. 전편이 '유거'로 암시되는 그

으함이 있다.

짙푸른 나무 늦봄도 저물고	綠樹三春暮
깊은 암자 상서 안개 날다	深庵瑞靄飛
그윽한 꽃에 향기 가득한 선탑	幽花香滿榻
높은 뫼 옷에 와 부동하는 푸르름	喬嶽翠浮衣
걸음걸음 나막신에 구름 일고	步步雲生屐
동글동글 바둑알 닮은 돌	團團石似碁
담담히 세상 얽매임 초탈하여	澹然超世累
일 없이 솔 사립문 닫다.	無事掩松扉

「진불암에서 쓴〔題眞佛庵〕」 시이다. 역시 산사의 깊고 조용한 풍경을 담담히 읊고 있다. 결구에서 澹然超世累라 한 이 담담함이다. 시편에 부각된 여러 시어들이 담담함 없이는 여실하게 보여지기 어려운 소재들이지만 세상 얽매임이 없기에 담담히 드러나고 있는 것이다.

산이 잘려 아침 햇빛 먼저 받고	山截先朝旭
누대 낮아 저녁 그늘 쉽게 든다	樓低易夕陰
말 없이 물 굽어보기 오래하다	無言臨水久
시구 찾으려 꽃숲 깊이 앉다	覓句坐花深
꽃다운 풀이야 낯낯이 새롭지만	芳草皆新面
푸른 산은 유독 천고의 마음	靑山獨古心
다시 좋은 밤 취할 생각인데	更謀良夜醉
맑게 개인 달 동쪽 숲 오른다.	晴月上東林

「봄날 우연히 읊다〔春日偶吟〕」라는 시이다. 우연히 읊었다 하였지만 우연이 아닌 대사의 필연적 생활 모습이요, 자연 환경이다. 흐르는 물이 말 없음이지만 그것이 바로 대자연의 언어요, 계절따라 항시 있는 것이 꽃과 나무이지만 시인에게 있어서는 그것이 바로 시의 소재일 뿐만 아니라 그 자체가 시이다.

봄 되어 솟는 방초야 해마다 새로운 모습이지만 그도 옛모습의 오늘이지 옛모습과 다른 오늘의 모습이 아니며 산이야 천고를 지나도 어제의 산이요, 오늘의 산이지만 시간의 흐름에 있어 옛모습이라는 옛것은 시간 개념이 변했음을 내포하고 있다. 선리를 말하려 하지 않았지만 저절로 부증불감적 선리를 내포하고 있다 하겠다.

옛 친구는 기쁨으로 나를 맞아	故人迎我喜
오손도손 정다운 한마당 놀이	款款一遊場
이 잡으며 진리 논의 마땅하고	捫虱當論道
먼지 쓸어 침상에 누울 만도 하다	掃塵可臥床
나그네 지팡이로 햇빛 살피다가	客筇看日色
마을집 술에 꽃향기 묻어들다	村酒入花香
떠나려 하니 그래도 남은 정 있어	臨別猶餘意
은근히 다시 잡게 되는 술잔.	慇懃更把觴

「아침에 도량을 떠나며〔朝發場內〕」라 한 시다. 만나서 시간 모르는 대화가 있었고 떠나게 되매 아쉬워하는 정이 여실하게 보인다. 옷을 벗어 가려웠던 이를 잡으면서 진리의 길을 이야기하는 모습, 그야말로 세속을 떠난 한적한 도인의 모습이 연상된다. 손님을 위해 정결하게 청소해 놓은 침상 등 두 사람의 고고한 모습이 보인다.

길 떠나 대낮에 부지런히 휘저어가는 나그네, 지팡이에 비치는 햇살, 피곤하면 꽃핀 마을에서 술향기를 맛본다. 이런 일이 있음을 예견하지만 그래도 아쉬워 다시 권해보는 술잔이다.

길 굽고 뫼 둘려 깊고 깊은 옛절	路轉峯回古寺深
오면서 세 번이나 솔 그늘에 쉬다	來時三度憩松陰
대웅전 문 열자 세 부처 웃어	寶殿門開三佛笑
지는 꽃 우는 새 모두 禪心이라네.	落花啼鳥摠禪心

「文殊庵」이라 제목 삼은 시다. 높은 산 험한 길 깊은 옛절이다. 올라오기 힘들어 서너 번 쉬면서 왔다. 대웅전의 부처님 뵈오려니 이 부처님들이 깔깔 웃는다. 왜 웃었을까. 지는 잎 우는 새가 모두 깊은 선의 뜻인데 그렇게 어려운 길 무얼 찾아왔느냐고 웃는 것일까 선의 의미를 깊이 담아보려 했던 시가 아닌가 생각된다. 제목이 문수사이기에 시의 내용도 선적 함축성을 간직하려 했던 것이다.

지는 잎 우는 새가 선심이니 이를 역설로 풀이한다면 대사가 자연을 자연으로만 읊었던 모든 시가 이 선심을 표현하려는 것은 아니었을까.

늦비 가늘가늘 길은 점점 희미해 　晩雨霏微路轉迷

옛산 갈 계획에 앞 시내 향했소 　故山歸計向前溪

시옹이 가려다 지팡이 다시 멈춘 뜻은 　詩翁欲別還停錫

이 심정 아는 새 정답게 울기 때문. 　解意幽禽款款啼

「대구에서 이태승의 임별운에 따라〔達城謁李公台升謹次臨別韻〕」지은 시다. 시의가 그리 깊은 것은 아니지만 이별을 아쉬워하는 마음이 잘 드러나 있다. 가랑비에 떠나는 나그네의 모습은 언제나 일상보다 더 쓸쓸한 모습으로 반영된다. 아울러 빗길이기에 나그네의 발길을 붙잡게도 된다. 이 시는 이런 쓸쓸함과 아쉬움을 자연 사물에 기탁하고 있다. 가는 걸음을 멈추려 함이야 정다운 이와의 떠남이 아쉬워서이겠지만 그것보다도 저 오롯한 새들의 정다운 울음소리 때문이라는 것이다. 역시 자연 사물과 하나가 되어 있는 스님의 모습을 보게 한다.

여릉의 산수는 모두 아슬하지만 　盧陵山水其蒼蒼

세 사람의 웃음은 유풍으로 아직 남아 　三笑遺風尙不亡

밝은 달 사람에게 가까워도 청정계 머물고 　明月近人留淨界

시 친구 나와 함께 선상에서 자다 　詩朋同我宿禪牀

구름 개인 하늘 어룡 기운 안고 　雲晴天抱魚龍氣

고요한 밤 누대 북극빛 삼켰다 　夜靜樓含斗極光

나라 사랑 정성 깊어 지금은 나그네라 　愛國誠深今作客

꿈에는 응당 부모 처소에 맴돌겠지요. 　夢魂應復繞高堂

「높은 벼슬아치에게 차운한〔次都大雅〕」시이다. 이런 면에서 이 시는 대상자의 신분과 자연을 잘 조화시켜 비유한 작품이라 하겠다. 여릉의 慧遠이 도연명과 육수정을 만나 호계를 지나지 않겠다던 언약을 깨고 건너버려 웃어버렸던 것처럼 오늘 나도 지기적 손님을 맞아 격 밖의 일을 하게 되었다 하는 것으로 서두를 삼았다.

밝은 달이 사람 가까이 정계에 머물렀다〔明月近人留淨界〕도 저쪽의 맑은 인품을 비유했다. 뿐만 아니라 전련의 하늘 구름이나 밤 누대도 상대방의 기개를 암유하였다 하겠다. 하늘이 안은 어룡의 기상이나, 누대가 삼킨 북극의 빛은 모두가 상대방의 기상과 인품을 말함이면서 아울러 당시의 자연 풍광이기도 하다. 그러므로해서 이 시는 구성이 매우 의미 있게 되었다.

한편 시어의 공간 구성도 아주 치밀하다. 하늘이 어룡을 안았다 했으니 아래를 위의 공간으로 끌어올렸고 누대가 북극성을 삼켰다 했으니 위의 공간을 아래로 내려 모두가 중화의 위치로 정돈시켰다. 상하의 공간을 작자가 이 자리로 모았다. 이 또한 자연을 내게로 引入시키는 시인들의 시적 구도다. 대사의 시는 이렇듯 시형의 구도도 완벽하였다.

흰 돌의 승방은 옛날 독서당인데	白石僧房舊讀書
올봄에 옮겨다 趙君에게 주다	今春輸與趙君居
새벽에 아슬한 복사꽃은 신령물줄기이고	桃花曉暗靈源是
차 부엌 빈 아침은 빈 껍질 같구나	茶竈朝虛幻殼如
오랜 병은 혹 시 짓기의 고뇌 탓이니	養病或爲詩所惱
선을 사랑해도 술이 전혀 없게 마소	愛禪遮莫酒全疎
葛洪의 샘 밑 단사의 약즙으로	葛洪泉底丹砂汁
쇠한 머리 한 길 눈을 물들였으면.	乞染衰毛雪丈餘

동쪽 숲 솟는 맑게 씻긴 금모래	東林初日淨金沙
창에 비치자 사창 뚫는 부용꽃 푸른빛	當戶芙蓉碧透紗
대침상 아직 따뜻 그래서 엎치락 뒤치락	竹榻留溫仍輾轉
갈건에 취기 섞여 마음대로 삐딱해	葛巾和醉任欹斜
산나물 약기운 있어 새로운 향기	山蔬得藥生新馥
신선 우물 꽃잎 떠 한조각 안개	仙井浮花作片霞
茅君에 신선의 연단법 물으려니	欲問茅君鍊丹法
친구는 날 보고 속연 많다 비웃네.	故人嘲我俗緣多

「우연히 읊다〔偶吟〕」한 4수 중의 두 수이다. 제목이 말하듯이 우연히 자신의 신변을 소탈하게 읊은 시다. 시가 아니면 선이라는 양면에 항시 시달리기도 하고 안정을 찾기도 하는 평범한 일상을 주변의 경관과 어울려 읊고 있다.

수선의 선적 수양이 마음의 청정을 찾는 일면이 있지만 마음의 평정이 외모의 변화 곧 노쇠의 현실은 막을 수 없는 것이요, 인간적 생리의 일차적 욕구가 늙음이 없기 바라는 것 또한 당연하리라. 그러기에 있을 리 없는 것을 알면서도 불로장생의 방편으로 仙術을 바라고 기대하는 것이리라. 대사도 사람의 생리적 늙음 앞에서 있든 없든 한번쯤 선술로 일컬어져 오는 葛洪의 비법이나 茅知至의 仙遊術을 흠모해보는 것이다. 대사도 우연한 생각으로 이러한 선술을 이야기해본 것이다.

　이상에서 징월 대사가 누구보다도 시를 사랑했고, 또 소박하고 담담한 시로 당시에 인정되었던 점을 살펴보았다. 대사의 작시는 시 그 자체로 만족하면서도 스님만이 가질 수 있는 안목으로 담박한 시정에 선정적 고요함이나 선리적 깨우침을 함축시켰다 하겠다. 따라서 선승이자 시승이라 하여도 큰 망발은 아닐 듯하다.

易學에 심취했던 蓮坡

1. 간략한 행적

蓮坡 大師(1772~1811)의 법명은 惠藏이고 자는 無盡이요, 연파는 법호이다. 또하나의 自號를 兒庵이라 하여 유문집은 『兒庵遺集』이라 하여 전해지고 있다. 속성은 金氏이고 어려서의 字를 八得이라 하였는데 이는 어려서부터 뛰어난 재주에 비해서 몸이 너무 왜소하여 향리의 선비들이 애칭으로 불렀다 한다.

대사의 비명은 茶山 丁若鏞이 쓰고 있는데 이는 다산이 강진으로 귀양갔을 때 하루 밤에 주역을 가지고 대담하면서 대사의 깊은 논리에 감탄하여 막역한 사귐이 되었던 인연으로 비명까지 쓴 것이다.

대사는 출생이 寒微한데다 집이 가난하여 어려서 출가했다. 大芚寺에서 머리를 깎고 春溪天黙에게 外典부터 배웠다. 자라면서 불서를 익혀 蓮潭, 雲潭, 晶巖 등 큰스님을 거치면서 27세에 정암 대사의 인가를 받아 법을 이으니 逍遙大師의 門派가 되었다.

대사가 여러 큰스님을 거치면서 내심으로 대단치 않게 여겼으나 연담 대사만은 심복하였다 한다. 30세에 頭輪山大會의 맹주가 되니 회중이 1천여 인이 되었다.

다산 정약용이 1801년에 강진으로 귀양오게 되었다. 5년 뒤에 대사가 白蓮寺로 오면서 다산을 만나보려 하였지만 다산은 모든 내방객을 사양하는 처지라 만나지 않다가 하루는 촌로의 차림으로 백련사에 몰래 들어 대사와 반나절의 대화를 하고 다른 암자로 자리를 옮겼다.

뒤늦게 다산인 것을 알았던 대사가 다시 찾아가 그럴 수 없음을 말하고 자신의 처소로 데리고 와서 하루 저녁을 묵으며 유가경전을 말하며 그 중에서도 주역의 이치를 놓고 밤새도록 담론하였다. 다산은 이 대목에서 스스로 탄복하였다는 말을 서슴치 않았다. "정신으로 융통하였고 입에 발려서 한 번에 수천 마디를 외우는 것이 마치 쇠탄환이 철판에 구르듯 하였다〔神融口慣 一誦數十百言 如流丸轉坂〕." 하였다. 그뒤 다산이 대둔산 근처로 옮기면서 두 사람은 자주 왕래하며 여러 경전의 성리서를 논담하게 되었다. 불경에서는 『楞嚴經』이나 『起信論』을 더 즐겼다 한다.

대사는 시 짓기를 좋아하는 편은 아니지만 주고받음에 있어 수답해야 할 경우에는 늘 사람을 놀래는 구절이 있었다 한다.

35세에 법제자들에게 의발을 전한 뒤 4·5년 동안을 시와 술로 소요하다 신미년(1811) 9월 16일 백련사의 북암에서 입적하니 세수 겨우 40이었다.

2. 雜詠의 순수함

대사의 시에 「長春洞雜詩」 12수가 있는데 이 시가 중국에 전해져 당시의 대학자 翁方綱이 시인을 하나 얻었다 하여 金正喜가 사신으로 갔을 때 자신의 시집 6책, 손수 쓴 『금강경』 한 권, 초상화 한 벌을 부쳐온 일이 있었다 하니 대사의 시문이 그리 많았던 것은 아니지만 승속간에 인정되었던 점을 미루어 알 수가 있다.

대사의 시는 26편 81수가 남아 있다. 여기서는 「山居雜興」 20수와 「長書洞雜詩」 12수에 한하여 살펴보기로 한다.

서산에 달 지고 새벽 풍경 울려	月落西峯曉磬鳴
댓바람 쓸쓸 청신한 맑음 알리네	竹風蕭瑟做新晴
불단에 예 마치고 경상에 기대니	蓮壇禮訖凭經几
겨우 선창이 반쯤 밝아오네.	纔是禪窓一半明

「산거잡흥」의 첫 수이다. 산사의 새벽 예불로 시작되는 일상성을 서술하여 산 살림의 하루를 시작하는 첫 이야기가 된 셈이다. 서산으로 기우는 달이 새벽임을 알게 하고 이어서 새벽 예불소리가 울리고 예불을 마친 스님은 경상에 의지하여 잠시의 사색에 잠긴다. 이때 창 밖은 훤히 밝아오는 아침 빛이 들기 시작한다. 산사의 새벽을 담담하게 서술하였다.

푸른 산 어느 곳인들 고요하지 않으랴만	何處靑山不寂寥
원래의 자취란 다 소진시킬 수 없어	原來形跡未能消
아득한 한 생각, 저 서천 밖에다	迢迢一念西天外
어떻게 날아오라 다리 건널 수 있을까.	那得騰空渡索橋

스님으로서 정토구원의 일념이다.

원숭이 울음, 범 휘파람, 학 날개 다듬음	猿啼虎嘯鶴梳翎
깨달은 안목에는 볼수록 모두가 불경	正眼看來摠是經
보살의 신령한 회통 어디에 있나	菩薩神通何處在
지는 꽃 다 날리면 잠자리 춤을 추지요.	落花飛盡舞蜻蜓

부처님 말씀이 경전에 있는 것만이 아니라 자연 사물 어디에 있다는 것이다. 원숭이와 호랑이의 울음 그 자체가 자연의 실상이요, 외발로 서서 깃털에 빗질하는 학의 자태도 자연의 본연이요, 또한 아름다움의 극치이다. 꽃이 지면 벌 나비의 날음이 없을 것이지만, 그 자리에는 다시 잠자리의 아름다운 비상이 있다. 이 또한 자연의 순환이요, 법체의 여여한 실상의 현현이다. 보살의 융회관통은 이러한 진리의 현실을 이해함이요, 이것이 또한 깨달음으로 가는 바른 눈의 자세이다. 여기서 대사가 일상적으로 정진하고 있는 수선의 자세를 이해할 수가 있다.

시는 또 시대로의 조화가 있다. 원숭이, 범, 학 또는 꽃, 잠자리의 동식물의 만상을 자연스럽게 시의 공간으로 모으고 있다. "학은 깃털에 빗질한다〔鶴梳翎〕."와 같은 시어는 매우 세련된 표현이라 하겠다.

지고 날리는 희고 붉음, 가지 가득한 푸르름	白墮紅飄綠滿枝
쓸쓸해지는 작약꽃과 장미꽃	凄涼芍藥與薔薇
은은한 향기 바로 창 앞의 대나무에 있어	微香正在窓前竹
때때로 바람 앞에서 두시를 읽다.	時復臨風誦杜詩

꽃이 지면 잎이 푸르니 한때 호화로웠던 작약과 장미도 이제는 쓸쓸하게 보일 수밖에 없다. 그러나 항시 푸른 대는 이렇듯 쉽게 변하는 쓸쓸함이 없으니 오히려 은근한 향기가 있지 않을까. 바람에 불려오는 이 향기 속에 다시 생각나는 것이 시다. 대사가 시에 경도된 뜻을 여기서도 짐작할 수가 있다.

바위 머리 신선꽃 몇 겹으로 덮여	巖角仙花著數重
마을사람들은 木芙蓉이라 부르네	土人道是木芙蓉
한 가지 빗기 펴져 허공으로 뻗으니	一枝斜展空中去
앞산의 옥순봉을 아스라이 가리네.	微礙前山玉筍峯

목련이 피어 있는 풍경을 꾸밈없이 묘사하였다.

이상은「산거잡영」중에서 임의로 선택해본 시들이다. 여기서 대사의 산중 생활을 이해할 수 있고 산중의 자연과 시는 선사들의 생활과 가까울 수밖에 없는 일상사였던 점도 짐작이 가능하다.

다음은「장춘동잡영」중에서 몇 수를 살펴보자.

두륜산 푸른 빛이 하늘까지 우거져	頭輪翠色鬱穹隆
아홉 굽이 다리가 5백의 활등으로 이었다	九曲橋連五百弓
푸른 나무 옅게 짙게 나그넷 길에 깊었고	綠樹濃姸深客逕
흰구름 첩첩이 쌓여 선궁을 에웠네	白雲堆疊遠禪宮
여섯 때의 종소리 그윽한 골에 멎고	六時鍾磬停幽谷
한밤의 향등이 푸른 하공에 비치다	半夜香燈映碧空
손끝 퉁길 사이에 누각 열리게 되면	彈指倘令樓閣啓
곧 미륵이 허락하는 같은 풍모 보겠지.	卽看彌勒許同風

장춘동이라는 이름은 두륜산의 계곡에 차나무가 가득해서 붙여진 것이라고 제목의 주로 풀이해 놓았다. 여기 하늘까지 푸르름으로 우거졌다 함이 이 차밭을 말한 것인지도 모른다. 굽이굽이에 놓인 다리가 5백이나 되는 활로 이어졌다 했으니 다리를 활등으로 비유한 것도 재미있는 표현이다. 아래에는 푸른 나무, 위로는 흰구름이라는 상하 공간의 대칭도 재미있지만 푸르고 흰색으로 대조시킴도 재미있는 구성이다.

풍경소리와 등불의 대조도 시각과 청각의 대칭이라는 점에서 어울리는 구도가 되었다. 아무튼 이 시의 구도는 이렇듯 장춘동이 있는 두륜산의 총경을 말해서 연작시를 쓰는 서두로 삼았다.

보배 탑 풍성한 비 몇 줄로 이어져	寶塔豊碑匝數行
선종의 여러 분파 모두가 꽃다워라	一花五葉摠芬芳
향대에는 항시 전단향 기운이 솟고	香臺每湧栴壇氣

붉은 전각은 자주 사리 빛에 뜨다	紺殿頻浮金利光
물 멀고 산자락 길어 오고 가는 넋이고	水遠山長魂往復
거친 하늘 늙은 땅에 꿈만이 드날린다	天荒地老夢飛揚
고승대덕 이런 날 오히려 쓸쓸해	高僧此日還蕭索
아름다운 계절에 누가 차 한잔 드릴까.	佳節誰能薦茗觴

산문에 가득히 세워져 있는 비석은 여러 선사들의 유적이다. 달마의 선에서 여러 분파로 갈린 선의 갈래〔一花五葉〕이지만 선이라는 한 문으로 통하기는 마찬가지다. 이 풍성한 비석들이 여러 선의 갈래였을지 모르지만 나름으로 모두 꽃다운 여운을 남기고 있다.

전단의 향기가 항시 솟는 향대이고 사리의 빛이 빛나는 전각이다. 먼 물길이나 산길을 자주 드나드는 것은 아니지만 정신세계는 무한한 공간을 오가고 닿을 수 없는 하늘 땅의 끝이지만 꿈속에서는 자주 날아오를 수가 있다. 이렇게 자재로운 것이 산사에 사는 스님들의 행적이지만 그래도 인간적 본정으로 돌아오면 쓸쓸하게 느껴지는 것이 세속의 명절이다. 맑은 차 한잔이라도 권해주는 인정이 아쉽기도 하다.

황금 못 작은 시내 저절로 빙 둘려	金塘小澗自濚洄
꽃다운 풀 늘어진 버들 한 골짜기 열리다	芳草垂楊一洞開
봄은 구름산에 들어 오래 나가지 않고	春入雲山長不出
물은 속세로 흘려 돌아올 기약 없다	水流人世定無回
벼루집 갖고 다녀 때로 붓을 적시고	行持研匣時濡筆
차화로 끼고 앉아 재에다 글씨 쓰다	坐擁茶爐試畵灰
금호강 언덕에서 놀았던 기억 있으나	憶與琴湖遊岸上
어느 해에나 깊은 감상으로 복사꽃 구경 올거나.	幾年玄觀賞桃來

물이 둘리고 버들 우거져 외길만으로 통하는 골이기에 봄은 구름 산 찾아들었다가 길 잃어 나가지 못한다. 그렇다면 이 산골은 항시 봄인 셈이다. 그러나 물은 오히려 속세로 흘러내려 돌아오지 못한다. 산사의 이 그윽한 소식을 속세에 전해주기라도 하는 것인가.

대사는 스님이자 시인임이 분명하다. 항시 벼루집 연적을 가지고 다니다 시상이 떠오르면 바로 붓을 적신다. 화로 앞에 앉아서도 불꺼진 재에다 글씨를 써본다. 시흥을 놓치고 싶지 않기 때문이리라. 그러기에 옛날 노닐던 경관이 항시 마음에 아른거린다.

산문을 한 번도 벗어나지 않은 베옷	麻衣曾不下山扃
부끄럽구나 지금껏 이룬 도 없어	慚愧如今道未成
잣나무 밑 공부 누가 득력했다 하나	柏樹工夫誰得力
연꽃 세계에 헛된 이름만 들려	蓮花世界但聞名
미친 노래는 항시 수심에서 퍼나고	狂歌每向愁中發
맑은 눈물은 흔히 취한 뒤에 흘린다	淸淚多因醉後零
선정을 끝내고 나면 오히려 실소하니	坐罷蒲團還失笑
우리들 보고 천진한 백성이라 셈하지 말게.	莫將吾輩算天民

「장춘동잡시」 12수 중의 끝수이다. 장춘동의 갖가지 서경을 끝내고 그 안에 있는 자신의 처지로 마무리한 셈이다. 연작의 서술형식에도 깊은 구상을 했다 하겠다. 주변의 경관이 좋든 나쁘든 결국은 거기에 거처하는 사람이 주인이다. 결국 거처하는 사람 곧 이 시의 작자가 주인이기에 자신의 이야기로 마무리하였다. 경치가 이렇게 아름다워 산문을 벗어나지 않았지만 아직도 도를 이루지 못했으니 부끄러울 수밖에 없다. 그러면서도 산문 밖에 이름이 알려졌으니 더더욱 부끄러울 수밖에 없다. 좌선을 한다거나 진리를 깨우친다 하면서 이룬 것이 없으니 어쩌면 천진하고 평범한 백성만도 못한 것이 아니냐.

　우리나라의 시인들이 詞를 지은 경우가 그리 많지 않다. 그 이유는 정형성을 벗어난 長短句의 구성이 우리의 음률과 잘 어울려지지 않기 때문이었는지도 모른다. 그런데 연파 대사의 유고집에는 여러 수의 詞가 있어 주목의 대상이 된다. 詞 한 체만 쓴 것이 아니라 여러 체를 두루 쓰고 있다.

총림의 격시 뛰어넘는 無生曲	叢林格外無生曲
줄 없는 거문고에 시내 빛 푸르다	沒絃琴裡溪光綠
祖師禪 들어 희롱하며	拈弄祖師禪
영겁의 저 너머로 울려보다	永鳴空劫前
옛 가락을 다시 살피면	古調如再按
세계는 모두가 허깨비 되지	世界都成幻
흰구름 언덕 한가로이 쉬고	閒憩白雲涯

턱 고이고 지는 꽃 보다.   支頤看落花

菩薩蠻〈遣興〉

　보살만체를 빌어 흥을 달랜다는 노래이다. 격외선의 경지를 읊었다. 무생곡
이나 몰현금이 모두 격 밖의 음률이다. 조사선이나 묵조선에 매달리는 것 자체
가 집착을 벗어나는 선의 자세에서 보면 헛된 일일 수도 있다. 그러기에 옛 가
락을 다시 살피면 알맹이 없는 허수아비일 수도 있다. 흰구름이나 지는 꽃의
살핌이 진여실상을 이해하는 첩경일 수도 있다.

말 밖의 영롱한 산의 푸르름   簾外玲瓏山翠
숲속 꾀꼬리 하나 제때에 오다   林裡一鶯時至
한가로이 대창가에 누워   閒臥竹窓邊
한낮 종소리에도 아직 졸다   到午鍾鳴猶睡
부끄럽구나 부끄럽다   慚愧慚愧
세상 사이의 명리에 미친 듯 내닫다니.   狂走世間名利

如夢令〈春睡〉

　여몽령체를 빌어 봄날의 졸음을 읊었다. 꾀꼬리의 노래가 있어도 듣지 못하
고 한낮의 종이 울릴 때까지 졸고 있는 한가로움이다. 이런 한가로움 속에서
속세의 명리 다툼이 부끄럽게 느껴진다.
　이 밖에도 「和中峯樂隱詞」 16수가 있다. 원래 26수였는데 10수는 유실되었
다 한다.

고개 올라 찻잎 따고   登嶺採茶
물 끌어 꽃밭에 대다   引水灌花
머리 돌리자 햇살은 이미 기울다   忽回首山日已斜
그윽한 절에서 울리는 종소리   幽菴出磬
늙은 고목에 가마귀 깃들어   古樹有雅
기쁘다, 이렇듯 한가롭고 이렇듯 즐겁고   喜如此閒如此樂如此嘉
이렇듯 아름답다

바위 머리 구름 열리고   石面雲開
시내 어귀 물줄기 맞부딪다   澗口泉㕵

산사람의 흥취 유쾌하지 않으랴	幽人興豈不快哉
숲 골짜기 고요하고 깊고	林壑窈窕
사원의 집 높고 또 높다	院宇崔嵬
좋구나, 맑은 바람 맞고 밝은 달 희롱하고	好迎淸颷弄明月步蒼苔
푸른 이끼에 걷다	

흰구름 자물쇠로 잠기고	白雲鎖局
푸른 나무 뜰에 가득하다	綠樾滿庭
일천 바위 모아 불자 종횡으로 휘두르다	集千石揮麈縱橫
진실로 진리에 어두우면	苟昧眞理
오히려 망정에 떨어져	還墮妄情
모름지기, 생각 버리고 문자 여의고	須去思量離文字見性靈
성령을 보아야지.	

임의로 고른 몇 수이다. 「낙은」이라는 제목의 뜻이 말하듯 숨어사는 즐거움을 노래하였다. 그러면서도 스님으로서의 교계성을 벗어나지 않고 있다. 이렇듯 대사는 詞의 격식을 이해하면서 무리없는 구성을 자재로이 하였던 것으로 보인다.

이상에서 대사가 外經이라 할 수 있는 유가 경전에 깊은 조예를 가지고 있으면서 시에 있어서도 당시에 인정을 받았던 시인이었음을 간략히 살폈다. 日人 학자 高橋亨이 『李朝佛教』에서 대사의 시는 그리 높은 수준이 아님에도 翁方綱의 기림을 받은 것은 지나친 찬사였다는 말은 高橋亨 그 자신의 지나친 곡해였다고 생각된다.

典雅한 시풍으로 알려진 月荷

1. 간단한 행적

月荷 大師(1773~1849)의 이름은 戒悟이고 자는 鵬擧이고 월하는 호이다. 속성은 安東 權氏요, 아버지는 慕賢 어머니는 密陽 朴氏인데 어머니의 태몽에 달이 품에 들었고 태어날 때에는 산이 세 번이나 울고, 부엉이가 옥상에 내려와 울었다. 호와 자는 이러한 길상의 징조를 상징하여 지었다 한다. 태어나면서 눈빛이 맑고 지혜로워 부모들이 앞으로 특이한 일이 있으리라 예견하였다.

7살에 서숙에 나아가 하루에 1천여 자를 배워도 어려워함이 없고 시구를 외우면 사람들을 놀라게 하였다. 11살에 부모의 뜻에 따라 八公山의 月庵 수좌에게서 체발하고 智峯 화상에게 법을 전해 받았다. 枕虛 法師에게서 구족계를 받고 큰스님들의 강회에 두루 참여하여 약관의 나이에 이미 법을 강연하였다.

출가 후에는 거처하는 가람 옆에 토실을 장만하여 어머니를 모셔 봉양하면서 잠시도 떠나지 않았다. 어머니가 나이들어 어두웠던 눈이 다시 밝으니 모든 이들이 지성의 감동이라 하여 기렸다.

여가가 있을 때에는 내전의 불경 이외에 백가서를 수집하여 통독하니 그의 문장력은 민첩하면서 호방하여 조금도 속된 기상이 없었다. 시는 매우 高古하여 조금도 꾸민 흔적이 없이 스스로의 作風을 형성하였고 서법에도 뛰어나 여러 현판들이 대사의 손을 빌어 이루어진 것이 많았다.

계율을 엄히 지켜 名利에 따르는 일이 없었지만, 속세의 사대부들이 서로 수장하여 방외의 지기로 여겼으나 60이 지나서는 시문은 그릇된 업장이라 하여 일체 저작하지 않고 분향 면벽으로 오로지 염불에만 전념하였다.

이상은 문인 喜謙이 찬술한 행장의 대략이다.

2. 典雅 高古했던 詩風

대사의 문집은 『伽山藁』라 하여 4권이 전하고 있다. 서문은 月荷上人遺集序라 하였으니 『월하집』으로도 알려졌던 것 같다. 3권까지는 모두 시이고 문은 4권에 실려 있다. 서문을 쓰고 있는 權瓁은 대사의 시를 다음과 같이 평하고 있다.

"문은 간결하면서 옛스러워 작자의 법도가 있고 시 또한 전아하여 속스러운 기상이 없다. 산림에 깊이 서식하여 진세의 일을 구하지 않았어도 함께 노니는 이들이 모두가 한 시대의 선민으로 韓愈가 太顚에게나 陶潛이 慧遠에게 동의하였던 것과 같지 않은 이가 없었다(其文也簡古 有作者法 詩亦典雅 無蔬筍氣 深棲葱嶺 不求塵業 而其與之遊者 皆一時之選 莫不以昌黎之太顚 陶令之遠公許之)." 함으로도 당시의 문학계에서 인정받았던 점을 이해할 수 있다.

앞의 행적에서도 보았듯이 대사의 시는 그저 순탄하게 흐르는 구성으로 애써 시어를 꾸미려 하지 않은 느낌이다. 한순간을 이야기하듯이 이어가고 있다.

베개 위에서 꾀꼬리소리 듣고	枕上聽鶯語
여러 동자놈에게 묻기를	問諸童子曰
집 앞 다섯 버드나무에	家前五柳樹
녹음이 해를 가리었드냐.	綠陰能漲日

「病中」이라 제한 시이다. 병으로 누워 바깥의 절기를 알지 못한다. 언뜻 들리는 꾀꼬리의 울음에 봄이 깊었나 싶어 동자를 불러 묻는 것이다. 꾀꼬리 저렇듯 노래한다면 벌써 녹음이 짙어지지 않았겠느냐는 것이다.

제목은 병중에 있어서라 했지만 시어에는 병으로 추단할 한 구절도 없으면서도 병으로 바깥을 모르는 상황이 보이듯이 훤하다. 이것이 바로 시가 갖는 함축적 시사성이 아닌가. 높은 수법이라 함이 이런 점을 두고 말한 것이 아니겠는가.

등불꽃 그림 같은 속에	燈華如畫裏
시의 이야기란 또 인간세상사	詩語又人間
아희 불러 자주 잔을 씻기며	呼童頻洗勺
술잔 잡고 푸른 산 대하다	把酒對靑山

「암자 등의 밤 대화〔燈庵夜話〕」라는 시다. 역시 밤의 한순간을 소박하게 읊었다. 꽃처럼 환한 등불 아래서 대화를 한다면 세상살이의 이야기가 주가 되는 것이 현실이다. 이야기란 주고 받음에서 이루어지는 것이니 주고 받음이야 술잔보다 더 자유로운 것도 없다. 그러기에 酬酌이란 말이 있는 것이 아닌가. 아희 불러 잔을 씻게 하고 다시 받는 술잔에 산 그림자가 비치기도 하려니와 산을 마주하고 앉은 자리이니 자연히 산은 내 대작의 친구일 수도 있다. 이 시는 이렇듯 소탈한 한 시인의 독백이다. 어디에서도 스님이라는 분위기를 찾을 수가 없다. 신선 같은 시인의 모습뿐이다.

동리 안은 싸늘한 아지랑이 연기	洞裡烟霞冷
창 사이로 귀뚜라미 읊음	窓間蟋蟀吟
가을소리를 미물도 느끼는데	商聲物猶感
하물며 나의 흰머리 마음이야	況我白頭心

「가을 사정〔秋事〕」이라 제한 시다. 귀뚜라미의 울음은 가을의 신호로 여긴다. 어느 사이 창 너머에서 들려오는 벌레소리에 가을임을 알게 되었고 늙음에 다다른 마음에는 또 한 해가 지나간다는 시간의 무상성을 의식하게 한다. 소재는 단순한 귀뚜라미의 울음이지만 이 자체로써 가을을 다 상징했다고 할 수 있다. 제목을 가을로 잡고 쓰는 허다한 소재가 있겠지만 이 단순한 한 사물로 가을의 모든 것을 수용하고 있다. 거기에다 작자의 감회를 투영시켜 자신의 가을로 인입시키고 있다. 역시 담박한 시어들이다.

맑은 술 석 잔의 힘으로	白酒三盃力
푸른 산 십 리의 길	靑山十里行
멀리 보이는 어느 곳 절인가	遙望何處寺
바위 아래 저녁 연기 일다	巖下暮烟生

「길 가다〔途中〕」짓는 시이다. 그저 소박하다. 나그네의 지친 걸음 술기운으로 십 리의 길을 걷는다. 어느 절에서 쉬어야 할지 기약이 없다. 멀리 저 절벽 밑에서 저녁 연기가 피어오른다. 거기에 절이 있나 보다. 나그넷길의 지루함에서 순간에 벌어지는 경관을 별 꾸밈 없이 평이하게 서술하면서 산길의 오롯함을 그림 이상으로 실감 있게 표현하였다. 대사의 시에는 꾸민 흔적이 없다 함이 바로 이러한 수사성을 두고 한 말일 것이다.

푸른 산 네 벽으로 에워쌌고	靑山圍四壁
흰 물줄기 깊은 시내에 눕다	白水臥深溪
늙은 나무에도 꽃 마음이 부푸는데	古木花心漸
밤 사이 비바람이 서글퍼	夜來風雨凄

「산의 봄〔山春〕」을 노래한 시다. 산이 높아 벽처럼 둘려 있고 시냇물은 깊이 흘러 흰 비단처럼 펼쳐져 있다. 시내가 눕다 하여 수직으로 서 있는 절벽과 종횡의 대칭을 이루는 시어의 선택이다.

봄 되어 새 가지에 꽃이 피는 것이 당연한 일이지만 古樹라 하여 늙은 나무를 선택한 것이 이 시의 돋보이는 착안점이다. 늙었지만 꽃 피울 생각이 부풀었으니 새 가지야 말할 것도 없다. 부풀었다거나 무젖었다거나 하는 '漸'자의 용법도 재미있다. 늙은 나무도 꽃 피울 생각이 불어나는데 밤 사이에 짓궂은 비바람은 또 무슨 일이냐는 것이다.

기미마저 잊어야 천지 근본 알지	忘機天地本
종일토록 낚시터에 앉아 있다	終日坐漁磯
산 그림자 밖 외로운 돛이 지나고	山影孤帆去
갈매기 등빛은 저문 개포 돌아오다	鷺光晩浦歸
이 한몸 거문고 속에서 늙고	一身琴上老
온갖 일 술 안에서는 하찮다	萬事酒中微
넘실넘실 어옹의 도롱이의 꿈	滾滾烟蓑夢
봄 강에는 십 리의 가랑비	春江十里霏

「김씨의 강정에 쓰는〔題金氏江亭〕」시이다. 강가의 저녁 풍경을 담박하게 읊었다. 천지 자연의 근본 이치를 알려면 오히려 자연이 이루어진 동기마저도 잊어야 한다. 그것이 바로 忘機이다. 망아라 하여 나를 잊는 것이 귀하지만 나를 잊으려 하면 나의 존재를 인정해야 하니 쉽게 잊어지지가 않는다. 나의 존재라는 그 동기를 잊을 때 그것을 없음이라는 말로 대치시킬 수 있을 듯도 하다. 이 동기마저 잊자 하여 고기들 스스로 즐기는 낚시터에 앉아본 것인가.

시선 끝에 어리는 저 산자락의 그림자, 거기에 어른거려 지나는 돛배 하나 이것이 강의 서경을 휘갑한다 할 수도 있다. 강이 넓다거나 길다는 평방이나 장단의 단위로 논의될 것이 아니다. 시선 끝에 한 점으로 표현될 수 있는 이

외로운 돛이 이 평방이나 장단의 질량적 공간을 여유 있게 포용된 것이다. 거기에 다시 사선을 긋는 갈매기의 날음이다. 그저 몇 가닥의 선으로 한 폭의 풍경화가 다 된 셈이다.

　여기에 곁들인 술과 음악, 이 경치의 멋을 홀로 즐기려는 작자의 생애이다. 그러면서 결구의 '봄강의 십 리 가랑비'가 봄날의 경치를 다 대변해주고 있다. 이 넓고 긴 강에 안개처럼 내리는 가랑비가 모든 풍경을 감싸안아버리고 만다.

비 지난 동산의 뒤에는	雨過東山後
은근한 조화 이루어지다	殷勤造化成
은은한 붉음 봉숭아 살구나무 사이	暗紅桃杏間
연한 푸르름은 오동 버들이 드린다	軟綠梧柳呈
마을 술은 향기로우며 해맑고	村酒香而淥
봄날 거문고는 호탕하다 맑아져	春琴蕩忽淸
시내 바위 오래 앉아 읊조리니	礀崖吟久坐
모든 물색이 잠시 정을 멈춰주네	物色少留情

「봄비〔春雨〕」라는 시이다. 비 온 뒤 만물의 소생을 주제로 삼았다. 네 계절 어느 때인들 자연조화 아님이 없겠지만 새 생명으로 이해되어야 봄날 만물의 준동을 조화라 함이 자연스럽고 당연하다. 붉음이나 푸르름의 색깔도 봄이라서 조화롭게 어울리는 것이니, 시인의 풍류로서 거문고나 술도 자연스럽게 만나게 된다. 시를 읊으며 앉아 있는 봄날 언덕 대경의 물상이 시인의 정을 머무르게 한다. 이것이 바로 시인의 정감을 移人하거나 引入하는 것이 아닌가.

봄날 운문사	春日雲門寺
若邪溪 시내 위 다리	若邪溪上橋
맑은 물결 반짝이는 잉어의 눈	漣漪明鯉目
꽃술마다 움직이는 벌의 허리	花藥動蜂腰
번거로운 고동 시 읊음 방해되니	煩敲妨咏嘯
생각 흩어 먼 허공에 떨어뜨리자	散慮落逍遙
웃으며 쳐다본 아지랑이 새의 길	笑看烟禽向
山童은 저녁 땔감 벤다	山童夕採樵

꽃 나무 들숙날숙한 곳	花木參差地
붉고 푸른 멀고 가까운 언덕	丹青遠近坡
누운 가지 펄렁이는 춤사위	臥條翻舞袖
우는 시내 아주 닮은 피리 노래	鳴澗逼笙歌
아리땁고 귀여운 꾀꼬리의 모임	孌婉鶯兒集
현란한 문채 꿩에게 많다	文章翟類多
강산이 우주를 맞먹으리	江山能宇宙
이를 으뜸으로, 다른 것 부럽지 않다.	豪右不耽他

「若邪溪」라는 시의 2수이다. 봄산의 경치를 다각적으로 묘사하여 그저 여실한 자연 경관을 보여주고 있다. 그러면서 간혹 시어의 구성적 묘미를 더하고 있다.

지팡이 짚고 가벼운 먼지 길 걸어	扶藜一起步輕塵
늦게 붉은 꽃 감상하며 저문 봄 읊다	晚賞紅花詠暮春
저 인간세상 얽매이고 막힌 이는	繫彼人間凝滯者
만물이 굽었다 폈다 하는 이치 모르지	不知萬物屈而伸

「꽃구경〔賞花〕」이라는 시다. 대사가 자연을 즐겨 그를 소재로 시를 지었던 뜻을 알 수가 있다. 자연이 아름다워 자연을 즐겨 시를 쓴 것이야 틀림없지만 스님이라는 신분으로 대중교화의 임무를 버릴 수 없는 것이 역시 현실이다. 이 시에서는 자연에서 모든 이치를 깨달아야 한다는 가르침의 뜻이 내포되어 있다. 한때의 꽃이 아름답지만 피고 나면 지는 꽃이다. 한 번 펴게 되면 한 번 굽어야 하는 것이 진리이다. 꽃을 보고서 그것을 의식하지 못하면 그것은 사물에 막혀 있는 사람이다. 저 세속적인 일에 매달리면 그것을 알지 못한다.

이상 대사의 시를 대략 살펴보았다. 자연을 소재로 한 시를 대상으로 살펴본 셈이다. 그 까닭은 대사의 시의 많은 부분을 차지하고 있는 소재였기 때문이다. 그러면서 거기에는 대사의 소박한 시정이 담겨 있었기 때문이다. 당시 사대부들이 대사의 시를 고고하다든다 간결 담박하다 말했던 이유를 간접적으로 증명해본 셈이다.

酬唱에 뛰어난 艸衣의 시

1. 간략한 행적

艸衣(1786~1866) 선사의 행적은 『艸衣詩藁』 권하에 申櫶이 지은 「艸衣大禪師塔碑銘」과 李喜豊이 지은 초의 대사 탑명 등에서 대략 살필 수가 있다.

초의의 속성은 興城 張氏요, 이름은 意恂, 자는 中孚子이다. 조선 정조 10년(1786) 병오 4월 5일, 전남 무안군 삼향면에서 태어났다. 초의는 拈花之號이며, 그밖에 海翁, 海師, 海老師, 海陽後學, 海上也耋人, 芋社, 紫芋, 一枝庵이라고 했으며, 헌종으로부터 '大覺登階普濟尊者艸衣大禪師'라는 시호를 받았다.

스님의 가계에 대해서는 자세히 알 수 없으나, 어머니가 큰 별이 품안으로 들어오는 꿈을 꾸고 잉태하였다고 한다. 5살(1790) 때에 강가에서 놀다가 깊은 곳에 빠졌으나 스님의 구조로 살았고, 15살(1800) 때에, 전남 나주군 다도면 용덕산에 있는 雲興寺에서 大德 碧峰敏性을 은사로 출가했다.

19세(1804) 되던 해 영암의 월출산에 혼자 올라갔다가, 아름다운 절경에 심취해서 감탄하던 가운데 바닷속에서 떠오르는 달을 보고 開悟했다. 그 후 해남 대흥사에 와서 玩虎 스님을 뵙고 具足戒를 받았으며, 초의라는 호도 이때 받았다. 24세(1809)에 강진에 와서 유배생활을 하던 茶山 丁若鏞(1762~1836)과 처음 교류하였다. 정약용은 이보다 4년 먼저, 萬德寺의 아암 선사〔惠藏〕와 사귀면서 茶生活을 시작했다. 따라서, 정약용은 초의에게서 차에 대한 이해를 구하고, 초의는 『주역』과 「詩學」을 배우고자 하였다.

30세(1815) 되던 해 처음으로 한양에 올라와서 金正喜(1786~1856), 山泉 金命喜, 琴眉 金相喜 형제와 정약용의 아들인 酉山 丁學淵, 耘逋 丁學遊 형제, 申緯, 洪顯周 등과 교류를 했다. 이들 모든 문사와의 교유는 평생을 통해 이루어졌으며, 和韻한 시 60여 수가 있다.

39세(1824) 때, 일지암을 중건하고, 그 후, 일생을 보내는 근거지로 삼는다. 45세(1830) 되던 해, 『茶神傳』을 저술하였다.

56세(1841)에 白坡 禪師의 三宗禪을 논박한 「妄證十五條」를 龜岩寺에 있
는 백파 선사에게 보내 禪論爭을 한다.

58세(1843)에 늙은 몸을 이끌고 고향에 들르나, 고향집은 다 허물어지고
잡초만 무성한 부모의 무덤을 돌아보고 눈물로 시를 짓는다.

고향을 떠난 지 40년인데	遠別鄕關四十秋
돌아와보니 센 머리도 모르겠구나	歸來不覺雪盈頭
새 터전은 잡초에 묻히고	新基草沒家安在
옛 묘는 이끼만 끼어 걸음마다 시름이구나	古墓苔荒履跡愁
마음을 잃었는데, 恨은 어디서 생겨나는가	心死恨從何處起
피눈물도 말라서 흘려지지 않네	血乾淚亦不能流
외로운 중 다시 구름따라 떠나노니	孤笻更欲隨雲去
아서라, 고향 찾는단 말 부끄럽네.	已矣人生愧首邱

71세(1856) 되던 해 10월에는 42년간 金蘭之契를 맺어온 김정희가 과천
청계산 아래에서 유명을 달리하자, 그의 영전 앞에 「阮堂金公祭文」을 지어 올
리고 일지암에 돌아와 쓸쓸히 만년을 보내다, 세수 81세(1866) 법랍 65세에
서쪽을 향해 가부좌를 하고 입적하였다.

초의 선사의 저서로는 일생 동안 참선의 여가에 사대부와 교류하여 지은 시
를 모은 『一枝庵詩稿』와, 일생 동안 지은 疏, 記, 序, 跋, 祭文, 祝文, 影贊을
실은 『一枝庵文集』, 禪의 요지를 밝힌 『禪門拈頌』 중에서 골자만을 가려 주석
을 달아 놓은 『艸衣禪課』, 조선 후기 선론쟁으로 백파의 禪論에 반대의 입장을
밝힌 유명한 『禪門四辨漫語』, 한국의 茶經으로 불리는 『東茶頌』, 차의 지침서
인 『茶神傳』과 序, 跋, 祭文, 書簡 등을 모은 手稿 草本 『文字般若集』 등이 있
다.

2. 여러 수도 한 수로 이어지는 快作

위에서도 보았듯이 스님은 그 당시 거유와의 교분이 남달리 두터웠다. 그의
시문집에는 선사로서의 교리적 시보다도 유가와의 수답이 두드러지게 많다. 보

내온 시가 한 두 수에 지나지 않아도 스님께서 酬答하는 시는 10여 수까지도 예사롭게 보내고 있다.

조선조의 선사들이 유가와 시를 주고 받는 것은 일상적 생활처럼 되어 있던 것이 당시의 사정이기는 하나, 초의 선사께서는 누구보다도 유가와의 수답이 많으셨다. 당시의 시대적 사조가 중국의 청조문화의 새 조류이었던 이른바 실학이라는 새로운 학풍에 영향되었던 사대부와의 교분이 남달리 두터웠던 것으로 보이는 초의 선사는 당시의 문화사적인 측면에서도 주목되어야 할 일이다.

내 자하동을 생각하니	我思紫霞洞
꽃나무 정히 어지럽겠지	花木正繽紛
서로를 방해하는 장마비 괴로워	淫雨苦相妨
행장 차리고 20일이 지났네	束裝踰二旬
어른의 명 깊이 저버려	深孤長者命
참다운 정 하소연할 길 없소	無由訴情眞
달 별 한밤에 드러나	星月露中宵
짙던 구름도 개인 새벽	屯雲散淸晨
흔연히 긴 지팡이 떨치니	欣然起長策
물색도 정히 새롭고 고와라	物色正鮮新
옷을 걷어 시내 건너고	褰裻涉幽澗
머리 들어 깊은 댓숲 뚫다	俛首穿深筠
만폭교까지 이르른 걸음에	行至萬瀑橋
하늘 모습 다시 찡그리더니	天容忽更顰
골 바람 숲을 흔들어	谷風動林起
흐르는 물기 산자락 덮네	流氣被嶙峋
나는 물방울 수면에 뛰니	飛沫跳水面
가는 무늬가 비늘처럼 이네	細紋起鱗鱗
가는 걸음 다시 외로워지니	中行成獨復
쓸쓸한 심정 다 펼 수 없구나	惆悵難具陳
몇 리의 길도 이와 같으니	由旬尙如此
어떻게 천하를 다하나	何以窮八垠
슬프다 칠 척의 이 몸	哀哉七尺身

　　가벼운 나들이도 길이 없구료.　　輕擧諒無因

「비에 막혀 다산초당에 가지 못한다〔阻雨未往茶山草堂〕」는 시이다. 다산 정약용과의 교분은 널리 알려져 있는 사실이다. 정약용을 만나고 싶어도 만나지 못하는 심회를 서술하였다. 시는 시로서의 구성에 적의하게 맞아 있다. 만나지 못하는 심정을 주변 경관에 의해 그러함을 말했다. 장마철의 물색을 여실하게 말하여 가지 못하는 사연을 펴보였다.

　초의 선사가 유가와 수답하게 되면 즉석에서 여러 수를 했던 것이 상례이고 많은 경우 20여 수를 하고 있는 경우도 있으니 이 점이 바로 선사의 민첩한 시재였던 것이고 이 점이 당시 사대부들이 처지의 다름이나 직위의 고하, 연치의 높낮이도 없이 시를 매개로 해서 모였던 것으로 보인다.

　東莊에서 승지인 金在元, 金敬淵, 金逈根과 金正喜와 이별하면서 지은 시는 무려 21수에 달하고 있으니 서로 헤어지는 자리에서 지었다면 즉석에서의 저작이라 하겠으니 이는 놀라운 시재라 하지 않을 수가 없다. 그 자리가 자별한 자리이었음은 추사 김정희와의 교분으로 이해하면 알 수 있는 일이다. 추사와는 생년이 같은 동갑이었고 黃山 金逈根은 선사보다 한 살 위였다. 나이들이 같음으로 해서 더욱 두터운 친분으로 교류하였을 법도 하다. 다음에 몇수를 가려보자.

　　　　나그네 집에서 좋은 친구 이별하니　　旅館違良知
　　　　종일토록 시름으로 섭섭해　　　　　　竟日愁悄悄
　　　　홀로 연련하노니, 비 개인 봉우리가　　獨憐霽後峯
　　　　숲 밖으로 곱게곱게 드러나는 것을　　妍妍露林表

　　　　갑자기 상방의 서신을 펴자　　　　　　忽開上方信
　　　　난새 수레 구름 끝에 쉬더니　　　　　　鸞驂稅雲端
　　　　유연히 긴 채찍 날려　　　　　　　　　悠然起長策
　　　　높은 묏부리 뛰어넘겠네　　　　　　　超遞蹄巑岏

　　　　시내 어구까지 맞닿은 구름　　　　　　澗口雲方合
　　　　산마루에 아직 해가 드러나지 않네　　山頂日未顯
　　　　오! 이 빈 골짜기에서　　　　　　　　吁嗟虛谷中
　　　　외로이 가면 누구와 연련해야 하나　　孤往竟誰戀

  제1수에서 3수까지이다. 네 사람과 헤어져야 하는 서곡이다. 이렇듯 이 시는 21수가 한 주제로 이어지는 연작의 형태를 갖는다. 나그네 길에서 서로 이별하여 시름겨움을 비 갠 후의 우뚝 솟은 봉우리로 연결하여 자신의 외로움을 상징시키면서 어쩔 수 없이 이 외로운 봉우리를 넘어야 하는 바쁜 걸음을 묘사하고, 끝내 이 빈 골짜기를 자신만이 가야 하는 외로움으로 이어갔다.

빙 둘린 여울 거듭된 산을 돌고	旋瀨縈重丘
되도는 물줄 바위 위로 펼치네	回潨鋪石磴
천 길의 폭포 늘어뜨려	垂成千丈瀑
고동하는 우뢰 빈 산을 울린다	雷動空山應
섬세한 안개 나무 끝에 일고	細烟生樹梢
은미한 풍경 구름 속에 울리다	微磬響雲中
알 수 없어라 구름 나무 속	不知雲樹裏
선가의 누대 참으로 몇 굽이 될까	禪樓信幾重
엊저녁 비 남쪽 숲부터 풀리니	宿雨解南榮
돋는 햇살 높은 누대에 쏟네	旭日射層檻
반짝반짝 밝은 아지랑이의 찬란	粲粲明霞爛
아물아물 옅은 안개의 둘림.	濛濛細霧縈

  제5수에서 7수까지이다. 어울릴 수 있는 지기들과 헤어진 뒤의 쓸쓸한 산중경관이다. 사람들과의 이별은 쓸쓸하지만 산중의 경치는 그대로 아름답다. 이 산중의 아름다운 벗으로 세속의 벗을 잊을 수도 있다. 그렇지만 그 지기의 벗이 있다면 이 자연경관을 함께 감상할 수도 있는 것이 시 속에 함축되어 있는 내면적 의미는 친구의 그리움이라 하여도 무방하리라.

저 아름다운 네 군자님	彼美四君子
고당에는 꽃다운 자리 펼치고	高堂倂華筵
잡다하게 배열된 옛 기물들	雜雜排古玩
드문드문 벌린 선연의 아름다움	疎疎羅嬋姸
바람에 불리듯 먹물빛의 맑음	掩冉墨暈淸
빙 둘린 차 연기의 푸르름	繞綹茶烟碧

바라보면 스스로 알연해	瞻眺自藹然
깨끗한 벽에 분칠하듯 가렸다	鉛華籠淨壁

쥐수염 양털의 붓대요	鼠鬚羊毫管
지는 꽃 흐르는 물의 종이로	落花流水牋
문장 끝나면 교룡이 움직이고	章罷龍蛇動
붓 날리면 난새 봉새 날아오른다.	筆飛鸞鳳騫

제9수에서 11수까지이다. 위에서 자연의 서경 속에서 친구를 그리다가 이제는 바로 그들을 연상하였다. 저들은 속세의 사대부들이다. 이제는 고대광실에서 여유 있는 놀이를 할 수도 있다. 그 거처의 아름다움을 서술하되 역시 선비의 살림에서 청정한 운치를 누리고 있다는 내용이다. 쥐수염의 붓이나 양털의 좋은 붓으로 흐르는 물에 떠내리는 꽃잎처럼 막힘이 없고 멋이 있는 시를 쓰고 있을 것이다. 그 문체나 글씨는 용이 날아오르고 난새나 봉새의 비상과 같이 고고할 것이다. 상대방의 시문에 대한 찬사요, 그러한 그들이기에 그리워지는 것이다.

호화로운 곳 어느 해 떠나	寶所何年別
우연히 와 화성에서 머물까	偶來宿化城
청량의 법에라도 의지하여	庶憑淸凉法
한번 환해 노닐 뜻 씻어보지	一洗遊宦情

경상 위의 능엄경은	床上有楞嚴
나의 강의 연구 의욕 돋우니	推我講徵心
말 없음의 곳에 이르면	聽到無言處
유연히 벼슬살이도 잊겠죠	悠然忘華簪

학은 높은 담 그늘에서 졸고	鶴眠高墉陰
수목은 늦은 누대에 서늘하다	樹凉重閣晚
아름다운 계절 아름다운 모임	佳長成佳會
우아한 만남으로 한바탕의 이야기.	雅合論一段

제13수에서 15수까지이다. 앞에서 상대방의 상황을, 그리고 여기에 와서 자신의 생활을 소개하면서 한번 만나기를 고대한다. 여기는 세속의 호화로움이나

벼슬길의 시끄러움 같은 것은 말끔히 씻을 수 있고, 나누는 이야기가 청담하고
자신이 처한 처지이지만 지기들과는 있을 만한 곳임을 말했다.

東老〔金在元〕가 발미를 쓰는 뜻은	東老題後跋
눈에 남긴 기러기 자국을 쓰기 위함이나	爲識雪鴻遊
내일 아침이면 고금의 일이 되어	明朝成今古
문득 이 삶이 뜬구름임을 알겠지	殊覺此生浮
韓愈를 조주로 보내던 소매 이해하려고	將解潮州袂
다시 孔子가 다리에서 쉬던 시편을 쓴다	更題河梁篇
말씨 부드러워 고담을 본받으니	詞惋體古淡
푸른 구슬의 뛰어남 얻음보다 낫다	勝獲青瑤鐫
지는 해 방초의 길에	夕陽芳草路
말 울음도 빨리 내달아	鳴駒就駸駸
높은 곳에서 멀리 보내오니	臨高一遙送
가을 산에는 아지랑이 감도네.	秋山嵐氣侵

제19수에서 끝 수까지이다. 결론부분이다. 동료 김재원에게 발문을 쓰게 했
던 것 같다. 이번 놀이 눈바닥에 남겨 놓은 고니의 발자국처럼 사라지지 않게
하기 위함이라는 것이다. 오늘이 지나면 벌써 옛일이 되기에 시로라도 남겨 놓
자는 것이다. 떠나는 걸음은 한유가 조주로 귀양가는 길처럼 멀지만 공자가 위
나라에서 본국으로 돌아와 다리 위에서 쉬듯이 고향으로 가는 기쁨의 시편이
이어진다는 것이다.

이제 결론을 내려야 한다. 시선이 닿을 수 있는 곳까지 멀리 와서 보내는 지
금, 지는 해 산자락에는 아지랑이가 감싼다. 두 편의 경계를 가로막듯이, 이별
의 자리에서 단숨에 21수의 장시를 지으면서 한 수 한 수의 뜻이 각기 떨어진
것이 아니라 시간적 순차에 따라 이어지고 있으니 오히려 한 편의 장시로 느껴
질 정도이다. 여기서 초의 선사의 작시적 재능의 민첩성을 이해할 수 있다. 또
한 이 재능은 시로서의 동호인이 승속을 초월하여 주변에 많았던 점을 이해하
게 한다.

이와 대비하기 위해 장시 한편을 소개해본다. 「松月」이라 제한 시다.

한들한들 창 밖의 소나무	冉冉窓外松
곱고 고운 소나무 위의 달	姸姸松上月
한쪽은 밝은 울림 그리도 그윽하고	淸響一何幽
한편은 깨끗한 빛 어찌 그리 맑은가	澂暉一何澈
곧고 꽃다움 둘이 다 마땅하고	貞華兩相宜
운치 가락 양쪽이 기이하고 절묘해	韻操雙奇絶
처음에는 아련히 푸르름 머금어	始憐含疎翠
높이 구슬 난간에 있음이 가련터니	楊在玉欄闌
끝내 싸늘한 가지 끌어다가	終愛描寒柯
휘장을 넘어 책에 미침 사랑스럽다	踰幔侵書帙
밝고밝음은 맑게 뼈까지 스미고	皎皎淸入髓
싸늘싸늘함 뼈를 적셔 서늘케 한다	颯颯凉沁骨
산을 돌아들어 이미 그늘졌다 시름하며	轉山愁已陰
허공 지나며 장애 없기 바라니	度空願無疾
구름이 가로막아 가림이 있더라도	縱被橫雲掩
끝내 밤새도록 청결할 수 있겠지	終能永夜潔
어째서 밤이 늦지도 않았는데	如何夜未闌
둥글고 둥긂은 저 산자락에 숨나	團團隱巀嶭
쓸쓸히 여윈 그림자가 기니	蕭蕭瘦影長
서글픔이 먼 곳의 이별 같구나	凄凄如遠別
서글프고 또 서글픔이여	凄凄後凄凄
가까이 들리는 소리 목이 메인 듯	近聽聲嗚咽
다만 옛정이 깊어서	祇緣舊情深
끝내 길이 이별하기 어렵다	終不便永訣
때 되어 맑게 개이게 되면	時來逢晴霽
구슬 같은 하늘 구름도 사라지겠지	玉宇浮雲滅
아득히 산 들 서늘하여	耿耿山野凉
멀리서 맑은 자태 떠오르다	悠悠昇淸質
방울방울 백옥의 이슬 푸짐하여	瀼瀼玉露潔
맑게 씻긴 둥근 얼굴 드러낸다	淨洗圓容出
무늬빛은 새롭게 파르스름 더하고	文彩添新翠

밝은 빛도 이지러짐이 없구나	光明殊未缺
시풍 끝에 싸늘한 물빛이 돋고	屋角生寒潮
섬돌 뜰에는 경쾌한 배가 찍힌다	階面鏤輕栿
마악 가을이라 담담하기만 하나	方秋固淡爽
여름이었더라면 더 청결하여	在夏益清越
촛불 밑에서 뇌심에 불타는 마을까지	照燭熱惱鄉
번거로운 더위를 없애게 할 걸	盡使休煩喝
비고 밝음으로 마음속 합치게	虛明襟期合
만고에 같은 반열에 있게 하세	萬古同處列

갑신년 雲興寺에 있을 때 지은 것이라 한다. 이것은 제목이 보이듯이 소나무에 걸린 달을 두고 지은 것이다. 소나무의 그윽한 운치와 달의 청결한 맑음이 어울려 기이하고 묘절한 밤의 정경을 노래하였으나 초점은 주로 달에다 두었다. 하룻밤을 밝히며 지나가는 달의 시간적 변화를 추적하여 끝내 虛明한 회포로 돌아가기로 결론을 짓는다.

앞에서 들었던 이별의 시가 각각의 독립된 시이면서 상황의 변화를 단선적으로 이어간 것과 차이가 있다면, 앞의 시는 변화에 뚜렷한 전환의 선이 그어지지만 이 소나무 달의 시는 한 소재를 연작의 장편으로 잇기 때문에 심한 굴곡이 없이 평탄한 시간 변화의 추이로 이어졌다. 그래서 한 편 한 편 떨어져 있으면서도 이어지는 긴장감이 뒤의 시는 없다. 그렇다면 오히려 앞의 시가 긴장감 있는 문학성을 제공하는 것이 아닐까. 여러 수로 연작된 시를 어느 한 수만 떼어서 감상하면 그 실상을 파악하기 어려운 점을 여기서 실감 있게 느끼게 한다.

선사는 시의 소재와 구사되는 시체도 적절하게 맞추지 않았나 하는 느낌을 갖게 하는 경우가 있다.

1831년(신묘년·46세)에 金益鼎이 용문산 놀이를 같이 가자 하여 閔華山과 함께 간 일이 있다. 이때 지나가는 곳에서 쓴 시 8수가 있다. 원시의 제목은 '金夏篆益鼎遊龍門山要余偕之遂與閔華山隨行'이다. 거의 7언율시로 쓰다 '가섭봉에 오른〔登迦葉峯〕 시는 장단구를 쓰고 있다. 어쩌면 의도적이었던 것으로 보인다. 가섭봉의 높고 낮은 그 험란함을 작시에서도 굴곡을 주어야 하기 때문인 듯하다.

산을 오르되 밋밋한 산 오르지 마소	登山莫登逶迤山
밋밋한 산은 모두 풀 나무뿐	逶迤之山凡草樹
그대 보지 못하나	君不見
가섭산이 흰구름 위로 뚫고 솟아	迦葉峻嶒白雲上
곧바로 은하수로 들어 비바람 토해냄을	直入銀漢吐風雨
매달린 솔 거꾸로 선 참나무 사람 손잡게 하고	懸松倒柞許人攀
무너진 벼랑 떨어지는 돌 가늘은 길 돌게 한다	崩崖落石縈細路
억지로 한 발짝 나가려면	強欲一步進
이미 세 발짝 물러남 알겠다	已覺退三步
위태로운 바위 몇 차례 무릎 꿇고	危磴幾屈膝
기울어진 사다리 건널 때마다 놀란다	側棧屢驚度
험한 절벽 원숭이도 붙어 날기 어렵고	絕巘難寄飛猱足
높은 준령은 하늘을 나는 새도 거꾸로 누른다	嵩峻倒壓戾天羽
절정은 끝내 정복하기엔 인력이 아니고	終能絕頂非人力
산신령이 은밀히 도운 줄로 알겠다	知有山靈冥祐護
몇 만 길의 높은 하늘이나	不知幾萬丈之穹隆
아무리 내려가도 지면이 없는 절벽 알 수 없어	峭壁下臨無地
눈 어지럽고 다리 시어 내려다보지 못한다	目眩足酸不敢俯
뭇뫼 뾰죽한 봉우리 다투어 둘렸으니	列岳攢峯爭盤紆
굽었다 일어났다 하는 말인 양 형세 거두어 들이지 못한다	騰驤起伏勢難收
둘러 앉아 험난했던 일 말하며	環坐陳險艱
서로 하소연하듯 위로한다	慰言如相訴
바위 구멍 샘물 움켜 맛보니	掬嘗巖寶泉
상쾌한 정신 깨달음 일 듯하고	神爽如發悟
채소 따서 주먹밥 싸먹으니	摘蔬裹簞食
신령스런 향기 위장까지 통한다	靈香通胃腑
이야기로는 세상 뜻 되지 못할 듯	談論恐非人間意
시 읊음이 천상의 멋인가 의아하다	賦咏疑是天上趣
땅 위의 신선이 바로 이것이니	地上神仙眞妓是
꼭 바람 마시고 이슬 마셔야 하나	何必吸風復飲露

오르기 어려운 가섭산의 여러 모습을 여실하게 읊기도 하였지만 장단구의 배열에서 굴곡의 길을 오르내리는 숨결을 느끼게 한다. 시에서 말한 한 걸음 나아가고 세 걸음 물러난다〔進一步 退三步〕는 실감이 시어의 구성에서도 실감으로 받아들여지게 한다. 이렇듯 험난한 골을 숨을 몰아쉬고 정상에 올라 읊는 시에서 땅 위의 신선임을 안다 했으니 지금까지는 턱까지 닿던 숨이 아랫배로 가라앉는 느낌이다.

초의 선사는 그 시어의 배열이나 형식까지도 시의 소재와 적절히 배합하는 높은 솜씨가 돋보인다.

3. 杜陵詩社에 모인 詩人

위에서 보았던 것처럼 초의 선사는 그 민첩한 시재로 해서 승속을 초월하여 당대의 문인들과 詩社的 모임을 함께하였던 듯하다.

杜陵詩社에서 여러 시인과 모여 시를 지은 것이 남아 있다. 당시에 모였던 사람은 酉山 丁學淵, 耘逋 丁學遊 형제와 眞齋 朴鍾林 등이 모였던 일이 있고 榮花亭에서 똑같이 모여 '榮花亭雅集'이라 하여 남긴 시가 있는데 당시 모였던 사람들의 시를 다 수록하였다.

우선 여기서는 초의 선사의 시만 보기로 하자.

구름 발자춰 이에 이르러 그윽한 거처 사랑하여	雲蹤到此愛幽居
정으로 인연된 산천 웃어도 못 떨쳐	邱壑情緣笑未除
가는 달도 아른아른 새로 개인 저녁	細月娟娟新霽夕
지는 볕 곱게곱게 맑은 연기 옛터	斜陽艷艷澹烟墟
가난에 통달한 선비 누가 이룰 수 있나	安貧達士誰能致
밝음을 숭상할 때는 소외되기 쉬운 것을	高尙明時易見疎
강 가까이 숲도 깊어 인적 드무니	江近林深人跡少
이때 좋은 친구 반은 새와 물고기	此中友樂半禽魚
물 구름 시골에 오래 숨은 몸	水雲鄕裏久藏身
시와 술 즐김 잦아도 싫지 않다	詩酒相歡不厭頻
도연명의 도원기의 나그네는 못 돼도	不是淵明記裏客

왕마힐의 그림 속 사람은 되어야지	應爲摩詰畫中人
연하로 빚은 모습 옛스런 몸가짐	烟霞釀作客儀古
비바람이 번득여 시구도 새롭구나	風雨飜傾句法新
선비는 항상 참다운 경계 있어야	好是士常眞戒在
수레에 새끼줄을 매더라도 빈곤탄 말 안해.	請車帶索不言貧

앞 시는 杜陵詩社에서 모였을 때의 시이고 뒤는 채화정에서 모여 지은 시이다. 시로 모였던 상황에 적절한 시이다. 승려로서의 신분이나 교리가 전혀 드러나 있지 않다. 이 점이 바로 여러 시인들을 주변에 모이게 했으리라 본다.

禪師의 탑이 이루어지자 1830년 겨울 永明尉인 海居齋 洪奭周에게 비명을 부탁하여 홍석주가 여러 사람을 청하여 봄밤의 놀이를 하고 그 다음날은 淸凉山房에서 絅堂 尹正鎭, 東樊 李晩用, 酉山 丁學淵, 樗園 洪義人, 葯人 洪成謨 등이 모여 시를 지은 일도 있다. 이때 재미나는 대목이 보인다. 이번 시에는 梵語를 사용치 않기로 했다는 것이다. 선사를 의식했던 대목으로 이념을 무니려는 서로의 배려였다 하겠다. 이때 지은 선사의 시는 참으로 담박하다.

손님 오시니 뿌연 안개 모이고	客來暝烟集
들절에는 종소리도 멎다	野寺鍾聲歇
침상을 함께한 청량사의 밤에	倂榻淸凉夜
소나무 위 달을 되돌아보다.	回看松上月

말함이 없이 우정으로 무젖은 시다. 절이름이 시사하듯 그저 청량한 시어이지만 마음과 마음으로 통하는 우정이 흠뻑 배어 있다.

이상 초의 선사의 시를 대략 살폈다. 그 많은 시가 선사라 하여 느껴지는 불가적 격식이 전혀 드러남이 없으면서 많은 사대부의 묵시적 동의를 얻었다 하겠다. 조선조 말기에 스님들이 유자와의 격의 없는 교분을 대부분 유지했지만 초의 선사만큼 시의 벗으로 맺어진 교분도 드물다 하겠다. 선사이면서 철저한 시인이었음이 확인된다.

惠楫의 鐵船小艸

惠楫 大師에 대해서는 자세한 행적을 알 수는 없다.『鐵船小艸』라 하여 시집
한 권이 남아 있는데 1백 수에 가까운 시만이 수록되어 있고 1875(고종 12,
을해)년으로 추정되는 申獻永의 서문이 있다. 그 서문에서 승려들이 아름다운
바탕은 있으나 실행할 바가 없고, 문장은 소박하여 현란하지 않아 빛나게 드날
리지 않으니 세상과 만나지 못하는데 지금『철선소초』를 보니 참담한 중에 있
어 드날리지 못했음이 애석하다 하고 있다.

자세한 행적은 알 수 없으나 남겨 놓은 시로 보아서는 당시 승속간에 시문으
로 알려졌던 것은 틀림없을 것 같다. 그의 시는 스님이라는 신분 속에서 불교
적 교리를 부각시키는 작품이 없는 것은 아니지만, 역시 자연의 서경이나 서정
적 시가 대부분이다. 이런 점에서 당시의 사대부나 마찬가지로 일상 생활의 한
도구로 작시의 여가를 가졌다 하겠다.

세상일 볼수록 험하고도 어려워	世事看來險且艱
일부러 이 몸 가져나 숲속에 기탁하다	故將身勢託林間
구름 오고 새 가도 모두 의지할 곳 없어	雲來鳥去渾無賴
다만 청산과 더불어 한가로이 마주하다	只與靑山相對閒
두어 떨기 오죽이 처마 들어 빗기니	數叢烏竹入斜櫩
방안이 싸늘해도 청렴할 수는 없다	一室淸凉頗不廉
항시 높은 가지에 새 달 뜨기 기다려	每待高枝上新月
한가로이 경상에 기대어 능엄경 독송타	閒憑經几誦楞嚴
강마을 가랑비 산 언덕 지나	江天小雨過山垠
두어 점 남은 이끼 푸르고 새로워	數點殘苔綠更新
미친 사슴 내려와 밟아 무닐까 두려워	只恐狂麛來踏破

스스로 굽은 대숲이 시냇가 보호하다　　自揉叢竹護溪邊

두어 그루 복숭아 자두 지난해 옮겼더니　兩株桃李去年移
불타는 해 타는 노을 가지에 가득하다　　烘日蒸霞也滿枝
훨훨 나는 나비 그림자 사랑스러워　　　爲愛翩翩蝴蝶影
자주 대지팡이 들어 거미줄 털어내다.　　頻持竹杖去蛛絲

「山居雜詠」이라 한 4수의 시이다. 스님들의 시집에서 산에 사는 이야기가 책머리쪽에 실리는 것이 흔히 있는 일이기는 하지만 위 시도 시집의 맨앞에 실려져 있다. 어쩌면 자신들이 입산하게 된 심정적 동기나, 산에서 생활하는 여러 사실이 스님들의 행적을 대표한다 할 수 있기에 그런 것 같기도 하다.

위 시의 첫 수에서는 험난한 세상살이를 피하기 위하여 산에 산다는 평범한 생각이다. 그렇다면 오고가는 구름이나 새는 산사의 생활과 서로 의지함이 될 법도 한데 전혀 신뢰할 것이 못되고, 오히려 부동의 푸른 산이 상대가 된다. 역시 부동의 정려가 산의 기상과 맞기 때문이기도 하리라.

다음 수에서는 맑고 싸늘한 거처는 청렴의 맑음으로 상징될 법도 하나 검은 烏竹이 처마머리로 들어오니 그것마저도 사치스럽다는 것이다. 그러기에 누구나 사랑할 수 있고 또는 소유할 수도 있는 봉우리 위의 달을 기다린다는 것이다. 그러나 그때 산 아래 마을사람과는 달리 불경이나 독송한다는 것이다.

셋째 수에서는 산마을 비온 뒤의 경치를 담담하게 읊으면서 자연을 사랑하되 자연 그대로 놓아둠이 오히려 사랑임을 암시한다. 비 뒤에 더해가는 푸르름, 그것을 산짐승이 와서 해칠까봐 댓숲이 스스로 보호한다. 비 뒤에 휘어지는 댓숲은 시내를 보호하기 위하여 스스로 휘어지고 있다는 것이다. 스스로 휘어지다〔自揉〕라 한 표현이 재미있다. 내가 인위적으로 시내를 보호하려는 것이 아니라 자연은 자연 스스로 서로 보호하는 기능이 있다는 것이다. 역시 스님의 자연관이다.

넷째 수에 있어서도 시의는 비슷하다. 꽃을 사랑하여 옮겨 심은 복숭아나 자두이다. 희고 붉은 꽃이 햇빛과 어우러져 더욱 불탄다. 뭇 나비의 자유로운 비상이 사랑스럽다. 이 자유로운 비상에 방해가 될까 보아 거미줄을 제거하였다.

산사에 사는 스님의 고고한 기상이 전편에 흐르고 있다. 이것이 바로 산에 사는 이유요, 그 자체가 일상의 수선적 자세였던 것이다. 스님의 시로서 이러한 일상의 표출이요, 그러기에 속기 없는 맑음이다.

이 몸 세상 기어다니는 것이나 배워	此身頓頓學爬涉
염부제에 붙어 살기 담쟁이 넝쿨 같다	寄在閻浮若女蘿
약을 캐는 아이 항상 해질녘에 돌아오고	採藥兒常斜日至
재 올리는 중 담담한 구름과 지나가다	辦齋僧與澹雲過
꽃도 보이지 않으니 봄 간 줄 알고	山花不見知春盡
시냇물 더욱 울리니 비 온 것 깨닫다	澗水逾鳴覺雨多
집에는 훤히 밝은 값없는 옥돌 있으니	家有瑩然無價玉
타산의 돌 빌어 다듬을 이유 없다	不須他石強消磨
고요한 산사 누각 돌로 층대 쌓아	寥寂禪樓石作臺
작은 뜰 꽃나무 양지 보고 피었다	小庭花木向陽開
시 짓자고 마을 나그네 지나지도 않으니	不逢野客携詩過
다만 새끼 데리고 오는 산새나 본다	只見山禽引子來
손 안의 밝은 구슬에 만상이 고요하고	掌上明珠群象靜
거울 속 찬 눈은 머리털이 쇠했네	鏡中寒雪二毛衰
머리의 황금이나 허리 옥대 내 분수 아니라서	頂金腰玉非吾分
더부룩히 긴 쑥대풀이나 스스로 베어내다.	艾絮鬖鬖自剪裁

　석옥 화상의 한거 운에 차운한〔謹次石屋和尙閑居韻〕 시 7수 중의 3·4째 시로 역시 산거의 한적함을 읊은 시이다. 특별한 수식 없이 산에서 느끼는 한가로움이다. 그러면서도 이것이 바로 산승으로서만 가질 수 있는 값없는 보배이다. 대화자가 있다면 속세에서도 시 짓는 이나 방문하면 서로 시로 수작하겠지만 그것도 없다. 그러니 이 값없는 옥돌이야 타산의 돌을 빌어다 다듬어 윤기낼 까닭도 없다.

　두번째 시의 전련에서 머리털이 슬프다〔二毛哀〕 하여 哀자로 되어 있는데 (동국대학교 간행 『韓國佛敎全書』 제10책 886면) 이는 '쇠하다'의 衰자의 오식이 아닌가 하여 衰로 바꿨다. '群象靜'의 대로도 '二毛衰'라야 할 것 같고 쇠한 얼굴의 모습을 슬퍼하다 할 스님의 자세도 아니라는 생각에서이다.

그윽한 골 바람 불어 늦안개 걷히니	風吹幽壑晚霞收
멀리 앞바다에 작은 배 떴다	遙看南溟小艇浮
부질없이 새 싹 심어 물줄기 대고	漫種新蔬灌泉脈

짐짓 쇠잔한 꽃잎 따 시내에 띄우다	故將殘藥泛溪流
때로는 돌이끼 깔판 삼아 앉았다가	時從苔石還敷坐
다시 구름문에 들어 잠시 머물다	又入雲門却少留
아름다운 시편을 써서 봄을 보내기도 하니	賦得佳篇送春了
이런 삶이 한가로운 놀이라 할 수도 없잖아.	此生不是等閒遊

봄날 연봉에 노닐어〔春日遊蓮峯〕라는 시이다. 역시 산사의 요적한 하루이다. 봄채소를 심어 물을 대기도 하고 꽃잎을 떼서 시내 흐름에 띄워보기도 한다. 동심에 어린 순진함이 시어에 넘친다. 역시 스님의 조용한 마음씨다.

밖에 거닐면 돌이끼가 앉음방석이 되기도, 다시 돌아오면 구름낀 산문이 발걸음을 멈추게 하기도 한다. 시란 이런 때 지어지는 것이다. 그러면서 한해 봄이 가버리니 시 지어 봄을 보낸 셈이 된다.

조그만 암자 붙어사는 짙은 푸르름	小庵寄積翠
고요한 나날 일년의 세월	寥寂日如年
약 캐려 바윗가 지나고	採藥過嵓畔
시 읊으며 시냇가에 서다	吟詩立澗邊
기미마저 잊어 항시 정좌하고	忘機常靜坐
일 없어 매양 한가로이 졸다	無事每閒眠
잘 익은 술 서로 대하고	醅酒聊相對
깊은 마음속 솟아오르는 선이여.	暗懷佛眷禪

친구를 그려〔懷人〕라는 두 수 중의 한 수이다. 시어에는 친구를 기다리는 구절이 없지만 작자 자신 혼자만 지내는 생활에 오히려 사람을 기다리는 깊은 정이 배어 있다. 깊은 수식이 없이 주제에 맞닿는 시의에 더욱 깊은 감회를 느끼게 한다.

외줄기 찬 등불 불경을 읽노라	一穗寒燈讀佛經
밤 눈이 빈 뜰에 가득한 줄 몰랐다	不知夜雪滿空庭
깊은 산 뭇 나무 모두 소리 죽였는데	深山衆木都無籟
때마침 처마 고드름 돌층계 떨어지네.	時有檐氷墮石牀

눈 오는 밤〔雪夜〕이라는 시다. 눈 오는 밤을 깔끔하게 읊은 소품이다. 호롱

불 아래에서의 독경, 사면이 고요하다. 삼림에서 부는 바람마저 멎은 밤이다. 눈이 온 것을 알 수가 없다. 이러한 정적 속에 처마의 고드름 돌 층대에 떨어진다. 지금까지 고요했던 주변이 고드름소리에 확 깨진다. 이 시는 고요한 시간을 고드름소리로 순간 사이에 들레임의 저 편으로 몰아내어 결말을 맺었다. 그러나 전편의 시는 어디까지나 요적함이다. 고드름의 울림이 오히려 사면의 고요함을 드러내어 증명하고 있다. 이 점이 바로 이 시가 갖는 묘미이다.

죽장으로 유유히 해종암 지나	竹錫悠悠過海宗
한 줄기 흐름따라 돌 사이 지나다	沿流一線石間通
여섯 새 옷 황매의 비에 젖고	六銖衣濕黃梅雨
열 장 방 푸른 버들 바람에 깊다	十笏房深碧柳風
물새 뜨락잠기락 아른한 아지랑이 밖이고	水鳥浮沈殘靄外
고기잡이 등불 엷은 안개 속에 깜빡깜빡	漁燈明滅淡烟中
종일토록 산문에 수레자취 끊기니	山門盡日輪蹄絶
늦은 저녁 종소리에 집 찾는 까마귀뿐.	只有巢鳥下午鍾

　해종암의 운에 따라〔吹海宗庵韻〕 짓는 시이다. 암자의 이름이 암시하듯이 바윗가에 있었던 암자인 것 같다. 조그만 암자를 둘러싸고 있는 풍광을 서술하였다. 거친 베옷이 젖은 스님의 차림에 버들바람에 깊어진 자그만 방이다. 암자는 이렇듯 초라한 모습이지만 시선을 밖으로 돌리면 시원스레 펼쳐진 바다의 풍부한 경관이 마음을 시원하게 한다. 그렇지만 산사에는 찾아오는 이 없다. 오후가 되어 제 처소를 찾는 까마귀가 있어 외롭지 않다.

천 길 위에서 바람을 맞으니	御風千仞上
몸이 반공에 솟은 듯	身在半天中
바둑 장기판처럼 펼쳐진 섬	島嶼變碁布
촌집은 연꽃길로 통했네	村家蓮藥通
밤비를 만나 연해진 모	秧承宵雨嫩
돛은 석양빛 빌려 붉었다	帆借夕陽紅
아직 주고 받을 시구 못 마쳤는데	未了相酬句
갑자기 산 위의 종은 울리네.	忽鳴上界鍾

　범영봉에 올라〔登泛瀛峯〕 짓는 시이다. 산마루에 올라 내려다보이는 풍경을

조촐하게 읊었다. 바다에는 바둑판처럼 여기저기 섬이 떠 있다. 그런가 하면 농로나 수로를 통하여 이어져 있는 들판의 농가들이다. 이 승구에 이어 전구에서는 농가의 모내기를 기다리는 햇모의 자람을 말하고 바다의 석양빛에 반사되는 물결과 거기에 비쳐져 있는 돛배의 한적함을 말했으니 이 시는 공간의 배치부터가 빈틈이 없는 구성이다.

시인은 이러한 경관 속에 시상이 떠오르고 떠오른 시상은 한 편의 구성물로 짜내야 한다. 그것도 수작이라는 주고 받는 대상이 있을 때 더욱 흥겹다. 그러나 시의 구성이 끝나기도 전에 저녁을 알리는 산사의 종이 울린다. 산정에 오른 실감이 난다.

백여 수에 가까운 스님의 시는 거의가 산사를 중심으로 한 자연서경이다. 이러한 서경은 단순한 서경이 아니라 자신의 정서를 투영시켜 항시 그 자연이 나와 함께 있는 그러한 세계로 부조되어 있다.

그 밖에 승속간의 수답도 있으나 그때에도 거의 자연사물을 매개로 하여 두 사람의 다른 처지를 잘 조화시키고 있다. 여기서는 秋史 金正喜가 제주도의 유배에서 풀려나 돌아왔다는 소식을 듣고 지은 시를 소개하여 스님의 수창시를 대변하는 것으로 마감한다.

신선 배 바다 떠났다 소식 듣고	聞道仙舟出海期
옷 날려 거꾸러지며 산마루 넘었소	拂衣顚倒度山眉
살아 돌아옴 어찌 황천 갔던 몸과 다르리오	生還何異經冥府
길이 험하기야 월씨국을 지나기보다 더했겠지	路險多於自月氏
우러러 하례하기 임금 은혜 바다보다 깊고	仰賀天恩深似海
끝내 서글퍼라, 머리칼 실처럼 희었겠지	終嗟禪髮白如絲
한라 산봉의 갈대꽃 사이에	漢挐峰上蘆花裡
신선이 하나 줄어, 사슴이 천지물 마시겠네.	少一眞人鹿飮池

「金秋史自濟州有還」이다. 평소 두 사람 사이를 이해하겠다. 방면의 소식에 험한 길을 바삐 달려 만나보고 싶어한다. 그 간의 고생을 지옥이라는 표현으로 다했고 돌아온 추사에게는 매우 기쁜 일이나 추사가 없는 제주도에는 신선 하나 없어 천지 백록담의 물을 사슴만이 마시겠다는 결어에서 상대방의 칭송은 끝이 났다. 평범한 시어이면서 상대방을 기리는 탁의가 놀랍다.

敎戒로 일관된 暎虛의 詩

1. 간략한 행적

暎虛 大師(1792~1880)의 이름은 善影이고 자는 無畏요, 영허는 도호, 또 다른 호는 櫟山이다. 속성은 安東 林氏이고 아버지는 得元이고 어머니는 漢陽 趙氏로 부처님을 꿈꾸고 대사를 임신하였다.

어려서 배움의 길에 들어 經史를 두루 익혔고 천품이 기특하여 주위의 칭찬을 받았으나, 12세에 세상이 허환함을 깨달아 수락산의 龍雲 선사에게 출가하였다. 德函 선사에게서 구족계를 받고 知濯 대사에게서 禪旨를 받았다. 다시 여러 대덕에게 敎學과 禪旨를 참구하고 마침내 德俊 대사의 법통을 잇게 되니 당시 나이 21세이었다.

그뒤 여러 곳을 두루 참여하다가 만년에 釋王寺 內院庵에 머무르니 涵月과 翫月 화상의 옛 주석처였기 때문이다. 그뒤로 관북지방에 눌러 앉아 명성이 멀리 전파되니 사대부들이 지나게 되면 꼭 찾고 찾아서는 엄숙한 풍모에 정중히 예의를 표하였다.

노년기에 접어들어서도 항시 課業을 폐함이 없이 아무리 소란한 중에라도 고요히 관조하시며 염불에 여념이 없었다. 남에게는 항상 자애로워 희사하시기를 좋아하고 본성은 눈같이 깨끗하고 지조는 송죽 같아 체모에 위엄이 넘쳐 관북 지방을 지나는 방백 수령은 누구나 찾아와 그 위엄에 감복하게 되었다.

1880년(고종 17) 잠시 편찮으시다 입적하시니 세수 89세, 법랍이 78세이다. 입적하매 승·속이 구름처럼 모여 슬퍼하지 않는 이가 없었고 법을 받은 사부대중이 천여 명이 되었다 한다.

2. 교계를 잊지 않은 시

대사의 문집은 『櫟山集』이라 하여 상·하 두 권으로 전하고 있다. 상권에 시가 117편이 수록되어 있으니 그리 적은 수는 아니다. 일본학자 高橋亨은 그의 저 『李朝佛敎』에서 대사의 시는 그리 볼 만한 것이 없다 하였으나 서문을 쓰고 있는 金祖永은 "대사는 법가의 큰 스승으로 명산 거찰에 발길이 닿지 않은 곳이 없고, 모든 유람에는 항시 시문으로 표현했으니 율격이 기이하고 고아하기가 산악이 뛰어난 것 같고 체세가 넘실대기는 물결이 드넓은 것 같다. 情懷는 바람과 달이요, 성격과 기개는 산과 강이라."하여 찬사를 보내고 있다.

그러나 행장에서도 살폈듯이 한 시대 한 지방의 큰 스님이었듯이 그의 시는 스님으로서의 불교적 교화가 시에 은연중 함축되어 있음이 그의 실상이다. 일인학자가 그리 높게 평가하려 하지 않았던 것도, 시가 시 자체로 만족하는 것이 아니라 시의 공효적 입장이나 작자의 신분적 기개가 드러남이 문학적으로서의 흡족함을 얻지 못했기 때문인 듯하다.

구름 다한 곳, 산을 보고	看山雲盡處
달 오를 때 시구를 얻다	得句上月時
솔바람 밑에 술잔 나누며	酌酒松風下
자연과 함께 즐거움 나누죠.	與天同樂之

「한가로이 앉아〔閑坐〕」짓는 시이다. 구름, 산, 달, 바람에 시를 읊음은 시인의 일상적 소재이다. 이러한 시인의 즐거움을 자연과 함께하고 있다. 시인으로서도 당연한 일이기는 하나 이것이 스님이라는 신분이기에 불법의 여여한 진리를 찾으려는 구도적 자세로 비쳐지는 것이다. 그러나 시인의 순수한 시로 한번쯤 음미해볼 만한 것이다.

산 한가로워 흐르는 물 멀고	山閑流水遠
절 옛스러워 흰구름 깊다	寺古白雲深
사람 가고 소식 없지만	人去無消息
종은 만고의 마음을 울려.	鍾鳴萬古心

「춘천의 청평사〔春川淸平寺〕」를 읊은 시이다. 옛절의 분위기를 그대로 살리고 있다. 옛절은 지나간 세월에 대한 회상이 살아나는 것이 당연하다. 이 시도 지

금 울리는 종소리에 지나간 만고의 세월을 회상하며 이 공간과 인연 있었던 옛 사람의 소식을 기대해보는 것이다. 서정적 시경이라 할 수도 있다.

뜰앞에 우뚝 솟은 잣나무　　　　卓立庭前栢

항시 푸르러 허공에 곧게 솟다　　長靑直聳空

그림자는 천고의 달 따르고　　　影從千古月

소리는 네 계절 바람에 맡기다.　聲任四時風

「뜰 잣나무에 쓰는〔題庭栢〕」시이다. 사시 장철 푸르고 곧게 서 있는 잣나무에게 항시 찾아오는 달그림자나 바람소리를 그 자체에게 맡겨둔다 함도 어쩌면 모든 자연을 여여한 실상으로 놓아두려는 스님으로서의 발상이라 할 수도 있으리라. 대사의 시는 이렇듯 은연한 중에서도 진리의 본체를 설명하려는 듯한 인상을 받게 한다.

멀리 황금의 대궐에서　　　　　遠從金闕下

눈 쌓인 봉우리로 깊이 들었소　深入雪峯前

이야기 꽃에 기미마저 잊은 곳　談笑忘機處

종소리가 달 가에 떨어지네　　鍾聲落月邊

「북병사 정기원에게 수답하는〔敬酬北兵使鄭公岐源〕」시이다. 지방장관으로 내려온 관원과 만나 주고 받는 시이다. 주고 받는 대화 속에서 망아를 초월한 망기의 경지에 도달하기를 바라고 있는 것이다. 황금의 대궐과 흰눈 쌓인 봉우리의 대좌이다. 참으로 어울리기 어려운 거리이다. 이러한 거리 속에서도 자연사물 존재의 어떤 기미마저도 잊은 대화를 하고 있는 것이다. 시어의 구성이 단순함에 비하여 의도한 의미의 기탁은 너무나도 깊다. 어찌보면 '망기'라는 말이 어울릴 수 없는 처지이다. 이렇게 어울릴 수 없는 처지인데 저 종소리의 울림이 두 사람의 마음을 잇는 가교가 될 수도 있다. 지는 달까지도 미치는 종소리이다. 마주앉은 사람의 마음에야 쉽사리 전달될 수 있다. 역시 선사로서 맞는 세속의 높은 관리에 대한 극진한 바람이다. 선사는 결코 선사의 체통을 잊을 수가 없다.

좋은 만남 달밤을 기약했더니　勝會卜秋夜

옛절 안에서 시와 술잔　　　　詩樽古寺中

누대 올라 좋은 달 끌어잡고	登樓攀好月
장삼 헤쳐 맑은 바람 쐬다	披衲灑淸風
구름그림자 옷갓을 지나고	雲影衣邊度
샘물소리 배개 밑으로 통한다	泉聲枕下通
종 울리자 바로 선정에 드니	鍾鳴還入定
진여 청정 허공에 앉은 듯	眞淨坐如空

「진주 계수에게 차운〔次晋州啓洙韻〕」한 시다. 가을을 기대하여 만난 자리이다. 가을밤의 경치나 처지를 적절한 소재로 구성하였다. 세속 관원과의 대좌이니 술과 시는 필수다. 누대에서 더 가까워진 달이고 품을 스쳐가는 맑은 바람이다. 내가 처해 있는 공간의 위로는 구름그림자이고 아래로는 흐르는 물소리이다. 이것이 모두 나를 중심으로 존재하되 하나는 옷갓으로 지나고 하나는 베개 밑으로 관통한다. 세속의 관원으로서는 느끼지 못할 주변사물이다.

그러나 수선의 자세에서는 일체를 정적 속으로 묻어야만 한다. 그래서 선정의 입정은 필요하다. 주변사물이 어떤 의미를 갖든 모든 것을 여의어야 한다. 그러고 난 진여의 좌정은 모든 것이 허공이다. 관원과의 만남에서 시와 술이 좋았지만 끝내는 모든 것을 끊는 선정의 순간으로 드는 스님의 본분이다.

대사의 시는 이렇듯 스님으로서 교계적 한계를 결코 벗어나지 않았다. 그것이 동도자에게 수창할 때는 직설적으로 표현된다.

예나 이제 모두가 헛된 꿈	古今都幻夢
하늘 땅 한순간의 뜬 거품	天地一浮漚
만일 이러함 해득한다면	若能如是解
불법은 바로바로 드러나지	佛法現頭頭

敏惺若訥 禪子에게 준 시이다. 모든 사물을 있음 없음의 집착없이 보자는 것이요, 이것이 바로 진리 법체의 드러남이라는 직설적 교계이다. 동도자의 제자에게 주는 시이니 어디까지나 교계적일 수밖에 없다. 이것이 어쩌면 계기에 따라 변하여 대처〔隨機應度〕하는 스님들 방편의 하나일 듯도 하다. 문학이 아무리 문학이라 하더라도 스님의 본분을 벗어날 수 없고 시인이 아무리 시인이라 하더라도 스님의 본색은 숨길 수 없는 것이 당연하다. 영허 대사의 시적 한계는 이러한 현실성의 바른 표현이다.

멀리 찾은 청계사	遠訪淸溪寺
누대 오르는 길 더욱 회미해	登樓路轉微
흐르는 물에 산은 다시 고요하고	水流山更靜
이는 구름에 새 함께 날다	雲起鳥兼飛
날 따뜻해 중은 졸기에 적당하고	日暖僧眠穩
하늘은 개어 기러기 그림자 드물다	天晴雁影稀
떠난 고향에서 옛 친구 만나니	離鄉逢舊友
기쁨 지나쳐 오히려 의아하네.	喜極反依稀

「상주 청계사를 찾은 입 노래〔訪尙州淸溪寺口占〕」이다. 절을 찾았으니 절 주변의 풍광을 묘사하였다. 그러면서도 이 절이 옛날에 머물렀던 곳이었던지 그날의 친구를 만났다. 반가움은 말할 수 없는 극한에 이르나 다시 한번 그 사람이 맞는가 하여 의아해하는 표정은 너무나도 인간적인 표현이다. 아무리 세속을 떠나는 것이 스님들의 생활이라 하지만 사람 자신의 본연으로 돌아오면 출가나 재가나 다를 것이 없는 것이요, 스님이나 속인이 다를 것이 없다. 이것이 바로 從犯入聖에서 다시 從聖入凡으로 환원하는 자리이다. 이 시는 이런 점에서 매우 재미있는 시이다. 스님의 탈속적 속기를 맛볼 수 있다. 그러기에 누구나 한번 그를 보면 경도되고 말았던 위력을 가졌던 것이다.

선방에 할 만한 일 없어	禪房無所事
책을 덮고 향불을 사루다	掩卷一燒香
나열된 뫼 천년을 푸르고	列岫千年碧
한 떨기 꽃 9월달의 누르름	叢花九月黃
마음은 구름 그림자따라 고요하고	心因雲影靜
꿈은 물소리에 들어 깊다	夢入水聲長
허고 많은 홍진의 나그네	多少紅塵客
가고 오기 제게 맡겨 바쁘다	去來任自忙

「홍 판서에게 차운〔謹次洪判書敬模內院影閣韻〕」한 시이다. 禪房의 주변에 있는 일상의 풍경이다. 푸른 산, 누른 꽃 어디나 있는 사물이나, 구름따라 마음이 고요하다거나 물소리 속으로 꿈을 끌고 가는 일은 어쩌면 선사가 아니고는 이를 수 없는 일이다. 같은 사물이되 보고 느끼는 이의 처지에 따라서는 아주

현격한 거리와 차이가 있다. 선사의 움직임은 고요함으로 바쁨을 한가함으로
처리할 수가 있다. 그러나 세속의 나그네는 오히려 그와 반대일 수가 있다. 그
러니 바쁘고 한가함이 그들 스스로 그렇게 만든 것이다. 그래서 이 시도 오고
감의 바쁨을 홍진의 저 나그네 스스로에게 맡겨버렸다.

인연따라 선비 중 반가이 서로 찾아	隨緣儒釋喜相尋
길은 흰구름으로 들어 점점 깊어져	路入白雲更轉深
4백 년 전에 임금 수레 멎던 곳	四百年前駐蹕地
3천 리 경계 안에 선객 모인 숲	三千界內會禪林
꽃 피고 잎 지는 일 진여의 천리	花開葉落眞天理
고기 뛰고 새 날음이 곧 도의 마음	魚躍鳥飛即道心
가는 곳마다 기약 없는 시와 술잔	到處詩樽無定約
남은 인생 애석하다, 좋은 그 세월	餘生可惜好光陰

「석왕사에서 조 참판과 주고 받은〔釋王寺與趙參判徽林酬唱〕」시이다. 석왕
사가 조선 태조의 건국을 예언했던 명찰임을 말하고 오늘에 있어서 국내의 선
객이 두루 모이는 곳이라 하면서, 선이 따로 있는 것이 아니라 피는 꽃 지는
잎 뛰는 고기 나는 새가 모두 진여의 진리를 보이는 것이니 따로 선림의 모임
이 있는 것이 아니라는 깨우침을 주고 있다. 더군다나 여기는 유·불이 서로 찾
는 곳이기에 유가의 천리가 어디에나 있다는 가르침을『시경』에서 노래한 "솔
개 하늘을 날고 물고기 연못에서 뛴다〔鳶飛戾天 魚躍于淵〕"한 구절을 묵시적
으로 나타내면서 진리는 어디에나 있고, 유·불이 함께 찾아 詩酒로 만날 수 있
음을 말했다. 그러면서 삶의 한계로서의 세월의 안타까움을 순수한 자연인으로
돌아와 애석히 여겼다.

　위에서 임의로 뽑은 시에서 대사의 교리와 시의 이질적 요소를 극복하기 위
한 고심을 살펴보았다. 시는 시로 만족하면서도 불교적 진리의 구현을 어떻게
했나 하는 점에 시선을 맞춰 추출하여 보았다. 그렇게 볼 때 대사는 갈등적인
이 양면을 오히려 잘 극복하였다 하겠다. 그러므로 위에서도 말했던 일인학자
의 지나친 폄시는 자의적 해석일 뿐만 아니라 전혀 논리성이 없는 망발이었다
하겠다.

山水를 抒情의 대상으로 삼은 涵弘

1. 간략한 행적

涵弘 大師(1805~1878)의 이름은 致能이요, 자는 雲賓이고 함홍은 당호이다. 속성은 金海 金氏요, 아버지는 戒雲이요, 어머니는 朴氏이다. 대사의 스승은 松庵義坦인데 대사와는 속가의 숙질간이 된다.

대사는 어려서부터 뛰어난 재질이 있었으나 조실부모해서 13세에 孤雲寺로 松庵 화상을 찾아가 출가할 뜻을 알리니 화상이 이마를 어루만지며 나도 이미 출가하였지만 아직 깨우침이 없이 헛된 삶을 살고 있으니 나 같아서는 아니된다. 철석 같은 마음을 다져 유경이나 불경에 두루 통하여 고해의 뭇 생명을 구제하고 극락으로 선조의 영혼을 제도하라 이르며 『史記』를 내주고는 가르침 없이 묵좌하기 이틀이 지났다. 대사가 까닭을 물으니 선생을 찾으려거든 雲坡 화상이라야 한다고 했다. 그 뜻은 枕澗 金 先生을 찾아가라는 뜻인데, 선생은 그때 酉溪草堂에서 후생을 가르치고 있었다.

대사가 찾아가니 한번 보고는 큰 그릇감이라 하여 경서를 주고 익히게 했다. 이에 대사는 부지런히 익혔다. 사람들이 山童이 무슨 속세의 학문이냐고 기롱하니 대사는 더욱 의지를 굳혀 배움이 어느 정도 성숙한 뒤에 내 三藏의 바다에 노닐리라 하고 곧 머리를 깎고 구담 화상에게서 구족계를 받으니 그때 나이 19세였다. 그때 混虛 화상이 八公山에서 敎門을 크게 열어 준걸들이 모였다. 대사도 이에 참여하여 원돈교의를 배우니 꿰뚫치 못함이 없어, 혼허 화상은 배우는 이로 대접하지 않았다.

다시 八峯 화상에게 참여하니 화상이 성심으로 장려하면서 불가의 긍지가 너에게 있겠다 하였다. 돌아와 法幢을 세우니 나이 30이었다.

대사는 내전이나 외전이 스승 제자 관계의 정도를 겉으로만 느끼는 뜻으로 중히 여기지 않고 반드시 마음으로 본받고 몸으로 실행하였으며 후학들의 인도에도 지성으로 믿어 지극히 둔한 이라도 반드시 재목으로 키우고 말았다.

그 밖에 퇴락하거나 실화된 사찰에 대한 중수도 매우 많았다. 일찍이 幻虛·碧虛 두 화상과 金鶴寺에서 結社하자는 약속을 했으나 두 화상이 뜻을 이루지 못하고 가자, 雲庵의 옆에다 몇칸의 누각을 짓고 종신의 계획을 삼아 晩惺이라 편액하고 응접의 여가에는 수련의 노력이 늙을수록 더하여 보는 이의 감동을 일으키게 하였다.

1875년 대사의 나이 71세 때 제자인 明遠이 소백산에서 와 만성암에 주련을 붙이려 하면서 종이가 얇아 안 되겠다 하니, 대사는 내가 이 암자에 머물 기간이 4년밖에 없는데 종이는 10년은 갈 것이니 그래도 나보다 오래 가지 않느냐 하여 제자들이 의아해했다. 4년 뒤 10월 16일 조금 편찮으셔서 병상에 누워 제자들이 옹위하니, 자리를 펴고 새옷으로 갈아입히라 하고 다시 일으켜 문쪽으로 향하게 하라 하여 제자들이 부축하니 걸어나가는 듯했다. 다시 앉히게 하고는 곧 입적하였다. 이에 4년밖에 남지 않았다 한 말이 증명되었다.

위는 문인인 野山 明遠이 쓴 행장의 대략이다.

2. 山水詩에 어린 抒情

대사의 문집은 『涵弘堂集』 2권이 전하고 있다. 명원이 쓴 행장에 의하면 후세에 전할 만한 법등은 만에 하나도 기록하지 못했고 게송이나 장행시도 모두 소실하고 약간이 남았으니 불행한 일이다 하였으니, 문집에 남은 시문은 극히 일부일 수밖에 없다. 권1에는 시 2백14편이 있고 권2에는 서·기 등 20여 편이 있다. 春秋館 修撰官이었던 李敦宇(1801~?)는 서문을 쓰면서 "근래에 불가에서 시문 잡저를 펴내는데 그것은 유가의 일과 가까우니, 마음을 관찰하는 법이나 가르침이 隱微한 것인데, 문으로 드러나니 불가의 다행스러운 일이다." 하여 대사의 글이 불리의 홍포에 유익했음을 밝히고 있다.

위 서문의 글에서도 밝혔듯이 그 당시 스님들의 저술이 유생들의 저작과 큰 차이가 없었음은 일반적 현실이었다. 그것은 세속 선비와의 유대 속에서 간접적인 불교 홍포의 어쩔 수 없는 상황이었을 것이다. 그러기에 시문에는 의도적 교리의 부각이 없이 은연중 진여의 진리를 표출시키고 있는 것이다. 대사의 시문도 예외는 아니었다. 더구나 위 행장에서도 말했듯이 불리를 직설적으로 담은 게송이나 장행시는 대부분 소실되었다. 남은 문집은 더더욱 일반적 시문일 수밖에 없다. 대사의 시도 산수의 서경이 주로 이루어져 있으면서 그 안에 승속간의 서정이나 진리의 법체를 담고 있다 하겠다.

늦게 그윽히 살 땅을 가려

유유히 시정 마을 멀리해

시 읊어 좋은 계절 수답하고

물 끌어 꽃동산에 대다

학이 있어 경전 언어 들을 수 있고

사람 없어 속세 논란 듣지도 않다

여유 있게 놀아 끝내 여기서 늙음이

보시와 은혜 받음 믿고 갚음이지.

晩卜幽居地

悠然遠市村

吟詩酬勝節

澤水灌花園

有鶴聽經語

無人問俗論

優遊終老此

是亦信施恩

「그윽히 살다〔幽居〕」한 시이다. 늦게 정하다〔晩卜〕 한 것으로 보아 晩惺庵으로 만년 거처를 삼았던 시기의 시인지도 모르겠다. 스님의 생활이 평상시에 저자거리나 마을을 멀리한 것이지만 여기서 다시 강조하는 것은, 끝내 늙을 곳으로 정했다는 것에서 더 강조되었다.

숨어 조용히 살지만 자연 계절의 변화나 아름다움은 그저 넘길 수가 없다. 이때 혼자서의 독백으로라도 좋은 도구가 시보다 나은 것이 없다. 수답한다〔酬〕는 한 글자가 묘미가 있다. 저 계절을 감상하는 대가가 있어야 한다. 수답은 받음에 대한 갚음이다. 저 계절에 대해 무엇으로 갚을 것인가. 역시 시 이상의 좋은 값어치가 없다. 여기서 스님들이 시를 사랑했던 순수한 마음을 읽을 수가 있다.

학이야 깃들 곳이 산이요, 소나무이기에 머무는 것이요, 그 울음이야 동물로서의 본능이겠지만 삼라의 여여한 실상을 법체로 보려는 스님에게는 그 울음이 무엇보다도 절실한 경건의 말씀이요, 부처의 설법이다.

여유있는 놀이〔優遊〕가 무엇인가. 이런 삶이 바로 여유있는 것이 아닌가. 더구나 다음 구의 은혜 베품〔施恩〕 바로 이것이 여유 중에서도 그 이상의 여유가 없는 여유이다. 전편의 시가 큰 수식 없이 삶의 진리를 함축시키고 있다.

암자 밖 동대가 빼어나

날마다 휘파람 불며 노니노라

庵外東臺秀

日臨舒嘯遊

경쾌한 말을 탔는가 의심도 하다가	却疑登快馬
산마루 누대에 앉은 것보다 낫기도 하네	還勝坐岑樓
시내 향기 술잔에 들어 방울져 지고	澗馥侵尊滴
바위, 거센 물 백옥 흐름 끌어오다	巖湍夏玉流
다시 더 구름 개인 저녁이 좋아	更好雲晴夕
시계가 훤히 멀리까지 트인다.	豁然眼界悠

「영산암 동대의 시운〔靈山庵東臺韻〕」에 대한 시다. 동대를 오르내리는 평범한 하루의 생활을 쓴 것이다. 경쾌한 말을 탄 기분이 들기도 하고 산마루의 누대에 앉은 느낌이 있기도 하다. 높은 누대의 상쾌한 오름이다.

그 밑에 흐르는 물은 백옥처럼 맑아 구슬을 끌어오는가 하면 술잔의 향기는 시내를 에워싼 뭇 향기가 스며든 것이다. 어디 그뿐이랴. 저녁이 되어 멀리 트이는 시계가 다시 가슴을 후련하게 한다. 산사의 하루는 이렇게 해서 저무는 것이다.

조화로운 하느님 그윽한 땅 개벽해서	造化天能闢地幽
옛 신선 누각을 바위 머리에 걸었네	古仙樓閣架巖頭
시내 거울 낯 닦아 빈 그림자 나타내고	溪磨鏡面生虛影
달 방안에 일렁여 영겁 수심 씻네	月漾堂心散劫愁
난간 밖 나는 새 등만 보이고	檻外飛禽唯背見
처마 끝 자는 구름 하늘 함께 떴다	簷端宿靄與天浮
혼연히 연꽃세계 앉은 듯하니	坐來渾似蓮花界
이 몸 태을선에 올랐나 의심스럽다.	疑是身登太乙舟

「가허루 현판의 운에 차운한〔次駕虛樓板上韻〕」 시이다. 옛 신선이 놀았던 누대라 하였다. 이 그윽한 땅 자연의 형상이지만 하느님이 있어 우리를 위해 마련하였다. 흐르는 물이 바위를 닦아 거울처럼 맑고 곱게 다듬어 놓아 거기에 비치는 영상은 실은 허상이다. 그러나 시인에게 있어서는 이 허상이 더 아름답고 그것이 바로 시의 소재가 되는 것이다. 달이 훤히 방안까지 비추어 일렁거리면 온갖 수심도 사라진다.

난간 밖 저쪽으로 날으는 새는 등만 보인다. 이 등만 보인다〔唯背見〕는 표현도 재미있다. 삶에는 서로 마주봄에서 정감이 오가는 것이요, 등을 돌리면 정감의 단절이다. 서로의 관계를 끊는 행위이다. 그런데 이 시는 이 등돌림에서 오히려 나는 새에 대한 정감이 짙다. 흔치 않은 시어라 생각된다. 이 모든 것이 연화세계요, 신선이나 탄다는 태을선을 탄 기분이다. 단순한 자연의 조화에 작자 자신의 홍을 교묘히 융섭시켰다 하겠다.

구름 잎 드문드문 비 갠 하늘	雲葉離離霽後天
풍광도 담담한 단청 난간 가	風光澹蕩畫欄邊
창을 두른 맑은 시내 처음 듣는 비파	繞窓淸澗初聽瑟
물 가까운 높은 누대 뜬 배 같다	近水高樓若泛船
단풍나무 연한 누르름 나그네 홍 실어오고	楓樹嫩黃輸客興
계수나무 숲 시원스레 신선 인연 거듭하다	桂林瀟灑重仙緣
새로 개인 달빛 금모래도 깨끗해	新晴月色金沙淨
시의 정서 배나 상쾌함 다시 깨닫다.	更覺詩情倍爽然

「가을비 개다〔秋雨新晴〕」는 시이다. 맑게 개인 가을의 풍경을 시인의 안목으로 그려낸 시이다. 창밖의 시내 울림을 비파소리로 듣고 높이 오른 누대 가을 물결에 떠 있는 배로 이해하고 있다. 담담한 가을의 물색을 시인의 상상으로 환치시키고 있다.

누대 주변에는 단풍잎에 연하게 물든 누르고 붉음이 나그네의 홍을 실어오고〔輸〕 있다. 輸客興의 구상이 그리 쉽지 않다. 홍이 난다는 말을 수레에 실어온다는 표현으로 바꿔 놓고 있다. 홍을 담뿍 실어다 부쳤다. 누대가 띄운 배와 같다 함도 평상인이 범상하게 생각하는 공간 감각으로는 만만치가 않다. 누대라면 산이 공간이고 배라면 바다가 공간이다. 이 어울릴 수 없는 공간을 한 공간으로 이었다. 그러기에 물에 가깝다는 배경 설정은 해 놓았지만 시인의 상상으로 구성된 공간임이 분명하다.

스님은 철저하게 시인이다. 이러한 가을 경치에서 역시 시상이 떠오름이 당연했다. 물론 이 시정을 돋우기 위하여 맑게 떠오르는 달이 매개물이 되기는 하였지만 결론을 배가하는 시정으로 마무리하기는 역시 시인으로서의 자연 감사의 태도라 하겠다.

장사는 평생토록 형상 밖을 탐내어	壯志平生象外耽
팔공산 가을날 개인 안개에 앉다	公山秋日坐晴嵐

층봉의 낮낮은 진여경계 열었고	層峯面面開眞界
괴상한 바위 머리 머리에서 범담을 듣다	怪石頭頭聽法談
소나무는 백학 가 물 흐르는 언덕에 늙고	松老鶴邊流水岸
스님은 격 밖의 백련암에서 한가롭다	僧閒方外白蓮庵
조화옹이 풍부히 쏟은 경영의 힘으로	化工冶費經營力
한 줄기 호수가 쪽빛으로 푸르다.	一帶琴湖碧似藍

「팔공산에 올라〔登八公山〕」 지은 시이다. 산정에 올라 보는 주변의 풍경을 담담하게 서술하였지만 솟은 봉우리에서 진여의 세계를 본다거나 솟은 바위에서 법어를 듣는다 함이 역시 승려 시인으로서의 착상이다.

솔과 학은 자연의 함수관계이지만 시인은 그 함수가 단순한 함수가 아니라 한쪽을 주체화시켜 소나무가 학에 의하여 또는 흐르는 물에 의하여 늙는다 하였다. 이것이 정물을 동물로 바꾸는 시인의 솜씨이기도 하지만 흐르는 물의 영원한 시간 속에 솔이 늙는 시간을 대비시켰다 한다면 역시 재미나는 착상이다. 어찌 되었든 이 모두는 자연조화의 경영력일 수밖에 없다.

비 띠고 농가에 들었더니	帶雨投田舍
닭이 한낮에 울다	鷄鳴日午天
처마에는 젖먹이 제비 통하고	簷通乳子燕
뜰에서 병아리 채는 솔개 쫓다	庭打獵雛鳶
아낙네 베틀은 집안 살림 경영하고	婦織營家産
아기의 울음 나그네 졸음 일깨다	兒啼攪客眠
쓸쓸히 지나가는 중을	簫然行過釋
구름에 누운 신선이라 하네.	自謂臥雲仙

「농가에서의 사실〔田家即事〕」이라 제한 시다. 비 피해 들른 농가의 한때를 담담하게 읊었다. 비를 피한 농가에서 한낮에 우는 닭의 울음, 이것이 바로 농가의 한가로움을 대변하는 대목이다. 닭의 울음이야 새벽으로 대표되지만 낮닭의 울음은 한적한 시골 분위기를 깨는 듯해 오히려 고요함을 느끼게 한다. 처마에 나는 제비, 병아리를 엿보려 뜰 가까이까지 나는 솔개 모두가 촌가의 한가로운 풍경을 연상케 하는 것이다.

사람살이에 있어 베짜는 소리와 아기의 울음소리는 즐거운 소리로 대표되는 것이다. 아기의 울음은 생명의 울음으로서 사람살이의 시간적 영속을 이어주는 것이요, 베틀소리는 한가족의 의생활을 풍족하게 하는 원동력이다. 이 시는 이렇듯 영속되는 시간과 확대되는 가족의 공간이 아름답게 대조를 이루고 있다. 한 편의 시는 어차피 시인의 구조물이기는 하나 의도적이든 무작위적이든 농촌의 살림을 이렇듯 어울리게 묘사한 예도 흔치는 않을 것이다.

끝구에 있어서의 臥雲仙이라 함이야 어차피 시적 결론을 작자의 처지에 가까이 끌기 위함이지 전편의 시의에서 볼 때 그리 비중 있는 결론은 아니다.

가을걷이 구경하려 지팡이 날렸더니	爲看西成短錫飛
긴 들 가을 날씨 번쩍이도록 깨끗하다	長郊秋日淨暉暉
산을 두른 붉은 잎 비단 같은 단풍	繞山紅葉楓如錦
물에 비친 누런 구름 벼는 살쪄	映水黃雲稻正肥
소 등의 피리소리 숲 가를 지나고	牛背笛聲林外過
기러기 무리 서리 소식 물 남쪽으로 오다	雁群霜信水南歸
둘러 둘러 은근히 농부 집 들렀더니	殷勤轉到田翁舍
달은 이미 황혼이라 반쯤 닫힌 사립문.	月已黃昏半掩扉

「가을 들〔秋郊〕」이라는 시다. 오곡이 무르익고 단풍이 짙은 가을 풍경을 담담하게 읊었다. 특별한 수식이 없는 담박한 시이다. 한가로이 가을 들을 걷는 나그네의 모습을 연상하게 한다.

시의 구성은 상하 공간의 상대적 조화가 잘 되어 있다 하겠다. 비단처럼 붉은 단풍의 위 공간에 구름처럼 풍성히 누런 들이 아래 공간을 말했는가 하면, 산모퉁이를 지나 목동의 한적함에 가을서리 소식을 알리며 하늘 끝을 날으는 기러기를 맞이어 놓았다. 이런 점이 담담한 시이면서도 지루하지 않은 변화가 있는 구성이다. 그러면서 주인공의 조용한 농가로의 귀착이 차분한 결미를 의식하게 한다.

지팡이 하나로 차례차례 찾은 천진한 경계	一筇次第徧尋眞
물건 물건 하나하나 흥이 새롭다	物物頭頭興各新
골에 가득한 소나무 울림 뼈에 드는 맑음	滿壑松聲淸入骨
빈 창의 달빛은 정신까지 스며 희구나	虛窓月色白通神
정이 담긴 술잔 시 읊음에 가득 담긴 술	有情杯凸吟中酒

그림자 없는 꽃 겁 밖의 봄에 피다	無影花開劫外春
종일토록 이름난 누대 좋은 손 머물려	鎭日名樓留好客
문득 의심타, 하늘이 보낸 신선인가.	却疑天遣羽仙人

「우화루에 올라〔登羽化樓與小庵共賦〕」 짓는 시이다. 누대 이름이 우화루이니 신선이 되었다는 의미이다. 이런 이름에 걸맞은 경치이다. 뼈에 스미는 맑은 바람, 정신까지 통하는 달빛, 여기에서 이미 신선 같은 분위기를 제시하면서 같이 시를 주고 받는 상대방인 小庵 스님을 하늘이 보낸 신선이 아니냐는 것으로 결론을 내렸다.

대사는 주고 받는 시에서 주고 받는 감정이나 행위를 직설적으로 표현함이 없이 모든 것을 주변의 경관에다 자신의 생각이나 감정을 투영시켜 상대방을 칭찬하고 있다. 이것이 바로 대사의 작시적 구도가 뛰어난 점이라 하겠다.

불꽃의 평원 따라올라 멋대로 빗기더니	起自燎原任自橫
유독 가랑비 따라 옅은 구름처럼 가네	偏隨微雨細雲行
하늘 끝 솟아오르니 허공의 기둥 되고	聳浮碧落成虛柱
모기성을 공략하니 강경한 병사로 변해	攻破蚊城作勁兵
해 늦은 들머리엔 푸르름이 아득아득	日晏郊頭靑羃羃
바람 이는 강의 수면에는 담담히 하늘하늘	風生江面澹輕輕
걷어서 사라지면 또다시 자취 없으니	捲而消處還無跡
시로도 사정 말할 수 없고 그림으로도 못 나타내.	詩不盡情畫不形

「들연기〔野雲〕」를 두고 지은 시이다. 결론에서 그림으로도 나타낼 수 없다 하였지만, 이 시는 들머리에서 이는 연기를 놓고 이 이상의 그림은 없을 듯한 한 폭의 그림이다. 들에서 피우는 모닥불 이는 연기는 들을 덮어 옆으로 퍼지기도 하고 가랑비라도 내리는 날이면 낮은 기압에 눌려 구름처럼 지면에 깔리기도 한다. 날씨 좋아 허공으로 수직 상승을 하면 연기 기둥이 되기도 하니 의지 없는 허공의 기둥이다. 여름 저녁 떼지어 괴롭히는 모기를 쫓기 위한 모깃불은 모든 모기를 쫓는 강한 무기이니 강경한 군사력에 맞먹는다.

저녁노을과 함께 강가를 따라 펼쳐지기도 하고 강이나 호수의 중심으로 나즉히 깔리는 연기는 그야말로 江湖烟波의 아름다운 자연이다. 그러나 聚散이 무상하여 사라지고 나면 형적을 남기지 않는다. 시로써 이 사정 다 말할 수 없다

하였지만 이 시만큼 들연기를 여실하게 묘사한 시도 드물다 하겠다.

한 줄기 샘 끌어 반공으로 빗기니	引泉一道半空橫
지붕 넘고 담장 날아 빗소리 되다	乘屋飛墻作雨聲
처마머리 번득이는 눈 여름을 속이고	簾角雪翻欺夏令
베갯가 옥소리 날려 가을 정기로 상쾌하다	枕邊玉戛爽秋精
처음은 줄기 나누어 마른 시내 흘렸지만	始雖分脈流殘澗
끝내 물결 되어 큰 바다로 든다	終可添波入大瀛
아희들의 주방 살림 편케 할 뿐 아니라	不啻兒曹厨用便
늙은 나의 시 정서 상쾌하기에도 아주 좋구나.	最宜老我爽詩情

「샘물을 끌다〔引水〕」라는 시이다. 시냇물을 대통으로 끌어 정원의 연못이나 산사의 일용수로 이용한 물대기를 놓고 재미있게 묘사하였다. 담을 넘어 떨어지는 소리를 빗소리로 이해하거나 지붕 위로 떨어지는 물방울이 눈 같아 여름 절기에도 겨울인 것으로 기만한다. 방안까지 들리는 낙수의 낭랑한 물소리의 시원함은 가을처럼 상쾌하다. 그러나 물은 물이기에 끝내 바다로 흐를 수밖에 없다.

아이들은 부엌 살림을 하기에 매우 편해져 좋고 나에게는 이렇듯 시의 정서를 자아내 좋다. 역시 자그마한 소재를 가지고 재미나는 유추로써 실감있는 시를 써냈다.

돌문 최상층에 있는 누대	亭在石門最上層
뱃놀이 겨우 끝나 다시 올랐다	船遊才罷更攀登
난간 의지하니 아득히 구름끝에 앉았고	倚欄縹緲雲端坐
벽을 굽어보니 영롱히 학의 등에 기댔구나	俯壁玲瓏鶴背憑
한 줄기 긴 강은 본성 바다 함양하고	一帶長江涵性海
반창에 기운 달은 마음등불 비춘다	半窓缺月照心燈
머리 돌려 그림 속 경치 덤으로 얻으니	回看添得圖中景
지는 해 끊긴 다리에 들을 지나는 중.	落日斷橋野渡僧

「석문정의 뱃놀이〔石門亭船遊〕」라는 시이다. 뱃놀이라 하였지만 뱃놀이를 끝내고 정자에 오른 풍경을 중점적으로 읊었다. 산정이 너무 높아 구름 끝에 앉은 듯하고 굽어보면 마치 학의 등에 타 있는 것 같았다.

앞으로 보이는 강물에서 본성의 바다를 기르고 달에서는 마음등 밝힘을 배운다. 여기서는 스님으로서의 정진을 다짐했다.

끝구에서 실경을 오히려 그림경치라 하여 덤으로 얻었다〔添得〕 함이 매우 인상적이요, 이것이 또한 실경을 시로 바꾸고 다시 이 시 속에서 실경을 연상해보는 환원의 반복은 아닐까. 들머리 끊긴 다리를 건너는 중이 있다 함에서 이 시는 시선을 한 점으로 은연중 정적의 고요함으로 끝맺는 매력을 지녔다 하겠다.

이상에서 임의로 몇 수의 시를 가려 함홍 대사의 시정을 살펴보았다. 대사의 시는 자연 사물의 서경에 대부분 치우치고 있어 스님으로서의 교화적 의미가 없는 것처럼 보인다. 그러나 그것은 서경의 서술에 작자의 정서를 농축시켰고 이 작자 자신의 서정이 바로 여여한 자연의 실상이요, 그것이 바로 사부대중 누구나의 정서인 법리의 일반성을 표출한 것이라 생각된다.

淵源을 세우기에 몸바친 梵海

1. 간략한 행적

梵海 禪師(1820~1896)의 이름은 覺岸이고 자는 幻如요, 범해는 호이다. 속성은 慶州 崔氏로 신라 崔致遠의 후손이다. 아버지는 徹이고 어머니는 星州 裵氏인데 대사를 잉태하였을 때 꿈 속에서 못에 흰고기가 뛰는 것을 보았는데 대사가 태어나매 좌우의 넙적다리에 긴 흰줄무늬가 있어, 아명을 魚堰이라 하기도 하고 또는 超堰이라 하기도 하였다. 어려서부터 생선을 좋아하지 않으니 아마도 胎敎로 인해서 세속을 떠날 기미가 있었던 듯하다.

14세에 大芚寺의 縞衣 선사에게 출가하여 16세에 체발하고 荷衣 선사에게서 10계를 받고 草衣 선사에게서 구족계를 받았고 또 聞庵, 雲居, 應化 등 대종사에게 참학하였다. 유가의 학문은 蓼翁李 선생에게서 배웠다.

27세에 縞衣 스승의 법인을 받아 강당을 여니 眞佛上院이 보리의 도량이 되었다. 그 뒤로 전국의 사찰을 두루 돌아 선사들의 행적을 더듬고 또 퇴락한 곳을 중수하기에 여일이 없었으니 이에 대한 자세한 내력은 대사 자신이 편찬한 『東師列傳』 권4의 끝에 있는 「自序傳」에 자세히 기록되어 있다.

대사의 행장은 제자 栗庵이 쓴 「梵海禪師行狀」이 있으나 이는 스승에 대한 간략한 행적이고 『동사열전』에 수록되어 있는 「자서전」이 오히려 자세한 행적이다. 이는 대사의 75세의 저술이니 작고하기 2년 전에 자신의 전기를 자찬한 것으로 자신이 존재하기까지의 석가 이후 불법 전수에 대한 자세한 연대의 기록과 우리나라에 불법이 전래된 이후 각 지역 각 사찰에 존재했던 선사들을 지방별 연대별로 나열하며 자신의 존재가 현재 있게 되었다는 자찬전기이다. 여기에서 우리나라 역대 스님의 전기인 『동사열전』을 쓰게 된 배경을 이해할 수 있다. 대사의 문집에 남아 있는 「僧族譜序」나 「佛祖源流序」와 같은 글은 대사의 바로 이러한 연원 추구의 집념을 반영한 글이요, 그러한 실현의 작업이

『동사열전』의 저술이었던 것이다. 그러므로 대사의 행적은 불조의 유업을 찾는 일로 일관되었다 하겠다.

2. 求禪 持戒의 시문

범해 선사의 시문집은 文集 2권, 詩集 2권, 補遺 1권이 전한다. 선사의 시집의 편찬에는 여러 가지 특이한 점이 있다. 우선 『梵海遺集補遺』라 하여 본집의 보완의 의미인 보유편이 한 권의 분량도 더 된다는 것이 이채롭다. 본집의 권1에 시가 1백2편이고 권2에 74편이 수록되어 있으면서 『유보』편에 1백14편이 수록되어 있다는 점이 주목된다.

선사가 자신의 문학에 대하여 자평한 내용이 『동사열전』에 있는 「자서전」에 기록되어 있다.

"남과 더불어 문답한 것은 반드시 입으로 삼켰고, 남과 더불어 수창한 것은 응답이 많으나 마음으로는 그르다 하리라. 옛사람들이 시란 정서의 꽃이요〔情華〕, 글씨는 마음의 절조〔心節〕이니, 정서가 안에서 태동하여 뛰고 춤추는 것이 밖으로 꽃피는 것이라 했으니…… 어찌 감히 선현들에게 비견되리요마는 때론 읊은 것이 속태가 많고 기록한 것은 상스런 말이 뒤섞였지만 알고서도 고치지 않는 것은 남이 본받거나 허물함을 개의치 않기 때문이다…… 만약 허황된 이야기나 빠진 것, 잘못된 것은 처지에 따라 필삭하는 것도 무방하다. 나도 좌우에 놓아 두고 일상 활용에 지나간 스승으로 삼으려 한다."
하였고 이 글을 쓸 때 자신이 75세라 하였다. 이는 입적하기 2년 전의 일이니 2권으로 된 원집은 대사 자신이 편집했던 것으로 보이고 유보편은 시집을 편찬하던 당시 1917년 선사가 입적한 지 20여 년 뒤에 자신이 필삭했던 것을 제자들이 유보편으로 함께 펴낸 것이 아닐까 하는 추측이 된다.

문인 栗庵이 쓴 행장도 문집을 간행하던 1917년에 쓴 것이다. 이 행장에서 詩稿 2편과 文稿 2편이 세간에 전하고 있었다 함도 이미 선사의 시문집이 전포되고 있었고 다시 간행할 때에 유보편을 합간한 것이다. 선사의 시문을 살피면서 이러한 편집 절차에 주목하는 것은 원집과 유보편의 시풍에 큰 차이가 있기 때문이다.

원집의 시는 승·속간의 수창이나 옛 선사들의 시운에 차운함이 거의 대부분이면서 그 내용이 법리적 표출에 역점을 둔 인상이 짙은 반면, 유보편은 자연에 대한 영탄이 많다는 점이 큰 차이를 느끼게 한다. 이 점은 편찬 당시에도 감안되었던 것인지는 알 수 없으나 宋泰會의 서문에서,

"뒷날 이 글을 읽는 이가 선을 찾고 계율을 지키는 마음 법을 상고하지 않고, 다만 구름 안개 달 꽃이나 읊는 말기만 살핀다면 이 어찌 범해 선사가 문도들에 바란 것이겠는가(後之讀此者 若不攷其求禪持戒之心法 只觀其諷詠於烟雲花月之末而已 則此豈梵師之所望於其門徒也哉)." 한 점으로 대사의 시문관을 이해할 자료이기도 하지만 시집의 편찬 의도도 이해될 듯하다.

그러므로 원집은 求禪持戒의 시이라면 유보는 吟風詠月의 자연서경이나 평이한 정서적 표출이었다 할 수 있을 법하다. 유보편에서는 동도자인 스님들과의 수답이 거의 없는 점이 바로 이러한 의도가 아니었을까 생각된다.

그렇다면 시문의 저작에 있어 교리적인 문학과 일반 문학을 철저히 구별했던 것이 바로 선사의 문학관이 아니었을까 추단해본다. 여기서는 순수한 문학적 작품에 의미를 부여하는 면에서 서경적 시만을 감상하는 것으로 제한하려 한다.

다음은 「瀛州十景」 중에서 몇 수를 가려본다.

백록담 넘치는 물 동쪽으로 향해	鹿潭水溢向東來
바다로 흘러드는 큰 우뢰소리	流注海中大震雷
온 바위 시내 되어 천 길의 폭포	全石爲溪千丈瀑
정방이 굴이 되어 일만 층의 누대	正房作窟萬層臺
여산의 참모습 이 아침에 보니	廬山面目今朝見
흰 깁이 뼈가 되어 이 땅으로 왔다	白練骨髓此地回
옛절 남은 터 의젓이 남아	古寺遺痕依舊在
시비나 영욕이 모두 눈앞에서 재가 된다.	是非榮辱眼前灰

〈正方瀑布〉

백록담에서 흐르는 물이 바다로 가면 한 골짜기의 바위가 모두 절벽이 되어 우뢰소리처럼 거센 천 길의 폭포이다. 흔히 폭포의 대명사처럼 되어 있는 여산의 폭포를 여기에 옮겨 놓았다는 것이다. 그 물줄기는 흰 비단을 늘여 놓은 것이나 다름 없다 하여 폭포를 미화시키고 있다. 이런 장관 앞에는 인간세사의 시비 영욕도 사라진다.

엷은 비단 두루 퍼져 푸른 하늘 가리더니
멀리 咸池에 붉음으로 쌓인 물 보다
해 지자 남은 빛이 오히려 곱게 비치고
바람도 경쾌하여 쇠잔한 물색 석양에 녹아든다
봉우리마다 담담한 문양으로 입히고
들 들에는 엷은 안개로 걷어들인다
어둠이 들자 갑자기 모기떼 내려와
들레임 속에서 둥근 바퀴 달도 잊게 하네.

薄紗周匝御靑空
遙望咸池積水紅
日落餘光反照豔
風輕殘色夕陽融
峯峯盡被淡紋繡
野野皆飛細霧籠
忽至黃昏蚊陣下
喧嘩忘却一輪功

〈紗峯落照〉

사봉의 낙조를 읊었다. 바다를 배경으로 한 낙조의 아름다움을 묘사하였다. 紗峯이라 하였으니 비단 봉우리다. 그런 이름을 가졌어야 할 이유를 은연중에 드러내고 있다. 낙조는 낙조 자체로써 아름답지만 그 빛으로 반사되는 이쪽 경치가 더 아름답다. 그런가 하면 그 빛은 저녁노을과 함께 융해되어 해지면 사라지는 빛이요, 풍경이다.

마파람 살랑살랑 물결 가라앉아
조정으로 곡식 싣고 가는 배 모두 떠난다
쌓인 물 하늘에 닿고 붕새 길이 원대하고
훤히 밝은 빛 해와 가까워 새벽빛 곱다
잔처럼 점점히 떠서 어디로 가지
외로운 돛 더디더디 조정으로 가는 배
어여차 한 곡조에 자던 새도 깨니
탐라성 밖으로 땅으로 가는 신선.

南風蕭瑟海浪全
禾北朝天並發船
積水稽天鵬路大
虛明近日曉光鮮
浮盃點點歸何處
孤帆遲遲到國前
欸乃一聲驚宿鷺
耽羅城外地行仙

〈底浦歸帆〉

국가의 조공을 싣고 떠나는 배를 중심으로 한 아침바다의 풍경이다. 망망한 저 큰 바다에 떠 있는 범선, 어찌 보면 한 점 두 점으로 부각되는 술잔 크기에 지나지 않는다. 그렇지만 그것은 국가의 살림을 맡는 곡물의 조공이 북으로 북으로 올려지고 있는 배이다. 당시의 정치적 풍속도 이해할 수 있는 대목이다.

위는 원집에 있는 제주도의 풍경을 노래한 것이다. 다음은 유보편에 수록된 자연음미의 시를 살피려 한다.

　　유보편에 수록된 시가 116편이나 되니 원집에 있는 170여 편의 3분의 2가 넘는 많은 숫자이다. 위에서도 보았던 것처럼 원집은 선사 자신이 선택 편찬한 것으로 보이고 이 유보편은 제자들이 보완한 것으로 보이니 선사 자신은 선외로 여겼던 것 같다. 그것은 선사로서의 교리적 색채가 아닌 음풍영월의 소일거리로 여겼던 것은 아니었나 추단되기도 한다. 그러나 자연 소재의 자재로움으로써 더 큰 의미가 있지 않나 하는 느낌도 있다.

짓누르는 대웅전	壓鎭大雄殿
빛은 고와 옛스럽지 않다	光華不古時
탑은 아지랑이 파란 벽으로 높고	塔高烟翠壁
누대는 달 밝은 못에 떠 있다	樓泛月明池
산빛은 구름 걷혀 드러나고	山色雲收顯
시냇소리는 비 개이자 뒤따르다	溪聲雨霽隨
모든 하늘에서 길이 알리는 음악	諸天長奏樂
온갖 새 높은 가지에서 춤추다.	百鳥舞高枝

　　「枕溪樓」라 제한 시다. 누대를 중심으로 한 자연의 경관을 여실하게 묘사한 시다. 스님의 신분이 전혀 드러나지 않는 서경이다. 대웅전보다 높이 솟은 누대, 오랜 역사의 빛이 낡은 누대이다. 못물에 달이 훤히 비치니 누대는 떠 있는 듯 드높다. 구름 걷힌 뒤의 산빛은 더 곱고 비 뒤의 시냇소리는 더 거세어진다. 주변에서 이는 은은한 소리는 하늘음악이고 나는 새들은 이 음악에 맞춰 춤을 추는 무희들이다.

햇살 따뜻한 작은 정원 고요하니	日暖小園靜
한 떨기 영산홍 난만히 피었다	一叢爛熳開
늘어선 삼림은 빛을 잃어 저만치 섰고	森羅失色去
온갖 물상은 형태를 변해버렸다	萬像變形來
붉은 흐름의 언덕에 누운 사람	人臥紅流岸
비단으로 펼친 누대에 밝은 달	月明錦鋪臺
풍성한 빛으로 서린 허공의 경계에는	盛光盤空界
벌 나비도 날아오지 못해	蜂蝶不飛回

　　「映山紅」이라 제한 시다. 꽃이름 자체가 산을 비추는 붉음이다. 조용한 정원

에 피어 있는 한 떨기의 꽃에 주변의 모든 물상은 빛을 빼앗겼다. 그러면서도 이 꽃의 아름다움에 조화되어 주변 물색 자체가 변했다. 한 떨기 꽃의 뛰어남을 이렇게 묘사하기도 드문 일이다.

紅流岸이라는 이름이 단순한 언덕의 이름이기도 하겠지만 이런 이름을 가질 수 있었던 것도 주변의 꽃으로 인해서 얻어진 이름일 것이다. 피어 있는 영산홍으로 해서 더욱 실감이 있고 거기에 누워 있는 사람도 스스로 붉어질 수 있다.

허공에 서려 있는 것이 모두가 붉은 빛이니 산을 비추는 영산홍이 아니라 허공을 비추는 映空紅이 되었다. 어디나 이렇듯 밝고 빛나니 벌 나비는 어디로 날아야 할지 길을 잃었다.

눈에 눌렸으니 무게 감당 못하고	雪着不勝重
산들바람에 위 아래로 굽었다	風輕俯仰低
구름 날려 이슬 머금어가고	雲騰含露宿
옥 부서져 서리로 변한 집	玉碎爲霜棲
땅에 지면 다시 소금가루	落地吳塩似
하늘에 날면 장주 꿈의 나비	飛空周蝶齊
달 밝아 별이 숨는 밤에는	月明星隱夜
우뚝 솟아 온갖 꽃이 희미해진다.	踔立百花迷

「玉梅花」라는 시이다. 눈 뿌리듯 하얗게 핀 꽃이다. 눈이 무거워 늘어지듯 하면서 바람에 불려 하늘거린다. 나는 구름인가 하면 옥빛 이슬을 머금었고 백옥을 갈아 서리처럼 덮여 있다. 땅에 진 잎은 소금을 뿌려놓은 듯이 희고 날리는 꽃잎은 나비의 춤과 같다. 달 밝은 밤이면 달빛을 받아 더욱 희다. 그 고고한 자세는 어느 꽃도 대결될 수 없다. 매화의 고고한 기상을 여러 사물로 비유하여 여실하게 읊은 시이다.

밤 고요하고 시간 늦어 베개 폈더니	夜靜更深枕席開
한 떨기 가을바람 뜰을 반쯤 채우다	金風一陣半庭來
귀뚜라미 울음소리 게으른 여인 꿈깨워	促織鳴驚嬾婦夢
견우성이 오작교로 돌아드네.	牽牛星向烏鵲回

「七夕」이라는 시이다. 칠월칠석 견우성과 직녀성의 만남을 읊었다. 초가을

밤의 바람, 하늘 보며 누워 있는 밤에 귀뚜라미의 울음이 가을을 재촉한다. 그 울음은 마치 여인들에게 다가올 겨울옷감을 준비하라 하는 베짜는 소리로 들린다. 게으른 여인〔嬾婦〕이라 함은 이 철을 놓치고 마는 여인을 자극한 표현이다. 은하수의 별자리에서 직녀성이라 하여 베짜는 여인으로 의탁한 것도 이 계절과 맞춰 했던 것일 것이니, 이 시에서는 베짜기에 게으름을 피우는 직녀성을 귀뚜라미의 울음이 일깨워 한해 한 번 만나는 소 끄는 낭군인 견우성을 만나게 한다는 것이다. 저 하늘에 있는 은하수의 별과 땅에서 가을을 재촉하는 귀뚜라미를 한 공간으로 무리없이 맞물려 놓은 점이 이채롭다.

일 만 길 높은 산 해남 땅에 우뚝 솟아	特有海南萬仞山
별처럼 나열한 먼 뫼 다투어 에워싸다	星羅遠岳爭來環
고고히 푸른 허공에 수직으로 뚫었으니	孤高直透靑空立
방장산 봉래산과 백중을 다투다	方丈蓬萊伯仲間

「頭輪峯」을 읊은 시이다. 허공으로 솟은 두륜봉을 큰 수식 없이 고고한 기상을 나타냈다. 이런 시의 경우 특별한 수사의 기교 없이 물 흐르듯 서술함이 오히려 시적 감흥을 더해준다. 이 시는 그런 점이 매력이다. 어쩌면 두륜산에 머물고 있는 작자 자신의 기상을 말하려 함인지도 모른다.

다음「頭輪山月歌」가 있어 더 감상해보자.

두륜산 달이 중천에 이르니	頭輪山月到中天
병 속의 천지 같은 신선 경계 학 나무에 닿다	壺裏乾坤鶴樹連
뾰쭉뾰쭉 뭇 봉우리 구름 속에 꽂히고	矗矗群峯雲外揷
줄줄 두 시냇물 바위 사이 달리다	涓涓雙澗石間懸
서실 창에 달은 희어 등불 더 밝고	書窓明白燈添色
나그네 잠자리에 둥근 달 조는 눈이 작다	客枕圓盈眼小眠
가을밤 뜰도 비고 사람소리도 적적	秋夜空庭人語寂
누가 백옥 거울 가져다 샘에다 드리웠나	誰持玉鏡下淸泉

하늘 높이 솟은 두륜산을 위로는 구름, 아래로는 시내를 잘 조화시켜 드러내고 거기에 둥근 달이 있어 더욱더 아름다움을 가미시켰다. 달이 밝아 등불은 빛을 더했다〔燈添色〕거나 눈에는 졸음이 적어졌다〔眼小眠〕는 표현도 재미있다. 달을 백옥의 거울로 유추하는 것이야 일상적 수사일 수 있지만 맑은 샘으

로 내려 왔다〔下淸泉〕 함은 허공의 달을 지상의 물 밑으로 끌어내려 저 실체
보다 물 밑의 허상이 더 아름다움을 간접적으로 시사하고 있어 역시 시어로서
는 돋보이는 대목이기도 하다.

하늘은 흰 꽃으로 비 내려 머리에 쌓이니	天雨白花頭上積
때 아닌 벌나비가 향내 찾으려 한다	非時蝴蝶欲探香
금빛 은빛의 갑옷으로 변한 옷	衣裳變作銀金甲
뭇 병사의 싸움터 행렬도 대적이 안돼	不對軍兵股戰行

「눈 속의 길〔雪中行〕」이라는 시이다. 흰 눈을 여러 물상으로 유추한 점이
재미있다. 머리를 흰 꽃으로 단장시켜 겨울철의 벌나비를 유인하고 있으니 이
나그네의 길은 겨울답지 않은 훈훈함을 느끼고 있다.

　그런가 하면 갑자기 금은의 갑옷으로 무장시켜 겨울철의 늠름한 위엄으로 변
화시켰으니 엄동의 위력을 간접적으로 느끼게 한다. 한순간에 계절적 시공을
뛰어넘는 시어라 한다면 지나친 감상이라 할 것인가. 아무튼 시의 묘미는 이러
한 환상적 감상을 가능케 하는 데 있는 것이 아닌가.

큰 고갯마루에 열려 있는 성도암	成道庵開大嶺頭
바위 병풍은 굴 뚫어 흐르는 물보다 낫다	巖屛時勝穴泉流
제주도는 만 리 밖에서 푸른 기세 드러내고	瀛洲萬里呈靑勢
완도의 한 줄기는 흰 배처럼 떠있다	淸海一江泛白舟
하늘 뚫은 고목은 구름에 걸려 나부끼고	古木凌空雲掛拂
암벽에 걸린 새 갈구리는 나그네의 등반 길	新鉤懸壁客登由
오래 사노라 세상사 볼 수 없지만	久居不見人間事
피는 꽃에 봄, 지는 잎에 가을임은 안다	花發知春葉落秋

「成道庵」이라는 시다. 산상의 암자에다 중심을 두고 주변 경관을 끌어모았
다. 멀리 제주도와 완도가 이 한 점으로 응축되고 있다. 재미있는 구도이다.

　구름에 걸려 있는 고목, 암벽에 달린 고리, 이것이 나그네의 발길을 유인하
지만 세상사와는 인연이 끊겨 알 일이 없다. 그저 시간의 흐름을 짐작하게 하
는 것이 꽃과 잎의 변화이다. 꽃에서 봄임을 알고 잎이 지면 가을임을 안다.
성도암이라는 암자 이름이 암시하듯이 이 암자에 머무는 작자는 이미 도를 이
룬 모습이다.

이상에서 범해 선사 각안이 불가의 연원을 세우기에 심력을 기울였던 점과 그 여가에 즐겼던 시문은 담담한 자연서경이 바로 그의 시작이었던 점을 살핀 셈이다.

奇文 奇詩로 알려진 鏡虛의 詩

1. 간략한 행적

　　鏡虛 대사(1849~1912)의 행적은 활자본 『鏡虛集』에 韓龍雲이 쓴 畧譜가 있고 筆寫本으로 전하는 『경허집』에 漢岩이 쓴 「先師鏡虛和尙行狀」이 있다. 약보에 비하여 행장이 좀더 자세하나 다만 생년에 문제가 있다. 행장에는 철종 8년 丁巳년 초로 되어 있으니 정사년은 1857년이다. 입적한 연도도 두 곳이 모두 임자년(1912)으로 되어 있어 행장이 맞는다면 세수가 56세가 되고 약보에 의하면 64세가 된다. 그런데 약보에는 세수가 64세요, 법랍이 56세라 하였으니 이 기록이 맞을 것이다. 약보를 쓸 때 이 행장을 참고로 했던 것 같다. 그래서 이 약보에는 행적을 나이별로 서술했다. 23세에 동학사에서 강당을 열었다 하였는데 행장의 생년을 따르면 11세에 개강한 것으로 되니 모순일 수밖에 없다.

　　여기서도 이 약보의 연령순에 의한 행적을 대략 살피는 것으로 한다.

　　대사의 법명은 惺牛이고 처음 이름은 東旭이요, 경허는 호이다. 속성은 礪山 宋氏이다. 아버지는 斗玉이고 어머니는 密陽 朴氏다. 기유년(1849) 8월 24일 전주에서 태어났다. 태어난 지 3일 동안 울지를 않아 사람들이 이상히 여기기도 하였다. 어려서 아버지를 여의어 9세 때 어머니를 따라 상경하여 광주의 淸溪寺 桂虛 大師에게서 머리를 깎고 계를 받았으나 스승을 돕는 일만 하고 공부에는 임하지 못했다.

　　14세 때 한 선비가 절에서 한 여름을 묵게 되었는데 여가에 책을 펴니 보는 대로 익혀 뜻을 통하게 되었다. 얼마 지나지 않아 계허 대사가 환속하면서 재질에 비하여 크게 이루지 못함을 애석히 여겨 계룡산 동학사에 있는 萬化 講伯에게 추천하였다. 대사는 이에 분발하여 내외경전을 두루 섭렵하여 정통하지 않음이 없어 이름이 널리 알려졌다.

23세에는 드디어 대중의 소망에 의하여 동학사에서 개강하니 사방의 배우는 이가 모여들었다.

31세 되던 해 여름 갑자기 계허 대사의 옛 은의가 생각나서 찾아뵙고자 떠났다가 중도에 폭우를 만나 마을로 들어 비를 피하려 했다. 그런데 어느 집에서도 받아들이지 않아 이유를 물으니 지금 돌림병이 크게 번져 걸리는 사람마다 죽어가는데 어떻게 손님을 받느냐는 것이었다. 대사는 이 말을 듣고 심신이 떨려 사생의 갈림길에 서 있는 것 같았다가 홀연히 문자공부란 생사의 길을 면할 수 없구나 함을 깨닫고 곧 보리심을 발하였다.

산사로 돌아와 모든 학인을 해산시키고 문을 닫고 단좌하여 오로지 靈雲 선사의 "나귀는 가지 않았는데 말이 돌아온다〔驢事未去馬事到來〕."는 화두에 집념하였다. 다리를 찌르고 머리를 두드리고 수마를 쫓으며 3개월이 지나 모든 기미가 익어갔다.

하루는 "스님이 묻되, 어떻게 하면 소가 되느냐 하면 콧구멍이 뚫리지 않은 곳이라〔如何是爲牛 則爲無穿鼻孔處〕" 함에서, 대지가 가라앉고 물아가 다 사라져 모든 법문의 한없는 묘의가 얼음처럼 풀렸으니, 이로부터 형체를 벗어나 유유자적하게 되었다.

그 후 20여 년간 홍주의 天藏庵, 서산의 開心寺, 영주의 浮石寺 등에서 때로는 참선으로 때로는 설교로 선풍을 크게 떨쳤다.

51세 때 합천 해인사로 옮겼는데 마침 국가에서 불경 간행과 修禪社의 신설 사업을 명하매 대중이 法主로 추대하였다.

54세 때 범어사 금강암과 마하사의 개금불사가 있어 證明이 되었다.

56세 때 오대산 금강산을 거쳐 안변의 석왕사에 이르러 5백나한의 개금불상 증명으로 참여했다가, 일을 마치고는 곧 세상을 피하려고 숨어버려 갑산, 강계 등지로 잠적하여 스스로 蘭洲라 호하고, 머리를 기르고 속가의 옷으로 행세하며 인연따라 교화에 바치다 64세에 갑산의 熊耳坊 道下洞에서 입적하였다. 다음 해에 문도들에게 이 소식이 알려졌다.

2. 偶吟에 보인 禪旨

대사의 문집은 필사본과 활자본의 두 종류가 있어 둘 사이에는 편집 방법에 많은 차이가 있다. 이는 1942년 활자본으로 간행할 당시 만해 한용운의 편찬이 좀더 체제를 갖추었던 것이 아닌가 생각한다. 이는 만해의 서문에 그 사정을 비쳐보이고 있다. 간행되기 7년 전에 이미 간행의 뜻이 있었으나 좀 더 많은 자료를 망라하기 위하여 문도들이 갑산이나 강계, 만주 등지에 흩어져 있는 유고를 수집하여 42년에야 간행한다 하였다. 본 논제의 제목을 奇文奇詩라 한 것도 만해가 서문에서 밝힌 대사의 문에 대한 정의였기에 그대로 취한 것이다.

대사는 위의 행적에서도 보았듯이 선 수행이 생활 그 자체였다. 그러기에 그의 시도 의도적으로 선리나 교리를 직설적으로 드러내는 것이 아니라 자연 사물 그 자체가 선지의 발로임을 암시했다는 느낌이 든다.

「우연히 읊는다〔偶吟〕」함이 매우 많은데 이 우연이 바로 선리를 느끼는 순간순간이 아니었던가 싶다. 그러기에 이 偶吟의 시에는 간접적 선리의 표현이 많았던 것으로 보인다.

해질 무렵 빈 절 안에	斜陽空寺裡
무릎을 끼고 한가로운 졸음에 들다	抱膝打閒眠
쓸쓸하여 놀라 깨어보니	蕭蕭驚覺了
서리 잎이 섬돌 앞에 그득하다.	霜葉滿階前

빈 절의 석양 경치이다. 졸음이 단순한 졸음이 아닌 한가로운 졸음 곧 선정의 묵념이리라. 놀라 깼다 함이 바로 선정 뒤에 오는 깨달음이다. 깨닫고 나면 가을 되어 지는 잎이 가득한 뜰이 시계에 든다. 이것이 바로 현실이요, 이것이 바로 자연 진리이다. 이 순간이 자연진리의 법리를 깨닫는 순간이다. 시는 시 자체로 담박할 뿐이다.

일 없음이 오히려 일을 이루는 것	無事猶成事
문 닫고 대낮에 졸다	掩關白日眠
한적한 새도 나의 고독 알아	幽禽知我獨
창앞을 지나는 그림자 그림자.	影影過窓前

일 없음이 오히려 일을 성사시키는 것이라는 역설, 선 수행의 한 방편일 것인가. 이러기 위하여 대낮에 잠긴 문이다. 고요함이란 바로 고독과 같은 것이다. 이 고독을 달래기라도 하듯 닫힌 문 밖으로 날아가는 그림자만 안으로 비추어준다. 나를 잊는 망아는 물아일체인 물과 내가 하나됨이다. 창앞을 지나는

새들은 바로 나와 하나가 되었다. 그것도 그림자만 보인다 함이 바로 시적 표현이다. 忘我가 바로 親物인 물아일체의 경지이다.

푸른 솔 흰 바위 머리	靑松白石上
왜 홀로 잠잠히 읊나	何事獨沈吟
지팡이 하나 돌아오는 곳	一杖還歸處
나는 새도 무심의 경지.	飛鳥亦無心

나와 새가 하나로 된 경지이다. 앞 시에서 그림자만 보였던 새도 이제는 나와 하나가 된 마음이다. 일 없음〔無事〕과 일 있음〔成事〕이 같다고 했던 앞의 시나 다름이 없다. 시 읊고 돌아오는 길의 새도 무심으로 날고 있다. 돌아오는 선사도 그저 무심이다. 이렇게 보면 선사는 자신만이 선정에 드는 것이 아니라 자연 사물까지도 선정에 들게 한다 하겠다.

흰구름은 무슨 일로	白雲因底事
날마다 산을 향해 날으나	日日向山飛
속세의 추악함을 꺼려서	似嫌塵世惡
날따라 이 속에 드는 것인가.	隨我箇中歸

위에서 보았던 날새만 나를 따라 무심한 것이 아니라 저 흰구름도 속세의 모든 악을 파하여 산속에 있는 나의 무심을 따르고 있는 것이다. 선사인 작자쪽으로 보면 주변의 온갖 것을 나의 품으로 포용하고 있는 것이다.

공문에 있은 지 10년	十載空門裡
자연히 세상 인연 잊었네	自然忘世緣
좋은 꽃 땅 가득히 피고	好花開滿地
밝은 달 푸른 하늘에 돋다	明月上靑天
뭇 흐름 바다로 흘러 하나 되고	衆流歸海一
온갖 물상 지극히 비고 원만해	萬像至空圓
지혜 일어 오늘의 나들이	興智今行日
거울 마음은 먼 곳까지 비춘다.	鏡心照遠邊

세상 인연 모두 잊어 내다보는 자연이다. 그러기에 거울 마음이다. 삼라 만상의 모든 것이 있는 실상 그대로 비쳐지는 마음이다. 삼라 만상의 실상이 다

른 것이 아니라 봄 되면 대지 가득한 꽃이고 저녁 되면 동산에 오르는 밝은 달이다. 이 각각의 이치가 온갖 내의 흐름과 같이 갈래가 많은 것 같지만 끝내는 바다로 흘러 하나가 되는 것이다. 각기 다른 물성이라 하더라도 불성이라는 본바탕의 진리는 하나이다. 그러기에 원만한 법성이다. 내 마음이 맑으면 거울에 사물이 그대로 비치듯 모든 불성이 그대로 드러난다.

벌레소리 찌르륵 찌르륵	蟲聲來唧唧
배갯머리 달 밝은 가을	枕楊月明秋
잎은 깊은 사원 속에 지고	葉下深院裡
바람은 묵은 시냇머리에 놀라다	風驚古澗頭
생각 있으면 공연히 감동하나	有思空自感
무료하면은 오히려 수심을 더해	無聊轉添愁
이렇듯 하루살이의 기탁 회고하면	顧此蜉蝣寄
역시 한 기운으로 수습해야 해.	亦當一氣收

원래 있는 그대로의 자연이지만 의미있는 생각으로는 감동이 있으나 무료한 삶에는 계절의 감각도 서글픔이나 시름으로 작용한다. 그러기에 모든 것을 한 이치로 보는 지혜가 필요하다. 그러기에 선정의 깨달음을 귀히 여기는 것이 아닌가.

선사의 시에서 우연히 읊다〔偶吟〕한 시는 그저 우연이 아닌 선리의 간접적 표현인 필연의 시가 대부분임을 알게 한다. 이 또한 진리는 깊은 데 있는 것이 아니라 우연으로 느끼는 일상의 수변에 있음을 암시한 것인지도 모르겠다.

3. 나라꼴을 등진 流浪

만해가 쓴 서문에서 선사의 문집은 입적 후 30년 뒤에 간행하면서 갑산, 강계, 만주 등지에서 그 유고를 수집하여 간행한다 하였다. 문집의 뒷편에 보이는 시들은 이 지방에 흩어졌던 원고였던 것으로 보이는 시들이 거의 다이다. 당시의 사정을 살피기에 좋은 자료일 뿐만 아니라 선사의 인간적 면모가 그대로 드러나 있는 시들이다.

세상살이 돈 쌓는 일이 무엇이 귀하랴	人間何貴積南金
맑고 한가한 물정 밖 襟度가 좋은것	好是淸閑物外襟
솔 잣나무 깊은 골짜기도 살피고	細看松栢深千谷
만 길로 솟은 아지랑이 언덕 오르기도 하지	暫上烟霞亘萬尋
기이한 꽃은 푸른 봄빛 변하지 않고	奇花不變靑春色
아름다운 새 태고의 노래 전해도 주네	恠鳥相傳太古音
늙으막에 길이 세속 나그네 되었으니	垂白長爲塵臼客
어찌하면 이에 머물러 심신을 고요히 할까	那能棲此靜此心

「갑산에 들어 강계의 아득포령을 넘으며〔入甲山路踰江界牙得浦嶺〕」지은 시이다. 인간세사를 모두 내던지고 물정 밖의 한적한 회포를 간직하려 찾는 자연이다. 꽃이나 새는 변화 없는 빛이나 소리이지만 작자는 이미 흰머리 늘어져 있는 속세의 나그네이다. 40여 년의 참선, 세속의 인연을 끊고 깨달음의 길을 걷다가 늙음에 다시 세속으로 내려와본 스님으로, 그야말로 從聖入凡한 출출세간의 몸이지만 시공의 변화를 느낄 수 없는 이 곳에서 오히려 심신의 청정을 가질 수 없느냐는 것이다. 스님이기 이전에 한 인간으로서의 순수한 참모습을 보는 느낌이다. 속세로 다시 내려온 본 마음이 무엇이었는지를 표현없이 암시한 듯하다.

열 번 만난 인가 아홉 집은 비었고	十逢人屋九逢虛
난립된 산에 우는 새 묵은 시내 물고기	亂嶂啼禽古澗魚
소반만한 먼지 삿갓 드러낸 정갱이걸음	塵笠如盤行赤脚
그물 같은 노끈바지로 운전하는 쟁기 호미	繩裙似網運長鋤
부엌으로 이어진 외양간 땔나무와 소똥	連竈飯牛柴或糞
목재 엮어 이룬 벽 울타리가 집일세	編材成壁柵爲廬
어려운 이 살림 말로 다 할 수 없으니	窘艱生計言難盡
국가의 밝은 빛 어찌하면 여기 비칠까	玉燭那能照此居

「장진 길에서〔長津路上〕」지은 시이다. 어려운 시골 살림을 잘 묘사했다 하겠다. 당시의 민생고를 안타까이 여기는 자애로운 마음씨가 돋보인다. 열 집에 아홉 집은 비어 있는 마을, 살 길이 없어 집을 버린 안타까움이다. 마을에 남은 사람이라야 제대로 입을 옷도 없고 형태를 갖춘 집도 없는 형편이다.

　이러한 어려움을 풀어주어야 할 국가의 혜택은 막연하다. 통치적 능력이 여기까지는 못 미치는 것인가. 작자의 안타까운 마음이 잘 배어 있는 시이다.

천 가닥 암울한 회포 어찌 말하랴	千緒暗懷詎以言
산 깊고 눈도 차가운 외로운 서실	山深雪冷一書軒
지난해 청명절에 강계의 고을	去歲淸明江界邑
금년의 섣달 그믐은 갑산의 마을	今年除夕甲山村
갑자기 꿈에 든 고향의 산천	俄忽鄕關先入夢
뜻밖에 나그네의 우울한 흔적 잊었다	不期旅悒暫忘痕
등불도 가물가물 시끄러움 끊겨	窓燈耿耿喧嘩絶
이웃집 닭울음 들으며 문간에 기대다	佇聽隣鷄幾倚門
하늘 땅 소리 없어 무슨 말로 하소연	天載無聲敢訴言
오색 구름 어느 곳에서 용의 수레 일으키나	五雲何處打龍軒
가련타, 설날 타향의 나그네	自憐元日他鄕客
그래도 다행히 이산의 禮 좋아하는 마을이라	也幸夷山好禮村
새해 머리 펴는 양기 素性 함양 적당하고	首祚布陽宜養素
도소주로 다스리는 병 끝내 흔적 없겠지	屠蘇治疫竟無痕
목동은 나라의 한 알지 못하고	牧童不識邦家恨
퉁소 북 방아타령으로 마을을 울린다	簫鼓杵謠響里門

　앞의 시는 섣달 그믐〔除夕〕이고 뒤의 시는 설날〔元旦〕이라 한 시다. 섣달 그믐과 정월 초하루에 느낀 감회를 각기 표현한 것이다. 승려라는 직분마저도 훨훨 털어버린 자유인이지만, 시간의 큰 마디에는 인간적 감회로 돌아올 수밖에 없다. 말할 수 없는 천 가닥의 암울한 회포라 하였다. 지난해에는 강계에서 봄을 맞았고 오늘은 갑산에서 한해의 끝을 보내야 한다. 꿈에라도 가보는 고향이다. 밤새 잠을 못 잤다. 닭울음에 문밖을 나서 보기도 한다.

　다음날 아침 설날이다. 마을 이름이 재미있다. 예를 좋아하는 마을〔好禮村〕이다. 도소주를 마셔 한해의 건강을 빌어보기도 한다. 마을에서는 풍악소리가 울리며 한해를 축복한다. 그러나 나라안은 얼마나 어지러운가. 이것을 저 풍악소리는 알고 있는 것인가 한탄스럽다.

　원단 시의 끝 구는 의미심장하다. 선사가 석왕사에서 잠적한 것이 갑진년

(1904)이다. 그렇다면 강계에서 청명절을 맞았다 하니 그 해가 을사년이요, 다음해 그믐을 갑산에서 맞았으니 이 해가 병오년이요, 지금의 설날은 정미년 (1907)이 되는 해이다. 이때 우리나라의 사정이 어떠했는가. 을사조약 이후 국운이 극도로 기울어지고 있었으니 이 시에서 말한 나라의 한〔邦國恨〕은 이런 사정을 말한 것이 아닌가. 그러함에도 이 마을은 아무것도 모르고 풍악으로 즐기고 있는 것이다.

그렇다면 여기서 선사가 갑진년에 석왕사에서 5백나한의 改粉佛寺의 증명을 마치고 잠적했던 동기를 여기서 이해할 수 있는 것이 아닌가. 기울어가는 국운을 볼 수가 없어 강계나 갑산의 오지로 잠적한 것이 아니겠는가. 그 다음해 그 치욕의 을사조약이 맺어졌으니, 어쩌면 선사는 이러한 국운을 예견하고 잠적했던 것은 아닌가. 어떻게 보면 이 시가 시사하는 바는 선사의 한을 보인 것이기도 하다.

그대 같은 그릇 규범 산처럼 무겁고	器範如君重若山
온갖 바쁜 중에도 청적한 한 집	一堂淸寂百忙間
추운 시골이라 술도 오래 취하지 않고	鄕寒酒力難長醉
세상 어지러워 시의 가락 옛 한적보다 배나 값지다	世亂詩聲倍舊閑
바람은 빈 강의 위태로운 국면을 치고	風打空江危局面
달은 거친 변방 잔잔한 얼굴에 흐르다	月流荒塞少孱顔
한성은 아득히 천여 리의 저쪽	漢城杳爾千餘里
서글픈 이 걸음 다시는 가지 않아	悄悵吾行不復還

「포청동의 이 선생에게 화답〔和捕聽洞李先生〕」한 시이다. 술로 버텨보려 해도 날씨가 추우니 취하지 않는다. 세상은 어지럽다. 이때에 쓰는 시가 한가로울 때 썼던 시보다도 더 값지다. 여기서 다시 선사가 왜 시를 쓰고 있는지 이해할 수 있다. 어지러운 세상을 마음속으로 달래려는 도구가 바로 시였다.

빈 강의 위급한 국면을 바람이 때린다〔風打空江危局面〕 했다. 이것이 바로 당시 나라가 처해 있던 상황이 아닌가. 그러기에 선사는 한성을 다시는 가지 않기로 결심한 것이다. 다시 유랑의 이유를 이해할 수 있다. 黃麟里로 가는 도중에서 구호한 시에는, "잊고자 해도 구하기 어려운 천일주이니 암담한 마음가닥 누가 금할 수 있나〔欲忘難求千日酒 黯然心緖孰能禁〕 함이 있다. 이 암담한 심정이 무엇인가. 선사의 나라 걱정으로밖에 볼 수 없다.

「공귀리에서는 여러 사람과 화답한〔公貴里和諸益〕」시 9수가 있다. 그 중의 한 수는 이렇다.

앉고 서기에 작은 창이라도 무엇이 해로우랴	打坐何妨有小窓
맑고 시원하기 봄 강물 소리 듣기가 좋다	淸冷也喜聽春江
한 술잔으로 마주하는 푸른 산이 만 개	一樽相對靑山萬
천 리로 돌아온 흰머리 한쌍	千里歸來白髮雙
술에 병들어 나라 잊으려 했지만	病酒伊來將忘國
신선 찾은 이 곳도 다시 국가인 것을	訪仙是處更爲邦
맑은 돗자리 담박한 채소 위로할 만하지	淸簟淡蔬堪足慰
서울거리 잊으려는 옛 창자에	欲忘京洛舊心腔

술로 달래보려는 어지러운 나라의 형편이지만 그래도 국가임에는 어쩔 수 없음을 아는 스님이다. 그러기에 신선으로 자처할 수 있는 이 곳에서 산나물로 창자를 달래지만 도성의 거리를 지나온 옛 창자는 변하기가 어렵다. 동리의 좋은 벗과 시와 술의 자리를 함께 했지만 한 나라의 대명사인 서울의 어수선함을 잊지 못하고 있는 것이다.

「신해년(1911) 봄 송남하를 만나〔辛亥春偶逢宋南河〕」짓는 시는 이렇다.

장안의 풍일은 어두운 먼지 모래	長安風日暗塵沙
낙락한 이 변성엔 백발이 빗겼소	落落邊城白髮斜
나는 뜬구름 흐르는 물의 나그네	以我浮雲流水客
그대와 맑은 날 벽산의 집에서 함께했네	與君晴日碧山家
뛰어난 모습은 뭇 새 속의 학이요	儀容挺特禽中鶴
찬란한 시의 격조 비단 위의 꽃이지	詞格燦爛錦上花
손가락으로 헤아리는 삶 원래 꿈이니	屈指此生元是夢
동이 술로 노래 시 부른들 무엇이 해로워	何妨樽酒放詩歌

우연히 만난 시의 벗인 듯하다. 역시 나라 걱정을 하고 있다. 신해년은 국치를 당한 지 1년 뒤요, 선사가 입적하기 일년 전이다. 망국의 한이 은연중 드러나고 있다. 이미 환갑을 지낸 세월이지만 꿈 속의 세월이다. 이런 때 술과 시로라도 시름을 달랠 수밖에 없지 않는가. 이 시에서 나라 잃은 설움을 달래고 승·속을 초월했던 한 노인의 애태움을 음미할 수가 있다. 그러나 이 안타까움

마저도 잊어야 하는 것이 스님의 본모습이기에 임종게를 이렇게 썼다.

마음달 외로이 둥글어　　心月孤圓
빛이 온갖 물상 삼키다　　光呑萬像
빛과 대상 다 사라지면　　光境俱亡
다시 무슨 물건이지　　　　復是何物

이렇게 읊고는 끝에다 원〔○〕의 모습을 그렸다 하니 모든 것을 잊고 다시 원융의 본바탕으로 돌아간 스님이었다. 선사가 만년에 유랑했던 본뜻을 이렇듯 여러 시편에서 살필 수 있음이 참으로 다행스럽다.

石顚의 天籟的 詩論과 紀行詩

1. 石顚의 檢討

石顚은 朴漢永 스님(1870~1948)의 詩號이다. 이름을 鼎鎬라 했고 漢永은 俗名이며 시호 외에 暎湖라는 호를 가지셨다. 스님의 행적에 대해 알 수 있는 글은 『石顚詩鈔』의 서두에 있는 「石顚上人小傳」과 『石顚文抄』 말미에 있는 「故太古禪宗敎正暎湖和尙行績」에 약술되어 있다. 그 밖에 「稀朝自述九章」은 70세에 자신의 과거를 서술한 시이니 자찬한 행장의 의미를 갖는다. 「石顚詩鈔後自叙」는 시집을 찬집하고서 자신의 서문을 쓰는 형식으로 쓴 7言詩의 발문인 셈이나, 여기에서도 스님 스스로가 자신의 과거를 회고하는 내용이 발견된다.

아울러 「石林草自鈔叙」에서도 간접적 인간상을 엿볼 수가 있다. 「石顚上人小傳」은 爲堂 鄭寅普 선생의 저술이고 「고태고선종교정영호화상행적」은 包光 金暎遂 선생의 찬이다.

여기서는 「석전상인소전」과 『석전시초』와 『석전문초』에 있는 自叙를 중심으로 스님의 한 단면을 살펴 그의 문학적 자세에 대한 검증으로 삼으려 한다. 우선 다음의 한 단락을 예시해본다.

지난 한해 스님과 함께 금강산에 노닐어 마하연에서 거듭 머문 일이 있었다. 밤에 졸음에서 깨어나 스님이 없는 것을 이상히 여겨 문을 열어보니, 스님이 난간 밖에서 머리 숙여 있는 것을 보고 '왜 여기에 혼자 있소.' 하고 불러도 스님은 응답이 없었다. 다음날 밤에도 역시 그랬다. 내 비로소 생각하기를 스님이 마음속으로 수선하는구나 여겨 좌선하십니까 하고 물으니 스님은 아니라 했다.

내가 스님과 사귄 지가 오래다. 스님은 사람들과 거슬림이 없으나 정이 넘치지 않고, 때때로 노여움이나 기쁨을 갑자기 드러내고, 이따금 세세한 일이라도 따지기도 하여 한발짝 돌이키는 사이에도 마치 구름과 안개 사라지듯 하니, 옅은 자들은 속인의 금도로 여기고 잘못보면 物外道人으로 착각하니 허다히 그 도량을 알지 못한다.

往歲 余同上人東遊金剛 信宿摩訶衍庵 夜睡覺 怪上人不在 開戶視 上人垂首外軒 呼曰何獨在此 上人不應 明日夜又然 余始意上人內自有修 問師禪坐歟 上人曰不也 余交上人久 上人於人寡忤 然情終落落 有時喜怒率然 間以瑣細相訾較 一旋踵間 如雲空烟散 淺者見流俗襟懷 謬則物外道人 多見其不知量也

이 인용문은 小傳의 맨 앞부분이다. 평소에 가까이 지내던 위당이 스님의 전기를 쓰면서 서두에서 왜 이렇게 시작했는가. 그것도 한때의 여행길에서 보았던 스님의 모습이다. 이 한순간의 인상으로 스님의 평생 모습을 대변한 것이다. 밤마다 난간 밖에서 머리를 드리워 무엇인가를 사색하는 모습이다. 그러나 아무 생각도 없다는 것이다. 무엇하냐 물었을 때에 아무 대답도 없었기에 위당도 禪坐하는 것으로 여겼을 뿐이다.

평소의 인간 관계에서 갈등이 없기에 정이 없는 듯하지만 인간적 정감이 불현듯 일면 세세한 일에까지 치밀하니, 식견이 없는 자는 세속적 회포가 있다 여기는가 하면, 잘못 보면 物外道人으로 여기니, 이는 스님을 알지 못하는 것이라 하였다. 이것이 바로 스님의 자세에 대해 간결하면서도 실상을 말한 것이다. 이는 어느 한쪽에도 기울어지지 않는 스님으로서의 실천적 자세이니 小傳의 다음 글은 이러한 면의 실례를 예시하였다.

바야흐로 내가 금강산에 들어갔을 때에 스님은 베옷에 떨어진 신으로 행장을 등에 지고 팔로 메고 있으니, 산승들이 경홀히 여겨 예를 올리지 않았다. 알아 보는 이가 옆에 있다가 이분이 바로 教正 和尙이라 하며 이어서 불교전문학교 교장이라 하니, 그제서야 온 암자에서 나와 맞으며 또한 사과하였다. 이 일을 일 좋아하는 이들이 신문에 써서 이야깃거리로 삼기도 하였다.

그러나 스님 스스로가 교정인 것을 모르고 또한 교장인 것도 알 게 없다는 것은 모두들 모르니, 사람들이 어떻게 그런 사실을 알 것이며 경홀히 대한다 하더라도 스님에게야 어떤 사람으로 보일 수 있겠느냐 이상할 것이 없다.

　方與余入金剛也　上人葛衣破弊　負裝袒胸　僧易之不爲禮　有知者曰　此敎正和尙也　繼有曰　此佛敎專門學校長也　乃擧庵出迎　且謝之. 好事者　至騰諸報紙　以爲談資. 然不知上人不自知敎正　又不自知校長　人又何從以得之　於其易之　而可以見上人爲何如人　何足怪哉

당시에 이미 禪宗敎正이었고 불교전문학교장이었음을 몰라 보았음이 남의 처지에서는 어떤 평가가 내리든, 그것에 대한 논의는 의미없는 일이다. 본인 스스로도 자신의 지위를 모르고 있다 함이 오히려 바른 평가가 될 수밖에 없다. 이러한 자세는 스님의 문학을 이해하는 데도 필요하다. 『石林隨筆』의 서문에서 다음과 같이 말하고 있다.

　왜 石林隨筆이라 했는가. 沙門 石顚이 근대의 禪詩의 경지에 따라 느낌이 있어 쓴 것이다. 스스로 아스라한 저녁 경치에 깊은 눈병이 가시지 않아 몇 달 동안 촌보의 걸음도 옮기지 않고 산문에 누워서 조용히 생각하니, 은근한 강산이나 둥그런 달이 눈감아도 마주하고 눈떠도 마주한다. 일찍이 지나쳤던 발자국이나 읊었던 글귀들이 물소리 산빛에 은근히 드러난다.……中略……
　거울과 거울이 서로 나타나고 구슬과 구슬이 서로 비쳐 주인과 나그네가 거듭거듭해서 서로 막힘이 없구나. 그렇다면 수필의 체제가 꼭 古文도 아니요, 語錄도 아니라는 데 구애되거나 詩話에도 합당하지 않다 말할 것도 없다. 마치 한 고치의 실은 고치가 다하면 실도 끝나는 것과 같으니 줄줄이 가슴 속에서 나오는 말로 족하다.
　云何以石林隨筆　沙門石顚　隨近代禪詩境　感而筆之者也　自以崦嵫晚景　重添眼華未霽　數月來　跬步不移　頹臥山窓　而靜思之　則黯憺湖山　輪奐虹月　闔眼也着　開眼也着　曾所往來之步履　警咳之痕　隱約乎水聽山光之中……中略……鏡鏡相印　珠珠互映　主伴重重　互相無碍者歟　然則隨筆之體製也　何必拘得非古文語錄　亦不合詩話云者　直若一繭之緖　繭若盡　諸乃已　娓娓書胸中欲言者　足矣

수필의 정의를 '隨近代禪詩境　感而筆之者也'라 하여 오늘에 있어서 선시의 경지를 따라서〔隨〕느낌이 있어 쓴다〔筆〕하였으니 스님의 글에는 禪과 詩의 경지를 벗어날 수가 없었음이 자명하다. 그런 이유에서 『석림수필』에 수록된 글에선 시의 관계가 많았던 것이며 『석전시초』의 시가 대부분 紀行에서 보고 느낀 자연을 그대로 詩化했던 것이라 볼 수 있다.

이 점이 위에서 보았던 「小傳」에서 정인보가 보고 느낀 인상의 기록과 합치되는 점이다. 이런 면에서 볼 때 스님은 문학이나 삶이 그대로 참선의 실현이면서 자신은 참선이든 속스러운 삶이든 개의함이 없었던 것으로 이해된다.

스님의 시에 대한 자세도 위와 같은 맥락에서 벗어나지 않는다.

石顚詩也鈔何爲 蟲偶食木似摘詞(석전의 시를 왜 초록하는가. 벌레가 나무를 좀 먹으면 글자가 되듯)로 시작하는 「석전시초후자서」에서

내 본래 강호의 빈한한 무리로	僕本江湖寒寠輩
구름 돌 이웃 삼아 오래 되었다	隣雲栖石已多時
본분을 찾아 보나 얻은 것 없어	講求本分無所得
강산을 노닐어 평정을 찾았다	盤游江山替等持
강머리 버들이 아슬히 푸를 때	渡頭楊柳靑黯然
외로이 듣는 꾀꼬리소리 견디기 어려워	那堪孤負聽黃鸝
향로봉 폭포수 오강의 단풍	香爐瀑水吳江楓
깊은 산 늙은이 속 사정 부른다.	喚起窮山老古錐
아침에는 선방에서 저녁에는 서원에서	朝會蓮社暮西園
청초한 자리 곁 바둑도 구경	也傍清簟看奕棋
어쩌다 좋은 친구 천리의 동행	或逢玄度同千里
물결따라 흐르듯 구름이나 용이나	以雲以龍浪逐隨
곧바로 오른 상설의 흰머리 가장 높은 봉우리에서	直登常白最崢嶸
들쑥날쑥 나열한 나한상에 고개 숙여	稽首羅漢列嵾嵯
구름도 갈려오는 天池 내려보면	俯瞰天池磨雲氣
눈 되어 내뿜는 구슬 뭇 용이 즐긴다.	噴珠成雪群龍嬉
남쪽으로 건너는 강 기구한 길 지나	南涉江淮歷崎嶇
바람으로 밥 삼고 비에 누워도 거리낌 없다	風餐雨臥詑不羈
두 발로 다 밟은 천하의 반	雙屐踏盡半天下
돌아와 누운 창가엔 지팡이 하나.	歸掛窓畔筇一枝

作詩의 동기나 시의 소재에 대하여 상세한 설명이 되고 있다. 그의 시가 왜

기행적 서사성으로 일관되어 있었는가 하는 점을 이해하게 된다. 앞에서 본 '禪詩境'이란 말도 이해된다. 선과 시가 바로 對境의 境界에서 만나는 실상이었던 것이다. 그는 문학의 속성을 세 가지로 분류하여 寓理·敍事·論情이라 하였다. 그가 남긴 글에서 그는 이 세 방향을 분명히 하면서 하나의 문학으로 수용해 왔다. 중앙불교전문학교의 교지인 『一光』에 실린 글이나 그가 발행을 맡았던 『朝鮮佛敎月報』나 『海東佛報』에 있는 글들이 寓理의 글로서 시대에 맞는 산문으로서 일관되었고 敍事와 論情에 해당할 글은 『석림수필』, 『석림초』, 『석림시초』로 모두 漢詩文體로 되어 있다.

작자가 승려라는 신분으로 볼 때 寓理에 속하는 글이 교리적 서술이요, 논정의 禪的 시문이라 할 수 있다면, 선적 시문은 과거로부터 계승되는 전통적 한문 문장을 고수하였고 교리적 글은 가르침이라는 敎誡性과 연관되면 미래의 청소년이라는 점을 철저히 인식하여 시대적 문장인 한글매체의 문장으로 일관되었다 할 수 있겠다. 이 또한 스님의 철저한 시대정신의 한 단면이라 하겠다.

이러한 표기매체의 문제도 위의 글 「佛敎文學으로 靑年諸君」이라는 글에서

世界가 各異하며 言語와 禮俗이 殊異할지언정 文學 그것이 人道의 文明을 發越시킴에 對하여 同然無別하리라 생각한다. 原料로 된 聲과 名과 句와 文의 그것을 論하면 無量無邊한 空間에 安布莊嚴한 世界에서 應用하는 文字의 種類는 認識이 不及한 까닭도 莫論하고 現世界에 現用文字로도 取音과 會意 二重이 分類되리라 槪念한다.

했듯이 두 문자매체에 대한 개념을 가져 실용에 있어서도 구애됨이 없었던 것으로 이해하면서 궁극적으로 문학의 세 요소를 융섭한 것으로 여겨진다.

2. 天籟重視的 詩論

위에서 보았듯이 그는 시와 선은 따로 존재하는 것이 아나라 대경의 실상을 그대로 드러내는 것이라고 보았다.

『석림수필』에는 21개 항의 수필이 수록되어 있는데 그 중에 詩論으로 볼 수 있는 글이 여러 편이 있다. 詩와 禪이 한 궤도임을 말하면서, 시와 선을 맨 처음 논의했던 嚴羽의 『滄浪詩話』가 唐의 시만이 선적으로 우수성이 있다고 말

하고 宋의 시는 거기에 따르지 못한다 한 논리가 일견 일리는 있으나 정곡을 찾지 못한 논리라 하면서 王維, 孟浩然, 韋應物, 柳宗元 등의 시를 예로 들어 이런 시들은 天籟로 이루어진 시이므로 禪을 의식하지 않아도 저절로 선에 들어 맞는 시들이라 하였다. 이렇듯 천뢰의 여여한 실상을 그대로 드러냄이 선이기에 이러한 시라면 시대적 한계를 운위할 문제가 아님을 명증하고 있다.

「一種詩式自爲半島體裝」에서는 우리의 시들이 갖는 병폐를 말한 것이나, 그 병폐에 대한 요점은 천뢰적 자연스러움이 부족한 점을 말한 것이다. "要以詩觀之 宇宙間淸淑一氣 流露爲詩"라 말했듯이 여여한 실상의 본질을 한 편의 시에 무리없이 담아야 한다는 것이다. 通韻이 없이 限韻을 주장하는 것은 천뢰의 자연스러운 韻節이 없다든가, 한 편의 시를 頭聯이나 頸聯을 먼저 지어 놓고 起句 結句를 생각하기 때문에 한 편의 시로서 照應이 없다는 지적들도 모두 淸淑一氣라는 자연스러운 맥락이 결여되었음을 말한 것이다.

「天籟叫人籟詩方圓」에서는 천뢰적 시와 인뢰적 시의 차이를 명확히 설명하고 있다. 천뢰는 禪韻을 보여주는 것이고 인뢰는 精工을 보여주는 것이다. 천뢰는 氣에서 이루어지는 것이라 하여 위에서 보인 청숙지기와 잇닿고 있음을 볼 수가 있다.

> 其氣充乎其中 而盛乎其貌 動乎其言 見乎其文 而不自知也 是可以證天籟
> 之神韻也

라 했다. 여기서 말하는 不自知라는 말이 天成이라는 자연과 연결될 수 있는 것이며 「小傳」에서 보았던 것과 같은 不自知와 연관될 수 있으니 스님의 시론은 시론으로 그치는 것이 아니라 그것이 바로 본인의 몸가짐이요, 이 몸가짐의 문자화가 바로 시였다 하겠다.

그러나 이런 자연스러움의 천뢰가 精工이라는 인뢰의 인위적 노력이 없이는 이루어질 수 없다는 것이다. 袁牧의 詩에서 "淸角聲高非易奏 優曇花好不輕開. 須知極樂神仙境 修煉多從苦處來(맑은 음악 높은 소리 쉬이 나지 않고 우담발화 곱지만 가벼이 피지 않는다. 극락세계 신선경이 좋은 줄 알지만 하고 많이 괴로운 연단술에서 얻는다.)"라 했듯이 인공의 노력이 있어야 천뢰에 달할 수 있다는 것이다.

여기서 석전 스님이 천뢰적 시의 경지를 주장하는 또 하나의 이유에 주목할 필요가 있다. 그의 시의 쇄잔함이 禪宗의 허위와도 관계가 있다는 것이다.

　　나는 생각컨대 시도가 쇠하는 것이 역시 선종의 거짓과 같다. 남을 모방
하며 의관을 빌려 입는 자가 많다.

　　不寧唯是 詩道之衰微 亦如禪宗之虛僞 效顰之 假衣冠者 攬近殊多

　　이는 당시의 불교가 禪敎 양면을 겸해야 하다는 생각과도 맥을 같이할 수 있
으면서, 근세의 시인으로 姜瑋, 朴齊家, 李建昌 등을 기리는 논조가 자주 보이
고 있다. 이는 시가 천뢰적으로 이루어 지려면 인뢰의 精工이라 할 수 있는 학
문적 노력과 學詩의 모범으로도 唐宋의 시문만이 아닌 明淸代의 시풍을 고루
섭렵하여 자신의 재질에 맞게 재창조되어야 한다는 면을 묵시적으로 표현한 것
이다.

　　그래서 그는 천뢰와 인뢰라는 말을 天才와 人功으로 바꾸어 말해도 좋으니
아무리 천재가 있어도 인공으로부터 되지 않으면 성공할 수 없다(且天籟人籟
示具天才人功之對象而言之 亦可矣 雖有天才 不由人功 不見克成) 하여 시 자체
는 천뢰적이라야 하지만 시가 되기 위해서는 인뢰의 정공이 없이는 안 되는 것
이라 하였다. 이러한 인뢰의 정공과 통하는 것이 養氣이니 孟子의 寬厚宏博한
문장은 호연지기의 함양에서 비롯되고 司馬遷의 호방한 문장은 천하의 명산대
천을 유람하여 얻은 豪氣의 기상이라 하였다.

　　여기에서 석전의 紀行詩가 이루어진 동기를 이해할 수 있으며 그것이 바로
자신이 말한 천뢰를 인간적 노력에 의한 정공에서 얻은 것이라 할 수 있겠다.

3. 禪趣的 紀行詩

　　『석전시초』는 상·하권으로 편집되어 있고 다양한 제재가 있지만 거기에서도
기행에 속하는 시가 많다. 기행의 章으로 묶지 않은 시라 하더라도 거의 여행
의 도중에서 보고 느낀 것이 대부분이다.

　　위에서 보았듯이 문학의 세 분류에서 寓理의 직설적 서술은 산문에 많고 서
사와 논정은 이 기행시에 많다는 느낌을 갖게 된다. 또한 기행적 서사에는 작
자의 논정이 있을 뿐만 아니라 寓理라는 어의가 보여주듯이 禪理는 여여한 실
상의 뒤에 숨어 있기에 이러한 세 가지의 문학적 요소가 여기에 융섭되었다는
추론도 가능하다.

「靈源庵賞楓」에서 "翠羽白禽鳴上下 天籟非藉僧法佛"이라 했듯이 天籟는 佛·法·僧도 아니라 했다. 이 말은 바꾸어 말하면 불법승을 포용한다는 말이면서 시는 시로서 독립하지만 시 자체에 모든 것이 융섭된다는 뜻이 된다. 여기에서 寓理를 주장했던 스님의 문학론을 다시 한번 음미할 수가 있다.

신선도 부처도 아니면서 자연도 아닌가　　　非仙非佛又非天
희고흰 바위산에 보랏빛 아지랑이　　　　　岛嶂暟暟唧紫烟
여기서는 붓도 멎는다 누가 말했나　　　　誰道登斯閑閣筆
온 몸에 훤히 트이는 시와 선.　　　　　　通身宛爾入詩禪

필설로 다하기 어려운 자연의 眞如는 말없이 통하는 시와 선이다. 이렇듯 스님이 음미하는 자연은 천연 그대로이면서 그것이 바로 禪이며 詩였다. 그러기에 시는 시로서 족하고 그 속에 禪理가 들어 있다. 그것이 바로 서사이면서 논정까지도 포용하고 있는 것이다.

기행의 叙景이 많은 것은 자연에 대한 남다른 애착이요, 자연의 애착이 바로 천뢰의 음미이며 천뢰의 음미가 바로 선리의 함축이고 이것을 詩化한 것이 詩禪一揆의 실천이라는 등식이 입증된다.

이 말을 다시 시인의 심정으로 바꾸어보면 시인의 정이 대경의 사물에 融入되는 것이니 '移情入景'이요 한걸음 더 나아가 '融情入理'의 경지라 할 수 있다. 그러므로 서경이 경치 그 자체로 끝나는 것이 아니라 자연 그 자체를 禪趣化하면 天籟로 나타나는 것이다.

이름난 꽃 괴이한 돌 두루 다 향기　　　　名花怪石並輪香
강따라 빙 둘린 길과 산, 그림 한 폭　　　江路逶迤活畵長
지는 해 푸른 깃발 곳곳에 주막이지만　　斜日靑帘處處店
대자의 은혜, 술잔도 못 든다 스스로 웃네.　慈恩自笑不飛觴

길가의 풍경을 한 폭의 그림으로 형상화시키고 있다. 꽃의 향기로 향기로운 것이기는 하지만 움직임 없는 돌에게서도 투영된 향기를 맡고 있다. 길가의 주점 한잔의 술이 있겠지만 마시지 못하는 안타까움이 있다. 스님이기에 술을 마시지 못함이라 하겠지만, 오히려 자연의 향기기 아름답기에 피하는 것이었다 함이 타당하리라. 이 대자연의 은혜 술 못하는 이 몸을 비웃는 듯하다. 봄 정경에 몰입된 작자의 모습을 발견하게 된다.

다시 오른 비로봉	重躡毘盧頂
발 밑에서 이는 푸른 구름	靑雲脚底生
맑은 바다 잔에 차서 푸르고	瀚海盈杯綠
오뚝한 묏부리 먹물빛으로 맑다.	鰲岑潑墨晴
서리 맞은 가지 학처럼 여위어 굽고	鶴瘦霜枝曲
용의 읊조림은 동구 밖에 울리네	龍吟石洞鳴
나그네 괴로움 혼연히 잊고서	渾忘行處苦
텅 빈 마음으로 휘파람 길게 부네.	長嘯坐虛明

〈再上毘盧峯〉

　비로봉 상상봉에서 보는 산과 바다는 작자를 중심으로 자연스럽게 응집되고 있다. 발밑에 이는 구름, 잔에 고인 듯이 푸르른 바다, 작자를 에워싸고 있는 검푸른 봉우리, 골을 울리는 물소리는 용의 울음인 듯 우렁차다. 나그네는 괴로움도 잊는다. 이 대자연의 소리를 작자로 응축시켜 긴 휘파람을 날리게 한다.

옛산에 영특한 비가 가인을 닮아	故山靈雨似佳人
나무마다 아리따움 새 꽃을 피우네	樹樹妝花呈媚新
짝잃은 할미새도 오히려 단란하고	失侶枝鶺猶挈挈
시내 비친 그 모습 뚜렷한 내 사진	映溪的歷寫吾眞
소나무와 돌, 세속을 용납 않네	維松與石不容塵
입 봉한 듯 온자함, 수고의 옛 백성	蘊藉如逢邃古民
말 없음 부끄러워 면벽하게 되었나	愧不能言須面壁
소담한 잣나무와 친할 만도 하구나	團團栢樹可相親

〈龜山春雨雜感〉

　첫 수는 기다리던 봄비의 반가움을 여실히 나타내었고 다음 수는 돌과 소나무의 온자함에다 자신의 모습을 숨긴 듯한 느낌이 드는 시다. 첫 수의 끝 구에서 寫吾眞이라 하여 시내에 비친 자신의 그림자를 말한 것이지만, 작자 자신이 온전히 자연에 투영되어 자연과 나의 거리가 없음을 표현하면서도 항시 자신이 투영되어 있음을 보게 한다.

　솔과 돌의 무언에서도 스님의 말없이 여여한 모습을 보게 된다. 굳이 참선에 들어서 무언의 자세가 아니라 行·住·坐·臥의 일상생활이 모두 참선이듯이 돌과 솔의 말없음이 참선아닌 참선과도 같기 때문이다.

이렇듯 자연을 선의 경지로 접근시킨 작자는 觸景의 物象에서 그대로 천뢰를 듣고 있다.

산천을 기뻐해 다시 오른 청산	歡喜溪山重到靑
잠에서 깬 갈매기 정자 맴돈다	驚眼鷗鷺近環亭
정이 담뿍한 가랑비 마른 잎 울리고	關情疎雨鳴枯葉
흥을 깬 조각배 나루 언덕 매었다	敗興孤蓬掛別汀
싸늘한 물 기운 고기잡이 끝났고	江氣稍寒知釣罷
싫지 않은 술맛에서 신선됨 알겠다	酒香未捲認仙經
시구를 얻었어도 나즉히 읊조리소	請君得句低聲唱
어룡이 놀래어 알아차릴까 염려돼.	恐攪魚龍檻外聽

〈重登金水亭〉

다시 오른 정자에서 보는 자연이다. 내리는 가랑비가 인정과 관계할 리 없지만 ‘關情疎雨’라 하여 작자는 풍부한 정을 느낄 만큼 자연에 접근되어 있다. 대구에서의 敗興도 같은 수사법이다. 강과 낚시는 한 공간에서의 접근물이기는 하나 江氣寒과 釣罷는 적절한 표현이라 보인다. ‘寒’과 ‘罷’의 이미지가 무리없이 이어지기 때문이다. 이러한 착상들이 작자 자신이 대경의 실상과 격의없이 마주서기 때문이다.

결국 이러한 착상은 결구에서 자신의 인뢰와 주변 경관의 천뢰가 일치되어 있다. 이런 경관에서 얻은 인뢰적 詩句를 조용히 읊조려서 잠재워 놓은 자연의 천뢰를 일깨우지 말라는 것이다. 이 말들이 갖는 의미 자체가 천뢰를 듣고 있다는 결론에 이르게 된다.

우거진 숲, 사물의 원초 보인 백탑동	百塔森嚴見物初
푸른 시내 굽이굽이 진여를 연출하네	靑溪曲曲演眞如
십주의 아름다운 섬 선경이라 누가 말했나	十洲瓊島孰云勝
무이의 아홉 굽이 살기 좋다 하지 마라	九曲武夷無足居
도화원의 옛 기록인가 착각도 되나	錯認桃花古漁記
영축산의 오묘한 부처 경지 생각도 하게 되네	儼思靈鷲妙蓮書

<table>
<tr><td>붉은 샘 푸른 숲 얼비친 곳</td><td>紅泉碧樹交光處</td></tr>
<tr><td>흰구름 한가로이 펼치듯 걷히는 듯.</td><td>無數白雲閒捲舒</td></tr>
<tr><td></td><td>〈行尋百塔洞〉</td></tr>
</table>

百塔洞을 찾았던 심경이다. 작자가 산행을 즐기는 이유를 기구에서 찾아볼 수 있다. 見物初라 하였으니, 사물의 원초를 찾자는 것이다. 그러기에 굽이굽이 흐르는 물에서 진여의 原音을 듣고 있는 것이다. 신선의 경지가 섬에 있다 하지만 마음먹기에 따라서는 어디에나 있는 것이다. 武夷의 九曲이 아름답다 하여 기리고 있지만 여기보다 나을 것이 없다. 무이구곡의 인용이 옛 시인들에게 있어 보편적 사실이기는 하나 '無足居'라 함은 석전의 조국애에서 오는 당연한 사실로 이해된다. 『석전시초』에는 외국의 기행시는 하나도 없다. 당시의 사정으로 보아 외국 여행이 있었을 법도 한데 한 편도 없다. 만일 외국 나들이가 없어서 그랬다 하더라도 白頭山에서 天池를 굽어보면서 迢然 千仞表 迥脫萬情由 霞散紛虹霓 趾高近北斗 膽腔洗如月 袞袂颯生秋(천 길 밖에 우뚝 서니 온갖 정서 시원히 씻기다. 흩어지는 안개 무지개로 부서지고 발 끝 높아서 북두에 닿다. 오장육부는 달처럼 씻기고 소매에는 가을바람 이네)하였으니 다른 어느 강산도 석전의 마음을 사로잡을 수는 없었을 것이다.

무릉도원의 『桃花源記』가 연상되기도 하지만 역시 영축산의 묘법연화를 상상할 수밖에 없다. '紅泉'의 표현도 묘하다. 물빛이야 푸르지만 대경의 영상에 비쳐 붉다. 대지에서는 물빛 나무빛이 교차되어 빛나고 하늘의 공간에는 한가로운 구름이다. 모두가 천뢰의 현현한 실상이다. 시도 구도는 시선이 상하로 교차되면서 기구의 대지에서 시작하여 결구의 하늘로 마무리되어 있다.

석전이 우리의 강산에 대한 남다른 애착이 있었던 것은 당시의 사정으로 보아 민족적 자긍심에서 있었을 수도 있지만 스님이라는 신분으로 이해한다면 천뢰의 여여한 실상을 자연에서 찾으면서 자신의 修禪的 방편으로 삼았다 해도 큰 무리가 없을 것이다.

조선은 산과 물로 천하에서 으뜸이다. 전날 일을 좋아하는 이들이 목마르게 탐승하여 八域의 범례를 펴내면서 관동지방의 산수를 더 없는 자리로 발탁하였다. 그 선발에 보면 더욱 뛰어난 곳이 16곳이 있다. 乙亥년 가을 다시 이 16승지에서 8경관을 선발하였으니 내장산 백양사가 첫째로 꼽혔다. 논의가 결정되자 사문 석전에게 내장 4승과 백양사 4승을 나누어 그 경개를 칭송케 하니 16絕句를 지어 8승이라 하여 다음에 서술한다.

朝鮮以山水勝於天下者也 前有好事輩 渴如擇勝 發凡例八域中 拔擢關東山
水于無上位 銓佗選其尤十六處矣 若乙亥秋 更對十六勝 重選八景 於是乎內
藏山 白羊寺 占其一位 議已定 沙門石顚擬分藏山之四 羊山之四 幷稱其境
而賦以十六絕句 命題八勝詩 列叙于左

위의 글은 『석전시초』에 있는 「內藏白羊八勝詩」의 서문이다. 이렇듯 스님은
자연 경관에 대한 심미안을 인정받고 있었다. 그런 안목에서 조선의 산수가 천
하에서 뛰어나다 할 만큼 민족적 자긍심을 가졌던 것이다.

『石林隨筆』의 「到極三頂且爲休歇」에서는 천하에 세 가지 우뚝 솟은 것이
있는데 그 중의 하나가 백두산이라 하여 칭송하고 있다.

4. 結　　語

석전 박한영에 대한 논의는 불교학적 측면에서 많이 논의되어 왔다. 본고는
불교인의 측면보다는 문학인이라는 측면에서 살펴본 것이다.

석전의 인간상을 그의 자그마한 전기에서 살필 때 그가 철저하게 사회의 일
선에 참여하고 있으면서도 스스로 사회의 중진임을 알지 않는다는 '不自知'야
말로 그의 언행 실천에 대한 적절한 評傳이라 보아진다. 이 점이 바로 문학의
실천방법으로 人籟와 天籟가 구별이 없어야 한다는 天籟的 詩論을 끌어내면서,
천뢰적 문학의 실천으로 여여한 자연의 실상에서 소재를 선택했던 것으로 여겨
진다. 이러한 소재의 선택이 紀行에서 읊은 시이고 詩鈔에 전하는 작품이 기행
시로 일관되었다 하겠다.

따라서 모든 시가 형식이나 기교에 치우침이 없이 자연의 여여한 실상일 뿐
이다. 이 점이 바로 작가의 시론적 근거와 문학의 실천이 합일되었다 보여진
다.

그가 문학의 속성을 寓理·敍事·論情의 세 가지로 보면서 寓理의 글은 거의
가 당시 새로이 전개되는 國漢混用의 문체로 쓰고, 敍事나 論情은 漢詩文으로
쓰고 있음도 유의해볼 필요가 있다. 당시의 시대상이나 석전이 처했던 문학적
견해가 순수문학이라 함이 아직도 전통적 漢詩文을 도외시 못하는 한계성이 있

었다 하겠다.

　이렇게 볼 때 석전의 시문은 자연의 서경에다 論情의 심도를 더한 셈이면서 그의 천뢰적 시론의 실천이 된 셈이다. 따라서 석전은 우리 문학의 과도기적 시기에서 당시까지 漢詩文이 주류였던 점을 계승하면서 한글문화론의 전이를 文字的 견해까지 전제하면서 寓理的 내용으로 발전시켰다 하겠다. 이 점이 석전을 기점으로 우리 문학의 새로운 방향이 전개되면서 그의 문하에서 현대시의 맥락이 이어진 것이라 볼 수도 있겠다.

總　結

위에서 90에 가까운 승려의 문학을 살펴보았다. 사상적 수수관계나 문예사적 연결의 검토가 아닌 各論的 作家 중심이었으므로 문예사적 통시론이 아쉬움으로 남는다. 그러나 나름대로의 王朝의 변화에 따른 특성은 검출된다 하겠다.

신라시대에는 불교가 국가나 국민의 주된 종교이었기에 그 土着化의 일환으로 경전적 논리의 확립을 위한 注疏가 많았다. 그 주소들은 그 나름으로 뛰어난 문장일 성질의 것이어서, 그 내용 자체가 문학의 기본적 논리로 수용되어져야 할 성질의 것이어서, 그것이 비록 1천여 년 전의 논리라 하더라도 시공을 초월하여 현대적 문예론으로 수용되어도 부족함이 없다는 점을 알게 되었다. 더군다나 元曉나 義湘이 남겨 놓은 몇몇 작품은 그것이 비록 교리의 홍포를 위함이라 하더라도 내용이 담고 있는 사유나 사상은 매우 깊은 문학성이 있음을 알게 되었으니 불교문학의 특성이 偈頌文學의 白眉라 하여 손색이 없다.

고려시대는 불교의 대중화가 더 심화되었던 사회로서 일반문학에도 뿌리 깊은 불교의 영향이 있었음은 주지의 사실이지만, 普照禪으로 대표되는 知訥의 敎義는 보다 깊은 문학론으로서의 수용이 가능하며 그 뒤를 이은 慧諶의 시문학은 불교를 떠나 일반적 시문학으로도 당대를 대표할 만한 것이었다. 당시 문학사회에 끼쳤을 영향도 매우 높았던 것으로 보여진다.

고려 후기에 들어 여러 승려의 문학에는 순수한 문학으로서의 경지보다 敎理的 내용이나 敎戒的 사회성이 짙은 점은 문학으로서는 아쉬운 점이 있으나 이는 당시의 시대상에 기인한 것이 아니었던가 하는 추론이 가능하다. 당시에는 儒敎의 性理學的 교리로 다져지는 신흥사대부의 출현으로 불교계의 승려로서도 교리의 강조로서 그들과 맞서야 하는 처지이므로 아무리 國師다 王師다 하더라도 교리의 부각이 아니고서는 시대 상황에 부응할 수 없었던 현실성이 깔려 있었던 것이 아니었겠느냐는 추론이 가능하다.

조선조에 들어와서는 排佛이라는 강한 외압에 부딪쳤지만 그것은 외형적 압력일 뿐이었다. 高僧이나 大德은 오히려 높은 지식인이며 사상가로서 유가의 사대부와 親交가 두터웠을 뿐만 아니라, 국가의 위난에는 殺身成仁의 義가 사대부보다 앞서 국가적 예우를 받기도 하였으니 이들은 종교적 교리보다는 문학적 수교로서 자신과 敎界의 防護的 역할을 충분히 이루었다고 보여진다.

이러한 사회상에 따라 그들의 문집은 고려시대와 같은 '語錄'으로 남아 있는 것이 아니고 오히려 순수한 '文集'이나 '詩集'으로 남아 있게 되었다. 그러므로 이들 승려가 남긴 작품의 文學性 또한 높다고 평가된다. 더구나 세속을 떠난 승려이기에 시인들에게 피사체로 등장되는 자연 소재는 항시 진실의 내면을 드러낸 것이고, 그것을 투시하는 안목이 남달리 드높았으며, 사회와의 접촉에 있어서도 僧과 俗이라는 두 끝을 자유로이 이을 수 있는 아량이나 포부가 있었기에 항시 순수한 삶의 본연을 잘 보여주고 있다 하겠다.

조선조 후기에 이르러서는 사대부들의 시각도 바뀌어 이른바 실학이라는 새로운 안목과 西學도 수용해야 한다는 개방적 사고가 승려와의 교류를 잦게 하였고 이런 교류에서 발생한 詩壇的 성격의 모임은 후대 문학사에서 주목되어야 할 점으로 보인다.

아무튼 그간 불교문학에 대한 통시적 정리가 없던 터이었으므로 본 논고는 승려 문학의 각론적 통사로 마무리하고 여기에 뒤따라야 할 내용적 문예사나 사상사는 후속작업이 있어야 할 아쉬움으로 남기면서 끝맺기로 한다.

찾아보기

蘭洲 768
南公轍 317
南岳 575, 593, 604
南龍翼 413
南而興 426
南泉 337
盧守愼 271, 295, 306
老子 18, 84, 86, 248, 306 435 442
綠珠 375
凌波 677
凌虛 582
達摩 96, 229, 332, 333
湛然 91
湛寂 219
曇輝 626
大庵 564
大圓 651, 657
大賢 36
大慧 262
德俊 742
德川家康 308, 314
德函 742
陶淵明(潛) 164, 406, 418, 470, 509, 687, 707
陶隱 → 李崇仁
道正 554
陶弘景 450
頓修 629
東岡 624
東明王 170
洞山 317

杜甫 151, 306, 438, 453, 469, 687, 707
得烏 25
得牛 547
得通 → 己和
麻貴 308
馬鳴 468
萬里 658
卍海 → 韓龍雲
萬化 767
敏惺若訥 745
呆庵 157
孟子 447, 461, 783
孟浩然 782
明遠 749
明宗 250, 252, 271, 275
明眞 604, 658
明海 508
明晶 75
慕雲 538
暮隱 619
牧隱 → 李穡
夢見 597
無用 514, 547, 575
無竟 593
無奇 168
無業 277
無瑕 615
武后 334
黙庵 547~549, 658, 659, 669
文同 124
文信 575

聞庵 758
聞佾 480
文定王后 251, 252
閔昌道 456
閔昊 158
博望侯 → 張騫
朴淳 305, 347
朴瀰 388
朴齊家 783
朴種林 734
朴漢永 777, 789
盤桓子 294
裵休 186
白谷 293, 379, 444, 454, 455
白光勳 448
伯牙 318, 456, 655
栢庵 411, 412, 414, 467, 472, 478, 479, 515, 564, 658
白雲 181~183, 186, 190, 191, 192
白坡 724, 725
梵海 758, 760, 766
法眼 182
法心 432
法染 227
法融 270
法藏 468
法宗 493
法峻 262
碧虛 575, 749
碧溪 261, 293, 493

書名

一般事例

韓國佛家詩文學史論

1993년 11월 13일 초판 발행
2001년 4월 20일 초판 2쇄

지은이/이종찬
펴낸이/봉화영
펴낸곳/불광출판부

138·844 서울 송파구 석촌동 160-1
대표전화 420·3200
편 집 부 420·3300
팩시밀리 420·3400

http://www.bulkwang.org
등록번호 제 1-183호(1979. 10. 10)
ISBN 89-7479-529-9, 03220

●잘못된 책은 바꾸어 드립니다.
값 35,000원